中国医疗器械监管法规制度汇编

Regulations for Medical Device Administration in China

国家药品监督管理局　编

中国健康传媒集团
中国医药科技出版社

图书在版编目（CIP）数据

中国医疗器械监管法规制度汇编 / 国家药品监督
管理局编 . -- 北京：中国医药科技出版社，2025. 3.
ISBN 978-7-5214-4927-3

Ⅰ . D922.169

中国国家版本馆 CIP 数据核字第 202478GP92 号

获取图书增值服务的步骤说明：

1. 使用微信"扫一扫"功能扫描书中二维码。
2. 注册用户，登录后刮开圆形防伪标，输入 20 位纯数字激活码激活，即可获取
   图书配套增值服务。

策划编辑 裴 颢
责任编辑 于海平 张 睿 曹化雨 王 梓 张洁蕾 宋 川
美术编辑 陈君杞

出版 **中国健康传媒集团** | 中国医药科技出版社
地址 北京市海淀区文慧园北路甲 22 号
邮编 100082
电话 发行：010-62227427 邮购：010-62236938
网址 www.cmstp.com
规格 880 × 1230 mm $\frac{1}{16}$
印张 69 $\frac{3}{4}$
字数 2009 千字
版次 2025 年 3 月第 1 版
印次 2025 年 3 月第 1 次印刷
印刷 北京盛通印刷股份有限公司
经销 全国各地新华书店
书号 ISBN 978-7-5214-4927-3
定价 **390.00 元**

获取新书信息、投稿、
为图书纠错，请扫码
联系我们。

《中国医疗器械监管法规制度汇编》

编辑委员会

目 录

概 述

第一章 法律法规

第二章 政策文件

第三章 部门规章

第四章　相关文件

一、综合

二、标准和分类

三、临床评价

四、注册备案

五、生产经营

六、检验、监测与召回

七、其他

概　述

医疗器械监管法规制度体系日趋完善

医疗器械是关系人民群众身体健康和生命安全的特殊商品，在人类疾病预防、诊断、治疗、康复过程中发挥着极其重要的作用。党中央、国务院历来高度重视医疗器械质量安全，习近平总书记多次作出重要指示批示，对保障产品质量安全、加快补齐我国高端医疗装备短板、加强监管能力建设等作出一系列重大决策部署。国家药监局全面落实党中央、国务院重大决策部署，坚持以人民为中心发展思想，坚持法治思维和法治方式，持续加强医疗器械法规制度体系建设，已形成以《医疗器械监督管理条例》为核心，14部配套规章、130余份规范性文件、600余项注册技术审查指导原则和1975项标准为支撑的医疗器械全生命周期管理法规制度体系，有力保障了医疗器械全生命周期监管，为鼓励医疗器械产业创新高质量发展提供了坚实的法治保障。

一、医疗器械监督管理法规快速升级

我国医疗器械监管法规经过二十多年的发展历程，已日臻成熟。2000年1月，国务院公布《医疗器械监督管理条例》（以下简称条例），2014年2月、2017年5月分别作了全面修订和部分修改。《条例》对保障医疗器械质量安全、推动行业健康发展发挥了重要作用。近年来，党中央、国务院对医疗器械审评审批制度改革作出一系列重大决策部署。2015年8月国务院印发《关于改革药品医疗器械审评审批制度的意见》，2017年10月中共中央办公厅、国务院办公厅印发《关于深化审评审批制度改革鼓励药品医疗器械创新的意见》，对深化医疗器械审评审批制度改革等工作提出具体意见。为适应新形势需要，从制度层面进一步促进行业创新，更好地满足人民群众对高质量医疗器械的需要，按照科学立法、民主立法、依法立法的要求，在充分调研、广泛征求各方面意见的基础上，国家药监局研究起草了《医疗器械监督管理条例（修订草案）》。2020年12月21日，国务院第119次常务会议审议通过《医疗器械监督管理条例》的修订，并于2021年6月1日起施行。

修订后的《条例》由总则、医疗器械产品注册与备案、医疗器械生产、医疗器械经营与使用、不良事件的处理与医疗器械的召回、监督检查、法律责任和附则等8章组成，共107条。与2017版《条例》相比，新《条例》主要有以下变化：

（一）新增医疗器械监督管理基本原则

借鉴《食品安全法》《药品管理法》《疫苗管理法》确定的基本原则，新《条例》第五条规定："医疗器械监督管理遵循风险管理、全程管控、科学监管、社会共治的原则"，这是贯穿于医疗器械全生命周期和监督管理全过程的基本原理和根本准则，具有弥补成文法在完整性、适应性和前瞻性方面不足的重要功能。

（二）新增地方政府医疗器械监管的领导责任

保障医疗器械质量安全，是各级政府的共同责任。借鉴《药品管理法》第九条、第十条规定，新《条例》第四条第一款规定："县级以上地方人民政府应当加强对本行政区域的医疗器械监督管理工作的领导，组织协调本行政区域内的医疗器械监督管理工作以及突发事件应对工作，加强医疗器械监督管理能力建设，为医疗器械安全工作提供保障。"这一修改有利于进一步推动地方政府落实在医疗器械方面的监管责任。

（三）新增鼓励和支持医疗器械创新

创新居于新发展理念之首，在我国现代化建设全局中处于核心地位。新《条例》第八条规定："国家制定医疗器械产业规划和政策，将医疗器械创新纳入优先发展重点，对创新医疗器械予以优先审评审批，支持创新医疗器械临床推广和使用，推动医疗器械产业高质量发展。"为进一步鼓励和支持创新，新《条例》第九条规定："国家完善医疗器械创新体系，支持医疗器械的基础研究和应用研究，促进医疗器械新技术的推广和应用，在科技立项、融资、信贷、招标采购、医疗保险等方面予以支持。支持企业设立或者联合组建研制机构，鼓励企业与高等学校、科研院所、医疗机构等合作开展医疗器械的研究与创新，加强医疗器械知识产权保护，提高医疗器械自主创新能力。"新《条例》第十二条规定："对在医疗器械的研究与创新方面做出突出贡献的单位和个人，按照国家有关规定给予表彰奖励。"

（四）新增医疗器械注册人、备案人及进口医疗器械代理人义务

建立医疗器械注册人、备案人制度是新《条例》修订的核心内容之一。实行医疗器械注册人、备案人制度，有利于鼓励产品创新、优化资源配置、落实主体责任、推动管理创新。新《条例》第十三条第二款规定："医疗器械注册人、备案人应当加强医疗器械全生命周期质量管理，对研制、生产、经营、使用全过程中医疗器械的安全性、有效性依法承担责任。"第二十条规定医疗器械注册人、备案人应当履行的义务，进一步明确医疗器械注册人、备案人对医疗器械设计开发、临床试验、生产制造、销售配送、不良事件报告等承担全部法律责任。受医疗器械注册人、备案人委托进行研发、临床试验、生产制造、销售配送的企业、机构和个人，应承担法律法规规定的责任和协议约定的责任。

原《条例》对于代理人（境外医疗器械注册人、备案人指定的我国境内企业法人）的义务和责任无明确规定，实践中对于代理人未履行相关义务缺乏有效的管理手段。新《条例》第二十条第二款规定："境外医疗器械注册人、备案人指定的我国境内企业法人应当协助注册人、备案人履行前款规定的义务。"第九十八条规定未依照《条例》规定履行相关义务的相关罚则，这为进一步加强对代理人的监管提供了强有力的法规依据。

（五）新增注册备案产品自检报告

注册申请人、备案人在申请注册或提出备案时需要提交"产品检验报告"。新《条例》第十四条第二款规定："产品检验报告应当符合国务院药品监督管理部门的要求，可以是医疗器械注册申请人、备案人的自检报告，也可以是委托有资质的医疗器械检验机构出具的检验报告。"自检报告要求的提出，也是落实注册人、备案人第一责任人的具体体现。

（六）新增医疗器械附条件审批制度

附条件审批制度通常是为满足应对突发公共卫生事件等急需的产品，在确定风险和安全基本平衡的条件下，在附有一定条件的前提下予以批准的制度。借鉴《药品管理法》《疫苗管理法》相关内容，新《条例》第十九条第一款规定："对用于治疗罕见疾病、严重危及生命且尚无有效治疗手段的疾病和应对公共卫生事件等急需的医疗器械，受理注册申请的药品监督管理部门可以作出附条件批准决定，并在医疗器械注册证中载明相关事项。"这有利于进一步加大对临床急需和治疗罕见病医疗器械的支持力度，加快产品上市进程。

（七）新增医疗器械紧急使用制度

结合新冠肺炎疫情防控实践，为进一步提高应对特别重大突发公共卫生事件的能力，新《条例》中增加了医疗器械紧急使用制度，规定出现特别重大突发公共卫生事件或者其他严重威胁公众健康的紧急事件，可以在一定范围和期限内紧急使用医疗器械。这是我国首次提出医疗器械"紧急使用"的概念。通过授权使用的方式允许医疗器械进入市场，丰富产品上市路径，以更好更高效应对突发疫情防控的需求。

（八）完善医疗器械临床评价制度

新《条例》规定，第一类医疗器械产品备案和申请第二类、第三类医疗器械产品注册，应当提交临床评价资料。同时，基于产品风险程度，规定了可以免于进行临床评价的两种情形：一是工作机理明确、设计定型，生产工艺成熟，已上市的同品种医疗器械临床应用多年且无严重不良事件记录，不改变常规用途的；二是其他通过非临床评价能够证明该医疗器械安全、有效的。免于进行临床评价的医疗器械目录由国家药监局制定、调整并公布。符合免于进行临床评价情形的，第一类医疗器械产品备案和申请第二类、第三类医疗器械产品注册，可以免于提交临床评价资料。医疗器械临床评价包括两条路径：一是开展临床试验；二是通过对同品种医疗器械临床文献资料、临床数据进行分析评价，证明医疗器械安全、有效。为合理选择临床评价路径，充分利用已有数据，新《条例》规定，进行医疗器械临床评价时，已有临床文献资料、临床数据不足以确认产品安全、有效的医疗器械，应当开展临床试验，以获取更多的临床数据。

近年来，国家药监局发布了多项医疗器械临床评价相关指导原则，临床试验数量大幅度减少。2023年，修订发布免于进行临床评价医疗器械目录，明确1025项医疗器械免于进行临床评价，进一步减轻注册申请人和备案人负担，这也是监管科学化水平的进一步提升。

（九）完善医疗器械临床试验管理制度

新《条例》落实医疗器械审评审批制度改革要求，进一步改革完善临床试验管理制度。一是优化临床试验开展前提和情形。新《条例》第二十五条第二款规定："按照国务院药品监督管理部门的规定，进行医疗器械临床评价时，已有临床文献资料、临床数据不足以确认产品安全、有效的医疗器械，应当开展临床试验。"也就是说，并不是所有医疗器械产品注册时都需要提供以临床试验这种方式获取的安全性有效性证据。二是规定国家采取措施支持开展临床试验。新《条例》第二十六条第三款规定："国家支持医疗机构开展临床试验，将临床试验条件和能力评价纳入医疗机构等级评审，鼓励医疗机构开展创新医疗器械临床试验。"三是对临床试验项目实行默示许可制度。新《条例》第二十七条第一款规定："第三类医疗器械临床试验对人体具有较高风险的，应当经国务院药品监督管理部门批准。国务院药品监督管理部门审批临床试验，应当对拟承担医疗器械临床试验的机构的设备、专业人员等条件，该医疗器械的风险程度，临床试验实施方案，临床受益与风险对比分析报告等进行综合分析，并自受理申请之日起60个工作日内作出决定并通知临床试验申办者。逾期未通知的，视为同意。"这是新《条例》创设的默示许可制度。四是开展临床试验不得收取受试者费用。新《条例》第二十八条第二款规定："开展临床试验，不得以任何形式向受试者收取与临床试验有关的费用。"

（十）新增医疗器械唯一标识制度

唯一标识制度是医疗器械监管领域通行的国际规则。为加强医疗器械全生命周期管理，探索从源头到最终使用的全链条联动，提升医疗器械监管效能，2019年7月1日国家药监局综合司、国家卫生健康委办公厅联合印发《医疗器械唯一标识系统试点工作方案》，启动我国医疗器械唯一标识试点工作。为进一步强化医疗器械唯一标识制度建设，新《条例》第三十八条规定："国家根据医疗器械产品类别，分步实施医疗器械唯一标识制度，实现医疗器械可追溯，具体办法由国务院药品监督管理部门会同国务院有关部门制定。"

（十一）新增医疗器械网络销售管理制度

为加强医疗器械网络销售和网络交易服务监督管理，保障公众用械安全，借鉴《食品安全法》第六十二条、《药品管理法》第六十二条规定，新《条例》第四十六条规定："从事医疗器械网络销售的，应当是医疗器械注册人、备案人或者医疗器械经营企业。从事医疗器械网络销售的经营者，应当将从事医疗器械网络销售的相关信息告知所在地设区的市级人民政府负责药品监督管理的部门，经营第一类医疗器械和本条例第四十一条第二款规定的第二类医疗器械的除外。为医疗器械网络交易提供服务的电子商务平台经营者应当对入网医疗器械经营者进行实名登记，审查其经营许可、备案情况和所经营医疗器械产品注册、备案情况，并对其经营行为进行管理。电子商务平台经营者发现入网医疗器械经营者有违反本条例规定行为的，应当及时制止并立即报告医疗器械经营者所在地设区的市级人民政府负责药品监督管理的部门；发现严重违法行为的，应当立即停止提供网络交易平台服务。"新《条例》规定，从事医疗器械网络销售的，应当是医疗器械注册人、备案人或者医疗器械经营企业。

（十二）新增医疗机构研制试剂管理制度

为鼓励新技术、新项目、新方法的临床应用，满足医疗机构临床诊断的需求，根据医疗机构研制体外诊断试剂的实际情况，借鉴国外实验室开发试验（LDT）制度，新《条例》第五十三条规定："对国内尚无同品种产品上市的体外诊断试剂，符合条件的医疗机构根据本单位的临床需要，可以自行研制，在执业医师指导下在本单位内使用。具体管理办法由国务院药品监督管理部门会同国务院卫生主管部门制定。"

（十三）新增临床急需进口少量医疗器械管理制度

为满足临床用械需求，借鉴《药品管理法》相关规定，新《条例》第五十七条第三款规定："医疗机构因临床急需进口少量第二类、第三类医疗器械的，经国务院药品监督管理部门或者国务院授权的省、自治区、直辖市人民政府批准，可以进口。进口的医疗器械应当在指定医疗机构内用于特定医疗目的"。为强化相关管理，该条第四款规定："禁止进口过期、失效、淘汰等已使用过的医疗器械。"

（十四）强化注册人、备案人医疗器械不良事件监测责任

原《条例》第四十七条规定了医疗器械生产经营企业、使用单位的不良事件监测和报告义务。新《条例》在此基础上增加了注册人、备案人的医疗器械不良事件监测义务。新《条例》第六十二条第一款规定："医疗器械注册人、备案人应当建立医疗器械不良事件监测体系，配备与其产品相适应的不良事件监测机构和人员，对其产品主动开展不良事件监测，并按照国务院药品监督管理部门的规定，向医疗器械不良事件监测技术机构报告调查、分析、评价、产品风险控制等情况。"同时，新《条例》明确医疗器械生产经营企业、使用单位应当协助医疗器械注册人、备案人做好监测工作。

（十五）新增注册人、备案人开展医疗器械再评价制度

原《条例》规定省级以上药品监管部门对已上市医疗器械组织开展再评价的相关要求，新《条例》回归企业主体责任。首先明确注册人、备案人应当开展已上市医疗器械再评价。第六十六条第二款规定："医疗器械注册人、备案人应当根据再评价结果，采取相应控制措施，对已上市医疗器械进行改进，并按照规定进行注册变更或者备案变更。再评价结果表明已上市医疗器械不能保证安全、有效的，医疗器械注册人、备案人应当主动申请注销医疗器械注册证或者取消备案；医疗器械注册人、备案人未申请注销医疗器械注册证或者取消备案的，由负责药品监督管理的部门注销医疗器械注册证或者取消备案。"在此基础上，继续保留省级以上药品监管部门对已上市医疗器械组织开展再评价的工作要求。

（十六）新增职业化专业化医疗器械检查员制度

检查员制度是医疗器械监管制度建设的重点。新《条例》将职业化专业化检查员作为法规制度予以明确，第六十八条规定："国家建立职业化专业化检查员制度，加强对医疗器械的监督检查。"

（十七）新增医疗器械延伸检查制度

原《条例》第五十三条规定了药品监管部门对医疗器械研制、生产、经营、使用活动检查职责和重点。新《条例》借鉴了《药品管理法》关于药品监管部门"必要时可以对为药品研制、生产、经营、使用提供产品或者服务的单位和个人进行延伸检查"的规定，第六十九条第二款规定："必要时，负责药品监督管理的部门可以对为医疗器械研制、生产、经营、使用等活动提供产品或者服务的其他相关单位和个人进行延伸检查。"

（十八）新增医疗器械企业责任约谈制度

医疗器械企业责任约谈，是对生产经营过程中存在产品质量安全隐患而企业未及时采取措施消除的，监管部门对企业法定代表人或者主要负责人采取的行政指导措施。通过责任约谈，促使企业切实履行责任，提升法治意识。借鉴《食品安全法》《药品管理法》相关规定，新《条例》第七十二条第一款规定："医疗器械生产经营过程中存在产品质量安全隐患，未及时采取措施消除的，负责药品监督管理的部门可以采取告诫、责任约谈、责令限期整改等措施。"

（十九）新增医疗器械行政责任约谈制度

除了新增企业责任约谈制度外，新《条例》借鉴《食品安全法》《药品管理法》相关规定，建立了行政责任约谈规定。第七十四条规定："负责药品监督管理的部门未及时发现医疗器械安全系统性风险，未及时消除监督管理区域内医疗器械安全隐患的，本级人民政府或者上级人民政府负责药品监督管理的部门应当对其主要负责人进行约谈。地方人民政府未履行医疗器械安全职责，未及时消除区域性重大医疗器械安全隐患的，上级人民政府或者上级人民政府负责药品监督管理的部门应当对其主要负责人进行约谈。被约谈的部门和地方人民政府应当立即采取措施，对医疗器械监督管理工作进行整改。"

（二十）完善医疗器械复检制度

原《条例》第五十七条第三款规定了复检制度。针对复检中的实际问题，新《条例》明确了建立复检机构名录。第七十五条规定："当事人对检验结论有异议的，可以自收到检验结论之日起7个工作日内向实施抽样检验的部门或者其上一级负责药品监督管理的部门提出复检申请，由受理复检申请的部门在复检机构名录中随机确定复检机构进行复检。""复检机构与初检机构不得为同一机构；相关检验项目只有一家有资质的检验机构的，复检时应当变更承办部门或者人员。复检机构名录由国务院药品监督管理部门公布。"

（二十一）增加违法行为处罚到人制度

增加违法行为处罚到自然人制度，是近年来食品药品领域立法的重要创新。新《条例》诸多条款，如第八十一条、第八十二条、第八十四条、第八十五条、第八十六条、第八十八条、第八十九条、第九十条、第九十三条、第九十四条、第九十五条、第九十六条、第九十八条规定了违法行为处罚到自然人。如对生产、经营未取得医疗器械注册证的第二类、第三类医疗器械，未经许可从事第二类、第三类医疗器械生产活动，未经许可从事第三类医疗器械经营活动的，新《条例》第八十一条规定："情节严重的，责令停产停业，10年内不受理相关责任人以及单位提出的医疗器械许可申请，对违法单位的法定代表人、主要负责人、直接负责的主管人员和其他责任人员，没收违法行为发生期间自本单位所获收入，并处所获收入30%以上3倍以下罚款，终身禁止其从事医疗器械生产经营活动"。如对在申请医疗器械行政许可时提供虚假资料或者采取其他欺骗手段的，新《条例》第八十三条规定："情节严重的，责令停产停业，对违法单位的法定代表人、主要负责人、直接负责的主管人员和其他责任人员，没收违法行为发生期间自本单位所获收入，并处所获收入30%以上3倍以下罚款，终身禁止其从事医疗器械生产经营活动。"

（二十二）提高财产罚幅度

按照"四个最严"的要求，参照《药品管理法》《化妆品监督管理条例》等规定，新《条例》大幅提高了财产罚款数额。如生产、经营未取得医疗器械注册证的第二类、第三类医疗器械，未经许可从事第二类、第三类医疗器械生产活动，未经许可从事第三类医疗器械经营活动，原《条例》第六十三条规定："违法生产经营的医疗器械货值金额不足1万元的，并处5万元以上10万元以下罚款；货值金额1万元以上的，并处货值金额10倍以上20倍以下罚款"。新《条例》修改为"违法生产经营的医疗器械货值金额不足1万元的，并处5万元以上15万元以下罚款；货值金额1万元以上的，并处货值金额15倍以上30倍以下罚款。"

（二十三）加大资格罚力度

新《条例》增加了多处资格罚的规定。如对生产、经营未取得医疗器械注册证的第二类、第三类医疗器械，未经许可从事第二类、第三类医疗器械生产活动，未经许可从事第三类医疗器械经营活动，原《条例》第六十三条规定："情节严重的，5年内不受理相关责任人以及企业提出的医疗器械许可申请",新《条例》第八十一条规定:"情节严重的,责令停产停业,10年内不受理相关责任人以及单位提出的医疗器械许可申请。"

二、医疗器械监督管理规章不断健全

为推动新《条例》确立的制度落实到位,国务院药品监督管理部门共制定相关配套规章十三部,随之形成以《条例》为核心,相关配套规章为支撑的医疗器械全生命周期监管的法规体系。

(一)《医疗器械分类规则》

我国医疗器械分类管理实行分类规则指导下的分类目录制。《条例》规定国务院药品监督管理部门负责制定医疗器械分类规则。2015年7月14日,国家食品药品监督管理总局修订发布《医疗器械分类规则》(国家食品药品监督管理总局令第15号)。该《规则》自2016年1月1日起施行,共10条。主要内容包括:

一是明确《规则》用于指导《医疗器械分类目录》的制定,并用于确定新产品的管理类别。明确预期目的、有源医疗器械、无源医疗器械、植入器械、独立软件、慢性创面等相关的名词术语。

二是规定医疗器械风险程度综合判定依据,将医疗器械按照风险程度划分管理类别,由低到高分别为第一类、第二类和第三类。依据影响医疗器械风险程度的因素,将医疗器械分为无源医疗器械和有源医疗器械、接触人体器械和非接触人体器械等多种情形。

三是规定国务院药品监督管理部门根据医疗器械生产、经营、使用情况,及时对医疗器械风险变化进行分析、评价,对医疗器械分类目录进行动态调整。明确国务院药品监督管理部门可以组织医疗器械分类专家委员会制定、调整医疗器械分类目录。

四是制定医疗器械分类判定表,并以附表形式予以明确。规定医疗器械分类应当根据医疗器械分类判定表进行分类判定。同时明确12种特殊情形适用的特别分类原则。

(二)《医疗器械通用名称命名规则》

《条例》规定,医疗器械应当使用通用名称,通用名称应当符合国务院药品监督管理部门制定的医疗器械命名规则。2015年12月21日,国家食品药品监督管理总局制定发布《医疗器械通用名称命名规则》(国家食品药品监督管理总局令第19号)。该《规则》自2016年4月1日起施行,共10条。主要内容包括:

一是规定通用名称命名应当遵循的原则。要求通用名称应当合法、科学、明确、真实,并且应当使用中文,符合国家语言文字规范。

二是明确通用名称的内容要求和结构组成。规定具有相同或者相似预期目的、共同技术的同品种医疗器械应当使用相同的通用名称。通用名称由一个核心词和一般不超过三个特征词组成,如药物洗脱冠状动脉支架、一次性使用光学喉内窥镜等。

三是明确通用名称的禁止性内容。规定不得含有型号、规格,图形、符号等标志,人名、企业名称、注册商标或者其他类似名称,"最佳""唯一""精确""速效"等绝对化、排他性词语,明示或者暗示包治百病、夸大适用范围,或者其他具有误导性、欺骗性内容等9类禁止性要求。

(三)《医疗器械标准管理办法》

根据《中华人民共和国标准化法》《医疗器械监督管理条例》等法律法规,2017年4月17日,国家食品药品监督管理总局修订发布《医疗器械标准管理办法》(国家食品药品监督管理总局令第33号)。该《办法》自2017年7月1日起施行,共5章36条。主要内容包括:

一是明确医疗器械标准是由国务院药品监督管理部门依据职责组织制修订,依法按程序发布,在医疗器械研制、生产、经营、使用、监督管理等活动中遵循的统一技术要求。

二是明确医疗器械国家标准、行业标准以及强制性标准、推荐性标准的关系。医疗器械强制性标准为涉及人身健康和生命安全的技术要求,包括强制性国家标准和强制性行业标准。医疗器械推荐性标准为满足基础通用、与强制性标准配套、对医疗器械产业起引领作用等需要的技术要求，包括推荐性国家标准和推荐性行业标准。

三是明确国务院药品监督管理部门、医疗器械标准管理中心、医疗器械标准化技术委员会、医疗器械标准化技术归口单位、地方药品监督管理部门、相关单位及其他相关方各自承担的职责。明确医疗器械标准制修订工作程序，对标准制修订过程中立项、起草、征求意见、技术审查、批准发布、复审和废止等提出要求。

四是明确强制性标准、推荐性标准与产品技术要求的实施和监管要求。强化医疗器械标准的实施评估。鼓励依法成立的社会团体可制定发布团体标准，其管理应当符合国家相关规定。

（四）《医疗器械注册与备案管理办法》

新《条例》规定，第一类医疗器械实行产品备案管理，第二类、第三类医疗器械实行产品注册管理。2021年8月26日，国家市场监督管理总局修订发布《医疗器械注册与备案管理办法》（国家市场监督管理总局令第47号）。该《办法》自2021年10月1日起施行，共10章124条。主要内容包括：

一是明确医疗器械注册人、备案人责任，要求医疗器械注册人、备案人加强医疗器械全生命周期质量管理，对研制、生产、经营、使用全过程中医疗器械的安全性、有效性和质量可控性依法承担责任。明确申请人、备案人应当为能够承担相应法律责任的企业或者研制机构。

二是科学设置注册审查要求。细化医疗器械非临床研究要求，明确产品技术要求、说明书和标签内容，明确注册申请人可以提交自检报告，增加附条件批准适用范围、审核要求。科学设置临床评价要求，规定免于临床评价情形，临床评价具体路径和方法与国际接轨，明确第三类医疗器械临床试验审批"默示许可"要求。完善临床试验管理要求，增加临床试验不良事件处置措施，增加拓展性临床试验管理规定。

三是明确注册和备案工作程序。规定注册体系核查程序、核查内容；明确注册受理、审评、审批等相关程序；明确备案工作程序，规定第一类医疗器械生产前，应当进行产品备案。单设工作时限章节，对首次、变更、延续注册总体时间以及受理、技术审评、质量体系核查、行政审批、制证送达等具体时限进行规定。

四是支持医疗器械产业创新发展。针对创新医疗器械、临床急需医疗器械和突发公共卫生事件应急所需医疗器械，设置特殊注册程序，包括：创新产品注册程序、优先注册程序和应急注册程序，规定各程序的启动条件、适用范围、审查原则和程序。

五是完善注册监督管理要求。明确各级药品监督管理部门和技术机构注册工作职责。通过延伸检查，强化代理人属地管理；增设唯一标识制度；明确已备案临床试验机构监督检查和临床试验现场检查；细化责任约谈制度等。

（五）《体外诊断试剂注册与备案管理办法》

新《条例》规定，第一类医疗器械实行产品备案管理，第二类、第三类医疗器械实行产品注册管理。2021年8月26日，国家市场监督管理总局修订发布《体外诊断试剂注册与备案管理办法》（国家市场监督管理总局令第48号）。除与《医疗器械注册与备案管理办法》相同的要求外，根据体外诊断试剂特点作出了特殊规定。该《办法》自2021年10月1日起施行，共10章125条。主要内容包括：

一是明确《办法》管理的体外诊断试剂是按医疗器械管理的体外诊断试剂。按照药品管理的用于血源筛查的体外诊断试剂、采用放射性核素标记的体外诊断试剂不属于《办法》管理范围。

二是细化体外诊断试剂非临床和临床研究特殊内容。规定体外诊断试剂产品技术要求应当以附录形式明确主要原材料以及生产工艺要求；对有适用的国家标准品的体外诊断试剂，应当采用国家标准品进行检验；明确体外诊断试剂临床试验定义和免于进行临床试验的体外诊断试剂范围、自行使用体外诊断试剂评价要求等内容。

三是规定体外诊断试剂其他特殊要求。包括体外诊断试剂变更注册原则和不属于变更注册的变化情形；体外诊断试剂命名原则；注册单元划分和独立试剂组分单独销售要求等内容。

（六）《医疗器械说明书和标签管理规定》

《条例》规定，医疗器械应当有说明书、标签。2014 年 7 月 30 日，国家食品药品监督管理总局修订发布《医疗器械说明书和标签管理规定》（国家食品药品监督管理总局令第 6 号）。该《规定》自 2014 年 10 月 1 日起施行，共 19 条。主要内容包括：

一是明确在我国境内销售、使用的医疗器械必须附有说明书、标签，说明书和标签文字内容应当使用中文。明确医疗器械最小销售单元应当附有说明书。

二是规定说明书、标签的内容应当与经注册或者备案的相关内容一致，确保真实、完整、准确，并与产品特性相一致。医疗器械标签的内容应当与说明书有关内容相符合。

三是细化医疗器械说明书、标签内容，列明说明书一般应当载明的 14 项内容和标签一般应当载明的 11 项内容。对于医疗器械标签无法全部标明上述内容的，明确至少应当标注的内容，并在标签中明确"其他内容详见说明书"。此外，规定还明确了说明书和标签不得包含的内容。

四是明晰说明书更改流程。明确经药品监管部门注册审查的医疗器械说明书内容不得擅自更改。已注册的医疗器械发生变更注册的，申请人在取得变更注册文件后，根据文件自行修改说明书和标签。说明书发生其他不涉及医疗器械变更注册事项的变化时，应当向原审批部门书面报告。

（七）《医疗器械生产监督管理办法》

新《条例》规定，注册人、备案人可以自行生产，也可以委托符合条件的企业生产医疗器械。为全面贯彻实施注册人、备案人制度，落实企业主体责任，加强医疗器械生产监督管理，规范生产活动，2022 年 3 月 10 日，国家市场监督管理总局修订发布《医疗器械生产监督管理办法》（国家市场监督管理总局令第 53 号）。该《办法》自 2022 年 5 月 1 日起施行，共 6 章 81 条。主要内容包括：

一是规定医疗器械生产许可备案的有关事项。明确医疗器械生产许可备案的申请条件、办理、变更和补发等内容。对许可审批和备案办理的材料、程序和时限予以简化、细化、优化。

二是明确生产质量管理的各项要求。划分医疗器械注册人、备案人和受托生产企业在医疗器械生产活动中的权利和义务。将质量管理体系重点内容纳入，要求医疗器械注册人、备案人和受托生产企业建立质量管理体系并保持有效运行。建立医疗器械生产报告制度，要求及时上报生产条件变化、生产动态变化、生产产品品种变化和年度自查情况。

三是明晰医疗器械生产监督检查的要求。划分监管部门的职责，明确提出对检查员的相关要求。对监督检查的各种形式和内容作出规定。对跨区域委托生产的属地监管要求予以细化。对进口医疗器械代理人义务、境外检查要求、紧急控制措施、风险会商、责任约谈和信用档案管理等内容作出规定。

四是加大对违法行为的处罚力度，对《条例》中已有规定的医疗器械生产相关违法情形予以补充，并根据监管工作实际需要增设相关罚则。

（八）《医疗器械经营监督管理办法》

新《条例》规定，注册人、备案人可以自行销售其注册备案的医疗器械，也可以委托医疗器械经营企业销售。注册人、备案人在其住所或生产地址销售其产品，无需办理经营许可或备案。为全面实施注册人、备案人制度，加强医疗器械经营监督管理，规范经营活动，2022 年 3 月 10 日，国家市场监督管理总局修订发布《医疗器械经营监督管理办法》（国家市场监督管理总局令第 54 号）。该《办法》自 2022 年 5 月 1 日起施行，共 6 章 73 条。主要内容包括：

一是规定医疗器械经营许可和备案的要求。明确经营第三类医疗器械实行许可管理，经营第二类医疗器械实行备案管理，经营第一类医疗器械不需要许可和备案。细化了从事医疗器械经营活动应当具备的条件、经营许可和备案流程。

二是明确经营质量管理要求。规定从事医疗器械经营，应当按照法律法规和医疗器械经营质量

概述

管理规范的要求，建立覆盖采购、验收、贮存、销售、运输、售后服务等全过程的质量管理制度和质量控制措施，并做好相关记录，保证经营条件和经营活动持续符合要求。

三是明确各级药品监管部门责任。规定省级药品监管部门对本行政区域的医疗器械经营监督管理工作进行监督检查，设区的市级、县级药品监管部门负责本行政区域医疗器械经营活动的监督检查。明确医疗器械经营企业跨设区的市设置的库房，由库房所在地药品监管部门负责监督检查。

四是丰富完善监管措施。规定药品监管部门根据医疗器械经营企业质量管理和产品风险程度，实施分类分级管理并动态调整。明确对存在或者可能存在严重质量安全风险的企业，药品监管部门可根据情况采取有因检查、责任约谈、信用档案、失信惩戒等监管措施。

五是强化紧急控制措施。明确对给人体造成伤害或者有证据证明可能危害人体健康的医疗器械，以及企业严重违反医疗器械经营质量管理规范、不能保证产品安全有效、可能危害人体健康的，药品监督管理部门可以采取暂停进口、经营、使用的紧急控制措施。

（九）《药品医疗器械飞行检查办法》

根据《中华人民共和国药品管理法》《中华人民共和国药品管理法实施条例》《医疗器械监督管理条例》，2015年6月29日，国家食品药品监督管理总局制定发布《药品医疗器械飞行检查办法》（国家食品药品监督管理总局令第14号）。该《办法》自2015年9月1日起施行，共5章35条。主要内容包括：

一是明确飞行检查定义，规范启动实施要求。明确了飞行检查的定义和要求。规定可以启动飞行检查的七种情形，确定现场检查实行组长负责制及制定检查工作方案的要求。为保证检查的依法独立和客观公正，《办法》明确提出飞行检查的"两不两直"原则。

二是明晰检查过程工作内容，确定采取风险控制措施情形。《办法》对检查过程应该开展的工作，需要记录的内容，可采取的检查手段及证据的保存等进一步予以明确，确定了需要及时向派出单位报告及采取风险控制措施的相关情形，对检查报告的内容及检查结束后的报告要求等进行了规定。

三是明确检查结果处置要求，筑牢风险防控屏障。贯彻落实"四个最严"监管要求，对于检查发现存在违法违规问题，发现涉嫌违法犯罪以及拒绝逃避检查等情形的处置等予以明确。并明确监管部门可以根据检查结果采取限期整改、发告诚信、约谈被检查单位等不同的风险控制措施。

四是依法公开检查信息，落实属地监管责任。规定监管部门应当对飞行检查情况公开、检查结果信息通报的要求；针对飞行检查中发现的区域性、普遍性或者长期存在、比较突出的问题，上级可以约谈下级监管部门主要负责人或者当地人民政府负责人，对各级监管部门形成强有力的约束机制。对在检查过程中存在六种违规违纪行为的监管部门工作人员，规定了纪律和行政处分的要求。

（十）《医疗器械网络销售监督管理办法》

2017年12月20日，国家食品药品监督管理总局制定发布《医疗器械网络销售监督管理办法》（国家食品药品监督管理总局令第38号）。该《办法》自2018年3月1日起施行，共6章50条。主要内容包括：

一是坚持线上线下一致的原则。明确从事网络销售的医疗器械生产经营企业和医疗器械注册人、备案人，其销售条件应当符合相关法规要求。

二是明确网络销售企业和第三方平台提供者的义务。规定网络销售企业应当依法展示其医疗器械经营资质和所经营医疗器械产品的注册备案信息，保证医疗器械质量安全。第三方平台提供者应当向省局备案，建立平台入驻企业核实登记、质量安全监测等管理制度，对违法经营者和违法产品应当立即停止网络交易服务并报告。

三是明确监管责任。规定第三方平台提供者统一由省级药品监管部门负责监管，并针对网络销售跨地域、质量问题波及面广的特点，细化不同网络违法情形的查处职责。

四是创新监管方式。明确由国务院药品监督管理部门建立国家级网络交易监测平台，定期向省局通报监测情况。

五是强化风险控制。对存在质量安全隐患的，监管部门可以责令暂停网络销售或者暂停提供相关网络交易服务，对存在质量安全问题的，监管部门可对第三方平台提供者、网络销售企业的法定代表人或者主要负责人进行约谈，对拒不执行暂停网络销售决定或者约谈后拒不按照要求整改的，网络销售企业、第三方平台提供者及其法定代表人或者主要责任人将被列入失信企业和失信人员名单，并向社会公开。

（十一）《医疗器械使用质量监督管理办法》

2015 年 10 月 21 日，国家食品药品监督管理总局制定发布《医疗器械使用质量监督管理办法》（国家食品药品监督管理总局令第 18 号）。该《办法》自 2016 年 2 月 1 日起施行，共 6 章 35 条。主要内容包括：

一是严格质量查验管理要求。规定使用单位要对医疗器械采购实行统一管理，严格查验供货商资质和产品证明文件，妥善保存相关记录和资料，并建立医疗器械使用前质量检查制度。

二是加强维护维修管理。规定使用单位自行维护维修、委托维修服务机构维护维修、约定生产经营企业维护维修等不同情形的管理要求。

三是完善在用医疗器械转让和捐赠管理。规定使用单位转让医疗器械应当确保所转让的医疗器械安全、有效，及时移交说明书、维修记录等资料，受让方应当参照相关要求进行进货查验。针对越来越多的医疗器械捐赠行为，规定使用单位之间的捐赠参照转让管理。

四是强化分类监管和信用监管。强调依风险实施监管的原则，对较高风险或者有特殊储运要求的医疗器械，以及有不良信用记录的医疗器械使用单位等实施重点监管。

（十二）《医疗器械不良事件监测和再评价管理办法》

2018 年 8 月 1 日，修订后的《医疗器械不良事件监测和再评价管理办法》（国家市场监督管理总局、国家卫生健康委员会令第 1 号）发布。该《办法》自 2019 年 1 月 1 日起施行，共 9 章 80 条。主要内容包括：

一是贯彻风险管理的理念。进一步落实医疗器械注册人、备案人主体责任、提高风险发现和评价处置能力，推动上市前上市后监管联动，在制度层面推动医疗器械不良事件监测和再评价工作的健全完善。

二是落实不良事件监测责任。医疗器械注册人、备案人应当建立包括医疗器械不良事件监测和再评价工作制度的医疗器械质量管理体系。经营企业和使用单位应当建立本单位医疗器械不良事件监测工作制度。医疗器械注册人、备案人应当对上市医疗器械安全性进行持续研究并撰写上市后定期风险评价报告。注册人、备案人通过监测发现产品存在可能危及人体健康和生命安全的不合理风险时，应当根据情况立即采取停止生产、销售相关产品，实施产品召回，发布风险信息，开展医疗器械再评价等风险控制措施。

三是进一步完善医疗器械再评价制度。医疗器械注册人、备案人根据科学研究的发展，开展医疗器械再评价，对于再评价结果表明产品存在危及人身安全的缺陷，注册人、备案人应当主动申请注销产品注册证或者取消产品备案。

四是强化监督管理。药品监管部门依据职责对注册人、备案人和经营企业开展医疗器械不良事件监测和再评价工作情况进行监督检查，制定检查计划，确定检查重点，并监督实施。

（十三）《医疗器械召回管理办法》

2017 年，国家食品药品监督管理总局修订发布《医疗器械召回管理办法》（国家食品药品监督管理总局令第 29 号）。该《办法》自 2017 年 5 月 1 日起施行，共 6 章 37 条。主要内容包括：

一是明确召回定义和分级。召回是医疗器械注册人、备案人按照规定的程序对其已上市销售的某一类别、型号或者批次的存在缺陷的医疗器械产品，采取警示、检查、修理、重新标签、修改并完善说明书、软件更新、替换、收回、销毁等方式进行处理的行为。根据医疗器械召回的启动情况不同，医疗器械召回分为主动召回和责令召回。根据医疗器械缺陷的严重程度，医疗器械召回分为：一级召回：使用该医疗器械可能或者已经引起严重健康危害的；二级召回：使用该医疗器械可能或者已经引起暂时的或者可逆的健康危害的；三级召回：使用该医疗器械引起危害的可能性较小但仍需要召回的。

二是明确生产企业产品召回责任要求。医疗器械注册人、备案人应当建立健全医疗器械召回管理制度，根据具体情况确定召回级别，科学设计召回计划并组织实施。医疗器械注册人、备案人作出医疗器械召回决定的，一级召回应在 1 日内，二级召回应在 3 日内，三级召回应在 7 日内，通知到有关医疗器械经营企业、使用单位或者告知使用者。医疗器械经营企业、使用单位应当积极协助医疗器械注册人、备案人进行召回。

三是明确境外企业产品召回责任要求。进口医疗器械的境外制造厂商在中国境内指定的代理人应当将仅在境外实施医疗器械召回的有关信息及时报告国务院药品监督管理部门，涉及在境内实施召回的，应当按照《办法》规定组织实施。

三、医疗器械监管法规制度显著特征

新《条例》既是医疗器械的监管法规，也是医疗器械的治理法规。习近平总书记强调："统筹发展和安全，增强忧患意识，做到居安思危，是我们党治理理政的一个重要原则。"新《条例》第一条开宗明义确定立法目的，即"保证医疗器械的安全、有效，保障人体健康和生命安全，促进医疗器械产业发展"。

（一）保障安全与促进发展相结合

安全是医疗器械研发、生产、经营、使用不可突破的底线和红线。新《条例》采取一系列制度和措施强化保障医疗器械质量安全。如新增医疗器械风险管理的理念，强化医疗器械注册人、备案人全生命周期质量安全责任，新增监管部门对申请人质量管理能力的审查责任，新增医疗器械产品发生变化时注册人的法定义务，新增医疗器械注册人、备案人根据再评价结果采取控制措施，新增医疗器械责任约谈等内容。

医疗器械是推动经济高质量发展的重要领域，是关系国计民生、经济发展的重要产业，是新质生产力的重要体现。新《条例》在保障公众用械安全有效的基础上，从制度层面进一步完善了鼓励医疗器械产业高质量发展的规定，将医疗器械创新纳入重点支持。如国家制定医疗器械产业规划和政策，将医疗器械创新纳入发展重点，对创新医疗器械予以优先审评审批，支持创新医疗器械临床推广和使用，推动医疗器械产业高质量发展。国家完善医疗器械创新体系，支持医疗器械基础研究和应用研究，促进医疗器械新技术推广和应用，在科技立项、融资、信贷、招标采购、医疗保险等方面予以支持。

（二）产品管理与信息管理相结合

医疗器械属于信赖品，使用者初次选择医疗器械产品时往往通过相关信息进行判断。对于购买者、使用者来说，医疗器械的信息管理与产品管理同等重要，甚至在某些情况下信息管理比产品管理更为重要。医疗器械监管法规在对医疗器械本身提出质量安全要求的同时，也对医疗器械信息提出了明确要求。

医疗器械产品管理的基本要求是安全、有效、质量可控。法规进一步明确：医疗器械注册人、备案人应当加强医疗器械全生命周期质量监管，对研制、生产、经营、使用全过程中医疗器械的安全性、有效性依法承担责任；受理注册申请的药品监督管理部门应当对医疗器械的安全性、有效性以及注册申请人保证医疗器械安全、有效的质量管理能力等进行审查；已注册的第二类、第三类医疗器械产品，其设计、原材料、生产工艺、适用范围、使用方法等发生实质性变化，有可能影响该医疗器械安全、有效的，注册人应当向原注册部门申请办理变更注册手续；发生其他变化的，应当按照国务院药品监督管理部门的规定备案或者报告；按照国务院药品监督管理部门的规定，进行医疗器械临床评价时，已有临床文献资料、临床数据不足以确认产品安全、有效的，应当开展临床试验；医疗器械生产条件发生变化，不再符合医疗器械质量管理体系要求的，医疗器械注册人、备案人、受托生产企业应当立即采取整改措施；可能影响医疗器械安全、有效的，应当立即停止生产活动，并向原生产许可或者生产备案部门报告；运输、贮存医疗器械，应当符合医疗器械说明书和标签标示的要求；对温度、湿度等环境条件有特殊要求的，应当采取相应措施，保证医疗器械的安全、有效。

医疗器械信息管理的基本要求是真实、准确、完整和可追溯。医疗器械监管法规高度重视信息安全，包括标签、说明书、广告、信息、宣传等。法规进一步明确：医疗器械注册申请人、备案人应当确保提交的资料合法、真实、准确、完整和可追溯；说明书、标签的内容应当与经注册或者备案的相关内容一致，确保真实、准确；进货查验记录和销售记录应当真实、准确、完整和可追溯，并按照国务院药品监督管理部门规定的期限予以保存；医疗器械广告的内容应当真实合法，以药品监督管理部门注册或者备案的医疗器械说明书为准，不得含有虚假、夸大、误导性内容。

（三）产品管理与队伍建设相结合

医疗器械监管属于职业化专业化监管，监管工作离不开专业化、高水平的队伍。2019年7月9日《国务院办公厅关于建立职业化专业化药品检查员队伍的意见》提出："坚持职业化方向和专业性、技术性要求，到2020年底，国务院药品监管部门和省级药品监管部门基本完成职业化专业化药品检查员队伍制度体系建设。在此基础上，再用三到五年时间，构建起基本满足药品监管要求的职业化专业化药品检查员队伍体系，进一步完善以专职检查员为主体、兼职检查员为补充，政治过硬、素质优良、业务精湛、廉洁高效的职业化专业化药品检查员队伍，形成权责明确、协作顺畅、覆盖全面的药品监督检查工作体系。"新《条例》在全面加强医疗器械监管的同时，进一步强化监管队伍建设，将职业化专业化检查员作为法规制度予以明确，明确"国家建立职业化专业化检查员制度，加强对医疗器械的监督检查"，为医疗器械监管提供了队伍保障。

此外，新《条例》对从事医疗器械生产活动的生产企业，除生产场地、环境条件、生产设备外，还提出应当具备相应的专业技术人员，以更好满足保证产品质量安全的需要。

（四）过程管理与结果管理相结合

医疗器械安全是结果安全与过程安全的有机统一。过程安全是结果安全的先决条件，结果安全是过程安全的逻辑必然。生产经营过程如果不能持续合规，产品检验即使没有发现已知的风险，该产品也可能存在不可预知的风险。将过程安全与结果安全统一起来，并将过程体系化、程序化、制度化，这是医疗器械安全治理的重大进步，是医疗器械全生命周期监管的必然要求。

新《条例》明确了全过程监管的基本原则，提出"医疗器械注册人、备案人应当加强医疗器械全生命周期质量管理，对研制、生产、经营、使用全过程中医疗器械的安全性、有效性依法承担责任。"在研发生产环节，新《条例》明确提出"医疗器械注册人、备案人、受托生产企业应当按照医疗器械生产质量管理规范，建立健全与所生产医疗器械相适应的质量管理体系并保证其有效运行。医疗器械生产质量管理规范应当对医疗器械的设计开发、生产设备条件、原材料采购、生产过程控制、产品放行、企业的机构设置和人员配备等影响医疗器械安全、有效的事项作出明确规定。"在经营环节，要求"从事医疗器械经营，应当依照法律法规和国务院药品监督管理部门制定的医疗器械经营质量管理规范的要求，建立健全与所经营医疗器械相适应的质量管理体系并保证其有效运行。"在临床试验管理环节，要求"开展医疗器械临床试验，应当按照医疗器械临床试验质量管理规范的要求，在具备相应条件的临床试验机构进行"。这些内容都是强化过程管理的具体措施，也标志着医疗器械安全治理的稳步成长。

（五）制度创新和机制创新相结合

新《条例》下的医疗器械监管法规制度增加了一系列的新理念、新制度、新机制，制度创新与机制创新更是体现了新《条例》的显著特色。在制度创新方面，新增注册人、备案人制度，新增附条件批准制度和紧急使用制度，新增医疗器械拓展性临床试验管理制度，完善临床评价和临床试验管理制度，新增唯一标识制度等。这些制度的增加和完善，进一步健全了医疗器械法规体系的要素，丰富了医疗器械监管手段。

在机制创新方面，新《条例》增加了信息共享机制、信息公开机制、贡献褒奖机制、行业自律机制、社会共治机制、责任连带机制、责任约谈机制、惩罚赔偿机制、行刑衔接机制等。通过激励与约束、褒奖与惩戒、自律与他律、动力与压力的有机结合，整合监管资源、激活运行机理，形成治理合力和治理动力，赋予医疗监管法规更强的生命力。

（六）单位责任和个人责任相结合

法律法规的核心内容是权利义务，也可以概括为责任。新《条例》在全面加强单位责任的同时，强化了对自然人违法行为的处罚。因为违法行为的真正实施主体是具有思维能力和行动能力的自然人。只有将违法行为处罚到人，法律的严肃性与权威性才能真正彰显出来。新《条例》在诸多方面规定了对违反法规规定的自然人的处罚。

如在申请医疗器械行政许可时提供虚假资料或者采取其他欺骗手段的，不予行政许可，已经取得行政许可的，由作出行政许可决定的部门撤销行政许可，没收违法所得、违法生产经营使用的医疗器械，10年内不受理相关责任人以及单位提出的医疗器械许可申请；情节严重的，责令停产停业，对违法单位的法定代表人、主要负责人、直接负责的主管人员和其他责任人员，没收违法行为发生期间自本单位所获收入，并处所获收入30%以上3倍以下罚款，终身禁止其从事医疗器械生产经营活动。

再如医疗器械临床试验机构开展医疗器械临床试验未遵守临床试验质量管理规范，造成严重后果的，5年内禁止其开展相关专业医疗器械临床试验，由卫生主管部门对违法单位的法定代表人、主要负责人、直接负责的主管人员和其他责任人员，没收违法行为发生期间自本单位所获收入，并处所获收入30%以上3倍以下罚款，依法给予处分。医疗器械检验机构出具虚假检验报告的，由授予其资质的主管部门撤销检验资质，10年内不受理相关责任人以及单位提出的资质认定申请，并处10万元以上30万元以下罚款；对违法单位的法定代表人、主要负责人、直接负责的主管人员和其他责任人员，没收违法行为发生期间自本单位所获收入，并处所获收入30%以上3倍以下罚款，依法给予处分；受到开除处分的，10年内禁止其从事医疗器械检验工作。

新《条例》和配套规章搭建了医疗器械监管法规制度的"四梁八柱"。经过3年多来的执法实践，新法规的生命力日益彰显。一是医疗器械审评审批效率持续提高，全生命周期监管全面加强，监管体系和能力显著提升，监管基础不断夯实，国际影响力不断扩大。二是创新医疗器械持续涌现，碳离子治疗系统、第三代人工心脏、手术机器人、人工智能医疗器械等272个创新医疗器械上市应用，实现了高端医疗器械的新突破。三是创新高质量发展的监管生态已基本形成，支撑和保障了医疗器械产业的健康快速发展。据统计，截至2023年底，我国医疗器械产业规模已突破1.3万亿元，生产企业超过3.3万家，年复合增长率连续多年超过10%，为全球第二大医疗器械市场。环渤海、长三角、粤港澳三大医疗器械产业集群蓬勃发展，医疗器械产业园区在全国范围内星罗棋布，产业发展势头良好。

为更好地支撑医疗器械产业高质量发展，全国人大已将《医疗器械管理法》列入十四届全国人大常委会立法规划，这在我国医疗器械监管史上具有里程碑意义。相信随着立法过程的推进，我们对医疗器械监管规律的认识将进一步深化，对鼓励医疗器械产业高质量发展的制度设计将进一步明晰，医疗器械监管科学化、法治化、国际化、现代化水平将进一步得到提升。

第一章

法律法规

医疗器械监督管理条例

中华人民共和国国务院令第 739 号

（2000 年 1 月 4 日国务院令第 276 号公布，2014 年 2 月 12 日国务院第 39 次常务会议修订通过，根据 2017 年 5 月 4 日《国务院关于修改〈医疗器械监督管理条例〉的决定》修订，2020年 12 月 21 日国务院第 119 次常务会议修订通过，2021 年 2 月 9 日国务院令第 739 号公布，自2021 年 6 月 1 日起施行）

第一章 总 则

第一条 为了保证医疗器械的安全、有效，保障人体健康和生命安全，促进医疗器械产业发展，制定本条例。

第二条 在中华人民共和国境内从事医疗器械的研制、生产、经营、使用活动及其监督管理，适用本条例。

第三条 国务院药品监督管理部门负责全国医疗器械监督管理工作。

国务院有关部门在各自的职责范围内负责与医疗器械有关的监督管理工作。

第四条 县级以上地方人民政府应当加强对本行政区域的医疗器械监督管理工作的领导，组织协调本行政区域内的医疗器械监督管理工作以及突发事件应对工作，加强医疗器械监督管理能力建设，为医疗器械安全工作提供保障。

县级以上地方人民政府负责药品监督管理的部门负责本行政区域的医疗器械监督管理工作。县级以上地方人民政府有关部门在各自的职责范围内负责与医疗器械有关的监督管理工作。

第五条 医疗器械监督管理遵循风险管理、全程管控、科学监管、社会共治的原则。

第六条 国家对医疗器械按照风险程度实行分类管理。

第一类是风险程度低，实行常规管理可以保证其安全、有效的医疗器械。

第二类是具有中度风险，需要严格控制管理以保证其安全、有效的医疗器械。

第三类是具有较高风险，需要采取特别措施严格控制管理以保证其安全、有效的医疗器械。

评价医疗器械风险程度，应当考虑医疗器械的预期目的、结构特征、使用方法等因素。

国务院药品监督管理部门负责制定医疗器械的分类规则和分类目录，并根据医疗器械生产、经营、使用情况，及时对医疗器械的风险变化进行分析、评价，对分类规则和分类目录进行调整。制定、调整分类规则和分类目录，应当充分听取医疗器械注册人、备案人、生产经营企业以及使用单位、行业组织的意见，并参考国际医疗器械分类实践。医疗器械分类规则和分类目录应当向社会公布。

第七条 医疗器械产品应当符合医疗器械强制性国家标准；尚无强制性国家标准的，应当符合医疗器械强制性行业标准。

第八条 国家制定医疗器械产业规划和政策，将医疗器械创新纳入发展重点，对创新医疗器械予以优先审评审批，支持创新医疗器械临床推广和使用，推动医疗器械产业高质量发展。国务院药品监督管理部门应当配合国务院有关部门，贯彻实施国家医疗器械产业规划和引导政策。

第九条 国家完善医疗器械创新体系，支持医疗器械的基础研究和应用研究，促进医疗器械新技术的推广和应用，在科技立项、融资、信贷、招标采购、医疗保险等方面予以支持。支持企业设立或者联合组建研制机构，鼓励企业与高等学校、科研院所、医疗机构等合作开展医疗器械的研究与创新，加强医疗器械知识产权保护，提高医疗器械自主创新能力。

第十条 国家加强医疗器械监督管理信息化建设，提高在线政务服务水平，为医疗器械行政许可、备案等提供便利。

第十一条 医疗器械行业组织应当加强行业自律，推进诚信体系建设，督促企业依法开展生产经营活动，引导企业诚实守信。

第十二条 对在医疗器械的研究与创新方面做出突出贡献的单位和个人，按照国家有关规定给予表彰奖励。

第二章 医疗器械产品注册与备案

第十三条 第一类医疗器械实行产品备案管理，第二类、第三类医疗器械实行产品注册管理。

医疗器械注册人、备案人应当加强医疗器械全生命周期质量管理，对研制、生产、经营、使用全过程中医疗器械的安全性、有效性依法承担责任。

第十四条 第一类医疗器械产品备案和申请第二类、第三类医疗器械产品注册，应当提交下列资料：

（一）产品风险分析资料；

（二）产品技术要求；

（三）产品检验报告；

（四）临床评价资料；

（五）产品说明书以及标签样稿；

（六）与产品研制、生产有关的质量管理体系文件；

（七）证明产品安全、有效所需的其他资料。

产品检验报告应当符合国务院药品监督管理部门的要求，可以是医疗器械注册申请人、备案人的自检报告，也可以是委托有资质的医疗器械检验机构出具的检验报告。

符合本条例第二十四条规定的免于进行临床评价情形的，可以免于提交临床评价资料。

医疗器械注册申请人、备案人应当确保提交的资料合法、真实、准确、完整和可追溯。

第十五条 第一类医疗器械产品备案，由备案人向所在地设区的市级人民政府负责药品监督管理的部门提交备案资料。

向我国境内出口第一类医疗器械的境外备案人，由其指定的我国境内企业法人向国务院药品监督管理部门提交备案资料和备案人所在国（地区）主管部门准许该医疗器械上市销售的证明文件。未在境外上市的创新医疗器械，可以不提交备案人所在国（地区）主管部门准许该医疗器械上市销售的证明文件。

备案人向负责药品监督管理的部门提交符合本条例规定的备案资料后即完成备案。负责药品监督管理的部门应当自收到备案资料之日起5个工作日内，通过国务院药品监督管理部门在线政务服务平台向社会公布备案有关信息。

备案资料载明的事项发生变化的，应当向原备案部门变更备案。

第十六条 申请第二类医疗器械产品注册，注册申请人应当向所在地省、自治区、直辖市人民政府药品监督管理部门提交注册申请资料。申请第三类医疗器械产品注册，注册申请人应当向国务院药品监督管理部门提交注册申请资料。

向我国境内出口第二类、第三类医疗器械的境外注册申请人，由其指定的我国境内企业法人向国务院药品监督管理部门提交注册申请资料和注册申请人所在国（地区）主管部门准许该医疗器械上市销售的证明文件。未在境外上市的创新医疗器械，可以不提交注册申请人所在国（地区）主管部门准许该医疗器械上市销售的证明文件。

　　国务院药品监督管理部门应当对医疗器械注册审查程序和要求作出规定，并加强对省、自治区、直辖市人民政府药品监督管理部门注册审查工作的监督指导。

　　第十七条　受理注册申请的药品监督管理部门应当对医疗器械的安全性、有效性以及注册申请人保证医疗器械安全、有效的质量管理能力等进行审查。

　　受理注册申请的药品监督管理部门应当自受理注册申请之日起3个工作日内将注册申请资料转交技术审评机构。技术审评机构应当在完成技术审评后，将审评意见提交受理注册申请的药品监督管理部门作为审批的依据。

　　受理注册申请的药品监督管理部门在组织对医疗器械的技术审评时认为有必要对质量管理体系进行核查的，应当组织开展质量管理体系核查。

　　第十八条　受理注册申请的药品监督管理部门应当自收到审评意见之日起20个工作日内作出决定。对符合条件的，准予注册并发给医疗器械注册证；对不符合条件的，不予注册并书面说明理由。

　　受理注册申请的药品监督管理部门应当自医疗器械准予注册之日起5个工作日内，通过国务院药品监督管理部门在线政务服务平台向社会公布注册有关信息。

　　第十九条　对用于治疗罕见疾病、严重危及生命且尚无有效治疗手段的疾病和应对公共卫生事件等急需的医疗器械，受理注册申请的药品监督管理部门可以作出附条件批准决定，并在医疗器械注册证中载明相关事项。

　　出现特别重大突发公共卫生事件或者其他严重威胁公众健康的紧急事件，国务院卫生主管部门根据预防、控制事件的需要提出紧急使用医疗器械的建议，经国务院药品监督管理部门组织论证同意后可以在一定范围和期限内紧急使用。

　　第二十条　医疗器械注册人、备案人应当履行下列义务：

　　（一）建立与产品相适应的质量管理体系并保持有效运行；

　　（二）制定上市后研究和风险管控计划并保证有效实施；

　　（三）依法开展不良事件监测和再评价；

　　（四）建立并执行产品追溯和召回制度；

　　（五）国务院药品监督管理部门规定的其他义务。

　　境外医疗器械注册人、备案人指定的我国境内企业法人应当协助注册人、备案人履行前款规定的义务。

　　第二十一条　已注册的第二类、第三类医疗器械产品，其设计、原材料、生产工艺、适用范围、使用方法等发生实质性变化，有可能影响该医疗器械安全、有效的，注册人应当向原注册部门申请办理变更注册手续；发生其他变化的，应当按照国务院药品监督管理部门的规定备案或者报告。

　　第二十二条　医疗器械注册证有效期为5年。有效期届满需要延续注册的，应当在有效期届满6个月前向原注册部门提出延续注册的申请。

　　除有本条第三款规定情形外，接到延续注册申请的药品监督管理部门应当在医疗器械注册证有效期届满前作出准予延续的决定。逾期未作决定的，视为准予延续。

　　有下列情形之一的，不予延续注册：

　　（一）未在规定期限内提出延续注册申请；

　　（二）医疗器械强制性标准已经修订，申请延续注册的医疗器械不能达到新要求；

　　（三）附条件批准的医疗器械，未在规定期限内完成医疗器械注册证载明事项。

　　第二十三条　对新研制的尚未列入分类目录的医疗器械，申请人可以依照本条例有关第三类医疗器械产品注册的规定直接申请产品注册，也可以依据分类规则判断产品类别并向国务院药品监督管理部门申请类别确认后依照本条例的规定申请产品注册或者进行产品备案。

　　直接申请第三类医疗器械产品注册的，国务院药品监督管理部门应当按照风险程度确定类别，对准予注册的医疗器械及时纳入分类目录。申请类别确认的，国务院药品监督管理部门应当自受理申请之日起20个工作日内对该医疗器械的类别进行判定并告知申请人。

第二十四条　医疗器械产品注册、备案，应当进行临床评价；但是符合下列情形之一，可以免于进行临床评价：

（一）工作机理明确、设计定型，生产工艺成熟，已上市的同品种医疗器械临床应用多年且无严重不良事件记录，不改变常规用途的；

（二）其他通过非临床评价能够证明该医疗器械安全、有效的。

国务院药品监督管理部门应当制定医疗器械临床评价指南。

第二十五条　进行医疗器械临床评价，可以根据产品特征、临床风险、已有临床数据等情形，通过开展临床试验，或者通过对同品种医疗器械临床文献资料、临床数据进行分析评价，证明医疗器械安全、有效。

按照国务院药品监督管理部门的规定，进行医疗器械临床评价时，已有临床文献资料、临床数据不足以确认产品安全、有效的医疗器械，应当开展临床试验。

第二十六条　开展医疗器械临床试验，应当按照医疗器械临床试验质量管理规范的要求，在具备相应条件的临床试验机构进行，并向临床试验申办者所在地省、自治区、直辖市人民政府药品监督管理部门备案。接受临床试验备案的药品监督管理部门应当将备案情况通报临床试验机构所在地同级药品监督管理部门和卫生主管部门。

医疗器械临床试验机构实行备案管理。医疗器械临床试验机构应当具备的条件以及备案管理办法和临床试验质量管理规范，由国务院药品监督管理部门会同国务院卫生主管部门制定并公布。

国家支持医疗机构开展临床试验，将临床试验条件和能力评价纳入医疗机构等级评审，鼓励医疗机构开展创新医疗器械临床试验。

第二十七条　第三类医疗器械临床试验对人体具有较高风险的，应当经国务院药品监督管理部门批准。国务院药品监督管理部门审批临床试验，应当对拟承担医疗器械临床试验的机构的设备、专业人员等条件，该医疗器械的风险程度，临床试验实施方案，临床受益与风险对比分析报告等进行综合分析，并自受理申请之日起60个工作日内作出决定并通知临床试验申办者。逾期未通知的，视为同意。准予开展临床试验的，应当通报临床试验机构所在地省、自治区、直辖市人民政府药品监督管理部门和卫生主管部门。

临床试验对人体具有较高风险的第三类医疗器械目录由国务院药品监督管理部门制定、调整并公布。

第二十八条　开展医疗器械临床试验，应当按照规定进行伦理审查，向受试者告知试验目的、用途和可能产生的风险等详细情况，获得受试者的书面知情同意；受试者为无民事行为能力人或者限制民事行为能力人的，应当依法获得其监护人的书面知情同意。

开展临床试验，不得以任何形式向受试者收取与临床试验有关的费用。

第二十九条　对正在开展临床试验的用于治疗严重危及生命且尚无有效治疗手段的疾病的医疗器械，经医学观察可能使患者获益，经伦理审查、知情同意后，可以在开展医疗器械临床试验的机构内免费用于其他病情相同的患者，其安全性数据可以用于医疗器械注册申请。

第三章　医疗器械生产

第三十条　从事医疗器械生产活动，应当具备下列条件：

（一）有与生产的医疗器械相适应的生产场地、环境条件、生产设备以及专业技术人员；

（二）有能对生产的医疗器械进行质量检验的机构或者专职检验人员以及检验设备；

（三）有保证医疗器械质量的管理制度；

（四）有与生产的医疗器械相适应的售后服务能力；

（五）符合产品研制、生产工艺文件规定的要求。

第三十一条 从事第一类医疗器械生产的，应当向所在地设区的市级人民政府负责药品监督管理的部门备案，在提交符合本条例第三十条规定条件的有关资料后即完成备案。

医疗器械备案人自行生产第一类医疗器械的，可以在依照本条例第十五条规定进行产品备案时一并提交符合本条例第三十条规定条件的有关资料，即完成生产备案。

第三十二条 从事第二类、第三类医疗器械生产的，应当向所在地省、自治区、直辖市人民政府药品监督管理部门申请生产许可并提交其符合本条例第三十条规定条件的有关资料以及所生产医疗器械的注册证。

受理生产许可申请的药品监督管理部门应当对申请资料进行审核，按照国务院药品监督管理部门制定的医疗器械生产质量管理规范的要求进行核查，并自受理申请之日起20个工作日内作出决定。对符合规定条件的，准予许可并发给医疗器械生产许可证；对不符合规定条件的，不予许可并书面说明理由。

医疗器械生产许可证有效期为5年。有效期届满需要延续的，依照有关行政许可的法律规定办理延续手续。

第三十三条 医疗器械生产质量管理规范应当对医疗器械的设计开发、生产设备条件、原材料采购、生产过程控制、产品放行、企业的机构设置和人员配备等影响医疗器械安全、有效的事项作出明确规定。

第三十四条 医疗器械注册人、备案人可以自行生产医疗器械，也可以委托符合本条例规定、具备相应条件的企业生产医疗器械。

委托生产医疗器械的，医疗器械注册人、备案人应当对所委托生产的医疗器械质量负责，并加强对受托生产企业生产行为的管理，保证其按照法定要求进行生产。医疗器械注册人、备案人应当与受托生产企业签订委托协议，明确双方权利、义务和责任。受托生产企业应当依照法律法规、医疗器械生产质量管理规范、强制性标准、产品技术要求和委托协议组织生产，对生产行为负责，并接受委托方的监督。

具有高风险的植入性医疗器械不得委托生产，具体目录由国务院药品监督管理部门制定、调整并公布。

第三十五条 医疗器械注册人、备案人、受托生产企业应当按照医疗器械生产质量管理规范，建立健全与所生产医疗器械相适应的质量管理体系并保证其有效运行；严格按照经注册或者备案的产品技术要求组织生产，保证出厂的医疗器械符合强制性标准以及经注册或者备案的产品技术要求。

医疗器械注册人、备案人、受托生产企业应当定期对质量管理体系的运行情况进行自查，并按照国务院药品监督管理部门的规定提交自查报告。

第三十六条 医疗器械的生产条件发生变化，不再符合医疗器械质量管理体系要求的，医疗器械注册人、备案人、受托生产企业应当立即采取整改措施；可能影响医疗器械安全、有效的，应当立即停止生产活动，并向原生产许可或者生产备案部门报告。

第三十七条 医疗器械应当使用通用名称。通用名称应当符合国务院药品监督管理部门制定的医疗器械命名规则。

第三十八条 国家根据医疗器械产品类别，分步实施医疗器械唯一标识制度，实现医疗器械可追溯，具体办法由国务院药品监督管理部门会同国务院有关部门制定。

第三十九条 医疗器械应当有说明书、标签。说明书、标签的内容应当与经注册或者备案的相关内容一致，确保真实、准确。

医疗器械的说明书、标签应当标明下列事项：

（一）通用名称、型号、规格；

（二）医疗器械注册人、备案人、受托生产企业的名称、地址以及联系方式；

（三）生产日期，使用期限或者失效日期；

（四）产品性能、主要结构、适用范围；

（五）禁忌、注意事项以及其他需要警示或者提示的内容；

（六）安装和使用说明或者图示；

（七）维护和保养方法，特殊运输、贮存的条件、方法；

（八）产品技术要求规定应当标明的其他内容。

第二类、第三类医疗器械还应当标明医疗器械注册证编号。

由消费者个人自行使用的医疗器械还应当具有安全使用的特别说明。

第四章　医疗器械经营与使用

第四十条　从事医疗器械经营活动，应当有与经营规模和经营范围相适应的经营场所和贮存条件，以及与经营的医疗器械相适应的质量管理制度和质量管理机构或者人员。

第四十一条　从事第二类医疗器械经营的，由经营企业向所在地设区的市级人民政府负责药品监督管理的部门备案并提交符合本条例第四十条规定条件的有关资料。

按照国务院药品监督管理部门的规定，对产品安全性、有效性不受流通过程影响的第二类医疗器械，可以免于经营备案。

第四十二条　从事第三类医疗器械经营的，经营企业应当向所在地设区的市级人民政府负责药品监督管理的部门申请经营许可并提交符合本条例第四十条规定条件的有关资料。

受理经营许可申请的负责药品监督管理的部门应当对申请资料进行审查，必要时组织核查，并自受理申请之日起 20 个工作日内作出决定。对符合规定条件的，准予许可并发给医疗器械经营许可证；对不符合规定条件的，不予许可并书面说明理由。

医疗器械经营许可证有效期为 5 年。有效期届满需要延续的，依照有关行政许可的法律规定办理延续手续。

第四十三条　医疗器械注册人、备案人经营其注册、备案的医疗器械，无需办理医疗器械经营许可或者备案，但应当符合本条例规定的经营条件。

第四十四条　从事医疗器械经营，应当依照法律法规和国务院药品监督管理部门制定的医疗器械经营质量管理规范的要求，建立健全与所经营医疗器械相适应的质量管理体系并保证其有效运行。

第四十五条　医疗器械经营企业、使用单位应当从具备合法资质的医疗器械注册人、备案人、生产经营企业购进医疗器械。购进医疗器械时，应当查验供货者的资质和医疗器械的合格证明文件，建立进货查验记录制度。从事第二类、第三类医疗器械批发业务以及第三类医疗器械零售业务的经营企业，还应当建立销售记录制度。

记录事项包括：

（一）医疗器械的名称、型号、规格、数量；

（二）医疗器械的生产批号、使用期限或者失效日期、销售日期；

（三）医疗器械注册人、备案人和受托生产企业的名称；

（四）供货者或者购货者的名称、地址以及联系方式；

（五）相关许可证明文件编号等。

进货查验记录和销售记录应当真实、准确、完整和可追溯，并按照国务院药品监督管理部门规定的期限予以保存。国家鼓励采用先进技术手段进行记录。

第四十六条　从事医疗器械网络销售的，应当是医疗器械注册人、备案人或者医疗器械经营企业。从事医疗器械网络销售的经营者，应当将从事医疗器械网络销售的相关信息告知所在地设区的市级人民政府负责药品监督管理的部门，经营第一类医疗器械和本条例第四十一条第二款规定的第二类医疗器械的除外。

为医疗器械网络交易提供服务的电子商务平台经营者应当对入网医疗器械经营者进行实名登记，审查其经营许可、备案情况和所经营医疗器械产品注册、备案情况，并对其经营行为进行管理。电子商务平台经营者发现入网医疗器械经营者有违反本条例规定行为的，应当及时制止并立即报告医疗器械经营者所在地设区的市级人民政府负责药品监督管理的部门；发现严重违法行为的，应当立即停止提供网络交易平台服务。

第四十七条　运输、贮存医疗器械，应当符合医疗器械说明书和标签标示的要求；

对温度、湿度等环境条件有特殊要求的，应当采取相应措施，保证医疗器械的安全、有效。

第四十八条　医疗器械使用单位应当有与在用医疗器械品种、数量相适应的贮存场所和条件。医疗器械使用单位应当加强对工作人员的技术培训，按照产品说明书、技术操作规范等要求使用医疗器械。

医疗器械使用单位配置大型医用设备，应当符合国务院卫生主管部门制定的大型医用设备配置规划，与其功能定位、临床服务需求相适应，具有相应的技术条件、配套设施和具备相应资质、能力的专业技术人员，并经省级以上人民政府卫生主管部门批准，取得大型医用设备配置许可证。

大型医用设备配置管理办法由国务院卫生主管部门会同国务院有关部门制定。大型医用设备目录由国务院卫生主管部门商国务院有关部门提出，报国务院批准后执行。

第四十九条　医疗器械使用单位对重复使用的医疗器械，应当按照国务院卫生主管部门制定的消毒和管理的规定进行处理。

一次性使用的医疗器械不得重复使用，对使用过的应当按照国家有关规定销毁并记录。一次性使用的医疗器械目录由国务院药品监督管理部门会同国务院卫生主管部门制定、调整并公布。列入一次性使用的医疗器械目录，应当具有充足的无法重复使用的证据理由。重复使用可以保证安全、有效的医疗器械，不列入一次性使用的医疗器械目录。对因设计、生产工艺、消毒灭菌技术等改进后重复使用可以保证安全、有效的医疗器械，应当调整出一次性使用的医疗器械目录，允许重复使用。

第五十条　医疗器械使用单位对需要定期检查、检验、校准、保养、维护的医疗器械，应当按照产品说明书的要求进行检查、检验、校准、保养、维护并予以记录，及时进行分析、评估，确保医疗器械处于良好状态，保障使用质量；对使用期限长的大型医疗器械，应当逐台建立使用档案，记录其使用、维护、转让、实际使用时间等事项。记录保存期限不得少于医疗器械规定使用期限终止后 5 年。

第五十一条　医疗器械使用单位应当妥善保存购入第三类医疗器械的原始资料，并确保信息具有可追溯性。

使用大型医疗器械以及植入和介入类医疗器械的，应当将医疗器械的名称、关键性技术参数等信息以及与使用质量安全密切相关的必要信息记载到病历等相关记录中。

第五十二条　发现使用的医疗器械存在安全隐患的，医疗器械使用单位应当立即停止使用，并通知医疗器械注册人、备案人或者其他负责产品质量的机构进行检修；经检修仍不能达到使用安全标准的医疗器械，不得继续使用。

第五十三条　对国内尚无同品种产品上市的体外诊断试剂，符合条件的医疗机构根据本单位的临床需要，可以自行研制，在执业医师指导下在本单位内使用。具体管理办法由国务院药品监督管理部门会同国务院卫生主管部门制定。

第五十四条　负责药品监督管理的部门和卫生主管部门依据各自职责，分别对使用环节的医疗器械质量和医疗器械使用行为进行监督管理。

第五十五条 医疗器械经营企业、使用单位不得经营、使用未依法注册或者备案、无合格证明文件以及过期、失效、淘汰的医疗器械。

第五十六条 医疗器械使用单位之间转让在用医疗器械，转让方应当确保所转让的医疗器械安全、有效，不得转让过期、失效、淘汰以及检验不合格的医疗器械。

第五十七条 进口的医疗器械应当是依照本条例第二章的规定已注册或者已备案的医疗器械。

进口的医疗器械应当有中文说明书、中文标签。说明书、标签应当符合本条例规定以及相关强制性标准的要求，并在说明书中载明医疗器械的原产地以及境外医疗器械注册人、备案人指定的我国境内企业法人的名称、地址、联系方式。没有中文说明书、中文标签或者说明书、标签不符合本条规定的，不得进口。

医疗机构因临床急需进口少量第二类、第三类医疗器械的，经国务院药品监督管理部门或者国务院授权的省、自治区、直辖市人民政府批准，可以进口。进口的医疗器械应当在指定医疗机构内用于特定医疗目的。

禁止进口过期、失效、淘汰等已使用过的医疗器械。

第五十八条 出入境检验检疫机构依法对进口的医疗器械实施检验；检验不合格的，不得进口。

国务院药品监督管理部门应当及时向国家出入境检验检疫部门通报进口医疗器械的注册和备案情况。进口口岸所在地出入境检验检疫机构应当及时向所在地设区的市级人民政府负责药品监督管理的部门通报进口医疗器械的通关情况。

第五十九条 出口医疗器械的企业应当保证其出口的医疗器械符合进口国（地区）的要求。

第六十条 医疗器械广告的内容应当真实合法，以经负责药品监督管理的部门注册或者备案的医疗器械说明书为准，不得含有虚假、夸大、误导性的内容。

发布医疗器械广告，应当在发布前由省、自治区、直辖市人民政府确定的广告审查机关对广告内容进行审查，并取得医疗器械广告批准文号；未经审查，不得发布。

省级以上人民政府药品监督管理部门责令暂停生产、进口、经营和使用的医疗器械，在暂停期间不得发布涉及该医疗器械的广告。

医疗器械广告的审查办法由国务院市场监督管理部门制定。

第五章　不良事件的处理与医疗器械的召回

第六十一条 国家建立医疗器械不良事件监测制度，对医疗器械不良事件及时进行收集、分析、评价、控制。

第六十二条 医疗器械注册人、备案人应当建立医疗器械不良事件监测体系，配备与其产品相适应的不良事件监测机构和人员，对其产品主动开展不良事件监测，并按照国务院药品监督管理部门的规定，向医疗器械不良事件监测技术机构报告调查、分析、评价、产品风险控制等情况。

医疗器械生产经营企业、使用单位应当协助医疗器械注册人、备案人对所生产经营或者使用的医疗器械开展不良事件监测；发现医疗器械不良事件或者可疑不良事件，应当按照国务院药品监督管理部门的规定，向医疗器械不良事件监测技术机构报告。

其他单位和个人发现医疗器械不良事件或者可疑不良事件，有权向负责药品监督管理的部门或者医疗器械不良事件监测技术机构报告。

第六十三条 国务院药品监督管理部门应当加强医疗器械不良事件监测信息网络建设。

医疗器械不良事件监测技术机构应当加强医疗器械不良事件信息监测，主动收集不良事件信息；发现不良事件或者接到不良事件报告的，应当及时进行核实，必要时进行调查、分析、评估，向负责药品监督管理的部门和卫生主管部门报告并提出处理建议。

医疗器械不良事件监测技术机构应当公布联系方式，方便医疗器械注册人、备案人、生产经营企业、使用单位等报告医疗器械不良事件。

第六十四条 负责药品监督管理的部门应当根据医疗器械不良事件评估结果及时采取发布警示信息以及责令暂停生产、进口、经营和使用等控制措施。

省级以上人民政府药品监督管理部门应当会同同级卫生主管部门和相关部门组织对引起突发、群发的严重伤害或者死亡的医疗器械不良事件及时进行调查和处理，并组织对同类医疗器械加强监测。

负责药品监督管理的部门应当及时向同级卫生主管部门通报医疗器械使用单位的不良事件监测有关情况。

第六十五条 医疗器械注册人、备案人、生产经营企业、使用单位应当对医疗器械不良事件监测技术机构、负责药品监督管理的部门、卫生主管部门开展的医疗器械不良事件调查予以配合。

第六十六条 有下列情形之一的，医疗器械注册人、备案人应当主动开展已上市医疗器械再评价：

（一）根据科学研究的发展，对医疗器械的安全、有效有认识上的改变；

（二）医疗器械不良事件监测、评估结果表明医疗器械可能存在缺陷；

（三）国务院药品监督管理部门规定的其他情形。

医疗器械注册人、备案人应当根据再评价结果，采取相应控制措施，对已上市医疗器械进行改进，并按照规定进行注册变更或者备案变更。再评价结果表明已上市医疗器械不能保证安全、有效的，医疗器械注册人、备案人应当主动申请注销医疗器械注册证或者取消备案；医疗器械注册人、备案人未申请注销医疗器械注册证或者取消备案的，由负责药品监督管理的部门注销医疗器械注册证或者取消备案。

省级以上人民政府药品监督管理部门根据医疗器械不良事件监测、评估等情况，对已上市医疗器械开展再评价。再评价结果表明已上市医疗器械不能保证安全、有效的，应当注销医疗器械注册证或者取消备案。

负责药品监督管理的部门应当向社会及时公布注销医疗器械注册证和取消备案情况。被注销医疗器械注册证或者取消备案的医疗器械不得继续生产、进口、经营、使用。

第六十七条 医疗器械注册人、备案人发现生产的医疗器械不符合强制性标准、经注册或者备案的产品技术要求，或者存在其他缺陷的，应当立即停止生产，通知相关经营企业、使用单位和消费者停止经营和使用，召回已经上市销售的医疗器械，采取补救、销毁等措施，记录相关情况，发布相关信息，并将医疗器械召回和处理情况向负责药品监督管理的部门和卫生主管部门报告。

医疗器械受托生产企业、经营企业发现生产、经营的医疗器械存在前款规定情形的，应当立即停止生产、经营，通知医疗器械注册人、备案人，并记录停止生产、经营和通知情况。医疗器械注册人、备案人认为属于依照前款规定需要召回的医疗器械，应当立即召回。

医疗器械注册人、备案人、受托生产企业、经营企业未依照本条规定实施召回或者停止生产、经营的，负责药品监督管理的部门可以责令其召回或者停止生产、经营。

第六章　监督检查

第六十八条 国家建立职业化专业化检查员制度，加强对医疗器械的监督检查。

第六十九条 负责药品监督管理的部门应当对医疗器械的研制、生产、经营活动以及使用环节的医疗器械质量加强监督检查，并对下列事项进行重点监督检查：

（一）是否按照经注册或者备案的产品技术要求组织生产；

（二）质量管理体系是否保持有效运行；

（三）生产经营条件是否持续符合法定要求。

必要时，负责药品监督管理的部门可以对为医疗器械研制、生产、经营、使用等活动提供产品或者服务的其他相关单位和个人进行延伸检查。

第七十条 负责药品监督管理的部门在监督检查中有下列职权：

（一）进入现场实施检查、抽取样品；

（二）查阅、复制、查封、扣押有关合同、票据、账簿以及其他有关资料；

（三）查封、扣押不符合法定要求的医疗器械，违法使用的零配件、原材料以及用于违法生产经营医疗器械的工具、设备；

（四）查封违反本条例规定从事医疗器械生产经营活动的场所。

进行监督检查，应当出示执法证件，保守被检查单位的商业秘密。

有关单位和个人应当对监督检查予以配合，提供相关文件和资料，不得隐瞒、拒绝、阻挠。

第七十一条 卫生主管部门应当对医疗机构的医疗器械使用行为加强监督检查。实施监督检查时，可以进入医疗机构，查阅、复制有关档案、记录以及其他有关资料。

第七十二条 医疗器械生产经营过程中存在产品质量安全隐患，未及时采取措施消除的，负责药品监督管理的部门可以采取告诫、责任约谈、责令限期整改等措施。

对人体造成伤害或者有证据证明可能危害人体健康的医疗器械，负责药品监督管理的部门可以采取责令暂停生产、进口、经营、使用的紧急控制措施，并发布安全警示信息。

第七十三条 负责药品监督管理的部门应当加强对医疗器械注册人、备案人、生产经营企业和使用单位生产、经营、使用的医疗器械的抽查检验。抽查检验不得收取检验费和其他任何费用，所需费用纳入本级政府预算。省级以上人民政府药品监督管理部门应当根据抽查检验结论及时发布医疗器械质量公告。

卫生主管部门应当对大型医用设备的使用状况进行监督和评估；发现违规使用以及与大型医用设备相关的过度检查、过度治疗等情形的，应当立即纠正，依法予以处理。

第七十四条 负责药品监督管理的部门未及时发现医疗器械安全系统性风险，未及时消除监督管理区域内医疗器械安全隐患的，本级人民政府或者上级人民政府负责药品监督管理的部门应当对其主要负责人进行约谈。

地方人民政府未履行医疗器械安全职责，未及时消除区域性重大医疗器械安全隐患的，上级人民政府或者上级人民政府负责药品监督管理的部门应当对其主要负责人进行约谈。

被约谈的部门和地方人民政府应当立即采取措施，对医疗器械监督管理工作进行整改。

第七十五条 医疗器械检验机构资质认定工作按照国家有关规定实行统一管理。经国务院认证认可监督管理部门会同国务院药品监督管理部门认定的检验机构，方可对医疗器械实施检验。

负责药品监督管理的部门在执法工作中需要对医疗器械进行检验的，应当委托有资质的医疗器械检验机构进行，并支付相关费用。

当事人对检验结论有异议的，可以自收到检验结论之日起7个工作日内向实施抽样检验的部门或者其上一级负责药品监督管理的部门提出复检申请，由受理复检申请的部门在复检机构名录中随机确定复检机构进行复检。承担复检工作的医疗器械检验机构应当在国务院药品监督管理部门规定的时间内作出复检结论。复检结论为最终检验结论。复检机构与初检机构不得为同一机构；相关检验项目只有一家有资质的检验机构的，复检时应当变更承办部门或者人员。复检机构名录由国务院药品监督管理部门公布。

第七十六条 对可能存在有害物质或者擅自改变医疗器械设计、原材料和生产工艺并存在安全隐患的医疗器械，按照医疗器械国家标准、行业标准规定的检验项目和检验方法无法检验的，医疗器械检验机构可以使用国务院药品监督管理部门批准的补充检验项目和检验方法进行检验；使用补充检验项目、检验方法得出的检验结论，可以作为负责药品监督管理的部门认定医疗器械质量的依据。

第七十七条　市场监督管理部门应当依照有关广告管理的法律、行政法规的规定，对医疗器械广告进行监督检查，查处违法行为。

第七十八条　负责药品监督管理的部门应当通过国务院药品监督管理部门在线政务服务平台依法及时公布医疗器械许可、备案、抽查检验、违法行为查处等日常监督管理信息。但是，不得泄露当事人的商业秘密。

负责药品监督管理的部门建立医疗器械注册人、备案人、生产经营企业、使用单位信用档案，对有不良信用记录的增加监督检查频次，依法加强失信惩戒。

第七十九条　负责药品监督管理的部门等部门应当公布本单位的联系方式，接受咨询、投诉、举报。负责药品监督管理的部门等部门接到与医疗器械监督管理有关的咨询，应当及时答复；接到投诉、举报，应当及时核实、处理、答复。对咨询、投诉、举报情况及其答复、核实、处理情况，应当予以记录、保存。

有关医疗器械研制、生产、经营、使用行为的举报经调查属实的，负责药品监督管理的部门等部门对举报人应当给予奖励。有关部门应当为举报人保密。

第八十条　国务院药品监督管理部门制定、调整、修改本条例规定的目录以及与医疗器械监督管理有关的规范，应当公开征求意见；采取听证会、论证会等形式，听取专家、医疗器械注册人、备案人、生产经营企业、使用单位、消费者、行业协会以及相关组织等方面的意见。

第七章　法律责任

第八十一条　有下列情形之一的，由负责药品监督管理的部门没收违法所得、违法生产经营的医疗器械和用于违法生产经营的工具、设备、原材料等物品；违法生产经营的医疗器械货值金额不足 1 万元的，并处 5 万元以上 15 万元以下罚款；货值金额 1 万元以上的，并处货值金额 15 倍以上 30 倍以下罚款；情节严重的，责令停产停业，10 年内不受理相关责任人以及单位提出的医疗器械许可申请，对违法单位的法定代表人、主要负责人、直接负责的主管人员和其他责任人员，没收违法行为发生期间自本单位所获收入，并处所获收入 30% 以上 3 倍以下罚款，终身禁止其从事医疗器械生产经营活动：

（一）生产、经营未取得医疗器械注册证的第二类、第三类医疗器械；

（二）未经许可从事第二类、第三类医疗器械生产活动；

（三）未经许可从事第三类医疗器械经营活动。

有前款第一项情形、情节严重的，由原发证部门吊销医疗器械生产许可证或者医疗器械经营许可证。

第八十二条　未经许可擅自配置使用大型医用设备的，由县级以上人民政府卫生主管部门责令停止使用，给予警告，没收违法所得；违法所得不足 1 万元的，并处 5 万元以上 10 万元以下罚款；违法所得 1 万元以上的，并处违法所得 10 倍以上 30 倍以下罚款；情节严重的，5 年内不受理相关责任人以及单位提出的大型医用设备配置许可申请，对违法单位的法定代表人、主要负责人、直接负责的主管人员和其他责任人员，没收违法行为发生期间自本单位所获收入，并处所获收入 30% 以上 3 倍以下罚款，依法给予处分。

第八十三条　在申请医疗器械行政许可时提供虚假资料或者采取其他欺骗手段的，不予行政许可，已经取得行政许可的，由作出行政许可决定的部门撤销行政许可，没收违法所得、违法生产经营使用的医疗器械，10 年内不受理相关责任人以及单位提出的医疗器械许可申请；违法生产经营使用的医疗器械货值金额不足 1 万元的，并处 5 万元以上 15 万元以下罚款；货值金额 1 万元以上的，并处货值金额 15 倍以上 30 倍以下罚款；情节严重的，责令停产停业，对违法单位的法定代表人、主要负责人、直接负责的主管人员和其他责任人员，没收违法行为发生期间自本单位所获收入，并处所获收入 30% 以上 3 倍以下罚款，终身禁止其从事医疗器械生产经营活动。

伪造、变造、买卖、出租、出借相关医疗器械许可证件的，由原发证部门予以收缴或者吊销，没收违法所得；违法所得不足 1 万元的，并处 5 万元以上 10 万元以下罚款；违法所得 1 万元以上的，并处违法所得 10 倍以上 20 倍以下罚款；构成违反治安管理行为的，由公安机关依法予以治安管理处罚。

第八十四条 有下列情形之一的，由负责药品监督管理的部门向社会公告单位和产品名称，责令限期改正；逾期不改正的，没收违法所得、违法生产经营的医疗器械；违法生产经营的医疗器械货值金额不足 1 万元的，并处 1 万元以上 5 万元以下罚款；货值金额 1 万元以上的，并处货值金额 5 倍以上 20 倍以下罚款；情节严重的，对违法单位的法定代表人、主要负责人、直接负责的主管人员和其他责任人员，没收违法行为发生期间自本单位所获收入，并处所获收入 30% 以上 2 倍以下罚款，5 年内禁止其从事医疗器械生产经营活动：

（一）生产、经营未经备案的第一类医疗器械；

（二）未经备案从事第一类医疗器械生产；

（三）经营第二类医疗器械，应当备案但未备案；

（四）已经备案的资料不符合要求。

第八十五条 备案时提供虚假资料的，由负责药品监督管理的部门向社会公告备案单位和产品名称，没收违法所得、违法生产经营的医疗器械；违法生产经营的医疗器械货值金额不足 1 万元的，并处 2 万元以上 5 万元以下罚款；货值金额 1 万元以上的，并处货值金额 5 倍以上 20 倍以下罚款；情节严重的，责令停产停业，对违法单位的法定代表人、主要负责人、直接负责的主管人员和其他责任人员，没收违法行为发生期间自本单位所获收入，并处所获收入 30% 以上 3 倍以下罚款，10 年内禁止其从事医疗器械生产经营活动。

第八十六条 有下列情形之一的，由负责药品监督管理的部门责令改正，没收违法生产经营使用的医疗器械；违法生产经营使用的医疗器械货值金额不足 1 万元的，并处 2 万元以上 5 万元以下罚款；货值金额 1 万元以上的，并处货值金额 5 倍以上 20 倍以下罚款；情节严重的，责令停产停业，直至由原发证部门吊销医疗器械注册证、医疗器械生产许可证、医疗器械经营许可证，对违法单位的法定代表人、主要负责人、直接负责的主管人员和其他责任人员，没收违法行为发生期间自本单位所获收入，并处所获收入 30% 以上 3 倍以下罚款，10 年内禁止其从事医疗器械生产经营活动：

（一）生产、经营、使用不符合强制性标准或者不符合经注册或者备案的产品技术要求的医疗器械；

（二）未按照经注册或者备案的产品技术要求组织生产，或者未依照本条例规定建立质量管理体系并保持有效运行，影响产品安全、有效；

（三）经营、使用无合格证明文件、过期、失效、淘汰的医疗器械，或者使用未依法注册的医疗器械；

（四）在负责药品监督管理的部门责令召回后仍拒不召回，或者在负责药品监督管理的部门责令停止或者暂停生产、进口、经营后，仍拒不停止生产、进口、经营医疗器械；

（五）委托不具备本条例规定条件的企业生产医疗器械，或者未对受托生产企业的生产行为进行管理；

（六）进口过期、失效、淘汰等已使用过的医疗器械。

第八十七条 医疗器械经营企业、使用单位履行了本条例规定的进货查验等义务，有充分证据证明其不知道所经营、使用的医疗器械为本条例第八十一条第一款第一项、第八十四条第一项、第八十六条第一项和第三项规定情形的医疗器械，并能如实说明其进货来源的，收缴其经营、使用的不符合法定要求的医疗器械，可以免除行政处罚。

第八十八条 有下列情形之一的，由负责药品监督管理的部门责令改正，处1万元以上5万元以下罚款；拒不改正的，处5万元以上10万元以下罚款；情节严重的，责令停产停业，直至由原发证部门吊销医疗器械生产许可证、医疗器械经营许可证，对违法单位的法定代表人、主要负责人、直接负责的主管人员和其他责任人员，没收违法行为发生期间自本单位所获收入，并处所获收入30%以上2倍以下罚款，5年内禁止其从事医疗器械生产经营活动：

（一）生产条件发生变化、不再符合医疗器械质量管理体系要求，未依照本条例规定整改、停止生产、报告；

（二）生产、经营说明书、标签不符合本条例规定的医疗器械；

（三）未按照医疗器械说明书和标签标示要求运输、贮存医疗器械；

（四）转让过期、失效、淘汰或者检验不合格的在用医疗器械。

第八十九条 有下列情形之一的，由负责药品监督管理的部门和卫生主管部门依据各自职责责令改正，给予警告；拒不改正的，处1万元以上10万元以下罚款；情节严重的，责令停产停业，直至由原发证部门吊销医疗器械注册证、医疗器械生产许可证、医疗器械经营许可证，对违法单位的法定代表人、主要负责人、直接负责的主管人员和其他责任人员处1万元以上3万元以下罚款：

（一）未按照要求提交质量管理体系自查报告；

（二）从不具备合法资质的供货者购进医疗器械；

（三）医疗器械经营企业、使用单位未依照本条例规定建立并执行医疗器械进货查验记录制度；

（四）从事第二类、第三类医疗器械批发业务以及第三类医疗器械零售业务的经营企业未依照本条例规定建立并执行销售记录制度；

（五）医疗器械注册人、备案人、生产经营企业、使用单位未依照本条例规定开展医疗器械不良事件监测，未按照要求报告不良事件，或者对医疗器械不良事件监测技术机构、负责药品监督管理的部门、卫生主管部门开展的不良事件调查不予配合；

（六）医疗器械注册人、备案人未按照规定制定上市后研究和风险管控计划并保证有效实施；

（七）医疗器械注册人、备案人未按照规定建立并执行产品追溯制度；

（八）医疗器械注册人、备案人、经营企业从事医疗器械网络销售未按照规定告知负责药品监督管理的部门；

（九）对需要定期检查、检验、校准、保养、维护的医疗器械，医疗器械使用单位未按照产品说明书要求进行检查、检验、校准、保养、维护并予以记录，及时进行分析、评估，确保医疗器械处于良好状态；

（十）医疗器械使用单位未妥善保存购入第三类医疗器械的原始资料。

第九十条 有下列情形之一的，由县级以上人民政府卫生主管部门责令改正，给予警告；拒不改正的，处5万元以上10万元以下罚款；情节严重的，处10万元以上30万元以下罚款，责令暂停相关医疗器械使用活动，直至由原发证部门吊销执业许可证，依法责令相关责任人员暂停6个月以上1年以下执业活动，直至由原发证部门吊销相关人员执业证书，对违法单位的法定代表人、主要负责人、直接负责的主管人员和其他责任人员，没收违法行为发生期间自本单位所获收入，并处所获收入30%以上3倍以下罚款，依法给予处分：

（一）对重复使用的医疗器械，医疗器械使用单位未按照消毒和管理的规定进行处理；

（二）医疗器械使用单位重复使用一次性使用的医疗器械，或者未按照规定销毁使用过的一次性使用的医疗器械；

（三）医疗器械使用单位未按照规定将大型医疗器械以及植入和介入类医疗器械的信息记载到病历等相关记录中；

（四）医疗器械使用单位发现使用的医疗器械存在安全隐患未立即停止使用、通知检修，或者继续使用经检修仍不能达到使用安全标准的医疗器械；

（五）医疗器械使用单位违规使用大型医用设备，不能保障医疗质量安全。

第九十一条 违反进出口商品检验相关法律、行政法规进口医疗器械的，由出入境检验检疫机构依法处理。

第九十二条 为医疗器械网络交易提供服务的电子商务平台经营者违反本条例规定，未履行对入网医疗器械经营者进行实名登记，审查许可、注册、备案情况，制止并报告违法行为，停止提供网络交易平台服务等管理义务的，由负责药品监督管理的部门依照《中华人民共和国电子商务法》的规定给予处罚。

第九十三条 未进行医疗器械临床试验机构备案开展临床试验的，由负责药品监督管理的部门责令停止临床试验并改正；拒不改正的，该临床试验数据不得用于产品注册、备案，处 5 万元以上 10 万元以下罚款，并向社会公告；造成严重后果的，5 年内禁止其开展相关专业医疗器械临床试验，并处 10 万元以上 30 万元以下罚款，由卫生主管部门对违法单位的法定代表人、主要负责人、直接负责的主管人员和其他责任人员，没收违法行为发生期间自本单位所获收入，并处所获收入 30% 以上 3 倍以下罚款，依法给予处分。

临床试验申办者开展临床试验未经备案的，由负责药品监督管理的部门责令停止临床试验，对临床试验申办者处 5 万元以上 10 万元以下罚款，并向社会公告；造成严重后果的，处 10 万元以上 30 万元以下罚款。该临床试验数据不得用于产品注册、备案，5 年内不受理相关责任人以及单位提出的医疗器械注册申请。

临床试验申办者未经批准开展对人体具有较高风险的第三类医疗器械临床试验的，由负责药品监督管理的部门责令立即停止临床试验，对临床试验申办者处 10 万元以上 30 万元以下罚款，并向社会公告；造成严重后果的，处 30 万元以上 100 万元以下罚款。该临床试验数据不得用于产品注册，10 年内不受理相关责任人以及单位提出的医疗器械临床试验和注册申请，对违法单位的法定代表人、主要负责人、直接负责的主管人员和其他责任人员，没收违法行为发生期间自本单位所获收入，并处所获收入 30% 以上 3 倍以下罚款。

第九十四条 医疗器械临床试验机构开展医疗器械临床试验未遵守临床试验质量管理规范的，由负责药品监督管理的部门责令改正或者立即停止临床试验，处 5 万元以上 10 万元以下罚款；造成严重后果的，5 年内禁止其开展相关专业医疗器械临床试验，由卫生主管部门对违法单位的法定代表人、主要负责人、直接负责的主管人员和其他责任人员，没收违法行为发生期间自本单位所获收入，并处所获收入 30% 以上 3 倍以下罚款，依法给予处分。

第九十五条 医疗器械临床试验机构出具虚假报告的，由负责药品监督管理的部门处 10 万元以上 30 万元以下罚款；有违法所得的，没收违法所得；10 年内禁止其开展相关专业医疗器械临床试验；由卫生主管部门对违法单位的法定代表人、主要负责人、直接负责的主管人员和其他责任人员，没收违法行为发生期间自本单位所获收入，并处所获收入 30% 以上 3 倍以下罚款，依法给予处分。

第九十六条 医疗器械检验机构出具虚假检验报告的，由授予其资质的主管部门撤销检验资质，10 年内不受理相关责任人以及单位提出的资质认定申请，并处 10 万元以上 30 万元以下罚款；有违法所得的，没收违法所得；对违法单位的法定代表人、主要负责人、直接负责的主管人员和其他责任人员，没收违法行为发生期间自本单位所获收入，并处所获收入 30% 以上 3 倍以下罚款，依法给予处分；受到开除处分的，10 年内禁止其从事医疗器械检验工作。

第九十七条 违反本条例有关医疗器械广告管理规定的，依照《中华人民共和国广告法》的规定给予处罚。

第九十八条 境外医疗器械注册人、备案人指定的我国境内企业法人未依照本条例规定履行相关义务的，由省、自治区、直辖市人民政府药品监督管理部门责令改正，给予警告，并处 5 万元以上 10 万元以下罚款；情节严重的，处 10 万元以上 50 万元以下罚款，5 年内禁止其法定代表人、主要负责人、直接负责的主管人员和其他责任人员从事医疗器械生产经营活动。

境外医疗器械注册人、备案人拒不履行依据本条例作出的行政处罚决定的，10 年内禁止其医疗器械进口。

第九十九条 医疗器械研制、生产、经营单位和检验机构违反本条例规定使用禁止从事医疗器械生产经营活动、检验工作的人员的，由负责药品监督管理的部门责令改正，给予警告；拒不改正的，责令停产停业直至吊销许可证件。

第一百条 医疗器械技术审评机构、医疗器械不良事件监测技术机构未依照本条例规定履行职责，致使审评、监测工作出现重大失误的，由负责药品监督管理的部门责令改正，通报批评，给予警告；造成严重后果的，对违法单位的法定代表人、主要负责人、直接负责的主管人员和其他责任人员，依法给予处分。

第一百零一条 负责药品监督管理的部门或者其他有关部门工作人员违反本条例规定，滥用职权、玩忽职守、徇私舞弊的，依法给予处分。

第一百零二条 违反本条例规定，构成犯罪的，依法追究刑事责任；造成人身、财产或者其他损害的，依法承担赔偿责任。

第八章　附　　则

第一百零三条 本条例下列用语的含义：

医疗器械，是指直接或者间接用于人体的仪器、设备、器具、体外诊断试剂及校准物、材料以及其他类似或者相关的物品，包括所需要的计算机软件；其效用主要通过物理等方式获得，不是通过药理学、免疫学或者代谢的方式获得，或者虽然有这些方式参与但是只起辅助作用；其目的是：

（一）疾病的诊断、预防、监护、治疗或者缓解；

（二）损伤的诊断、监护、治疗、缓解或者功能补偿；

（三）生理结构或者生理过程的检验、替代、调节或者支持；

（四）生命的支持或者维持；

（五）妊娠控制；

（六）通过对来自人体的样本进行检查，为医疗或者诊断目的提供信息。

医疗器械注册人、备案人，是指取得医疗器械注册证或者办理医疗器械备案的企业或者研制机构。

医疗器械使用单位，是指使用医疗器械为他人提供医疗等技术服务的机构，包括医疗机构、计划生育技术服务机构、血站、单采血浆站、康复辅助器具适配机构等。

大型医用设备，是指使用技术复杂、资金投入量大、运行成本高、对医疗费用影响大且纳入目录管理的大型医疗器械。

第一百零四条 医疗器械产品注册可以收取费用。具体收费项目、标准分别由国务院财政、价格主管部门按照国家有关规定制定。

第一百零五条 医疗卫生机构为应对突发公共卫生事件而研制的医疗器械的管理办法，由国务院药品监督管理部门会同国务院卫生主管部门制定。

从事非营利的避孕医疗器械的存储、调拨和供应，应当遵守国务院卫生主管部门会同国务院药品监督管理部门制定的管理办法。

中医医疗器械的技术指导原则，由国务院药品监督管理部门会同国务院中医药管理部门制定。

第一百零六条 军队医疗器械使用的监督管理，依照本条例和军队有关规定执行。

第一百零七条 本条例自 2021 年 6 月 1 日起施行。

第二章

政策文件

国务院办公厅关于全面深化药品医疗器械监管改革促进医药产业高质量发展的意见

国办发〔2024〕53 号

各省、自治区、直辖市人民政府，国务院各部委、各直属机构：

为深入贯彻落实习近平总书记关于药品医疗器械监管和医药产业发展的重要指示批示精神，全面深化药品医疗器械监管改革，促进医药产业高质量发展，经国务院同意，现提出以下意见。

一、总体要求

以习近平新时代中国特色社会主义思想为指导，全面贯彻党的二十大和二十届二中、三中全会精神，坚持科学化、法治化、国际化、现代化的监管发展道路，统筹高质量发展和高水平安全，深化药品医疗器械监管全过程改革，加快构建药品医疗器械领域全国统一大市场，打造具有全球竞争力的创新生态，推动我国从制药大国向制药强国跨越，更好满足人民群众对高质量药品医疗器械的需求。

到 2027 年，药品医疗器械监管法律法规制度更加完善，监管体系、监管机制、监管方式更好适应医药创新和产业高质量发展需求，创新药和医疗器械审评审批质量效率明显提升，全生命周期监管显著加强，质量安全水平全面提高，建成与医药创新和产业发展相适应的监管体系。到 2035 年，药品医疗器械质量安全、有效、可及得到充分保障，医药产业具有更强的创新创造力和全球竞争力，基本实现监管现代化。

二、加大对药品医疗器械研发创新的支持力度

（一）**完善审评审批机制全力支持重大创新**。按照"提前介入、一企一策、全程指导、研审联动"要求，审评审批资源更多向临床急需的重点创新药和医疗器械倾斜，在临床试验、注册申报、核查检验、审评审批等全过程加强沟通交流，提供个性化指导。（国家药监局负责）

（二）**加大中药研发创新支持力度**。完善中医药理论、人用经验和临床试验相结合的中药特色审评证据体系，建立医疗机构规范收集整理人用经验数据的机制。健全符合中药特点的中药监管体系。积极支持名老中医方、医疗机构中药制剂向中药新药转化。鼓励运用符合产品特点的新技术、新工艺、新剂型改进已上市中药品种。（国家药监局牵头，工业和信息化部、国家卫生健康委、国家中医药局按职责分工负责）

（三）**发挥标准对药品医疗器械创新的引领作用**。深入推进国家药品医疗器械标准提高行动计划，积极推进新技术、新方法、新工具的标准研究和转化。完善国家药品标准数据库，发布并及时更新网络版中国药典。优化医疗器械标准体系，研究组建人工智能、医用机器人等前沿医疗器械标准化技术组织。加强中医医疗器械标准制定。（国家药监局牵头，工业和信息化部、国家卫生健康委、市场监管总局、国家中医药局按职责分工负责）

（四）**完善药品医疗器械知识产权保护相关制度**。部分药品获批上市时，对注册申请人提交的自行取得且未披露的试验数据和其他数据，分类别给予一定的数据保护期。对符合条件的罕见病用药品、儿童用药品、首个化学仿制药及独家中药品种给予一定的市场独占期。加快药品医疗器械原创

性成果专利布局，提升专利质量和转化运用效益。（国家知识产权局、国家药监局按职责分工负责）

（五）积极支持创新药和医疗器械推广使用。加大创新药临床综合评价力度，加强评价结果分析应用。研究试行以药学和临床价值为基础的新上市药品企业自评，优化新上市药品挂网服务。坚持基本医疗保险"保基本"功能定位，完善医保药品目录调整机制，研究规范医保医用耗材目录和医疗服务项目目录，按程序将符合条件的创新药和医疗器械纳入医保支付范围，鼓励医疗机构采购使用。完善多层次医疗保障体系，提高创新药多元支付能力。积极向公众传播准确、全面的创新药和医疗器械信息。（工业和信息化部、国家卫生健康委、市场监管总局、国家医保局、国家药监局按职责分工负责）

三、提高药品医疗器械审评审批质效

（六）加强药品医疗器械注册申报前置指导。缩短临床急需创新药临床试验沟通交流等待时限。开展多渠道多层次沟通，办好"药审云课堂"、"器审云课堂"，发挥审评检查分中心和医疗器械创新服务央地联动机制作用，加强对注册申报规则的宣传解读。（国家药监局负责）

（七）加快临床急需药品医疗器械审批上市。对临床急需的细胞与基因治疗药物、境外已上市药品、联合疫苗、放射性药品、珍稀濒危药材替代品的申报品种，以及医用机器人、脑机接口设备、放射性治疗设备、医学影像设备、创新中医诊疗设备等高端医疗装备和高端植介入类医疗器械，予以优先审评审批。（国家卫生健康委、国家药监局按职责分工负责）

（八）优化临床试验审评审批机制。省级药品监管部门提出申请，国家药监局同意后，在部分地区开展优化创新药临床试验审评审批试点，将审评审批时限由 60 个工作日缩短为 30 个工作日。医疗器械临床试验审评审批时限由 60 个工作日缩短为 30 个工作日。优化生物等效性试验备案机制。（国家药监局牵头，试点地区省级人民政府配合）

（九）优化药品补充申请审评审批。省级药品监管部门提出申请，国家药监局同意后，在部分地区开展优化药品补充申请审评审批程序改革试点，需要核查检验的补充申请审评时限由 200 个工作日缩短为 60 个工作日。优化原料药管理，原料药登记主体可依法变更。（国家药监局牵头，试点地区省级人民政府配合）

（十）优化药品医疗器械注册检验。将药品注册检验、生物制品批签发检验和进口药品通关检验每批次用量从全项检验用量的 3 倍减为 2 倍。畅通创新药和医疗器械优先检验绿色通道，对临床急需药品医疗器械实行即收即检。（国家药监局负责）

（十一）加快罕见病用药品医疗器械审评审批。对符合条件的罕见病用创新药和医疗器械减免临床试验。将罕见病用药品注册检验批次由 3 批减为 1 批，每批次用量从全项检验用量的 3 倍减为 2 倍。基于产品风险统筹安排进口罕见病用药品注册核查与上市后检查，缩短境外核查等待时限。探索由特定医疗机构先行进口未在境内注册上市的临床急需罕见病用药品医疗器械。鼓励国家医学中心加大罕见病用药品医疗器械配备和使用力度。鼓励高水平医疗机构自行研制使用国内尚无同品种产品上市的罕见病用诊断试剂。（国家卫生健康委、国家药监局按职责分工负责）

四、以高效严格监管提升医药产业合规水平

（十二）推进生物制品（疫苗）批签发授权。在充分评估风险基础上，逐步扩大授权实施生物制品（疫苗）批签发的省级药品监管部门检验检测机构和品种范围。季节性流感疫苗等品种的批签发时限缩短至 45 个工作日以内。（国家药监局牵头，有关地区省级人民政府配合）

（十三）促进仿制药质量提升。优化仿制药审评、核查工作机制，基于产品风险加大批准前动态检查力度。加强对委托研发、受托生产和上市后变更的监管，支持信息化水平高、质量保证和风险防控能力强的企业接受委托。将仿制药质量和疗效一致性评价逐步向滴眼剂、贴剂、喷雾剂等剂型

政策文件

拓展。（国家药监局负责）

（十四）推动医药企业生产检验过程信息化。 推动新一代信息技术与医药产业链深度融合，支持药品医疗器械生产企业数智化转型。严格监督疫苗生产企业全面落实生产检验过程信息化要求。分批推进血液制品生产信息化改造，推动建立覆盖从采浆、入厂到生产、检验全过程的血液制品信息化管理体系。（工业和信息化部、国家卫生健康委、国家药监局按职责分工负责）

（十五）提高药品医疗器械监督检查效率。 强化面向企业的质量安全警示教育，督促企业全面完善质量管理体系。根据企业和产品风险等级合理确定检查频次，减少重复检查。鼓励国家与省级药品监管部门协同开展涉及生产企业的注册现场检查与生产质量管理规范符合性检查。对同时生产第一类医疗器械的第二类、第三类医疗器械生产企业，开展合并检查。（国家药监局负责）

（十六）强化创新药和医疗器械警戒工作。 指导督促创新药上市许可持有人建立完善药物警戒体系，主动监测、报告和分析不良反应，持续开展创新药上市后研究。基于创新药和医疗器械风险特点完善药品不良反应和医疗器械不良事件监测平台。加强创新药和医疗器械上市后主动监测。（国家卫生健康委、国家药监局按职责分工负责）

（十七）提升医药流通新业态监管质效。 建立药品医疗器械网络销售安全风险共治联盟，压实网络交易第三方平台责任。支持批发企业有效整合仓储资源和运输资源，构建多仓协同物流管理模式。优化许可流程，提高零售连锁率。按照省级炮制规范炮制的中药饮片可按规定跨省销售，按照国家药品标准生产的中药配方颗粒可直接跨省销售。（国家药监局牵头，商务部、国家卫生健康委、市场监管总局、国家中医药局按职责分工负责）

五、支持医药产业扩大对外开放合作

（十八）深入推进国际通用监管规则转化实施。 持续推动药品审评技术要求与国际人用药品技术协调会规则协调一致，支持药物临床试验机构参与创新药物早期临床研发，支持开展国际多中心临床试验，促进全球药物在我国同步研发、同步申报、同步审评、同步上市。积极推进国际医疗器械监管机构论坛、全球医疗器械法规协调会技术指南在我国转化实施。（国家卫生健康委、国家药监局按职责分工负责）

（十九）探索生物制品分段生产模式。 省级药品监管部门提出申请，国家药监局同意后，在部分地区开展生产工艺、设施设备有特殊要求的生物制品分段生产试点，率先推进抗体偶联药物、多联多价疫苗等分段生产。支持符合条件的境外药品上市许可持有人在统一的药品质量管理体系下，以自建产能或者委托生产形式开展跨境分段生产。（国家药监局牵头，试点地区省级人民政府配合）

（二十）优化药品医疗器械进口审批。 简化香港、澳门已上市传统口服中成药审评审批。优化进口药材管理，扩大境外优质药材资源进口。境外已上市药品在取得我国药品批准证明文件后，对符合要求的获批前商业规模批次产品，允许进口销售。优化已在境内上市的境外生产药品医疗器械转移至境内生产的审评审批流程，支持外商投资企业将原研药品和高端医疗装备等引进境内生产。（国家药监局负责）

（二十一）支持药品医疗器械出口贸易。 加快推进加入国际药品检查合作计划。将出具出口销售证明的范围拓展到所有具备资质的企业按照生产质量管理规范生产的药品医疗器械。加强中药资源国际交流合作，积极开展国际监管政策宣贯和交流，支持具有临床优势的中药在境外注册上市。（商务部、国家中医药局、国家药监局按职责分工负责）

六、构建适应产业发展和安全需要的监管体系

（二十二）持续加强监管能力建设。 优化监管技术支撑机构设置，加强专业化队伍建设，充实高素质专业化技术力量。逐步赋予能力达标的审评检查分中心更多职责，扩大审评产品和检查企业范

围，稳步发展与区域产业特点相适应的审评检查能力。推进省级药品监管部门医疗器械审评机构和审评人员能力评价。鼓励各地结合医药产业发展实际，完善地方监管体制机制，加强队伍能力建设。鼓励有条件的省级药品监管部门积极推进改革试点，开展更多药品医疗器械审评等工作。（国家药监局牵头，人力资源社会保障部和各省级人民政府按职责分工负责）

（二十三）**大力发展药品监管科学。**以药品监管科学全国重点实验室为龙头，加强药品监管科学创新研究基地建设。部署推进药品监管科学技术攻关任务，完善成果转化和科研人员激励机制，加快开发支持监管决策的新工具、新标准、新方法。（科技部、国家药监局按职责分工负责）

（二十四）**加强监管信息化建设。**推动药品医疗器械监管政务服务事项从申请、受理、审查到制证等全环节全流程在线办理。完善国家药品智慧监管平台，强化品种档案和信用档案的数据汇集与治理，探索开展穿透式监管。推动医疗器械唯一标识在促进医疗、医保、医药协同发展和治理中的实施应用。加强全链条药品追溯体系建设，落实企业主体责任，逐步实现生产、流通、使用全过程可追溯。（国家药监局牵头，国家发展改革委、工业和信息化部、国家卫生健康委、国家医保局按职责分工负责）

各地区、各有关部门要把坚持和加强党的领导贯穿于深化药品医疗器械监管改革的各方面和全过程，充分认识以改革促进医药产业高质量发展的重要意义，按照"四个最严"要求，抓好本意见的贯彻落实。有关部门要加强协同配合，凝聚工作合力，强化经费和人才保障，推动各项任务落实落细，确保各项政策措施落地见效。重大事项及时向党中央、国务院请示报告。

国务院办公厅

2024 年 12 月 30 日

政策文件

中共中央办公厅 国务院办公厅关于深化审评审批制度改革鼓励药品医疗器械创新的意见

厅字〔2017〕42 号

当前，我国药品医疗器械产业快速发展，创新创业方兴未艾，审评审批制度改革持续推进。但总体上看，我国药品医疗器械科技创新支撑不够，上市产品质量与国际先进水平存在差距。为促进药品医疗器械产业结构调整和技术创新，提高产业竞争力，满足公众临床需要，现就深化审评审批制度改革鼓励药品医疗器械创新提出以下意见。

一、改革临床试验管理

（一）**临床试验机构资格认定实行备案管理**。具备临床试验条件的机构在食品药品监管部门指定网站登记备案后，可接受药品医疗器械注册申请人委托开展临床试验。临床试验主要研究者应具有高级职称，参加过 3 个以上临床试验。注册申请人可聘请第三方对临床试验机构是否具备条件进行评估认证。鼓励社会力量投资设立临床试验机构。临床试验机构管理规定由食品药品监管总局会同国家卫生计生委制定。

（二）**支持临床试验机构和人员开展临床试验**。支持医疗机构、医学研究机构、医药高等学校开展临床试验，将临床试验条件和能力评价纳入医疗机构等级评审。对开展临床试验的医疗机构建立单独评价考核体系，仅用于临床试验的病床不计入医疗机构总病床，不规定病床效益、周转率、使用率等考评指标。鼓励医疗机构设立专职临床试验部门，配备职业化的临床试验研究者。完善单位绩效工资分配激励机制，保障临床试验研究者收入水平。鼓励临床医生参与药品医疗器械技术创新活动，对临床试验研究者在职务提升、职称晋升等方面与临床医生一视同仁。允许境外企业和科研机构在我国依法同步开展新药临床试验。

（三）**完善伦理委员会机制**。临床试验应符合伦理道德标准，保证受试者在自愿参与前被告知足够的试验信息，理解并签署知情同意书，保护受试者的安全、健康和权益。临床试验机构应成立伦理委员会，负责审查本机构临床试验方案，审核和监督临床试验研究者的资质，监督临床试验开展情况并接受监管部门检查。各地可根据需要设立区域伦理委员会，指导临床试验机构伦理审查工作，可接受不具备伦理审查条件的机构或注册申请人委托对临床试验方案进行伦理审查，并监督临床试验开展情况。卫生计生、中医药管理、食品药品监管等部门要加强对伦理委员会工作的管理指导和业务监督。

（四）**提高伦理审查效率**。注册申请人提出临床试验申请前，应先将临床试验方案提交临床试验机构伦理委员会审查批准。在我国境内开展多中心临床试验的，经临床试验组长单位伦理审查后，其他成员单位应认可组长单位的审查结论，不再重复审查。国家临床医学研究中心及承担国家科技重大专项和国家重点研发计划支持项目的临床试验机构，应整合资源建立统一的伦理审查平台，逐步推进伦理审查互认。

（五）**优化临床试验审批程序**。建立完善注册申请人与审评机构的沟通交流机制。受理药物临床试验和需审批的医疗器械临床试验申请前，审评机构应与注册申请人进行会议沟通，提出意见建议。受理临床试验申请后一定期限内，食品药品监管部门未给出否定或质疑意见即视为同意，注册申请人可按照提交的方案开展临床试验。临床试验期间，发生临床试验方案变更、重大药学变更或非临床研究安全性问题的，注册申请人应及时将变更情况报送审评机构；发现存在安全性及其他风险的，应及时修改临床试验方案、暂停或终止临床试验。药品注册申请人可自行或委托检验机构对临床试验样品出具检验报告，连同样品一并报送药品审评机构，并确保临床试验实际使用的样品与提交的样品一致。优化临床试验中涉及国际合作的人类遗传资源活动审批程序，加快临床试验进程。

（六）**接受境外临床试验数据**。在境外多中心取得的临床试验数据，符合中国药品医疗器械注册相关要求的，可用于在中国申报注册申请。对在中国首次申请上市的药品医疗器械，注册申请人应提供是否存在人种差异的临床试验数据。

（七）**支持拓展性临床试验**。对正在开展临床试验的用于治疗严重危及生命且尚无有效治疗手段疾病的药品医疗器械，经初步观察可能获益，符合伦理要求的，经知情同意后可在开展临床试验的机构内用于其他患者，其安全性数据可用于注册申请。

（八）**严肃查处数据造假行为**。临床试验委托协议签署人和临床试验研究者是临床试验数据的第一责任人，须对临床试验数据可靠性承担法律责任。建立基于风险和审评需要的检查模式，加强对非临床研究、临床试验的现场检查和有因检查，检查结果向社会公开。未通过检查的，相关数据不被接受；存在真实性问题的，应及时立案调查，依法追究相关非临床研究机构和临床试验机构责任人、虚假报告提供责任人、注册申请人及合同研究组织责任人的责任；拒绝、逃避、阻碍检查的，依法从重处罚。注册申请人主动发现问题并及时报告的，可酌情减免处罚。

二、加快上市审评审批

（九）**加快临床急需药品医疗器械审评审批**。对治疗严重危及生命且尚无有效治疗手段疾病以及公共卫生方面等急需的药品医疗器械，临床试验早期、中期指标显示疗效并可预测其临床价值的，可附带条件批准上市，企业应制定风险管控计划，按要求开展研究。鼓励新药和创新医疗器械研发，对国家科技重大专项和国家重点研发计划支持以及由国家临床医学研究中心开展临床试验并经中心管理部门认可的新药和创新医疗器械，给予优先审评审批。

政策文件

（十）**支持罕见病治疗药品医疗器械研发**。国家卫生计生委或由其委托有关行业协（学）会公布罕见病目录，建立罕见病患者登记制度。罕见病治疗药品医疗器械注册申请人可提出减免临床试验的申请。对境外已批准上市的罕见病治疗药品医疗器械，可附带条件批准上市，企业应制定风险管控计划，按要求开展研究。

（十一）**严格药品注射剂审评审批**。严格控制口服制剂改注射制剂，口服制剂能够满足临床需求的，不批准注射制剂上市。严格控制肌肉注射制剂改静脉注射制剂，肌肉注射制剂能够满足临床需求的，不批准静脉注射制剂上市。大容量注射剂、小容量注射剂、注射用无菌粉针之间互改剂型的申请，无明显临床优势的不予批准。

（十二）**实行药品与药用原辅料和包装材料关联审批**。原料药、药用辅料和包装材料在审批药品注册申请时一并审评审批，不再发放原料药批准文号，经关联审评审批的原料药、药用辅料和包装材料及其质量标准在指定平台公示，供相关企业选择。药品上市许可持有人对生产制剂所选用的原料药、药用辅料和包装材料的质量负责。

（十三）**支持中药传承和创新**。建立完善符合中药特点的注册管理制度和技术评价体系，处理好保持中药传统优势与现代药品研发要求的关系。中药创新药，应突出疗效新的特点；中药改良型新药，应体现临床应用优势；经典名方类中药，按照简化标准审评审批；天然药物，按照现代医学标准审评审批。提高中药临床研究能力，中药注册申请需提交上市价值和资源评估材料，突出以临床价值为导向，促进资源可持续利用。鼓励运用现代科学技术研究开发传统中成药，鼓励发挥中药传统剂型优势研制中药新药，加强中药质量控制。

（十四）**建立专利强制许可药品优先审评审批制度**。在公共健康受到重大威胁情况下，对取得实施强制许可的药品注册申请，予以优先审评审批。公共健康受到重大威胁的情形和启动强制许可的程序，由国家卫生计生委会同有关部门规定。

三、促进药品创新和仿制药发展

（十五）**建立上市药品目录集。**新批准上市或通过仿制药质量和疗效一致性评价的药品，载入中国上市药品目录集，注明创新药、改良型新药及与原研药品质量和疗效一致的仿制药等属性，以及有效成份、剂型、规格、上市许可持有人、取得的专利权、试验数据保护期等信息。

（十六）**探索建立药品专利链接制度。**为保护专利权人合法权益，降低仿制药专利侵权风险，鼓励仿制药发展，探索建立药品审评审批与药品专利链接制度。药品注册申请人提交注册申请时，应说明涉及的相关专利及其权属状态，并在规定期限内告知相关药品专利权人。专利权存在纠纷的，当事人可以向法院起诉，期间不停止药品技术审评。对通过技术审评的药品，食品药品监管部门根据法院生效判决、裁定或调解书作出是否批准上市的决定；超过一定期限未取得生效判决、裁定或调解书的，食品药品监管部门可批准上市。

（十七）**开展药品专利期限补偿制度试点。**选择部分新药开展试点，对因临床试验和审评审批延误上市的时间，给予适当专利期限补偿。

（十八）**完善和落实药品试验数据保护制度。**药品注册申请人在提交注册申请时，可同时提交试验数据保护申请。对创新药、罕见病治疗药品、儿童专用药、创新治疗用生物制品以及挑战专利成功药品注册申请人提交的自行取得且未披露的试验数据和其他数据，给予一定的数据保护期。数据保护期自药品批准上市之日起计算。数据保护期内，不批准其他申请人同品种上市申请，申请人自行取得的数据或获得上市许可的申请人同意的除外。

（十九）**促进药品仿制生产。**坚持鼓励创新与促进药品仿制生产、降低用药负担并重，定期发布专利权到期、终止、无效且尚无仿制申请的药品清单，引导仿制药研发生产，提高公众用药可及性。完善相关研究和评价技术指导原则，支持生物类似药、具有临床价值的药械组合产品的仿制。加快推进仿制药质量和疗效一致性评价。

（二十）**发挥企业的创新主体作用。**鼓励药品医疗器械企业增加研发投入，加强新产品研发和已上市产品的继续研究，持续完善生产工艺。允许科研机构和科研人员在承担相关法律责任的前提下申报临床试验。使用国家财政拨款开展新药和创新医疗器械研发及相关技术研究并作为职务科技成果转化的，单位可以规定或与科研人员约定奖励和报酬的方式、数额和时限，调动科研人员参与的积极性，促进科技成果转移转化。

（二十一）**支持新药临床应用。**完善医疗保险药品目录动态调整机制，探索建立医疗保险药品支付标准谈判机制，及时按规定将新药纳入基本医疗保险支付范围，支持新药研发。各地可根据疾病防治需要，及时将新药纳入公立医院药品集中采购范围。鼓励医疗机构优先采购和使用疗效明确、价格合理的新药。

四、加强药品医疗器械全生命周期管理

（二十二）**推动上市许可持有人制度全面实施。**及时总结药品上市许可持有人制度试点经验，推动修订药品管理法，力争早日在全国推开。允许医疗器械研发机构和科研人员申请医疗器械上市许可。

（二十三）**落实上市许可持有人法律责任。**药品上市许可持有人须对药品临床前研究、临床试验、生产制造、销售配送、不良反应报告等承担全部法律责任，确保提交的研究资料和临床试验数据真实、完整、可追溯，确保生产工艺与批准工艺一致且生产过程持续合规，确保销售的各批次药品与申报样品质量一致，确保对上市药品进行持续研究，及时报告发生的不良反应，评估风险情况，

并提出改进措施。

医疗器械上市许可持有人须对医疗器械设计开发、临床试验、生产制造、销售配送、不良事件报告等承担全部法律责任，确保提交的研究资料和临床试验数据真实、完整、可追溯，确保对上市医疗器械进行持续研究，及时报告发生的不良事件，评估风险情况，并提出改进措施。

受药品医疗器械上市许可持有人委托进行研发、临床试验、生产制造、销售配送的企业、机构和个人，须承担法律法规规定的责任和协议约定的责任。

（二十四）建立上市许可持有人直接报告不良反应和不良事件制度。 上市许可持有人承担不良反应和不良事件报告的主体责任，隐瞒不报或逾期报告的，依法从严惩处。食品药品监管部门应对报告的不良反应和不良事件进行调查分析，视情责令上市许可持有人采取暂停销售、召回、完善质量控制等措施。

（二十五）开展药品注射剂再评价。 根据药品科学进步情况，对已上市药品注射剂进行再评价，力争用5至10年左右时间基本完成。上市许可持有人须将批准上市时的研究情况、上市后持续研究情况等进行综合分析，开展产品成份、作用机理和临床疗效研究，评估其安全性、有效性和质量可控性。通过再评价的，享受仿制药质量和疗效一致性评价的相关鼓励政策。

（二十六）完善医疗器械再评价制度。 上市许可持有人须根据科学进步情况和不良事件评估结果，主动对已上市医疗器械开展再评价。再评价发现产品不能保证安全、有效的，上市许可持有人应及时申请注销上市许可；隐匿再评价结果、应提出注销申请而未提出的，撤销上市许可并依法查处。

（二十七）规范药品学术推广行为。 药品上市许可持有人须将医药代表名单在食品药品监管部门指定的网站备案，向社会公开。医药代表负责药品学术推广，向医务人员介绍药品知识，听取临床使用的意见建议。医药代表的学术推广活动应公开进行，在医疗机构指定部门备案。禁止医药代表承担药品销售任务，禁止向医药代表或相关企业人员提供医生个人开具的药品处方数量。医药代表误导医生使用药品或隐匿药品不良反应的，应严肃查处；以医药代表名义进行药品经营活动的，按非法经营药品查处。

五、提升技术支撑能力

（二十八）完善技术审评制度。 建立审评为主导、检查检验为支撑的技术审评体系，完善审评项目管理人制度、审评机构与注册申请人会议沟通制度、专家咨询委员会制度，加强内部管理，规范审评流程。组建以临床医学专业人员为主，药学、药理毒理学、统计学等专业人员组成的药品审评团队，负责新药审评。组建由临床医学、临床诊断、机械、电子、材料、生物医学工程等专业人员组成的医疗器械审评团队，负责创新医疗器械审评。除生产工艺等技术秘密外，审评结论及依据全部公开，接受社会监督。统一第二类医疗器械审评标准，逐步实现国家统一审评。

（二十九）落实相关工作人员保密责任。 参与药品医疗器械受理审查、审评审批、检查检验等监管工作的人员，对注册申请人提交的技术秘密和试验数据负有保密义务。违反保密义务的，依法依纪追究责任，处理结果向社会公开；涉嫌犯罪的，移交司法机关追究刑事责任。完善对注册申请材料的管理，确保查阅、复制情况可追溯。

（三十）加强审评检查能力建设。 将药品医疗器械审评纳入政府购买服务范围，提供规范高效审评服务。加快药品医疗器械审评审批信息化建设，制定注册申请电子提交技术要求，完善电子通用技术文档系统，逐步实现各类注册申请的电子提交和审评审批。建立上市药品医疗器械品种档案。

（三十一）落实全过程检查责任。 药品医疗器械研发过程和药物非临床研究质量管理规范、药物临床试验质量管理规范、医疗器械临床试验质量管理规范执行情况，由国家食品药品监管部门组织检查。药品医疗器械生产过程和生产质量管理规范执行情况，由省级以上食品药品监管部门负责检查。药品医疗器械经营过程和经营质量管理规范执行情况，由市县两级食品药品监管部门负责检查。检查发现问题的，应依法依规查处并及时采取风险控制措施；涉嫌犯罪的，移交司法机关追究刑事责任。推动违法行为处罚到人，检查和处罚结果向社会公开。

（三十二）**建设职业化检查员队伍。**依托现有资源加快检查员队伍建设，形成以专职检查员为主体、兼职检查员为补充的职业化检查员队伍。实施检查员分级管理制度，强化检查员培训，加强检查装备配备，提升检查能力和水平。

（三十三）**加强国际合作。**深化多双边药品医疗器械监管政策与技术交流，积极参与国际规则和标准的制定修订，推动逐步实现审评、检查、检验标准和结果国际共享。

六、加强组织实施

（三十四）**加强组织领导。**各地区各有关部门要充分认识深化审评审批制度改革鼓励药品医疗器械创新的重要意义，高度重视药品医疗器械审评审批改革和创新工作，将其作为建设创新型国家、促进高科技产业发展的重要内容予以支持，加强统筹协调，细化实施方案，健全工作机制，切实抓好任务落实。坚持运用法治思维和法治方式推进改革，不断完善相关法律法规和制度体系，改革措施涉及法律修改或需要取得相应授权的，按程序提请修改法律或由立法机关授权后实施。

（三十五）**强化协作配合。**充分发挥药品医疗器械审评审批制度改革部际联席会议制度的作用，及时研究解决改革中遇到的矛盾和问题。国家食品药品监管部门要发挥好牵头作用，抓好改革具体实施，协调推进任务落实。各相关部门要依法履职，分工协作，形成改革合力。发展改革部门要支持医药高科技产品的发展，将临床试验机构建设纳入医疗机构建设发展的重要内容。科技部门要加强医药科技发展规划和指导，抓好新药和创新医疗器械研发相关科技计划（专项、基金）的实施。工业和信息化部门要加强医药产业发展规划和指导，强化临床用药生产保障。财政部门要做好药品医疗器械审评审批、检查检验所需经费保障。人力资源社会保障部门要做好医疗保险政策支持新药发展相关工作。卫生计生部门要加强对临床试验机构建设的指导，加强伦理委员会管理和临床试验研究者培训。知识产权部门要做好与专利有关的药品医疗器械知识产权保护工作。中医药管理部门要做好中医药创新工作。

（三十六）**做好宣传解释。**正面宣传鼓励药品医疗器械创新的重要意义，加强审评审批制度改革重要政策、重大措施解读，及时解答社会各界关注的热点问题，主动回应社会关切，合理引导各方预期，营造改革实施的良好舆论氛围。

国务院关于改革药品医疗器械审评审批制度的意见

国发〔2015〕44号

各省、自治区、直辖市人民政府，国务院各部委、各直属机构：

近年来，我国医药产业快速发展，药品医疗器械质量和标准不断提高，较好地满足了公众用药需要。与此同时，药品医疗器械审评审批中存在的问题也日益突出，注册申请资料质量不高，审评过程中需要多次补充完善，严重影响审评审批效率；仿制药重复建设、重复申请，市场恶性竞争，部分仿制药质量与国际先进水平存在较大差距；临床急需新药的上市审批时间过长，药品研发机构和科研人员不能申请药品注册，影响药品创新的积极性。为此，现就改革药品医疗器械审评审批制度提出以下意见：

一、主要目标

（一）提高审评审批质量。 建立更加科学、高效的药品医疗器械审评审批体系，使批准上市药品医疗器械的有效性、安全性、质量可控性达到或接近国际先进水平。

（二）解决注册申请积压。 严格控制市场供大于求药品的审批。争取2016年底前消化完积压存量，尽快实现注册申请和审评数量年度进出平衡，2018年实现按规定时限审批。

（三）提高仿制药质量。 加快仿制药质量一致性评价，力争2018年底前完成国家基本药物口服制剂与参比制剂质量一致性评价。

（四）鼓励研究和创制新药。 鼓励以临床价值为导向的药物创新，优化创新药的审评审批程序，对临床急需的创新药加快审评。开展药品上市许可持有人制度试点。

（五）提高审评审批透明度。 全面公开药品医疗器械注册的受理、技术审评、产品检验和现场检查条件与相关技术要求，公开受理和审批的相关信息，引导申请人有序研发和申请。

二、主要任务

（六）提高药品审批标准。 将药品分为新药和仿制药。将新药由现行的"未曾在中国境内上市销售的药品"调整为"未在中国境内外上市销售的药品"。根据物质基础的原创性和新颖性，将新药分为创新药和改良型新药。将仿制药由现行的"仿已有国家标准的药品"调整为"仿与原研药品质量和疗效一致的药品"。根据上述原则，调整药品注册分类。仿制药审评审批要以原研药品作为参比制剂，确保新批准的仿制药质量和疗效与原研药品一致。对改革前受理的药品注册申请，继续按照原规定进行审评审批，在质量一致性评价工作中逐步解决与原研药品质量和疗效一致性问题；如企业自愿申请按与原研药品质量和疗效一致的新标准审批，可以设立绿色通道，按新的药品注册申请收费标准收费，加快审评审批。上述改革在依照法定程序取得授权后，在化学药品中进行试点。

（七）推进仿制药质量一致性评价。 对已经批准上市的仿制药，按与原研药品质量和疗效一致的原则，分期分批进行质量一致性评价。药品生产企业应将其产品按照规定的方法与参比制剂进行质量一致性评价，并向食品药品监管总局报送评价结果。参比制剂由食品药品监管总局征询专家意见后确定，可以选择原研药品，也可以选择国际公认的同种药品。无参比制剂的，由药品生产企业进行临床有效性试验。在规定期限内未通过质量一致性评价的仿制药，不予再注册；通过质量一致性评价的，允许其在说明书和标签上予以标注，并在临床应用、招标采购、医保报销等方面给予支持。

政策文件

在质量一致性评价工作中，需改变已批准工艺的，应按《药品注册管理办法》的相关规定提出补充申请，食品药品监管总局设立绿色通道，加快审评审批。质量一致性评价工作首先在2007年修订的《药品注册管理办法》施行前批准上市的仿制药中进行。在国家药典中标注药品标准起草企业的名称，激励企业通过技术进步提高上市药品的标准和质量。提高中成药质量水平，积极推进中药注射剂安全性再评价工作。

（八）加快创新药审评审批。对创新药实行特殊审评审批制度。加快审评审批防治艾滋病、恶性肿瘤、重大传染病、罕见病等疾病的创新药，列入国家科技重大专项和国家重点研发计划的药品，转移到境内生产的创新药和儿童用药，以及使用先进制剂技术、创新治疗手段、具有明显治疗优势的创新药。加快临床急需新药的审评审批，申请注册新药的企业需承诺其产品在我国上市销售的价格不高于原产国或我国周边可比市场价格。

（九）开展药品上市许可持有人制度试点。允许药品研发机构和科研人员申请注册新药，在转让给企业生产时，只进行生产企业现场工艺核查和产品检验，不再重复进行药品技术审评。试点工作在依照法定程序取得授权后开展。

（十）落实申请人主体责任。按照国际通用规则制定注册申请规范，申请人要严格按照规定条件和相关技术要求申请。将现由省级食品药品监管部门受理、食品药品监管总局审评审批的药品注册申请，调整为食品药品监管总局网上集中受理。对于不符合规定条件与相关技术要求的注册申请，由食品药品监管总局一次性告知申请人需要补充的内容。进入技术审评程序后，除新药及首仿药品注册申请外，原则上不再要求申请人补充资料，只作出批准或不予批准的决定。

（十一）及时发布药品供求和注册申请信息。根据国家产业结构调整方向，结合市场供求情况，及时调整国家药品产业政策，严格控制市场供大于求、低水平重复、生产工艺落后的仿制药的生产和审批，鼓励市场短缺药品的研发和生产，提高药品的可及性。食品药品监管总局会同发展改革委、科技部、工业和信息化部、卫生计生委制定并定期公布限制类和鼓励类药品审批目录。食品药品监管总局及时向社会公开药品注册申请信息，引导申请人有序研发和控制低水平申请。

（十二）改进药品临床试验审批。允许境外未上市新药经批准后在境内同步开展临床试验。鼓励国内临床试验机构参与国际多中心临床试验，符合要求的试验数据可在注册申请中使用。对创新药临床试验申请，重点审查临床价值和受试者保护等内容。强化申请人、临床试验机构及伦理委员会保护受试者的责任。

（十三）严肃查处注册申请弄虚作假行为。加强临床试验全过程监管，确保临床试验数据真实可靠。申请人、研究机构在注册申请中，如存在报送虚假研制方法、质量标准、药理及毒理试验数据、临床试验结果等情况，对其药品医疗器械注册申请不予批准，已批准的予以撤销；对直接责任人依法从严处罚，对出具虚假试验结果的研究机构取消相关试验资格，处罚结果向社会公布。

（十四）简化药品审批程序，完善药品再注册制度。实行药品与药用包装材料、药用辅料关联审批，将药用包装材料、药用辅料单独审批改为在审批药品注册申请时一并审评审批。简化来源于古代经典名方的复方制剂的审批。简化药品生产企业之间的药品技术转让程序。将仿制药生物等效性试验由审批改为备案。对批准文号（进口药品注册证／医药产品注册证）有效期内未上市，不能履行持续考察药品质量、疗效和不良反应责任的，不予再注册，批准文号到期后予以注销。

（十五）改革医疗器械审批方式。鼓励医疗器械研发创新，将拥有产品核心技术发明专利、具有重大临床价值的创新医疗器械注册申请，列入特殊审评审批范围，予以优先办理。及时修订医疗器械标准，提高医疗器械国际标准的采标率，提升国产医疗器械产品质量。通过调整产品分类，将部分成熟的、安全可控的医疗器械注册审批职责由食品药品监管总局下放至省级食品药品监管部门。

（十六）健全审评质量控制体系。参照国际通用规则制定良好审评质量管理规范。组建专业化技术审评项目团队，明确主审人和审评员权责，完善集体审评机制，强化责任和时限管理。建立复审专家委员会，对有争议的审评结论进行复审，确保审评结果科学公正。加强技术审评过程中共性疑难问题研究，及时将研究成果转化为指导审评工作的技术标准，提高审评标准化水平，减少审评自由裁量权。

（十七）全面公开药品医疗器械审评审批信息。 向社会公布药品医疗器械审批清单及法律依据、审批要求和办理时限。向申请人公开药品医疗器械审批进度和结果。在批准产品上市许可时，同步公布审评、检查、检验等技术性审评报告，接受社会监督。

三、保障措施

（十八）加快法律法规修订。 及时总结药品上市许可持有人制度试点、药品注册分类改革试点进展情况，推动加快修订《中华人民共和国药品管理法》。结合行政审批制度改革，抓紧按程序修订《中华人民共和国药品管理法实施条例》和《药品注册管理办法》等。

（十九）调整收费政策。 整合归并药品医疗器械注册、审批、登记收费项目。按照收支大体平衡原则，提高药品医疗器械注册收费标准，每五年调整一次。对小微企业申请创新药品医疗器械注册收费给予适当优惠。收费收入纳入财政预算，实行收支两条线管理。审评审批工作所需经费通过财政预算安排。

（二十）加强审评队伍建设。 改革事业单位用人制度，面向社会招聘技术审评人才，实行合同管理，其工资和社会保障按照国家有关规定执行。根据审评需要，外聘相关专家参与有关的技术审评，明确其职责和保密责任及利益冲突回避等制度。建立首席专业岗位制度，科学设置体现技术审评、检查等特点的岗位体系，明确职责任务、工作标准和任职条件等，依照人员综合能力和水平实行按岗聘用。推进职业化的药品医疗器械检查员队伍建设。健全绩效考核制度，根据岗位职责和工作业绩，适当拉开收入差距，确保技术审评、检查人员引得进、留得住。将食品药品监管总局列为政府购买服务的试点单位，通过政府购买服务委托符合条件的审评机构、高校和科研机构参与医疗器械和仿制药技术审评、临床试验审评、药物安全性评价等技术性审评工作。

（二十一）加强组织领导。 食品药品监管总局要会同中央编办、发展改革委、科技部、工业和信息化部、财政部、人力资源社会保障部、卫生计生委、中医药局、总后勤部卫生部等部门，建立药品医疗器械审评审批制度改革部际联席会议制度，加强对改革工作的协调指导，及时研究解决改革中遇到的矛盾和问题，各地区也要加强对改革的组织领导，重大情况及时报告国务院。

国务院
2015 年 8 月 9 日

政策文件

十部门关于印发《"十四五"医疗装备产业发展规划》的通知

工信部联规〔2021〕208号

各省、自治区、直辖市及计划单列市、新疆生产建设兵团工业和信息化、卫生健康、发展改革、科技、财政、国资、市场监管、医保、中医药、药品监督主管部门：

现将《"十四五"医疗装备产业发展规划》印发给你们，请结合实际，认真贯彻实施。

工业和信息化部

国家卫生健康委员会

国家发展和改革委员会

科学技术部

财政部

国务院国有资产监督管理委员会

国家市场监督管理总局

国家医疗保障局

国家中医药管理局

国家药品监督管理局

2021 年 12 月 21 日

"十四五"医疗装备产业发展规划

医疗装备是指为保障人民群众生命安全和身体健康而开发应用的相关硬件、软件和集成系统的总和，主要包括诊断检验装备、治疗装备、监护与生命支持装备、中医诊疗装备、妇幼健康装备、保健康复装备、有源植介入器械等。医疗装备的发展事关健康中国战略和制造强国战略的实施，事关突发公共卫生事件的装备保障，事关人民生活品质和福祉水平的提升。为更好满足人民日益增长的医疗卫生健康需求，推动医疗装备产业高质量发展，实现产业链安全可控，特制定本规划。

一、发展环境

（一）我国医疗装备产业发展迈入新阶段

新中国成立以来，我国医疗装备产业从无到有、从落后到追赶，现已进入"跟跑、并跑、领跑"并存的新阶段。"十三五"期间，我国医疗装备产业高速发展，市场规模快速扩大，2020 年市场规模达到 8400 亿元，年均复合增长率为 11.8%；制造体系基本健全，形成了 22 大类 1100 多个品类的产品体系，覆盖了卫生健康各个环节，基本满足我国医疗机构诊疗、养老、慢性病防治与应急救援等需求；企业主体发展壮大，规模以上工业企业 2300 余家，主营业务收入 4134 亿元，年均复合增长率为 11.6%，形成了一批协作配套、特色鲜明的产业集群；产品技术水平快速提升，突破了超导磁体、电子加速器、射频／谱仪等一批关键技术，骨科手术机器人、第三代人工心脏、聚焦超声治疗系统等达到国际先进水平，成为全球重要的医疗装备生产基地。特别是在抗击新冠肺炎疫情的斗争中，医疗装备企业积极组织生产、保障供应，有力支撑了国内疫情防控需求和国际抗疫合作。

（二）医疗装备产业发展面临新机遇、新挑战

"十四五"时期，我国医疗装备产业发展面临重要战略机遇，但机遇和挑战都有新的发展变化。从国际看，新一轮科技革命和产业变革深入发展，现代制造、新一代信息、新材料、前沿生物等技术与医疗装备技术跨学科、跨领域交融发展提速，新型医疗装备产品不断涌现；全球"大卫生""大健康"产业快速发展，医学服务模式从疾病医学服务向疾病＋健康医学服务转变；构建面向全人群全方位、全生命周期的新型医疗装备发展体系成为全球医疗科技创新热点，"创新链、产业链、服务链"快速调整变化，我国医疗装备发展面临重要机遇。同时，新冠肺炎疫情加速全球产业链供应链区域化、本地化调整，发达国家争夺医疗装备竞争高地日趋激烈，我国医疗装备向产业链价值链中高端迈进面临的阻力和竞争压力明显加大。从国内看，我国已转向高质量发展阶段，健康中国战略的实施，人民群众健康管理意识日益增强，催生了超大规模、多层次且快速升级的医疗装备需求；制造强国战略的实施，产业基础高级化、产业链现代化水平快速提高，产业基础能力日益增强，加速推进医疗装备产业高质量发展。同时，我国医疗装备产业发展不平衡不充分问题仍然突出，在关键核心技术、产业链供应链安全稳定、创新产品推广应用等方面还存在短板弱项。

面对新发展阶段人民日益增长的医疗卫生健康需求对医疗装备发展提出的新任务新要求，面对国际发展环境深刻变化带来的新形势新挑战，必须增强机遇意识和风险意识，坚持自立自强，着力突破技术装备瓶颈，加快补齐高端医疗装备短板，积极推动产业高质量发展。

二、总体部署

（一）总体思路

以习近平新时代中国特色社会主义思想为指导，全面贯彻党的十九大和十九届二中、三中、四中、五中、六中全会精神，立足新发展阶段，完整、准确、全面贯彻新发展理念，构建新发展格局，坚持以人民为中心的发展思想，统筹发展和安全，落实健康中国和制造强国战略部署，聚焦临床需求和健康保障，强化医工协同，推进技术创新、产品创新和服务模式创新，提升产业基础高级化和产业链现代化水平，推动医疗装备产业高质量发展，为保障人民群众生命安全和身体健康提供有力支撑。

（二）基本原则

坚持创新发展。完善产学研医相结合的技术创新体系，推进医疗卫生、生命科学、生物技术与信息通信、新材料等技术的融合应用，研发新技术、拓展新产品、探索新模式，突破产业发展瓶颈，提升技术发展水平。

坚持医工协同。强化需求牵引，鼓励医疗机构、生产企业协同创新资源，积极探索新型合作模式，构建研发生产与推广应用相互促进的循环发展良性机制，提升先进适用产品的供给能力。

坚持安全第一。把质量和安全作为产业发展的生命线，强化企业主体责任，加强安全生产管理和质量管控，加强数据规范管理和开发应用，确保产品安全有效，数据安全可靠，为全面维护人民健康提供安全支撑。

坚持开放合作。践行开放融通、互利共赢的合作理念，扩大高水平对外开放，以开放促改革、促发展、促创新。坚持"引进来"和"走出去"相结合，积极融入全球医疗装备产业链和价值链，打造国际竞争新优势。

（三）发展愿景

到2025年，医疗装备产业基础高级化、产业链现代化水平明显提升，主流医疗装备基本实现有效供给，高端医疗装备产品性能和质量水平明显提升，初步形成对公共卫生和医疗健康需求的全面支撑能力。

——全产业链优化升级。医疗装备亟需基础零部件及元器件、基础软件、基础材料、基础工艺

和产业技术基础等瓶颈短板基本补齐，初步建成创新力强、附加值高、安全可靠的产业链供应链。

——**技术水平不断提升**。医疗装备在预防、诊断、治疗、康复、健康促进、公共卫生等领域实现规模化应用。体外膜肺氧合机（ECMO）、腔镜手术机器人、7T人体全身磁共振成像系统、质子重离子一体治疗系统等一批高端产品实现应用。

——**企业活力显著增强**。医疗装备龙头企业的生态主导力和核心竞争力大幅提升，涌现一批细分领域全球领先的单项冠军企业，以及一批掌握核心技术和独特工艺的专精特新"小巨人"企业，大中小微企业融通发展。

——**产业生态逐步完善**。医学＋工业、医院＋工厂、医生＋工程师等多维度医工协同创新模式初步建立，健康医学服务快速发展，远程医疗、移动医疗、智慧医疗、精准医疗、中医特色医疗等新业态全面创新发展。

——**品牌影响力明显提升**。医疗装备产品认可度、品牌美誉度及国际影响力快速提升，在全球产业分工和价值链中的地位大幅提高，6-8家企业跻身全球医疗器械行业50强。

到2035年，医疗装备的研发、制造、应用提升至世界先进水平。我国进入医疗装备创新型国家前列，为保障人民全方位、全生命期健康服务提供有力支撑。

三、重点发展领域

（一）诊断检验装备

发展新一代医学影像装备，推进智能化、远程化、小型化、快速化、精准化、多模态融合、诊疗一体化发展。发展新型体外诊断装备、新型高通量智能精准用药检测装备，攻关先进细胞分析装备，提升多功能集成化检验分析装备、即时即地检验（POCT）装备性能品质。

（二）治疗装备

攻关精准放射治疗装备，突破多模式高清晰导航、多靶区肿瘤一次摆位同机治疗、高精度定位与剂量引导、自适应放射治疗计划系统（TPS）等技术。攻关智能手术机器人，加快突破快速图像配准、高精度定位、智能人机交互、多自由度精准控制等关键技术。发展高效能超声、电流、磁场、激光、介入等治疗装备。推进治疗装备精准化、微创化、快捷化、智能化、可复用化发展。

（三）监护与生命支持装备

研制脑损伤、脑发育、脑血氧、脑磁测量等新型监护装备，发展远程监护装备，提升装备智能化、精准化水平。推动透析设备、呼吸机等产品的升级换代和性能提升。攻关基于新型传感器、新材料、微型流体控制器、新型专用医疗芯片、人工智能和大数据的医疗级可穿戴监护装备和人工器官。

（四）中医诊疗装备

发挥中医在疾病预防、治疗、保健康复等方面独特优势，在中医药理论指导下，深度挖掘中医原创资源，开发融合大数据、人工智能、可穿戴等新技术的中医特色装备，重点发展脉诊、舌诊以及针刺、灸疗、康复等中医装备。促进中医临床诊疗和健康服务规范化、远程化、规模化、数字化发展。

（五）妇幼健康装备

发展面向妇女、儿童特殊需求的疾病预防、诊断、治疗、健康促进等装备。攻关优生优育诊断分析软件及装备。研制孕产期保健、儿童保健可穿戴装备，推动危重症新生儿转运、救治、生命支持以及婴幼儿相关疾病早期筛查等装备应用。促进妇幼健康装备远程化、无线化、定制化发展。

（六）保健康复装备

发展基于机器人、智能视觉与语音交互、脑－机接口、人－机－电融合与智能控制技术的新型护理康复装备，攻关智能康复机器人、智能助行系统、多模态康复轮椅、外骨骼机器人系统等智能化装备。促进推拿、牵引、光疗、电疗、磁疗、能量治疗、运动治疗、正脊正骨、康复辅具等传统保健康复装备系统化、定制化、智能化发展。提升平衡功能检查训练、语言评估与训练、心理调适等专用康复装备供给能力。

（七）有源植介入器械

加快植入式心脏起搏、心衰治疗介入、神经刺激等有源植介入器械研制。发展生物活性复合材料、人工神经、仿生皮肤组织、人体组织体外培养、器官修复和补偿等。推动先进材料、3D 打印等技术应用，提升植介入器械生物相容性及性能水平。

四、夯实产业基础，提升技术创新能力

充分发挥我国制造业体系完善的大工业优势，推进医疗装备与智能制造、新一代信息技术、新材料、生物技术等领域融合创新，补齐短板、锻造长板，贯通全产业链，夯实产业基础，构建持续创新发展能力。

（一）加强产业基础能力建设

面向人民生命健康、医疗健康科技前沿，编制医疗装备重点产品和技术目录，支持行业组织、科研机构、国家医学中心制定发布技术创新路线图。通过国家重点研发计划重点专项予以支持，持续推进诊疗装备与生物医用材料、生育健康及妇女儿童健康保障、主动健康和人口老龄化科技应对、中医药现代化等领域前沿基础技术研究。鼓励医疗装备与新材料、电子信息、航空航天、核工业、船舶等行业跨领域合作，加强材料、部件、整机等上下游协同攻关，加快补齐制约产业发展的基础零部件及元器件、基础软件、基础材料、基础工艺等瓶颈短板。

专栏 1　产业基础攻关行动

攻关先进基础材料。着力攻关体外膜肺氧合机（ECMO）用中空纤维膜，血液净化设备用透析膜；高精度高表面质量钛、镍钛、钛铌、钽基合金丝、棒、管材等；电子计算机断层扫描（CT）用弥散强化无氧铜、钼钛锆合金，CT 球管用真空高温轴承、大容量旋转靶盘等；正电子发射计算机断层扫描（PET）用高导热率电路基板材料、CT/PET 探测器用闪烁体、防护装备用高效过滤材料；可吸收降解材料、高风险造影导丝、大动脉血管支架、腔道支架、冠脉支架、骨科植入材料、心脏瓣膜材料、无铅压电材料等，推动一批基础材料达到国际先进水平。

攻关核心元器件。开发医用 X 射线探测器模拟芯片、模数转换芯片，可穿戴设备系统级芯片，医用 AI 芯片等；医用高精度电流传感器、高温高精温度传感器、高精高压电压传感器、高精度磁场传感器、3D 视觉系统中高速光学元件；可穿戴设备用柔性心电图（ECG）/脑电图（EEG）/肌电图（EMG）/血糖及压力传感器；柔性连接器、生物识别色谱传感器等。

攻关关键零部件。攻关呼吸机用比例阀；透析设备用真空泵、微型电磁阀，经鼻高流量氧疗仪用微型比例阀；大功率 CT 球管、高分辨率 X 射线光子计数探测器；磁共振高场强磁体、低温线圈、多核谱仪；先进彩超探头；放疗用栅控三级电子枪、高功率磁控管、高功率多注速调管、高变比固态调制器，六维治疗床等；医疗机器人用减速机、精密电机、光学镜头；实时荧光定量聚合酶链反应（PCR）检测系统用光电倍增管；导光率内窥镜光纤、高分辨率柔性光纤传像束等。

攻关诊断检验装备配套件。加强诊断检验装备配套试剂研制，提高产品灵敏度、精密度、长期稳定性、批量生产可控性，确保诊断检验装备持续改进、迭代发展。

攻关基础工艺。改进优化先进基础材料、关键零部件以及整机产品制造工艺，强化质量安全管控，提升产品性能、可靠性、稳定性和批量生产能力。

（二）提升产业链供应链现代化水平

梳理重点医疗装备产品上下游关键环节和供应链关系编制主要产品产业链供应链图谱，研判产

业链供应链竞争力和潜在风险，着力补齐短板、锻造长板。推进实施医疗装备供应链生态建设，培育一批具有生态主导力的产业链"链主"企业，紧密上下游企业协作关系，强化资源、技术、装备支撑，打造创新力强、附加值高、安全可靠的产业链供应链体系。立足产业规模优势、大工业配套优势和信息通信、人工智能等领域先发优势，加快智能、新型医疗装备发展，完善国内生产供应体系，提升全产业链竞争力。支持国际产业安全合作，推动产业链供应链多元化。

（三）完善产业共性技术平台建设

发挥医疗装备领域国家制造业创新中心及相关国家工程研究中心、国家工程技术研究中心、国家级企业技术中心等创新平台作用，聚焦基础理论、关键共性技术、关键基础材料、基础软件和关键零部件等协同攻关，提升行业关键技术和先进适用产品供给能力。引导跨领域合作，打造一批以企业为主体、需求为导向、市场化利益分享机制为纽带、产学研医协同，面向精准医疗、远程医疗、智慧医疗的新型创新平台，提升原创性装备开发能力和融合创新能力。

五、强化医工协同，提升有效供给能力

强化需求牵引，深化供给侧结构性改革，搭建医企合作平台，完善医疗装备产品"技术创新–产品研制–临床评价–示范应用–反馈改进–水平提升–辐射推广"创新体系，快速提升安全有效、先进优质医疗装备产品的供给能力。

（一）加强原创性引领性医疗装备攻关

围绕心血管、呼吸、肿瘤、创伤、儿科等国家医学中心建设需求，支持医疗机构、科研机构、生产企业等组建攻关团队，加强医疗装备基础前沿研究，突破一批颠覆性、原创性技术，开发一批满足医学教学、临床研究、科学研究等需求的医疗装备，引领医学模式变革。从国家急迫需要和长远需求出发，集中医疗行业优势资源着力攻关新发突发传染病防控、诊断、治疗装备，重大慢性非传染性疾病预防、治疗装备，提升公共卫生领域医疗物资保障能力。

（二）加强临床应用创新研究

支持医疗装备企业与科研院所、医疗机构等深度合作，对标国际先进水平，开展医疗装备临床应用创新研究，提升低剂量、快速成像、筛查预警、早期诊断、微 / 无创治疗、个体化诊疗、人工智能诊断、术中精准成像、智慧医疗、中医治未病等医疗装备性能水平，打造优势产品。推动生产企业与医疗机构紧密联动，推动制定一批国际先进的医疗装备使用和临床应用标准规范，加快创新产品推广应用。

（三）加快智能医疗装备发展

支持医疗装备、医疗机构、电子信息、互联网等跨领域、跨行业深度合作，鼓励医疗装备集成5G 医疗行业模组，嵌入人工智能、工业互联网、云计算等新技术，推动医疗装备智能化、精准化、网络化发展。聚焦智慧医院建设需求，开发导诊、门诊筛查、咽拭子采集、抽血、辅助检验、智能无接触式扫描、辅助诊断、重症监护 / 护理、智能巡诊、配液送药、医疗垃圾处理、消杀灭菌等系列医疗机器人，提升安全诊疗防护能力。

专栏 2　重点医疗装备供给能力提升行动

诊断检验装备。突破 7T 人体全身磁共振成像系统、多能谱 X 射线 CT、移动磁共振成像系统、光子计数能谱 CT、高性能单光子发射计算机断层扫描（SPECT）系统、三维智能数字化 X 射线摄影系统（DR）、双模态乳腺成像系统、复合手术室用影像设备、高清 3D 医用内窥镜等影像诊断装备。液相色谱 – 质谱 / 质谱联用（LC–MS/MS）全自动前处理设备、三重四极杆液质联用仪等微生物分析设备及生化免疫分析流水线等。

治疗装备。突破纳米刀肿瘤治疗系统、多模态体表引导放疗系统、质子放射治疗计划系统（TPS）、肿瘤放射治疗电磁导航系统等关键技术，提升质子治疗系统、重离子治疗系统、一体化影像引导医用直线加速器、神经外科手术机器人、放射介入手术机器人、眼科手术机器人等高可靠放射治疗设备，以及腔镜手术机器人、骨科手术机器人、口腔数字化种植机器人等智能手术机器人性能水平。

监护与生命支持装备。全面突破体外膜肺氧合机（ECMO）、人工心脏等关键技术。有创呼吸机、高频呼吸机、连续性血液净化设备（CRRT）、自动腹膜透析设备、经鼻高流量氧疗仪等达到国际先进水平。

有源植介入器械。促进新一代人工心脏、脑起搏器、新型人工心脏瓣膜系统等应用。突破中枢神经再生、脑神经修复等关键材料技术。

医学科研装备。攻关荧光共聚焦显微镜、气相液氮储存装置、超声生物显微镜、程序降温仪、冷冻电镜、生命科学研究成像仪等仪器设备，提升临床研究、科学研究装备供给能力。

六、加强品牌建设，提升国际竞争能力

以质量提升为核心、品牌培育为重点，多措并举，着力打造产业链优势企业，建立大中小微企业融通发展的良好生态，激发行业创新活力，增强全球资源整合和核心技术掌控能力。

（一）加强优质企业培育

鼓励骨干企业创新资本、技术、品牌等合作模式，整合国内外、多领域优质资源，布局全球发展，强化对产业链、供应链和创新链的引领整合和组织协同，打造具有生态主导力、国际竞争力的产业链领航企业。支持具有细分领域技术优势、独特工艺等的专特精新"小巨人"企业，加大研发投入，改进产品性能，巩固竞争优势，加快培育形成一批单项冠军企业和知名品牌。

（二）推动产业集群化发展

支持有基础、有条件的地方创建高端医疗装备应用示范基地，构建医疗装备从技术开发、产品生产、示范验证到应用推广的创新体系，营造包括政策、金融、监管、学科交叉、医疗示范一体的激励产业创新发展的生态环境。培育"整机企业＋零部件企业＋服务配套企业"产业链，"龙头企业＋专特精新企业"创新链，"品牌企业＋创新型医疗服务企业"价值链，促进大中小微企业融通发展，建设主导产品特色鲜明、创新要素高度集聚、网络协作紧密高效、产业生态体系完善的医疗装备先进制造业集群，打造医疗装备国际研发制造高地。

专栏3　高端医疗装备应用示范基地建设行动

创新医疗装备临床示范应用。支持知名医疗机构牵头整合区域内医疗创新资源，与龙头企业合作开展新型产品诊疗技术及综合外科复合手术室解决方案研究，明确设备配置标准、临床应用规范、诊疗路径、培训工具等，促进协同创新，加快创新产品及解决方案的临床应用与推广；建立临床技术培训基地，为新技术、新产品的改进提升、宣传推广提供平台。

高端医疗装备应用示范基地。支持地方政府牵头组织知名医疗机构、科研机构、生产企业等合作，深入梳理智慧医疗、移动医疗、远程医疗、分级诊疗等临床需求，推进医疗装备服务与云计算、大数据等新技术融合，探索医学影像云、手术规划云、第三方医学检验、人工智能辅助诊断、康复智能随访等规范化发展解决方案，加大创新型医疗装备示范应用、推进临床成果转化，营造鼓励创新支持创新的良好环境，提升医疗装备临床转化能力。

政策文件

（三）提升企业智能制造水平

支持医疗装备企业应用数字化、智能化制造装备，提高生产线、车间、工厂的自动化、数字化水平，推进智能制造技术在医疗装备开发设计、生产制造、检验检测等环节的应用。鼓励医疗装备企业与医疗机构协同开发专用软件，提升整机系统集成能力、医疗服务质量和水平。推动企业开展精益生产，加强流程优化、工艺优化和管理优化，提升产品质量、降低成本和消耗，提高产品本质安全水平。

七、培育新模式新业态，提升全方位服务能力

针对"大卫生""大健康"发展需求，针对突发传染病、重大自然灾害等紧急医学救援需求，加快培育医疗装备发展新模式、新业态，织牢国家公共卫生防护网，促进医疗服务从院中诊疗向院前家庭健康管理、院间资源共享、院后康复的连续性服务方向延伸拓展，不断提升为人民提供全方位全生命期医疗健康服务的能力。

（一）推进"5G+医疗健康"新模式发展

推动运用5G技术改造提升医疗卫生健康网络基础设施，搭建新型数字基础设施和医疗平台，拓展医疗服务空间和内容，构建覆盖诊前、诊中、诊后的线上线下一体化医疗服务模式。围绕智能疾控、急诊急救、远程重症监护、中医诊疗、医院管理、健康管理等重点方向，创新5G应用场景，开展智慧医疗健康装备和应用创新，培育可复制、可推广的5G智慧医疗健康新产品、新业态、新模式。推进远程问诊、远程会诊等发展，推动构建有序的分级诊疗格局，促进高端医疗资源下沉服务基层。

（二）推进居家社区、医养康养一体化发展

拓展医疗健康装备服务链，推进居家社区级新型医疗装备的设计、研发、制造和后续服务协同发展。推进开源外接设备、医疗健康软件与基础医疗设施同步发展，探索在办公场所、公共场所、家庭等健康建筑内嵌入基础医疗设施装备，建立健全重点人群健康信息的自动感知、存储传输、智能计算、评估预警等全程管理体系，实现个人健康实时监测与评估、疾病预警、慢病筛查、主动干预。推动医疗机构、第三方诊断/检验中心、医养结合机构、居家社区等相协调的防、诊、治、康、护、养一体的医疗健康服务发展，开展老龄健康医养结合远程协同服务试点，促进医养康养有机结合，推进健康养老服务体系建设，提升人口老龄化社会医疗健康服务保障能力。

（三）提升紧急医学救援保障能力

开展传染病快速检测成套装备、大规模疫病防控应急装备及解决方案研究，提升传染源识别、传染途径切断等水平，提高突发传染病的应急反应能力。推进公共卫生检验检测装备精准化、智能化、快速化、集成化、模块化、轻量化发展。推动高等级生物安全实验室、实验动物设施等特殊实验室关键防护装备研发。提升自然灾害紧急医学救援能力，发展海陆空远程医学救援、极端天气紧急医学救援等装备。支持医疗装备生产企业合理布局产能，"平急"结合，提升重大公共卫生事件、自然灾害等紧急医学救援供给能力。

专栏4　紧急医学救援能力提升行动

疫情预测预警能力建设。攻关新发、突发疫情智能预警、监控管理系统，建设面向大规模突发疫情精准防控的公共数据资源整合治理与应急应用平台，提升疫情发展及走向等预测监控能力。

应急检验检测能力建设。开发适宜应急现场检测的可移动、快速、精准、功能集成的实验室检测装备，发展技术高端、操作智能、功能集成的固定式、可移动式、可穿戴式、模块化、多类型的检验检测设备，有效提升检验检测能力。

疫病防治能力建设。开发传染病新型消毒灭菌与感染控制设备、个人防护装置、家庭隔离负压装置、传染病人转运正压与负压装备、智能化居家隔离监护系统、应急救援多功能方舱、全自动核酸检测设备、核酸快速诊断设备等，推进电感耦合等离子体／质谱联用仪、高通量检测及测序等装备升级，提升突发传染病防控能力。

紧急医学救援能力建设。发展海上远程医学救援装备、航空用便携式紧急医学救援设备、现场急救背囊、应急救援机器人、车载急救手术系统等装备，以及适用于急救的具备影像诊断与治疗功能的综合外科复合手术室建设，增强现场急救、快速检测、紧急处理和医疗转运等能力。

医疗装备应急动员能力建设。支持医疗装备及其他跨领域企业应用智能制造、共享制造、柔性制造等新技术、新模式，加强医防结合、平急结合，做好应急医疗装备技术储备、产能储备。完善医疗装备应急采购储备机制，提升应急保障医疗装备供给能力。

八、优化产业生态，提升基础支撑能力

健全产业基础支撑体系，发挥标准引领、安全保障和公共服务平台等作用，夯实产业发展基础，推动产业持续优化升级。

（一）建立健全标准体系

在医疗器械标准体系框架下，完善医疗装备产业与应用标准和信息标准体系建设，按照医工协同发展思路，构建完善医疗器械相关标准化技术组织体系，鼓励医疗机构、科研院所、生产企业和知名专家等参与标准化工作。加强医疗装备产业基础及信息安全标准研制，促进医疗装备核心零部件、关键基础材料标准化，智能医疗装备互联互通、数据共享的信息安全和网络安全标准化。推动制定医疗装备领域国家标准外文版；积极参与国际标准制修订。

专栏 5　医疗装备产业与应用标准体系完善行动

医疗装备关键零部件及基础材料标准制定。规范医疗装备核心零部件及关键基础材料的设计要求、生产管理要求与测试验证方法等，为产品制造、产品互换性与一致性、产品质量与可靠性保障等有关设计与验证提供参考。

医疗装备系统集成与系统应用标准制定。规范医疗装备集成应用有关的网络通讯与协议、装备的网络通讯接口、装备信息描述与数据字典、装备在医疗流程中的信息模型与表达、系统集成的网络安全与可靠性等数字化有关要求。完善医疗装备集成系统的设计方法，包括数字化手术室的集成与设计要求、数字化影像中心设计要求、数字化检验系统（IVD）设计要求、放射治疗管理系统要求等。

（二）健全安全保护体系

加强生产企业安全生产管理体系建设。鼓励和支持医疗装备专用密码技术的研究开发和推广应用，保障医疗装备本体安全、使用安全以及网络与信息安全，维护社会公共利益，保护消费者合法权益。建立健全医疗信息基础设施保护体系，针对医疗互联网、医疗装备远程运维、医疗装备健康管理、互联网＋医疗健康、远程诊疗等典型应用场景，加快攻击防护、漏洞挖掘、态势感知等安全产品和解决方案的研发应用。强化电子健康档案、病历、处方等安全管理，加强涉及国家利益、商业秘密、个人隐私的医疗大数据保护，完善分类分级保护制度。推动建立医疗装备网络信息安全评估评测、监测管理公共服务平台，提升安全保障服务能力。

政策文件

（三）健全产业基础平台体系

支持建设面向医疗装备领域的产业技术基础公共服务平台，面向医疗装备与互联网、大数据和人工智能等跨领域协同服务平台，高性能医疗器械材料生产应用示范平台，加快提升医疗装备行业技术咨询、标准制定、检测验证、认证认可等第三方服务能力，推进创新链、产业链和服务链融合发展，促进创新成果产业化和推广应用。

九、保障措施

（一）创新支持模式

引导地方政府、产业基金、社会资源等支持医工协同开展医疗装备及关键零部件、基础材料等攻关，加大金融投资对攻关成果转化和产业化的支持。进一步加强政府采购管理，支持医疗装备产业发展。发挥国家产融合作平台作用，深化产融合作与投融资对接，加强优质企业上市培育，支持"硬科技"企业在科创板上市。建立健全临床转化环节医疗机构、科研院所等获取合理合法创新收益的新机制，激发医务人员、科研人员创新活力。

（二）促进推广应用

优化创新医疗装备注册评审流程，支持拥有发明专利、技术属于国内首创且国际领先、具有显著临床应用价值的医疗装备，临床急需的创新型医疗装备进入特别审批通道，加快审批。支持将符合条件的医疗服务项目、医用耗材按程序纳入医保支付范围。加强基层医院医疗装备的配置力度，提升诊疗能力，鼓励有条件的地区开展医疗装备应用推广中心建设，积极探索创新医疗装备产品"购买技术服务"等模式。

（三）加强人才培育

鼓励理工科与医科等高校、医疗机构、科研院所以及行业龙头企业创新合作模式，整合基础、应用及临床等学科，积极探索"医工交叉"特色人才培养新模式，加快"医+X"复合型高层次医学人才、技能人才的培养。支持高校、科研院所和龙头企业加大国际化人才培养和交流。弘扬企业家精神与工匠精神，树立正向激励导向，实行股权、期权等多元化激励措施。

（四）强化知识产权保护

深入实施知识产权强国战略，严格执行知识产权保护制度，加大对侵权行为的执法力度。建设医疗装备知识产权保护运用公共服务平台，打通医疗装备知识产权创造、运用、保护、管理、服务全链条，健全知识产权综合管理体制，增强系统保护能力。完善知识产权运营服务体系，畅通医疗装备技术研发、知识产权流动与运营渠道，促进知识产权与创新资源、金融资本、产业发展等有效融合，构建互利共享、合作共赢的专利运营模式，提高和激发医务人员、科研人员专利意识，贯彻落实专利资助奖励政策和考核评价机制，更好保护和激励高价值专利，推动医疗装备专利密集型产业发展。

（五）深化开放合作

鼓励第三方机构建立健全进出口法律咨询、检测认证、知识产权等服务保障体系，引导企业规范国际经营行为，提升合规管理水平。发挥多双边合作和对话机制作用，推动研发设计、临床应用、技术标准等多领域合作，积极营造开放、透明、包容、公平的国际化市场环境。依托"一带一路"建设，推动优质医疗资源带动成套医疗装备"走出去"，为沿线国家和地区提供高水平医疗健康服务。

（六）加强组织协同

工业和信息化、卫生健康、发展改革、科技、财政、国资、市场监管、医保、中医药、药监等部门要围绕规划目标任务，根据职能分工制定配套政策措施。各地区要结合本地实际切实抓好落实，优化产业布局，避免重复建设。行业组织要充分发挥连接企业与政府的桥梁纽带作用，协调组建行业跨界交流协作平台。各有关方面要密切协同联动，加强政策规划、标准法规等方面的统筹，抓紧抓实抓细规划确定的重大任务和重点工作，推动规划顺利实施。

国务院办公厅关于建立职业化专业化药品检查员队伍的意见

国办发〔2019〕36号

各省、自治区、直辖市人民政府，国务院各部委、各直属机构：

职业化专业化药品（含医疗器械、化妆品）检查员是指经药品监管部门认定，依法对管理相对人从事药品研制、生产等场所、活动进行合规确认和风险研判的人员，是加强药品监管、保障药品安全的重要支撑力量。为贯彻党中央、国务院决策部署，建立职业化专业化药品检查员队伍，进一步完善药品监管体制机制，经国务院同意，现提出以下意见。

一、总体要求

（一）**指导思想**。以习近平新时代中国特色社会主义思想为指导，全面贯彻落实党的十九大和十九届二中、三中全会精神，按照党中央、国务院关于加强药品安全监管的决策部署，遵循科学监管规律，深化药品监管体制机制改革，坚持源头严防、过程严管、风险严控，强化药品安全监督检查，切实保障人民群众身体健康和用药用械安全。

（二）**主要目标**。坚持职业化方向和专业性、技术性要求，到2020年底，国务院药品监管部门和省级药品监管部门基本完成职业化专业化药品检查员队伍制度体系建设。在此基础上，再用三到五年时间，构建起基本满足药品监管要求的职业化专业化药品检查员队伍体系，进一步完善以专职检查员为主体、兼职检查员为补充，政治过硬、素质优良、业务精湛、廉洁高效的职业化专业化药品检查员队伍，形成权责明确、协作顺畅、覆盖全面的药品监督检查工作体系。

二、完善药品检查体制机制

（三）**构建国家和省两级职业化专业化药品检查员队伍**。国务院药品监管部门和省级药品监管部门分别建立国家级和省级职业化专业化药品检查员队伍，配备满足检查工作要求的专职检查员，为药品监管行政执法等提供技术支撑。在此基础上，国务院药品监管部门和省级药品监管部门要重点强化疫苗等高风险药品检查员队伍建设。

（四）**强化检查机构建设**。进一步加强国务院药品监管部门药品审核查验机构及国家疫苗检查机构建设，负责国家级职业化专业化药品检查员队伍日常管理。完善省级药品监管部门检查机构设置，负责省级职业化专业化药品检查员队伍日常管理。根据监管工作需要，国务院药品监管部门在药品产业集中、高风险药品生产聚集等重点地区加强药品检查工作力量，实施重点检查和精准检查。省级药品监管部门根据监管工作需要，在药品生产聚集的地区加强药品检查工作力量，有条件的地方可分区域设置检查分支机构，实施就近检查和常态化检查。

（五）**明确检查事权划分**。国务院药品监管部门主要承担药品、医疗器械、特殊用途化妆品研发过程现场检查，以及药物非临床研究质量管理规范、药物临床试验质量管理规范、医疗器械临床试验质量管理规范执行情况合规性检查；承担药品、医疗器械、化妆品境外现场检查以及生产环节重大有因检查。省级药品监管部门主要承担药品、医疗器械、化妆品生产过程现场检查，以及有关生产质量管理规范执行情况合规性检查；承担药品批发企业、零售连锁总部、互联网销售第三方平台相关现场检查；指导市县级市场监管部门开展药品、医疗器械、化妆品经营、使用环节现场检查，以及有关经营质量管理规范执行情况合规性检查。药品检查事项按照承担职责的职能部门隶属关系分别明确为中央或地方财政事权，由同级财政部门承担支出责任。

进一步加强疫苗等高风险药品检查工作。国务院药品监管部门强化疫苗等高风险药品研制、生产环节的飞行检查以及境外检查，不定期开展巡查并加强随机抽查。省级药品监管部门直接负责疫苗等高风险药品生产过程的派驻检查、日常检查，落实更加集中、更加严格的现场检查、信息公示、不良反应监测报告等制度，实行严格的属地监管。

（六）**落实检查要求**。国务院药品监管部门和省级药品监管部门要制定完善药品检查工作规则和流程规范，强化各项检查工作。进一步加强药品全过程质量安全风险管理，专项检查、飞行检查等工作要全面推行"双随机、一公开"监管，加快推进基于云计算、大数据、"互联网＋"等信息技术的药品智慧监管，提高监督检查效能。加快完善内部举报人制度。药品检查员队伍要落实药品注册现场检查、疫苗药品派驻检查以及属地检查、境外检查要求，积极配合药品监管稽查办案，落实有因检查要求，为科学监管、依法查办药品违法行为提供技术支撑。

（七）**完善检查工作协调机制**。国务院药品监管部门建立全国统一的检查员库和检查员信息平台，实现国家级和省级检查员信息共享和检查工作协调联动。建立健全检查员统一调配使用机制，根据工作需要统筹调配检查员开展检查工作。上级药品监管部门根据工作需要，可调动下级药品监管部门开展检查工作；下级药品监管部门在工作中遇到复杂疑难问题，可申请上级药品监管部门派出检查员现场指导。

三、落实检查员配置

（八）**合理确定队伍规模**。根据监管事权、药品产业规模以及检查任务等，机构编制部门、财政部门会同药品监管部门科学合理确定职业化专业化药品检查员队伍规模，在统筹考虑现有各级药品监管人员、编制基础上，进一步加强国家级和省级专职药品检查员队伍人员配备，合理保障工作需要。有疫苗等高风险药品生产企业的地区，还应配备相应数量的具有疫苗等高风险药品检查技能和实践经验的药品检查员。

（九）**规范检查员编制管理**。充分考虑药品检查工作的公益属性，根据检查工作需要，统筹考虑药品检查机构人员编制。严格落实编制管理工作要求，采取多种形式保障检查员编制需求，吸引、稳定检查骨干和高水平检查员。创新检查员管理机制，实行检查员编制配备和政府购买检查服务相结合，优化检查员队伍编制结构，确保检查员队伍稳定。

（十）**多渠道充实职业化专业化药品检查员队伍**。药品监管部门要严格按照相应的资格条件，有计划、有步骤地充实职业化专业化药品检查员队伍。可通过直接划转监管部门内部有资质的监管人员、培训考核相关专业人员、面向社会公开招聘等方式，不断充实检查员队伍。创新人才选用方式，实施高水平检查员队伍扩充行动计划，大力培训培养、招聘引进具有疫苗等高风险药品检查技能和实践经验的药品检查员。

鼓励结合地方市场监管体制改革，将市县原从事药品生产、批发监管工作的检查（监管）人员划转充实省级职业化专业化药品检查员队伍，建立以省级药品监管部门为主体，吸收各级市场监管部门中具有相应药品检查资质人员参加的检查员队伍体系，落实本行政区域药品生产等监管全覆盖的要求。各级市场监管部门管理的具有药品研制、生产等检查资质的人员，可作为国家级、省级兼职检查员，纳入全国检查员库调配使用。同时，从相关科研机构、检验检测机构、高等院校中聘用符合资格条件的人员作为兼职检查员，为专职检查员队伍提供重要补充。

四、加强检查员队伍管理

（十一）**实行检查员分级分类管理**。国务院药品监管部门建立检查员分级分类管理制度。按照检查品种，将检查员分为药品、医疗器械、化妆品3个检查序列，并根据专业水平、业务能力、工作资历和工作实绩等情况，将检查员划分为初级检查员、中级检查员、高级检查员、专家级检查员 4 个层级，每个层级再细分为若干级别，对应不同的任职条件、职责权限、技术职称和考核标准，享有相应的薪酬待遇。

（十二）**严格检查员岗位准入管理。**国务院药品监管部门制定不同序列、不同层级检查员的岗位职责标准以及综合素质、检查能力要求，确立严格的岗位准入和任职条件，确保高标准、高要求建设职业化专业化药品检查员队伍。各级药品监管部门要全面考察拟任检查员的思想品德、业务素质、专业能力、专业素养、遵纪守法等情况，全面推行检查员培训并经药品监管部门考核合格后上岗制度，严把职业化专业化药品检查队伍入口质量关。

（十三）**建立科学合理的考核评价与职级升降机制。**国家级和省级职业化专业化药品检查员队伍实行分级考核。要科学设置考核指标，建立以岗位职责为考核依据、以业绩贡献为评价重点，日常考核与年终考评、能力评价与实绩考核相结合的考核评价体系，实行多元化考核。注重考核检查员的职业道德、履职能力、专业技能、工作实绩等情况。建立技能考核和业绩考评相结合的职级升降制度以及不合格检查员退出制度，将职级调整与考评结果相挂钩。

五、不断提升检查员能力素质

（十四）**强化检查员业务培训。**着眼检查能力提升，分类开展各类药品检查员培训，建立统一规范的职业化专业化药品检查员培训体系，构建教、学、练、检一体化的教育培训机制。创新培训方式，建立检查员岗前培训和日常培训制度，初任检查员通过统一培训且考试考核合格后，方可取得药品监管部门颁发的检查工作资质。加大检查员培训机构、培训师资建设力度，构筑终身培训体系。检查员每年接受不少于 60 学时的业务知识和法律法规培训。建立检查员实训基地，突出检查工作模拟实操训练，强化培训全过程管理和考核评估，切实提升培训成效。

（十五）**鼓励检查员提升能力水平。**制定鼓励检查员提升专业素质和检查能力的具体措施，调动检查员参加集中培训、专业深造、个人自学的积极性和自觉性。推行检查员培训考核制度，进一步强化学习培训成果在年终考核、推优评先、职级调整、职务晋升等环节的运用。

（十六）**创新高素质检查员培养模式。**鼓励药品监管部门与高等院校、科研机构建立联合培养机制，储备高素质检查人才。积极依托相关国际机构和非营利组织，努力培养能够深度参与国际药品监管事务的高水平检查员。

六、建立激励约束机制

（十七）**拓宽检查员职业发展空间。**药品监管部门建立不同级别检查员与事业单位专业技术岗位等级对应机制，拓宽检查员职业发展空间。合理设定各级检查机构高级专业技术岗位数量，满足职业化专业化药品检查员队伍发展需要。

（十八）**完善检查员参加相应职称评审的政策。**符合条件的检查员可参加卫生（〔中〕医、〔中〕药、技）系列、工程系列职称评审。国务院药品监管部门和省级药品监管部门可按规定成立相应检查员职称评审委员会，经人力资源社会保障部门核准备案后，开展相应职称评审工作。建立以品德、知识、能力、业绩为主要内容的检查员职称评价标准和以专家评审为基础的业内评价机制，注重考核检查员的专业性、技术性、实践性，突出评价检查员履行岗位职责的工作绩效与实际贡献。

（十九）**建立检查员薪酬待遇保障机制。**按照体现专业技能和劳动价值的原则，健全和完善职业化专业化药品检查队伍薪酬待遇分配机制。检查员薪酬待遇水平与检查员技术职称、检查工作难易程度及检查任务量相挂钩，构建向现场检查一线倾斜的薪酬激励机制。用人单位依法参加工伤等保险，鼓励通过人身意外伤害商业保险提高职业伤害保障水平，保障检查员现场检查的人身安全。按照国家有关规定，对发现重大风险隐患、工作业绩突出的检查员给予表彰奖励，充分调动检查员认真履职尽责的积极性和主动性，提升职业荣誉感。

（二十）**建立检查员纪律约束和监督机制**。国务院药品监管部门要制定检查员职业操守和廉洁自律规范，引导和规范检查员依法依规、客观公正履职尽责。建立健全检查工作制度，明确检查工作程序，建立检查员权力清单和责任清单，严格检查员廉洁自律要求。国务院药品监管部门和省级药品监管部门要健全符合检查工作实际的反腐倡廉长效机制，建立派出检查工作复核制度，实施派出检查小组内部制约和组长负责制，加强对药品检查关键环节和重点检查人员的监督。国务院药品监管部门和省级药品监管部门要构建利益冲突防范机制，防范利益冲突风险。完善信息公开制度，实行"阳光检查"，接受社会监督。建立严格责任追究制度，强化监督检查，对未履行检查职责、不当履行检查职责以及违法违规的检查员，要依法依规严肃处理。

七、完善组织领导和保障措施

（二十一）**加强组织领导**。各省（自治区、直辖市）政府要进一步增强保障药品安全的责任感和使命感，充分认识加强药品安全检查工作的重要性，切实加强对药品监管工作的组织领导，保障人民群众用药用械安全。完善相关配套政策，加快推进检查员队伍建设。健全部门间沟通协调机制，及时研究解决职业化专业化药品检查员队伍建设中的重大问题。各级药品监管部门要加强职业化专业化药品检查员队伍建设的规划和统筹管理，研究提出具体可行的操作意见。财政、人力资源社会保障、机构编制等有关部门要在各自职责范围内，积极推进有关工作，在预算经费、人事管理、机构编制等方面加大支持力度，为职业化专业化药品检查员队伍建设创造有利条件。

（二十二）**强化检查工作信息化支撑**。整合药品检查工作信息资源，优化检查工作流程，构建检查工作数据库。积极运用信息通信技术等现代科技手段，强化移动终端和过程记录设备的配备和使用，充分利用信息资源及数据分析技术，推动现场检查工作标准化规范化。

国务院办公厅
2019 年 7 月 9 日

国务院办公厅关于全面加强药品监管能力建设的实施意见

国办发〔2021〕16号

各省、自治区、直辖市人民政府，国务院各部委、各直属机构：

药品安全事关人民群众身体健康和生命安全。党的十八大以来，药品监管改革深入推进，创新、质量、效率持续提升，医药产业快速健康发展，人民群众用药需求得到更好满足。随着改革不断向纵深推进，药品监管体系和监管能力存在的短板问题日益凸显，影响了人民群众对药品监管改革的获得感。为全面加强药品监管能力建设，更好保护和促进人民群众身体健康，经国务院同意，现提出以下意见。

一、总体要求

以习近平新时代中国特色社会主义思想为指导，全面贯彻党的十九大和十九届二中、三中、四中、五中全会精神，切实增强"四个意识"、坚定"四个自信"、做到"两个维护"，认真落实党中央、国务院决策部署，坚持人民至上、生命至上，落实"四个最严"要求，强基础、补短板、破瓶颈、促提升，对标国际通行规则，深化审评审批制度改革，持续推进监管创新，加强监管队伍建设，按照高质量发展要求，加快建立健全科学、高效、权威的药品监管体系，坚决守住药品安全底线，进一步提升药品监管工作科学化、法治化、国际化、现代化水平，推动我国从制药大国向制药强国跨越，更好满足人民群众对药品安全的需求。

二、重点任务

（一）**完善法律法规体系**。全面贯彻落实《中华人民共和国药品管理法》、《中华人民共和国中医药法》、《中华人民共和国疫苗管理法》和《医疗器械监督管理条例》、《化妆品监督管理条例》等，加快制修订配套法规规章。及时清理完善规范性文件，有序推进技术指南制修订，构建更加系统完备的药品监管法律法规制度体系。

（二）**提升标准管理能力**。加快完善政府主导、企业主体、社会参与的相关标准工作机制。继续实施国家药品标准提高行动计划。强化药品标准体系建设，完善标准管理制度措施，加强标准制修订全过程精细化管理。完善医疗器械标准体系，构建化妆品标准体系，加强国家标准、行业标准、团体标准、企业标准统筹协调。积极参与国际相关标准协调，提升与国际标准一致性程度。加强标准信息化建设，提高公共标准服务水平。

（三）**提高技术审评能力**。瞄准国家区域协调发展战略需求，整合现有监管资源，优化中药和生物制品（疫苗）等审评检查机构设置，充实专业技术力量。优化应急和创新药品医疗器械研审联动工作机制，鼓励新技术应用和新产品研发。充分发挥专家咨询委员会在审评决策中的作用，依法公开专家意见、审评结果和审评报告。优化沟通交流方式和渠道，增加创新药品医疗器械会议沟通频次，强化对申请人的技术指导和服务。健全临床急需境外已上市药品进口相关制度。建立国家药物毒理协作研究机制，强化对药品中危害物质的识别与控制。

（四）**优化中药审评机制**。遵循中药研制规律，建立中医药理论、人用经验、临床试验相结合的中药特色审评证据体系，重视循证医学应用，探索开展药品真实世界证据研究。优化中成药注册分类，加强创新药、改良型新药、古代经典名方中药复方制剂、同名同方药管理。完善技术指导原则体系，加强全过程质量控制，促进中药传承创新发展。

（五）**完善检查执法体系**。落实关于建立职业化专业化药品检查员队伍的有关部署，加快构建有效满足各级药品监管工作需求的检查员队伍体系。针对新冠肺炎疫情防控和重大案件查办中暴露的突出问题，各省（自治区、直辖市）要依托现有资源加强药品检查机构建设，充实检查员队伍，延伸监管触角。创新检查方式方法，强化检查的突击性、实效性。加强境外检查，把好进口药品质量关。建立检查力量统一调派机制。国家药品检查机构根据重大监管任务需要，统一指挥调派各级检查员。省级药品监管部门根据检查稽查工作需要，统筹调派辖区内药品检查员。鼓励市县从事药品检验检测等人员取得药品检查员资格，参与药品检查工作。

（六）**完善稽查办案机制**。加强药品稽查队伍建设，强化检查稽查协同和执法联动，完善省级市场监管与药品监管工作机制。推动落实市县药品监管能力标准化建设要求，市县级市场监管部门要在综合执法队伍中加强药品监管执法力量配备，确保其具备与监管事权相匹配的专业监管人员、经费和设备等条件。各级药品监管部门与公安机关建立健全行刑衔接机制，及时通报重大案件信息、移送涉嫌药品犯罪案件，严厉打击药品尤其是疫苗违法犯罪行为。

（七）**强化监管部门协同**。落实监管事权划分，加强跨区域跨层级药品监管协同指导，强化国家、省、市、县四级负责药品监管的部门在药品全生命周期的监管协同。加强省级药品监管部门对市县级市场监管部门药品监管工作的监督指导，健全信息通报、联合办案、人员调派等工作衔接机制，完善省、市、县药品安全风险会商机制，形成药品监管工作全国一盘棋格局。

（八）**提高检验检测能力**。瞄准国际技术前沿，以中国食品药品检定研究院为龙头、国家药监局重点实验室为骨干、省级检验检测机构为依托，完善科学权威的药品、医疗器械和化妆品检验检测体系。加快推进创新疫苗及生物技术产品评价与检定国家重点实验室建设，纳入国家实验室体系。持续加强医疗器械检验检测机构建设，加快建设化妆品禁限用物质检验检测和安全评价实验室，补齐检验检测能力短板。省级检验检测机构要加强对市县级检验检测机构的业务指导，开展能力达标建设。

（九）**提升生物制品（疫苗）批签发能力**。巩固提升中国食品药品检定研究院生物制品（疫苗）批签发能力，推进省级药品检验检测机构的批签发能力建设，依法依规将符合要求的省级药品检验检测机构指定为国家生物制品（疫苗）批签发机构。

（十）**建设国家药物警戒体系**。加强药品、医疗器械和化妆品不良反应（事件）监测体系建设和省、市、县级药品不良反应监测机构能力建设。制定药物警戒质量管理规范，完善信息系统，加强信息共享，推进与疾控机构疑似预防接种异常反应监测系统数据联动应用。

（十一）**提升化妆品风险监测能力**。整合化妆品技术审评审批、监督抽检、现场检查、不良反应监测、投诉举报、舆情监测、执法稽查等方面的风险信息，构建统一完善的风险监测系统，形成协调联动的工作机制。推进化妆品安全风险物质高通量筛查平台、快检技术、网络监测等方面能力建设，逐步实现化妆品安全风险的及时监测、准确研判、科学预警和有效处置。

（十二）**完善应急管理体系**。完善各级人民政府药品安全事件应急预案，健全应急管理机制。强化应对突发重特大公共卫生事件中检验检测、体系核查、审评审批、监测评价等工作的统一指挥与协调。加强国家药监局安全应急演练中心建设，开展常态化药品安全应急演练，提高各级负责药品监管机构的应急处置能力。建立国家参考品原料样本应急调用机制，有效维护应急检验设备设施，强化应急关键技术研发。

（十三）**完善信息化追溯体系**。制定统一的药品信息化追溯标准，实行药品编码管理，落实药品上市许可持有人追溯责任。构建全国药品追溯协同平台，整合药品生产、流通、使用等环节追溯信息，从疫苗、血液制品、特殊药品等开始，逐步实现药品来源可查、去向可追。逐步实施医疗器械唯一标识，加强与医疗管理、医保管理等衔接。发挥追溯数据在风险防控、产品召回、应急处置等工作中的作用，提升监管精细化水平。

（十四）推进全生命周期数字化管理。 加强药品、医疗器械和化妆品监管大数据应用，提升从实验室到终端用户全生命周期数据汇集、关联融通、风险研判、信息共享等能力。强化药品、医疗器械和化妆品品种档案建设与应用，加强政府部门和行业组织、企业、第三方平台等有关数据开发利用，研究探索基于大数据的关键共性技术与应用，推进监管和产业数字化升级。

（十五）提升"互联网＋药品监管"应用服务水平。 推动工业互联网在疫苗、血液制品、特殊药品等监管领域的融合应用。建立健全药品注册电子通用技术文档系统和医疗器械注册电子申报信息化系统，推进审评审批和证照管理数字化、网络化。加快推进化妆品监管领域移动互联应用，提升办事效率与服务水平。推进各层级、各单位监管业务系统互联互通、共享共用，逐步实现"一网通办"、"跨省通办"。坚持以网管网，推进网络监测系统建设，加强网络销售行为监督检查，强化网络第三方平台管理，提高对药品、医疗器械和化妆品网络交易的质量监管能力。

（十六）实施中国药品监管科学行动计划。 紧跟世界药品监管科学前沿，加强监管政策研究，依托高等院校、科研机构等建立药品监管科学研究基地，加快推进监管新工具、新标准、新方法研究和应用。将药品监管科学研究纳入国家相关科技计划，重点支持中药、生物制品（疫苗）、基因药物、细胞药物、人工智能医疗器械、医疗器械新材料、化妆品新原料等领域的监管科学研究，加快新产品研发上市。

（十七）提升监管队伍素质。 强化专业监管要求，严把监管队伍入口关，优化年龄、专业结构。加大培养力度，有计划重点培养高层次审评员、检查员，加强高层次国际化人才培养，实现核心监管人才数量、质量"双提升"。各省（自治区、直辖市）要结合本地医药产业发展和监管任务实际情况，完善省级职业化专业化药品检查员培养方案，加强对省、市、县各级药品监管人员培训和实训，不断提高办案能力，缩小不同区域监管能力差距。加强国家药品监管实训基地建设，打造研究、培训、演练一体的教育培训体系。充分运用信息化技术，建设并推广使用云平台，提升教育培训可及性和覆盖面。

（十八）提升监管国际化水平。 适应药品监管全球化需要，深入参与国际监管协调机制，积极参与国际规则制定。加强与主要贸易国和地区、"一带一路"重点国家和地区的药品监管交流合作。以重点产品、重点领域为突破口，推动实现监管互认。借鉴国际经验，健全国家药品监管质量管理体系，鼓励地方药品监管能力和水平提档升级，推动京津冀、粤港澳大湾区、长三角等区域药品监管能力率先达到国际先进水平。

三、保障措施

（十九）加强组织领导。 各地要认真履行药品安全尤其是疫苗安全的政治责任，坚持党政同责，做到守土有责、守土尽责。各省级人民政府要建立药品安全协调机制，加强对药品监管工作的领导。地方各级人民政府要落实药品安全属地管理责任，完善药品安全责任制度，健全考核评估体系，对本地区药品安全工作依法承担相应责任。

（二十）完善治理机制。 压实药品安全企业主体责任，发挥行业协会自律作用。加强药品管理相关部门协调联动，加强药品监管与医疗管理、医保管理的数据衔接应用，实现信息资源共享，形成药品安全治理合力。实施药品安全信用监管，依法依规建立严重违法失信名单判定标准、公示制度和信息共享机制，并实施信用联合惩戒。

（二十一）强化政策保障。 创新完善适合药品监管工作特点的经费保障政策，合理安排监管经费。建立审评审批企业收费动态调整制度。将审评、检查、检验、监测评价、标准管理等技术支撑服务纳入政府购买服务范围，优化经费支出结构，提升购买服务效能。通过专项转移支付支持地方药品监管工作。

政策文件

（二十二）**优化人事管理**。科学核定履行审评、检查、检验、监测评价、标准管理等职能的技术机构人员编制数量。设立首席科学家岗位，引进具有国际监管经验、熟悉中国产业实际的高级专业人才。创新完善人力资源政策，在公开招聘、岗位设置、职称评聘、薪酬待遇保障等方面强化政策支持力度，破除人才职业发展瓶颈。合理核定相关技术支撑机构的绩效工资总量，在绩效工资分配时可向驻厂监管等高风险监管岗位人员倾斜，更好体现工作人员的技术劳务价值。

（二十三）**激励担当作为**。加强药品监管队伍思想政治建设，教育引导干部切实增强干事创业的积极性、主动性、创造性，忠实履行药品监管政治责任。树立鲜明用人导向，坚持严管和厚爱结合、激励和约束并重，鼓励干部锐意进取、担当作为。加强人文关怀，努力解决监管人员工作和生活后顾之忧。优化人才成长路径，健全人才评价激励机制，激发监管队伍的活力和创造力。对作出突出贡献的单位和个人，按照国家有关规定给予表彰奖励，推动形成团结奋进、积极作为、昂扬向上的良好风尚。

国务院办公厅

2021 年 4 月 27 日

关于印发"十四五"国家药品安全及
促进高质量发展规划的通知

国药监综〔2021〕64 号

各省、自治区、直辖市及新疆生产建设兵团药品监管、发展改革、科技、工业和信息化、卫生健康、市场监管、医保、中医药主管部门：

为保障药品安全，促进药品高质量发展，推进药品监管体系和监管能力现代化，保护和促进公众健康，国家药监局等 8 部门研究制定了《"十四五"国家药品安全及促进高质量发展规划》。现印发给你们，请结合实际，加强协同配合，认真贯彻执行。

药监局　发展改革委

科技部　工业和信息化部

卫生健康委　市场监管总局

医保局　中医药局

2021 年 10 月 20 日

"十四五"国家药品安全及促进高质量发展规划

为保障药品安全，促进药品高质量发展，推进药品监管体系和监管能力现代化，保护和促进公众健康，根据《中华人民共和国国民经济和社会发展第十四个五年规划和 2035 年远景目标纲要》，制定本规划。

一、现状和形势

（一）取得的成绩

"十三五"时期，我国药品安全监管体制机制逐步完善，药品质量和品种数量稳步提升，创新能力和服务水平持续增强，《"十三五"国家药品安全规划》发展目标和各项任务顺利完成。

公众用药需求得到更好满足。现有药品 1.8 万个品种、15.5 万个批准文号；医疗器械一类备案凭证 12.4 万张，二、三类注册证 12.1 万张；基本满足临床使用需求。强化了短缺药品监测预警，建立了中央和地方两级常态短缺药品储备。国产疫苗约占全国实际接种量的 95% 以上，能够依靠自身能力解决全部免疫规划疫苗。

全生命周期监管不断强化。建立完善药品上市许可持有人、医疗器械注册人等制度，督促企业严格落实各环节的药品安全主体责任。改革和完善疫苗管理体制，加强全流程、全生命周期监管。加强临床试验规范管理，建立临床试验机构备案管理平台。

全面强化现场检查和监督抽检，深入开展中药饮片专项整治，医疗器械"清网"、化妆品"线上净网线下清源"等专项行动。完善药品不良反应和医疗器械不良事件报告机制。

审评审批制度改革持续深化。建立完善药品加快上市注册程序，不断健全适应症团队审评、项

政策文件

目管理人、技术争议解决、审评信息公开等制度。审评通过 674 件新药上市申请，其中含 51 个创新药；审评通过 39 个临床急需药品上市申请。扎实推进仿制药质量和疗效一致性评价工作，公布参比制剂目录 3963 个品规，通过一致性评价申请 964 件 278 个品种。实施创新医疗器械特别审查程序，批准 109 个创新医疗器械、35 个临床急需医疗器械上市。进口普通化妆品由审批管理调整为备案管理，化妆品新原料由统一注册管理改为仅对具有较高风险的新原料实行注册管理，特殊化妆品行政许可延续实施承诺制审批，审评审批时限由 115 个工作日压缩为 15 个工作日。

法规标准制度体系不断完善。进一步健全覆盖研制、生产、经营、使用全过程的药品管理法律制度。全面修订药品管理法，出台世界首部疫苗管理法，修订《医疗器械监督管理条例》，制定出台《化妆品监督管理条例》。发布 2020 年版《中华人民共和国药典》，发布《医疗器械标准管理办法》。发布药品技术指导原则 125 个，医疗器械注册指导原则 399 项。发布医疗器械标准 710 项，现行有效医疗器械标准与国际标准一致度超过 90%。发布《已使用化妆品原料目录》，收录已使用化妆品原料 8972 个条目，更新《化妆品禁用原料目录》，收录 1393 个禁用原料。

药品监管能力得到全面提升。加强专业人才培养，专兼结合、素质优良的药品检查员队伍加快建成。实施中国药品监管科学行动计划，首批认定 45 家国家药监局重点实验室。建成疫苗信息化追溯体系，"药监云"正式上线运行，实施医疗器械注册电子申报、试点启用医疗器械电子注册证，医疗器械生产监管平台和网络交易监测系统投入使用，化妆品注册备案实现全程网上办理，监管信息化水平进一步提高。药品监管国际化水平显著提升，成功当选国际人用药品注册技术协调会管委会成员，作为国际医疗器械监管机构论坛主席国成功举办两次管理委员会会议，全面参与国际化妆品监管联盟工作。

服务保障疫情防控成效显著。新型冠状病毒肺炎疫情发生后，超常规建立研审联动工作机制，全力做好新型冠状病毒检测试剂、医用防护服、医用口罩、治疗药物等的应急审批和质量监管，推动我国疫情防控取得阶段性战略成果。严格按照法律法规和国际认可的技术标准附条件批准新冠病毒疫苗上市，积极支持疫苗生产企业增线扩产，不断提高疫苗批签发质量和效率，为开展新冠病毒疫苗大规模接种提供了强有力的支撑。

（二）问题和形势

在肯定成绩的同时，必须清醒认识到我国医药产业发展不平衡不充分，药品安全性、有效性、可及性仍需进一步提高，全生命周期监管工作仍需完善。现代生物医药新技术、新方法、新商业模式日新月异，对传统监管模式和监管能力形成挑战。药品监管信息化水平需进一步提高，技术支撑体系建设有待加强。药品监管队伍力量与监管任务不匹配、监管人员专业能力不强的问题仍然较突出。新型冠状病毒肺炎疫情的暴发反映出人类面临的新型疾病风险越来越大，对药品研发、安全和疗效提出了新的需求。

当前，党中央、国务院对药品安全提出了新的更高要求，围绕加快临床急需药品上市、改革完善疫苗管理体制、中医药传承创新发展等作出一系列重大部署。人民群众对药品质量和安全有更高期盼，对药品的品种、数量和质量需求保持快速上升趋势。医药行业对公平、有序、可预期的监管环境有强烈诉求，迫切需要监管部门进一步完善优化审评审批机制，提升服务水平和监管效能，进一步提高审评过程透明度，通过强有力的监管支持医药产业实现高质量发展。

二、总体原则与发展目标

（一）指导思想

高举中国特色社会主义伟大旗帜，深入贯彻党的十九大和十九届历次全会精神，坚持以马克思列宁主义、毛泽东思想、邓小平理论、"三个代表"重要思想、科学发展观、习近平新时代中国特色社会主义思想为指导，全面贯彻党的基本理论、基本路线、基本方略，统筹推进"五位一体"总体布局、协调推进"四个全面"战略布局，认真落实习近平总书记"四个最严"要求，立足新发展阶段、贯彻新发展理念、构建新发展格局，坚持人民至上、生命至上，坚持稳中求进工作总基调，坚持科学化、法治化、国际化、现代化方向，坚定不移保安全守底线、促发展追高线，持续深化监管改革，强化检查执法，创新监管方式，提升监管能力，加快推动我国从制药大国向制药强国跨越，更好满足人民群众的健康需求。

（二）总体原则

坚持党的全面领导。把党的领导贯穿到药品监管工作全过程、各环节，坚持党政同责，做到守土有责、守土尽责，为保障药品安全、实现高质量发展提供根本保证。

坚持改革创新。创新药品监管理念，深化监管体制机制改革，多渠道发展监管科学和监管技术，发挥监管引导和推动作用，激发医药产业活力和创造力，促进医药产业转型升级。

坚持科学监管。正确把握保障药品安全与促进产业发展的关系，营造有利于高质量发展的监管环境，突出源头严防、过程严管、风险严控的药品全生命周期监管，牢牢守住药品安全底线。

坚持依法监管。建立健全严谨完备的药品监管法律制度和标准体系，强化执法监督，严格规范执法，严厉查处违法犯罪行为，营造公平正义的法治环境。

坚持社会共治。严格落实药品安全企业主体责任、部门监管责任和地方政府属地管理责任，鼓励行业协会和社会公众参与药品安全治理，推动形成政府监管、企业主责、行业自律、社会协同的药品安全共治格局。

（三）2035年远景目标

展望2035年，我国科学、高效、权威的药品监管体系更加完善，药品监管能力达到国际先进水平。药品安全风险管理能力明显提升，覆盖药品全生命周期的法规、标准、制度体系全面形成。药品审评审批效率进一步提升，药品监管技术支撑能力达到国际先进水平。药品安全性、有效性、可及性明显提高，有效促进重大传染病预防和难治疾病、罕见病治疗。医药产业高质量发展取得明显进展，产业层次显著提高，药品创新研发能力达到国际先进水平，优秀龙头产业集群基本形成，中药传承创新发展进入新阶段，基本实现从制药大国向制药强国跨越。

（四）"十四五"时期主要发展目标

"十四五"期末，药品监管能力整体接近国际先进水平，药品安全保障水平持续提升，人民群众对药品质量和安全更加满意、更加放心。

支持产业高质量发展的监管环境更加优化。审评审批制度改革持续深化，批准一批临床急需的创新药，加快有临床价值的创新药上市，促进公众健康。创新产品评价能力明显提升，在中国申请的全球创新药、创新医疗器械尽快在境内上市。制修订药品医疗器械化妆品标准2650项（个），新增指导原则480个。

疫苗监管达到国际先进水平。通过世界卫生组织疫苗国家监管体系评估。积极推进疫苗生产企业所在省级药品检验机构具备辖区内生产疫苗主要品种批签发能力。

中药传承创新发展迈出新步伐。中医药理论、人用经验和临床试验相结合的审评证据体系初步建立。逐步探索建立符合中药特点的安全性评价方法和标准体系。中药现代监管体系更加健全。

专业人才队伍建设取得较大进展。培养一批具备国际先进水平的高层次审评员、检查员和检验检测领域专业素质过硬的学科带头人。药品监管队伍专业素质明显提升，队伍专业化建设取得积极成效。

技术支撑能力明显增强。全生命周期药物警戒体系初步建成。中国药品监管科学行动计划取得积极成果，推出一批监管新工具、新标准、新方法。药品检验检测机构能力明显提升。

三、主要任务

（一）实施药品安全全过程监管

1. 严格研制环节监管。严格监督执行药物非临床研究质量管理规范、药物临床试验质量管理规范、医疗器械临床试验质量管理规范，重点加强临床试验核查，确保数据真实可靠。完善药品注册管理工作体系和制度。

2.严格生产环节监管。严格监督执行药品、医疗器械、化妆品生产质量管理规范，对疫苗、血液制品重点生产企业开展检查和巡查，持续开展境外检查。坚持以问题为导向制定实施抽检计划，重点加强对国家组织集中采购中选品种、通过仿制药质量和疗效一致性评价品种、无菌和植入性医疗器械、儿童化妆品的检查和抽检。

3.严格经营使用环节监管。地方各级负责药品监管的部门依职责进一步强化监督检查，督促经营企业严格执行药品经营质量管理规范、医疗器械经营质量管理规范等，督促药品使用单位持续合法合规，稳步提升药品经营使用环节规范化水平。研究医疗联合体内临床急需的医疗机构制剂调剂和使用管理制度，合理促进在医疗联合体内共享使用。加强药品批发、零售连锁总部、网络销售第三方平台的监管，加大对药品零售和使用单位、医疗器械经营企业等的监督执法力度，持续开展风险隐患排查，督促及时报告药品不良反应和医疗器械不良事件，进一步提升基层药品和医疗器械质量保障水平。

4.严格网络销售行为监管。完善网络销售监管制度，研究适应新技术、新业态、新商业模式的监管新机制。加强对药品、医疗器械、化妆品网络销售行为的监督管理，完善药品医疗器械网络交易违法违规行为监测平台，及时排查处置网络销售药品、医疗器械、化妆品风险，提升监管针对性和实效性。

5.严格监督执法。强化国家和地方各级负责药品监管的部门的执法职责，依托现有机构编制资源加强稽查执法力量，理顺工作关系，完善稽查办案机制，强化检查稽查协同和执法联动，提高监管执法效能。将办案情况作为对地方各级负责药品监管的部门考核的重要指标，切实加大稽查执法力度，严肃查处违法违规行为。深化行政执法与刑事司法衔接，严厉打击各类违法犯罪行为。加强监督执法信息公开。

专栏一　药品安全风险排查行动计划

1.药品安全风险排查。国家药品抽检每年遴选130至150个品种，在完成检验任务基础上，对重点品种开展有针对性的探索性研究。地方药品抽检每年完成对本行政区域内药品上市许可持有人（药品生产企业）生产的国家组织药品集中采购中选品种、国家基本药物制剂品种、通过仿制药质量和疗效一致性评价品种的生产环节全覆盖抽检，加大对医保目录产品、进口化学药品、儿童用药、中药饮片等品种的抽检力度。每年对疫苗、血液制品生产企业开展全覆盖巡查检查。

2.医疗器械安全风险排查。国家每年选取安全风险高、日常消费量大、社会关注度高的约50个品种开展抽检。地方抽检注重体现对重点监管产品、本地特色产品的覆盖。每年至少组织1次对辖区无菌、植入性医疗器械生产企业生产质量管理规范全项目检查。加大对国家组织集中采购中选医疗器械高值耗材的监督检查力度。

3.化妆品安全风险排查。国家化妆品监督抽检每年的抽样数量达到注册备案总量的1%—2%（1.6万—3.2万批次），对祛斑美白、儿童化妆品等高风险品种持续开展风险监测（每年监测不少于2000批次）。省级药品监管部门每年对辖区儿童化妆品生产企业、化妆品电子商务平台经营者监督检查全覆盖。

（二）支持产业升级发展

1.持续推进标准体系建设。继续开展国家药品标准提高行动计划。编制2025年版《中华人民共和国药典》。加强标准的国际协调，牵头中药国际标准制定，化学药品标准达到国际先进水平，生物制品标准与国际水平保持同步，药用辅料和药包材标准紧跟国际标准。加强药品标准技术支撑体系建设，提升药品标准研究能力。优化医疗器械标准体系，鼓励新兴技术领域推荐性标准制定，加快与国际标准同步立项，提升国内外标准一致性。完善化妆品标准技术支撑体系，健全标准制修订工作机制。

专栏二　国家药品标准提高行动计划

1. 药品标准提高行动计划。制修订国家药品标准 2000 个、通用技术要求 100 个。建立数字化的《中华人民共和国药典》和动态更新的国家药品标准数据平台。

2. 医疗器械标准提高行动计划。制修订医疗器械标准 500 项，重点加强医疗器械基础通用、涉及人身健康与生命安全的强制性标准以及促进产业高质量发展的推荐性标准的研究制定。

3. 化妆品标准提高行动计划。建立 6000 种化妆品原料已使用信息基础数据库，制修订化妆品标准 150 项，重点加强风险较高产品和原料技术标准等的研究制定。整合现行化妆品国家标准和技术规范，形成统一的化妆品国家标准体系。

---

2. 开展促进高质量发展监管政策试点。深化"放管服"改革，选取产业优势区域、创新模式或特色品种开展试点，探索优化监管政策和制度创新。支持京津冀、粤港澳大湾区、长三角、长江经济带、成渝双城经济圈等区域药品制造业集群发展，打造药品产业创新平台和新增长极。支持药品、医疗器械、疫苗等领域的创新发展，推动关键核心技术攻关，促推解决产业创新发展的"卡脖子"问题，提升产业整体水平。鼓励医药流通企业、药品现代物流企业建设医药物流中心，完善药品冷库网络化布局及配套冷链设施设备功能，提升药品冷链全过程信息化管理水平。推动医药流通企业按《药品经营质量管理规范》要求配备冷藏冷冻设施设备，支持疾控中心、医院、乡镇卫生院等医疗网点提高医药冷链物流和使用环节的质量保障水平。鼓励化妆品生产经营者采用先进技术和先进管理规范，提高化妆品质量安全水平。

3. 进一步加快重点产品审批上市。鼓励新药境内外同步研发申报。将符合药品加快上市注册程序的药物，纳入突破性治疗药物、附条件批准、优先审评审批及特别审批等程序加快审批。鼓励具有临床价值的新药和临床急需仿制药研发上市，对具有明显临床价值的创新药、防治艾滋病、恶性肿瘤、重大传染病、罕见病等疾病的临床急需药品以及儿童用药，符合条件的予以优先审评审批。加大对新型冠状病毒肺炎治疗药物研发的指导，及时跟进创新研发进展，对符合标准要求的药物第一时间纳入应急审批通道。对具有核心技术发明专利、技术水平先进、尚无同类产品在中国上市的医疗器械，纳入创新医疗器械特别审批程序。对临床急需医疗器械依程序进行优先审批。

（三）完善药品安全治理体系

1. 健全法律法规制度。全面贯彻落实药品管理法、中医药法、疫苗管理法和医疗器械监督管理条例、化妆品监督管理条例等，加快配套法规规章制修订，及时清理完善规范性文件，构建更加系统完备的药品监管法律法规制度体系。加快国际人用药品注册技术协调会指导原则落地实施。

2. 健全各级药品监管体制机制。省级药品监管部门要适应新监管事权，鼓励根据产业分布特点强化重点区域监管力量配置，确保监管有效覆盖。市县级市场监管部门要加强药品监管能力建设，在综合执法队伍中切实加强药品监管执法力量配备，确保履职到位。鼓励省级药品监管部门建立跨区域药品监管协同机制，共享监管资源，推进数据对接，探索互派检查、监管互认，提升监管效能。

3. 严格落实药品上市许可持有人和医疗器械注册人（备案人）主体责任。全面实施医疗器械注册人制度。加强行业自律，推动行业诚信体系建设，引导和督促企业严格依法依规开展生产经营等活动，督促指导药品上市许可持有人定期开展上市后评价。大力开展法规政策宣讲和专业技术培训，推动从业人员和企业负责人高度重视质量管理体系建设，提升企业落实主体责任的能力。

4. 强化市场监管和药品监管协同。强化国家、省、市、县四级负责药品监管的部门在药品全生命周期的监管协同，完善各级市场监管与药品监管部门之间在信息报送、人员调派、教育培训、应急处置等方面的工作机制，形成药品监管工作全国一盘棋格局。加强省级药品监管部门对市县级市场监管部门药品监管工作的指导，完善省、市、县药品安全风险会商机制。

5. 强化多部门治理协同。加快推进"三医联动"改革。药品监管、公安、工信、卫生健康、医保、发展改革、财政、科技等部门加强资源共享和政策协调，建立药品安全治理多部门协同政策工具箱。发挥药学科技社团组织、新闻媒体作用，加大科普宣传力度，举办全国安全用药月和医疗器械、化妆品安全科普宣传周等品牌活动，提升全民安全用药用械用妆科学素养。进一步完善有奖举报制度，畅通投诉举报渠道，充分发挥 12315 热线和全国 12315 平台作用。将药品安全信用状况依法记入企业和个人信用记录，纳入全国信用信息共享平台，将严重违法失信企业和个人列入市场监督管理严重违法失信名单，依法依规实施跨行业、跨领域、跨部门失信联合惩戒。

专栏三　药品安全治理多部门协同政策工具箱

1. "三医联动"政策协同。支持创新产品、通过仿制药质量和疗效一致性评价产品以及信用良好企业的产品按规定开展医药集中采购。将医保目录和集中采购中选产品及企业列入重点监管对象。支持医疗、医药、医保领域信息化数据共享，推动建立"三医联动"大数据。

2. 药品安全与产业扶持政策协同。依法依规促进疫苗、创新药、高端医疗器械等的创新。加强医药产业布局与监管布局的统筹，各地建设重点产业园、示范基地及重点创新项目等，要同步部署相适应的监管能力。

（四）持续深化审评审批制度改革

1. 进一步完善审评工作体系。落实国家重大战略，优化中药和生物制品（疫苗）等审评检查机构设置，进一步完善国家审评中心与分中心的工作职责和流程。健全省级审评机构，充实技术力量，提高审评能力，形成以国家审评中心为龙头、分中心为补充，与地方审评机构密切协作的科学高效的审评工作体系。

2. 进一步加大创新研发支持力度。建立国家药品医疗器械创新协作机制，加强对创新药研发的指导。进一步健全伦理审查机制，保障受试者权益，提高伦理审查效率。优化专家咨询委员会制度，紧盯国际前沿技术发展，提高创新产品审评技术能力。完善审评交流机制，拓展沟通交流方式和渠道，强化对申请人的技术指导和服务。及时分析、评价医疗器械风险变化，完善医疗器械分类动态调整机制，建立完善医疗器械命名数据库。

专栏四　加快审评审批体系建设

1. 探索创新药品、医疗器械产品和化妆品注册技术指导原则制修订与产品研发同步，提高指导原则对创新产品的覆盖比例，新制修订药品指导原则 300 个、医疗器械指导原则 180 个、化妆品指导原则 50 个。

2. 实现化妆品审评独立内审，建立并完善化妆品技术审评质量管理体系。加强化妆品安全性评价基础研究，制订新原料安全评价技术指南，初步建立我国化妆品安全评价数据库，实现电子化申报审评。

3. 加强创新产品审评能力，能够同步审评审批全球创新药物和医疗器械，支持境外新药和医疗器械在境内同步上市，让人民群众逐步实现同步享受全球医药创新成果。

3. 继续推进仿制药质量和疗效一致性评价。持续推进化学药品仿制药口服固体制剂一致性评价，稳步推进化学药品仿制药注射剂一致性评价。健全一致性评价政策和技术标准，更新完善参比制剂目录，推动仿制药质量提升。持续跟踪监督通过一致性评价后的仿制药质量。加强生物类似药审评法规和技术标准体系建设，促进生物类似药高质量发展。

（五）严格疫苗监管

1. 实施疫苗全生命周期管理。强化疫苗管理部际联席会议统筹协调机制。加强国家疫苗检查能力建设，完善疫苗巡查检查制度。严格实施疫苗企业驻厂监管。加强疫苗冷链储存运输全过程规范化管理。加强疑似预防接种异常反应监测与评价，提升监测能力。

2. 加强创新疫苗评价技术能力建设。提升创新疫苗的评价能力水平。完善多联多价疫苗评价技术体系，鼓励发展多联多价疫苗。全方位提升复杂情况下对新佐剂疫苗、新技术疫苗或应对重大突发公共卫生事件急需疫苗的安全性、有效性和质量可控性的综合评价能力水平。

3. 全面提升疫苗监管水平。通过世界卫生组织疫苗国家监管体系评估。督促企业落实疫苗质量主体责任，鼓励疫苗生产企业积极申请世界卫生组织疫苗预认证。

（六）促进中药传承创新发展

1. 健全符合中药特点的审评审批体系。科学把握中医药理论特殊性，探索构建以临床价值为导向，以中医药理论、人用经验和临床试验相结合的中药特色审评证据体系，强化循证医学应用，探索发挥真实世界证据的作用，加快完善基于古代经典名方、名老中医方、医疗机构制剂等具有人用经验的中药新药审评技术要求。持续完善中药新药全过程质量控制研究的技术指导原则体系。探索将具有独特炮制方法的中药饮片纳入中药品种保护范围。

2. 加强中药监管技术支撑。建立国家级中药民族药数字化基础数据库，建立完善已上市中成药品种档案。建立天然药数据国际交流平台，推动世界卫生组织传统药（中药）质量标准、标准物质相关指导原则以及《国际草药典》编制。制订全国中药饮片炮制规范。

3. 强化中药质量安全监管。修订中药材生产质量管理规范，制订中药材生产质量管理规范实施指南，引导促进中药材规范化发展。鼓励中药饮片生产企业将质量保障体系向中药材种植、采收、加工等环节延伸，从源头加强中药饮片质量控制，探索中药饮片生产经营全过程追溯体系建设。加强中药生产经营等全过程质量监管，严厉打击违法违规行为。引导药品上市许可持有人主动开展已上市中成药研究与评价，优化和完善中药说明书和标签，提升说明书临床使用指导效果。

4. 改革创新中药监管政策。在中药产业优势地区开展中药监管政策试点，推动监管理念、制度、机制创新。加强对医疗机构制剂的规范管理，发挥医疗机构中药制剂传承创新发展"孵化器"作用，鼓励医疗机构中药制剂向中药新药转化。加强中药药效基础、作用机理等基础性科学研究，鼓励运用现代化科学技术和传统中药研究方法开展中药研发，支持多种方式开展中药新药研制，鼓励中药二次开发。

（七）加强技术支撑能力建设

1. 加强药品审评能力建设。持续推进以审评为主导，检验、核查、监测与评价等为支撑的药品注册管理体系建设，优化药品审评机构设置，充实专业技术审评力量。优化应急和创新药品医疗器械研审联动工作机制，鼓励新技术应用和新产品研发。继续开展药品审评流程导向科学管理体系建设工作，推动审评体系和审评能力现代化。

2. 加强检查能力建设。进一步加强国家和省两级药品检查机构建设。在药品产业集中区域增加国家级审核查验力量配置。完善检查工作协调机制，高效衔接稽查执法、注册审评，形成权责明确、协作顺畅、覆盖全面的药品监督检查工作体系。构建有效满足各级药品监管工作需求的检查员队伍体系，建立检查力量统一调派机制，统筹利用各级检查力量。鼓励市县从事药品检验检测等人员取得药品检查员资格，参与药品检查工作。

政策文件

3.建立健全药物警戒体系。健全国家药物警戒制度，落实药品上市许可持有人警戒主体责任。开展医疗器械警戒研究，探索医疗器械警戒制度。提升各级不良反应监测评价能力，探索市县药品不良反应监测机构由省级药品监管部门统一管理，构建以不良反应监测体系为基础的统一药物警戒体系和医疗器械不良事件监测体系。贯彻落实药物警戒质量管理规范，推进建设药品不良反应、医疗器械不良事件监测哨点，加强对药品不良反应聚集性事件的分析、研判、处置，持续推进上市后药品安全监测评价技术的研究与应用。积极探索开展主动监测工作。

4.提升化妆品风险监测能力。整合化妆品审评审批、监督抽检、现场检查、不良反应监测、投诉举报、舆情监测、执法稽查等风险信息，构建统一完善的风险监测体系。加强化妆品安全风险物质高通量筛查平台、快检技术、网络监测等能力建设，推进国家化妆品不良反应监测评价基地建设。逐步实现化妆品安全风险的及时监测、准确研判、科学预警和有效处置。

专栏五　完善国家药品不良反应监测系统

1.在国家药品不良反应监测系统基础上，建立方便报告、易用兼容的国家药物、医疗器械警戒信息系统。

2.推进国家化妆品不良反应监测信息系统建设，提升监测信息系统的报告收集、信息检索、统计分析等功能，构建统一完善的风险监测体系。

3.依托"药监云"强化基础支撑环境，转化实施国际人用药品注册技术协调会个例安全性报告电子传输数据标准，建立在线报告、网关传输等多种报告途径，探索应用大数据、人工智能等技术和方法，实现数据共享与反馈、风险预警与识别等功能。

5.加强检验检测体系建设。加强药品、医疗器械检验检测关键技术和平台建设。以中国食品药品检定研究院为龙头、国家药监局重点实验室为骨干、省级检验检测机构为依托，完善科学权威的药品、医疗器械和化妆品检验检测体系。国家级检验机构着重瞄准国际技术前沿，强化重点专业领域检验能力建设。地方各级检验机构针对日常和应急检验需求，补齐能力短板，力争具备应对突发公共卫生事件"应检尽检"能力。围绕药品关联审评审批及监管需要，推动建立布局合理、重点突出的药用辅料和药包材检验检测体系。

专栏六　检验检测能力提升工程

1.疫苗检验检测能力提升。中国食品药品检定研究院对标国际前沿技术，具备对全部疫苗品种的批签发能力。加快建设药品监管相关国家重点实验室，开展创新疫苗及生物技术产品等药品评价与检定方面的研究。推动将疫苗生产企业所在省份及部分疫苗使用大省的省级药品检验机构建成为国家疫苗批签发机构。

2.中药民族药检验能力提升。建立中药民族药分子生物学基因库、国家中药标本数字化平台。分地域建设1个国家级、8—10个区域性中药外源性污染物检测与安全性评价技术平台，构建中药外源性有害残留物监测体系。进一步提升藏药、蒙药、维药等民族药检测能力。

3.检验检测机构能力提升。省级药品监管部门督促相关机构按照药品、医疗器械和化妆品检验检测机构能力建设指导原则，开展能力提升建设。省级检验检测机构要加强对市县级检验检测机构的业务指导。

6.深入实施中国药品监管科学行动计划。统筹推进监管科学研究基地和重点实验室建设，开展

监管科学等研究。将药品监管科学研究纳入国家相关科技计划，重点支持中药、疫苗、基因药物、细胞药物、人工智能医疗器械、医疗器械新材料、化妆品新原料等领域的监管科学研究，加快新产品研发上市。支持国家审评、检验、评价、核查等机构参与国家相关科技项目，鼓励开展药品快速检测新技术、药品研发生产及质量控制等研究，开展数字诊疗装备、个体化诊疗产品、生物医用材料的质量评价、检测技术及检测规范等研究，开展化学药品、疫苗、新型药物和特殊药物剂型等安全性、有效性评价技术以及创新医疗器械标准体系研究。鼓励运用现代科学技术，结合我国传统优势项目和特色植物资源，加强化妆品新原料研究。

专栏七　推进监管科学重点实验室建设

1. 在中药、化学药品、生物制品、辅料包材等领域布局开展药品监管科学重点实验室建设。

2. 支持药品创新发展，在创新药品、特殊药品以及仿制药质量和疗效一致性评价等领域布局开展药品监管科学重点实验室建设。

3. 紧跟国际医疗器械科技前沿，在人工智能、生物材料以及体外诊断试剂等领域布局开展医疗器械监管科学重点实验室建设。

4. 在检验检测技术、安全性评价以及风险监测与预警等领域布局开展化妆品监管科学重点实验室建设。

5. 提高应对新型冠状病毒肺炎疫情等重大新发突发公共卫生事件中的药品、医疗器械审评保障能力，在创新产品、5G等新技术领域布局开展创新性多领域监管科学重点实验室建设。

（八）加强专业人才队伍建设

1. 建设高水平审评员队伍。参考制药强国审评人才配比，科学配置审评职能的技术机构人员力量，加强审评人才队伍建设。探索创新人才引进渠道，引进具有国际监管经验、熟悉中国产业实际的高级专业人才。补充紧缺专业审评人才，不断优化审评队伍的年龄、专业结构。加大审评员培养力度，持续开展审评员继续教育，探索与地方药监部门、高等院校、科研院所联合培养等新模式，加强高层次药品审评员培养。强化化妆品审评及备案工作人员队伍建设，提高审评员的技术审评能力，形成权责明确、协作顺畅、覆盖全面的化妆品审评与备案管理工作体系。

2. 建设职业化专业化检查员队伍。加快建立职业化专业化检查员配套制度体系，创新人才选用方式，多渠道充实人员，有针对性地引进、培养具有国际视野的高层次检查人才。加快构建满足监管要求的国家和省两级职业化专业化药品检查员队伍。省级药品监管部门具备与本省产业基础相适应的检查员队伍。鼓励中药产业发达省份大力培养中药专业检查员。

3. 建设强有力的检验检测队伍。加强国家和地方各级药品检验检测机构专业人才队伍建设，有序组织开展检验检测机构专业技术人员继续教育和培训，分专业领域培养一批专业素质过硬的学科带头人。

4. 建设业务精湛的监测评价队伍。加强国家和地方各级药品不良反应监测机构专业人才队伍建设，加大专业技术人员培养力度，有序组织开展监测机构专业技术人员业务培训。

5. 全面提升监管队伍专业素质。实施专业素质提升工程，大力开展专业能力教育培训，有计划地开展各级负责药品监管的部门负责人领导能力培训。加强全国药品监管队伍专业化建设，严把入口关，稳步提升监管队伍专业化水平。

专栏八　专业素质提升工程

1.加强专业教育培训能力建设。以国家药监局高级研修学院为依托，加强专业教育培训体系建设。充分利用互联网技术，整合现有资源，进一步拓宽教育培训的可及性。

2.加大教育培训力度。监管人员专业化培训时间不低于40学时／年。新入职人员规范化培训时间不低于90学时。对地方各级政府分管负责人进行分级培训。各级专兼职检查员均按教学大纲完成岗前资格培训并通过考核。

3.加强执业药师队伍建设。完善执业药师职业资格制度，规范继续教育，持续实施执业药师能力与学历提升工程。完善全国执业药师管理信息系统。

（九）加强智慧监管体系和能力建设

1.建立健全药品信息化追溯体系。落实药品上市许可持有人追溯主体责任。完善药品信息化追溯体系，构建国家药品追溯协同服务和监管体系，推进药品追溯信息互通共享，实现重点类别药品全过程来源可溯、去向可追。逐步实施医疗器械唯一标识，完善医疗器械唯一标识数据库，加强在上市后监管、医疗管理、医保管理等领域的衔接应用。

2.推进药品全生命周期数字化管理。加强国家药品、医疗器械、化妆品品种档案建设与应用。加强国家药品监管大数据的汇集、分析、应用及评估。加强政府部门和行业组织、医药企业、第三方平台等有关数据的开发利用，研究探索基于大数据的关键共性技术与应用，服务监管办案、推进政务公开、保障基层执法、防控药品风险，促进监管和产业数字化升级。

3.建立健全药品监管信息化标准体系。完善药品监管信息化标准体系框架。加快药品监管信息化标准编制，重点开展电子证照、药品品种档案、医疗器械监管和化妆品监管等信息化标准制修订，促进药品监管信息共享和业务协同。

4.提升"互联网＋药品监管"应用服务水平。推动工业互联网在疫苗、血液制品、特殊药品等监管领域的融合应用。建立健全药品注册电子通用技术文档系统和医疗器械注册电子申报信息化系统，推进审评审批和证照管理数字化、网络化。加快推进化妆品监管领域移动互联应用，提升办事效率与服务水平。推进各层级、各单位监管业务系统互联互通，共享共用监管信息，逐步实现"一网通办""跨省通办"。

专栏九　智慧监管工程

1.加强国家药品监管大数据应用。整合卫生健康、医保、药品监管等部门，以及行业组织、医药企业、电商平台等数据资源，提升药品全生命周期数据汇集、关联融通、风险研判、信息共享能力。

2.加强国家药品追溯协同服务及监管。在督促和指导企业完成药品追溯系统建设的基础上，优先进行疫苗、麻醉药品、精神药品、血液制品、国家组织药品集中采购中选品种追溯码编码规则备案和追溯信息采集，逐步实现上市后全过程可追溯。

3.健全药品、医疗器械和化妆品基础数据库。省级药品监管部门建立健全行政区域内药品、医疗器械生产、经营等监管对象和化妆品注册人（备案人）、生产企业的基础数据库并动态更新，建立行政区域内药品上市许可持有人、医疗器械注册人（备案人）和生产企业信用记录。

（十）加强应急体系和能力建设

1.持续做好新型冠状病毒肺炎疫情常态化防控。加强对防控所需药品医疗器械应急研发、检验检测、体系核查、审评审批、监测评价等工作的统一指挥与协调，完善协助药品医疗器械紧急研发攻关机制，对防控所需疫苗、治疗药物、医疗器械设立专门绿色通道，随报随审。加强防控所需药品医疗器械质量安全监督检查，有关部门做好储备和供应。

2. 健全应急管理制度机制。完善药品安全事件应急预案，健全应急审评审批、检验检测、监督检查机制，完善药品储备和供应制度。加强药品检验评价通用技术和关键技术研究，提升紧急情况下快速建立对新型药品、医疗器械产品，特别是重大传染病体外诊断试剂、疫苗、抗体药物等检验评价技术能力。

3. 培养提升应急处置能力。加强国家药品安全应急能力建设，强化"全员应急"意识，将应急管理作为药品监管干部教育培训的重点内容。建立药品安全应急演练案例库，加强各级应急能力培训和实战演练，提高应急处置能力。

专栏十　应急能力提升项目

1. 强化先进检测设备和科研攻关能力储备，重点强化新型药品、医疗器械产品和化妆品的评价技术方法和危害控制方法科技攻关能力、重大传染病体外诊断试剂检验检测和质量评价能力、重点产品及风险杂质所需国际标准物质和国家标准物质研制能力。

2. 加强国家药品安全应急能力建设，开展常态化药品安全应急演练。国家、省、市、县各级负责药品监管的部门至少每3年进行1次应急演练，并组织演练评估。

四、保障措施

（一）加强对药品安全工作的统筹协调领导

完善领导干部药品安全责任制度。地方各级政府对本地区药品安全工作负总责，主要负责人是本地区药品安全工作第一责任人，明确地方政府班子成员药品安全领导责任。完善地方药品安全工作考核评估体系，将药品安全工作纳入地方党政领导干部考核内容。将药品安全及相关的检验检测、审评审批、检查核查、监测评价等技术支撑体系作为重要内容纳入公共卫生体系统筹规划建设。各省级人民政府要建立药品安全协调机制，统筹药品安全和经济社会发展，省级各相关部门要加强协调配合，推动有关工作落实。各有关部门要按照职责，细化分解目标和任务。国家药监局负责组织对本规划执行情况进行终期评估。需要对本规划调整时，按程序商有关部门调整。

（二）创新完善支持保障机制

完善药品监管经费保障机制。建立药品审评审批企业收费动态调整制度。逐步将审评、检查、检验、监测评价、标准管理等技术支撑服务纳入政府购买服务范围。继续支持药品安全监管基础设施建设和装备配备。创新完善人力资源政策，在公开招聘、岗位设置、职称评聘、薪酬待遇保障等方面优化强化政策支持力度，破除人才职业发展瓶颈。合理核定相关技术支撑机构的绩效工资总量，鼓励各地在绩效工资分配时向疫苗驻厂监管等高风险监管岗位人员倾斜。

（三）积极参与全球药品安全治理

深入参与国际监管协调，全面参与药品监管领域国际合作交流，积极做好对外宣传，提升国际社会对我国药品监管的认知度。积极参与国际规则制定，形成与国际规范相适应的监测与评价体系。加强与主要贸易国和地区、"一带一路"重点国家和地区药品监管的交流合作。积极推进加入药品检查合作计划，建设一支具有国际视野的高水平检查员队伍。加强与国际化妆品监管联盟交流合作。加强国际传统药监管的交流与合作，促进中药"走出去"。创新完善药品领域国际交流合作方式，提升国际交流合作水平，共建人类卫生健康共同体。

政策文件

（四）激励药品监管干部队伍履职尽责担当作为

加强药品监管队伍思想政治建设，增强"四个意识"，坚定"四个自信"，做到"两个维护"，忠实履行药品监管政治责任。坚持把监督贯穿药品监管工作全过程，进一步完善权力运行和监督制约机制，严肃追究监管失职渎职责任。建立依法履职免责、容错纠错制度。加强人文关怀，努力解决监管人员工作和生活后顾之忧。加快优化人才成长途径，健全人才评价激励机制，激发监管队伍的活力和创造力。对作出突出贡献的单位和个人，按照国家有关规定给予表彰奖励，推动形成团结奋进、积极作为、昂扬向上的良好风尚。

第三章

部门规章

医疗器械注册与备案管理办法

国家市场监督管理总局令第 47 号

（2021 年 8 月 26 日国家市场监督管理总局令第 47 号公布，自 2021 年 10 月 1 日起施行）

第一章 总 则

第一条 为了规范医疗器械注册与备案行为，保证医疗器械的安全、有效和质量可控，根据《医疗器械监督管理条例》，制定本办法。

第二条 在中华人民共和国境内从事医疗器械注册、备案及其监督管理活动，适用本办法。

第三条 医疗器械注册是指医疗器械注册申请人（以下简称申请人）依照法定程序和要求提出医疗器械注册申请，药品监督管理部门依据法律法规，基于科学认知，进行安全性、有效性和质量可控性等审查，决定是否同意其申请的活动。

医疗器械备案是指医疗器械备案人（以下简称备案人）依照法定程序和要求向药品监督管理部门提交备案资料，药品监督管理部门对提交的备案资料存档备查的活动。

第四条 国家药品监督管理局主管全国医疗器械注册与备案管理工作，负责建立医疗器械注册与备案管理工作体系和制度，依法组织境内第三类和进口第二类、第三类医疗器械审评审批，进口第一类医疗器械备案以及相关监督管理工作，对地方医疗器械注册与备案工作进行监督指导。

第五条 国家药品监督管理局医疗器械技术审评中心（以下简称国家局器械审评中心）负责需进行临床试验审批的医疗器械临床试验申请以及境内第三类和进口第二类、第三类医疗器械产品注册申请、变更注册申请、延续注册申请等的技术审评工作。

国家药品监督管理局医疗器械标准管理中心、中国食品药品检定研究院、国家药品监督管理局食品药品审核查验中心（以下简称国家局审核查验中心）、国家药品监督管理局药品评价中心、国家药品监督管理局行政事项受理服务和投诉举报中心、国家药品监督管理局信息中心等其他专业技术机构，依职责承担实施医疗器械监督管理所需的医疗器械标准管理、分类界定、检验、核查、监测与评价、制证送达以及相应的信息化建设与管理等相关工作。

第六条 省、自治区、直辖市药品监督管理部门负责本行政区域内以下医疗器械注册相关管理工作：

（一）境内第二类医疗器械注册审评审批；

（二）境内第二类、第三类医疗器械质量管理体系核查；

（三）依法组织医疗器械临床试验机构以及临床试验的监督管理；

（四）对设区的市级负责药品监督管理的部门境内第一类医疗器械备案的监督指导。

省、自治区、直辖市药品监督管理部门设置或者指定的医疗器械专业技术机构，承担实施医疗器械监督管理所需的技术审评、检验、核查、监测与评价等工作。

设区的市级负责药品监督管理的部门负责境内第一类医疗器械产品备案管理工作。

第七条 医疗器械注册与备案管理遵循依法、科学、公开、公平、公正的原则。

第八条 第一类医疗器械实行产品备案管理。第二类、第三类医疗器械实行产品注册管理。

境内第一类医疗器械备案，备案人向设区的市级负责药品监督管理的部门提交备案资料。

境内第二类医疗器械由省、自治区、直辖市药品监督管理部门审查，批准后发给医疗器械注册证。

境内第三类医疗器械由国家药品监督管理局审查，批准后发给医疗器械注册证。

进口第一类医疗器械备案，备案人向国家药品监督管理局提交备案资料。

进口第二类、第三类医疗器械由国家药品监督管理局审查，批准后发给医疗器械注册证。

第九条 医疗器械注册人、备案人应当加强医疗器械全生命周期质量管理，对研制、生产、经营、使用全过程中的医疗器械的安全性、有效性和质量可控性依法承担责任。

第十条 国家药品监督管理局对临床急需医疗器械实行优先审批，对创新医疗器械实行特别审批，鼓励医疗器械的研究与创新，推动医疗器械产业高质量发展。

第十一条 国家药品监督管理局依法建立健全医疗器械标准、技术指导原则等体系，规范医疗器械技术审评和质量管理体系核查，指导和服务医疗器械研发和注册申请。

第十二条 药品监督管理部门依法及时公开医疗器械注册、备案相关信息，申请人可以查询审批进度和结果，公众可以查阅审批结果。

未经申请人同意，药品监督管理部门、专业技术机构及其工作人员、参与评审的专家等人员不得披露申请人或者备案人提交的商业秘密、未披露信息或者保密商务信息，法律另有规定或者涉及国家安全、重大社会公共利益的除外。

第二章　基本要求

第十三条 医疗器械注册、备案应当遵守相关法律、法规、规章、强制性标准，遵循医疗器械安全和性能基本原则，参照相关技术指导原则，证明注册、备案的医疗器械安全、有效、质量可控，保证全过程信息真实、准确、完整和可追溯。

第十四条 申请人、备案人应当为能够承担相应法律责任的企业或者研制机构。

境外申请人、备案人应当指定中国境内的企业法人作为代理人，办理相关医疗器械注册、备案事项。代理人应当依法协助注册人、备案人履行《医疗器械监督管理条例》第二十条第一款规定的义务，并协助境外注册人、备案人落实相应法律责任。

第十五条 申请人、备案人应当建立与产品相适应的质量管理体系，并保持有效运行。

第十六条 办理医疗器械注册、备案事项的人员应当具有相应的专业知识，熟悉医疗器械注册、备案管理的法律、法规、规章和注册管理相关规定。

第十七条 申请注册或者进行备案，应当按照国家药品监督管理局有关注册、备案的要求提交相关资料，申请人、备案人对资料的真实性负责。

注册、备案资料应当使用中文。根据外文资料翻译的，应当同时提供原文。引用未公开发表的文献资料时，应当提供资料权利人许可使用的文件。

第十八条 申请进口医疗器械注册、办理进口医疗器械备案，应当提交申请人、备案人注册地或者生产地所在国家（地区）主管部门准许该医疗器械上市销售的证明文件。

申请人、备案人注册地或者生产地所在国家（地区）未将该产品作为医疗器械管理的，申请人、备案人需提供相关文件，包括注册地或者生产地所在国家（地区）准许该产品上市销售的证明文件。

未在申请人、备案人注册地或者生产地所在国家（地区）上市的创新医疗器械，不需提交相关文件。

第十九条 医疗器械应当符合适用的强制性标准。产品结构特征、预期用途、使用方式等与强制性标准的适用范围不一致的，申请人、备案人应当提出不适用强制性标准的说明，并提供相关资料。

没有强制性标准的，鼓励申请人、备案人采用推荐性标准。

第二十条 医疗器械注册、备案工作应当遵循医疗器械分类规则和分类目录的有关要求。

第二十一条 药品监督管理部门持续推进审评审批制度改革，加强医疗器械监管科学研究，建立以技术审评为主导，核查、检验、监测与评价等为支撑的医疗器械注册管理技术体系，优化审评审批流程，提高审评审批能力，提升审评审批质量和效率。

第二十二条　医疗器械专业技术机构建立健全沟通交流制度，明确沟通交流的形式和内容，根据工作需要组织与申请人进行沟通交流。

第二十三条　医疗器械专业技术机构根据工作需要建立专家咨询制度，在审评、核查、检验等过程中就重大问题听取专家意见，充分发挥专家的技术支撑作用。

第三章　医疗器械注册

第一节　产品研制

第二十四条　医疗器械研制应当遵循风险管理原则，考虑现有公认技术水平，确保产品所有已知和可预见的风险以及非预期影响最小化并可接受，保证产品在正常使用中受益大于风险。

第二十五条　从事医疗器械产品研制实验活动，应当符合我国相关法律、法规和强制性标准等的要求。

第二十六条　申请人、备案人应当编制申请注册或者进行备案医疗器械的产品技术要求。

产品技术要求主要包括医疗器械成品的可进行客观判定的功能性、安全性指标和检测方法。

医疗器械应当符合经注册或者备案的产品技术要求。

第二十七条　申请人、备案人应当编制申请注册或者进行备案医疗器械的产品说明书和标签。

产品说明书和标签应当符合《医疗器械监督管理条例》第三十九条要求以及相关规定。

第二十八条　医疗器械研制，应当根据产品适用范围和技术特征开展医疗器械非临床研究。

非临床研究包括产品化学和物理性能研究，电气安全研究，辐射安全研究，软件研究，生物学特性研究，生物源材料安全性研究，消毒、灭菌工艺研究，动物试验研究，稳定性研究等。

申请注册或者进行备案，应当提交研制活动中产生的非临床证据，包括非临床研究报告综述、研究方案和研究报告。

第二十九条　医疗器械非临床研究过程中确定的功能性、安全性指标及方法应当与产品预期使用条件、目的相适应，研究样品应当具有代表性和典型性。必要时，应当进行方法学验证、统计学分析。

第三十条　申请注册或者进行备案，应当按照产品技术要求进行检验，并提交检验报告。检验合格的，方可开展临床试验或者申请注册、进行备案。

第三十一条　检验用产品应当能够代表申请注册或者进行备案产品的安全性和有效性，其生产应当符合医疗器械生产质量管理规范的相关要求。

第三十二条　申请注册或者进行备案提交的医疗器械产品检验报告可以是申请人、备案人的自检报告，也可以是委托有资质的医疗器械检验机构出具的检验报告。

第二节　临床评价

第三十三条　除本办法第三十四条规定情形外，医疗器械产品注册、备案，应当进行临床评价。

医疗器械临床评价是指采用科学合理的方法对临床数据进行分析、评价，以确认医疗器械在其适用范围内的安全性、有效性的活动。

申请医疗器械注册，应当提交临床评价资料。

第三十四条　有下列情形之一的，可以免于进行临床评价：

（一）工作机理明确、设计定型，生产工艺成熟，已上市的同品种医疗器械临床应用多年且无严重不良事件记录，不改变常规用途的；

（二）其他通过非临床评价能够证明该医疗器械安全、有效的。

免于进行临床评价的，可以免于提交临床评价资料。

免于进行临床评价的医疗器械目录由国家药品监督管理局制定、调整并公布。

第三十五条 开展医疗器械临床评价，可以根据产品特征、临床风险、已有临床数据等情形，通过开展临床试验，或者通过对同品种医疗器械临床文献资料、临床数据进行分析评价，证明医疗器械的安全性、有效性。

按照国家药品监督管理局的规定，进行医疗器械临床评价时，已有临床文献资料、临床数据不足以确认产品安全、有效的医疗器械，应当开展临床试验。

国家药品监督管理局制定医疗器械临床评价指南，明确通过同品种医疗器械临床文献资料、临床数据进行临床评价的要求，需要开展临床试验的情形，临床评价报告的撰写要求等。

第三十六条 通过同品种医疗器械临床文献资料、临床数据进行临床评价的，临床评价资料包括申请注册产品与同品种医疗器械的对比，同品种医疗器械临床数据的分析评价，申请注册产品与同品种产品存在差异时的科学证据以及评价结论等内容。

通过临床试验开展临床评价的，临床评价资料包括临床试验方案、伦理委员会意见、知情同意书、临床试验报告等。

第三十七条 开展医疗器械临床试验，应当按照医疗器械临床试验质量管理规范的要求，在具备相应条件并按照规定备案的医疗器械临床试验机构内进行。临床试验开始前，临床试验申办者应当向所在地省、自治区、直辖市药品监督管理部门进行临床试验备案。临床试验医疗器械的生产应当符合医疗器械生产质量管理规范的相关要求。

第三十八条 第三类医疗器械进行临床试验对人体具有较高风险的，应当经国家药品监督管理局批准。

临床试验审批是指国家药品监督管理局根据申请人的申请，对拟开展临床试验的医疗器械的风险程度、临床试验方案、临床受益与风险对比分析报告等进行综合分析，以决定是否同意开展临床试验的过程。

需进行临床试验审批的第三类医疗器械目录由国家药品监督管理局制定、调整并公布。需进行临床试验审批的第三类医疗器械临床试验应在符合要求的三级甲等医疗机构开展。

第三十九条 需进行医疗器械临床试验审批的，申请人应当按照相关要求提交综述资料、研究资料、临床资料、产品说明书和标签样稿等申请资料。

第四十条 国家局器械审评中心对受理的临床试验申请进行审评。对临床试验申请应当自受理申请之日60日内作出是否同意的决定，并通过国家局器械审评中心网站通知申请人。逾期未通知的，视为同意。

第四十一条 审评过程中需要申请人补正资料的，国家局器械审评中心应当一次告知需要补正的全部内容。申请人应当在收到补正通知1年内，按照补正通知的要求一次提供补充资料。国家局器械审评中心收到补充资料后，按照规定的时限完成技术审评。

申请人对补正通知内容有异议的，可以向国家局器械审评中心提出书面意见，说明理由并提供相应的技术支持资料。

申请人逾期未提交补充资料的，终止技术审评，作出不予批准的决定。

第四十二条 对于医疗器械临床试验期间出现的临床试验医疗器械相关严重不良事件，或者其他严重安全性风险信息，临床试验申办者应当按照相关要求，分别向所在地和临床试验机构所在地省、自治区、直辖市药品监督管理部门报告，并采取风险控制措施。未采取风险控制措施的，省、自治区、直辖市药品监督管理部门依法责令申办者采取相应的风险控制措施。

第四十三条 医疗器械临床试验中出现大范围临床试验医疗器械相关严重不良事件，或者其他重大安全性问题时，申办者应当暂停或者终止医疗器械临床试验，分别向所在地和临床试验机构所在地省、自治区、直辖市药品监督管理部门报告。未暂停或者终止的，省、自治区、直辖市药品监督管理部门依法责令申办者采取相应的风险控制措施。

第四十四条 已批准开展的临床试验，有下列情形之一的，国家药品监督管理局可以责令申请人终止已开展的医疗器械临床试验：

（一）临床试验申请资料虚假的；

（二）已有最新研究证实原批准的临床试验伦理性和科学性存在问题的；

（三）其他应当终止的情形。

第四十五条 医疗器械临床试验应当在批准后 3 年内实施；医疗器械临床试验申请自批准之日起，3 年内未有受试者签署知情同意书的，该医疗器械临床试验许可自行失效。仍需进行临床试验的，应当重新申请。

第四十六条 对正在开展临床试验的用于治疗严重危及生命且尚无有效治疗手段的疾病的医疗器械，经医学观察可能使患者获益，经伦理审查、知情同意后，可以在开展医疗器械临床试验的机构内免费用于其他病情相同的患者，其安全性数据可以用于医疗器械注册申请。

第三节　注册体系核查

第四十七条 申请人应当在申请注册时提交与产品研制、生产有关的质量管理体系相关资料，受理注册申请的药品监督管理部门在产品技术审评时认为有必要对质量管理体系进行核查的，应当组织开展质量管理体系核查，并可以根据需要调阅原始资料。

第四十八条 境内第三类医疗器械质量管理体系核查，由国家局器械审评中心通知申请人所在地的省、自治区、直辖市药品监督管理部门开展。

境内第二类医疗器械质量管理体系核查，由申请人所在地的省、自治区、直辖市药品监督管理部门组织开展。

第四十九条 省、自治区、直辖市药品监督管理部门按照医疗器械生产质量管理规范的要求开展质量管理体系核查，重点对申请人是否按照医疗器械生产质量管理规范的要求建立与产品相适应的质量管理体系，以及与产品研制、生产有关的设计开发、生产管理、质量控制等内容进行核查。

在核查过程中，应当同时对检验用产品和临床试验产品的真实性进行核查，重点查阅设计开发过程相关记录，以及检验用产品和临床试验产品生产过程的相关记录。

提交自检报告的，应当对申请人、备案人或者受托机构研制过程中的检验能力、检验结果等进行重点核查。

第五十条 省、自治区、直辖市药品监督管理部门可以通过资料审查或者现场检查的方式开展质量管理体系核查。根据申请人的具体情况、监督检查情况、本次申请注册产品与既往已通过核查产品生产条件及工艺对比情况等，确定是否现场检查以及检查内容，避免重复检查。

第五十一条 国家局器械审评中心对进口第二类、第三类医疗器械开展技术审评时，认为有必要进行质量管理体系核查的，通知国家局审核查验中心根据相关要求开展核查。

第四节　产品注册

第五十二条 申请人应当在完成支持医疗器械注册的安全性、有效性研究，做好接受质量管理体系核查的准备后，提出医疗器械注册申请，并按照相关要求，通过在线注册申请等途径向药品监督管理部门提交下列注册申请资料：

（一）产品风险分析资料；

（二）产品技术要求；

（三）产品检验报告；

（四）临床评价资料；

（五）产品说明书以及标签样稿；

（六）与产品研制、生产有关的质量管理体系文件；

（七）证明产品安全、有效所需的其他资料。

第五十三条　药品监督管理部门收到申请后对申请资料进行审核，并根据下列情况分别作出处理：

（一）申请事项属于本行政机关职权范围，申请资料齐全、符合形式审核要求的，予以受理；

（二）申请资料存在可以当场更正的错误的，应当允许申请人当场更正；

（三）申请资料不齐全或者不符合法定形式的，应当当场或者在5日内一次告知申请人需要补正的全部内容，逾期不告知的，自收到申请资料之日起即为受理；

（四）申请事项依法不属于本行政机关职权范围的，应当即时作出不予受理的决定，并告知申请人向有关行政机关申请。

药品监督管理部门受理或者不予受理医疗器械注册申请，应当出具加盖本行政机关专用印章和注明日期的受理或者不予受理的通知书。

医疗器械注册申请受理后，需要申请人缴纳费用的，申请人应当按规定缴纳费用。申请人未在规定期限内缴纳费用的，视为申请人主动撤回申请，药品监督管理部门终止其注册程序。

第五十四条　技术审评过程中需要申请人补正资料的，技术审评机构应当一次告知需要补正的全部内容。申请人应当在收到补正通知1年内，按照补正通知要求一次提供补充资料；技术审评机构收到补充资料后，在规定的时限内完成技术审评。

申请人对补正通知内容有异议的，可以向相应的技术审评机构提出书面意见，说明理由并提供相应的技术支持资料。

申请人逾期未提交补充资料的，终止技术审评，药品监督管理部门作出不予注册的决定。

第五十五条　对于已受理的注册申请，申请人可以在行政许可决定作出前，向受理该申请的药品监督管理部门申请撤回注册申请及相关资料，并说明理由。同意撤回申请的，药品监督管理部门终止其注册程序。

审评、核查、审批过程中发现涉嫌存在隐瞒真实情况或者提供虚假信息等违法行为的，依法处理，申请人不得撤回医疗器械注册申请。

第五十六条　对于已受理的注册申请，有证据表明注册申请资料可能虚假的，药品监督管理部门可以中止审评审批。经核实后，根据核实结论继续审查或者作出不予注册的决定。

第五十七条　医疗器械注册申请审评期间，对于拟作出不通过的审评结论的，技术审评机构应当告知申请人不通过的理由，申请人可以在15日内向技术审评机构提出异议，异议内容仅限于原申请事项和原申请资料。技术审评机构结合申请人的异议意见进行综合评估并反馈申请人。异议处理时间不计入审评时限。

第五十八条　受理注册申请的药品监督管理部门应当在技术审评结束后，作出是否批准的决定。对符合安全、有效、质量可控要求的，准予注册，发给医疗器械注册证，经过核准的产品技术要求以附件形式发给申请人。对不予注册的，应当书面说明理由，并同时告知申请人享有依法申请行政复议或者提起行政诉讼的权利。

医疗器械注册证有效期为5年。

第五十九条　对于已受理的注册申请，有下列情形之一的，药品监督管理部门作出不予注册的决定，并告知申请人：

（一）申请人对拟上市销售医疗器械的安全性、有效性、质量可控性进行的研究及其结果无法证明产品安全、有效、质量可控的；

（二）质量管理体系核查不通过，以及申请人拒绝接受质量管理体系现场检查的；

（三）注册申请资料虚假的；

（四）注册申请资料内容混乱、矛盾，注册申请资料内容与申请项目明显不符，不能证明产品安全、有效、质量可控的；

（五）不予注册的其他情形。

第六十条 法律、法规、规章规定实施行政许可应当听证的事项，或者药品监督管理部门认为需要听证的其他涉及公共利益的重大行政许可事项，药品监督管理部门应当向社会公告，并举行听证。医疗器械注册申请直接涉及申请人与他人之间重大利益关系的，药品监督管理部门在作出行政许可决定前，应当告知申请人、利害关系人享有要求听证的权利。

第六十一条 对用于治疗罕见疾病、严重危及生命且尚无有效治疗手段的疾病和应对公共卫生事件等急需的医疗器械，药品监督管理部门可以作出附条件批准决定，并在医疗器械注册证中载明有效期、上市后需要继续完成的研究工作及完成时限等相关事项。

第六十二条 对附条件批准的医疗器械，注册人应当在医疗器械上市后收集受益和风险相关数据，持续对产品的受益和风险开展监测与评估，采取有效措施主动管控风险，并在规定期限内按照要求完成研究并提交相关资料。

第六十三条 对附条件批准的医疗器械，注册人逾期未按照要求完成研究或者不能证明其受益大于风险的，注册人应当及时申请办理医疗器械注册证注销手续，药品监督管理部门可以依法注销医疗器械注册证。

第六十四条 对新研制的尚未列入分类目录的医疗器械，申请人可以直接申请第三类医疗器械产品注册，也可以依据分类规则判断产品类别并向国家药品监督管理局申请类别确认后，申请产品注册或者进行产品备案。

直接申请第三类医疗器械注册的，国家药品监督管理局按照风险程度确定类别。境内医疗器械确定为第二类或者第一类的，应当告知申请人向相应的药品监督管理部门申请注册或者进行备案。

第六十五条 已注册的医疗器械，其管理类别由高类别调整为低类别的，医疗器械注册证在有效期内继续有效。有效期届满需要延续的，应当在医疗器械注册证有效期届满6个月前，按照调整后的类别向相应的药品监督管理部门申请延续注册或者进行备案。

医疗器械管理类别由低类别调整为高类别的，注册人应当按照改变后的类别向相应的药品监督管理部门申请注册。国家药品监督管理局在管理类别调整通知中应当对完成调整的时限作出规定。

第六十六条 医疗器械注册证及其附件遗失、损毁的，注册人应当向原发证机关申请补发，原发证机关核实后予以补发。

第六十七条 注册申请审查过程中及批准后发生专利权纠纷的，应当按照有关法律、法规的规定处理。

第四章　特殊注册程序

第一节　创新产品注册程序

第六十八条 符合下列要求的医疗器械，申请人可以申请适用创新产品注册程序：

（一）申请人通过其主导的技术创新活动，在中国依法拥有产品核心技术发明专利权，或者依法通过受让取得在中国发明专利权或其使用权，且申请适用创新产品注册程序的时间在专利授权公告日起5年内；或者核心技术发明专利的申请已由国务院专利行政部门公开，并由国家知识产权局专利检索咨询中心出具检索报告，载明产品核心技术方案具备新颖性和创造性；

（二）申请人已完成产品的前期研究并具有基本定型产品，研究过程真实和受控，研究数据完整和可溯源；

（三）产品主要工作原理或者作用机理为国内首创，产品性能或者安全性与同类产品比较有根本性改进，技术上处于国际领先水平，且具有显著的临床应用价值。

第六十九条 申请适用创新产品注册程序的，申请人应当在产品基本定型后，向国家药品监督管理局提出创新医疗器械审查申请。国家药品监督管理局组织专家进行审查，符合要求的，纳入创新产品注册程序。

第七十条 对于适用创新产品注册程序的医疗器械注册申请，国家药品监督管理局以及承担相关技术工作的机构，根据各自职责指定专人负责，及时沟通，提供指导。

纳入创新产品注册程序的医疗器械，国家局器械审评中心可以与申请人在注册申请受理前以及技术审评过程中就产品研制中的重大技术问题、重大安全性问题、临床试验方案、阶段性临床试验结果的总结与评价等问题沟通交流。

第七十一条 纳入创新产品注册程序的医疗器械，申请人主动要求终止或者国家药品监督管理局发现不再符合创新产品注册程序要求的，国家药品监督管理局终止相关产品的创新产品注册程序并告知申请人。

第七十二条 纳入创新产品注册程序的医疗器械，申请人在规定期限内未提出注册申请的，不再适用创新产品注册程序。

第二节 优先注册程序

第七十三条 满足下列情形之一的医疗器械，可以申请适用优先注册程序：

（一）诊断或者治疗罕见病、恶性肿瘤且具有明显临床优势，诊断或者治疗老年人特有和多发疾病且目前尚无有效诊断或者治疗手段，专用于儿童且具有明显临床优势，或者临床急需且在我国尚无同品种产品获准注册的医疗器械；

（二）列入国家科技重大专项或者国家重点研发计划的医疗器械；

（三）国家药品监督管理局规定的其他可以适用优先注册程序的医疗器械。

第七十四条 申请适用优先注册程序的，申请人应当在提出医疗器械注册申请时，向国家药品监督管理局提出适用优先注册程序的申请。属于第七十三条第一项情形的，由国家药品监督管理局组织专家进行审核，符合的，纳入优先注册程序；属于第七十三条第二项情形的，由国家局器械审评中心进行审核，符合的，纳入优先注册程序；属于第七十三条第三项情形的，由国家药品监督管理局广泛听取意见，并组织专家论证后确定是否纳入优先注册程序。

第七十五条 对纳入优先注册程序的医疗器械注册申请，国家药品监督管理局优先进行审评审批，省、自治区、直辖市药品监督管理部门优先安排医疗器械注册质量管理体系核查。

国家局器械审评中心在对纳入优先注册程序的医疗器械产品开展技术审评过程中，应当按照相关规定积极与申请人进行沟通交流，必要时，可以安排专项交流。

第三节 应急注册程序

第七十六条 国家药品监督管理局可以依法对突发公共卫生事件应急所需且在我国境内尚无同类产品上市，或者虽在我国境内已有同类产品上市但产品供应不能满足突发公共卫生事件应急处理需要的医疗器械实施应急注册。

第七十七条 申请适用应急注册程序的，申请人应当向国家药品监督管理局提出应急注册申请。符合条件的，纳入应急注册程序。

第七十八条 对实施应急注册的医疗器械注册申请，国家药品监督管理局按照统一指挥、早期介人、随到随审、科学审批的要求办理，并行开展医疗器械产品检验、体系核查、技术审评等工作。

第五章　变更注册与延续注册

第一节　变更注册

第七十九条　注册人应当主动开展医疗器械上市后研究，对医疗器械的安全性、有效性和质量可控性进行进一步确认，加强对已上市医疗器械的持续管理。

已注册的第二类、第三类医疗器械产品，其设计、原材料、生产工艺、适用范围、使用方法等发生实质性变化，有可能影响该医疗器械安全、有效的，注册人应当向原注册部门申请办理变更注册手续；发生其他变化的，应当在变化之日起30日内向原注册部门备案。

注册证载明的产品名称、型号、规格、结构及组成、适用范围、产品技术要求、进口医疗器械的生产地址等，属于前款规定的需要办理变更注册的事项。注册人名称和住所、代理人名称和住所等，属于前款规定的需要备案的事项。境内医疗器械生产地址变更的，注册人应当在办理相应的生产许可变更后办理备案。

发生其他变化的，注册人应当按照质量管理体系要求做好相关工作，并按照规定向药品监督管理部门报告。

第八十条　对于变更注册申请，技术审评机构应当重点针对变化部分进行审评，对变化后产品是否安全、有效、质量可控形成审评意见。

在对变更注册申请进行技术审评时，认为有必要对质量管理体系进行核查的，药品监督管理部门应当组织开展质量管理体系核查。

第八十一条　医疗器械变更注册文件与原医疗器械注册证合并使用，有效期截止日期与原医疗器械注册证相同。

第二节　延续注册

第八十二条　医疗器械注册证有效期届满需要延续注册的，注册人应当在医疗器械注册证有效期届满6个月前，向原注册部门申请延续注册，并按照相关要求提交申请资料。

除有本办法第八十三条规定情形外，接到延续注册申请的药品监督管理部门应当在医疗器械注册证有效期届满前作出准予延续的决定。逾期未作决定的，视为准予延续。

第八十三条　有下列情形之一的，不予延续注册：

（一）未在规定期限内提出延续注册申请；

（二）新的医疗器械强制性标准发布实施，申请延续注册的医疗器械不能达到新要求；

（三）附条件批准的医疗器械，未在规定期限内完成医疗器械注册证载明事项。

第八十四条　延续注册的批准时间在原注册证有效期内的，延续注册的注册证有效期起始日为原注册证到期日次日；批准时间不在原注册证有效期内的，延续注册的注册证有效期起始日为批准延续注册的日期。

第八十五条　医疗器械变更注册申请、延续注册申请的受理与审批程序，本章未作规定的，适用本办法第三章的相关规定。

第六章　医疗器械备案

第八十六条　第一类医疗器械生产前，应当进行产品备案。

第八十七条　进行医疗器械备案，备案人应当按照《医疗器械监督管理条例》的规定向药品监督管理部门提交备案资料，获取备案编号。

第八十八条 已备案的医疗器械，备案信息表中登载内容及备案的产品技术要求发生变化的，备案人应当向原备案部门变更备案，并提交变化情况的说明以及相关文件。药品监督管理部门应当将变更情况登载于备案信息中。

第八十九条 已备案的医疗器械管理类别调整为第二类或者第三类医疗器械的，应当按照本办法规定申请注册。

第七章 工作时限

第九十条 本办法所规定的时限是医疗器械注册的受理、技术审评、核查、审批等工作的最长时间。特殊注册程序相关工作时限，按特殊注册程序相关规定执行。

国家局器械审评中心等专业技术机构应当明确本单位工作程序和时限，并向社会公布。

第九十一条 药品监督管理部门收到医疗器械注册申请及临床试验申请后，应当自受理之日起3日内将申请资料转交技术审评机构。临床试验申请的受理要求适用于本办法第五十三条规定。

第九十二条 医疗器械注册技术审评时限，按照以下规定执行：

（一）医疗器械临床试验申请的技术审评时限为60日，申请资料补正后的技术审评时限为40日；

（二）第二类医疗器械注册申请、变更注册申请、延续注册申请的技术审评时限为60日，申请资料补正后的技术审评时限为60日；

（三）第三类医疗器械注册申请、变更注册申请、延续注册申请的技术审评时限为90日，申请资料补正后的技术审评时限为60日。

第九十三条 境内第三类医疗器械质量管理体系核查时限，按照以下规定执行：

（一）国家局器械审评中心应当在医疗器械注册申请受理后10日内通知相关省、自治区、直辖市药品监督管理部门启动核查；

（二）省、自治区、直辖市药品监督管理部门原则上在接到核查通知后30日内完成核查，并将核查情况、核查结果等相关材料反馈至国家局器械审评中心。

第九十四条 受理注册申请的药品监督管理部门应当自收到审评意见之日起20日内作出决定。

第九十五条 药品监督管理部门应当自作出医疗器械注册审批决定之日起10日内颁发、送达有关行政许可证件。

第九十六条 因产品特性以及技术审评、核查等工作遇到特殊情况确需延长时限的，延长时限不得超过原时限的二分之一，经医疗器械技术审评、核查等相关技术机构负责人批准后，由延长时限的技术机构书面告知申请人，并通知其他相关技术机构。

第九十七条 原发证机关应当自收到医疗器械注册证补办申请之日起20日内予以补发。

第九十八条 以下时间不计入相关工作时限：

（一）申请人补充资料、核查后整改等所占用的时间；

（二）因申请人原因延迟核查的时间；

（三）外聘专家咨询、召开专家咨询会、药械组合产品需要与药品审评机构联合审评的时间；

（四）根据规定中止审评审批程序的，中止审评审批程序期间所占用的时间；

（五）质量管理体系核查所占用的时间。

第九十九条 本办法规定的时限以工作日计算。

第八章 监督管理

第一百条 药品监督管理部门应当加强对医疗器械研制活动的监督检查，必要时可以对为医疗器械研制提供产品或者服务的单位和个人进行延伸检查，有关单位和个人应当予以配合，提供相关文件和资料，不得拒绝、隐瞒、阻挠。

第一百零一条 国家药品监督管理局建立并分步实施医疗器械唯一标识制度，申请人、备案人应当按照相关规定提交唯一标识相关信息，保证数据真实、准确、可溯源。

第一百零二条 国家药品监督管理局应当及时将代理人信息通报代理人所在地省、自治区、直辖市药品监督管理部门。省、自治区、直辖市药品监督管理部门对本行政区域内的代理人组织开展日常监督管理。

第一百零三条 省、自治区、直辖市药品监督管理部门根据医疗器械临床试验机构备案情况，组织对本行政区域内已经备案的临床试验机构开展备案后监督检查。对于新备案的医疗器械临床试验机构，应当在备案后 60 日内开展监督检查。

省、自治区、直辖市药品监督管理部门应当组织对本行政区域内医疗器械临床试验机构遵守医疗器械临床试验质量管理规范的情况进行日常监督检查，监督其持续符合规定要求。国家药品监督管理局根据需要对医疗器械临床试验机构进行监督检查。

第一百零四条 药品监督管理部门认为有必要的，可以对临床试验的真实性、准确性、完整性、规范性和可追溯性进行现场检查。

第一百零五条 承担第一类医疗器械产品备案工作的药品监督管理部门在备案后监督中，发现备案资料不规范的，应当责令备案人限期改正。

第一百零六条 药品监督管理部门未及时发现本行政区域内医疗器械注册管理系统性、区域性风险，或者未及时消除本行政区域内医疗器械注册管理系统性、区域性隐患的，上级药品监督管理部门可以对下级药品监督管理部门主要负责人进行约谈。

第九章 法律责任

第一百零七条 违反本办法第七十九条的规定，未按照要求对发生变化进行备案的，责令限期改正；逾期不改正的，处 1 万元以上 3 万元以下罚款。

第一百零八条 开展医疗器械临床试验未遵守临床试验质量管理规范的，依照《医疗器械监督管理条例》第九十四条予以处罚。

第一百零九条 医疗器械技术审评机构未依照本办法规定履行职责，致使审评工作出现重大失误的，由负责药品监督管理的部门责令改正，通报批评，给予警告；造成严重后果的，对违法单位的法定代表人、主要负责人、直接负责的主管人员和其他责任人员，依法给予处分。

第一百一十条 负责药品监督管理的部门工作人员违反规定，滥用职权、玩忽职守、徇私舞弊的，依法给予处分。

第十章 附 则

第一百一十一条 医疗器械注册或者备案单元原则上以产品的技术原理、结构组成、性能指标和适用范围为划分依据。

第一百一十二条 获准注册的医疗器械，是指与该医疗器械注册证及附件限定内容一致且在医疗器械注册证有效期内生产的医疗器械。

第一百一十三条 医疗器械注册证中"结构及组成"栏内所载明的组合部件，以更换耗材、售后服务、维修等为目的，用于原注册产品的，可以单独销售。

第一百一十四条 申请人在申请医疗器械产品注册、变更注册、临床试验审批中可以经医疗器械主文档所有者授权，引用经登记的医疗器械主文档。医疗器械主文档登记相关工作程序另行规定。

第一百一十五条 医疗器械注册证格式由国家药品监督管理局统一制定。注册证编号的编排方式为：

×1械注 ×2×××3×4××5×××6。其中：

×1为注册审批部门所在地的简称：

境内第三类医疗器械、进口第二类、第三类医疗器械为"国"字；

境内第二类医疗器械为注册审批部门所在地省、自治区、直辖市简称；×2为注册形式：

"准"字适用于境内医疗器械；

"进"字适用于进口医疗器械；

"许"字适用于香港、澳门、台湾地区的医疗器械；

×××3为首次注册年份；

×4为产品管理类别；

××5为产品分类编码；

×××6为首次注册流水号。

延续注册的，×××3和×××6数字不变。产品管理类别调整的，应当重新编号。

第一百一十六条 第一类医疗器械备案编号的编排方式为：

×1械备 ×××2×××3。其中：

×1为备案部门所在地的简称：

进口第一类医疗器械为"国"字；

境内第一类医疗器械为备案部门所在地省、自治区、直辖市简称加所在地设区的市级行政区域的简称（无相应设区的市级行政区域时，仅为省、自治区、直辖市的简称）；

×××2为备案年份；

×××3为备案流水号。

第一百一十七条 药品监督管理部门制作的医疗器械注册证、变更注册文件电子文件与纸质文件具有同等法律效力。

第一百一十八条 根据工作需要，国家药品监督管理局可以依法委托省、自治区、直辖市药品监督管理部门或者技术机构、社会组织承担有关的具体工作。

第一百一十九条 省、自治区、直辖市药品监督管理部门可以参照本办法第四章规定制定本行政区域内第二类医疗器械特殊注册程序，并报国家药品监督管理局备案。

第一百二十条 医疗器械产品注册收费项目、收费标准按照国务院财政、价格主管部门的有关规定执行。

第一百二十一条 按照医疗器械管理的体外诊断试剂的注册与备案，适用《体外诊断试剂注册与备案管理办法》。

第一百二十二条 定制式医疗器械监督管理的有关规定，由国家药品监督管理局另行制定。

药械组合产品注册管理的有关规定，由国家药品监督管理局另行制定。

医疗器械紧急使用的有关规定，由国家药品监督管理局会同有关部门另行制定。

第一百二十三条 香港、澳门、台湾地区医疗器械的注册、备案，参照进口医疗器械办理。

第一百二十四条 本办法自2021年10月1日起施行。2014年7月30日原国家食品药品监督管理总局令第4号公布的《医疗器械注册管理办法》同时废止。

体外诊断试剂注册与备案管理办法

国家市场监督管理总局令第48号

（2021年8月26日国家市场监督管理总局令第48号公布，自2021年10月1日起施行）

第一章 总 则

第一条 为了规范体外诊断试剂注册与备案行为，保证体外诊断试剂的安全、有效和质量可控，根据《医疗器械监督管理条例》，制定本办法。

第二条 在中华人民共和国境内开展体外诊断试剂注册、备案及其监督管理活动，适用本办法。

第三条 本办法所称体外诊断试剂，是指按医疗器械管理的体外诊断试剂，包括在疾病的预测、预防、诊断、治疗监测、预后观察和健康状态评价的过程中，用于人体样本体外检测的试剂、试剂盒、校准品、质控品等产品，可以单独使用，也可以与仪器、器具、设备或者系统组合使用。

按照药品管理的用于血源筛查的体外诊断试剂、采用放射性核素标记的体外诊断试剂不属于本办法管理范围。

第四条 体外诊断试剂注册是指体外诊断试剂注册申请人（以下简称申请人）依照法定程序和要求提出体外诊断试剂注册申请，药品监督管理部门依据法律法规，基于科学认知，进行安全性、有效性和质量可控性等审查，决定是否同意其申请的活动。

体外诊断试剂备案是指体外诊断试剂备案人（以下简称备案人）依照法定程序和要求向药品监督管理部门提交备案资料，药品监督管理部门对提交的备案资料存档备查的活动。

第五条 国家药品监督管理局主管全国体外诊断试剂注册与备案管理工作，负责建立体外诊断试剂注册与备案管理工作体系，依法组织境内第三类和进口第二类、第三类体外诊断试剂审评审批，进口第一类体外诊断试剂备案以及相关监督管理工作，对地方体外诊断试剂注册与备案工作进行监督指导。

第六条 国家药品监督管理局医疗器械技术审评中心（以下简称国家局器械审评中心）负责境内第三类和进口第二类、三类体外诊断试剂产品注册申请、变更注册申请、延续注册申请等的技术审评工作。

国家药品监督管理局医疗器械标准管理中心、中国食品药品检定研究院、国家药品监督管理局食品药品审核查验中心（以下简称国家局审核查验中心）、国家药品监督管理局药品评价中心、国家药品监督管理局行政事项受理服务和投诉举报中心、国家药品监督管理局信息中心等其他专业技术机构，依职责承担实施体外诊断试剂监督管理所需的体外诊断试剂标准管理、分类界定、检验、核查、监测与评价、制证送达以及相应的信息化建设与管理等相关工作。

第七条 省、自治区、直辖市药品监督管理部门负责本行政区域内以下体外诊断试剂注册相关管理工作：

（一）境内第二类体外诊断试剂注册审评审批；

（二）境内第二类、第三类体外诊断试剂质量管理体系核查；

（三）依法组织医疗器械临床试验机构以及临床试验的监督管理；

（四）对设区的市级负责药品监督管理的部门境内第一类体外诊断试剂备案的监督指导。

省、自治区、直辖市药品监督管理部门设置或者指定的医疗器械专业技术机构，承担实施体外诊断试剂监督管理所需的技术审评、检验、核查、监测与评价等工作。

设区的市级负责药品监督管理的部门负责境内第一类体外诊断试剂产品备案管理工作。

第八条 体外诊断试剂注册与备案遵循依法、科学、公开、公平、公正的原则。

第九条 第一类体外诊断试剂实行产品备案管理。第二类、第三类体外诊断试剂实行产品注册管理。

境内第一类体外诊断试剂备案，备案人向设区的市级负责药品监督管理的部门提交备案资料。

境内第二类体外诊断试剂由省、自治区、直辖市药品监督管理部门审查，批准后发给医疗器械注册证。

境内第三类体外诊断试剂由国家药品监督管理局审查，批准后发给医疗器械注册证。

进口第一类体外诊断试剂备案，备案人向国家药品监督管理局提交备案资料。

进口第二类、第三类体外诊断试剂由国家药品监督管理局审查，批准后发给医疗器械注册证。

第十条 体外诊断试剂注册人、备案人应当加强体外诊断试剂全生命周期质量管理，对研制、生产、经营、使用全过程中的体外诊断试剂的安全性、有效性和质量可控性依法承担责任。

第十一条 国家药品监督管理局对临床急需体外诊断试剂实行优先审批，对创新体外诊断试剂实行特别审批。鼓励体外诊断试剂的研究与创新，推动医疗器械产业高质量发展。

第十二条 国家药品监督管理局依法建立健全体外诊断试剂标准、技术指导原则等体系，规范体外诊断试剂技术审评和质量管理体系核查，指导和服务体外诊断试剂研发和注册申请。

第十三条 药品监督管理部门依法及时公开体外诊断试剂注册、备案相关信息，申请人可以查询审批进度和结果，公众可以查阅审批结果。

未经申请人同意，药品监督管理部门、专业技术机构及其工作人员、参与评审的专家等人员不得披露申请人或者备案人提交的商业秘密、未披露信息或者保密商务信息，法律另有规定或者涉及国家安全、重大社会公共利益的除外。

第二章 基本要求

第十四条 体外诊断试剂注册、备案，应当遵守相关法律、法规、规章、强制性标准，遵循体外诊断试剂安全和性能基本原则，参照相关技术指导原则，证明注册、备案的体外诊断试剂安全、有效、质量可控，保证信息真实、准确、完整和可追溯。

第十五条 申请人、备案人应当为能够承担相应法律责任的企业或者研制机构。

境外申请人、备案人应当指定中国境内的企业法人作为代理人，办理相关体外诊断试剂注册、备案事项。代理人应当依法协助注册人、备案人履行《医疗器械监督管理条例》第二十条第一款规定的义务，并协助境外注册人、备案人落实相应法律责任。

第十六条 申请人、备案人应当建立与产品研制、生产有关的质量管理体系，并保持有效运行。

第十七条 办理体外诊断试剂注册、备案事项的人员应当具有相关专业知识，熟悉体外诊断试剂注册、备案管理的法律、法规、规章和注册管理相关规定。

第十八条 申请注册或者进行备案，应当按照国家药品监督管理局有关注册、备案的要求提交相关资料，申请人、备案人对资料的真实性负责。

注册、备案资料应当使用中文。根据外文资料翻译的，应当同时提供原文。引用未公开发表的文献资料时，应当提供资料权利人许可使用的文件。

第十九条 申请进口体外诊断试剂注册、办理进口体外诊断试剂备案，应当提交申请人、备案人注册地或者生产地所在国家（地区）主管部门准许上市销售的证明文件。

申请人、备案人注册地或者生产地所在国家（地区）未将该产品作为医疗器械管理的，申请人、备案人需提供相关文件，包括注册地或者生产地所在国家（地区）准许该产品上市销售的证明文件。

未在申请人、备案人注册地或者生产地所在国家（地区）上市的按照创新产品注册程序审批的体外诊断试剂，不需提交相关文件。

第二十条 体外诊断试剂应当符合适用的强制性标准。产品结构特征、技术原理、预期用途、使用方式等与强制性标准的适用范围不一致的，申请人、备案人应当提出不适用强制性标准的说明，并提供相关资料。

没有强制性标准的，鼓励申请人、备案人采用推荐性标准。

第二十一条 体外诊断试剂注册、备案工作应当遵循体外诊断试剂分类规则和分类目录的有关要求。

第二十二条 药品监督管理部门持续推进审评审批制度改革，加强监管科学研究，建立以技术审评为主导，核查、检验、监测与评价等为支撑的体外诊断试剂注册管理技术体系，优化审评审批流程，提高审评审批能力，提升审评审批质量和效率。

第二十三条 医疗器械专业技术机构建立健全沟通交流制度，明确沟通交流的形式和内容，根据工作需要组织与申请人进行沟通交流。

第二十四条 医疗器械专业技术机构根据工作需要建立专家咨询制度，在审评、核查、检验等过程中就重大问题听取专家意见，充分发挥专家的技术支撑作用。

第三章　体外诊断试剂注册

第一节　产品研制

第二十五条 体外诊断试剂研制应当遵循风险管理原则，考虑现有公认技术水平，确保产品所有已知和可预见的风险以及非预期影响最小化并可接受，保证产品在正常使用中受益大于风险。

第二十六条 从事体外诊断试剂产品研制实验活动，应当符合我国相关法律、法规和强制性标准等的要求。

第二十七条 申请人、备案人应当编制申请注册或者进行备案体外诊断试剂的产品技术要求。

产品技术要求主要包括体外诊断试剂成品的可进行客观判定的功能性、安全性指标和检测方法。

第三类体外诊断试剂的产品技术要求中应当以附录形式明确主要原材料以及生产工艺要求。

体外诊断试剂应当符合经注册或者备案的产品技术要求。

第二十八条 申请人、备案人应当编制申请注册或者进行备案体外诊断试剂的产品说明书和标签。

产品说明书和标签应当符合《医疗器械监督管理条例》第三十九条要求以及相关规定。

第二十九条 体外诊断试剂研制，应当根据产品预期用途和技术特征开展体外诊断试剂非临床研究。

非临床研究指在实验室条件下对体外诊断试剂进行的试验或者评价，包括主要原材料的选择及制备、产品生产工艺、产品分析性能、阳性判断值或者参考区间、产品稳定性等的研究。

申请注册或者进行备案，应当提交研制活动中产生的非临床证据。

第三十条 体外诊断试剂非临床研究过程中确定的功能性、安全性指标及方法应当与产品预期使用条件、目的相适应，研究样品应当具有代表性和典型性。必要时，应当进行方法学验证、统计学分析。

第三十一条 申请注册或者进行备案，应当按照产品技术要求进行检验，并提交检验报告。检验合格的，方可开展临床试验或者申请注册、进行备案。

第三十二条 同一注册申请包括不同包装规格时，可以只进行一种包装规格产品的检验，检验用产品应当能够代表申请注册或者进行备案产品的安全性和有效性，其生产应当符合医疗器械生产质量管理规范的相关要求。

第三十三条 申请注册或者进行备案提交的检验报告可以是申请人、备案人的自检报告，也可以是委托有资质的医疗器械检验机构出具的检验报告。

第三类体外诊断试剂应当提供 3 个不同生产批次产品的检验报告。

第三十四条 对于有适用的国家标准品的，应当使用国家标准品对试剂进行检验。中国食品药品检定研究院负责组织国家标准品的制备和标定工作。

第二节 临床评价

第三十五条 体外诊断试剂临床评价是指采用科学合理的方法对临床数据进行分析、评价，对产品是否满足使用要求或者预期用途进行确认，以证明体外诊断试剂的安全性、有效性的过程。

第三十六条 体外诊断试剂临床试验是指在相应的临床环境中，对体外诊断试剂的临床性能进行的系统性研究。

国家药品监督管理局制定体外诊断试剂临床试验指南，明确开展临床试验的要求、临床试验报告的撰写要求等。

第三十七条 开展体外诊断试剂临床评价，应当进行临床试验证明体外诊断试剂的安全性、有效性。

符合如下情形的，可以免于进行临床试验：

（一）反应原理明确、设计定型、生产工艺成熟，已上市的同品种体外诊断试剂临床应用多年且无严重不良事件记录，不改变常规用途的；

（二）通过进行同品种方法学比对的方式能够证明该体外诊断试剂安全、有效的。

免于进行临床试验的第二类、第三类体外诊断试剂目录由国家药品监督管理局制定、调整并公布。

第三十八条 免于进行临床试验的体外诊断试剂，申请人应当通过对符合预期用途的临床样本进行同品种方法学比对的方式证明产品的安全性、有效性。

国家药品监督管理局制定免于进行临床试验的体外诊断试剂临床评价相关指南。

第三十九条 体外诊断试剂临床评价资料是指申请人进行临床评价所形成的文件。

开展临床试验的，临床试验资料包括临床试验方案、伦理委员会意见、知情同意书、临床试验报告以及相关数据等。

列入免于进行临床试验目录的体外诊断试剂，临床评价资料包括与同类已上市产品的对比分析、方法学比对数据、相关文献数据分析和经验数据分析等。

第四十条 同一注册申请包括不同包装规格时，可以只采用一种包装规格的产品进行临床评价，临床评价用产品应当代表申请注册或者进行备案产品的安全性和有效性。

校准品、质控品单独申请注册不需要提交临床评价资料。

第四十一条 开展体外诊断试剂临床试验，应当按照医疗器械临床试验质量管理规范的要求，在具备相应条件并按照规定备案的医疗器械临床试验机构内进行。临床试验开始前，临床试验申办者应当向所在地省、自治区、直辖市药品监督管理部门进行临床试验备案。临床试验体外诊断试剂的生产应当符合医疗器械生产质量管理规范的相关要求。

第四十二条 对于体外诊断试剂临床试验期间出现的临床试验体外诊断试剂相关严重不良事件，或者其他严重安全性风险信息，临床试验申办者应当按照相关要求，分别向所在地和临床试验机构所在地省、自治区、直辖市药品监督管理部门报告，并采取风险控制措施。未采取风险控制措施的，省、自治区、直辖市药品监督管理部门依法责令申办者采取相应的风险控制措施。

第四十三条 体外诊断试剂临床试验中出现大范围临床试验体外诊断试剂相关严重不良事件，或者其他重大安全性问题时，申办者应当暂停或者终止体外诊断试剂临床试验，分别向所在地和临床试验机构所在地省、自治区、直辖市药品监督管理部门报告。未暂停或者终止的，省、自治区、直辖市药品监督管理部门依法责令申办者采取相应的风险控制措施。

第四十四条　对预期供消费者个人自行使用的体外诊断试剂开展临床评价时，申请人还应当进行无医学背景的消费者对产品说明书认知能力的评价。

第四十五条　对正在开展临床试验的用于诊断严重危及生命且尚无有效诊断手段的疾病的体外诊断试剂，经医学观察可能使患者获益，经伦理审查、知情同意后，可以在开展体外诊断试剂的临床试验的机构内免费用于其他病情相同的患者，其安全性数据可以用于体外诊断试剂注册申请。

第三节　注册体系核查

第四十六条　申请人应当在申请注册时提交与产品研制、生产有关的质量管理体系相关资料，受理注册申请的药品监督管理部门在产品技术审评时认为有必要对质量管理体系进行核查的，应当组织开展质量管理体系核查，并可以根据需要调阅原始资料。

第四十七条　境内第三类体外诊断试剂质量管理体系核查，由国家局器械审评中心通知申请人所在地的省、自治区、直辖市药品监督管理部门开展。

境内第二类体外诊断试剂质量管理体系核查，由申请人所在地省、自治区、直辖市药品监督管理部门组织开展。

第四十八条　省、自治区、直辖市药品监督管理部门按照医疗器械生产质量管理规范的要求开展质量管理体系核查，重点对申请人是否按照医疗器械生产质量管理规范的要求建立与产品相适应的质量管理体系，以及与产品研制、生产有关的设计开发、生产管理、质量控制等内容进行核查。

在核查过程中，应当同时对检验用产品和临床试验产品的真实性进行核查，重点查阅设计开发过程相关记录，以及检验用产品和临床试验产品生产过程的相关记录。

提交自检报告的，应当对申请人、备案人或者受托机构研制过程中的检验能力、检验结果等进行重点核查。

第四十九条　省、自治区、直辖市药品监督管理部门可以通过资料审查或者现场检查的方式开展质量管理体系核查。根据申请人的具体情况、监督检查情况、本次申请注册产品与既往已通过核查产品生产条件及工艺对比情况等，确定是否现场检查以及检查内容，避免重复检查。

第五十条　国家局器械审评中心对进口第二类、第三类体外诊断试剂开展技术审评时，认为有必要进行质量管理体系核查的，通知国家局审核查验中心根据相关要求开展核查。

第四节　产品注册

第五十一条　申请人应当在完成支持体外诊断试剂注册的安全性、有效性研究，做好接受质量管理体系核查的准备后，提出体外诊断试剂注册申请，并按照相关要求，通过在线注册申请等途径向药品监督管理部门提交下列注册申请资料：

（一）产品风险分析资料；

（二）产品技术要求；

（三）产品检验报告；

（四）临床评价资料；

（五）产品说明书以及标签样稿；

（六）与产品研制、生产有关的质量管理体系文件；

（七）证明产品安全、有效所需的其他资料。

第五十二条　药品监督管理部门收到申请后对申请资料进行审核，并根据下列情况分别作出处理：

（一）申请事项属于本行政机关职权范围，申请资料齐全、符合形式审核要求的，予以受理；

（二）申请资料存在可以当场更正的错误的，应当允许申请人当场更正；

（三）申请资料不齐全或者不符合法定形式的，应当当场或者在 5 日内一次告知申请人需要补正的全部内容，逾期不告知的，自收到申请资料之日起即为受理；

（四）申请事项依法不属于本行政机关职权范围的，应当即时作出不予受理的决定，并告知申请人向有关行政机关申请。

药品监督管理部门受理或者不予受理体外诊断试剂注册申请，应当出具加盖本行政机关专用印章和注明日期的受理或者不予受理的通知书。

体外诊断试剂注册申请受理后，需要申请人缴纳费用的，申请人应当按规定缴纳费用。申请人未在规定期限内缴纳费用的，视为申请人主动撤回申请，药品监督管理部门终止其注册程序。

第五十三条 技术审评过程中需要申请人补正资料的，技术审评机构应当一次告知需要补正的全部内容。申请人应当在收到补正通知 1 年内，按照补正通知要求一次提供补充资料；技术审评机构收到补充资料后，在规定的时限内完成技术审评。

申请人对补正通知内容有异议的，可以向相应的技术审评机构提出书面意见，说明理由并提供相应的技术支持资料。

申请人逾期未提交补充资料的，终止技术审评，药品监督管理部门作出不予注册的决定。

第五十四条 对于已受理的注册申请，申请人可以在行政许可决定作出前，向受理该申请的药品监督管理部门申请撤回注册申请及相关资料，并说明理由。同意撤回申请的，药品监督管理部门终止其注册程序。

审评、核查、审批过程中发现涉嫌存在隐瞒真实情况或者提供虚假信息等违法行为的，依法处理，申请人不得撤回注册申请。

第五十五条 对于已受理的注册申请，有证据表明注册申请资料可能虚假的，药品监督管理部门可以中止审评审批。经核实后，根据核实结论继续审查或者作出不予注册的决定。

第五十六条 体外诊断试剂注册申请审评期间，对于拟作出不通过的审评结论的，技术审评机构应当告知申请人不通过的理由，申请人可以在 15 日内向技术审评机构提出异议，异议内容仅限于原申请事项和原申请资料。技术审评机构结合申请人的异议意见进行综合评估并反馈申请人。异议处理时间不计入审评时限。

第五十七条 受理注册申请的药品监督管理部门应当在技术审评结束后，作出是否批准的决定。对符合安全、有效、质量可控要求的，准予注册，发给医疗器械注册证，经过核准的产品技术要求和产品说明书以附件形式发给申请人。对不予注册的，应当书面说明理由，并同时告知申请人享有依法申请行政复议或者提起行政诉讼的权利。

医疗器械注册证有效期为 5 年。

第五十八条 对于已受理的注册申请，有下列情形之一的，药品监督管理部门作出不予注册的决定，并告知申请人：

（一）申请人对拟上市销售体外诊断试剂的安全性、有效性、质量可控性进行的研究及其结果无法证明产品安全、有效、质量可控的；

（二）质量管理体系核查不通过，以及申请人拒绝接受质量管理体系现场检查的；

（三）注册申请资料虚假的；

（四）注册申请资料内容混乱、矛盾，注册申请资料内容与申请项目明显不符，不能证明产品安全、有效、质量可控的；

（五）不予注册的其他情形。

第五十九条 法律、法规、规章规定实施行政许可应当听证的事项，或者药品监督管理部门认为需要听证的其他涉及公共利益的重大行政许可事项，药品监督管理部门应当向社会公告，并举行听证。医疗器械注册申请直接涉及申请人与他人之间重大利益关系的，药品监督管理部门在作出行政许可决定前，应当告知申请人、利害关系人享有要求听证的权利。

第六十条　对用于罕见疾病、严重危及生命且尚无有效诊断手段的疾病和应对公共卫生事件等急需的体外诊断试剂，药品监督管理部门可以作出附条件批准决定，并在医疗器械注册证中载明有效期、上市后需要继续完成的研究工作及完成时限等相关事项。

第六十一条　对附条件批准的体外诊断试剂，注册人应当在体外诊断试剂上市后收集受益和风险相关数据，持续对产品的受益和风险开展监测与评估，采取有效措施主动管控风险，并在规定期限内按照要求完成研究并提交相关资料。

第六十二条　对附条件批准的体外诊断试剂，注册人逾期未按照要求完成研究或者不能证明其受益大于风险的，注册人应当及时申请办理医疗器械注册证注销手续，药品监督管理部门可以依法注销医疗器械注册证。

第六十三条　对新研制的尚未列入体外诊断试剂分类目录的体外诊断试剂，申请人可以直接申请第三类体外诊断试剂产品注册，也可以依据分类规则判断产品类别并向国家药品监督管理局申请类别确认后，申请产品注册或者进行产品备案。

直接申请第三类体外诊断试剂注册的，国家药品监督管理局按照风险程度确定类别。境内体外诊断试剂确定为第二类或者第一类的，应当告知申请人向相应的药品监督管理部门申请注册或者进行备案。

第六十四条　已注册的体外诊断试剂，其管理类别由高类别调整为低类别的，医疗器械注册证在有效期内继续有效。有效期届满需要延续的，注册人应当在医疗器械注册证有效期届满6个月前，按照调整后的类别向相应的药品监督管理部门申请延续注册或者进行备案。

体外诊断试剂管理类别由低类别调整为高类别的，注册人应当按照改变后的类别向相应的药品监督管理部门申请注册。国家药品监督管理局在管理类别调整通知中应当对完成调整的时限作出规定。

第六十五条　医疗器械注册证及其附件遗失、损毁的，注册人应当向原发证机关申请补发，原发证机关核实后予以补发。

第六十六条　注册申请审查过程中及批准后发生专利权纠纷的，应当按照有关法律、法规的规定处理。

第四章　特殊注册程序

第一节　创新产品注册程序

第六十七条　符合下列要求的体外诊断试剂，申请人可以申请适用创新产品注册程序：

（一）申请人通过其主导的技术创新活动，在中国依法拥有产品核心技术发明专利权，或者依法通过受让取得在中国发明专利权或其使用权，且申请适用创新产品注册程序的时间在专利授权公告日起5年内；或者核心技术发明专利的申请已由国务院专利行政部门公开，并由国家知识产权局专利检索咨询中心出具检索报告，载明产品核心技术方案具备新颖性和创造性；

（二）申请人已完成产品的前期研究并具有基本定型产品，研究过程真实和受控，研究数据完整和可溯源；

（三）产品主要工作原理或者作用机理为国内首创，产品性能或者安全性与同类产品比较有根本性改进，技术上处于国际领先水平，且具有显著的临床应用价值。

第六十八条　申请适用创新产品注册程序的，申请人应当在产品基本定型后，向国家药品监督管理局提出创新医疗器械审查申请。国家药品监督管理局组织专家进行审查，符合要求的，纳入创新产品注册程序。

第六十九条 对于适用创新产品注册程序的体外诊断试剂注册申请，国家药品监督管理局以及承担相关技术工作的机构，根据各自职责指定专人负责，及时沟通，提供指导。

纳入创新产品注册程序的体外诊断试剂，国家局器械审评中心可与申请人在注册申请受理前以及技术审评过程中就产品研制中的重大技术问题、重大安全性问题、临床试验方案、阶段性临床试验结果的总结与评价等问题沟通交流。

第七十条 纳入创新产品注册程序的体外诊断试剂，申请人主动要求终止或者国家药品监督管理局发现不再符合创新产品注册程序要求的，国家药品监督管理局可终止相关产品的创新产品注册程序并告知申请人。

第七十一条 纳入创新产品注册程序的体外诊断试剂，申请人在规定期限内未提出注册申请的，不再适用创新产品注册程序。

第二节 优先注册程序

第七十二条 满足下列情形之一的体外诊断试剂，可以申请适用优先注册程序：

（一）诊断罕见病、恶性肿瘤，且具有明显临床优势，诊断老年人特有和多发疾病且目前尚无有效诊断手段，专用于儿童且具有明显临床优势，或者临床急需且在我国尚无同品种产品获准注册的医疗器械；

（二）列入国家科技重大专项或者国家重点研发计划的医疗器械；

（三）国家药品监督管理局规定的其他可以适用优先注册程序的医疗器械。

第七十三条 申请适用优先注册程序的，申请人应当在提出体外诊断试剂注册申请时，向国家药品监督管理局提出适用优先注册程序的申请。属于第七十二条第一项情形的，由国家药品监督管理局组织专家进行审核，符合的，纳入优先注册程序；属于第七十二条第二项情形的，由国家局器械审评中心进行审核，符合的，纳入优先注册程序；属于第七十二条第三项情形的，由国家药品监督管理局广泛听取意见，并组织专家论证后确定是否纳入优先注册程序。

第七十四条 对纳入优先注册程序的体外诊断试剂注册申请，国家药品监督管理局优先进行审评审批，省、自治区、直辖市药品监督管理部门优先安排注册质量管理体系核查。

国家局器械审评中心在对纳入优先注册程序的医疗器械产品开展技术审评过程中，应当按照相关规定积极与申请人进行沟通交流，必要时，可以安排专项交流。

第三节 应急注册程序

第七十五条 国家药品监督管理局可以依法对突发公共卫生事件应急所需且在我国境内尚无同类产品上市，或者虽在我国境内已有同类产品上市但产品供应不能满足突发公共卫生事件应急处理需要的体外诊断试剂实施应急注册。

第七十六条 申请适用应急注册程序的，申请人应当向国家药品监督管理局提出应急注册申请。符合条件的，纳入应急注册程序。

第七十七条 对实施应急注册的体外诊断试剂注册申请，国家药品监督管理局按照统一指挥、早期介入、随到随审、科学审批的要求办理，并行开展体外诊断试剂产品检验、体系核查、技术审评等工作。

第五章　变更注册与延续注册

第一节　变更注册

第七十八条　注册人应当主动开展体外诊断试剂上市后研究，对体外诊断试剂的安全性、有效性和质量可控性进行进一步确认，加强对已上市体外诊断试剂的持续管理。

已注册的第二类、第三类体外诊断试剂产品，其设计、原材料、生产工艺、适用范围、使用方法等发生实质性变化，有可能影响该体外诊断试剂安全、有效的，注册人应当向原注册部门申请办理变更注册手续；发生其他变化的，应当在变化之日起 30 日内向原注册部门备案。

注册证载明的产品名称、包装规格、主要组成成分、预期用途、产品技术要求、产品说明书、进口体外诊断试剂的生产地址等，属于前款规定的需要办理变更注册的事项。注册人名称和住所、代理人名称和住所等，属于前款规定的需要备案的事项。境内体外诊断试剂生产地址变更的，注册人应当在办理相应的生产许可变更后办理备案。

发生其他变化的，注册人应当按照质量管理体系要求做好相关工作，并按照规定向药品监督管理部门报告。

第七十九条　已注册的第二类、第三类体外诊断试剂，产品的核心技术原理等发生实质性改变，或者发生其他重大改变、对产品安全有效性产生重大影响，实质上构成新的产品的，不属于本章规定的变更申请事项，应当按照注册申请的规定办理。

第八十条　对于变更注册申请，技术审评机构应当重点针对变化部分进行审评，对变化后产品是否安全、有效、质量可控形成审评意见。

在对变更注册申请进行技术审评时，认为有必要对质量管理体系进行核查的，药品监督管理部门应当组织开展质量管理体系核查。

第八十一条　医疗器械变更注册文件与原医疗器械注册证合并使用，有效期截止日期与原医疗器械注册证相同。

第二节　延续注册

第八十二条　医疗器械注册证有效期届满需要延续注册的，注册人应当在医疗器械注册证有效期届满 6 个月前，向原注册部门申请延续注册，并按照相关要求提交申请资料。

除有本办法第八十三条规定情形外，接到延续注册申请的药品监督管理部门应当在医疗器械注册证有效期届满前作出准予延续的决定。逾期未作决定的，视为准予延续。

第八十三条　有下列情形之一的，不予延续注册：

（一）未在规定期限内提出延续注册申请；

（二）新的体外诊断试剂强制性标准或者国家标准品发布实施，申请延续注册的体外诊断试剂不能达到新要求；

（三）附条件批准的体外诊断试剂，未在规定期限内完成医疗器械注册证载明事项。

第八十四条　延续注册的批准时间在原注册证有效期内的，延续注册的注册证有效期起始日为原注册证到期日次日；批准时间不在原注册证有效期内的，延续注册的注册证有效期起始日为批准延续注册的日期。

第八十五条　体外诊断试剂变更注册申请、延续注册申请的受理与审批程序，本章未作规定的，适用本办法第三章的相关规定。

第六章　体外诊断试剂备案

第八十六条　第一类体外诊断试剂生产前，应当进行产品备案。

第八十七条　进行体外诊断试剂备案，备案人应当按照《医疗器械监督管理条例》的规定向药品监督管理部门提交备案资料，获取备案编号。

第八十八条　已备案的体外诊断试剂，备案信息表中登载内容及备案的产品技术要求发生变化的，备案人应当向原备案部门变更备案，并提交变化情况的说明以及相关文件。药品监督管理部门应当将变更情况登载于备案信息中。

第八十九条　已备案的体外诊断试剂管理类别调整为第二类或者第三类体外诊断试剂的，应当按照本办法规定申请注册。

第七章　工作时限

第九十条　本办法所规定的时限是体外诊断试剂注册的受理、技术审评、核查、审批等工作的最长时间。特殊注册程序相关工作时限，按特殊注册程序相关规定执行。

国家局器械审评中心等专业技术机构应当明确本单位工作程序和时限，并向社会公布。

第九十一条　药品监督管理部门收到体外诊断试剂注册申请后，应当自受理之日起 3 日内将申请资料转交技术审评机构。

第九十二条　体外诊断试剂注册技术审评时限，按照以下规定执行：

（一）第二类体外诊断试剂注册申请、变更注册申请、延续注册申请的技术审评时限为 60 日，申请资料补正后的技术审评时限为 60 日；

（二）第三类体外诊断试剂注册申请、变更注册申请、延续注册申请的技术审评时限为 90 日，申请资料补正后的技术审评时限为 60 日。

第九十三条　境内第三类体外诊断试剂质量管理体系核查时限，按照以下规定执行：

（一）国家局器械审评中心应当在体外诊断试剂注册申请受理后 10 日内通知相关省、自治区、直辖市药品监督管理部门启动核查；

（二）省、自治区、直辖市药品监督管理部门原则上在接到核查通知后 30 日内完成核查，并将核查情况、核查结果等相关材料反馈至国家局器械审评中心。

第九十四条　受理注册申请的药品监督管理部门应当自收到审评意见之日起 20 日内作出决定。

第九十五条　药品监督管理部门应当自作出体外诊断试剂注册审批决定之日起 10 日内颁发、送达有关行政许可证件。

第九十六条　因产品特性以及技术审评、核查等工作遇到特殊情况确需延长时限的，延长时限不得超过原时限的二分之一，经医疗器械技术审评、核查等相关技术机构负责人批准后，由延长时限的技术机构书面告知申请人，并通知其他相关技术机构。

第九十七条　原发证机关应当自收到医疗器械注册证补办申请之日起 20 日内予以补发。

第九十八条　以下时间不计入相关工作时限：

（一）申请人补充资料、核查后整改等所占用的时间；

（二）因申请人原因延迟核查的时间；

（三）外聘专家咨询、召开专家咨询会、需要与药品审评机构联合审评的时间；

（四）根据规定中止审评审批程序的，中止审评审批程序期间所占用的时间；

（五）质量管理体系核查所占用的时间。

第九十九条　本办法规定的时限以工作日计算。

第八章 监督管理

第一百条 药品监督管理部门应当加强体外诊断试剂研制活动的监督检查，必要时可以对为体外诊断试剂研制提供产品或者服务的单位和个人进行延伸检查，有关单位和个人应当予以配合，提供相关文件和资料，不得拒绝、隐瞒、阻挠。

第一百零一条 国家药品监督管理局建立并分步实施医疗器械唯一标识制度，申请人、备案人应当按照相关规定提交唯一标识相关信息，保证数据真实、准确、可溯源。

第一百零二条 国家药品监督管理局应当及时将代理人信息通报代理人所在地省、自治区、直辖市药品监督管理部门。省、自治区、直辖市药品监督管理部门对本行政区域内的代理人组织开展日常监督管理。

第一百零三条 省、自治区、直辖市药品监督管理部门根据医疗器械临床试验机构备案情况，组织对本行政区域内已经备案的临床试验机构开展备案后监督检查。对于新备案的医疗器械临床试验机构，应当在备案后60日内开展监督检查。

省、自治区、直辖市药品监督管理部门应当组织对本行政区域内医疗器械临床试验机构遵守医疗器械临床试验质量管理规范的情况进行日常监督检查，监督其持续符合规定要求。国家药品监督管理局根据需要对医疗器械临床试验机构进行监督检查。

第一百零四条 药品监督管理部门认为有必要的，可以对临床试验的真实性、准确性、完整性、规范性和可追溯性进行现场检查。

第一百零五条 承担第一类体外诊断试剂产品备案工作的药品监督管理部门在备案后监督中，发现备案资料不规范的，应当责令备案人限期改正。

第一百零六条 药品监督管理部门未及时发现本行政区域内体外诊断试剂注册管理系统性、区域性风险，或者未及时消除本行政区域内体外诊断试剂注册管理系统性、区域性隐患的，上级药品监督管理部门可以对下级药品监督管理部门主要负责人进行约谈。

第九章 法律责任

第一百零七条 违反本办法第七十八条的规定，未按照要求对发生变化进行备案的，责令限期改正；逾期不改正的，处1万元以上3万元以下罚款。

第一百零八条 开展体外诊断试剂临床试验未遵守临床试验质量管理规范的，依照《医疗器械监督管理条例》第九十四条予以处罚。

第一百零九条 医疗器械技术审评机构未依照本办法规定履行职责，致使审评工作出现重大失误的，由负责药品监督管理的部门责令改正，通报批评，给予警告；造成严重后果的，对违法单位的法定代表人、主要负责人、直接负责的主管人员和其他责任人员，依法给予处分。

第一百一十条 负责药品监督管理的部门工作人员违反规定，滥用职权、玩忽职守、徇私舞弊的，依法给予处分。

第十章 附 则

第一百一十一条 体外诊断试剂的命名应当遵循以下原则：

体外诊断试剂的产品名称一般由三部分组成。第一部分：被测物质的名称；第二部分：用途，如测定试剂盒、质控品等；第三部分：方法或者原理，如磁微粒化学发光免疫分析法、荧光PCR法、荧光原位杂交法等，本部分应当在括号中列出。

如果被测物组分较多或者有其他特殊情况，可以采用与产品相关的适应症名称或者其他替代名称。

第一类产品和校准品、质控品，依据其预期用途进行命名。

第一百一十二条 体外诊断试剂的注册或者备案单元应为单一试剂或者单一试剂盒，一个注册或者备案单元可以包括不同的包装规格。

校准品、质控品可以与配合使用的体外诊断试剂合并申请注册，也可以单独申请注册。

第一百一十三条 获准注册的体外诊断试剂，是指与该医疗器械注册证及附件限定内容一致且在医疗器械注册证有效期内生产的体外诊断试剂。

第一百一十四条 医疗器械注册证中"主要组成成分"栏内所载明的独立试剂组分，用于原注册产品的，可以单独销售。

第一百一十五条 申请人在申请体外诊断试剂产品注册、变更注册中可以经医疗器械主文档所有者授权，引用经登记的医疗器械主文档。医疗器械主文档由其所有者或代理机构办理登记，相关工作程序另行规定。

第一百一十六条 医疗器械注册证格式由国家药品监督管理局统一制定。

注册证编号的编排方式为：

×1械注 ×2××××3×4××5×××6。其中：

×1为注册审批部门所在地的简称：

境内第三类体外诊断试剂、进口第二类、第三类体外诊断试剂为"国"字；

境内第二类体外诊断试剂为注册审批部门所在地省、自治区、直辖市简称；

×2为注册形式：

"准"字适用于境内体外诊断试剂；

"进"字适用于进口体外诊断试剂；

"许"字适用于香港、澳门、台湾地区的体外诊断试剂；

×××3为首次注册年份；

×4为产品管理类别；

××5为产品分类编码；

×××6为首次注册流水号。

延续注册的，×××3和×××6数字不变。产品管理类别调整的，应当重新编号。

第一百一十七条 第一类医疗器械备案编号的编排方式为：

×1械备 ×××2××××3。

其中：

×1为备案部门所在地的简称：

进口第一类体外诊断试剂为"国"字；

境内第一类体外诊断试剂为备案部门所在地省、自治区、直辖市简称加所在地设区的市级行政区域的简称（无相应设区的市级行政区域时，仅为省、自治区、直辖市的简称）；

×××2为备案年份；

×××3为备案流水号。

第一百一十八条 药品监督管理部门制作的医疗器械注册证、变更注册文件电子文件与纸质文件具有同等法律效力。

第一百一十九条 根据工作需要，国家药品监督管理局可以依法委托省、自治区、直辖市药品监督管理部门或者技术机构、社会组织承担有关的具体工作。

第一百二十条 省、自治区、直辖市药品监督管理部门可以参照本办法第四章规定制定本行政区域内第二类体外诊断试剂特殊注册程序，并报国家药品监督管理局备案。

第一百二十一条 体外诊断试剂产品注册收费项目、收费标准按照国务院财政、价格主管部门的有关规定执行。

第一百二十二条 体外诊断试剂紧急使用的有关规定，由国家药品监督管理局会同有关部门另行制定。

第一百二十三条 国内尚无同品种产品上市，医疗机构根据本单位的临床需要自行研制，在执业医师指导下在本单位内使用的体外诊断试剂，相关管理规定由国家药品监督管理局会同有关部门另行制定。

第一百二十四条 香港、澳门、台湾地区体外诊断试剂的注册、备案，参照进口体外诊断试剂办理。

第一百二十五条 本办法自 2021 年 10 月 1 日起施行。2014 年 7 月 30 日原国家食品药品监督管理总局令第 5 号公布的《体外诊断试剂注册管理办法》同时废止。

医疗器械生产监督管理办法

国家市场监督管理总局令第 53 号

（2022 年 3 月 10 日国家市场监督管理总局令第 53 号公布，自 2022 年 5 月 1 日起施行）

第一章 总 则

第一条 为了加强医疗器械生产监督管理，规范医疗器械生产活动，保证医疗器械安全、有效，根据《医疗器械监督管理条例》，制定本办法。

第二条 在中华人民共和国境内从事医疗器械生产活动及其监督管理，应当遵守本办法。

第三条 从事医疗器械生产活动，应当遵守法律、法规、规章、强制性标准和医疗器械生产质量管理规范，保证医疗器械生产全过程信息真实、准确、完整和可追溯。

医疗器械注册人、备案人对上市医疗器械的安全、有效负责。

第四条 根据医疗器械风险程度，医疗器械生产实施分类管理。

从事第二类、第三类医疗器械生产活动，应当经所在地省、自治区、直辖市药品监督管理部门批准，依法取得医疗器械生产许可证；从事第一类医疗器械生产活动，应当向所在地设区的市级负责药品监督管理的部门办理医疗器械生产备案。

第五条 国家药品监督管理局负责全国医疗器械生产监督管理工作。

省、自治区、直辖市药品监督管理部门负责本行政区域第二类、第三类医疗器械生产监督管理，依法按照职责负责本行政区域第一类医疗器械生产监督管理，并加强对本行政区域第一类医疗器械生产监督管理工作的指导。

设区的市级负责药品监督管理的部门依法按照职责监督管理本行政区域第一类医疗器械生产活动。

第六条 药品监督管理部门依法设置或者指定的医疗器械审评、检查、检验、监测与评价等专业技术机构，按照职责分工承担相关技术工作，为医疗器械生产监督管理提供技术支撑。

国家药品监督管理局食品药品审核查验中心组织拟订医疗器械检查制度规范和技术文件，承担重大有因检查和境外检查等工作，并对省、自治区、直辖市医疗器械检查机构质量管理体系进行指导和评估。

第七条 国家药品监督管理局加强医疗器械生产监督管理信息化建设，提高在线政务服务水平。

省、自治区、直辖市药品监督管理部门负责本行政区域医疗器械生产监督管理信息化建设和管理工作，按照国家药品监督管理局的要求统筹推进医疗器械生产监督管理信息共享。

第八条 药品监督管理部门依法及时公开医疗器械生产许可、备案、监督检查、行政处罚等信息，方便公众查询，接受社会监督。

第二章 生产许可与备案管理

第九条 从事医疗器械生产活动，应当具备下列条件：

（一）有与生产的医疗器械相适应的生产场地、环境条件、生产设备以及专业技术人员；

（二）有能对生产的医疗器械进行质量检验的机构或者专职检验人员以及检验设备；

（三）有保证医疗器械质量的管理制度；

（四）有与生产的医疗器械相适应的售后服务能力；

部门规章

99

（五）符合产品研制、生产工艺文件规定的要求。

第十条 在境内从事第二类、第三类医疗器械生产的，应当向所在地省、自治区、直辖市药品监督管理部门申请生产许可，并提交下列材料：

（一）所生产的医疗器械注册证以及产品技术要求复印件；

（二）法定代表人（企业负责人）身份证明复印件；

（三）生产、质量和技术负责人的身份、学历、职称相关材料复印件；

（四）生产管理、质量检验岗位从业人员学历、职称一览表；

（五）生产场地的相关文件复印件，有特殊生产环境要求的，还应当提交设施、环境的相关文件复印件；

（六）主要生产设备和检验设备目录；

（七）质量手册和程序文件目录；

（八）生产工艺流程图；

（九）证明售后服务能力的相关材料；

（十）经办人的授权文件。

申请人应当确保所提交的材料合法、真实、准确、完整和可追溯。

相关材料可以通过联网核查的，无需申请人提供。

第十一条 省、自治区、直辖市药品监督管理部门收到申请后，应当根据下列情况分别作出处理：

（一）申请事项属于本行政机关职权范围，申请资料齐全、符合法定形式的，应当受理申请；

（二）申请资料存在可以当场更正的错误的，应当允许申请人当场更正；

（三）申请资料不齐全或者不符合法定形式的，应当当场或者在5个工作日内一次告知申请人需要补正的全部内容，逾期不告知的，自收到申请资料之日起即为受理；

（四）申请事项依法不属于本行政机关职权范围的，应当即时作出不予受理的决定，并告知申请人向有关行政机关申请。

省、自治区、直辖市药品监督管理部门受理或者不予受理医疗器械生产许可申请的，应当出具加盖本行政机关专用印章和注明日期的受理或者不予受理通知书。

第十二条 法律、法规、规章规定实施行政许可应当听证的事项，或者药品监督管理部门认为需要听证的其他涉及公共利益的重大行政许可事项，药品监督管理部门应当向社会公告，并举行听证。医疗器械生产许可申请直接涉及申请人与他人之间重大利益关系的，药品监督管理部门在作出行政许可决定前，应当告知申请人、利害关系人享有要求听证的权利。

第十三条 省、自治区、直辖市药品监督管理部门应当对申请资料进行审核，按照国家药品监督管理局制定的医疗器械生产质量管理规范的要求进行核查，并自受理申请之日起20个工作日内作出决定。现场核查可以与产品注册体系核查相结合，避免重复核查。需要整改的，整改时间不计入审核时限。

符合规定条件的，依法作出准予许可的书面决定，并于10个工作日内发给《医疗器械生产许可证》；不符合规定条件的，作出不予许可的书面决定，并说明理由，同时告知申请人享有依法申请行政复议或者提起行政诉讼的权利。

第十四条 医疗器械生产许可证分为正本和副本，有效期为5年。正本和副本载明许可证编号、企业名称、统一社会信用代码、法定代表人（企业负责人）、住所、生产地址、生产范围、发证部门、发证日期和有效期限。副本记载许可证正本载明事项变更以及车间或者生产线重大改造等情况。企业名称、统一社会信用代码、法定代表人（企业负责人）、住所等项目应当与营业执照中载明的相关内容一致。

医疗器械生产许可证由国家药品监督管理局统一样式，由省、自治区、直辖市药品监督管理部门印制。

医疗器械生产许可证电子证书与纸质证书具有同等法律效力。

第十五条 生产地址变更或者生产范围增加的，应当向原发证部门申请医疗器械生产许可变更，并提交本办法第十条规定中涉及变更内容的有关材料，原发证部门应当依照本办法第十三条的规定进行审核并开展现场核查。

车间或者生产线进行改造，导致生产条件发生变化，可能影响医疗器械安全、有效的，应当向原发证部门报告。属于许可事项变化的，应当按照规定办理相关许可变更手续。

第十六条 企业名称、法定代表人（企业负责人）、住所变更或者生产地址文字性变更，以及生产范围核减的，应当在变更后30个工作日内，向原发证部门申请登记事项变更，并提交相关材料。原发证部门应当在5个工作日内完成登记事项变更。

第十七条 医疗器械生产许可证有效期届满延续的，应当在有效期届满前90个工作日至30个工作日期间提出延续申请。逾期未提出延续申请的，不再受理其延续申请。

原发证部门应当结合企业遵守医疗器械管理法律法规、医疗器械生产质量管理规范情况和企业质量管理体系运行情况进行审查，必要时开展现场核查，在医疗器械生产许可证有效期届满前作出是否准予延续的决定。

经审查符合规定条件的，准予延续，延续的医疗器械生产许可证编号不变。不符合规定条件的，责令限期改正；整改后仍不符合规定条件的，不予延续，并书面说明理由。

延续许可的批准时间在原许可证有效期内的，延续起始日为原许可证到期日的次日；批准时间不在原许可证有效期内的，延续起始日为批准延续许可的日期。

第十八条 医疗器械生产企业跨省、自治区、直辖市设立生产场地的，应当向新设生产场地所在地省、自治区、直辖市药品监督管理部门申请医疗器械生产许可。

第十九条 医疗器械生产许可证遗失的，应当向原发证部门申请补发。原发证部门应当及时补发医疗器械生产许可证，补发的医疗器械生产许可证编号和有效期限与原许可证一致。

第二十条 医疗器械生产许可证正本、副本变更的，发证部门应当重新核发变更后的医疗器械生产许可证正本、副本，收回原许可证正本、副本；仅副本变更的，发证部门应当重新核发变更后的医疗器械生产许可证副本，收回原许可证副本。变更后的医疗器械生产许可证编号和有效期限不变。

第二十一条 有下列情形之一的，由原发证部门依法注销医疗器械生产许可证，并予以公告：

（一）主动申请注销的；

（二）有效期届满未延续的；

（三）市场主体资格依法终止的；

（四）医疗器械生产许可证依法被吊销或者撤销的；

（五）法律、法规规定应当注销行政许可的其他情形。

第二十二条 从事第一类医疗器械生产的，应当向所在地设区的市级负责药品监督管理的部门备案，在提交本办法第十条规定的相关材料后，即完成生产备案，获取备案编号。医疗器械备案人自行生产第一类医疗器械的，可以在办理产品备案时一并办理生产备案。

药品监督管理部门应当在生产备案之日起3个月内，对提交的资料以及执行医疗器械生产质量管理规范情况开展现场检查。对不符合医疗器械生产质量管理规范要求的，依法处理并责令限期改正；不能保证产品安全、有效的，取消备案并向社会公告。

第二十三条 第一类医疗器械生产备案内容发生变化的，应当在10个工作日内向原备案部门提交本办法第十条规定的与变化有关的材料，药品监督管理部门必要时可以依照本办法第二十二条的规定开展现场核查。

第二十四条 任何单位或者个人不得伪造、变造、买卖、出租、出借医疗器械生产许可证。

第三章　生产质量管理

第二十五条 医疗器械注册人、备案人、受托生产企业应当按照医疗器械生产质量管理规范的要求，建立健全与所生产医疗器械相适应的质量管理体系并保持其有效运行，并严格按照经注册或者备案的产品技术要求组织生产，保证出厂的医疗器械符合强制性标准以及经注册或者备案的产品技术要求。

第二十六条 医疗器械注册人、备案人的法定代表人、主要负责人对其生产的医疗器械质量安全全面负责。

第二十七条 医疗器械注册人、备案人、受托生产企业应当配备管理者代表。管理者代表受法定代表人或者主要负责人委派，履行建立、实施并保持质量管理体系有效运行等责任。

第二十八条 医疗器械注册人、备案人、受托生产企业应当开展医疗器械法律、法规、规章、标准以及质量管理等方面的培训，建立培训制度，制定培训计划，加强考核并做好培训记录。

第二十九条 医疗器械注册人、备案人、受托生产企业应当按照所生产产品的特性、工艺流程以及生产环境要求合理配备、使用设施设备，加强对设施设备的管理，并保持其有效运行。

第三十条 医疗器械注册人、备案人应当开展设计开发到生产的转换活动，并进行充分验证和确认，确保设计开发输出适用于生产。

第三十一条 医疗器械注册人、备案人、受托生产企业应当加强采购管理，建立供应商审核制度，对供应商进行评价，确保采购产品和服务符合相关规定要求。

医疗器械注册人、备案人、受托生产企业应当建立原材料采购验收记录制度，确保相关记录真实、准确、完整和可追溯。

第三十二条 医疗器械注册人、备案人委托生产的，应当对受托方的质量保证能力和风险管理能力进行评估，按照国家药品监督管理局制定的委托生产质量协议指南要求，与其签订质量协议以及委托协议，监督受托方履行有关协议约定的义务。

受托生产企业应当按照法律、法规、规章、医疗器械生产质量管理规范、强制性标准、产品技术要求、委托生产质量协议等要求组织生产，对生产行为负责，并接受医疗器械注册人、备案人的监督。

第三十三条 医疗器械注册人、备案人、受托生产企业应当建立记录管理制度，确保记录真实、准确、完整和可追溯。

鼓励医疗器械注册人、备案人、受托生产企业采用先进技术手段，建立信息化管理系统，加强对生产过程的管理。

第三十四条 医疗器械注册人、备案人应当负责产品上市放行，建立产品上市放行规程，明确放行标准、条件，并对医疗器械生产过程记录和质量检验结果进行审核，符合标准和条件的，经授权的放行人员签字后方可上市。委托生产的，医疗器械注册人、备案人还应当对受托生产企业的生产放行文件进行审核。

受托生产企业应当建立生产放行规程，明确生产放行的标准、条件，确认符合标准、条件的，方可出厂。

不符合法律、法规、规章、强制性标准以及经注册或者备案的产品技术要求的，不得放行出厂和上市。

第三十五条 医疗器械注册人、备案人应当建立并实施产品追溯制度，保证产品可追溯。受托生产企业应当协助注册人、备案人实施产品追溯。

第三十六条　医疗器械注册人、备案人、受托生产企业应当按照国家实施医疗器械唯一标识的有关要求，开展赋码、数据上传和维护更新，保证信息真实、准确、完整和可追溯。

第三十七条　医疗器械注册人、备案人、受托生产企业应当建立纠正措施程序，确定产生问题的原因，采取有效措施，防止相关问题再次发生。

医疗器械注册人、备案人、受托生产企业应当建立预防措施程序，查清潜在问题的原因，采取有效措施，防止问题发生。

第三十八条　医疗器械注册人、备案人应当按照医疗器械生产质量管理规范的要求，对可能影响产品安全性和有效性的原材料、生产工艺等变化进行识别和控制。需要进行注册变更或者备案变更的，应当按照注册备案管理的规定办理相关手续。

第三十九条　新的强制性标准实施后，医疗器械注册人、备案人应当及时识别产品技术要求和强制性标准的差异，需要进行注册变更或者备案变更的，应当按照注册备案管理的规定办理相关手续。

第四十条　医疗器械注册人、备案人、受托生产企业应当按照医疗器械不良事件监测相关规定落实不良事件监测责任，开展不良事件监测，向医疗器械不良事件监测技术机构报告调查、分析、评价、产品风险控制等情况。

第四十一条　医疗器械注册人、备案人发现生产的医疗器械不符合强制性标准、经注册或者备案的产品技术要求，或者存在其他缺陷的，应当立即停止生产，通知相关经营企业、使用单位和消费者停止经营和使用，召回已经上市销售的医疗器械，采取补救、销毁等措施，记录相关情况，发布相关信息，并将医疗器械召回和处理情况向药品监督管理部门和卫生主管部门报告。

受托生产企业应当按照医疗器械召回的相关规定履行责任，并协助医疗器械注册人、备案人对所生产的医疗器械实施召回。

第四十二条　医疗器械生产企业应当向药品监督管理部门报告所生产的产品品种情况。

增加生产产品品种的，应当向原生产许可或者生产备案部门报告，涉及委托生产的，还应当提供委托方、受托生产产品、受托期限等信息。

医疗器械生产企业增加生产产品涉及生产条件变化，可能影响产品安全、有效的，应当在增加生产产品 30 个工作日前向原生产许可部门报告，原生产许可部门应当及时开展现场核查。属于许可事项变化的，应当按照规定办理相关许可变更。

第四十三条　医疗器械生产企业连续停产一年以上且无同类产品在产的，重新生产时，应当进行必要的验证和确认，并书面报告药品监督管理部门。可能影响质量安全的，药品监督管理部门可以根据需要组织核查。

第四十四条　医疗器械注册人、备案人、受托生产企业的生产条件发生变化，不再符合医疗器械质量管理体系要求的，应当立即采取整改措施；可能影响医疗器械安全、有效的，应当立即停止生产活动，并向原生产许可或者生产备案部门报告。

受托生产企业应当及时将变化情况告知医疗器械注册人、备案人。

第四十五条　医疗器械注册人、备案人、受托生产企业应当每年对质量管理体系的运行情况进行自查，并于次年 3 月 31 日前向所在地药品监督管理部门提交自查报告。进口医疗器械注册人、备案人由其代理人向代理人所在地省、自治区、直辖市药品监督管理部门提交自查报告。

第四章　监督检查

第四十六条　药品监督管理部门依法按照职责开展对医疗器械注册人、备案人和受托生产企业生产活动的监督检查。

必要时，药品监督管理部门可以对为医疗器械生产活动提供产品或者服务的其他单位和个人开展延伸检查。

第四十七条 药品监督管理部门应当建立健全职业化、专业化医疗器械检查员制度，根据监管事权、产业规模以及检查任务等，配备充足的检查员，有效保障检查工作需要。

检查员应当熟悉医疗器械法律法规，具备医疗器械专业知识和检查技能。

第四十八条 药品监督管理部门依据产品和企业的风险程度，对医疗器械注册人、备案人、受托生产企业实行分级管理并动态调整。

国家药品监督管理局组织制定重点监管产品目录。省、自治区、直辖市药品监督管理部门结合实际确定本行政区域重点监管产品目录。

省、自治区、直辖市药品监督管理部门依据重点监管产品目录以及医疗器械生产质量管理状况，结合医疗器械不良事件、产品投诉举报以及企业信用状况等因素，组织实施分级监督管理工作。

第四十九条 省、自治区、直辖市药品监督管理部门应当制定年度医疗器械生产监督检查计划，确定医疗器械监督管理的重点，明确检查频次和覆盖范围，综合运用监督检查、重点检查、跟踪检查、有因检查和专项检查等多种形式强化监督管理。

对生产重点监管产品目录品种的企业每年至少检查一次。

第五十条 药品监督管理部门组织监督检查时，应当制定检查方案，明确检查事项和依据，如实记录现场检查情况，并将检查结果书面告知被检查企业。需要整改的，应当明确整改内容和整改期限。

药品监督管理部门进行监督检查时，应当指派两名以上检查人员实施监督检查。执法人员应当向被检查单位出示执法证件，其他检查人员应当出示检查员证或者表明其身份的文书、证件。

第五十一条 药品监督管理部门对医疗器械注册人、备案人自行生产的，开展监督检查时重点检查：

（一）医疗器械注册人、备案人执行法律法规、医疗器械生产质量管理规范情况；

（二）按照强制性标准以及经注册、备案的产品技术要求组织生产，实际生产与医疗器械注册备案、医疗器械生产许可备案等内容的一致情况；

（三）质量管理体系运行持续合规、有效情况；

（四）法定代表人、企业负责人、管理者代表等人员了解熟悉医疗器械相关法律法规情况；

（五）管理者代表履职情况；

（六）法定代表人、企业负责人、管理者代表、质量检验机构或者专职人员、生产场地、环境条件、关键生产检验设备等变化情况；

（七）用户反馈、企业内部审核等所发现问题的纠正预防措施；

（八）企业产品抽检、监督检查、投诉举报等发现问题的整改落实情况；

（九）内部审核、管理评审、变更控制、年度自查报告等情况；

（十）其他应当重点检查的内容。

第五十二条 药品监督管理部门对医疗器械注册人、备案人采取委托生产方式的，开展监督检查时重点检查：

（一）医疗器械注册人、备案人执行法律法规、医疗器械生产质量管理规范情况；

（二）质量管理体系运行是否持续合规、有效；

（三）管理者代表履职情况；

（四）按照强制性标准以及经注册或者备案的产品技术要求组织生产情况；

（五）用户反馈、企业内部审核等所发现问题的纠正预防措施；

（六）内部审核、管理评审、变更控制、年度自查报告等情况；

（七）开展不良事件监测、再评价以及产品安全风险信息收集与评估等情况；

（八）产品的上市放行情况；

（九）对受托生产企业的监督情况，委托生产质量协议的履行、委托生产产品的设计转换和变更控制、委托生产产品的生产放行等情况；

（十）其他应当重点检查的内容。

必要时，可以对受托生产企业开展检查。

第五十三条 药品监督管理部门对受托生产企业开展监督检查时重点检查：

（一）实际生产与医疗器械注册备案、医疗器械生产许可备案等内容的一致情况；

（二）受托生产企业执行法律法规、医疗器械生产质量管理规范情况；

（三）法定代表人、企业负责人、管理者代表等人员了解熟悉医疗器械相关法律法规情况；

（四）法定代表人、企业负责人、管理者代表、质量检验机构或者专职人员、生产场地、环境条件、关键生产检验设备等变化情况；

（五）产品的生产放行情况；

（六）企业产品抽检、监督检查、投诉举报等发现问题的整改落实情况；

（七）内部审核、管理评审、年度自查报告等情况；

（八）其他应当重点检查的内容。

必要时，可以对医疗器械注册人、备案人开展检查。

第五十四条 药品监督管理部门对不良事件监测、抽查检验、投诉举报等发现可能存在严重质量安全风险的，应当开展有因检查。有因检查原则上采取非预先告知的方式进行。

第五十五条 药品监督管理部门对企业的整改情况应当开展跟踪检查。

跟踪检查可以对企业提交的整改报告进行书面审查，也可以对企业的问题整改、责任落实、纠正预防措施等进行现场复查。

第五十六条 医疗器械注册人和受托生产企业不在同一省、自治区、直辖市的，医疗器械注册人所在地省、自治区、直辖市药品监督管理部门负责对注册人质量管理体系运行、不良事件监测以及产品召回等法定义务履行情况开展监督检查，涉及受托生产企业相关情况的，受托生产企业所在地药品监督管理部门应当配合。

受托生产企业所在地省、自治区、直辖市药品监督管理部门负责对受托生产企业生产活动开展监督检查，涉及注册人相关情况的，应当由注册人所在地药品监督管理部门对注册人开展监督检查。

医疗器械注册人、受托生产企业所在地省、自治区、直辖市药品监督管理部门应当分别落实属地监管责任，建立协同监管机制，加强监管信息沟通，实现监管有效衔接。

第五十七条 医疗器械注册人和受托生产企业不在同一省、自治区、直辖市，医疗器械注册人、受托生产企业所在地省、自治区、直辖市药品监督管理部门需要跨区域开展检查的，可以采取联合检查、委托检查等方式进行。

第五十八条 跨区域检查中发现企业质量管理体系存在缺陷的，医疗器械注册人、受托生产企业所在地省、自治区、直辖市药品监督管理部门应当依据各自职责，督促相关企业严格按照要求及时整改到位，并将检查以及整改情况及时通报相关药品监督管理部门。

对受托生产企业监督检查中发现相关问题涉及注册人的，应当通报注册人所在地药品监督管理部门；发现可能存在医疗器械质量安全风险的，应当立即采取风险控制措施，并将相关情况通报注册人所在地药品监督管理部门。注册人所在地药品监督管理部门接到通报后，应当立即进行分析研判并采取相应的风险控制措施。

对注册人监督检查中发现相关问题涉及受托生产企业的，应当通报受托生产企业所在地药品监督管理部门，联合或者委托受托生产企业所在地药品监督管理部门进行检查。

第五十九条 在跨区域检查中发现可能存在违法行为的，医疗器械注册人、受托生产企业所在地省、自治区、直辖市药品监督管理部门应当依据各自职责进行调查处理。违法行为处理情况应当及时通报相关药品监督管理部门。

需要跨区域进行调查、取证的，可以会同相关同级药品监督管理部门开展联合调查，也可以出具协助调查函商请相关同级药品监督管理部门协助调查、取证。

第六十条　第一类医疗器械备案人和受托生产企业不在同一设区的市，需要依法按照职责开展跨区域监督检查和调查取证的，参照本办法第五十六条至第五十九条的规定执行。

第六十一条　进口医疗器械注册人、备案人应当指定我国境内企业法人作为代理人，代理人应当协助注册人、备案人履行医疗器械监督管理条例和本办法规定的义务。

第六十二条　进口医疗器械的生产应当符合我国医疗器械生产相关要求，并接受国家药品监督管理局组织的境外检查。代理人负责协调、配合境外检查相关工作。

进口医疗器械注册人、备案人、代理人拒绝、阻碍、拖延、逃避国家药品监督管理局组织的境外检查，导致检查工作无法开展，不能确认质量管理体系有效运行，属于有证据证明可能危害人体健康的情形，国家药品监督管理局可以依照医疗器械监督管理条例第七十二条第二款的规定进行处理。

第六十三条　药品监督管理部门开展现场检查时，可以根据需要进行抽查检验。

第六十四条　生产的医疗器械对人体造成伤害或者有证据证明可能危害人体健康的，药品监督管理部门可以采取暂停生产、进口、经营、使用的紧急控制措施，并发布安全警示信息。

监督检查中发现生产活动严重违反医疗器械生产质量管理规范，不能保证产品安全、有效，可能危害人体健康的，依照前款规定处理。

第六十五条　药品监督管理部门应当定期组织开展风险会商，对辖区内医疗器械质量安全风险进行分析和评价，及时采取相应的风险控制措施。

第六十六条　医疗器械注册人、备案人、受托生产企业对存在的医疗器械质量安全风险，未采取有效措施消除的，药品监督管理部门可以对医疗器械注册人、备案人、受托生产企业的法定代表人或者企业负责人进行责任约谈。涉及跨区域委托生产的，约谈情况应当通报相关药品监督管理部门。

第六十七条　省、自治区、直辖市药品监督管理部门应当建立并及时更新辖区内第二类、第三类医疗器械注册人、受托生产企业信用档案，设区的市级负责药品监督管理的部门应当依法按照职责建立并及时更新辖区内第一类医疗器械备案人、受托生产企业信用档案。

信用档案中应当包括生产许可备案和生产产品品种、委托生产、监督检查结果、违法行为查处、质量抽查检验、不良行为记录和投诉举报等信息。

对有不良信用记录的医疗器械注册人、备案人和受托生产企业，药品监督管理部门应当增加监督检查频次，依法加强失信惩戒。

第六十八条　药品监督管理部门应当在信用档案中记录企业生产产品品种情况。

受托生产企业增加生产第二类、第三类医疗器械，且与该产品注册人不在同一省、自治区、直辖市，或者增加生产第一类医疗器械，且与该产品备案人不在同一设区的市的，受托生产企业所在地药品监督管理部门还应当将相关情况通报注册人、备案人所在地药品监督管理部门。

第六十九条　药品监督管理部门应当公布接受投诉、举报的联系方式。接到举报的药品监督管理部门应当及时核实、处理、答复。经查证属实的，应当按照有关规定对举报人给予奖励。

第七十条　药品监督管理部门在监督检查中，发现涉嫌违法行为的，应当及时收集和固定证据，依法立案查处；涉嫌犯罪的，及时移交公安机关处理。

第七十一条　药品监督管理部门及其工作人员对调查、检查中知悉的商业秘密应当保密。

第七十二条　药品监督管理部门及其工作人员在监督检查中，应当严格规范公正文明执法，严格执行廉政纪律，不得索取或者收受财物，不得谋取其他利益，不得妨碍企业的正常生产活动。

第五章　法律责任

第七十三条　医疗器械生产的违法行为，医疗器械监督管理条例等法律法规已有规定的，依照其规定。

第七十四条　有下列情形之一的，依照医疗器械监督管理条例第八十一条的规定处罚：

（一）超出医疗器械生产许可证载明的生产范围生产第二类、第三类医疗器械；

（二）在未经许可的生产场地生产第二类、第三类医疗器械；

（三）医疗器械生产许可证有效期届满后，未依法办理延续手续，仍继续从事第二类、第三类医疗器械生产；

（四）医疗器械生产企业增加生产产品品种，应当依法办理许可变更而未办理的。

第七十五条　未按照本办法规定办理第一类医疗器械生产备案变更的，依照医疗器械监督管理条例第八十四条的规定处理。

第七十六条　违反医疗器械生产质量管理规范，未建立质量管理体系并保持有效运行的，由药品监督管理部门依职责责令限期改正；影响医疗器械产品安全、有效的，依照医疗器械监督管理条例第八十六条的规定处罚。

第七十七条　违反本办法第十五条第二款、第四十二条第三款的规定，生产条件变化，可能影响产品安全、有效，未按照规定报告即生产的，依照医疗器械监督管理条例第八十八条的规定处罚。

第七十八条　有下列情形之一的，由药品监督管理部门依职责给予警告，并处 1 万元以上 5 万元以下罚款：

（一）医疗器械生产企业未依照本办法第四十二条第二款的规定向药品监督管理部门报告所生产的产品品种情况及相关信息的；

（二）连续停产一年以上且无同类产品在产，重新生产时未进行必要的验证和确认并向所在地药品监督管理部门报告的。

第七十九条　有下列情形之一的，由药品监督管理部门依职责责令限期改正；拒不改正的，处 1 万元以上 5 万元以下罚款；情节严重的，处 5 万元以上 10 万元以下罚款：

（一）未按照本办法第十六条的规定办理医疗器械生产许可证登记事项变更的；

（二）未按照国家实施医疗器械唯一标识的有关要求，组织开展赋码、数据上传和维护更新等工作的。

第八十条　药品监督管理部门工作人员违反本办法规定，滥用职权、玩忽职守、徇私舞弊的，依法给予处分。

第六章　附　　则

第八十一条　本办法自 2022 年 5 月 1 日起施行。2014 年 7 月 30 日原国家食品药品监督管理总局令第 7 号公布的《医疗器械生产监督管理办法》同时废止。

医疗器械经营监督管理办法

国家市场监督管理总局令第 54 号

（2022 年 3 月 10 日国家市场监督管理总局令第 54 号公布，自 2022 年 5 月 1 日起施行）

第一章　总　　则

第一条　为了加强医疗器械经营监督管理，规范医疗器械经营活动，保证医疗器械安全、有效，根据《医疗器械监督管理条例》，制定本办法。

第二条　在中华人民共和国境内从事医疗器械经营活动及其监督管理，应当遵守本办法。

第三条　从事医疗器械经营活动，应当遵守法律、法规、规章、强制性标准和医疗器械经营质量管理规范等要求，保证医疗器械经营过程信息真实、准确、完整和可追溯。

医疗器械注册人、备案人可以自行销售，也可以委托医疗器械经营企业销售其注册、备案的医疗器械。

第四条　按照医疗器械风险程度，医疗器械经营实施分类管理。

经营第三类医疗器械实行许可管理，经营第二类医疗器械实行备案管理，经营第一类医疗器械不需要许可和备案。

第五条　国家药品监督管理局主管全国医疗器械经营监督管理工作。

省、自治区、直辖市药品监督管理部门负责本行政区域的医疗器械经营监督管理工作。

设区的市级、县级负责药品监督管理的部门负责本行政区域的医疗器械经营监督管理工作。

第六条　药品监督管理部门依法设置或者指定的医疗器械检查、检验、监测与评价等专业技术机构，按照职责分工承担相关技术工作并出具技术意见，为医疗器械经营监督管理提供技术支持。

第七条　国家药品监督管理局加强医疗器械经营监督管理信息化建设，提高在线政务服务水平。

省、自治区、直辖市药品监督管理部门负责本行政区域医疗器械经营监督管理信息化建设和管理工作，按照国家药品监督管理局要求统筹推进医疗器械经营监督管理信息共享。

第八条　药品监督管理部门依法及时公开医疗器械经营许可、备案等信息以及监督检查、行政处罚的结果，方便公众查询，接受社会监督。

第二章　经营许可与备案管理

第九条　从事医疗器械经营活动，应当具备下列条件：

（一）与经营范围和经营规模相适应的质量管理机构或者质量管理人员，质量管理人员应当具有相关专业学历或者职称；

（二）与经营范围和经营规模相适应的经营场所；

（三）与经营范围和经营规模相适应的贮存条件；

（四）与经营的医疗器械相适应的质量管理制度；

（五）与经营的医疗器械相适应的专业指导、技术培训和售后服务的质量管理机构或者人员。

从事第三类医疗器械经营的企业还应当具有符合医疗器械经营质量管理制度要求的计算机信息管理系统，保证经营的产品可追溯。鼓励从事第一类、第二类医疗器械经营的企业建立符合医疗器械经营质量管理制度要求的计算机信息管理系统。

第十条　从事第三类医疗器械经营的，经营企业应当向所在地设区的市级负责药品监督管理的部门提出申请，并提交下列资料：

（一）法定代表人（企业负责人）、质量负责人身份证明、学历或者职称相关材料复印件；

（二）企业组织机构与部门设置；

（三）医疗器械经营范围、经营方式；

（四）经营场所和库房的地理位置图、平面图、房屋产权文件或者租赁协议复印件；

（五）主要经营设施、设备目录；

（六）经营质量管理制度、工作程序等文件目录；

（七）信息管理系统基本情况；

（八）经办人授权文件。

医疗器械经营许可申请人应当确保提交的资料合法、真实、准确、完整和可追溯。

第十一条 设区的市级负责药品监督管理的部门收到申请后，应当根据下列情况分别作出处理：

（一）申请事项属于本行政机关职权范围，申请资料齐全、符合法定形式的，应当受理申请；

（二）申请资料存在可以当场更正的错误的，应当允许申请人当场更正；

（三）申请资料不齐全或者不符合法定形式的，应当当场或者在5个工作日内一次告知申请人需要补正的全部内容。逾期不告知的，自收到申请资料之日起即为受理；

（四）申请事项不属于本行政机关职权范围的，应当即时作出不予受理的决定，并告知申请人向有关行政部门申请。

设区的市级负责药品监督管理的部门受理或者不予受理医疗器械经营许可申请的，应当出具加盖本行政机关专用印章和注明日期的受理或者不予受理通知书。

第十二条 法律、法规、规章规定实施行政许可应当听证的事项，或者药品监督管理部门认为需要听证的其他涉及公共利益的重大行政许可事项，药品监督管理部门应当向社会公告，并举行听证。医疗器械经营许可申请直接涉及申请人与他人之间重大利益关系的，药品监督管理部门在作出行政许可决定前，应当告知申请人、利害关系人享有要求听证的权利。

第十三条 设区的市级负责药品监督管理的部门自受理经营许可申请后，应当对申请资料进行审查，必要时按照医疗器械经营质量管理规范的要求开展现场核查，并自受理之日起20个工作日内作出决定。需要整改的，整改时间不计入审核时限。

符合规定条件的，作出准予许可的书面决定，并于10个工作日内发给医疗器械经营许可证；不符合规定条件的，作出不予许可的书面决定，并说明理由。

第十四条 医疗器械经营许可证有效期为5年，载明许可证编号、企业名称、统一社会信用代码、法定代表人、企业负责人、住所、经营场所、经营方式、经营范围、库房地址、发证部门、发证日期和有效期限等事项。

医疗器械经营许可证由国家药品监督管理局统一样式，由设区的市级负责药品监督管理的部门印制。

药品监督管理部门制作的医疗器械经营许可证的电子证书与纸质证书具有同等法律效力。

第十五条 医疗器械经营许可证变更的，应当向原发证部门提出医疗器械经营许可证变更申请，并提交本办法第十条规定中涉及变更内容的有关材料。经营场所、经营方式、经营范围、库房地址变更的，药品监督管理部门自受理之日起20个工作日内作出准予变更或者不予变更的决定。必要时按照医疗器械经营质量管理规范的要求开展现场核查。

需要整改的，整改时间不计入审核时限。不予变更的，应当书面说明理由并告知申请人。其他事项变更的，药品监督管理部门应当当场予以变更。

变更后的医疗器械经营许可证编号和有效期限不变。

第十六条 医疗器械经营许可证有效期届满需要延续的，医疗器械经营企业应当在有效期届满前 90 个工作日至 30 个工作日期间提出延续申请。逾期未提出延续申请的，不再受理其延续申请。

原发证部门应当按照本办法第十三条的规定对延续申请进行审查，必要时开展现场核查，在医疗器械经营许可证有效期届满前作出是否准予延续的决定。

经审查符合规定条件的，准予延续，延续后的医疗器械经营许可证编号不变。不符合规定条件的，责令限期整改；整改后仍不符合规定条件的，不予延续，并书面说明理由。逾期未作出决定的，视为准予延续。

延续许可的批准时间在原许可证有效期内的，延续起始日为原许可证到期日的次日；批准时间不在原许可证有效期内的，延续起始日为批准延续许可的日期。

第十七条 经营企业跨设区的市设置库房的，由医疗器械经营许可发证部门或者备案部门通报库房所在地设区的市级负责药品监督管理的部门。

第十八条 经营企业新设立独立经营场所的，应当依法单独申请医疗器械经营许可或者进行备案。

第十九条 医疗器械经营许可证遗失的，应当向原发证部门申请补发。原发证部门应当及时补发医疗器械经营许可证，补发的医疗器械经营许可证编号和有效期限与原许可证一致。

第二十条 有下列情形之一的，由原发证部门依法注销医疗器械经营许可证，并予以公告：

（一）主动申请注销的；

（二）有效期届满未延续的；

（三）市场主体资格依法终止的；

（四）医疗器械经营许可证依法被吊销或者撤销的；

（五）法律、法规规定应当注销行政许可的其他情形。

第二十一条 从事第二类医疗器械经营的，经营企业应当向所在地设区的市级负责药品监督管理的部门备案，并提交符合本办法第十条规定的资料（第七项除外），即完成经营备案，获取经营备案编号。

医疗器械经营备案人应当确保提交的资料合法、真实、准确、完整和可追溯。

第二十二条 必要时，设区的市级负责药品监督管理的部门在完成备案之日起 3 个月内，对提交的资料以及执行医疗器械经营质量管理规范情况开展现场检查。

现场检查发现与提交的资料不一致或者不符合医疗器械经营质量管理规范要求的，责令限期改正；不能保证产品安全、有效的，取消备案并向社会公告。

第二十三条 同时申请第三类医疗器械经营许可和进行第二类医疗器械经营备案的，或者已经取得第三类医疗器械经营许可进行第二类医疗器械备案的，可以免予提交相应资料。

第二十四条 第二类医疗器械经营企业的经营场所、经营方式、经营范围、库房地址等发生变化的，应当及时进行备案变更。必要时设区的市级负责药品监督管理的部门开展现场检查。现场检查不符合医疗器械经营质量管理规范要求的，责令限期改正；不能保证产品安全、有效的，取消备案并向社会公告。

第二十五条 对产品安全性、有效性不受流通过程影响的第二类医疗器械，可以免予经营备案。具体产品名录由国家药品监督管理局制定、调整并公布。

第二十六条 从事非营利的避孕医疗器械贮存、调拨和供应的机构，应当符合有关规定，无需办理医疗器械经营许可或者备案。

第二十七条 医疗器械注册人、备案人在其住所或者生产地址销售其注册、备案的医疗器械，无需办理医疗器械经营许可或者备案，但应当符合规定的经营条件；在其他场所贮存并销售医疗器械的，应当按照规定办理医疗器械经营许可或者备案。

第二十八条 任何单位和个人不得伪造、变造、买卖、出租、出借医疗器械经营许可证。

第三章　经营质量管理

第二十九条　从事医疗器械经营，应当按照法律法规和医疗器械经营质量管理规范的要求，建立覆盖采购、验收、贮存、销售、运输、售后服务等全过程的质量管理制度和质量控制措施，并做好相关记录，保证经营条件和经营活动持续符合要求。

第三十条　医疗器械经营企业应当建立并实施产品追溯制度，保证产品可追溯。

医疗器械经营企业应当按照国家有关规定执行医疗器械唯一标识制度。

第三十一条　医疗器械经营企业应当从具有合法资质的医疗器械注册人、备案人、经营企业购进医疗器械。

第三十二条　医疗器械经营企业应当建立进货查验记录制度，购进医疗器械时应当查验供货企业的资质，以及医疗器械注册证和备案信息、合格证明文件。进货查验记录应当真实、准确、完整和可追溯。进货查验记录包括：

（一）医疗器械的名称、型号、规格、数量；

（二）医疗器械注册证编号或者备案编号；

（三）医疗器械注册人、备案人和受托生产企业名称、生产许可证号或者备案编号；

（四）医疗器械的生产批号或者序列号、使用期限或者失效日期、购货日期等；

（五）供货者的名称、地址以及联系方式。

进货查验记录应当保存至医疗器械有效期满后 2 年；没有有效期的，不得少于 5 年。植入类医疗器械进货查验记录应当永久保存。

第三十三条　医疗器械经营企业应当采取有效措施，确保医疗器械运输、贮存符合医疗器械说明书或者标签标示要求，并做好相应记录。

对温度、湿度等环境条件有特殊要求的，应当采取相应措施，保证医疗器械的安全、有效。

第三十四条　医疗器械注册人、备案人和经营企业委托其他单位运输、贮存医疗器械的，应当对受托方运输、贮存医疗器械的质量保障能力进行评估，并与其签订委托协议，明确运输、贮存过程中的质量责任，确保运输、贮存过程中的质量安全。

第三十五条　为医疗器械注册人、备案人和经营企业专门提供运输、贮存服务的，应当与委托方签订书面协议，明确双方权利义务和质量责任，并具有与产品运输、贮存条件和规模相适应的设备设施，具备与委托方开展实时电子数据交换和实现产品经营质量管理全过程可追溯的信息管理平台和技术手段。

第三十六条　医疗器械注册人、备案人委托销售的，应当委托符合条件的医疗器械经营企业，并签订委托协议，明确双方的权利和义务。

第三十七条　医疗器械注册人、备案人和经营企业应当加强对销售人员的培训和管理，对销售人员以本企业名义从事的医疗器械购销行为承担法律责任。

第三十八条　从事第二类、第三类医疗器械批发业务以及第三类医疗器械零售业务的经营企业应当建立销售记录制度。销售记录信息应当真实、准确、完整和可追溯。销售记录包括：

（一）医疗器械的名称、型号、规格、注册证编号或者备案编号、数量、单价、金额；

（二）医疗器械的生产批号或者序列号、使用期限或者失效日期、销售日期；

（三）医疗器械注册人、备案人和受托生产企业名称、生产许可证编号或者备案编号。

从事第二类、第三类医疗器械批发业务的企业，销售记录还应当包括购货者的名称、地址、联系方式、相关许可证明文件编号或者备案编号等。

销售记录应当保存至医疗器械有效期满后 2 年；没有有效期的，不得少于 5 年。植入类医疗器械销售记录应当永久保存。

第三十九条 医疗器械经营企业应当提供售后服务。约定由供货者或者其他机构提供售后服务的，经营企业应当加强管理，保证医疗器械售后的安全使用。

第四十条 医疗器械经营企业应当配备专职或者兼职人员负责售后管理，对客户投诉的质量问题应当查明原因，采取有效措施及时处理和反馈，并做好记录，必要时及时通知医疗器械注册人、备案人、生产经营企业。

第四十一条 医疗器械经营企业应当协助医疗器械注册人、备案人，对所经营的医疗器械开展不良事件监测，按照国家药品监督管理局的规定，向医疗器械不良事件监测技术机构报告。

第四十二条 医疗器械经营企业发现其经营的医疗器械不符合强制性标准、经注册或者备案的产品技术要求，或者存在其他缺陷的，应当立即停止经营，通知医疗器械注册人、备案人等有关单位，并记录停止经营和通知情况。医疗器械注册人、备案人认为需要召回的，应当立即召回。

第四十三条 第三类医疗器械经营企业停业一年以上，恢复经营前，应当进行必要的验证和确认，并书面报告所在地设区的市级负责药品监督管理的部门。可能影响质量安全的，药品监督管理部门可以根据需要组织核查。

医疗器械注册人、备案人、经营企业经营条件发生重大变化，不再符合医疗器械经营质量管理体系要求的，应当立即采取整改措施；可能影响医疗器械安全、有效的，应当立即停止经营活动，并向原经营许可或者备案部门报告。

第四十四条 医疗器械经营企业应当建立质量管理自查制度，按照医疗器械经营质量管理规范要求进行自查，每年3月31日前向所在地市县级负责药品监督管理的部门提交上一年度的自查报告。

第四十五条 从事医疗器械经营活动的，不得经营未依法注册或者备案，无合格证明文件以及过期、失效、淘汰的医疗器械。

禁止进口、销售过期、失效、淘汰等已使用过的医疗器械。

第四章 监督检查

第四十六条 省、自治区、直辖市药品监督管理部门组织对本行政区域的医疗器械经营监督管理工作进行监督检查。

设区的市级、县级负责药品监督管理的部门负责本行政区域医疗器械经营活动的监督检查。

第四十七条 药品监督管理部门根据医疗器械经营企业质量管理和所经营医疗器械产品的风险程度，实施分类分级管理并动态调整。

第四十八条 设区的市级、县级负责药品监督管理的部门应当制定年度检查计划，明确监管重点、检查频次和覆盖范围并组织实施。

第四十九条 药品监督管理部门组织监督检查，检查方式原则上应当采取突击性监督检查，现场检查时不得少于两人，并出示执法证件，如实记录现场检查情况。检查发现存在质量安全风险或者不符合规范要求的，将检查结果书面告知被检查企业。需要整改的，应当明确整改内容以及整改期限，并进行跟踪检查。

第五十条 设区的市级、县级负责药品监督管理的部门应当对医疗器械经营企业符合医疗器械经营质量管理规范要求的情况进行监督检查，督促其规范经营活动。

第五十一条 设区的市级、县级负责药品监督管理的部门应当结合医疗器械经营企业提交的年度自查报告反映的情况加强监督检查。

第五十二条 药品监督管理部门应当对有下列情形的进行重点监督检查：

（一）上一年度监督检查中发现存在严重问题的；

（二）因违反有关法律、法规受到行政处罚的；

（三）风险会商确定的重点检查企业；

（四）有不良信用记录的；

（五）新开办或者经营条件发生重大变化的医疗器械批发企业和第三类医疗器械零售企业；

（六）为其他医疗器械注册人、备案人和生产经营企业专门提供贮存、运输服务的；

（七）其他需要重点监督检查的情形。

第五十三条 药品监督管理部门对不良事件监测、抽查检验、投诉举报等发现可能存在严重质量安全风险的，原则上应当开展有因检查。有因检查原则上采取非预先告知的方式进行。

第五十四条 药品监督管理部门根据医疗器械质量安全风险防控需要，可以对为医疗器械经营活动提供产品或者服务的其他相关单位和个人进行延伸检查。

第五十五条 医疗器械经营企业跨设区的市设置的库房，由库房所在地药品监督管理部门负责监督检查。

医疗器械经营企业所在地药品监督管理部门和库房所在地药品监督管理部门应当加强监管信息共享，必要时可以开展联合检查。

第五十六条 药品监督管理部门应当加强医疗器械经营环节的抽查检验，对抽查检验不合格的，应当及时处置。

省级以上药品监督管理部门应当根据抽查检验结论及时发布医疗器械质量公告。

第五十七条 经营的医疗器械对人体造成伤害或者有证据证明可能危害人体健康的，药品监督管理部门可以采取暂停进口、经营、使用的紧急控制措施，并发布安全警示信息。

监督检查中发现经营活动严重违反医疗器械经营质量管理规范，不能保证产品安全有效，可能危害人体健康的，依照前款规定处理。

第五十八条 药品监督管理部门应当根据监督检查、产品抽检、不良事件监测、投诉举报、行政处罚等情况，定期开展风险会商研判，做好医疗器械质量安全隐患排查和防控处置工作。

第五十九条 医疗器械注册人、备案人、经营企业对存在的医疗器械质量安全风险，未采取有效措施消除的，药品监督管理部门可以对医疗器械注册人、备案人、经营企业的法定代表人或者企业负责人进行责任约谈。

第六十条 设区的市级负责药品监督管理的部门应当建立并及时更新辖区内医疗器械经营企业信用档案。信用档案中应当包括医疗器械经营企业许可备案、监督检查结果、违法行为查处、质量抽查检验、自查报告、不良行为记录和投诉举报等信息。

对有不良信用记录的医疗器械注册人、备案人和经营企业，药品监督管理部门应当增加监督检查频次，依法加强失信惩戒。

第六十一条 药品监督管理部门应当公布接受投诉、举报的联系方式。接到举报的药品监督管理部门应当及时核实、处理、答复。经查证属实的，应当按照有关规定对举报人给予奖励。

第六十二条 药品监督管理部门在监督检查中，发现涉嫌违法行为的，应当及时收集和固定证据，依法立案查处；涉嫌犯罪的，及时移交公安机关处理。

第六十三条 药品监督管理部门及其工作人员对调查、检查中知悉的商业秘密应当保密。

第六十四条 药品监督管理部门及其工作人员在监督检查中，应当严格规范公正文明执法，严格执行廉政纪律，不得索取或者收受财物，不得谋取其他利益，不得妨碍企业的正常经营活动。

第五章　法律责任

第六十五条 医疗器械经营的违法行为，医疗器械监督管理条例等法律法规已有规定的，依照其规定。

第六十六条 有下列情形之一的，责令限期改正，并处 1 万元以上 5 万元以下罚款；情节严重的，处 5 万元以上 10 万元以下罚款；造成危害后果的，处 10 万元以上 20 万元以下罚款：

（一）第三类医疗器械经营企业擅自变更经营场所、经营范围、经营方式、库房地址；

（二）医疗器械经营许可证有效期届满后，未依法办理延续手续仍继续从事医疗器械经营活动。

未经许可从事第三类医疗器械经营活动的，依照医疗器械监督管理条例第八十一条的规定处罚。

第六十七条 违反医疗器械经营质量管理规范有关要求的，由药品监督管理部门责令限期改正；影响医疗器械产品安全、有效的，依照医疗器械监督管理条例第八十六条的规定处罚。

第六十八条 医疗器械经营企业未按照要求提交质量管理体系年度自查报告，或者违反本办法规定为其他医疗器械生产经营企业专门提供贮存、运输服务的，由药品监督管理部门责令限期改正；拒不改正的，处 1 万元以上 5 万元以下罚款；情节严重的，处 5 万元以上 10 万元以下罚款。

第六十九条 第三类医疗器械经营企业未按照本办法规定办理企业名称、法定代表人、企业负责人变更的，由药品监督管理部门责令限期改正；拒不改正的，处 5000 元以上 3 万元以下罚款。

第七十条 药品监督管理部门工作人员违反本办法规定，滥用职权、玩忽职守、徇私舞弊的，依法给予处分。

第六章 附 则

第七十一条 本办法下列用语的含义是：

医疗器械批发，是指将医疗器械销售给医疗器械生产企业、医疗器械经营企业、医疗器械使用单位或者其他有合理使用需求的单位的医疗器械经营行为。

医疗器械零售，是指将医疗器械直接销售给消费者个人使用的医疗器械经营行为。

第七十二条 从事医疗器械网络销售的，应当遵守法律、法规和规章有关规定。

第七十三条 本办法自 2022 年 5 月 1 日起施行。2014 年 7 月 30 日原国家食品药品监督管理总局令第 8 号公布的《医疗器械经营监督管理办法》同时废止。

医疗器械不良事件监测和再评价管理办法

国家市场监督管理总局、国家卫生健康委员会令第 1 号

（2018 年 8 月 13 日国家市场监督管理总局、国家卫生健康委员会令第 1 号公布，自 2019 年 1 月 1 日起施行）

第一章 总 则

第一条 为加强医疗器械不良事件监测和再评价，及时、有效控制医疗器械上市后风险，保障人体健康和生命安全，根据《医疗器械监督管理条例》，制定本办法。

第二条 在中华人民共和国境内开展医疗器械不良事件监测、再评价及其监督管理，适用本办法。

第三条 医疗器械上市许可持有人（以下简称持有人），应当具有保证医疗器械安全有效的质量管理能力和相应责任能力，建立医疗器械不良事件监测体系，向医疗器械不良事件监测技术机构（以下简称监测机构）直接报告医疗器械不良事件。由持有人授权销售的经营企业、医疗器械使用单位应当向持有人和监测机构报告医疗器械不良事件。

持有人应当对发现的不良事件进行评价，根据评价结果完善产品质量，并向监测机构报告评价结果和完善质量的措施；需要原注册机关审批的，应当按规定提交申请。

境外持有人指定的代理人应当承担境内销售的进口医疗器械的不良事件监测工作，配合境外持有人履行再评价义务。

第四条 本办法下列用语的含义：

（一）医疗器械上市许可持有人，是指医疗器械注册证书和医疗器械备案凭证的持有人，即医疗器械注册人和备案人。

（二）医疗器械不良事件，是指已上市的医疗器械，在正常使用情况下发生的，导致或者可能导致人体伤害的各种有害事件。

（三）严重伤害，是指有下列情况之一者：1. 危及生命；2. 导致机体功能的永久性伤害或者机体结构的永久性损伤；3. 必须采取医疗措施才能避免上述永久性伤害或者损伤。

（四）群体医疗器械不良事件，是指同一医疗器械在使用过程中，在相对集中的时间、区域内发生，对一定数量人群的身体健康或者生命安全造成损害或者威胁的事件。

（五）医疗器械不良事件监测，是指对医疗器械不良事件的收集、报告、调查、分析、评价和控制的过程。

（六）医疗器械重点监测，是指为研究某一品种或者产品上市后风险情况、特征、严重程度、发生率等，主动开展的阶段性监测活动。

（七）医疗器械再评价，是指对已注册或者备案、上市销售的医疗器械的安全性、有效性进行重新评价，并采取相应措施的过程。

第五条 国家药品监督管理局建立国家医疗器械不良事件监测信息系统，加强医疗器械不良事件监测信息网络和数据库建设。

国家药品监督管理局指定的监测机构（以下简称国家监测机构）负责对收集到的医疗器械不良事件信息进行统一管理，并向相关监测机构、持有人、经营企业或者使用单位反馈医疗器械不良事件监测相关信息。

与产品使用风险相关的监测信息应当向卫生行政部门通报。

第六条 省、自治区、直辖市药品监督管理部门应当建立医疗器械不良事件监测体系，完善相关制度，配备相应监测机构和人员，开展医疗器械不良事件监测工作。

第七条 任何单位和个人发现医疗器械不良事件，有权向负责药品监督管理的部门（以下简称药品监督管理部门）或者监测机构报告。

第二章 职责与义务

第八条 国家药品监督管理局负责全国医疗器械不良事件监测和再评价的监督管理工作，会同国务院卫生行政部门组织开展全国范围内影响较大并造成严重伤害或者死亡以及其他严重后果的群体医疗器械不良事件的调查和处理，依法采取紧急控制措施。

第九条 省、自治区、直辖市药品监督管理部门负责本行政区域内医疗器械不良事件监测和再评价的监督管理工作，会同同级卫生行政部门和相关部门组织开展本行政区域内发生的群体医疗器械不良事件的调查和处理，依法采取紧急控制措施。

设区的市级和县级药品监督管理部门负责本行政区域内医疗器械不良事件监测相关工作。

第十条 上级药品监督管理部门指导和监督下级药品监督管理部门开展医疗器械不良事件监测和再评价的监督管理工作。

第十一条 国务院卫生行政部门和地方各级卫生行政部门负责医疗器械使用单位中与医疗器械不良事件监测相关的监督管理工作，督促医疗器械使用单位开展医疗器械不良事件监测相关工作并组织检查，加强医疗器械不良事件监测工作的考核，在职责范围内依法对医疗器械不良事件采取相关控制措施。

上级卫生行政部门指导和监督下级卫生行政部门开展医疗器械不良事件监测相关的监督管理工作。

第十二条 国家监测机构负责接收持有人、经营企业及使用单位等报告的医疗器械不良事件信息，承担全国医疗器械不良事件监测和再评价的相关技术工作；负责全国医疗器械不良事件监测信息网络及数据库的建设、维护和信息管理，组织制定技术规范和指导原则，组织开展国家药品监督管理局批准注册的医疗器械不良事件相关信息的调查、评价和反馈，对市级以上地方药品监督管理部门批准注册或者备案的医疗器械不良事件信息进行汇总、分析和指导，开展全国范围内影响较大并造成严重伤害或者死亡以及其他严重后果的群体医疗器械不良事件的调查和评价。

第十三条 省、自治区、直辖市药品监督管理部门指定的监测机构（以下简称省级监测机构）组织开展本行政区域内医疗器械不良事件监测和再评价相关技术工作；承担本行政区域内注册或者备案的医疗器械不良事件的调查、评价和反馈，对本行政区域内发生的群体医疗器械不良事件进行调查和评价。

设区的市级和县级监测机构协助开展本行政区域内医疗器械不良事件监测相关技术工作。

第十四条 持有人应当对其上市的医疗器械进行持续研究，评估风险情况，承担医疗器械不良事件监测的责任，根据分析评价结果采取有效控制措施，并履行下列主要义务：

（一）建立包括医疗器械不良事件监测和再评价工作制度的医疗器械质量管理体系；

（二）配备与其产品相适应的机构和人员从事医疗器械不良事件监测相关工作；

（三）主动收集并按照本办法规定的时限要求及时向监测机构如实报告医疗器械不良事件；

（四）对发生的医疗器械不良事件及时开展调查、分析、评价，采取措施控制风险，及时发布风险信息；

（五）对上市医疗器械安全性进行持续研究，按要求撰写定期风险评价报告；

（六）主动开展医疗器械再评价；

（七）配合药品监督管理部门和监测机构组织开展的不良事件调查。

第十五条　境外持有人除应当履行本办法第十四条规定的义务外，还应当与其指定的代理人之间建立信息传递机制，及时互通医疗器械不良事件监测和再评价相关信息。

第十六条　医疗器械经营企业、使用单位应当履行下列主要义务：

（一）建立本单位医疗器械不良事件监测工作制度，医疗机构还应当将医疗器械不良事件监测纳入医疗机构质量安全管理重点工作；

（二）配备与其经营或者使用规模相适应的机构或者人员从事医疗器械不良事件监测相关工作；

（三）收集医疗器械不良事件，及时向持有人报告，并按照要求向监测机构报告；（四）配合持有人对医疗器械不良事件的调查、评价和医疗器械再评价工作；

（五）配合药品监督管理部门和监测机构组织开展的不良事件调查。

第三章　报告与评价

第一节　基本要求

第十七条　报告医疗器械不良事件应当遵循可疑即报的原则，即怀疑某事件为医疗器械不良事件时，均可以作为医疗器械不良事件进行报告。

报告内容应当真实、完整、准确。

第十八条　导致或者可能导致严重伤害或者死亡的可疑医疗器械不良事件应当报告；创新医疗器械在首个注册周期内，应当报告该产品的所有医疗器械不良事件。

第十九条　持有人、经营企业和二级以上医疗机构应当注册为国家医疗器械不良事件监测信息系统用户，主动维护其用户信息，报告医疗器械不良事件。持有人应当持续跟踪和处理监测信息；产品注册信息发生变化的，应当在系统中立即更新。

鼓励其他使用单位注册为国家医疗器械不良事件监测信息系统用户，报告不良事件相关信息。

第二十条　持有人应当公布电话、通讯地址、邮箱、传真等联系方式，指定联系人，主动收集来自医疗器械经营企业、使用单位、使用者等的不良事件信息；对发现或者获知的可疑医疗器械不良事件，持有人应当直接通过国家医疗器械不良事件监测信息系统进行医疗器械不良事件报告与评价，并上报群体医疗器械不良事件调查报告以及定期风险评价报告等。

医疗器械经营企业、使用单位发现或者获知可疑医疗器械不良事件的，应当及时告知持有人，并通过国家医疗器械不良事件监测信息系统报告。暂不具备在线报告条件的，应当通过纸质报表向所在地县级以上监测机构报告，由监测机构代为在线报告。

各级监测机构应当公布电话、通讯地址等联系方式。

第二十一条　持有人应当对收集和获知的医疗器械不良事件监测信息进行分析、评价，主动开展医疗器械安全性研究。对附条件批准的医疗器械，持有人还应当按照风险管控计划开展相关工作。

第二十二条　持有人、经营企业、使用单位应当建立并保存医疗器械不良事件监测记录。记录应当保存至医疗器械有效期后 2 年；无有效期的，保存期限不得少于 5 年。植入性医疗器械的监测记录应当永久保存，医疗机构应当按照病例相关规定保存。

第二十三条　省级监测机构应当对本行政区域内注册或者备案的医疗器械的不良事件报告进行综合分析，对发现的风险提出监管措施建议，于每季度结束后 30 日内报所在地省、自治区、直辖市药品监督管理部门和国家监测机构。

国家监测机构应当对国家药品监督管理局批准注册或者备案的医疗器械的不良事件报告和各省、自治区、直辖市药品监督管理部门的季度报告进行综合分析，必要时向国家药品监督管理局提出监管措施建议。

第二十四条 省级监测机构应当按年度对本行政区域内注册或者备案的医疗器械的不良事件监测情况进行汇总分析，形成年度汇总报告，于每年 3 月 15 日前报所在地省、自治区、直辖市药品监督管理部门和国家监测机构。

国家监测机构应当对全国医疗器械不良事件年度监测情况进行汇总分析，形成年度报告，于每年 3 月底前报国家药品监督管理局。

省级以上药品监督管理部门应当将年度报告情况通报同级卫生行政部门。

第二节 个例医疗器械不良事件

第二十五条 持有人发现或者获知可疑医疗器械不良事件的，应当立即调查原因，导致死亡的应当在 7 日内报告；导致严重伤害、可能导致严重伤害或者死亡的应当在 20 日内报告。

医疗器械经营企业、使用单位发现或者获知可疑医疗器械不良事件的，应当及时告知持有人。其中，导致死亡的还应当在 7 日内，导致严重伤害、可能导致严重伤害或者死亡的在 20 日内，通过国家医疗器械不良事件监测信息系统报告。

第二十六条 除持有人、经营企业、使用单位以外的其他单位和个人发现导致或者可能导致严重伤害或者死亡的医疗器械不良事件的，可以向监测机构报告，也可以向持有人、经营企业或者经治的医疗机构报告，必要时提供相关的病历资料。

第二十七条 进口医疗器械的境外持有人和在境外销售国产医疗器械的持有人，应当主动收集其产品在境外发生的医疗器械不良事件。其中，导致或者可能导致严重伤害或者死亡的，境外持有人指定的代理人和国产医疗器械持有人应当自发现或者获知之日起 30 日内报告。

第二十八条 设区的市级监测机构应当自收到医疗器械不良事件报告之日起 10 日内，对报告的真实性、完整性和准确性进行审核，并实时反馈相关持有人。

第二十九条 持有人在报告医疗器械不良事件后或者通过国家医疗器械不良事件监测信息系统获知相关医疗器械不良事件后，应当按要求开展后续调查、分析和评价，导致死亡的事件应当在 30 日内，导致严重伤害、可能导致严重伤害或者死亡的事件应当在 45 日内向持有人所在地省级监测机构报告评价结果。对于事件情况和评价结果有新的发现或者认知的，应当补充报告。

第三十条 持有人所在地省级监测机构应当在收到持有人评价结果 10 日内完成对评价结果的审核，必要时可以委托或者会同不良事件发生地省级监测机构对导致或者可能导致严重伤害或者死亡的不良事件开展现场调查。其中，对于国家药品监督管理局批准注册的医疗器械，国家监测机构还应当对省级监测机构作出的评价审核结果进行复核，必要时可以组织对导致死亡的不良事件开展调查。

审核和复核结果应当反馈持有人。对持有人的评价结果存在异议的，可以要求持有人重新开展评价。

第三节 群体医疗器械不良事件

第三十一条 持有人、经营企业、使用单位发现或者获知群体医疗器械不良事件后，应当在 12 小时内通过电话或者传真等方式报告不良事件发生地省、自治区、直辖市药品监督管理部门和卫生行政部门，必要时可以越级报告，同时通过国家医疗器械不良事件监测信息系统报告群体医疗器械不良事件基本信息，对每一事件还应当在 24 小时内按个例事件报告。

不良事件发生地省、自治区、直辖市药品监督管理部门应当及时向持有人所在地省、自治区、直辖市药品监督管理部门通报相关信息。

第三十二条 持有人发现或者获知其产品的群体医疗器械不良事件后，应当立即暂停生产、销售，通知使用单位停止使用相关医疗器械，同时开展调查及生产质量管理体系自查，并于 7 日内向所在地及不良事件发生地省、自治区、直辖市药品监督管理部门和监测机构报告。

调查应当包括产品质量状况、伤害与产品的关联性、使用环节操作和流通过程的合规性等。自查应当包括采购、生产管理、质量控制、同型号同批次产品追踪等。

持有人应当分析事件发生的原因，及时发布风险信息，将自查情况和所采取的控制措施报所在地及不良事件发生地省、自治区、直辖市药品监督管理部门，必要时应当召回相关医疗器械。

第三十三条 医疗器械经营企业、使用单位发现或者获知群体医疗器械不良事件的，应当在 12 小时内告知持有人，同时迅速开展自查，并配合持有人开展调查。自查应当包括产品贮存、流通过程追溯，同型号同批次产品追踪等；使用单位自查还应当包括使用过程是否符合操作规范和产品说明书要求等。必要时，医疗器械经营企业、使用单位应当暂停医疗器械的销售、使用，并协助相关单位采取相关控制措施。

第三十四条 省、自治区、直辖市药品监督管理部门在获知本行政区域内发生的群体医疗器械不良事件后，应当会同同级卫生行政部门及时开展现场调查，相关省、自治区、直辖市药品监督管理部门应当配合。调查、评价和处理结果应当及时报国家药品监督管理局和国务院卫生行政部门，抄送持有人所在地省、自治区、直辖市药品监督管理部门。

第三十五条 对全国范围内影响较大并造成严重伤害或者死亡以及其他严重后果的群体医疗器械不良事件，国家药品监督管理局应当会同国务院卫生行政部门组织调查和处理。国家监测机构负责现场调查，相关省、自治区、直辖市药品监督管理部门、卫生行政部门应当配合。

调查内容应当包括医疗器械不良事件发生情况、医疗器械使用情况、患者诊治情况、既往类似不良事件、产品生产过程、产品贮存流通情况以及同型号同批次产品追踪等。

第三十六条 国家监测机构和相关省、自治区、直辖市药品监督管理部门、卫生行政部门应当在调查结束后 5 日内，根据调查情况对产品风险进行技术评价并提出控制措施建议，形成调查报告报国家药品监督管理局和国务院卫生行政部门。

第三十七条 持有人所在地省、自治区、直辖市药品监督管理部门可以对群体不良事件涉及的持有人开展现场检查。必要时，国家药品监督管理局可以对群体不良事件涉及的境外持有人开展现场检查。

现场检查应当包括生产质量管理体系运行情况、产品质量状况、生产过程、同型号同批次产品追踪等。

第四节 定期风险评价报告

第三十八条 持有人应当对上市医疗器械安全性进行持续研究，对产品的不良事件报告、监测资料和国内外风险信息进行汇总、分析，评价该产品的风险与受益，记录采取的风险控制措施，撰写上市后定期风险评价报告。

第三十九条 持有人应当自产品首次批准注册或者备案之日起，每满一年后的 60 日内完成上年度产品上市后定期风险评价报告。其中，经国家药品监督管理局注册的，应当提交至国家监测机构；经省、自治区、直辖市药品监督管理部门注册的，应当提交至所在地省级监测机构。第一类医疗器械的定期风险评价报告由持有人留存备查。

获得延续注册的医疗器械，应当在下一次延续注册申请时完成本注册周期的定期风险评价报告，并由持有人留存备查。

第四十条 省级以上监测机构应当组织对收到的医疗器械产品上市后定期风险评价报告进行审核。必要时，应当将审核意见反馈持有人。

第四十一条 省级监测机构应当对收到的上市后定期风险评价报告进行综合分析，于每年 5 月 1 日前将上一年度上市后定期风险评价报告统计情况和分析评价结果报国家监测机构和所在地省、自治区、直辖市药品监督管理部门。

国家监测机构应当对收到的上市后定期风险评价报告和省级监测机构提交的报告统计情况及分析评价结果进行综合分析，于每年7月1日前将上一年度上市后定期风险评价报告统计情况和分析评价结果报国家药品监督管理局。

第四章　重点监测

第四十二条　省级以上药品监督管理部门可以组织开展医疗器械重点监测，强化医疗器械产品上市后风险研究。

第四十三条　国家药品监督管理局会同国务院卫生行政部门确定医疗器械重点监测品种，组织制定重点监测工作方案，并监督实施。

国家医疗器械重点监测品种应当根据医疗器械注册、不良事件监测、监督检查、检验等情况，结合产品风险程度和使用情况确定。

国家监测机构组织实施医疗器械重点监测工作，并完成相关技术报告。药品监督管理部门可根据监测中发现的风险采取必要的管理措施。

第四十四条　省、自治区、直辖市药品监督管理部门可以根据本行政区域内医疗器械监管工作需要，参照本办法第四十三条规定，对本行政区内注册的第二类和备案的第一类医疗器械开展省级医疗器械重点监测工作。

第四十五条　医疗器械重点监测品种涉及的持有人应当按照医疗器械重点监测工作方案的要求开展工作，主动收集其产品的不良事件报告等相关风险信息，撰写风险评价报告，并按要求报送至重点监测工作组织部门。

第四十六条　省级以上药品监督管理部门可以指定具备一定条件的单位作为监测哨点，主动收集重点监测数据。监测哨点应当提供医疗器械重点监测品种的使用情况，主动收集、报告不良事件监测信息，组织或者推荐相关专家开展或者配合监测机构开展与风险评价相关的科学研究工作。

第四十七条　创新医疗器械持有人应当加强对创新医疗器械的主动监测，制定产品监测计划，主动收集相关不良事件报告和产品投诉信息，并开展调查、分析、评价。

创新医疗器械持有人应当在首个注册周期内，每半年向国家监测机构提交产品不良事件监测分析评价汇总报告。国家监测机构发现医疗器械可能存在严重缺陷的信息，应当及时报国家药品监督管理局。

第五章　风险控制

第四十八条　持有人通过医疗器械不良事件监测，发现存在可能危及人体健康和生命安全的不合理风险的医疗器械，应当根据情况采取以下风险控制措施，并报告所在地省、自治区、直辖市药品监督管理部门：

（一）停止生产、销售相关产品；

（二）通知医疗器械经营企业、使用单位暂停销售和使用；

（三）实施产品召回；

（四）发布风险信息；

（五）对生产质量管理体系进行自查，并对相关问题进行整改；

（六）修改说明书、标签、操作手册等；

（七）改进生产工艺、设计、产品技术要求等；

（八）开展医疗器械再评价；

（九）按规定进行变更注册或者备案；

（十）其他需要采取的风险控制措施。

与用械安全相关的风险及处置情况，持有人应当及时向社会公布。

第四十九条 药品监督管理部门认为持有人采取的控制措施不足以有效防范风险的，可以采取发布警示信息、暂停生产销售和使用、责令召回、要求其修改说明书和标签、组织开展再评价等措施，并组织对持有人开展监督检查。

第五十条 对发生群体医疗器械不良事件的医疗器械，省级以上药品监督管理部门可以根据风险情况，采取暂停生产、销售、使用等控制措施，组织对持有人开展监督检查，并及时向社会发布警示和处置信息。在技术评价结论得出后，省级以上药品监督管理部门应当根据相关法规要求，采取进一步监管措施，并加强对同类医疗器械的不良事件监测。

同级卫生行政部门应当在本行政区域内暂停医疗机构使用相关医疗器械，采取措施积极组织救治患者。相关持有人应当予以配合。

第五十一条 省级以上监测机构在医疗器械不良事件报告评价和审核、不良事件报告季度和年度汇总分析、群体不良事件评价、重点监测、定期风险评价报告等过程中，发现医疗器械存在不合理风险的，应当提出风险管理意见，及时反馈持有人并报告相应的药品监督管理部门。省级监测机构还应当向国家监测机构报告。

持有人应当根据收到的风险管理意见制定并实施相应的风险控制措施。

第五十二条 各级药品监督管理部门和卫生行政部门必要时可以将医疗器械不良事件所涉及的产品委托具有相应资质的医疗器械检验机构进行检验。医疗器械检验机构应当及时开展相关检验，并出具检验报告。

第五十三条 进口医疗器械在境外发生医疗器械不良事件，或者国产医疗器械在境外发生医疗器械不良事件，被采取控制措施的，境外持有人指定的代理人或者国产医疗器械持有人应当在获知后24小时内，将境外医疗器械不良事件情况、控制措施情况和在境内拟采取的控制措施报国家药品监督管理局和国家监测机构，抄送所在地省、自治区、直辖市药品监督管理部门，及时报告后续处置情况。

第五十四条 可疑医疗器械不良事件由医疗器械产品质量原因造成的，由药品监督管理部门按照医疗器械相关法规予以处置；由医疗器械使用行为造成的，由卫生行政部门予以处置。

第六章 再评价

第五十五条 有下列情形之一的，持有人应当主动开展再评价，并依据再评价结论，采取相应措施：

（一）根据科学研究的发展，对医疗器械的安全、有效有认识上改变的；

（二）医疗器械不良事件监测、评估结果表明医疗器械可能存在缺陷的；

（三）国家药品监督管理局规定应当开展再评价的其他情形。

第五十六条 持有人开展医疗器械再评价，应当根据产品上市后获知和掌握的产品安全有效信息、临床数据和使用经验等，对原医疗器械注册资料中的综述资料、研究资料、临床评价资料、产品风险分析资料、产品技术要求、说明书、标签等技术数据和内容进行重新评价。

第五十七条 再评价报告应当包括产品风险受益评估、社会经济效益评估、技术进展评估、拟采取的措施建议等。

第五十八条 持有人主动开展医疗器械再评价的，应当制定再评价工作方案。通过再评价确定需要采取控制措施的，应当在再评价结论形成后15日内，提交再评价报告。其中，国家药品监督管理局批准注册或者备案的医疗器械，持有人应当向国家监测机构提交；其他医疗器械的持有人应当向所在地省级监测机构提交。

持有人未按规定履行医疗器械再评价义务的，省级以上药品监督管理部门应当责令持有人开展再评价。必要时，省级以上药品监督管理部门可以直接组织开展再评价。

第五十九条　省级以上药品监督管理部门责令开展再评价的，持有人应当在再评价实施前和再评价结束后 30 日内向相应药品监督管理部门及监测机构提交再评价方案和再评价报告。

再评价实施期限超过 1 年的，持有人应当每年报告年度进展情况。

第六十条　监测机构对收到的持有人再评价报告进行审核，并将审核意见报相应的药品监督管理部门。

药品监督管理部门对持有人开展的再评价结论有异议的，持有人应当按照药品监督管理部门的要求重新确认再评价结果或者重新开展再评价。

第六十一条　药品监督管理部门组织开展医疗器械再评价的，由指定的监测机构制定再评价方案，经组织开展再评价的药品监督管理部门批准后组织实施，形成再评价报告后向相应药品监督管理部门报告。

第六十二条　再评价结果表明已注册或者备案的医疗器械存在危及人身安全的缺陷，且无法通过技术改进、修改说明书和标签等措施消除或者控制风险，或者风险获益比不可接受的，持有人应当主动申请注销医疗器械注册证或者取消产品备案；持有人未申请注销医疗器械注册证或者取消备案的，由原发证部门注销医疗器械注册证或者取消备案。药品监督管理部门应当将注销医疗器械注册证或者取消备案的相关信息及时向社会公布。

国家药品监督管理局根据再评价结论，可以对医疗器械品种作出淘汰的决定。被淘汰的产品，其医疗器械注册证或者产品备案由原发证部门予以注销或者取消。

被注销医疗器械注册证或者被取消备案的医疗器械不得生产、进口、经营和使用。

第七章　监督管理

第六十三条　药品监督管理部门应当依据职责对持有人和经营企业开展医疗器械不良事件监测和再评价工作情况进行监督检查，会同同级卫生行政部门对医疗器械使用单位开展医疗器械不良事件监测情况进行监督检查。

第六十四条　省、自治区、直辖市药品监督管理部门应当制定本行政区域的医疗器械不良事件监测监督检查计划，确定检查重点，并监督实施。

第六十五条　省、自治区、直辖市药品监督管理部门应当加强对本行政区域内从事医疗器械不良事件监测和再评价工作人员的培训和考核。

第六十六条　药品监督管理部门应当按照法规、规章、规范的要求，对持有人不良事件监测制度建设和工作开展情况实施监督检查。必要时，可以对受持有人委托开展相关工作的企业开展延伸检查。

第六十七条　有下列情形之一的，药品监督管理部门应当对持有人开展重点检查：

（一）未主动收集并按照时限要求报告医疗器械不良事件的；

（二）持有人上报导致或可能导致严重伤害或者死亡不良事件的报告数量与医疗机构的报告数量差距较大，提示其主体责任未落实到位的；

（三）瞒报、漏报、虚假报告的；

（四）不配合药品监督管理部门开展的医疗器械不良事件相关调查和采取的控制措施的；

（五）未按照要求通过不良事件监测收集产品安全性信息，或者未按照要求开展上市后研究、再评价，无法保证产品安全有效的。

第六十八条　持有人未按照要求建立不良事件监测制度、开展不良事件监测和再评价相关工作、未按照本办法第四十八条规定及时采取有效风险控制措施、不配合药品监督管理部门开展的医疗器械不良事件相关调查和采取的控制措施的，药品监督管理部门可以要求其停产整改，必要时采取停止产品销售的控制措施。

需要恢复生产、销售的，持有人应当向作出处理决定的药品监督管理部门提出申请，药品监督管理部门现场检查通过后，作出恢复生产、销售的决定。

持有人提出恢复生产、销售申请前，可以聘请具备相应资质的独立第三方专业机构进行检查确认。

第六十九条 省级以上药品监督管理部门统一发布下列医疗器械不良事件监测信息：

（一）群体医疗器械不良事件相关信息；

（二）医疗器械不良事件监测警示信息；

（三）需要定期发布的医疗器械不良事件监测信息；

（四）认为需要统一发布的其他医疗器械不良事件监测信息。

第八章　法律责任

第七十条 持有人有下列情形之一的，依照《医疗器械监督管理条例》第六十八条的规定，由县级以上药品监督管理部门责令改正，给予警告；拒不改正的，处 5000 元以上 2 万元以下罚款；情节严重的，责令停产停业，直至由发证部门吊销相关证明文件：

（一）未主动收集并按照时限要求报告医疗器械不良事件的；

（二）瞒报、漏报、虚假报告的；

（三）未按照时限要求报告评价结果或者提交群体医疗器械不良事件调查报告的；

（四）不配合药品监督管理部门和监测机构开展的医疗器械不良事件相关调查和采取的控制措施的。

第七十一条 医疗器械经营企业、使用单位有下列情形之一的，依照《医疗器械监督管理条例》第六十八条的规定，由县级以上药品监督管理部门和卫生行政部门依据各自职责责令改正，给予警告；拒不改正的，处 5000 元以上 2 万元以下罚款；情节严重的，责令停产停业，直至由发证部门吊销相关证明文件：

（一）未主动收集并按照时限要求报告医疗器械不良事件的；

（二）瞒报、漏报、虚假报告的；

（三）不配合药品监督管理部门和监测机构开展的医疗器械不良事件相关调查和采取的控制措施的。

第七十二条 持有人未按照要求开展再评价、隐匿再评价结果、应当提出注销申请而未提出的，由省级以上药品监督管理部门责令改正，给予警告，可以并处 1 万元以上 3 万元以下罚款。

第七十三条 持有人有下列情形之一的，由县级以上药品监督管理部门责令改正，给予警告；拒不改正的，处 5000 元以上 2 万元以下罚款：

（一）未按照规定建立医疗器械不良事件监测和再评价工作制度的；

（二）未按照要求配备与其产品相适应的机构和人员从事医疗器械不良事件监测相关工作的；

（三）未保存不良事件监测记录或者保存年限不足的；

（四）应当注册而未注册为医疗器械不良事件监测信息系统用户的；

（五）未主动维护用户信息，或者未持续跟踪和处理监测信息的；

（六）未根据不良事件情况采取相应控制措施并向社会公布的；

（七）未按照要求撰写、提交或者留存上市后定期风险评价报告的；

（八）未按照要求报告境外医疗器械不良事件和境外控制措施的；

（九）未按照要求提交创新医疗器械产品分析评价汇总报告的；

（十）未公布联系方式、主动收集不良事件信息的；

（十一）未按照要求开展医疗器械重点监测的；

（十二）其他违反本办法规定的。

第七十四条　医疗器械经营企业、使用单位有下列情形之一的，由县级以上药品监督管理部门和卫生行政部门依据各自职责责令改正，给予警告；拒不改正的，处5000元以上2万元以下罚款：

（一）未按照要求建立医疗器械不良事件监测工作制度的；

（二）未按照要求配备与其经营或者使用规模相适应的机构或者人员从事医疗器械不良事件监测相关工作的；

（三）未保存不良事件监测记录或者保存年限不足的；

（四）应当注册而未注册为国家医疗器械不良事件监测信息系统用户的；

（五）未及时向持有人报告所收集或者获知的医疗器械不良事件的；

（六）未配合持有人对医疗器械不良事件调查和评价的；

（七）其他违反本办法规定的。

药品监督管理部门发现使用单位有前款规定行为的，应当移交同级卫生行政部门处理。

卫生行政部门对使用单位作出行政处罚决定的，应当及时通报同级药品监督管理部门。

第七十五条　持有人、经营企业、使用单位按照本办法要求报告、调查、评价、处置医疗器械不良事件，主动消除或者减轻危害后果的，对其相关违法行为，依照《中华人民共和国行政处罚法》的规定从轻或者减轻处罚。违法行为轻微并及时纠正，没有造成危害后果的，不予处罚，但不免除其依法应当承担的其他法律责任。

第七十六条　各级药品监督管理部门、卫生行政部门、监测机构及其工作人员，不按规定履行职责的，依照《医疗器械监督管理条例》第七十二条和第七十四条的规定予以处理。

第七十七条　持有人、经营企业、使用单位违反相关规定，给医疗器械使用者造成损害的，依法承担赔偿责任。

第九章　附　　则

第七十八条　医疗器械不良事件报告的内容、风险分析评价报告和统计资料等是加强医疗器械监督管理、指导合理用械的依据，不作为医疗纠纷、医疗诉讼和处理医疗器械质量事故的依据。

对于属于医疗事故或者医疗器械质量问题的，应当按照相关法规的要求另行处理。

第七十九条　本办法由国家药品监督管理局会同国务院卫生行政部门负责解释。

第八十条　本办法自2019年1月1日起施行。

医疗器械网络销售监督管理办法

国家食品药品监督管理总局令第 38 号

（2017 年 12 月 20 日国家食品药品监督管理总局令第 38 号公布，自 2018 年 3 月 1 日起施行）

第一章 总 则

第一条 为加强医疗器械网络销售和医疗器械网络交易服务监督管理，保障公众用械安全，根据《中华人民共和国网络安全法》《医疗器械监督管理条例》《互联网信息服务管理办法》等法律法规，制定本办法。

第二条 在中华人民共和国境内从事医疗器械网络销售、提供医疗器械网络交易服务及其监督管理，应当遵守本办法。

第三条 国家食品药品监督管理总局负责指导全国医疗器械网络销售、医疗器械网络交易服务的监督管理，并组织开展全国医疗器械网络销售和网络交易服务监测。

省级食品药品监督管理部门负责医疗器械网络交易服务的监督管理。

县级以上地方食品药品监督管理部门负责本行政区域内医疗器械网络销售的监督管理。

第四条 从事医疗器械网络销售的企业、医疗器械网络交易服务第三方平台提供者应当遵守医疗器械法规、规章和规范，建立健全管理制度，依法诚信经营，保证医疗器械质量安全。

从事医疗器械网络销售的企业，是指通过网络销售医疗器械的医疗器械上市许可持有人（即医疗器械注册人或者备案人，以下简称持有人）和医疗器械生产经营企业。

医疗器械网络交易服务第三方平台提供者，是指在医疗器械网络交易中仅提供网页空间、虚拟交易场所、交易规则、交易撮合、电子订单等交易服务，供交易双方或者多方开展交易活动，不直接参与医疗器械销售的企业。

第五条 从事医疗器械网络销售的企业、医疗器械网络交易服务第三方平台提供者应当采取技术措施，保障医疗器械网络销售数据和资料的真实、完整、可追溯。

第六条 从事医疗器械网络销售的企业、医疗器械网络交易服务第三方平台提供者应当积极配合食品药品监督管理部门开展网络监测、抽样检验、现场检查等监督管理，按照食品药品监督管理部门的要求存储数据，提供信息查询、数据提取等相关支持。

第二章 医疗器械网络销售

第七条 从事医疗器械网络销售的企业应当是依法取得医疗器械生产许可、经营许可或者办理备案的医疗器械生产经营企业。法律法规规定不需要办理许可或者备案的除外。

持有人通过网络销售其医疗器械，医疗器械生产企业受持有人委托通过网络销售受托生产的医疗器械，不需要办理经营许可或者备案，其销售条件应当符合《医疗器械监督管理条例》和本办法的要求。

持有人委托开展医疗器械网络销售的，应当评估确认受托方的合法资质、销售条件、技术水平和质量管理能力，对网络销售过程和质量控制进行指导和监督，对网络销售的医疗器械质量负责。

第八条 从事医疗器械网络销售的企业，应当填写医疗器械网络销售信息表，将企业名称、法定代表人或者主要负责人、网站名称、网络客户端应用程序名、网站域名、网站 IP 地址、电信业务经营许可证或者非经营性互联网信息服务备案编号、医疗器械生产经营许可证件或者备案凭证编号等信息事先向所在地设区的市级食品药品监督管理部门备案。相关信息发生变化的，应当及时变更备案。

第九条 从事医疗器械网络销售的企业，应当通过自建网站或者医疗器械网络交易服务第三方平台开展医疗器械网络销售活动。

通过自建网站开展医疗器械网络销售的企业，应当依法取得《互联网药品信息服务资格证书》，并具备与其规模相适应的办公场所以及数据备份、故障恢复等技术条件。

第十条 从事医疗器械网络销售的企业，应当在其主页面显著位置展示其医疗器械生产经营许可证件或者备案凭证，产品页面应当展示该产品的医疗器械注册证或者备案凭证。相关展示信息应当画面清晰，容易辨识。其中，医疗器械生产经营许可证件或者备案凭证、医疗器械注册证或者备案凭证的编号还应当以文本形式展示。相关信息发生变更的，应当及时更新展示内容。

第十一条 从事医疗器械网络销售的企业在网上发布的医疗器械名称、型号、规格、结构及组成、适用范围、医疗器械注册证编号或者备案凭证编号、注册人或者备案人信息、生产许可证或者备案凭证编号、产品技术要求编号、禁忌症等信息，应当与经注册或者备案的相关内容保持一致。

第十二条 从事医疗器械网络销售的企业应当记录医疗器械销售信息，记录应当保存至医疗器械有效期后2年；无有效期的，保存时间不得少于5年；植入类医疗器械的销售信息应当永久保存。相关记录应当真实、完整、可追溯。

第十三条 从事医疗器械网络销售的企业，经营范围不得超出其生产经营许可或者备案的范围。

医疗器械批发企业从事医疗器械网络销售，应当销售给具有资质的医疗器械经营企业或者使用单位。

医疗器械零售企业从事医疗器械网络销售，应当销售给消费者。销售给消费者个人的医疗器械，应当是可以由消费者个人自行使用的，其说明书应当符合医疗器械说明书和标签管理相关规定，标注安全使用的特别说明。

第十四条 从事医疗器械网络销售的企业，应当按照医疗器械标签和说明书标明的条件贮存和运输医疗器械。委托其他单位贮存和运输医疗器械的，应当对被委托方贮存和运输医疗器械的质量保障能力进行考核评估，明确贮存和运输过程中的质量安全责任，确保贮存和运输过程中的质量安全。

第三章　医疗器械网络交易服务

第十五条 医疗器械网络交易服务第三方平台提供者应当依法取得《互联网药品信息服务资格证书》，具备与其规模相适应的办公场所以及数据备份、故障恢复等技术条件，设置专门的医疗器械网络质量安全管理机构或者配备医疗器械质量安全管理人员。

第十六条 医疗器械网络交易服务第三方平台提供者应当向所在地省级食品药品监督管理部门备案，填写医疗器械网络交易服务第三方平台备案表，并提交以下材料：

（一）营业执照原件、复印件；

（二）法定代表人或者主要负责人、医疗器械质量安全管理人身份证明原件、复印件；

（三）组织机构与部门设置说明；

（四）办公场所地理位置图、房屋产权证明文件或者租赁协议（附房屋产权证明文件）原件、复印件；

（五）电信业务经营许可证原件、复印件或者非经营性互联网信息服务备案说明；

（六）《互联网药品信息服务资格证书》原件、复印件；

（七）医疗器械网络交易服务质量管理制度等文件目录；

（八）网站或者网络客户端应用程序基本情况介绍和功能说明；

（九）其他相关证明材料。

第十七条 省级食品药品监督管理部门应当当场对企业提交材料的完整性进行核对，符合规定的予以备案，发给医疗器械网络交易服务第三方平台备案凭证；提交资料不齐全或者不符合法定情形的，应当一次性告知需要补充材料的事项。

省级食品药品监督管理部门应当在备案后7个工作日内向社会公开相关备案信息。备案信息包括企业名称、法定代表人或者主要负责人、网站名称、网络客户端应用程序名、网站域名、网站IP地址、电信业务经营许可证或者非经营性互联网信息服务备案编号、医疗器械网络交易服务第三方平台备案凭证编号等。

省级食品药品监督管理部门应当在医疗器械网络交易服务第三方平台提供者备案后3个月内，对医疗器械网络交易服务第三方平台开展现场检查。

第十八条 医疗器械网络交易服务第三方平台提供者名称、法定代表人或者主要负责人、网站名称、网络客户端应用程序名、网站域名、网站IP地址、电信业务经营许可证或者非经营性互联网信息服务备案编号等备案信息发生变化的，应当及时变更备案。

第十九条 医疗器械网络交易服务第三方平台提供者，应当在其网站主页面显著位置标注医疗器械网络交易服务第三方平台备案凭证的编号。

第二十条 医疗器械网络交易服务第三方平台提供者应当建立包括入驻平台的企业核实登记、质量安全监测、交易安全保障、网络销售违法行为制止及报告、严重违法行为平台服务停止、安全投诉举报处理、消费者权益保护、质量安全信息公告等管理制度。

第二十一条 医疗器械网络交易服务第三方平台提供者应当对申请入驻平台的企业提供的医疗器械生产经营许可证件或者备案凭证、医疗器械注册证或者备案凭证、企业营业执照等材料进行核实，建立档案并及时更新，保证入驻平台的企业许可证件或者备案凭证所载明的生产经营场所等许可或者备案信息真实。

医疗器械网络交易服务第三方平台提供者应当与入驻平台的企业签订入驻协议，并在协议中明确双方义务及违约处置措施等相关内容。

第二十二条 医疗器械网络交易服务第三方平台提供者应当记录在其平台上开展的医疗器械交易信息，记录应当保存至医疗器械有效期后2年；无有效期的，保存时间不得少于5年；植入类医疗器械交易信息应当永久保存。相关记录应当真实、完整、可追溯。

第二十三条 医疗器械网络交易服务第三方平台提供者应当对平台上的医疗器械销售行为及信息进行监测，发现入驻网络交易服务第三方平台的企业存在超范围经营、发布虚假信息、夸大宣传等违法违规行为、无法取得联系或者存在其他严重安全隐患的，应当立即对其停止网络交易服务，并保存有关记录，向所在地省级食品药品监督管理部门报告。

发现入驻网络交易服务第三方平台的企业被食品药品监督管理部门责令停产停业、吊销许可证件等处罚，或者平台交易的产品被食品药品监督管理部门暂停销售或者停止销售的，应当立即停止提供相关网络交易服务。

第二十四条 医疗器械网络交易服务第三方平台提供者应当在网站醒目位置及时发布产品质量安全隐患等相关信息。

第四章　监督检查

第二十五条 食品药品监督管理部门依照法律、法规、规章的规定，依职权对从事医疗器械网络销售的企业和医疗器械网络交易服务第三方平台实施监督检查和抽样检验。

第二十六条 对从事医疗器械网络销售的企业违法行为的查处，由其所在地县级以上地方食品药品监督管理部门管辖。

未经许可或者备案从事医疗器械网络销售，能确定违法销售企业地址的，由违法销售企业所在地县级以上地方食品药品监督管理部门管辖；不能确定违法销售企业所在地的，由违法行为发生地或者违法行为结果地的县级以上地方食品药品监督管理部门管辖。通过医疗器械网络交易服务第三方平台销售的，由医疗器械网络交易服务第三方平台提供者所在地省级食品药品监督管理部门管辖；经调查后能够确定管辖地的，及时移送有管辖权的食品药品监督管理部门。

对医疗器械网络交易服务第三方平台提供者违法行为的查处，由其所在地省级食品药品监督管理部门管辖。

网络销售的医疗器械发生重大质量事故或者造成其他严重危害后果的，可以由违法企业所在地、违法行为发生地或者违法行为结果地省级食品药品监督管理部门管辖；后果特别严重的，省级食品药品监督管理部门可以报请国家食品药品监督管理总局协调或者组织直接查处。

对发生医疗器械网络销售违法行为的网站，由省级食品药品监督管理部门通报同级通信主管部门。

第二十七条 国家食品药品监督管理总局组织建立国家医疗器械网络交易监测平台，开展全国医疗器械网络销售和网络交易监测与处置，监测情况定期通报省级食品药品监督管理部门。对监测发现的涉嫌违法违规信息，及时转送相关省级食品药品监督管理部门。省级食品药品监督管理部门应当及时组织处理。

第二十八条 省级食品药品监督管理部门自行建立的医疗器械网络销售监测平台，应当与国家医疗器械网络交易监测平台实现数据对接。

第二十九条 食品药品监督管理部门开展医疗器械网络销售日常监督管理，或者对涉嫌违法违规的医疗器械网络销售行为进行查处时，有权采取下列措施：

（一）进入企业医疗器械经营场所、办公场所和服务器所在地等实施现场检查；

（二）对网络销售的医疗器械进行抽样检验；

（三）询问有关人员，调查企业从事医疗器械网络销售行为的相关情况；

（四）查阅、复制企业的交易数据、合同、票据、账簿以及其他相关资料；

（五）调取网络销售的技术监测、记录资料；

（六）依法查封扣押数据存储介质等；

（七）法律、法规规定可以采取的其他措施。

第三十条 对网络销售医疗器械的抽样检验，按照医疗器械质量监督抽查检验相关管理规定实施。

检验结果不符合医疗器械质量安全标准的，食品药品监督管理部门收到检验报告后，应当及时对相关生产经营企业开展监督检查，采取控制措施，及时发布质量公告，对违法行为依法查处。

第三十一条 食品药品监督管理部门对医疗器械网络销售的技术监测记录、信息追溯资料等，可以作为认定医疗器械网络销售违法事实的依据。

第三十二条 从事医疗器械网络销售的企业实际情况与备案信息不符且无法取得联系的，经所在地设区的市级食品药品监督管理部门公示后，依法注销其《医疗器械经营许可证》或者在第二类医疗器械经营备案信息中予以标注，并向社会公告。相关网站由省级食品药品监督管理部门通报同级通信主管部门。

医疗器械网络交易服务第三方平台提供者实际情况与备案信息不符且无法取得联系的，经原备案所在地省级食品药品监督管理部门公示后，在其备案信息中予以标注，向社会公告；备案时提供虚假资料的，由省级食品药品监督管理部门向社会公告备案单位。其网站由省级食品药品监督管理部门通报同级通信主管部门。

第三十三条 食品药品监督管理部门在检查中发现从事医疗器械网络销售的企业或者医疗器械

网络交易服务第三方平台未按规定建立并执行相关质量管理制度，且存在医疗器械质量安全隐患的，食品药品监督管理部门可以责令其暂停网络销售或者暂停提供相关网络交易服务。

恢复网络销售或者恢复提供相关网络交易服务的，从事医疗器械网络销售的企业或者医疗器械网络交易服务第三方平台提供者应当向原作出处理决定的食品药品监督管理部门提出申请，经食品药品监督管理部门检查通过后方可恢复。

第三十四条 从事医疗器械网络销售的企业、医疗器械网络交易服务第三方平台提供者，有下列情形之一的，食品药品监督管理部门可以依职责对其法定代表人或者主要负责人进行约谈：

（一）发生医疗器械质量安全问题，可能引发医疗器械质量安全风险的；

（二）未及时妥善处理投诉举报的医疗器械质量问题，可能存在医疗器械质量安全隐患的；

（三）未及时采取有效措施排查、消除医疗器械质量安全隐患，未落实医疗器械质量安全责任的；

（四）需要进行约谈的其他情形。

约谈不影响食品药品监督管理部门依法对其进行行政处理，约谈情况及后续处理情况可以向社会公开。

被约谈企业无正当理由未按照要求落实整改的，省级食品药品监督管理部门、所在地设区的市级食品药品监督管理部门应当依职责增加监督检查频次。

第三十五条 有下列情形之一的，食品药品监督管理部门可以将从事医疗器械网络销售的企业、医疗器械网络交易服务第三方平台提供者及其法定代表人或者主要负责人列入失信企业和失信人员名单，并向社会公开：

（一）拒不执行暂停网络销售或者暂停提供相关网络交易服务决定的；

（二）企业被约谈后拒不按照要求整改的。

第三十六条 县级以上地方食品药品监督管理部门应当定期汇总分析本行政区域医疗器械网络销售监督管理情况，报告上一级食品药品监督管理部门，并依法向社会公开。

省级食品药品监督管理部门应当每年汇总分析医疗器械网络销售和网络交易服务第三方平台监督管理情况，报告国家食品药品监督管理总局，并依法向社会公开。

第五章 法律责任

第三十七条 从事医疗器械网络销售的企业、医疗器械网络交易服务第三方平台提供者违反法律法规有关规定从事销售或者交易服务，法律法规已有规定的，从其规定。构成犯罪的，移送公安机关处理。

第三十八条 违反本办法规定，未取得医疗器械经营许可从事网络第三类医疗器械销售的，依照《医疗器械监督管理条例》第六十三条的规定予以处罚；未取得第二类医疗器械经营备案凭证从事网络第二类医疗器械销售的，依照《医疗器械监督管理条例》第六十五条的规定予以处罚。

第三十九条 从事医疗器械网络销售的企业未按照本办法规定备案的，由县级以上地方食品药品监督管理部门责令限期改正，给予警告；拒不改正的，向社会公告，处1万元以下罚款。

第四十条 有下列情形之一的，由县级以上地方食品药品监督管理部门责令改正，给予警告；拒不改正的，处5000元以上1万元以下罚款：

（一）从事医疗器械网络销售的企业未按照本办法要求展示医疗器械生产经营许可证或者备案凭证、医疗器械注册证或者备案凭证的；

（二）医疗器械网络交易服务第三方平台提供者未按照本办法要求展示医疗器械网络交易服务第三方平台备案凭证编号的。

第四十一条 有下列情形之一的，由县级以上地方食品药品监督管理部门责令改正，给予警告；

拒不改正的，处 5000 元以上 2 万元以下罚款：

（一）从事医疗器械网络销售的企业备案信息发生变化，未按规定变更的；

（二）从事医疗器械网络销售的企业未按规定建立并执行质量管理制度的；

（三）医疗器械网络交易服务第三方平台提供者备案事项发生变化未按规定办理变更的；

（四）医疗器械网络交易服务第三方平台提供者未按规定要求设置与其规模相适应的质量安全管理机构或者配备质量安全管理人员的；

（五）医疗器械网络交易服务第三方平台提供者未按规定建立并执行质量管理制度的。

第四十二条　医疗器械网络交易服务第三方平台提供者未按本办法规定备案的，由省级食品药品监督管理部门责令限期改正；拒不改正的，向社会公告，处 3 万元以下罚款。

第四十三条　有下列情形之一的，由县级以上地方食品药品监督管理部门责令改正，给予警告；拒不改正的，处 1 万元以上 3 万元以下罚款：

（一）从事医疗器械网络销售的企业、医疗器械网络交易服务第三方平台条件发生变化，不再满足规定要求的；

（二）从事医疗器械网络销售的企业、医疗器械网络交易服务第三方平台提供者不配合食品药品监督管理部门的监督检查，或者拒绝、隐瞒、不如实提供相关材料和数据的。

第四十四条　有下列情形之一的，由县级以上地方食品药品监督管理部门责令改正，处 1 万元以上 3 万元以下罚款：

（一）从事医疗器械网络销售的企业超出经营范围销售的；

（二）医疗器械批发企业销售给不具有资质的经营企业、使用单位的。

医疗器械零售企业将非消费者自行使用的医疗器械销售给消费者个人的，依照前款第一项规定予以处罚。

第四十五条　从事医疗器械网络销售的企业未按照医疗器械说明书和标签标示要求运输、贮存医疗器械的，依照《医疗器械监督管理条例》第六十七条的规定予以处罚。

第四十六条　负责监管医疗器械网络销售的食品药品监督管理部门工作人员不履行职责或者滥用职权、玩忽职守、徇私舞弊的，依法追究行政责任；构成犯罪的，移送司法机关追究刑事责任。

第四十七条　医疗器械网络交易服务第三方平台提供者提供的医疗器械产品或者服务造成他人人身、财产损失的，根据相关法律法规的规定承担民事责任。

第六章　附　则

第四十八条　医疗器械网络交易服务第三方平台备案凭证的格式由国家食品药品监督管理总局统一制定。

医疗器械网络交易服务第三方平台备案凭证由省级食品药品监督管理部门印制。

医疗器械网络交易服务第三方平台备案凭证编号的编排方式为：（×）网械平台备字〔××××〕第×××××号。其中：

第一位 × 代表备案部门所在地省、自治区、直辖市的简称；

第二到五位 × 代表 4 位数备案年份；

第六到十位 × 代表 5 位数备案流水号。

第四十九条　医疗器械网络信息服务按照《互联网药品信息服务管理办法》执行。

第五十条　本办法自 2018 年 3 月 1 日起施行。

医疗器械标准管理办法

国家食品药品监督管理总局令第 33 号

（2017 年 4 月 17 日国家食品药品监督管理总局令第 33 号公布，自 2017 年 7 月 1 日起施行）

第一章 总 则

第一条 为促进科学技术进步，保障医疗器械安全有效，提高健康保障水平，加强医疗器械标准管理，根据《中华人民共和国标准化法》《中华人民共和国标准化法实施条例》和《医疗器械监督管理条例》等法律法规，制定本办法。

第二条 本办法所称医疗器械标准，是指由国家食品药品监督管理总局依据职责组织制修订，依法定程序发布，在医疗器械研制、生产、经营、使用、监督管理等活动中遵循的统一的技术要求。

第三条 在中华人民共和国境内从事医疗器械标准的制修订、实施及监督管理，应当遵守法律、行政法规及本办法的规定。

第四条 医疗器械标准按照其效力分为强制性标准和推荐性标准。

对保障人体健康和生命安全的技术要求，应当制定为医疗器械强制性国家标准和强制性行业标准。

对满足基础通用、与强制性标准配套、对医疗器械产业起引领作用等需要的技术要求，可以制定为医疗器械推荐性国家标准和推荐性行业标准。

第五条 医疗器械标准按照其规范对象分为基础标准、方法标准、管理标准和产品标准。

第六条 国家食品药品监督管理总局依法编制医疗器械标准规划，建立医疗器械标准管理工作制度，健全医疗器械标准管理体系。

第七条 鼓励企业、社会团体、教育科研机构及个人广泛参与医疗器械标准制修订工作，并对医疗器械标准执行情况进行监督。

第八条 鼓励参与国际标准化活动，参与制定和采用国际医疗器械标准。

第九条 国家食品药品监督管理总局对在医疗器械标准工作中做出显著成绩的组织和个人，按照国家有关规定给予表扬和奖励。

第二章 标准管理职责

第十条 国家食品药品监督管理总局履行下列职责：

（一）组织贯彻医疗器械标准管理相关法律、法规，制定医疗器械标准管理工作制度；

（二）组织拟定医疗器械标准规划，编制标准制修订年度工作计划；

（三）依法组织医疗器械标准制修订，发布医疗器械行业标准；

（四）依法指导、监督医疗器械标准管理工作。

第十一条 国家食品药品监督管理总局医疗器械标准管理中心（以下简称"医疗器械标准管理中心"）履行下列职责：

（一）组织开展医疗器械标准体系的研究，拟定医疗器械标准规划草案和标准制修订年度工作计划建议；

（二）依法承担医疗器械标准制修订的管理工作；

（三）依法承担医疗器械标准化技术委员会的管理工作；

（四）承担医疗器械标准宣传、培训的组织工作；

（五）组织对标准实施情况进行调研，协调解决标准实施中的重大技术问题；

（六）承担医疗器械国际标准化活动和对外合作交流的相关工作；

（七）承担医疗器械标准信息化工作，组织医疗器械行业标准出版；

（八）承担国家食品药品监督管理总局交办的其他标准管理工作。

第十二条 国家食品药品监督管理总局根据医疗器械标准化工作的需要，经批准依法组建医疗器械标准化技术委员会。

医疗器械标准化技术委员会履行下列职责：

（一）开展医疗器械标准研究工作，提出本专业领域标准发展规划、标准体系意见；

（二）承担本专业领域医疗器械标准起草、征求意见、技术审查等组织工作，并对标准的技术内容和质量负责；

（三）承担本专业领域医疗器械标准的技术指导工作，协助解决标准实施中的技术问题；

（四）负责收集、整理本专业领域的医疗器械标准资料，并建立技术档案；

（五）负责本专业领域医疗器械标准实施情况的跟踪评价；

（六）负责本专业领域医疗器械标准技术内容的咨询和解释；

（七）承担本专业领域医疗器械标准的宣传、培训、学术交流和相关国际标准化活动。

第十三条 在现有医疗器械标准化技术委员会不能覆盖的专业技术领域，国家食品药品监督管理总局可以根据监管需要，按程序确定医疗器械标准化技术归口单位。标准化技术归口单位参照医疗器械标准化技术委员会的职责和有关规定开展相应领域医疗器械标准工作。

第十四条 地方食品药品监督管理部门在本行政区域依法履行下列职责：

（一）组织贯彻医疗器械标准管理的法律法规；

（二）组织、参与医疗器械标准的制修订相关工作；

（三）监督医疗器械标准的实施；

（四）收集并向上一级食品药品监督管理部门报告标准实施过程中的问题。

第十五条 医疗器械研制机构、生产经营企业和使用单位应当严格执行医疗器械强制性标准。

鼓励医疗器械研制机构、生产经营企业和使用单位积极研制和采用医疗器械推荐性标准，积极参与医疗器械标准制修订工作，及时向有关部门反馈医疗器械标准实施问题和提出改进建议。

第三章 标准制定与修订

第十六条 医疗器械标准制修订程序包括标准立项、起草、征求意见、技术审查、批准发布、复审和废止等。具体规定由国家食品药品监督管理总局制定。

对医疗器械监管急需制修订的标准，可以按照国家食品药品监督管理总局规定的快速程序开展。

第十七条 医疗器械标准管理中心应当根据医疗器械标准规划，向社会公开征集医疗器械标准制定、修订立项提案。

对征集到的立项提案，由相应的医疗器械标准化技术委员会（包括标准化技术归口单位，下同）进行研究后，提出本专业领域标准计划项目立项申请。

涉及两个或者两个以上医疗器械标准化技术委员会的标准计划项目立项提案，应当由医疗器械标准管理中心负责协调，确定牵头医疗器械标准化技术委员会，并由其提出标准计划项目立项申请。

第十八条 医疗器械标准管理中心对医疗器械标准计划项目立项申请，经公开征求意见并组织专家论证后，提出医疗器械标准计划项目，编制标准制修订年度工作计划建议，报国家食品药品监督管理总局审核。

国家食品药品监督管理总局审核通过的医疗器械标准计划项目，应当向社会公示。国家标准计划项目送国务院标准化行政主管部门批准下达；行业标准计划项目由国家食品药品监督管理总局批准下达。

第十九条　医疗器械生产经营企业、使用单位、监管部门、检测机构以及有关教育科研机构、社会团体等，可以向承担医疗器械标准计划项目的医疗器械标准化技术委员会提出起草相关医疗器械标准的申请。医疗器械标准化技术委员会结合标准的技术内容，按照公开、公正、择优的原则，选定起草单位。

起草单位应当广泛调研、深入分析研究，积极借鉴相关国际标准，在对技术内容进行充分验证的基础上起草医疗器械标准，形成医疗器械标准征求意见稿，经医疗器械标准化技术委员会初步审查后，报送医疗器械标准管理中心。

第二十条　医疗器械标准征求意见稿在医疗器械标准管理中心网站向社会公开征求意见，征求意见的期限一般为两个月。承担医疗器械标准计划项目的医疗器械标准化技术委员会对征集到的意见进行汇总后，反馈给标准起草单位，起草单位应当对汇总意见进行认真研究，对征求意见稿进行修改完善，形成医疗器械标准送审稿。

第二十一条　承担医疗器械标准计划项目的医疗器械标准化技术委员会负责组织对医疗器械标准送审稿进行技术审查。审查通过后，将医疗器械标准报批稿、实施建议及相关资料报送医疗器械标准管理中心进行审核。

第二十二条　医疗器械标准管理中心将审核通过后的医疗器械标准报批稿及审核结论等报送国家食品药品监督管理总局审查。审查通过的医疗器械国家标准送国务院标准化行政主管部门批准、发布；审查通过的医疗器械行业标准由国家食品药品监督管理总局确定实施日期和实施要求，以公告形式发布。

医疗器械国家标准、行业标准按照国务院标准化行政主管部门的相关规定进行公开，供公众查阅。

第二十三条　医疗器械标准批准发布后，因个别技术内容影响标准使用、需要进行修改，或者对原标准内容进行少量增减时，应当采用标准修改单方式修改。标准修改单应当按照标准制修订程序制定，由医疗器械标准的原批准部门审查发布。

第二十四条　医疗器械标准化技术委员会应当对已发布实施的医疗器械标准开展复审工作，根据科学技术进步、产业发展以及监管需要对其有效性、适用性和先进性及时组织复审，提出复审结论。复审结论分为继续有效、修订或者废止。复审周期原则上不超过 5 年。

医疗器械标准复审结论由医疗器械标准管理中心审核通过后，报送国家食品药品监督管理总局审查。医疗器械国家标准复审结论，送国务院标准化行政主管部门批准；医疗器械行业标准复审结论由国家食品药品监督管理总局审查批准，并对复审结论为废止的标准以公告形式发布。

第四章　标准实施与监督

第二十五条　医疗器械企业应当严格按照经注册或者备案的产品技术要求组织生产，保证出厂的医疗器械符合强制性标准以及经注册或者备案的产品技术要求。

第二十六条　医疗器械推荐性标准被法律法规、规范性文件及经注册或者备案的产品技术要求引用的内容应当强制执行。

第二十七条　医疗器械产品技术要求，应当与产品设计特性、预期用途和质量控制水平相适应，并不得低于产品适用的强制性国家标准和强制性行业标准。

第二十八条　食品药品监督管理部门对医疗器械企业实施医疗器械强制性标准以及经注册或者备案的产品技术要求的情况进行监督检查。

第二十九条　任何单位和个人有权向食品药品监督管理部门举报或者反映违反医疗器械强制性

标准以及经注册或者备案的产品技术要求的行为。收到举报或者反映的部门，应当及时按规定作出处理。

第三十条 医疗器械标准实行信息化管理，标准立项、发布、实施等信息应当及时向公众公开。

第三十一条 食品药品监督管理部门应当在医疗器械标准发布后，及时组织、指导标准的宣传、培训。

第三十二条 医疗器械标准化技术委员会对标准的实施情况进行跟踪评价。医疗器械标准管理中心根据跟踪评价情况对强制性标准实施情况进行统计分析。

第五章 附　则

第三十三条 医疗器械国家标准的编号按照国务院标准化行政主管部门的规定编制。医疗器械行业标准的代号由大写汉语拼音字母等构成。强制性行业标准的代号为"YY"，推荐性行业标准的代号为"YY/T"。

行业标准的编号由行业标准的代号、标准号和标准发布的年号构成。其形式为：YY××××1–××××2 和 YY/T ××××1–××××2。

××××1 为标准号，××××2 为标准发布年号。

第三十四条 依法成立的社会团体可以制定发布团体标准。团体标准的管理应当符合国家相关规定。

第三十五条 医疗器械标准样品是医疗器械检验检测中的实物标准，其管理应当符合国家有关规定。

第三十六条 本办法自 2017 年 7 月 1 日起施行。2002 年 1 月 4 日发布的《医疗器械标准管理办法（试行）》（原国家药品监督管理局令第 31 号）同时废止。

国家食品药品监督管理总局关于调整部分医疗器械
行政审批事项审批程序的决定

国家食品药品监督管理总局令第 32 号

（2017 年 3 月 20 日国家食品药品监督管理总局令第 32 号公布，自 2017 年 7 月 1 日起施行）

为贯彻落实《国务院关于改革药品医疗器械审评审批制度的意见》（国发〔2015〕44 号）以及国务院有关行政审批制度改革精神，进一步加强医疗器械注册管理，切实提高审评审批效率，经国家食品药品监督管理总局局务会议研究决定，将下列由国家食品药品监督管理总局作出的医疗器械行政审批决定，调整为由国家食品药品监督管理总局医疗器械技术审评中心以国家食品药品监督管理总局名义作出：

一、第三类高风险医疗器械临床试验审批决定；

二、国产第三类医疗器械和进口医疗器械许可事项变更审批决定；

三、国产第三类医疗器械和进口医疗器械延续注册审批决定。

其他医疗器械注册申请的审批决定，按现程序，由国家食品药品监督管理总局作出。

调整后的审批决定由国家食品药品监督管理总局医疗器械技术审评中心负责人签发。申请人对审批结论不服的，可以向国家食品药品监督管理总局提起行政复议或者依法提起行政诉讼。

医疗器械监管相关规章中审批程序与本决定不一致的，按照本决定执行。

本决定自 2017 年 7 月 1 日起施行。

部门规章

135

医疗器械召回管理办法

国家食品药品监督管理总局令第 29 号

（2017 年 1 月 25 日国家食品药品监督管理总局令第 29 号公布，自 2017 年 5 月 1 日起施行）

第一章 总 则

第一条 为加强医疗器械监督管理，控制存在缺陷的医疗器械产品，消除医疗器械安全隐患，保证医疗器械的安全、有效，保障人体健康和生命安全，根据《医疗器械监督管理条例》，制定本办法。

第二条 中华人民共和国境内已上市医疗器械的召回及其监督管理，适用本办法。

第三条 本办法所称医疗器械召回，是指医疗器械生产企业按照规定的程序对其已上市销售的某一类别、型号或者批次的存在缺陷的医疗器械产品，采取警示、检查、修理、重新标签、修改并完善说明书、软件更新、替换、收回、销毁等方式进行处理的行为。

前款所述医疗器械生产企业，是指境内医疗器械产品注册人或者备案人、进口医疗器械的境外制造厂商在中国境内指定的代理人。

第四条 本办法所称存在缺陷的医疗器械产品包括：

（一）正常使用情况下存在可能危及人体健康和生命安全的不合理风险的产品；

（二）不符合强制性标准、经注册或者备案的产品技术要求的产品；

（三）不符合医疗器械生产、经营质量管理有关规定导致可能存在不合理风险的产品；

（四）其他需要召回的产品。

第五条 医疗器械生产企业是控制与消除产品缺陷的责任主体，应当主动对缺陷产品实施召回。

第六条 医疗器械生产企业应当按照本办法的规定建立健全医疗器械召回管理制度，收集医疗器械安全相关信息，对可能的缺陷产品进行调查、评估，及时召回缺陷产品。

进口医疗器械的境外制造厂商在中国境内指定的代理人应当将仅在境外实施医疗器械召回的有关信息及时报告国家食品药品监督管理总局；凡涉及在境内实施召回的，中国境内指定的代理人应当按照本办法的规定组织实施。

医疗器械经营企业、使用单位应当积极协助医疗器械生产企业对缺陷产品进行调查、评估，主动配合生产企业履行召回义务，按照召回计划及时传达、反馈医疗器械召回信息，控制和收回缺陷产品。

第七条 医疗器械经营企业、使用单位发现其经营、使用的医疗器械可能为缺陷产品的，应当立即暂停销售或者使用该医疗器械，及时通知医疗器械生产企业或者供货商，并向所在地省、自治区、直辖市食品药品监督管理部门报告；使用单位为医疗机构的，还应当同时向所在地省、自治区、直辖市卫生行政部门报告。

医疗器械经营企业、使用单位所在地省、自治区、直辖市食品药品监督管理部门收到报告后，应当及时通报医疗器械生产企业所在地省、自治区、直辖市食品药品监督管理部门。

第八条 召回医疗器械的生产企业所在地省、自治区、直辖市食品药品监督管理部门负责医疗器械召回的监督管理，其他省、自治区、直辖市食品药品监督管理部门应当配合做好本行政区域内医疗器械召回的有关工作。

国家食品药品监督管理总局监督全国医疗器械召回的管理工作。

第九条　国家食品药品监督管理总局和省、自治区、直辖市食品药品监督管理部门应当按照医疗器械召回信息通报和信息公开有关制度，采取有效途径向社会公布缺陷产品信息和召回信息，必要时向同级卫生行政部门通报相关信息。

第二章　医疗器械缺陷的调查与评估

第十条　医疗器械生产企业应当按照规定建立健全医疗器械质量管理体系和医疗器械不良事件监测系统，收集、记录医疗器械的质量投诉信息和医疗器械不良事件信息，对收集的信息进行分析，对可能存在的缺陷进行调查和评估。

医疗器械经营企业、使用单位应当配合医疗器械生产企业对有关医疗器械缺陷进行调查，并提供有关资料。

第十一条　医疗器械生产企业应当按照规定及时将收集的医疗器械不良事件信息向食品药品监督管理部门报告，食品药品监督管理部门可以对医疗器械不良事件或者可能存在的缺陷进行分析和调查，医疗器械生产企业、经营企业、使用单位应当予以配合。

第十二条　对存在缺陷的医疗器械产品进行评估的主要内容包括：

（一）产品是否符合强制性标准、经注册或者备案的产品技术要求；

（二）在使用医疗器械过程中是否发生过故障或者伤害；

（三）在现有使用环境下是否会造成伤害，是否有科学文献、研究、相关试验或者验证能够解释伤害发生的原因；

（四）伤害所涉及的地区范围和人群特点；

（五）对人体健康造成的伤害程度；

（六）伤害发生的概率；

（七）发生伤害的短期和长期后果；

（八）其他可能对人体造成伤害的因素。

第十三条　根据医疗器械缺陷的严重程度，医疗器械召回分为：

（一）一级召回：使用该医疗器械可能或者已经引起严重健康危害的；

（二）二级召回：使用该医疗器械可能或者已经引起暂时的或者可逆的健康危害的；（三）三级召回：使用该医疗器械引起危害的可能性较小但仍需要召回的。

医疗器械生产企业应当根据具体情况确定召回级别并根据召回级别与医疗器械的销售和使用情况，科学设计召回计划并组织实施。

第三章　主动召回

第十四条　医疗器械生产企业按照本办法第十条、第十二条的要求进行调查评估后，确定医疗器械产品存在缺陷的，应当立即决定并实施召回，同时向社会发布产品召回信息。

实施一级召回的，医疗器械召回公告应当在国家食品药品监督管理总局网站和中央主要媒体上发布；实施二级、三级召回的，医疗器械召回公告应当在省、自治区、直辖市食品药品监督管理部门网站发布，省、自治区、直辖市食品药品监督管理部门网站发布的召回公告应当与国家食品药品监督管理总局网站链接。

第十五条　医疗器械生产企业作出医疗器械召回决定的，一级召回应当在1日内，二级召回应当在3日内，三级召回应当在7日内，通知到有关医疗器械经营企业、使用单位或者告知使用者。

召回通知应当包括以下内容：

（一）召回医疗器械名称、型号规格、批次等基本信息；

（二）召回的原因；

（三）召回的要求，如立即暂停销售和使用该产品、将召回通知转发到相关经营企业或者使用单位等；

（四）召回医疗器械的处理方式。

第十六条 医疗器械生产企业作出医疗器械召回决定的，应当立即向所在地省、自治区、直辖市食品药品监督管理部门和批准该产品注册或者办理备案的食品药品监督管理部门提交医疗器械召回事件报告表，并在 5 个工作日内将调查评估报告和召回计划提交至所在地省、自治区、直辖市食品药品监督管理部门和批准注册或者办理备案的食品药品监督管理部门备案。

医疗器械生产企业所在地省、自治区、直辖市食品药品监督管理部门应当在收到召回事件报告表 1 个工作日内将召回的有关情况报告国家食品药品监督管理总局。

第十七条 调查评估报告应当包括以下内容：

（一）召回医疗器械的具体情况，包括名称、型号规格、批次等基本信息；

（二）实施召回的原因；

（三）调查评估结果；

（四）召回分级。

召回计划应当包括以下内容：

（一）医疗器械生产销售情况及拟召回的数量；

（二）召回措施的具体内容，包括实施的组织、范围和时限等；

（三）召回信息的公布途径与范围；

（四）召回的预期效果；

（五）医疗器械召回后的处理措施。

第十八条 医疗器械生产企业所在地省、自治区、直辖市食品药品监督管理部门可以对生产企业提交的召回计划进行评估，认为生产企业所采取的措施不能有效消除产品缺陷或者控制产品风险的，应当书面要求其采取提高召回等级、扩大召回范围、缩短召回时间或者改变召回产品的处理方式等更为有效的措施进行处理。医疗器械生产企业应当按照食品药品监督管理部门的要求修改召回计划并组织实施。

第十九条 医疗器械生产企业对上报的召回计划进行变更的，应当及时报所在地省、自治区、直辖市食品药品监督管理部门备案。

第二十条 医疗器械生产企业在实施召回的过程中，应当根据召回计划定期向所在地省、自治区、直辖市食品药品监督管理部门提交召回计划实施情况报告。

第二十一条 医疗器械生产企业对召回医疗器械的处理应当有详细的记录，并向医疗器械生产企业所在地省、自治区、直辖市食品药品监督管理部门报告，记录应当保存至医疗器械注册证失效后 5 年，第一类医疗器械召回的处理记录应当保存 5 年。对通过警示、检查、修理、重新标签、修改并完善说明书、软件更新、替换、销毁等方式能够消除产品缺陷的，可以在产品所在地完成上述行为。需要销毁的，应当在食品药品监督管理部门监督下销毁。

第二十二条 医疗器械生产企业应当在召回完成后 10 个工作日内对召回效果进行评估，并向所在地省、自治区、直辖市食品药品监督管理部门提交医疗器械召回总结评估报告。

第二十三条 医疗器械生产企业所在地省、自治区、直辖市食品药品监督管理部门应当自收到总结评估报告之日起 10 个工作日内对报告进行审查，并对召回效果进行评估；认为召回尚未有效消除产品缺陷或者控制产品风险的，应当书面要求生产企业重新召回。医疗器械生产企业应当按照食品药品监督管理部门的要求进行重新召回。

第四章　责令召回

第二十四条　食品药品监督管理部门经过调查评估，认为医疗器械生产企业应当召回存在缺陷的医疗器械产品而未主动召回的，应当责令医疗器械生产企业召回医疗器械。

责令召回的决定可以由医疗器械生产企业所在地省、自治区、直辖市食品药品监督管理部门作出，也可以由批准该医疗器械注册或者办理备案的食品药品监督管理部门作出。作出该决定的食品药品监督管理部门，应当在其网站向社会公布责令召回信息。

医疗器械生产企业应当按照食品药品监督管理部门的要求进行召回，并按本办法第十四条第二款的规定向社会公布产品召回信息。

必要时，食品药品监督管理部门可以要求医疗器械生产企业、经营企业和使用单位立即暂停生产、销售和使用，并告知使用者立即暂停使用该缺陷产品。

第二十五条　食品药品监督管理部门作出责令召回决定，应当将责令召回通知书送达医疗器械生产企业，通知书包括以下内容：

（一）召回医疗器械的具体情况，包括名称、型号规格、批次等基本信息；

（二）实施召回的原因；

（三）调查评估结果；

（四）召回要求，包括范围和时限等。

第二十六条　医疗器械生产企业收到责令召回通知书后，应当按照本办法第十五条、第十六条的规定通知医疗器械经营企业和使用单位或者告知使用者，制定、提交召回计划，并组织实施。

第二十七条　医疗器械生产企业应当按照本办法第十九条、第二十条、第二十一条、第二十二条的规定向食品药品监督管理部门报告医疗器械召回的相关情况，进行召回医疗器械的后续处理。

食品药品监督管理部门应当按照本办法第二十三条的规定对医疗器械生产企业提交的医疗器械召回总结评估报告进行审查，并对召回效果进行评价，必要时通报同级卫生行政部门。经过审查和评价，认为召回不彻底、尚未有效消除产品缺陷或者控制产品风险的，食品药品监督管理部门应当书面要求医疗器械生产企业重新召回。医疗器械生产企业应当按照食品药品监督管理部门的要求进行重新召回。

第五章　法律责任

第二十八条　医疗器械生产企业因违反法律、法规、规章规定造成上市医疗器械存在缺陷，依法应当给予行政处罚，但该企业已经采取召回措施主动消除或者减轻危害后果的，食品药品监督管理部门依照《中华人民共和国行政处罚法》的规定给予从轻或者减轻处罚；违法行为轻微并及时纠正，没有造成危害后果的，不予处罚。

医疗器械生产企业召回医疗器械的，不免除其依法应当承担的其他法律责任。

第二十九条　医疗器械生产企业违反本办法第二十四条规定，拒绝召回医疗器械的，依据《医疗器械监督管理条例》第六十六条的规定进行处理。

第三十条　医疗器械生产企业有下列情形之一的，予以警告，责令限期改正，并处 3 万元以下罚款：

（一）违反本办法第十四条规定，未按照要求及时向社会发布产品召回信息的；

（二）违反本办法第十五条规定，未在规定时间内将召回医疗器械的决定通知到医疗器械经营企业、使用单位或者告知使用者的；

（三）违反本办法第十八条、第二十三条、第二十七条第二款规定，未按照食品药品监督管理部门要求采取改正措施或者重新召回医疗器械的；

（四）违反本办法第二十一条规定，未对召回医疗器械的处理作详细记录或者未向食品药品监督管理部门报告的。

第三十一条 医疗器械生产企业有下列情形之一的，予以警告，责令限期改正；逾期未改正的，处 3 万元以下罚款：

（一）未按照本办法规定建立医疗器械召回管理制度的；

（二）拒绝配合食品药品监督管理部门开展调查的；

（三）未按照本办法规定提交医疗器械召回事件报告表、调查评估报告和召回计划、医疗器械召回计划实施情况和总结评估报告的；

（四）变更召回计划，未报食品药品监督管理部门备案的。

第三十二条 医疗器械经营企业、使用单位违反本办法第七条第一款规定的，责令停止销售、使用存在缺陷的医疗器械，并处 5000 元以上 3 万元以下罚款；造成严重后果的，由原发证部门吊销《医疗器械经营许可证》。

第三十三条 医疗器械经营企业、使用单位拒绝配合有关医疗器械缺陷调查、拒绝协助医疗器械生产企业召回医疗器械的，予以警告，责令限期改正；逾期拒不改正的，处 3 万元以下罚款。

第三十四条 食品药品监督管理部门及其工作人员不履行医疗器械监督管理职责或者滥用职权、玩忽职守，有下列情形之一的，由监察机关或者任免机关根据情节轻重，对直接负责的主管人员和其他直接责任人员给予批评教育，或者依法给予警告、记过或者记大过的处分；造成严重后果的，给予降级、撤职或者开除的处分：

（一）未按规定向社会发布召回信息的；

（二）未按规定向相关部门报告或者通报有关召回信息的；

（三）应当责令召回而未采取责令召回措施的；

（四）违反本办法第二十三条和第二十七条第二款规定，未能督促医疗器械生产企业有效实施召回的。

第六章 附 则

第三十五条 召回的医疗器械已经植入人体的，医疗器械生产企业应当与医疗机构和患者共同协商，根据召回的不同原因，提出对患者的处理意见和应当采取的预案措施。

第三十六条 召回的医疗器械给患者造成损害的，患者可以向医疗器械生产企业要求赔偿，也可以向医疗器械经营企业、使用单位要求赔偿。患者向医疗器械经营企业、使用单位要求赔偿的，医疗器械经营企业、使用单位赔偿后，有权向负有责任的医疗器械生产企业追偿。

第三十七条 本办法自 2017 年 5 月 1 日起施行。2011 年 7 月 1 日起施行的《医疗器械召回管理办法（试行）》（中华人民共和国卫生部令第 82 号）同时废止。

医疗器械通用名称命名规则

国家食品药品监督管理总局令第 19 号

（2015 年 12 月 21 日国家食品药品监督管理总局令第 19 号公布，自 2016 年 4 月 1 日起施行）

第一条　为加强医疗器械监督管理，保证医疗器械通用名称命名科学、规范，根据《医疗器械监督管理条例》，制定本规则。

第二条　凡在中华人民共和国境内销售、使用的医疗器械应当使用通用名称，通用名称的命名应当符合本规则。

第三条　医疗器械通用名称应当符合国家有关法律、法规的规定，科学、明确，与产品的真实属性相一致。

第四条　医疗器械通用名称应当使用中文，符合国家语言文字规范。

第五条　具有相同或者相似的预期目的、共同技术的同品种医疗器械应当使用相同的通用名称。

第六条　医疗器械通用名称由一个核心词和一般不超过三个特征词组成。

核心词是对具有相同或者相似的技术原理、结构组成或者预期目的的医疗器械的概括表述。

特征词是对医疗器械使用部位、结构特点、技术特点或者材料组成等特定属性的描述。使用部位是指产品在人体的作用部位，可以是人体的系统、器官、组织、细胞等。结构特点是对产品特定结构、外观形态的描述。技术特点是对产品特殊作用原理、机理或者特殊性能的说明或者限定。材料组成是对产品的主要材料或者主要成分的描述。

第七条　医疗器械通用名称除应当符合本规则第六条的规定外，不得含有下列内容：

（一）型号、规格；

（二）图形、符号等标志；

（三）人名、企业名称、注册商标或者其他类似名称；

（四）"最佳"、"唯一"、"精确"、"速效"等绝对化、排他性的词语，或者表示产品功效的断言或者保证；

（五）说明有效率、治愈率的用语；

（六）未经科学证明或者临床评价证明，或者虚无、假设的概念性名称；

（七）明示或者暗示包治百病，夸大适用范围，或者其他具有误导性、欺骗性的内容；

（八）"美容"、"保健"等宣传性词语；

（九）有关法律、法规禁止的其他内容。

第八条　根据《中华人民共和国商标法》第十一条第一款的规定，医疗器械通用名称不得作为商标注册。

第九条　按照医疗器械管理的体外诊断试剂的命名依照《体外诊断试剂注册管理办法》（国家食品药品监督管理总局令第 5 号）的有关规定执行。

第十条　本规则自 2016 年 4 月 1 日起施行。

部门规章

医疗器械使用质量监督管理办法

国家食品药品监督管理总局令第 18 号

（2015 年 10 月 21 日国家食品药品监督管理总局令第 18 号公布，自 2016 年 2 月 1 日起施行）

第一章 总 则

第一条 为加强医疗器械使用质量监督管理，保证医疗器械使用安全、有效，根据《医疗器械监督管理条例》，制定本办法。

第二条 使用环节的医疗器械质量管理及其监督管理，应当遵守本办法。

第三条 国家食品药品监督管理总局负责全国医疗器械使用质量监督管理工作。县级以上地方食品药品监督管理部门负责本行政区域的医疗器械使用质量监督管理工作。

上级食品药品监督管理部门负责指导和监督下级食品药品监督管理部门开展医疗器械使用质量监督管理工作。

第四条 医疗器械使用单位应当按照本办法，配备与其规模相适应的医疗器械质量管理机构或者质量管理人员，建立覆盖质量管理全过程的使用质量管理制度，承担本单位使用医疗器械的质量管理责任。

鼓励医疗器械使用单位采用信息化技术手段进行医疗器械质量管理。

第五条 医疗器械生产经营企业销售的医疗器械应当符合强制性标准以及经注册或者备案的产品技术要求。医疗器械生产经营企业应当按照与医疗器械使用单位的合同约定，提供医疗器械售后服务，指导和配合医疗器械使用单位开展质量管理工作。

第六条 医疗器械使用单位发现所使用的医疗器械发生不良事件或者可疑不良事件的，应当按照医疗器械不良事件监测的有关规定报告并处理。

第二章 采购、验收与贮存

第七条 医疗器械使用单位应当对医疗器械采购实行统一管理，由其指定的部门或者人员统一采购医疗器械，其他部门或者人员不得自行采购。

第八条 医疗器械使用单位应当从具有资质的医疗器械生产经营企业购进医疗器械，索取、查验供货者资质、医疗器械注册证或者备案凭证等证明文件。对购进的医疗器械应当验明产品合格证明文件，并按规定进行验收。对有特殊储运要求的医疗器械还应当核实储运条件是否符合产品说明书和标签标示的要求。

第九条 医疗器械使用单位应当真实、完整、准确地记录进货查验情况。进货查验记录应当保存至医疗器械规定使用期限届满后 2 年或者使用终止后 2 年。大型医疗器械进货查验记录应当保存至医疗器械规定使用期限届满后 5 年或者使用终止后 5 年；植入性医疗器械进货查验记录应当永久保存。

医疗器械使用单位应当妥善保存购入第三类医疗器械的原始资料，确保信息具有可追溯性。

第十条 医疗器械使用单位贮存医疗器械的场所、设施及条件应当与医疗器械品种、数量相适应，符合产品说明书、标签标示的要求及使用安全、有效的需要；对温度、湿度等环境条件有特殊要求的，还应当监测和记录贮存区域的温度、湿度等数据。

第十一条 医疗器械使用单位应当按照贮存条件、医疗器械有效期限等要求对贮存的医疗器械进行定期检查并记录。

第十二条 医疗器械使用单位不得购进和使用未依法注册或者备案、无合格证明文件以及过期、失效、淘汰的医疗器械。

第三章 使用、维护与转让

第十三条 医疗器械使用单位应当建立医疗器械使用前质量检查制度。在使用医疗器械前，应当按照产品说明书的有关要求进行检查。

使用无菌医疗器械前，应当检查直接接触医疗器械的包装及其有效期限。包装破损、标示不清、超过有效期限或者可能影响使用安全、有效的，不得使用。

第十四条 医疗器械使用单位对植入和介入类医疗器械应当建立使用记录，植入性医疗器械使用记录永久保存，相关资料应当纳入信息化管理系统，确保信息可追溯。

第十五条 医疗器械使用单位应当建立医疗器械维护维修管理制度。对需要定期检查、检验、校准、保养、维护的医疗器械，应当按照产品说明书的要求进行检查、检验、校准、保养、维护并记录，及时进行分析、评估，确保医疗器械处于良好状态。

对使用期限长的大型医疗器械，应当逐台建立使用档案，记录其使用、维护等情况。记录保存期限不得少于医疗器械规定使用期限届满后 5 年或者使用终止后 5 年。

第十六条 医疗器械使用单位应当按照产品说明书等要求使用医疗器械。一次性使用的医疗器械不得重复使用，对使用过的应当按照国家有关规定销毁并记录。

第十七条 医疗器械使用单位可以按照合同的约定要求医疗器械生产经营企业提供医疗器械维护维修服务，也可以委托有条件和能力的维修服务机构进行医疗器械维护维修，或者自行对在用医疗器械进行维护维修。

医疗器械使用单位委托维修服务机构或者自行对在用医疗器械进行维护维修的，医疗器械生产经营企业应当按照合同的约定提供维护手册、维修手册、软件备份、故障代码表、备件清单、零部件、维修密码等维护维修必需的材料和信息。

第十八条 由医疗器械生产经营企业或者维修服务机构对医疗器械进行维护维修的，应当在合同中约定明确的质量要求、维修要求等相关事项，医疗器械使用单位应当在每次维护维修后索取并保存相关记录；医疗器械使用单位自行对医疗器械进行维护维修的，

应当加强对从事医疗器械维护维修的技术人员的培训考核，并建立培训档案。

第十九条 医疗器械使用单位发现使用的医疗器械存在安全隐患的，应当立即停止使用，通知检修；经检修仍不能达到使用安全标准的，不得继续使用，并按照有关规定处置。

第二十条 医疗器械使用单位之间转让在用医疗器械，转让方应当确保所转让的医疗器械安全、有效，并提供产品合法证明文件。

转让双方应当签订协议，移交产品说明书、使用和维修记录档案复印件等资料，并经有资质的检验机构检验合格后方可转让。受让方应当参照本办法第八条关于进货查验的规定进行查验，符合要求后方可使用。

不得转让未依法注册或者备案、无合格证明文件或者检验不合格，以及过期、失效、淘汰的医疗器械。

第二十一条 医疗器械使用单位接受医疗器械生产经营企业或者其他机构、个人捐赠医疗器械的，捐赠方应当提供医疗器械的相关合法证明文件，受赠方应当参照本办法第八条关于进货查验的规定进行查验，符合要求后方可使用。

不得捐赠未依法注册或者备案、无合格证明文件或者检验不合格，以及过期、失效、淘汰的医疗器械。

医疗器械使用单位之间捐赠在用医疗器械的，参照本办法第二十条关于转让在用医疗器械的规定办理。

第四章　监督管理

第二十二条　食品药品监督管理部门按照风险管理原则，对使用环节的医疗器械质量实施监督管理。

设区的市级食品药品监督管理部门应当编制并实施本行政区域的医疗器械使用单位年度监督检查计划，确定监督检查的重点、频次和覆盖率。对存在较高风险的医疗器械、有特殊储运要求的医疗器械以及有不良信用记录的医疗器械使用单位等，应当实施重点监管。

年度监督检查计划及其执行情况应当报告省、自治区、直辖市食品药品监督管理部门。

第二十三条　食品药品监督管理部门对医疗器械使用单位建立、执行医疗器械使用质量管理制度的情况进行监督检查，应当记录监督检查结果，并纳入监督管理档案。

食品药品监督管理部门对医疗器械使用单位进行监督检查时，可以对相关的医疗器械生产经营企业、维修服务机构等进行延伸检查。

医疗器械使用单位、生产经营企业和维修服务机构等应当配合食品药品监督管理部门的监督检查，如实提供有关情况和资料，不得拒绝和隐瞒。

第二十四条　医疗器械使用单位应当按照本办法和本单位建立的医疗器械使用质量管理制度，每年对医疗器械质量管理工作进行全面自查，并形成自查报告。食品药品监督管理部门在监督检查中对医疗器械使用单位的自查报告进行抽查。

第二十五条　食品药品监督管理部门应当加强对使用环节医疗器械的抽查检验。省级以上食品药品监督管理部门应当根据抽查检验结论，及时发布医疗器械质量公告。

第二十六条　个人和组织发现医疗器械使用单位有违反本办法的行为，有权向医疗器械使用单位所在地食品药品监督管理部门举报。接到举报的食品药品监督管理部门应当及时核实、处理。经查证属实的，应当按照有关规定对举报人给予奖励。

第五章　法律责任

第二十七条　医疗器械使用单位有下列情形之一的，由县级以上食品药品监督管理部门按照《医疗器械监督管理条例》第六十六条的规定予以处罚：

（一）使用不符合强制性标准或者不符合经注册或者备案的产品技术要求的医疗器械的；

（二）使用无合格证明文件、过期、失效、淘汰的医疗器械，或者使用未依法注册的医疗器械的。

第二十八条　医疗器械使用单位有下列情形之一的，由县级以上食品药品监督管理部门按照《医疗器械监督管理条例》第六十七条的规定予以处罚：

（一）未按照医疗器械产品说明书和标签标示要求贮存医疗器械的；

（二）转让或者捐赠过期、失效、淘汰、检验不合格的在用医疗器械的。

第二十九条　医疗器械使用单位有下列情形之一的，由县级以上食品药品监督管理部门按照《医疗器械监督管理条例》第六十八条的规定予以处罚：

（一）未建立并执行医疗器械进货查验制度，未查验供货者的资质，或者未真实、完整、准确地记录进货查验情况的；

（二）未按照产品说明书的要求进行定期检查、检验、校准、保养、维护并记录的；

（三）发现使用的医疗器械存在安全隐患未立即停止使用、通知检修，或者继续使用经检修仍不能达到使用安全标准的医疗器械的；

（四）未妥善保存购入第三类医疗器械的原始资料的；

（五）未按规定建立和保存植入和介入类医疗器械使用记录的。

第三十条 医疗器械使用单位有下列情形之一的，由县级以上食品药品监督管理部门责令限期改正，给予警告；拒不改正的，处 1 万元以下罚款：

（一）未按规定配备与其规模相适应的医疗器械质量管理机构或者质量管理人员，或者未按规定建立覆盖质量管理全过程的使用质量管理制度的；

（二）未按规定由指定的部门或者人员统一采购医疗器械的；

（三）购进、使用未备案的第一类医疗器械，或者从未备案的经营企业购进第二类医疗器械的；

（四）贮存医疗器械的场所、设施及条件与医疗器械品种、数量不相适应的，或者未按照贮存条件、医疗器械有效期限等要求对贮存的医疗器械进行定期检查并记录的；

（五）未按规定建立、执行医疗器械使用前质量检查制度的；

（六）未按规定索取、保存医疗器械维护维修相关记录的；

（七）未按规定对本单位从事医疗器械维护维修的相关技术人员进行培训考核、建立培训档案的；

（八）未按规定对其医疗器械质量管理工作进行自查、形成自查报告的。

第三十一条 医疗器械生产经营企业违反本办法第十七条规定，未按要求提供维护维修服务，或者未按要求提供维护维修所必需的材料和信息的，由县级以上食品药品监督管理部门给予警告，责令限期改正；情节严重或者拒不改正的，处 5000 元以上 2 万元以下罚款。

第三十二条 医疗器械使用单位、生产经营企业和维修服务机构等不配合食品药品监督管理部门的监督检查，或者拒绝、隐瞒、不如实提供有关情况和资料的，由县级以上食品药品监督管理部门责令改正，给予警告，可以并处 2 万元以下罚款。

第六章 附 则

第三十三条 用于临床试验的试验用医疗器械的质量管理，按照医疗器械临床试验等有关规定执行。

第三十四条 对使用环节的医疗器械使用行为的监督管理，按照国家卫生和计划生育委员会的有关规定执行。

第三十五条 本办法自 2016 年 2 月 1 日起施行。

部门规章

医疗器械分类规则

国家食品药品监督管理总局令第 15 号

（2015 年 7 月 14 日国家食品药品监督管理总局令第 15 号公布，自 2016 年 1 月 1 日起施行）

第一条 为规范医疗器械分类，根据《医疗器械监督管理条例》，制定本规则。

第二条 本规则用于指导制定医疗器械分类目录和确定新的医疗器械的管理类别。

第三条 本规则有关用语的含义是：

（一）预期目的

指产品说明书、标签或者宣传资料载明的，使用医疗器械应当取得的作用。

（二）无源医疗器械

不依靠电能或者其他能源，但是可以通过由人体或者重力产生的能量，发挥其功能的医疗器械。

（三）有源医疗器械

任何依靠电能或者其他能源，而不是直接由人体或者重力产生的能量，发挥其功能的医疗器械。

（四）侵入器械

借助手术全部或者部分通过体表侵入人体，接触体内组织、血液循环系统、中枢神经系统等部位的医疗器械，包括介入手术中使用的器材、一次性使用无菌手术器械和暂时或短期留在人体内的器械等。本规则中的侵入器械不包括重复使用手术器械。

（五）重复使用手术器械

用于手术中进行切、割、钻、锯、抓、刮、钳、抽、夹等过程，不连接任何有源医疗器械，通过一定的处理可以重新使用的无源医疗器械。

（六）植入器械

借助手术全部或者部分进入人体内或腔道（口）中，或者用于替代人体上皮表面或眼表面，并且在手术过程结束后留在人体内 30 日（含）以上或者被人体吸收的医疗器械。

（七）接触人体器械

直接或间接接触患者或者能够进入患者体内的医疗器械。

（八）使用时限

1. 连续使用时间：医疗器械按预期目的、不间断的实际作用时间；

2. 暂时：医疗器械预期的连续使用时间在 24 小时以内；

3. 短期：医疗器械预期的连续使用时间在 24 小时（含）以上、30 日以内；

4. 长期：医疗器械预期的连续使用时间在 30 日（含）以上。

（九）皮肤

未受损皮肤表面。

（十）腔道（口）

口腔、鼻腔、食道、外耳道、直肠、阴道、尿道等人体自然腔道和永久性人造开口。

（十一）创伤

各种致伤因素作用于人体所造成的组织结构完整性破坏或者功能障碍。

（十二）组织

人体体内组织，包括骨、牙髓或者牙本质，不包括血液循环系统和中枢神经系统。

（十三）血液循环系统

血管（毛细血管除外）和心脏。

（十四）中枢神经系统

脑和脊髓。

（十五）独立软件

具有一个或者多个医疗目的，无需医疗器械硬件即可完成自身预期目的，运行于通用计算平台的软件。

（十六）具有计量测试功能的医疗器械

用于测定生理、病理、解剖参数，或者定量测定进出人体的能量或物质的医疗器械，其测量结果需要精确定量，并且该结果的准确性会对患者的健康和安全产生明显影响。

（十七）慢性创面

各种原因形成的长期不愈合创面，如静脉性溃疡、动脉性溃疡、糖尿病性溃疡、创伤性溃疡、压力性溃疡等。

第四条 医疗器械按照风险程度由低到高，管理类别依次分为第一类、第二类和第三类。

医疗器械风险程度，应当根据医疗器械的预期目的，通过结构特征、使用形式、使用状态、是否接触人体等因素综合判定。

第五条 依据影响医疗器械风险程度的因素，医疗器械可以分为以下几种情形：

（一）根据结构特征的不同，分为无源医疗器械和有源医疗器械。

（二）根据是否接触人体，分为接触人体器械和非接触人体器械。

（三）根据不同的结构特征和是否接触人体，医疗器械的使用形式包括：

无源接触人体器械：液体输送器械、改变血液体液器械、医用敷料、侵入器械、重复使用手术器械、植入器械、避孕和计划生育器械、其他无源接触人体器械。

无源非接触人体器械：护理器械、医疗器械清洗消毒器械、其他无源非接触人体器械。

有源接触人体器械：能量治疗器械、诊断监护器械、液体输送器械、电离辐射器械、植入器械、其他有源接触人体器械。

有源非接触人体器械：临床检验仪器设备、独立软件、医疗器械消毒灭菌设备、其他有源非接触人体器械。

（四）根据不同的结构特征、是否接触人体以及使用形式，医疗器械的使用状态或者其产生的影响包括以下情形：

无源接触人体器械：根据使用时限分为暂时使用、短期使用、长期使用；接触人体的部位分为皮肤或腔道（口）、创伤或组织、血液循环系统或中枢神经系统。

无源非接触人体器械：根据对医疗效果的影响程度分为基本不影响、轻微影响、重要影响。

有源接触人体器械：根据失控后可能造成的损伤程度分为轻微损伤、中度损伤、严重损伤。

有源非接触人体器械：根据对医疗效果的影响程度分为基本不影响、轻微影响、重要影响。

第六条 医疗器械的分类应当根据医疗器械分类判定表（见附件）进行分类判定。有以下情形的，还应当结合下述原则进行分类：

（一）如果同一医疗器械适用两个或者两个以上的分类，应当采取其中风险程度最高的分类；由多个医疗器械组成的医疗器械包，其分类应当与包内风险程度最高的医疗器械一致。

（二）可作为附件的医疗器械，其分类应当综合考虑该附件对配套主体医疗器械安全性、有效性的影响；如果附件对配套主体医疗器械有重要影响，附件的分类应不低于配套主体医疗器械的分类。

（三）监控或者影响医疗器械主要功能的医疗器械，其分类应当与被监控、影响的医疗器械的分类一致。

部门规章

（四）以医疗器械作用为主的药械组合产品，按照第三类医疗器械管理。

（五）可被人体吸收的医疗器械，按照第三类医疗器械管理。

（六）对医疗效果有重要影响的有源接触人体器械，按照第三类医疗器械管理。

（七）医用敷料如果有以下情形，按照第三类医疗器械管理，包括：预期具有防组织或器官粘连功能，作为人工皮肤，接触真皮深层或其以下组织受损的创面，用于慢性创面，或者可被人体全部或部分吸收的。

（八）以无菌形式提供的医疗器械，其分类应不低于第二类。

（九）通过牵拉、撑开、扭转、压握、弯曲等作用方式，主动施加持续作用力于人体、可动态调整肢体固定位置的矫形器械（不包括仅具有固定、支撑作用的医疗器械，也不包括配合外科手术中进行临时矫形的医疗器械或者外科手术后或其他治疗中进行四肢矫形的医疗器械），其分类应不低于第二类。

（十）具有计量测试功能的医疗器械，其分类应不低于第二类。

（十一）如果医疗器械的预期目的是明确用于某种疾病的治疗，其分类应不低于第二类。

（十二）用于在内窥镜下完成夹取、切割组织或者取石等手术操作的无源重复使用手术器械，按照第二类医疗器械管理。

第七条 体外诊断试剂按照有关规定进行分类。

第八条 国家食品药品监督管理总局根据医疗器械生产、经营、使用情况，及时对医疗器械的风险变化进行分析、评价，对医疗器械分类目录进行调整。

第九条 国家食品药品监督管理总局可以组织医疗器械分类专家委员会制定、调整医疗器械分类目录。

第十条 本规则自 2016 年 1 月 1 日起施行。2000 年 4 月 5 日公布的《医疗器械分类规则》（原国家药品监督管理局令第 15 号）同时废止。

附件：医疗器械分类判定表

附件：

医疗器械分类判定表

接触人体器械											
		暂时使用			短期使用			长期使用			
	使用状态 使用形式	皮肤/ 腔道（口）	创伤/ 组织	血循环/ 中枢	皮肤/ 腔道（口）	创伤/ 组织	血循环/ 中枢	皮肤/ 腔道（口）	创伤/ 组织	血循环/ 中枢	
无源医疗器械	1	液体输送器械	II	II	III	II	II	III	II	III	III
	2	改变血液体液器械		III		–	III		–	III	
	3	医用敷料	I	II	II	I	II	II	–	–	–
	4	侵入器械	I	II	III	II	II	III			
	5	重复使用手术器械	I	I	II	–	–	–	–	–	–
	6	植入器械	–	–	–		–		III	III	III
	7	避孕和计划生育器械（不包括重复使用手术器械）	II	II	III	II	III	III	III	III	III
	8	其他无源器械	I	II	III	II	II	III	II	III	III

有源医疗器械		使用状态 使用形式	轻微损伤	中度损伤	严重损伤
	1	能量治疗器械	II	II	III
	2	诊断监护器械	II	II	III
	3	液体输送器械	II	II	III
	4	电离辐射器械	II	II	III
	5	植入器械	III	III	III
	6	其他有源器械	II	II	III

非接触人体器械					
	使用状态 使用形式		基本不影响	轻微影响	重要影响
无源医疗器械	1	护理器械	Ⅰ	Ⅱ	
	2	医疗器械清洗消毒器械	－	Ⅱ	Ⅲ
	3	其他无源器械	Ⅰ	Ⅱ	Ⅲ
	使用状态 使用形式		基本不影响	轻微影响	重要影响
有源医疗器械	1	临床检验仪器设备	Ⅰ	Ⅱ	Ⅲ
	2	独立软件		Ⅱ	Ⅲ
	3	医疗器械消毒灭菌设备		Ⅱ	Ⅲ
	4	其他有源器械	Ⅰ	Ⅱ	Ⅲ

注：1. 本表中"Ⅰ"、"Ⅱ"、"Ⅲ"分别代表第一类、第二类、第三类医疗器械；

2. 本表中"一"代表不存在这种情形。

药品医疗器械飞行检查办法

国家食品药品监督管理总局令第 14 号

（2015 年 6 月 29 日国家食品药品监督管理总局令第 14 号公布，自 2015 年 9 月 1 日起施行）

第一章 总 则

第一条 为加强药品和医疗器械监督检查，强化安全风险防控，根据《中华人民共和国药品管理法》、《中华人民共和国药品管理法实施条例》、《医疗器械监督管理条例》等有关法律法规，制定本办法。

第二条 本办法所称药品医疗器械飞行检查，是指食品药品监督管理部门针对药品和医疗器械研制、生产、经营、使用等环节开展的不预先告知的监督检查。

第三条 国家食品药品监督管理总局负责组织实施全国范围内的药品医疗器械飞行检查。地方各级食品药品监督管理部门负责组织实施本行政区域的药品医疗器械飞行检查。

第四条 药品医疗器械飞行检查应当遵循依法独立、客观公正、科学处置的原则，围绕安全风险防控开展。

第五条 被检查单位对食品药品监督管理部门组织实施的药品医疗器械飞行检查应当予以配合，不得拒绝、逃避或者阻碍。

第六条 食品药品监督管理部门应当按照政府信息公开的要求公开检查结果，对重大或者典型案件，可以采取新闻发布等方式向社会公开。

第七条 食品药品监督管理部门及有关工作人员应当严格遵守有关法律法规、廉政纪律和工作要求，不得向被检查单位提出与检查无关的要求，不得泄露飞行检查相关情况、举报人信息及被检查单位的商业秘密。

第二章 启 动

第八条 有下列情形之一的，食品药品监督管理部门可以开展药品医疗器械飞行检查：

（一）投诉举报或者其他来源的线索表明可能存在质量安全风险的；

（二）检验发现存在质量安全风险的；

（三）药品不良反应或者医疗器械不良事件监测提示可能存在质量安全风险的；

（四）对申报资料真实性有疑问的；

（五）涉嫌严重违反质量管理规范要求的；

（六）企业有严重不守信记录的；

（七）其他需要开展飞行检查的情形。

第九条 开展飞行检查应当制定检查方案，明确检查事项、时间、人员构成和方式等。需要采用不公开身份的方式进行调查的，检查方案中应当予以明确。

必要时，食品药品监督管理部门可以联合公安机关等有关部门共同开展飞行检查。

第十条 食品药品监督管理部门派出的检查组应当由 2 名以上检查人员组成，检查组实行组长负责制。检查人员应当是食品药品行政执法人员、依法取得检查员资格的人员或者取得本次检查授权的其他人员；根据检查工作需要，食品药品监督管理部门可以请相关领域专家参加检查工作。

参加检查的人员应当签署无利益冲突声明和廉政承诺书；所从事的检查活动与其个人利益之间

可能发生矛盾或者冲突的，应当主动提出回避。

  第十一条 检查组应当调查核实被检查单位执行药品和医疗器械监管法律法规的实际情况，按照检查方案明确现场检查重点，并可以根据风险研判提出风险管控预案。

  第十二条 检查组成员不得事先告知被检查单位检查行程和检查内容，指定地点集中后，第一时间直接进入检查现场；直接针对可能存在的问题开展检查；不得透露检查过程中的进展情况、发现的违法线索等相关信息。

  第十三条 上级食品药品监督管理部门组织实施飞行检查的，可以适时通知被检查单位所在地食品药品监督管理部门。被检查单位所在地食品药品监督管理部门应当派员协助检查，协助检查的人员应当服从检查组的安排。

  第十四条 组织实施飞行检查的食品药品监督管理部门应当加强对检查组的指挥，根据现场检查反馈的情况及时调整应对策略，必要时启动协调机制，并可以派相关人员赴现场协调和指挥。

第三章 检 查

  第十五条 检查组到达检查现场后，检查人员应当出示相关证件和受食品药品监督管理部门委派开展监督检查的执法证明文件，通报检查要求及被检查单位的权利和义务。

  第十六条 被检查单位及有关人员应当及时按照检查组要求，明确检查现场负责人，开放相关场所或者区域，配合对相关设施设备的检查，保持正常生产经营状态，提供真实、有效、完整的文件、记录、票据、凭证、电子数据等相关材料，如实回答检查组的询问。

  第十七条 检查组应当详细记录检查时间、地点、现场状况等；对发现的问题应当进行书面记录，并根据实际情况收集或者复印相关文件资料、拍摄相关设施设备及物料等实物和现场情况、采集实物以及询问有关人员等。询问记录应当包括询问对象姓名、工作岗位和谈话内容等，并经询问对象逐页签字或者按指纹。

  记录应当及时、准确、完整，客观真实反映现场检查情况。

  飞行检查过程中形成的记录及依法收集的相关资料、实物等，可以作为行政处罚中认定事实的依据。

  第十八条 需要抽取成品及其他物料进行检验的，检查组可以按照抽样检验相关规定抽样或者通知被检查单位所在地食品药品监督管理部门按规定抽样。抽取的样品应当由具备资质的技术机构进行检验或者鉴定，所抽取样品的检验费、鉴定费由组织实施飞行检查的食品药品监督管理部门承担。

  第十九条 检查组认为证据可能灭失或者以后难以取得的，以及需要采取行政强制措施的，可以通知被检查单位所在地食品药品监督管理部门。被检查单位所在地食品药品监督管理部门应当依法采取证据保全或者行政强制措施。

  第二十条 有下列情形之一的，检查组应当立即报组织实施飞行检查的食品药品监督管理部门及时作出决定：

  （一）需要增加检查力量或者延伸检查范围的；

  （二）需要采取产品召回或者暂停研制、生产、销售、使用等风险控制措施的；

  （三）需要立案查处的；

  （四）涉嫌犯罪需要移送公安机关的；

  （五）其他需要报告的事项。

  需要采取风险控制措施的，被检查单位应当按照食品药品监督管理部门的要求采取相应措施。

  第二十一条 现场检查时间由检查组根据检查需要确定，以能够查清查实问题为原则。

  经组织实施飞行检查的食品药品监督管理部门同意后，检查组方可结束检查。

第二十二条　检查结束时，检查组应当向被检查单位通报检查相关情况。被检查单位有异议的，可以陈述和申辩，检查组应当如实记录。

第二十三条　检查结束后，检查组应当撰写检查报告。检查报告的内容包括：检查过程、发现问题、相关证据、检查结论和处理建议等。

第二十四条　检查组一般应当在检查结束后5个工作日内，将检查报告、检查记录、相关证据材料等报组织实施飞行检查的食品药品监督管理部门。必要时，可以抄送被检查单位所在地食品药品监督管理部门。

第四章　处　　理

第二十五条　根据飞行检查结果，食品药品监督管理部门可以依法采取限期整改、发告诫信、约谈被检查单位、监督召回产品、收回或者撤销相关资格认证认定证书，以及暂停研制、生产、销售、使用等风险控制措施。风险因素消除后，应当及时解除相关风险控制措施。

第二十六条　国家食品药品监督管理总局组织实施的飞行检查发现违法行为需要立案查处的，国家食品药品监督管理总局可以直接组织查处，也可以指定被检查单位所在地食品药品监督管理部门查处。

地方各级食品药品监督管理部门组织实施的飞行检查发现违法行为需要立案查处的，原则上应当直接查处。

由下级食品药品监督管理部门查处的，组织实施飞行检查的食品药品监督管理部门应当跟踪督导查处情况。

第二十七条　飞行检查发现的违法行为涉嫌犯罪的，由负责立案查处的食品药品监督管理部门移送公安机关，并抄送同级检察机关。

第二十八条　食品药品监督管理部门有权在任何时间进入被检查单位研制、生产、经营、使用等场所进行检查，被检查单位不得拒绝、逃避。

被检查单位有下列情形之一的，视为拒绝、逃避检查：

（一）拖延、限制、拒绝检查人员进入被检查场所或者区域的，或者限制检查时间的；

（二）无正当理由不提供或者延迟提供与检查相关的文件、记录、票据、凭证、电子数据等材料的；

（三）以声称工作人员不在、故意停止生产经营等方式欺骗、误导、逃避检查的；

（四）拒绝或者限制拍摄、复印、抽样等取证工作的；

（五）其他不配合检查的情形。

检查组对被检查单位拒绝、逃避检查的行为应当进行书面记录，责令改正并及时报告组织实施飞行检查的食品药品监督管理部门；经责令改正后仍不改正、造成无法完成检查工作的，检查结论判定为不符合相关质量管理规范或者其他相关要求。

第二十九条　被检查单位因违法行为应当受到行政处罚，且具有拒绝、逃避监督检查或者伪造、销毁、隐匿有关证据材料等情形的，由食品药品监督管理部门按照《中华人民共和国药品管理法》、《中华人民共和国药品管理法实施条例》、《医疗器械监督管理条例》等有关规定从重处罚。

第三十条　被检查单位有下列情形之一，构成违反治安管理行为的，由食品药品监督管理部门商请公安机关依照《中华人民共和国治安管理处罚法》的规定进行处罚：

（一）阻碍检查人员依法执行职务，或者威胁检查人员人身安全的；

（二）伪造、变造、买卖或者使用伪造、变造的审批文件、认证认定证书等的；

（三）隐藏、转移、变卖、损毁食品药品监督管理部门依法查封、扣押的财物的；

（四）伪造、隐匿、毁灭证据或者提供虚假证言，影响依法开展检查的。

第三十一条 上级食品药品监督管理部门应当及时将其组织实施的飞行检查结果通报被检查单位所在地食品药品监督管理部门。

下级食品药品监督管理部门应当及时将其组织实施的飞行检查中发现的重大问题书面报告上一级食品药品监督管理部门，并于每年年底前将该年度飞行检查的总结报告报上一级食品药品监督管理部门。

第三十二条 针对飞行检查中发现的区域性、普遍性或者长期存在、比较突出的问题，上级食品药品监督管理部门可以约谈被检查单位所在地食品药品监督管理部门主要负责人或者当地人民政府负责人。

被约谈的食品药品监督管理部门应当及时提出整改措施，并将整改情况上报。

第三十三条 食品药品监督管理部门及有关工作人员有下列情形之一的，应当公开通报；对有关工作人员按照干部管理权限给予行政处分和纪律处分，或者提出处理建议；涉嫌犯罪的，依法移交司法机关处理：

（一）泄露飞行检查信息的；

（二）泄露举报人信息或者被检查单位商业秘密的；

（三）出具虚假检查报告或者检验报告的；

（四）干扰、拖延检查或者拒绝立案查处的；

（五）违反廉政纪律的；

（六）有其他滥用职权或者失职渎职行为的。

第五章 附 则

第三十四条 各级食品药品监督管理部门应当将药品医疗器械飞行检查所需费用及相关抽检费用纳入年度经费预算，并根据工作需要予以足额保障。

第三十五条 本办法自 2015 年 9 月 1 日起施行。

医疗器械说明书和标签管理规定

国家食品药品监督管理总局令第 6 号

（2014 年 7 月 30 日国家食品药品监督管理总局令第 6 号公布，自 2014 年 10 月 1 日起施行）

第一条 为规范医疗器械说明书和标签，保证医疗器械使用的安全，根据《医疗器械监督管理条例》，制定本规定。

第二条 凡在中华人民共和国境内销售、使用的医疗器械，应当按照本规定要求附有说明书和标签。

第三条 医疗器械说明书是指由医疗器械注册人或者备案人制作，随产品提供给用户，涵盖该产品安全有效的基本信息，用以指导正确安装、调试、操作、使用、维护、保养的技术文件。

医疗器械标签是指在医疗器械或者其包装上附有的用于识别产品特征和标明安全警示等信息的文字说明及图形、符号。

第四条 医疗器械说明书和标签的内容应当科学、真实、完整、准确，并与产品特性相一致。

医疗器械说明书和标签的内容应当与经注册或者备案的相关内容一致。

医疗器械标签的内容应当与说明书有关内容相符合。

第五条 医疗器械说明书和标签对疾病名称、专业名词、诊断治疗过程和结果的表述，应当采用国家统一发布或者规范的专用词汇，度量衡单位应当符合国家相关标准的规定。

第六条 医疗器械说明书和标签中使用的符号或者识别颜色应当符合国家相关标准的规定；无相关标准规定的，该符号及识别颜色应当在说明书中描述。

第七条 医疗器械最小销售单元应当附有说明书。

医疗器械的使用者应当按照说明书使用医疗器械。

第八条 医疗器械的产品名称应当使用通用名称，通用名称应当符合国家食品药品监督管理总局制定的医疗器械命名规则。第二类、第三类医疗器械的产品名称应当与医疗器械注册证中的产品名称一致。

产品名称应当清晰地标明在说明书和标签的显著位置。

第九条 医疗器械说明书和标签文字内容应当使用中文，中文的使用应当符合国家通用的语言文字规范。医疗器械说明书和标签可以附加其他文种，但应当以中文表述为准。

医疗器械说明书和标签中的文字、符号、表格、数字、图形等应当准确、清晰、规范。

第十条 医疗器械说明书一般应当包括以下内容：

（一）产品名称、型号、规格；

（二）注册人或者备案人的名称、住所、联系方式及售后服务单位，进口医疗器械还应当载明代理人的名称、住所及联系方式；

（三）生产企业的名称、住所、生产地址、联系方式及生产许可证编号或者生产备案凭证编号，委托生产的还应当标注受托企业的名称、住所、生产地址、生产许可证编号或者生产备案凭证编号；

（四）医疗器械注册证编号或者备案凭证编号；

（五）产品技术要求的编号；

（六）产品性能、主要结构组成或者成分、适用范围；

（七）禁忌症、注意事项、警示以及提示的内容；

部门规章

（八）安装和使用说明或者图示，由消费者个人自行使用的医疗器械还应当具有安全使用的特别说明；

（九）产品维护和保养方法，特殊储存、运输条件、方法；

（十）生产日期，使用期限或者失效日期；

（十一）配件清单，包括配件、附属品、损耗品更换周期以及更换方法的说明等；

（十二）医疗器械标签所用的图形、符号、缩写等内容的解释；

（十三）说明书的编制或者修订日期；

（十四）其他应当标注的内容。

第十一条 医疗器械说明书中有关注意事项、警示以及提示性内容主要包括：

（一）产品使用的对象；

（二）潜在的安全危害及使用限制；

（三）产品在正确使用过程中出现意外时，对操作者、使用者的保护措施以及应当采取的应急和纠正措施；

（四）必要的监测、评估、控制手段；

（五）一次性使用产品应当注明"一次性使用"字样或者符号，已灭菌产品应当注明灭菌方式以及灭菌包装损坏后的处理方法，使用前需要消毒或者灭菌的应当说明消毒或者灭菌的方法；

（六）产品需要同其他医疗器械一起安装或者联合使用时，应当注明联合使用器械的要求、使用方法、注意事项；

（七）在使用过程中，与其他产品可能产生的相互干扰及其可能出现的危害；

（八）产品使用中可能带来的不良事件或者产品成分中含有的可能引起副作用的成分或者辅料；

（九）医疗器械废弃处理时应当注意的事项，产品使用后需要处理的，应当注明相应的处理方法；

（十）根据产品特性，应当提示操作者、使用者注意的其他事项。

第十二条 重复使用的医疗器械应当在说明书中明确重复使用的处理过程，包括清洁、消毒、包装及灭菌的方法和重复使用的次数或者其他限制。

第十三条 医疗器械标签一般应当包括以下内容：

（一）产品名称、型号、规格；

（二）注册人或者备案人的名称、住所、联系方式，进口医疗器械还应当载明代理人的名称、住所及联系方式；

（三）医疗器械注册证编号或者备案凭证编号；

（四）生产企业的名称、住所、生产地址、联系方式及生产许可证编号或者生产备案凭证编号，委托生产的还应当标注受托企业的名称、住所、生产地址、生产许可证编号或者生产备案凭证编号；

（五）生产日期，使用期限或者失效日期；

（六）电源连接条件、输入功率；

（七）根据产品特性应当标注的图形、符号以及其他相关内容；

（八）必要的警示、注意事项；

（九）特殊储存、操作条件或者说明；

（十）使用中对环境有破坏或者负面影响的医疗器械，其标签应当包含警示标志或者中文警示说明；

（十一）带放射或者辐射的医疗器械，其标签应当包含警示标志或者中文警示说明。

医疗器械标签因位置或者大小受限而无法全部标明上述内容的，至少应当标注产品名称、型号、规格、生产日期和使用期限或者失效日期，并在标签中明确"其他内容详见说明书"。

第十四条 医疗器械说明书和标签不得有下列内容：

（一）含有"疗效最佳"、"保证治愈"、"包治"、"根治"、"即刻见效"、"完全无毒副作用"等表示功效的断言或者保证的；

（二）含有"最高技术"、"最科学"、"最先进"、"最佳"等绝对化语言和表示的；

（三）说明治愈率或者有效率的；

（四）与其他企业产品的功效和安全性相比较的；

（五）含有"保险公司保险"、"无效退款"等承诺性语言的；

（六）利用任何单位或者个人的名义、形象作证明或者推荐的；

（七）含有误导性说明，使人感到已经患某种疾病，或者使人误解不使用该医疗器械会患某种疾病或者加重病情的表述，以及其他虚假、夸大、误导性的内容；

（八）法律、法规规定禁止的其他内容。

第十五条 医疗器械说明书应当由注册申请人或者备案人在医疗器械注册或者备案时，提交食品药品监督管理部门审查或者备案，提交的说明书内容应当与其他注册或者备案资料相符合。

第十六条 经食品药品监督管理部门注册审查的医疗器械说明书的内容不得擅自更改。

已注册的医疗器械发生注册变更的，申请人应当在取得变更文件后，依据变更文件自行修改说明书和标签。

说明书的其他内容发生变化的，应当向医疗器械注册的审批部门书面告知，并提交说明书更改情况对比说明等相关文件。审批部门自收到书面告知之日起20个工作日内未发出不予同意通知件的，说明书更改生效。

第十七条 已备案的医疗器械，备案信息表中登载内容、备案产品技术要求以及说明书其他内容发生变化的，备案人自行修改说明书和标签的相关内容。

第十八条 说明书和标签不符合本规定要求的，由县级以上食品药品监督管理部门按照《医疗器械监督管理条例》第六十七条的规定予以处罚。

第十九条 本规定自2014年10月1日起施行。2004年7月8日公布的《医疗器械说明书、标签和包装标识管理规定》（原国家食品药品监督管理局令第10号）同时废止。

部门规章

第四章

相关文件

一、综合

国家药监局关于贯彻实施《医疗器械监督管理条例》有关事项的公告

2021 年第 76 号

新修订的《医疗器械监督管理条例》（国务院令第 739 号，以下简称新《条例》），将于 2021 年 6 月 1 日起施行。国家药监局正在组织制修订配套规章、规范性文件和技术指导原则等，将按照程序陆续发布。现就贯彻实施新《条例》有关事项公告如下：

一、关于全面实施医疗器械注册人、备案人制度

自 2021 年 6 月 1 日起，凡持有医疗器械注册证或者已办理第一类医疗器械备案的企业、医疗器械研制机构，应当按照新《条例》规定，分别履行医疗器械注册人、备案人的义务，加强医疗器械全生命周期质量管理，对研制、生产、经营、使用全过程中医疗器械的安全性、有效性依法承担责任。

二、关于医疗器械注册、备案管理

自 2021 年 6 月 1 日起，在新《条例》配套的注册、备案相关规定发布实施前，医疗器械注册申请人、备案人继续按照现行规定申请注册和进行备案。有关医疗器械临床评价要求，按照本公告第三条执行。药品监督管理部门按照现行规定的程序和时限开展注册、备案相关工作。

三、关于医疗器械临床评价管理

自 2021 年 6 月 1 日起，医疗器械注册申请人、备案人根据新《条例》规定开展临床评价。符合新《条例》规定的免于临床评价情形的，可以免于临床评价；进行临床评价，可以根据产品特征、临床风险、已有临床数据等情形，通过开展临床试验，或者通过对同品种医疗器械临床文献资料、临床数据进行分析评价，证明医疗器械安全、有效；已有临床文献资料、临床数据不足以确认产品安全、有效的医疗器械，应当开展临床试验。在免于临床评价的相关文件发布实施前，免于进行临床评价医疗器械目录参照现行免于进行临床试验医疗器械目录执行。

四、关于医疗器械生产许可、备案管理

在新《条例》配套的生产许可、备案相关规定发布实施前，医疗器械注册人、备案人办理生产许可、备案和委托生产按照现有规章和规范性文件执行。

五、关于医疗器械经营许可、备案管理

医疗器械注册人、备案人在其住所或者生产地址销售其注册、备案的医疗器械，无需办理医疗器械经营许可或者备案，但应当符合规定的经营条件；在其他场所贮存、销售第二、三类医疗器械

的，应当按照规定办理医疗器械经营许可或者备案。

国家药监局已起草有关免于经营备案的第二类医疗器械产品目录，目前正在公开征求意见。产品目录发布后，按目录执行。

六、关于医疗器械违法行为的查处

医疗器械违法行为发生在 2021 年 6 月 1 日以前的，适用修订前的《条例》，但依据新《条例》认为不违法或者处罚较轻的，适用新《条例》。违法行为发生在 2021 年 6 月 1 日以后的，适用新《条例》。

特此公告。

国家药监局

2021 年 5 月 31 日

二、标准和分类

总局关于发布医疗器械标准制修订工作管理规范的公告

2017 年第 156 号

为贯彻落实中共中央办公厅、国务院办公厅《关于深化审评审批制度改革鼓励药品医疗器械创新的意见》（厅字〔2017〕42 号），根据《医疗器械标准管理办法》（国家食品药品监督管理总局令第 33 号）有关规定，国家食品药品监督管理总局组织修订了《医疗器械标准制修订工作管理规范》，现予发布。

特此公告。

附件：医疗器械标准制修订工作管理规范

食品药品监管总局
2017 年 12 月 12 日

附件

医疗器械标准制修订工作管理规范

第一章 总 则

第一条 为加强医疗器械标准制定、修订工作的规范化管理，建立公开、透明、高效的医疗器械标准制修订工作机制，提高医疗器械标准质量，根据《医疗器械标准管理办法》，制定本规范。

第二条 本规范适用于医疗器械国家标准和行业标准的制定、修订，包含医疗器械标准立项、起草、验证、征求意见、技术审查、审核批准和发布、实施和评价、修改和勘误、复审和废止，以及医疗器械行业标准制修订快速程序等。

第三条 医疗器械标准实行信息化管理。国家食品药品监督管理总局医疗器械标准管理中心（以下简称标管中心）负责医疗器械标准制修订信息系统（以下简称信息系统）的建设和维护。

第二章 标准立项

第四条 医疗器械标准计划项目实行全年公开征集制度。医疗器械生产经营企业、使用单位、监管部门、检测机构以及有关教育科研机构、社会团体和个人均可提出立项提案。提案单位或个人通过信息系统填写《医疗器械标准立项提案表》（附表 1），报送相关专业领域的医疗器械标准化技术委员会（以下简称技委会）、医疗器械标准化分技术委员会（以下简称分技委）或标准化技术归口单位（以下简称技术归口单位）。

第五条 医疗器械标准计划项目的立项条件：

（一）符合国家现行法律法规和有关规定；

（二）符合医疗器械监管和医疗器械产业及技术发展需要；

（三）符合医疗器械标准规划和医疗器械标准体系要求，原则上不与现行医疗器械标准及已立项的计划项目交叉、重复；

（四）符合国家采用国际标准的政策；

（五）属于产品标准的强制性行业标准计划项目，原则上其适用的产品应取得医疗器械注册证或备案凭证；

（六）列入国家产业规划、重大科技专项等的标准。

第六条 医疗器械生产经营企业、使用单位、监管部门、检测机构以及有关教育科研机构、社会团体等，可以向立项提案归口的技委会、分技委会或技术归口单位申请作为医疗器械标准第一起草单位。

担任第一起草单位需同时具备以下条件：

（一）业务范围与标准涉及的技术内容相适应；

（二）具备相关的科研和技术能力，在行业内具有代表性和较高的权威性；

（三）具有熟悉国家医疗器械有关政策法规的技术人员；

（四）具有熟悉标准中涉及的国内外技术发展趋势、生产水平和使用要求、了解当前存在的问题和解决方法的技术人员；

（五）标准需要验证的，具备验证能力。

第七条 对暂不明确归口的立项提案，可直接报送标管中心，由标管中心委托相应的技委会、分技委会或技术归口单位进行可行性研究，并确定技术归口单位。

涉及两个或两个以上技委会、分技委会或技术归口单位的立项提案，由标管中心负责协调，确定牵头和协作的技委会、分技委会或技术归口单位。

第八条 技委会、分技委会或技术归口单位收到立项提案后，应当按照第五条、第六条的要求，对立项提案进行深入调研、充分论证、广泛听取利益相关方意见。属于技委会、分技委会归口的立项提案需经全体委员审议，参加投票的委员不得少于3/4。参加投票委员2/3以上赞成，且反对意见不超过参加投票委员的1/4，方为通过。

属于技术归口单位归口的，需组织专家进行审议，专家人数原则上不少于15人。技术归口单位按程序公开征集专家并公示。参加投票的专家2/3以上赞成，且反对意见不超过参加投票专家的1/4，方为通过。

审议内容至少包括项目名称、标准的效力、适用范围和主要技术内容、第一起草单位等。

第九条 对审议通过的立项提案，技委会、分技委会或技术归口单位应将立项申请材料，通过信息系统进行申报。分技委会的立项申请应首先报所属技委会，经其审核通过后，再报标管中心。技委会或技术归口单位的立项申请按要求报标管中心。

第十条 标管中心对技委会或技术归口单位报送的立项申请进行初审，符合要求的立项申请，由标管中心向社会公开征求意见，公开内容包括项目名称、适用范围、标准的效力、国际标准采用情况、第一起草单位等，征求意见时间为1个月。征求意见后，标管中心统筹协调各方意见并组织专家论证。对审查通过的立项申请，标管中心提出标准立项计划项目建议，报送国家食品药品监督管理总局（以下简称总局）。

第十一条 总局对医疗器械标准立项计划项目建议进行审核。审核通过的标准计划项目（以下简称计划项目），在总局网站向社会公示7日，公示无异议后，国家标准计划项目报送国务院标准化行政主管部门批准下达；行业标准计划项目由总局批准下达。

第十二条 计划项目批准后，技委会、分技委会或技术归口单位应当按计划组织实施，并向标管中心报送计划项目的执行情况。标管中心对执行情况进行管理和监督检查。

第十三条 批准的计划项目实施过程中原则上不允许调整。确需撤销的或变更项目适用范围、标准名称（涉及项目适用范围变更）第一起草单位、标准的效力、归口单位等重要事项的，承担计划项目的技委会、分技委会或技术归口单位应填写《医疗器械标准计划项目调整申请表》（附表2），按第二章第八条的要求再次组织审议，审议通过的，技委会或技术归口单位将调整申请表报送标管中心，分技委会将调整申请表报送技委会。标管中心审核调整申请并提出调整建议，报送总局。经审查同意的，国家标准计划项目调整送国务院标准化行政主管部门批准；行业标准计划项目调整由总局批准，并由标管中心在信息系统中公布。经审查未同意的，技委会、分技委会或技术归口单位依照原计划开展标准制修订工作。

第十四条 计划项目需按时限要求完成。如不能按期完成，承担计划项目的技委会、分技委会或技术归口单位至少提前3个月向标管中心提交延期申请。如因审查未通过而需要延期的，需在标准审查结束后1个月内向标管中心提交延期申请。标管中心应审核，建议准予延期的，报送总局。对于国家标准计划项目延期建议，由总局报国务院标准化行政主管部门批准。准予延期的行业标准，总局批准后，标管中心在信息系统中调整时限。

第十五条 同一计划项目原则上可申请1次延期，最长延期时限为1年。

第十六条 总局每年公布标准计划完成情况。未完成当年计划项目总数的80%，且未获准延期的技委会或归口单位，总局将视情形减免该单位下一年度的计划项目。

第三章 标准起草

第十七条 技委会、分技委会或技术归口单位应当按照批准的标准计划项目及时组织开展标准起草工作，并对标准质量及技术内容负责。

第十八条 医疗器械生产经营企业、使用单位、监管部门、检测机构以及有关教育科研机构、社会团体等，可以向承担计划项目的技委会、分技委会或技术归口单位申请作为起草单位。技委会、分技委会或技术归口单位按照公开、公正、择优的原则确定参与起草单位，参与起草单位需具有代表性，充分发挥各相关方的作用。立项提案单位可优先作为起草单位。如计划项目为产品标准，参与起草单位原则上至少包括一家相关产品的生产或研究机构。

参与起草单位需填写《医疗器械标准起草单位登记表》（附表3），在承担计划项目的技委会、分技委会或技术归口单位备案。参与起草单位的变更，需经技委会、分技委会或技术归口单位同意。

第十九条 技委会、分技委会或技术归口单位应组织起草单位推荐标准起草人，成立标准起草工作组。标准起草人应由起草单位具有丰富专业知识和实践经验的技术人员担任。起草人需填写《医疗器械标准起草人登记表》（附表4），在技委会、分技委会或技术归口单位备案。起草人的变更，需经技委会、分技委会或技术归口单位同意。

第二十条 标准起草工作组负责标准起草工作，并确定第一起草人。第一起草人原则上来自第一起草单位，负责标准起草的具体编写、协调等工作。标准第一起草人需具备以下条件：

（一）强制性标准第一起草人原则上具备高级及以上专业技术职称或相当技术职务，推荐性标准第一起草人具备中级及以上专业技术职称或相当技术职务；

（二）具有相关产品检验、研发、生产或质量技术等工作经验；

（三）具有一定的标准化管理和医疗器械法规知识；

（四）具有较好的文字表达能力和较高的英语水平；

（五）具有较好的组织管理和协调能力；

（六）未出现无故不按时完成标准工作任务的情况；

第二十一条 标准起草工作组应广泛调研、深入分析研究，积极借鉴相关国际标准，在对技术内容进行充分论证的基础上，按 GB/T 1《标准化工作导则》、GB/T 20000《标准化工作指南》等标准编写规范要求起草标准草案。

第四章 标准验证

第二十二条 技委会、分技委会或技术归口单位应当组织对标准草案进行验证。验证时可公开征集验证单位，组织开展验证工作、分析验证结果，得出验证结论。

第二十三条 需要试验验证确定的技术要求和方法应当进行试验验证。不需要试验验证的技术内容，需说明免试验验证理由。

第二十四条 试验验证前，应当拟定试验方案，明确试验目的、要求、人员、试验对象、试验方法，试验中使用的仪器、设备、工具、工作场地、工作环境以及验证时应当注意的事项等，确保试验验证结论的可重复性、可靠性和准确性。

第二十五条 同一试验验证项目应在不同企业或检测机构中开展，原则上至少包括一家检测机构。

第二十六条 技委会、分技委会或技术归口单位应按标准存档要求保存完成的验证材料，验证材料应准确、真实、清晰。

第五章 征求意见

第二十七条 技委会、分技委会或技术归口单位根据验证结论，修改完善标准草案，形成医疗器械标准征求意见稿、编制说明及有关附件。"编制说明"的内容一般包括：

（一）工作简况，包括任务来源、协作单位、主要工作过程、标准起草单位及其所做的工作等；

（二）标准编制原则和确定标准主要内容（如技术指标、参数、公式、性能要求、试验方法、检验规则等）的论据（包括试验、统计数据），修订标准时，需说明新旧标准的对比情况；

（三）主要试验（或验证）的分析、综述报告，技术经济论证，预期的经济效果；

（四）采用国际标准和国外先进标准的程度，以及与国际同类标准水平的对比情况，或与测试的国外样品、样机的有关数据对比情况；

（五）与有关的现行法律、法规和强制性标准的关系；

（六）重大分歧意见的处理经过和依据；

（七）作为强制性标准或推荐性标准的建议；

（八）贯彻标准的要求和措施建议（包括组织措施、技术措施、过渡办法、实施日期等内容）；

（九）废止现行有关标准的建议；

（十）其他需要说明的事项。

第二十八条 技委会、分技委会或技术归口单位按要求向标管中心上报标准征求意见稿、编制说明等材料，同时向委员及相关单位征求意见。标管中心在其网站向社会公开征求意见。

第二十九条 征求意见时，需明确征求意见的期限，一般为2个月。被征求意见的单位应在规定期限内回复意见，如没有意见也应当复函说明，逾期不复函，按无异议处理。对重大的意见，需说明论据或提出技术论证。

第三十条 技委会、分技委会或技术归口单位负责对征集到的意见进行汇总后，反馈给标准起草工作组。标准起草工作组负责对征集的意见进行研究，提出处理意见，填写《医疗器械标准征求意见汇总处理表》（附表5），上报技委会、分技委会或技术归口单位。对征求意见的处理方式为：采纳、部分采纳、技术审查阶段讨论和不采纳。对于结论为"部分采纳"、"技术审查阶段讨论"或"不采纳"的，需说明理由。

第三十一条 技委会、分技委会或技术归口单位需对征求意见处理情况进行审核。若征求的意见分歧较大,技委会、分技委会或技术归口单位应进行调查研究或补充验证工作,视情况考虑是否再次征求意见。

第三十二条 根据征求意见的处理情况,起草工作组修改完善标准征求意见稿及相关材料,形成标准送审稿、编制说明、验证报告、意见汇总处理表和有关附件。

第六章 技术审查

第三十三条 技委会、分技委会或技术归口单位负责组织对标准送审稿进行技术审查。审查形式分为会议审查和函审两种。对强制性标准、重大基础推荐性标准、涉及专利的标准以及征求意见分歧意见较多的推荐性标准送审稿需进行会议审查。必要时,可在会议审查或函审前对标准进行预审,预审结论不作为报批标准的依据。

第三十四条 采用会议审查时,技委会、分技委会或技术归口单位需提前10个工作日将标准送审稿、编制说明、征求意见汇总处理表等送审材料交全体委员或审查专家。

第三十五条 采用函审时,技委会、分技委会或技术归口单位需将送审材料和《医疗器械标准送审稿函审单》(附表6)交全体委员或审查专家,并规定回函期限,一般不少于1个月。

第三十六条 标准起草工作组需对标准的主要技术内容、编制工作过程、征求意见及处理情况等进行说明,并解释标准中技术要求的含义及制定依据。对各方提出的意见或建议应当如实准确地解答,采纳合理的部分。

第三十七条 由技委会、分技委会承担的医疗器械标准计划项目,技委会、分技委会负责组织全体委员表决,参加投票的委员不得少于全体委员的3/4。参加投票委员的2/3以上赞成,且反对意见不超过参加投票委员的1/4,方为通过。委员本人未出席会议且未委托本单位代表出席会议的,或函审未按规定时间投票的,按弃权处理。会议审查委员(含委员代表)出席率不足2/3时,需重新组织审查。

由技术归口单位承担的医疗器械标准计划项目,技术归口单位负责组织专家进行投票,原则上人数不少于15人,参加投票的专家不得少于3/4。参加投票专家的2/3以上赞成,且反对意见不超过参加投票专家的1/4,方为通过。

第三十八条 技委会、分技委会或技术归口单位需根据会议审查或函审情况,形成会议审查(函审)纪要,并填写《医疗器械标准技术审查结论表》(附表7),并经与会委员或专家审议通过。会议审查(函审)纪要需如实反映审查情况,内容包括审查时间和地点、参与审查人员和单位情况、审查情况、对送审稿的审查结论、对编制说明内容的审查结论等。审查结论分为"通过""修改后通过""未通过"三种情形。

第三十九条 对于审查结论为"通过"的或"修改后通过"的,技委会、分技委会或技术归口单位组织起草单位依据审查意见修改完善标准送审稿等材料,形成标准报批稿、实施建议(包括实施日期、确定实施日期的依据)等材料。

对于审查结论为"未通过"的,技委会、分技委会或技术归口单位需根据审查意见修改完善后再次组织审查。

第四十条 技委会或者技术归口单位将标准报批稿、实施建议等报批材料报送标管中心。分技委会按要求将报批材料上报技委会,技委会应在30个工作日内完成审查,审查通过后,上报标管中心。

第七章 审核批准和发布

第四十一条 标管中心对标准制修订程序、报批稿协调性、报批材料齐全性和规范性等进行审核,审核工作应当在60个工作日内完成,补充资料时间不计算在审核时限内。必要时,可组织专家

相关文件

165

进行技术论证。对于需要完善上报材料的，标管中心在信息系统向技委会、分技委会或技术归口单位提出审核意见。技委会、分技委会或技术归口单位在 30 个工作日内根据审核意见提交相关材料。若标准报批稿及其相关报批材料不符合要求，标管中心将报批相关材料退回技委会、分技委会或技术归口单位，由技委会、分技委会或技术归口单位修订完善后重新上报。

第四十二条　审核通过的医疗器械国家标准，技委会或技术归口单位在国家标准制修订工作管理信息系统完成上报。对审核通过的医疗器械行业标准，标管中心将标准报批稿及相关材料送标准出版单位进行审校，有疑问时及时反馈标管中心。

第四十三条　标管中心将审核通过的医疗器械国家标准和审校通过的医疗器械行业标准报批稿及相关材料报送总局审查。审查通过的国家标准送国务院标准化行政主管部门批准、发布；审查通过的行业标准由总局批准，并确定实施日期和实施要求，以公告形式发布，必要时对标准实施提出指导性意见。

医疗器械国家标准、行业标准按照相关规定公开，供公众查阅。

第八章　实施和评价

第四十四条　技委会、分技委会和技术归口单位应在标准发布后开展标准的宣传、培训。必要时，标管中心可组织开展强制性标准以及重大基础标准的宣传、培训。

第四十五条　相关单位或个人在标准实施过程中发现问题，可向标准归口的技委会、分技委会或技术归口单位反馈。针对反馈的问题，技委会、分技委会或技术归口单位应当组织研究，提出解决方案报标管中心。

第四十六条　技委会、分技委会或技术归口单位应对标准的实施情况进行跟踪评价，并及时向标管中心反馈。对医疗器械强制性标准，标管中心根据跟踪评价情况对强制性标准实施情况进行统计分析。必要时，标管中心可组织相关单位、专家开展对医疗器械强制性标准、重大基础标准实施的评价，提出建议后报总局。

第九章　修改和勘误

第四十七条　医疗器械标准发布实施后，因个别技术内容影响标准使用需要进行修改时，应当采用标准修改单方式修改。相关单位或个人均可向标准归口的技委会、分技委会或技术归口单位提出标准修改的建议。技委会、分技委会或技术归口单位参照立项提案的审议程序，确定是否需要修改。

第四十八条　标准修改单应当由标准归口的技委会、分技委会或技术归口单位按照医疗器械标准制修订程序起草、征求意见、技术审查及报批。医疗器械标准修改单征求意见时间可适当缩短。

第四十九条　标管中心将审核通过的医疗器械标准修改单、修改单实施建议及相关报批材料上报总局审查。经审查通过的医疗器械国家标准修改单及相关报批材料送国务院标准化行政主管部门审批、发布。经审查通过的医疗器械行业标准修改单，由总局批准，确定实施日期和实施要求，并予以发布。

第五十条　若医疗器械标准发布出版后存在文字性错误等不涉及技术指标或内容的变化或修改，勘误后不会产生标准理解的歧义，由归口单位将拟勘误的内容报出版单位并抄送标管中心。标准出版单位审核通过后予以勘误，发布勘误表或勘误说明，在标准再次印刷时予以更正。

第十章　复审和废止

第五十一条　技委会、分技委会或技术归口单位应当对已发布实施的医疗器械标准开展复审工作，根据科学技术进步、产业发展、监管需要对其有效性、适用性和先进性及时组织复审。复审周期原则上不超过 5 年。复审可采用会议审查或函审，标准复审程序和要求需参照第六章技术审查的相关规定，形成复审结论。复审结论分为"继续有效"、"修订"或者"废止"。

第五十二条 标准复审后，技委会、分技委会或技术归口单位需形成复审报告，报告内容包括复审简况、复审程序、处理意见、复审结论，并将标准复审材料上报标管中心。报送材料包括报送公文、标准复审报告、标准复审项目汇总表以及《医疗器械标准复审结论表》（附表 8）。

第五十三条 标管中心审核通过复审结论后，上报总局审查、批准。医疗器械国家标准复审结论送国务院标准化行政主管部门批准；医疗器械行业标准复审结论由总局审查批准。

第五十四条 复审结论为"继续有效"的医疗器械标准，维持原标准号和年号。在总局网站上予以标识。

第五十五条 复审结论为"修订"的医疗器械标准，归口的技委会、分技委会或技术归口单位按照立项要求提出立项申请，批准后组织修订，或通过修改单进行修改。

第五十六条 复审结论为"废止"的医疗器械国家标准，按国务院标准化行政主管部门的规定予以废止。对需要废止的医疗器械行业标准，由总局向社会公开征求意见后，发布公告予以废止。

第十一章　医疗器械行业标准制修订快速程序

第五十七条 对医疗器械监管急需制修订的行业标准，可采用快速程序。

第五十八条 根据监管急需情况，总局组织标管中心研究后确定标准立项计划项目和承担计划项目的技委会、分技委会或技术归口单位。

第五十九条 技委会、分技委会或技术归口单位应当及时组织起草、征求意见、技术审查，标管中心及时完成审核，总局及时审批发布。相关时限可适当缩短。

第十二章　附　　则

第六十条 技委会、分技委会或技术归口单位需按照《标准档案管理办法》等相关规定保存标准制修订过程中的相关文件资料，包括项目建议书、起草人登记表、验证原始文件材料、会议纪要、标准审定投票单等过程文件。存档材料应真实可靠、可追溯。

第六十一条 已批准发布的医疗器械标准属于科技成果，可以作为相关人员申请科研奖励和参加专业技术资格评审的依据。

第六十二条 技委会、分技委或技术归口单位的管理应当符合相关规定。

第六十三条 本规范自发布之日起施行。2007 年 4 月 6 日发布的《医疗器械行业标准制修订工作规范（试行）》（国食药监械〔2007〕238 号）同时废止。

附表：1. 医疗器械标准立项提案表

　　　2. 医疗器械标准计划项目调整申请表

　　　3. 医疗器械标准起草单位登记表

　　　4. 医疗器械标准起草人登记表

　　　5. 医疗器械标准征求意见汇总处理表

　　　6. 医疗器械标准送审稿函审单

　　　7. 医疗器械标准技术审查结论表

　　　8. 医疗器械标准复审结论表

相关文件

国家药监局综合司关于进一步加强医疗器械强制性行业标准管理有关事项的通知

药监综械注〔2020〕72号

各省、自治区、直辖市药品监督管理局，新疆生产建设兵团药品监督管理局，各有关单位：

为进一步统一对强制性行业标准的认识，切实推进医疗器械强制性行业标准规范、有效实施，根据《中华人民共和国标准化法》《医疗器械监督管理条例》《强制性国家标准管理办法》和《医疗器械标准管理办法》，现就进一步加强医疗器械强制性行业标准管理有关事项通知如下：

一、切实维护强制性行业标准的法律地位

医疗器械强制性行业标准是由国家药监局组织制修订、批准发布，在医疗器械研制、生产、经营、使用及其监督管理活动中遵循的统一技术要求。《中华人民共和国标准化法》第十条规定"法律、行政法规和国务院决定对强制性标准的制定另有规定的，从其规定。"《医疗器械监督管理条例》第六条规定"医疗器械产品应当符合医疗器械强制性国家标准；尚无强制性国家标准的，应当符合医疗器械强制性行业标准。"各有关单位要充分认识强制性行业标准的法律地位，切实维护强制性行业标准的权威性，确保强制性行业标准规范、有效实施。

二、进一步完善强制性行业标准体系

医疗器械强制性行业标准是为保障人体健康和生命安全，涉及产品安全和基本性能要求的标准。制定强制性标准应当坚持通用性原则，优先制定针对某个或多个特定领域共性的技术要求。

国家药监局组织开展强制性行业标准全面评估论证，持续优化医疗器械强制性行业标准体系。需制定强制性行业标准的，尽快启动标准制定程序；需更新完善的，尽快启动修订程序；不宜强制的，转化为推荐性标准；不再适用的，及时予以废止。

三、完善强制性行业标准起草和实施

医疗器械标准管理部门要加强标准立项、起草、征求意见、技术审查、批准发布、复审等全过程精细化管理。强制性行业标准起草应当广泛调研、深入研究，积极借鉴国际标准。制定技术指标时，尽可能采用与产品使用功能相关的技术性能特征，而不简单用设计和描述特征表示。强制性行业标准的技术要求应当可验证、可操作，强制性行业标准编写应当遵守国家标准化工作有关规定，强制性行业标准前言中不再载明具体起草单位和起草人信息，可在标准编制说明中体现起草单位和起草人信息。

强制性行业标准实施日期应当依据产业和监管实际确定。强制性行业标准发布后实施前，医疗器械企业可选择执行新强制性行业标准或者原强制性行业标准。新强制性行业标准实施后，原强制性行业标准同时废止。

四、加强强制性行业标准的宣贯培训

各医疗器械标准化技术委员会（技术归口单位）要全力承担好本专业领域标准的宣贯培训和解

读工作。各级药品监管部门应当组织开展已发布强制性标准的培训。医疗器械相关协会、学会等社会团体应当积极主动组织标准培训，规范提升行业、团体贯彻标准能力。医疗器械研制、生产、经营、使用单位应当积极参加培训并主动开展内部培训，提高标准理解力，确保标准实施到位。

五、规范强制性行业标准的执行

医疗器械技术审评部门应当加强技术审评过程中对产品执行强制性行业标准的审核，充分利用强制性行业标准进一步简化成熟产品技术审评要求，不断提升审评工作效率。

医疗器械相关科技和产业不断发展，新技术、新工艺、新产品不断涌现，若新产品结构特征、预期用途、使用方式等与强制性行业标准的适用范围不一致，医疗器械企业在申请注册时，可提出不适用强制性行业标准的说明，并提供经验证的证明性资料。上述不适用强制性行业标准的说明和证明性资料由医疗器械技术审评部门组织判定，必要时可会同医疗器械标准化技术委员会（技术归口单位）予以判定。强制性行业标准不适用情况应当在获准注册的产品技术要求中予以明确，并由医疗器械技术审评部门向国家药监局医疗器械标准管理中心予以通报，医疗器械标准管理中心根据上述情况尽快组织修订完善强制性行业标准。

各级药品监管部门在上市后监管工作中，应当将企业执行强制性行业标准情况作为日常监督检查的重要内容，强化标准执行，督促企业落实质量安全主体责任。

六、强化强制性行业标准的实施评估

强制性行业标准实施中，各级药品监管部门、医疗器械标准管理部门、技术审评部门等，应当将标准实施中存在的问题及时反馈相应标准化技术委员会（技术归口单位）。各医疗器械标准化技术委员会（技术归口单位）应当对强制性行业标准的实施情况进行跟踪评估，及时研究解决相关问题。需要进一步明确标准内容的，要及时发布标准解读，统一理解和认识；需要制修订相关标准的，要按程序提出标准制修订立项申请。国家药监局医疗器械标准管理中心根据跟踪评估情况对强制性行业标准实施情况进行统计分析，形成统计分析报告，持续推进医疗器械强制性行业标准制修订全生命周期闭环管理，不断提升标准质量和水平。

国家药监局综合司
2020 年 7 月 7 日

相关文件

国家药品监督管理局 国家标准化管理委员会关于进一步促进医疗器械标准化工作高质量发展的意见

国药监械注〔2021〕21号

各省、自治区、直辖市和新疆生产建设兵团市场监管局（厅、委）、药监局，各医疗器械领域全国专业标准化技术委员会、分技术委员会，各医疗器械标准化技术归口单位，各有关单位：

医疗器械安全与人民群众身体健康和生命安全息息相关，是健康中国的重要组成部分。近年来，医疗器械科技和产业迅猛发展，医疗器械监管改革深入推进，创新、质量、效率持续提升，医疗器械标准化工作发挥了重要的基础保障作用。为贯彻十九届五中全会精神，落实党中央、国务院关于标准化工作改革决策部署，坚持科学化、法治化、国际化、现代化发展方向，以高标准夯实医疗器械监管和产业高质量发展基础，更好发挥标准在制械大国向制械强国跨越中的支撑和引领作用，现就进一步加强医疗器械标准化工作，提出以下意见：

一、总体要求

（一）指导思想。以习近平新时代中国特色社会主义思想为指导，贯彻落实发展战略性新兴产业和全面推进健康中国建设重大战略部署，落实标准化工作改革和医疗器械审评审批制度改革精神，完善"最严谨的标准"工作体系，更好地发挥标准在保安全、促发展中的重要支撑作用。

（二）主要目标。到2025年，基本建成适应我国医疗器械研制、生产、经营、使用、监督管理等全生命周期管理需要，符合严守安全底线和助推质量高线新要求，与国际接轨、有中国特色、科学先进的医疗器械标准体系，实现标准质量全面提升，标准供给更加优质、及时、多元，标准管理更加健全、高效、协调，标准国际交流合作更加深入、更富成效。

二、重点任务

（一）优化标准体系

1. 完善标准体系结构。研究制定标准体系建设的通用原则和基本要求，合理规划标准体系布局，围绕医疗器械监管和产业发展重大部署，科学编制标准规划。落实强制性国家标准实施情况统计分析报告制度，全面开展强制性标准评估，持续优化医疗器械强制性标准，严格限定强制性标准制定范围，逐步将适用范围广、影响面大的强制性行业标准转化为强制性国家标准。优化推荐性标准，重点支持基础通用、与强制性国家标准配套、对产业有引领作用的推荐性国家标准制修订；鼓励新兴技术领域、监管急需的推荐性行业标准制修订。培育团体标准发展，鼓励社会团体围绕新技术、新业态，积极开展医疗器械领域团体标准制定工作。构建形成结构合理、层次清晰、协调配套，守底线保安全、追高线促发展的医疗器械标准体系。

2. 加强基础通用标准研制。完善医疗器械术语定义、标记标识、风险管理、质量管理、临床评价管理、可用性工程、统计技术、数字安全等覆盖医疗器械全生命周期的基础标准。加快制修订医用电气设备基本安全和基本性能、生物学评价等通用标准。

3. 加强有源医疗器械标准研制。加快推进医用机器人、人工智能、有源植入物、医用软件、5G+工业互联网、多技术融合等医疗器械新兴领域共性技术研究和标准制定工作。探索推动医疗器械关键核心零部件标准制定。完善医用呼吸及麻醉设备、消毒灭菌设备、口腔数字化设备、医用体循设备、放射治疗及核医学设备、医用超声设备、物理治疗设备、医用实验室设备、医用X射线诊断设备、医用激光设备、医用射频设备等领域高端医疗器械相关标准。

4. 加强无源医疗器械标准研制。加强新型生物医用材料标准研究，推动药械组合产品、增材制造、可降解类、组织工程类、重组胶原蛋白类、纳米类等新技术、新工艺、新材料标准的制修订工作。开展有害物质表征及毒理学评价方法研究及标准制定。建立临床前动物试验标准体系。深入开展无源植入物、医用敷料、生物防护器械、口腔器械、光学等新产品的标准化工作。

5. 加强体外诊断试剂标准研制。加快高风险传染性疾病诊断试剂及相关方法标准制定，开展新冠肺炎疫情防控相关体外诊断试剂标准研究。推进高通量测序等新型分子诊断技术、临床质谱技术、伴随诊断试剂、即时检验、溯源和参考测量系统等领域标准制修订工作。

（二）强化标准精细化管理

6. 推进急需标准快速制定。落实深化标准化改革精神，对重大突发应急事件等确保公共卫生安全的监管急需标准，快速立项、快速制定、及时发布。对量大面广、影响力强、监管急需的重要强制性标准以及国内首创、国际领先的新技术、新产业相关标准，经专家论证，条件成熟的，进入标准制修订快速通道。

7. 优化标准制修订工作机制。全面梳理标准制修订各环节工作程序，围绕质量、效率优化工作机制，鼓励企业、科研院所、社会团体等各相关方积极参与标准制修订工作，引导行业领军企业在标准制修订工作中发挥更大作用。加强标准验证，广泛公开征集验证单位，扩大验证产品的覆盖面。强制性标准验证范围应当覆盖典型产品。探索设立医疗器械标准验证点。

8. 加快标准更新速度。对技术发展迅速的相关标准及时复审，确保标准的科学性、适用性、先进性。建立与国际标准快速联动的标准更新机制，探索国内标准与国际标准同步立项，缩短国际标准转化周期。加强国际标准的跟踪、比对和评估，在符合有关国际组织版权政策前提下，及时转化符合我国国情的国际标准，提升国内外标准一致性程度。

（三）加强标准监督实施

9. 落实企业在标准实施中的主体责任。进一步压实企业实施标准的主体责任，把标准作为生产、经营等环节风险控制的依据和手段，保证出厂产品符合强制性标准以及经注册或者备案的产品技术要求。鼓励企业制定高于国家标准和行业标准的产品技术要求，支持企业瞄准先进标杆企业实施技术改造，积极引导企业提升产品质量。探索建立产品执行标准自我公开和监督制度，形成企业承诺和社会监督并行的标准实施监督机制。宣传一批标准实施"标杆"企业。

10. 强化标准实施工作。各级医疗器械监管部门要将标准宣贯培训纳入年度培训计划，并将企业执行标准情况作为日常监督检查的重要内容，督促企业落实质量安全主体责任。强化检验、审评、审批、许可、检查、执法等过程中强制性标准实施机制，保障强制性标准严格执行。积极鼓励实施推荐性标准，促进规范性文件或者指导性文件积极引用推荐性标准，统一执行尺度。畅通标准实施的投诉举报渠道，加强标准实施的社会监督，努力营造标准化领域良好的社会共治局面。

11. 健全标准实施反馈协调机制。完善医疗器械标准实施信息反馈和沟通渠道，建立医疗器械标准意见反馈平台。加强标准解释工作，健全标准解释机制，及时解决标准实施过程中反馈的问题。建立标准协调解决机制，加强跨产业、跨领域标准合作，促进标准的统一执行。健全标准实施情况评估机制，组织开展标准实施评价工作，实现标准闭环管理。

（四）完善医疗器械标准组织体系

12. 加强组织体系建设。建立深化医疗器械标准化工作改革领导小组，为医疗器械标准体系顶层设计和重大战略性决策提供支撑。优化医疗器械领域全国专业标准化技术委员会、分技术委员会和医疗器械标准化技术归口单位（以下简称"医疗器械标委会和归口单位"）体系结构，合理布局标准

相关文件

化组织。加快推进医用防护产品标准化技术委员会等监管急需和战略性新兴产业医疗器械标准化组织筹建。协调解决医疗器械领域与其他行业的管理归口交叉问题。建立跨领域、综合性医疗器械标准联合工作机制，做到优势互补、整体提升。

13. 加强医疗器械标委会和归口单位管理。进一步加强和规范医疗器械标委会和归口单位管理，优化委员构成，增强委员构成的广泛性、代表性、先进性，强化对主任委员、副主任委员、秘书长等核心人员管理。构建医疗器械标委会和归口单位考核评价指标体系，加大考核评估工作力度，强化考核评估结果应用，健全考核激励和退出机制，对工作优秀的医疗器械标委会和归口单位予以通报表扬，对不能履职尽责的实施动态调整。

（五）深化国际交流与合作

14. 深度参与国际标准化活动。深化与国际标准化组织交流与合作，更广泛、更深入参与国际标准协作验证，推荐更多专家成为国际标准组织注册专家，积极参与国际标准化活动。鼓励积极参与国际标准制修订工作，提出更多医疗器械领域国际标准项目提案，为医疗器械监管国际合作与交流提供"中国智慧"。

15. 深化区域交流与合作。积极发挥医疗器械标准对"一带一路"的服务和支撑作用，引导和鼓励国内医疗器械企业、科研单位、检测机构、审评核查机构积极参与"一带一路"建设，鼓励制定国家标准、行业标准外文版，促进沿线国家医疗器械标准工作对话交流。

（六）提升标准技术支撑能力

16. 提升标准科技支撑能力。推动标准化工作与科技创新体系深度融合，注重科研与标准的有效衔接，加强标准科研支撑能力，促进医疗器械标准化与科技创新、产业发展紧密结合，将医疗器械标准纳入药品监管科学行动计划，持续稳定支持基础性、战略性、前沿性关键技术标准和共性标准研究。探索将医疗器械标准领域关键问题研究与各领域重点实验室工作有机衔接。

17. 加强标准人才队伍建设。充分发挥高等院校和国家药监局医疗器械监管科学研究基地的作用，加强医疗器械标准人才队伍建设，做到标准管理有专职机构、专职人员，形成以专职标准化队伍为主体、兼职标准化队伍为补充的标准人才队伍。医疗器械标准化各相关部门结合工作实际，制定标准人才培养计划，培养一批既懂专业、又懂标准管理且具有综合协调能力和国际视野的专业人才队伍。鼓励医疗器械企业建立标准化人才队伍。

18. 加强标准信息化管理水平。进一步提升标准信息化管理水平，提高标准制修订工作透明度。进一步增强标准可及性，持续推进强制性标准公开，加大推荐性标准公开力度，全面提升标准信息化服务能力和水平。

19. 建立标准工作激励机制。鼓励各相关单位在科研奖励、职称评审和工作绩效等工作中认可标准成果，探索建立参与标准工作激励机制，对在医疗器械标准工作中做出重大贡献的相关单位和人员给予表扬。

三、保障措施

（一）加强组织领导

各级药品监督管理部门和各级标准化行政主管部门要高度重视医疗器械标准化工作，统一思想、提高认识，切实加强统筹协调和组织领导，加大医疗器械标准化工作支持力度，紧密联系实际，建立科学合理的工作机制，充分发挥各方合力，确保医疗器械标准化工作顺利开展。

（二）加强经费保障

要加大医疗器械标准工作的经费支持力度，根据标准种类合理设定经费支持标准，形成持续稳定的经费保障机制，标准工作经费做到专款专用，建立与标准制修订、国际标准化活动挂钩的长效投入机制，切实保障标准制修订、监督实施、跟踪评价、参与国际标准化活动的开展。

（三）加强部门协作

要充分发挥国务院标准化协调推进部际联席会议成员单位作用，做好医疗器械标准化工作的组织领导，加强与工业和信息化部、国家卫生健康委等部门的沟通协调，扎实推动医疗器械标准化工作高质量发展。

国家药品监督管理局

国家标准化管理委员会

2021 年 3 月 26 日

国家药监局关于发布《医疗器械标准化技术归口单位管理细则（试行）》的通告

2022 年第 61 号

为进一步规范医疗器械标准化技术归口单位管理，科学开展医疗器械标准化工作，构建推动医疗器械高质量发展的标准体系，国家药监局组织制定了《医疗器械标准化技术归口单位管理细则（试行）》，现予发布。

特此通告。

附件：医疗器械标准化技术归口单位管理细则（试行）

国家药监局
2022 年 12 月 12 日

附件

医疗器械标准化技术归口单位管理细则（试行）

第一章 总 则

第一条 为加强医疗器械标准化技术归口单位（以下简称归口单位）管理，科学开展医疗器械标准化工作，构建推动医疗器械高质量发展的标准体系，根据《中华人民共和国标准化法》《全国专业标准化技术委员会管理办法》《医疗器械标准管理办法》《医疗器械标准制修订工作管理规范》等有关规定，制定本细则。

第二条 本细则适用于归口单位的组建、换届、调整和监督管理。

本细则所指归口单位，是指由国家药品监督管理局（以下简称国家药监局）批准成立，从事医疗器械领域行业标准起草和技术审查，以及受国家药监局委托开展医疗器械领域国家标准起草和技术审查等标准化工作的非法人技术组织。

第三条 国家药监局承担下列职责：

（一）组织制定归口单位管理相关政策和制度；

（二）组织规划归口单位建设布局；

（三）组织协调和决定归口单位的组建、换届、调整、撤销、注销等事项。

第四条 国家药监局医疗器械标准管理中心（以下简称器械标管中心）受国家药监局委托承担归口单位的有关管理工作，并承担下列职责：

（一）组织实施归口单位管理相关政策和制度；

（二）协助国家药监局做好归口单位规划、协调、组建、换届、调整、撤销、注销等工作；

（三）组织归口单位相关人员培训；

（四）指导归口单位开展标准制修订和标准国际交流与合作等工作；

（五）监督检查归口单位工作，组织对归口单位进行考核评估；

（六）承担其他与归口单位管理有关的职责。

第五条 省、自治区、直辖市药品监督管理部门受国家药监局委托，协助管理本行政区域内相关归口单位，为归口单位开展工作创造条件。

第六条 归口单位在本专业技术领域内承担下列职责：

（一）提出本专业技术领域标准化工作政策和措施建议；

（二）编制本专业技术领域标准体系，根据技术和产业发展需求，提出本专业技术领域制修订标准项目建议；

（三）组织开展本专业技术领域标准的起草、征求意见、技术审查、报批、复审等，以及标准外文版的翻译和审查工作；

（四）开展本专业技术领域标准的宣贯、标准实施情况评估和标准起草人员培训等工作；

（五）受国家药监局委托，承担本专业技术领域标准解释工作；

（六）组织开展本专业技术领域国内外标准一致性比对分析，跟踪、研究相关领域国际标准化发展趋势和工作动态；

（七）承担国家药监局和器械标管中心交办的其他工作。

第二章 组织机构和工作要求

第七条 归口单位采用专家组工作模式运行，专家应当具有广泛代表性，包括医疗器械生产者、经营者、使用者、消费者、公共利益方等相关方。来自一方的专家人数不得超过专家总数的1/2。科研机构、行政主管部门、审评部门、检验检测及认证机构、社会团体等可以作为公共利益方代表。

第八条 归口单位专家不少于15人，其中组长1名，副组长不超过5名。

同一单位在同一归口单位的专家人数一般不得超过3名，组长和副组长不得来自同一单位。任何人员不能同时在3个以上全国专业标准化技术委员会（以下简称标准化技术委员会）和归口单位任职。

第九条 归口单位专家应当符合下列条件：

（一）具有中级以上专业技术职称，或者具有与中级以上专业技术职称相对应的职务；

（二）熟悉本专业技术领域业务工作，具有较高政治素质和理论水平、扎实的专业知识和丰富的实践经验；

（三）掌握标准化基础知识，热心标准化事业，能够积极参加标准化活动，认真履行专家各项职责和义务；

（四）符合归口单位章程规定的其他条件。

在我国境内依法设立的法人组织中任职的人员，需经其任职单位同意推荐。

第十条 归口单位专家组组长和副组长应当熟悉归口单位管理程序和工作流程，并符合下列条件：

（一）本专业技术领域的技术专家；

（二）在本专业技术领域内享有较高声誉，具有影响力；

（三）具有高级以上专业技术职称，或者具有与高级以上专业技术职称相对应的职务；

（四）能够高效、公正履行职责，并能够兼顾各方利益；

（五）能够按时主持、参加归口单位相关会议和活动。

专家组组长负责归口单位标准化相关工作，应当保持公平公正立场，负责签发会议决议、标准

相关文件

报批文件等归口单位重要文件。专家组组长可以委托副组长签发标准报批文件等重要文件。

第十一条 归口单位设秘书处，负责归口单位日常工作。秘书处承担单位应当符合下列条件：

（一）在我国境内依法设立、具有独立法人资格的社会团体或者企业事业组织；

（二）有较强的技术实力和行业影响力；

（三）有连续3年以上开展医疗器械标准化工作经验，牵头起草过3项以上医疗器械国际标准、国家标准或者行业标准；

（四）将秘书处工作纳入本单位工作计划和日常工作，并为秘书处开展工作提供必要经费和办公条件；

（五）有标准化专职工作人员，能够督促秘书处专职工作人员认真履行职责，确保秘书处各项工作规范有序开展；

（六）秘书处承担单位在拟申请专业技术领域应当具有较强的标准化工作基础（牵头完成相关标准不少于3项），或者参与相关领域国家科研项目（课题）不少于1项，或者主持完成相关领域省、部级科研项目（课题）不少于1项；

（七）符合国家药监局、器械标管中心规定的其他条件。

秘书处具体职责和工作制度由归口单位章程和秘书处工作细则规定。两个及以上单位联合承担秘书处的，应当在秘书处工作细则中明确牵头承担单位及各自职责。

第十二条 归口单位秘书处设秘书长1名，副秘书长不超过5名。秘书长和副秘书长应当由专家兼任，不得来自同一单位。秘书长应当由秘书处承担单位技术专家担任，具有较强的组织协调能力，熟悉本领域技术发展情况以及国内外标准化工作情况，具有连续3年以上标准化工作经历。

秘书长负责秘书处日常工作，副秘书长协助秘书长开展工作。秘书长和副秘书长具体职责由归口单位章程规定。

第十三条 归口单位专家应当积极参加归口单位活动，履行下列职责：

（一）提出标准制修订等方面工作建议；

（二）按时参加标准技术审查和标准复审，按时参加归口单位年会等工作会议；

（三）履行专家投票表决义务；

（四）及时反馈归口单位归口标准实施情况；

（五）参与本专业技术领域国际标准化工作；

（六）参加国家药监局、器械标管中心及归口单位组织的培训；

（七）承担归口单位职责范围内的相关工作；

（八）承担归口单位章程规定的其他职责。

专家享有监督权，有权监督组长、副组长、秘书长、副秘书长及秘书处的工作，有权监督归口单位经费使用。

专家享有表决权，有权获取归口单位的资料和文件。

第十四条 根据工作需要，归口单位可以设顾问，顾问不超过5人。顾问应当为本专业领域的专家学者，由归口单位聘任，无表决权。

第十五条 根据工作需要，归口单位可以设观察员。观察员可以获得归口单位的资料和文件，可以列席相关工作会议，发表意见、提出建议，无表决权。观察员条件由归口单位章程规定。

第十六条 专业技术领域相关联的归口单位与标准化技术委员会之间应当建立联络关系，互派联络员，对跨领域、存在争议的问题进行协调。联络员可以获得其负责联络的归口单位/标准化技术委员会资料和文件，列席相关工作会议，发表意见、提出建议，无表决权。联络员应当及时向所属归口单位/标准化技术委员会报告联络工作情况。

第十七条 归口单位应当每年召开一次年会，总结上年度工作，安排下年度计划，通报经费使用情况等。归口单位可以根据需要不定期召开会议，研究处理相关工作，召开会议时，应当提前通知全体专家。

第十八条 下列事项应当由秘书处形成提案，提交全体专家审议表决，并形成会议纪要：

（一）归口单位章程和秘书处工作细则；

（二）年度工作计划；

（三）本专业技术领域标准体系表；

（四）标准制修订立项建议；

（五）标准送审稿；

（六）归口单位专家调整建议；

（七）工作经费的预决算及执行情况；

（八）归口单位调整、撤销、注销等事项；

（九）归口单位章程规定应当审议的其他事项。

（一）、（四）、（五）、（六）、（七）、（八）事项审议时，应当提交全体专家表决，参加投票的专家不得少于专家总数的 3/4。参加投票专家 2/3 以上赞成，且反对意见不超过参加投票专家的 1/4，方为通过。表决结果应当形成决议，由秘书处存档。

第三章　组建、换届、调整

第十九条 归口单位的组建应当严格遵循发展需要、科学合理、公开公正、与国际接轨的原则，且应当符合下列条件：

（一）符合医疗器械行业标准化发展战略要求，符合医疗器械监管和产业创新发展需求，有助于推动医疗器械监管和产业高质量发展；

（二）业务范围明晰，原则上与已有标准化技术委员会、归口单位等标准化技术组织无交叉；

（三）标准体系框架明确，有较多的标准制修订工作需求；

（四）秘书处承担单位符合本细则第十一条规定。

第二十条 归口单位的组建程序包括提出申请或者根据监管需求遴选、公示、筹建、成立。

（一）有关社会团体、企业事业单位可以向器械标管中心提出归口单位筹建申请。器械标管中心根据归口单位整体建设布局和行业监管需要，审核筹建材料。

（二）现有医疗器械标准组织体系不能覆盖的监管急需领域，国家药监局提出归口单位筹建需求，器械标管中心根据归口单位整体建设布局，组织遴选确定归口单位秘书处承担单位，审核筹建材料。

第二十一条 筹建材料应当说明筹建归口单位的必要性、可行性、专业技术领域、标准体系、国内外相关技术组织情况（重点说明与已有的标准化技术委员会、归口单位专业技术领域关联和交叉情况）、本单位承担相关专业技术领域标准化工作的优势、支持措施等。

第二十二条 器械标管中心经审核符合组建条件的，将归口单位名称、专业技术领域、秘书处承担单位等信息向社会公开征求意见 30 日。器械标管中心汇总公开征求意见情况，并组织召开专家评审会对筹建申请进行论证、评审。经专家审评通过的，器械标管中心将筹建申请材料报国家药监局审核，国家药监局审核同意后，批复同意筹建。

第二十三条 国家药监局同意筹建后，筹建单位应当在器械标管中心和本单位网站公开征集归口单位专家。根据征集情况，筹建单位与包括专家推荐单位在内的有关方面协商拟定专家组成方案。专家组成应当按照相关方广泛参与的原则，鼓励企业、科研院所、临床机构专家参与，提高专家的代表性、广泛性。

第二十四条 筹建单位应当在同意筹建后 6 个月内，向器械标管中心报送归口单位组建方案。

组建方案应当包括：

（一）归口单位登记表（格式见附1）；

（二）归口单位专家登记表（格式见附2）和汇总表（格式见附3）；

（三）归口单位章程草案，包括工作原则、范围、任务、程序，秘书处职责，专家、顾问、观察员的条件和职责，经费管理制度等；

（四）秘书处工作细则草案，包括工作原则、秘书处工作人员条件和职责、会议制度、文件制度、档案制度、财务制度等；

（五）标准体系框架及标准明细表草案；

（六）秘书处承担单位的支持措施；

（七）未来3年工作规划草案及下一年度工作计划；

（八）国家药监局、器械标管中心规定的其他事项。

第二十五条 器械标管中心对组建方案进行审查，并将审查通过的组建方案中的归口单位名称、专业技术领域、筹建单位、秘书处承担单位、专家组名单等信息，在器械标管中心网站向社会公示30日。公示期满后，器械标管中心对公示意见进行汇总、协调和处理，必要时可以组织召开专家评审会进行评审。符合要求的，报国家药监局审批。国家药监局审批同意的，公告成立。

第二十六条 不能如期报送组建方案或者有特殊情况，筹建单位应当提前30日向器械标管中心提交延期组建申请。逾期未报送组建方案且未提交延期组建申请的，取消组建。

第二十七条 归口单位由国家药监局统一编号，为SMD/TU×××（顺序号）。

第二十八条 归口单位每届任期5年。任期届满前6个月，归口单位应当向器械标管中心提出申请，由器械标管中心组织专家对归口单位存续必要性进行评估。评估认为归口单位存续必要性不强的，报国家药监局审核同意后予以注销。评估认为确有必要存续的，归口单位应当换届并公开征集专家。任期届满前3个月，归口单位秘书处将换届方案报送器械标管中心。

第二十九条 器械标管中心对归口单位换届方案进行审查，并将审查通过的换届方案中的专家名单向社会公示30日。公示期满后，对公示意见进行汇总、协调和处理，必要时可以组织召开专家评审会进行评审。符合要求的，报国家药监局审批。国家药监局审批同意的，予以换届。不符合要求的，由相关单位对换届方案进行调整。

第三十条 归口单位专家任期内，涉及调整专家组组长、副组长、秘书长的，或者调整专家人数超过专家组总数1/5的，需按照换届程序相关要求办理；涉及调整其他专家的，报送器械标管中心审核，经国家药监局批复同意后予以调整。专家调整原则上每年不得超过一次。

第三十一条 根据工作需要，归口单位可以提出修改名称、调整秘书处承担单位、注销等建议，报送器械标管中心审核后，由国家药监局批复同意。

第三十二条 根据归口单位整体规划需要，国家药监局可以组织器械标管中心调整归口单位工作范围、名称、秘书处承担单位等。对国家监管政策调整、标准化工作需求很少或相关工作可并入其他医疗器械标准化技术委员会、归口单位的，予以注销。

第三十三条 按照国家战略部署、标准化发展规划要求，根据医疗器械产业发展和科学监管需要，以及医疗器械标准化工作包括国际标准化工作需要等，国家药监局委托器械标管中心组织归口单位评估。对具备条件的归口单位，适时组织按照《全国专业标准化技术委员会管理办法》规定，申请组建全国医疗器械标准化技术委员会、分技术委员会或标准化工作组。经国家标准化管理委员会批复成立之日起，原归口单位自动注销，原归口单位相关标准化工作由新成立的全国标准化技术组织承担。

第四章　监督管理

第三十四条　器械标管中心对归口单位进行监督检查。建立考核评估制度，定期对归口单位进行考核评估。归口单位应当在每年 3 月底前向器械标管中心报送上一年度工作报告。

第三十五条　归口单位应当建立内部监督检查制度，加强自律管理，接受社会监督。

第三十六条　归口单位秘书处承担单位应当严格遵守国家有关财务制度规定，将归口单位工作经费纳入单位财务统一管理，单独核算，规范使用，专款专用。

归口单位不得以营利为目的收取费用，不得采取摊派、有偿署名等方式收取不合理费用。

第三十七条　归口单位印章由归口单位秘书处承担单位代章。归口单位在开展本专业技术领域标准化工作时，上报材料、请示工作、征求意见、召开会议、对外联络以及国家药监局、器械标管中心规定的其他事项，应当经归口单位专家组组长或其授权的副组长签字批准后代章。

第三十八条　归口单位日常工作文件材料应当及时归档、妥善保管，档案管理应当符合我国档案管理法律法规和《医疗器械标准化工作档案管理要求》。

第三十九条　归口单位有下列情形之一的，责令限期整改：

（一）未按计划完成标准制修订和复审任务，且无正当理由的；

（二）标准质量出现严重问题的；

（三）连续两年没有标准制修订任务的；

（四）未按本办法有关规定履行表决程序的；

（五）未按规定使用和管理工作经费的；

（六）考核评估不合格的；

（七）存在其他违规行为的。

整改期满后仍不符合要求的，器械标管中心视情况报国家药监局调整秘书处承担单位或者重新组建、撤销。

第四十条　归口单位有下列情形之一的，重新组建或者予以撤销：

（一）排斥相关方参与标准制修订活动、为少数相关方谋取不正当利益，严重影响标准制修订工作公平公正的；

（二）在工作中有弄虚作假行为的；

（三）连续三年不开展工作的；

（四）存在其他重大违法违规行为的。

第四十一条　归口单位秘书处承担单位有下列情形之一的，予以调整：

（一）秘书处承担单位工作不力，致使归口单位无法正常开展工作的；

（二）利用归口单位工作为本单位或者相关方谋取不正当利益的；

（三）违反规定使用归口单位经费，逾期未改正的；

（四）存在其他重大违规行为的。

第四十二条　归口单位专家有下列情形之一的，由归口单位报器械标管中心申请，由国家药监局同意后，撤销专家资格：

（一）未履行本细则和归口单位章程规定职责的；

（二）连续两次无故不参加归口单位活动的；

（三）利用专家身份为本人或者他人谋取不正当利益的；

（四）其行为给归口单位造成不良影响的；

（五）存在违法违纪行为的。

第四十三条　归口单位被限期整改或重新组建期间，国家药监局、器械标管中心不再向其下达

相关文件

新的工作任务，归口单位重新组建期间停止一切业务活动。被撤销归口单位的工作并入器械标管中心指定的其他医疗器械标准化技术委员会或者归口单位。

第五章　附　则

第四十四条　本细则自 2023 年 4 月 1 日起施行。

附：1. 医疗器械标准化技术归口单位登记表
　　2. 医疗器械标准化技术归口单位专家登记表
　　3. 医疗器械标准化技术归口单位专家汇总表

国家药品监督管理局关于 GB 9706.1—2020 及配套并列标准、专用标准实施有关工作的通告

2023 年第 14 号

GB 9706.1–2020《医用电气设备第 1 部分：基本安全和基本性能的通用要求》已于 2020 年 4 月 9 日发布，自 2023 年 5 月 1 日起实施，其配套的并列标准已全部发布，专用标准正陆续发布。GB 9706.1–2020 系列标准（以下简称新标准）的实施对我国有源医疗器械质量安全水平的整体提升具有重要意义。为稳步推进新标准实施，现将相关工作要求通告如下：

一、严格执行相关标准要求

医疗器械注册人备案人应当认真贯彻《中华人民共和国标准化法》《医疗器械监督管理条例》《医疗器械注册与备案管理办法》《医疗器械生产监督管理办法》等要求，确保其生产的相关产品符合强制性标准以及经注册或者备案的产品技术要求。鼓励医疗器械注册人备案人提前实施新标准。

二、注册备案相关标准执行要求

（一）产品适用 GB 9706.1–2020 配套专用标准的，GB 9706.1–2020 及配套并列标准可与最后实施的专用标准同步实施。产品无适用 GB 9706.1–2020 配套专用标准的，GB 9706.1–2020 及配套并列标准自 2023 年 5 月 1 日实施。

（二）对于相关标准发布公告规定的实施日期在 2025 年 12 月 31 日之前的标准，产品注册备案按下列情形办理：

一是自第（一）款规定的相关标准实施之日起，首次申请注册的第三类、第二类医用电气设备，应当提交符合新标准要求的检验报告。在此之前申请注册并获得受理的，可以按照原标准进行检验、审评审批。

已获准注册的第三类、第二类医用电气设备，应当及时申请变更注册，提交符合新标准要求的检验报告，并在第（一）款规定的相关标准实施之日起 3 年内按照新标准要求完成产品变更注册。

二是自第（一）款规定的相关标准实施之日起，首次办理备案的第一类医用电气设备，在产品备案时应当提交符合新标准要求的检验报告。

已备案的第一类医用电气设备，办理变更备案时间最迟不得超过第（一）款规定的相关标准实施之日起 2 年，办理变更备案时应当提交符合新标准要求的检验报告。

（三）对于相关标准发布公告规定的实施日期在 2025 年 12 月 31 日之后的专用标准，已获准注册或者已备案的医用电气设备应当在第（一）款规定的相关标准实施之日前，按照新标准要求完成产品变更注册或者变更备案。

三、检验相关标准执行要求

（一）申请注册或者办理备案时提交的检验报告，可以是注册申请人、备案人的自检报告，也可以是其委托有资质的医疗器械检验机构出具的检验报告。

（二）医疗器械检验机构对同时出具的 GB 9706.1–2020 及配套并列标准、专用标准的检验报告进行关联，在检验报告备注中明确送检样品一致性及产品整改情况。不具有全项新标准检验资质的

医疗器械检验机构可实施分包检验，具备相关配套并列、专用标准承检能力的医疗器械检验机构应当积极承接有关分包检验。检验机构出具符合 GB 9706.1-2020 及配套并列标准、专用标准的产品检验报告，并对检验报告负责。

（三）对于自检或者委托有资质的医疗器械检验机构检验过程中涉及的基本性能及判据、型号典型性说明等重大问题，应当在检验报告中载明相关意见，供技术审查部门参考。

（四）各医疗器械检验机构应当统筹安排，确保新标准实施相关产品的检验工作，在合同约定时限内出具检验报告。

四、强化标准实施监督管理

自 2023 年 5 月 1 日起，各级药品监督管理部门应当按照《医疗器械监督管理条例》及其配套规章要求，认真做好对注册人备案人执行新标准的监督检查。对于已完成变更注册或者变更备案的，属地药品监督管理部门应当要求注册人备案人严格按照强制性标准和产品技术要求组织生产；对于在新标准发布公告规定的实施之日后尚未完成变更注册或者变更备案的，注册人备案人应当作出相关承诺，并在通告规定的时间内完成产品变更注册或者变更备案，属地药品监督管理部门应当加强监督指导，确保新标准平稳有序实施。

中国食品药品检定研究院（国家药品监督管理局医疗器械标准管理中心）牵头，会同相关单位建立专家咨询机制，及时研究解决新标准实施的重大技术问题。

特此通告。

附件：GB 9706.1-2020 及配套并列标准、专用标准信息表

国家药监局

2023 年 2 月 28 日

国家药监局关于成立人工智能等 3 个医疗器械标准化技术归口单位的公告

2019 年第 82 号

为适应医疗器械产业发展需求，结合监管工作实际，国家药监局决定成立人工智能医疗器械标准化技术归口单位、医用增材制造技术医疗器械标准化技术归口单位和医用电声设备医疗器械标准化技术归口单位，现予以公布，组成方案见附件。

特此公告。

附件：1. 人工智能医疗器械标准化技术归口单位组成方案
      2. 医用增材制造技术医疗器械标准化技术归口单位组成方案
      3. 医用电声设备医疗器械标准化技术归口单位组成方案

国家药监局
2019 年 10 月 12 日

相关文件

183

附件 1

人工智能医疗器械标准化技术归口单位组成方案

人工智能医疗器械标准化技术归口单位主要负责人工智能医疗器械所涉及的术语和分类、数据集质量管理、基础共性技术、质量管理体系、产品评价流程、专用方法等行业医疗器械标准制修订工作。

第一届人工智能医疗器械标准化技术归口单位专家组由 51 名成员和 28 名观察员组成（名单见下表），秘书处由中国食品药品检定研究院承担，由国家药监局医疗器械标准管理中心负责业务指导。

第一届人工智能医疗器械标准化技术归口单位专家组名单

序号	姓名	工作单位	职务
1	吴朝晖	浙江大学	组长
2	任海萍	中国食品药品检定研究院	副组长
3	田 伟	北京积水潭医院	成员，特邀战略委员会成员
4	田 捷	中国科学院分子影像重点实验室	成员，特邀战略委员会成员
5	郑海荣	中国科学院深圳先进技术研究院	成员，特邀战略委员会成员
6	刘士远	上海长征医院	成员，特邀战略委员会成员
7	王亦洲	北京大学	成员，特邀战略委员会成员
8	王 浩	中国食品药品检定研究院	秘书长
9	何昆仑	中国人民解放军总医院	成员
10	贺伟罡	国家药监局医疗器械技术审评中心	成员
11	彭 亮	国家药监局医疗器械技术审评中心	成员
12	孟祥峰	中国食品药品检定研究院	成员
13	王霄英	北京大学第一医院	成员
14	王新宴	中国人民解放军空军特色医学中心	成员
15	史国华	苏州国科医疗科技发展有限公司	成员
16	白玉婧	深圳硅基仿生科技有限公司	成员
17	刘 茹	江苏省医疗器械检验所	成员
18	刘 毅	美中互利（北京）国际贸易有限公司	成员
19	齐丽晶	天津市医疗器械质量监督检验中心	成员
20	汝 昆	中国医学科学院血液病医院（血液学研究所）	成员
21	孙智勇	辽宁省医疗器械检验检测院	成员
22	李庆雨	山东省医疗器械产品质量检验中心	成员

序号	姓名	工作单位	职务
23	李 非	辽宁省检验检测认证中心	成员
24	李真林	四川大学华西医院	成员
25	吴 健	浙江大学	成员
26	宋 捷	四川希氏异构医疗科技有限公司	成员
27	迟崇巍	北京数字精准医疗科技有限公司	成员
28	陆 遥	广州柏视医疗科技有限公司	成员
29	陈 宽	北京推想科技有限公司	成员
30	陈新建	苏州比格威医疗科技有限公司	成员
31	林浩添	中山大学中山眼科中心	成员
32	周少华	中国科学院计算技术研究所	成员
33	周 杰	清华大学	成员
34	胡志雄	中国计量科学研究院	成员
35	柯 研	阿里健康科技（中国）有限公司	成员
36	柴象飞	慧影医疗科技（北京）有限公司	成员
37	钱大宏	上海交通大学	成员
38	钱天翼	腾讯医疗健康（深圳）有限公司	成员
39	倪 浩	杭州依图医疗技术有限公司	成员
40	徐光华	西安交大	成员
41	殷丽华	广州大学	成员
42	高大山	图兮深维医疗科技（苏州）有限公司	成员
43	黄荣建	北京市药品监督管理局	成员
44	萧 毅	上海长征医院	成员
45	蒋协远	北京积水潭医院	成员
46	甄 辉	浙江省医疗器械审评中心	成员
47	詹翊强	上海联影智能医疗科技有限公司	成员
48	戴建荣	中国医学科学院肿瘤医院	成员
49	魏文斌	北京同仁医院	成员
50	张芷菁	上海医疗器械检测所	成员
51	吴 青	瓦里安医疗器械贸易（北京）有限公司	成员
52	王 辉	湖南省药品审评认证与不良反应监测中心	观察员
53	尹 勇	通标标准技术服务（上海）有限公司	观察员
54	邓 宇	广州医科大学附属第一医院	观察员
55	高 博	飞利浦（中国）投资有限公司	观察员

相关文件

序号	姓名	工作单位	职务
56	徐 涛	深圳市医疗器械检测中心	观察员
57	乔 昕	北京深睿博联科技有限责任公司	观察员
58	闫 峻	医渡云（北京）技术有限公司	观察员
59	宋 麒	北京昆仑医云科技有限公司	观察员
60	张 冰	南京大学医学院附属鼓楼医院	观察员
61	张 磊	四川省食品药品检验检测院（四川省医疗器械检测中心）	观察员
62	张 鑫	中国科学院自动化研究所	观察员
63	陈文波	北京通用电气华伦医疗设备有限公司	观察员
64	陈 涛	汇通医疗企业管理有限公司	观察员
65	陈福军	辽宁省药械审评与监测中心	观察员
66	周 平	重庆医疗器械质量检验中心	观察员
67	侯丙营	北京怡和嘉业医疗科技股份有限公司	观察员
68	袁 洁	中国欧盟商会	观察员
69	徐军峰	河南省医疗器械检验所	观察员
70	徐清华	杭州可帮基因科技有限公司	观察员
71	殷保才	科大讯飞股份有限公司	观察员
72	郭 岗	厦门医学院附属第二医院	观察员
73	黄海滨	广州柏视医疗科技有限公司	观察员
74	崔德琪	北京连心医疗科技有限公司	观察员
75	葛 亮	点内（上海）生物科技有限公司	观察员
76	程国华	杭州健培科技有限公司	观察员
77	颜子夜	中国生物医学工程学会医学人工智能分会	观察员
78	王 东	博奥生物集团有限公司	观察员
79	钟代笛	重庆大学	观察员

附件 2

医用增材制造技术医疗器械标准化技术归口单位组成方案

医用增材制造技术医疗器械标准化技术归口单位主要负责医用增材制造技术涉及的术语、分类，数据、软件，设备，原材料与工艺控制的评价方法等医疗器械行业标准制修订工作。

第一届医用增材制造技术医疗器械标准化技术归口单位专家组由 3 名顾问和 41 名成员组成（名单见下表），秘书处由中国食品药品检定研究院承担，由国家药监局医疗器械标准管理中心负责业务指导。

第一届医用增材制造技术医疗器械标准化技术归口单位专家组名单

序号	姓名	工作单位	职务
1	卢秉恒	西安交通大学	顾问
2	戴尅戎	上海交通大学医学院附属第九人民医院	顾问
3	顾晓松	南通大学	顾问
4	刘忠军	北京大学第三医院	组长
5	杨昭鹏	国家药典委员会	副组长
6	刘 斌	国家药监局医疗器械技术审评中心	副组长
7	韩倩倩	中国食品药品检定研究院	秘书长
8	周雯雯	国家药监局	成员
9	陈 宽	国家药监局医疗器械技术审评中心	成员
10	黄亦武	上海市药品监督管理局	成员
11	刘 歆	上海市药品监督管理局认证审评中心	成员
12	张世庆	国家药监局医疗器械技术审评中心	成员
13	白 伟	北京大学口腔医学院口腔医疗器械检验中心	成员
14	丁 彪	上海市医疗器械检测所	成员
15	董双鹏	天津市医疗器械质量监督检验中心	成员
16	冒浴沂	无锡市产品质量监督检验院	成员
17	母瑞红	中国食品药品检定研究院	成员
18	万 敏	山东省医疗器械产品质量检验中心	成员
19	王春仁	中国食品药品检定研究院	成员
20	戴建武	中国科学院遗传与发育生物学研究所	成员
21	丁雪佳	北京化工大学常州先进材料研究院	成员

相关文件

序号	姓名	工作单位	职务
22	樊渝江	四川大学生物材料工程研究中心	成员
23	贺 永	浙江大学	成员
24	任 力	华南理工大学	成员
25	孙 伟	清华大学	成员
26	万 熠	山东大学	成员
27	徐 弢	清华大学	成员
28	张 凯	四川大学生物材料工程研究中心	成员
29	蔡 宏	北京大学第三医院	成员
30	陈 兵	浙江大学医学院附属第二医院	成员
31	郭全义	中国人民解放军总医院	成员
32	郭 征	中国人民解放军空军军医大学第一附属医院	成员
33	郝永强	上海交通大学医学院附属第九人民医院	成员
34	李温斌	首都医科大学附属北京安贞医院	成员
35	石 锐	北京积水潭医院	成员
36	高正江	中航迈特粉冶科技（北京）有限公司	成员
37	郭 谦	北京科仪邦恩医疗器械科技有限公司	成员
38	刘 青	北京阿迈特医疗器械有限公司	成员
39	邱春雷	北京德普润新材料科技有限公司	成员
40	宋晓东	苏州双恩智能科技有限公司	成员
41	王彩梅	北京爱康宜诚医疗器材有限公司	成员
42	王庆相	西安欧中材料科技有限公司	成员
43	曾庆丰	西安点云生物科技有限公司	成员
44	张秀琴	上海光韵达数字医疗科技有限公司	成员

附件 3

医用电声设备医疗器械标准化技术归口单位组成方案

医用电声设备医疗器械标准化技术归口单位主要负责医用电声设备（主要为听力设备和助听设备及其相关系统和部件等）医疗器械行业标准制修订工作。

第一届医用电声设备医疗器械标准化技术归口单位专家组由 35 名成员组成（名单见下表），秘书处由江苏省医疗器械检验所承担，由国家药监局医疗器械标准管理中心负责业务指导。

第一届医用电声设备医疗器械标准化技术归口单位专家组名单

序号	姓名	工作单位	职务
1	冯海泓	中国科学院声学研究所	组长
2	张宜川	江苏省医疗器械检验所	副组长
3	赵 勇	江苏贝泰福医疗科技有限公司	副组长
4	胡济民	江苏省医疗器械检验所	秘书长
5	张世军	索诺瓦听力技术（上海）有限公司	副秘书长
6	李 宁	江苏省医疗器械检验所	成员
7	傅金德	江苏省药品监督管理局认证审评中心	成员
8	朱颖峰	上海市药品监督管理局认证审评中心	成员
9	张 军	中山市天健通讯技术有限公司	成员
10	季晨博	南京市妇幼保健院	成员
11	夏庆伟	唯听听力技术（上海）有限公司	成员
12	陆培华	无锡市人民医院	成员
13	张艳艳	南京立聪堂听觉康复有限公司	成员
14	许萌君	江苏省质量和标准化研究院	成员
15	施文忠	奥迪康听力技术（上海）有限公司	成员
16	陈学年	斯达克听力技术（苏州）有限公司	成员
17	邓 峥	上海计量测试技术研究院	成员
18	张 红	中国残疾人辅助器具中心	成员
19	黎 金	陕西省医疗器械质量监督检验院	成员
20	周 平	重庆医疗器械质量监督检测中心	成员
21	郝 烨	中国食品药品检定研究院	成员
22	徐 岩	河北省医疗器械与药品包装材料检验研究院	成员

相关文件

189

序号	姓名	工作单位	职务
23	刘　露	国家药监局医疗器械技术审评中心	成员
24	冀　飞	解放军总医院	成员
25	金玉博	辽宁省医疗器械检验检测院	成员
26	张　磊	四川省食品药品检验检测院	成员
27	徐军峰	河南省医疗器械检验所	成员
28	王　博	辽宁省医疗器械检验检测院	成员
29	徐临宸	奥迪康国际贸易（上海）有限公司	成员
30	张海敏	上海市医疗器械检测所	成员
31	樊　翔	广东省医疗器械质量监督检验所	成员
32	薛　梅	北京市医疗器械检验所	成员
33	张大威	江苏省药品监督管理局	成员
34	邓振进	湖南省医疗器械检验检测所	成员
35	郭红蕊	河北省医疗器械与药品包装材料检验研究院	成员

国家药监局关于成立医用机器人标准化技术归口单位的公告

2020 年第 102 号

为适应医疗器械产业高质量发展需求，结合监管工作实际，国家药监局决定成立医用机器人标准化技术归口单位，现予公布，组成方案见附件。

特此公告。

附件：医用机器人标准化技术归口单位组成方案

国家药监局

2020 年 9 月 15 日

附件

医用机器人标准化技术归口单位组成方案

医用机器人标准化技术归口单位主要负责医用机器人技术领域所涉及的术语和分类、基础共性技术等医疗器械行业标准制修订工作。

第一届医用机器人标准化技术归口单位专家组由60名成员组整（名单见下表），秘书处由中国食品药品检定研究院承担，由国家药监局医疗器械标准管理中心负责业务指导。

第一届医用机器人标准化技术归口单位专家组名单

序号	姓名	工作单位	职务
1	田 伟	北京积水潭医院	组长
2	李静莉	中国食品药品检定研究院	副组长
3	孙立宁	苏州大学	副组长
4	刘 荣	中国人民解放军总医院	副组长
5	王树新	天津大学	副组长
6	陈 敏	国家药监局医疗器械技术审评中心	副组长
7	孟祥峰	中国食品药品检定研究院	秘书长
8	王 权	中国食品药品检定研究院	成员，秘书
9	柴 岗	上海交通大学医学院附属第九人民医院	成员
10	陈 然	北京市医疗器械技术审评中心	成员
11	陈晓军	上海交通大学	成员
12	杜志江	哈尔滨工业大学机器人研究所	成员
13	段晓东	安翰科技（武汉）股份有限公司	成员
14	付晓阳	希美安外科器械有限责任公司	成员
15	付宜利	哈尔滨工业大学	成员
16	葛佳佳	西门子医疗系统有限公司	成员
17	何 超	微创（上海）医疗机器人有限公司	成员
18	何 骏	上海市医疗器械检测所	成员
19	何 涛	中国医疗器械行业协会医用机器人分会	成员
20	何镇安	陕西省医疗器械质量监督检验院	成员
21	胡 磊	苏州铸正机器人有限公司	成员
22	黄文广	北京中关村水木医疗科技有限公司	成员
23	惠 瑞	南京黎元智擎医疗设备有限公司	成员
24	蒋志宏	北京理工大学	成员
25	况 朝	广东加华美认证有限公司上海分公司	成员
26	雷静桃	上海大学	成员

序号	姓名	工作单位	职务
27	李敦	武汉联影智融医疗科技有限公司	成员
28	李建民	山东威高手术机器人有限公司	成员
29	李露	美敦力（上海）管理有限公司	成员
30	李书纲	中国医学科学院北京协和医院	成员
31	李鑫	强生（上海）医疗器材有限公司	成员
32	刘达	北京柏惠维康科技有限公司	成员
33	刘文博	华科精准（北京）医疗科技有限公司	成员
34	刘亚军	北京积水潭医院	成员
35	刘毅	美中互利（北京）国际贸易有限公司	成员
36	骆敏舟	江苏集萃智能制造技术研究所有限公司	成员
37	孟庆虎	香港中文大学深圳研究院	成员
38	孟志平	北京市医疗器械检验所	成员
39	任晓琳	蝶和科技（中国）有限公司	成员
40	帅梅	北京航空航天大学	成员
41	苏文杰	香港中文大学周毓浩创新医学技术中心	成员
42	孙玉宁	苏州协同创新医用机器人研究院	成员
43	王建军	辽宁省医疗器械检验检测院	成员
44	王了	重庆金山科技（集团）有限公司	成员
45	王利峰	雅客智慧（北京）科技有限公司	成员
46	徐凯	北京术锐技术有限公司	成员
47	徐扬	湖北省医疗器械质量监督检验研究院	成员
48	颜子夜	中国生物医学工程学会	成员
49	杨灿军	浙江大学	成员
50	杨惠林	苏州大学附属第一医院	成员
51	杨建刚	天津市医疗器械质量监督检验中心	成员
52	叶晶	深圳市迈步机器人科技有限公司	成员
53	曾建军	上海嘉奥信息科技发展有限公司	成员
54	张海明	史赛克（北京）医疗器械有限公司	成员
55	张凯	四川大学医疗器械监管科学研究院	成员
56	张利剑	中国航天科工集团第二研究院206所	成员
57	张送根	北京天智航医疗科技股份有限公司	成员
58	张耀坤	直观复星医疗器械技术（上海）有限公司	成员
59	赵阳	国家药监局医疗器械注册管理司	成员
60	朱鹏志	广东省医疗器械质量监督检验所	成员

注：专家组成员按照姓名拼音排序

相关文件

国家药监局关于成立全国医疗器械临床评价标准化技术归口单位的公告

2021 年第 116 号

为贯彻落实《国家药品监督管理局 国家标准化管理委员会关于进一步促进医疗器械标准化工作高质量发展的意见》，进一步完善医疗器械标准化组织体系，国家药监局决定成立全国医疗器械临床评价标准化技术归口单位，现予公布，组成方案见附件。

特此公告。

附件：全国医疗器械临床评价标准化技术归口单位组成方案

国家药监局

2021 年 9 月 15 日

附件

全国医疗器械临床评价标准化技术归口单位组成方案

全国医疗器械临床评价标准化技术归口单位主要负责全国医疗器械临床评价专业领域的相关通用标准、专用标准和其他标准制修订工作。包括医疗器械（含按医疗器械管理的体外诊断试剂）临床评价领域基础术语、临床试验质量管理、临床数据管理、临床数据交换、真实世界研究要求、临床数据处理等医疗器械临床评价质量管理和通用要求，不涉及具体产品的临床评价要求。

第一届医疗器械临床评价标准化技术归口单位专家组名单见下表，秘书处由国家药监局医疗器械技术审评中心承担，由国家药监局医疗器械标准管理中心负责业务指导。

第一届全国医疗器械临床评价标准化技术归口单位专家组名单

序号	姓名	工作单位	职务
1	赵继宗	首都医科大学附属北京天坛医院	顾问
2	高润霖	中国医学科学院阜外医院	顾问
3	邱贵兴	北京协和医院	顾问
4	韩德民	首都医科大学附属北京同仁医院	顾问
5	程 京	清华大学	顾问
6	王以朋	北京协和医院	组长
7	张文悦	国家药监局医疗器械注册管理司	副组长
8	刘英慧	国家药监局医疗器械技术审评中心	副组长
9	吕允凤	国家药监局医疗器械技术审评中心	副组长
10	施燕平	山东省医疗器械产品质量检验中心	副组长
11	王会如	北京市医疗器械检验所	副组长
12	刘 露	国家药监局医疗器械技术审评中心	秘书长
13	程 锦	国家药监局医疗器械注册管理司	成员
14	朱 宁	海南省药品监督管理局	成员
15	吕术超	国家药监局食品药品审核查验中心	成员
16	刘东来	中国食品药品检定研究院	成员
17	刘 欣	北京市药品监督管理局	成员
18	赵广宇	广东省药品监督管理局	成员
19	余晓芬	浙江省药品监督管理局	成员
20	周 晶	四川省药品监督管理局	成员
21	李 非	辽宁省医疗器械检验检测院	成员
22	李立宾	天津市医疗器械质量监督检验中心	成员

相关文件

195

序号	姓名	工作单位	职务
23	张　凯	四川大学	成员
24	马　彬	兰州大学	成员
25	高　培	北京大学医学部	成员
26	孙　鑫	四川大学华西医院	成员
27	王炳顺	上海交通大学医学院	成员
28	杨晓芳	中国医疗器械行业协会	成员
29	李新胜	深圳迈瑞生物医疗电子股份有限公司	成员
30	徐　栋	威海威高齐全医疗设备有限公司	成员
31	郑　明	上海微创医疗器械（集团）有限公司	成员
32	金香丹	乐普（北京）医疗器械股份有限公司	成员
33	刘建霞	上海联影医疗科技股份有限公司	成员
34	赵文文	北京纳通科技集团有限公司	成员
35	柳美荣	杭州启明医疗器械股份有限公司	成员
36	陈　曦	华科精准（北京）医疗科技有限公司	成员
37	鲜阳凌	北京万泰生物药业股份有限公司	成员
38	孙雅玲	广州万孚生物技术有限公司	成员
39	阮　力	厦门艾德生物医药科技股份有限公司	成员
40	邹　婧	深圳华大智造科技股份有限公司	成员
41	章晓鹏	强生（上海）医疗器材有限公司	成员
42	马晓光	美敦力（上海）管理有限公司	成员
43	张剑戈	飞利浦（中国）投资有限公司	成员
44	张明东	波科国际医疗贸易（上海）有限公司	成员
45	王　烨	爱尔康（中国）眼科产品有限公司	成员
46	陈　刚	瓦里安医疗设备（中国）有限公司	成员
47	杨金华	施乐辉医用产品国际贸易（上海）有限公司	成员
48	张郁苒	费森尤斯医药用品（上海）有限公司	成员
49	梁　冀	梅里埃诊断产品（上海）有限公司	成员
50	迟　珊	罗氏诊断产品（上海）有限公司	成员
51	高春宇	史赛克（北京）医疗器械有限公司	成员
52	潘湘斌	中国医学科学院阜外医院	成员
53	张宏家	首都医科大学附属北京安贞医院	成员
54	何建桂	中山大学附属第一医院	成员
55	张戈军	中国医学科学院阜外医院	成员

序号	姓名	工作单位	职务
56	傅国胜	浙江大学医学院附属邵逸夫医院	成员
57	陈 兵	浙江大学医学院附属第二医院	成员
58	陈跃鑫	北京协和医院	成员
59	王霄英	北京大学第一医院	成员
60	陈静瑜	无锡市人民医院	成员
61	林浩添	中山大学中山眼科中心	成员
62	张 丹	浙江大学医学院	成员
63	王金武	上海交通大学医学院附属第九人民医院	成员
64	雷光华	中南大学湘雅医院	成员
65	陈世益	复旦大学附属华山医院	成员
66	蒋海越	中国医学科学院整形外科医院	成员
67	王宝玺	中国医学科学院整形外科医院	成员
68	匡 铭	中山大学附属第一医院	成员
69	陈凌武	中山大学附属第一医院	成员
70	步 宏	四川大学华西医院	成员
71	华文浩	北京大学人民医院	成员
72	应建明	中国医学科学院肿瘤医院	成员
73	李伯安	解放军总医院第五医学中心	成员
74	郑 晨	国家药监局医疗器械技术审评中心	观察员
75	梁 宏	国家药监局医疗器械技术审评中心	观察员
76	刘 威	国家药监局医疗器械技术审评中心	观察员
77	史新立	国家药监局医疗器械技术审评中心	观察员
78	邹艳果	国家药监局医疗器械技术审评中心	观察员
79	陈亭亭	国家药监局医疗器械技术审评中心	观察员
80	焦国慧	国家药监局医疗器械技术审评中心	观察员

相关文件

国家药监局关于成立医用高通量测序标准化技术归口单位的公告

2021 年第 137 号

为推动医疗器械产业高质量发展，贯彻落实《国家药品监督管理局 国家标准化管理委员会关于进一步促进医疗器械标准化工作高质量发展的意见》，进一步完善医疗器械标准化组织体系，国家药监局决定成立医用高通量测序标准化技术归口单位，现予公布，组成方案见附件。

特此公告。

附件：医用高通量测序标准化技术归口单位组成方案

国家药监局

2021 年 11 月 11 日

附件

医用高通量测序标准化技术归口单位组成方案

医用高通量测序标准化技术归口单位主要负责医用高通量测序专业领域的基础通用标准、产品标准、方法标准、管理标准和其他相关标准制修订工作。基础通用标准包括相关术语和定义、数据与数据库格式及定义、参比基因组等标准；产品标准包括核心工具产品（仪器、原材料、建库等前处理产品、试剂产品、生物信息数据分析软件产品技术标准、质量控制）等标准；方法标准包括遗传性疾病诊断及防控、肿瘤精准诊治与监测、传感染精准防治、大健康等应用领域的技术方法、方法评价及高通量测序技术研发、转化管理、试剂仪器原材料质量评价方法等标准；管理标准包括实验室建设、涵盖样本采集、处理、存储和共享等检测平台规范化、数据管理规范化、实验室信息化管理等标准。

第一届医用高通量测序标准化技术归口单位人员名单见下表，秘书处由中国食品药品检定研究院承担。国家药监局医疗器械标准管理中心负责业务指导。

第一届医用高通量测序标准化技术归口单位人员名单

序号	姓名	工作单位	职务
1	金 力	复旦大学	组长
2	王佑春	中国食品药品检定研究院	副组长
3	李金明	国家卫生健康委临床检验中心	副组长
4	张河战	中国食品药品检定研究院	副组长
5	黄 杰	中国食品药品检定研究院	秘书长
6	刘东来	中国食品药品检定研究院	成员
7	梅享林	湖北省医疗器械质量监督检验研究院	成员
8	杨 忠	北京市医疗器械检验所	成员
9	张文宏	复旦大学附属华山医院	成员
10	林 戈	中信湘雅生殖与遗传专科医院	成员
11	冯 强	中国医学科学院肿瘤医院	成员
12	陈 冰	上海交通大学医学院附属瑞金医院	成员
13	应建明	中国医学科学院肿瘤医院	成员
14	纪 元	复旦大学附属中山医院	成员
15	周 洲	中国医学科学院阜外医院	成员
16	张国军	首都医科大学附属北京天坛医院	成员
17	张 樱	解放军总医院第一医学中心	成员
18	白净卫	清华大学	成员
19	童贻刚	北京化工大学	成员

相关文件

序号	姓名	工作单位	职务
20	高 媛	山东大学	成员
21	刘 江	中国科学院北京基因组研究所（国家生物信息中心）	成员
22	周李华	中国测试技术研究院	成员
23	邓 涛	北京博奥医学检验所有限公司	成员
24	孙 嵘	北京市医疗器械技术审评中心	成员
25	赵 阳	国家药品监督管理局	成员
26	黄伦亮	国家药品监督管理局	成员
27	何静云	国家药品监督管理局医疗器械技术审评中心	成员
28	陈亭亭	国家药品监督管理局医疗器械技术审评中心	成员
29	颜莉华	湖南省药品监督管理局	成员
30	陈 芳	深圳华大智造科技股份有限公司	成员
31	李 庆	因美纳（中国）科学器材有限公司	成员
32	许兴国	赛默飞世尔科技（中国）有限公司	成员
33	杨学习	广州市达瑞生物技术股份有限公司	成员
34	彭智宇	深圳华大基因股份有限公司	成员
35	胡云富	北京泛生子基因科技有限公司	成员
36	曹志生	天津诺禾致源生物信息科技有限公司	成员
37	刘聪智	上海思路迪生物医学科技有限公司	成员
38	邵 阳	南京世和基因生物技术股份有限公司	成员
39	梁 波	苏州贝康医疗股份有限公司	成员
40	夏 涵	予果生物科技（北京）有限公司	成员
41	覃 兰	迪安诊断技术股份集团有限公司	成员
42	聂俊伟	南京诺唯赞生物科技股份有限公司	成员
43	李厦戎	北京聚道科技有限公司	成员
44	李元浩	烟台荣昌生物制药公司	成员
45	杨晓芳	中国医疗器械行业协会	成员
46	朱宝利	中国科学院微生物研究所	成员
47	张之宏	广州燃石医学检验所有限公司	成员
48	李丽莉	中国食品药品检定研究院	秘书
49	张 超	中国食品药品检定研究院	观察员
50	王文庆	山东省医疗器械和药品包装检验研究院	观察员
51	张 莉	浙江省医疗器械检验研究院	观察员

序号	姓名	工作单位	职务
52	刘园园	湖南省医疗器械检验检测所	观察员
53	陈子天	赛纳生物科技（北京）有限公司	观察员
54	高旭年	广州邦德盛生物科技有限公司	观察员
55	李菁华	菁良基因科技（深圳）有限公司	观察员
56	伍启熹	北京优迅医学检验实验室有限公司	观察员
57	张建光	北京贝瑞和康生物技术有限公司	观察员
58	张介中	安诺优达基因科技（北京）有限公司	观察员
59	张巍	广州嘉检医学检测有限公司	观察员
60	肖锐	浙江博圣生物技术股份有限公司	观察员
61	莫俊业	罗氏（上海）医药咨询有限公司	观察员
62	楼峰	北京橡鑫生物科技有限公司	观察员
63	陈维之	无锡臻和生物科技有限公司	观察员
64	白健	福建和瑞基因科技有限公司	观察员
65	郑晓婉	普瑞基准科技（北京）有限公司	观察员
66	高志博	深圳裕策生物科技有限公司	观察员
67	蔡兴盛	广州迈景基因医学科技有限公司	观察员
68	唐东江	珠海圣美生物诊断技术有限公司	观察员
69	陈实富	深圳市海普洛斯生物科技有限公司	观察员
70	刘蕊	上海鹍远生物技术有限公司	观察员
71	董华	厦门艾德生物医药科技股份有限公司	观察员
72	易鑫	北京吉因加科技有限公司	观察员
73	凌少平	志诺维思（北京）基因科技有限公司	观察员
74	王洋	北京希望组生物科技有限公司	观察员
75	蔡从利	武汉致众科技股份有限公司	观察员
76	任海萍	国药集团医疗器械研究院	观察员

相关文件

国家药监局关于成立中医器械标准化技术归口单位的公告

2022 年第 44 号

　　为推动中医器械产业高质量发展，贯彻落实《国家药品监督管理局 国家标准化管理委员会关于进一步促进医疗器械标准化工作高质量发展的意见》，进一步完善医疗器械标准化组织体系，国家药监局决定成立中医器械标准化技术归口单位，现予公布，组成方案见附件。

　　特此公告。

　　附件：中医器械标准化技术归口单位组成方案

国家药监局

2022 年 6 月 2 日

附件

中医器械标准化技术归口单位组成方案

中医器械标准化技术归口单位主要负责中医器械专业领域的基础通用标准、产品标准、方法标准和其他相关标准制修订工作。基础通用标准主要包括相关术语和定义、基础通用要求等标准；产品标准主要包括中医诊断设备、中医治疗设备、中医器具和中医诊疗软件等相关标准；方法标准主要包括中医器械检测方法等标准。

第一届中医器械标准化技术归口单位人员名单见下表，秘书处由天津市医疗器械质量监督检验中心承担。国家药监局医疗器械标准管理中心负责业务指导。

第一届中医器械标准化技术归口单位人员名单

序号	姓名	工作单位	职务
1	张伯礼	天津中医药大学	顾问
2	汤伟昌	上海市传统医学工程学会	顾问
3	陆小左	天津中医药大学附属保康医院	顾问
4	高 山	天津市医疗器械质量监督检验中心	组长
5	郭 义	天津中医药大学	副组长
6	周会林	上海道生医疗科技有限公司	副组长
7	李立宾	天津市医疗器械质量监督检验中心	秘书长
8	程 锦	国家药监局医疗器械注册管理司	成员
9	董 青	天津市药品监督管理局	成员
10	孙小玲	辽宁省药品监督管理局	成员
11	刘柏东	国家药监局医疗器械技术审评中心	成员
12	任 英	国家药监局医疗器械技术审评中心	成员
13	垢德双	天津市医疗器械审评查验中心	成员
14	郭 绮	重庆市药品技术审评认证中心	成员
15	李国勇	山东省食品药品审评查验中心	成员
16	谢 能	上海市医疗器械化妆品审评核查中心	成员
17	王华栋	河南省食品药品审评查验中心	成员
18	巩玉香	北京市医疗器械技术审评中心	成员
19	李 澍	中国食品药品检定研究院	成员
20	宋 坪	中国中医科学院	成员
21	刘玉祁	中国中医科学院	成员
22	施 展	中国中医科学院	成员
23	张以涛	中国科学院微电子研究所	成员
24	徐晓婷	上海中医药大学	成员

相关文件

序号	姓名	工作单位	职务
25	卢大伟	中国医疗器械行业协会	成员
26	李仕宁	广东省医疗器械质量监督检验所	成员
27	杨晓玲	陕西省医疗器械质量检验院	成员
28	李 娟	四川省医疗器械检测中心	成员
29	钱学波	天津市医疗器械质量监督检验中心	成员
30	郝素丽	辽宁省医疗器械检验检测院	成员
31	洪 伟	上海市医疗器械检验研究院	成员
32	傅海涛	湖北省医疗器械质量监督检验研究院	成员
33	曹叶伟	西藏自治区食品药品检验研究院	成员
34	李可大	辽宁中医药大学	成员
35	于志峰	天津中医药大学	成员
36	许家佗	上海中医药大学	成员
37	高 明	上海中医药大学	成员
38	颜建军	华东理工大学	成员
39	周 鹏	天津大学	成员
40	储浩然	安徽中医药大学第二附属医院	成员
41	次旦朗杰	西藏自治区藏医院	成员
42	喻益峰	上海中医药大学	成员
43	徐爱民	苏州医疗用品厂有限公司	成员
44	何永正	河南翔宇医疗设备股份有限公司	成员
45	李 涛	广东骏丰频谱股份有限公司	成员
46	林 鹏	苏州好博医疗器械股份有限公司	成员
47	孟建文	江苏雷奥生物科技有限公司	成员
48	李 慧	天津慧医谷科技有限公司	成员
49	李 飞	河南瑞禾医疗器械有限责任公司	成员
50	王 超	杭州立鑫医疗器械有限公司	成员
51	陶玉标	桂林市威诺敦医疗器械有限公司	成员
52	韩松平	无锡神平心泰医疗科技有限公司	观察员
53	姜黎滨	北京东华原医疗设备有限责任公司	观察员
54	张银波	河南省超亚医药器械有限公司	观察员
55	刘 颖	北京科力建元医疗科技有限公司	观察员
56	陈露诗	天津市天中依脉科技开发有限公司	观察员
57	李叶康	智艾医疗器械（上海）有限公司	观察员
58	强小龙	广西壮族自治区医疗器械检测中心	观察员
59	严根华	杭州大力神医疗器械有限公司	观察员

国家药监局关于成立医疗器械可靠性与维修性标准化技术归口单位的公告

2023 年第 9 号

为推动医疗器械产业高质量发展，贯彻落实《国家药品监督管理局 国家标准化管理委员会关于进一步促进医疗器械标准化工作高质量发展的意见》，进一步完善医疗器械标准化组织体系，国家药监局决定成立医疗器械可靠性与维修性标准化技术归口单位。

特此公告。

附件：医疗器械可靠性与维修性标准化技术归口单位组成方案

国家药监局

2023 年 1 月 13 日

相关文件

附件

医疗器械可靠性与维修性标准化技术归口单位组成方案

医疗器械可靠性与维修性标准化技术归口单位主要负责医疗器械可靠性和维修性相关基础标准和方法标准的制修订工作。基础标准包括术语定义与通用要求等；方法标准以可靠性与维修性的设计分析与验证评价为核心内容，建立相关通用方法标准和应用指南标准。

第一届医疗器械可靠性与维修性标准化技术归口单位人员名单见下表，秘书处由广东省医疗器械质量监督检验所承担。国家药监局医疗器械标准管理中心负责业务指导。

第一届医疗器械可靠性与维修性标准化技术归口单位人员名单

序号	姓　名	工作单位	职务
1	王迎军	华南理工大学	组长
2	杨鹏飞	国家药品监督管理局医疗器械技术审评中心	副组长
3	陈嘉晔	广东省医疗器械质量监督检验所	副组长
4	王　勇	工业和信息化部电子第五研究所	副组长
5	林浩添	中山大学中山眼科中心	副组长
6	邵凌云	深圳迈瑞生物医疗电子股份有限公司	副组长
7	冯丹茜	广东省医疗器械质量监督检验所	秘书长
8	李　骞	工业和信息化部电子第五研究所	副秘书长
9	杭　飞	新型生物材料与高端医疗器械广东研究院	副秘书长
10	郑　晨	国家药品监督管理局医疗器械技术审评中心	成员
11	张高亮	北京市医疗器械审评检查中心	成员
12	李丹荣	国家药品监督管理局南方医药经济研究所	成员
13	张　超	中国食品药品检定研究院	成员
14	任新颖	北京市医疗器械检验研究院 （北京市医用生物防护装备检验研究中心）	成员
15	陈奋飞	湖北省医疗器械质量监督检验研究院	成员
16	陈甜甜	山东省医疗器械和药品包装检验研究院	成员
17	关卫斌	广东产品质量监督检验研究院	成员
18	魏　皓	江苏省医疗器械检验所	成员
19	刘广兴	中国科学院苏州生物医学工程技术研究所	成员
20	宋国正	机械工业仪器仪表综合技术经济研究所	成员
21	殷　涛	中国医学科学院生物医学工程研究所	成员
22	张文忠	广东省医疗器械质量监督检验所	成员
23	卢大伟	中国医疗器械行业协会	成员
24	金浩宇	广东食品药品职业学院	成员
25	李慧盈	吉林大学	成员

序号	姓　名	工作单位	职务
26	王伟明	清华大学	成员
27	姚爱萍	兰州大学	成员
28	翟庆庆	上海大学	成员
29	陈宏文	南方医科大学南方医院	成员
30	李　斌	上海市第六人民医院	成员
31	马国林	中日友好医院	成员
32	杨丽晓	中国人民解放军海军军医大学第一附属医院	成员
33	陈　杰	费森尤斯医药研发（上海）有限公司	成员
34	陈　磊	罗氏诊断产品（上海）有限公司	成员
35	陈　涛	江苏东劢医疗科技有限公司	成员
36	崔文波	新乡市华西卫材有限公司	成员
37	戴峻英	珠海丽珠试剂股份有限公司	成员
38	高　军	广东科鉴检测工程技术有限公司	成员
39	高旭年	广州邦德盛生物科技有限公司	成员
40	郭　晶	迭康（上海）贸易有限公司	成员
41	胡振营	深圳市理邦精密仪器股份有限公司	成员
42	李　成	广东金发科技有限公司	成员
43	李经辉	北京好医工科技有限公司	成员
44	刘　豫	明尼苏达矿业制造（上海）国际贸易有限公司	成员
45	马克刚	航卫通用电气医疗系统有限公司	成员
46	齐丽晶	北京中关村水木医疗科技有限公司	成员
47	王青松	北京怡和嘉业医疗科技股份有限公司	成员
48	吴小兵	上海艾普强粒子设备有限公司	成员
49	徐露勤	西门子（深圳）磁共振有限公司	成员
50	徐　翔	山东新华医疗器械股份有限公司	成员
51	徐　燕	医科达（北京）医疗器械有限公司	成员
52	杨海军	深圳迈瑞生物医疗电子股份有限公司	成员
53	游一捷	广州葵美医疗器械技术咨询有限公司	成员
54	于春晓	山东威高集团医用高分子制品股份有限公司	成员
55	虞雄伟	通用电气医疗系统（中国）有限公司	成员
56	袁文虎	济南鑫贝西生物技术有限公司	成员
57	张　斌	青岛海信医疗设备股份有限公司	成员
58	张贤顺	珠海福尼亚医疗设备有限公司	成员
59	张尧烨	华为终端有限公司	成员
60	周家稳	上海联影医疗科技股份有限公司	成员

相关文件

国家药监局关于成立口腔数字化医疗器械标准化技术归口单位的公告

2023 年第 28 号

为推动医疗器械产业高质量发展，贯彻落实《国家药品监督管理局 国家标准化管理委员会关于进一步促进医疗器械标准化工作高质量发展的意见》，进一步完善医疗器械标准化组织体系，国家药监局决定成立口腔数字化医疗器械标准化技术归口单位。

特此公告。

附件：口腔数字化医疗器械标准化技术归口单位组成方案

国家药监局

2023 年 3 月 8 日

附件

口腔数字化医疗器械标准化技术归口单位组成方案

　　口腔数字化医疗器械标准化技术归口单位主要负责全国口腔数字化医疗器械专业领域的基础通用标准、管理标准、检测与评价方法标准、产品标准、标准物质相关标准以及其他相关标准的制定。

　　基础通用标准包括口腔数字化医疗器械相关术语、定义等，管理标准主要包括风险管理、质量体系、研发设计等；检测与评价方法标准主要涉及口腔数字化医疗器械及产品专属的检测和评价方法标准；产品标准主要包括口腔数字化医疗器械设计的软件、器械设备、材料等。

　　第一届口腔数字化医疗器械标准化技术归口单位人员名单见下表，秘书处由北京大学口腔医学院口腔医疗器械检验中心承担。国家药监局医疗器械标准管理中心负责业务指导。

第一届口腔数字化医疗器械标准化技术归口单位人员名单

序号	姓名	工作单位	职务
1	江德元	国家药品监督管理局	组长
2	周永胜	北京大学口腔医院	副组长
3	陈宇恩	广东省医疗器械质量监督检验所	副组长
4	韩建民	北京大学口腔医学院口腔医疗器械检验中心	秘书长
5	白石柱	中国人民解放军空军军医大学第三附属医院	成员
6	陈顾潇	登士柏西诺德牙科产品（上海）有限公司	成员
7	冯 洋	上海时代天使医疗器械有限公司	成员
8	葛少华	山东大学口腔医院	成员
9	郭媛媛	国家药品监督管理局信息中心	成员
10	韩向龙	四川大学华西口腔医院	成员
11	黄 慧	上海交通大学医学院附属第九人民医院	成员
12	蒋楚剑	武汉大学口腔医院	成员
13	李新昌	威海威高洁丽康生物材料有限公司	成员
14	刘瑞军	北京工商大学	成员
15	潘 硕	国家药监局医疗器械审评中心	成员
16	秦 黎	江苏省医疗器械检验所	成员
17	孙玉春	中国医疗器械行业协会	成员
18	孙钰朋	山东省医疗器械和药品包装检验研究院	成员
19	田卫东	四川大学华西口腔医院	成员
20	王 浩	中国食品药品检定研究院	成员
21	王晓晨	山东省食品药品审评查验中心	成员

相关文件

序号	姓名	工作单位	职务
22	王亚杰	北京朗视仪器股份有限公司	成员
23	闫卓群	深圳爱尔创口腔技术有限公司	成员
24	杨晓庆	北京市医疗器械检验研究院 （北京市医用生物防护装备检验研究中心）	成员
25	袁暾	四川医疗器械生物材料和制品检验中心	成员
26	原福松	北京大学口腔医院	成员
27	张 莉	浙江省医疗器械检验研究院	成员
28	张 谦	北京市医疗器械审评检查中心	成员

国家药监局关于成立医疗器械包装标准化技术归口单位的公告

2024 年第 8 号

为推动医疗器械产业高质量发展，贯彻落实《国家药品监督管理局 国家标准化管理委员会关于进一步促进医疗器械标准化工作高质量发展的意见》，进一步完善医疗器械标准化组织体系，国家药监局决定成立医疗器械包装标准化技术归口单位。

特此公告。

附件：医疗器械包装标准化技术归口单位组成方案

国家药监局

2024 年 1 月 23 日

相关文件

附件

医疗器械包装标准化技术归口单位组成方案

　　医疗器械包装标准化技术归口单位主要负责无源医疗器械领域包装方面的通用标准的制定。主要包括医疗器械包装的术语、指南、方法等标准，医疗器械保护性包装、无菌屏障系统等相关标准。

　　第一届医疗器械包装标准化技术归口单位人员名单见下表，秘书处由山东省医疗器械和药品包装检验研究院承担。国家药监局医疗器械标准管理中心负责业务指导。

第一届医疗器械包装标准化技术归口单位人员名单

序号	姓名	工作单位	职务
1	周传健	山东大学	组长
2	刘成虎	山东省医疗器械和药品包装检验研究院	副组长
3	杨会英	中国食品药品检定研究院	副组长
4	许耘	国家药品监督管理局医疗器械技术审评中心	副组长
5	陈嘉晔	广东省医疗器械质量监督检验所	副组长
6	陈方	山东省医疗器械和药品包装检验研究院	秘书长
7	秦嘉	北京市医疗器械审评检查中心	专家
8	何西坤	山东省药品监督管理局	专家
9	余小燕	上海市医疗器械化妆品审评核查中心	专家
10	郑秀娥	山东省食品药品审评查验中心	专家
11	陈永霞	天津市医疗器械审评查验中心	专家
12	许凯	山东省医疗器械和药品包装检验研究院	专家
13	万易易	广东省医疗器械质量监督检验所	专家
14	胡红刚	江西省医疗器械检测中心	专家
15	刘文亮	深圳市药品检验研究院（深圳市医疗器械检测中心）	专家
16	孙杨	辽宁省检验检测认证中心	专家
17	曲翠翠	浙江省医疗器械检验研究院	专家
18	张丹丹	河南省药品医疗器械检验院（河南省疫苗批签中心）	专家
19	刘思敏	北京市医疗器械检验研究院（北京市医用生物防护装备检验研究中心）	专家
20	汪利斌	江苏省医疗器械检验所	专家
21	颜敏	湖南省药品检验检测研究院	专家
22	王学亮	山东药品食品职业学院	专家
23	秦蕾	杜邦（中国）研发管理有限公司	专家

序号	姓名	工作单位	职务
24	董超群	山东安得医疗用品股份有限公司	专家
25	韩兴伟	山东新华医疗器械股份有限公司	专家
26	赵倩	科佩（苏州）特种材料有限公司	专家
27	刘晶	广州维力医疗器械股份有限公司	专家
28	许慧	亚都控股集团有限公司	专家
29	曲耀辉	中科美菱低温科技股份有限公司	专家
30	刘丽娜	山东威高集团医用高分子制品股份有限公司	专家
31	梁栋科	山东瑛盛新材料有限公司	专家
32	杨婷茹	乐普（北京）医疗器械股份有限公司	专家
33	温贤涛	上海纽脉医疗科技股份有限公司	专家
34	李然	上海微创医疗器械（集团）有限公司	专家
35	付启伟	稳健医疗用品股份有限公司	专家
36	陈明	振德医疗用品股份有限公司	专家
37	宋翌勤	上海建中医疗器械包装股份有限公司	专家
38	李宁	南微医学科技股份有限公司	专家
39	张贤顺	苏州林华医疗器械股份有限公司	专家
40	汪云山	河北普尼医疗科技有限公司	专家
41	朱倩沁	厦门当盛新材料有限公司	专家
42	肖友松	施乐辉医用产品（苏州）有限责任公司	专家
43	李凌梅	百特（中国）投资有限公司	专家
44	孙洪荣	上海埃斯埃医疗技术有限公司	专家
45	龚耀仁	美敦力（上海）管理有限公司	专家
46	任杰	北京通用电气华伦医疗设备有限公司	专家
47	蔡弘	中国医药包装协会	专家
48	段炜旻	中国医疗器械行业协会医用高分子制品专业分会	专家
49	黄景莹	中国产业用纺织品行业协会	专家
50	刘建建	华熙生物科技股份有限公司	专家
51	林小瑜	烟台正海生物科技股份有限公司	专家
52	黄丹	爱诺美康生物科技（上海）有限公司	专家

相关文件

国家药监局关于进一步加强和完善医疗器械分类管理工作的意见

国药监械注〔2023〕16号

各省、自治区、直辖市和新疆生产建设兵团药品监督管理局，各有关单位：

分类管理是医疗器械监管的重要基础性制度。近年来，我国医疗器械分类管理改革持续推进，管理制度与运行机制不断完善，分类规则与分类目录适时修订，监管效能和产业发展得到有力提升。随着医疗器械相关科技和产业高速发展，医疗器械监管工作面临新形势新任务新要求，分类管理工作流程有待进一步优化，支撑能力有待进一步提升，分类管理制度执行有待进一步严格。为贯彻《国务院办公厅关于全面加强药品监管能力建设的实施意见》(国办发〔2021〕16号)，落实深化医疗器械审评审批制度改革有关要求，现就进一步加强和完善医疗器械分类管理工作提出以下意见：

一、总体要求

以习近平新时代中国特色社会主义思想为指导，贯彻《医疗器械监督管理条例》，落实"四个最严"要求，立足我国实际，借鉴国际经验，优化管理体系，健全管理制度，强化支撑能力，提高质量效率，进一步提升医疗器械分类管理工作的科学化、法治化、国际化、现代化水平，有力助推产业高质量发展，更好地保护和促进公众健康。

二、重点任务

（一）优化分类管理组织体系

1. 明晰各方工作职责。国家药监局负责制定医疗器械分类规则和分类目录，根据医疗器械生产、经营、使用情况，及时对医疗器械的风险变化进行分析、评价，对分类规则和分类目录进行动态调整并监督实施。省级药品监督管理部门负责监督实施医疗器械分类管理制度。医疗器械分类技术委员会在国家药监局领导下开展医疗器械分类及相关技术研究工作，为医疗器械分类管理工作提供技术支撑。

2. 加强分类技术委员会管理。明晰医疗器械分类技术委员会执行委员会、专业组和秘书处职责要求，完善运行机制，强化委员管理，完善委员、专业组考核评价机制，探索建立激励约束机制，持续加大委员培训力度，强化分类技术委员会的技术支撑作用，促进分类管理有效服务监管。

（二）完善分类管理制度体系

3. 细化分类原则要求。完善由分类规则、分类界定指导原则、分类目录组成的分类管理制度体系。研究修订《医疗器械分类规则》，为有序调整产品类别奠定基础。针对新材料、高新技术等领域，聚焦监管热点问题、共性问题和急需问题，在分类规则框架下研究细化分类界定指导原则，统一相关领域产品分类界定原则和尺度，服务产业高质量发展。

4. 修订完善分类目录。依据《体外诊断试剂分类规则》，修订体外诊断试剂分类目录，完善分类框架，细化分类层级，规范预期用途，扩充代表性产品，扩大目录覆盖面。完善《医疗器械分类目录》《第一类医疗器械产品目录》，强化产品分类与通用名称命名有机衔接，建立医疗器械分类命名数据库，保障分类及命名规则有效实施。

（三）提升分类管理效率

5. 优化分类界定工作程序。规范医疗器械产品分类界定工作，细化职责分工，进一步优化工作流程。完善分类界定申请资料要求和审查要点，畅通申请人沟通渠道，明确工作时限要求。对于突发公共卫生事件、监管急需的相关产品，快速研究、界定产品属性和管理类别。针对稽查办案、信访举报等情形设置分类界定特殊程序。

6. 落实分类目录动态调整制度。鼓励医疗器械注册人/备案人、经营和使用单位、监管部门、协会学会等，按照《医疗器械分类目录动态调整工作程序》提出分类目录动态调整建议。综合考虑产品风险变化和审评审批能力、上市后监管等全生命周期监管工作需要，科学、合理、有序地调整医疗器械产品管理类别，优化监管资源配置，释放产业活力，有效管控产品风险。

（四）提升分类管理能力

7. 强化分类技术研究。紧盯国际前沿技术发展，重点关注产业创新发展的"卡脖子"问题，加强新兴技术领域分类管理政策的前瞻性研究，有针对性地开展分类管理相关课题研究，就分类管理涉及的热点、难点问题和共性问题及时研究并发布解读，进一步强化相关领域医疗器械分类工作指导。

8. 加强分类工作调研。强化分类相关工作调研，针对调研中发现的问题，及时研究制定科学合理的解决措施，提升分类管理工作效能。充分发挥协会学会作用，及时收集业界关注，分析研判、组织研究、明确意见，提高分类工作的主动性。

9. 加大分类培训宣贯。充分发挥分类技术委员会专业优势，定期开展分类规则、分类界定指导原则、分类目录等相关制度和政策、文件的宣贯培训，丰富培训形式、拓宽培训渠道，突出培训的针对性和实操性，进一步提升各有关方面对分类工作的认知能力和水平。

（五）提高分类管理服务水平

10. 加强分类界定信息化建设。进一步加强医疗器械分类界定信息系统功能建设，优化医疗器械分类界定在线申请和信息查询方式等工作流程，不断提升在线申请工作的规范化和便利化水平，建立医疗器械分类数据共享的协调机制，推进分类信息资源共享。

11. 强化分类界定信息公开。严格落实分类界定信息公开机制，主动公开分类相关政策文件、分类目录及动态调整信息，做好分类相关政策文件解读，及时公开分类界定信息，确保分类界定工作公正透明。

（六）强化分类实施监督

12. 落实主体责任。根据产品注册备案需要，申请人可依程序提出分类界定申请。申请人应当落实主体责任，规范提交分类界定申请资料，并确保资料的合法、真实、准确、完整和可追溯。原则上产品注册申报/备案资料有关内容应当与分类界定申请资料有关内容保持一致。注册人、备案人及相关企业应当加强分类相关知识学习，密切关注产品管理类别调整情况，确保注册、备案及生产、经营等行为符合医疗器械分类及监管有关要求。

13. 强化监管责任。严格按照分类管理要求实施产品注册或办理备案。监督检查中发现注册人/备案人存在未按照分类管理要求执行、产品实际生产与注册/备案管理类别不一致等行为的，应当依法依规处置。加强对下级药品监督管理部门的监督和指导，适时开展已注册和备案产品回顾性检查，纠正高类低批/备、非医疗器械作为医疗器械注册/备案等行为，切实维护医疗器械产品分类管理的统一性、权威性。

三、保障措施

（一）加强组织领导

各省级药品监督管理部门和各有关单位要高度重视医疗器械分类管理工作，进一步统一思想，充分认识分类管理是实施医疗器械风险管理的技术基础，是实现科学监管的重要前提，是优化监管资源配置、释放产业活力的有效手段，是严守安全底线、助推发展高线的重要支撑。切实加强分类管理的组织领导，按照国家药监局部署要求，扎实做好分类管理各项工作。

（二）完善工作机制

各省级药品监督管理部门和各有关单位要进一步加大医疗器械分类管理工作力度，紧密联系实际，建立科学顺畅的内部工作机制和协调联动机制，形成工作合力，切实提高医疗器械分类管理工作质量和效率。要完善分类管理专家咨询机制，积极发挥分类技术委员会专家优势，通过分类培训、实践指导、经验交流等多种方式，充实各省级药品监督管理部门专家咨询力量，强化各省级和国家级分类管理专家沟通交流机制，推动分类工作全国"一盘棋"。

（三）强化宣传引导

各省级药品监督管理部门和各有关单位要大力拓宽宣传渠道，创新宣传方式，充分发挥分类管理专家的专业特长，进一步加大医疗器械分类相关知识普及力度，通过政策引导、科学监管和优化服务，全力支持和引导医疗器械注册人、备案人及相关企业严格执行分类管理有关规定要求。要积极开展涉及面广、社会关注度高的热点难点问题解读，回应社会关切，着力为医疗器械分类管理打造统一、透明的政策环境，营造科学、规范的工作氛围。

国家药监局

2023 年 7 月 14 日

国家药监局关于规范医疗器械产品分类界定工作的公告

2024 年第 59 号

为加强医疗器械分类管理，进一步规范医疗器械产品分类界定工作，优化工作程序，根据《医疗器械监督管理条例》（以下简称《条例》）《医疗器械注册与备案管理办法》《体外诊断试剂注册与备案管理办法》（以下统称《办法》）《关于进一步加强和完善医疗器械分类管理工作的意见》等相关要求，现将有关事项公告如下：

一、关于分类界定工作

（一）药品监督管理部门应当向医疗器械注册申请人、备案人等提供医疗器械分类界定服务。医疗器械分类界定是药品监督管理部门根据申请人提供的资料，依据《条例》《办法》《医疗器械分类规则》《体外诊断试剂分类规则》（以下统称《分类规则》）、相关分类界定指导原则及《医疗器械分类目录》《第一类医疗器械产品目录》《体外诊断试剂分类目录》（以下统称《分类目录》）等，基于现阶段科学认知和共识，并参考国际国内医疗器械分类实践，综合考虑医疗器械的预期目的、结构组成、使用方法、工作原理等因素，对医疗器械风险程度进行评价，判定医疗器械的管理类别。

（二）申请人应当依据《条例》《办法》《分类规则》、相关分类界定指导原则及《分类目录》等判定产品管理属性和类别。对新研制的尚未列入《分类目录》的医疗器械，申请人可以直接申请第三类医疗器械产品注册，也可以依据《分类规则》判断产品类别并申请分类界定后，申请产品注册或者办理产品备案。

对于新研制的尚未列入《分类目录》的医疗器械或者管理类别存疑的医疗器械，需要药品监管部门明确分类界定意见从而申请注册或者办理备案的，申请人应当通过分类界定信息系统提出分类界定申请。申请人应当已完成产品的前期研究、具有基本定型产品，并确保分类界定申请资料的合法、真实、准确、完整和可追溯。

新研制的尚未列入《分类目录》的医疗器械，是指与《分类目录》中产品（根据产品描述、预期用途和品名举例进行综合判定）和已上市产品相比，产品的主要原材料、生产工艺、工作原理、结构组成、使用方法、接触部位及接触时间、预期目的等均为全新且尚未在我国上市的医疗器械。

管理类别存疑的医疗器械，是指同类产品已在我国上市或者已列入《分类目录》，但与《分类目录》中同类产品或者已上市同类产品相比，产品的主要原材料、生产工艺、工作原理、结构组成、使用方法、接触部位及接触时间、预期目的等发生了变化，引入了新的风险或者增加了产品风险，可能导致产品分类发生变化的医疗器械。

（三）对于新研制的尚未列入《分类目录》的医疗器械分类界定申请，申请人在分类界定信息系统中提交至国家药品监督管理局医疗器械标准管理中心（以下简称器械标管中心）。

器械标管中心负责组织研究明确分类界定意见，通过分类界定信息系统将分类界定结果告知申请人，并及时按照程序调整《医疗器械分类目录》。

（四）对于管理类别存疑的境内医疗器械分类界定申请，申请人在分类界定信息系统中提交至所在地省级药品监督管理部门。省级药品监督管理部门负责对行政区域内申请人提出的产品分类界定申请进行审查，根据《条例》《分类规则》、相关分类界定指导原则及《分类目录》等能够明确判定产品管理类别的，通过分类界定信息系统将分类界定结果告知申请人；难以明确判定产品管理类别的，提出预分类界定意见，并通过分类界定信息系统报器械标管中心。

器械标管中心与国家药品监督管理局医疗器械技术审评中心（以下简称国家药监局器审中心）、省级药品监督管理部门建立医疗器械分类沟通协调机制，统筹指导省级药品监督管理部门医疗器械分类界定工作。

对于管理类别存疑的进口及港、澳、台产品医疗器械分类界定申请，申请人在分类界定信息系统中提交至器械标管中心。

器械标管中心负责对管理类别存疑的进口及港、澳、台产品医疗器械分类界定申请和省级药品监督管理部门出具预分类界定意见的医疗器械分类界定申请组织研究，明确分类界定意见，并通过分类界定信息系统将分类界定结果告知申请人。

（五）医疗器械分类技术委员会按照《国家药品监督管理局医疗器械分类技术委员会工作规则》相关规定，开展医疗器械（含体外诊断试剂）分类及相关工作，为医疗器械分类管理工作提供技术支撑。

（六）申请人、各省级药品监督管理部门、各级医疗器械技术审评部门等可登录分类界定信息系统查询分类界定结果。分类界定信息系统告知的产品分类界定结果，仅供申请医疗器械注册或者办理备案时使用；若注册或者备案产品资料中的相关内容（如主要原材料、生产工艺、工作原理、结构组成、使用方法、接触部位及接触时间、预期目的等）与分类界定申请资料或者分类界定申请告知书不一致，则分类界定结果不适用。

申请人若对其产品分类界定结果有异议或者疑问，可与分类界定结果告知部门沟通。若仍有异议，申请人可进一步完善资料后重新提交分类界定申请。

二、其他涉及产品分类的情形

（七）产品备案、产品注册申请受理及技术审评工作中发现产品未列入《分类目录》等文件中，且存在以下情形之一的：一是未经分类界定信息系统告知分类界定结果的；二是分类界定信息系统告知分类界定结果，但注册申报资料或者备案资料与分类界定申请资料不一致，可能影响产品分类的；三是申请人按照《条例》第二十三条有关第三类医疗器械产品注册的规定直接申请产品注册的，按照以下程序办理：

医疗器械备案部门或者注册申请受理部门按照《条例》《分类规则》、相关分类界定指导原则及《分类目录》等判定产品管理类别。对于无法确定管理类别且尚未备案/尚未受理注册申请的产品，由备案人/注册申请人参照新研制尚未列入《分类目录》医疗器械或管理类别存疑医疗器械通过分类界定信息系统提出分类界定申请。

对于受理后技术审评阶段对管理类别存在疑问的产品，通过医疗器械分类沟通协调机制，由器械标管中心会同国家药监局器审中心或者相关省级药品监督管理部门，研究确定产品的管理类别。器械标管中心应当优先处理此种情形分类界定问题。

（八）对于日常监管、稽查、投诉举报、信访、行政执法、刑事司法、法院案件等特殊情形中涉及需要确认产品管理属性或者管理类别的，按照特殊情形分类界定程序处理。产品管理属性依据《条例》第一百零三条及相关分类界定指导原则判定。

（九）对于突发公共卫生事件应急所需且未列入《分类目录》，且申请人及药品监督管理部门、技术审评部门对于管理类别未形成一致意见的产品，国家药监局器审中心、省级药品监督管理部门通过分类沟通协调机制反馈器械标管中心，器械标管中心快速研究、界定产品管理属性和管理类别，并及时通过分类沟通协调机制反馈国家药监局器审中心、相关省级药品监督管理部门。

（十）药械组合产品的属性界定按照药械组合产品有关规定办理。

（十一）申请创新医疗器械的产品分类按照创新医疗器械特别审查程序的有关规定办理。

三、其他事项

（十二）器械标管中心负责医疗器械分类界定信息系统、医疗器械分类数据库建设和维护等。器械标管中心建立医疗器械分类数据共享的协调机制，推进分类信息资源共享。

（十三）器械标管中心加强对省级药品监督管理部门分类界定工作的指导，必要时可以组织对省级药品监督管理部门回复的分类界定结果进行抽查，对回复不准确的，督促相关省级药品监督管理部门纠正。

对于不同省级药品监督管理部门对同一类产品分类界定意见不一致的情形，器械标管中心应当及时组织研究确定管理类别并公开，相关省级药品监督管理部门应当及时修正分类界定告知书，并按照国家药监局相关要求及时清理规范已注册/备案产品。

（十四）器械标管中心及时梳理汇总分类界定结果及其他情形分类相关信息，提炼整理形成分类界定信息并定期公布。相关产品分类界定信息是基于申请人等提供的资料得出，是医疗器械产品注册申报或者办理备案路径的重要指引，但不代表对产品预期用途或者产品安全性有效性的认可；分类界定信息中产品描述和预期用途是用于判定产品的管理属性和管理类别，不代表相关产品注册或者备案内容的完整表述。

（十五）对于监管热点问题、共性问题和急需解决的问题，器械标管中心应当在分类规则框架下研究细化分类界定指导原则，统一相关领域产品分类界定原则和尺度。

（十六）器械标管中心按照《医疗器械分类目录动态调整工作程序》及时动态调整《分类目录》，并更新医疗器械分类数据库。

本公告自 2024 年 9 月 1 日起实施，原国家食品药品监督管理总局办公厅《关于规范医疗器械产品分类有关工作的通知》（食药监办械管〔2017〕127 号）同时废止。

特此公告。

附件：1. 新研制尚未列入《分类目录》医疗器械分类界定工作程序

2. 管理类别存疑医疗器械分类界定工作程序

3. 医疗器械分类界定申请资料要求

4. 医疗器械分类界定申请表（格式）

5. 国家药品监督管理局医疗器械标准管理中心医疗器械产品分类界定申请告知书（格式）

6. ××省（区、市）药品监督管理局医疗器械产品分类界定申请告知书（格式）

7. ××省（区、市）药品监督管理局医疗器械产品预分类界定意见书（格式）

8. 特殊情形分类界定程序

国家药监局

2024 年 5 月 10 日

相关文件

国家药监局关于发布医疗器械分类目录

动态调整工作程序的公告

2021 年第 60 号

为加强医疗器械分类管理，规范《医疗器械分类目录》动态调整工作，根据《医疗器械监督管理条例》《医疗器械分类规则》，国家药监局组织制定了《医疗器械分类目录动态调整工作程序》，现予发布。

特此公告。

附件：医疗器械分类目录动态调整工作程序

国家药监局

2021 年 4 月 27 日

附件

医疗器械分类目录动态调整工作程序

第一条 为加强医疗器械分类管理，规范《医疗器械分类目录》（以下简称《分类目录》）动态调整工作，根据《医疗器械监督管理条例》《医疗器械分类规则》，制定本工作程序。

第二条 《分类目录》动态调整工作应当根据医疗器械风险变化情况，参考国际经验，遵循符合最新科学认知、立足监管实际、鼓励创新、推动产业高质量发展的原则。

第三条 《分类目录》动态调整包括以下情形：

（一）调整子目录；

（二）调整一级产品类别、二级产品类别和 / 或管理类别；

（三）增补有代表性的创新医疗器械产品；

（四）删除不再作为医疗器械管理的产品；

（五）修订产品描述、预期用途和品名举例等内容。

第四条 境内医疗器械注册人和备案人、生产经营企业、使用单位可以向所在省（区、市）药品监督管理部门提出《分类目录》调整建议；境外医疗器械注册人和备案人可以委托其境内代理人，向其代理人所在省（区、市）药品监督管理部门提出《分类目录》调整建议。

省（区、市）药品监督管理部门负责对行政区域内《分类目录》调整建议进行初审，认为确需调整的，将调整建议报国家药监局医疗器械标准管理中心（以下简称标管中心）。

第五条 国家药监局相关部门、省（区、市）药品监督管理部门，医疗器械相关学会、协会等社会团体，国家药监局医疗器械分类技术委员会（以下简称分类技术委员会）委员，可向标管中心提出《分类目录》调整建议。

第六条 《分类目录》调整建议和相关材料应当通过标管中心分类界定信息系统提交，相关材料包括但不限于以下内容：

（一）拟调整的内容和理由；

（二）拟调整产品国内外管理属性、类别和产业现状；

（三）拟调整产品主要风险点及风险变化等情况；

（四）拟调整产品技术特点、与已上市同类产品的比较和临床使用等情况；

（五）拟调整产品不良事件和上市后监管有关情况（如适用）。

第七条 标管中心收到《分类目录》调整建议后应当及时进行研究，基于对产品风险变化情况的分析、评估，参考国际医疗器械分类实践，结合我国监管实际，综合研判形成初步调整意见。

第八条 标管中心将《分类目录》初步调整意见在其网站向社会公开征求意见1个月。根据征求意见情况，修改完善形成《分类目录》拟调整意见。

第九条 针对《分类目录》子目录的拟调整意见，由标管中心报国家药监局。国家药监局组织分类技术委员会执委会审议。审议通过后将拟调整意见在国家药监局网站公示7日，公示后按程序发布调整公告。

第十条 针对其他情形的《分类目录》拟调整意见，由标管中心组织分类技术委员会专业组审议。审议通过后将拟调整意见报国家药监局。国家药监局将拟调整意见公示7日，公示后按程序发布调整公告。

第十一条 标管中心按照国家药监局公布的《分类目录》调整公告，及时调整《分类目录》数据库。

第十二条 《分类目录》根据需要进行调整，调整工作原则上每年不少于一次。

第十三条 已注册/备案医疗器械管理类别调整后的注册/备案事项，按照《医疗器械注册管理办法》等有关要求执行。

第十四条 体外诊断试剂分类子目录动态调整工作参照本程序执行。

第十五条 本程序自公布之日起实施。

国家药监局关于发布
《体外诊断试剂分类规则》的公告

2021 年第 129 号

为规范体外诊断试剂分类管理，根据《医疗器械监督管理条例》（国务院令第 739 号），国家药品监督管理局组织制定了《体外诊断试剂分类规则》，现予发布，自发布之日起施行。

特此公告。

国家药监局

2021 年 10 月 27 日

体外诊断试剂分类规则

第一条 为规范体外诊断试剂分类管理，根据《医疗器械监督管理条例》，制定本规则。

第二条 本规则所述体外诊断试剂是指按照医疗器械管理的体外诊断试剂。按照药品管理的用于血源筛查的体外诊断试剂和采用放射性核素标记的体外诊断试剂，不属于本规则规定的范围。

用于细胞治疗、细胞回输、辅助生殖等的细胞培养基类产品，不属于本规则规定的范围。

第三条 本规则用于指导体外诊断试剂分类目录的制定和调整，确定新的体外诊断试剂的管理类别。

第四条 体外诊断试剂的管理类别应当根据产品风险程度进行判定。影响体外诊断试剂风险程度的因素包括但不限于以下内容：

（一）产品预期用途、适应症以及预期使用环境和使用者的专业知识；

（二）检验结果信息对医学诊断和治疗的影响程度；

（三）检验结果对个人和 / 或公共健康的影响。

第五条 体外诊断试剂根据风险程度由低到高，管理类别依次分为第一类、第二类和第三类。

第一类体外诊断试剂是指具有较低的个人风险，没有公共健康风险，实行常规管理可以保证其安全、有效的体外诊断试剂，通常为检验辅助试剂。

第二类体外诊断试剂是指具有中等的个人风险和 / 或公共健康风险，检验结果通常是几个决定因素之一，出现错误的结果不会危及生命或导致重大残疾，需要严格控制管理以保证其安全、有效的体外诊断试剂。

第三类体外诊断试剂是指具有较高的个人风险和 / 或公共健康风险，为临床诊断提供关键的信息，出现错误的结果会对个人和 / 或公共健康安全造成严重威胁，需要采取特别措施严格控制管理以保证其安全、有效的体外诊断试剂。

第六条 体外诊断试剂的分类应当根据如下规则进行判定：

（一）第一类体外诊断试剂

1. 不用于微生物鉴别或药敏试验的微生物培养基，以及仅用于细胞增殖培养，不具备对细胞的选择、诱导、分化功能，且培养的细胞用于体外诊断的细胞培养基；

2. 样本处理用产品，如溶血剂、稀释液、染色液、核酸提取试剂等；

3. 反应体系通用试剂，如缓冲液、底物液、增强液等。

（二）第二类体外诊断试剂

除已明确为第一类、第三类的体外诊断试剂，其他为第二类体外诊断试剂，主要包括：

1. 用于蛋白质检测的试剂；

2. 用于糖类检测的试剂；

3. 用于激素检测的试剂；

4. 用于酶类检测的试剂；

5. 用于酯类检测的试剂；

6. 用于维生素检测的试剂；

7. 用于无机离子检测的试剂；

8. 用于药物及药物代谢物检测的试剂；

9. 用于自身抗体检测的试剂；

10. 用于微生物鉴别或者药敏试验的试剂，以及用于细胞增殖培养，对细胞具有选择、诱导、分化功能，且培养的细胞用于体外诊断的细胞培养基；

11. 用于变态反应（过敏原）检测的试剂；

12. 用于其他生理、生化或者免疫功能指标检测的试剂。

（三）第三类体外诊断试剂

1. 与致病性病原体抗原、抗体以及核酸等检测相关的试剂；

2. 与血型、组织配型相关的试剂；

3. 与人类基因检测相关的试剂；

4. 与遗传性疾病检测相关的试剂；

5. 与麻醉药品、精神药品、医疗用毒性药品检测相关的试剂；

6. 与治疗药物作用靶点检测相关的试剂和伴随诊断用试剂；

伴随诊断用试剂是用于评价相关医疗产品安全有效性的工具，主要用于在治疗前和 / 或治疗中识别出最有可能从相关医疗产品获益的患者和因治疗而可能导致严重不良反应风险增加的患者。用于药物及药物代谢物检测的试剂不属于伴随诊断用试剂。

7. 与肿瘤筛查、诊断、辅助诊断、分期等相关的试剂。

第七条 体外诊断试剂分类时，还应当结合以下情形综合判定：

（一）第六条所列的第二类体外诊断试剂如用于肿瘤筛查、诊断、辅助诊断、分期等，或者用于遗传性疾病检测的试剂等，按照第三类体外诊断试剂管理。

（二）用于药物及药物代谢物检测的试剂，如该药物属于麻醉药品、精神药品或者医疗用毒性药品范围的，按照第三类体外诊断试剂管理。

（三）与第一类体外诊断试剂配合使用的校准品、质控品，按照第二类体外诊断试剂管理；与第二类、第三类体外诊断试剂配合使用的校准品、质控品按与试剂相同的类别管理；多项校准品、质控品，按照其中的高类别管理。

（四）具有明确诊断价值的流式细胞仪用抗体试剂、免疫组化用抗体试剂和原位杂交用探针试剂，流式细胞仪用淋巴细胞亚群分析试剂盒，依据其临床预期用途，根据第六条规定分别按照第二类或第三类体外诊断试剂管理。

仅为专业医生提供辅助诊断信息的流式细胞仪用单一抗体试剂、免疫组化用单一抗体试剂和原位杂交用单一探针试剂，以及流式细胞仪用同型对照抗体试剂，按照第一类体外诊断试剂管理。

（五）第六条所列第一类体外诊断试剂中的样本处理用产品，如为非通用产品，或参与反应并影

相关文件

223

响检验结果，应当与相应检测试剂的管理类别一致。

第八条 体外诊断试剂分类目录由国家药品监督管理局制定并发布。国家药品监督管理局根据体外诊断试剂生产、经营、使用情况，及时对体外诊断试剂的风险变化进行分析、评价，对体外诊断试剂分类目录进行调整。

新研制、尚未列入体外诊断试剂分类目录的体外诊断试剂，申请人可以直接申请第三类体外诊断试剂产品注册，也可以依据本分类规则判断产品类别并按照医疗器械分类界定工作流程申请分类界定。

第九条 国家药品监督管理局可以组织医疗器械分类技术委员会制定、调整体外诊断试剂分类目录。

第十条 本规则自发布之日起施行。既往发布的文件中体外诊断试剂分类原则与本规则不一致的，以本规则为准。

国家药监局关于发布体外诊断试剂分类目录的公告

2024 年第 58 号

为贯彻落实《医疗器械监督管理条例》（国务院令第 739 号）有关要求，进一步指导体外诊断试剂分类，根据《体外诊断试剂注册与备案管理办法》（国家市场监督管理总局令第 48 号）、《国家药监局关于发布〈体外诊断试剂分类规则〉的公告》（国家药品监督管理局公告 2021 第 129 号）等有关规定，国家药监局组织修订了《6840 体外诊断试剂分类子目录（2013 版）》，形成《体外诊断试剂分类目录》，现予发布。

特此公告。

附件：体外诊断试剂分类目录

国家药监局
2024 年 5 月 10 日

相关文件

国家药监局关于实施《体外诊断试剂分类目录》
有关事项的通告

2024 年第 17 号

为贯彻落实《医疗器械监督管理条例》（国务院令第 739 号）要求，更好地指导体外诊断试剂分类，依据《体外诊断试剂注册与备案管理办法》（国家市场监督管理总局令第 48 号）、《关于发布〈体外诊断试剂分类规则〉的公告》（国家药品监督管理局公告 2021 第 129 号，以下简称《分类规则》）等有关规定，国家药监局组织修订发布了《体外诊断试剂分类目录》（以下简称《分类目录》）。为做好《分类目录》实施工作，现将有关事项通告如下：

一、总体说明

（一）《分类目录》所包括体外诊断试剂，是指按医疗器械管理的体外诊断试剂，不包括国家法定用于血源筛查的体外诊断试剂和采用放射性核素标记的体外诊断试剂。

（二）《分类目录》以《分类规则》为依据，根据体外诊断试剂的特点编制而成，《分类目录》结构由"一级序号、一级产品类别、二级序号、二级产品类别、预期用途、管理类别"六个部分组成，其中"一级产品类别"主要依据《分类规则》设立，共 25 个；"二级产品类别"是在一级产品类别项下的进一步细化，主要根据检测靶标设置，原则上不包括方法或原理，共 1852 个；"预期用途"涉及的内容包括被测物及主要临床用途等，其目的主要是用于确定产品的管理类别，不代表对相关产品注册内容的完整描述。申请注册或者办理备案时，有关产品名称和预期用途应当按照《体外诊断试剂注册与备案管理办法》及相关要求执行。

分类编码继续沿用 6840。

（三）被测物相同但在临床上用于不同预期用途、且根据《分类规则》属于不同管理类别的产品，若其在不同管理类别的用途都有较广泛的应用，则依据《分类规则》分别列入相应管理类别，低类别条目的预期用途描述中应当明确不包含按高类别管理的预期用途。

对于具有多种预期用途、但根据《分类规则》管理类别相同的产品，进行"一级产品类别"归类时，根据临床主要用途、特定用途优先归类。

（四）根据《分类规则》第六条规定，用于微生物鉴别或者药敏试验的培养基，以及用于细胞增殖培养，对细胞具有选择、诱导、分化功能，且培养的细胞用于体外诊断的细胞培养基，按照第二类管理。符合《分类规则》且风险较低的仅做选择性培养、不具备微生物鉴别及药敏功能的微生物培养基，按照第一类管理。

（五）按照第一类管理的细胞培养基，仅保留基础培养基产品，如 RPMI –1640 培养基，并根据《分类规则》明确用途限制（不用于细胞治疗、细胞回输、辅助生殖等非体外诊断用途）。

（六）根据《分类规则》第六条、第七条规定，按照第一类管理的样本处理用产品，主要指检测反应发生前的样本预处理阶段所用的通用性产品，且不参与反应。原则上此类产品仅包括仪器平台通用或方法学通用的样本处理用试剂，不包括针对具体检测项目的样本处理用试剂。

（七）按照第一类管理的反应体系通用试剂，主要指检测反应阶段维持反应体系环境的通用性试剂。仅包括仪器平台通用或方法学通用的反应体系试剂，不针对具体检测项目。不可对完整的产品进行拆分后单独注册 / 备案。

（八）按照第一类管理的染色液，主要指通用性产品，不含特异性的蛋白、抗原、抗体、酶等物质，按染色液主要化学成分或常用名称命名。

（九）根据《分类规则》，按照第一类管理的流式细胞仪用、免疫组化、原位杂交产品涉及的抗体或者探针，均为"单一抗体"或"单一探针"。原位杂交产品中针对单个基因检测的断裂基因探针、融合基因探针，因其产品的特性，需要两个探针共同完成某个基因的检测，视作"单一探针"；原位杂交产品中针对单个基因检测的，产品的组成中除主要的特异性探针外，另含有起"辅助定位"作用的探针的，视作"单一探针"。

根据《分类规则》，上述按照第一类管理的"单一抗体"或"单一探针"组合后，作为第二类或第三类管理。

（十）《分类规则》中"仅为专业医生提供辅助诊断信息的流式细胞仪用单一抗体"限指对体液中悬浮的细胞进行分析、提供辅助信息的单一抗体以及同型对照抗体。通过捕获体液中其他成分形成生物粒子、从而用流式细胞仪进行检测的体外诊断试剂，不符合《分类规则》中"流式细胞仪用单一抗体"有关要求，如在流式平台上，基于抗原抗体反应，以特定"微珠"或者"微球"为载体，对白介素、干扰素、肿瘤坏死因子等物质进行检测分析的试剂。

（十一）除第（九）条第二款列出的情形外，《分类目录》中未包含的组合产品，如组合后的预期用途仅为单项产品预期用途的组合，应当按照所包含的单项产品的最高管理类别确定其管理类别。如有新增预期用途，应当按照相关要求申请分类界定。

（十二）《分类目录》未包括校准品、质控品。根据《分类规则》，与第二类、第三类体外诊断试剂配合使用的校准品和质控品的管理类别，与试剂管理类别相同；与第一类体外诊断试剂配合使用的校准品和质控品，按第二类管理。

非定值质控品不作为医疗器械管理。

（十三）根据《分类规则》第六条、第七条规定，与麻醉药品、精神药品、医疗用毒性药品检测相关，并具有临床诊断用途、在临床机构使用的体外诊断试剂，按第三类管理。麻醉药品、精神药品或医疗用毒性药品的范围根据国家药监局、公安部、国家卫生健康委联合发布的《麻醉药品和精神药品品种目录》《医疗用毒性药品管理办法》所列的毒性药品品种，以及后续补充文件增加的品种进行确定。

（十四）根据医疗器械生产、经营、使用等情况，基于医疗器械风险分析、评价，按照《医疗器械分类目录动态调整工作程序》，及时更新调整《分类目录》。

（十五）自2025年1月1日起，《食品药品监管总局关于印发体外诊断试剂分类子目录的通知》（食药监械管〔2013〕242号）、《关于过敏原类、流式细胞仪配套用、免疫组化和原位杂交类体外诊断试剂产品属性及类别调整的通告》（国家食品药品监督管理总局通告2017年第226号）和《关于调整〈6840体外诊断试剂分类子目录（2013版）〉部分内容的公告》（国家药品监督管理局公告2020年第112号）（以上统称"原《分类目录》"）废止。

二、医疗器械注册备案管理有关政策

（十六）对于2025年1月1日前已批准且已生效的体外诊断试剂注册证，在批准的有效期内继续有效。

（十七）自2025年1月1日起，对于首次提出注册申请的体外诊断试剂，应当按照《分类目录》受理产品注册申请。

对于2025年1月1日前已受理首次注册申请但尚未作出审批决定的，药品监督管理部门可以按照原《分类目录》继续审评审批；准予注册的，如按照《分类目录》不涉及产品管理类别调整，则按照《分类目录》核发医疗器械注册证；如按照《分类目录》涉及产品管理类别调整，则继续按照原《分类目录》核发医疗器械注册证,并在注册证备注栏中注明《分类目录》产品管理类别,并限定医疗器械注册证有效期不得超过 2027 年 1 月 1 日。

（十八）对于 2025 年 1 月 1 日前已受理但尚未作出审批决定的延续注册申请项目,药品监督管理部门按照原《分类目录》继续审评审批;准予延续注册的,如按照《分类目录》不涉及产品管理类别调整,则按照《分类目录》核发医疗器械注册证;如按照《分类目录》涉及产品管理类别调整,则继续按照原《分类目录》核发医疗器械注册证,在注册证备注栏中注明《分类目录》产品管理类别,并限定医疗器械注册证有效期不得超过 2027 年 1 月 1 日。

对于在 2025 年 1 月 1 日前已批准且已生效的医疗器械注册证,如涉及产品管理类别由高类别调整为低类别的,注册人应当按照改变后的类别向相应药品监督管理部门申请延续注册或者办理备案。药品监督管理部门对准予延续注册的,按照《分类目录》核发医疗器械注册证;对备案资料符合要求的,办理备案;并在注册证备注栏或备案信息表备注栏中注明原医疗器械注册证编号。

对于在 2025 年 1 月 1 日前已批准且已生效的医疗器械注册证,如涉及产品管理类别由低类别调整为高类别的,注册人应当按照改变后的类别向相应药品监督管理部门申请注册。在原医疗器械注册证有效期内提出注册申请的,如在开展产品类别转换工作期间注册证到期,在产品安全有效且上市后未发生严重不良事件或质量事故的前提下,注册人可按原管理类别向原注册部门提出原医疗器械注册证延期申请,予以延期的,原则上原医疗器械注册证有效期不得超过 2027 年 1 月 1 日。

（十九）对于 2025 年 1 月 1 日前已受理但尚未作出审批决定的变更注册申请项目,药品监督管理部门按照原《分类目录》继续审评审批;准予变更注册的,如按照《分类目录》不涉及产品管理类别调整,则按照《分类目录》核发医疗器械变更注册文件;如按照《分类目录》涉及产品管理类别调整,则继续按照原《分类目录》核发医疗器械变更注册文件,并在备注栏中注明《分类目录》产品管理类别。

对于在 2025 年 1 月 1 日前已批准且已生效的医疗器械注册证,涉及管理类别调整的,如在注册证有效期内发生注册变更,注册人可以向原注册部门申请变更注册。药品监督管理部门对准予变更注册的,核发医疗器械变更注册文件,并在备注栏中注明《分类目录》产品管理类别。注册人应当按照《分类目录》产品管理类别向相应药品监督管理部门申请注册或者办理备案。在原医疗器械注册证有效期内提出注册申请的,如在开展产品类别转换工作期间注册证到期,在产品安全有效且上市后未发生严重不良事件或质量事故的前提下,注册人可按原管理类别向原注册部门提出原医疗器械注册证延期申请,予以延期的,原则上原医疗器械注册证有效期不得超过 2027 年 1 月 1 日。

（二十）自《分类目录》发布之日至 2024 年 6 月 30 日,可以按照原《分类目录》办理第一类体外诊断试剂备案;鼓励按照《分类目录》办理第一类体外诊断试剂备案。

自 2024 年 7 月 1 日起,应当按照《分类目录》办理第一类体外诊断试剂备案。2024 年 7 月 1 日前已备案的第一类体外诊断试剂产品,备案人应当对照《分类目录》对备案信息及备案资料进行自查。涉及变更备案、取消备案的,备案人应当按照《关于第一类医疗器械备案有关事项的公告》（国家药品监督管理局公告 2022 年第 62 号）办理。其中按照《分类目录》涉及产品类别由低类别调整为高类别的,备案人应当依据《体外诊断试剂注册与备案管理办法》和《分类目录》的规定,按照改变后的类别向相应药品监督管理部门申请注册。自 2027 年 1 月 1 日起,未依法取得注册证的,不得生产、进口和销售。

（二十一）原已注册或备案的产品未纳入《分类目录》的,申请人应当按照医疗器械分类界定工作有关要求申请分类界定,并根据分类界定结果依照有关规定申请注册或办理备案。

（二十二）在办理第一类产品备案时,产品具体组成成分应当明示,不应使用诸如成分 A、成分 B、组分 1、组分 2 等替代性描述。如一级产品类别 21 "样本处理用产品"中的染色液类产品等。

三、医疗器械生产经营许可备案有关政策

（二十三）医疗器械注册人、受托生产企业应当按照其所生产体外诊断试剂产品注册证载明的管理类别，申请医疗器械生产许可或者申请变更《医疗器械生产许可证》生产范围，《医疗器械生产许可证》的生产范围沿用"管理类别–6840 体外诊断试剂"书写方式。

医疗器械备案人、受托生产企业应当按照其生产体外诊断试剂产品的第一类体外诊断试剂备案信息，办理第一类医疗器械生产备案，第一类医疗器械生产备案的生产范围沿用"6840 体外诊断试剂"书写方式。

（二十四）医疗器械经营企业应当按照其经营体外诊断试剂产品注册证载明的管理类别，依法申请医疗器械经营许可或者办理第二类医疗器械经营备案，医疗器械经营许可证、第二类医疗器械经营备案的经营范围沿用"6840 体外诊断试剂"书写方式。

各省级药品监督管理部门应当按照国家药监局的统一部署，组织开展行政区域内《分类目录》培训宣贯工作，监督指导相关单位实施《分类目录》，切实做好相关产品注册备案和监督管理工作。

特此通告。

国家药监局

2024 年 5 月 10 日

相关文件

总局关于发布医疗器械分类目录的公告

2017 年第 104 号

为贯彻实施《医疗器械监督管理条例》和《国务院关于改革药品医疗器械审评审批制度的意见》（国发〔2015〕44 号）的要求，国家食品药品监督管理总局组织修订了《医疗器械分类目录》，现予发布，自 2018 年 8 月 1 日起施行。

特此公告。

附件：医疗器械分类目录

食品药品监管总局

2017 年 8 月 31 日

总局关于实施《医疗器械分类目录》有关事项的通告

2017 年第 143 号

为贯彻落实《医疗器械监督管理条例》和《国务院关于改革药品医疗器械审评审批制度的意见》（国发〔2015〕44 号），国家食品药品监督管理总局于 2017 年 8 月 31 日发布《医疗器械分类目录》（以下简称新《分类目录》），自 2018 年 8 月 1 日起施行。为做好新《分类目录》实施工作，现将有关事项通告如下：

一、新《分类目录》的总体说明

（一）新《分类目录》按技术专业和临床使用特点分为 22 个子目录，子目录由一级产品类别、二级产品类别、产品描述、预期用途、品名举例和管理类别组成。判定产品的管理类别时，应当根据产品的实际情况，结合新《分类目录》中产品描述、预期用途和品名举例进行综合判定，产品描述和预期用途是用于判定产品的管理类别，不代表相关产品注册内容的完整表述。注册申请人可以使用新《分类目录》的品名举例，或根据《医疗器械通用名称命名规则》（国家食品药品监督管理总局令第 19 号）拟定产品名称。

（二）新《分类目录》不包括体外诊断试剂，体外诊断试剂产品类别应当按照《体外诊断试剂注册管理办法》（国家食品药品监督管理总局令第 5 号，以下简称 5 号令）、《体外诊断试剂注册管理办法修正案》（总局令第 30 号，以下简称 30 号令）、《6840 体外诊断试剂分类子目录（2013 版）》及后续发布的分类界定文件中有关体外诊断试剂的分类界定意见进行判定，分类编码继续延用 6840。

（三）新《分类目录》不包括组合包类产品，组合包类产品的类别应当依据《医疗器械分类规则》（国家食品药品监督管理总局令第 15 号）、5 号令、30 号令等相关规定进行判定。

（四）《关于发布第一类医疗器械产品目录的通告》（国家食品药品监督管理总局通告 2014 年第 8 号）、《食品药品监管总局办公厅关于实施第一类医疗器械备案有关事项的通知》（食药监办械管〔2014〕174 号）和 2014 年 5 月 30 日以后发布的医疗器械分类界定文件中有关第一类医疗器械产品的分类界定意见继续有效。自 2018 年 8 月 1 日起，上述文件规定的产品管理类别与新《分类目录》不一致的，以新《分类目录》的产品管理类别为准。

（五）自 2018 年 8 月 1 日起，除第（二）项和第（四）项以及既往发布的分类界定文件中不作为医疗器械管理的产品分类界定意见外，原《医疗器械分类目录》（国药监械〔2002〕302 号，以下简称原《分类目录》）及既往发布的医疗器械分类界定文件内容及目录废止。

二、医疗器械注册和备案管理有关政策

（六）2018 年 8 月 1 日前已受理并准予注册的首次注册申请项目，食品药品监督管理部门按照原《分类目录》核发医疗器械注册证。

2018 年 8 月 1 日前已受理但尚未作出审批决定的首次注册申请项目，食品药品监督管理部门按照原《分类目录》继续审评；准予注册的，如按照新《分类目录》不涉及产品管理类别调整，则按照新《分类目录》核发医疗器械注册证，在注册证备注栏中注明原《分类目录》产品分类编码；如按照新《分类目录》涉及产品管理类别调整，则继续按照原《分类目录》核发医疗器械注册证，并在注册证备注栏中注明新《分类目录》产品管理类别和分类编码（新《分类目录》的分类编码为子目录编号）。

相关文件

231

自 2018 年 8 月 1 日起，注册申请人应当按照新《分类目录》提出注册申请。

（七）2018 年 8 月 1 日前已受理并准予延续注册的申请项目，食品药品监督管理部门按照原《分类目录》核发医疗器械注册证。

2018 年 8 月 1 日前已受理但尚未作出审批决定的延续注册申请项目，食品药品监督管理部门按照原《分类目录》继续审评；准予延续注册的，如按照新《分类目录》不涉及产品管理类别调整，则按照新《分类目录》核发医疗器械注册证，在注册证备注栏中注明原医疗器械注册证编号；如按照新《分类目录》涉及产品管理类别调整，则继续按照原《分类目录》核发医疗器械注册证，并在注册证备注栏中注明新《分类目录》产品管理类别和分类编码。

自 2018 年 8 月 1 日起，注册人应当按照《医疗器械注册管理办法》（国家食品药品监督管理总局令第 4 号）和新《分类目录》提出延续注册申请；准予延续注册的，食品药品监督管理部门按照新《分类目录》核发医疗器械注册证，并在注册证备注栏中注明原医疗器械注册证编号。涉及产品管理类别由高类别调整为低类别的，注册人应当在医疗器械注册证有效期届满 6 个月前，按照改变后的类别向相应食品药品监督管理部门申请延续注册或者办理备案。食品药品监督管理部门对准予延续注册的，按照新《分类目录》核发医疗器械注册证；对备案资料符合要求的，制作备案凭证；并在注册证备注栏或备案凭证变更情况中注明原医疗器械注册证编号。涉及产品管理类别由低类别调整为高类别的，注册人应当按照改变后的类别向相应食品药品监督管理部门申请注册。在原医疗器械注册证有效期内提出注册申请的，如在开展产品类别转换工作期间注册证到期，注册人可向原审批部门提出原医疗器械注册证延期申请，予以延期的，原则上原医疗器械注册证有效期不得超过 2019 年 8 月 31 日。

（八）对于注册变更申请项目，医疗器械注册变更文件的注册证编号同原医疗器械注册证。如原注册证为按照原《分类目录》核发的，则 2018 年 8 月 1 日后核发的注册变更文件备注栏中同时注明新《分类目录》的产品管理类别和分类编码。

（九）2018 年 8 月 1 日前已完成备案的第一类医疗器械产品，原备案凭证继续有效。按照新《分类目录》涉及产品类别由低类别调整为高类别的，备案人应当依据《医疗器械注册管理办法》（国家食品药品监督管理总局令第 4 号）和新《分类目录》的规定，按照改变后的类别向食品药品监督管理部门申请注册，并于 2019 年 8 月 31 日前完成注册。

自 2018 年 8 月 1 日起，应当按照新《分类目录》和《关于发布第一类医疗器械产品目录的通告》（国家食品药品监督管理总局通告 2014 年第 8 号）、《食品药品监管总局办公厅关于实施第一类医疗器械备案有关事项的通知》（食药监办械管〔2014〕174 号）以及 2014 年 5 月 30 日后发布的医疗器械分类界定文件中有关第一类医疗器械产品分类界定意见实施备案。

（十）自 2017 年 11 月 1 日至 2018 年 7 月 31 日，国家食品药品监督管理总局医疗器械标准管理中心对医疗器械分类界定的申请，分别依据原《分类目录》和新《分类目录》给出产品管理类别和分类编码；自 2018 年 8 月 1 日起，依据新《分类目录》给出产品管理类别和分类编码。

三、医疗器械生产经营许可有关政策

（十一）自 2018 年 8 月 1 日起，持按照新《分类目录》核发的医疗器械注册证申请医疗器械生产许可的，食品药品监管部门应当依据医疗器械注册证按照新《分类目录》填写《医疗器械生产许可证》的生产范围和医疗器械生产产品登记表，其中生产范围应填写到一级产品类别。

自 2018 年 8 月 1 日起，持按照新《分类目录》核发的医疗器械注册证申请变更《医疗器械生产许可证》生产范围或增加生产产品的，食品药品监管部门应当依据医疗器械注册证将《医疗器械生产许可证》的生产范围和医疗器械生产产品登记表分成原《分类目录》分类编码区和新《分类目录》分类编码区，并明确标识，分别注明产品生产范围和产品信息。其中，按照新《分类目录》填写的生产范围应填写到一级产品类别。新旧版本分类编码产品生产范围不得混编，待全部产品均为新版产品分类编码的注册证后，不再分区。

（十二）自2018年8月1日起，新发放的医疗器械经营许可证和第二类医疗器械经营备案凭证的经营范围应当分成原《分类目录》分类编码区和新《分类目录》分类编码区，并明确标识。经营范围填写到子目录类别。新旧版本分类编码经营范围不得混编，待全部产品均为新版产品分类编码的注册证后，不再分区。

各省级食品药品监督管理部门应当按照国家食品药品监督管理总局的统一部署，组织开展本辖区新《分类目录》培训工作，监督指导相关单位实施新《分类目录》。各级食品药品监督管理部门对新《分类目录》实施过程中遇到的问题要及时研究处理，并及时向上一级食品药品监督管理部门报告。

特此通告。

食品药品监管总局

2017年8月31日

国家药监局关于调整《医疗器械分类目录》部分内容的公告

2020 年第 147 号

为进一步深化医疗器械审评审批制度改革，依据医疗器械产业发展和监管工作实际，按照《医疗器械监督管理条例》有关要求，国家药监局决定对《医疗器械分类目录》部分内容进行调整。现将有关事项公告如下：

一、调整内容

对 28 类医疗器械的《医疗器械分类目录》内容进行调整，其中，15 类医疗器械管理类别进行调整（见附件 1），13 类医疗器械目录内容进行调整（见附件 2）。

二、实施要求

（一）自本公告发布之日起，药品监督管理部门依据《医疗器械注册管理办法》《关于公布医疗器械注册申报资料要求和批准证明文件格式的公告》《关于第一类医疗器械备案有关事项的公告》等，按照调整后的类别受理医疗器械注册和备案申请。

（二）对于已受理尚未完成注册审批（包括首次注册和延续注册）的医疗器械，药品监督管理部门继续按照原受理类别审评审批，准予注册的，核发医疗器械注册证，并在注册证备注栏注明调整后的产品管理类别。

（三）对于已注册的医疗器械，其管理类别由第三类调整为第二类的，医疗器械注册证在有效期内继续有效。如需延续的，注册人应当在医疗器械注册证有效期届满 6 个月前，按照改变后的类别向相应药品监督管理部门申请延续注册，准予延续注册的，按照调整后的产品管理类别核发医疗器械注册证。

对于已注册的医疗器械，其管理类别由第二类调整为第一类的，医疗器械注册证在有效期内继续有效。注册证到期前，注册人可向相应药品监督管理部门申请产品备案，备案资料符合要求的，药品监督管理部门应当按照相关要求制作备案凭证，并在其网站公布备案信息表中登载的信息。

（四）医疗器械注册证有效期内发生注册变更的，注册人应当向原注册部门申请注册变更。如原注册证为按照原《医疗器械分类目录》核发，本公告涉及产品的注册变更文件备注栏中应当注明公告实施后的产品管理类别。

（五）各级药品监督管理部门要加强《医疗器械分类目录》内容调整的宣贯培训，切实做好相关产品审评审批、备案和上市后监管工作。

本公告自发布之日起实施。

附件：1. 医疗器械分类目录产品管理类别调整意见汇总表
　　　2. 医疗器械分类目录内容调整意见汇总表

国家药监局

2020 年 12 月 18 日

国家药监局关于调整《医疗器械分类目录》部分内容的公告

2022 年第 25 号

为进一步深化医疗器械审评审批制度改革，依据医疗器械产业发展和监管工作实际，按照《医疗器械监督管理条例》《医疗器械分类目录动态调整工作程序》有关要求，国家药监局决定对《医疗器械分类目录》部分内容进行调整。现将有关事项公告如下：

一、调整内容

对 02-15-14 夹子装置等 10 种医疗器械产品涉及《医疗器械分类目录》内容进行调整，具体调整内容见附件。

二、实施要求

（一）对于附件中由Ⅰ类调整为Ⅱ类管理的"14-10-08 液体敷料、膏状敷料"中非无菌提供、通过在创面表面形成保护层，起物理屏障作用，用于小创口、擦伤、切割伤等浅表性创面及周围皮肤的护理的液体敷料、膏状敷料类产品，自本公告发布之日起，可按《医疗器械注册与备案管理办法》（国家市场监督管理总局令第 47 号）的规定申请注册。2022 年 1 月 1 日前已按照 2017 版《医疗器械分类目录》办理第一类医疗器械产品备案的，2023 年 4 月 1 日前产品备案继续有效；自 2023 年 4 月 1 日起，该类产品未依法取得医疗器械注册证不得生产、进口和销售。相关生产企业应当切实落实产品质量安全主体责任，确保上市产品的安全有效。

（二）对于调整内容的其他产品，自本公告发布之日起，药品监督管理部门依据《医疗器械注册与备案管理办法》《关于公布医疗器械注册申报资料要求和批准证明文件格式的公告》等，按照调整后的类别受理医疗器械注册申请。

对于已受理尚未完成注册审批（包括首次注册和延续注册）的医疗器械，药品监督管理部门继续按照原受理类别审评审批，准予注册的，核发医疗器械注册证，并在注册证备注栏注明调整后的产品管理类别。

对于已注册的医疗器械，其管理类别由第Ⅲ类调整为第Ⅱ类的，医疗器械注册证在有效期内继续有效。如需延续的，注册人应当在医疗器械注册证有效期届满 6 个月前，按照改变后的类别向相应药品监督管理部门申请延续注册，准予延续注册的，按照调整后的产品管理类别核发医疗器械注册证。

医疗器械注册证有效期内发生注册变更的，注册人应当向原注册部门申请注册变更。如原注册证为按照原《医疗器械分类目录》核发，本公告涉及产品的注册变更文件备注栏中应当注明公告实施后的产品管理类别。

相关文件

（三）各级药品监督管理部门要加强《医疗器械分类目录》内容调整的宣贯培训，切实做好相关产品审评审批和上市后监管工作。

特此公告。

附件：《医疗器械分类目录》部分内容调整表

国家药监局

2022 年 3 月 22 日

国家药监局关于调整《医疗器械分类目录》部分内容的公告

2022 年第 30 号

为进一步深化医疗器械审评审批制度改革，依据医疗器械产业发展和监管工作实际，按照《医疗器械监督管理条例》《医疗器械分类目录动态调整工作程序》有关要求，国家药监局决定对《医疗器械分类目录》部分内容进行调整。现将有关事项公告如下：

一、调整内容

对 27 类医疗器械涉及《医疗器械分类目录》内容进行调整，具体调整内容见附件。

二、实施要求

（一）对于附件中调整涉及的 09-07-02 射频治疗（非消融）设备中射频治疗仪、射频皮肤治疗仪类产品，自本公告发布之日起，可按《医疗器械注册与备案管理办法》（国家市场监督管理总局令第 47 号）的规定申请注册。自 2024 年 4 月 1 日起，射频治疗仪、射频皮肤治疗仪类产品未依法取得医疗器械注册证不得生产、进口和销售。

射频治疗仪、射频皮肤治疗仪类产品相关注册人、生产企业应当切实履行产品质量安全主体责任，全面加强产品全生命周期质量管理，确保上市产品的安全有效。自本公告发布之日起，射频治疗仪、射频皮肤治疗仪类产品相关注册人、生产企业应当主动向所在地（进口产品为代理人所在地）省级药品监督管理部门报告产品按医疗器械研制注册计划、适用的安全性标准承诺、生产质量管理体系及运行情况、顾客投诉处置及不良事件制度和执行情况等。省级药品监督管理部门应当建立企业信用档案，加强对该类产品注册人、生产企业的检查，督促企业落实主体责任、加快完成产品注册，健全质量管理体系。自 2024 年 4 月 1 日起，未取得医疗器械生产、经营许可（备案）的企业，不得从事相关产品的生产和销售。

（二）对于调整内容的其他产品，自本公告发布之日起，药品监督管理部门依据《医疗器械注册与备案管理办法》《关于公布医疗器械注册申报资料要求和批准证明文件格式的公告》等，按照调整后的类别受理医疗器械注册申请。

对于已受理尚未完成注册审批（包括首次注册和延续注册）的医疗器械，药品监督管理部门继续按照原受理类别审评审批，准予注册的，核发医疗器械注册证，并在注册证备注栏注明调整后的产品管理类别。

对于已注册的医疗器械，其管理类别由第三类调整为第二类的，医疗器械注册证在有效期内继续有效。如需延续的，注册人应当在医疗器械注册证有效期届满 6 个月前，按照改变后的类别向相应药品监督管理部门申请延续注册，准予延续注册的，按照调整后的产品管理类别核发医疗器械注册证。

医疗器械注册证有效期内发生注册变更的，注册人应当向原注册部门申请变更注册。如原注册证为按照原《医疗器械分类目录》核发，本公告涉及产品的变更注册文件备注栏中应当注明公告实施后的产品管理类别。

（三）各级药品监督管理部门要加强《医疗器械分类目录》内容调整的宣贯培训，切实做好相关产品审评审批和上市后监管工作。

附件：《医疗器械分类目录》部分内容调整表

国家药监局

2022 年 3 月 28 日

国家药监局关于调整《医疗器械分类目录》部分内容的公告

2023 年第 101 号

为进一步深化医疗器械审评审批制度改革，依据医疗器械产业发展和监管工作实际，按照《医疗器械监督管理条例》《医疗器械分类目录动态调整工作程序》有关要求，国家药监局决定对《医疗器械分类目录》部分内容进行调整。现将有关事项公告如下：

一、调整内容

对 58 类医疗器械涉及《医疗器械分类目录》内容进行调整，具体调整内容见附件。

二、实施要求

（一）对于附件中调整涉及的 01-01-03 "超声手术设备附件" 中作为第三类医疗器械管理的 "超声切割止血刀头、超声软组织手术刀头、超声吸引手术刀头" 和 01-10-06 "乳腺旋切活检系统及附件" 中 "乳房旋切穿刺针及配件"，自本公告发布之日起，药品监督管理部门依据《医疗器械注册与备案管理办法》《关于公布医疗器械注册申报资料要求和批准证明文件格式的公告》等，按照调整后的类别受理医疗器械注册申请。

对于公告发布之日前已受理尚未完成注册审批（包括首次注册和延续注册）的医疗器械，药品监督管理部门继续按照原受理类别审评审批，准予注册的，核发医疗器械注册证，限定医疗器械注册证有效期截止日期为 2025 年 12 月 31 日，并在注册证备注栏注明调整后的产品管理类别。对于已取得二类医疗器械注册证的，2025 年 12 月 31 日前产品注册证继续有效，所涉及注册人应当按照相应管理类别的有关要求积极开展注册证转换工作，在 2025 年 12 月 31 日之前完成转换。开展转换工作期间原医疗器械注册证到期的，在产品安全有效且上市后未发生严重不良事件或质量事故的前提下，注册人可按原管理属性和类别向原审批部门提出延期申请，予以延期的，原医疗器械注册证有效期不得超过 2025 年 12 月 31 日。

自 2026 年 1 月 1 日起，该类产品未依法取得第三类医疗器械注册证不得生产、进口和销售。相关生产企业应当切实落实产品质量安全主体责任，确保上市产品的安全有效。

（二）对于调整内容的其他产品，自本公告发布之日起，药品监督管理部门依据《医疗器械注册与备案管理办法》《关于公布医疗器械注册申报资料要求和批准证明文件格式的公告》《关于第一类医疗器械备案有关事项的公告》等，按照调整后的类别受理医疗器械注册申请或者办理备案。

对于已受理尚未完成注册审批（包括首次注册和延续注册）的医疗器械，药品监督管理部门继续按照原受理类别审评审批，准予注册的，核发医疗器械注册证，并在注册证备注栏注明调整后的产品管理类别。

对于已注册的医疗器械，其管理类别由第三类调整为第二类的，医疗器械注册证在有效期内继续有效。如需延续的，注册人应当在医疗器械注册证有效期届满 6 个月前，按照改变后的类别向相应药品监督管理部门申请延续注册，准予延续注册的，按照调整后的产品管理类别核发医疗器械注册证。

对于已注册的医疗器械，其管理类别由第二类调整为第一类的，医疗器械注册证在有效期内继续有效。注册证到期前，注册人可向相应部门办理产品备案。

医疗器械注册证有效期内发生注册变更的，注册人应当向原注册部门申请变更注册。如原注册证为按照原《医疗器械分类目录》核发，本公告涉及产品的变更注册文件备注栏中应当注明公告实施后的产品管理类别。

（三）各级药品监督管理部门要加强《医疗器械分类目录》内容调整的宣贯培训，切实做好相关产品审评审批、备案和上市后监管工作。

附件：《医疗器械分类目录》部分内容调整表

国家药监局

2023 年 8 月 15 日

国家药监局关于进一步明确射频治疗仪类产品
有关要求的公告

2024 年第 84 号

为平稳有序推进射频治疗仪、射频皮肤治疗仪类医疗器械相关工作，结合产品研发实际，统筹考虑公众用械安全和产业有序发展需要，国家药监局研究决定，自 2026 年 4 月 1 日起，《关于调整〈医疗器械分类目录〉部分内容的公告》（2022 年第 30 号）附件中 09-07-02 射频治疗（非消融）设备中射频治疗仪、射频皮肤治疗仪类产品，未依法取得医疗器械注册证的，不得生产、进口和销售。

已取得第二类医疗器械注册证的，原注册证在有效期内继续有效。原注册证在 2026 年 4 月 1 日前到期的，注册人可向原审批部门提出原注册证延期申请，延长期限最长不得超过 2026 年 3 月 31 日。

射频治疗仪、射频皮肤治疗仪类产品注册人、生产企业应当切实履行产品质量安全主体责任，全面加强产品全生命周期质量管理，确保上市产品安全有效。

特此公告。

国家药监局
2024 年 7 月 2 日

相关文件

国家药监局关于发布第一类医疗器械产品目录的公告

2021 年第 158 号

为贯彻落实《医疗器械监督管理条例》（国务院令第 739 号）要求，进一步指导第一类医疗器械备案工作，国家药品监督管理局组织修订了《第一类医疗器械产品目录》，现予发布。该目录自 2022 年 1 月 1 日起施行。

特此公告。

附件：第一类医疗器械产品目录

国家药监局

2021 年 12 月 30 日

国家药监局关于实施《第一类医疗器械产品目录》有关事项的通告

2021 年第 107 号

为更好地指导第一类医疗器械备案管理，依据《医疗器械监督管理条例》（国务院令第 739 号）、《医疗器械分类规则》（国家食品药品监督管理总局令第 15 号，以下简称 15 号令）有关规定，国家药品监督管理局组织修订发布了《第一类医疗器械产品目录》（以下简称新《一类目录》），自 2022 年 1 月 1 日起施行。为做好新《一类目录》实施工作，现将有关事项通告如下：

一、新《一类目录》的总体说明

（一）新《一类目录》以 2017 版《医疗器械分类目录》为主体框架，包含 2017 版《医疗器械分类目录》中 19 个子目录，119 个一级产品类别，368 个二级产品类别，2629 个品名举例，较 2017 版《医疗器械分类目录》增加 90 条产品信息，新增 538 个品名举例。

（二）新《一类目录》对第一类医疗器械的产品描述、预期用途进行了概括性的表述，不代表相关产品备案内容的完整表述。判定产品管理类别时，应当结合产品实际情况，根据新《一类目录》中产品描述、预期用途和品名举例进行判定。

（三）新《一类目录》增加了《部分第一类医疗器械产品禁止添加成分名录》附录，明确新《一类目录》中"09–02–03 物理降温设备""09–03–08 光治疗设备附件""14–10–02 创口贴""20–03–11 穴位压力刺激器具"中的产品不能含有中药、化学药物、生物制品、消毒和抗菌成分、天然植物及其提取物等发挥药理学、免疫学、代谢作用的成分或者可被人体吸收的成分，包括但不限于附录表格中所列成分，进一步规范相关产品备案。

（四）新《一类目录》不包括体外诊断试剂。体外诊断试剂产品管理类别应当按照《体外诊断试剂注册与备案管理办法》（国家市场监督管理总局令第 48 号，以下简称 48 号令）、《关于发布〈体外诊断试剂分类规则〉的公告》（国家药品监督管理局公告 2021 年第 129 号，以下简称 129 号公告）、体外诊断试剂分类相关目录进行判定，分类编码继续延用 6840。

（五）新《一类目录》不包括组合包类产品。组合包类产品是由需配合使用从而实现某一预期用途的一种以上医疗器械组合而成的产品。组合包类产品的管理类别应当依据 15 号令、48 号令、129 号公告等相关规定进行判定。

（六）新《一类目录》自 2022 年 1 月 1 日起实施。实施后，《关于发布第一类医疗器械产品目录的通告》（国家食品药品监督管理总局通告 2014 年第 8 号）、《食品药品监管总局办公厅关于实施第一类医疗器械备案有关事项的通知》（食药监办械管〔2014〕174 号）以及 2016 年以前发布的医疗器械分类界定文件全部废止。2017 版《医疗器械分类目录》及既往分类界定结果与新《一类目录》不一致的，均以新《一类目录》为准。

二、医疗器械备案管理有关政策

（七）自 2022 年 1 月 1 日起，第一类医疗器械均应当按照新《一类目录》实施备案。

2022 年 1 月 1 日前已完成备案的产品，其中如按照新《一类目录》产品仍作为第一类医疗器械管理、但备案信息表中登载内容及备案的产品技术要求有关内容与新《一类目录》不一致的，备案

相关文件

人应当于 2022 年 4 月 1 日前完成备案信息变更，或向原备案部门提出取消原备案、重新办理第一类医疗器械备案。

（八）根据新《一类目录》无法确定产品管理类别的，应当按照医疗器械分类界定工作流程申请分类界定，确认为第一类医疗器械的，备案人可根据分类界定结果依照有关规定办理备案。

（九）根据医疗器械生产、经营、使用等情况，基于医疗器械风险分析、评价，参照《医疗器械分类目录动态调整工作程序》，及时更新调整《一类目录》。

各省级药品监督管理部门应当按照国家药监局的统一部署，组织开展行政区域内新《一类目录》培训工作，监督指导相关单位实施新《一类目录》。对新《一类目录》实施过程中遇到的问题要及时研究处理，并及时向国家药监局报告。

特此通告。

国家药监局

2021 年 12 月 30 日

国家药监局关于发布重组胶原蛋白类医疗产品
分类界定原则的通告

2021 年第 27 号

为进一步加强重组胶原蛋白类医疗产品监督管理，推动产业高质量发展，国家药监局组织制定了《重组胶原蛋白类医疗产品分类界定原则》，现予公布。

特此通告。

附件：重组胶原蛋白类医疗产品分类界定原则

国家药监局

2021 年 4 月 13 日

相关文件

245

附件

重组胶原蛋白类医疗产品分类界定原则

一、目的

为规范重组胶原蛋白类医疗产品管理属性和管理类别判定，根据《医疗器械监督管理条例》《医疗器械分类规则》《医疗器械分类目录》《关于药械组合产品注册有关事宜的通告》等制定本原则。

二、范围

本原则规定的重组胶原蛋白类医疗产品是指以重组胶原蛋白为主要成分，以医疗为目的的产品。

三、管理属性界定

重组胶原蛋白类医疗产品的管理属性应当依据产品预期用途、作用机制等进行综合判定。

（一）不符合《医疗器械监督管理条例》有关医疗器械定义的重组胶原蛋白类产品，不作为医疗器械管理。例如（但不限于）用于改善阴道干涩状态的重组胶原蛋白类产品。

（二）产品实现医疗器械用途，同时含有发挥药理学作用的药物成分时，应当根据产品主要作用机制判定以药品作用为主或者以医疗器械作用为主的药械组合产品。以药品作用为主的药械组合产品，按照药品申报注册；以医疗器械作用为主的药械组合产品，按医疗器械申报注册。

（三）产品符合医疗器械定义且不含有发挥药理学作用的药物成分时，作为医疗器械管理。

四、医疗器械管理类别界定

对于属性判定作为医疗器械管理的重组胶原蛋白类医疗产品，应当依据产品的材料特性、结构特征、预期用途、使用形式等综合判定产品管理类别。

（一）重组胶原蛋白类产品的管理类别应当不低于第二类。

（二）重组胶原蛋白类产品作为无源植入物应用时，应当按照第三类医疗器械管理。

（三）重组胶原蛋白类产品作为止血和防黏连材料应用时，若产品可部分或全部被人体吸收或者用于体内时，按照第三类医疗器械管理；若产品不可被人体吸收且仅用于体表时，按照第二类医疗器械管理。

（四）重组胶原蛋白类产品作为医用敷料应用时，若产品可部分或者全部被人体吸收，或者用于慢性创面，按照第三类医疗器械管理；若产品不可被人体吸收且用于非慢性创面，按照第二类医疗器械管理。

重组胶原蛋白类产品的分类编码应当根据产品的预期用途，参照《医疗器械分类目录》予以确定。

五、有关要求

（一）自本通告发布之日起，重组胶原蛋白类医疗产品应当按照上述原则申请注册。已按照医疗器械受理注册申请的产品，继续按照原受理类别进行审评审批。

（二）已获准按照医疗器械注册的重组胶原蛋白类产品，其注册证在有效期内继续有效。在注册证有效期内提出注册申请的，如在开展产品类别转换期间注册证到期的，注册人可向原审批部门提出原注册证的延期申请。予以延期的，原注册证有效期原则上不得超过 2023 年 12 月 31 日。

国家药监局关于发布人工智能医用软件产品
分类界定指导原则的通告

2021 年第 47 号

为进一步加强人工智能医用软件类产品监督管理，推动产业高质量发展，国家药监局组织制定了《人工智能医用软件产品分类界定指导原则》，现予公布。

特此通告。

附件：人工智能医用软件产品分类界定指导原则

国家药监局

2021 年 7 月 1 日

附件

人工智能医用软件产品分类界定指导原则

一、目的

为指导人工智能医用软件产品管理属性和管理类别判定，根据《医疗器械监督管理条例》《医疗器械分类规则》《医疗器械分类目录》等，制定本原则。

二、范围

本原则中的人工智能医用软件是指基于医疗器械数据，采用人工智能技术实现其医疗用途的独立软件。含人工智能软件组件的医疗器械分类界定可参考本原则。

医疗器械数据是指医疗器械产生的用于医疗用途的客观数据，特殊情形下可包含通用设备产生的用于医疗用途的客观数据。

三、管理属性界定

该类产品的管理属性界定应基于其预期用途，结合其处理对象、核心功能等因素进行综合判定。

若软件产品的处理对象为医疗器械数据，且核心功能是对医疗器械数据的处理、测量、模型计算、分析等，并用于医疗用途的，符合《医疗器械监督管理条例》有关医疗器械定义，作为医疗器械管理。

若软件产品的处理对象为非医疗器械数据（如患者主诉等信息、检验检查报告结论），或者其核心功能不是对医疗器械数据进行处理、测量、模型计算、分析，或者不用于医疗用途的，不作为医疗器械管理。

四、管理类别界定

该类软件的管理类别应结合产品的预期用途、算法成熟度等因素综合判定。

对于算法在医疗应用中成熟度低（指未上市或安全有效性尚未得到充分证实）的人工智能医用软件，若用于辅助决策，如提供病灶特征识别、病变性质判定、用药指导、治疗计划制定等临床诊疗建议，按照第三类医疗器械管理；若用于非辅助决策，如进行数据处理和测量等提供临床参考信息，按照第二类医疗器械管理。

对于算法在医疗应用中成熟度高（指安全有效性已得到充分证实）的人工智能医用软件，其管理类别按照现行的《医疗器械分类目录》和分类界定文件等执行。

五、有关要求

（一）自本通告发布之日起，人工智能医用软件类产品应当按照上述原则申请注册。已按照医疗器械受理注册申请的产品，继续按照原受理类别进行审评审批。

（二）已获准按照医疗器械注册的人工智能医用软件类产品，其注册证在有效期内继续有效。在注册证有效期内提出注册申请的，如在开展产品类别转换期间注册证到期的，注册人可向原审批部门提出原注册证的延期申请。予以延期的，原注册证有效期原则上不得超过 2023 年 12 月 31 日。

国家药监局关于医用透明质酸钠产品管理类别的公告

2022 年第 103 号

为加强医用透明质酸钠（玻璃酸钠）产品的监督管理，进一步规范相关产品注册（备案），保证公众用药用械安全有效，根据《药品管理法》《医疗器械监督管理条例》相关规定，现就该类产品管理有关事宜公告如下：

一、根据不同预期用途（适应症）、工作原理等，医用透明质酸钠（玻璃酸钠）产品按照以下情形分别管理：

（一）用于治疗关节炎、干眼症等的产品，按照药品管理。

（二）符合以下情形，且不含发挥药理学、代谢学或免疫学作用的药物成分时，按照医疗器械管理，其管理类别不得低于第二类。

1. 作为接触镜护理产品应用时，按照第三类医疗器械管理。

2. 作为可吸收外科防粘连材料应用时，按照第三类医疗器械管理。

3. 作为眼用粘弹剂应用时，按照第三类医疗器械管理。

4. 作为注射填充增加组织容积产品应用时，按照第三类医疗器械管理。

5. 作为注射到真皮层，主要通过所含透明质酸钠的保湿、补水等作用，改善皮肤状态应用时，按照第三类医疗器械管理。

6. 用于修复膀胱上皮氨基葡萄糖保护层应用时，按照第三类医疗器械管理。

7. 作为医用敷料应用时，若产品可部分或者全部被人体吸收，或者用于慢性创面，按照第三类医疗器械管理；若产品不可被人体吸收且用于非慢性创面，按照第二类医疗器械管理。

8. 作为辅助改善皮肤病理性疤痕，辅助预防皮肤病理性疤痕形成的疤痕修复敷料应用时，按照第二类医疗器械管理。

9. 作为口腔溃疡、口腔组织创面愈合治疗辅助材料应用时，按照第二类医疗器械管理。

10. 作为体腔器械（不含避孕套）导入润滑剂应用时，按照第二类医疗器械管理。

11. 含有透明质酸钠润滑剂的避孕套，按照第二类医疗器械管理。

（三）对于含有透明质酸钠（玻璃酸钠）的药械组合产品，应当根据产品首要作用方式判定为以药品作用为主或者以医疗器械作用为主的药械组合产品。不提倡药械组合产品添加抗菌成分。

对含有抗菌成分的医用敷料产品、含有药物的整形用注射填充物等按下述原则判定：

1. 含有抗菌成分的医用敷料产品，应当提供非临床药效学研究和 / 或临床研究证实产品是否具有抗菌治疗作用。用于判定产品是否具有抗菌治疗作用的非临床药效学研究和 / 或临床研究及评判标准可参考药品研发相关的非临床和临床技术指导原则。（1）如果非临床药效学研究和 / 或临床研究证实产品具有明确的抗菌治疗作用，其中，主要通过抗菌治疗作用实现其预期用途的产品判定为以药品为主的药械组合产品；主要通过创面物理覆盖、渗液吸收等作用实现其预期用途的产品判定为以医疗器械为主的药械组合产品。（2）如果非临床药效学研究和 / 或临床研究未显示产品具有抗菌治疗作用，则产品按照医疗器械管理。

2. 含有局麻药等药物（如盐酸利多卡因、氨基酸、维生素），主要通过填充增加组织容积的整形用注射填充物，判定为以医疗器械为主的药械组合产品。

3. 含有局麻药等药物（如盐酸利多卡因、氨基酸、维生素等），主要通过所含透明质酸钠的保湿、补水等作用，改善皮肤状态的医疗美容用注射材料，判定为以医疗器械为主的药械组合产品。

4.含有药物的体腔器械（不含避孕套）导入润滑剂，判定为以医疗器械为主的药械组合产品。

二、以涂擦、喷洒或者其他类似方法，施用于皮肤、毛发、指甲、口唇等人体表面，以清洁、保护、修饰、美化为目的的产品，不按照药品或者医疗器械管理。

用于缓解阴道干燥的产品（不包括用于阴道创面护理的产品），不按照药品或者医疗器械管理。

仅用于破损皮肤、创面消毒的含消毒剂成分的洗液、消毒液、消毒棉片等，不按照药品或者医疗器械管理。

三、经修饰的透明质酸钠（玻璃酸钠）经验证后如相关物理、化学、生物特性与透明质酸钠一致，管理属性和管理类别可参照本公告执行。

四、自公告发布之日起，按照上述管理类别受理医用透明质酸钠（玻璃酸钠）产品的注册申请。

五、已经按照药品或医疗器械受理的注册申请，正在审评、审批的品种，继续按照药品或医疗器械进行审评、审批，符合要求的，核发药品批准文号或医疗器械注册证书。其中，需要改变管理属性或类别的，限定其批准文号或注册证书的有效期截止日期为2024年12月31日。

六、已获得药品批准文号或医疗器械注册证的产品，需要改变管理属性、管理类别的，原药品批准文号或医疗器械注册证在证书有效期内继续有效；所涉及企业应当按照相应管理属性和类别的有关要求积极开展转换工作，在2024年12月31日之前完成转换。开展转换工作期间原药品批准文号或医疗器械注册证到期的，在产品安全有效且上市后未发生严重不良事件或质量事故的前提下，企业可按原管理属性和类别向原审批部门提出延期申请，予以延期的，原药品批准文号或医疗器械注册证有效期不得超过2024年12月31日。

七、已按第一类医疗器械备案的冷敷凝胶、光子冷凝胶、液体敷料、膏状敷料等产品，按照《关于实施〈第一类医疗器械产品目录〉有关事项的通告》（国家药监局通告2021年第107号）和《关于调整〈医疗器械分类目录〉部分内容的公告》（国家药监局公告2022年第25号）有关要求执行。

八、各相关企业应当切实落实产品质量安全主体责任，确保上市产品的安全有效。各级药品监督管理部门要加强宣贯培训，切实做好相关产品审评审批和上市后监管工作。

九、本公告自发布之日起实施，《关于医用透明质酸钠产品管理类别的公告》（原国家食品药品监督管理局公告2009年第81号）同时废止。

国家药监局

2022年11月10日

国家药品监督管理局办公室关于强脉冲光脱毛类产品分类界定的通知

药监办〔2018〕10 号

各省、自治区、直辖市食品药品监督管理局：

为加强医疗器械监督管理，国家药品监督管理局组织对强脉冲光脱毛类产品的管理属性及管理类别进行了界定。现将有关事项通知如下：

一、本通知涉及的强脉冲光脱毛类产品，通常由光源、控制装置、闪光窗口、闪光发射按钮、指示灯/屏、电源适配器等组成，通过产生强脉冲光照射皮肤，使毛囊及周围组织因温度升高而发生结构改变，从而抑制毛发生长或使毛发萎缩脱落。该类产品为便携手持式设备，可由个人按照说明书自行使用。

按照《医疗器械监督管理条例》（国务院令第 680 号）第七十六条的规定，根据《医疗器械分类规则》（国家食品药品监督管理总局令第 15 号）和《医疗器械分类目录》（国家食品药品监督管理总局公告 2017 年第 104 号），强脉冲光脱毛类产品按第二类医疗器械管理，分类编码为 09-03-04。

二、强脉冲光脱毛类产品相关企业应当切实落实产品质量安全主体责任，确保上市产品的安全有效。自本通知发布之日起，可按《医疗器械注册管理办法》（国家食品药品监督管理总局令第 4 号）的规定申请注册。自 2023 年 1 月 1 日起，强脉冲光脱毛类产品未依法取得医疗器械注册证不得生产、进口和销售。

国家药品监督管理局办公室

2018 年 5 月 23 日

相关文件

国家药监局综合司关于"可降解膨胀止血绵"类产品分类界定的通知

药监综械注函〔2023〕631号

各省、自治区、直辖市和新疆生产建设兵团药品监督管理局：

为进一步明确"可降解膨胀止血绵"类产品的管理属性及类别，经研究，现将有关事项通知如下：

一、"可降解膨胀止血绵"类产品为多聚醚型聚氨酯海绵，由（DL-丙交酯-co-ε-己内酯）-氨酯共聚物组成，一次性使用。产品经辐照灭菌，应无菌。用于鼻腔、中耳与外耳术后的暂时压迫止血与支撑。

基于现有的科学认知，该产品的组成成分（DL-丙交酯-co-ε-己内酯）-氨酯共聚物是一种接触体液（如血液）后可被降解，且降解产物可被人体吸收的材料。参照《医疗器械分类目录》中类似风险产品"14-08-01 可吸收外科止血材料"的管理属性和类别，该产品应当按照第三类医疗器械管理，分类编码：14-08。

自本通知发布之日起，药品监督管理部门按照上述管理类别受理产品的注册申请。

二、对于本通知发布之日前已取得第二类医疗器械注册证的，2025年12月31日前原第二类医疗器械注册证继续有效。各省级药品监督管理部门督促此类产品注册人按照相应管理类别的有关要求，积极开展注册证转换工作，于2025年12月31日前完成转换；督促相关注册人切实落实产品质量安全主体责任，确保上市产品的安全有效。

国家药监局综合司

2023年12月4日

国家药监局综合司关于印发国家药品监督管理局医疗器械分类技术委员会工作规则的通知

药监综械注〔2023〕23 号

各省、自治区、直辖市和新疆生产建设兵团药品监督管理局，各有关单位：

为加强和规范国家药品监督管理局医疗器械分类技术委员会工作管理，国家药品监督管理局修订原食品药品监管总局医疗器械分类技术委员会工作规则，形成《国家药品监督管理局医疗器械分类技术委员会工作规则》，现予印发，请遵照执行。

国家药监局综合司

2023 年 3 月 10 日

国家药监局关于发布医疗器械唯一标识系统规则的公告

2019 年第 66 号

为贯彻落实《国务院办公厅关于印发治理高值医用耗材改革方案的通知》（国办发〔2019〕37号），规范医疗器械唯一标识系统建设，加强医疗器械全生命周期管理，依据《医疗器械监督管理条例》，国家药监局制定了《医疗器械唯一标识系统规则》，现予发布，自 2019 年 10 月 1 日起施行。

特此公告。

附件：医疗器械唯一标识系统规则

国家药监局

2019 年 8 月 23 日

附件

医疗器械唯一标识系统规则

第一条 为规范医疗器械唯一标识系统建设，加强医疗器械全生命周期管理，根据《医疗器械监督管理条例》，制定本规则。

第二条 在中华人民共和国境内销售、使用的医疗器械，其唯一标识系统应当符合本规则。

第三条 本规则所称医疗器械唯一标识系统，由医疗器械唯一标识、唯一标识数据载体和唯一标识数据库组成。

医疗器械唯一标识，是指在医疗器械产品或者包装上附载的，由数字、字母或者符号组成的代码，用于对医疗器械进行唯一性识别。

医疗器械唯一标识数据载体，是指存储或者传输医疗器械唯一标识的数据媒介。

医疗器械唯一标识数据库，是指储存医疗器械唯一标识的产品标识与关联信息的数据库。

第四条 医疗器械唯一标识系统建设应当积极借鉴国际标准，遵循政府引导、企业落实、统筹推进、分步实施的原则。

第五条 国家药品监督管理局负责建立医疗器械唯一标识系统制度，制定医疗器械唯一标识系统建设规划，推动各方积极应用医疗器械唯一标识，促进医疗器械全生命周期管理。

省、自治区、直辖市药品监督管理部门负责指导并监督本行政区域内注册人 / 备案人开展医疗器械唯一标识系统建设相关工作。

第六条 注册人 / 备案人负责按照本规则创建和维护医疗器械唯一标识，在产品或者包装上赋予医疗器械唯一标识数据载体，上传相关数据，利用医疗器械唯一标识加强产品全过程管理。

鼓励医疗器械生产经营企业和使用单位积极应用医疗器械唯一标识进行相关管理。

第七条 医疗器械唯一标识包括产品标识和生产标识。产品标识为识别注册人 / 备案人、医疗器械型号规格和包装的唯一代码；生产标识由医疗器械生产过程相关信息的代码组成，根据监管和实际应用需求，可包含医疗器械序列号、生产批号、生产日期、失效日期等。

产品发生可能影响医疗器械识别、追溯的变更或者监管要求变化时，应当创建新的产品标识。

医疗器械停止销售、使用的，其产品标识不得用于其他医疗器械；重新销售、使用时，可使用原产品标识。

第八条　医疗器械唯一标识应当符合唯一性、稳定性和可扩展性的要求。

唯一性，是指医疗器械唯一标识应当与医疗器械识别要求相一致。

稳定性，是指医疗器械唯一标识应当与产品基本特征相关，产品的基本特征未变化的，产品标识应当保持不变。

可扩展性，是指医疗器械唯一标识应当与监管要求和实际应用不断发展相适应。

第九条　注册人/备案人应当按照医疗器械唯一标识的编制标准创建、维护医疗器械唯一标识。

医疗器械唯一标识编制标准应当符合国家药品监督管理局以及符合本规则要求的发码机构制定的相关标准。

第十条　发码机构应当为中国境内的法人机构，具备完善的管理制度和运行体系，确保按照其标准创建的医疗器械唯一标识的唯一性，并符合国家数据安全有关要求。

发码机构应当向注册人/备案人提供执行其标准的流程并指导实施，应当将其编码标准上传至医疗器械唯一标识数据库并动态维护，每年1月31日前向国家药品监督管理局提交按照其标准创建的唯一标识上一年度的报告。

国家鼓励发码机构采用相关国际标准建立唯一标识运行体系。

第十一条　医疗器械唯一标识数据载体应当满足自动识别和数据采集技术以及人工识读的要求。如空间有限或者使用受限，应当优先采用符合自动识别和数据采集技术的载体形式。

自动识别和数据采集技术包括一维码、二维码或者射频标签等形式，鼓励采用先进的自动识别和数据采集技术。

采用一维码时，可将产品标识和生产标识串联，也可多行并联；采用射频标签时，应当同时具备一维码或者二维码。

第十二条　注册人/备案人应当选择与其创建的医疗器械唯一标识相适应的数据载体标准，对以其名义上市的医疗器械最小销售单元和更高级别的包装或者医疗器械产品上赋予唯一标识数据载体，并确保在医疗器械经营使用期间唯一标识数据载体牢固、清晰、可读。

第十三条　国家药品监督管理局制定医疗器械唯一标识数据相关标准及规范，组织建立医疗器械唯一标识数据库，供公众查询。

第十四条　注册人/备案人应当按照相关标准或者规范要求上传、维护和更新唯一标识数据库中的相关数据，并对数据的真实性、准确性、完整性负责。

第十五条　注册人/备案人应当在申请医疗器械注册、注册变更或者办理备案时，在注册/备案管理系统中提交其产品标识。

注册人/备案人应当在产品上市销售前，将产品标识和相关数据上传至医疗器械唯一标识数据库。

第十六条　药品监督管理部门可根据监管需求调用和管理相关数据。

鼓励各相关方采用先进信息化手段、应用医疗器械唯一标识，对医疗器械在生产、经营、使用等环节进行管理。

第十七条　本规则下列用语的含义：

自动识别和数据采集，是指不通过键盘直接将数据输入计算机系统或者其他微处理器控制的设备的技术。

人工识读，是指与机器识读媒介相对应的，可由人眼直接识别的编码信息。

第十八条　本规则自2019年10月1日起施行。分类实施的具体步骤另行制定并公布。

相关文件

国家药监局关于做好第一批实施医疗器械
唯一标识工作有关事项的通告

2019 年第 72 号

《医疗器械唯一标识系统规则》（以下简称《规则》）已于 2019 年 8 月发布。按照《规则》要求，分步推行医疗器械唯一标识制度。现将第一批实施医疗器械唯一标识工作有关事项通告如下：

一、品种范围

按照风险程度和监管需要，确定部分有源植入类、无源植入类等高风险第三类医疗器械作为第一批医疗器械唯一标识实施品种，具体产品目录见附件。

二、进度安排

对列入第一批实施产品目录的医疗器械，注册人应当按照时限要求有序开展以下工作：

（一）唯一标识赋码

2020 年 10 月 1 日起，生产的医疗器械应当具有医疗器械唯一标识；

2020 年 10 月 1 日前已生产的医疗器械可不具有医疗器械唯一标识。生产日期以医疗器械标签为准。

（二）唯一标识注册系统提交

2020 年 10 月 1 日起，申请首次注册、延续注册或者注册变更时，注册申请人 / 注册人应当在注册管理系统中提交其最小销售单元的产品标识。

产品标识不属于注册审查事项，产品标识的单独变化不属于注册变更范畴。

（三）唯一标识数据库提交

2020 年 10 月 1 日起生产的医疗器械，在其上市销售前，注册人应当按照相关标准或者规范要求将最小销售单元、更高级别包装的产品标识和相关数据上传至医疗器械唯一标识数据库；

当医疗器械产品最小销售单元产品标识的相关数据发生变化时，注册人应当在该产品上市销售前，在医疗器械唯一标识数据库中进行变更，实现数据更新。医疗器械最小销售单元产品标识变化时，应当按照新增产品标识上传数据至医疗器械唯一标识数据库。

三、工作要求

（一）强化企业责任。第一批实施唯一标识工作的注册人应当高度重视，充分认识《规则》实行的重要意义，严格按照《规则》和本通告要求组织开展赋码、数据上传和维护等工作，并对数据真实性、准确性、完整性负责。

（二）积极拓展应用。鼓励注册人应用医疗器械唯一标识建立医疗器械信息化追溯系统，实现对其产品生产、流通、使用全程可追溯。鼓励医疗器械生产经营企业、使用单位在其相关管理活动中积极应用医疗器械唯一标识，探索建立与上下游的追溯链条，推动衔接应用。

（三）加强培训宣传。 积极开展《规则》培训工作，对注册人、生产经营企业、使用单位等开展有针对性的业务培训，组织有关人员认真学习，加强工作指导，保障政策有效实施。加大新闻宣传力度，正确引导，形成良好的舆论氛围。

特此通告。

附件：第一批实施医疗器械唯一标识的产品目录

国家药监局

2019 年 10 月 12 日

相关文件

国家药监局 国家卫生健康委 国家医保局关于深入推进试点做好第一批实施医疗器械唯一标识工作的公告

2020 年第 106 号

自 2019 年 7 月医疗器械唯一标识系统试点工作开展以来，唯一标识在医疗器械生产、经营、使用全链条各环节得到示范应用，有力助推了医疗器械从源头生产到最终临床使用全链条联动。为贯彻落实《国务院办公厅关于印发治理高值医用耗材改革方案的通知》（国办发〔2019〕37 号）和国务院深化医药卫生体制改革有关重点工作任务，进一步拓展医疗器械唯一标识在医疗、医保等领域的衔接应用，现就深入推进试点做好第一批实施唯一标识有关工作公告如下：

一、深入推进唯一标识试点工作

（一）**试点时间**。受新冠肺炎疫情影响，唯一标识试点深度尚有不足。为充分验证唯一标识制度实施的成效，经研究，决定将唯一标识系统试点时间延长至 2020 年 12 月 31 日。试点期间，企业可向医疗器械唯一标识数据库上传、维护和更新相关数据，各相关方可通过唯一标识数据库共享应用相关数据，医疗机构可积极探索唯一标识与医疗器械管理、临床应用、医保结算等领域的衔接应用。

（二）**试点品种**。在现有试点品种的基础上，以自愿原则，鼓励企业将更多品种，特别是国家卫生健康委办公厅印发的《第一批国家高值医用耗材重点治理清单》（以下简称《清单》）中的产品纳入试点范围。

二、扎实组织好第一批产品实施工作

（一）**实施时间**。试点结束后，将全面启动第一批唯一标识实施工作，第一批实施时间由 2020 年 10 月 1 日调整至 2021 年 1 月 1 日。

（二）**实施品种**。为落实国务院高值医用耗材治理改革有关要求，在《国家药监局关于做好第一批实施医疗器械唯一标识工作有关事项的通告》（2019 年第 72 号）9 大类 64 个品种的基础上，将《清单》中耳内假体、脊柱椎体间固定 / 置换系统、可吸收外科止血材料、阴茎假体、植入式药物输注设备等 5 种高风险第三类医疗器械纳入第一批实施唯一标识的品种范围，具体产品目录见附件。鼓励《清单》中其他品种第一批实施唯一标识。

《国家药监局关于做好第一批实施医疗器械唯一标识工作有关事项的通告》（2019 年第 72 号）除实施时间和实施品种调整外，其余实施要求不变。

（三）**有关要求**。

1.各省（区、市）药品监督管理局要高度重视唯一标识实施工作，积极开展唯一标识政策宣贯培训，做好试点工作指导，尽快摸清行政区域内第一批实施唯一标识的企业情况，结合工作实际制定相应工作方案，组织好辖区内第一批实施工作。

2.第一批实施唯一标识的医疗器械注册人于 2021 年 1 月 1 日起，严格按照《医疗器械唯一标识系统规则》等有关要求开展产品赋码、数据上传和维护等工作，并对数据真实性、准确性、完整性负责。

3. 医疗器械唯一标识实施各相关方要充分利用唯一标识开展工作，重点推进唯一标识在医药、医疗、医保等领域的衔接应用。各方在实施过程中应当及时分析、总结，重要问题和建议及时报告，确保唯一标识实施工作顺利推进。

特此公告。

附件：第一批实施医疗器械唯一标识的产品目录

国家药监局

国家卫生健康委

国家医保局

2020 年 9 月 29 日

国家药监局 国家卫生健康委 国家医保局关于做好第二批实施医疗器械唯一标识工作的公告

2021 年第 114 号

2021 年 1 月 1 日起，首批 9 大类 69 个医疗器械品种实施唯一标识。为进一步贯彻落实《医疗器械监督管理条例》《国务院办公厅关于印发治理高值医用耗材改革方案的通知》和国务院深化医药卫生体制改革有关重点工作任务，现将第二批实施医疗器械唯一标识工作有关事项公告如下：

一、实施品种

在《国家药监局 国家卫生健康委 国家医保局关于深入推进试点做好第一批实施医疗器械唯一标识工作的公告》（2020 年第 106 号）规定的 9 大类 69 个品种的基础上，将其余第三类医疗器械（含体外诊断试剂）纳入第二批实施唯一标识范围。支持和鼓励其他医疗器械品种实施唯一标识。

二、实施时间

纳入第二批实施唯一标识的医疗器械注册人应当按照以下要求开展工作：

（一）唯一标识赋码

2022 年 6 月 1 日起，生产的医疗器械应当具有医疗器械唯一标识；此前已生产的第二批实施唯一标识的产品可不具有唯一标识。生产日期以医疗器械标签为准。

（二）唯一标识注册系统提交

2022 年 6 月 1 日起，申请首次注册、延续注册或者注册变更时，注册申请人／注册人应当在注册管理系统中提交其最小销售单元的产品标识。

产品标识不属于注册审查事项，产品标识的单独变化不属于注册变更范畴。

（三）唯一标识数据库提交

2022 年 6 月 1 日起生产的医疗器械，在其上市销售前，注册人应当按照相关标准或者规范要求将最小销售单元、更高级别包装的产品标识和相关数据上传至医疗器械唯一标识数据库，确保数据真实、准确、完整、可追溯。对于已在国家医保局医保医用耗材分类与代码数据库中维护信息的医疗器械，要在唯一标识数据库中补充完善医保医用耗材分类与代码字段，同时在医保医用耗材分类与代码数据库维护中完善医疗器械唯一标识相关信息，并确认与医疗器械唯一标识数据库数据的一致性。

当医疗器械最小销售单元产品标识相关数据发生变化时，注册人应当在产品上市销售前，在医疗器械唯一标识数据库中进行变更，实现数据更新。医疗器械最小销售单元产品标识变化时，应当按照新增产品标识在医疗器械唯一标识数据库上传数据。

三、有关要求

医疗器械注册人要切实落实企业主体责任，鼓励基于唯一标识建立健全追溯体系，做好产品召回、追踪追溯等有关工作。对于因《医疗器械分类目录》动态调整导致产品管理类别发生变化的情况，医疗器械注册人应当按照调整后管理类别的要求实施唯一标识。

医疗器械经营企业要在经营活动中积极应用唯一标识，做好带码入库、出库，实现产品在流通环节可追溯。

医疗机构要在临床使用、支付收费、结算报销等临床实践中积极应用唯一标识，做好全程带码记录，实现产品在临床环节可追溯。

发码机构要制定针对本机构的唯一标识编制标准及指南，指导医疗器械注册人开展唯一标识创建、赋码工作，并验证按照其标准编制的唯一标识在流通、使用环节可识读性。

省级药品监督管理部门要加强唯一标识工作的培训指导，组织辖区内医疗器械注册人按要求开展产品赋码、数据上传和维护工作，加强与辖区内卫生、医保部门协同，推动三医联动。

省级卫生健康部门要指导辖区内医疗机构积极应用唯一标识，加强医疗器械在临床应用中的规范管理。

省级医保部门要加强医保医用耗材分类与代码与医疗器械唯一标识的关联使用，推动目录准入、支付管理、带量招标等的透明化、智能化。

特此公告。

国家药监局

国家卫生健康委

国家医保局

2021 年 9 月 13 日

国家药监局 国家卫生健康委 国家医保局关于做好第三批实施医疗器械唯一标识工作的公告

2023 年第 22 号

2021 年 1 月 1 日,9 大类 69 种第三类医疗器械第一批实施医疗器械唯一标识。2022 年 6 月 1 日,其他第三类医疗器械(含体外诊断试剂)第二批实施医疗器械唯一标识。为进一步贯彻落实《医疗器械监督管理条例》《国务院办公厅关于印发治理高值医用耗材改革方案的通知》和国务院深化医药卫生体制改革有关重点工作任务,决定将部分第二类医疗器械作为第三批品种实施医疗器械唯一标识,现就有关事项公告如下:

一、品种范围

按照风险程度和监管需要,确定部分临床需求量较大的一次性使用产品、集中带量采购中选产品、医疗美容相关产品等部分第二类医疗器械作为第三批医疗器械唯一标识实施品种,具体产品目录见附件。

二、进度安排

对列入第三批实施产品目录的医疗器械,注册人应当按照时限要求有序开展以下工作:

(一)唯一标识赋码

2024 年 6 月 1 日起生产的医疗器械应当具有医疗器械唯一标识;此前已生产的第三批实施唯一标识的产品可不具有唯一标识。生产日期以医疗器械标签为准。

(二)唯一标识注册系统提交

2024 年 6 月 1 日起申请注册的,注册申请人应当在注册管理系统中提交其产品最小销售单元的产品标识;2024 年 6 月 1 日前已受理或者获准注册的,注册人应当在产品延续注册或者变更注册时,在注册管理系统中提交其产品最小销售单元的产品标识。

产品标识不属于注册审查事项,产品标识的单独变化不属于注册变更范畴。

(三)唯一标识数据库提交

2024 年 6 月 1 日起生产的医疗器械,在其上市销售前,注册人应当按照相关标准或者规范要求将最小销售单元、更高级别包装的产品标识和相关数据上传至医疗器械唯一标识数据库,确保数据真实、准确、完整、可追溯。对于已在国家医保局医保医用耗材分类与代码数据库中维护信息的医疗器械,要在唯一标识数据库中补充完善医保医用耗材分类与代码字段,同时在医保医用耗材分类与代码数据库维护中完善医疗器械唯一标识相关信息,并确认与医疗器械唯一标识数据库数据的一致性。

当医疗器械最小销售单元产品标识相关数据发生变化时,注册人应当在产品上市销售前,在医疗器械唯一标识数据库中进行变更,实现数据更新。医疗器械最小销售单元产品标识变化时,应当按照新增产品标识在医疗器械唯一标识数据库上传数据。

三、有关要求

医疗器械注册人要切实落实主体责任,鼓励基于唯一标识建立健全追溯体系,做好产品召回、追踪追溯等有关工作。对于因《医疗器械分类目录》动态调整导致产品管理类别发生变化的情况，医疗器械注册人应当按照调整后管理类别的要求实施唯一标识。

医疗器械经营企业要在经营活动中积极应用唯一标识，做好带码入库、出库，实现产品在流通环节可追溯。

医疗机构要在临床使用、支付收费、结算报销等临床实践中积极应用唯一标识，做好全程带码记录，实现产品在临床环节可追溯。

发码机构要制定针对本机构的唯一标识编制标准及指南，指导医疗器械注册人开展唯一标识创建、赋码工作，并验证按照其标准编制的唯一标识在流通、使用环节可识读性。

省级药品监督管理部门要加强唯一标识工作的培训指导，结合实施工作推进需求做好产品注册系统改造，组织辖区内医疗器械注册人按要求开展产品赋码、数据上传和维护工作，加强与辖区内卫生、医保部门协同，推动三医联动。

省级卫生健康部门要指导辖区内医疗机构积极应用唯一标识，加强医疗器械在临床应用中的规范管理。

省级医保部门要加强医保医用耗材分类与代码与医疗器械唯一标识的关联使用，推动目录准入、支付管理、带量招标等的透明化、智能化。

特此公告。

附件：第三批实施医疗器械唯一标识的产品目录

国家药监局
国家卫生健康委
国家医保局
2023 年 2 月 10 日

相关文件

263

总局关于实施《医疗器械通用名称命名规则》有关事项的通知

食药监械管〔2016〕35号

各省、自治区、直辖市食品药品监督管理局，有关单位：

《医疗器械通用名称命名规则》（国家食品药品监督管理总局令第19号）（以下简称《命名规则》）已发布，自2016年4月1日起施行。为做好《命名规则》实施工作，现将有关事项通知如下：

一、切实提高对医疗器械命名工作重要性的认识

规范医疗器械命名是医疗器械监管的重要基础性工作。使用医疗器械通用名称有助于研制、生产、流通、使用等各监管环节对医疗器械产品的有效识别，逐步推进、全面实现医疗器械通用名称是科学有效监管的有力保障。

医疗器械产品种类繁多、技术特点复杂、组成结构差异大，需要建立一套以"规则—术语—数据库"为架构的医疗器械命名体系。《命名规则》的发布实施，重点解决当前医疗器械名称相对混乱、误导识别、存在夸张绝对用语等问题。《命名规则》实施后，国家食品药品监督管理总局将在"十三五"期间针对医疗器械产品结构组成、技术特性和预期目的等，结合医疗器械分类目录，组织研究医疗器械产品核心词和特征词，制定发布命名术语指南，搭建通用名称数据库，逐步推进医疗器械通用名称的实施。

二、大力做好《命名规则》宣传贯彻和培训工作

各级食品药品监督管理部门要认真贯彻落实《命名规则》，制定计划并加强宣传贯彻和培训工作。各省级食品药品监督管理部门要加强对设区市级食品药品监督管理部门相关工作的指导。国家食品药品监督管理总局将适时组织集中培训。

三、关于《命名规则》实施后注册申请项目的处理

自2016年4月1日起受理的医疗器械注册申请，注册申请人应当按照《命名规则》拟定产品名称，医疗器械技术审评机构应当对产品名称予以审核规范。

在2016年4月1日前已受理尚处于技术审评环节的医疗器械注册申请，医疗器械技术审评机构也应当对产品名称予以审核规范。

四、关于《命名规则》实施前已获准注册项目的处理

在2016年4月1日前已获准注册的医疗器械，其产品名称可在注册证有效期内继续使用。

延续注册时，在产品不变的情况下，为符合《命名规则》而改变产品名称，注册申请人可以按照延续注册提交申请，并提供产品名称变化的说明，医疗器械技术审评机构应当对产品名称予以审核规范，并在注册证备注栏中注明原产品名称。

注册证在有效期内，注册申请人如申请产品名称许可事项变更的，应当按照《命名规则》拟定产品名称，医疗器械技术审评机构应当对产品名称予以审核规范。

五、关于《命名规则》实施后备案项目的处理

自 2016 年 4 月 1 日起，办理第一类医疗器械备案的产品，备案人应当按照《命名规则》及备案的相关规定确定产品名称。

地方各级食品药品监督管理部门要注意收集《命名规则》实施情况和实施过程中遇到的问题，并及时向上级食品药品监督管理部门报告。

食品药品监管总局

2016 年 3 月 29 日

相关文件

国家药监局关于发布医疗器械通用名称命名
指导原则的通告

2019 年第 99 号

为进一步规范医疗器械通用名称，指导医疗器械各专业领域命名指导原则的编制，国家药品监督管理局组织制定了《医疗器械通用名称命名指导原则》，现予发布。

特此通告。

附件：医疗器械通用名称命名指导原则

国家药监局

2019 年 12 月 16 日

附件

医疗器械通用名称命名指导原则

本指导原则依据《医疗器械通用名称命名规则》制定，是制定医疗器械通用名称和编制各专业领域命名指导原则的基本要求。

本指导原则是对备案人、注册申请人、审查人员及各专业领域命名指导原则编写人员的指导性文件，不包括注册审批所涉及的行政事项，不作为法规强制执行。若有满足相关法规要求的其他方法，也可采用，并应提供充分的研究资料和验证资料。本指导原则是在现行法规和标准体系以及当前认知水平下制定的，应在遵循相关法规的前提下使用。随着法规和标准的不断完善，以及科学技术的不断发展，本指导原则相关内容也将进行适时的调整。

一、适用范围

本指导原则是制定医疗器械通用名称的基本技术要求，同时用于指导各专业领域的命名指导原则编制。对于各专业领域存在的特殊情形，由各专业领域命名指导原则进行具体说明。

本原则不适用于按照医疗器械管理的体外诊断试剂。

二、通用名称组成结构及要求

（一）医疗器械通用名称由一个核心词和一般不超过三个特征词组成。

（二）核心词是对具有相同或者相似的技术原理、结构组成或者预期目的的医疗器械的概括表述。

（三）特征词是对医疗器械使用部位、结构特点、技术特点或者材料组成等特定属性的描述。

（四）各领域根据专业领域特性和产品特点分别确定核心词和特征词选取原则。

（五）对现有认知和技术具有重大影响的其他特定属性，视情况需要可增加特征词数量。

（六）一般情况下，描述产品使用形式、提供形式等属性的特征词应放首位，其他类型的特征词应按其对核心词的修饰性从广义到狭义的顺序排列。

（七）由两种及以上医疗器械组合而成，以实现某一临床预期用途的器械组合产品，由各领域根据产品实际情况进行命名，原则上其通用名称应体现组合形式和主要临床预期用途。按医疗器械管理的药械组合产品，根据其专业领域要求，其通用名称宜体现药械组合特性。

三、命名指导原则编制指南

（一）基于现有技术发展情况，以技术为主线，从医疗器械的功能和临床使用的角度，按不同专业领域分别编制命名指导原则。按照专科服从通用、分领域服从总领域、全面覆盖、避免重复的原则，做好各领域内的统一、领域间的协调衔接。

（二）在各专业领域体系框架下，按照第二条第二款要求确定核心词概念范畴，确定需要在通用名称中体现产品特点的特征词，按照第二条第六款要求进行排序，形成固定的共有结构，编制医疗器械产品通用名称的核心词和特征词的可选术语。

（三）各专业领域命名指导原则主要内容为：该领域适用范围、核心词及特征词制定原则、通用名称确定原则、命名术语表、利用术语表确定通用名称的方法、参考资料等。

（四）通用名称中未能包含的其他特征可考虑在产品型号、规格、标识、说明书等制造商信息中加以体现，如确有其他特征需在通用名称中体现，或有未能包含的产品，可对命名指导原则进行调整或增补。

四、命名术语表编制

（一）命名术语表包含序号、产品类别、术语类型、术语名称和术语描述五项内容。

（二）术语类型分为核心词和特征词。特征词应标明顺序（特征词1、特征词2、特征词3）和类别（如使用形式、提供形式、使用部位、结构特点、技术特点或者材料组成等）。

（三）术语名称应优先选用专业术语，对个别沿用已久或广泛专业共识的特定用词也可以使用。术语名称原则上不得使用字母词，在确实无法定名，并有相关标准等规范性文件依据的情况下，可以采用包含字母的用词，但核心词不得完全由字母构成。

（四）术语描述应明晰、准确、客观、符合逻辑。要反映被描述的命名术语在本领域概念体系中与上位概念及同位概念间的关系。要言简意赅，只需描述概念的本质特征或一个概念的外延，不需给出其他说明性、知识性的解释。避免循环定义和同语反复，一般不采用否定式描述。描述中所用的词汇，应是已定义过的或是众所周知的。描述项与被描述项之间的概念应是等同关系，不可过宽或过窄。

五、常用命名术语说明

（一）当以使用部位、材料组成等作为特征词时，若存在多个命名术语的情形，应明确其在通用名称中的位置，列出需要缺省的术语，其他特定部位或材料的命名术语可在术语表中列举，也可不一一列举而由指南应用方根据产品实际情况，自行选用相应的专业术语。

（二）一般情况下，当器械以不同形式使用或提供时，应在通用名称中体现，并参考如下描述根据产品实际情况对术语进行规范。可重复使用医疗器械指处理后可再次使用的医疗器械。一次性使用医疗器械指仅供一次性使用，或在一次医疗操作过程中只能用于一例患者的医疗器械。植入式医疗器械指借助手术全部或者部分进入人体内或腔道（口）中，或者用于替代人体上皮表面或眼表面，并且在手术过程结束后留在人体内30日（含）以上或者被人体吸收的医疗器械。无菌医疗器械指以无菌形式提供，直接使用的医疗器械产品。

（三）当以使用时限作为特征词，宜参考《医疗器械分类规则》对术语进行规范：暂时，医疗器械预期的连续使用时间在24小时以内；短期，医疗器械预期的连续使用时间在24小时（含）以上、30日以内；长期，医疗器械预期的连续使用时间在30日（含）以上。如有特殊情形，由各领域根据产品实际情况进行说明。

（四）对某一特征词项下的惯常使用或公认的某一特性，其术语名称可设置为"缺省"，并在术语描述中明确其所指概念。缺省的术语在通用名称中不体现，以遵从惯例、简化名称及方便表达。如对以不同形式使用或提供的手术器械等产品，特征词应体现"一次性使用"和"无菌"，"可重复使用"和"非无菌"可"缺省"。如一次性使用无菌阴道扩张器、（可重复使用）（非无菌）阴道扩张器。如对具备两个以上（含两个）术语的特征词，各领域也可根据表达习惯，将相对较普遍、较通用，或对该特征无限制的那一个术语设置为缺省。如植入式再同步治疗心脏起搏器、植入式（非再同步治疗）心脏起搏器。

六、命名术语表及通用名称示例

以有源植入器械领域中植入式神经刺激器产品为例，可参考以下格式和内容形成命名术语表：

植入式神经刺激器命名术语表

序号	产品类别	术语类型	术语名称	术语描述
1	植入式神经刺激器	核心词	神经刺激器	通过将电脉冲施加在脑部或神经系统的特殊部位来治疗帕金森病、控制癫痫、躯干和/或四肢的慢性顽固性疼痛或肠道控制以及排尿控制、肌张力障碍等神经调控类疾病。
		特征词1–使用形式	植入式	植入于人体。
		特征词2–技术特点	不可充电（缺省）	电池不可充电。
			可充电	电池可体外无线充电。
		特征词3–使用部位	脑深部	刺激输出作用于脑深部。
			脊髓	刺激输出作用于脊髓。
			骶	刺激输出作用于骶神经。
			迷走	刺激输出作用于迷走神经。

选择典型产品，在术语表特征词和核心词项下选择适宜的术语，形成通用名称示例：

植入式（特征词1）+不可充电（特征词2，缺省）+脑深部（特征词3）+神经刺激器（核心词）→植入式脑深部神经刺激器植入式（特征词1）+可充电（特征词2）+脊髓（特征词3）+神经刺激器（核心词）→植入式可充电脊髓神经刺激器

七、参考文献

［1］医疗器械分类规则（国家食品药品监督管理总局令 第15号）

［2］国家食品药品监督管理总局关于发布医疗器械分类目录的公告（2017年第104号）

［3］国家食品药品监督管理总局关于发布医疗器械注册单元划分指导原则的通告

［4］全国科学技术名词审定委员会科学技术名词审定原则及方法

［5］GB/T 15237.1–2000 术语工作 词汇 第1部分 理论与应用

［6］GB/T 19971–2015 医疗保健产品灭菌 术语

［7］YY/T 1623–2018 可重复使用医疗器械灭菌过程有效性的试验方法

八、起草单位

本指导原则由国家药品监督管理局医疗器械标准管理中心编写并负责解释。

相关文件

国家药监局关于发布医用成像器械通用名称命名
指导原则等 3 项指导原则的通告

2020 年第 41 号

为进一步规范医疗器械通用名称，加强医疗器械全生命周期管理，国家药品监督管理局组织制定了《医用成像器械通用名称命名指导原则》《有源植入器械通用名称命名指导原则》和《口腔科器械通用名称命名指导原则》，现予发布。

特此通告。

附件：1.医用成像器械通用名称命名指导原则
      2.有源植入器械通用名称命名指导原则
      3.口腔科器械通用名称命名指导原则

国家药监局
2020 年 6 月 22 日

附件 1

医用成像器械通用名称命名指导原则

本指导原则依据《医疗器械通用名称命名规则》和《医疗器械通用名称命名指导原则》制定，用于指导医用成像器械通用名称的制定。

本指导原则是对备案人、注册申请人、审查人员的指导性文件，不包括注册审批所涉及的行政事项，不作为法规强制执行。若有满足相关法规要求的其他方法，也可采用，并应提供充分的研究资料和验证资料。本指导原则是在现行法规和标准体系以及当前认知水平下制定的，应在遵循相关法规的前提下使用。随着法规和标准的不断完善，以及科学技术的不断发展，本指导原则相关内容也将进行适时的调整。

一、适用范围

本指导原则适用于医用成像类医疗器械产品，主要有 X 射线、超声、放射性核素、磁共振和光学等成像医疗器械，不包括眼科、妇产科中的成像医疗器械。

二、核心词和特征词的制定原则

（一）核心词

医用成像器械核心词是对具有相同或者相似的成像原理或诊断成像预期目的的医疗器械的概括表述。如 "X 射线机"、"超声诊断仪"、"磁共振成像系统"、"热像仪"、"内窥镜" 等。

（二）特征词

特征词是对医疗器械使用部位、结构特点、技术特点或者材料组成等特定属性的描述。医用成像器械涉及的特征词主要包括以下方面的内容：

——结构特点：指产品主体结构方面的特有属性，如 X 射线设备有车载式、移动式、携带式等结构特点。

——使用部位：指产品发挥其主要功能的患者部位，可以是人体的系统、器官、组织、细胞等。如 "口腔"、"血管"、"关节" 等。

——技术特点：指产品特殊作用原理、机理或者特殊性能的说明或者限定，如 "X 射线"、"磁共振"、"电动"、"超导" 等。

——材料组成：指产品主要材料或者主要成分的描述，如医用 X 射线增感屏产品中的 "硫氧化钆"、"钨酸钙"、"稀土" 等。

——使用形式：分为 "可重复使用" 和 "一次性使用"。可重复使用医疗器械指处理后可再次使用的医疗器械。一次性使用医疗器械指仅供一次性使用，或在一次医疗操作过程中只能用于一例患者的医疗器械。

——提供形式：分为 "无菌" 和 "非无菌"。无菌医疗器械指以无菌形式提供，直接使用的医疗器械。

——预期目的：指产品适用的临床使用用途，如 "透视"、"摄影"、"血管造影"、"手术" 等。

（三）特征词的缺省

对某一特征词项下的惯常使用或公认的某一特性，其术语可设置为 "缺省"。缺省的术语在通用名称中不体现，以遵从惯例、简化名称及方便表达。

如 X 射线计算机体层摄影设备（CT）通常用于全身体层扫描，因此 "全身" 这一特征词可缺

相关文件

省，仅体现"头部"等专用部位扫描成像的情况。

如内窥镜用活检袋有"一次性使用"和"可重复使用"两种，因此，"可重复使用"这一特征词可缺省，仅体现"一次性使用"的情况。

当以使用部位作为特征词时，若存在多个命名术语的情形，应明确其在通用名称中的位置及需要缺省的命名术语，其他专用部位的命名术语可不一一列举。

三、通用名称的确定原则

（一）通用名称组成结构

医用成像器械通用名称按"特征词1（如有）+ 特征词2（如有）+ 特征词3（如有）+ 核心词"结构编制。

（二）核心词和特征词选取原则

核心词和特征词应根据产品真实属性和特征，优先在术语表中选择。对于术语表未能包含的，新产品或原有产品有新的特征项需要体现，或者需在某一特征项下加入新术语，可对术语集进行补充或调整。

核心词应在该类别项下选择最适合产品属性的核心词，核心词不可缺省。

特征词则应按照产品相关特征，依次在术语表中每个特征词项下选择一个与之吻合的术语。对未一一列举的使用部位特征词，根据产品实际情况，自行选用相应的专业术语。

（三）特别说明

由需附件配合使用从而实现某一预期用途的内窥镜产品，其产品名称应体现整体特性（如内窥镜及附件），原则上按其主要临床预期用途命名（如气管内窥镜及附件、膀胱内窥镜及附件等）。

在本指导原则中CT是指X射线计算机体层摄影设备；PET是指正电子发射体层摄影设备；SPECT是指单光子发射计算机体层摄影设备；LED是指发光二极管，CCD是指电荷耦合器件；CMOS是指互补型金属氧化物半导体。

四、命名术语表

在表1到表18中，列举了医用成像器械各子领域典型产品的核心词和特征词的可选术语，并对其进行了描述。

表1　诊断X射线机

序号	产品类别	术语类型	术语名称	术语描述
1	X射线机	核心词	X射线机	采用X射线成像技术（原理）实现医疗用途的设备。
		特征词1–结构特点	微型	管电流小于1mA的便于携带的。
			移动式C形臂	具有移动式C形臂机械支撑装置的。
			移动式O形臂	具有移动式O形臂机械支撑装置的。
			车载	固定安装在运输车辆上的。
			移动式	在使用的期间，可以靠其自身的轮子或通过类似的方法从一个地方移动到另外一个地方。
			携带式	设备安装和放置投入使用后，可由人携带着从一个地方移到另一个地方。
		特征词2–使用部位	通用（缺省）	非专用部位使用的。
			牙科	采用口内X射线影像接受器，用于拍摄牙齿X射线照片。

序号	产品类别	术语类型	术语名称	术语描述
1	X 射线机	特征词 2- 使用部位	口腔颌面	采用口外 X 射线影像接受器，用于口腔。
			乳腺	用于乳腺。
			肢体	用于上肢和 / 或下肢。
			泌尿	用于泌尿系统。
		特征词 3- 预期目的	透视摄影	具有透视和摄影功能。
			透视	获得连续或断续的一系列 X 射线图像，并把 X 射线图形连续地显示为可见影像的技术。
			摄影	直接或在转换之后摄取，记录和选择处理影像接收受面上的 X 射线图形中所包含的信息的技术。
			锥形束计算机体层摄影	具有锥形束投照计算机重组体层影像功能（CBCT）。
			血管造影	专用于血管造影和引导介入操作。
			曲面体层	具有口腔全部牙齿摄影成像功能，可能配有头颅摄影功能。
			医用（缺省）	用于人体医疗诊断成像。
2	乳腺 X 射线机	核心词	乳腺 X 射线机	采用 X 射线成像技术（原理）实现医疗用途专用于乳腺的 X 射线设备。
		特征词	数字化	将 X 射线产生的能量信号转化为数字信号。
3	数字化摄影 X 射线机	核心词	数字化摄影 X 射线机	采用 X 射线成像技术（原理）实现医疗用途的设备，专用于摄影的 X 射线设备。
		特征词	非移动式（缺省）	非移动式的。
			移动式	在使用的期间，可以靠其自身的轮子或通过类似的方法从一个地方移动到另外一个地方。

表 2　X 射线计算机体层摄影设备（CT）

序号	产品类别	术语类型	术语名称	术语描述
1	X 射线计算机体层摄影设备（CT）	核心词	X 射线计算机体层摄影设备	对不同角度的 X 射线透射传输数据进行计算机重建，生成人体的横截面图像，从而用于医学诊断的 X 射线系统。该系统包括扫描架，探测器，图像处理系统、附件等部分。
		特征词 1- 使用部位	全身（缺省）	用于全身体层扫描。
			头部	专用于头颈部体层扫描。
		特征词 2- 结构特点	车载	固定安装在运输车辆上的。
			移动式	在使用的期间，可以靠其自身的轮子或通过类似的方法从一个地方移动到另外一个地方。
			固定（缺省）	固定在建筑物上，且只能用工具拆卸的设备。

相关文件

表 3 X 射线发生装置

序号	产品类别	术语类型	术语名称	术语描述
1	高压发生器	核心词	X 射线高压发生器	X 射线发生装置中，控制和产生供 X 射线管电能的所有部件的组合，通常由高压变压器组件和控制器组件组成。
2	X 射线管	核心词	X 射线管	由阴极产生的电子经电场加速轰击阳极靶而产生 X 射线辐射的高真空器件。
		特征词 1– 预期目的	CT 用	用于 X 射线计算机体层摄影设备的。
			非 CT 用（缺省）	用于牙科，乳腺和普通放射诊断的。
3	X 射线管组件	核心词	X 射线管组件	X 射线管套内装有 X 射线管的组件。
		特征词 1– 预期目的	CT 用	用于 X 射线计算机体层摄影设备的。
			非 CT 用（缺省）	用于牙科，乳腺和普通放射诊断的。
4	限束装置	核心词	限束器	限制辐射野尺寸的装置。

表 4 X 射线影像接收处理装置

序号	产品类别	术语类型	术语名称	术语描述
1	X 射线影像增强器、X 射线影像增强器电视系统	核心词	影像增强器	把 X 射线图像转换为相应的可见光图像并另用外供能量增强图像的装置。
			影像增强器电视系统	具有影像增强器和电视系统的组合，能直接或间接地将 X 射线图像转换成电信号送入显示装置获得放射线图像设备的组合。
2	X 射线探测器	核心词	平板探测器	平板式结构，采用特定的光电转换介质将穿过人体的 X 射线信号转化为数字信号。
			CCD 探测器	采用 CCD 元件等光电转换介质将穿过人体的 X 射线信号转化为数字信号。
		特征词 1– 使用部位	通用（缺省）	非专用部位使用的。
			乳腺	用于乳腺。
			牙科	用于牙科。
		特征词 2– 预期目的	动态	对 X 射线透视和序列摄影产生的影像进行空间采样，实时将光量子形式的影像信息转换为数字化电子形式影像信息。
			静态（缺省）	对 X 射线单次曝光产生的影像进行空间采样，将光量子形式的影像信息转换为数字化电子形式影像信息。
3	数字化 X 射线成像设备	核心词	X 射线成像设备	装配于或配合诊断 X 射线机使用。一般包括 X 射线探测器及图像传输、处理和显示系统。
		特征词 1– 技术特点	数字化	将 X 射线产生的能量信号转化为数字信号。
		特征词 2– 使用部位	通用（缺省）	非专用部位使用的。
			口内	X 射线图像接收器整个或者部分位于口腔内。
			乳腺	用于乳腺。

序号	产品类别	术语类型	术语名称	术语描述
4	X 射线摄影用影像板成像装置	核心词	X 射线摄影用影像板成像装置	采用影像板为 X 射线能量转换介质的数字化 X 射线成像技术,通过激光扫描 X 射线辐射后形成的"潜像"的影像板,获得数字化图像的设备。
		特征词 1- 使用部位	通用(缺省)	非专用部位使用的。
			牙科	用于牙科。
5	X 射线感光胶片	核心词	胶片	单面或两面涂有辐射感光乳剂的透明载体构成的用于 X 射线摄影的单张材料。
		特征词 1- 使用部位	牙科	用于牙科。
			通用(缺省)	非专用部位使用的。
		特征词 2- 预期目的	感绿	感绿光的。
			感蓝	感蓝光的。
6	医用增感屏	核心词	增感屏	直接 X 射线摄影中用的,使入射的 X 射线辐射或 γ 射线辐射转变为更适合于胶片感光的乳剂屏。
		特征词 1- 材料组成	氟氯化钡铕	采用氟氯化钡铕材料。
			硫氧化钆	采用硫氧化钆材料。
			钨酸钙	采用钨酸钙材料。
			稀土	采用稀土材料。
			通用(缺省)	不明确声明所用材料的。
7	透视荧光屏	核心词	X 射线透视荧光屏	在电离辐射辐照下能发出荧光的某种载体层。
8	影像板	核心词	影像板	具有电子俘获光存储于光激励发光特性的物质组成的 X 射线接收器,该器件在 X 射线辐射后形成"潜影",并通过激光扫描装置扫描来获得数字化图像。
		特征词 1- 使用部位	通用(缺省)	非专用部位使用的。
			牙科用	用于牙科。

表 5　X 射线附属及辅助设备

序号	产品类别	术语类型	术语名称	术语描述
1	透射摄影床	核心词	透射摄影床	用于 X 射线透射和摄影功能的患者支撑装置。
2	导管床	核心词	导管床	患者支撑装置,无骨架结构,在与 C 形臂、U 形臂等介入手术 X 射线设备组合进行多方向摄影时,视野不受妨碍。多用于普通介入治疗和数字减影血管造影。
3	X 射线摄影患者支撑装置	核心词	摄影平床	患者支撑装置,用于 X 射线摄影,可以电动或者手动平移、转动等。
		特征词 1- 技术特点	电动	电动控制的。
			手动(缺省)	手动控制的。

相关文件

序号	产品类别	术语类型	术语名称	术语描述
4	悬吊、支撑装置	核心词	立式摄影架	主要由支柱、底座、片盒等组成，用于X射线摄影。
		特征词1–技术特点	电动	电动控制的。
			手动（缺省）	手动控制的。
5	造影剂注射装置	核心词	高压注射器	用于X射线造影、CT成像时，造影剂的注入。
6	防散射滤线栅	核心词	防散射滤线栅	通常由铅条、介质等组成。放置于影像接收面之前，以减少辐射到影像接收面上的散射辐射，从而改善X射线影像对比度的一种装置。
		特征词1–使用部位	乳腺	乳腺摄影用。
			通用（缺省）	非专用部位使用的。
7	X射线摄影暗盒	核心词	暗盒	用以装一张或几张静止的X射线摄影胶片的、前盖可透过X射线辐射的不透光线容器。
8	X射线胶片显影剂、定影剂	核心词	显影液	显影液指的是在X射线胶片冲洗时用于显影作用的液体化学药剂。
			定影液	定影液指的是在X射线胶片冲洗的过程中用于定影的液体化学药剂。
			显影粉	显影粉是指在X射线胶片冲洗时用于显影作用的粉末状化学物质。
			定影粉	定影粉是指在X射线胶片冲洗时用于定影作用的粉末状化学物质。
9	胶片观察装置	核心词	观片灯	方便医生观察医学影像照片的具有一定亮度的观察装置。
10	X射线胶片自动洗片机	核心词	X射线胶片洗片机	X射线胶片的自动显影和定影装置。

表6　医用射线防护设备

序号	产品类别	术语类型	术语名称	术语描述
1	医用射线防护用具	核心词	防护面罩	用透明材料制成的辐射防护面罩。
			防护眼镜	用透明材料制成的用于防护眼睛的辐射防护器具。
			防护手套	穿戴的用于防护手部及腕部的辐射防护手套。
		特征词1–使用部位	连指	拇指分开、其他四指连在一起的（手套）。
		核心词	防护背心	穿戴的用于防护躯干的辐射防护背心。
			防护帽	穿戴的用于防护头部的辐射防护帽。
			防护裙	患者穿戴的用以防护躯体上部区域的辐射防护裙。
			防护围领	穿戴的用以防护颈部的辐射防护围领。
			防护帘	用于对患者进行防护的辐射防护帘。

序号	产品类别	术语类型	术语名称	术语描述
1	医用射线防护用具	特征词 1– 使用部位	通用（缺省）	非专用部位使用的。
			性腺	用于性腺防护。
2	医用射线防护装置	核心词	防护椅	用于射线防护的椅。
			防护屏风	用于射线防护的屏风。
			防护帘	用于射线防护的软帘
			悬吊防护屏	用于射线防护的悬吊防护屏。
			防护舱	封闭的用于射线防护的舱体。
			防护装置	用于射线防护的装置。
			防护玻璃板	具有规定衰减特性，由矿物玻璃构成且用于制造光学上清晰的、透明的辐射防护屏而使用的透明防护板。
		特征词 1– 技术特点	医用射线	放射诊断或治疗中产生的射线。

表 7　超声影像诊断设备

序号	产品类别	术语类型	术语名称	术语描述
1	超声诊断类设备	核心词	超声诊断仪	通常由探头（相控阵、线阵、凸阵、机械扇扫、三维探头、内窥镜探头等）、超声波发射 / 接收电路、信号处理和图像显示等部分组成。利用超声脉冲回波原理和 / 或超声多普勒技术，进行人体器官组织成像和 / 或采集血流运动信息的设备。
			超声诊断系统	通常由探头（相控阵、线阵、凸阵、机械扇扫、三维探头、内窥镜探头等）、超声波发射 / 接收电路、信号处理和图像显示等部分组成。利用超声脉冲回波原理和 / 或超声多普勒技术，进行人体器官组织成像和 / 或采集血流运动信息的系统。
		特征词 1– 结构特点	普通的（缺省）	非携带式或手持式。
			携带式	设备安装和放置投入使用后，可由人携带着从一个地方移到另一个地方。
			手持式	设备安装和放置投入使用后，预期由手握持控制操作的。
		特征词 2– 使用部位	通用（缺省）	非专用部位使用。
			专用部位	专用部位使用，如经颅、膀胱、皮肤、血管内等。
		特征词 3– 显示方式	通用（缺省）	不强调显示方式。

相关文件

序号	产品类别	术语类型	术语名称	术语描述
1	超声诊断类设备	特征词3–显示方式	B 型	将 A 型显示的回波幅度进行辉度调制，用横坐标表示探头位置，纵坐标表示探头发射波束的传播距离，当探头直线移动时，可显示由探头移动直线和探头发射波束轴线决定的截面图形。现有的超声成像设备多数为 B 型成像设备（参见 A 型）。
			A 型	是一种幅度调制型显示的方式，横坐标表示目标回波的传播时间，纵坐标表示目标回波的幅度，其结果是一种波形显示。
			彩色多普勒	血流速度通常采用多普勒频移来测量，其速度和方向以彩色显示。
			彩色	血流速度通常采用多普勒频移来测量，其速度和方向以彩色显示。
			多普勒	由多普勒效应引起发射频率与运动目标反射波或散射波信号频率之间的频差。

表 8　超声影像诊断附属设备

序号	产品类别	术语类型	术语名称	术语描述
1	医用超声耦合剂	核心词	超声耦合剂	在超声诊断和治疗操作中，充填或涂敷于超声探头、治疗头与人体组织之间，用于透射超声波的中介媒质。
		特征词1–技术特点	非无菌（缺省）	非无菌提供的。
			无菌	无菌提供的。
2	垫片、贴片类	核心词	超声垫片	超声垫片。
			超声贴片	超声贴片。
3	超声探头	核心词	超声探头	一般由换能器、壳体、电缆和其他附属件组成。
		特征词1–使用方式	通用（缺省）	不强调使用方式。
			术中、经食道等（具体方式）	具体使用方式，如术中、经食道、经尿道、经阴道、经直肠、血管内等。
		特征词2–技术特点	通用（缺省）	不强调技术特点。
			相控阵	由多个阵元排成直线阵列而组成，相控阵没有子阵，N 个阵元，对每个时刻的波束都有贡献，对每个阵元的延迟时间的长短的组合使波速角依次变化，实现波速的连续扫描。
			线阵	由若干阵元形成子阵，每一个子阵形成波束，顺序变换子阵，形成波束扫描。
			凸阵	又称"凸面弧形阵"，前部呈凸面圆弧形，许多阵元沿该圆环排列，阵元的前面是圆弧形的匹配层，匹配层外面是二维弧形的声透镜，声透镜外面有时还带有保护膜，阵元的后面是背衬块。

序号	产品类别	术语类型	术语名称	术语描述
3	超声探头	特征词 2- 技术特点	机械扇扫	主要由换能器驱动装置、扫描波束的方位角度位置和角速度信号的提取装置及传动机构所组成。
			多普勒	利用多普勒效应引起发射频率与运动目标反射波或散射波信号频率之间的频差，此处指探头装置利用该原理制作。一般分为连续波多普勒探头和脉冲波多普勒探头。
			单元	由组件或零件、分组件装配在一起，通常在各种不同的环境中能够独立工作的组合体。单元探头中的单元指仅有一片压电晶片。
4	超声探头穿刺架	核心词	超声探头穿刺架	一种机械装置，通过在超声探头上安装穿刺架，可以在超声引导下将穿刺针引导到人体的目标位，以实现细胞学活检、组织学活检、囊肿抽吸和治疗等。
5	胃肠超声显像粉	核心词	胃肠超声显像粉	口服，用于提高胃肠超声影像的清晰度。

表 9　磁共振成像设备（MRI）

序号	产品类别	术语类型	术语名称	术语描述
1	磁共振成像系统	核心词	磁共振成像系统	通常由磁体单元（含监控）、梯度子系统、射频子系统（含线圈）、信号子系统和计算机图像处理控制子系统（含软件）、患者支撑单元、电源分配单元等组成。用于临床诊断磁共振成像。
		特征词 1- 结构特点	车载	固定安装在运输车辆上的。
			移动式	在使用的期间，可以靠其自身的轮子或通过类似的方法从一个地方移动到另外一个地方。
			固定（缺省）	固定在建筑物上，且只能用工具拆卸的设备。
		特征词 2- 技术特点	超导型	采用超导型磁体。
			常导型	采用常导型磁体。
			永磁型	采用永磁型磁体。

表 10　磁共振辅助设备

序号	产品类别	术语类型	术语名称	术语描述
1	磁共振造影注射装置	核心词	高压注射器	通常由操作室组件和扫描室组件组成。扫描室组件由非铁磁材料制成，导线经过射频屏蔽。用于 MR 成像时，造影剂的注入。
		特征词 1- 技术特点	磁共振	磁共振用。
		特征词 2- 预期目的	造影剂	是为增强影像观察效果而注入到人体组织或器官的化学制品。

续表

序号	产品类别	术语类型	术语名称	术语描述
2	磁共振辅助刺激系统	核心词	磁共振成像辅助刺激系统	为功能成像，向患者提供视觉、运动、听觉和语言任务刺激。
3	磁共振乳腺线圈穿刺固定架	核心词	磁共振乳腺线圈穿刺固定架	用于固定穿刺针，提高穿刺准确度的装置。通常由磁共振乳腺线圈固定装置、可移动模板架、钻有系列孔的模板组成。
4	导向定位装置	核心词	导向定位装置	配合磁共振成像系统使用，用于对患者微创检查诊断的装置。通常由电源、底板组件、插针引导台组件、位置显示单元等组成。

表 11　放射性核素设备

序号	产品类别	术语类型	术语名称	术语描述
1	伽玛照相机	核心词	伽玛照相机	通常由机架、准直器、探测器、数据采集及图像处理工作站、系统软件、患者支撑装置等组成。预期用于获取单光子放射性核素在人体全身或部分器官组织中的分布情况，形成平面图像。
2	单光子发射计算机体层摄影设备	核心词	单光子发射计算机体层摄影设备	通常由可旋转机架、准直器、探测器、患者支撑装置、数据采集工作站、图像处理工作站、运动控制系统、系统软件等组成。预期用于获取单光子放射性核素在人体全身或部分器官组织的分布情况，通过采集和处理形成平面和体层图像。
		特征词1−使用部位	全身（缺省）	用于全身的核医学影像诊断。
			心脏	专用于心脏的核医学影像诊断。
3	正电子发射体层摄影设备	核心词	正电子发射体层摄影设备	常由机架、探测器、患者支撑装置、数据采集和图像处理工作站、运动控制系统、系统软件等组成。预期用于探测放射性核素发射的正电子的湮没辐射，以获得人体全身或器官组织的正电子核素的体层分布图像。
		特征词1−使用部位	全身（缺省）	用于全身的核医学影像诊断。
			乳腺	专用于乳腺的核医学影像诊断。
4	放射性核素扫描设备	核心词	核素扫描机	通常由主机、计算机、彩色打印机、工作软件和隔离电源组成。预期用于人体甲状腺放射性核素扫描成像。

表 12　放射性核素成像辅助设备

序号	产品类别	术语类型	术语名称	术语描述
1	自动给药系统	核心词	正电子发射体层摄影设备自动给药系统	通常由放射性核素泵、生理盐水泵、剂量校准器、空气检测器、系统屏蔽装置、小瓶屏蔽装置组成，还包括显示器，校准源托架等。预期用于核医学诊断过程中向患者输注放射性药物等。
2	锝气体发生器	核心词	锝气体发生器	用于产生放射性标记药物，病人吸入该药物后，通过已有的伽玛射线成像设备实现诊断用功能成像。

表 13　光学成像诊断设备

序号	产品类别	术语类型	术语名称	术语描述
1	红外热像仪	核心词	红外热像仪	获得与物体表面的热分布场相对应的热图像的仪器。
2	红外乳腺检查仪	核心词	红外乳腺检查仪	诊断设备。
3	光相干断层成像仪	核心词1	光相干断层成像仪	利用光相干成像原理，获取组织断层面信息的光学仪器。
4	手术显微镜	核心词	手术显微镜	在非眼科手术中用于放大微小物体成为人的肉眼所能看到的光学仪器。
5	微循环显微镜	核心词	微循环显微镜	利用显微放大原理观察组织细节，用于人体微循环检查的光学仪器。
6	医用光学放大器具	核心词	放大镜	焦距比眼的明视距离小得多、用来观察物体微小细节的简单目视光学器件。
		特征词1–结构特点	额戴	戴于额头。
			镜戴	如同眼镜戴于头部相应位置。
			单目	单眼观察视窗。
			双目	双眼观察视窗。
		特征词2–使用部位	通用（缺省）	不限定使用部位。
			皮肤	用于皮肤。
		特征词3–预期目的	手术	医生用医疗器械对病人身体进行的切除、缝合等治疗。
			检查（缺省）	医疗诊断用。

表 14　医用内窥镜

序号	产品类别	术语类型	术语名称	术语描述
1	光学内窥镜	核心词	内窥镜	通常由物镜系统和传/转像系统，含有或不含有观察目镜系统构成观察光路的内窥镜。
			纤维内窥镜	通常由物镜系统和采用光纤传/转像系统，含有或不含有观察目镜系统构成观察光路的内窥镜。
		特征词1–结构特点	硬性	插入部分不随体腔或手术通道而变形的内窥镜。
			软性	插入部分可随体腔或手术通道而变形的内窥镜。
		特征词2–技术特点	三维	具有立体3维成像功能的内窥镜。
			二维（缺省）	具有平面成像功能的内窥镜。
		特征词3–使用部位	胃、结肠、关节等（专用部位）	用于专用部位，如脑室、鼻窦、鼻、鼻腔、鼻咽喉、耳、喉、涎腺、上消化道、下消化道、气管、支气管、食道、胆胰管、关节、胸腔、胆道、胃、胸腹腔、腹腔、十二指肠、结肠、乙状结肠、小肠、大肠、尿道、膀胱、尿道膀胱、肛肠、输尿管肾盂、肾盂、输尿管、前列腺、膝关节、腰椎间盘、隐静脉、椎间孔、纵隔、椎间盘、乳管等。

相关文件

281

序号	产品类别	术语类型	术语名称	术语描述
2	电凝切割内窥镜	核心词	电凝切割内窥镜	通常由光学镜、鞘套、闭孔器、操作器、手术电极和高频连接线等组成。
		特征词1–结构特点	成人（缺省）	适用于成人。
			儿童	可适用于儿童。
		特征词2–技术特点	三维	具有立体三维成像功能的内窥镜。
			二维（缺省）	具有平面成像功能的内窥镜。
		特征词3–使用部位	尿道、结肠、关节等（专用部位）	用于专用部位，如尿道、膀胱、尿道膀胱、肾盂、鼻窦、鼻、鼻腔、鼻咽喉、肛肠、胆道、胆胰管、大肠、腹腔、结肠、十二指肠、耳、关节、口腔、口腔与口腔颌面、脑室、气管、前列腺、食道、输尿管、膝关节、乙状结肠、输尿管肾盂、涎腺、腰椎间盘、隐静脉、椎间孔、纵隔、椎间盘、喉、乳管等。
3	电子内窥镜	核心词	电子内窥镜	通常由物镜系统、像阵面光电传感器、A/D转换集成模块组成。将所要观察的腔内物体通过微小的物镜系统成像到像阵面光电传感器上，然后将接收到的图像信号送到图像处理系统上，最后在监视器上输出处理后的图像。
		特征词1–结构特点	硬性	插入部分不随体腔或手术通道而变形的内窥镜。
			软性	插入部分可随体腔或手术通道而变形的内窥镜。
		特征词2–技术特点	三维	具有立体三维成像功能的内窥镜。
			二维（缺省）	具有平面成像功能的内窥镜。
		特征词3–使用部位	尿道、结肠、关节等（专用部位）	用于专用部位，如尿道、膀胱、尿道膀胱、上消化道、下消化道、肾盂、鼻窦、鼻、鼻腔、鼻咽喉、肛肠、支气管、胆道、胆胰管、大肠、腹腔、结肠、十二指肠、胃、胸腹腔、胸腔、耳、关节、口腔、口腔与口腔颌面、脑室、气管、前列腺、食道、输尿管、膝关节、乙状结肠、输尿管肾盂、涎腺、小肠、腰椎间盘、隐静脉、椎间孔、纵隔、椎间盘、喉、乳管等。
4	胶囊式内窥镜	核心词	胶囊式内窥镜	一种与外部图像接收与处理装置或系统配合使用的，集照明、成像、无线传输于一体的胶囊形状的内窥镜，主要用于采集人体消化道图像。
			胶囊式内窥镜系统	通常由胶囊内窥镜和图像数据接收处理装置组成。由集成于胶囊形状内的光学图像获取器件，通过无线传输方式实现由外部获取人体内图像。
		特征词1–使用部位	胃、结肠等（专用部位）	用于专用部位，如上消化道、下消化道、肛肠、大肠、结肠、十二指肠、胃、食道、小肠等。

序号	产品类别	术语类型	术语名称	术语描述
5	超声电子内窥镜	核心词	超声电子内窥镜	具有超声探测功能的内窥镜。
		特征词1–结构特点	硬性	插入部分不随体腔或手术通道而变形的内窥镜。
			软性	插入部分可随体腔或手术通道而变形的内窥镜。
		特征词2–技术特点	三维	具有立体三维成像功能的内窥镜。
			二维（缺省）	具有平面成像功能的内窥镜。
		特征词3–使用部位	胃、结肠等（专用部位）	专用于专用部位，如上消化道、结肠、胃、气管等。
6	共聚焦显微内窥镜	核心词	共聚焦显微内窥镜	通常由物镜系统和传/转像系统，含有或不含有观察目镜系统构成观察光路的内窥镜。具有共聚焦功能的内窥镜。

表15　内窥镜功能供给装置

序号	产品类别	术语类型	术语名称	术语描述
1	内窥镜用冷光源	核心词	冷光源	通常由灯泡、反光瓦和光学滤色器组成。通过照明光缆与内窥镜连接，能为内窥镜提供最大限度减小组织热效应的光照功能的装置。
		特征词1–预期目的	内窥镜用	通用，配合内窥镜使用。
			电子内窥镜用	特定用于电子内窥镜。
			纤维内窥镜用	特定用于纤维内窥镜。
		特征词2–结构特点	氙灯	采用氙灯灯泡。
			卤素灯	采用卤素灯灯泡。
			LED灯	采用LED灯灯泡。
2	频闪冷光源	核心词	频闪冷光源	通常由主机、内置声频传感器的LED导光接口，充电电池组成，配合喉内窥镜，监视器，作为耳鼻喉科其它内窥镜检查的光源使用。
3	内窥镜摄像系统	核心词	摄像系统	通常由光电成像传感器和光学适配器为核心组成，将光学内窥镜接收到的光学信号转化为电子信号进行处理，并传输至监视器成像的装置。
			摄像头	通常由光电成像传感器和光学适配器组成。
		特征词1–预期目的	内窥镜用	配合内窥镜使用。
		特征词2–结构特点	单晶片（缺省）	CCD/CMOS数量为1个。
			三晶片	CCD/CMOS数量为3个。
		特征词3–技术特点	二维（缺省）	平面视觉效果。
			三维	立体视觉效果。

相关文件

283

序号	产品类别	术语类型	术语名称	术语描述
4	电子内窥镜图像处理器	核心词	电子内窥镜图像处理器	通常由电子信号处理单元为核心组成。对接收到的电子内窥镜的电子信号进行处理，并传输至监视器成像的装置。
		特征词1-技术特点	超声	含有超声成像附加功能。
			共聚焦显微	含有共聚焦显微成像附加功能。
5	内窥镜送气装置	核心词	内窥镜用气腹机	通常由电磁阀、气压传感器和气流量反馈控制单元为核心组成。能够实现可控地对腹腔注入二氧化碳气体，并使之维持在指定气压。
			内窥镜用供气装置	通常由电磁阀、气压传感器和气流量反馈控制单元为核心组成。能够实现可控地对上、下消化道注入二氧化碳气体，并使之维持在指定气压。
6	内窥镜冲洗吸引器	核心词	内窥镜用冲洗吸引器	通常由压强传感器、液体和/或气体流量反馈控制单元为核心组成。利用滚压式或重力式正压原理提供液体冲洗功能，利用负压原理提供液体和/或固体吸引功能的装置。
			内窥镜用冲洗器	利用滚压式或重力式正压原理提供液体冲洗功能。
			内窥镜用吸引器	利用负压原理提供液体和/或固体吸引功能的装置。
7	内窥镜膨腔泵	核心词	膨腔泵	通常由液压传感器、液体流量反馈控制单元为核心组成。能够实现可控地对人体体腔注入液体并使之维持在指定压强的装置。
		特征词1-预期目的	内窥镜用	配合内窥镜使用。
		特征词2-使用部位	膀胱等（专用部位）	用于专用部位，如子宫、膀胱、关节腔等。

表16　内窥镜辅助用品

序号	产品类别	术语类型	术语名称	术语描述
1	内窥镜插入形状观测系统	核心词	内窥镜插入形状观测系统	通过体外检测内置于内镜或内镜钳子管道内的插入形状观测探头的电磁发生线圈产生的磁场，从而在显示器上显示出体腔内内镜的3D形状。一般需配合专用内镜或探头。
2	胶囊内窥镜姿态控制器	核心词	胶囊内窥镜姿态控制器	通常由永磁体和外壳组成。通过产生驱动磁场，对人体吞服的胶囊内镜产生拉力和扭矩力，改变驱动磁场的方向和作用在胶囊内镜上的强度，从而驱动胶囊内镜在胃腔或结肠内滚动、旋转和倾斜运动，实现对胶囊内镜的运动控制和姿态调整。
3	内窥镜气囊控制器	核心词	内窥镜气囊控制器	通常由主机（包括气泵、传感器）、手控面板、脚踏开关、供气导管、电源、连接器和过滤器组成。

序号	产品类别	术语类型	术语名称	术语描述
4	内窥镜润滑剂	核心词	润滑剂	用于内窥镜进入人体自然腔道时的润滑。
		特征词 1– 预期目的	内窥镜	通用，适用于所有内窥镜类型。
			胃镜	专用于胃镜。
			肠镜	专用于肠镜。
		特征词 2– 是否带药	含药	含有盐酸利多卡因、盐酸丁卡因等药物。
			不含药（缺省）	不含药物。
5	内窥镜先端帽	核心词	内窥镜先端帽	一般采用硅橡胶材质制成。配合内窥镜使用，用于安装在内窥镜先端部，以保持适当的内窥镜视野。
		特征词 1– 提供形式	非无菌（缺省）	以非无菌形式提供。
			无菌	指以无菌形式提供，直接使用的医疗器械。
6	内窥镜用活检袋	核心词	内窥镜用活检袋	通常由输送装置、纳物袋、结扎绳和撑开钳组成。
		特征词 1– 使用形式	可重复使用（缺省）	指处理后可再次使用的医疗器械。
			一次性使用	仅供一次使用，或在一次医疗操作过程中只能用于一例患者的医疗器械。
7	内窥镜咬口	核心词	内窥镜咬口	手术或检查时患者开口的辅助器械，通常采用聚乙烯等高分子材料制成。
		特征词 1– 提供形式	非无菌（缺省）	产品没有进行灭菌。（按通则和本指南正文表述）
			无菌	指以无菌形式提供，直接使用的医疗器械。

表 17　组合功能融合成像器械

序号	产品类别	术语类型	术语名称	术语描述
1	单光子发射及 X 射线计算机体层摄影系统	核心词	单光子发射及 X 射线计算机体层摄影系统	常由单光子发射计算机体层摄影设备（SPECT）和 X 射线计算机体层摄影设备（CT）组成，其中的 SPECT 和 CT 部分或可单独使用。用于得到 SPECT 功能代谢影像与 CT 解剖形态学影像的同机融合图像。
2	正电子发射及 X 射线计算机体层摄影系统	核心词	正电子发射及 X 射线计算机体层摄影系统	通常由正电子发射体层摄影设备（PET）和 X 射线计算机体层摄影设备（CT）组成，其中的 PET 和 CT 部分或可单独使用。用于得到 PET 功能代谢影像与 CT 解剖形态学影像的同机融合图像。
3	正电子发射及磁共振成像系统	核心词	正电子发射及磁共振成像系统	通常由正电子发射体层摄影设备（PET）和磁共振成像设备（MRI）组成，其中的 PET 和 MRI 部分或可单独使用。用于得到 PET 功能代谢影像与 MRI 解剖形态学影像的同机融合图像。

相关文件

表 18 图像输出及打印设备

序号	产品类别	术语类型	术语名称	术语描述
1	图像显示处理工作站	核心词	图像处理工作站	由专用诊断显示装置、处理系统、软件（不包括Ⅲ类软件）等组成，配合医学影像设备，用于显示、处理、传输和存储数字诊断图像。
2	胶片扫描仪	核心词	胶片扫描仪	用于医用胶片的扫描，输出 BMP、DICOM 等格式的数字化图像，以便管理、存档和查阅。
3	医用图像打印机	核心词	干式成像仪	用于使胶片等产生医用图像。
4	医用干式胶片	核心词	胶片	影像记录介质，干式胶片。
		特征词1–预期目的	医用	用于的医学影像（CT、MRI、CR、DR 等）的记录。
4	医用干式胶片	特征词2–技术特点	激光	利用激光技术打印的。
			热敏	利用热敏技术打印的。
			打印	利用喷墨技术打印的。
		核心词	超声诊断报告胶片	带有超声图文报告内容的打印胶片。
5	取片机	核心词	取片机	选取打印医用胶片和报告的设备。
		特征词1–技术特点	自助	供患者自助使用。

五、命名示例

参照表 19–20 命名示例，根据产品实际情况，选择对应子领域术语表，比对描述选择相应术语，按第三款第一条的结构顺序确定通用名称。

表 19 X 射线探测器

核心词		特征词 1 使用部位			特征词 2 预期目的		通用名称
平板探测器	CCD 探测器	通用（缺省）	乳腺	牙科	静态（缺省）	动态	
√		√			√		平板探测器
√		√				√	动态平板探测器
√			√		√		乳腺平板探测器
				√	√		牙科平板探测器
	√	√			√		CCD 探测器
	√	√				√	动态 CCD 探测器

表 20　内窥镜用冷光源

核心词	特征词 1			特征词 2			通用名称
	预期用途			结构特性			
冷光源	内窥镜用	电子内窥镜用	纤维内窥镜用	氙灯	卤素灯	LED 灯	
√	√			√			内窥镜用氙灯冷光源
√	√				√		内窥镜用卤素灯冷光源
√	√					√	内窥镜用 LED 灯冷光源
√		√		√			电子内窥镜用氙灯冷光源
√		√				√	电子内窥镜用 LED 灯冷光源
√			√	√			纤维内窥镜用氙灯冷光源

六、参考资料

［1］国家食品药品监督管理总局关于发布医疗器械分类目录的公告（2017 年第 104 号）

［2］GB 9706.1–2007 医用电气设备第 1 部分：安全通用要求

［3］GB 10149–1988 医用 X 射线设备术语和符号

［4］IEC 60788–2004 医用电气设备 – 术语定义汇编

［5］医用成像器械相关的国家标准、行业标准

［6］国家药品监督管理局医疗器械注册数据库

［7］Global Medical Device Nomenclature（GMDN）

［8］U.S. Food and Drug Administration.Product Classification Database

［9］Japanese Medical Device Nomenclature（JMDN）

七、起草单位

本指导原则由国家药品监督管理局医疗器械标准管理中心编写并负责解释。

相关文件

附件2

有源植入器械通用名称命名指导原则

　　本指导原则依据《医疗器械通用名称命名规则》和《医疗器械通用名称命名指导原则》制定，用于指导有源植入器械产品通用名称的制定。

　　本指导原则是对备案人、注册申请人、审查人员的指导性文件，不包括注册审批所涉及的行政事项，不作为法规强制执行。若有满足相关法规要求的其他方法，也可采用，并应提供充分的研究资料和验证资料。本指导原则是在现行法规和标准体系以及当前认知水平下制定的，应在遵循相关法规的前提下使用。随着法规和标准的不断完善，以及科学技术的不断发展，本指导原则相关内容也将进行适时的调整。

一、适用范围

　　本指导原则适用于由植入体和配合使用的体外部分组成的有源植入器械。

二、核心词和特征词的制定原则

（一）核心词

　　本领域的核心词是对具有相同或者相似的技术原理、结构组成或者预期用途的有源植入器械的概括表述。如"神经刺激器"、"输注泵"、"程控仪"等。

（二）特征词

　　有源植入器械特征词的选取主要涉及以下方面内容：

　　——使用形式：指产品主体接触人体的方式和性质。如，植入式和非植入式。

　　——使用部位：指产品主体的主要作用对象。例如：植入式心脏节律管理系统施加脉冲刺激于这一部位，对这一部位的心脏节律进行调整和管理，常见的使用部位有右心房、右心室、左心室和心外膜。

　　——植入途径：指产品主体的植入通路。例如：电极导线的植入途径，目前有经静脉植入和皮下植入两种途径。

　　——技术特点：实现临床适应症必不可少的技术。

　　本领域产品通常为植入式器械，基于其植入的特性，本领域产品多数为第三类高风险产品。因此除非术语表中另有表述，本领域的使用形式方面通常缺省"非植入式"这一特性。此外，为了突出其高风险的特性，将"植入式"冠于词头。

（三）特征词的缺省

　　术语表中某一特征词项下，其中惯常使用或公认的某一特性在通用名称中不做体现，以遵从惯例或方便表达的处理方式，如植入式心脏起搏器、植入式心律转复除颤器等产品通常不具备"（心脏）再同步治疗"功能，则在通用名称中的"技术特点"这一特征词选择时，仅体现"（心脏）再同步治疗"的情况，而不体现"非再同步治疗"。

三、通用名称的确定原则

（一）通用名称组成结构

　　通常情况下，有源植入器械通用名称按"特征词1（如有）＋特征词2（如有）＋特征词3（如有）

+ 核心词"结构编制。

（二）核心词和特征词选取

核心词和特征词应根据产品真实属性和特征，优先在术语表中选择。对于术语表未能包含的，新产品或原有产品有新的特征项需要体现，或者需在某一特征项下加入新术语，可对术语集进行补充或调整。

核心词应在该类别项下选择最适合产品属性的核心词，核心词不可缺省。

特征词则应按照产品相关特征，依次在术语表中每个特征词项下选择一个与之吻合的术语。

（三）特别说明

考虑到部分植入式心脏起搏器具有"心脏再同步治疗"的功能，为了避免名称重复出现"心脏"一次，故选取"起搏器"作为核心词，并将"心脏"作为特征词 2，同时确定"再同步治疗"作为特征词 3，从而有别于其他心脏节律管理设备。

对于特殊预期用途的单一类别有源植入物产品，原则上按其主要临床预期用途参考命名规则进行命名。例如：植入式心电事件监测系统。

四、命名术语表

在表 1 到表 4 中，列举了有源植入器械各子领域核心词和特征词的可选术语，并对其进行了描述。

表 1　心脏节律管理设备

序号	产品类别	术语类型	术语名称	术语描述
1	植入式心脏起搏器	核心词	起搏器	通常由植入式脉冲发生器和扭矩扳手组成。通过起搏电极将电脉冲施加在患者心脏的特殊部位。
		特征词 1– 使用形式	植入式	植入于人体。
		特征词 2– 使用部位	心脏	作用于心脏。
		特征词 3– 技术特点	非再同步治疗（缺省）	/
			再同步治疗	预期还可用于左右心室节律的调整，可用于心衰治疗。
2	植入式心律转复除颤器	核心词	心律转复除颤器	通常由植入式脉冲发生器和扭矩扳手组成。通过检测心动过速和颤动，并经由电极向心脏施加心律转复 / 除颤脉冲时对其进行纠正。
		特征词 1– 使用形式	植入式	植入于人体。
		特征词 2– 技术特点	非心脏再同步治疗（缺省）	/
			心脏再同步治疗	预期还可用于左右心室节律的调整，可用于心衰治疗。

序号	产品类别	术语类型	术语名称	术语描述
2	植入式心律转复除颤器	特征词3–配用导线植入途径	经静脉（缺省）	配套使用的电极导线，一般经锁骨下静脉植入心脏。
			皮下	配套使用的电极导线，无需通过静脉植入，而是贴于皮下。
3	临时起搏器	核心词	临时心脏起搏器	通常由非植入式脉冲发生器和患者电缆（若使用）组成，用于心房和心室的体外临时起搏。
4	植入式心脏起搏电极导线	核心词	心脏起搏电极导线	通常由电极导线和附件组成，与植入式心脏起搏器配合使用，用于临床治疗。
		特征词1–使用形式	植入式	植入于人体。
		特征词2–使用部位	右房/右室（缺省）	头端电极固定于右心房/右心室。
			左心室	头端电极固定于左心室。
			心外膜	头端电极固定于心外膜。
5	植入式心脏除颤电极导线	核心词	心脏除颤电极导线	通常由电极导线和附件组成，与植入式心率转复除颤器配合使用。
		特征词1–使用形式	植入式	植入于人体。
		特征词2–植入途径	经静脉（缺省）	电极导线，一般经锁骨下静脉植入心脏。
			皮下	电极导线，无需通过静脉植入，而是贴于皮下。
6	临时起搏电极导线	核心词	临时心脏起搏电极导线	通常由电极导线和附件组成。与非植入式脉冲发生器配合使用，用于心房和心室的临时起搏。
7	植入式心脏事件监测设备	核心词	心脏事件监测器	通常由监测仪植入体本身和体外附件（若使用）组成。植入于人体内记录皮下心电图和心律失常事件。
		特征词1–使用形式	植入式	植入于人体。
8	植入式封堵工具	核心词	连接器封堵塞	用于电极导线终端未使用连接器或植入式脉冲发生器未使用端口的封堵。
9	植入式电极导线移除工具	核心词	电极导线拔除工具	通常由拔除工具、清除工具、手术工具组成。用于经静脉途径微创移除已植入患者体内的起搏器或除颤器电极导线。
10	起搏系统分析设备	核心词	起搏系统分析仪	通常由分析仪主机和患者电缆、电缆适配器、无菌延长线组成。用于在起搏器和心律转复除颤器植入过程中对起搏电极系统进行分析。
11	连接器套筒	核心词	连接器套筒	通常由接触夹及连接器环形电极组成。用于连接到电极导线连接器、或者断开连接。

表 2　神经调控设备

序号	产品类别	术语类型	术语名称	术语描述
1	植入式神经刺激器	核心词	神经刺激器	通过将电脉冲施加在脑部或神经系统的特殊部位来治疗帕金森病、控制癫痫、躯干和 / 或四肢的慢性顽固性疼痛或肠道控制以及排尿控制、肌张力障碍等神经调控类疾病。
		特征词 1- 使用形式	植入式	植入于人体。
		特征词 2- 技术特点	不可充电（缺省）	电池不可充电。
			可充电	电池可体外无线充电。
		特征词 3- 使用部位	脑深部	刺激输出作用于脑深部。
			脊髓	刺激输出作用于脊髓。
			骶	刺激输出作用于骶神经。
			迷走	刺激输出作用于迷走神经。
2	植入式神经刺激电极导线	核心词	电极导线	与植入式神经刺激器配合使用，用于治疗帕金森病、控制癫痫、躯干和 / 或四肢的慢性顽固性疼痛或肠道控制以及排尿控制、肌张力障碍等神经调控类疾病。
		特征词 1- 使用形式	植入式	植入于人体。
		特征词 2- 使用部位	脑深部	刺激输出作用于脑深部。
			脊髓	刺激输出作用于脊髓。
			骶	刺激输出作用于骶神经。
			迷走	刺激输出作用于迷走神经。
		特征词 3- 技术特点	神经刺激	/
			延伸	延长电极。
3	测试刺激电极	核心词	测试刺激电极	通常由电极和附件（若使用）组成。与测试刺激器配合使用，用于临时刺激与测试。
4	充电装置	核心词	充电装置	用于对特定的植入式脉冲发生器电池进行充电，以延长其使用期限。
		特征词 1- 配合设备	心脏节律设备	配合心脏节律设备使用。
			神经调控设备	配合神经调控设备使用。
			心脏收缩力设备	配合心脏收缩力设备使用。
5	植入式电极导线适配工具	核心词	植入式电极导线适配器	通常由适配器、神经刺激器接口插头、转矩扳手组成。用于连接植入式神经刺激器与适配的植入式延伸导线。
6	植入式电极导线补件	核心词	神经刺激电极修补套件	通常由固定锚、连接保护套、导引工具组成。用于植入式神经刺激电极的修补或再定位。

相关文件

序号	产品类别	术语类型	术语名称	术语描述
7	测试刺激器	核心词	测试刺激器	通常由控制单元、输出单元、电源单元组成。用于在电极导线放置或试验刺激效果期间评估神经刺激系统的功效。
8	测试延伸导线	核心词	测试神经刺激延伸导线	通常由延伸导线和附件（若使用）组成。与测试刺激器、配合使用，用于临时刺激和测试。

表3 辅助位听觉设备

序号	产品类别	术语类型	术语名称	术语描述
1	植入式听觉设备	核心词	植入体	通常由接收线圈、刺激器主体和电极（若有）组成的植入体。
		特征词1–使用部位	人工耳蜗	通过植入体对耳蜗进行电刺激，从而对听力障碍进行治疗。
			听觉脑干	通过植入体对听觉脑干进行电刺激，从而对听力障碍进行治疗。
			人工中耳	通过植入体将电信号转化为机械振动由中耳结构传导至内耳被大脑感知为声音，从而对听力障碍进行治疗。
2	植入式骨导助听器	核心词	植入式骨导助听器	由体外部分将声音信号转化为植入体的机械振动，对骨骼进行振动来提高或恢复听觉感知。或由植入体将电信号转化为机械振动，对骨骼进行振动来提高或恢复听觉感知。
3	体外声音处理器	核心词	声音处理器	通常由言语处理器主机、控制器等组成的体外部分。与植入式辅助听觉设备配合使用，将声音转化为电刺激或振动，通过对耳蜗内或蜗后听觉传导通路特定部位进行电刺激，或对中耳以及骨传导进行振动来提高或恢复听觉感知。
		特征词1–使用部位	人工耳蜗	与人工耳蜗植入体配合使用。
			听觉脑干	与听觉脑干植入体配合使用。
			人工中耳	与人工中耳植入体配合使用。
4	辅助位听觉调机设备	核心词	调机设备	用于调试辅助位听觉设备。
		特征词1–使用部位	人工耳蜗	与人工耳蜗植入体配合使用。
			听觉脑干	与听觉脑干植入体配合使用。
			人工中耳	与人工中耳植入体配合使用。
5	辅助位听觉检测设备	核心词	检测设备	用于测试辅助位听觉设备。
		特征词1–使用部位	人工耳蜗	与人工耳蜗植入体配合使用。
			听觉脑干	与听觉脑干植入体配合使用。
			人工中耳	与人工中耳植入体配合使用。

表 4 其他设备

序号	产品类别	术语类型	术语名称	术语描述
1	程控设备	核心词	程控仪	通常由程控单元、显示单元、软件等组成。用于查询、程控、显示数据或测试植入式脉冲发生器。
		特征词 1– 使用部位	心脏节律管理设备	配合心脏节律设备使用。
			神经调控设备	配合神经调控设备使用。
			心脏收缩力	配合心脏收缩力设备使用。
		特征词 2– 使用方式	医生（缺省）	由专业医护人员在医疗环境中使用。
			患者	可由患者自行操作。
2	植入式心脏收缩力调节设备	核心词	植入式心脏收缩力调节器	用于心肌收缩力的调节增强。
3	植入式循环辅助设备	核心词	循环辅助装置	用于血液循环辅助。
		特征词 1– 使用形式	植入式	植入于人体。
		特征词 2 — 使用部位	左心室	作用于左心室。
4	植入式输注泵	核心词	输注泵	通常由延伸电极和附件（若使用）组成，用于需要长期输入药物或液体的患者。
		特征词 1– 使用形式	植入式	植入于人体。

五、命名示例

参照表 5-6 命名示例，根据产品实际情况，选择对应子领域术语表，比对描述选择相应术语，按第三条第一款的结构顺序确定通用名称。

表 5 植入式神经刺激器

核心词	特征词 1 使用形式	特征词 2 技术特点		特征词 3 使用部位				通用名称
	植入式	不可充电（缺省）	可充电	脑深部	脊髓	骶	迷走	
神经刺激器	√	√		√				植入式脑深部神经刺激器
	√	√			√			植入式脊髓神经刺激器
	√	√				√		植入式骶神经刺激器
	√	√					√	植入式迷走神经刺激器
	√		√	√				植入式可充电脑深部神经刺激器
	√		√		√			植入式可充电脊髓神经刺激器
	√		√			√		植入式可充电骶神经刺激器
	√		√				√	植入式可充电迷走神经刺激器

表6　程控设备

核心词	特征词1			特征词2		通用名称
	使用部位			使用方式		
	心脏节律管理设备	神经调控设备	心脏收缩力	医生（缺省）	患者	
程控仪	√			√		心脏节律管理设备程控仪
	√				√	心脏节律管理设备患者程控仪
		√		√		神经调控设备程控仪
		√			√	神经调控设备患者程控仪
			√	√		心脏收缩力程控仪
			√		√	心脏收缩力患者程控仪

六、参考资料

［1］GB 16174.1–2015 手术植入物 有源植入式医疗器械 第1部分：安全、标记和制造商所提供信息的通用要求（ISO 14708–1：2000，IDT）

［2］GB 16174.2–2015 手术植入物 有源植入式医疗器械 第2部分：心脏起搏器（ISO 14708–2：2005，IDT）

［3］YY/T 0491–2004 心脏起搏器植入式心脏起搏器用的小截面接连器（ISO 5841–3：2000，IDT）

［4］YY 0989.6–2016 手术植入物 有源植入医疗器械 第6部分：治疗快速性心律失常的有源植入医疗器械（包括植入式除颤器）的专用要求（ISO 14708–6：2010，IDT）

［5］YY 0989.7–2017 手术植入物 有源植入式医疗器械 第7部分：人工耳蜗植入系统的专用要求（ISO 14708–7：2013，MOD）

七、起草单位

本指导原则由国家药品监督管理局医疗器械标准管理中心编写并负责解释。

附件 3

口腔科器械通用名称命名指导原则

本指导原则依据《医疗器械通用名称命名规则》和《医疗器械通用名称命名指导原则》制定，用于指导口腔科器械产品通用名称的制定。

本指导原则是对备案人、注册申请人、审查人员的指导性文件，不包括注册审批所涉及的行政事项，不作为法规强制执行。若有满足相关法规要求的其他方法，也可采用，并应提供充分的研究资料和验证资料。本指导原则是在现行法规和标准体系以及当前认知水平下制定的，应在遵循相关法规的前提下使用。随着法规和标准的不断完善，以及科学技术的不断发展，本指导原则相关内容也将适时调整。

一、适用范围

本指导原则适用于口腔科用设备、器具、口腔科材料等医疗器械。不包括口腔科内窥镜、显微镜、射线类、激光（治疗用）医疗器械。

二、核心词和特征词的制定原则

（一）核心词

本领域的核心词是对具有相同或者相似的技术原理、结构组成或者预期目的的口腔科器械的概括表述。如"口腔灯"、"洁牙机"、"牙钻"、"水门汀"、"根管桩"等。

（二）特征词

口腔科器械涉及的特征词主要包括以下方面的内容：

——结构特点：指对产品结构、组成、外观形态的描述，如"无油"、"有油"、"自锁"、"舌侧"等结构特点。

——使用部位：指产品主体的主要作用对象。如"牙龈"、"根管"等。

——技术特点：指产品的作用原理、机理，如"电动"、"超声"、"机用"、"化学固化"、"光固化"等。

——材料组成：指产品主要材料或者主要成分的描述，如"不锈钢"、"镍钛合金"、"树脂"、"金刚石"、"氧化锆"、"钛"等。

——使用形式：分为"一次性使用"和"可重复使用"。

——提供形式：指产品提供的状态，如"无菌"、"非无菌"。

——预期目的：指产品的临床用途，如"牙科"、"口腔"、"种植用"等。

（三）特征词的缺省

术语表中某一特征词项下的惯常使用或公认的某一特性可设置为"缺省"，在通用名称中不做体现，以遵从惯例或方便表达的处理方式。

如牙科治疗设备类产品通常为固定式，一般习惯也不做体现，则在命名中不体现"固定式"这一特征词，仅体现"可移动式"的情况。

当以使用部位、材料组成作为特征词时，若存在多个命名术语的情形，应明确其在通用名称中的位置及需要缺省的命名术语，其他特定部位或材料的命名术语不一一列举。

相关文件

三、通用名称的确定原则

（一）通用名称组成结构

通常情况下，口腔科器械通用名称按"特征词1（如有）+特征词2（如有）+特征词3（如有）+核心词"结构编制。

（二）核心词和特征词选取

核心词和特征词应根据产品真实属性和特征，优先在术语表中选择。对于术语表未能包含的，新产品或原有产品有新的特征项需要体现，或者需在某一特征项下加入新术语，可对术语集进行补充或调整。

核心词的选择，应在该类别项下选择最适合产品属性的核心词，核心词不可缺省。

特征词的选择，应按照产品相关特征，在表中每个相应的特征词选项下选择一个与之吻合的术语。对未一一列举的使用部位、材料组成等特征词，根据产品实际情况，自行选用相应的专业术语。

（三）特别说明

1. 口腔组合包类产品

由一种以上医疗器械组合而成，需配合使用从而实现某一预期用途的产品，其产品名称应体现组合特性（如包、盒），原则上按其主要临床预期用途命名，如口腔手术包、口腔护理包。

2. 口腔手术器械类产品

该类产品通常采用不锈钢制造，因此除非术语表中另有表述，本领域的材料特性方面通常缺省"不锈钢"这一特性，即在不另作表述的情况下，一般认为其材料特性的特征词为"不锈钢"。

该类产品通常为重复使用，因此除非术语表中另有表述，本领域的使用形式方面通常缺省"可重复使用"这一特性，即在不另作表述的情况下，一般认为其使用形式的特征词为"可重复使用"。

四、命名术语表

在表1到表10中，列举了口腔科器械各子领域典型产品的核心词和特征词的可选术语，并对其进行了描述。

表1　口腔诊察设备

序号	产品类别	术语类型	术语名称	术语描述
1	口腔探测设备	核心词	牙周探测仪	用于测量牙周袋深度。
			牙髓活力测试仪	用于评估牙髓活力。
			牙本质厚度测量仪	用于测试牙髓上方牙本质厚度。
			龋齿探测仪	用于龋齿的早期探测。
2	口腔数字印模系统	核心词	口腔数字印模仪	用于通过扫描以数字化方式记录牙齿及口腔内组织的形态特征。
			口腔光学喷粉器	配合口腔数字印模仪使用，用于扫描前将口腔成像用光学喷粉喷覆至牙齿和口腔黏膜部位。
3	口腔观察仪	核心词	口腔观察仪	利用高像素图像采集/摄像功能，观察口腔内各部位的状态。

序号	产品类别	术语类型	术语名称	术语描述
4	口腔用灯	核心词	口腔灯	用于向患者口腔内或周围投射凝聚的光束，以照亮检查或治疗部位。
		特征词 1– 技术特点	LED	发光二极管，基于半导体的发光源。
			非 LED（缺省）	采用 LED 灯之外的光源。

表 2　口腔诊察器具

序号	产品类别	术语类型	术语名称	术语描述
1	牙科手动测量器械	核心词	尺	长度测量工具，以各种单位标识。
			测力计	用于口腔正畸时测量矫治力。
		特征词 1– 预期目的	牙科	用于牙科。
			种植深度测量	用于测量种植手术时窝洞深度。
			种植角度测量	用于种植手术修复过程中，辅助确定种植体植入牙床的方位及角度。
2	口镜	核心词	口镜	通过镜面成像用于直接观察口腔。
		特征词 1– 使用形式	一次性使用	仅供一次性使用，或在一次医疗操作过程中只能用于一例患者。
			可重复使用（缺省）	处理后可再次使用。
		特征词 2– 提供形式	无菌	以无菌形式提供，可直接使用。
			非无菌（缺省）	以非无菌形式提供。
		特征词 3– 技术特点	LED	指带有照明用 LED 光源。
			无光源（缺省）	指不带有光源部件。

表 3　口腔治疗设备

序号	产品类别	术语类型	术语名称	术语描述
1	牙科治疗机	核心词	治疗机	由相互连接的牙科设备和器械构成功能组合的用于牙科治疗的设备。
		特征词 1– 技术特点	可移动式	指设备安装和投入使用后的，不论是否与电源相连，均能从一个位置移到另一个位置，且移动范围没有明显限制。
			固定式（缺省）	指安装和放置投入使用后，不打算从一个位置移到另一个位置。
		特征词 2– 预期目的	牙科	指用于牙科。
		特征词 3– 技术特点	综合	含牙科椅。
			非综合（缺省）	不含牙科椅。

相关文件

序号	产品类别	术语类型	术语名称	术语描述
2	牙科用椅	核心词	牙科椅	用于承载、调整和固定患者的姿态，以便进行牙科检查、治疗。
		特征词1–技术特点	机械式（缺省）	椅位调整由操作人员手动控制，通过机械传动部件调整椅位。
			电动	椅位调整由控制电路控制两个以上独立的电机正转或反转，通过机械传动部件调整椅位。
			液压	椅位调整由液压机将压缩机油增压，从而控制调整椅位。
3	洁牙机	核心词	洁牙机	用于去除牙齿表面的牙垢，牙石和着色斑的牙科设备。
		特征词1–技术特点	超声	指利用超声原理使工作尖振动。
			气动	通过压缩气体带动工作尖振动。
			喷砂	利用高压气流把喷砂粉喷到牙齿表面来清洁和抛光牙齿。
4	洁牙机工作尖	核心词	洁牙机工作尖	用于将洁牙机传递的能量转换成振动的动能，接触患者牙齿，从而实现其洁牙功能。
		特征词1–技术特点	超声	利用超声原理使工作尖振动。
			气动	通过压缩气体带动工作尖振动。
5	口腔用清洗设备	核心词	冲洗机	通过提供加压液流进行清洁。
		特征词1–预期目的	根管	指用于根管。
			口腔	指用于口腔。
6	牙科手机	核心词	手机	用于夹持旋转／往复／振荡器械并使其旋转／往复／振荡运动从而实现钻、切、磨、削等牙科手术操作。
		特征词1–使用形式	一次性使用	仅供一次性使用，或在一次医疗操作过程中只能用于一例患者。
			可重复使用（缺省）	处理后可再次使用。
		特征词2–预期目的	牙科	指用于牙科。
			种植	指用于牙科种植手术。
			根管	指用于根管治疗。
			抛光	指用于口腔内牙齿或修复体的抛光。
		特征词3–技术特点	高速气涡轮	指含有气涡轮组件，通过涡轮结构将气源能量转换为旋转动力。
			气动马达	不含有气涡轮或手机马达，且手机主轴与被夹工具或器具呈直线。
			电动马达	不含有气涡轮或手机马达，且手机主轴与被夹工具或器具呈一定夹角。

序号	产品类别	术语类型	术语名称	术语描述
7	牙科手机马达	核心词	手机马达	连接动力源，并将气源或电源的能量转换成为旋转的动能，传递给牙科手机使用。
		特征词 1–技术特点	电动	通过电磁原理产生动力。
			气动	通过压缩空气推动叶片旋转产生动力。
8	口腔抽吸装置	核心词	口腔抽吸机	为口腔抽吸操作提供负压源的设备。
			口腔抽吸系统	为口腔抽吸操作提供负压源及水气分离的设备组合。
9	牙科空气压缩装置	核心词	空气压缩机	用于口腔治疗操作中提供压缩空气源。
		特征词 1–预期目的	口腔	指用于口腔。
		特征词 2–结构特点	无油	指活塞在做往复运动进行空气压缩时，不用任何润滑剂的自润滑方式。
			有油（缺省）	指活塞在做往复运动进行空气压缩时，采用润滑剂的润滑方式。
10	光固化机	核心词	光固化机	通过发出特定波长光线，利用光辐射原理，使光固化材料在短时间内迅速有效聚合固化。
		特征词 1–技术特点	LED	发光二极管，基于半导体的发光源。
			卤素（缺省）	石英钨卤素灯。
11	牙科种植设备	核心词	种植机	用于口腔种植手术提供并控制动力的有源设备。
			种植体稳固度检测仪	利用冲击力量激发牙种植体共振，通过分析其振动信号判断种植体稳定性。
			基台安放器	用于在种植体轴向延长线的方向上冲击基台，实现种植基台的就位和放置。
			种植体定位器	通过感应金属种植体，用于探测定位包埋在牙龈下方的种植体位置。
		特征词 1–预期目的	口腔	指用于口腔。
12	牙齿漂白机	核心词	牙齿漂白机	通过照射涂于牙齿表面的漂白剂，催化漂白剂发生反应。
		特征词 1–技术特点	LED	发光二极管，基于半导体的发光源。
			非 LED（缺省）	采用 LED 灯之外的光源。
13	根管预备机	核心词	根管预备机	用于根管治疗中根管预备阶段。
		特征词 1–技术特点	超声	通过超声原理产生动力。
			电动（缺省）	通过电磁原理产生动力。
14	根尖定位仪	核心词	根尖定位仪	用于牙科临床根尖定位，辅助测量根管长度。

相关文件

序号	产品类别	术语类型	术语名称	术语描述
15	牙胶加热充填机	核心词	热牙胶充填机	用于在根管治疗中，通过加热、熔化牙胶并将其注入根管从而完成根管充填的设备。
16	口腔麻醉推注机	核心词	口腔麻醉推注机	通过设定程序控制注射的速度和流量，实现精确的口腔麻醉剂的自动注射。
17	银汞调合器	核心词	银汞调合器	采用振动的方式对材料进行调合的装置。
18	口腔研磨器械	核心词	口腔研磨机	以电动方式在口腔科手术过程中将碎骨研磨成骨粉备用。
			口腔骨磨	以手动方式，在口腔科手术过程中将碎骨研磨成骨粉备用。

表 4 口腔治疗器具

序号	产品类别	术语类型	术语名称	术语描述
1	牙科用凿	核心词	凿	由手柄、杆和工作端组成，工作端通常带有刃口。
		特征词1–使用部位	牙骨、牙釉等（特定部位）	专用使用部位，如牙骨、牙釉等。
			牙科	用于牙科，未限定具体使用部位。
2	口腔用钳	核心词	钳	由钳喙、关节和钳柄组成，钳嘴可根据用途制成不同形状。
		特征词1–预期目的	口腔用	指用于口腔
			拔牙	指用于拔牙。
3	口腔用剪	核心词	牙科金冠剪	用于口腔科剪切金属冠。
4	牙科用挺	核心词	牙挺	通常由手柄、杆和工作端组成，柄部为圆锥形。用于撬松牙齿，撬除牙根、残根、碎根尖等。
5	牙科治疗用针	核心词	拔髓针	由手柄和细长针体组成，对根管内部牙髓进行处理的针形器械。
			光滑髓针	为一光滑而有弹性的长锥型器械，用于探测根管，吸干根管，制作棉捻，或根管封药。
6	牙科探针	核心词	探针	探触器械，末端为细的工作部分。
		特征词1–使用形式	一次性使用	仅供一次性使用，或在一次医疗操作过程中只能用于一例患者。
			可重复使用（缺省）	处理后可再次使用。
		特征词2–使用部位	牙周、牙等（特定部位）	专用使用部位，如牙周、牙等。
			牙科	用于牙科，未限定具体使用部位。

序号	产品类别	术语类型	术语名称	术语描述
7	牙科用锉	核心词	根管锉	工作端有螺旋刃口，起切削、平整的作用。
		特征词 1– 技术特点	机用	连接于牙科手机，由手机带动其旋转工作。
			手用（缺省）	器械依靠操作者人工产生旋转动力。
		特征词 2– 材料组成	镍钛合金等（其他材料）	注明根管锉的材料组成，如镍钛合金等，如为不锈钢材质，可缺省。
			不锈钢（缺省）	材料组成为不锈钢。
8	牙科车针	核心词	车针	通常由头部、颈部和杆组成。通过安装在手机上进行旋转，用于口腔中牙齿、骨、修复体等硬质结构的切、削、磨等操作。
		特征词 1– 预期目的	牙科	指用于牙科。
		特征词 2– 材料组成	树脂、不锈钢等（材料组成）	注明车针的材料组成，如树脂、不锈钢、金刚石、钨钢、金刚砂等
9	牙科钻头	核心词	种植钻	通常由柄部和工作端组成，在种植手术中使用通过旋转在口腔内切割坚硬的结构。
			根管扩大钻	工作端有螺旋刃口，用于根管治疗术中建立通道和扩大开口的器械。
			正畸支抗钻	指用于牙科正畸手术钻置入正畸支抗。
		特征词 1– 使用形式	一次性使用	仅供一次性使用，或在一次医疗操作过程中只能用于一例患者。
			可重复使用（缺省）	处理后可再次使用。
		特征词 2– 材料组成	碳化钨、钛合金等（材料组成）	注明钻的材料组成，如碳化钨、钛合金等。
			不锈钢（缺省）	材料组成为不锈钢。
		特征词 3– 技术特点	手用	器械依靠操作者人工产生旋转动力。
			机用（缺省）	使用时通常安装于手机，由手机带动旋转。
10	口腔洁治器械	核心词	洁治器	由工作端和柄组成，工作端带有刃口，用于剔除龈上牙垢及结石用。
			龈上	由工作端和柄组成，工作端工作端细长，用于剔除龈上牙垢及牙石用。
			龈下	由工作端和柄组成，工作端工作端细长，用于剔除龈下牙垢及牙石用。
11	牙科剔挖器械	核心词	牙科刮匙	由工作端和柄组成，工作端末端为凹勺或类似结构，用于口腔治疗过程时组织或材料的剔、挖、刮等操作。

相关文件

序号	产品类别	术语类型	术语名称	术语描述
12	橡皮障器械	核心词	牙科橡皮障	弹性薄片状器械，使用前根据需要在中间打孔，在牙科手术时将牙齿和口腔中液体隔离。
			牙科橡皮障夹钳	用于安装和拆卸牙科橡皮障夹的钳子。
			牙科橡皮障夹	橡皮障固定件，用于将橡皮障固定到牙齿。
			牙科橡皮障支架	用于使橡皮障保持拉伸状态以便于手术操作的弹性边框。
			牙科橡皮障打孔器	钳状牙科器械，用于在橡皮障中打出不同尺寸的孔，以便橡皮障穿过牙冠。
			牙科橡皮障楔线	橡胶制弹性线，用于使用橡皮障时，塞于两牙之间以固定橡皮障。
13	牙科抛光器械	核心词	牙科抛光刷	由刷毛和金属杆部组成。安装在牙科手机上使用。用于口腔中修复体、牙齿等部位的抛光、清洁。
			牙科抛光杯	通常由橡胶杯体和金属柄组成，通过金属柄与牙科手机连接，配合抛光剂使用。
			牙科抛光轮	通常由打磨或抛光沙粒和热塑性弹性体组成。用于直接在口腔中进行口腔修复体的打磨和抛光。
			牙科抛光碟	通常由打磨或抛光沙粒、纸、聚酯薄膜组成。用于直接在口腔中进行口腔修复体的打磨和抛光。
			牙科抛光条	通常由聚酯薄膜和打磨或抛光沙粒组成。用于直接在口腔中进行口腔修复体的打磨和抛光。
		特征词1–使用形式	一次性使用	仅供一次性使用，或在一次医疗操作过程中只能用于一例患者。
			可重复使用（缺省）	处理后可再次使用。
14	研光器	核心词	研光器	由柄部、杆部和工作端组成，工作端为球状或圆钝锥头。用于去除多余修复材料，平滑口腔修复体的粗糙表面。
15	上颌窦粘膜提升器械	核心词	上颌窦膜内提升器械	通常由头部和杆部组成。用于上颌窦膜内提升操作。
			上颌窦膜外提升器械	通常由头部和杆部组成。用于上颌窦膜外提升操作。
16	牙科种植辅助器械	核心词	牙科种植连接件	用于种植术中连接扳手、牙科手机等操作器械与种植体或螺丝。
			牙科种植扳手	用于种植手术中，传递扭力，安装或移除螺丝、基台、种植体、正畸支抗等。
			牙科种植螺丝起	用于种植术中拧动螺丝。
			牙科种植定位杆	用于辅助确认植入方向。

序号	产品类别	术语类型	术语名称	术语描述
16	牙科种植辅助器械	核心词	牙科种植导板	根据患者牙齿结构倒模制成。用于辅助种植体定位安装。
			牙科种植转移杆	用于将基台由模型上转移到患者口中。
			牙钻导向器	用于在种植手术中将牙钻等手术工具引导至正确方向。
			牙钻定位环	使用时安装在牙钻工作部分的预定位置,以便操作者确定钻孔深度。
			牙科种植导板固定针	用于种植手术过程中,插入到颌骨钻孔内,以协助固定手术导板。
			牙科种植扫描定位件	用于在口腔扫描时固定在种植体或替代体上,以获取的清晰的定位和图像。
			牙科种植环切刀	通常由不锈钢和高分子材料组成。用于切割、去除口腔中的软组织。
			牙科种植挤压器	由手柄、杆和工作端组成,工作端一般无刃口。用于挤压种植窝洞周围的颌骨来提高种植体的初始稳定性。
			牙科种植劈开器	由手柄、杆和工作端组成,工作端通常带有锋利刃口。用于劈开口腔中的骨结构,以植入种植体、填充骨材料。
17	牙科充填器	核心词	充填器	由柄部、杆和工作端组成。用于将牙科材料填充到目标位置。
		特征词 1– 使用部位	根管等（特定部位）	牙科专用使用部位,如根管等。
			牙科	用于牙科,未限定具体使用部位。
18	牙科输送器	核心词	输送器	用于将充填材料输送、填入至目标位置的手持器械。
			材料推注器	用于以手动推注的方式将口腔材料注入往患者口腔中相应部位。
			注射头	注射头通常由聚合物制成。配合注射器实现注射功能。
		特征词 1– 使用部位	牙科	用于牙科。
		特征词 2– 作用对象	不限对象（缺省）	不限定特定作用对象。
			银汞合金、充填材料等（特定对象）	特定作用对象,如银汞合金、充填材料等。
19	正畸材料处理器械	核心词	弓丝成型器	圆柱形器械,用于将弓丝弯制成标准牙弓形态。
			正畸结扎器	用于正畸丝的结扎。
			带环推置器	用于矫正正畸齿时,辅助带环推入牙齿。
			托槽定位器	用于在牙面定位划线,确定托槽放置位置。

相关文件

序号	产品类别	术语类型	术语名称	术语描述
20	口腔冲洗器	核心词	口腔冲洗器	通过手动挤压对口腔进行冲洗以去除口腔中的碎屑或杂物。
			口腔冲洗针	细长针管，与冲洗器具配套进行牙科口腔冲洗。
		特征词1-使用形式	一次性使用	仅供一次性使用，或在一次医疗操作过程中只能用于一例患者。
			可重复使用（缺省）	处理后可再次使用。
21	牙科喷枪	核心词	牙科喷枪	用于向患者口腔中喷射气、水或气水混合物。通常连接在牙科治疗机上。
22	牙科枪头	核心词	牙科枪头	使用时安装在牙科综合治疗台的喷枪前端，为喷枪气流、液体的出口。
		特征词1-使用形式	一次性使用	仅供一次性使用，或在一次医疗操作过程中只能用于一例患者。
			可重复使用（缺省）	处理后可再次使用。
23	牙科吸唾管	核心词	口腔吸唾管	通常与牙科治疗机的抽吸装置一起使用，用于牙科治疗时吸取患者口腔内的血水、唾液及其他异物。
		特征词1-使用形式	一次性使用	仅供一次性使用，或在一次医疗操作过程中只能用于一例患者。
			可重复使用（缺省）	处理后可再次使用。
		特征词2-供应方式	无菌	以无菌形式提供，可直接使用。
			非无菌（缺省）	以非无菌形式提供。
24	牙科用镊	核心词	牙用镊	由一对尾部叠合的叶片组成，用于牙科夹持操作。
		特征词1-使用形式	一次性使用	仅供一次性使用，或在一次医疗操作过程中只能用于一例患者。
			可重复使用（缺省）	处理后可再次使用。
25	成形片夹	核心词	成形片夹	将牙科成形片材料固定在牙齿相应位置的器械。
26	口腔推注器具	核心词	口腔麻醉剂推注器	用于以手动推注的方式将麻醉剂容器内的麻醉剂注入往患者口腔中相应部位。
27	牙科分离器	核心词	分离器	主要由手柄、工作端和杆部组成，工作端通常为圆钝薄片状。用于口腔手术中分离指定部位的软组织。
		特征词1-使用形式	一次性使用	仅供一次性使用，或在一次医疗操作过程中只能用于一例患者。
			可重复使用（缺省）	处理后可再次使用。

序号	产品类别	术语类型	术语名称	术语描述
27	牙科分离器	特征词2-使用部位	牙龈等（特定部位）	牙科专用使用部位，如牙龈等。
			牙科	用于牙科，未限定具体使用部位。
28	口腔牵开器械	核心词	口腔牵开器	用于口腔治疗操作中移开软组织，暴露视野。
29	口腔张开器械	核心词	口腔开口器	在口腔手术治疗时，放在患者的牙齿之间，以保持口腔的开启。
30	去冠器	核心词	去冠器	用于去除口腔中的金属冠。
31	牙骨锤	核心词	牙骨锤	用于口腔科手术中敲击牙骨凿等手术器械。
32	牙科用毛刷	核心词	牙科毛刷	由手柄和镶嵌绒毛的头部组成。用于牙科材料的涂抹。
		特征词1-使用形式	一次性使用	仅供一次性使用，或在一次医疗操作过程中只能用于一例患者。
			可重复使用（缺省）	处理后可再次使用。
33	正畸牵引装置	核心词	正畸牵引装置	通过对口腔部位施以不同方向的牵引力而实现正畸治疗的装置。

表5 口腔充填修复材料

序号	产品类别	术语类型	术语名称	术语描述
1	水门汀	核心词	水门汀	一般为粉液状或糊状。用于修复体的粘固、窝洞衬层和垫底以及窝洞充填，还可用于盖髓、根管充填、窝沟封闭、修复体桩核制作等。
		特征词1-技术特点	光固化	采用光照的方式固化。
			双固化	既通过光照方式固化，又通过化学反应方式固化。
			化学固化（缺省）	双组份接触后通过二者之间的化学反应固化。
		特征词2-材料组成	玻璃离子、氧化锌丁香酚等（主要成分）	注明水门汀材料的主要组成成分，如玻璃离子、氧化锌丁香酚、磷酸锌等。
2	粘接剂	核心词	牙科粘接剂	单组份或双组份液体或糊剂。用于牙体充填修复、义齿修复及植入、组织重建等过程中的粘接（不含水门汀类产品）。
		特征词1-技术特点	光固化	采用光照的方式固化。
			双固化	既通过光照方式固化，又通过化学反应方式固化。
			化学固化	双组份接触后通过二者之间的化学反应固化。

相关文件

序号	产品类别	术语类型	术语名称	术语描述
3	复合树脂	核心词	复合树脂	单组份或双组份糊剂。通常由树脂基质、经过表面处理的无机填料、引发体系等组成。用于牙体缺损的直接充填修复或垫底。
		特征词1-预期目的	牙科	用于口腔治疗。
		特征词2-技术特点	光固化	采用光照的方式固化。
			双固化	既通过光照方式固化，又通过化学反应方式固化。
			化学固化	双组份接触后通过二者之间的化学反应固化。
4	银汞合金	核心词	银汞合金	液剂为汞，粉剂为银合金。通过汞齐化反应生成银汞合金。用于牙体缺损的直接充填修复。
		特征词1-提供形式	胶囊型	粉液双组份，胶囊包装。
5	根管充填封闭材料	核心词	牙胶尖	锥形，通常为古塔胶，直接用于根管充填。
			热牙胶	棒状，通常为古塔胶，加热熔化后用于根管充填。
			根管封闭剂	糊状或液状。用于根管治疗过程中封闭牙髓腔及根管内空隙。

表6　口腔义齿制作材料

序号	产品类别	术语类型	术语名称	术语描述
1	义齿用金属材料	核心词	合金	金属材料，单独用于制作支架、牙冠、桥等。
			纯钛	特指纯钛，用于制作支架、牙冠、桥等。
			烤瓷合金	金属材料，用于制作金属内冠、桥等，烤瓷后使用。
		特征词1-预期目的	牙科	用于口腔治疗。
		特征词2-技术特点	铸造	利用铸造的方式进行加工。
			锻造	利用锻造技术制作的方式进行加工。
			可切削	利用切削的方式进行加工。
			增材制造	利用增材制作的方式进行加工。
		特征词3-材料组成	镍铬、钴铬等（主要成分）	合金的主要组成成分，如镍铬、钴铬、金钯、金铂等。
			纯钛（缺省）	组成成分为纯钛。
2	义齿用陶瓷材料	核心词	瓷粉	粉状材料，主要成分为金属氧化物，主要通过烧结工艺制备成需要的形状。用于齿科修复体的制作。
			陶瓷	块状材料，主要成分为金属氧化物，通过烧结、铸造、可切削、热压、增材制造等工艺制备成需要的形状。用于齿科修复体的制作。

序号	产品类别	术语类型	术语名称	术语描述
2	义齿用陶瓷材料	特征词 1– 使用部位	牙科	用于口腔治疗。
		特征词 2– 技术特点	铸造	利用铸造的方式进行加工。
			可切削	利用切削的方式进行加工。
			热压	利用热压的方式进行加工。
			增材制造	利用增材制作的方式进行加工。
		特征词 3– 材料组成	氧化锆、硅酸锂等（主要成分）	陶瓷的主要组成成分，如氧化锆、硅酸锂等。
3	义齿用高分子材料	核心词	树脂	双组份糊剂或粉液剂，或单组份糊剂，树脂块。主要成分为聚丙烯酸酯类、聚乙烯基酯类、聚碳酸酯类等。用于义齿及相关修复体的制作和固位。
			造牙粉	单独包装出售的粉剂，与液剂配合，用于义齿及相关修复体的制作。
		特征词 1– 预期目的	正畸基托	用于正畸治疗。
			义齿基托	用于制作义齿基托。
			桩核	用于制作桩核。
			冠桥	用于制作冠或者桥。
4	义齿固位材料	核心词	义齿稳固剂	固体或糊状，主要成份可以是聚甲基乙烯醚钠盐、钙盐和缩苹果酸苷混合物。暂时性辅助义齿固位。
			义齿软衬材料	用于辅助义齿固位。
5	附着体	核心词	附着体	由两部分组成，其中一部分固定在口腔中的牙根、牙冠或种植体上，另一部分与人工修复体相连，两者之间靠不同的方式连接。用于齿科修复体固位。
		特征词 1– 使用部位	牙科	用于口腔治疗。
		特征词 2– 技术特点	磁性	附着体依靠磁性力固位。
			非磁性（缺省）	附着体不依靠磁性力固位。
6	根管桩	核心词	根管桩	柱状固体，金属、陶瓷或高分子材质。固定于根管内以保证修复体的固位，防止冠因无足够的固位而脱落，同时防止因修复后天然牙冠折而导致修复失败，常与树脂核及冠修复体共同使用。用于修复大面积牙体缺损。
		特征词 1– 预期目的	牙科	用于口腔治疗。
		特征词 2– 材料组成	金属、陶瓷等（主要成分）	根管桩的主要组成成分，如金属、陶瓷、纤维增强的复合树脂（简称纤维）等。

序号	产品类别	术语类型	术语名称	术语描述
7	预成冠	核心词	预成冠	牙冠形状。使用时多通过粘接固定在预备好的牙体上。用于大面积Ⅱ类洞、破坏严重的牙齿、牙髓切断术后或硬组织异常，牙釉质发育不良或牙本质发育不良等情况的治疗。
		特征词1–材料组成	金属、树脂等（主要成分）	预成冠的主要组成成分，如金属、树脂等。
8	合成树脂牙	核心词	合成树脂牙	高分子材质制成，多为丙烯酸酯类聚合物，牙冠或牙齿形状。使用时通过粘接或其他方式固定在预备好的牙体或基托上。用于齿科修复，替代缺失的天然牙。

表7 口腔正畸材料及制品

序号	产品类别	术语类型	术语名称	术语描述
1	正畸支抗	核心词	正畸支抗钉	螺柱状或其他形状固体。主要为金属材质，钛、钛合金、钽等，也可为其他材质。用于正畸治疗中需要借助种植体加强支抗，以最大限度移动牙齿的患者，辅助进行正畸治疗。
2	带环	核心词	正畸带环	环状，多为金属材料。侧面可焊有或圆或扁或方的细管，矫正弓丝可以从里面通过，也起到托住弓丝的作用，也可通过焊接颊面管来使矫治力量得到传递。正畸治疗中用于固定正畸丝，也可传递矫治力量。
3	托槽	核心词	托槽	由金属、陶瓷或高分子材料制成。通常带有槽沟、结扎翼和牵引钩。用于正畸治疗中承接并传递矫形丝的矫形力。
		特征词1–预期目的	正畸	用于正畸治疗。
		特征词2–结构特点	自锁	带有自锁功能。
			舌侧	应用于舌侧。
			不限结构（缺省）	不具备上述结构特点。
		特征词3–材料组成	陶瓷等（主要成分）	托槽的主要组成成分，如陶瓷等。
			金属（缺省）	金属材质的托槽。
4	牙科正畸丝	核心词	正畸丝	丝状，多由不锈钢、镍钛合金、钛合金、钛钼合金、铜镍钛合金等材质组成。与托槽、带环、颊面管等组合，用于口腔正畸治疗。
5	正畸附件	核心词	正畸颊面管	管状，多为金属材质，有的设计有小钩。用于正畸丝末端插入后的固定，有的设计有小钩，用于挂橡皮圈等做颌内或颌间牵引。

序号	产品类别	术语类型	术语名称	术语描述
5	正畸附件	核心词	正畸牵引钩	该产品在正畸治疗时与托槽或颊面管配合对牙齿进行弹性牵引。
			舌侧扣	该产品在正畸治疗时粘贴于舌侧，辅助牵引。
			正畸弹簧	由弹簧圈、弹簧丝、及弹簧圈与弹簧丝之间的连接部件组成。在口腔正畸治疗时与种植体支抗、正畸托槽等正畸材料配合使用，用于口腔正畸治疗。
			正畸扩弓器	由扩弓器，固位卡环，双曲唇弓和基托组成。用于将矫治力通过基托传递到牙齿和牙槽骨，以扩大上下颌牙弓的宽度和长度。
6	正畸弹性体附件	核心词	正畸弹力线	弹力线，在口腔正畸治疗时使用，可以用于结扎、分牙、牵引。
			正畸橡皮圈	橡皮圈，在口腔正畸治疗时使用，可以用于结扎、分牙、牵引。
7	矫治器	核心词	正畸矫治器	多属于个性化定制产品，用于正畸治疗，通过外力调整牙齿位置使其恢复正确咬合关系。
		特征词 1- 结构特点	无托槽	由单一高分子材料制成的一系列透明或接近透明的矫治器。
			多组件（缺省）	由多种组件组成。
8	正畸保持器	核心词	正畸保持器	矫治保持器。可以由金属材料或高分子材料制成。为了巩固牙颌畸形矫治完成后的疗效、保持牙位于理想的美观及功能位置而使用的装置。
9	牙弓夹板	核心词	牙弓夹板	金属或高分子材料制成。通常包括一个可产生塑性形变的金属（也可为其他材质）条，金属条上均布微孔，结扎丝通过金属条上的微孔实现颌骨固定。用于治疗颌骨骨折或进行正畸辅助治疗。

表 8 口腔植入及组织重建材料

序号	产品类别	术语类型	术语名称	术语描述
1	牙种植体	核心词	牙种植体	螺柱状或其他形状固体。主要为金属材质，钛、钛合金、钽等，也可为其他材质。通过外科手术的方式将其植入人体缺牙部位的上下颌骨内，待其手术伤口愈合后，在其上部安装修复假牙的装置。用于为义齿等修复体提供支撑，以恢复患者的咀嚼功能。
2	牙种植体附件	核心词	基台	带角度或不带角度的带孔柱状固体。多由钛、钛合金、氧化锆、金合金制成，也可由其他材质制成。安装在锚固于骨内的种植体平台上，并将其向口腔内延伸。可以是预成产品，也可以根据临床要求定制。
			愈合基台	用于种植后种植体的保护作用
		特征词 1- 预期目的	牙种植体	与种植体配套使用。

序号	产品类别	术语类型	术语名称	术语描述
3	组织修复材料	核心词	引导膜	膜状材料，用于修复颌面骨、牙槽骨等的缺损及牙科种植修复相关的骨隙或骨缺损，引导骨的再生或成型。
			屏障膜	阻止软组织长入。
			骨修复材料	用于修复颌面骨、牙槽骨等的缺损及牙科种植修复相关的骨隙或骨缺损，引导骨的再生或成型。
			软组织修复材料	用于软组织修复。
		特征词1–预期目的	口腔	用于口腔治疗。

表9　口腔治疗辅助材料

序号	产品类别	术语类型	术语名称	术语描述
1	酸蚀剂	核心词	牙科酸蚀剂	单组份或双组份液体。一般为磷酸、乳酸、柠檬酸、草酸、聚丙烯酸、稀硫酸等。利用酸的腐蚀性发挥作用。对牙体、金属、陶瓷等修复体表面进行处理，以去除污染层、粗糙表面、提高其表面性能。
2	预处理剂	核心词	牙科预处理剂	单组份液体。通常为亲水基团的丙烯酸酯功能单体、硅烷偶联剂或其他成分。用于牙齿、树脂、陶瓷、金属修复体等的表面处理。利用其化学改性作用改变牙齿、修复体表面性状。
3	根管预备辅助材料	核心词	根管充填材料溶解剂	去除根管中已有的充填材料。
			根管润滑剂	对根管治疗器械起润滑作用，以避免根管损伤。
			根管清洗剂	避免碎屑在根尖部的沉积，从而有助于从根管内去除碎屑。
4	吸潮尖	核心词	吸潮尖	纯棉纤维吸水纸制成。具有良好的吸水性，没有粘性，硬且有韧性容易放进牙根管内。主要用于牙髓病治中根管清洗、换药。
5	印模材料	核心词	印模材料	糊剂或粉液型。可以由人工合成橡胶、藻酸盐、琼脂、树脂等材料组成。通过加成或缩聚反应等反应方式由流态变为固态。用于制作记录口腔各组织形态及关系的阴模。
			印模膏	用于制作记录口腔各组织形态及关系的阴模。
		特征词1–材料组成	藻酸盐、硅橡胶等（具体成分）	印模材料的组成成分，如藻酸盐、硅橡胶、琼脂等。
6	咬合记录材料	核心词	硅橡胶咬合记录材料	由硅橡胶组成。用于口腔修复治疗中，上下牙列咬合关系的记录。
			咬合蜡	由蜡组成。主要用于口腔修复治疗中，上下牙列咬合关系的记录。

序号	产品类别	术语类型	术语名称	术语描述
7	咬合关系检查材料	核心词	咬合关系检查蜡片	片状固体。由蜡组成。主要用于牙面接触点及义齿修复体关系的检查。
			咬合纸	片状固体。由纸或镀铝膜等材料涂布而成。主要用于牙面接触点及义齿修复体关系的检查。
8	牙科光学喷粉	核心词	牙科光学喷粉	用于牙科修复体计算机辅助设计的制作过程，辅助牙科数字印模仪获取清晰的牙齿3D图像。
9	试色材料	核心词	试色糊剂	检查最终修复体颜色与牙齿颜色的配合度，在试戴技工室修复体时也可用于保护酸蚀处理后的酸蚀面。
10	铸造包埋材料	核心词	铸造包埋材料	粉液剂。主要由耐火材料和粘接剂组成。用于包埋蜡型，制备铸造空腔。
		特征词1-预期目的	牙科	用于口腔治疗。
		特征词2-材料组成	硅酸盐、石膏等（具体成分）	铸造包埋材的组成成分，如硅酸盐、硅酸乙酯、石膏等。
		特征词3-预期目的	纯钛	用于纯钛的铸造包埋。
			模型	可以作为模型材料，也可以作为铸造包埋材。
			普通（缺省）	用于除纯钛以外的铸造合金的包埋，不可用作模型材料。
11	口外用模型材料	核心词	牙科蜡	蜡，用于制作口腔模型、围合等。
			牙科模型石膏	石膏，用于制作口腔模型。
			牙科模型树脂	树脂，用于制作口腔模型。
12	口内用研磨抛光材料	核心词	牙科抛光膏	膏状，在口腔内用于研磨抛光牙体组织或修复体，使其表面平滑均匀的磨料。
			牙科抛光粉	粉状，在口腔内用于研磨抛光牙体组织或修复体，使其表面平滑均匀的磨料。
			洁牙喷砂粉	粉状，在口腔内用于牙体组织清洁。
13	排龈材料	核心词	排龈膏	膏状，用于在牙体预备、取印模或粘冠时排开牙龈。
			排龈线	线装，用于在牙体预备、取印模或粘冠时排开牙龈。

表10　其他口腔材料

序号	产品类别	术语类型	术语名称	术语描述
1	脱敏剂	核心词	牙齿脱敏剂	用于消除暴露的牙颈部的过敏症状；减轻和预防因牙本质敏感而引起的牙齿过敏症状。
2	牙齿漂白剂	核心词	牙齿漂白剂	糊，粉、液剂或胶体，用于牙齿的漂白。

相关文件

序号	产品类别	术语类型	术语名称	术语描述
3	窝沟封闭剂	核心词	窝沟封闭剂	涂布于牙面的窝沟处，固化后形成一个屏障，隔绝口腔环境中的致龋因素对牙齿的侵害，从而防止龋病的发生。
		特征词1-技术特点	光固化	采用光照的方式固化。
			化学固化（缺省）	双组份接触后通过二者之间的化学反应固化。
4	防龋材料	核心词	防龋材料	多为含氟材料，通过降低牙齿表层釉质的溶解度并促进釉质再矿化、抑制口腔中致龋菌的生长、抑制细菌产酸等起到预防龋齿的作用。
		特征词1-技术特点	氟	防龋材料的组成中含有氟。
			不含氟（缺省）	防龋材料的组成中不含氟。
5	结扎丝	核心词	牙科结扎丝	丝状。多由不锈钢等材质组成，用于正畸、外科和牙周等的治疗。
6	牙科膜片	核心词	牙科膜片	用于制作牙合垫。
7	菌斑指示剂	核心词	菌斑指示剂	用于显示菌斑或定位根管口，辅助口腔检查和治疗。

五、命名示例

参照表11-13命名示例，根据产品实际情况，选择对应子领域术语表，比对描述选择相应术语，按第三条第一款的结构顺序确定通用名称。

表11 牙科治疗设备

核心词	特征词1		特征词2	特征词3		通用名称
	移动性能		预期目的	技术特点		
	可移动式	固定式（缺省）	牙科	综合	非综合（缺省）	
治疗机	√		√		√	可移动式牙科治疗机
		√	√	√		牙科综合治疗机

表12 牙科用锉

核心词	特征词1		特征词2		通用名称
	工作方式		材料组成（具体组成）		
	机用	手用（缺省）			
根管锉	√		镍钛合金		机用镍钛合金根管锉
		√	镍钛合金		镍钛合金根管锉
		√		不锈钢（缺省）	根管锉

表 13　铸造包埋材料

核心词	特征词 1	特征词 2	特征词 3			通用名称
	使用部位	材料组成（具体成分）	预期目的			
	牙科		纯钛	模型	普通（缺省）	
铸造包埋材料	√	磷酸盐			√	牙科磷酸盐铸造包埋材料
	√	硅酸乙酯			√	牙科硅酸乙酯铸造包埋材料
	√		石膏		√	牙科石膏铸造包埋材料
	√		石膏	√		牙科石膏模型铸造包埋材料

六、参考资料

［1］医疗器械分类规则（国家食品药品监督管理总局令第 15 号）

［2］国家食品药品监督管理总局关于发布医疗器械分类目录的公告（2017 年第 104 号）

［3］GB/T 9937.1–2008 口腔词汇 第 1 部分：基本和临床术语（ISO 1942–1：1989，IDT）

［4］GB/T 9937.2–2008 口腔词汇 第 2 部分：口腔材料（ISO 1942–2：1989，IDT）

［5］GB/T 9937.3–2008 口腔词汇 第 3 部分：口腔器械（ISO 1942–3：1989，IDT）

［6］GB/T 9937.4–2005 牙科术语 第 4 部分：牙科设备（ISO 1942–4：1989，IDT）

［7］GB/T 9937.5–2008 口腔词汇 第 5 部分：与测试有关的术语（ISO 1942–5：1989，IDT）

［8］Global Medical Device Nomenclature（GMDN）

［9］U.S. Food and Drug Administration. Product Classification Database

［10］Japanese Medical Device Nomenclature（JMDN）

七、起草单位

本指导原则由国家药品监督管理局医疗器械标准管理中心编写并负责解释。

相关文件

国家药监局关于发布骨科手术器械通用名称命名指导原则等 5 项指导原则的通告

2020 年第 79 号

为进一步规范医疗器械通用名称，加强医疗器械全生命周期管理，国家药品监督管理局组织制定了《骨科手术器械通用名称命名指导原则》《输血、透析和体外循环器械通用名称命名指导原则》《无源手术器械通用名称命名指导原则》《无源植入器械通用名称命名指导原则》和《医疗器械消毒灭菌器械通用名称命名指导原则》，现予发布。

特此通告。

附件：1. 骨科手术器械通用名称命名指导原则

2. 输血、透析和体外循环器械通用名称命名指导原则

3. 无源手术器械通用名称命名指导原则

4. 无源植入器械通用名称命名指导原则

5. 医疗器械消毒灭菌器械通用名称命名指导原则

国家药监局

2020 年 11 月 30 日

附件 1

骨科手术器械通用名称命名指导原则

本指导原则依据《医疗器械通用名称命名规则》和《医疗器械通用名称命名指导原则》制定，用于指导骨科手术器械产品通用名称的制定。

本指导原则是对备案人、注册申请人、审查人员的指导性文件，不包括注册审批所涉及的行政事项，不作为法规强制执行。若有满足相关法规要求的其他方法，也可采用，并应提供充分的研究资料和验证资料。本指导原则是在现行法规和标准体系以及当前认知水平下制定的，应在遵循相关法规的前提下使用。随着法规和标准的不断完善，以及科学技术的不断发展，本指导原则相关内容也将进行适时的调整。

一、适用范围

本指导原则适用于骨科手术及相关类医疗器械产品，主要有骨科用刀、剪、钳、钩、针、骨科用有源器械及骨科手术辅助器械等。

二、核心词和特征词的制定原则

（一）核心词

本领域核心词是对具有相同或者相似的技术原理、结构组成或者预期目的的骨科手术医疗器械的概括表述。如"骨刀"、"咬骨钳"、"骨组织手术设备"等。

（二）特征词

骨科手术器械涉及的特征词主要包括以下方面的内容：

——使用形式：分为"可重复使用"和"一次性使用"。可重复使用医疗器械指处理后可再次使用的医疗器械。一次性使用医疗器械指仅供一次性使用，或在一次医疗操作过程中只能用于一例患者的医疗器械。

——提供形式：分为"无菌"和"非无菌"。无菌医疗器械指以无菌形式提供，直接使用的医疗器械。

——使用部位或作用对象：指产品发挥其主要功能的患者部位，可以是人体的系统、器官、组织、细胞，如"颈椎"、"髋关节"、"脊柱"等；或产品作用的其他器械，如"接骨板"、"缆索"、"石膏"等。

——预期目的：指产品适用的临床使用范围或用途，如"骨科"、"刨削"、"椎体成形"等。

——结构特点：指产品主体结构方面的特有属性，如骨剪、咬骨钳等有"单关节"、"双关节"、"三爪"等结构特点。

——材料组成：指产品主要材料方面的描述，如"金属"、"高分子"等。

——技术特点：指产品特殊作用原理、机理或者特殊性能的说明或者限定，如"手动"、"电动"等。

（三）特征词的缺省

术语表中某一特征词项下的惯常使用或公认的某一特性可设置为"缺省"，在通用名称中不做体现，以遵从惯例或方便表达的处理方式。

骨科手术器械类产品通常为可重复使用，因此除非术语表中另有表述，本领域的可重复性方面通常缺省"可重复使用"这一特性，即在不另作表述的情况下，一般认为其有关重复性的特征词为"可重复使用"。

骨科手术器械通常为使用金属材料制造，因此"金属"这一特征词可缺省，仅需体现"高分子"等专用材料制成的情况。

骨科手术器械类产品通常为非无菌提供或临床使用前应灭菌，因此除非术语表中另有表述，本领域的产品提供形式方面通常缺省"非无菌提供"这一特性，即在不另作表述的情况下，一般认为其有关重复性的特征词为"非无菌提供"。

当以使用部位或作用对象作为特征词时，若存在多个命名术语的情形，应明确其在通用名称中的位置，列出需要缺省的命名术语，其他专用部位或对象的命名术语可不一一列举。

三、通用名称的确定原则

（一）通用名称组成结构

骨科手术器械通用名称按"特征词1（如有）+ 特征词2（如有）+ 特征词3（如有）+ 核心词"结构编制。

（二）核心词和特征词选取原则

核心词和特征词应根据产品真实属性和特征，优先在术语表中选择。对于术语表未能包含的，新产品或原有产品有新的特征项需要体现，或者需在某一特征项下加入新术语，可对术语集进行补充或调整。

核心词应在该类别项下选择最适合产品属性的核心词，核心词不可缺省。

特征词则应按照产品相关特征，依次在术语表中每个特征词项下选择一个与之吻合的术语。对未一一列举的使用部位或作用对象等特征词，根据产品实际情况，自行选用相应的专业术语。

（三）特别说明

由两种及以上医疗器械组合而成，以实现某一临床预期用途的器械组合产品，原则上其通用名称应体现组合形式和主要临床预期用途。

四、命名术语表

在表1到表18中，列举了骨科手术器械各子领域典型产品核心词和特征词的可选术语，并对其进行了描述。

表1　骨科用刀

序号	产品类别	术语类型	术语名称	术语描述
1	扩孔用刀	核心词	铰刀	通常由手柄或接头和具有扩孔切削刃的刀头组成，用于扩孔或修孔。
		特征词1– 使用部位	骨	骨科用，不限制具体使用部位。
			椎间盘、髓腔等（专用部位）	专用骨组织或部位，如：椎间盘、髓腔、脊柱手术等。
2	截骨用刀	核心词	截骨刀	用于截除骨组织，远端具有坚硬、锋利、刃部配置的器械。
			刨削刀	用于刨削骨组织，远端具有坚硬、锋利、刃部配置的器械。

序号	产品类别	术语类型	术语名称	术语描述
2	截骨用刀	特征词 1– 使用部位	骨（可缺省）	骨科用，不限制具体使用部位。
			胫骨等（专用部位）	专用骨组织或部位，如：胫骨等。
3	骨科内窥镜用刀	核心词	手术刀	产品由刀头、刀杆和刀柄构成，用于关节微创手术中，对病变组织进行切除、剥离。
		特征词 – 预期目的	关节镜用（特定内窥镜用）	关节镜、椎间盘等内窥镜下使用。

表 2 骨科用剪

序号	产品类别	术语类型	术语名称	术语描述
1	骨及组织用剪	核心词	咬骨剪	通常由一对中间连接的叶片组成，头部为刀刃。
		特征词 1– 结构特点	单关节（缺省）	单关节、手持式。
			双关节	具有两个关节。
		特征词 2– 使用部位	不限部位（缺省）	骨科用，不限定特定使用部位。
			肋骨、胸骨等（专用部位）	专用骨组织或部位，如：肋骨、胸骨、锤骨、棘突、膝关节韧带等。
2	植入物或石膏用剪	核心词	剪	通常由一对中间连接的叶片组成，头部为刀刃。
		特征词 1– 技术特点	手动（缺省）	手动使用。
			电动	通过电源供电提供动力。
		特征词 2– 结构特点	手持式（缺省）	手持式使用。
			台式	安装于工作台上使用。
		特征词 3– 作用对象	钢丝、石膏等（特定对象）	特定的骨科手术作用对象，如：钢丝、钛网、骨针、石膏等。
3	骨科内窥镜用剪	核心词	手术剪	通常由一对中间连接的叶片组成，头部为刀刃。
		特征词 – 预期目的	关节镜用（特定内窥镜用）	关节镜、椎间盘等内窥镜下使用。

表 3 骨科用钳

序号	产品类别	术语类型	术语名称	术语描述
1	夹持 / 复位用钳	核心词	钳	通常由钳柄、钳头、弹簧片和鳃轴螺钉组成。
			夹持钳	用于夹持骨组织、植入物等。
			复位钳	用于骨结构复位。
		特征词 1– 结构特点	两头（缺省）	两头。
			三爪	三个夹持头。

序号	产品类别	术语类型	术语名称	术语描述
1	夹持/复位用钳	特征词2-使用部位	骨科（缺省）	骨科使用。
			肌腱、髓核、髌骨等（专用部位）	专用骨组织或部位，如：骨、髌骨、骨盆、经皮、滑车关节、脊柱侧弯、膝关节息肉、肌腱、髓核等。
		特征词3-预期目的	持板、持钉、持棒等（专用用途）	用于夹持或操作特定骨科植入物，如：接骨板、螺钉、脊柱棒、骨针等。
2	咬骨钳	核心词	咬骨钳	通常由钳柄、钳头、弹簧片和鳃轴螺钉组成。
		特征词1-结构特点	单关节（缺省）	单关节，钳头为直型、角（前）弯型和棘突型。
			双关节	双关节。
			弯头平口	钳头形状为弯头平口。
			枪形	钳头形状为枪形。
		特征词2-使用部位	不限部位（缺省）	骨科用，不限定专用部位。
			椎板、椎骨等（专用部位）	专用骨组织或部位，如：椎板、椎骨、颈骨、颈椎、棘突、腐骨、关节等。
3	撑开器	核心词	撑开钳（器）	通常头部及柄部组成，通过单轴或双轴工作，用于骨科手术中撑开椎体、组织或植入物等。
		特征词1-使用部位或作用对象	骨科	骨科用，不限定专用部位。
			椎体、脊柱等（专用部位）	专用骨组织或部位，如：椎体、脊柱、股骨、颈椎、骨盆、椎间、脊柱后路、锥板等。
			石膏等（特定对象）	特定的骨科手术作用对象，如：石膏等。
4	压缩钳	核心词	压缩钳	通常由左右钳柄、弹簧片和齿条组成，单关节或双关节，用于骨科手术时压缩固定金属钩、钉。
			加压钳	通常由左右钳柄、弹簧片和齿条组成，单关节或双关节，用于脊柱手术时在椎体间加压用。
5	植入物塑形用钳	核心词	结扎钳	用于结扎植入物。
			折弯钳	用于折弯植入物。
		特征词1-预期目的	骨科（缺省）	骨科植入物塑形用。
			钢丝	用于骨科手术时结扎钢丝。
6	骨科内窥镜用钳	核心词	手术钳	常由头部、杆部或软性导管和手柄组成，头部为一对带钳喙的叶片，通过手柄操作传递、控制头部工作。
		特征词-预期目的	关节镜用（特定内窥镜用）	关节镜、椎间盘等内窥镜下使用。

表 4　骨科用钩

序号	产品类别	术语类型	术语名称	术语描述
1	拉钩	核心词	拉钩	通常由头部和柄部组成，头部带钩头。
		特征词 1– 使用部位	单侧椎板、半月板等（专用部位）	专用骨组织或部位，如：单侧椎板、半月板、颈椎椎板、髋关节、膝关节、肩胛骨、神经根、（椎间）神经根、神经。
2	牵开器	核心词	牵开器	通常为各种形式（如钝型、锐型、开窗型、深型）的钩状结构，手动操作、自锁式手术器械。
		特征词 1– 使用部位	骨科	骨科用，不限定特定使用部位。
			胫骨、关节等（专用部位）	专用骨组织或部位，如：胫骨、关节、后颅、坐骨神经、脊柱、颈椎、腰椎等。

表 5　骨科用针

序号	产品类别	术语类型	术语名称	术语描述
1	骨科用针	核心词	探针	用于探测方向、深度、组织等。
			牵引针	用于在骨折手术过程中牵引、定位或固定。
			导引针	用于在骨科手术过程中导向、导引或定位。
			固定针	用于手术中固定试模或其他器械。
			穿孔针	用于手术时穿孔或穿线。
		特征词 1– 使用部位	骨科	骨科用，不限定使用部位。
			脊柱等（专用部位）	专用骨组织或部位，如：脊柱、关节手术用等。

表 6　骨科用刮

序号	产品类别	术语类型	术语名称	术语描述
1	骨科用刮	核心词	刮匙	通常由头部、杆部或软性导管和手柄组成。用于刮除病灶、骨腔和潜在腔隙的死骨或病理组织等。
		特征词 1– 预期目的	非内窥镜（缺省）	一般骨科手术用。
			内窥镜	用于内窥镜骨科手术。
		特征词 2– 使用部位	骨	骨科用，不限定使用部位。
			椎板、颈椎等（专用部位）	专用骨组织或部位，如：椎板、颈椎、椎体、脊柱手术用、椎体成形用等。

相关文件

表 7　骨科用锥

序号	产品类别	术语类型	术语名称	术语描述
1	骨科用锥	核心词	开口锥	用于骨科手术开口。
			丝锥	骨科手术在骨骼上加工内螺纹。
			手锥	骨科手术手动开孔用。
		特征词1-使用部位	骨科（缺省）	骨科用，不限定具体使用部位。
			脊柱等（专用部位）	专用骨组织或部位，如：脊柱等。
		特征词2-预期目的	手术（可缺省）	一般骨科手术用。
			微创介入术等（特定用途）	特定骨科手术用途，如微创介入术等。

表 8　骨科用钻

序号	产品类别	术语类型	术语名称	术语描述
1	骨科用钻	核心词	环钻	环形切除用。
			空心钻	头部为中空结构，取骨用。
			髓腔钻	扩充髓腔用。
			埋头钻	骨科手术时在骨表面锪球形沉孔用。
			导钻	导向用。
			钻头	头部有切割刃口。
			磨头	头部有磨削面。
		特征词1-使用形式	可重复使用（缺省）	经一定处理后可再次使用。
			一次性使用	仅供一次性使用，或在一次医疗操作过程中只能用于一例患者，非无菌提供。
			一次性使用无菌	以无菌形式提供，且仅供一次性使用，或在一次医疗操作过程中只能用于一例患者。一次性使用。
		特征词2-结构特点	刚性（缺省）	刚性。
			柔性	可弯曲。
		特征词3-预期目的	骨科	一般骨科手术用，不限定特定用途。
			微创介入术、椎体成形等（特定用途）	特定骨科手术用途，如骨科内窥镜、微创介入术、椎体成形等。

表 9　骨科用锯

序号	产品类别	术语类型	术语名称	术语描述
9	骨科用锯	核心词	锯	通过锯齿刃口进行手术切割的工具。
			环锯	环形锯开器具。
			线锯	扁形或线形手术切割器具。
			锯片	摆锯用。
			线锯条	通过锯齿刃口进行手术切割的工具。
			线锯导引器	用于导引线锯条。
		特征词 1– 使用和提供形式	可重复使用（缺省）	经一定处理后可再次使用。
			一次性使用	仅供一次性使用，或在一次医疗操作过程中只能用于一例患者，非无菌提供。
			一次性使用无菌	以无菌形式提供，且仅供一次性使用，或在一次医疗操作过程中只能用于一例患者。
		特征词 2– 使用部位或作用对象	骨	骨科用，不限定特定使用部位。
			椎间盘、指（骨）等（专用部位）	专用骨组织或部位，如：椎间盘、指（骨）、胸（骨）。
			石膏等（特定对象）	特定骨科手术作用对象，如：石膏等。

表 10　骨科用凿

序号	产品类别	术语类型	术语名称	术语描述
10	骨科用凿	核心词	骨凿	切削器具，通常由柄部和刀头组成，刀头是斜面锋利刃口。
		特征词 1– 使用部位	不限部位（缺省）	不限定使用部位。
			腰椎、颈椎等（专用部位）	专用骨组织或部位，如：腰椎、颈椎、椎板、椎体、椎骨、髋关节、肘关节肱骨、股骨滑车、髁间等。
		特征词 2– 结构特点	不限结构（缺省）	不限定结构。
			平	头部平直。
			圆	头部圆形。
			梯形	头部梯形。
			峨眉	工作尖端呈半月形，或者峨眉形状。

表 11　骨科用锉

序号	产品类别	术语类型	术语名称	术语描述
1	骨科用锉	核心词	锉	骨科手术时手术锉削骨骼、锉平骨断端。
		特征词1－预期目的	非内窥镜（缺省）	一般骨科手术用。
			内窥镜	内窥镜用。
		特征词2－使用部位	骨	骨科用，不限定特定使用部位。
			椎管、椎间等（专用部位）	专用骨组织或部位，如椎管、椎间、髓腔、髋臼等。

表 12　骨科用有源器械

序号	产品类别	术语类型	术语名称	术语描述
1	骨科动力手术设备	核心词	骨锯	通常由主机、软轴、电缆、手机和刀具（或脚踏开关）组成，或由手机、锯具、电池和控制系统等组成，用于对骨组织进行切割操作。
			骨钻	通常由主机、软轴、电缆、手机和刀具（或脚踏开关）组成，或由主机、钻具、电池和控制系统等组成。用于对骨组织进行钻取操作。
			骨组织手术设备	通常由主机、电缆、手机、机头、刀具、脚踏开关等组成，或由手机、刀具、电池和控制系统等组成。用于对骨组织进行钻、铣、磨、锯等操作。
		特征词1－技术特点	电动	网电源供电。
			气动	气动提供动力。
			电池供电	利用电池提供动力。
2	配套工具	核心词	钻头	与气动或电动工具配合使用。
			磨头	与气动或电动工具配合使用。
			刀头	与气动或电动工具配合使用。
			锯片	与气动或电动工具配合使用。
			铣刀	与气动或电动工具配合使用。
		特征词1－使用形式	可重复使用（缺省）	经一定处理后可再次使用。
			一次性使用	仅供一次性使用，或在一次医疗操作过程中只能用于一例患者，非无菌提供。
			一次性使用无菌	以无菌形式提供，且仅供一次性使用，或在一次医疗操作过程中只能用于一例患者。
		特征词2－使用部位	骨	骨科手术适用，不限定部位。
			颅骨等（专用部位）	专用骨组织或部位，如颅骨等。
		特征词3－预期目的	刨削等（特定用途）	特定骨科手术用途，如刨削、微创手术等。

表 13　外固定及牵引器械

序号	产品类别	术语类型	术语名称	术语描述
1	外固定支架	核心词	外固定支架	用于骨折、肢体固定，或进行关节制动或关节桥接。
		特征词 1– 结构特点	组合式	组合式结构。
			单臂一体式	一体式结构。
		特征词 2– 使用部位	不限部位（缺省）	不限定部位。
			腕关节（专用部位）	专用部位，用于腕关节等专用部位外固定。
2	夹板及固定带	核心词	夹板	用于骨折或软组织等损伤的夹持外固定。
			支具	用于骨折或软组织等损伤的支撑外固定。
			绷带	用于骨折或软组织等损伤的捆绑使用。
			吊带	用于骨折或软组织等损伤的悬吊。
		特征词 1– 材料组成	高分子	原材料为高分子材料。
			石膏	原材料为石膏。
		特征词 2– 使用部位	不限部位（缺省）	不限定使用部位。
			踝关节、肩部等（专用部位）	专用部位，如踝关节、肩部、髋关节、肋骨、前臂、手臂、锁骨、腕部、膝部、胸部、指骨、肘关节、鼻、颅骨、下颌骨、上臂、脊柱、下肢等。
3	牵引器	核心词	牵引弓	通过施加牵引力于牵引钢针，用于骨折牵引复位、拉直骨牵引针及颅骨牵引。
			牵引器	用于骨科手术中骨骼复位牵引用。
			牵引床	用于骨科手术后患者的四肢牵引，以帮助患者恢复。或用于手术中牵引。
		特征词 1– 使用部位或对象	骨科	用于全身骨组织。
			颅骨、克氏针等（专用部位）	如颅骨、克氏针、斯氏针等。
4	支撑工具	核心词	指骨手术支撑架	用于骨科手术时支撑用。
			下肢骨折整复器	用于骨折后的整合复位。

表 14　基础通用辅助器械

序号	产品类别	术语类型	术语名称	术语描述
1	骨水泥器械	核心词	骨水泥填充器	骨科手术中混匀骨水泥，并将骨水泥注入（输送到）骨髓腔需填充部位用。
			骨水泥填充器套件	骨水泥填充器套件可由骨水泥胶枪、可分离喷嘴套筒、骨水泥配制容器、骨水泥勺、搅拌棒、套筒座等组成。
			骨水泥套管组件	在骨科手术中调和、注入骨水泥时使用。
			骨水泥定型模具	用于关节用骨水泥定型。

相关文件

续表

序号	产品类别	术语类型	术语名称	术语描述
1	骨水泥器械	特征词1–使用形式	可重复使用（缺省）	经一定处理后可再次使用。
			一次性使用	以非无菌形式提供，仅供一次性使用，或在一次医疗操作过程中只能用于一例患者，非无菌提供。
			一次性使用无菌	以无菌形式提供，且仅供一次性使用，或在一次医疗操作过程中只能用于一例患者。
		特征词2–技术特点	常规（缺省）	常规状况下使用。
			真空	低于正常大气压状态。
2	植骨器械	核心词	植骨器	骨科手术配套基础工具，用于骨科手术时植骨。
			植骨漏斗	用于植骨手术中完成骨缺损或骨空腔填充物的输送、填充、搅拌等操作。
		特征词1–提供形式	可重复使用（缺省）	经一定处理后可再次使用。
			一次性使用	以非无菌形式提供，仅供一次性使用，或在一次医疗操作过程中只能用于一例患者。
			一次性使用无菌	以无菌形式提供，且仅供一次性使用，或在一次医疗操作过程中只能用于一例患者。
3	骨取样器	核心词	骨取样器	用于获取骨样本。
		特征词1–提供形式	可重复使用（缺省）	经一定处理后可再次使用。
			一次性使用	以非无菌形式提供，仅供一次性使用，或在一次医疗操作过程中只能用于一例患者。
			一次性使用无菌	以无菌形式提供，且仅供一次性使用，或在一次医疗操作过程中只能用于一例患者。
4	测量器械	核心词	医用尺	用于骨科手术时测量直径、长度等。
			直径尺	用于骨科手术时测量直径、长度等。
			角度尺	用于骨科手术时测量角度、弧度等。
			测深器	用于骨科手术时测量深度等。
			测量器	用于骨科手术时测量直径、深度、孔径、角度、弧度等。
			量规	用于骨科手术时判断被测长度是否合适。
			试模	用于骨科手术时评估假体尺寸及使用效果等。
			探子	用于骨科手术时探测部位或组织等。
		特征词1–使用部位	骨科（缺省）	不限定使用部位。
			膝关节间隙、椎弓根等（专用部位）	专用骨组织或部位，如膝关节间隙、椎弓根、神经根等。

序号	产品类别	术语类型	术语名称	术语描述
5	定位、导向器械	核心词	定位器	用于骨科手术中定位用。
			导向器	用于骨科手术中导向用。
			钻孔瞄准器	骨科钻孔瞄准器用于定位、导向和组织保护。
			定位装置	用于骨科手术中定位、探测、导向、评估或提供基准用。
		特征词 1– 预期目的	骨科	骨科用。
			髋关节手术、膝关节手术等（特定用途）	特定骨科手术用途，如髋关节手术、膝关节手术等。
6	夹持、固定器械	核心词	夹持器	用于骨科手术时夹持、固定植入物、器械或组织。
			固定器	用于骨科手术时固定植入物、器械或组织。
		特征词 1– 使用部位或作用对象	不限部位（缺省）	不限定使用部位。
			肌腱、股骨（专用部位）	特定骨组织或部位，如：肌腱、股骨等。
			螺钉、关节假体等（特定对象）	特定作用对象，如：螺钉、关节假体、试模等。
7	撬拨器械	核心词	骨锤	用于骨科手术时作敲击。
			骨撬	用于骨科手术时作撬拨。
8	开口器械	核心词	开口器	用于骨科手术时开口或打孔用。
			扩孔器	用于骨科手术时扩孔用。
			扩髓器	用于骨科手术时扩大髓腔用。
		特征词 1– 技术特点	柔性	可弯曲。
			刚性（缺省）	刚性。
9	配套工具	核心词	螺丝刀	与骨科手术器械配合使用，辅助功能。
			打拔器	与骨科手术器械配合使用，辅助功能。
			取钉器	与骨科手术器械配合使用，辅助功能。
			切断器	与骨科手术器械配合使用，辅助功能。
			连接杆	与骨科手术器械配合使用，辅助功能。
			转接头	与骨科手术器械配合使用，辅助功能。
			护套	与骨科手术器械配合使用，辅助功能。
			手柄	与骨科手术器械配合使用，辅助功能。
			扳手	与骨科手术器械配合使用，辅助功能。

相关文件

序号	产品类别	术语类型	术语名称	术语描述
9	配套工具	特征词1–提供形式	可重复使用（缺省）	经一定处理后可再次使用。
			一次性使用	仅供一次性使用，或在一次医疗操作过程中只能用于一例患者，非无菌提供。
			一次性使用无菌	以无菌形式提供，且仅供一次性使用，或在一次医疗操作过程中只能用于一例患者。
		特征词2–技术特点	通用（缺省）	产品结构设计无需要体现的专用特点。
			快速	产品结构设计体现快速连接特点。
			棘轮	只能向一个方向旋转。
			扭力	扭转力作用。
		特征词3–使用部位或作用对象	骨科（缺省）	骨科用，不限定特定使用部位。
			髂骨等（专用部位）	专用骨组织或部位，如髂骨等。
			三翼钉、髓内针等（特定对象）	特定骨科手术对象，如三翼钉、髓内针、螺钉、断钉、椎弓根钉尾部等。

表15 创伤外科辅助器械

序号	产品类别	术语类型	术语名称	术语描述
1	塑型工具	核心词	剪断器	用于骨科内固定手术时截断植入物。
		特征词1–作用对象	骨科（缺省）	骨科用，不限定特定作用对象。
2	骨折复位器	核心词	复位器	用于骨科内固定手术骨折复位。
		特征词1–使用部位	骨科	骨科用，不限定专用部位骨折。
			胫骨平台、椎体等（专用部位）	专用骨组织或部位，如髓内骨折、胫骨平台、椎体等。
3	其他工具	核心词	锁针加压器	适用于骨折端加压与导引达到理想的对位。
			钢丝穿引器	供骨科手术中帮助钢丝将碎骨扎紧用。
			钉孔清除器	供骨科内固定手术中清除金属接骨螺钉钉孔内的污垢用。

表16 关节外科辅助器械

序号	产品类别	术语类型	术语名称	术语描述
1	关节手术配套工具	核心词	骨科冲头	用于关节手术中冲出型腔或开髓用。
			对线手柄	关节手术配套手术工具，一般采用金属材料或高分子材料制成。

序号	产品类别	术语类型	术语名称	术语描述
1	关节手术配套工具	核心词	对线杆	关节手术配套手术工具，一般采用金属材料或高分子材料制成。
			固定钉	关节手术配套手术工具，采用金属材料制成。
			测量杆	关节手术配套手术工具，一般采用金属材料或高分子材料制成。
		特征词 1– 使用形式	可重复使用（缺省）	经一定处理后可再次使用。
			一次性使用	仅供一次性使用，或在一次医疗操作过程中只能用于一例患者，非无菌提供。
			一次性使用无菌	以无菌形式提供，且仅供一次性使用，或在一次医疗操作过程中只能用于一例患者。

表 17　脊柱外科辅助器械

序号	产品类别	术语类型	术语名称	术语描述
1	椎体成形器械	核心词	扩张球囊导管	用于在椎体松质骨内形成可供填充物填充的空腔。
			扩张器	用于在椎体松质骨内形成可供填充物填充的空腔。
			导引系统	用椎体成形手术中导引用。
		特征词 1– 使用形式	可重复使用（缺省）	经一定处理后可再次使用。
			一次性使用	仅供一次性使用，或在一次医疗操作过程中只能用于一例患者，非无菌提供。
			一次性使用无菌	以无菌形式提供，且仅供一次性使用，或在一次医疗操作过程中只能用于一例患者。
		特征词 2– 使用部位	椎体	用于椎体成形手术。
			骨科	一般骨科手术用。
2	纤维环缝合器械	核心词	纤维环缝合器	用于单纯椎间盘突出髓核摘除手术后的纤维环缝合。

表 18　骨科其他手术器械

序号	产品类别	术语类型	术语名称	术语描述
1	剥离器	核心词	剥离器	用于剥离附着于骨面上的骨膜及软组织。
		特征词 1– 使用部位（专用部位）	骨膜、神经等	专用骨组织或部位，骨膜、神经。
2	骨科手术体位固定架	核心词	手术体位固定架	用于骨科手术中，固定患者手术体位，以有利于手术医生操作。
		特征词 1– 预期目的	骨科	骨科用，不限定具体用途。
			膝关节镜	膝关节镜手术用。

五、命名示例

参照表19、表20命名示例，根据产品实际情况，选择对应子领域术语表，比对描述选择相应术语，按三条第一款的结构顺序确定通用名称。

表19　骨科用剪命名示例

核心词	特征词1		特征词2		通用名称
	使用部位		结构特性		
咬骨剪	不限部位（缺省）	肋骨、胸骨等（专用部位）	单关节（缺省）	双关节	
√	√		√		咬骨剪
√	√			√	双关节咬骨剪

表20　骨凿命名示例

核心词	特征词1		特征词2					通用名称
	使用部位		结构特点					
骨凿	不限部位（缺省）	专用部位	不限结构（缺省）	平	圆	梯形	峨眉	
√	√		√					骨凿
√		椎骨√	√					椎骨骨凿
√					√			圆骨凿
√		腰椎√				√		腰椎梯形骨凿

六、参考资料

［1］医疗器械分类规则（国家食品药品监督管理总局令第15号）

［2］国家食品药品监督管理总局关于发布医疗器械分类目录的公告（2017年第104号）

［3］豁免提交临床试验资料的第二类医疗器械目录 YY/T 1127–2017 咬骨钳（剪）通用技术条件

［4］YY/T 1137–2017 骨锯通用技术条件

［5］YY/T 1141–2017 骨凿通用技术条件

［6］YY/T 0508–2009 外固定支架专用要求

［7］YY/T 0726–2009 与无源外科植入物联用的器械通用要求

［8］YY/T 1135–2008 骨剪

［9］骨组织手术设备注册技术审查指导原则（2017年修订版）

［10］骨科外固定支架产品注册技术审查指导原则（食药监办械函〔2009〕95号）

［11］骨科手术器械类产品技术审评规范（2012版）》（京药监械〔2012〕88号）

［12］骨科外固定架技术审评规范（2018新版）

［13］国家药品监督管理局医疗器械注册数据库

［14］国家药品监督管理局第一类医疗器械产品备案信息

七、起草单位

本指导原则由国家药品监督管理局医疗器械标准管理中心编写并负责解释。

附件 2

输血、透析和体外循环器械通用名称命名指导原则

本指导原则依据《医疗器械通用名称命名规则》和《医疗器械通用名称命名指导原则》制定，是制定输血、透析和体外循环器械通用名称的基本要求。

本指导原则是对备案人、注册申请人、审查人员的指导性文件，不包括注册审批所涉及的行政事项，不作为法规强制执行。若有满足相关法规要求的其他方法，也可采用，并应提供充分的研究资料和验证资料。本指导原则是在现行法规和标准体系以及当前认知水平下制定的，应在遵循相关法规的前提下使用。随着法规和标准的不断完善，以及科学技术的不断发展，本指导原则相关内容也将进行适时的调整。

一、适用范围

本指导原则适用于输血、透析和体外循环用设备、器具等医疗器械。

二、核心词及特征词制定原则

（一）核心词

本领域核心词是对具有相同或者相似的技术原理、结构组成或者预期目的的输血、透析和体外循环器械的概括表述。如"血液透析器"、"水处理设备"等。

（二）特征词

输血、透析和体外循环器械涉及的特征词主要包括以下方面的内容：

——结构特点：指对产品结构、组成、外观形态的描述，如"离心杯式"、"离心带式"、"离心袋式"等结构特点。

——技术特点：指产品特殊作用原理、机理或者特殊性能的说明或者限定，如"电动"、"手动"等。

——材料组成：指产品主要材料或者主要成分的描述，如"柠檬酸"、"次氯酸钠"等，在术语表中可不一一列举。

——使用形式：分为"可重复使用"和"一次性使用"。可重复使用医疗器械指处理后可再次使用的医疗器械。一次性使用医疗器械指仅供一次性使用，或在一次医疗操作过程中只能用于一例患者的医疗器械。

——预期目的：指产品适用的临床使用范围或用途，如"心肺转流系统"、"血液透析用"等。

（三）特征词的缺省

术语表中某一特征词项下的惯常使用或公认的某一特性可设置为"缺省"，在通用名称中不做体现，以遵从惯例、简化名称及方便表达。

如血液透析用水处理设备通常为多床，一般习惯也不做体现，则在命名中不体现"多床"这一特征词，仅体现"单床"的情况。

三、通用名称的确定原则

（一）通用名称组成结构

原则上，通用名称由一个核心词和一般不超过三个的特征词组成，按"特征词 1（如有）＋特征

相关文件

词 2（如有）+ 特征词 3（如有）+ 核心词"结构编制。

（二）核心词和特征词选取原则

核心词和特征词应根据产品真实属性和特征，优先在术语表中选择。对于术语表未能包含的，新产品或原有产品有新的特征项需要体现，或者需在某一特征项下加入新术语，可由申请者提出增补理由和说明。

核心词应在该类别项下选择最适合产品属性的核心词，核心词不可缺省。

特征词则应按照产品相关特征，依次在术语表中特征词 1、特征词 2、特征词 3 每项下选择一个与之吻合的特征词术语。未一一列举的材料组成等特征词，根据产品实际情况，自行选用相应的专业术语。

（三）特别说明

由两种及以上医疗器械组合而成，以实现某一预期用途的器械组合产品，原则上其通用名称应体现组合形式和主要临床预期用途。例如：血液透析滤过器套包、血液透析导管套件、一次性使用血脂分离套件、体外循环管路套包等。

四、命名术语表

在表 1 到表 7 中，列举了输血、透析和体外循环器械各子领域典型产品的核心词和特征词可选术语，并对其进行了描述。

表 1　血液分离、处理、贮存设备

序号	产品类别	术语类型	术语名称	术语描述
1	血液成分分离设备	核心词	分离设备	利用离心原理把一种或多种成分从血液中分离出来的设备。
		特征词 1– 预期目的	血液成分	该类产品具有分离出血细胞、血浆和血小板等血液成分的功能。
			血浆	该类产品仅能分离血浆。
2	自体血液回收设备	核心词	自体血液回收设备	用于自体血液成分收集、分离和回收的设备。
3	红细胞处理仪	核心词	红细胞处理仪	对来源于全血的红细胞进行洗涤及冰冻前加甘油和解冻后去甘油处理。
4	血液辐照仪	核心词	血液辐照仪	用射线对血液样品进行辐照。
		特征词 1– 技术特点	X 射线	主要使用 X 射线进行辐照。
			γ 射线	主要使用 γ 射线进行辐照。
5	血液复温箱	核心词	血液复温箱	对血液进行复温的设备。
		特征词 1– 技术特点	干式	将血袋放在复温箱的水囊与水囊之间，使血袋在融化过程中始终不接触水。也叫隔水式。
			水浴式（缺省）	直接与水接触的方式。

表 2　血液分离、处理、贮存器具

序号	产品类别	术语类型	术语名称	术语描述
1	血袋	核心词	血袋	适用于全血贮存。
			红细胞袋	适用于红细胞贮存。
			血小板袋	适用于血小板贮存。
			血浆袋	适用于血浆贮存。
		特征词 1– 使用形式	一次性使用	仅供一次性使用，或在一次医疗操作过程中只能用于一例患者。
		特征词 2– 技术特点	去白细胞	配备在线去除白细胞滤器。
			通用（缺省）	无特殊技术特点。
2	血液成分分离器	核心词	血液成分分离器	与血浆／血液分离设备配套使用。用于血液成分分离的器具。
		特征词 1– 使用形式	一次性使用	仅供一次性使用，或在一次医疗操作过程中只能用于一例患者。
		特征词 2– 结构特点	离心袋式	离心原理，结构为袋式。
			离心杯式	离心原理，结构为杯式。
			离心带式	离心原理，结构为带式。
3	动静脉穿刺器	核心词	动静脉穿刺器	配合血液成分采集机（如离心式、旋转膜式）或血液透析设备等使用，采集血液，并将处理后的血液或血液成分回输给人体。
		特征词 1– 使用形式	一次性使用	仅供一次性使用，或在一次医疗操作过程中只能用于一例患者。
4	输血器	核心词	输血器	将血液容器中的血液或血液成分通过静脉穿刺器械向静脉内输送，用于向患者输送血液或血液成分。
		特征词 1– 使用形式	一次性使用	仅供一次性使用，或在一次医疗操作过程中只能用于一例患者。
		特征词 2– 结构特点	非泵用（缺省）	不需配合输血泵使用。
			泵用	配合输血泵使用。
		特征词 3– 技术特点	非去白细胞（缺省）	无过滤截留血液中白细胞功能。
			去白细胞	具有过滤截留血液中白细胞功能。
5	自体血处理器	核心词	自体血处理器	配合自体血液回收设备使用，用于自体血液成分收集、分离和回输的器械。
		特征词 1– 使用形式	一次性使用	仅供一次性使用，或在一次医疗操作过程中只能用于一例患者。
6	分离设备用管路	核心词	分离设备用管路	与血浆／血液分离设备配套使用。
		特征词 1– 使用形式	一次性使用	仅供一次性使用，或在一次医疗操作过程中只能用于一例患者。
		特征词 2– 预期目的	血浆	分离对象为血浆。
			血液	分离对象为血液。

相关文件

表3　血液净化及腹膜透析设备

序号	产品类别	术语类型	术语名称	术语描述
1	血液透析设备与腹膜透析设备	核心词	血液透析设备	在动力系统和监测系统作用下，利用血液和透析液在跨越半透膜的弥散作用和（或）滤过作用，清除患者体内多余水分、纠正血液中溶质失衡。用于为慢性肾功能衰竭和（或）急性中毒患者进行血液透析、和（或）血液滤过治疗和（或）血液透析滤过治疗过程中提供动力源及安全监测等功能。设备由血路系统和包含在设备内部的液路系统组成。
		核心词	腹膜透析设备	利用腹膜对肾功能衰竭患者进行腹膜透析治疗的设备。
2	连续性血液净化设备	核心词	连续性血液净化设备	在动力系统和监测系统作用下，利用血液和透析液在跨越半透膜的弥散作用和（或）滤过作用和（或）吸附作用，清除患者体内多余水分、纠正血液中溶质失衡。用于为重症患者的急性肾功能衰竭和急性中毒患者进行血液透析和（或）血液滤过治疗过程中提供动力源及安全监测等功能。设备内部不包含液路系统，使用预制备液体进行治疗。
3	血液灌流设备	核心词	血液灌流设备	将患者的血液引出体外，通过灌流器的吸附作用，清除血液中外源性和内源性毒物的设备。
4	人工肝设备	核心词	人工肝设备	用于配合耗材完成清除高蛋白结合毒素的设备。
5	血液净化辅助血泵	核心词	血液净化辅助血泵	一般用蠕动泵来辅助血液体外循环的一种动力装置。
6	血液透析用血流监测系统	核心词	血液透析用血流监测系统	用于在血液透析过程中测定输送血液流量、再循环量、血管通路流量等参数。
7	血液透析用水处理设备	核心词	水处理设备	通过物理的或化学的方式去除无用杂质及溶质，用于制备血液透析和相关治疗用水的设备。
		特征词1–预期目的	血液透析用	用于实现血液透析功能。
		特征词2–技术特点	单床	预期能够为不多于1台血液透析设备提供血液透析用水的设备。
			多床（缺省）	预期能够为不少于1台血液透析设备提供血液透析用水的设备。
8	透析椅	核心词	透析椅	用于方便患者在透析治疗中寻找最适合的就医体位。
		特征词1–技术特点	电动	使用电能方式。
			手动（缺省）	使用人工手动方式。
9	腹膜透析辅助设备	核心词	腹透液袋加温仪	用于腹膜透析操作过程中，对腹透液袋使用前进行加温。不与腹透液接触。
10	血脂分离设备	核心词	血脂分离机	应用物理或化学的方法将血脂分离出来的设备。

表 4 血液净化及腹膜透析器具

序号	产品类别	术语类型	术语名称	术语描述
1	血液透析/滤过器	核心词	血液透析器	空心纤维结构，用于进行血液透析的器件。无菌提供。
			血液透析滤过器	空心纤维结构，用于进行血液透析滤过的器件。无菌提供。
			血液滤过器	空心纤维结构，用于进行血液滤过的器件。无菌提供。
		特征词 1- 使用形式	一次性使用	仅供一次性使用，或在一次医疗操作过程中只能用于一例患者。
		特征词 2- 结构特点	双腔	由血液透析器或透析滤过器串联而成的，含有二个透析液室及二个血室的透析器。
			单腔（缺省）	含有 1 个透析液室及 1 个血室的透析器。
2	体外循环血路	核心词	血液透析管路	配合血液透析设备使用。无菌提供。
			连续性血液净化管路	配合连续性血液净化装置使用。
		特征词 1- 使用形式	一次性使用	仅供一次性使用，或在一次医疗操作过程中只能用于一例患者。
3	血液透析及相关治疗用浓缩物	核心词	血液透析浓缩液	单纯液体剂型（A 液 B 液）。一次性使用。
		核心词	血液透析粉	单纯粉剂（A 粉 B 粉）。一次性使用。
		核心词	血液透析浓缩物	液体加粉剂（A 液 /B 粉或 A 粉 /B 液）。一次性使用。
4	血液灌流器	核心词	血液灌流器	用于血液灌流治疗，利用吸附剂的吸附作用，通过体外循环血液灌流的方法来清除人体内源性和外源性的毒性物质。无菌提供。
			血浆灌流器	用于血浆灌流治疗，利用吸附剂的吸附作用，对血浆分离器分离出来的血浆进行灌流，用以清除人体内源性和外源性的毒性物质。无菌提供。
			超滤液灌流器	将血液超滤出来的超滤液进行灌流，用以清除人体内源性和外源性的毒性物质。无菌提供。
		特征词 1- 使用形式	一次性使用	仅供一次性使用，或在一次医疗操作过程中只能用于一例患者。
5	吸附器	核心词	吸附器	用于血液灌流治疗中特异性吸附血液 / 血浆中的有害物质，从而达到血液净化的目的。无菌提供。
			免疫吸附器	主要用于治疗自身免疫性疾病或器官排异反应等疾病。无菌提供。
		特征词 1- 使用形式	一次性使用（缺省）	仅供一次性使用，或在一次医疗操作过程中只能用于一例患者。
			可重复使用	通过适当程序处理后可以被再次使用。如：蛋白 A。
		特征词 2- 技术特点	特异性	机体对某种特定致病原的反应。随机文件等说明具体的吸附材料或者技术特点。
			非特异性	机体对一般病原体和致病物质的反应。

相关文件

序号	产品类别	术语类型	术语名称	术语描述
5	吸附器	特征词3–预期目的	血液	用于血液。
			血浆	用于运载血细胞，运输维持人体生命活动所需的物质和体内产生的废物等。
6	血浆分离器	核心词	血浆分离器	空心纤维结构。用于血液净化治疗时从血液中分离出血浆。无菌提供，一次性使用。
		特征词1–使用形式	一次性使用	仅供一次性使用，或在一次医疗操作过程中只能用于一例患者。
7	血浆成分分离器	核心词	血浆成分分离器	空心纤维结构。通过膜分离方法，从分离出来的血浆中分离一定分子量的物质。无菌提供。
		特征词1–使用形式	一次性使用	仅供一次性使用，或在一次医疗操作过程中只能用于一例患者。
8	透析液过滤器	核心词	透析液过滤器	利用空心纤维膜的作用，用于清除透析液中的内毒素、细菌与不溶性微粒。
9	血液透析导管	核心词	血液透析导管	通过创建中心静脉通路，用于血液透析、采血和液体输注。无菌提供。
		特征词1–使用形式	一次性使用	仅供一次性使用，或在一次医疗操作过程中只能用于一例患者。
10	消毒液	核心词	消毒液	用于血液透析设备内部液路的清洗和消毒。
		特征词1–预期目的	血液透析设备液路用	预期用于血液透析设备内部液路。
		特征词2–材料组成	柠檬酸、次氯酸钠等（消毒液的主要组成成分）	透析管路消毒液的主要组成成分，如柠檬酸、次氯酸钠、过氧乙酸等。
11	置换液管	核心词	置换液管	用于血液透析滤过、血液滤过时作为补充置换液的管路。一次性使用。无菌提供。
		特征词1–使用形式	一次性使用	仅供一次性使用，或在一次医疗操作过程中只能用于一例患者。
12	腹膜透析用碘液保护帽	核心词	腹膜透析用碘液保护帽	腹膜透析用，用于保护腹透液袋的外凸接口与外接管路的连接处。一次性使用。无菌提供。
13	腹膜透析管	核心词	腹膜透析管	留置于腹腔中的管路。用于对肾功能衰竭患者进行腹膜透析建立治疗通路，一次性使用。无菌提供。
14	腹膜透析外接短管	核心词	腹膜透析外接短管	用于与腹膜透析患者端管路（或者钛接头）以及腹膜透析液端管路进行无菌连接及分离。无菌提供。
		特征词1–使用形式	一次性使用	仅供一次性使用，或在一次医疗操作过程中只能用于一例患者。

序号	产品类别	术语类型	术语名称	术语描述
15	腹膜透析接头	核心词	腹膜透析接头	用于腹膜透析导管与外接延长管或腹膜透析外接短管的连接。无菌提供。
		特征词 1– 使用形式	一次性使用	仅供一次性使用，或在一次医疗操作过程中只能用于一例患者。
16	腹膜透析引流器	核心词	腹膜透析引流器	用于腹膜透析治疗过程中，对腹膜透析液的灌注、引流、收集。无菌提供。无菌提供。
		特征词 1– 使用形式	一次性使用	仅供一次性使用，或在一次医疗操作过程中只能用于一例患者。
17	腹膜透析探针	核心词	腹膜透析探针	用于促进导入腹膜透析导管。无菌提供。
		特征词 1– 使用形式	一次性使用	仅供一次性使用，或在一次医疗操作过程中只能用于一例患者。
18	腹膜透析机管路	核心词	腹膜透析机管路	用于自动腹膜透析治疗的设备的管路。无菌提供。
		特征词 1– 使用形式	一次性使用	仅供一次性使用，或在一次医疗操作过程中只能用于一例患者。
19	血脂分离液	核心词	血脂分离液	配合血脂分离设备使用，用于低密度脂蛋白、脂蛋白（α）、纤维蛋白原沉淀分离治疗。无菌提供。

表 5　心肺转流设备

序号	产品类别	术语类型	术语名称	术语描述
1	血泵	核心词	滚压式血泵	用滚压的方式实现血液流动的泵。
			离心泵	用离心泵产生的离心力的方式实现血液流动的泵。
		特征词 1– 预期目的	心肺转流系统	体外循环时，代替人体心肺等系统的总称。
2	体外循环监测设备	核心词	体外循环连续血气监测系统	实现对体外循环过程中血气各参数的监测。
3	热交换设备	核心词	热交换水箱	与心肺转流系统的滚压泵 / 离心泵等动力装置一起应用于体外循环手术中。用于为体外循环血液热交换系统中的热交换器提供加温水、降温水和原水的驱动装置，供医疗单位施行体外循环时调节温度用。
		特征词 1– 预期目的	心肺转流系统	体外循环时，代替人体心肺等系统的总称。
4	体外心肺支持辅助系统	核心词	辅助系统	可对体外循环手术进行驱动、控制、检测和记录。用于在体外循环手术、长时间心肺功能支持或急救时，暂时替代心脏泵功能，进行血流驱动和安全监测等。
		特征词 1– 预期目的	体外心肺支持用	进行体外膜肺氧合（ECMO）时，用于体外心肺支持
5	体外心肺支持用升温仪	核心词	升温仪	用于为氧合器提供热量，保持患者体温。
		特征词 1– 预期目的	体外心肺支持用	进行体外膜肺氧合（ECMO）时，用于体外心肺支持

相关文件

表 6 心肺转流器具

序号	产品类别	术语类型	术语名称	术语描述
1	氧合器	核心词	氧合器	用于向人体血液供氧并排除血液中的二氧化碳（辅助或代替肺的呼吸功能的体外循环专用器件）的器具。无菌提供，一次性使用。
		特征词1–结构特点	集成	由热交换器、氧合组件、静脉贮血滤血器和动脉管路微栓过滤器组成。常见于膜式氧合器。
			非集成（缺省）	由热交换器、氧合组件和静脉贮血滤血器组成。
		特征词2–技术特点	鼓泡式	氧气通过气体分散器在血气混合室与进入的静脉血形成气泡，在血液与气泡表面进行气体交换方式。
			膜式	气体通过半透膜弥散作用与静脉血液非直接接触进行气体交换方式。
2	贮血滤血器	核心词	贮血滤血器	用于贮血滤血的器具。无菌提供，一次性使用。
		特征词1–预期目的	静脉	用于静脉端。
3	动脉管路微栓过滤器	核心词	微栓过滤器	用于微栓过滤的器具。无菌提供，一次性使用。
		特征词1–预期目的	动脉管路	用于动脉管路。
4	血液浓缩器	核心词	血液浓缩器	用于体外循环手术中的血液超滤，维持患者适合的红细胞压积。无菌提供，一次性使用。
5	心肺转流系统体外循环管道	核心词	体外循环管道	用于心肺旁路和体外膜肺氧合（ECMO）。无菌提供，一次性使用。
		特征词1–预期目的	心肺转流系统	体外循环时，代替人体心肺等系统的总称。
6	心肺转流系统离心泵泵头	核心词	离心泵泵头	用于为体外循环中血液提供动力的离心泵配套使用的泵头。无菌提供，一次性使用。
		特征词1–预期目的	心肺转流系统	体外循环时，代替人体心肺等系统的总称。
7	心肺转流系统吸引管	核心词	吸引管	供心血管手术中用于左心脏排气，吸引减压或减轻左心负荷，吸引心脏术野内血液等液体使用。一次性使用。无菌提供。
		特征词1–使用形式	一次性使用	仅供一次性使用，或在一次医疗操作过程中只能用于一例患者。
		特征词2–预期目的	心肺转流系统	体外循环时，代替人体心肺等系统的总称。
8	心肺转流系统动静脉插管	核心词	动静脉插管	静脉插管将血液引流至氧合器，动脉插管则将氧合后的血液灌注至人体动脉，一次性使用。无菌提供。
		特征词1–使用形式	一次性使用	仅供一次性使用，或在一次医疗操作过程中只能用于一例患者。
		特征词2–预期目的	心肺转流系统	体外循环时，代替人体心肺等系统的总称。

序号	产品类别	术语类型	术语名称	术语描述
9	心脏停跳液	核心词	心脏停跳液	使得心脏停跳（搏）及进行心肌的保护。
10	心脏停跳液灌注器	核心词	心脏停跳液灌注器	用于心脏停跳及心肌的保护。无菌提供。
		特征词 1- 使用形式	一次性使用	仅供一次性使用，或在一次医疗操作过程中只能用于一例患者。
11	心脏停跳液灌注针	核心词	心脏停跳液灌注针	连接患者与心脏停跳灌注器。无菌提供。
		特征词 1- 使用形式	一次性使用	仅供一次性使用，或在一次医疗操作过程中只能用于一例患者。
12	心脏停跳液灌注管	核心词	心脏停跳液灌注管	用于心脏停跳液给药管和灌注管之间的连接。无菌提供。
		特征词 1- 使用形式	一次性使用	仅供一次性使用，或在一次医疗操作过程中只能用于一例患者。

表 7　其他产品

序号	产品类别	术语类型	术语名称	术语描述
1	腹水超滤浓缩回输设备	核心词	腹水超滤浓缩回输设备	腹水超滤浓缩后输回患者体内的设备。

五、命名示例

根据产品实际情况，选择对应子领域术语表，比对描述选择相应术语，按 3.1 条的结构顺序确定通用名称。

表 8　血液透析用水处理设备命名示例

核心词	特征词 1	特征词 2		通用名称
	预期目的	技术特点		
	血液透析用	单床	多床（缺省）	
水处理设备	√	√		血液透析用单床水处理设备
	√		√	血液透析用水处理设备

六、参考资料

［1］国家食品药品监督管理总局关于发布医疗器械分类目录的公告（2017 年第 104 号）

［2］GB 9706.2 医用电气设备 第 2-16 部分：血液透析、血液透析滤过和血液滤过设备的安全专用要求（GB 9706.2-2003，IEC 60601-2-16：1998，IDT）

［3］GB 14232.1-2004 人体血液及血液成分袋式塑料容器 第 1 部分：传统型血袋

［4］GB 8369-2005 一次性使用输血器

［5］GB 12260-2017 心肺转流系统 滚压式血泵

相关文件

［6］GB 12263-2017 心肺转流系统 热交换水箱

［7］GB/T 13074 血液净化术语

［8］YY 0613-2007 一次性使用离心袋式血液成分分离器

［9］YY 0584-2005 一次性使用离心杯式血液成分分离器

［10］YY 0326.2-2002 一次性使用离心式血浆分离器 第2部分：血浆管路

［11］YY 0054-2010 血液透析设备

［12］YY 0645-2018 连续性血液净化设备

［13］YY 0790-2010 血液灌流设备

［14］YY 1273-2016 血液净化辅助用滚压泵

［15］YY 0053-2016 血液透析及相关治疗血液透析器、血液透析滤过器、血液滤过器和血液浓缩器

［16］YY 0267 血液透析及相关治疗血液净化装置的体外循环血路

［17］YY 0598-2015 血液透析及相关治疗用浓缩物

［18］YY 0464-2009 一次性使用血液灌流器

［19］YY1272-2016 透析液过滤器

［20］YY0030-2004 腹膜透析管

［21］YY0604-2016 心肺转流系统血气交换器（氧合器）

［22］YY 0603-2015 心血管植入物及人工器官 心脏手术硬壳 贮血器/静脉贮血器系统（带或不带过滤器）和静脉贮血软袋

［23］YY 0053 血液透析及相关治疗血液透析器、血液透析滤过器、血液滤过器和血液浓缩器

［24］YY 0485-2011 一次性使用心脏停跳液灌注器

［25］YY1048-2016 心肺转流系统体外循环管道

［26］YY 1271-2016 心肺转流系统一次性使用吸引管

［27］YY0948-2015 心肺转流系统一次性使用动静脉插管

［28］YY/T 1145 心肺转流系统术语

［29］YY/T 0848-2011 血液辐照仪

［30］YY/T 1510-2017 医用血浆病毒灭活箱

［31］YY/T 0326-2017 一次性使用离心式血浆分离器

［32］YY/T 0328-2015 一次性使用动静脉穿刺器

［33］YY/T 1566.1-2017 一次性使用自体血处理器械 第1部分：离心杯式血细胞回收器

［34］一次性使用透析器产品注册技术审查指导原则（2013年第3号）

［35］一次性使用透析器产品注册申报资料指导原则

［36］一次性使用血液分离器具产品注册技术审查指导原则

［37］离心式血液成分分离设备技术审查指导原则

［38］国家药品监督管理局医疗器械注册数据库

［39］Global Medical Device Nomenclature（GMDN）

［40］U.S. Food and Drug Administration.Product Classification Database

［41］Japanese Medical Device Nomenclature（JMDN）

七、起草单位

本指导原则由国家药品监督管理局医疗器械标准管理中心编写并负责解释。

附件 3

无源手术器械通用名称命名指导原则

本指导原则依据《医疗器械通用名称命名规则》和《医疗器械通用名称命名指导原则》制定，用于指导无源手术器械产品通用名称的制定。

本指导原则是对备案人、注册申请人、审查人员的指导性文件，不包括注册审批所涉及的行政事项，不作为法规强制执行。若有满足相关法规要求的其他方法，也可采用，并应提供充分的研究资料和验证资料。本指导原则是在现行法规和标准体系以及当前认知水平下制定的，应在遵循相关法规的前提下使用。随着法规和标准的不断完善，以及科学技术的不断发展，本指导原则相关内容也将进行适时的调整。

一、适用范围

本指导原则适用于无源手术器械产品，主要有医用刀、医用剪、医用钳等无源手术器械，不包括神经和心血管手术器械、骨科手术器械、眼科器械、口腔科器械、妇产科、辅助生殖和避孕器械。

二、核心词和特征词的制定原则

（一）核心词

本领域的核心词是对具有相同或者相似的技术原理、结构组成或者预期用途的无源手术器械的概括表述。如"环切刀"、"拆线剪"、"取样钳"等。

（二）特征词

无源手术器械特征词的选取主要涉及以下方面内容：

——结构特征：指产品主体结构设计方面的特有属性，如手术钳有"内窥镜"、"显微"等结构设计特点。

——使用部位或作用对象：指产品发挥其主要功能的患者部位或作用的其他器械，可以是人体的系统、器官、组织、细胞或其他器械等。如"耳"、"鼻"、"喉"、"血管"、"导管"、"敷料"等。

——技术特点：指产品特殊作用原理、机理或者特殊性能的说明或者限定，如"带倒刺"等。

——材料组成：指产品主要材料或者主要成分的描述，如缝合线产品中的"不锈钢"、"蚕丝"、"聚乳酸"等。

——使用形式：使用形式包括可重复使用和一次性使用两种情况。可重复使用医疗器械指处理后可再次使用的医疗器械。一次性使用医疗器械指仅供一次性使用，或在一次医疗操作过程中只能用于一例患者的医疗器械。

——提供形式：提供形式包括无菌和非无菌两种情况。无菌医疗器械指以无菌形式提供，直接使用的医疗器械产品。非无菌医疗器械指以非无菌形式提供的医疗器械产品。

——预期目的：指产品适用的临床使用范围或用途，如吻合形状等。

（三）特征词的缺省

术语表中某一特征词项下的惯常使用或公认的某一特性可设置为"缺省"，在通用名称中不做体现，以遵从惯例或方便表达的处理方式。在不同术语集中"缺省"的特征根据实际情况确定。

使用部位或作用对象、材料组成等特征词项下，若存在多个专用术语的情形，将"医用"或"通用"一词设置为缺省，指产品在该特征词项并无需要体现的专用特点，而非指该产品各种情况通用。但如"医用"缺省会与非医用产品混淆，则不能缺省。其他专用使用部位、作用对象或材料组成的命名术语可不一一列举。

三、通用名称的确定原则

（一）通用名称组成结构

无源手术器械通用名称按"特征词1（如有）+ 特征词2（如有）+ 特征词3（如有）+ 核心词"结构编制。

（二）核心词和特征词选取原则

核心词和特征词应根据产品真实属性和特征，优先在术语表中选择。对于术语表未能包含的，新产品或原有产品有新的特征项需要体现，或者需在某一特征项下加入新术语，可对术语集进行补充或调整。

核心词应在该类别项下选择最适合产品属性的核心词，核心词不可缺省。

特征词则应按照产品相关特征，依次在术语表中每个特征词项下选择一个与之吻合的术语，未一一列举的使用部位、作用对象及材料组成等特征，根据产品实际情况，自行选用相应的专业术语。

（三）特别说明

需附件配合使用，或由一种以上医疗器械组合而成，从而实现某一预期用途的医疗器械产品，其通用名称原则上按其主要临床预期用途命名。

四、命名术语表

在表1到表15中，列举了无源手术器械各子领域典型产品的核心词和特征词的可选术语。

表1　无源手术器械–刀

序号	产品类别	术语类别	术语名称	术语描述
1	无源手术器械–刀	核心词	刀	用于切割组织或器械（无专用特点）。
			手术刀片	安装于手术刀柄上，用于切割组织或在手术中切割器械（无专用特点）。
			切开刀	用于切开组织或导管等。
			取皮刀	用于手术取皮、皮肤移植取皮等。
			环切刀	用于环切组织等。
			剥离刀	用于组织清除或剥离等。
			旋转刀	安装手术刀片后，用于切割人体组织等。
			切除刀	用于切除扁桃体或切除粘膜组织等。
			刮刀	用于刮除皮质等。
			备皮刀	用于手术前备皮。
			手术刀柄	用于安装手术刀片。

序号	产品类别	术语类别	术语名称	术语描述
1	无源手术器械 – 刀	特征词 1– 使用和提供形式	一次性使用无菌	以无菌形式提供，且仅供一次性使用，或在一次医疗操作过程中只能用于一例患者。
			一次性使用	以非无菌形式提供，且仅供一次性使用，或在一次医疗操作过程中只能用于一例患者。
			可重复使用（缺省）	经一定处理后可再次使用。
		特征词 2– 结构特征	显微	产品结构设计在显微镜下使用。
			内窥镜	产品结构设计在内窥镜下使用。
			通用（缺省）	产品结构设计无需要体现的专用特点。
		特征词 3– 使用部位或作用对象	医用（根据情况缺省）	无需要体现的专用特点，未限定专用使用部位或专用使用器械。
			耳、鼻、喉等（专用使用部位）	专用使用部位，如耳、鼻、喉等。
			导管等（专用使用器械）	专用使用器械，如导管等。

表 2 无源手术器械 – 凿、锤

序号	产品类别	术语类别	术语名称	术语描述
1	无源手术器械 – 凿、锤	核心词	凿	用于手术中凿切。
			锤	用于手术中实施锤打的器械。
		特征词 1– 使用和提供形式	一次性使用无菌	以无菌形式提供，且仅供一次性使用，或在一次医疗操作过程中只能用于一例患者。
			可重复使用（缺省）	经一定处理后可再次使用。
		特征词 2– 结构特征	显微	产品结构设计在显微镜下使用。
			内窥镜	产品结构设计在内窥镜下使用。
			通用（缺省）	产品结构设计无需要体现的专用特点。
		特征词 3– 使用部位或作用对象	医用（根据情况缺省）	无需要体现的专用特点，未限定专用使用部位或专用使用器械。
			耳、鼻、喉等（专用使用部位）	专用使用部位，如耳、鼻、喉等。

表3　无源手术器械－剪

序号	产品类别	术语类别	术语名称	术语描述
1	无源手术器械－剪	核心词	剪	用于剪切组织或器械。
			拆线剪	用于剪拆缝合线。
		特征词1－使用和提供形式	一次性使用无菌	以无菌形式提供，且仅供一次性使用，或在一次医疗操作过程中只能用于一例患者。
			一次性使用	以非无菌形式提供，且仅供一次性使用，或在一次医疗操作过程中只能用于一例患者。
			可重复使用（缺省）	经一定处理后可再次使用。
		特征词2－结构特征	显微	产品结构设计在显微镜下使用。
			内窥镜	产品结构设计在内窥镜下使用。
			通用（缺省）	产品结构设计无需要体现的专用特点。
		特征词3－使用部位或作用对象	医用（根据情况缺省）	无需要体现的专用特点，未限定专用使用部位或专用使用器械。
			耳、鼻、喉等（专用使用部位）	专用使用部位，如耳、鼻、喉等。
			敷料等（专用使用器械）	专用使用器械，如敷料等。

表4　无源手术器械－钳

序号	产品类别	术语类别	术语名称	术语描述
1	无源手术器械－钳	核心词	钳	用于钳夹、分离、咬切、牵拉组织、器械或异物等（无专用特点）。
			组织钳	用于夹持组织等（无专用特点）。
			咬切钳	用于手术时咬切组织。
			取样钳	用于组织取样。
			分离钳	用于分离组织等。
			撑开钳	用于撑开组织。
			牵引钳	用于牵引组织。
			复位钳	用于组织复位。
			止血钳	用于钳夹血管、分离组织以止血。
			荷包钳	用于断端组织荷包成型。
			固定钳	用于固定组织或器械。
			器械钳	用于夹持器械等（无专用特点）。
			异物钳	用于夹取异物。

序号	产品类别	术语类别	术语名称	术语描述
1	无源手术器械－钳	核心词	取石钳	用于夹取结石。
			碎石钳	用于粉碎结石。
			持针钳	用于夹持缝合针。
			打结钳	用于缝合时打结。
			置放钳	用于置放器械。
			除夹钳	用于钉／夹的去除、拆除。
			填塞钳	用于钳取或放置腔内物质。
		特征词1－使用和提供形式	一次性使用无菌	以无菌形式提供，且仅供一次性使用，或在一次医疗操作过程中只能用于一例患者。
			一次性使用	以非无菌形式提供，且仅供一次性使用，或在一次医疗操作过程中只能用于一例患者。
			可重复使用（缺省）	经一定处理后可再次使用。
		特征词2－结构特征	显微	产品结构设计在显微镜下使用。
			内窥镜	产品结构设计在内窥镜下使用。
			通用（缺省）	产品结构设计无需要体现的专用特点。
		特征词3－使用部位或作用对象	医用（根据情况缺省）	无需要体现的专用特点，未限定专用使用部位或专用使用器械。
			耳、鼻、喉等（专用使用部位）	专用使用部位，如耳、鼻、喉等。
			纱布等（专用使用器械）	专用使用器械，如纱布等。

表 5　无源手术器械－镊

序号	产品类别	术语类别	术语名称	术语描述
1	无源手术器械－镊	核心词	镊	用于夹持组织或器械（无专用特点）。
			整形镊	用于整形手术时镊夹细软组织及缝针。
		特征词1－使用和提供形式	一次性使用无菌	以无菌形式提供，且仅供一次性使用，或在一次医疗操作过程中只能用于一例患者。
			一次性使用	以非无菌形式提供，且仅供一次性使用，或在一次医疗操作过程中只能用于一例患者。
			可重复使用（缺省）	经一定处理后可再次使用。

相关文件

序号	产品类别	术语类别	术语名称	术语描述
1	无源手术器械–镊	特征词2–结构特征	显微	产品结构设计在显微镜下使用。
			内窥镜	产品结构设计在内窥镜下使用。
			通用（缺省）	产品结构设计无需要体现的专用特点。
		特征词3–使用部位或作用对象	医用（根据情况缺省）	无需要体现的专用特点，未限定专用使用部位或专用使用器械。
			耳、鼻、喉等（专用使用部位）	专用使用部位，如耳、鼻、喉等。
			纱布等（专用使用器械）	专用使用器械，如纱布等。

表6　无源手术器械–夹

序号	产品类别	术语类别	术语名称	术语描述
1	无源手术器械–夹	核心词	夹	用于夹合组织或器械（无专用特点）。
			闭合夹	用于夹闭组织等。
			止血夹	用于夹止血管血液流动。
			牵线夹	用夹住牵引线。
		特征词1–使用和提供形式	一次性使用无菌	以无菌形式提供，且仅供一次性使用，或在一次医疗操作过程中只能用于一例患者。
			一次性使用	以非无菌形式提供，且仅供一次性使用，或在一次医疗操作过程中只能用于一例患者。
			可重复使用（缺省）	经一定处理后可再次使用。
		特征词2–结构特征	显微	产品结构设计在显微镜下使用。
			内窥镜	产品结构设计在内窥镜下使用。
			通用（缺省）	产品结构设计无需要体现的专用特点。
		特征词3–使用部位或作用对象	医用（根据情况缺省）	无需要体现的专用特点，未限定专用使用部位或专用使用器械。
			腹腔、血管等（专用使用部位）	专用使用部位，如腹腔、血管等。

表7　无源手术器械–针

序号	产品类别	术语类别	术语名称	术语描述
1	无源手术器械–针	核心词	针	用于刺入组织。
			探针	用于深度、痛觉等的探测、检查。
			缝合针	用于缝合组织、皮肤。

续表

序号	产品类别	术语类别	术语名称	术语描述
1	无源手术器械－针	核心词	荷包针	用于缝扎组织成荷包状。
			气腹针	用于手术时建立气腹。
			穿刺针	用于手术穿刺组织。
			点刺针	用于刺破皮肤。
			定位针	用于定向定位。
		特征词1－使用和提供形式	一次性使用无菌	以无菌形式提供，且仅供一次性使用，或在一次医疗操作过程中只能用于一例患者。
			一次性使用	以非无菌形式提供，且仅供一次性使用，或在一次医疗操作过程中只能用于一例患者。
			可重复使用（缺省）	经一定处理后可再次使用。
		特征词2－结构特征	显微	产品结构设计在显微镜下使用。
			内窥镜	产品结构设计在内窥镜下使用。
			通用（缺省）	产品结构设计无需要体现的专用特点。
		特征词3－使用部位或作用对象	医用（根据情况缺省）	无需要体现的专用特点，未限定专用使用部位或专用使用器械。
			皮肤、乳腺等（专用使用部位）	专用使用部位，如皮肤、乳腺等。

表 8　无源手术器械－钩

序号	产品类别	术语类别	术语名称	术语描述
1	无源手术器械－钩	核心词	拉钩	用于钩拉组织、皮肤或器械等。
		特征词1－使用和提供形式	一次性使用无菌	以无菌形式提供，且仅供一次性使用，或在一次医疗操作过程中只能用于一例患者。
			一次性使用	以非无菌形式提供，且仅供一次性使用，或在一次医疗操作过程中只能用于一例患者。
			可重复使用（缺省）	经一定处理后可再次使用。
		特征词2－结构特征	显微	产品结构设计在显微镜下使用。
			内窥镜	产品结构设计在内窥镜下使用。
			通用（缺省）	产品结构设计无需要体现的专用特点。
		特征词3－使用部位或作用对象	医用（根据情况缺省）	无需要体现的专用特点，未限定专用使用部位或专用使用器械。
			腹腔、胆道、耵聍等（专用使用部位或对象）	专用使用部位，如腹腔、胆道、耵聍等。

相关文件

表 9　无源手术器械 – 刮匙

序号	产品类别	术语类别	术语名称	术语描述
1	无源手术器械 – 刮匙	核心词	刮匙	用于刮除、收集组织、异物等。
		特征词 1– 使用和提供形式	一次性使用无菌	以无菌形式提供，且仅供一次性使用，或在一次医疗操作过程中只能用于一例患者。
			一次性使用	以非无菌形式提供，且仅供一次性使用，或在一次医疗操作过程中只能用于一例患者。
			可重复使用（缺省）	经一定处理后可再次使用。
1	无源手术器械 – 刮匙	特征词 2– 结构特征	显微	产品结构设计在显微镜下使用。
			内窥镜	产品结构设计在内窥镜下使用。
			通用（缺省）	产品结构设计无需要体现的专用特点。
		特征词 3– 使用部位或作用对象	医用（根据情况缺省）	无需要体现的专用特点，未限定专用使用部位或专用使用器械。
			皮肤、耳等（专用使用部位）	专用使用部位，如皮肤、耳等。

表 10　无源手术器械 – 剥离器

序号	产品类别	术语类别	术语名称	术语描述
1	无源手术器械 – 剥离器	核心词	剥离器	用于剥离或分离粘膜、组织等。
		特征词 1– 使用和提供形式	一次性使用无菌	以无菌形式提供，且仅供一次性使用，或在一次医疗操作过程中只能用于一例患者。
			一次性使用	以非无菌形式提供，且仅供一次性使用，或在一次医疗操作过程中只能用于一例患者。
			可重复使用（缺省）	经一定处理后可再次使用。
		特征词 2– 结构特征	显微	产品结构设计在显微镜下使用。
			内窥镜	产品结构设计在内窥镜下使用。
			通用（缺省）	产品结构设计无需要体现的专用特点。
		特征词 3– 使用部位或作用对象	医用（根据情况缺省）	无需要体现的专用特点，未限定专用使用部位或专用使用器械。
			肌腱、鼻等（专用使用部位）	专用使用部位，如肌腱、鼻等。

表 11　无源手术器械 – 牵开器、压板、扩张器

序号	产品类别	术语类别	术语名称	术语描述
1	无源手术器械 – 牵开器	核心词	牵开器	或与拉钩配合使用，用于牵开组织。
			撑开器	用于撑开组织。
		特征词 1– 使用和提供形式	一次性使用无菌	以无菌形式提供，且仅供一次性使用，或在一次医疗操作过程中只能用于一例患者。
			一次性使用	以非无菌形式提供，且仅供一次性使用，或在一次医疗操作过程中只能用于一例患者。
			可重复使用（缺省）	经一定处理后可再次使用。
		特征词 2– 结构特征	显微	产品结构设计在显微镜下使用。
			内窥镜	产品结构设计在内窥镜下使用。
			通用（缺省）	产品结构设计无需要体现的专用特点。
		特征词 3– 使用部位或作用对象	医用（根据情况缺省）	无需要体现的专用特点，未限定专用使用部位或专用使用器械。
			鼻腔、甲状腺等（专用使用部位）	专用使用部位，如鼻腔、甲状腺等。
2	无源手术器械 – 压板	核心词	压板	用于下压组织或脏器。
		特征词 1– 使用部位或作用对象	医用（根据情况缺省）	无需要体现的专用特点，未限定专用使用部位或专用使用器械。
			肠等（专用使用部位）	专用使用部位，如肠等。
3	无源手术器械 – 扩张器	核心词	扩张器	用于扩张组织。
			球囊扩张导管	通过球囊扩张组织。
		特征词 1– 使用和提供形式	一次性使用无菌	以无菌形式提供，且仅供一次性使用，或在一次医疗操作过程中只能用于一例患者。
			可重复使用（缺省）	经一定处理后可再次使用。
		特征词 2– 结构特征	显微	产品结构设计在显微镜下使用。
			内窥镜	产品结构设计在内窥镜下使用。
			通用（缺省）	产品结构设计无需要体现的专用特点。
		特征词 3– 使用部位或作用对象	医用（根据情况缺省）	无需要体现的专用特点，未限定专用使用部位或专用使用器械。
			尿道、胆道等（专用使用部位）	专用使用部位，如尿道、胆道等。

相关文件

表 12　无源手术器械 – 穿刺导引器

序号	产品类别	术语类别	术语名称	术语描述
1	无源手术器械 – 穿刺器	核心词	穿刺器	用于穿刺组织（不包括腰椎、血管、脑室），建立通路。
			转换器	与穿刺器配合使用，用于手术中转换不同规格的器械。
			打孔器	用于组织打孔，建立通路。
			钻	用于组织钻孔，建立通路。
		特征词 1– 使用和提供形式	一次性使用无菌	以无菌形式提供，且仅供一次性使用，或在一次医疗操作过程中只能用于一例患者。
			一次性使用	以非无菌形式提供，且仅供一次性使用，或在一次医疗操作过程中只能用于一例患者。
			可重复使用（缺省）	经一定处理后可再次使用。
		特征词 2– 结构特征	显微	产品结构设计在显微镜下使用。
			内窥镜	产品结构设计在内窥镜下使用。
			通用（缺省）	产品结构设计无需要体现的专用特点。
		特征词 3– 使用部位或作用对象	医用（根据情况缺省）	无需要体现的专用特点，未限定专用使用部位或专用使用器械。
			胸腔、鼻等（专用使用部位）	专用使用部位，如胸腔、鼻等。
2	无源手术器械 – 导引器	核心词	连接器	用于导引导丝进入血管。
			输送导管	用于将器械通过组织或腔道（不含血管）输送到目标位置。
			推送导管	用于推送导入器械。
			导引器	用于引导器械，进入腔道或组织。
			插管管芯	用于辅助插管。
			造瘘管	用于经皮穿刺造瘘引流。
			导引鞘	用于建立通道导引器械。
			导丝	用于引导其他器械。
		特征词 1– 使用和提供形式	一次性使用无菌	以无菌形式提供，且仅供一次性使用，或在一次医疗操作过程中只能用于一例患者。
			可重复使用（缺省）	经一定处理后可再次使用。
		特征词 2– 结构特征	显微	产品结构设计在显微镜下使用。
			内窥镜	产品结构设计在内窥镜下使用。
			通用（缺省）	产品结构设计无需要体现的专用特点。

序号	产品类别	术语类别	术语名称	术语描述
2	无源手术器械－导引器	特征词 3－使用部位或作用对象	医用（根据情况缺省）	无需要体现的专用特点，未限定专用使用部位或专用使用器械。
			膀胱、胆道等（专用使用部位）	专用使用部位，如膀胱、胆道等。
			支架等（专用使用器械）	专用使用器械，如支架等。

表 13　无源手术器械－吻（缝）合器械及材料

序号	产品类别	术语类别	术语名称	术语描述
1	无源手术器械－吻合器	核心词	吻合器及组件	用于体内器官、组织闭合，包含组件。
			切割吻合器及组件	用于体内器官、组织的离断、切除和／或建立吻合，包含组件。
			腔镜切割吻合器及组件	手术中在内窥镜下操作，用于体内器官、组织的离断、切除和／或建立吻合，包含组件。
			荷包吻合器	用于临床外科做荷包吻合。
		特征词 1－使用形式	一次性使用无菌（缺省）	以无菌形式提供，且仅供一次性使用，或在一次医疗操作过程中只能用于一例患者。
			可重复使用	经一定处理后可再次使用。
		特征词 2－预期目的	直线	吻合形状为直线形。
			弧形	吻合形状为弧形。
			管型	吻合形状为近圆形。
			通用（缺省）	无需要体现吻合形状。
		特征词 3－使用部位或作用对象	医用（根据情况缺省）	无需要体现的专用特点，未限定专用使用部位或专用使用器械。
			血管、消化道等（专用使用部位）	专用使用部位，如血管、消化道等。
2	无源手术器械－缝合器	核心词	缝合器	用于组织缝合。
		特征词 1－使用形式	一次性使用无菌	以无菌形式提供，且仅供一次性使用，或在一次医疗操作过程中只能用于一例患者。
			可重复使用（缺省）	经一定处理后可再次使用。
		特征词 2－结构特征	显微	产品结构设计在显微镜下使用。
			内窥镜	产品结构设计在内窥镜下使用。
			通用（缺省）	产品结构设计无需要体现的专用特点。

序号	产品类别	术语类别	术语名称	术语描述
2	无源手术器械－缝合器	特征词3－使用部位或作用对象	医用（根据情况缺省）	无需要体现的专用特点，未限定专用使用部位或专用使用器械。
			血管穿刺口等（专用使用部位）	专用使用部位，如血管穿刺口等。
3	无源手术器械－闭合器械	核心词	施夹钳及夹	用于钳闭配套使用的夹，使其闭合组织，带夹。
			施夹钳	用于钳闭配套使用的夹，使其闭合组织，不带夹。
		特征词1－使用和提供形式	一次性使用无菌	以无菌形式提供，且仅供一次性使用，或在一次医疗操作过程中只能用于一例患者。
			可重复使用（缺省）	经一定处理后可再次使用。
4	无源手术器械－缝合线	核心词	可吸收缝线	用于组织缝合和／或结扎，可降解。
			非吸收缝线	用于组织缝合和／或结扎，不可降解。
		特征词1－提供形式	无菌（缺省）	由制造企业以无菌形式提供。
			非无菌	由制造企业以非无菌形式提供。
		特征词2－技术特点	通用（缺省）	一般缝线。
			带倒刺	缝线表面带有倒刺。
			带可移除针	带有可以移除的缝合针。
		特征词3－材料组成	通用（缺省）	不特意说明缝线材料。
			不锈钢、蚕丝、聚乳酸等（缝线材料）	制造缝线的材料，如不锈钢、蚕丝、聚乳酸等。
5	无源手术器械－闭合器械、材料	核心词	免缝拉链	用于体表各部位伤口的闭合。
			免缝胶带	用于粘贴手术切口，使其闭合。
			粘合剂	用于手术切口接近皮肤表面边缘的封闭
			粘堵剂	用于封堵组织上或组织间的缝隙
		特征词1－材料组成	α-氰基丙烯酸异丁酯等（产品材料）	制造产品的材料，如α-氰基丙烯酸异丁酯、α-氰基丙烯酸正丁酯、2-辛基-氰基丙烯酸酯等。
		特征词2－使用部位或作用对象	医用（根据情况缺省）	无需要体现的专用特点，未限定专用使用部位或专用使用器械。
			血管等（专用使用部位）	专用使用部位，如血管等。

表 14　无源手术器械 – 冲吸器

序号	产品类别	术语类别	术语名称	术语描述
1	无源手术器械 – 冲吸器	核心词	冲洗吸引管	用于冲洗组织、吸引液体。
			冲洗管	用于冲洗组织
			吸引管	用于冲吸引液体。
			灌洗管	用于灌洗。
			吸引头	用于冲吸引液体的接头。
			抽脂管	用于抽吸人体多余脂肪。
		特征词 1– 使用和提供形式	一次性使用无菌	以无菌形式提供，且仅供一次性使用，或在一次医疗操作过程中只能用于一例患者。
			一次性使用	以非无菌形式提供，且仅供一次性使用，或在一次医疗操作过程中只能用于一例患者。
			可重复使用（缺省）	经一定处理后可再次使用。
		特征词 2– 结构特征	显微	产品结构设计在显微镜下使用。
			内窥镜	产品结构设计在内窥镜下使用。
			通用（缺省）	产品结构设计无需要体现的专用特点。
		特征词 3– 使用部位或作用对象	医用（根据情况缺省）	无需要体现的专用特点，未限定专用使用部位或专用使用器械。
			肛肠、胆道等（专用使用部位）	专用使用部位，如肛肠、胆道等。

表 15　无源手术器械 – 其他器械

序号	产品类别	术语类别	术语名称	术语描述
1	无源手术器械 – 套扎器	核心词	套扎器	用于分离或切除组织。
		特征词 1– 使用和提供形式	一次性使用无菌	以无菌形式提供，且仅供一次性使用，或在一次医疗操作过程中只能用于一例患者。
			一次性使用	以非无菌形式提供，且仅供一次性使用，或在一次医疗操作过程中只能用于一例患者。
			可重复使用（缺省）	经一定处理后可再次使用。
		特征词 2– 结构特征	显微	产品结构设计在显微镜下使用。
			内窥镜	产品结构设计在内窥镜下使用。
			通用（缺省）	产品结构设计无需要体现的专用特点。
		特征词 3– 使用部位或作用对象	医用（根据情况缺省）	无需要体现的专用特点，未限定专用使用部位或专用使用器械。
			肛肠、息肉等（专用使用部位）	专用使用部位，如肛肠、息肉等。

相关文件

序号	产品类别	术语类别	术语名称	术语描述
2	无源手术器械－推结器	核心词	推结器	用于缝合打结推送。
		特征词1－使用和提供形式	一次性使用无菌	以无菌形式提供，且仅供一次性使用，或在一次医疗操作过程中只能用于一例患者。
			一次性使用	以非无菌形式提供，且仅供一次性使用，或在一次医疗操作过程中只能用于一例患者。
			可重复使用（缺省）	经一定处理后可再次使用。
		特征词2－结构特征	显微	产品结构设计在显微镜下使用。
			内窥镜	产品结构设计在内窥镜下使用。
			通用（缺省）	产品结构设计无需要体现的专用特点。
		特征词3－使用部位或作用对象	医用（根据情况缺省）	无需要体现的专用特点，未限定专用使用部位或专用使用器械。
			腹部等（专用使用部位）	专用使用部位，如腹部等。
3	无源手术器械－固位器	核心词	固定器	用于支撑、固定、复位。
			锁合扣	用于辅助固定。
			定位器	用于定位、固定。
			复位器	用于虹膜等组织复位。
			环切定位环	用于辅助使环切部位无松动。
			护胸板	用于支撑喉镜胸托等。
		特征词1－使用和提供形式	一次性使用无菌	以无菌形式提供，且仅供一次性使用，或在一次医疗操作过程中只能用于一例患者。
			一次性使用	以非无菌形式提供，且仅供一次性使用，或在一次医疗操作过程中只能用于一例患者。
			可重复使用（缺省）	经一定处理后可再次使用。
		特征词2－使用部位或作用对象	医用（根据情况缺省）	无需要体现的专用特点，未限定专用使用部位或专用使用器械。
			鼻中隔、直肠等（专用使用部位）	专用使用部位，如鼻中隔、直肠等。
			缝线等（专用使用器械）	专用使用器械，如缝线等。
4	无源手术器械－清洁器	核心词	清洁片	用于擦除器械等。
			刷	用于涂抹或清洁组织等。
			卷棉子	卷缠脱脂棉后用于用于检查、清洁伤口或敷药等。

序号	产品类别	术语类别	术语名称	术语描述
4	无源手术器械－清洁器	特征词 1－使用和提供形式	一次性使用无菌	以无菌形式提供，且仅供一次性使用，或在一次医疗操作过程中只能用于一例患者。
			一次性使用	以非无菌形式提供，且仅供一次性使用，或在一次医疗操作过程中只能用于一例患者。
			可重复使用（缺省）	经一定处理后可再次使用。
		特征词 2－使用部位或作用对象	医用（根据情况缺省）	无需要体现的专用特点，未限定专用使用部位或专用使用器械。
			耳等（专用使用部位）	专用使用部位，如耳等。
			刀头、电极（专用使用器械）	专用使用器械，如刀头、电极等。
5	无源手术器械－测量器	核心词	测量器	用于手术中测量尺寸、位置等。
		特征词 1－结构特征	显微	产品结构设计在显微镜下使用。
			内窥镜	产品结构设计在内窥镜下使用。
			通用（缺省）	产品结构设计无需要体现的专用特点。
		特征词 2－使用部位或作用对象	医用（根据情况缺省）	无需要体现的专用特点，未限定专用使用部位或专用使用器械。
			胆管等（专用使用部位）	专用使用部位，如胆管等。
6	无源手术器械－保护器	核心词	切口保护套	用于保护切口或组织免受损伤。
			尿失禁束带	用于临时控制尿液失禁。
		特征词 1－使用和提供形式	一次性使用无菌	以无菌形式提供，且仅供一次性使用，或在一次医疗操作过程中只能用于一例患者。
			一次性使用	以非无菌形式提供，且仅供一次性使用，或在一次医疗操作过程中只能用于一例患者。
			可重复使用（缺省）	经一定处理后可再次使用。
		特征词 2－使用部位或作用对象	医用（根据情况缺省）	无需要体现的专用特点，未限定专用使用部位或专用使用器械。
			龟头等（专用使用部位）	专用使用部位，如龟头等。
7	无源手术器械－植皮器	核心词	取皮机	用于整形时取皮。
			轧皮机	用于轧皮处理。

相关文件

353

序号	产品类别	术语类别	术语名称	术语描述
8	无源手术器械 – 标记器	核心词	标记笔	用于作标记和定位。（含墨水）
		特征词1– 使用和提供形式	一次性使用无菌	以无菌形式提供，且仅供一次性使用，或在一次医疗操作过程中只能用于一例患者。
			一次性使用	以非无菌形式提供，且仅供一次性使用，或在一次医疗操作过程中只能用于一例患者。
			可重复使用（缺省）	经一定处理后可再次使用。
		特征词2– 使用部位或作用对象	医用（根据情况缺省）	无需要体现的专用特点，未限定专用使用部位或专用使用器械。
			皮肤等（专用使用部位）	专用使用部位，如皮肤等。
9	无源手术器械 – 锉	核心词	锉	用于锉削骨组织。
		特征词1– 使用部位或作用对象	医用（根据情况缺省）	无需要体现的专用特点，未限定专用使用部位或专用使用器械。
			鼻骨等（专用使用部位）	专用使用部位，如鼻骨等。
10	无源手术器械 – 叉	核心词	叉	用于将器械推送进入组织或腔道。
		特征词1– 使用部位或作用对象	医用（根据情况缺省）	无需要体现的专用特点，未限定专用使用部位或专用使用器械。
			耳等（专用使用部位）	专用使用部位，如耳等。
			电极等（专用使用器械）	专用使用器械，如电极等。
11	无源手术器械 – 环	核心词	人工鼓环	用于重建外耳道和鼓膜、修补穿孔鼓膜。
12	无源手术器械 – 试模	核心词	试模	用于确定形状和大小。
		特征词1– 使用部位或作用对象	医用（根据情况缺省）	无需要体现的专用特点，未限定专用使用部位或专用使用器械。
			乳房等（专用使用部位）	专用使用部位，如乳房等。
13	无源手术器械 – 夹子装置	核心词	夹子装置	用于在消化道内放置夹子，用于标记、消化道组织的止血等。
		特征词1– 结构特征	显微	产品结构设计在显微镜下使用。
			内窥镜	产品结构设计在内窥镜下使用。
			通用（缺省）	产品结构设计无需要体现的专用特点。

序号	产品类别	术语类别	术语名称	术语描述
14	无源手术器械－肛门镜	核心词	肛门镜	用于肛门部位组织检查。
		特征词1－使用和提供形式	一次性使用无菌	以无菌形式提供，且仅供一次性使用，或在一次医疗操作过程中只能用于一例患者。
			一次性使用	以非无菌形式提供，且仅供一次性使用，或在一次医疗操作过程中只能用于一例患者。
			可重复使用（缺省）	经一定处理后可再次使用。
15	无源手术器械－其他器械	核心词	取样刷	用于活体刷样取样。
			取物袋	用于取出组织或样本。
			取石网篮	用于取出组织、异物、粉碎结石。
			取石球囊导管	用于从胰胆管、尿道等取出结石或辅助取出结石。
			气囊导管	用于向消化道等注入液体、回收异物等。
			提拉器	用于捆扎、提拉组织。
			给药器	用于向组织施放药物等。
			拨棒	用于辅助控制组织位置。
			闭孔器	用于封闭带孔器械。
			回收器	用于取出器械等。
		特征词1－使用和提供形式	一次性使用无菌	以无菌形式提供，且仅供一次性使用，或在一次医疗操作过程中只能用于一例患者。
			一次性使用	以非无菌形式提供，且仅供一次性使用，或在一次医疗操作过程中只能用于一例患者。
			可重复使用（缺省）	经一定处理后可再次使用。
		特征词2－结构特征	显微	产品结构设计在显微镜下使用。
			内窥镜	产品结构设计在内窥镜下使用。
			通用（缺省）	产品结构设计无需要体现的专用特点。
		特征词3－使用部位或作用对象	医用（根据情况缺省）	无需要体现的专用特点，未限定专用使用部位或专用使用器械。
			喉咙等（专用使用部位）	专用使用部位，如喉咙等。
			支架等（专用使用器械）	专用使用器械，如支架等。

五、命名示例

参照表 16 命名示例，根据产品实际情况，选择对应子领域术语表，比对描述选择相应术语，按第三条第一款的结构顺序确定通用名称。

表 16　无源手术器械－钳命名示例

术语类型	术语名称	产品 1	产品 2	产品 3
核心词	钳			√
	分离钳		√	
	取样钳	√		
特征词 1–使用形式	一次性使用无菌	√		
	一次性使用			
	可重复使用（缺省）		√	√
特征词 2–结构特征	显微			
	内窥镜	√		
	通用（缺省）		√	√
特征词 3–使用部位或作用对象	医用（根据情况缺省）		√	√
	专用使用部位	息肉√		
通用名称		一次性使用无菌内窥镜息肉取样钳	分离钳	医用钳

注：产品 3（医用钳）的"医用"缺省会与非医用产品混淆，故不能缺省。

六、参考资料

［1］国家食品药品监督管理总局关于发布医疗器械分类目录的公告（2017 年第 104 号）

［2］无源手术器械相关的国家标准、行业标准

［3］无源手术器械相关注册指导原则

［4］国家药品监督管理局医疗器械注册数据库

［5］Global Medical Device Nomenclature（GMDN）

［6］U.S. Food and Drug Administration.Product Classification Database

［7］Japanese Medical Device Nomenclature（JMDN）

七、起草单位

本指导原则由国家药品监督管理局医疗器械标准管理中心编写并负责解释。

附件 4

无源植入器械通用名称命名指导原则

本指导原则依据《医疗器械通用名称命名规则》和《医疗器械通用名称命名指导原则》制定，用于指导无源植入器械产品通用名称的制定。

本指导原则是对备案人、注册申请人、审查人员及各专业领域命名指导原则编写人员的指导性文件，不包括注册审批所涉及的行政事项，不作为法规强制执行。若有满足相关法规要求的其他方法，也可采用，并应提供充分的研究资料和验证资料。本指导原则是在现行法规和标准体系以及当前认知水平下制定的，应在遵循相关法规的前提下使用。随着法规和标准的不断完善，以及科学技术的不断发展，本指导原则相关内容也将进行适时的调整。

一、适用范围

本指导原则适用于无源植入类医疗器械产品。

二、核心词和特征词的制定原则

（一）核心词

本领域核心词是对具有相同或者相似的技术原理、结构组成或者预期目的无源植入器械的概括表述。如"股骨柄"、"髋臼杯"等。

（二）特征词

无源植入器械涉及的特征词主要包括以下方面的内容：

——结构特点：指产品主体结构方面的特有属性，如颅内支架中"覆膜"、"无覆膜"等结构特点。

——使用部位：指产品发挥其主要功能的患者部位。如椎间融合器"颈椎"、"胸椎"、"腰椎"等。

——技术特点：指植入物作用原理、机理，如金属接骨板钉"锁定"、"非锁定"等。

——材料组成：指产品主要材料或者主要成分的描述，如人工骨中的"钙磷类"、"硅酸盐类"等。

——预期目的：指产品适用的临床使用范围或用途，如关节假体中的"翻修"、"重建"等。

（三）特征词的缺省

术语表中某一特征词项下的惯常使用或公认的某一特性可设置为"缺省"，在通用名称中不做体现，以遵从惯例或方便表达的处理方式。

如骨水泥遵从惯例为不含药，因此"非含药"这一特征词可缺省，仅体现"含药"的情况。

使用部位、材料组成等特征词项下，若存在多个专用术语的情形，将"通用"一词设置为缺省，指产品在该特征词项并无需要体现的专用特点，而非指该产品各种情况通用。其他专用使用部位或材料组成的命名术语可不一一列举。

三、通用名称的确定原则

（一）通用名称组成结构

无源植入器械通用名称按"特征词 1（如有）+ 特征词 2（如有）+ 特征词 3（如有）+ 核心词"

相关文件

结构编制。

（二）核心词和特征词选取原则

核心词和特征词应根据产品真实属性和特征，优先在术语表中选择。对于术语表未能包含的，新产品或原有产品有新的特征项需要体现，或者需在某一特征项下加入新术语，可对产品类别进行补充或调整。

核心词应在该类别项下选择最适合产品属性的核心词，核心词不可缺省。

特征词则应按照产品相关特征，依次在术语表中每个特征词项下选择一个与之吻合的术语。未一一列举的使用部位或材料组成等特征词，根据产品实际情况，自行选用相应的专业术语。

（三）特别说明

按医疗器械管理的药械组合产品，可根据产品实际情况，参照命名术语表所示，以"含药"或具体药物名称作为特征词，体现药械组合特性。

四、命名术语表

在表 1 到表 11 中，列举了无源植入器械各子领域典型产品的核心词和特征词的可选术语，并对其进行了描述。

表 1　骨接合植入物

序号	产品类别	术语类型	术语名称	术语描述
1	单/多部件骨固定器械	核心词	接骨板	带有两个或多个孔或槽、横截面可以明显区分宽度方向和厚度方向的植入物，由不锈钢、纯钛、钛合金及钴基合金等金属材料制成。
		特征词1–结构特点	可降解	用可降解材料制成。
			不可降解（缺省）	用不可降解材料制成。
		特征词2–技术特点	非锁定（缺省）	为非锁定结构，即螺钉帽与骨板间无套丝。
			锁定	螺钉帽与骨板间有套丝，板、钉间可紧密稳定连接。
		核心词	螺钉	既可用于固定板和骨质，也可作为拉力螺钉而将骨折片抓持在一起的植入物，由不锈钢、纯钛、钛合金以及钴基合金等金属材料制成。
		特征词1–结构特点	可降解	用可降解材料制成。
			不可降解（缺省）	用不可降解材料制成。
		特征词2–结构特点	非锁定（缺省）	为非锁定结构，即螺钉帽与骨板间无套丝。
			锁定	螺钉帽与骨板间有套丝，板、钉间可紧密稳定连接。
		特征词3–技术特点	非空心（缺省）	为实心结构，即螺钉内部为实心结构。
			空心	螺钉内部为空心结构。
		核心词	金属板钉系统	单/多部件式金属性骨固定器具和附件是由一个或多个金属性部件及其金属性紧固件组成的植入器械。该些器械包含由钴铬钼、不锈钢和钛合金等材料制备的板、钉/板组合或者刃/板组合，这些组合通过紧固件如螺栓和钉子或者螺钉、螺母和垫圈来保持就位。

序号	产品类别	术语类型	术语名称	术语描述
1	单／多部件骨固定器械	特征词 1–结构特点	可降解	用可降解材料制成。
			不可降解（缺省）	用非可降解材料制成。
		特征词 2–技术特点	非锁定（缺省）	为非锁定结构，即螺钉帽与骨板间无套丝。
			锁定	螺钉帽与骨板间有套丝，板、钉间可紧密稳定连接。
		核心词	角度固定器	用于长骨干骺端骨折固定的一种骨科器械，它有一个与长骨轴线成一定角度的部件。
		特征词 1–结构特点	非锁定（缺省）	为非锁定结构，即螺钉帽与骨板间无套丝。
			锁定	螺钉帽与钢板间有套丝，板、钉间可紧密稳定连接。
		核心词	动力髋（髁）螺钉	是金属角度固定器的一部分，其旋入到干骺端并通过管将非同轴载荷传递到侧板。
			金属股骨颈固定钉	用于骨科手术时作股骨颈骨折内固定用。
2	记忆合金骨固定器械	核心词	记忆合金接骨器	利用材料的形状记忆功能，对骨折部位起固定作用的植入物，一般具有特定解剖型结构，一般由镍钛合金制成。
			记忆合金固定器	利用材料的形状记忆功能，对骨折部位起支撑作用的植入物，一般具有特定解剖型结构，一般由镍钛合金制成。
4	金属髓内装置	核心词	金属髓内钉	管状、棒状植入物，由钛合金或不锈钢等材料制成。
		特征词 1–结构特点	非锁定（缺省）	为非锁定结构，即螺钉帽与接骨板间无套丝。
			锁定	螺钉帽与接骨板间有套丝，板、钉间可紧密稳定连接。
		核心词	金属髓内针	针状植入物，由钛合金或不锈钢等材料制成。
5	金属固定环扎装置	核心词	金属缆索	由金属带、金属扁平条或者丝组成，一般由钛及钛合金、不锈钢、钴铬钼等材料制成。
			柔性金属丝	单股金属丝，通过捆绑来固定或者辅助固定骨折部位的金属丝。
		特征词 1–预期目的	缝合用	用于缝合。
			捆绑用	用于捆绑固定。
6	光面或带螺纹的金属骨固定紧固件	核心词	金属骨针	光面的或带螺纹的金属性骨固定紧固件，一般是由钛合金、钴铬钼和不锈钢等材料制备的刚性丝或杆组成的植入器械，外表面可以是光面的、全螺纹的或部分螺纹的；端部可以是钝的或者尖的，或者具有成形的、开槽的头部。

表 2　运动损伤修复重建及置换植入物

序号	产品类别	术语类型	术语名称	术语描述
1	软组织损伤固定	核心词	软组织固定钉	用于肌腱、韧带的连接固定的钉。
			板	用于骨科重建手术中固定肌腱和韧带。
		特征词 1– 预期目的	非缝合（缺省）	预期不对软组织进行缝合目的。
			缝合	预期对软组织等进行缝合。
		特征词 2– 结构特点	带袢	带有袢环结构。
			不带袢（缺省）	不带袢环结构。
		核心词	锚钉	用于肌腱、韧带的修复固定及重建术中软组织与骨的连接固定。
			界面螺钉	用于骨科重建术中韧带与肌腱或骨的固定。
			横穿钉	用于前交叉韧带、肌腱或骨 – 腱 – 骨在股骨端和（或）胫骨端的固定、重建。
		特征词 1– 技术特点	可降解	使用可降解材料制成。
			不可降解	使用不可降解材料制成。
		核心词	门型钉	用于膝关节和手部肌腱、韧带、骨与骨组织的固定。
2	半月板修复系统	核心词	半月板修复系统	一般包括钉、棒、缝线等各类组合用于对半月板修复的系统。
3	运动医学缝线	核心词	运动医学缝线	一般软组织的缝合与固定。
		特征词 1– 技术特点	可吸收	由可吸收材料制成。
			不可吸收	由不可吸收材料制成。
		特征词 2– 结构特点	带针	带有用于缝合的针。
			不带针（缺省）	不带用于缝合的针。
4	修复替代类	核心词	人工韧带	人造的韧带，用于替代人体韧带。

表 3　脊柱植入物

序号	产品类别	术语类型	术语名称	术语描述
1	脊柱内固定系统	核心词	内固定系统	这里指脊柱内固定系统。
		特征词 1– 使用部位	枕颈	围绕枕骨大孔的枕骨、寰椎（第 1 颈椎）、枢椎（第 2 颈椎）及其周围韧带等组织共同构成的解剖功能复合体。
			颈椎	指脊柱中位于枕颈以下、胸椎以上部位。
			胸腰椎	脊柱中除颈椎外的其他部位。
			脊柱	不限定脊柱上的使用部位。
		核心词	脊柱螺钉	脊柱用螺钉，通过螺纹连接到脊柱刚性结构的锚固件。
			脊柱棒	脊柱用棒，通常与脊柱螺钉连接实现脊柱内固定。

序号	产品类别	术语类型	术语名称	术语描述
1	脊柱内固定系统	核心词	脊柱板	脊柱用板，用于脊柱内固定。
			脊柱内固定系统组件	各种用于脊柱内固定系统的组件。
2	椎间融合器	核心词	椎间融合器	由单个或多个部件组成。可植入颈椎或腰骶的椎体间隙中以恢复椎体病变受损而丢失的高度。
		特征词 1– 使用部位	颈椎	指脊柱中位于枕颈以下、胸椎以上部位。
			胸腰椎	脊柱中除颈椎外的其他部位。
			不限部位（缺省）	不限定使用部位。
3	椎间盘假体	核心词	椎间盘假体	由上、下终板和髓核组成。可植入椎体间置换人体椎间盘。
		特征词 1– 使用部位	颈椎	指脊柱中位于枕颈以下、胸椎以上部位。
			胸腰椎	脊柱中除颈椎外的其他部位。
			不限部位（缺省）	不限定使用部位。
4	棘突植入物	核心词	棘突间植入物	由单个或多个部件组成。可植入到腰椎棘突间间隙中起支撑作用。
5	椎体置换系统	核心词	椎体置换系统	通常由椎体主体及部件组成，可用于椎体置换术。
		特征词 1– 使用部位	颈椎	指脊柱中位于枕颈以下、胸椎以上部位。
			胸腰椎	脊柱中除颈椎外的其他部位。
			不限部位（缺省）	不限定使用部位。
6	脊柱网	核心词	脊柱网	脊柱用网，通常为多孔状柱形部件，适用于椎体置换以及恢复因椎体受损而丢失的高度。

表 4　关节置换植入物

序号	产品类别	术语类型	术语名称	术语描述
1	髋关节假体	核心词	髋关节假体	用来代替两侧髋关节关节面的外科植入物。
			髋关节假体组件	髋关节笼架、髋臼补块等髋关节附件。
			髋臼部件	用来安装在股骨上的，全髋或部分髋关节的整体式或组合式部件。
			股骨部件	预期植于股骨部位的假体。
			髋臼杯	髋臼置换假体。
			髋臼内衬	置于髋臼杯内的髋臼假体。
			髋臼螺钉	用于固定髋臼杯的金属螺钉。
			股骨头	与髋臼配合形成关节面的假体。

序号	产品类别	术语类型	术语名称	术语描述
1	髋关节假体	核心词	股骨柄	植入在股骨近端的髋关节假体。
			中置器	用于固定股骨柄远端的假体。
			双极头	股骨部件的一部分，通过一内凹面与股骨部件的球头部分相配合，并同时有一外凸球面与髋臼相配合。
			双动全髋杯	与双极头的凸面相配合的髋臼部件。
			远端塞	与骨水泥相配合的髋关节假体。
		特征词1–结构特点	骨水泥型	预期通过骨水泥进行假体固定。
			混合固定型	预期通过骨水泥和其他方式进行假体固定。
			生物型	预期使用生物固定的方式进行假体固定。
			其他（缺省）	预期通过其他方式进行假体固定。
		特征词2–技术特点	半髋	仅置换一侧的髋关节假体。
			表面置换	仅置换股骨关节面的假体。
			全髋	对髋关节两侧关节面都进行置换的假体。
		特征词3–预期目的	（缺省）	在初次关节置换手术中用于髋关节一个或两个关节面的植入物。
			翻修	在翻修手术中，用于髋关节一个或两个关节面的植入物。
			重建	在重建手术中，用于髋关节一个或两个关节面及邻近骨结构的植入物。
2	膝关节假体		全膝关节假体	用于置换三间室或双间室膝关节假体。
			部分膝关节假体	用于置换内侧间室（或外侧间室）和髌–股关节面的膝关节假体。
			单髁膝关节假体	用于置换内侧间室或外侧间室膝关节假体
			髌–股假体	用于置换髌股关节面膝关节假体。
		核心词	股骨部件	预期固定在股骨上的骨替代假体。
			胫骨部件	预期固定在胫骨上的骨替代假体。
			膝关节假体组件	膝关节假体中的组件。
			髌骨部件	预期替代髌骨的骨替代假体。
			胫骨衬垫	预期用于替代半月板的膝关节假体。
			胫骨平台	预期固定在胫骨上支撑胫骨衬垫的骨替代假体。
			股骨髁	预期固定在股骨上的骨替代假体。
		特征词1–结构特点	非铰链式（缺省）	在胫骨和股骨部件之间无机械连接，允许在三个平面相对运动。在胫骨和股骨部件之间有某种非铰链式机械约束，限制一个或两个面上的运动。
			铰链式	胫骨和股骨部件机械连接，限定在一个（铰链式的）或两个（旋转铰链式的）面上的运动。

序号	产品类别	术语类型	术语名称	术语描述
2	膝关节假体	特征词 2- 技术特点	骨水泥型	预期通过骨水泥进行假体固定。
			混合固定型	预期通过骨水泥和生物固定或其他方式进行假体固定。
			生物型	预期使用生物固定的方式进行假体固定。
3	肩关节假体	核心词	肩关节假体	预期植入在肩关节位置的假体。
			关节盂部件	预期植入在关节盂位置的骨替代假体。
			肱骨部件	预期植入在肱骨位置的骨替代假体。
			肱骨头	预期替代肱骨头的骨替代假体。
			关节盂	预期替代关节盂的骨替代假体。
			肩盂托	预期植入在关节盂部位的骨替代假体。
			肩关节螺钉	预期植入肩关节部位的螺钉。
			肩关节部件	预期植入肩关节部位的植入物部件。
			肱骨衬垫	预期植入在肱骨部位与肩盂头配合的衬垫。
			肩盂头	预期植入在肩盂部位与肱骨衬垫配合的假体。
		特征词 1- 技术特点	骨水泥型	预期通过骨水泥进行假体固定。
			混合固定型	预期通过骨水泥和生物固定或其他方式进行假体固定。
			生物型	预期使用生物固定的方式进行假体固定。
		特征词 2- 预期用途	正置式（缺省）	正置型肩关节植入物。
			倒置式	倒置型肩关节植入物。
4	肘关节假体	核心词	肘关节假体	预期替代肘关节的假体。
			肘关节尺骨部件	预期植入在尺骨位置的骨替代假体。
			肘关节肱骨部件	预期植入在肱骨位置的骨替代假体。
			肘关节桡骨部件	预期植入在桡骨位置的骨替代假体。
		特征词 1- 技术特点	骨水泥型	预期通过骨水泥进行假体固定。
			混合固定型	预期通过骨水泥和生物固定或其他方式进行假体固定。
			生物型	预期使用生物固定的方式进行假体固定。
5	腕关节假体	核心词	腕关节假体	预期植入在腕关节的骨替代假体。
			腕掌关节假体	预期植入在腕掌关节的骨替代假体。
6	指关节假体	核心词	指关节假体	预期植入在指关节的骨替代假体。
			掌指关节假体	预期植入在掌指关节的骨替代假体。

相关文件

序号	产品类别	术语类型	术语名称	术语描述
7	踝关节假体	核心词	踝关节假体	预期植入在踝关节的骨替代假体。
			踝关节胫骨部件	预期植入在踝关节胫骨的骨替代假体。
			踝关节距骨部件	预期植入在踝关节距骨的骨替代假体。
			距骨衬垫	预期植入在踝关节的软骨替代假体。
		特征词1–技术特点	生物型	预期使用生物固定的方式进行假体固定。
			混合固定	预期通过骨水泥和其他方式进行假体固定。
			骨水泥型	预期通过骨水泥进行假体固定。
8	趾关节假体	核心词	趾关节假体	预期植入在趾关节位置的假体。
			跖趾关节假体	预期植入在跖趾关节位置的假体。
9	颞下颌关节假体	核心词	颞下颌关节关节假体	预期植入在颞下颌关节位置的假体。

表5　骨填充和修复材料

序号	产品类别	术语类型	术语名称	术语描述
1	骨水泥	核心词	骨水泥	骨水泥是骨粘固剂的常用名，骨水泥是一种用于骨科手术的医用材料。（骨水泥是用于粘合骨与植入物的材料）
		特征词1–使用部位	丙烯酸树脂	由丙烯酸类材料制成。
			磷酸钙	由磷酸钙类材料制成。
			其他材料（缺省）	由其他材料制成。
		特征词2–含药特性	含药	包含庆大霉素等药物的骨水泥。
			非含药（缺省）	这里指不含有药物成分的骨水泥，无需体现。
		特征词3–材料组成	关节	预期用于关节部位的骨水泥。
			脊柱	预期用于脊柱部位的骨水泥。
			不限部位（缺省）	不限定使用部位。
2	非金属骨填充植入物	核心词	人工骨	预期替代人体骨的人工生物材料。
			骨修复材料	预期修复骨组织缺损的人工生物材料。
			骨填充材料	预期充填骨缺损腔或骨植入器件与骨床间空隙的材料，其作用是加速骨缺损愈合或使骨植入器件固定。
		特征词1–材料组成	钙磷类	由羟基磷灰石或β磷酸三钙等材料制成，不含胶原。
			硅酸盐类	由硅酸盐类材料制成。
			其他材料（缺省）	由其他材料制成。

序号	产品类别	术语类型	术语名称	术语描述
3	同种异体骨修复材料	核心词	同种异体骨修复材料	通常由同种异体骨经过加工制备而成，不含活细胞成分。
4	金属填充物	核心词	填充块	一般采用钽金属、钛或钛合金等材料制成，具有多孔结构或粗糙表面，用于治疗由于严重退化、创伤或其它病理改变造成的髋关节、膝关节骨缺损。还应包括非多孔材料。
		特征词 1– 材料组成	纯钽	由纯钽材料制成。
			纯钛	由纯钛材料制成。
			其他材料（缺省）	由其他材料制成。
		特征词 2– 结构特点	多孔	具有多孔结构的填充块。
			致密	具有致密结构的填充块。
			其他结构（缺省）	其他结构填充块。
		特征词 3– 使用部位	髋关节	预期用于髋关节部位的填充块。
			膝关节	预期用于膝关节部位的填充块。
			其他部位（缺省）	预期用于其他部位的填充块。
5	含骨形态发生蛋白质 –2 的骨修复材料	核心词	骨修复材料	通常在异种骨、同种异体骨、胶原、无机钙盐类材料、可吸收高分子材料中的一种或两种以上的复合材料中加入骨形态发生蛋白质 –2（BMP–2）。用于骨缺损、骨不连、骨延迟愈合或不愈合的填充修复，以及脊柱融合、关节融合及矫形植骨修复。
		特征词 1– 含药特性	含骨形态发生蛋白质 –2 的	指在材料外表面、材料内部孔隙表面或材料内含有骨形态发生蛋白质 –2。
		特征词 2– 材料组成	异种	指处理后的猪、牛等动物骨组织。
			同种异体	指处理后的同种异体骨组织。
			Ⅰ 型胶原	指提取纯化的 Ⅰ 型胶原。
			无机钙盐	指羟基磷灰石、磷酸三钙或其混合物等无机钙盐。
			复合材料基	由 Ⅰ 型胶原、无机钙盐类材料、可吸收高分子材料等中的一种或两种以上的复合材料组成。

表 6 神经内 / 外科植入物

序号	产品类别	术语类型	术语名称	术语描述
1	单 / 多部件预制颅骨成形术板及紧固件	核心词	预制颅骨成形术板系统	通常由板及紧固件组成。一般采用纯钛、钛合金、钴铬合金等金属材料以及可吸收或不可吸收高分子材料制成。其中板通过紧固装置（如螺钉、金属丝或其它组件）固定就位。

序号	产品类别	术语类型	术语名称	术语描述
2	颅骨固定器	核心词	颅骨锁	通常由单个或多个部件组成。一般采用钛合金等金属材料以及可吸收或不可吸收高分子材料制成。
3	单/多部件颅颌面固定器械及附件	核心词	颅颌面固定系统	通常由一个或多个部件及紧固件组成。一般采用纯钛、钛合金等金属材料以及可吸收或不可吸收高分子材料制成。其中板通过紧固装置（如螺钉或其它组件）固定就位。
4	硬脑脊膜补片	核心词	硬脑脊膜补片	用于硬脑膜、硬脊膜有缺损，手术中须切除部分硬脑膜或有硬脑膜张力性缺损的修补手术中，起到修补、固定、减张和隔离的作用。
		特征词1–材料组成	生物	生物源性材料。
			合成（缺省）	合成材料，非生物源性。
		特征词2–技术特点	可降解	针对由可降解材料制成的植入物。
			不可降解	针对由不可降解材料制成的植入物。
5	动脉瘤夹	核心词	动脉瘤夹	用于脑血管动脉瘤的阻断。
6	颅内支架	核心词	颅内支架	用于颅内血管，通过提供机械性支撑，恢复血管通畅性，以治疗颅内血管病变。
		特征词1–结构特点	覆膜	植入物表面包含人工膜状结构。
			非覆膜（缺省）	植入物表面不包含人工膜状结构。
		特征词2–含药特性	药物洗脱	植入物含有药物，药物在植入部位逐渐释放。
			非药物洗脱（缺省）	植入物不含药物。
7	颅内栓塞植入物	核心词	颅内栓塞剂	植入前呈液体状态的颅内栓塞植入物。
			颅内栓塞微球	植入前呈微球状态的颅内栓塞植入物。
8	颅内弹簧圈系统	核心词	颅内弹簧圈	经导管放置于颅内血管病变处，用于栓塞病变血管。
		特征词1–技术特点	电解脱	采用电解脱方式分离弹簧圈和输送系统。
			机械解脱	采用机械解脱方式分离弹簧圈和输送系统。
			热熔解脱	采用热熔解脱方式分离弹簧圈和输送系统。
			水解脱	采用水解脱方式分离弹簧圈和输送系统。
		特征词2–结构特点	带纤维毛	弹簧圈上附加纤维毛状结构。
			带凝胶芯	弹簧圈内附加凝胶芯结构。
			无附加结构（缺省）	弹簧圈上未附加结构。
		特征词3–结构特点	成篮用	弹簧圈在动脉瘤内起成篮作用。
			非成篮用（缺省）	弹簧圈没有成篮作用。

序号	产品类别	术语类型	术语名称	术语描述
9	人工颅骨	核心词	人工颅骨	一般采用硅橡胶与涤纶网膜材料复合而成，也可采用聚醚醚酮、钛合金等材料制成。
10	脑积液分流器及组件	核心词	脑积液分流器	用于将脑积患者的脑脊液从脑室引流到腹膜腔中。
		特征词 1- 结构特点	可调压	可根据临床需求改变压力。
			不可调（缺省）	不具备改变压力的功能。
11	颅内动脉瘤血流导向装置	核心词	血流导向装置	通常由编织植入物和输送系统组成，限制血流继续进入动脉瘤体，从而使动脉瘤内血流停滞，直至瘤体逐渐缩小。

表 7　心血管植入物

序号	产品类别	术语类型	术语名称	术语描述
1	血管支架系统	核心词	支架系统	球囊扩张型或自扩型植入物，在植入物扩张后通过提供机械性的支撑，以维持或恢复血管的完整性。通常由血管支架和输送系统组成，植入物不可降解。
			可降解支架系统	经腔放置的球囊扩张型或自扩型植入物，在植入物扩张后通过提供机械性的支撑，以维持或恢复血管的完整性。通常由血管支架和输送系统组成，植入物可降解。
		特征词 1- 含药特性	含药	植入物含有药物，当支架置入血管内病变部位后，药物通过洗脱方式有控制地释放至血管壁组织而发挥生物学效应。
			不含药（缺省）	植入物不含药物。
		特征词 2- 使用部位	冠状动脉	通常用于治疗冠状动脉血管的狭窄或畸形。
			胸主动脉	通常用于治疗胸主动脉的动脉瘤、胸主动脉瘤、夹层动脉瘤等介入治疗。
			腹主动脉	通常用于治疗腹主动脉的动脉瘤、腹主动脉瘤、夹层动脉瘤等介入治疗。
			大动脉	通常用于胸主动脉瘤、夹层动脉瘤或腹主动脉瘤的介入治疗。
			股动脉	通常用于治疗股动脉血管的狭窄或畸形。
			颈动脉	通常用于治疗颈动脉血管的狭窄或畸形。
			肾动脉	通常用于治疗肾动脉血管的狭窄或畸形。
			髂动脉	通常用于治疗髂动脉血管的狭窄或畸形。
			外周血管	通常用于治疗外周（多处）动脉血管的狭窄或畸形。
			静脉	通常用于治疗静脉血管的狭窄或畸形。
			其他部位（缺省）	通常用于治疗专用部位血管的狭窄或畸形。

相关文件

序号	产品类别	术语类型	术语名称	术语描述
1	血管支架系统	特征词3-结构特性	非覆膜（缺省）	支架内面或外面无覆盖膜性材料。
			覆膜	支架内面或外面部分或完全覆盖膜性材料，用于有效地改善病变血管的异常血流。
2	腔静脉滤器	核心词	腔静脉滤器	经血管腔放置，通过机械过滤的方式来预防肺栓塞的器械。通常由腔静脉滤器和输送系统组成。一般采用镍钛合金材料制成。
3	人工心脏瓣膜	核心词	生物瓣膜	用于替代或补充天然心脏瓣膜的人工心脏瓣膜。瓣膜的瓣叶由牛心包及猪心包等生物组织制造。通常由缝合环、瓣阀及瓣叶等部件组成。一般采用合成聚合物、动物组织中一种或多种材料制成。
			机械瓣膜	用于替代或补充天然心脏瓣膜的人工心脏瓣膜。瓣膜的瓣叶通常由高级合金、不锈钢等非生物组织材料制造。通常由缝合环、瓣阀及瓣叶等部件组成。一般采用合成聚合物、金属、纺织物或涂层中一种或多种材料制成。
		特征词1-技术特点	经导管	无需通常心脏直视且在非体外循环下植入的人工心脏瓣膜。
			外科手术（缺省）	需要心脏直视并通过体外循环技术完成植入。
		特征词2-使用部位	主动脉瓣	用于替代主动脉瓣膜。
			二尖瓣	通常用于替代二尖瓣膜。
			三尖瓣	用于替代三尖瓣膜。
			其他部位（缺省）	用于替代其他部位瓣膜。
4	带瓣血管	核心词	带瓣血管	通常由人工血管和人工心脏瓣膜缝制而成。
		特征词1-使用部位	主动脉	用于替代天然主动脉瓣膜和升主动脉。
			肺动脉	用于替代天然肺动脉瓣膜和肺动脉。
5	人工心脏瓣膜修复器械	核心词	瓣膜成形环	通过修复和重塑病变的瓣膜瓣环，以治疗瓣环扩张所致的瓣膜关闭不全。
			二尖瓣夹	一般通过介入方式植入并夹紧二尖瓣瓣叶，用于治疗继发性二尖瓣返流。
			人工腱索	通过修复断裂或延长的天然腱索，以治疗由于二尖瓣叶脱垂导致的二尖瓣返流。
6	心血管栓塞植入物	核心词	血管弹簧圈	用于对动静脉畸形或其他血管病变的供血血管进行选择性栓塞的植入物。通常由弹簧圈和输送系统组成。
			血管塞	用于外周血管系统的动脉和静脉栓塞。通常由血管塞和传送装置两部分组成。血管塞由镍钛合金丝网、标记带和末端螺丝组成；传送装置由装载器、推送缆、推送缆末端螺丝连接件和塑料钳组成。

序号	产品类别	术语类型	术语名称	术语描述
7	心脏封堵器	核心词	封堵器	植入物放置于心脏缺损、异常通路或特殊开口等处，并封堵该位置，用于阻止异常血流流通。通常由封堵器和输送系统组成。一般采用镍钛合金、不锈钢及聚酯材料制造。
		特征词 1– 预期目的	卵圆孔未闭	用于卵圆孔未闭的封堵。
			动脉导管未闭	用于动脉导管未闭的封堵。
			左心耳	用于预防左心耳中可能形成的血栓栓塞并降低适合抗凝治疗或对抗凝治疗禁忌的非瓣膜性心房颤动患者出现致命性出血事件。
			房间隔缺损	用于房间隔缺损的封堵。
			室间隔缺损	用于室间隔缺损的封堵。
8	血管假体	核心词	人工血管	用于更换采用直接可视化（相对于荧光或其他非直接成像技术）外科手术技术植入的血管系统的节段或在节段之间形成旁路或分流。
			血管补片	用于修复和重建血管系统的非管状血管假体。
		特征词 1– 技术特点	带涂层	植入物表面涂敷或浸渍于血管假体基底层的涂层材料，该涂层可以是除活细胞之外的其他任何有机或无机材料。
			无涂层（缺省）	植入物表面无涂敷或浸渍于血管假体基底层的涂层材料。
		特征词 2– 材料组成	合成材料（缺省）	植入物的基底层由物理或化学方法制造和 / 或聚合而成的物质制造，但其原材料是非生物源的材料。
			生物材料	部分或全部来源于动物或植物的材料，这些材料可以经过某些化学工艺的处理或改性，但绝对不包括任何以石化产品及其残留物为来源的材料。
		特征词 3– 结构特点	编织型	植入物由合成纤维通过纺织制造方法制成。
			非编织型	植入物没有经过编织过程而由合成材料制成。

表 8　耳鼻喉植入物

序号	产品类别	术语类型	术语名称	术语描述
1	听小骨假体	核心词	听小骨假体	主要用于中耳听骨链的重建。
2	耳内假体	核心词	鼓室成形术假体	用于人体中耳听骨部分或完全的替换。
			通风管假体	用于耳道的鼓室通气和排出鼓室积液。
3	植入性治鼾装置	核心词	舌悬吊系统	通过一个带线骨螺钉固定于下颌骨治疗阻塞性睡眠呼吸暂停和 / 或打鼾。

相关文件

表9 整形及普通外科植入物

序号	产品类别	术语类型	术语名称	术语描述
1	整形植入物	核心词	假体	一种替代人体某个肢体、器官或组织的医疗器械。
			填充物	由聚四氟乙烯、硅橡胶等材料制成的整形填充植入物。
		特征词1-使用部位	面部	用于面部的填充。
			鼻	用于鼻整形的填充。
			乳房	一种带有壳体的用于增加乳房体积或置换乳房的植入物,可以由制造商或外科医生向壳体内填充物体。
			阴茎	用于植入患者阴茎海绵体的白膜腔内,以取代海绵体丧失的膨胀、勃起、支撑阴茎功能的植入物。
			(其他部位)	根据产品实际情况,自行确定相应的使用部位专业术语。
		特征词2-材料组成	硅橡胶	主要植入成分是硅橡胶。
			膨体聚四氟乙烯	主要植入成分是膨体聚四氟乙烯。
			其他材料	根据产品实际情况,自行使用的材料。
		核心词	面部埋植线	植入到面部的线材,对皱纹起纠正作用,线上可含有锯齿。
		特征词1-材料组成	聚对二氧环己酮	埋植线的材料为聚对二氧环己酮。
			其他材料(缺省)	根据产品实际情况,自行使用的材料。
		核心词	提拉线	植入到面部的线材,用于颞部、面颊部松弛下垂组织的提升,线上含有椎体。
2	整形填充物	核心词	注射填充剂	用于注射到真皮层和/或皮下组织以填充增加组织容积等的填充物。
		特征词1-材料组成	胶原蛋白	主要植入成分是经过滤除菌及无菌操作分散于磷酸盐缓冲溶液中的胶原蛋白。
			交联透明质酸钠	主要植入成分是为交联透明质酸钠。
			其他材料(缺省)	由其他材料制成。
		特征词2-含药特性	含药	填充剂中含有药物。
			不含药(缺省)	填充剂中不含药物。
		核心词	软组织扩张器	用于获取自体皮肤组织以解决皮肤供区不足,也可用于头皮缺损、秃发再造、耳鼻再造和各类疤痕的修补。通常由壳体、导管、注射座和连接器组成。
		特征词1-技术特点	自膨胀	使用时无需通过注射生理盐水,使扩张器增容。
			非自膨胀(缺省)	使用时需要通过注射生理盐水,使扩张器增容。
		特征词2-材料组成	水凝胶	由水凝胶材料制成。
			硅橡胶	由硅橡胶材料制成。

序号	产品类别	术语类型	术语名称	术语描述
3	外科补片／外科修补网	核心词	补片	用于加强和修补不完整软组织的缺陷的外科植入物。
		特征词 1－技术特点	可降解	采用可降解材料制造。
			不可降解（缺省）	采用不可降解材料制造。
4	修补固定器	核心词	修补固定器	在多种微创及开放外科手术中，用于固定对软组织进行修补的外科植入物。
		特征词 1－技术特点	可降解	产品采用降解收材料制造。
			不可降解（缺省）	产品采用不可降解材料制造。
5	非血管支架	核心词	支架	用于扩张和支撑非血管管腔的可植入管状结构。
		特征词 1－使用部位	胆道	用于治疗胆道的狭窄或重建胆道的结构和／或功能。
			尿道	用于治疗尿道的狭窄或重建尿道的结构和／或功能。
			肠道	用于治疗肠道的狭窄或重建肠道的结构和／或功能。
			气管	用于治疗气管的狭窄或重建气管的结构和／或功能。
			食道	用于治疗食道的狭窄或重建食道的结构和／或功能。
			胰管	用于治疗胰管的狭窄或重建胰管的结构和／或功能。
			十二指肠	用于治疗十二指肠的狭窄或重建十二指肠的结构和／或功能。
			幽门／十二指肠	用于治疗幽门／十二指肠的狭窄或重建幽门／十二指肠的结构和／或功能。
			鼻窦	用于治疗鼻窦的狭窄或重建鼻窦的结构和／或功能。
			结肠	用于治疗结肠的狭窄或重建结肠的结构和／或功能。
			（其他部位）	用于其他部位的狭窄或重建其结构和／或功能，根据产品实际情况，自行选用相应的使用部位专业术语。
		特征词 2－技术特点	可降解	采用可降解材料制造。
			不可降解	采用不可降解材料制造。
6	支气管内活瓣	核心词	支气管内活瓣	用于控制气流以改善病变分布不均匀的肺气肿患者的肺功能及减少漏气的外科植入物。
7	肛瘘塞	核心词	肛瘘塞	用于需要卷筒状结构填塞的部位以增强软组织强度的一种圆锥体结构植入物。

表 10　组织工程支架材料

序号	术语集	术语类别	术语名称	术语描述
1	脱细胞皮肤替代物	核心词	脱细胞皮肤替代物	指经过一系列脱细胞处理的皮肤组织，临床用于引导患者皮肤修复或再生。

相关文件

序号	术语集	术语类别	术语名称	术语描述
2	皮肤替代物	核心词	皮肤替代物	作为基质或支架材料，用于引导患者表皮、真皮或皮肤的修复或再生。
		特征词1–材料组成	Ⅰ型胶原蛋白	指由Ⅰ型胶原为主的材料组成。
			丝素蛋白	指由丝素蛋白为主的材料组成。
			小肠粘膜下层	指由经处理后的小肠粘膜下层组织为主的材料组成。
			复合材料	由两种或两种以上材料组成。
			其他材料（缺省）	由其他材料组成。
		核心词	组织工程皮肤替代物	指通过组织工程制备，并经处理后不含活细胞，用于引导患者表皮、真皮或皮肤修复、再生的替代物。
		特征词1–材料组成	Ⅰ型胶原基	由Ⅰ型胶原为主的材料组成。
			壳聚糖基	由壳聚糖为主的材料组成。
			复合材料型	由复合材料组成。
			其他材料（缺省）	由其他材料组成。
3	神经修复材料	核心词	脱细胞神经修复材料	指经过一系列的脱细胞处理后，获得的用于修复各种原因所致的周围神经缺损的支架材料。
			神经修复材料	用于修复各种原因所致的周围神经缺损的支架材料。
		特征词1–技术特点	静电纺丝	指使用静电纺丝技术加工。
			其他工艺（缺省）	由其他工艺加工制备。
		特征词2–材料组成	聚合物等（合成材料）	聚合物等合成材料。根据产品材料的实际情况，自行选用相应的专业术语。
			胶原、壳聚糖等（天然材料）	胶原、壳聚糖等提取纯化的动物源性材料。根据产品材料的实际情况，自行选用相应的专业术语。
		特征词3–结构特点	管状	中空管状结构。
			其他结构（缺省）	其他结构。
4	软骨修复材料	核心词	软骨修复材料	通常用于膝等部位的关节软骨修复或再生的支架材料。
		特征词1–材料组成	Ⅰ型胶原	指主要由提取纯化的Ⅰ型胶原构成。
			Ⅱ型胶原	指主要由提取纯化的Ⅱ型胶原构成。
		特征词2–结构特点	水凝胶	指含有或结合水的三维网状结构。
			其他结构（缺省）	指其他结构。

表 11　其他植入物

序号	产品类别	术语类型	术语名称	术语描述
1	骨蜡	核心词	骨蜡	一般适用于骨创面毛细血管止血。
2	漏斗胸矫形器	核心词	漏斗胸矫形器	该产品适用于漏斗胸矫形内固定。
			人工钛肋系统	纵向胸廓成形人工钛肋系统用于机械性的固定和撑开胸廓，纠正胸廓畸形。

五、命名示例

参照表 12-13 命名示例，根据产品实际情况，选择对应子领域术语表，比对描述选择相应术语，按第三条第一款的结构顺序确定通用名称。

表 12　脊柱内固定系统命名示例

核心词	特征词 1				通用名称
	使用部位				
内固定系统	枕颈	颈椎	胸腰椎	脊柱	
√	√				枕颈脊柱内固定系统
√		√			颈椎脊柱内固定系统
√			√		胸腰椎脊柱内固定系统
√				√	脊柱内固定系统

表 13　颅内弹簧圈系统命名示例

核心词	特征词 1				特征词 2			特征词 3		通用名称
	技术特点				结构特点			结构特点		
颅内血管弹簧圈	电解脱	机械解脱	热熔解脱	水解脱	带纤维毛	带凝胶芯	无附加结构（缺省）	成蓝用	非成蓝用（缺省）	
√	√				√			√		电解脱带纤维毛成蓝用颅内血管弹簧圈
√		√				√			√	机械解脱带凝胶芯颅内血管弹簧圈

六、参考资料

［1］国家食品药品监督管理总局关于发布医疗器械分类目录的公告（2017 年第 104 号）

［2］YY 0341-2009 骨接合用无源外科金属植入物　通用技术条件

［3］YY/T 0640-2016 无源外科植入物　通用要求

［4］无源植入器械相关的国家标准、行业标准

［5］无源植入器械相关注册指导原则

相关文件

［6］国家药品监督管理局医疗器械注册数据库

［7］Global Medical Device Nomenclature（GMDN）

［8］U.S. Food and Drug Administration Product Classification Database

［9］Japanese Medical Device Nomenclature（JMDN）

七、起草单位

本指导原则由国家药品监督管理局医疗器械标准管理中心编写并负责解释。

附件5

医疗器械消毒灭菌器械通用名称命名指导原则

本指导原则依据《医疗器械通用名称命名规则》和《医疗器械通用名称命名指导原则》制定，用于指导医疗器械消毒灭菌器械的通用名称制定。

本指导原则是对备案人、注册申请人、审查人员的指导性文件，不包括注册审批所涉及的行政事项，不作为法规强制执行。若有满足相关法规要求的其他方法，也可采用，并应提供充分的研究资料和验证资料。本指导原则是在现行法规和标准体系以及当前认知水平下制定的，应在遵循相关法规的前提下使用。随着法规和标准的不断完善，以及科学技术的不断发展，本指导原则相关内容也将进行适时的调整。

一、适用范围

本指导原则适用于非接触人体的、用于医疗器械消毒灭菌的医疗器械，不包括以"无源医疗器械或部件＋化学消毒剂"组合形式的专用消毒器械。

二、核心词和特征词的制定原则

（一）核心词

医疗器械消毒灭菌器械核心词是对具有相同或者相似的技术原理、预期目的的医疗器械的概括表述。如"压力蒸汽灭菌器"、"紫外线消毒器"、"清洗器"等。

（二）特征词

医疗器械消毒灭菌器械涉及的特征词主要包括以下方面的内容：

——结构特点：指对产品结构、外观形态的描述，如"卧式"、"立式"、"手提式"、"大型"、"小型"等结构特点。

——作用对象：指产品特定的作用对象，如"内窥镜"。

——技术特点：指产品特殊作用原理、机理或者特殊性能的说明或者限定，如"环氧乙烷"、"过氧化氢"等。

（三）特征词的缺省

术语表中某一特征词项下的惯常使用或公认的某一特性可设置为"缺省"，在通用名称中不做体现，以遵从惯例或方便表达。

如清洗消毒器分为自动和手动，自动是指通过程序控制，设备自动完成对医疗器械清洗消毒等处理，自动特征属性设为缺省；手动是需要人工对医疗器械进行手动清洗，设备通常由不同功能槽及附件组成，用"手动"作为特征词。

具有多个处理腔体，运行周期的各阶段之间可自动传送负载的自动控制的清洗消毒器，称为连续处理清洗消毒器，将"连续处理"作为特征词，而一般在一个腔体内完成运行周期各阶段的清洗消毒器或手动清洗消毒器不能进行"连续处理"，因此特征词设为"缺省"。

三、通用名称的确定原则

（一）通用名称组成结构

原则上，通用名称由一个核心词和一般不超过三个的特征词组成，按"特征词1（如有）＋特征

相关文件

词2（如有）+特征词3（如有）+核心词"结构编制。

（二）核心词和特征词选取原则

核心词和特征词应根据产品真实属性和特征，优先在术语表中选择。对于术语表未能包含的，新产品或原有产品有新的特征项需要体现，或者需在某一特征项下加入新术语，可对术语表进行补充或调整。

核心词应在该类别项下选择最适合产品属性的核心词，核心词不可缺省。

特征词则应按照产品相关特征，依次在术语表中特征词1、特征词2、特征词3每项下选择一个与之吻合的特征词术语。

（三）特别说明

酸性氧化电位水生成器是利用电解槽将混有一定比例氯化钠和经软化处理的自来水电解，在阳极侧生成具有低浓度有效氯、高氧化还原电位的酸性水溶液用于医疗器械消毒的设备。考虑习惯命名，将"酸性氧化电位水生成器"作为核心词。

四、命名术语表

在表1到表5中，列举了医疗器械消毒灭菌器械各子领域典型产品的核心词和特征词可选术语，并对其进行了描述。

表1 湿热消毒灭菌设备

序号	产品类别	术语类别	术语名称	术语描述
1	压力蒸汽灭菌器	核心词	压力蒸汽灭菌器	通过工作压力高于正常大气压的水蒸汽作用，对医疗器械进行灭菌的设备。
		特征词1–结构特点	大型	灭菌室为卧式结构，且容积大于60L，可以装载一个或者多个灭菌单元。
			小型	灭菌室为卧式结构，且容积不超过60L，不能装载一个灭菌单元。
			（缺省）	灭菌室开口向上或灭菌室为卡匣式结构。
		特征词2–结构特点	立式	灭菌室开口向上（不包括手提式，一般质量大于25kg）。
			手提式	灭菌室开口向上，体积较小（一般质量不大于25kg）。
			卡式	灭菌室为卡匣式结构、容积不大于10 L且灭菌后可整体取出灭菌盒。
			卧式（缺省）	灭菌室侧向开口。
2	煮沸消毒器	核心词	煮沸消毒器	使用加热至65~100℃的热水，以浸没方式对清洗后的医疗器械进行消毒的设备。
3	蒸汽消毒器	核心词	蒸汽消毒器	通过电加热产生蒸汽或外接蒸汽对医疗器械进行消毒的设备。

表2 干热消毒灭菌设备

序号	产品类别	术语类别	术语名称	术语描述
1	干热灭菌器	核心词	热空气灭菌器	使用对流热空气对医疗器械进行灭菌的设备。
			热辐射灭菌器	利用辐射的热能对医疗器械进行灭菌的设备。
2	热空气消毒器	核心词	热空气消毒器	使用对流热空气对医疗器械进行消毒的设备。

表 3　化学消毒灭菌设备

序号	产品类别	术语类别	术语名称	术语描述
1	化学灭菌器	核心词	化学灭菌器	通过化学灭菌因子的作用，对医疗器械进行灭菌的设备。
		特征词 1– 技术特点	单一化学灭菌剂的名称	利用环氧乙烷、蒸汽甲醛、过氧化氢等化学灭菌剂对医疗器械进行灭菌，以单一化学灭菌剂的名称作为特征词，同时，核心词中"化学"两字可省略。
			使用多种化学灭菌剂（缺省）	若设备中使用两种或两种以上化学灭菌剂，不体现该特征词。
		特征词 2– 结构特点	等离子体	具有等离子体发生装置可形成等离子态。
			无等离子体（缺省）	若不具有等离子体发生装置，特征词缺省。
2	化学消毒器	核心词	化学消毒器	通过消毒因子的作用，对医疗器械进行消毒的设备。
		特征词 1– 作用对象	通用（缺省）	可用于消毒多种医疗器械，也可包括硬式内窥镜。
			内窥镜	只用于消毒软式内窥镜。
			回路	只用于消毒呼吸和\或麻醉机的内部回路。
		特征词 2– 技术特点	单一化学消毒剂的名称	利用过氧乙酸、戊二醛、臭氧等作为化学消毒剂对医疗器械进行消毒，以单一化学消毒剂的名称作为特征词，同时，核心词中"化学"两字可省略。
			使用多种化学消毒剂（缺省）	若设备中使用两种或两种以上化学消毒剂，不体现该特征词。
3	酸性氧化电位水生成器	核心词	酸性氧化电位水生成器	利用电解槽将混有一定比例氯化钠和经软化处理的自来水电解，在阳极侧生成具有低浓度有效氯、高氧化还原电位的酸性水溶液用于医疗器械消毒的设备。

表 4　辐射消毒灭菌设备

序号	产品类别	术语类别	术语名称	术语描述
1	紫外线消毒器	核心词	紫外线消毒器	利用紫外灯发出的紫外线作用使病原微生物灭活而对医疗器械进行消毒的设备。

表 5　清洗消毒设备

序号	产品类别	术语类别	术语名称	术语描述
1	清洗消毒器	核心词	清洗消毒器	对医疗器械进行清洗和消毒处理的设备。
		特征词 1–结构特点	自动（缺省）	通过程序控制，自动完成对医疗器械清洗消毒等处理。
			手动	由不同功能槽及附件组成，需要人工对医疗器械进行手动清洗，并采用化学消毒剂进行消毒。

相关文件

377

序号	产品类别	术语类别	术语名称	术语描述
1	清洗消毒器	特征词2–结构特点	连续处理	具有多个处理腔体,运行周期的各阶段之间可自动传送负载的自动清洗消毒器。
			单腔体(缺省)	只具有一个用于清洗消毒腔体的自动清洗消毒器或手动清洗消毒器。
		特征词3–作用对象	通用(缺省)	可用于处理多种医疗器械。
			内窥镜	只用于清洗消毒软式内窥镜。
2	清洗器	核心词	清洗器	利用水、清洗剂等对医疗器械进行清洗的设备。
		特征词1–结构特点	自动(缺省)	通过程序控制,自动完成对医疗器械的清洗。
			手动	由不同功能槽及附件组成,需要人工对医疗器械进行手动清洗。
		特征词2–作用对象	通用(缺省)	可用于清洗多种医疗器械。
			内窥镜	只用于清洗软式内窥镜。

五、命名示例

根据产品实际情况,选择对应子领域术语表,比对描述选择相应术语,按三(一)条的结构顺序确定通用名称。

表6 压力蒸汽灭菌器命名示例

核心词	特征词1			特征词2				通用名称
	结构特点			结构特点				
	大型	小型	(缺省)	立式	手提式	卡式	卧式(缺省)	
压力蒸汽灭菌器	√						√	大型压力蒸汽灭菌器
		√					√	小型压力蒸汽灭菌器
			√	√				立式压力蒸汽灭菌器
			√		√			手提式压力蒸汽灭菌器
			√			√		卡式压力蒸汽灭菌器

六、参考资料

[1] GB 8599–2008 大型蒸汽灭菌器 技术要求 自动控制型

[2] GB 28234–2011 酸性氧化电位水生成器安全与卫生标准

[3] GB/T 35267–2017 内镜清洗消毒器

[4] GB/T 32309–2015 过氧化氢低温等离子体灭菌器

[5] YY 0731–2009 大型蒸汽灭菌器 手动控制型

[6] YY 1007–2010 立式蒸汽灭菌器

［7］YY 0504–2016 手提式压力蒸汽灭菌器

［8］YY 1275–2016 热空气型干热灭菌器

［9］YY 0503–2016 环氧乙烷灭菌器

［10］YY 0992–2016 内镜清洗工作站

［11］YY/T 0646–2015 小型蒸汽灭菌器 自动控制型

［12］YY/T 1609–2018 卡式蒸汽灭菌器

［13］YY/T 0679–2016 医用低温蒸汽甲醛灭菌器

［14］YY/T 0215–2016 医用臭氧消毒柜

［15］YY/T 0734.1–2018 清洗消毒器 第 1 部分：通用要求、术语定义和试验

［16］消毒技术规范（2002 版）

［17］国家药品监督管理局医疗器械注册数据库

［18］U.S. Food and Drug Administration. Product Classification Database

七、起草单位

本指导原则由国家药品监督管理局医疗器械标准管理中心编写并负责解释。

相关文件

国家药监局关于发布医用康复器械通用名称命名指导原则等 6 项指导原则的通告

2021 年第 48 号

　　为进一步规范医疗器械通用名称，加强医疗器械全生命周期管理，国家药品监督管理局组织制定了《医用康复器械通用名称命名指导原则》《中医器械通用名称命名指导原则》《放射治疗器械通用名称命名指导原则》《医用软件通用名称命名指导原则》《呼吸、麻醉和急救器械通用名称命名指导原则》和《妇产科、辅助生殖和避孕器械通用名称命名指导原则》，现予发布。

　　特此通告。

　　附件：1. 医用康复器械通用名称命名指导原则

　　　　　2. 中医器械通用名称命名指导原则

　　　　　3. 放射治疗器械通用名称命名指导原则

　　　　　4. 医用软件通用名称命名指导原则

　　　　　5. 呼吸、麻醉和急救器械通用名称命名指导原则

　　　　　6. 妇产科、辅助生殖和避孕器械通用名称命名指导原则

国家药监局

2021 年 7 月 12 日

附件 1

医用康复器械通用名称命名指导原则

本指导原则依据《医疗器械通用名称命名规则》和《医疗器械通用名称命名指导原则》制定，用于指导医用康复器械产品通用名称的制定。

本指导原则是对备案人、注册申请人、审查人员的指导性文件，不包括注册审批所涉及的行政事项，不作为法规强制执行。若有满足相关法规要求的其他方法，也可采用，并应提供充分的研究资料和验证资料。本指导原则是在现行法规和标准体系以及当前认知水平下制定的，应在遵循相关法规的前提下使用。随着法规和标准的不断完善，以及科学技术的不断发展，本指导原则相关内容也将进行适时的调整。

一、适用范围

本指导原则适用于医用康复器械类医疗器械产品，主要有助听、助讲类设备、康复训练设备、助行器械、矫形固定器械等医用康复器械。

二、核心词和特征词的制定原则

（一）核心词

本领域的核心词是对具有相同或者相似的技术原理、结构组成或者预期目的的医用康复器械的概括表述。如"助听器"、"医用康复训练仪"、"轮椅车"等。

（二）特征词

医用康复器械涉及的特征词主要包括以下方面的内容：

——结构特点：指产品主要结构构成方式的描述，如助听器中的"耳背式""耳内式""盒式"，医用助行架中的"框式""轮式"等。

——技术特点：指产品的技术原理、动力来源等，如助听器的"气导（缺省）""骨导"，轮椅车的"手动""电动"等。

——使用部位：指产品发挥其主要功能的患者部位，可以是人体的关节、器官、部位、肌肉等。如"上肢""下肢""躯干""肘""舌"等，此特征词可根据产品使用部位自行选择。

——预期用途：指产品适用的临床使用范围或用途，包括康复项目如"振动""认知障碍""步态""平衡"等；或使用范围如"婴儿"等。

（三）特征词的缺省

术语表中某一特征词项下的惯常使用或公认的某一特性可设置为"缺省"，在通用名称中不做体现，以遵从惯例或方便表达的处理方式，如助听器多为气导方式，故"气导"这一特征词为缺省。

当以使用部位作为特征词时，若存在多个命名术语的情形，应明确其在通用名称中的位置，列出需要缺省的命名术语，其他专用部位的命名术语可不一一列举。

三、通用名称的确定原则

（一）通用名称组成结构

医用康复器械通用名称按"特征词 1（如有）+特征词 2（如有）+特征词 3（如有）+核心词"结构编制。

相关文件

（二）核心词和特征词选取原则

核心词和特征词应根据产品真实属性和特征，优先在术语表中选择。对于术语表未能包含的，新产品或原有产品有新的特征项需要体现，或者需在某一特征项下加入新术语，可对术语表进行补充或调整。

核心词应在该类别项下选择最适合产品属性的核心词，核心词不可缺省。

特征词则应按照产品相关特征，依次在术语表中每个特征词项下选择一个与之吻合的术语。对未一一列举的使用部位特征词，根据产品实际情况，自行选用相应的专业术语。

（三）特别说明

本指导原则中医用康复训练设备未包含预期临床仅用于评估的康复评估类设备。

四、命名术语表

在表1到表4中，列举了医用康复器械各子领域典型产品的核心词和特征词的可选术语，并对其进行了描述。

表 1　助听、助讲类设备

序号	产品类别	术语类型	术语名称	术语描述
1	助讲器	核心词	助讲器	用于辅助全喉切除患者发声。
2	助听器	核心词	助听器	用于听力损失患者的听力补偿。
		特征词1–结构特点	耳背式	通过耳钩连接，佩戴在耳廓背部。
			耳内式	根据耳甲腔形状定制，佩戴于耳甲腔中。
			盒式	佩戴在听者身上（不是戴在头部）。
			气导（缺省）	通过气导方式放大后的声音通过耳道气体传导到内耳。
			骨导	将放大后的声音通过乳突或头骨机械振动的方式传导到内耳。

表 2　康复训练设备

序号	产品类别	术语类型	术语名称	术语描述
1	医用康复训练仪	核心词	医用康复训练仪	用于康复训练的设备。
		特征词1–使用部位	不限部位（缺省）	不限制使用部位。
			上肢、肩、踝等（专用部位）	专用使用部位，如上肢、肩、踝等，可以是人体的关节、器官、部位、肌肉等。
		特征词2–预期用途	认知障碍	用于认知障碍患者。
			视觉	用于视觉障碍患者。
			听觉	用于听觉障碍患者。
			言语障碍	用于言语障碍患者。
			步态	用于对下肢步行障碍患者进行步态康复训练。
			平衡	用于对平衡能力障碍患者进行康复训练。

序号	产品类别	术语类型	术语名称	术语描述
1	医用康复训练仪	特征词 2- 预期用途	振动	用于改善运动功能障碍患者的肌肉功能、平衡性和协调性。
			关节肌肉（缺省）	用于对关节功能障碍患者进行康复训练。

表 3　助行器械

序号	产品类别	术语类型	术语名称	术语描述
1	医用轮椅车	核心词	轮椅车	用于行动障碍患者转运、行走功能补偿。
		特征词 1- 技术特点	电动	电池驱动、网电源充电。
			手动	手动驱动。
2	医用拐	核心词	拐	辅助患者站立或行走，进行康复训练。
		特征词 1- 使用部位	肘、腋等（专用部位）	专用使用部位，如"肘"、"腋"等。
3	医用助行架	核心词	助行架	辅助患者站立或行走，进行康复训练。
		特征词 1- 结构特点	框式	/
			轮式	/
			台式	/

表 4　矫形固定器械

序号	产品类别	术语类型	术语名称	术语描述
1	矫形器	核心词	矫形器	用于对人体躯干、四肢、头部等部位畸形的矫正、辅助治疗。
		特征词 1- 预期用途	婴儿	预期仅用于婴儿。
			其他（缺省）	预期用于除婴儿外的其他人群。
		特征词 2- 使用部位	上肢、下肢、躯干、头部等（专用部位）	专用使用部位，上肢、下肢、躯干、头部等。
2	固定器	核心词	康复固定器	用于对人体躯干、四肢、头部等部位的外固定或支撑，起到康复的目的。
		特征词 1- 使用部位	上肢、下肢、躯干、头部等（专用部位）	专用使用部位，上肢、下肢、躯干、头部等。

五、命名示例

参照表 5、表 6、表 7 命名示例，根据产品实际情况，选择对应子领域术语表，比对描述选择相应术语，按第三条第（一）款的结构顺序确定通用名称。

相关文件

表 5　助听器命名示例

核心词	特征词 1			特征词 2		通用名称
	结构特点			技术特点		
助听器	耳背式	耳内式	盒式	气导（缺省）	骨导	
√		√		√		耳内式助听器
√	√			√		耳背式助听器
√			√	√		盒式助听器
√			√		√	盒式骨导助听器

表 6　康复训练设备命名示例

核心词	特征词 1		特征词 2								通用名称
	使用部位		预期用途								
医用康复训练仪	不限部位（缺省）	上肢、肩、踝等（专用部位）	认知障碍	视觉	听觉	言语障碍	步态	平衡	振动	关节肌肉（缺省）	
√	√		√								认知障碍医用康复训练仪
√	√						√				步态医用康复训练仪
√		膝关节√								√	膝关节医用康复训练仪
√		手掌肌肉√								√	手掌肌肉医用康复训练仪
√		上肢√								√	上肢医用康复训练仪

表 7　矫形固定器械命名示例

核心词	特征词 1		特征词 2	通用名称
	预期用途		使用部位	
矫形器	婴儿	其他（缺省）	上肢、下肢、躯干、头部等（专用部位）	
√		√	脊柱√	脊柱矫形器
√	√		颅骨√	婴儿颅骨矫形器
√		√	下肢√	下肢矫形器
√		√	上肢√	上肢矫形器

六、参考资料

［1］GB 9706.1–2020 医用电气设备 第 1 部分：基本安全和基本性能的通用要求

［2］GB/T 15237.1–2000 术语工作 词汇 第 1 部分 理论与应用

［3］IEC 60788–2004 医用电气设备 – 术语定义汇编

［4］GB/T 14199–2010 电声学 助听器通用规范

［5］国家食品药品监督管理总局关于发布医疗器械注册单元划分指导原则的通告

［6］国家食品药品监督管理总局关于发布医疗器械分类目录的公告（2017 年第 104 号）

［7］Global Medical Device Nomenclatur（GMDN）

［8］U.S. Food and Drug Administration Product Classification Database

［9］Japanese Medical Device Nomenclature（JMDN）

七、起草单位

本指导原则由国家药品监督管理局医疗器械标准管理中心编写并负责解释。

相关文件

附件2

中医器械通用名称命名指导原则

本指导原则依据《医疗器械通用名称命名规则》和《医疗器械通用名称命名指导原则》制定，用于指导中医器械产品通用名称的制定。

本指导原则是对备案人、注册申请人、审查人员的指导性文件，不包括注册审批所涉及的行政事项，不作为法规强制执行。若有满足相关法规要求的其他方法，也可采用，并应提供充分的研究资料和验证资料。本指导原则是在现行法规和标准体系以及当前认知水平下制定的，应在遵循相关法规的前提下使用。随着法规和标准的不断完善，以及科学技术的不断发展，本指导原则相关内容也将进行适时的调整。

一、适用范围

本指导原则适用于中医器械产品，主要包括中医诊断设备、中医治疗设备、中医器具。

二、核心词及特征词制定原则

（一）核心词

本领域核心词是对具有相同或者相似的技术原理、结构组成或者预期目的的中医器械的概括表述。如"舌诊仪"、"脉诊仪"、"拔罐器"、"针灸针"等。

（二）特征词

中医器械特征词的选取主要涉及以下方面的内容：

——使用部位：产品在人体的作用部位。例如：全身、局部、头部、颈部、体穴、耳穴等。

——结构特点：对产品特定结构、外观形态的描述。如手持式、非手持式、颗粒型、揿钉型等。

——技术特点：对产品特殊作用原理、机理或者特殊性能的说明或者限定。如抽气式（拔罐器）、旋转式（拔罐器）、挤压式（拔罐器）。

——材料组成：产品的主要材料或者主要成分的描述。如玻璃（火罐）、竹（火罐）。

——使用形式：分为"可重复使用"和"一次性使用"。可重复使用医疗器械指处理后可再次使用的医疗器械。一次性使用医疗器械指仅供一次性使用，或在一次医疗操作过程中只能用于一例患者的医疗器械。

——提供形式：分为"无菌"和"非无菌"。无菌医疗器械指以无菌形式提供，直接使用的医疗器械产品。非无菌医疗器械指以非无菌形式提供的医疗器械产品。

（三）特征词的缺省

术语表中某一特征词项下的惯常使用或公认的某一特性可设置为"缺省"，在通用名称中不做体现，以遵从惯例、简化名称及方便表达。如针灸针有"一次性使用"和"可重复使用"两种，"可重复使用"这一特征词可缺省，仅体现"一次性使用"的情况。

使用部位、技术特点或材料组成等特征词项下，若存在多个专用术语的情形，将"通用"一词设置为缺省，指产品在该特征词项并无需要体现的专用特点，而非指该产品各种情况通用。其他专用使用部位、技术特点或材料组成的命名术语可不一一列举。

三、通用名称确定原则

（一）通用名称组成结构

通常情况下，中医器械通用名称按"特征词1（如有）+特征词2（如有）+特征词3（如有）+核心词"结构编制。

（二）核心词和特征词选取原则

核心词和特征词应根据产品真实属性和特征，优先在术语表中选择。对于术语表未能包含的，新产品或原有产品有新的特征项需要体现，或者需在某一特征项下加入新术语，可对术语表进行补充或调整。

核心词应在该类别项下选择最适合产品属性的核心词，核心词不可缺省。

特征词则应按照产品相关特征，依次在术语表中每个特征词项下选择一个与之吻合的术语。未一一列举的使用部位、技术特点或材料组成等特征词，根据产品实际情况，自行选用相应的专业术语。

（三）特别说明

由一种以上功能组合而成，需配合使用从而实现中医为主的预期用途的产品，其产品名称应体现组合形式和主要临床预期用途。

四、命名术语表

在表1到表3中，列举了中医器械各子领域典型产品的核心词和特征词的可选术语。

表1　中医器具

序号	产品类别	术语类型	术语名称	术语描述
1	火罐	核心词	火罐	一种杯罐工具，通过燃烧的方式产生负压，吸着于皮肤造成淤血现象，从而达到治疗疾病的目的。
		特征词1–材料组成	竹	制作材料为竹子。
			玻璃（缺省）	制作材料为玻璃。
2	手动拔罐器	核心词	拔罐器	一种以杯罐作为工具，借助除燃烧以外的其他方法手动排去其中的空气产生负压，使之吸着于皮肤，造成淤血现象，从而达到治疗疾病的目的。
		特征词1–技术特点	抽气式（缺省）	由罐体、气阀、抽气装置和连接软管组成，通过抽气装置运动产生负压。
			旋转式	由罐体、密封活塞、螺旋柱、旋转把手组成，通过旋转把手带动螺旋柱运动产生负压。
			挤压式	通过挤压使罐体变形产生负压。
		特征词2–材料组成	塑料	制作材料为塑料。
			硅胶	制作材料为硅胶。
			玻璃（缺省）	制作材料为玻璃。
3	针灸针	核心词	针灸针	通常由针体、针尖、针柄和/或套管组成。针体的前端为针尖，后端设针柄，针体跟针尖都是光滑的，而针柄多有螺纹。

相关文件

序号	产品类别	术语类型	术语名称	术语描述
3	针灸针	特征词1–使用形式	一次性使用	指仅供一次性使用，或在一次医疗操作过程中只能用于一例患者。
			可重复使用（缺省）	处理后可再次使用的医疗器械。
		特征词2–提供形式	无菌	以无菌形式提供，直接使用的医疗器械。
			非无菌（缺省）	以非无菌形式提供。
4	三棱针	核心词	三棱针	通常由针体、针尖和针柄组成。针柄呈圆柱状，针身至针尖呈三角锥形。用于中医刺破出血。
		特征词1–使用形式	一次性使用	指仅供一次性使用，或在一次医疗操作过程中只能用于一例患者。
			可重复使用（缺省）	处理后可再次使用的医疗器械。
		特征词2–提供形式	无菌	以无菌形式提供，直接使用的医疗器械。
			非无菌（缺省）	以非无菌形式提供。
5	小针刀	核心词	小针刀	通常由手持柄、针体和针刀组成。针刀宽度一般与针体直径相等，刃口锋利。用于人体皮下或肌肉深部割治使用。
		特征词1–使用形式	一次性使用	指仅供一次性使用，或在一次医疗操作过程中只能用于一例患者。
			可重复使用（缺省）	处理后可再次使用的医疗器械。
		特征词2–提供形式	无菌	以无菌形式提供，直接使用的医疗器械。
			非无菌（缺省）	以非无菌形式提供。
6	皮肤针	核心词	皮肤针	通常由针盘、针体、针尖和针柄组成。外形似小锤状，一端附有莲蓬状的针盘，在针盘下规则嵌有不锈钢短针。
		特征词1–使用形式	一次性使用	指仅供一次性使用，或在一次医疗操作过程中只能用于一例患者。
			可重复使用（缺省）	处理后可再次使用的医疗器械。
		特征词2–提供形式	无菌	以无菌形式提供，直接使用的医疗器械。
			非无菌（缺省）	以非无菌形式提供。
7	滚针	核心词	滚针	通常由支架、滚轮、不锈钢针、手柄等组成。用于体表特定部位的局部刺激。
		特征词1–使用形式	一次性使用	指仅供一次性使用，或在一次医疗操作过程中只能用于一例患者。
			可重复使用（缺省）	处理后可再次使用的医疗器械。

序号	产品类别	术语类型	术语名称	术语描述
7	滚针	特征词 2– 提供形式	无菌	以无菌形式提供，直接使用的医疗器械。
			非无菌（缺省）	以非无菌形式提供。
8	皮内针	核心词	皮内针	用于刺入皮内的小型针刺工具，通常固定后留置一定时间，利用其持续刺激作用进行治疗。
		特征词 1– 使用形式	一次性使用	指仅供一次性使用，或在一次医疗操作过程中只能用于一例患者。
			可重复使用（缺省）	处理后可再次使用的医疗器械。
		特征词 2– 提供形式	无菌	以无菌形式提供，直接使用的医疗器械。
			非无菌（缺省）	以非无菌形式提供。
		特征词 3– 结构特点	颗粒型	针柄形似麦粒或呈环形，针身与针柄成一直线。
			揿钉型	针柄呈环形，针身与针柄呈垂直状。
9	埋线针	核心词	埋线针	通常由衬心座、针座、针管、衬芯和保护套组成。用于穴位的穿刺埋线。
		特征词 1– 使用形式	一次性使用	指仅供一次性使用，或在一次医疗操作过程中只能用于一例患者。
			可重复使用（缺省）	处理后可再次使用的医疗器械。
		特征词 2– 提供形式	无菌	以无菌形式提供，直接使用的医疗器械。
			非无菌（缺省）	以非无菌形式提供。
10	浮针	核心词	浮针	通常由针芯、针座、软管和保护套组成。
		特征词 1– 使用形式	一次性使用	指仅供一次性使用，或在一次医疗操作过程中只能用于一例患者。
			可重复使用（缺省）	处理后可再次使用的医疗器械。
		特征词 2– 提供形式	无菌	以无菌形式提供，直接使用的医疗器械。
			非无菌（缺省）	以非无菌形式提供。
11	灸疗器具	核心词	灸疗装置	通过灸材固定装置和 / 或温度调节装置限定和 / 或调节灸材与施灸表面的相对距离，从而控制灸材燃烧对人体产生温热作用。
12	穴位贴	核心词	穴位贴	通常由永磁体或磁性物质、远红外材料（如陶瓷粉）和医用胶布组成。应用磁场、远红外线等物理因子作用于人体穴位的器具。
		特征词 1– 技术特点	磁场、远红外、压力等（物理因子）	不同的物理因子，如磁场、远红外、压力等。
13	刮痧器具	核心词	刮痧板	通常采用不同形状不同尺寸的硬质材料制成，用于刮痧治疗。

相关文件

表 2 中医治疗设备

序号	产品类别	术语类型	术语名称	术语描述
1	经络穴位刺激仪	核心词	电针治疗仪	通过电极针将电子器件产生的电脉冲刺激给患者穴位进行治疗和辅助治疗的仪器。
			穴位刺激仪	通过非针形电极将电子器件产生的电脉冲刺激给患者穴位进行治疗和辅助治疗的仪器。
			经络导平治疗仪	通过与患者直接接触的电极，对体表穴位或特定部位以无创方式施加不小于峰值 1500V 高压（负载阻抗 20kΩ±10%）低频脉冲电信号，疏通病灶区及相应的经络配穴点，以中医导平疗法医理进行治疗的设备。通常由主机、输出连接线、输出电极和（或）导推器组成。
		特征词 1– 使用部位	体穴（缺省）	作用部位为身体穴位。
			耳穴	作用部位为耳穴。
2	电动拔罐器	核心词	电动拔罐器	通常由电动负压源、导管、罐体等组成。通过负压源使罐体内产生负压，使之吸着于皮肤，造成淤血现象的一种疗法。
3	熏蒸仪	核心词	熏蒸仪	通过对药液（或药物加水）进行加热，产生药蒸汽熏蒸患处，以达到治疗目的带有温度控制功能的设备。
		特征词 1– 使用部位	全身（缺省）	使用部位为全身。
			鼻腔等（专用部位）	专用使用部位，如鼻腔等。
4	灸疗仪	核心词	灸疗仪	利用电子器件发热原理，对灸垫等进行加热，施灸于人体穴位或特定部位的设备。
5	灸疗控制装置	核心词	灸疗控制装置	通过实时监测温度并反馈给驱动电机，自动调节灸材与施灸部位间的距离，从而对灸材燃烧所产生温热作用进行控制。
6	温针治疗仪	核心词	温针治疗仪	通常由主机（含加热装置和控温装置）和（或）针具组成。通过加热装置对针具进行加热并作用于人体穴位或特定部位的设备。
6	温针治疗仪	特征词 1– 技术特点	内热式	通过针尖的自发热功能进行温针治疗。
			外热式（缺省）	通过对针的夹持装置进行加热，热传导作用于人体进行治疗。
7	激光穴位治疗仪	核心词	激光穴位治疗仪	利用激光束对穴位进行照射的设备，通常由主机和激光辐射探头组成。
8	微波穴位治疗仪	核心词	微波穴位治疗仪	通常由主机和微波辐射器组成，微波辐射器尺寸适合作用于穴位（无创）。利用微波对人体穴位进行作用以产生类似于针灸效果的设备。

表 3 中医诊断设备

序号	产品类别	术语类型	术语名称	术语描述
1	脉诊仪	核心词	脉诊仪	通过皮表对桡动脉及周边组织的腕部寸、关、尺部位以无创的方式，在施加外力的条件下进行脉象采集的设备，用于中医脉诊。
2	望诊仪	核心词	望诊仪	通过成像装置（数字（码）照相机或影像传感器）获取舌象、面象等信息的设备，用于中医望诊。
		特征词1–使用部位	舌象、面象等（诊断对象）	专用的诊断部位，如舌象、面象等。
3	中医阻抗检测仪	核心词	阻抗检测仪	在对检测对象施加检测用电信号的条件下，对穴位或体表特定点进行无创阻抗检测的中医辅助诊断设备。
		特征词1–使用部位	经络穴位	检测部位为全身经络、穴位。
			经络	检测部位为全身经络。

五、命名示例

参照表4–表5命名示例，根据产品实际情况，选择对应子领域术语表，比对定义选择相应术语，按三（一）所述的结构顺序确定通用名称。

表 4 望诊仪命名示例

核心词	特征词1		通用名称
	使用部位		
	舌象	面象	
望诊仪	√		舌象望诊仪
		√	面象望诊仪

表 5 手动拔罐器命名示例

核心词	特征词1			特征词2			通用名称
	技术特点			材料组成			
拔罐器	抽气式（缺省）	旋转式	挤压式	塑料	硅胶	玻璃（缺省）	
	√			√			塑料拔罐器
	√				√		硅胶拔罐器
	√					√	拔罐器
		√		√			旋转式塑料拔罐器
		√				√	旋转式拔罐器
			√		√		挤压式硅胶拔罐器

相关文件

六、参考资料

[1] GB 2024–2016 针灸针

[2] YY 0104–2018 三棱针

[3] YY 0780–2018 电针治疗仪

[4] YY/T 1036–2016 熏蒸治疗仪

[5] YY/T 1488–2016 舌象信息采集设备

[6] YY/T 1489–2016 中医脉图采集设备

[7] YY/T 1490–2016 电子加热灸疗设备

七、起草单位

本指导原则由国家药品监督管理局医疗器械标准管理中心编写并负责解释。

附件 3

放射治疗器械通用名称命名指导原则

本指导原则依据《医疗器械通用名称命名规则》和《医疗器械通用名称命名指导原则》制定，用于指导放射治疗器械产品通用名称的制定。

本指导原则是对备案人、注册申请人、审查人员的指导性文件，不包括注册审批所涉及的行政事项，不作为法规强制执行。若有满足相关法规要求的其他方法，也可采用，并应提供充分的研究资料和验证资料。本指导原则是在现行法规和标准体系以及当前认知水平下制定的，应在遵循相关法规的前提下使用。随着法规和标准的不断完善，以及科学技术的不断发展，本指导原则相关内容也将进行适时的调整。

一、适用范围

本指导原则适用于放射治疗器械类产品通用名称的确定。

二、核心词和特征词的制定原则

（一）核心词

本领域的核心词是对具有相同或者相似的技术原理、结构组成或者预期目的的放射治疗器械的概括表述。如"放射治疗系统""放射治疗模拟机""后装治疗系统"等。

（二）特征词

放射治疗器械特征词的选取主要涉及以下几方面的内容：

——结构特点：指产品主体结构方面的特有属性，如"多 y 元""锥形"等特点。

——使用部位：指产品发挥其主要功能的患者部位，可以是人体的系统、器官、组织、细胞等。如"头部""体部""全身"等。

——技术特点：指产品特殊作用原理、机理或者特殊性能的说明或者限定，如"术中电子束""术中 X 射线""粒子束种类"等。

——预期目的：指产品适用的临床使用范围或用途，如"放射治疗"等。

（三）特征词的缺省

术语表中对某一特征词项下的惯常使用或公认的某一特性，其术语名称可设置为"缺省"，并在术语描述中明确其所指概念。缺省的术语在通用名称中不体现，以遵从惯例、简化名称及方便表达。

如呼吸门控系统通常用于非主动控制，因此"非主动"这一特征词可缺省，仅体现"主动"呼吸门控系统的情况。

当以使用部位或技术特点作为特征词时，若存在多个命名术语的情形，应明确其在通用名称中的位置，列出需要缺省的命名术语，其他专用部位或专用技术的命名术语可不一一列举。

三、通用名称的确定原则

（一）通用名称组成结构

通常情况下，放射治疗器械通用名称按"特征词 1（如有）+ 特征词 2（如有）+ 特征词 3（如有）+核心词"结构编制。

（二）核心词和特征词选取原则

核心词和特征词应根据产品真实属性和特征，优先在术语表中选择。对于术语表未能包含的，新产品或原有产品有新的特征项需要体现，或者需在某一特征项下加入新术语，可对术语表进行补充或调整。

核心词应在该类别项下选择最适合产品属性的核心词，核心词不可缺省。

特征词则应按照产品相关特征，依次在术语表中每个特征词项下选择一个与之吻合的术语。对未一一列举的使用部位特征词，根据产品实际情况，自行选用相应的专业术语。

（三）特别说明

本指导原则中，CT 是指 X 射线计算机体层摄影设备；MR 是指磁共振设备。

四、命名术语表

表1– 表4列举了放射治疗器械领域各子领域典型产品核心词和特征词的可选术语，并对其进行了描述。

表 1　放射治疗设备

序号	产品类别	术语类型	术语名称	术语描述
1	加速器设备	核心词	医用电子加速器	用于放射治疗的电子加速器，其辐射束是由电子组成或由电子产生的。
2	放射治疗设备	核心词	放射治疗系统	使用射线装置进行放射治疗的系统。
		特征词 1– 技术特点	螺旋断层	把直线加速器放在滑环机架上，使用 X 射线束实施断层照射。
			X 射线立体定向	通常由辐射头、机械手臂、立体定向装置、治疗床、治疗计划系统等组成。用于患者的立体定向放射治疗。
			术中电子束	手术过程中，使用电子束对患者进行放射治疗。
			术中 X 射线	手术过程中，使用 X 射线开展放射治疗。
			质子、碳离子等（专用粒子束种类）	专用粒子束种类：如以质子、碳离子、质子碳离子、中子等粒子束进行放射治疗。
	放射治疗机	核心词	X 射线放射治疗机	以能量为 10kV~1MV X 射线为放射源对患者进行放射治疗。
		核心词	钴 –60 放射治疗机	以钴 –60 为放射源对患者进行放射治疗。
3	后装治疗设备	核心词	后装治疗系统	通常由储源器、驱动器、施源器、操作控制子系统、治疗计划等组成。用于近距离放射治疗。
		特征词 1– 技术特点	X 射线	以 X 射线为放射源对患者进行放射治疗。
			钴 –60、铱 –192、中子等（专用放射源种类）	专用放射源种类：以钴 –60、铱 –192、中子等放射源对患者进行放射治疗。

序号	产品类别	术语类型	术语名称	术语描述
4	伽玛射束立体定向放射治疗系统	核心词	伽玛射束立体定向放射治疗系统	通常由主机、准直子系统、治疗床、立体定位组件、电气控制组件、治疗计划子系统等组成。将来自不同角度的小野伽玛辐射束精确定位到患者靶区相对位置的治疗系统。
		特征词1-使用部位	头部	适用于头部病变的治疗
			体部	适用于体部病变的治疗
			全身	适用于全身病变的治疗
5	放射性粒籽植入治疗系统	核心词	放射性粒籽植入治疗系统	使用放射性粒籽植入人体进行放射治疗。

表2 放射治疗模拟机及引导系统

序号	产品类别	术语类型	术语名称	术语描述
1	放射治疗模拟机	核心词	放射治疗模拟机	实际模拟一个治疗辐射束,使得放射治疗期间所进行的辐照都能集中在治疗区内,并且确定治疗辐射野的位置和尺寸的一种设备。
2	放射治疗引导系统	核心词	摆位系统	用于在患者接受治疗时,把体位复制成定位时的体位。
			引导系统	配合外照射设备,用于患者在放射治疗中的引导和位置验证。
			图像引导系统	以生成的图像配合外照射设备,用于患者在放射治疗中的引导和位置验证。
		特征词1-技术特点	放射治疗X射线、放射治疗锥形束CT、放射治疗超声等(专用引导方式)	专用引导方式:如放射治疗X射线、放射治疗锥形束CT、放射治疗电子射野、放射治疗超声、放射治疗MR、放射治疗CT、放射治疗电磁、放射治疗红外、放射治疗光学、放射治疗激光等。

表3 放射治疗限束准直装置

序号	产品类别	术语类型	术语名称	术语描述
1	X辐射放射治疗立体定向系统	核心词	X辐射放射治疗立体定向系统	通常由立体定向装置、治疗计划软件、准直器、辅助装置等组成。用于制定X射线立体定向放射治疗计划,并与直线加速器联合使用,进行立体定向放射治疗。
		特征词1-使用部位	头部	适用于头部病变的放射治疗。
			体部	适用于体部病变的放射治疗。
2	放射治疗限束准直装置	核心词	限束装置	与放射治疗系统和钴-60机等外照射设备配套使用,用于放射治疗中对患者提供与靶区适形的辐射野。
			准直器	与放射治疗系统和钴-60机等外照射设备配套使用,用于确定辐射野以及限定辐射的展开角度。

相关文件

序号	产品类别	术语类型	术语名称	术语描述
2	放射治疗限束准直装置	特征词1-预期目的	放射治疗	放射治疗用。
		特征词2-结构特点	多元	由多个元件组成。
			锥形	限束准直装置形状为锥形。

表4 放射治疗配套器械

序号	产品类别	术语类型	术语名称	术语描述
1	射线束扫描测量系统	核心词	放射治疗用自动扫描水模体系统	用于测量射线束在水中的吸收剂量分布和在空气中的比释动能分布,测量结果用于对放射治疗计划系统的数据配置和修改,及放射治疗设备的质量控制。
		核心词	放射治疗用射线束剂量探测器阵列装置	用于测量放射治疗设备所执行的放射治疗计划的剂量分布,用于与计划系统的数据进行比较,比较结果作为计划系统验证和修改的依据。
2	呼吸门控系统	核心词	呼吸门控系统	用于追踪或控制病人的呼吸,提高治疗过程中的靶区定位的准确性。
		特征词1-预期目的	放射治疗	放射治疗用。
		特征词2-技术特点	非主动(缺省)	可追踪患者的呼吸模式,以便实施与呼吸同步的影像采集和放射治疗。
			主动	可控制患者呼吸,最大程度的减少患者呼吸所引起的胸部和腹部的器官运动的影响。
3	放射治疗承载装置	核心词	放射治疗患者承载装置	用于放射治疗摆位和治疗过程中的患者支撑。
4	施源器	核心词	施源器	与近距离后装治疗设备配合使用,用于为人体自然腔道或组织间等部位近距离放射治疗提供通道。
		特征词1-使用部位	阴道、表面、直肠等(专用部位)	专用部位,如阴道、表面、直肠等。
			不限使用部位(缺省)	不限使用部位,可通用。
5	放射性粒籽植入枪	核心词	放射性粒籽植入枪	用于将粒籽植入病变部位进行放射治疗。
6	放射治疗激光定位装置	核心词	放射治疗激光定位装置	通常由多个固定或移动式激光灯等组成。用于不同类型放射治疗及定位设备的坐标指示。
7	放射治疗配套装置	核心词	固定框架	在放射治疗中,对患者进行固定、定位和重新定位的装置。
			定位垫	用于放射治疗过程中患者定位和固定。
			热塑膜	用于放射治疗过程中患者定位和固定
			热塑板	用于放射治疗过程中患者定位和固定

序号	产品类别	术语类型	术语名称	术语描述
7	放射治疗配套装置	核心词	固定板	与热塑膜或定位垫配合使用，用于放射治疗过程中患者定位和固定。
			组织等效补偿物	用于保证组织吸收剂量的均匀和准确，提高皮肤的表面剂量。
			定位球／线	用于放射治疗过程中被照射的病灶部位的定位。
		特征词 1– 预期目的	放射治疗用	用于放射治疗过程中，对患者进行固定和定位。
		特征词 2– 使用部位	头部、肩部、头颈部、乳腺等（专用部位）	专用部位，如头部、肩部、头颈部、乳腺等。
			不限使用部位（缺省）	不限使用部位，可通用。

五、命名示例

参照表 5 和表 6 的命名示例，根据产品实际情况，选择对应子领域术语表，比对描述选择相应术语，按第三条第一款的结构顺序确定通用名称。

表 5　放射治疗设备命名示例

核心词	特征词 1					通用名称
	技术特点					
放射治疗系统	螺旋断层	X 射线立体定向	术中电子束	术中X 射线	质子、碳离子等（专用粒子束种类）	
√	√					螺旋断层放射治疗系统
√		√				X 射线立体定向放射治疗系统
√			√			术中电子束放射治疗系统
√				√		术中 X 射线放射治疗系统
√					质子√	质子放射治疗系统
√					碳离子√	碳离子放射治疗系统
√					质子碳离子√	质子碳离子放射治疗系统

表 6　呼吸门控系统命名示例

核心词	特征词 1	特征词 2		通用名称
	预期目的	技术特点		
呼吸门控系统	放射治疗	非主动（缺省）	主动	
√	√	√		放射治疗呼吸门控系统
√	√		√	放射治疗主动呼吸门控系统

六、参考资料

［1］国家食品药品监督管理总局关于发布医疗器械分类目录的公告（2017 年第 104 号）

［2］GB 15213-2016 医用电子加速器 性能和试验方法（IEC 60976：2007，NEQ）

［3］GB/T 17857-1999 医用放射学术语（放射治疗、核医学和辐射剂量学设备）

［4］YY/T 0887-2013 放射性粒籽植入治疗计划系统剂量计算要求和试验方法

［5］IEC 60601-2-64：2014 医用电气设备 第 2 部分：轻离子束医用电气设备的基本安全和基本性能专用要求

［6］国家药品监督管理局医疗器械注册数据库

［7］Global Medical Device Nomenclature（GMDN）

［8］U.S. Food and Drug Administration.Product Classification Database

［9］Japanese Medical Device Nomenclature（JMDN）

七、起草单位

本指导原则由国家药品监督管理局医疗器械标准管理中心编写并负责解释。

附件 4

医用软件通用名称命名指导原则

本指导原则依据《医疗器械通用名称命名规则》和《医疗器械通用名称命名指导原则》制定，用于指导医用软件产品通用名称的制定。

本指导原则是对备案人、注册申请人、审查人员的指导性文件，不包括注册审批所涉及的行政事项，不作为法规强制执行。若有满足相关法规要求的其他方法，也可采用，并应提供充分的研究资料和验证资料。本指导原则是在现行法规和标准体系以及当前认知水平下制定的，应在遵循相关法规的前提下使用。随着法规和标准的不断完善，以及科学技术的不断发展，本指导原则相关内容也将进行适时的调整。

一、适用范围

本指导原则适用于医用独立软件医疗器械，不包括软件组件（非独立软件）。

二、核心词和特征词的制定原则

（一）核心词

本领域核心词是对具有相同或者相似的预期用途的软件的概括表述。如"手术计划软件"、"辅助诊断软件"、"处理软件"、"分析软件"等。

（二）特征词

医用软件涉及的特征词主要包括以下方面的内容：

——使用部位：指产品发挥其主要功能的患者部位，可以是人体的系统、器官、组织、细胞等，如冠脉、肺部等。

——处理对象：指软件处理的医学图像或医学数据的类型，如 CT 影像、心电数据、造影剂剂量、骨密度值、尿沉渣显微图像等。

——技术特点：指特殊作用原理、机理或者特殊性能的说明或者限定，如近距离、立体定向、穿刺等。

——适用场景：指产品的临床适用场景，如神经外科、耳鼻喉科、牙科等。

（三）特征词的缺省

指术语表中某一特征词项下，其中惯常使用或公认的某一特性在命名中不做体现，以遵从惯例或方便表达的处理方式。例如心电处理软件，缺省处理的是静息形态的心电信号，如果处理动态心电信息，需要明确说明为"动态心电"。

当以使用部位、处理对象或适用场景等作为特征词时，若存在多个命名术语的情形，应明确其在通用名称中的位置，列出需要缺省的术语，其他特定情况的命名术语可不一一列举。

三、通用名称的确定原则

（一）通用名称组成结构

医用软件通用名称按"特征词 1（如有）+ 特征词 2（如有）+ 特征词 3（如有）+ 核心词"结构编制。

（二）核心词和特征词选取原则

核心词和特征词应根据产品真实属性和特征，优先在术语表中选择。对于术语表未能包含的，新产品或原有产品有新的特征项需要体现，或者需在某一特征项下加入新术语，可对术语表进行补充或调整。

核心词应在该类别项下选择最适合产品属性的核心词，核心词不可缺省。

特征词则应按照产品相关特征，依次在术语表中每个特征词项下选择一个与之吻合的术语。未一一列举的使用部位、处理对象、预期目的等特征词，由指南应用方根据产品实际情况，自行选用相应的专业术语。

（三）特别说明

1）独立软件的输入数据可来源于不同种类设备，主要根据其预期用途、处理对象等进行命名。

2）命名术语表按照是否采用人工智能技术分为2大类：辅助决策类软件（表1）和非辅助决策类软件（表2~表9）。表2~表9参照21分类子目录顺序进行排序。

3）如果表2~表9中的产品使用人工智能技术，则需要将核心词中的"软件"替换为"辅助决策软件"进行命名。由于涉及的术语表过多，不在术语表中体现本部分内容。例如放射治疗轮廓勾画软件如采用非人工智能技术，命名为"放射治疗轮廓勾画软件"；如采用人工智能技术，则命名为"放射治疗轮廓勾画辅助决策软件"。

4）为更准确描述处理对象的数据类型，本命名指导原则对以下词语进行说明：

——医学数据：所有医疗设备产生的数据的统称，包括医学影像、生理参数数据和体外诊断数据。

——医学影像：指医用影像设备产生的数据，例如CT影像、超声影像、内窥镜影像、病理影像、显微影像等。

——生理参数数据：指医用电子设备产生的数据，例如心电数据、脑电数据、呼吸睡眠数据等。

——体外诊断数据：指体外诊断设备产生的数据，例如肺癌基因数据、血液检验数据等。

5）移动独立软件可选择移动作为特征词。

四、命名术语表

在表1到表9中，列举了医用软件各子领域典型产品核心词和特征词的可选术语，并对其进行了描述。

表1 辅助决策类软件

序号	产品类别	术语类型	术语名称	术语描述
1	辅助决策软件	核心词	辅助诊断软件	辅助判断患者是否患病、疾病的类型、严重程度、发展阶段、干预措施等。
1	辅助决策软件	核心词	辅助检测软件	通过检测、标记、强调或其他方式辅助医务人员注意医疗数据的可能异常情况。其结果供医务人员参考。
			辅助分诊软件	自动分析医疗数据、给出初始解释和分类、辅助医务人员确定患者优先级。
		特征词1–使用部位	肺结节、结肠等（特定部位）	特定临床使用部位，如肺结节、结肠、乳腺等。
			不特定部位（缺省）	不特定临床使用部位。
		特征词2–处理对象	X射线影像、CT影像等（特定对象）	特定医学影像类型，如X射线影像、CT影像、超声影像等。

续表

序号	产品类别	术语类型	术语名称	术语描述
1	辅助决策软件	特征词 2- 处理对象	心电数据、脑电数据等（特定对象）	特定生理参数数据类型，如心电数据、脑电数据等。
			肺癌基因数据、血液检验数据等（特定对象）	特定体外诊断数据类型，如肺癌数据、血液检验数据等。
			医学数据（可缺省）	包括医学影像、生理参数数据、体外诊断数据。特征词 1 缺省时，医学数据不可缺省。
2	中医辅助诊疗软件	核心词	中医辅助诊疗软件	使用人工智能技术，辅助中医给出诊疗结果。

表 2　放射治疗类软件

序号	产品类别	术语类型	术语名称	术语描述
1	放射治疗计划软件	核心词	放射治疗计划软件	对放射治疗做出计划的软件。
		特征词 1- 处理对象	伽玛射线、质子等（特定对象）	进行放射治疗的所使用放射线的类型，如伽玛射线、质子等。
			放射性粒籽植入	用于临床植入治疗、按一定要求封装的放射性核素。常用的有用钛管对称封装的 125I 和 103Pd 等。
			常规辐射质（缺省）	使用常规辐射质（X 射线、电子线）的放射治疗。
		特征词 2- 技术特点	近距离	将放射源密封后直接植入被治疗的组织内或者放入人体自然腔隙内。
			远距离（缺省）	放射源位于体外一定距离，集中照射人体某一部位。
			立体定向	用外部三维框架作为基准定位人体内点的方法。
2	放射治疗记录与验证软件	核心词	放射治疗记录与验证软件	包括相关外部设备的可编程医用电器系统或者系统，用于在计划的方式治疗开始之前和每个治疗阶段开始之前，比较放射治疗机当前参数和预置参数，并记录实际的治疗阶段。如果在当前参数和预置参数条件不一致，并超出了用户定义的容错范围时，RVS 提供阻止机器运行的方法。
3	放射治疗轮廓勾画软件	核心词	放射治疗轮廓勾画软件	用线条勾画器官、组织等轮廓的软件。
4	模拟定位软件	核心词	放射治疗模拟定位软件	用于模拟治疗时定位等参数、状态的软件。

相关文件

表 3　手术计划类软件

序号	产品类别	术语类型	术语名称	术语描述
1	手术计划软件	核心词	手术计划软件	对手术进行计划的软件。
		特征词1-适用场景	神经外科、耳鼻喉科等（特定学科）	应用于特定临床学科，进行术前计划，如神经外科、耳鼻喉科、脊柱外科、牙科等。
			不限学科（缺省）	不特定具体临床学科。
		特征词2-技术特点	立体定向、穿刺等（特定方式）	使用的手术方式及其技术特点，如立体定向、穿刺、种植等。
			不限方式（缺省）	不特定具体手术方式。

表 4　设计类软件

序号	产品类别	术语类型	术语名称	术语描述
2	设计软件	核心词	设计软件	通过对医学数据的处理，为下一步诊断或治疗进行设计的软件。
		特征词1-适用场景	神经外科、骨科等（特定学科）	应用于不同临床学科，如神经外科、骨科、牙科等。
			不限学科（缺省）	不特定具体临床学科。
		特征词2-处理对象	修复体、种植体等（特定对象）	需要进行设计的特定处理对象，如修复体、种植体等。
			不限对象（缺省）	不特定具体设计对象。

表 5　临床/患者管理类软件

序号	产品类别	术语类型	术语名称	术语描述
1	临床/患者管理软件	核心词	存储与传输软件	将医学数据通过网络方式进行存储与传输的软件。
			管理软件	按照一定的规则管理医学数据的软件。
		特征词1-处理对象	超声影像、X射线影像等（特定对象）	医学影像设备产生的影像，如超声影像、X射线影像、磁共振影像等。
			医学影像	不特定具体医学影像类型。
			心电数据、脑电数据等（特定对象）	医用电子设备生成的数据，例如心电数据、脑电数据等。
			生理参数数据	医学电子设备生成的数据，不特定具体类型。

序号	产品类别	术语类型	术语名称	术语描述
1	临床 / 患者管理软件	特征词 1– 处理对象	医学数据（缺省）	所有医学设备产生的数据的统称，包括医学影像、生理参数数据和体外诊断数据。
		特征词 2– 适用场景	放疗临床、心内科临床等（特定学科）	应用于不同临床学科，进行医学数据管理。临床学科包括放疗科、心内科等。
			临床（可缺省）	应用于临床的医学数据管理，不特定具体学科。若特征词 1 缺省，则临床不可缺省。
			患者	主要应用于患者的医学数据管理。

表 6　分析 / 处理类软件

序号	产品类别	术语类型	术语名称	术语描述
1	分析 / 处理软件	核心词	分析软件	采用非 AI 方法，对医学数据进行分析的软件。
			处理软件	采用非 AI 方法，对医学数据进行处理的软件。
		特征词 1– 处理对象	超声影像、X 射线影像等（特定对象）	特定的医学影像，如超声、X 射线、磁共振、核医学、内窥镜等。
			医学影像	不特定具体医学影像类型，不包括医学显微影像。
			心电数据、脑电数据、血糖数据、呼吸睡眠数据（特定对象）	特定生理参数，如心电、脑电、血糖、呼吸睡眠等。
			生理参数数据	这里指多个生理参数数据。
			非小细胞肺癌基因等（特定对象）	特定基因类型，如非小细胞肺癌等。
			染色体显微图像、尿沉渣显微图像等（特定对象）	特定医学显微影像，如染色体、尿沉渣等。
			医学显微影像	不特定医学显微影像类型。

表 7　监护类软件

序号	产品类别	术语类型	术语名称	术语描述
1	监护软件	核心词	监护软件	从监护设备获取生理参数数据、集中实时显示、报警的软件。
		特征词 1– 预期目的	心电、脑电、血糖、呼吸睡眠等（特定对象）	特定生理参数，如心电、脑电、血糖、呼吸睡眠等。
			患者	从多个监护设备获取患者多个生理参数数据。

相关文件

表 8　计算类软件

序号	产品类别	术语类型	术语名称	术语描述
1	计算软件	核心词	计算软件	通过对医学数据的处理和计算，获得计算结果的软件。
		特征词 1– 使用部位	冠脉、腰椎等（特定部位）	特定临床部位，如冠脉、腰椎等。
			不特定临床部位（缺省）	不特定临床部位。
		特征词 2– 处理对象	血流储备分数	通过 CT、MR 等医学影像进行血流储备分数（FFR）的计算。
			骨密度值	通过骨骼影像获得的骨密度值。
			造影剂剂量、麻醉剂剂量（特定对象）	特定药物类型的剂量，如造影剂、麻醉剂、胰岛素等。
			唐氏综合征风险、神经管畸形风险等（特定对象）	特定疾病筛查项目的风险情况，如唐氏综合征、神经管畸形、21 三体综合征、18 三体综合征等。

表 9　医用康复类软件

序号	产品类别	术语类型	术语名称	术语描述
1	医用康复训练软件	核心词	康复训练软件	有计划有步骤地通过学习和辅导掌握某种技能，有意识地使受训者发生生理反应的软件。
		特征词 1– 预期目的	弱视、视功能等（特定项目）	特定康复训练项目，如弱视、视功能等。

五、命名示例

参照表 10 命名示例，根据产品实际情况，选择对应子领域术语表，比对描述选择相应术语，按第三条第一款的结构顺序确定通用名称。

表 10　辅助诊断 / 检测软件命名示例

核心词		特征词 1		特征词 2		通用名称
		使用部位		处理对象		
辅助诊断软件	辅助检测软件	乳腺、结肠等（特定部位）		X 射线影像、CT 影像等（特定对象）		
√		乳腺√		X 射线影像√		乳腺 X 射线影像辅助诊断软件
	√	乳腺√		X 射线影像√		乳腺 X 射线影像辅助检测软件
√			结肠√		CT 影像√	结肠 CT 影像辅助诊断软件

续表

核心词		特征词 1		特征词 2		通用名称
		使用部位		处理对象		
辅助诊断软件	辅助检测软件	乳腺、结肠等（特定部位）		X 射线影像、CT 影像等（特定对象）		
	√	结肠√		CT 影像√		结肠 CT 影像辅助检测软件
√			肺部√	CT 影像√		肺部 CT 影像辅助诊断软件
	√		肺部√	CT 影像√		肺部 CT 影像辅助检测软件
√		乳腺√			超声影像√	乳腺超声影像辅助诊断软件
	√	乳腺√			超声影像√	乳腺超声影像辅助检测软件

六、参考资料

[1] 国家食品药品监督管理总局关于发布医疗器械分类目录的公告（2017 年第 104 号）

[2] GB 9706.211–2020 医用电气设备 第 2 部分：γ 射束治疗设备的基本安全和基本性能专用要求

[3] GB/T 17857–1999 医用放射学术语（放射治疗、核医学和辐射剂量学设备）

[4] YY/T 0721–2009 医用电气设备 放射治疗记录与验证系统的安全

[5] IEC 60788–2004 医用电气设备 – 术语定义汇编

[6] 医用软件相关注册指导原则

[7] 国家药品监督管理局医疗器械注册数据库

[8] Global Medical Device Nomenclature（GMDN）

[9] U.S. Food and Drug Administration.Product Classification Database

[10] Japanese Medical Device Nomenclature（JMDN）

七、起草单位

本指导原则由国家药品监督管理局医疗器械标准管理中心编写并负责解释。

相关文件

附件5

呼吸、麻醉和急救器械通用名称命名指导原则

本指导原则依据《医疗器械通用名称命名规则》和《医疗器械通用名称命名指导原则》制定，用于指导呼吸、麻醉和急救器械产品通用名称的制定。

本指导原则是对备案人、注册申请人、审查人员的指导性文件，不包括注册审批所涉及的行政事项，不作为法规强制执行。若有满足相关法规要求的其他方法，也可采用，并应提供充分的研究资料和验证资料。本指导原则是在现行法规和标准体系以及当前认知水平下制定的，应在遵循相关法规的前提下使用。随着法规和标准的不断完善，以及科学技术的不断发展，本指导原则相关内容也将进行适时的调整。

一、适用范围

本指导原则适用于呼吸、麻醉和急救器械产品，主要包括呼吸设备、麻醉器械、急救器械、医用制气设备、供气设备和管路面罩等器械以及附件。

二、核心词和特征词的选取原则

（一）核心词

本领域的核心词是对具有相同或者相似的工作原理、结构组成或者预期用途的呼吸、麻醉和急救器械的概括表述。如"麻醉机"、"呼吸机"等。

（二）特征词

呼吸、麻醉和急救器械特征词的选取主要涉及以下方面的内容：

——使用形式：使用形式包括可重复使用和一次性使用两种情况。可重复使用医疗器械指处理后可再次使用的医疗器械。一次性使用医疗器械指仅供一次性使用，或在一次医疗操作过程中只能用于一例患者的医疗器械。

——提供形式：指产品提供的状态，分为"无菌"和"非无菌"。

——技术特点：指产品特殊作用原理、机理或者特殊性能的说明或者限定，如"单水平""双水平""手动""分子筛""膜分离""气动""电动""视频""非视频""网式""超声"等。

——结构特点：是对产品特定结构、外观形态的描述，如"单腔""双腔""多腔"等。

——应用场景：是对产品使用场景的描述，如"重症""急救""无创"等。

（三）特征词的缺省

术语表中某一特征词项下，其中惯常使用或公认的某一特性可设置为"缺省"，在通用名称中不做体现，以遵从惯例或方便表达的处理方式。

如呼吸管路有"一次性使用"和"可重复使用"两种，将"可重复使用"设置为缺省，仅体现"一次性使用"的情况。呼吸设备有"常频"、"高频喷射"和"高频振荡"三种，将"常频"设置为缺省，仅体现"高频喷射"和"高频振荡"的情况。

三、通用名称的确定原则

（一）通用名称组成结构

通常情况下，呼吸、麻醉和急救器械通用名称按"特征词1（如有）+特征词2（如有）+特征

词 3（如有）+ 核心词"结构编制。

（二）核心词和特征词选取原则

核心词和特征词应根据产品真实属性和特征，优先在术语表中选择。对于术语表未能包含的，新产品或原有产品有新的特征项需要体现，或者需在某一特征项下加入新术语，可对术语表进行补充或调整。

核心词应在该类别项下选择最适合产品属性的核心词，核心词不可缺省。

特征词则应按照产品相关特征，依次在术语表中每个特征词项下选择一个与之吻合的术语。

四、命名术语表

在表 1 到表 7 中，列举了呼吸、麻醉和急救器械各子领域典型产品的核心词和特征词的可选术语，并对其进行了描述。

表 1　呼吸设备

序号	产品类别	术语类型	术语名称	术语描述
01	呼吸设备	核心词	呼吸机	一种以一定频率自动为呼吸衰竭、呼吸暂停或需要通气支持的患者提供辅助通气的装置。
		特征词 1- 技术特点	常频（缺省）	不以高频为主要通气方式。
			高频喷射	可实现频率大于 60 次 /min 自动机械通气，且气体呈喷射状进入气道的呼吸机。
			高频振荡	可实现频率大于 60 次 /min 自动机械通气，并通过活塞泵的往返运动或扬声器的震动波促进气体进出气道的呼吸机。
		特征词 2- 应用场景	重症（缺省）	预期用于专业医疗场所的危重症护理或急救护理环境中，也可以用于专业医疗场所内的转运。由专业医护人员操作，供依赖于机械通气的患者使用。
			急救	预期用于急救场所或院外转运过程中，常被安装在救护车、其他救援车辆或飞机等交通工具上，也可以用于车辆之外、由操作人员或其他人员随身携带的场所。由受过不同程度培训的专业医护人员使用，供需要急救通气的患者使用。
			无创	预期用于家庭护理环境等非专业医疗场所，也可用于专业医疗场所的非危重患者监护区，供呼吸功能不全或呼吸功能障碍的患者以无创通气的方式使用。
02	正压通气治疗机	核心词	正压通气治疗机	一种用于缓解患者睡眠过程中的打鼾、低通气和睡眠呼吸暂停症状的设备，通常由风机、控制电路、传感器、气流输出导管和面罩组成。
		特征词 1- 技术特点	双水平	提供双水平通气。
			单水平	仅提供单水平通气。

相关文件

序号	产品类别	术语类型	术语名称	术语描述
03	高流量呼吸治疗设备	核心词	高流量呼吸氧疗仪	一种将空氧混合装置和有源湿化器合并构成的设备，其特征在于，可将高流量（60L/min~80L/min）的空氧混合气体，加湿到较高的湿度（对上气道被旁路的患者，不低于33mg/L；对上气道未被旁路的患者，不低于12mg/L），改善气道黏膜表面的纤毛运动，使得高流量氧疗达到患者可接受的水平，从而达到治疗目的。

表 2　麻醉器械

序号	产品类别	术语类型	术语名称	术语描述
01	麻醉机	核心词	麻醉机	一种对手术中患者进行吸入麻醉管理的装置，至少包括麻醉气体输送系统和麻醉通气系统。通常配有麻醉蒸发器、麻醉呼吸机和必需的监测装置、报警系统和保护装置，以实现对患者进行呼吸控制或呼吸辅助，并对患者的通气参数和气体浓度参数进行监控和显示。
02	吸入镇痛装置	核心词	笑气吸入镇静镇痛装置	一种混合氧气和氧化亚氮，输出氧化亚氮气体浓度不超过70%的混合气体供患者吸入，实现镇静镇痛作用的设备，通常由供气控制系统、监测系统和报警系统组成。

表 3　急救器械

序号	产品类别	术语类型	术语名称	术语描述
01	体外除颤设备	核心词	体外除颤器	一种通过电极将电脉冲施加在患者的皮肤（体外电极）或暴露的心脏（体内电极），从而实现对心脏进行除颤的设备。
		特征词1-技术特点	自动	一旦由操作者启动，分析通过放置在胸部体表电极获得的心电信号，识别可电击心脏节律，当检测到可电击心律时自行释放能量。
			半自动	能够由操作者手动释放能量。
			手动	能够由操作者手动选择能量、充电和放电。
02	婴儿培养箱	核心词	婴儿培养箱	一种培养和护理婴儿的设备，通常由婴儿舱（室）和控制系统等组成，通过控制系统给婴儿舱（室）提供合适的温度、湿度和氧气水平，带给婴儿理想的微环境。
		特征词1-应用场景	非转运（缺省）	用于固定场所，如儿科重症监护室。
			转运	可实现将婴儿从一个地方转运到另一个地方。
03	婴儿辐射保暖台	核心词	婴儿辐射保暖台	一种包括辐射热源在内的电功率装置，用电磁光谱红外范围的直接辐射能量来保持婴儿患者的体温。

序号	产品类别	术语类型	术语名称	术语描述
04	心肺复苏设备	核心词	心肺复苏机	一种通过按压患者胸部并进行间隙性通气从而实现心肺复苏功能的自动装置，通常由按压控制系统、按压装置、心肺复苏板、通气控制系统组成。
		特征词 1- 技术特点	气动（省略）	以压缩气体为动力源。
			电动	以交、直流电源为动力源。
05	复苏器	核心词	复苏器	一种给呼吸困难的人员提供紧急肺通气，以达到复苏目的的可携带式装置。
		特征词 1- 使用形式	可重复使用（缺省）	经一定处理后可再次使用。
			一次性使用	只使用一次，或在只适用于一个程序中单一患者。
		特征词 2- 技术特点	人工	以人工手动按压为动力源。
			气动	以压缩气体为动力源。

表 4　医用制气设备

序号	产品类别	术语类型	术语名称	术语描述
01	制氧设备	核心词	制氧机	一种从空气中富集氧气，直接供缺氧患者吸入的设备。
			制氧系统	一种从空气中富集氧气，通过医用气体管道系统供缺氧患者吸入，或供呼吸机、麻醉机等其他医疗器械使用的系统。
		特征词 1- 预期用途	医用	医疗用途。
		特征词 2- 技术特点	分子筛	利用分子筛变压吸附原理分离空气中的氮气和氧气生产 93% 氧。
			膜分离	利用膜分离技术原理，从空气中富集氧气。

表 5　呼吸、麻醉、急救设备辅助装置

序号	产品类别	术语类型	术语名称	术语描述
01	麻醉蒸发器	核心词	麻醉蒸发器	一种提供浓度可控的吸入麻醉剂蒸气的装置，作为麻醉机的关键部件用于持续的手术麻醉，通常由麻醉剂储存蒸发腔体、连接件、浓度调节装置、麻醉剂灌充排放系统、各种补偿装置组成，一般配有互锁装置。
02	医用呼吸道湿化设备	核心词	医用呼吸湿化器	一种与呼吸机或者其他正压通气系统配套，对进入患者呼吸道的气体进行加温加湿的设备，通常由加热湿化装置和储液容器构成。
			医用氧气湿化器	一种用于提高输送给患者的医用氧气湿度水平的装置。

相关文件

409

序号	产品类别	术语类型	术语名称	术语描述
02	医用呼吸道湿化设备	特征词1-使用形式	可重复使用（缺省）	经一定处理后可再次使用。
			一次性使用	仅供一次性使用，或在一次医疗操作过程中只能用于一例患者。
03	呼吸系统过滤器	核心词	呼吸系统过滤器	一种安装在麻醉和呼吸设备的呼吸回路中，用于降低呼吸系统中包括微生物在内的粒子数量的装置。
		特征词1-使用形式	可重复使用（缺省）	经一定处理后可再次使用。
			一次性使用	仅供一次性使用，或在一次医疗操作过程中只能用于一例患者。
04	热湿交换器	核心词	热湿交换器	一种安装在呼吸回路的患者端，通过保留患者呼气中部分水分和热量，并在吸气过程中将其返回到呼吸道的器械，俗称人工鼻。
			热湿交换过滤器	一种安装在呼吸回路的患者端，通过保留患者呼气中部分水分和热量，并在吸气过程中将其返回到呼吸道的器械，兼有呼吸系统过滤器功能。
		特征词1-使用形式	可重复使用（缺省）	经一定处理后可再次使用。
			一次性使用	仅供一次性使用，或在一次医疗操作过程中只能用于一例患者。
05	呼吸管路辅助器械	核心词	气管插管导入器	一种用于导入气管插管的器械。
06	气管插管用喉镜	核心词	气管插管用喉镜	一种气管插管时使用的辅助器械，通常由手柄、窥视片、内部电源和照明用光源组成，可带有视频显示功能。
		特征词1-使用形式	可重复使用（缺省）	经一定处理后可再次使用。
			一次性使用	仅供一次性使用，或在一次医疗操作过程中只能用于一例患者。
		特征词2-技术特点	非视频（缺省）	不带视频成像功能的。
			视频	带视频成像功能的。
07	雾化设备/雾化装置	核心词	雾化器	一种能把药液转化为气雾剂的设备或装置，在患者呼吸作用下将雾化后的药气雾剂通过呼吸道吸入，从而达到治疗目的。
		特征词1-使用形式	可重复使用（缺省）	经一定处理后可再次使用。
			一次性使用	仅供一次性使用，或在一次医疗操作过程中只能用于一例患者。

序号	产品类别	术语类型	术语名称	术语描述
07	雾化设备 / 雾化装置	特征词 2- 预期用途	医用	医疗用途。
		特征词 3- 技术特点	气动	以外接压缩气源为动力，通过雾化嘴产生气雾剂。
			电动压缩式	以电力驱动马达产生压缩气体，并通过雾化嘴产生气雾剂。
			超声	以超声波为动力产生气雾剂。
			网式	通过振动子的震动和网式喷雾头的孔穴产生气雾剂。
08	麻醉气体吸附器	核心词	一次性使用麻醉气体吸附器	一种可以吸附吸入式麻醉剂的装置，通常由气体输入口、含吸附材料的吸附腔、气体输出口组成，一般安装在麻醉机废气排放口，也可安装在麻醉呼吸回路的吸气口，仅供一次性使用，或在一次医疗操作过程中只能用于一例患者。
09	吸氧头罩	核心词	吸氧头罩	一种吸氧时套在患者头部的罩子，通常由罩体、进气口、采样口组成。
10	除颤电极	核心词	体外除颤电极片	一种体外除颤时贴在患者胸部的导电片。
		特征词 1- 使用形式	可重复使用（缺省）	经一定处理后可再次使用。
			一次性使用	仅供一次性使用，或在一次医疗操作过程中只能用于一例患者。
11	呼吸训练器	核心词	呼吸训练器	一种用于锻炼并恢复呼吸功能的设备或装置。
12	二氧化碳吸收器（含二氧化碳吸收剂）	核心词	麻醉用二氧化碳吸收器	一种用于麻醉机循环吸收系统，吸收患者呼出气体中二氧化碳的装置，通常包括罐体、进气口和出气口，预装有二氧化碳吸收剂。
			麻醉用二氧化碳吸收剂	一种用于麻醉机循环吸收系统，吸收患者呼出气体中二氧化碳的吸附材料，为多孔疏松状结构的大小均匀颗粒，一般含变色指示剂，吸收二氧化碳后由粉红色变成淡黄色或由白色变成紫色。
13	氧气吸入器	核心词	氧气吸入器	一种用于调节氧气流量和 / 或压力供患者吸入的装置，通常由氧气输出接口、安全阀、氧气压力表、流量管、流量调节阀、潮化瓶等组成。

表 6　呼吸、麻醉用管路、面罩

序号	产品类别	术语类型	术语名称	术语描述
01	硬膜外麻醉导管	核心词	一次性使用硬膜外麻醉导管	一种通过专用腰锥穿刺针插入硬膜外腔，用于注射麻醉药起到阻滞神经作用的导管，通常由管路和连接件组成，仅供一次性使用，或在一次医疗操作过程中只能用于一例患者。

相关文件

411

序号	产品类别	术语类型	术语名称	术语描述
02	呼吸管路	核心词	呼吸管路	一种用于呼吸机、麻醉机与面罩或气管插管等器械之间气路连接的管路，以实现气体传输。
			雾化管	一种用于雾化时连接雾化器与雾化面罩或咬嘴的管路，含有咬嘴的可直接连接雾化器与患者，用于供患者吸入雾化气体。
		特征词1–使用形式	可重复使用（缺省）	经一定处理后可再次使用。
			一次性使用	仅供一次性使用，或在一次医疗操作过程中只能用于一例患者。
		特征词2–提供形式	非无菌（缺省）	以非无菌形式提供。
			无菌	以无菌形式提供。
		特征词3–技术特点	非加热（缺省）	不带加热功能。
			加热	带加热功能。
03	插管／套管	核心词	气管插管	一种经口／鼻插入患者气管的导管，为患者特别是不能自主呼吸患者创建一个临时性的人工呼吸通道用以辅助通气，通常由机器端、通气导管、套囊、充气管、指示球囊和患者端组成。
			支气管插管	一种经口／鼻插入患者支气管的导管，用于需要单肺通气的手术中，通过将导管插入患者的支气管内，达到阻断左肺气道或右肺气道，实现单肺通气的目的，通常由机器端、通气导管、套囊、充气管、指示球囊和患者端组成。
			气管切开插管	一种经皮插入患者气管，为患者特别是不能自主呼吸患者创建一个临时性人工呼吸通道的导管，通常由机器端、通气导管、套囊、充气管、指示球囊、固定翼和患者端等组成。
			气管套管	一种用于经皮插入患者气管，为患者特别是不能自主呼吸患者创建一个临时性人工呼吸通道的套管组，通常由底板、内套管、外套管和管芯组成。
			喉罩	一种经过口腔但不经过声带，插入患者喉部，通过充起套囊堵塞口腔和食道，并在上喉部形成内部密封，以保持气道畅通的器械，用于全麻、心肺复苏时，或在进行自主、辅助或控制通气时创建一个临时性的人工呼吸通道以实现辅助通气，通常由套囊、充气管、喉罩插管、机器端、接头、指示球囊等组成。
		特征词1–使用形式	可重复使用（缺省）	经一定处理后可再次使用。
			一次性使用	仅供一次性使用，或在一次医疗操作过程中只能用于一例患者。

序号	产品类别	术语类型	术语名称	术语描述
03	插管／套管	特征词 2－技术特点	普通型（缺省）	非加强型、非抗激光型、非可视。
			加强型	由钢丝或其他方式使管体得到加强。
			抗激光	使用抗激光材料，以抗激光照射。
			可视	通过摄像头或光学成像装置实现可视化的。
		特征词 3－结构特点	单腔（缺省）	仅含有一个通道。
			双腔	含有两个通道。
			多腔	含有三个或三个以上通道。
04	口咽／鼻咽通气道	核心词	口咽通气道	一种用于为因舌后坠引起气道阻塞的患者建立口咽人工通气道的器械。
			鼻咽通气道	一种用于为因舌后坠引起气道阻塞的患者建立鼻咽人工通气道的器械。
		特征词 1－使用形式	可重复使用（缺省）	经一定处理后可再次使用。
			一次性使用	仅供一次性使用，或在一次医疗操作过程中只能用于一例患者。
05	鼻氧管	核心词	鼻氧管	一种用于连接输氧设备与患者的管路，通常由进氧接口、氧气软管、调节环、鼻塞等组成。
		特征词 1－使用形式	可重复使用（缺省）	经一定处理后可再次使用。
			一次性使用	仅供一次性使用，或在一次医疗操作过程中只能用于一例患者。
		特征词 2－提供形式	非无菌（缺省）	以非无菌形式提供。
			无菌	以无菌形式提供。
06	呼吸道用吸引导管	核心词	呼吸道用吸引导管	一种插入呼吸道或气道器械，用于吸出患者特别是插入气管插管患者气道内分泌物的柔性导管。
		特征词 1－使用形式	可重复使用（缺省）	经一定处理后可再次使用。
			一次性使用	仅供一次性使用，或在一次医疗操作过程中只能用于一例患者。
		特征词 2－技术特点	开放式（缺省）	未封装在保护套和患者端转换接头的。
			封闭式	封装在保护套和患者端转换接头的。
			可控式	侧端有一个孔，以可控方式实现吸痰的。

相关文件

413

序号	产品类别	术语类型	术语名称	术语描述
07	面罩	核心词	面罩	一种通气设备与患者的连接界面，用于罩在患者的口鼻部位，起到连接通气管路与患者的作用。
		特征词1–使用形式	可重复使用（缺省）	经一定处理后可再次使用。
			一次性使用	仅供一次性使用，或在一次医疗操作过程中只能用于一例患者。
		特征词2–应用场景	呼吸	用于重症呼吸机或急救呼吸机。
			正压通气	用于正压通气呼吸设备。
			麻醉	用于麻醉设备。
			雾化	用于雾化设备。
			输氧	用于输氧设备。

表 7　医用供气设备

序号	产品类别	术语类型	术语名称	术语描述
01	医用空气压缩设备	核心词	医用空气压缩机	一种制取医用压缩空气，直接或通过医用中心空气系统为其他医疗器械（如呼吸机）提供压缩空气源的装置。
02	医用气体混合器	核心词	医用空氧混合器	一种按照设定氧浓度对医用氧气和空气进行混合并输出的装置。
03	医用供氧器	核心词	医用供氧器	一种充氧后可提供氧疗或急救用氧的设备，可用于家庭或医疗机构，通常由氧气瓶、压力调节器、氧气压力表、安全阀、流量调节器、湿化瓶和连接管等组成。
04	医用压缩气体供应系统	核心词	医用中心供氧系统	一种用于给医疗机构集中供应氧气的系统，通常由氧气供气系统、管道分配系统、控制系统、监控和报警系统，以及医用氧气气体终端等组成。
			医用中心空气系统	一种用于给医疗机构集中供应空气的系统，通常由医用空气供气系统、管道分配系统、控制系统、监控和报警系统，以及医用空气气体终端等组成。
05	医用气体汇流排	核心词	医用气体汇流排	一种将数个气体钢瓶分组汇合并减压，通过管道输送系统输送气体至终端的装置。
06	医用气体报警系统	核心词	医用气体报警系统	一种用于对医用气体设备状况进行监测的设备。

五、命名示例

参照表 8 命名示例，根据产品实际情况，选择对应子领域术语表，比对描述选择相应术语，按第三条第一款的结构顺序确定通用名称。

表 8　雾化设备 / 雾化装置

核心词	特征词 1		特征词 2	特征词 3				产品名称
	使用形式		临床用途	技术特点				
雾化器	可重复使用（缺省）	一次性使用	医用	气动	电动压缩式	超声	网式	
√	√		√		√			医用电动压缩式雾化器
√		√	√	√				一次性使用医用气动雾化器
√	√		√			√		医用超声雾化器

六、参考资料

［1］国家食品药品监督管理总局关于发布医疗器械分类目录的公告（2017 年第 104 号）

［2］豁免提交临床试验资料的第二类医疗器械目录

［3］GB/T 4999–2003 麻醉呼吸设备术语（ISO 4135：2001，IDT）

［4］IEC 60788–2004 医用电气设备 – 术语定义汇编

［5］呼吸、麻醉和急救器械相关的国家标准、行业标准

［6］呼吸、麻醉和急救器械相关注册审查指导原则

［7］国家药品监督管理局医疗器械注册数据库

［8］Global Medical Device Nomenclature（GMDN）

［9］U.S. Food and Drug Administration.Product Classification Database

［10］Japanese Medical Device Nomenclature（JMDN）

七、起草单位

本指导原则由国家药品监督管理局医疗器械标准管理中心编写并负责解释。

相关文件

附件6

妇产科、辅助生殖和避孕器械通用名称命名指导原则

本指导原则依据《医疗器械通用名称命名规则》和《医疗器械通用名称命名指导原则》制定，用于指导妇产科、辅助生殖和避孕器械产品通用名称的制定。

本指导原则是对备案人、注册申请人、审查人员的指导性文件，不包括注册审批所涉及的行政事项，不作为法规强制执行。若有满足相关法规要求的其他方法，也可采用，并应提供充分的研究资料和验证资料。本指导原则是在现行法规和标准体系以及当前认知水平下制定的，应在遵循相关法规的前提下使用。随着法规和标准的不断完善，以及科学技术的不断发展，本指导原则相关内容也将进行适时的调整。

一、适用范围

本指导原则适用于妇产科、辅助生殖和避孕的专用器械。

二、核心词和特征词的制定原则

（一）核心词

妇产科、辅助生殖和避孕器械核心词是对具有相同或者相似的技术原理、结构组成或者预期目的的医疗器械的概括表述。如"扩张器""阴道镜""产床""宫内节育器""避孕套""显微操作针"等。

（二）特征词

妇产科、辅助生殖和避孕器械的特征词是对医疗器械结构特点、材料组成、使用部位、技术特点、使用形式以及预期目的等特定属性的描述，主要包括以下方面的内容：

——结构特点：指对产品结构、组成、外观形态以及设计方面的特有属性的描述，如"单腔""双腔"等结构特点。

——材料组成：指产品主要材料或者主要成分的描述，如"不锈钢""含铜""天然橡胶胶乳""聚氨酯""二氧化碳"等。

——使用部位或作用对象：指产品发挥其主要功能的患者部位或作用对象的描述，如"阴道""子宫""宫腔""胚胎""配子"等。

——技术特点：指产品特殊工作原理、机理或者特殊性能的说明或者限定，如"电动""多普勒"等。

——使用形式：使用形式包括可重复使用和一次性使用两种情况。可重复使用医疗器械指处理后可再次使用的医疗器械。一次性使用医疗器械指仅供一次性使用，或在一次医疗操作过程中只能用于一例患者的医疗器械。

——提供形式：提供形式包括无菌和非无菌两种情况。无菌医疗器械指以无菌形式提供，直接使用的医疗器械产品。非无菌医疗器械指以非无菌形式提供的医疗器械产品。

——预期目的：指产品适用的临床使用范围或用途，如"妇科""辅助生殖"等。

（三）特征词的缺省

术语表中某一特征词项下，习惯使用或公认的某一特性在命名中不做体现，以遵从惯例或方便表达的方式处理。在不同的术语表中"缺省"的特征根据实际情况确定。

如避孕套产品通常使用对象为男性，则"男用"这一特征词可缺省，仅体现"女用"的情况。

如妇产科手术器械等产品通常为可重复使用，则"可重复使用"这一特征词可缺省，仅体现"一次性使用"的情况。

使用部位或材料组成等特征词项下，若存在多个专用术语的情形，将"通用"一词设置为缺省，指产品在该特征词项并无需要体现的专用特点，而非指该产品各种情况通用。其他特定使用部位或材料组成的命名术语可不一一列举。

三、通用名称的确定原则

（一）通用名称组成结构

通常情况下，妇产科、辅助生殖和避孕器械通用名称由一个核心词和一般不超过三个特征词组成。一般情况下，描述产品使用形式、提供形式等属性的特征词应放首位，其他类型的特征词应按其对核心词的修饰性从广义到狭义的顺序排列。如"特征词 1（如适用）+ 特征词 2（如适用）+ 特征词 3（如适用）+ 核心词"结构编制。

（二）核心词和特征词选取原则

核心词和特征词应根据产品真实属性和特征，优先在术语表中选择。对于术语表未能包含的、新产品或原有产品有新的特征项需要体现，或者需在某一特征项下加入新术语，可对术语表进行补充或调整。

核心词应在该类别项下选择最适合产品属性的核心词，核心词不可缺省。

特征词则应按照产品相关特征，依次在术语表中每个特征词项下选择一个与之相对应的术语，未一一列举的使用部位及材料组成等特征词，根据产品实际情况，自行选用相应的专业术语。

（三）特别说明

1. 组合包类产品

由两种及以上医疗器械组合而成，以实现某一临床预期目的的器械组合产品，其产品名称应体现组合特性（如包、盒），原则上按其主要临床预期目的命名（如一次性使用产包、一次性使用会阴护理包）。

2. 按医疗器械管理的药械组合产品

按医疗器械管理的药械组合产品，在特征词中体现其含药特性，如"含铜含吲哚美辛宫内节育器"。

四、命名术语表

在表 1 到表 7 中，列举了妇产科、辅助生殖与避孕器械各子领域典型产品核心词和特征词的可选术语，并对其进行了描述。

表 1　妇产科手术器械

序号	产品类别	术语类型	术语名称	术语描述
1	妇产科用剪	核心词	剖宫产剪	用于经腹剪开子宫（取出胎儿）的器械。
			阴道环切剪	用于环切阴道的器械。
			会阴剪	用于在分娩过程中扩大阴道开口的外科器械。
			脐带剪	用于新生儿脐带剪切的器械。
		特征词 1– 使用和提供形式	可重复使用（缺省）	经一定处理后可再次使用。
			一次性使用无菌	以无菌形式提供，且仅供一次性使用，或在一次医疗操作过程中只能用于一例患者。

序号	产品类别	术语类型	术语名称	术语描述
2	妇产科用钳、镊、夹	核心词	子宫钳	妇产科手术时用于牵拉固定子宫用的器械。
			子宫取样钳	妇产科手术时用于钳取子宫腔息肉、异物的器械。
			宫颈钳	妇产科手术时用于牵拉、固定子宫颈用。
			宫颈活体取样钳	用于咬切宫颈组织作病理切片取样用的器械。
			卵巢钳	妇科手术时用于钳夹卵巢组织用的器械。
			输卵管钳	用于开腹手术中对人体内输卵管进行牵引和游离的器械。
			输卵管镊	夹持输卵管用器械，头端呈圆环形。
			脐带夹	用于夹持新生儿脐带。
		特征词1–使用和提供形式	可重复使用（缺省）	经一定处理后可再次使用。
			一次性使用无菌	以无菌形式提供，且仅供一次性使用，或在一次医疗操作过程中只能用于一例患者。
3	妇产科用扩张器、牵开器	核心词	阴道拉钩	用于阴道手术时对阴道壁向外牵拉，扩大手术视野用的器械。
			子宫拉钩	用于子宫腔手术时抓、牵拉子宫的器械。
			螺旋拉钩	用于子宫肌瘤切除手术中，旋入肌瘤内牵拉剥离肌瘤组织。
			扩张器	通常由上叶、下叶和手柄组成，用于扩张自然腔道。
			牵开器	通常是一系列不同规格的条/棒状器械，或由手柄装置U型变幅杆紧固装置和钩板组成。
		特征词1–使用和提供形式	可重复使用（缺省）	经一定处理后可再次使用。
			一次性使用无菌	以无菌形式提供，且仅供一次性使用，或在一次医疗操作过程中只能用于一例患者。
4	助产器械	核心词	胎头吸引器	帮助胎儿娩出的辅助器械。
		核心词	助产钳	帮助胎儿娩出的辅助器械。
5	阴道洗涤器/给药器	核心词	阴道冲洗器	通常由输送管道、压力胶球和喷嘴组成。一般由高分子材料制成。不含药物。不含洗涤液。用于阴道清洗或给药。
			阴道给药器	
		特征词1–使用和提供形式	可重复使用（缺省）	经一定处理后可再次使用。
			一次性使用无菌	以无菌形式提供，且仅供一次性使用，或在一次医疗操作过程中只能用于一例患者。
			一次性使用	以非无菌形式提供，仅供一次性使用，或在一次医疗操作过程中只能用于一例患者。

序号	产品类别	术语类型	术语名称	术语描述
6	刮宫器械	核心词	子宫刮匙	妇产科手术时，用于刮除子宫内壁组织的器械。
		特征词 1– 使用和提供形式	可重复使用（缺省）	经一定处理后可再次使用。
			一次性使用无菌	以无菌形式提供，且仅供一次性使用，或在一次医疗操作过程中只能用于一例患者。
7	导管	核心词	导管	通常由高分子材料制成，由内管，外管及插芯（选配）组成，管体带有显影定位标记，便于超声下显影。一次性使用。
		特征词 1– 预期目的	输卵管疏通	临床预期目的。将由于输卵管或盆腔腹膜炎症所致的输卵管狭窄、黏连或者堵塞进行疏通。
			输卵管造影	将碘造影剂通过导管由子宫颈管注入子宫腔，再经子宫腔到输卵管，在 X 线透视下了解子宫腔和输卵管腔通畅情况。
			胚胎移植	将体外受精及其他方式得到的胚胎、受精卵、卵裂胚或囊胚向子宫腔内或输卵管内移植的操作过程。
			授精	指将体外受精及其他方式得到的胚胎、受精卵、卵裂胚或囊胚向子宫腔内或输卵管内移植的操作过程。
8	通液器	核心词	输卵管通液器	由金属材料制成，用于输卵管疏通。
9	妇科压板	核心词	压板	一种板状器械，用于压迫组织。
		特征词 1– 使用部位	阴道	女性生殖道解剖部位。
			宫颈	
		特征词 2– 使用形式	可重复使用（缺省）	经一定处理后可再次使用。
10	医用妇科护垫	核心词	出血量计算垫巾	通常由非织造布，复合流通延膜或加无尘纸，木浆纤维等材料的吸水层，经适当裁剪缝制热合而成，用于女性产后出血量计算用。
		特征词 1– 使用形式和提供形式	一次性使用无菌	以无菌形式提供，且仅供一次性使用，或在一次医疗操作过程中只能用于一例患者。
		特征词 2– 预期目的	产妇	在分娩期或产褥期中的妇女。
11	阴道填塞材料	核心词	活性炭阴道填塞	用于女性阴道分泌物的吸收。

相关文件

表 2 妇产科测量监护器械

序号	产品类别	术语类型	术语名称	术语描述
1	超声多普勒胎心、宫缩监护设备	核心词	超声多普勒胎儿监护仪	通常由主机、超声探头、宫缩压力传感器及与之相连接的其他传感器组成，应用超声波的多普勒效应，具有监测和贮存胎儿心率宫缩压力以及其他必要参数的功能，可在围产期对胎儿进行连续监护，并在出现异常时及时提供报警信息的仪器。
		核心词	超声多普勒胎儿心率仪	通常由探头（一般采用单元探头）、超声波发射/接收电路、信号输出部分组成。根据多普勒原理从孕妇腹部获取胎心运动信息并显示胎心率的超声仪器。
		核心词	超声多普勒胎儿心音仪	通常由主机、超声探头、宫缩压力传感器及与之相连接的其他传感器组成，根据多普勒原理从孕妇腹部获取胎心运动信息但不显示胎心率的超声仪器。
2	手动测量器械	核心词	产科集血器	由高分子材料制成，带有刻度线的盆状器械，用于产后聚血，观察产后出血量。
			骨盆测量器	由金属材料制成，通常用于孕妇骨盆内外径的测量。
			子宫探针	由金属或高分子材料制成，用于宫腔内操作前探测子宫腔的深度、方向、屈度。
		特征词1-使用和提供形式	可重复使用（缺省）	经一定处理后可再次使用。
			一次性使用无菌	以无菌形式提供，且仅供一次性使用，或在一次医疗操作过程中只能用于一例患者。
			一次性使用	以非无菌形式提供，且仅供一次性使用，或在一次医疗操作过程中只能用于一例患者。

表 3 妇产科诊断器械

序号	产品类别	术语类型	术语名称	术语描述
1	阴道镜	核心词	阴道镜	通常由观察系统照明系统组成，观察系统是具有目镜物镜的短工作距的体视光学显微系统，可外接图像采集显示系统。利用显微放大原理，观察物体细节。
2	妇科光学内窥镜	核心词	内窥镜	通常由物镜系统和传/转像系统，含有或不含有观察目镜系统构成观察光路的内窥镜。
			纤维内窥镜	通常由物镜系统和采用光纤传/转像系统，含有或不含有观察目镜系统构成观察光路的内窥镜。
		特征词1-结构特点	硬性	插入部分不随体腔或手术通道而变形的内窥镜。
			软性	插入部分可随体腔或手术通道而变形的内窥镜。
		特征词2-使用部位	宫腔	女性生殖道解剖部位。

序号	产品类别	术语类型	术语名称	术语描述
2	妇科电子内窥镜	核心词	电子内窥镜	通常由物镜系统、像阵面光电传感器、A/D 转换集成模块组成。将所要观察的腔内物体通过微小的物镜系统成像到像阵面光电传感器上，然后将接收到的图像信号送到图像处理系统上，最后在监视器上输出处理后的图像。
		特征词 1– 结构特点	硬性	插入部分不随体腔或手术通道而变形的内窥镜。
			软性	插入部分可随体腔或手术通道而变形的内窥镜。
		特征词 2– 使用部位	宫腔	女性生殖道解剖部位。
	妇科内窥镜用手术设备	核心词	电动子宫切除器	在妇科内窥镜手术中，连接在主机上的手术器械通过和内窥镜提供的或不同的通道进入子宫进行各种手术工作。用于绞碎或切除子宫等组织。
			宫腔刨削器	通常由主机（控制单元）、手机、电缆、刀具和脚踏控制器组成。刀具由直刨削刀、弯头刨削刀和球头打磨刀组成。供宫腔手术刨削、切割组织用。
			举宫器	一般由不锈钢和高分子材料制成的棒状器械。用于固定或改变子宫的位置。
		特征词 1– 预期目的	内窥镜用	内窥镜用。
	妇科内窥镜用手术器械	核心词	内窥镜用宫腔圈套器	通常由套圈、鞘管、连接揽和控制手柄等组成。在宫腔镜下操作，用于切割子宫息肉，以便将其从子宫内取出。
			内窥镜用宫腔螺旋针	在腹腔镜下操作，用于妇科腹腔镜手术中，旋入子宫肌瘤，以便于切割。
3	妇科采样器械	核心词	刮板	一种收集脱落细胞或阴道内分泌物的刷子，由刷头和刷柄组成。
			刷	
			取样器	
		特征词 1– 使用和提供形式	可重复使用（缺省）	经一定处理后可再次使用。
			一次性使用无菌	以无菌形式提供，且仅供一次性使用，或在一次医疗操作过程中只能用于一例患者。
		特征词 2– 使用部位	阴道	女性生殖道解剖部位。
			宫颈	
			子宫内膜	
4	妇产科检查器械	核心词	荧光检查棒	医用荧光棒是一种化学发光的照明光源，把医用荧光棒贴在阴道扩张器叶片内侧，作为进行阴道荧光视诊的照明光源，用于妇科常规检查宫颈癌及癌前病变的筛查，本产品为一次性使用产品，不与人体接触，无毒无放射性。
		特征词 1– 使用部位	阴道	女性生殖道解剖部位。

相关文件

表 4　妇产科治疗器械

序号	产品类别	术语类型	术语名称	术语描述
1	妇科物理治疗器械	核心词	妇科红外治疗仪	通常由光辐射器（如发光二极管）、控制装置、支撑装置（可有定位装置）等组成，也可配备导光器件。利用红外线照射妇科部位，发生光化学作用和／或生物刺激作用，达到辅助治疗的目的。用于妇科组织损伤的消炎和疼痛缓解，促进盆腔局部血液循环，缓解神经肌肉疼痛。
		核心词	妇科臭氧治疗仪	采用低温等离子技术将空气中的气体分子电离而产生高浓度的臭氧，用于治疗各种致病微生物引起的妇科生殖系统疾病。
		核心词	热球子宫内膜治疗仪	通常由主机和一次性使用热球导管组成。治疗时将装有介质的球囊深入子宫，球囊恒温到一定温度。并将其外壁贴于子宫内壁且形成一定压力，使子宫内膜发生组织坏死并脱落。用于治疗功能性子宫出血。
2	妇科假体器械	核心词	阴道支架	一种临时或永久支撑作用的非血管植入假体，通常由高分子材料组成，用于治疗阴道畸形、先天性无阴道或阴道后壁膨出伴直肠出口梗阻型排便困难等。
			子宫托	一种临时支撑作用的非血管植入假体，通常由高分子材料组成，用于防止子宫脱垂。
		核心词	妇科尿道悬吊器	一种治疗妇科压迫性尿道失禁的器械。
		核心词	盆底补片	用于修复盆底功能障碍性疾病的器械。

表 5　妇产科承载器械

序号	产品类别	术语类型	术语名称	术语描述
1	产床	核心词	产床	一般由背板、臀板、腿板、腿床（板）和／或电机等组成，可配有附件输液架、托腿架、拉手和污物盆。用于妇产科产妇分娩。
		特征词 1– 技术特点	普通	利用手动摇柄的方式进行升降产床。
			电动	利用电动马达的方式进行升降产床。
2	妇科手术／检查床	核心词	手术床	专用于妇科的手术床、检查床，通常由背板、臀板、腿板、传动部分组成。头背腿台面可调节。
			检查床	
		特征词 1– 技术特点	普通	利用手动的方式进行升降产床。
			电动	利用电动的方式进行升降产床。
		特征词 2– 预期目的	妇科	妇科用。

表 6　妊娠控制器械

序号	产品类别	术语类型	术语名称	术语描述
1	宫内节育器	核心词	宫内节育器	由铜丝和 / 或铜管以及支架材料组成，支架材料通常为塑料聚乙烯或记忆合金。无菌提供。放置于妇女子宫腔内起避孕作用。
		特征词 1– 材料组成	含铜	指使用材料如：纯铜管、纯铜丝、铜粒或其组合。
			复合材料（具体材料）	指纯铜粉与高分子材料进行复合，如含铜聚乙烯复合材料。
		特征词 2– 含药特性	不含药（缺省）	不含药物。
			含药（具体药物）	在宫内节育器中含有的具体药物，如吲哚美辛等。
2	宫内节育器取放器械	核心词	放置器	设计专用于放置某一类宫内节育器的器械。
			放置钳	用于宫内节育器放置的钳状器械。
			取出钩	用于宫内节育器取出的钩状器械。
			取出钳	用于宫内节育器取出的钳状器械。
		特征词 1– 使用和提供形式	可重复使用（缺省）	经一定处理后可再次使用。
			一次性使用无菌	以无菌形式提供，且仅供一次性使用，或在一次医疗操作过程中只能用于一例患者。
		特征词 2– 作用对象	宫内节育器	由铜以及支架材料组成，支架材料一般由硅橡胶、尼龙、聚乙烯、聚丙烯、不锈钢或记忆合金材料制成，用于放置于妇女子宫腔内起避孕作用。
3	输卵（精）管封闭器械	核心词	结扎带	通常用金属或高分子化合物制成的带，用于封闭输精管或输卵管。
			结扎环	通常用金属或高分子化合物制成的闭合环，用于封闭输精管或输卵管。
			结扎夹	通常用金属或高分子化合物制成的夹，用于封闭输精管或输卵管。
		特征词 1– 使用部位	输精管	男性生殖道解剖部位。
			输卵管	女性生殖道解剖部位。
		核心词	栓塞剂	通常由两个或多个不具有药理学作用的化学组份构成的配方，构成固体结构体，用于封闭输精管或输卵管。
		特征词 1– 使用部位	输精管	男性生殖道解剖部位。
			输卵管	女性生殖道解剖部位。

相关文件

序号	产品类别	术语类型	术语名称	术语描述
4	屏障式避孕器械	核心词	避孕套	通常由天然胶乳或合成胶乳薄膜制成，在性交期间完全/部分包裹阴茎，或完全覆盖女阴道腔的鞘套，以防止精液进入女性生殖系统及/或防止性传播感染疾病。
		特征词1-作用对象	男用（缺省）	通常由天然胶乳或合成乳胶或聚氨酯薄膜制成，在性交期间部分包裹阴茎的鞘套，以防止精液进入女性生殖系统。
			女用	通常由天然胶乳或合成乳胶或聚氨酯薄膜制成，在性交期间完全覆盖女阴道腔的鞘套，以防止精液进入女性生殖系统及/或防止性传播感染疾病。
		特征词2-含药特性	不含药（缺省）	不含药物。
			含药（具体药物）	避孕套上含有的具体药物，如苯佐卡因等。
		特征词3-材料组成	天然橡胶胶乳等（主要材料）	制成避孕套的主要材料，如天然橡胶胶乳、聚异戊二烯胶乳、聚氨酯胶乳等
5	结扎手术器械	核心词	输精管分离钳	一种头端尖锐的钳形手术器械，用于输精管直视钳穿和注射粘堵手术时，将输精管与阴囊皮肤、精索分离。
			输精管固定钳	一种头端为圆环的钳形手术器械，用于输精管直视钳穿和注射粘堵手术时，在阴囊皮肤外作夹持、固定输精管或提取裸露的输精管。
			输卵管提取钩	通常由头部和柄部组成，头部为钩形的手术器械。一般由不锈钢材料制成。
			输卵管提取板	板状器械，通常由金属或高分子制成。
		特征词1-使用和提供形式	可重复使用（缺省）	经一定处理后可再次使用。
			一次性使用无菌	以无菌形式提供，且仅供一次性使用，或在一次医疗操作过程中只能用于一例患者。
6	宫腔负压吸引设备及附件	核心词	宫腔负压吸引器	通常由吸引泵、开关、安全阀、止回阀、储液瓶、控制电路组成，与吸引管道、负压吸引管配套使用。用于对早期妊娠的孕妇施行人工流产手术的操作。
			宫腔可视负压吸引器	利用超声脉冲回波原理，或利用超声多普勒技术和超声脉冲回波原理，完成妇科器官组织的成像。通常由探头、超声波发射/接收、信号处理和图像显示等部分组成的，同时配备LCD支架、宫颈夹持器、人流吸引管，用于对早期妊娠的孕妇施行人工流产手术的操作。
		特征词1-技术特点	电动	利用电动产生真空的方式。目前一般均用电动真空泵。
			手动	利用手动产生真空的方式。

序号	产品类别	术语类型	术语名称	术语描述
6	宫腔负压吸引设备及附件	核心词	吸引管	通常由连接在真空吸取器的管子和接头组成。用于对早期妊娠的孕妇施行人工流产手术的操作。
		特征词 1– 使用和提供形式	可重复使用（缺省）	经一定处理后可再次使用。
			一次性使用无菌	以无菌形式提供，且仅供一次性使用，或在一次医疗操作过程中只能用于一例患者。
			一次性使用	以非无菌形式提供，且仅供一次性使用，或在一次医疗操作过程中只能用于一例患者。
		特征词 2– 预期目的	宫腔组织	女性生殖道解剖部位。

表 7　辅助生殖器械

序号	产品类别	术语类型	术语名称	术语描述
1	辅助生殖穿刺取卵 / 取精针	核心词	取精针	在体外受精 – 胚胎移植及其衍生技术操作过程中，用于穿刺精囊以获取精子的专用器械。一般由金属针和软管组成，头部尖锐，能刺入人体组织。
		特征词 1– 预期目的	辅助生殖用	用于辅助生殖技术。
		核心词	取卵针	在体外受精 – 胚胎移植及其衍生技术操作过程中，用于穿刺卵巢中卵泡以获取卵母细胞的专用器械。一般由金属针和软管组成，头部尖锐，能刺入人体组织。
		特征词 1– 预期目的	辅助生殖用	用于辅助生殖技术。
		特征词 2– 结构特点	单腔	取卵穿刺针的金属针通常由单一腔体组成，附属导管数目 1 根，为吸引导管。
			双腔	取卵穿刺针通常由两个腔体组成，内部腔体用于吸取卵母细胞，外部腔体用于冲洗卵泡腔；或者除本身的吸液导管外，还连接着另外一根可通过注射器冲洗卵泡腔的导管。
2	辅助生殖微型工具	核心词	显微操作针	显微操作时（如卵母细胞胞质内单精子注射，辅助孵化或胚胎活检）使用的微细管状或针状工具。一般由不同直径的毛细玻璃管，或者聚酯细管制成。
			显微操作管	
		特征词 1– 预期目的	辅助生殖固定用	在显微操作时，用于卵子或胚胎的固定，一般外径在 80–120μm，内径在 20–30μm。
			辅助生殖注射用	在单精子卵胞浆内显微注射操作时，用于单精子卵母细胞内注射。
			辅助生殖活检用	在卵子极体或者胚胎活检显微操作时，用于取出极体、卵裂球或其他细胞，以进行遗传学检测。

相关文件

序号	产品类别	术语类型	术语名称	术语描述
2	辅助生殖微型工具	特征词1–预期目的	辅助生殖孵化用	在胚胎辅助孵化显微操作时，用于向透明带注射，或者切割透明带，以便于在透明带上制造一处缺损或裂隙，利于囊胚的孵出。
			辅助生殖剥离用	在卵母细胞体外操作时，用于去除卵母细胞透明带外的颗粒细胞。
		核心词	培养器皿	用于配子和胚胎的操作受精和培养的器皿。
		特征词1–使用部位或作用对象	精子、胚胎等（专用部位或对象）	人体生殖细胞或组织，如配子、胚胎等。
		核心词	冷冻载体	用于配子/胚胎/卵巢组织/睾丸组织的冷冻的支撑体。
		特征词1–使用部位或作用对象	配子	人体生殖细胞或组织，如配子、胚胎、卵巢组织等。
			胚胎	
			卵巢组织	
3	辅助生殖用液	核心词	培养液	主要用于生殖细胞的体外培养，提供营养及转移时维持相应的环境等。
		特征词1–使用部位或作用对象	精子、胚胎等（专用部位或对象）	人体生殖细胞及组织，如卵子/卵母细胞、精子、胚胎、卵裂胚、囊胚等。
		核心词	冷冻液	用于辅助生育培养过程中精子及不同时期胚胎的冷冻。
			解冻液	用于辅助生育培养过程中精子及不同时期胚胎的解冻。
		特征词1–使用部位或作用对象	精子、胚胎等（专用部位或对象）	人体生殖细胞及组织等，如精子、卵裂胚、囊胚、胚胎。
		核心词	卵子冲洗液	用于卵母细胞的获取、保持和冲洗，以收集卵子。
		核心词	颗粒细胞去除液	用于剥离去除卵子透明带外面的颗粒细胞。
		核心词	精子密度梯度分离液	使用低密度和高密度的精子梯度分离液分离精子。
		核心词	精子制动液	为配子在显微操作时提供相应的环境，降低精子的前向运动速度。
		核心词	胚胎活检液	将活检前的胚胎/卵裂胚提供适宜环境的缓冲液。
		核心词	辅助生殖培养用油	由石蜡油或矿物油构成。体外辅助生殖技术中，覆盖在培养液或培养液滴表面，用于建立配子/胚胎与外环境间的保护屏障。
4	辅助生殖专用设备	核心词	辅助生殖用激光发射器	用于体外辅助生殖技术。通常由激光发生器计算机摄像机构成。利用激光产生的热效应使胚胎透明带减薄或开孔。
			显微操作仪	用显微镜附加细微操作装置所组成的显微手术器械，用于对配子或胚胎进行显微操作。

序号	产品类别	术语类型	术语名称	术语描述
4	辅助生殖专用设备	特征词 1– 预期目的	辅助生殖用	用于体外辅助生殖技术。
		核心词	体外授精工作台	采用一定的空气过滤装置使操作区域达到洁净度要求。一般由防震台、高效空气过滤装置、台面加热装置以及专用气体接口等组成，同时工作站运行时要求低噪音和震动小。
		核心词	延时成像培养系统	用于体外配子 / 胚胎培养；由计算机控制的延时摄影、净化系统、箱体、加热器、二氧化碳和温湿度传感控制系统等构成。
		特征词 1– 预期目的	辅助生殖用	用于体外辅助生殖技术。
		特征词 2– 材料组成	二氧化碳	一种碳氧化合物，化学式为 CO_2。
			三气	指氮气、二氧化碳和氧气三种混合气体。

五、命名示例

参照表 8-10 命名示例，根据产品实际情况，选择对应子领域术语表，比对定义选择相应术语，按第三条第一款的结构顺序确定通用名称。

表 8　宫内节育器

核心词	特征词 1		特征词 2		通用名称
	材料组成		含药特性		
宫内节育器	含铜	复合材料（具体材料）	不含药（缺省）	含药（具体药物）	
√	√		√		含铜宫内节育器
√	√			含吲哚美辛√	含铜含吲哚美辛宫内节育器

表 9　避孕套

核心词	特征词 1		特征词 2		特征词 3	通用名称
	作用对象		含药特性		材料组成	
避孕套	男用（缺省）	女用	不含药（缺省）	含药（具体药物）	（主要材料）	
√	√		√		天然橡胶胶乳√	天然橡胶胶乳避孕套
√	√			含苯佐卡因√	聚氨酯胶乳√	含苯佐卡因聚氨酯胶乳避孕套
√		√	√		聚氨酯胶乳√	女用聚氨酯胶乳避孕套

相关文件

表10 辅助生殖穿刺取卵针

核心词	特征词1	特征词2		通用名称
	预期目的	结构特点		
取卵针	辅助生殖用	单腔	双腔	
√	√	√		辅助生殖用单腔取卵针
√	√		√	辅助生殖用双腔取卵针

六、参考资料

［1］国家食品药品监督管理总局关于发布医疗器械分类目录的公告（2017年第104号）

［2］豁免提交临床试验资料的第二类/第三类医疗器械目录

［3］GB 11234–2006 宫腔形宫内节育器

［4］GB 3156–2006 OCu 宫内节育器

［5］GB 11235–2006 VCu 宫内节育器

［6］GB 11236–2006 TCu 宫内节育器

［7］GB/T 7544–2009 天然胶乳橡胶避孕套技术要求和试验方法（ISO 4074：2002，IDT）

［8］YY/T 1567–2017 女用避孕套 技术要求与试验方法（ISO 25841–2014，IDT）

［9］ISO 7439：2015 Copper–bearing contraceptive intrauterine devices–Requirement and tests

［10］国家药品监督管理局医疗器械注册数据库

［11］FDA CFR – Code of Federal Regulations Title 21，part 884，Subpart G--Assisted Reproduction Devices

［12］Global Medical Device Nomenclature（GMDN）

［13］U.S. Food and Drug Administration. Product Classification Database

［14］Japanese Medical Device Nomenclature（JMDN）

七、起草单位

本指导原则由国家药品监督管理局医疗器械标准管理中心编写并负责解释。

国家药监局关于发布神经和心血管手术器械通用名称命名指导原则等 2 项指导原则的通告

2021 年第 62 号

为进一步规范医疗器械通用名称，加强医疗器械全生命周期管理，国家药品监督管理局组织制定了《神经和心血管手术器械通用名称命名指导原则》《医用诊察和监护器械通用名称命名指导原则》，现予发布。

特此通告。

附件：1.神经和心血管手术器械通用名称命名指导原则
2.医用诊察和监护器械通用名称命名指导原则

国家药监局
2021 年 8 月 23 日

相关文件

附件 1

神经和心血管手术器械通用名称命名指导原则

本指导原则依据《医疗器械通用名称命名规则》和《医疗器械通用名称命名指导原则》制定，用于指导神经和心血管手术器械产品通用名称的制定。

本指导原则是对备案人、注册申请人、审查人员的指导性文件，不包括注册审批所涉及的行政事项，不作为法规强制执行。若有满足相关法规要求的其他方法，也可采用，并应提供充分的研究资料和验证资料。本指导原则是在现行法规和标准体系以及当前认知水平下制定的，应在遵循相关法规的前提下使用。随着法规和标准的不断完善，以及科学技术的不断发展，本指导原则相关内容也将进行适时的调整。

一、适用范围

本指导原则适用于神经外科手术器械、心血管手术器械和心血管介入器械。

二、核心词和特征词的制定原则

（一）核心词

本领域的核心词是对具有相同或者相似的技术原理、结构组成或者预期目的的神经和心血管手术器械的概括表述。如"止血夹"、"导引导管"等。

（二）特征词

本领域的特征词是对医疗器械使用部位、结构特点、技术特点或者材料组成等特定属性的描述。神经和心血管手术器械特征词的选取主要涉及以下方面内容：

——结构特点：指产品主体结构设计方面的特有属性，如神经和心血管手术用钳有"内窥镜"、"显微"等结构设计特点。

——使用部位：指产品发挥其主要功能的患者部位的描述，可以是人体的神经或心血管。如"脑神经"、"胸骨"、"心脏"、"静脉"等。

——使用形式：使用形式包括可重复使用和一次性使用两种情况。可重复使用医疗器械指处理后可再次使用的医疗器械。一次性使用医疗器械指仅供一次性使用，或在一次医疗操作过程中只能用于一例患者的医疗器械。

——提供形式：提供形式包括无菌和非无菌两种情况。无菌医疗器械指以无菌形式提供，直接使用的医疗器械产品。非无菌医疗器械指以非无菌形式提供的医疗器械产品。

（三）特征词的缺省

术语表中某一特征词项下的惯常使用或公认的某一特性可设置为"缺省"，在通用名称中不做体现，以遵从惯例或方便表达的处理方式。在不同术语表中"缺省"的特征根据实际情况确定。

结构特点等特征词项下，若存在多个专用术语的情形，将"通用"一词设置为缺省，指产品在该特征词项并无需要体现的专用特点，而非指该产品各种情况通用。其他专用使用部位或材料组成的命名术语可不一一列举。

三、通用名称的确定原则

（一）通用名称组成结构

神经和心血管手术器械通用名称按"特征词 1（如有）＋特征词 2（如有）＋特征词 3（如有）＋核心词"结构编制。

（二）核心词和特征词选取原则

核心词和特征词应根据产品真实属性和特征，优先在术语表中选择。对于术语表未能包含的，新产品或原有产品有新的特征项需要体现，或者需在某一特征项下加入新术语，可对术语表进行补充或调整。

核心词应在该类别项下选择最适合产品属性的核心词，核心词不可缺省。

特征词则应按照产品相关特征，依次在术语表中每个特征词项下选择一个与之吻合的术语，未一一列举的使用部位等特征词，根据产品实际情况，自行选用相应的专业术语。

（三）特别说明

按医疗器械管理的药械组合产品，可根据产品实际情况，参照命名术语表所示，以"含药"或具体药物名称作为特征词，体现药械组合特性。

四、命名术语表

在表 1 到表 14 中，列举了神经和心血管手术器械各子领域典型产品的核心词和特征词的可选术语。

表 1　神经和心血管手术器械 – 刀

序号	产品类别	术语类别	术语名称	术语描述
1	神经和心血管手术器械 – 手术刀	核心词	手术刀	用于切割组织。
		特征词 1– 使用和提供形式	一次性使用无菌	以无菌形式提供，且仅供一次性使用，或在一次医疗操作过程中只能用于一例患者。
			可重复使用（缺省）	经一定处理后可再次使用。
		特征词 2– 结构特点	显微	产品结构设计在显微镜下使用。
			内窥镜	产品结构设计在内窥镜下使用。
			通用（缺省）	产品结构设计无需要体现的专用特点。
		特征词 3– 使用部位	神经等（神经和心血管专用使用部位）	神经和心血管专用使用部位，如神经、胸骨等。

表 2　神经和心血管手术器械 – 剪

序号	产品类别	术语类别	术语名称	术语描述
1	神经和心血管手术器械 – 手术剪	核心词	手术剪	用于剪切组织。
		特征词 1– 使用和提供形式	一次性使用无菌	以无菌形式提供，且仅供一次性使用，或在一次医疗操作过程中只能用于一例患者。
			可重复使用（缺省）	经一定处理后可再次使用。

序号	产品类别	术语类别	术语名称	术语描述
1	神经和心血管手术器械－手术剪	特征词2－结构特点	显微	产品结构设计在显微镜下使用。
			内窥镜	产品结构设计在内窥镜下使用。
			通用（缺省）	产品结构设计无需要体现的专用特点。
		特征词3－使用部位	神经等（神经和心血管专用使用部位）	神经和心血管专用使用部位，如神经、胸骨等。

表3　神经和心血管手术器械－钳

序号	产品类别	术语类别	术语名称	术语描述
1	神经和心血管手术器械－钳	核心词	手术钳	用于钳夹、分离、咬切、牵拉组织或器械。
			组织钳	用于夹持组织。
			咬除钳	用于咬除组织。
			活检钳	用于采集组织取样。
			分离钳	用于分离组织。
			止血钳	用于钳夹血管、分离组织以止血。
			异物钳	用于夹取异物。
		特征词1－使用和提供形式	一次性使用无菌	以无菌形式提供，且仅供一次性使用，或在一次医疗操作过程中只能用于一例患者。
			可重复使用（缺省）	经一定处理后可再次使用。
		特征词2－结构特点	显微	产品结构设计在显微镜下使用。
			内窥镜	产品结构设计在内窥镜下使用。
			通用（缺省）	产品结构设计无需要体现的专用特点。
		特征词3－使用部位	静脉等（神经和心血管专用使用部位）	神经和心血管专用使用部位，如静脉等。

表4　神经和心血管手术器械－镊

序号	产品类别	术语类别	术语名称	术语描述
1	神经和心血管手术器械－镊	核心词	手术镊	用于夹持组织或器械。
		特征词1－使用和提供形式	一次性使用无菌	以无菌形式提供，且仅供一次性使用，或在一次医疗操作过程中只能用于一例患者。
			可重复使用（缺省）	经一定处理后可再次使用。
		特征词2－结构特点	显微	产品结构设计在显微镜下使用。
			内窥镜	产品结构设计在内窥镜下使用。
			通用（缺省）	产品结构设计无需要体现的专用特点。
		特征词3－使用部位	心肌等（神经和心血管专用使用部位）	神经和心血管专用使用部位，如脑膜、心肌等。

表 5　神经和心血管手术器械 – 夹

序号	产品类别	术语类别	术语名称	术语描述
1	神经和心血管手术器械 – 夹	核心词	手术夹	用于夹合组织。
			心血管止血夹	用于夹止心血管血液流动。
			凹凸齿止血夹	用于心胸外科手术中，钳夹血管。
		特征词 1– 使用和提供形式	一次性使用无菌	以无菌形式提供，且仅供一次性使用，或在一次医疗操作过程中只能用于一例患者。
			可重复使用（缺省）	经一定处理后可再次使用。
		特征词 2– 结构特点	显微	产品结构设计在显微镜下使用。
			内窥镜	产品结构设计在内窥镜下使用。
			通用（缺省）	产品结构设计无需要体现的专用特点。
		特征词 3– 使用部位	心房等（神经和心血管专用使用部位）	神经和心血管专用使用部位，如心房等。

表 6　神经和心血管手术器械 – 针

序号	产品类别	术语类别	术语名称	术语描述
1	神经和心血管手术器械 – 针	核心词	探针	用于脑外科手术中导引器械入脑组织。
			排气针	用于主动脉根部排气。
		特征词 1– 使用和提供形式	一次性使用无菌	以无菌形式提供，且仅供一次性使用，或在一次医疗操作过程中只能用于一例患者。
			可重复使用（缺省）	经一定处理后可再次使用。
		特征词 2– 结构特点	显微	产品结构设计在显微镜下使用。
			内窥镜	产品结构设计在内窥镜下使用。
			通用（缺省）	产品结构设计无需要体现的专用特点。
		特征词 3– 使用部位	主动脉等（神经和心血管专用使用部位）	神经和心血管专用使用部位，如脑、主动脉等。

表 7　神经和心血管手术器械 – 拉钩

序号	产品类别	术语类别	术语名称	术语描述
1	神经和心血管手术器械 – 拉钩	核心词	拉钩	用于钩拉组织等。
		特征词 1– 使用和提供形式	一次性使用无菌	以无菌形式提供，且仅供一次性使用，或在一次医疗操作过程中只能用于一例患者。
			可重复使用（缺省）	经一定处理后可再次使用。

相关文件

序号	产品类别	术语类别	术语名称	术语描述
1	神经和心血管手术器械－拉钩	特征词2－结构特点	显微	产品结构设计在显微镜下使用。
			内窥镜	产品结构设计在内窥镜下使用。
			通用（缺省）	产品结构设计无需要体现的专用特点。
		特征词3－使用部位	心脏等（神经和心血管专用使用部位）	神经和心血管专用使用部位，如神经、心脏等。

表8　神经和心血管手术器械－刮匙

序号	产品类别	术语类别	术语名称	术语描述
1	神经和心血管手术器械－刮匙	核心词	刮匙	用于刮除、收集组织等。
		特征词1－使用和提供形式	一次性使用无菌	以无菌形式提供，且仅供一次性使用，或在一次医疗操作过程中只能用于一例患者。
			可重复使用（缺省）	经一定处理后可再次使用。
		特征词2－结构特点	显微	产品结构设计在显微镜下使用。
			内窥镜	产品结构设计在内窥镜下使用。
			通用（缺省）	产品结构设计无需要体现的专用特点。
		特征词3－使用部位	脑等（神经和心血管专用使用部位）	神经和心血管专用使用部位，如脑等。

表9　神经和心血管手术器械－剥离器

序号	产品类别	术语类别	术语名称	术语描述
1	神经和心血管手术器械－剥离器	核心词	剥离器	用于剥离或分离组织等。
		特征词1－使用和提供形式	一次性使用无菌	以无菌形式提供，且仅供一次性使用，或在一次医疗操作过程中只能用于一例患者。
			可重复使用（缺省）	经一定处理后可再次使用。
		特征词2－结构特点	显微	产品结构设计在显微镜下使用。
			内窥镜	产品结构设计在内窥镜下使用。
			通用（缺省）	产品结构设计无需要体现的专用特点。
		特征词3－使用部位	静脉等（神经和心血管专用使用部位）	神经和心血管专用使用部位，如静脉、脑膜等。

表 10　神经和心血管手术器械 – 牵开器、压板、手术扩张器

序号	产品类别	术语类别	术语名称	术语描述
1	神经和心血管手术器械 – 牵开器	核心词	牵开器	或与拉钩配合使用，用于牵开组织。
		特征词 1– 使用和提供形式	一次性使用无菌	以无菌形式提供，且仅供一次性使用，或在一次医疗操作过程中只能用于一例患者。
			可重复使用（缺省）	经一定处理后可再次使用。
		特征词 2– 结构特点	显微	产品结构设计在显微镜下使用。
			内窥镜	产品结构设计在内窥镜下使用。
			通用（缺省）	产品结构设计无需要体现的专用特点。
		特征词 3– 使用部位	心房等（神经和心血管专用使用部位）	神经和心血管专用使用部位，如心房、肋骨等。
2	神经和心血管手术器械 – 压板	核心词	压板	用于下压组织。
		特征词 1– 使用部位	脑等（神经和心血管专用使用部位）	神经和心血管专用使用部位，如脑等。
3	神经和心血管手术器械 – 扩张器	核心词	血管扩张器	用于非介入手术中扩张血管组织。
			通道扩张器	用于对进入组织（不包括血管）的经皮穿刺通道进行扩张。
		特征词 1– 使用和提供形式	一次性使用无菌	以无菌形式提供，且仅供一次性使用，或在一次医疗操作过程中只能用于一例患者。
			可重复使用（缺省）	经一定处理后可再次使用。
		特征词 2– 使用部位	二尖瓣等（神经和心血管专用使用部位）	神经和心血管专用使用部位，如二尖瓣等。

表 11　神经和胸腔心血管手术器械 – 穿刺导引器

序号	产品类别	术语类别	术语名称	术语描述
1	神经和胸腔心血管手术器械 – 打孔器	核心词	打孔器	用于组织打孔，建立通路。
		特征词 1– 使用和提供形式	一次性使用无菌	以无菌形式提供，且仅供一次性使用，或在一次医疗操作过程中只能用于一例患者。
			可重复使用（缺省）	经一定处理后可再次使用。
		特征词 2– 使用部位	主动脉等（神经和心血管专用使用部位）	神经和心血管专用使用部位，如主动脉、心房等。

相关文件

435

序号	产品类别	术语类别	术语名称	术语描述
2	神经和胸腔心血管手术器械 – 颅骨钻	核心词	颅骨钻	用于头颅钻孔，建立通路。
3	神经和心血管手术器械 – 导引器	核心词	导引器	用于引导器械，进入腔道或组织。
		特征词1– 使用部位	线锯等（专用使用器械）	神经和心血管专用使用器械，如线锯等。
		核心词	颅骨锁孔校正器	用于手术中钻孔后准确导向。

表 12　神经和心血管手术器械 – 冲吸器

序号	产品类别	术语类别	术语名称	术语描述
1	神经和心血管手术器械 – 冲吸器	核心词	冲洗吸引管	用于冲洗组织、吸引液体。
			冲洗管	用于冲洗组织。
			吸引管	用于引流、吸引液体。
			通条	用于创建积液引流通道。
		特征词1– 使用和提供形式	一次性使用无菌	以无菌形式提供，且仅供一次性使用，或在一次医疗操作过程中只能用于一例患者。
			可重复使用（缺省）	经一定处理后可再次使用。
		特征词2– 结构特点	显微	产品结构设计在显微镜下使用。
			内窥镜	产品结构设计在内窥镜下使用。
			通用（缺省）	产品结构设计无需要体现的专用特点。
		特征词3– 使用部位	胸腹等（神经和心血管专用使用部位）	神经和心血管专用使用部位，如脑、胸腹等。

表 13　神经和心血管手术器械 – 心血管介入器械

序号	产品类别	术语类别	术语名称	术语描述
1	神经和心血管手术器械 – 心血管介入器械	核心词	造影导管	用于注射对照介质和 / 或液体，可用于测量血压，获取血样或置入同轴内套管、栓塞弹簧圈或其他器械的血管内导管。
			导引导管	用于以介入治疗方式进入心血管系统，为介入治疗建立通道。
			中心静脉导管	插入中心静脉系统，用于输入药液或抽取血样和 / 或用于压力或其他测量的血管内导管。
			输液接头消毒帽	用于与输注器具锁定接头或无针接头配合，对其表面消毒，并充当物理屏障防止污染。
			灌注导管	用于将各种诊断和治疗溶剂递送至血管内。

序号	产品类别	术语类别	术语名称	术语描述
1	神经和心血管手术器械 – 心血管介入器械	核心词	球囊扩张导管	用于插入动脉或静脉，以扩张血管系统或某些植入物。
			切割球囊	用于球囊扩张的同时可对血管病变部位的斑块进行切割。
			造影球囊	用于向血管内注入造影液，进行血管内造影。
			封堵球囊	用于临时封堵外周血管或神经血管，亦可选择性地阻断或控制血流。
			取栓器	用于取出血管内的血栓。
			弹簧圈解脱器	用于手动解脱释放可解脱弹簧圈。
			血栓抽吸导管	用于抽吸血管内的血栓。
			套针外周导管	用于从外周血管系统将液体或器械引入或引出的导管。
			穿刺针	用于将导丝或导管引入血管。
			导引套管	与穿刺针配合使用，用于将导管或导丝插入。
			导管鞘	与扩张器配合使用，用于将导丝、导管等医疗器械插入血管。
			介入扩张器	用于对进入血管的经皮穿刺通道及血管通道进行扩张的柔性管状器械。
			介入导丝	用于引导导管或扩张器插入血管并定位。
			球囊充压装置	用于向球囊导管输送液体控制球囊膨胀或收缩。
			连接阀	用于连接管路，建立通道辅助器械进入人体，同时可减少血液流出。
			滤器回收装置	用于将可回收腔静脉滤器移出人体或转换可转换滤器。
			封堵器装载器	用于收纳心脏封堵器，当与鞘管连接后，可将其中心脏封堵器推送至鞘管中。
			封堵器输送线缆	用于将心脏封堵器输送入植入位置。使用时与心脏封堵器连接，并将心脏封堵器沿鞘管推送至预期植入部位、释放后断开连接并退出。
			回收装置	用于血管内回收异物。
			远端介入保护器	用于容纳和移除栓塞物质。
			造影剂注射器	用于对患者进行药液或造影剂注射。
			造影注射延长管	用于管路加长、药物输注和快速输液等。
			介入微导管	用于向血管系统中注入诊断试剂（如造影剂）、治疗试剂（如药物制剂、栓塞材料）和适当的器械（如支架、弹簧圈）等。
		特征词 1– 使用和提供形式	一次性使用无菌（缺省）	以无菌形式提供，且仅供一次性使用，或在一次医疗操作过程中只能用于一例患者。
			可重复使用	经一定处理后可再次使用。
		特征词 2– 使用部位	外周等（神经和心血管专用使用部位）	神经和心血管专用使用部位，如外周、神经血管等。

相关文件

表 14　神经和心血管手术器械 – 其他器械

序号	产品类别	术语类别	术语名称	术语描述
1	神经和心血管手术器械 – 分流栓	核心词	分流栓	用于暂时阻断血流，分流血液使其流向吻合口远端。
		特征词 1– 使用部位	冠状动脉等（神经和心血管专用使用部位）	神经和心血管专用使用部位，如冠状动脉等。
2	神经和心血管手术器械 – 固定器	核心词	固定器	用于固定组织，以提供一个稳定的手术区域，专用于神经和心血管。
		特征词 1– 使用和提供形式	一次性使用无菌	以无菌形式提供，且仅供一次性使用，或在一次医疗操作过程中只能用于一例患者。
			可重复使用（缺省）	经一定处理后可再次使用。
		特征词 2– 使用部位	颅脑等（神经和心血管专用使用部位）	神经和心血管专用使用部位，如心脏、颅脑等。
3	神经和心血管手术器械 – 推结器	核心词	推结器	用于缝合打结推送。
		特征词 1– 使用和提供形式	一次性使用无菌	以无菌形式提供，且仅供一次性使用，或在一次医疗操作过程中只能用于一例患者。
			可重复使用（缺省）	经一定处理后可再次使用。
		特征词 2– 使用部位	胸腔等（神经和心血管专用使用部位）	神经和心血管专用使用部位，如胸腔等。
4	神经和心血管手术器械 – 排线器	核心词	排线器	用于缝合组织时排线。
		特征词 1– 使用和提供形式	一次性使用无菌	以无菌形式提供，且仅供一次性使用，或在一次医疗操作过程中只能用于一例患者。
			可重复使用（缺省）	经一定处理后可再次使用。
		特征词 2– 使用部位	胸腔等（神经和心血管专用使用部位）	神经和心血管专用使用部位，如胸腔等。
5	神经和心血管手术器械 – 手术叉	核心词	取瘤叉	用于分离或叉取脑瘤，专用于神经和心血管。
		特征词 1– 结构特点	显微	产品结构设计在显微镜下使用。
		特征词 1– 结构特点	内窥镜	产品结构设计在内窥镜下使用。
			通用（缺省）	产品结构设计无需要体现的专用特点。

序号	产品类别	术语类别	术语名称	术语描述
6	神经和心血管手术器械 – 合拢器	核心词	合拢器	用于合拢组织，专用于神经和胸腔心血管。
		特征词 1– 使用和提供形式	一次性使用无菌	以无菌形式提供，且仅供一次性使用，或在一次医疗操作过程中只能用于一例患者。
			可重复使用（缺省）	经一定处理后可再次使用。
		特征词 2– 使用部位	肋骨等（神经和心血管专用使用部位）	神经和心血管专用使用部位，如肋骨等。
7	神经和心血管手术器械 – 测量器	核心词	定位尺	用于测量定位。
			测量尺	用于测量尺寸。
			测瓣器	用于测量瓣膜尺寸。
		特征词 1– 使用和提供形式	一次性使用无菌	以无菌形式提供，且仅供一次性使用，或在一次医疗操作过程中只能用于一例患者。
			可重复使用（缺省）	经一定处理后可再次使用。
		特征词 2– 使用部位	颅脑等（神经和心血管专用使用部位）	神经和心血管专用使用部位，如颅脑等。
8	神经和心血管手术器械 – 手柄	核心词	手柄	用于连接器械。
		特征词 1– 使用和提供形式	一次性使用无菌	以无菌形式提供，且仅供一次性使用，或在一次医疗操作过程中只能用于一例患者。
			可重复使用（缺省）	经一定处理后可再次使用。
		特征词 2– 作用对象	介入导丝等（神经和心血管专用使用器械）	神经和心血管专用使用器械，如介入导丝等。
9	神经和心血管手术器械 – 手术锯	核心词	线锯条	安装在锯架上，用于锯骨。
		特征词 1– 使用和提供形式	一次性使用无菌	以无菌形式提供，且仅供一次性使用，或在一次医疗操作过程中只能用于一例患者。
			可重复使用（缺省）	经一定处理后可再次使用。
		特征词 2– 使用部位	颅骨等（神经和心血管专用使用部位）	神经和心血管专用使用部位，如颅骨等。

相关文件

五、命名示例

参照表 15 命名示例，根据产品实际情况，选择对应子领域术语表，比对描述选择相应术语，按第三条第一款的结构顺序确定通用名称。

表 15　钳命名示例

核心词	特征词1		特征词2			特征词3	通用名称
	使用形式		结构特点			使用部位	
活检钳	一次性使用无菌	可重复使用（缺省）	显微	内窥镜	通用（缺省）	静脉等（神经和胸腔心血管专用使用部位）	一次性使用无菌心肌活检钳
	√				√	心肌√	
组织钳		√			√	脑√	脑组织钳

六、参考资料

［1］国家食品药品监督管理总局关于发布医疗器械分类目录的公告（2017 年第 104 号）

［2］神经和心血管手术器械相关的国家标准、行业标准

［3］神经和心血管手术器械相关注册指导原则

［4］国家药品监督管理局医疗器械注册数据库

［5］Global Medical Device Nomenclature（GMDN）

［6］U.S. Food and Drug Administration.Product Classification Database

［7］Japanese Medical Device Nomenclature（JMDN）

七、起草单位

本指导原则由国家药品监督管理局医疗器械标准管理中心编写并负责解释。

附件 2

医用诊察和监护器械通用名称命名指导原则

本指导原则依据《医疗器械通用名称命名规则》和《医疗器械通用名称命名指导原则》制定，用于指导医用诊察和监护器械产品通用名称的制定。

本指导原则是对备案人、注册申请人、审查人员的指导性文件，不包括注册审批所涉及的行政事项，不作为法规强制执行。若有满足相关法规要求的其他方法，也可采用，并应提供充分的研究资料和验证资料。本指导原则是在现行法规和标准体系以及当前认知水平下制定的，应在遵循相关法规的前提下使用。随着法规和标准的不断完善，以及科学技术的不断发展，本指导原则相关内容也将进行适时的调整。

一、适用范围

本指导原则适用于医用诊察和监护器械产品，主要包括诊察辅助器械、呼吸功能及气体分析测定装置、生理参数分析测量设备、监护设备、电声学测量分析设备、放射性核素测量设备、超声生理参数测量分析设备、遥测和中央监护设备、其他测量分析设备以及附件耗材。

二、核心词和特征词的制定原则

（一）核心词

医用诊察和监护器械的核心词是对具有相同或者相似的技术原理、结构组成或者预期目的的医疗器械的概括表述。如"监护仪"、"心电图机"、"脉搏血氧仪"、"无创血压计"、"体温计"、"标测导管"、"心电导联线"等。

（二）特征词

特征词是对医疗器械使用形式、使用部位、结构特点、技术特点、预期用途、适用人群、气体种类、信号采集类型等特定属性的描述。医用诊察和监护器械涉及的特征词主要包括以下方面的内容：

——使用形式：指产品使用的方式方法。如"可重复使用"和"一次性使用"。可重复使用医疗器械指处理后可再次使用的医疗器械。一次性使用医疗器械指仅供一次性使用，或在一次医疗操作过程中只能用于一例患者的医疗器械。

——使用部位：指产品发挥其主要功能的患者部位，可以是人体的系统、器官、组织、细胞等。如"上臂"、"手腕"、"大腿"等。

——结构特点：指产品主体结构方面的特有属性，如"可调弯"、"固定弯"等。

——技术特点：指产品特殊作用原理、机理或者特殊性能的说明或者限定，如"多导"、"单导"等。

——预期用途：指产品适用的临床使用范围或用途，如"动态"、"非动态"等。

——适用人群：指产品适用的对象，如"患者"、"胎儿"等。

——气体种类：指产品测量气体的名称，如"二氧化碳气体"、"多气体"等。

——信号采集类型：指产品采集信号的类型，如"心电"、"脑电"、"肌电"等。

（三）特征词的缺省

对某一特征词项下的惯常使用或公认的某一特性，其术语可设置为"缺省"。缺省的术语在通用

相关文件

名称中不体现，以遵从惯例、简化名称及方便表达。

如心电图机包含单导模式和多导模式，"多导"特征词可缺省，仅体现"单导"的情况。

如脉搏血氧传感器有"一次性使用"和"可重复使用"两种，"可重复使用"这一特征词可缺省，仅体现"一次性使用"的情况。

使用部位特征词项下，若存在多个专用术语的情形，将"通用"一词设置为缺省，指产品在该特征词项并无需要体现的专用特点，而非指该产品各种情况通用。

三、通用名称的确定原则

（一）通用名称组成结构

医用诊察和监护器械通用名称按"特征词1（如有）+特征词2（如有）+特征词3（如有）+核心词"结构编制。

（二）核心词和特征词选取原则

核心词和特征词应根据产品真实属性和特征，优先在术语表中选择。对于术语表未能包含的，新产品或原有产品有新的特征项需要体现，或者需在某一特征项下加入新术语，可对术语表进行补充或调整。

核心词应在该类别项下选择最适合产品属性的核心词，核心词不可缺省。

特征词则应按照产品相关特征，依次在术语表中每个特征词项下选择一个与之吻合的术语。

四、命名术语表

在表1到表10中，列举了医用诊察和监护器械各子领域典型产品核心词和特征词的可选术语，并对其进行了描述。

表1 诊察辅助器械

序号	产品类别	术语类型	术语名称	术语描述
1	压舌板	核心词	压舌板	用于检查时压低舌部。
		特征词1-使用形式	一次性使用	仅供一次性使用，或在一次医疗操作过程中只能用于一例患者。
			可重复使用（缺省）	经一定处理后可再次使用。
2	听诊器	核心词	听诊器	用于收集和放大从心脏、肺部、动脉、静脉和其他内脏器官处发出的声音。
		特征词1-技术特点	电子	通常由拾音器、信号处理模块和耳机组成。
			机械（缺省）	通常由听诊头、导音管、耳挂组成。
3	五官科检查镜	核心词	耳镜	用于耳道的检查。
			鼻镜	用于鼻腔的检查。
			咽喉镜	用于咽喉部的检查。
		特征词1-使用形式	一次性使用	仅供一次性使用，或在一次医疗操作过程中只能用于一例患者。
			可重复使用（缺省）	经一定处理后可再次使用。

序号	产品类别	术语类型	术语名称	术语描述
4	叩诊锤	核心词	叩诊锤	用于配合普通外科、神经科诊断时，敲打、刺激人体。
5	表面检查灯	核心词	医用检查灯	用于临床检查时提供照明。
		特征词 1- 使用形式	头戴式	使用时固定于操作者头部。
			手持式	使用时固定于操作者手部。
			非专用（缺省）	不强调使用位置的。
6	反光器具	核心词	医用反光镜	用于检查时反射聚光照明。
7	听觉检查音叉	核心词	听觉检查音叉	用于患者听觉的检查。

表 2　呼吸功能及气体分析测定装置

序号	产品类别	术语类型	术语名称	术语描述
1	气体测定设备	核心词	监测仪	用于手术室、病房、ICU 等，在麻醉、恢复和呼吸护理期间连续测量呼吸气体中的氧气、二氧化碳等气体的浓度、分压、流速或容量，并具有报警功能。
		特征词 1- 使用形式	非呼气末（缺省）	非人体呼气末阶段测试。
			呼气末	人体呼气末阶段测试。
		特征词 2- 气体种类	二氧化碳、氧气等（单一气体）	用于单一气体的监测，如二氧化碳、氧气等。
			气体	用于两种或两种以上气体检测。
2	肺功能测试设备	核心词	肺功能测试仪	用于临床对肺功能、气体交换等各参数的测定。
			肺活量计	用于临床对肺活量、最大通气量的测量。
3	呼气流量测量设备	核心词	呼气流量计	用于测量患者最大呼气流量。
4	呼吸压力测量设备	核心词	呼吸压力计	用于测量口腔最大吸气压力、口腔最大呼气压力和鼻腔吸气压力。
5	气道过敏反应测试设备	核心词	气道过敏反应测试仪	用于患者气道过敏反应评价测试。
6	单一气体检测器	核心词	医用气体检测仪	用于检测呼吸气体中 NO 或 CO 等气体浓度。
		特征词 1- 气体种类	一氧化氮、一氧化碳等（单一气体）	用于单一气体的检测，如一氧化氮、一氧化碳等。

表 3　生理参数分析测量设备

序号	产品类别	术语类型	术语名称	术语描述
1	心电测量、分析设备	核心词	心电图机	用于测量、采集、显示、记录、分析患者心电信号，供临床诊断。

续表

序号	产品类别	术语类型	术语名称	术语描述
1	心电测量、分析设备	核心词	心电分析系统	用于测量、采集、显示、记录患者心电信号，供临床诊断。具有对患者的心电信号进行形态或节律分析，提供自动诊断结论的功能。心电信号采集模块和分析软件分离。
			动态心电记录仪	用于连续记录患者24小时或更长时间的体表心电信号，为计算机进行分析处理和临床诊断和治疗提供依据。
		特征词1-技术特点	多导（缺省）	支持多个导联心电测量或分析。
			单导	支持单个导联心电测量或分析。
		特征词2-使用形式	静息（缺省）	用于患者静息状态下心电的测量或分析。
			运动	用于实时检测患者运动状态下的心电图变化。
		核心词	心率变异分析仪	用于测量连续心动周期之间的时间变异数。
2	心脏电生理标测设备	核心词	心脏电生理记录设备	用于心脏电生理信号检查的监测。
		核心词	心脏电生理标测设备	用于实时构建心脏电兴奋传导的三维图形，采集和分析心脏电活动，描记心脏活动时人体体表心电图、心腔内的心电波形，以供心脏电生理标测及定位等临床诊断。
		特征词1-技术特点	磁定位	设备包含磁场发生器，通过导管头端内置磁场传感器，与体表参考电极联合使用，可标记导管位置信息。
			电定位	通过与导管头端电极、体表电极形成的电场回路，设备可标记导管位置信息。
			磁电定位	设备包含磁场发生器，通过导管内置磁场传感器和电极，与体表电极配合使用时，可标记导管位置信息。
3	无创血压测量设备	核心词	无创血压计	通过阻塞袖带、传感器、充气泵，采用示波法、柯式音法或类似的无创血压间接测量原理进行血压测量的电子设备。
		特征词1-技术特点	电子	通过电路测量并显示血压值。
		特征词2-预期用途	动态	动态和连续地自动测量患者血压。
			非动态（缺省）	静态状态下自动测量患者血压。
4	体温测量设备	核心词	体温计	用于临床测量患者体温。
			耳温计	用于临床测量患者耳温。
			额温计	用于临床测量患者额温。
		特征词1-技术特点	玻璃	采用汞或其他液体的热胀冷缩原理测量温度。
			电子	采用热电偶或其他接触式测温传感器来测量温度。
			红外	采用红外感温方法测量温度显示或者数据输出。

序号	产品类别	术语类型	术语名称	术语描述
5	脉搏血氧测量设备	核心词	脉搏血氧仪	用于临床测量患者的脉搏血氧饱和度。
		特征词 1- 技术特点	透射式（缺省）	光源需透过人体末端组织，由光学传感器感知透射后的光着强度来估算血氧饱和度。
			反射式	光源照射人体末端组织，由光学传感器感知人体反射后的光着强度来估算血氧饱和度。
6	生理参数诱发诊断设备	核心词	脑电图机	用于脑电信号的提取、放大、滤波、记录、分析、回放等功能。用于对患者精神性疾病和脑部实质性病变的分析诊断、脑部功能状态评估。
		核心词	肌电图机	通过电极将受刺激后体表不同部位的电信号检测出来，再用放大器加以放大，并用记录器描记下来。用于记录肌肉静止或收缩时的电活动和其他生理活动。
		核心词	诱发诊断设备	给人体部位适宜刺激，记录人体相应生理响应。所涉及的刺激可以是人体感官刺激，也可以是其它光学、声学、电学、机械刺激。相关生理响应可以是神经电学响应，肌肉运动加速度响应，也可以是医学影像学相关响应，不包含功能仅为肌电、脑电的设备。
7	血管硬度测量设备	核心词	血管硬度测量仪	用于测量舒张压、收缩压和平均压，同时测量动脉在压力改变时的脉动波形，分析得到动脉的弹性情况及动脉硬化程度。
8	无创血流分析设备	核心词	无创心输出量测量仪	用于通过测量由心脏射血所引起的胸部血流阻抗的改变来计算每搏射血输出、心率等参数。
		核心词	血流图仪	用于通过测量人体颈部、躯干和肢体电阻抗变化，分析人体各部位血流供应状态。
		核心词	无创血流动力学检测仪	用于血流动力学参数的测量。通常通过分析人体部位热稀释过程与脉搏波形轮廓，计算血液动力学参数。
9	体表色素测量设备	核心词	血清胆红素测量仪	用于测量光疗前、光疗期间及光疗后的血清胆红素水平。
		核心词	黄疸测量仪	用于黄疸的测量。
10	电导分析仪	核心词	电导分析仪	用于对皮肤施加特定的低电压，使电极与皮肤间产生电化学反应，形成电流，通过分析电流的变化规律，为临床疾病诊断提供依据。
11	鼻阻力测量设备	核心词	鼻阻力测量仪	用于通过检测鼻腔气体流动参数，分析鼻腔气道阻力。
12	血管内皮功能测试设备	核心词	血管内皮功能测试仪	用于血管内皮功能的评价，通过机械、药物方式对血流量进行改变，激发血管内皮对血管容积的生理影响，通过测量血管容积变化所导致的物理参数，反应血管内皮功能。

续表

序号	产品类别	术语类型	术语名称	术语描述
13	磁图设备	核心词	磁图仪	用于探测活动神经产生的微弱磁场。
		特征词1-使用部位	脑等（具体探测部位）	用于非介入探测不同部位神经产生的微弱磁场（如：心、脑）。
14	有创血流分析设备	核心词	有创心输出量测量仪	用于通过 Swan-Ganz 导管热稀释法，Fick 法或染色剂稀释法等有创方法对患者进行心输出量监测。

表4　监护设备

序号	产品类别	术语类型	术语名称	术语描述
1	患者监护设备	核心词	监护仪	用于对患者的一个或多个生理参数进行测量和监护。
		特征词1-技术特点	多参数（缺省）	用于对多个生理参数进行测量和监护。
			动态血压等（单一参数）	用于单一参数的测量，如颅内压、脉搏血氧饱和度、动态血压、呼吸气体等。
		特征词2-适用人群	患者	使用对象是患者：成人／小儿／新生儿。
			胎儿	适用对象是胎儿，目的是对胎儿进行监护。可以监测孕妇的部分生理参数。
2	神经监护设备	核心词	神经监护仪	通过对患者施加刺激，并测量患者的神经反应，实现对患者的持续神经监护。
3	动态血糖／葡萄糖监测设备	核心词	持续葡萄糖监测系统	以电化学为基本原理，通过微创传感器手段，检测组织液中葡萄糖浓度。

表5　电声学测量、分析设备

序号	产品类别	术语类型	术语名称	术语描述
1	听力计	核心词	听力计	用于人听力损失的检测。
2	电声门图仪	核心词	电声门图仪	用于嗓音、喉电声门图信号的采样测试。
3	耳声发射仪	核心词	耳声发射仪	用于畸变产物耳声发射（DPOAE）和瞬态诱发性耳声发射（TEOAE）的听力筛查和听力评估。
4	耳声阻抗测量仪	核心词	声阻抗仪	用于人耳听力损失的诊断和进行中耳的声阻抗测试。

表6　放射性核素测量设备

序号	产品类别	术语类型	术语名称	术语描述
1	放射性核素骨密度测量设备	核心词	放射性核素骨密度仪	用于利用放射性核素测定骨矿物质含量和密度，为医生诊断骨质疏松疾病提供参考数据。
2	肾及甲状腺功能测量设备	核心词	甲状腺功能测定仪	用于探测甲状腺中放射性随时间变化的动态变化情况。
			肾功能测定仪	用于探测肾中放射性随时间变化的动态变化情况。
3	伽玛射线探测装置	核心词	伽玛射线探测仪	用于查找体内放射性活度分布，可在手术中使用。

表 7 超声生理参数测量、分析设备

序号	产品类别	术语类型	术语名称	术语描述
1	超声多普勒血流分析设备	核心词	超声多普勒血流分析仪	利用超声多普勒频移原理，主要用来探查、测量非胎儿的血流的运动信息。
		特征词 1– 使用部位	通用（缺省）	不强调使用部位的。
			经颅	用于头颅的。
2	超声人体组织测量设备	核心词	超声肝脏测量仪	利用人体组织硬度的差异导致剪切波速度不同的原理，来测量人体组织的硬度的超声仪器。
		特征词 1– 技术特点	通用（缺省）	不强调技术特点的。
			剪切波	传播方向与介质质点的振动方向垂直的波。
		特征词 2– 预期用途	通用（缺省）	不强调预期用途的。
			定量	测量的结果用一个具体的量来表示。
		核心词	超声骨密度仪	利用超声波传导速度的差异和振幅的衰减来反映人体骨矿含量、骨结构以及骨强度的情况。

表 8 遥测和中央监护设备

序号	产品类别	术语类型	术语名称	术语描述
1	遥测监护设备	核心词	遥测监护系统	用于对流动的患者进行生命体征的测量、监护。一般有 ECG（不含 ST、ARR、QT）、SpO_2、NIBP。可在床旁使用或佩戴在患者身上使用。
2	远程监护设备	核心词	远程监护系统	用于对远程的患者进行测量、监护信息。
3	中央监护系统	核心词	中央监护系统	用于通过有线或无线局域网络，对床旁监护设备和/或遥测监护设备所获得的生命体征信息进行中央监护。

表 9 其他测量、分析设备

序号	产品类别	术语类型	术语名称	术语描述
1	泌尿、消化动力学测量、分析设备	核心词	尿动力分析仪	用于对下尿道的压力、尿流量和肌电特性的定量分析来评估尿动力。
		核心词	肛肠动力分析仪	用于对肛肠的压力、肌电特性的定量分析来评肛肠动力。用于判断消化道动力情况。
		核心词	胃肠动力分析仪	用于对胃肠的压力、肌电特性的定量分析来评胃肠动力。用于判断消化道动力情况。
2	眼震电图设备	核心词	眼震电图仪	通过检测眼部电极的电信号，再用放大器加以放大，并用记录器描记下来。
		特征词 1– 技术特点	视频	通过视频来检查。
			红外影像	通过红外来检查。
3	睡眠呼吸监测设备	核心词	睡眠监测仪	用于记录睡眠时各种生理参数，对睡眠障碍、睡眠呼吸紊乱和睡眠呼吸暂停、低通气综合征疾病进行分析、诊断。

相关文件

447

序号	产品类别	术语类型	术语名称	术语描述
4	平衡测试设备	核心词	医用平衡测试仪	用于测试患者在各种情况下的平衡能力。
5	言语障碍测量设备	核心词	言语障碍诊断仪	用于对言语呼吸、言语发声、言语共鸣、言语构音、言语语音、鼻音等电声信号进行检测、处理，为医疗机构对言语、构音、语音、鼻音障碍的评估、诊断。
6	心血管功能检测设备	核心词	心血管功能仪	用于检测心脏功能、血管弹性、血液粘度、微循环等参数。
7	人体阻抗测量、分析设备	核心词	人体成份分析仪	用于分析人体脂肪含量、身体水分、基础代谢与体重比等参考数值，作为临床诊断和治疗的参考。
8	酸碱度检测设备	核心词	酸碱度检测仪	通过传感器连续测量患者的 pH 值等生理参数，对胃食道反流疾病进行检查、诊断。
		特征词1–使用部位	胃	通过传感器连续测量患者胃部的 pH 值等生理参数。
			食道	通过传感器连续测量患者食道的 pH 值等生理参数。

表10　附件、耗材

序号	产品类别	术语类型	术语名称	术语描述
1	有创血压传感器	核心词	有创血压传感器	与有创血压监护主机配合使用，用于动、静脉压测量。
		特征词1–使用形式	一次性使用（缺省）	仅供一次性使用，或在一次医疗操作过程中只能用于一例患者。
			可重复使用	经一定处理后可再次使用。
2	电生理标测导管	核心词	标测导管	通过微创导管介入手术，与电生理标测设备配合使用，对生物电测量，描记。用于心内的电生理检查。
		特征词1–使用形式	一次性使用（缺省）	仅供一次性使用，或在一次医疗操作过程中只能用于一例患者。
			可重复性使用	经一定方式处理后可再次使用。
		特征词2–结构特点	可调弯	导管可通过手柄调节导管头端进行偏转，将头端电极与组织贴靠测量和描记。头端可包含环形，星形，球囊形等以适应不同的心腔部位。
			固定弯	导管头端为固定弯型。
		特征词3–技术特点	电定位（缺省）	通过导管头端电极，体表电极形成的电场回路，向标测设备传递导管位置信息。
			磁定位	导管头端内置磁场传感器，通过与磁场发生器和体表电极联合使用，形成磁场定位，向标测设备传递导管位置信息。
			磁电定位	导管内置磁场传感器，通过与磁场发生器和体表电极联合使用，形成磁场定位及电场回路，可向标测设备传递导管位置信息。

序号	产品类别	术语类型	术语名称	术语描述
3	体表电极	核心词	体表电极	用于采集并获取受观测者人体体表信号，如心电、脑电信号和参考位置信号。
		特征词 1– 使用形式	一次性使用（缺省）	仅供一次性使用，或在一次医疗操作过程中只能用于一例患者。
			可重复使用	经一定处理后可再次使用。
		特征词 2– 信号采集类型	心电	测量人体心电信号。
			脑电	测量人体脑电信号。
			肌电	测量人体肌电信号。
			阻抗	测量人体阻抗信号。
4	脉搏血氧传感器	核心词	脉搏血氧传感器	与监护仪，脉搏血氧计等配套使用，用来测量脉搏血氧饱和度。
		特征词 1– 使用形式	一次性使用	仅供一次性使用，或在一次医疗操作过程中只能用于一例患者。
			可重复使用（缺省）	经一定处理后可再次使用。
5	导电膏	核心词	医用导电膏	用于在诊断、监护或治疗过程中充填、涂覆于皮肤与电极之间，从而在电极与皮肤之间形成相对稳定的导电连接。
6	无创血压袖带	核心词	血压袖带	与无创血压设备配合使用，用于测量无创血压。
		特征词 1– 使用形式	一次性使用	仅供一次性使用，或在一次医疗操作过程中只能用于一例患者。
			可重复使用（缺省）	经一定处理后可再次使用。
		特征词 2– 使用部位	手腕式	袖带绑在手腕上。
			上臂式（缺省）	袖带绑在上臂上。
			大腿式	袖带绑在大腿上。
7	心电导联线	核心词	心电导联线	与监护仪、心电图机等配套使用，连接于仪器和电极之间，用于传递自人体体表采集到的电生理信号。不包括防除颤功能的提供。
		特征词 1– 使用形式	一次性使用	仅供一次性使用，或在一次医疗操作过程中只能用于一例患者。
			可重复使用（缺省）	经一定处理后可再次使用。

五、命名示例

参照表 11 命名示例，根据产品实际情况，选择对应子领域术语表，比对描述选择相应术语，按第三条第一款的结构顺序确定通用名称。

相关文件

表 11 监护设备命名示例

核心词	特征词 1		特征词 2		通用名称
	技术特点		适用人群		
监护仪	多参数（缺省）	动态血压等（单一参数）	患者	胎儿	
√		√	√		脉搏血氧饱和度患者监护仪
√		√	√		动态血压患者监护仪
√	√		√		患者监护仪
√	√			√	胎儿监护仪

六、参考资料

[1] GB 9706.1–2020 医用电气设备 第 1 部分：基本安全和基本性能的通用要求

[2] IEC 60788–2004 医用电气设备 – 术语定义汇编

[3] 医用诊察和监护器械相关的国家标准、行业专用技术要求标准

[4] 医用诊察和监护器械相关注册指导原则

[5] 免于进行临床试验的第三类医疗器械目录

[6] 免于进行临床试验的第二类医疗器械目录

[7] 国家食品药品监督管理总局关于发布医疗器械分类目录的公告（2017 年第 104 号）

[8] 国家药品监督管理局医疗器械注册数据库

[9] Global Medical Device Nomenclature（GMDN）

[10] U.S. Food and Drug Administration.Product Classification Database

[11] Japanese Medical Device Nomenclature（JMDN）

七、起草单位

本指导原则由国家药品监督管理局医疗器械标准管理中心编写并负责解释。

国家药监局关于发布有源手术器械通用名称命名指导原则等 6 项指导原则的通告

2022 年第 26 号

为进一步规范医疗器械通用名称，加强医疗器械全生命周期管理，国家药品监督管理局组织制定了《有源手术器械通用名称命名指导原则》《物理治疗器械通用名称命名指导原则》《患者承载器械通用名称命名指导原则》《眼科器械通用名称命名指导原则》《注输、护理和防护器械通用名称命名指导原则》和《临床检验器械通用名称命名指导原则》，现予发布。

特此通告。

附件：1. 有源手术器械通用名称命名指导原则
2. 物理治疗器械通用名称命名指导原则
3. 患者承载器械通用名称命名指导原则
4. 眼科器械通用名称命名指导原则
5. 注输、护理和防护器械通用名称命名指导原则
6. 临床检验器械通用名称命名指导原则

国家药监局
2022 年 5 月 26 日

相关文件

附件 1

有源手术器械通用名称命名指导原则

本指导原则依据《医疗器械通用名称命名规则》和《医疗器械通用名称命名指导原则》制定，用于指导有源手术器械通用名称的制定。

本指导原则是对备案人、注册申请人、审查人员的指导性文件，不包括注册审批所涉及的行政事项，不作为法规强制执行。若有满足相关法规要求的其他方法，也可采用，并应提供充分的研究资料和验证资料。本指导原则是在现行法规和标准体系以及当前认知水平下制定的，应在遵循相关法规的前提下使用。随着法规和标准的不断完善，以及科学技术的不断发展，本指导原则相关内容也将进行适时的调整。

一、适用范围

本指导原则适用于以手术治疗为目的与有源相关的医疗器械，主要包括超声、激光、高频/射频、微波、冷冻、冲击波、手术导航及控制系统、手术照明设备等医疗器械。

二、核心词和特征词的制定原则

（一）核心词

有源手术器械核心词是对具有相同或者相似的技术原理、结构组成或者预期目的的医疗器械的概括表述。如"超声软组织手术设备""激光手术设备""高频手术设备"等。

（二）特征词

有源手术器械特征词的选取主要涉及以下方面的内容：

——引导方式：指引导超声聚焦的方式，如"超声引导""磁共振引导"。

——脉冲特性：指激光在时间特性上的输出方式，如"长脉冲或连续""调Q"等。

——工作物质：指用来实现粒子数反转并产生光的受激辐射放大作用的物质，如"二氧化碳""半导体"等。

——技术特点：对产品特殊作用原理、机理或者特殊性能的说明或者限定，如"等离子""氩气"。

——结构特点：对产品特定结构、外观形态的描述，如"针状""环状"。

——制冷剂：指完成能量转化的媒介物质，如"液氮""二氧化碳"。

——使用光源：指手术照明设备采用的光源，如"LED""卤素灯"。

——使用形式：分为"可重复使用"和"一次性使用"。可重复使用医疗器械指处理后可再次使用的医疗器械。一次性使用医疗器械指仅供一次性使用，或在一次医疗操作过程中只能用于一例患者的医疗器械。

——提供形式：分为"无菌"和"非无菌"。无菌医疗器械指以无菌形式提供，直接使用的医疗器械产品。

——适用场景：指产品适用的临床使用范围，如骨科、脊柱外科等。

——使用部位：指产品在人体的作用部位，如关节、鼻窦等。

（三）特征词的缺省

术语表中某一特征词项下的惯常使用或公认的某一特性可设置为"缺省"，在通用名称中不做体现，以遵从惯例或方便表达的处理方式。如医用光纤有"一次性使用"和"可重复使用"两种，因此，"可重复使用"这一特征词可缺省，仅体现"一次性使用"的情况。

三、通用名称的确定原则

（一）通用名称组成结构

有源手术器械通用名称按"特征词1（如有）+特征词2（如有）+特征词3（如有）+核心词"结构编制。

（二）核心词和特征词选取原则

核心词和特征词应根据产品真实属性和特征，优先在术语表中选择。对于术语表未能包含的，新产品或原有产品有新的特征项需要体现，或者需在某一特征项下加入新术语，可对术语集进行补充或调整。

核心词应在该类别项下选择最适合产品属性的核心词，核心词不可缺省。特征词则应按照产品相关特征，依次在术语表中每个特征词项下选择一个与之吻合的术语。

（三）特别说明

本指导原则将仅含有手术部件的微波治疗设备的核心词命名为"微波手术设备"。对于既含有手术部件又含有理疗部件的微波治疗设备，建议命名为"微波治疗仪"。

四、命名术语表

在表1到表9中，列举了有源手术器械领域典型产品的核心词和特征词的可选术语，并对其进行了描述。

表1　超声手术设备及附件

序号	产品类别	术语类型	术语名称	术语描述
1	超声手术设备	核心词	超声软组织手术设备	用于软组织的切割、血管闭合和组织分离。
		核心词	超声骨组织手术设备	用于对骨组织，以及牙齿、骨替代材料等进行切割、整形、破碎等。
		核心词	超声吸引手术设备	用于人体肝脏、颅内肿瘤组织的破碎、乳化和吸引。
		核心词	超声碎石设备	在内窥镜直视下将超声碎石头（变幅杆）接触结石，利用超声波能量将其击碎，并利用液体灌注、负压吸引将碎石排出体外。
		核心词	超声清创设备	用于对人体部分可直接接触的污染与感染部位的超声清创。
2	高强度超声治疗设备	核心词	高强度聚焦超声消融治疗系统	由单元换能器或多元换能器阵列构成的聚焦超声声源，发出的超声通过传声媒质后，以人体正常组织可接受的声强透过患者体表，将能量聚集在靶组织上，致其凝固性坏死（或瞬间灭活）的治疗系统，超声强度超过 $1000W/cm^2$。
		特征词 1–引导方式	通用（缺省）	不强调引导方式的，通常指超声引导。
			磁共振引导	通过磁共振引导聚焦超声治疗的。

相关文件

序号	产品类别	术语类型	术语名称	术语描述
2	高强度超声治疗设备	核心词	聚焦超声治疗系统	由单元换能器或多元换能器阵列构成的聚焦超声声源，发出的超声通过传声媒质后，以人体正常组织可接受的声强透过患者体表，将能量聚集在靶组织上，致其凝固性坏死（或瞬间灭活）的治疗系统。超声强度不超过 1000W/cm²。
			聚焦超声减脂仪	采用聚焦或弱聚焦超声波，利用高能量的聚焦超声破坏腹部皮下脂肪层的脂肪细胞。超声强度一般不超过 1000W/cm²。
3	超声手术设备附件	核心词	超声软组织手术刀头	超声软组织手术系统用附件。
			超声骨组织手术刀头	超声骨组织手术系统用附件。
			超声吸引手术刀头	超声吸引手术系统用附件。
			超声碎石杆	超声碎石系统用附件。
		特征词1–使用形式	一次性使用	指仅供一次性使用，或在一次医疗操作过程中只能用于一例患者。
			可重复使用（缺省）	通过适当程序处理后可以被再次使用。

表2　激光手术设备及附件

序号	产品类别	术语类型	术语名称	术语描述
1	激光手术设备	核心词	激光手术设备	用于对机体组织进行汽化、碳化、凝固和照射，以达到手术治疗的目的。
		特征词1–脉冲特性	长脉冲或连续（缺省）	激光以连续或脉冲宽度 ms 量级、µs 量级输出。
			调Q	使激光器谐振腔 Q 值由低到高突变，以脉冲宽度为 ns 量级输出。
			皮秒	激光以脉冲宽度为 ps 量级的超短脉冲方式输出。
		特征词2–工作物质	半导体、二氧化碳、掺钕钇铝石榴石等（单一工作物质名称）	用来实现粒子数反转并产生光的受激辐射放大作用的具体工作物质，适用于工作物质为 1 种的情形。
			多工作物质（缺省）	激光工作物质为 2 种以上类型激光器。

序号	产品类别	术语类型	术语名称	术语描述
2	激光光纤	核心词	医用激光光纤	用于传输激光能量。
		特征词 1– 使用形式	一次性使用	指仅供一次性使用，或在一次医疗操作过程中只能用于一例患者。
			可重复使用（缺省）	通过适当程序处理后可以被再次使用。
		特征词 2– 提供形式	无菌	以无菌形式提供，直接使用的医疗器械。
			非无菌（缺省）	以非无菌形式提供。

表 3 高频 / 射频手术设备及附件

序号	产品类别	术语类型	术语名称	术语描述
1	高频手术设备	核心词	高频手术设备	用于外科手术中利用高频（通常高于 200kHz 低于 5MHz）电流对相应组织进行切割和凝固。
		特征词 1– 结构特点	通用（缺省）	除仅含双极模式外所有高频手术设备。
			双极	仅含有双极模式的高频手术设备。在两个或多个手术电极之间向患者施加高频电流的方法，不需要单独连接中性电极（或使用患者身体作为对地电容），在一个或多个手术电极附近的组织中产生预期效果。
		特征词 2– 技术特点	通用（缺省）	无氩气、等离子、闭合模式。
			氩气	具有氩气控制装置和相应的氩气模式。
			等离子	具有等离子模式。
			闭合	利用高频电能结合专用刀头钳口恒定压力，闭合血管、脉管和组织束，通过刀头内置刀片完成相应部位切割。
2	射频消融设备	核心词	射频消融设备	设备输出的射频能量传递到预期消融的部位，达到消融的目的。
		特征词 1– 使用部位	通用（缺省）	非专用部位使用。
			心脏等（专用部位）	专用部位，如心脏、肝脏、耳鼻喉、肾动脉等。
		特征词 2– 技术特点	等离子	具有等离子模式，需利用导电介质进行。
			无等离子（缺省）	无等离子模式。
3	氩保护气凝设备	核心词	氩气控制器	利用氩气源，在两个电极之间的氩气带内产生高频电流。配合高频手术设备进行氩气增强下的电外科手术，保证氩气在手术电极周围流动，用于减轻组织烟雾和碳化形成。

相关文件

序号	产品类别	术语类型	术语名称	术语描述
4	高频／射频用电极及导管	核心词	电刀笔	开放手术下使用的单极高频手术附件，仅包括手术手柄、电缆、手术连接器，不包括电极。
			高频手术电极	开放手术下使用的单极高频手术附件，由手术手柄、电缆、手术连接器和电极组成，一体式结构不可拆分。
		特征词1－使用形式	一次性使用	仅供一次性使用，或在一次医疗操作过程中只能用于一例患者。
			可重复使用（缺省）	通过适当程序处理后可以被再次使用。
		特征词2－技术特点	通用（缺省）	无排烟、氩气、等离子模式。
			等离子	具有等离子模式。
			排烟	具有排烟模式。
			氩气	具有氩气模式。
		核心词	电刀笔电极	使手术手柄延伸到手术部位并预期将高频电流传递到人体组织的手术附件的部件。配合电刀笔使用。
		特征词1－使用形式	一次性使用	仅供一次性使用，或在一次医疗操作过程中只能用于一例患者。
			可重复使用（缺省）	通过适当程序处理后可以被再次使用。
		特征词2－结构特点	针状	电极头部形状为针状，用于精细部位切割。
			环状	电极头部形状为环状。
			球状	电极头部形状为球状。
			刀状（缺省）	电极头部形状为刀状。
		特征词3－技术特点	涂层	电极表面有功能性材料覆盖，用以防止粘连和聚集能量的作用。
			无涂层（缺省）	电极表面无功能性材料覆盖。
		核心词	中性电极	电极预期为高频电流的单极应用提供一个低电流密度的电气返回通道，以防止在患者组织中产生过高的温升或非预期的灼伤这类效应。
		特征词1－结构特点	一体式	中性电极与连接舌导线，导线插头一体化设计。
			分体式（缺省）	仅含中性电极，连接舌导线与导线插头为独立元器件。
		核心词	双极电凝镊	连接高频设备，用于双极切割／凝血的镊状电外科器械，能量从一侧镊尖发出，经过所夹持组织，从另一侧镊间返回。
		特征词1－使用形式	一次性使用	仅供一次性使用，或在一次医疗操作过程中只能用于一例患者。
			可重复使用（缺省）	通过适当程序处理后可以被再次使用。

序号	产品类别	术语类型	术语名称	术语描述
4	高频/射频用电极及导管	特征词 2–结构特点	弯型	镊子头端形状为弯型。
			直型（缺省）	镊子头端形状为直型。
		核心词	射频消融导管	通过导管，向需要治疗的部位输送射频能量，并向主机传递温度、其他反馈信息。
			盐水灌注射频消融导管	导管头连接盐水通路，向需要治疗的部位输送射频能量和生理盐水，并向主机传递心电信号或其他反馈信息。
		特征词 1–使用形式	一次性使用	仅供一次性使用，或在一次医疗操作过程中只能用于一例患者。
			可重复使用（缺省）	通过适当程序处理后可以被再次使用。
		特征词 2–技术特点	磁定位	导管头端内置磁场传感器，通过与磁场发生器和体表电极联合使用，可向设备传递导管位置信息。
			电定位	通过导管头端电极，体表电极形成的电场回路，向设备传递导管位置信息。
			磁电定位	导管内置磁场传感器和电极，与标测系统配合使用，可向设备传递导管位置信息。
			压力监测	通过导管头端内置压力传感器或运用光纤光通量变化计算，与专用设备联合使用时可实现导管头端与组织接触力的显示。
			通用（缺省）	无磁定位、电定位、磁电定位、压力监测功能。
		核心词	射频消融电极针	通过针状电极，向组织进行消融，切割或凝固。
		特征词 1–使用形式	一次性使用	仅供一次性使用，或在一次医疗操作过程中只能用于一例患者。
			可重复使用（缺省）	通过适当程序处理后可以被再次使用。
		特征词 2–结构特点	非柔性（缺省）	产品主体为硬性金属材质。
		特征词 2–结构特点	柔性	产品主体使用非金属材质，不具备穿刺功能，通常需要具备穿刺功能的穿刺针或套管针配合使用。
		核心词	抓钳	用于抓住人体组织。
			咬切钳	用于咬住并切下组织。
			分离钳	用于分离人体手术部位需要分离开的组织。
		核心词	剪	用于剪切组织。
			刀	用于切割组织。
			钩	用于钩拉组织。
			刮匙	以搔刮或剜刮的方式去下目标组织或异物。

序号	产品类别	术语类型	术语名称	术语描述
4	高频/射频用电极及导管	特征词1-使用形式	一次性使用	仅供一次性使用，或在一次医疗操作过程中只能用于一例患者。
			可重复使用（缺省）	通过适当程序处理后可以被再次使用。
		特征词2-结构特点	内窥镜用	产品结构设计在内窥镜下使用。
		特征词3-技术特点	凝切	包含电切与电凝两个功能。
			电切	高频电主要产生相应的频率电压和电流，100℃以上温度可以形成切割的效果。
			电凝	高频电主要产生相应的频率电压和电流，60-100℃温度可以达到电凝的效果。
		核心词	电圈套器	配合软性内窥镜使用的高频手术器械，用于息肉切除。
			高频止血钳	配合软性内窥镜使用的高频手术器械，用于电凝止血。
			高频活检钳	配合软性内窥镜使用的高频手术器械，用于组织取样。
			高频切开刀	配合软性内窥镜使用的高频手术器械，用于切开组织。
		特征词1-使用形式	一次性使用	仅供一次性使用，或在一次医疗操作过程中只能用于一例患者。
			可重复使用（缺省）	通过适当程序处理后可以被再次使用。
		核心词	闭合切割器械	利用高频电能，结合钳口恒定压力，与具有闭合切割功能的手术设备一起使用，用于闭合血管，脉管和组织束，然后使用内置刀片切割相应部位。
			闭合器械	利用高频电能，结合钳口恒定压力，与具有闭合功能的手术设备一起使用，用于闭合血管，脉管和组织束。
		特征词1-使用形式	一次性使用	仅供一次性使用，或在一次医疗操作过程中只能用于一例患者。
			可重复使用（缺省）	通过适当程序处理后可以被再次使用。
		特征词2-结构特点	涂层	表面有功能性材料覆盖，防止粘连，减少焦痂堆积。
			无涂层（缺省）	表面无功能性材料覆盖。
5	射频灌注泵	核心词	射频灌注泵	用于导管射频消融时降低消融区域与患者接触部分的温度。

表 4 微波手术设备

序号	产品类别	术语类别	术语名称	术语描述
1	微波手术设备	核心词	微波手术设备	利用工作频率 0.3GHz~30GHz 的微波辐射能量进行消融及热凝手术治疗的设备。
			微波消融设备	利用工作频率 0.3GHz~30GHz 的微波辐射能量进行消融手术治疗的设备。
			微波热凝设备	利用工作频率 0.3GHz~30GHz 的微波辐射能量进行热凝手术治疗的设备。

表 5 冷冻手术设备

序号	产品类别	术语类型	术语名称	术语描述
1	冷冻手术设备	核心词	冷冻手术设备	用于采用冷冻/快速降温方式对局部组织进行冷冻手术治疗。
		特征词 1–制冷剂	液氮	制冷剂为液氮。
			二氧化碳	制冷剂为二氧化碳。
			氧化亚氮	制冷剂为液氮。
2	冷冻消融仪	核心词	冷冻消融仪	可与冷冻消融附件配合用于对组织冷冻消融用。
3	冷冻消融针	核心词	冷冻消融针	用于配合冷冻消融设备对局部组织进行冷冻消融。
		特征词 1–使用形式	一次性使用	指仅供一次性使用，或在一次医疗操作过程中只能用于一例患者。
			可重复使用（缺省）	通过适当程序处理后可以被再次使用。
		特征词 2–提供形式	无菌	以无菌形式提供，直接使用的医疗器械。
			非无菌（缺省）	以非无菌形式提供。
4	冷冻消融导管	核心词	冷冻消融导管	用于配合冷冻消融设备对局部组织进行冷冻消融。
		特征词 1–使用形式	一次性使用	指仅供一次性使用，或在一次医疗操作过程中只能用于一例患者。
			可重复使用（缺省）	通过适当程序处理后可以被再次使用。
		特征词 2–提供形式	无菌	以无菌形式提供，直接使用的医疗器械。
			非无菌（缺省）	以非无菌形式提供。

表 6 冲击波手术设备

序号	产品类别	术语类型	术语名称	术语描述
1	冲击波碎石机	核心词	冲击波碎石机	通过经过聚焦的具有高能量的压力脉冲对结石的应力作用，引起结石的开裂和破碎的设备。

相关文件

序号	产品类别	术语类型	术语名称	术语描述
1	冲击波碎石机	特征词1–技术特点	液电式	在液体中高电压放电产生压力脉冲。
			电磁式	利用线圈中电磁场变化引起金属膜振动而产生压力脉冲。
			压电式	利用逆压电效应,使多个压电晶片各产生一个小能量脉冲,并在焦点处汇聚。
		特征词2–适用场景	体外	经过体外聚焦的具有高能量的压力脉冲对结石的应力作用,引起结石的开裂和破碎。
			体内	通过内窥镜器械通道,利用冲击波对结石进行粉碎。
2	腔内气压弹道碎石机	核心词	腔内气压弹道碎石机	用于在内窥镜手术中,实现破碎结石等手术功能的医疗设备。

表7 手术导航、控制系统

序号	产品类别	术语类型	术语名称	术语描述
1	手术导航系统	核心词	手术导航系统	用于配合已生成的手术计划方案或制定手术计划方案,辅助外科手术导航。带有机械臂的导航系统可用于外科手术中的微创手术,为更精准和精细的手术技能与手术操作提供支持。
		特征词1–适用场景	不限学科(缺省)	用于外科,不限于特定使用部位。
			神经外科等(特定专用学科)	特定专用学科,如神经外科、骨科、耳鼻喉科等。
2	手术定位系统	核心词	手术定位系统	用于对病灶进行诊断和治疗时定位导向。
		特征词1–结构特点	有框架	安装框架。
			无框架	无需安装框架。
		特征词2–技术特点	立体定向	采用立体定位。
			电磁	采用电磁定位。
			激光	采用激光定位。
			红外荧光	采用红外图像定位。
		特征词3–适用场景	不限学科(缺省)	用于外科,不限于特定使用部位。
			神经外科等(特定专用学科)	特定专用学科,如神经外科、骨科、耳鼻喉科等。
3	手术控制系统	核心词	手术控制系统	用于手术中帮助精确控制手术操作的设备。
		特征词1–结构特点	内窥镜	产品结构设计在内窥镜下使用。
			通用(缺省)	产品结构设计不局限在内窥镜下使用。

表 8　手术照明设备

序号	产品类别	术语类别	术语名称	术语描述
1	手术无影灯	核心词	手术无影灯	用于手术室的照明，最大程度地减少由手术者的局部遮挡而造成的工作区域阴影，具有无影效果。
		特征词 1- 技术特点	整体反射式（缺省）	将中心光源发出的光线由连续曲面反射后按照需要的路径出射聚焦到达目标区域。
			孔式	合理分布的若干孔内嵌光源，其发出的光线直射到达目标区域。
		特征词 2- 结构特点	固定（缺省）	固定悬吊在墙面或顶部。
			移动	在使用的间隔期间，可以靠其自身的轮子或通过类似的方法从一个地方移到另一个地方。
		特征词 3- 使用光源	LED	LED 光源
			卤素灯（缺省）	卤素灯光源
2	手术辅助照明灯	核心词	手术辅助照明灯	用于手术室和治疗室，对患者的手术或检查区域进行局部照明。不具有无影效果。
		特征词 1- 技术特点	整体反射式（缺省）	将中心光源发出的光线由连续曲面反射后按照需要的路径出射聚焦到达目标区域。
			孔式	合理分布的若干孔内嵌光源，其发出的光线直射到达目标区域。
		特征词 2- 结构特点	固定（缺省）	固定悬吊在墙面或顶部。
			移动	在使用的间隔期间，可以靠其自身的轮子或通过类似的方法从一个地方移到另一个地方。
		特征词 3- 使用光源	LED	LED 光源
			卤素灯（缺省）	卤素灯光源

表 9　其他手术设备

序号	产品类别	术语类别	术语名称	术语描述
1	水刀	核心词	水动力手术设备	使用高压水束进行外科手术。
			水动力清创设备	用于伤口清创及需要锐器清创或脉冲灌洗的手术部位的清理。
2	分离控制盒	核心词	分离控制盒	用于介入手术中提供电量，解脱弹簧圈。
3	电动吻合器	核心词	电动吻合器	用于体内器官、组织或血管的离断、切除和 / 或建立吻合。
4	手术动力系统	核心词	手术动力系统	用于手术时切割 / 切开、削磨、钻孔等外科手术。
		核心词	刨削器	实现刨削组织等手术功能。
		特征词 1- 结构特点	内窥镜用	产品结构设计在内窥镜下使用。

序号	产品类别	术语类别	术语名称	术语描述
4	手术动力	特征词2- 使用部位	通用（缺省）	无专用使用部位
			关节	专用使用部位
			鼻窦	专用使用部位
		核心词	切割器	实现切除组织等手术功能。
		特征词1- 结构特点	内窥镜用	产品结构设计在内窥镜下使用。
		特征词2- 使用部位	通用（缺省）	无专用使用部位
			鼻腔	专用使用部位
5	取植皮设备	核心词	取皮机	用于皮肤的取皮。
		特征词1- 技术特点	电动（缺省）	以电机驱动为动力源。
			气动	以压缩空气为动力源。
		核心词	植皮机	用于皮肤的植皮。
		特征词1- 技术特点	电动（缺省）	以电机驱动为动力源。
			气动	以压缩空气为动力源。

五、命名示例

参照表 10 至 11 命名示例，根据产品实际情况，选择对应子领域术语表，比对定义选择相应术语，按第三条第一款所述的结构顺序确定通用名称。

表 10　医用激光光纤

核心词	特征词1		特征词2		通用名称
	使用形式		提供形式		
医用激光光纤	一次性使用	可重复使用（缺省）	无菌	非无菌（缺省）	
√	√			√	一次性使用医用激光光纤

表 11　高频手术设备

核心词	特征词1		特征词2			通用名称
	结构特点		技术特点			
高频手术设备	通用（缺省）	双极	通用（缺省）	氩气	等离子	闭合	
√	√		√				高频手术设备
√	√	√	√				双极高频手术设备
√	√		√		√		等离子高频手术设备
√	√		√	√			氩气高频手术设备

六、参考资料

［1］国家食品药品监督管理总局关于发布医疗器械分类目录的公告（2017 年第 104 号）

［2］有源手术器械相关的国家标准、行业标准

［3］有源手术器械相关注册指导原则

［4］国家药品监督管理局医疗器械注册数据库

［5］Global Medical Device Nomenclature（GMDN）

［6］U.S. Food and Drug Administration. Product Classification Database

［7］Japanese Medical Device Nomenclature（JMDN）

七、起草单位

本指导原则由国家药品监督管理局医疗器械标准管理中心编写并负责解释。

附件 2

物理治疗器械通用名称命名指导原则

本指导原则依据《医疗器械通用名称命名规则》和《医疗器械通用名称命名指导原则》制定，用于指导物理治疗器械通用名称的制定。

本指导原则是对备案人、注册申请人、审查人员的指导性文件，不包括注册审批所涉及的行政事项，不作为法规强制执行。若有满足相关法规要求的其他方法，也可采用，并应提供充分的研究资料和验证资料。本指导原则是在现行法规和标准体系以及当前认知水平下制定的，应在遵循相关法规的前提下使用。随着法规和标准的不断完善，以及科学技术的不断发展，本指导原则相关内容也将进行适时的调整。

一、适用范围

本指导原则适用于物理治疗器械产品，主要包括采用电、热、光、力、磁、声以及其他物理因子的治疗器械。不包括手术类的器械及其他专科专用的物理治疗器械。

二、核心词和特征词的制定原则

（一）核心词

物理治疗器械核心词是对具有相同或者相似的物理治疗因子（技术原理）的医疗器械的概括表述。如"电位治疗仪""温热治疗仪""激光治疗仪"等。

（二）特征词

物理治疗器械特征词的选取主要涉及以下方面的内容：

——结构特点：指对产品结构、组成、外观形态的描述，如"热垫式""立式""气囊式"等。

——使用对象或使用部位：指产品主要功能的适用患者人群，如"新生儿"或人体的系统、器官等，如"颈椎""腰椎""上肢"等。

——技术特点：指产品特殊机理或者特殊性能的说明或者限定，如频率输出特点"低频""中频"、激光治疗仪中的工作物质"半导体""掺钕钇铝石榴石"以及非相干光治疗仪中的"偏振特性"等。

——输出方式：指中频电疗仪在治疗输出应用时的不同形式，包括"干扰""非干扰"两种。

——脉冲特性：指激光治疗仪输出时序特性中的脉冲持续时间，包括"长脉冲或连续""调Q""皮秒"三种。

——作用方式：指按照激光治疗仪临床使用过程中，是否需要配合光敏剂才能达到预期治疗目的进行划分，包括"光动力"和"非光动力"两种。

——光谱特性：指非相干光治疗仪的光源辐射出的主要光谱范围，如"红光""蓝光""红外"等。

——使用形式：包括可重复使用和一次性使用两种情况。可重复使用医疗器械指处理后可再次使用的医疗器械。一次性使用医疗器械指仅供一次性使用，或在一次医疗操作过程中只能用于一例患者的医疗器械。

（三）特征词的缺省

术语表中某一特征词项下的惯常使用或公认的某一特性可设置为"缺省"，在通用名称中不做体现，以遵从惯例或方便表达的处理方式。

使用部位或技术特点等特征项下，若存在多个专用术语的情形，将"通用"一词设置为缺省，指产品在该特征词项并无需要体现的专用特点，而非指该产品各种情况通用。其他专用使用部位、技术特点的命名术语可不一一列举。

三、通用名称的确定原则

（一）通用名称组成结构

物理治疗器械通用名称按"特征词 1（如有）+ 特征词 2（如有）+ 特征词 3（如有）+ 核心词"结构编制。

（二）核心词和特征词选取原则

核心词和特征词应根据产品真实属性和特征，优先在术语表中选择。对于术语表未能包含的，新产品或原有产品有新的特征项需要体现，或者需在某一特征项下加入新术语，可对术语集进行补充或调整。

核心词应在该类别项下选择最适合产品属性的核心词，核心词不可缺省。特征词则应按照产品相关特征，依次在术语表中每个特征词项下选择一个与之吻合的术语。未一一列举的使用部位、技术特点等特征词，根据产品实际情况，自行选用相应的专业术语。

（三）特别说明

（1）用于发热患者的局部降温，仅用于体表完整皮肤的产品，在命名时应直接采用"医用退热贴""医用退热凝胶"的名称。

（2）对于多个物理治疗因子作用的组合式物理治疗设备以主要作用因子作为核心词命名。例如低中频治疗设备除具有电流刺激的治疗功能外还有电极加热的辅助功能，该类产品以"电流"为主要物理因子达到临床预期用途，而"热"物理因子仅作为辅助功能，因此应以低中频治疗设备的核心词命名。对于含有多个物理因子治疗模块且不能区分主次的组合式设备，例如一台具有超声模块、激光模块、电刺激模块的产品，建议命名为"多物理因子治疗仪"。

（3）本指导原则仅对物理治疗用的微波理疗设备进行命名。对于既含有手术部件又含有理疗部件的微波治疗设备，建议命名为"微波治疗仪"。

四、命名术语表

在表 1 到表 9 中，列举了物理治疗器械领域典型产品的核心词和特征词的可选术语。

表 1　电疗设备 / 器具

序号	产品类别	术语类型	术语名称	术语描述
1	电位治疗设备	核心词	电位治疗仪	通常用于将人体全部或局部置于电场中，通过电场进行治疗。
		特征词 – 技术特点	高	最高输出电压在 1000V 至 30000V 之间。
			低	最高输出电压小于 1000V。
2	电化学治疗仪	核心词	电化学治疗仪	通过直流电流使病变部位发生电化学反应。
		特征词 – 使用部位	前列腺等（专用部位）	用于专用部位，如前列腺等。

序号	产品类别	术语类型	术语名称	术语描述
3	低中频治疗设备	核心词	电治疗仪	通过主机输出的低频或中频电流进行治疗。
		特征词1–技术特点	低频	电流频率1kHz以下。
			中频	电流频率1kHz~100kHz。
			低中频	包含低频及中频电流。
3	低中频治疗设备	特征词2–输出方式	干扰	同时将两路以上（包含两路）不同频率的中频（1kHz~100kHz）交流电流交叉地作用于人体，在组织内形成低频调制电流来进行治疗。该特征词不能与特征词"低频"搭配使用。
			非干扰（缺省）	不采用干扰方式输出。
4	低中频治疗设备用电极	核心词	理疗电极	通常由导电材料和连接线组成。
		特征词1–使用形式	一次性使用	仅供一次性使用，或在一次医疗操作过程中只能用于一例患者的医疗器械。
			可重复使用（缺省）	处理后可再次使用的医疗器械。
		特征词2–使用部位	皮肤（缺省）	预期用于皮肤表面。
			直肠等（专用部位）	预期用于非皮肤的部位，如直肠，根据预期使用部位自定。
5	静电贴敷器具	核心词	静电理疗贴	通常由能产生静电的物质和包裹该物质的医用贴敷材料组成。利用低压静电场对置于场中的人体组织进行治疗的设备。

表2　热传导治疗设备

序号	产品类别	术语类型	术语名称	术语描述
1	热灌注治疗机	核心词	热灌注治疗机	通常由主机、加热装置、测控温装置、灌注装置（如驱动泵和循环水箱）、循环管路、引流管等组成。治疗时将加热到特定温度的热水（可含有化疗药物）灌注到腹腔内，使腹腔脏器及病灶直接受热，同时通过引流管将热水回流到设备。
2	温热治疗设备	核心词	温热治疗设备	使用电加热装置，通过保持治疗面的温度在小范围波动，以传导的方式将热能传递至与治疗面接触的人体（或局部）。
		特征词1–结构特点	热垫式	使用柔性加热垫、加热带。
			热磁振子式	使用热磁振子。
			硬性材料（缺省）	使用硬性不可形变的材质与人体局部进行接触。
			床式	具有电加热装置的床，对人体全身有温热理疗的作用。

序号	产品类别	术语类型	术语名称	术语描述
3	医用升温仪	核心词	医用升温仪	向患者全身或身体局部传入热量，一般有体温反馈控制功能。预期对人体进行体外物理升温，达到辅助保持人体温度的设备。
		特征词 1–技术特点	电热式	使用电热元件对患者接触面进行加热。
			充气式	通过加热空气传递热量至患者。
			充液式（缺省）	通过加热的循环液体向患者接触面传入热量，达到对人体进行体外物理升温的目的。
4	物理降温仪	核心词	降温仪	通常由制冷装置、温控电路、控制机构及应用部分（降温毯、降温帽等）组成。采用半导体或压缩机对循环液体制冷的方式，对人体进行物理降温。
		特征词 1–技术特点	半导体	利用半导体帕尔贴效应控制设备内循环液体的温度，并传递至人体进行物理降温。
			水循环（缺省）	利用压缩机的制冷原理控制设备内循环液体的温度，并传递至人体进行物理降温。
5	医用控温仪	核心词	医用控温仪	同时具有对人体物理升温和降温功能，达到辅助调节人体温度的设备。
6	电蜡疗仪	核心词	电蜡疗仪	用电加热装置熔解石蜡、蜂蜡成为液体，利用恒温器将熔解的蜡作为导热体，将热能传至机体，用于促进局部血液循环等热敷理疗。
7	热（冷）贴敷类器具	核心词	医用热敷贴	通常含有发热材料，并封装于医用无纺布或其他医用材料内。不具有温度保护装置，贴敷使用，以传导的方式将热量传递于患处达到温热治疗的目的，具有粘性。
		核心词	医用热敷袋	通常将发热材料封装于医用无纺布或其他医用材料制成的内袋中，内袋不具有粘性，有的产品还具有固定带。通过传导的方式将热量传递于患处达到温热治疗的目的。
		核心词	远红外理疗贴	含有远红外陶瓷粉或释放远红外线的物质（如竹炭纤维）并封装于医用材料中贴敷患处，达到促进血液循环、缓解关节疼痛等目的。
		核心词	医用退热贴	用于发热患者的局部降温。仅用于体表完整皮肤。不得含有中药、化学药物、生物制品、消毒和抗菌成分、天然植物及其提取物等发挥药理学、免疫学、代谢作用的成分或者可被人体吸收的成分（包括但不限于《部分第一类医疗器械产品禁止添加成分名录》表格中所列的成分）。
		核心词	医用退热凝胶	用于发热患者的局部降温。仅用于体表完整皮肤。不得含有中药、化学药物、生物制品、消毒和抗菌成分、天然植物及其提取物等发挥药理学、免疫学、代谢作用的成分或者可被人体吸收的成分（包括但不限于《部分第一类医疗器械产品禁止添加成分名录》表格中所列的成分）。

相关文件

序号	产品类别	术语类型	术语名称	术语描述
7	热（冷）贴敷类器具	核心词	医用冷敷贴	含有蓄冷物质，通过物理降温的方式，缓解扭伤、碰撞等引起的疼痛、肿胀等，仅用于完整皮肤。不得含有中药、化学药物、生物制品、消毒和抗菌成分、天然植物及其提取物等发挥药理学、免疫学、代谢作用的成分或者可被人体吸收的成分。
		核心词	医用冷敷凝胶	含有蓄冷物质，通过物理降温的方式，缓解扭伤、碰撞等引起的疼痛、肿胀等，仅用于完整皮肤。不得含有中药、化学药物、生物制品、消毒和抗菌成分、天然植物及其提取物等发挥药理学、免疫学、代谢作用的成分或者可被人体吸收的成分。
		核心词	医用冰帽	由冰袋和各种形式的外套、固定带等组成。冰袋内装有冷敷凝胶或蓄冷剂。仅用于体表完整皮肤。
8	冷疗仪	核心词	冷疗仪	通过对介质进行冷却并传递至人体，以达到缓解急性损伤、关节肿胀和疼痛、降低局部身体系统新陈代谢活动的作用。
		特征词1-技术特点	加压	间歇性加压冰水至人体。
			冷空气（缺省）	通过冷空气传递至人体。
9	冷喷剂	核心词	医用冷喷剂	通过从轻微烧伤处吸取热量，缓和清理伤口时的疼痛，并减轻擦伤和扭伤引起的肿胀，不应含有发挥药理学、免疫学或者代谢作用的成分。

表3 热辐射治疗设备

序号	产品类别	术语类型	术语名称	术语描述
1	热辐射治疗仪	核心词	热辐射治疗仪	治疗时各部分不接触人体，以辐射的方式将热量传递至人体达到治疗的目的。
		特征词1-结构特点	立式（缺省）	立式
			台式	台式
			舱式	半封闭式
			屋式	全封闭式
		特征词2-技术特点	频谱	利用确定的频谱（例如8mm的频谱波段）进行治疗。
			红外（缺省）	利用红外线治疗。
2	特定电磁波治疗仪	核心词	特定电磁波治疗仪	辐射器具有特定元素成分或涂层，并且预期通过吸收热量受激后向患者辐射特定波段的电磁波和热量，达到辅助治疗的目的。
3	红外线理疗灯	核心词	红外线理疗灯	采用玻璃制红外线灯泡或灯管作为红外线辐射器。适用局部治疗，红外线照射时皮肤及表皮下组织将吸收的红外线能量转变为热，从而引起血管扩张、血流加速、改善局部血液循环。

表 4 光治疗设备

序号	产品类别	术语类型	术语名称	术语描述
1	激光治疗仪	核心词	激光治疗仪	通常由激光器、冷却装置、传输装置、目标指示装置、控制装置、防护装置等部分组成。利用激光与人体组织的相互作用达到治疗的目的。
		特征词 1– 脉冲特性	长脉冲或连续（缺省）	激光以连续或脉冲宽度 ms 量级、μs 量级输出。
			调 Q	使激光器谐振腔 Q 值由低到高突变，以脉冲宽度为 ns 量级输出。
			皮秒	激光以脉冲宽度为 ps 量级的超短脉冲方式输出。
		特征词 2– 技术特点	半导体、二氧化碳、掺钕钇铝石榴石等（单一工作物质名称）	用来实现粒子数反转并产生光的受激辐射放大作用的具体作用物质。适用于工作物质为 1 种的情形。
			多工作物质（缺省）	工作物质为两种以上类型的激光器。
		特征词 3– 作用方式	光动力	利用激光照射光敏剂引起光敏化作用达到治疗目的。
			非光动力（缺省）	未利用激光照射光敏剂引起光敏化作用达到治疗目的。
2	非相干光治疗仪	核心词	光治疗仪	利用不同波段非相干光照射人体某些部位与人体组织发生光化学作用和 / 或生物刺激作用，达到辅助治疗的目的。
		特征词 1– 使用对象	新生儿	使用对象为新生儿，用于溶血性黄疸治疗。
			非新生儿（缺省）	使用对象为除新生儿以外的其他人群。
		特征词 2– 光谱特性	红、蓝、黄、紫外、红外、可见、红蓝、红黄、红紫外、红蓝黄、红蓝紫外、红蓝红外、红黄蓝红外等（根据光谱成分选择）	出射光主要光谱成分为红光、蓝光、黄光、紫外、红外、可见光（主要光谱成分为 380nm~760nm）的宽光谱，若由两个及两个以上具有上述光谱特性的光源组合而成，则按照光谱成分进行排列组合，如红蓝、红黄、红紫外、红蓝紫外等。
		特征词 3– 技术特点	偏振	在光路中安装偏振片，将自然光转换为线偏振光进行输出。
			非偏振（缺省）	在光路中未安装偏振片，出射光为自然光。
		核心词	强脉冲光治疗仪	通过弧光灯光源发射的可见波段和部分近红外波段强脉冲或脉冲串辐射照射体表，利用选择性光热和光化学作用达到治疗的目的。

相关文件

表 5 力疗设备/器具

序号	产品类别	术语类型	术语名称	术语描述
1	负压理疗设备	核心词	负压理疗仪	通过负压原理对人体体表进行拔罐理疗。
2	振动排痰机	核心词	排痰机	用于医疗机构内协助排出呼吸道分泌物，改善患者肺通气功能。
		特征词1-技术特点	叩击式	采用敲击形式排痰，一般含叩击头。
			气振式	采用气体振动方式。
3	振动理疗仪	核心词	振动理疗仪	采用振动的方式作用于患处，用于促进新陈代谢、缓解肌肉疼痛和改善血液循环，辅助治疗的目的。
		特征词1-使用部位	腰、肩、颈等（专用部位）	专用使用部位，如腰、肩、颈等。
			通用（缺省）	无需体现专用特点。
4	空气压力治疗仪	核心词	空气压力治疗仪	将加压腔体套在治疗肢体外周，及其按照一定治疗程序对肢体施加不断变动的正压波，通过变化的气压对患者肢体进行物理治疗的电气设备，促进患肢组织的血液和淋巴循环，消除肢体肿胀。
		特征词1-技术特点	连续（缺省）	以连续的压力波进行治疗。
			动静脉脉冲	以脉冲式的压力波进行治疗，一般用于手足部，预防静脉血栓形成，消除肢体水肿，促进血液回流。
		特征词2-使用部位	上肢、下肢等（专用部位）	上肢、下肢、四肢等。
			通用（缺省）	无需体现专用特点。
5	压力带	核心词	压力带	用于预防静脉曲张和深层静脉血栓。
		特征词1-使用部位	上肢、腰部、背部等（专用部位）	上肢、下肢、腰部、背部等。
			通用（缺省）	无需体现专用特点。
6	压力袜	核心词	压力袜	专用于下肢的袜型压力带。
7	牵引椅	核心词	颈椎牵引椅	用于颈椎病人的牵引治疗。
		特征词1-技术特点	电动	电动方式。
			手动（缺省）	手动方式。
8	牵引床	核心词	牵引床	用于腰椎及/或颈椎病人的牵引治疗。
		特征词1-技术特点	电动	电动方式。
			手动（缺省）	手动方式。
		特征词2-使用部位	腰椎	用于腰椎。
			颈腰椎（缺省）	用于颈椎和腰椎。

序号	产品类别	术语类型	术语名称	术语描述
9	牵引器具	核心词	牵引器	用于放松脊椎周围肌肉，缓解椎间压力的器具。
		特征词 1– 结构特点	气囊式	仅用于颈椎牵引器。
			非气囊式（缺省）	其他牵引器具，如绑缚或衬垫。
		特征词 2– 使用部位	颈椎	用于颈椎。
			腰椎	用于腰椎。
10	冲击波治疗设备	核心词	冲击波治疗仪	利用冲击波源产生的冲击波作用于患处进行治疗。
		特征词 1– 使用部位	上肢、下肢、等（专用部位）	专用部位，如上肢、下肢、腰部、背部、肘部、足部等。
			通用（缺省）	无需体现专用特点。
		特征词 2– 技术特点	气压弹道式	发射体经由电子控制的弹道压缩机加速的压缩空气形成的压力波，通过探头与人体皮肤或组织的弹性碰撞，对患处进行治疗的设备。
			电磁式	通过对线圈施加高压脉冲产生时变磁场，利用电磁效应推动金属振膜产生的冲击波，对组织实施治疗。
			压电式	利用压电晶体在电能作用下共振的原理，通过椭球体汇聚至患处，达到治疗目的。
			液电式	利用高压电、大电容，在水中电极进行瞬间放电二产生冲击波，通过椭圆反射体进行聚焦只患处，利用冲击波在不同物质中传递时的声阻抗查产生强大的能量从而刺激成骨细胞增殖分化，大道称骨组织再生以及修复功能。
11	体外反搏装置	核心词	气囊式体外反搏治疗仪	通过气囊在心脏舒张期对肢体施加适当气压，使人体舒张压明显提高，并在收缩期前取消压力，使收缩压降低的辅助循环装置。

表 6　磁疗设备 / 器具

序号	产品类别	术语类型	术语名称	术语描述
1	磁刺激治疗仪	核心词	磁刺激治疗仪	利用高压储能电容对磁场线圈进行瞬间放电产生脉冲磁场作用于神经系统，刺激神经组织细胞，引起细胞或兴奋或抑制的电位变化。
2	磁场治疗仪	核心词	磁疗仪	应用变化的磁场（强度和 / 或方向）作用于人体的局部或穴位，达到治疗的目的。用于止痛、消肿、促进组织修复等辅助治疗。
			通用（缺省）	无需体现专用特点。
		特征词 1– 使用部位	上肢、膝关节、颈椎、颈椎等（专用部位）	专用使用部位，如上肢、肩、踝等，可以是人体的关节、器官、部位、肌肉等。

序号	产品类别	术语类型	术语名称	术语描述
2	磁场治疗仪	特征词2-技术特点	脉冲	磁场以脉冲形式输出。
			交变（缺省）	磁场以正弦波等波形连续输出。
3	静磁场治疗器具	核心词	磁疗带	通常由永磁体或磁性物质、外壳或包裹磁性物质的材料等部分组成。应用磁场或受磁化的物质作用于人体的局部。根据提供形式不同，分为带、贴、袋、片、棒。
		核心词	磁疗贴	
		核心词	磁疗袋	
		核心词	磁疗片	
		核心词	磁疗棒	

表7 超声治疗设备

序号	产品类别	术语类型	术语名称	术语描述
1	超声治疗仪	核心词	超声治疗仪	通常由治疗头、超声功率发生器、控制装置等组成。用于治疗目的，一般采用聚焦或弱聚焦超声波，作用于患者且不发生组织变性的设备。用于人体各种组织、器官的辅助治疗、疼痛的缓解及促进创伤组织的愈合等。
		特征词1-结构特点	通用（缺省）	无需体现专用特点。
			便携式	设备安装和放置投入使用后，可由人携带着从一个地方移到另一个地方。
		特征词2-使用部位	通用（缺省）	无需体现专用特点。
			骨关节等（专用部位）	专用部位，如骨关节等。
2	超声理疗仪	核心词	超声理疗仪	通常由电功率发生器和将其转化成超声的换能器组成。用于理疗目的，采用非聚焦超声波，并作用于患者的设备。超声输出强度一般在3W/cm²以下，频率范围在0.5MHz至5MHz。用于缓解疼痛、肌肉痉挛，刺激、调节和促进细胞生长代谢等。
		特征词1-结构特点	通用（缺省）	无需体现专用特点。
			便携式	设备安装和放置投入使用后，可由人携带着从一个地方移到另一个地方。

表8 高频治疗设备

序号	产品类别	术语类型	术语名称	术语描述
1	射频热疗设备	核心词	射频热疗机	通常由射频发生器、温度测量装置、治疗床和控制台组成，利用治疗电极向患者传输射频电磁场能量（一般以电场的形式），在身体的某个特定部位提供辅助治疗性深层加热。用于肿瘤的辅助治疗或热疗，提高肿瘤放、化疗的效果。

序号	产品类别	术语类型	术语名称	术语描述
2	射频浅表治疗设备	核心词	皮肤射频治疗仪	通常由射频发生器、温度测量装置、治疗电极、电缆、中性电极（若有）等组成，利用治疗电极向患者传输射频能量（一般以电流的形式）达到浅表局部加热的目的，且不引起组织不可逆的热损伤反应。用于面部、体部、颈部等非创伤性浅表治疗。
3	微波热疗设备	核心词	微波热疗机	通常由微波发生源、微波传输线缆、辐射器、治疗床（如适用）、测控温系统及其他功能控制系统组成，利用工作频率 0.3GHz~30GHz 的微波辐射能量用于对肿瘤进行辅助治疗。
4	微波理疗设备	核心词	微波理疗仪	通常由微波发生源、微波传输线缆和辐射器组成，利用工作频率 0.3GHz~30GHz 的微波辐射能量用于体表理疗和炎症性疾病治疗，可缓解疼痛、消除炎症、促进伤口愈合等。
5	短波治疗仪	核心词	短波治疗仪	通常由短波发生器、控制电路和电极板组成。利用短波能量（13MHz 以上但不超过 45MHz 频率范围）对人体组织加热的设备。用于减轻疼痛、缓解肌肉痉挛和关节挛缩等。
6	毫米波治疗设备	核心词	毫米波治疗仪	通常由主机、控制器和辐射器组成。使用 30GHz~300GHz 频段的电磁波，通过辐射照射的形式，以非热效应改善人体组织机能或辅助治疗疾病。

表 9　其他物理治疗设备

序号	产品类别	术语类型	术语名称	术语描述
1	氧气加压氧舱	核心词	医用氧气加压氧舱	通常由舱体、供排气（氧）系统、空调系统和控制系统等组成。加压介质为医用氧气，氧气加压最高工作压力不大于 0.2MPa。加压舱进舱人数为 1 人，通常分为成人医用氧舱、婴幼儿医用氧舱。
1	氧气加压氧舱	特征词 1- 使用对象	婴幼儿	使用对象为婴幼儿。
1	氧气加压氧舱	特征词 1- 使用对象	成人（缺省）	使用对象为成人。
2	空气加压氧舱	核心词	医用空气加压氧舱	通常由舱体、供排气系统、空调系统和控制系统等组成。加压介质为空气，空气加压最高工作压力不大于 0.3MPa。空气加压根据舱内治疗人数不同分为单人氧舱和多人氧舱。
2	空气加压氧舱	特征词 1- 结构特点	多人（缺省）	可多人使用。
2	空气加压氧舱	特征词 1- 结构特点	单人	单人使用。
2	空气加压氧舱	特征词 2- 使用对象	婴幼儿	使用对象为婴幼儿。
2	空气加压氧舱	特征词 2- 使用对象	成人（缺省）	使用对象为成人。

相关文件

473

序号	产品类别	术语类型	术语名称	术语描述
3	臭氧治疗设备	核心词	臭氧治疗仪	设备产生设定浓度的臭氧，并由特定容器采集注射至人体患处。或用于人体腔道、粘膜组织、皮肤、烧伤伤口的清洗、消毒、抗炎治疗或浸泡治疗的设备。
		特征词1-使用部位	医用（缺省）	具有医疗用途。
			伤口、皮肤、口腔、腰椎等（专用部位）	专用使用部位，如伤口、皮肤、口腔、腰椎等。
4	生物反馈治疗设备	核心词	生物电反馈治疗仪	由传感单元对人体生物电信号进行采集并由主机进行分析，然后通过反馈单元以视觉、声觉、电流等方式反馈至患者并持续训练达到功能障碍的辅助治疗目的。
5	烧烫伤浸浴装置	核心词	浸浴治疗机	通常由主机、病人浴床、供/排水系统、温控单元等组成，可包括病人转运吊架及其他辅助浸浴功能，通常用于烧烫伤病人的浸浴处理。
6	肠道水疗机	核心词	肠道水疗机	治疗时将液体灌注到肠道内，同时通过排液管将液体引流到体外，用于医疗机构对肠道的清洗。
7	药物导入设备	核心词	药物导入仪	借助电流或超声将药物离子经皮肤、粘膜等导入体内用以治疗疾病的设备。
		特征词1-技术特点	超声	借助超声将药物导入人体。
			电流	借助直流电流将药物导入人体。

五、命名示例

参照表10至11命名示例，根据产品实际情况，选择对应子领域术语表，比对描述选择相应术语，按第三条第一款的结构顺序确定通用名称。

表10　牵引床

核心词	特征词1		特征词2		通用名称
	技术特点		使用部位		
	电动	手动	腰椎	颈腰椎（缺省）	
牵引床	√		√		电动腰椎牵引床
	√			√	电动牵引床
		√	√		手动腰椎牵引床
		√		√	手动牵引床

表 11　光治疗仪

核心词	特征词 1		特征词 2	特征词 3		通用名称
	使用对象		光谱特性	技术特点		
光治疗仪	新生儿	非新生儿（缺省）	红、蓝、黄、紫外、红外、可见、红蓝、红黄、红紫外、红蓝黄、红蓝紫外、红蓝红外、红黄蓝红外等（根据光谱成分选择）	偏振	非偏振（缺省）	
	√		√（蓝）		√	新生儿蓝光治疗仪
		√	√（红）		√	红光治疗仪
		√	√（红外）	√		红外偏振光治疗仪
		√	√（红蓝）		√	红蓝光治疗仪
		√	√（红蓝黄）		√	红蓝黄光治疗仪
		√	√（红蓝红外）	√		红蓝红外偏振光治疗仪

六、参考资料

［1］国家食品药品监督管理总局关于发布医疗器械分类目录的公告（2017 年第 104 号）

［2］GB 9706.1–2007 医用电气设备 第 1 部分：安全通用要求

［3］物理治疗器械相关现行有效的国家及行业标准

［4］国家药品监督管理局医疗器械注册数据库

七、起草单位

本指导原则由国家药品监督管理局医疗器械标准管理中心编写并负责解释。

相关文件

附件 3

患者承载器械通用名称命名指导原则

本指导原则依据《医疗器械通用名称命名规则》和《医疗器械通用名称命名指导原则》制定，用于指导患者承载器械通用名称的制定。

本指导原则是对备案人、注册申请人、审查人员的指导性文件，不包括注册审批所涉及的行政事项，不作为法规强制执行。若有满足相关法规要求的其他方法，也可采用，并应提供充分的研究资料和验证资料。本指导原则是在现行法规和标准体系以及当前认知水平下制定的，应在遵循相关法规的前提下使用。随着法规和标准的不断完善，以及科学技术的不断发展，本指导原则相关内容也将进行适时的调整。

一、适用范围

本指导原则适用于有患者承载功能和转运功能的承载器械，不包括具有承载功能的专科器械，例如口腔科、妇产科、骨科、医用康复器械中的承载器械。

二、核心词和特征词的制定原则

（一）核心词

患者承载器械核心词是对具有相同或者相似的技术原理、预期目的的医疗器械的概括表述。如"手术台""病床"等。

（二）特征词

患者承载器械涉及的特征词主要包括以下方面的内容：

——技术特点：是对产品特殊作用原理、机理或特殊性能的说明或限定，如"电动""手动"。

——适用场景：指产品使用的临床学科，如"眼科""耳鼻喉科""神经外科""泌尿外科"等。

——结构特点：指对产品结构、外观形态的描述，如"板式""铲式""篮式"等。

——作用对象：指产品特定的使用对象，如"成人""儿童"。

——使用形式：使用形式包括"可重复使用"和"一次性使用"两种情况。可重复使用医疗器械指处理后可再次使用的医疗器械。一次性使用医疗器械指仅供一次性使用，或在一次医疗操作过程中只能用于一例患者的医疗器械。

（三）特征词的缺省

术语表中某一特征词项下的惯常使用或公认的某一特性可设置为"缺省"，缺省的术语在通用名称中不体现，以遵从惯例、简化名称及方便表达。

如患者位置固定辅助器械分为电动和手动，电动指产品通过电动源控制设备完成操作达到固定患者的预期目的；手动指设备无电源。将"手动"这一特征词设置为缺省，仅体现"电动"的情况。

适用场景、预期用途等特征词项下，将"通用"或"普通"设置为缺省，指产品在该特征词项并无需要体现的专用特点，而非指该产品各种情况通用。

三、通用名称的确定原则

（一）通用名称组成结构

患者承载器械通用名称按"特征词 1（如有）＋特征词 2（如有）＋特征词 3（如有）＋核心词"

结构编制。

（二）核心词和特征词选取原则

核心词和特征词应根据产品真实属性和特征，优先在术语表中选择。对于术语表未能包含的，新产品或原有产品有新的特征项需要体现，或者需在某一特征项下加入新术语，可对术语集进行补充或调整。

核心词应在该类别项下选择最适合产品属性的核心词，核心词不可缺省。特征词则应按照产品相关特征，依次在术语表中每个特征词项下选择一个与之吻合的术语。未一一列举的适用场景等特征词，根据产品实际情况，选用相应的专业术语。

四、命名术语表

在表 1 至表 6 中，列举了患者承载器械各子领域典型产品核心词和特征词的可选术语，并对其进行了描述。

表 1　手术台

序号	产品类别	术语类别	术语名称	术语描述
1	手术台	核心词	手术台	通常由台体（可包括支撑部分、传动部分和控制部分）和配件组成。用于手术过程中患者多体位支撑与操作，使其躺卧成不同的姿势。
		特征词 1– 技术特点	手动	体位调整为人力操纵。
			电动	体位调整以电机驱动为动力源。
		特征词 2– 结构特点	液压	以油泵为驱动，通过液压缸作为执行元件来控制台面升降。
			非液压（缺省）	产品组成不含液压缸，升降方式不采用液压原理。升降形式为电动升降、手动机械升降或不能升降。
		特征词 3– 适用场景	通用（缺省）	常规手术台满足在医疗机构施行一般手术用的结构要求，手术中可用于患者承载。
			眼科、耳鼻喉科、神经外科等（特定专科）	特定临床专科适用场景专用，满足临床需求的专业化手术台，如眼科、耳鼻喉科、神经外科等。

表 2　诊疗台

序号	产品类别	术语类别	术语名称	术语描述
1	诊疗床	核心词	诊疗床	用于诊疗室、急救室医务人员实施检查、简单治疗等医疗过程中患者多体位支撑与操作。不包括口腔科、妇产科检查和诊断。
		特征词 1– 技术特点	电动	以电机驱动为动力源。
			手动（缺省）	以人力驱动，无源产品。
2	诊疗椅	核心词	诊疗椅	用于诊疗室、急救室医务人员实施检查、简单治疗等医疗过程中患者多体位支撑与操作。
		特征词 1– 技术特点	电动	以电机驱动为动力源。
			手动（缺省）	以人力驱动，无源产品。

相关文件

表 3 病床

序号	产品类别	术语类别	术语名称	术语描述
1	病床	核心词	病床	用于医疗监护下的患者的诊断、治疗或监护时使用，用以支撑患者身体，形成临床所需体位。
		特征词 1– 技术特点	电动	以电机驱动为动力源。
			手动（缺省）	以人力驱动，无源产品。
		特征词 2– 作用对象	成人（缺省）	适用于成人。
			儿童	适用于儿童。
			婴儿	适用于婴儿。
		特征词 3– 预期用途	普通（缺省）	无需体现产品的专用特点。
			隔离	可避免交叉感染，用于有呼吸传染病隔离需求的医疗或检验检疫单位。
			防压疮	具有防压疮的专用医疗用途，为烧伤、皮肤溃疡、疱疹等患者提供临床护理。

表 4 患者位置固定辅助器械

序号	产品类别	术语类别	术语名称	术语描述
1	患者手术位置固定辅助器械	核心词	手术位置固定架系统	手术台附件，与手术台配套使用。通常包括多个连接附件和专用部位固定用附件组合。用于手术治疗时患者肢体的外固定、支撑或调整。使用时限为暂时使用。不接触中枢神经系统或血液循环系统。不包括各类固定护具。
		特征词 1– 技术特点	电动	以电机驱动为动力源，主机控制调节臂和连接附件。
			手动（缺省）	以人力驱动，无源产品。
2	患者手术位置固定组件	核心词	手术托架	单个或多个小型组件，与手术台配套使用。通常由体位固定垫和托架组成，用于手术治疗时患者肢体的外固定、支撑。使用时间为暂时使用。不接触中枢神经系统或血液循环系统。不包括各类固定护具。
		特征词 1– 使用对象	成人（缺省）	适用于成人。
			儿童	适用于儿童。
			婴儿	适用于婴儿。
		特征词 2– 使用部位	通用（缺省）	含多个部位的手术支撑固定架。
			头部、手臂、膝关节等（专用身体部位）	适用于患者不同部位的手术外固定和支撑，如头部、手臂、膝关节等。

表 5 患者转运器械

序号	产品类别	术语类别	术语名称	术语描述
1	患者运送隔离器械	核心词	隔离转运舱	产品由舱体、过滤装置等组成。用于重大传染病员的安全隔离转运。
		特征词 1– 预期目的	医用	具有医疗用途。
		特征词 2– 技术特点	负压	低于现存的大气压力。
			常压（缺省）	大气压。
2	转运车、转运床	核心词	转运车	由推车面板、支撑架、脚轮等组成，可配置输液架、置物篮，用于医疗机构患者的运送、移动。
			转运床	由床面板、支撑架、脚轮等组成，可配置输液架、置物篮，用于医疗机构患者的运送、移动。
		特征词 1– 预期目的	医用	具有医疗用途。
		特征词 2– 技术特点	电动	含电气控制系统、内置电池等。以电机驱动为动力源。
			手动（缺省）	以人力驱动，无源产品。
3	担架	核心词	担架	通常由担架面、支撑架组成。可含有下支撑组件、脚轮等。用于患者的运送、移动。
		特征词 1– 技术特点	电动	含电气控制系统、内置电池等。以电机驱动为动力源。
			手动（缺省）	以人力驱动，无源产品。
		特征词 2– 结构特点	板式（缺省）	常规担架类型，由担架面、支撑架组成。
			铲式	由左右两片板组成，分别将两块板插入到病人身体下面，扣合后抬起。有连体式或可拆分。
			篮式	用于海上、山区、空中救援，患者平行或垂直运送、移动。有连体式或可拆分。
			卷式	用于海上、山区、空中救援，患者平行或垂直运送、移动。树脂材质重量轻，可以卷成滚筒或背包中携带。
			椅式	通常为椅式，用于狭小空间、高层建筑、上下楼梯、用于不宜平躺的患者转移运送、移动。
			充气垫式	采用真空成型原理，用于骨折或脊柱损伤的患者固定身体，在转运过程中保持稳定。
		核心词	患者移位垫	垫状，通常由主板、织带、把手、外包等组成。可与移位机配合使用。用于危重、肥胖、术后、麻醉后患者的位置移动，以减少患者在转移过程中受到伤害，如过床移动等。无源产品。
		特征词 1– 预期目的	医用	具有医疗用途。
		核心词	患者移位机	通常为推车形式，由支架、脚轮、底座支腿、吊杆、控制器组件和扶手等组成。用于医疗机构患者的运送、移动，主要用于过床移动。
		特征词 1– 技术特点	电动	含电气控制系统、内置电池等。以电机驱动为动力源。
			手动（缺省）	以人力驱动，无源产品。

相关文件

479

表6 防压疮垫

序号	产品类别	术语类别	术语名称	术语描述
1	防压疮垫	核心词	防压疮坐垫	用于重大手术后、昏迷或长期坐卧患者，预防和缓解压疮。
			防压疮床垫	用于重大手术后、昏迷或长期坐卧患者，预防和缓解压疮。
		特征词1–技术特点	电动	主机气泵充气。
			手动（缺省）	手动充气。无源产品。
		特征词2–工作原理	波动型	通过气泵工作，使多个气室交替充气放气达到波动的效果。
			喷气型	通过气泵工作，床垫上微孔出气。
			波动喷气型	覆盖波动型和喷气型两种工作原理。

五、命名示例

参照表7命名示例，根据产品实际情况，选择对应子领域术语表，比对描述选择相应术语，按第三条第一款所述的结构顺序确定通用名称。

表7 手术台命名示例

核心词	特征词1		特征词2		特征词3		通用名称
	驱动方式		技术特点		适用场景		
	手动	电动	液压	非液压（缺省）	通用（缺省）	眼科、耳鼻喉科、神经外科等（特定专科）	
手术台	√			√	√		手动手术台
	√		√			√	手动液压眼科手术台
		√	√		√		电动液压手术台
		√		√		√	电动神经外科手术台
		√	√			√	电动液压耳鼻喉科手术台

六、参考资料

［1］国家食品药品监督管理总局关于发布医疗器械分类目录的公告（2017年第104号）

［2］YY 0570–2013《医用电气设备 第2部分：手术台安全专用要求》

［3］YY 0571–2013《医用电气设备 第2部分：医院电动床安全专用要求》

［4］YY/T 1106–2008《电动手术台》

［5］电动手术台注册技术审查指导原则（2017年修订版）（2017年第60号）

［6］电动病床注册技术审查指导原则（2017年修订版）（2017年第30号）

［7］国家药品监督管理局医疗器械注册数据库

［8］Global Medical Device Nomenclature（GMDN）

［9］U.S. Food and Drug Administration. Product Classification Database

七、起草单位

本指导原则由国家药品监督管理局医疗器械标准管理中心编写并负责解释。

附件 4

眼科器械通用名称命名指导原则

本指导原则依据《医疗器械通用名称命名规则》和《医疗器械通用名称命名指导原则》制定，用于指导眼科器械通用名称的制定。

本指导原则是对备案人、注册申请人、审查人员的指导性文件，不包括注册审批所涉及的行政事项，不作为法规强制执行。若有满足相关法规要求的其他方法，也可采用，并应提供充分的研究资料和验证资料。本指导原则是在现行法规和标准体系以及当前认知水平下制定的，应在遵循相关法规的前提下使用。随着法规和标准的不断完善，以及科学技术的不断发展，本指导原则相关内容也将进行适时的调整。

一、适用范围

本指导原则适用于眼科器械产品，主要包括眼科诊察、手术、治疗、防护所使用的各类眼科器械及相关辅助器械。

二、核心词和特征词的制定原则

（一）核心词

眼科器械核心词是对具有相同或者相似的技术原理、结构组成或者预期目的的眼科用医疗器械的概括表述。如"视力表""眼科激光治疗机""接触镜""人工晶状体"等。

（二）特征词

眼科器械涉及的特征词主要包括以下方面的内容：

——结构特点：指产品主体结构方面特有属性的描述，如"台式""手持式"等。

——使用部位或作用对象：指产品发挥其主要功能的患者部位或作用对象的描述，如"角膜""巩膜""眼前节""眼后节"等。

——技术特点：指产品特殊作用原理、机理或者特殊性能的说明或者限定，如"自动""免散瞳""多焦"等。

——材料组成：指产品主要材料或者主要成分方面的描述，如人工晶状体产品中的"聚甲基丙烯酸甲酯""丙烯酸""硅胶"等。

——使用形式：使用形式包括可重复使用和一次性使用两种情况。可重复使用医疗器械指处理后可再次使用的医疗器械。一次性使用医疗器械指仅供一次性使用，或在一次医疗操作过程中只能用于一例患者的医疗器械。

——提供形式：提供形式包括无菌和非无菌两种情况。无菌医疗器械指以无菌形式提供，直接使用的医疗器械产品。非无菌医疗器械指以非无菌形式提供的医疗器械产品。

——预期目的：指产品适用的临床使用范围或用途，如"医用""眼用"等。

（三）特征词的缺省

术语表中某一特征词项下，习惯使用或公认的某一特性可设置为"缺省"，在通用名称中不做体现，以遵从惯例或方便表达的处理方式。如眼科激光光纤有"一次性使用"和"可重复使用"两种，因此，"一次性使用"这一特征词可缺省，仅体现"可重复使用"的情况。

使用部位、作用对象或材料组成等特征词项下，若存在多个专用术语的情形，将"通用"一词

相关文件

设置为缺省，指产品在该特征词项并无需要体现的专用特点，而非指该产品各种情况通用。其他专用使用部位、作用对象或材料组成的命名术语可不一一列举。

三、通用名称的确定原则

（一）通用名称组成结构

眼科器械通用名称按"特征词1（如有）+特征词2（如有）+特征词3（如有）+核心词"结构编制。

（二）核心词和特征词选取原则

核心词和特征词应根据产品真实属性和特征，优先在术语表中选择。对于术语表未能包含的，新产品或原有产品有新的特征项需要体现，或者需在某一特征项下加入新术语，可对术语集进行补充或调整。

核心词应在该类别项下选择最适合产品属性的核心词，核心词不可缺省。特征词则应按照产品相关特征，依次在术语表中每个特征词项下选择一个与之吻合的术语。未一一列举的使用部位、作用对象及材料组成等特征词，根据产品实际情况，选用相应的专业术语。

四、命名术语表

在表1到表7中，列举了眼科器械各子领域典型产品核心词和特征词的可选术语，并对其进行了描述。

表1　眼科无源手术器械

序号	产品类别	术语类别	术语名称	术语描述
1	眼科用刀	核心词	分层刀	用于眼科后节手术，进行眼内组织的固定、剥离和分层。
			宝石刀	用于眼科手术，切割软组织。
			裂隙穿刺刀	用于白内障超声乳化手术，穿刺不同粗细的超声乳化头。
			穿刺刀	用于白内障超声乳化手术，穿刺眼组织。
			切开刀	用于眼科手术，切开眼组织。
			刮刀	用于刮除病灶、窦道内的瘢痕、肉芽组织，以及骨腔和潜在腔隙的死骨或病理组织等。
			劈核刀	用于眼科手术，切开晶状体核。
		特征词1–使用形式	一次性使用	仅供一次性使用，或在一次医疗操作过程中只能用于一例患者。
			可重复使用（缺省）	处理后可再次使用。
		特征词2–结构特点	显微	产品结构设计在显微镜下使用。
			通用（缺省）	产品结构设计无需要体现的专用特点。
		特征词3–使用部位	巩膜、角膜等（眼部专用使用部位）	眼部专用使用部位，如巩膜、角膜等。
			眼用	眼科用。

序号	产品类别	术语类别	术语名称	术语描述
2	眼科用凿	核心词	乳突圆凿	用于凿开鼻泪骨。
3	眼科用剪	核心词	剪	用于剪切眼组织。
			摘除剪	用于剪切眼内视神经组织，摘除眼组织。
		特征词 1– 使用形式	一次性使用	仅供一次性使用，或在一次医疗操作过程中只能用于一例患者。
			可重复使用（缺省）	处理后可再次使用。
		特征词 2– 结构特点	显微	产品结构设计在显微镜下使用。
			通用（缺省）	产品结构设计无需要体现的专用特点。
		特征词 3– 使用部位	巩膜、角膜等（眼部专用使用部位）	眼部专用使用部位，如巩膜、角膜等。
			眼用	眼科用。
4	眼科用钳	核心词	组织钳	用于钳夹眼组织或器械。
			咬骨钳	用于咬除眼部骨组织。
			持针钳	用于眼科手术时夹持医用缝合针缝合组织。
			止血钳	用于眼科手术中咬切血管、软组织。
			晶体植入钳	用于眼科手术时植入人工晶体。
			异物爪	用于眼科手术时夹取眼部异物。
		特征词 1– 结构特点	显微	产品结构设计在显微镜下使用。
			通用（缺省）	产品结构设计无需要体现的专用特点。
		特征词 2– 使用部位	眼用	眼科用。
5	眼科用镊	核心词	组织镊	用于眼科手术时，夹持眼组织、眼内异物或器械。
			斜视镊	用于斜视手术时，夹持眼组织、眼内异物或器械。
			碎核镊	用于切碎病变晶体。
			撕囊镊	用于撕除前囊膜。
			翻眼镊	用于翻转眼睑。
			固定镊	用于眼科手术时夹持眼组织。
			移核镊	用于移出晶状体核。
			剥膜镊	用于眼科手术时，剥离组织。
			异物镊	用于眼科手术时，镊取异物。
			结扎镊	用于眼科手术时，夹持缝线。
			晶体植入镊	用于夹持人工晶体。
			晶体折叠镊	用于折叠人工晶体。

序号	产品类别	术语类别	术语名称	术语描述
5	眼科用镊	特征词1–使用形式	一次性使用	仅供一次性使用，或在一次医疗操作过程中只能用于一例患者。
			可重复使用（缺省）	处理后可再次使用。
		特征词2–结构特点	显微	产品结构设计在显微镜下使用。
			通用（缺省）	产品结构设计无需要体现的专用特点。
		特征词3–使用部位	虹膜、角膜等（眼部专用使用部位）	眼部专用使用部位，如虹膜、角膜等。
			眼用	眼科用。
6	眼科用夹	核心词	霰粒肿夹	用于夹合眼组织。
7	眼科用针	核心词	人工晶体植入固定针	用于手术中将虹膜组织固定在人工晶体的襻内。手术后取出。
			眼用注液针	用于眼科手术时，注液、放液。
			眼用破囊针	用于探、拨、挑和刺眼组织。
			眼用穿线针	用于在眼组织中穿引缝线。
			眼用异物针	用于眼组织内取出异物。
			眼用冲洗针	用于冲洗眼组织。
			泪道探针	用于眼科手术时，眼科探通泪道。
			动脉瘤针	用于眼动脉瘤切除手术时导引穿线来结扎血管，起阻断用。
		特征词1–结构特点	显微	产品结构设计在显微镜下使用。
			通用（缺省）	产品结构设计无需要体现的专用特点。
8	眼科用钩	核心词	眼用拉钩	用于钩拉眼组织。
			眼用扒钩	用于眼科手术时钩线和牵拉眼组织。
			眼用线钩	用于眼科手术后，拆除缝线用。
			眼用异物钩	用于钩拉眼组织内异物。
			人工晶体定位拉钩	用于牵拉人工晶体。
			穿刺钩锥	用于眼科手术中供勾线和切线。
			斜视钩	用于斜视手术时，牵拉眼部肌肉。
		特征词1–使用形式	一次性使用	仅供一次性使用，或在一次医疗操作过程中只能用于一例患者。
			可重复使用（缺省）	处理后可再次使用。

序号	产品类别	术语类别	术语名称	术语描述
8	眼科用钩	特征词 2- 结构特点	显微	产品结构设计在显微镜下使用。
			通用（缺省）	产品结构设计无需要体现的专用特点。
		特征词 3- 使用部位	视网膜、角膜等（眼部专用使用部位）	眼部专用使用部位，如视网膜、角膜等。
9	眼用刮匙	核心词	白内障匙	用于白内障手术时，刮除或挖出眼组织。
			睑板囊肿锐匙	用于睑板腺囊肿手术时，刮除眼组织。
10	眼用剥离器	核心词	剥离器	用于剥离或分离眼组织等。
		特征词 1- 使用部位	眼用	眼科用。
			视网膜、角膜等（眼部专用使用部位）	眼部专用使用部位，如视网膜、角膜等。
11	眼用牵开器	核心词	泪囊牵开器	与拉钩配合使用，牵开眼组织。
12	眼用扩张器	核心词	泪点扩张器	用于眼科手术时，扩大泪小点通道。
			泪道扩张器	眼科检查或手术时，对泪道进行扩张等辅助作用。
			小瞳孔扩大器	用于扩张和支撑眼组织，观察瞳孔。
			开睑器	用于眼科手术或检查时撑开眼睑。
			角膜上皮掀瓣器	用于眼科准分子手术时，掀开角膜上皮。
		特征词 1- 使用形式	一次性使用	仅供一次性使用，或在一次医疗操作过程中只能用于一例患者。
			可重复使用（缺省）	处理后可再次使用。
		特征词 2- 结构特点	显微	产品结构设计在显微镜下使用。
			通用（缺省）	产品结构设计无需要体现的专用特点。
13	眼用冲吸器	核心词	眼用冲洗吸引器	用于冲洗眼组织、吸引液体。
			眼用冲洗器	用于冲洗眼组织。
			眼用吸引器	用于眼科手术时，吸引液体。
			乳突吸引器	用于乳突手术时，吸引脓血用。
			眼用吸铁器	用于吸除眼内铁质异物。
		特征词 1- 使用形式	一次性使用	仅供一次性使用，或在一次医疗操作过程中只能用于一例患者。
			可重复使用（缺省）	处理后可再次使用。

序号	产品类别	术语类别	术语名称	术语描述
14	眼用钻	核心词	角膜环钻	用于切割眼角膜。
		特征词1-使用形式	一次性使用	仅供一次性使用，或在一次医疗操作过程中只能用于一例患者。
			可重复使用（缺省）	处理后可再次使用。
15	眼用锯	核心词	角膜上皮环锯	用于锯开眼角膜。
16	眼用铲	核心词	铲	用于铲离眼组织。
			异物铲	用于去除眼内异物。
		特征词1-使用部位	巩膜、角膜等（眼部专用使用部位）	眼部专用使用部位，如巩膜、角膜等。
			眼用	眼科用。

表2　眼科无源辅助手术器械

序号	产品类别	术语类别	术语名称	术语描述
1	眼用穿刺器	核心词	巩膜穿刺器	用于玻璃体手术中巩膜穿刺。
		特征词1-使用形式	一次性使用	仅供一次性使用，或在一次医疗操作过程中只能用于一例患者。
			可重复使用（缺省）	处理后可再次使用。
2	眼用注入器	核心词	前房注入器	用于注射生理盐水，维持前房空间。
			硅油注射架	与注射器配合使用，用于辅助眼内灌注硅油。
3	点眼棒	核心词	点眼棒	用于导引药物等入眼。
4	眼用压迫器	核心词	压迫器	用于下压眼组织。
		特征词1-使用部位	巩膜、角膜等（眼部专用使用部位）	眼部专用使用部位，如巩膜、角膜等。
			眼用	眼科用。
5	眼用保护、支持器	核心词	眼科滑片	用于手术中保护眼组织免受伤害。
			眼部防护贴	用于防止眼部手术前后，房水从眼球切口蒸发到空气中导致失明。也用于眼球手术后防护病人眼球，防止外力直接撞击眼球。
			巩膜塞	用于手术中封堵巩膜穿刺孔。
			眼科支持器	用于支撑、保护眼组织。

序号	产品类别	术语类别	术语名称	术语描述
6	眼用器械手柄	核心词	手柄	用于连接器械。
			夹持器	用于夹持器械。
		特征词1–作用对象	眼用冲洗器等（作用对象）	特定作用对象，如：眼用冲洗器等。
7	眼用固定器	核心词	固定环	用于固定眼组织。
			调节器	用于调节眼组织。
			定位器	用于定位眼组织。
			固定器	用于固定眼科器械等。
			复位器	用于眼组织复位。
		特征词1–使用部位	眼用	眼科用。
			巩膜、角膜等（眼部专用使用部位）	眼部专用使用部位，如巩膜、角膜等。
8	眼用测量器	核心词	测量器	用于测量距离。
		特征词1–使用部位	眼用	眼科用。
			巩膜、角膜等（眼部专用使用部位）	眼部专用使用部位，如巩膜、角膜等。
9	眼用取出器	核心词	晶状体线环	用于取出晶状体。
			晶状体取出器	用于取出晶状体。
10	眼用抛光器	核心词	眼用抛光器	供眼科手术时对囊膜组织去除表面杂质用。
			后囊膜抛光器	该产品供白内障手术时，抛光后囊膜用。
11	眼用置物台	核心词	角膜移植架	用于手术中临时存放取出的角膜。
12	眼用碎核器	核心词	晶状体碎核器	用于咬碎晶体核。
13	眼用咬除器	核心词	咬切器	用于咬切眼组织。
		特征词1–结构特点	显微	产品结构设计在显微镜下使用。
			通用（缺省）	产品结构设计无需要体现的专用特点。
		特征词2–使用部位	巩膜、小梁等（眼部专用使用部位）	眼部专用使用部位，如巩膜、小梁等。
14	眼用止血器	核心词	眼用灼烧止血器	用于手术中，加热头端后，烧灼血管断端止血用。
15	眼用浸泡环	核心词	角膜上皮浸泡环	用于角膜屈光手术中，将酒精浸泡环放于角膜上，注入酒精，浸泡角膜上皮以清洁角膜基底床。

相关文件

表 3　视光设备和器具

序号	产品类别	术语类别	术语名称	术语描述
1	医用视力表	核心词	视力表	用于视力测定的视力表。
		特征词 1– 预期目的	医用	医疗用途。
		特征词 2– 技术特点	卡式（缺省）	纸张或卡片显示视标。
			液晶	液晶显示器显示视标（直接显示或设备内部光路成像显示）。
			灯箱	通常由视力表和照明装置组成，照明装置为直接照明或后照明。
			投影	通常由视力表和照明装置组成，照明装置为投影照明。
2	视力筛查仪	核心词	视力筛查仪	光线经眼的屈光系统聚焦折射到感受器上，经过处理测得双眼的屈光数据。用于视力筛选和检查。
		特征词 1– 结构特点	手持式（缺省）	设备安装和放置投入使用后，预期由手握持控制操作的。
			台式	设备按照和放置在工作台面上进行操作。
3	验光仪	核心词	验光仪	将光线投射进被检者的眼内，检查被检者视网膜反射光线的聚散情况，测出被检者的屈光状态。用于人眼屈光状态的测定。
		特征词 1– 结构特点	手持式	设备安装和放置投入使用后，预期由手握持控制操作的。
			台式（缺省）	设备按照和放置在工作台面上进行操作。
		特征词 2– 技术特点	非自动（缺省）	需手动操作找到人眼位置并对焦后验光。
			自动	能自动追踪人眼进行验光。
4	检影镜	核心词	检影镜	常由投影系统和观察系统组成。投影系统包括光源、聚焦镜、反射镜、聚焦套管。将光线投射进被检者的眼内，根据反射光影的运动状态确定被检者的屈光状态。用于测量人眼屈光信息。
		特征词 1– 技术特点	带状光	投影系统光束为带状。
			点状光	投影系统光束为点状。
			带状光 / 点状光（缺省）	投影系统光束为带状、点状。
5	验光镜片箱	核心词	验光镜片箱	通常由正球镜片、负球镜片、正柱镜片、负柱镜片、棱镜片、辅助镜片等组成。用于测量人眼的屈光状态。
6	验光头	核心词	验光头	利用被检者对视标成像清晰程度的主观表述，测出被检者的屈光状态，与视力表配合使用。用于测量人眼屈光状态。
		特征词 1– 使用方式	电动	电源供电。
			手动（缺省）	无源产品，需手动操作。

序号	产品类别	术语类别	术语名称	术语描述
7	同视机	核心词	同视机	用于检查人眼的同时视、融像、立体视等双眼视觉功能、以及诊断主客观斜视角、异常视网膜对应、隐斜、后像、弱斜视等眼科疾病。
8	瞳距仪	核心词	瞳距仪	利用光学成像定位原理，测量人眼瞳距。用于测量人眼两瞳孔之间的距离。
9	眼像差仪	核心词	眼像差仪	由光线追迹导出的光程差通过拟合获得 ZERNIK 系数的方法进行像差分析。用于测量人眼像差。
10	角膜曲率计	核心词	角膜曲率计	利用角膜的反射性质来测量角膜曲率半径。用于测量角膜前表面曲率半径和主子午线轴位。
11	视野计	核心词	视野计	通过获取视网膜各位置光刺激感知的方法，得到视网膜中心和周边的视细胞的损缺信息。用于眼部检查中测量可视范围。
12	对比敏感度仪	核心词	对比敏感度仪	用于检查人眼在各种光环境下中心和 / 或周边视野敏感度测量。
13	色觉检测仪	核心词	色觉检测仪	用于人眼色觉的检查。
14	视神经分析仪	核心词	视神经分析仪	用于对活体上眼底和视网膜神经纤维层进行成像和三维分析。
15	视觉电生理检查仪	核心词	视觉电生理检查仪	用于通过检测视通路和视网膜的电信号诊断疾病。
16	瞳孔分析仪	核心词	瞳孔分析仪	用于测量瞳孔对光刺激的反应。
17	遮眼板	核心词	遮眼板	用于检查时遮挡眼部。

表 4　眼科测量诊断设备和器具

序号	产品类别	术语类别	术语名称	术语描述
1	共焦激光断层扫描仪	核心词	共焦激光断层扫描仪	应用光断层扫描等技术，用于眼功能和眼部疾患的检查诊断。
2	眼科超声诊断设备	核心词	超声诊断仪	通常由探头（相控阵、线阵、凸阵、机械扇扫、三维探头、内窥镜探头等）、超声波发射 / 接收电路、信号处理和图像显示等部分组成。利用超声脉冲回波原理和 / 或超声多普勒技术，进行人体器官组织成像和 / 或采集血流运动信息的设备。
		特征词 1– 使用部位	眼科	适用于眼科。
		特征词 2– 技术特点	A 型	是一种幅度调制型显示的方式，横坐标表示目标回波的传播时间，纵坐标表示目标回波的幅度，其结果是一种波形显示。

相关文件

序号	产品类别	术语类别	术语名称	术语描述
2	眼科超声诊断设备	特征词2–技术特点	B型	将 A 型显示的回波幅度进行辉度调制，用横坐标表示探头位置，纵坐标表示探头发射波束的传播距离，当探头直线移动时，可显示由探头移动直线和探头发射波束轴线决定的截面图形。现有的超声成像设备多数为 B 型成像设备（参见 A 型）。
			A/B 型（缺省）	同时具备 A 型扫查功能和 B 型扫查功能。
3	眼科超声生物显微镜	核心词	眼科超声生物显微镜	用于对患者眼前节部位进行眼科超声诊断。
4	眼科光相干断层成像仪	核心词	光相干断层成像仪	利用光相干成像原理，获取组织断层面的信息。用于获取组织断层面的信息。
		特征词1–使用部位	眼后节	仅用于眼后节。
			眼前节	仅用于眼前节。
			眼科	可用于眼前节、眼后节。
5	眼底照相机	核心词	眼底照相机	用于拍摄眼底图像，观察和诊断视网膜眼底病变。
		特征词1–结构特点	手持式	设备安装和放置投入使用后，预期由手握持控制操作的。
			台式（缺省）	设备安装和放置在工作台面上进行操作。
		特征词2–技术特点	免散瞳	无需使用散瞳剂。
			散瞳（缺省）	需使用散瞳剂。
		特征词3–成像方式	数字化（缺省）	数字化成像。
			胶片	胶片成像。
6	眼底造影机	核心词	眼底造影机	利用造影剂拍摄眼底血流动态变化。
7	裂隙灯显微镜	核心词	裂隙灯显微镜	通过裂隙照射眼睛形成光学切面，通过双目显微镜观察被检部位的细节。
		特征词1–结构特点	手持式	设备安装和放置投入使用后，预期由手握持控制操作的。
			台式（缺省）	设备按照和放置在工作台面上进行操作。
		特征词2–成像方式	数字化	数字化成像。
			目视（缺省）	目视观察成像。
8	检眼镜	核心词	检眼镜	用于检查视网膜等眼内结构。
		特征词1–技术特点	直接	直接观察眼内结构。
			间接	利用眼前物镜间接成像，观察眼内结构。
9	激光扫描检眼镜	核心词	激光扫描检眼镜	通过共焦激光扫描等技术成像，用于眼部疾患的检查诊断。
10	角膜内皮细胞显微镜	核心词	角膜内皮细胞显微镜	通过镜面反射成像原理，用于对角膜内皮进行显微检查。

序号	产品类别	术语类别	术语名称	术语描述
11	角膜共焦显微镜	核心词	角膜共焦显微镜	利用照明和成像共焦原理，可对角膜各层面成像。用于对角膜各个层面组织进行显微检查。
12	角膜地形图仪	核心词	角膜地形图仪	利用角膜的反射状态确定角膜地形。用于测量角膜表面分布曲率。
13	眼科光学生物测量仪	核心词	眼科光学生物测量仪	用于测量眼轴长、角膜厚度、前房深度、角膜曲率等参数。
14	前房深度测量仪	核心词	前房深度测量仪	用于测量前房深度。
15	眼轴长测量仪	核心词	眼轴长测量仪	用于测量眼轴长。
16	眼压计	核心词	眼压计	用于测量眼压。
		特征词 1- 技术特点	非接触式	利用空气脉冲作为压平的力量。
			回弹式	采用电磁感应技术，使磁化的探针以一定的速度向角膜运动。
			压平式	利用足够力量将角膜压平。
			压陷式	利用一定重量的砝码将角膜压成凹陷。
17	眼球突出计	核心词	眼球突出计	用于检查眼球角膜顶突出眶缘高度。
18	干眼检测仪	核心词	干眼检测仪	用于诊断干眼程度。
19	视网膜自适应光学成像仪	核心词	视网膜自适应光学成像仪	用于视网膜黄斑病变的早期微观检测。
20	眼力器	核心词	眼力器	用于双眼辐辏功能测定。

表 5 眼科治疗和手术设备、辅助器具

序号	产品类别	术语类别	术语名称	术语描述
1	眼科超声手术设备	核心词	眼科超声乳化机	应用超声波将晶状体核粉碎，使其呈乳糜状，然后连同皮质一起吸出。
2	激光治疗仪	核心词	眼科激光治疗仪	通常由激光器、冷却装置、传输装置、目标指示装置、控制装置、防护装置等部分组成。用于对机体组织进行汽化、碳化、凝固和照射，以达到手术治疗的目的。
		特征词 1- 脉冲特性	长脉冲或连续（缺省）	激光以连续或脉冲宽度 ms 量级、μs 量级输出。
			调 Q	使激光器谐振腔 Q 值由低到高突变，以脉冲宽度为 ns 量级输出。
			飞秒	激光以脉冲宽度为 fs 量级的超短脉冲方式输出。

序号	产品类别	术语类别	术语名称	术语描述
2	激光治疗仪	特征词2-工作物质	半导体、准分子、掺钛蓝宝石等（单一工作物质名称）	用来实现粒子反转并产生光的受激辐射放大作用的具体作用物质。适用于工作物质为1种的情形。
			多工作物质（缺省）	激光工作物质为2种及其以上类型激光器。
		特征词3-技术特点	屈光	用于角膜屈光矫正治疗。
			光凝	利用激光的热作用，通过视网膜、虹膜、睫状体及前房角光凝固手术治疗眼科疾病。
			非屈光光凝（缺省）	除用于角膜屈光矫正和光凝固手术治疗眼科疾病。
3	激光间接检眼镜	核心词	激光间接检眼镜	作为激光治疗机的配件，连接主机后可以传输激光，进行激光治疗。
4	眼科冷冻治疗仪	核心词	眼科冷冻治疗仪	用于使眼部组织产生冷冻坏死、炎性反应或冷冻粘连。
		特征词1-工作物质	二氧化碳等（专用工作物质名称）	主要工作物质，如二氧化碳等。
5	角膜交联仪	核心词	角膜交联仪	用于治疗角膜扩张等疾病。
6	角膜板层切削设备	核心词	角膜板层切削机	用于在不同层次角膜屈光手术和角膜移植手术中切割角膜。
7	角膜板层刀片	核心词	角膜板层刀片	与角膜板层切削机配合使用。
8	玻璃体切割机	核心词	玻璃体切割机	用于切除眼内玻璃体。
9	超声乳化玻璃体切割机	核心词	超声乳化玻璃体切割机	用于切除眼内玻璃体。带有超声乳化功能。
10	眼科手术显微镜	核心词	眼科手术显微镜	利用显微放大原理，观察物体细节。用于在眼科手术过程中为手术区域提供放大。
11	眼内照明光纤	核心词	眼内照明光纤	用于眼内手术时传输照明光源发出的光，进行眼内照明。
12	眼科手术导航系统	核心词	眼科手术导航系统	与眼科手术、治疗设备配合使用，用于实现眼科手术、治疗中的导航、定位功能。
13	眼科激光光纤	核心词	眼科激光光纤	连接眼科激光设备，传输激光。用于激光治疗。
		特征词1-使用形式	一次性使用（缺省）	仅供一次性使用，或在一次医疗操作过程中只能用于一例患者。
			可重复使用	处理后可再次使用的医疗器械。
		特征词2-提供形式	无菌	以无菌形式提供，直接使用的医疗器械。
			非无菌（缺省）	以非无菌形式提供。

表6　眼科矫治和防护器具

序号	产品类别	术语类别	术语名称	术语描述
1	接触镜	核心词	接触镜	采用光学原理，设计用于配戴在眼球前表面的镜片。
		特征词1－屈光矫正特性	单焦（缺省）	单焦点。
			散光	用于补偿柱镜度。
			渐变焦	用来矫正某段视域，该视域内连续变焦而不是断续变焦。
			双焦	光学区包含两个焦点。
			多焦	光学区包含两个以上（不含两个）的焦点。
		特征词2－材料特性	硬性	最终形态在正常条件下不需要支撑即能保持形状。
			软性	需要支撑以保持形状。
		特征词3－使用部位	角膜	主要接触部位为人眼角膜。
			巩膜	主要接触部位为人眼巩膜。
2	角膜塑形用硬性透气接触镜	核心词	角膜塑形用硬性透气接触镜	采用机械原理，通过塑形方法暂时改变角膜形态，达到暂时性矫正屈光不正为预期目的的硬性透气接触镜。
3	接触镜护理产品	核心词	护理液	专用于接触镜护理，具有清洁、湿润、冲洗或保存镜片等功能的溶液。无菌形式提供。
		特征词1－接触镜类型	接触镜	适用于硬性、软性接触镜。
			硬性接触镜	专用于硬性接触镜。
			软性接触镜	专用于软性接触镜。
		核心词	润滑液	配合接触镜使用，用于缓解佩戴接触镜时引起的眼部不适。
		特征词1－接触镜类型	接触镜	适用于硬性、软性接触镜。
			软性接触镜	专用于软性接触镜。
			硬性接触镜	专用于硬性接触镜。

表7　眼科植入物及辅助器械

序号	产品类别	术语类别	术语名称	术语描述
1	人工晶状体	核心词	人工晶状体	一种长期植入于人眼内的光学透镜，临床用于替换被摘除的病变晶状体恢复无晶状体患者的视力，或用于矫正有晶状体眼的屈光不正。
		特征词1－材料组成	聚甲基丙烯酸甲酯	聚甲基丙烯酸甲酯。
			丙烯酸	亲水丙烯酸／疏水丙烯酸。
			硅胶	硅凝胶。

序号	产品类别	术语类别	术语名称	术语描述
1	人工晶状体	特征词2－光学性能	多焦	光学区包含两个及以上的焦点。
			单焦（缺省）	单焦点。
			环曲面	用于补偿柱镜度。
			可调节	可提供连续聚焦。
			多焦环曲面	同时具有多焦点和补偿柱镜度功能。
			非球面	光学区具有从顶点到边缘为单调连续可变曲率。
			多焦可调节	包含两个及以上的焦点，并可以提供连续聚焦。
			环曲面可调节	补偿柱镜度，并可以提供连续聚焦。
			焦深延长	焦深延长。利用光学手段增加焦深，提供远距和中距连续视力。
			环曲面焦深延长	利用光学手段增加焦深，提供远距和中距连续视力，并可以补偿柱镜度。
		特征词3－植入位置	后房无晶体眼（缺省）	无晶体眼，后房植入。
			后房有晶体眼	有晶体眼，后房植入。
			前房	无晶体眼，前房植入。
			前房有晶体眼	有晶体眼，前房植入用于矫正屈光。
2	人工玻璃体	核心词	人工玻璃体	替换人眼自然玻璃体，用于恢复人眼玻璃体的生理功能，起视网膜支撑、维持眼压和眼球形状等作用。
3	眼内填充物	核心词	重水	主要成分为全氟萘烷、全氟辛烷。
			硅油	主要成分为硅油。
		特征词1－使用部位或作用对象	全氟丙烷等（专用气体成分名称）	专用气体成分，如全氟丙烷等。
		特征词1－使用部位或作用对象	眼科手术用	用于眼科手术。
4	眼用粘弹剂	核心词	眼用粘弹剂	由具有粘性和（或）粘弹性特性的一类物质组成。
		特征词1－材料组成	透明质酸钠	由以透明质酸钠凝胶为主的材料组成。
			羟丙基甲基纤维素	由以羟丙基甲基纤维素为主的材料组成。
5	青光眼引流器	核心词	青光眼引流器	用于阻止巩膜瓣与巩膜床之间的粘连，维持功能液腔的持续存在，促进新的房水通道形成。

续表

序号	产品类别	术语类别	术语名称	术语描述
6	囊袋张力环	核心词	囊袋张力环	过半圆的圆弧环整体结构，圆弧环两端各有一个定位孔。用于无晶体眼维持囊袋张力，防止后囊膜皱褶，对抗囊袋收缩。
7	囊袋张力环植入器	核心词	囊袋张力环植入器	用于眼科手术，将囊袋张力环植入囊袋内。
		特征词 1– 提供形式	无菌	以无菌形式提供。
			非无菌（缺省）	以非无菌形式提供。
8	泪道管	核心词	泪道引流管	预期用于泪道阻塞探通术后、泪囊炎鼻腔泪囊吻合术后、泪小管断裂吻合术后的泪道支撑与植入治疗。
9	义眼片	核心词	义眼片	用于人眼眼球摘除或眼内容剜除、眼球萎缩或植入义眼台后，起填充和支撑作用。可随时摘除。
10	辅助器械	核心词	植入系统	有折叠安装槽及推注通道并可在眼科手术中推注植入物进入眼内的手术辅助器械。
			推注器	用于推动被折叠或安装的植入物进入眼内的手术辅助器械。
			导入头	具有折叠安装槽及推注通道的手术辅助器械。
		特征词 1– 使用形式	一次性使用	仅供一次性使用，或在一次医疗操作过程中只能用于一例患者。
			可重复使用（缺省）	处理后可再次使用的医疗器械。
		特征词 2– 作用对象	人工晶状体	一种长期植入于人眼内的光学透镜，临床用于替换被摘除的病变晶状体恢复无晶状体患者的视力，或用于矫正有晶状体眼的屈光不正。
			人工玻璃体	替换人眼自然玻璃体，用于恢复人眼玻璃体的生理功能，起视网膜支撑、维持眼压和眼球形状等作用。

五、命名示例

参照表 8 命名示例，根据产品实际情况，选择对应子领域术语表，比对定义选择相应术语，按第三条第一款的结构顺序确定通用名称。

表 8　接触镜命名示例

核心词	特征词 1					特征词 2		特征词 3		通用名称
	屈光矫正特性					材料特性		使用部位		
	单焦（缺省）	散光	渐变焦	双焦	多焦	硬性	软性	角膜	巩膜	
接触镜	√					√		√		硬性角膜接触镜
		√					√	√		散光软性角膜接触镜

六、参考资料

[1] 国家食品药品监督管理总局关于发布医疗器械分类目录的公告（2017 年第 104 号）

[2] 眼科器械相关的国家标准、行业专用技术要求标准

[3] 眼科器械器械相关注册指导原则

[4] 国家药品监督管理局医疗器械注册数据库

[5] Global Medical Device Nomenclature（GMDN）

[6] U.S. Food and Drug Administration. Product Classification Database

[7] Japanese Medical Device Nomenclature（JMDN）

七、起草单位

本指导原则由国家药品监督管理局医疗器械标准管理中心编写并负责解释。

附件 5

注输、护理和防护器械通用名称命名指导原则

本指导原则依据《医疗器械通用名称命名规则》和《医疗器械通用名称命名指导原则》制定，用于指导注输、护理和防护器械的通用名称制定。

本指导原则是对备案人、注册申请人、审查人员的指导性文件，不包括注册审批所涉及的行政事项，不作为法规强制执行。若有满足相关法规要求的其他方法，也可采用，并应提供充分的研究资料和验证资料。本指导原则是在现行法规和标准体系以及当前认知水平下制定的，应在遵循相关法规的前提下使用。随着法规和标准的不断完善，以及科学技术的不断发展，本指导原则相关内容也将进行适时调整。

因注输器械和护理防护器械的产品技术特点及预期用途差异较大，其核心词及特征词的制定原则也无法统一。因此将本指导原则分为两部分：第 1 部分：注输器械和第 2 部分：护理和防护器械。

第 1 部分　注输器械

一、适用范围

本指导原则适用于注输器械，包括：注射器械、穿刺器械、输液器械（包括血管内输液器械和非血管内输液器械）、止血器具、非血管内导（插）管及与非血管内导（插）管配套使用的体外器械。

二、核心词和特征词的制定原则

（一）核心词

注输器械的核心词是对具有相同或者相似的技术原理、结构组成或者预期用途的注输器械的概括表述，如"注射器""输液器""导尿管"等。

（二）特征词

注输器械领域的特征词是对使用形式、提供形式、结构特点、使用部位或作用对象、技术特点等特定属性的描述，特征词的选取主要涉及以下方面内容：

——使用形式：当器械以不同形式使用或提供时，原则上应在通用名称中体现。使用形式包括"可重复使用"和"一次性使用"两种情况。可重复使用医疗器械指处理后可再次使用的医疗器械。一次性使用医疗器械指仅供一次性使用，或在一次医疗操作过程中只能用于一例患者的医疗器械。

——提供形式：提供形式包括无菌和非无菌两种情况。无菌医疗器械指以无菌形式提供，直接使用的医疗器械产品。非无菌医疗器械指以非无菌形式提供的医疗器械产品。

——结构特点：指产品主体结构设计方面的特有属性，如输液器有"滴定管式""吊瓶式""袋式"等结构特点。

——使用部位或作用对象：指产品发挥其主要功能的患者部位，可以是人体的系统、器官、组织、细胞等，如"肝脏""肾""血管""静脉"；作用对象指产品作用于其他器械，如"导管""内窥镜"等，或所注输的药液类型。

——技术特点：指产品特殊作用原理、机理或者特殊性能的说明或者限定，如"重力""泵用""防针刺"等。

——预期用途：指产品适用的临床使用范围或用途，如"造影""麻醉导引"等。

（三）特征词的缺省

术语表中某一特征词项下的惯常使用或公认的某一特性可设置为"缺省"，以（缺省）明示，并在术语描述中明确其所指概念，在通用名称中不做体现，以遵从惯例或方便表达的处理方式。在不同术语集中"缺省"的特征根据实际情况确定。

使用部位或作用对象、技术特点等特征词项下，将"通用"或"普通"设置为缺省，指产品在该特征词项并无需要体现的专用特点，而非指该产品各种情况通用。

三、通用名称的确定原则

（一）通用名称组成结构

注输器械的通用名称按"特征词1（如有）+特征词2（如有）+特征词3（如有）+核心词"结构编制。

（二）核心词和特征词选取原则

核心词和特征词应根据产品真实属性和特征，优先在术语表中选择。对于术语表未能包含的，新产品或原有产品有新的特征项需要体现，或者需在某一特征项下加入新术语，可对术语集进行补充或调整。

核心词应在该类别项下选择最适合产品属性的核心词，核心词不可缺省。特征词则应按照产品相关特征，依次在术语表中每个特征词项下选择一个与之吻合的术语。未一一列举的使用部位或材料组成等的特征词，可根据产品实际情况，自行选用相应的专业术语。

（三）特别说明

由一种以上医疗器械组合而成，从而实现某一预期用途的医疗器械产品，由各领域根据产品实际情况命名，原则上其通用名称应体现组合形式和主要临床预期用途。按医疗器械管理的药械组合产品，根据本专业领域要求，其通用名称宜体现药械组合特性。

四、命名术语表

在表1到表6中，列举了注输器械典型产品的核心词和特征词的可选术语，并对其进行了描述。

表1　注输器械–注射、穿刺器械

序号	产品类别	术语类别	术语名称	术语描述
1	注射泵	核心词	注射泵	与注射器配合使用，用于精确定量控制注入患者体内药液，通常由电路控制模块和机械传动模块组成，包括控制电路、驱动装置、检测装置、报警装置、显示装置等。
		特征词1–作用对象	镇痛药、化疗药、胰岛素（特定药液名称）	专用于注射特定药液，如镇痛药、化疗药、胰岛素。
			其它药液（缺省）	其它药液。
2	注射器	核心词	注射器	高分子材料制成。用于抽吸液体或在注入液体后立即注射。
		特征词1–使用和提供形式	一次性使用无菌	仅供一次性使用，或在一次医疗操作过程中只能用于一例患者的医疗器械。无菌提供。
		特征词2–技术特点	防针刺	有防针刺伤装置。
			防重复使用	有防重复使用装置。
			普通（缺省）	无防针刺伤、防重复使用装置。

序号	产品类别	术语类别	术语名称	术语描述
2	注射器	特征词 3- 药液类型	疫苗	仅注射疫苗用。
			胰岛素	仅注射胰岛素用。
			其它药液（缺省）	其它药液。
		核心词	泵用注射器	与注射泵配合使用。
			配药用注射器	用于临床抽取或配制药液。
		特征词 1- 使用和提供形式	一次性使用无菌	仅供一次性使用，或在一次医疗操作过程中只能用于一例患者的医疗器械。无菌提供。
		特征词 2- 避光特性	避光	有避光性能。
			不避光（缺省）	无避光性能。
		核心词	笔式注射器	与适宜的笔芯和注射针配套使用，进行药物注射。非无菌提供。
		特征词 1- 作用对象	胰岛素（缺省）	仅注射胰岛素药液（剂量可调）。
			其它药液	除胰岛素外其它药液。
		核心词	高压造影注射器	与高压注射设备配套使用，用于造影剂的注入，可带附件。
			环柄注射器	用于微创伤介入治疗或诊断手术中手动推注造影液及药液。
		特征词 1- 使用和提供形式	一次性使用无菌	仅供一次性使用，或在一次医疗操作过程中只能用于一例患者的医疗器械。无菌提供。
		核心词	玻璃注射器	无色硅硼铝玻璃制成（有的芯子为蓝色实心）。可重复使用。
			无针注射器	药物注射时不借助针头，而使用高压射流原理，使药液形成液体流，瞬间穿透皮肤到达皮下。可重复使用。
			注射针	用于人体皮内、皮下、消化道黏膜下、肌肉、静脉等注射。
		特征词 1- 使用形式	一次性使用	仅供一次性使用，或在一次医疗操作过程中只能用于一例患者的医疗器械。
			可重复使用（缺省）	经一定处理后可再次使用。
		特征词 2- 提供形式	无菌	以无菌形式提供。
			非无菌（缺省）	以非无菌形式提供。
		特征词 3- 预期用途	笔用	与笔式注射器配套使用。
			植入式给药装置	与植入式给药装置配套使用。
			牙、眼等用（专用部位名称）	专用，如牙、眼等部位使用。

相关文件

499

序号	产品类别	术语类别	术语名称	术语描述
3	注射针	特征词3-预期用途	内窥镜用	与内窥镜配套使用。
			通用（缺省）	无需体现专用特点。
		核心词	配药针	与一次性使用配药用注射器配套，供临床配制药液使用。
		特征词1-使用形式	一次性使用无菌	仅供一次性使用，或在一次医疗操作过程中只能用于一例患者的医疗器械。无菌提供。
4	注射器辅助推动装置	核心词	注射器辅助推进枪	不接触注射药液的无源器械。不具有剂量控制功能。配合注射器等使用，用于对注射器进行辅助推注。
5	穿刺器械	核心词	穿刺针	用于对人体组织等进行穿刺，以采集人体样本、注射药物与气体等。
		特征词1-使用和提供形式	一次性使用无菌	仅供一次性使用，或在一次医疗操作过程中只能用于一例患者的医疗器械。无菌提供。
			可重复使用（缺省）	经一定处理后可再次使用。
		特征词2-使用部位或作用对象	腰椎、动静脉等（专用部位或作用对象名称）	使用部位或作用对象，如腰椎、动静脉、脑室、胸腔、肝脏活体、腹腔、胸骨、髂骨、硬脊膜、上颌窦、环甲膜等。
			通用（缺省）	无需体现专用特点。
		特征词3-预期用途	造影、麻醉导引等（专用名称）	用于专用，如造影、麻醉、吸脂、气胸、点刺、臭氧、导引等。
			普通（缺省）	无需体现专用特点。
		核心词	穿刺器	用于对人体组织等进行穿刺，以采集人体样本、注射药物与气体等或作为其他器械进入体内的通道。
		特征词1-使用和提供形式	一次性使用无菌	仅供一次性使用，或在一次医疗操作过程中只能用于一例患者的医疗器械。无菌提供。
		特征词2-使用部位或作用对象	腹部、胸腔等（专用部位或作用对象名称）	使用部位或作用对象，如腹部、胸腔、关节等。
6	活检针	核心词	活检针	可与机械动力装置配合使用或与机械动力装置组合一体使用，利用穿刺技术从人体组织获取标本进行活组织检查。
		特征词1-使用和提供形式	一次性使用无菌	仅供一次性使用，或在一次医疗操作过程中只能用于一例患者的医疗器械。无菌提供。
			可重复使用（缺省）	经一定处理后可再次使用。

序号	产品类别	术语类别	术语名称	术语描述
6	活检针	特征词 2– 使用部位或作用对象	乳房、骨髓等（专用部位名称）	乳房、骨髓、软组织、肝、绒毛、支气管、骨等。
			内窥镜（作用对象）	与内窥镜配套使用。
			通用（缺省）	无需体现专用特点。
		特征词 3– 技术特点	吸引	采用吸引方式。
			旋切	采用旋切方式。
			常规取样（缺省）	常规取样。
7	活检枪	核心词	活检枪	即机械动力装置，通常由弹射、释放、制动部分构成，一般采用不锈钢材料制成。与活检针装配使用。非无菌提供，可重复使用。

表 2　注输器械 – 血管内输液器械

序号	产品类别	术语类别	术语名称	术语描述
1	输液泵	核心词	输液泵	通常由蠕动泵为动力驱动装置，与压力输液器配合使用，不接触输注液体。
		特征词 1–结构特点	便携式	具有便携式结构特点。
			普通式（缺省）	无需体现专用特点。
2	输液信息采集系统	核心词	输液信息采集系统	用于药物输注过程提示报警信息，为输液泵 / 注射泵供电，与输液泵 / 推注泵通信并采集储存数据。
		特征词 1–作用对象	镇痛、化疗药、胰岛素（特定药液名称）	专用于注射镇痛药物、化疗药、胰岛素。产品与配套使用注射器配合使用，用于控制注入患者体内液体流量以及精确给药。
			其它药液（缺省）	用于除（镇痛、化疗药、胰岛素）外的其它药液。
3	输液辅助电子设备	核心词	输液监控仪	与重力式一次性使用输液器配合使用，以对液滴速率监视的方式适时控制输液流速并具有报警等功能的电子仪器。
			输液报警器	与一次输液器或输液容器配合使用，当输液管路出现气泡和输液结束时发出声光报警信号的电子仪器。
			加温仪	对输注流体进行加温控制的电子仪器。分局部加温和全路加温。
		特征词 1–作用对象	输液输血	与输液器或输血器配合使用。
			腹膜透析液袋	与腹膜透析液袋配合使用。

相关文件

序号	产品类别	术语类别	术语名称	术语描述
4	输注泵	核心词	输注泵	以机械弹性为动能，为泵体提供动力。可手动调节注入体内（静脉、皮下、硬膜外腔）的药液流量。
		特征词1–使用形式	一次性使用	仅供一次性使用，或在一次医疗操作过程中只能用于一例患者的医疗器械。
		特征词2–提供形式	无菌（缺省）	以无菌形式提供。
		核心词	电子输注泵	通常由驱动装置、电源部分、贮液装置和输液管路（可不包含）组成。用于术后通过静脉或硬膜外给药输注镇痛药物。
5	输液器	核心词	输液器	重力作用下，将输液容器中的药液通过静脉穿刺器械向静脉内输注药液。药液过滤器孔径一般为15μm。管路和滴斗无避光性能。
			避光输液器	重力作用下，将输液容器中的药液通过静脉穿刺器械向静脉内输注药液。药液过滤器孔径一般为15μm。管路和滴斗有避光性能。
			微孔过滤输液器	重力作用下，将输液容器中的药液通过静脉穿刺器械向静脉内输注药液。药液过滤器标称孔径为0.22μm、1.2μm或2.0μm~5.0μm。管路和滴斗无避光性能。
			避光微孔过滤输液器	重力作用下，将输液容器中的药液通过静脉穿刺器械向静脉内输注药液。药液过滤器标称孔径为0.22μm、1.2μm或2.0μm~5.0μm。管路和滴斗有避光性能。
			泵用输液器	与输液泵配套使用，在压力的作用下，通过静脉穿刺器械向静脉内输注药液。药液过滤器孔径一般为15μm。管路和滴斗无避光性能。
			避光泵用输液器	与输液泵配套使用，在压力的作用下，通过静脉穿刺器械向静脉内输注药液。药液过滤器孔径一般为15μm。管路和滴斗有避光性能。
			泵用微孔过滤输液器	与输液泵配套使用，在压力的作用下，通过静脉穿刺器械向静脉内输注药液。药液过滤器标称孔径为0.22μm、1.2μm或2.0μm~5.0μm。管路和滴斗无避光性能。
			避光泵用微孔过滤输液器	与输液泵配套使用，在压力的作用下，通过静脉穿刺器械向静脉内输注药液。药液过滤器标称孔径为0.22μm、1.2μm或2.0μm~5.0μm。管路和滴斗有避光性能。
		特征词1–使用形式	一次性使用	仅供一次性使用，或在一次医疗操作过程中只能用于一例患者。
		特征词2–提供形式	无菌（缺省）	以无菌形式提供。

序号	产品类别	术语类别	术语名称	术语描述
5	输液器	特征词 3– 结构特点	滴定管式	输液器中含有一个能精确标示控制输液量的贮液容器。
			袋式	输液器中含有一个初略标示输液量的分液袋的贮液容器。
			吊瓶式	输液器中含有标示贮液量的吊瓶式贮液容器。
			刻度流量调节式	输液器中含有刻度标识并可按刻度设定流量的与药液接触的组件。
			普通式（缺省）	无分液容器、流量调节装置等。
6	静脉输液针	核心词	静脉输液针	通常由保护套、针管、针柄、软管、针座及其他部件组成。与输液器、输血器配套使用，用于穿刺并输注药液。无避光性能。
			避光静脉输液针	通常由保护套、针管、针柄、软管、针座及其他部件组成。与输液器、输血器配套使用，用于穿刺并输注药液。有避光性能。
		特征词 1– 使用形式	一次性使用	仅供一次性使用，或在一次医疗操作过程中只能用于一例患者。
		特征词 2– 提供形式	无菌（缺省）	以无菌形式提供。
		特征词 3– 结构特点	防针刺	带针尖屏蔽装置。
			不带防针刺（缺省）	不带针尖屏蔽装置。
		核心词	植入式给药装置输液针	通过植入式给药装置进行输注药液。
		特征词 1– 使用形式	一次性使用	仅供一次性使用，或在一次医疗操作过程中只能用于一例患者。
		特征词 2– 提供形式	无菌（缺省）	以无菌形式提供。
7	血管内留置针	核心词	静脉留置针	与输液器、输血器配套使用，可在静脉血管内留置一段时间，用于穿刺并向人体输入液体或采血。
			动脉留置针	用于动脉血压监测及连续动脉血气监测。
			动静脉留置针	与输液器、输血器配套使用，既可用静脉输液，也可用于动脉血压监测及连续动脉血气监测。
			植入式给药装置留置针	用于接入通过植入式给药装置进行液体和药物的输注以及提取血样。
		特征词 1– 使用形式	一次性使用	仅供一次性使用，或在一次医疗操作过程中只能用于一例患者。
		特征词 2– 提供形式	无菌（缺省）	以无菌形式提供。
		特征词 3– 技术特点	防针刺	有防针刺装置。
			不带防针刺（缺省）	无防针刺装置及针管回缩结构。

相关文件

序号	产品类别	术语类别	术语名称	术语描述
8	输液连接管路	核心词	输液延长管	输液管路通常带有至少一个外圆锥鲁尔接头和一个内圆锥鲁尔接头。通过鲁尔接头与泵用注射器、开关、药液过滤器、静脉穿刺器械等连接成单路或多路压力输液系统。
		特征词1– 使用形式	一次性使用	仅供一次性使用，或在一次医疗操作过程中只能用于一例患者。
		特征词2– 提供形式	无菌（缺省）	以无菌形式提供。
		特征词3– 避光特性	避光	有避光性能。
			不避光（缺省）	无避光性能。
9	输液用连接件及附件	核心词	两通阀	通过接头与泵用注射器、管路、药液过滤器、静脉穿刺器械等连接成单路或多路压力输液系统。
			三通阀	通常带有至少一个外圆锥鲁尔接头和一个内圆锥鲁尔接头。通过鲁尔接头与泵用注射器、管路、药液过滤器、静脉穿刺器械等连接成单路或多路压力输液系统。
		特征词1– 使用形式	一次性使用	仅供一次性使用，或在一次医疗操作过程中只能用于一例患者。
		特征词2– 提供形式	无菌（缺省）	以无菌形式提供。
		特征词3– 技术特点	高压	能经受大于200kPa的高压。
			常压（缺省）	常压。
		核心词	输液用防回流阀	通常带有一个锁定式鲁尔公接头和一个锁定式鲁尔母接头。是一种串联在输液管路中，防止回血或回流的单向阀。
			无针输液接头	通常带有一个鲁尔公接头和输注接口。输注接口能与带锁定式鲁尔公接头的器械连接。以非穿刺的形式实现向系统内多次输注药物。
			输液用肝素帽	通常一端带有一个鲁尔锁定公接头，另一端是自密封穿刺座。将其连接于输液液路中，供静脉输液针或注射针穿刺，向系统内输注药物。
			输液接头消毒帽	用于对无针输液接头的输液接口通过里面的消毒剂提供消毒，同时，还能为输液接口充当其表面的物理屏障。
		特征词1– 使用形式	一次性使用	仅供一次性使用，或在一次医疗操作过程中只能用于一例患者。
		特征词2– 提供形式	无菌（缺省）	以无菌形式提供。

序号	产品类别	术语类别	术语名称	术语描述
9	输液用连接件及附件	核心词	输液过滤器	通常进液端为锁定式母接头，出液端为锁定式公接头。串接于输注液路中过滤药液。
		特征词 1– 使用形式	一次性使用	仅供一次性使用，或在一次医疗操作过程中只能用于一例患者。
		特征词 2– 提供形式	无菌（缺省）	以无菌形式提供。
		特征词 3– 避光特性	避光	有避光性能。
			不避光（缺省）	无避光功能。
		核心词	输注空气过滤器	静脉输注用输注过滤器。通常进液端为圆锥母接头，出液端为圆锥公接头。用于对进入人体的空气进行过滤。
		特征词 1– 使用形式	一次性使用	仅供一次性使用，或在一次医疗操作过程中只能用于一例患者。
		特征词 2– 提供形式	无菌（缺省）	以无菌形式提供。
10	植入式给药器械	核心词	植入式给药装置	由注射座和导管组成，植入皮下后导管可通如中心静脉或其他部位（如硬膜外腔）。用专用的输液针或注射针经皮刺入注射座，经导管将化疗药或其他药物输送至中心静脉或其他部位。无菌提供。
11	输液袋	核心词	静脉营养输液袋	使用前充入营养液，再与输液器或静脉内器械（如中心静脉导管）连接向体内输注。
		特征词 1– 使用形式	一次性使用	仅供一次性使用，或在一次医疗操作过程中只能用于一例患者。
		特征词 2– 提供形式	无菌（缺省）	以无菌形式提供。
12	药液用转移、配药器具	核心词	药液转移器	与两个容器相连后可以实现不同药剂（粉剂和液剂）间的转移、溶药、配药或多联（多瓶）输液。
		特征词 1– 使用形式	一次性使用	仅供一次性使用，或在一次医疗操作过程中只能用于一例患者。
		核心词	配药器	一种利用注射器（自带或不自带）药液转移器的一种特殊形式。特别适用于将安瓿瓶中的药液转移到输液溶器中。由针头、注射器组成的成套器械。无避光功能。
			避光配药器	一种利用注射器（自带或不自带）药液转移器的一种特殊形式。特别适用于将安瓿瓶中的药液转移到输液溶器中。由针头、注射器组成的成套器械。有避光功能。
		特征词 1– 使用形式	一次性使用	仅供一次性使用，或在一次医疗操作过程中只能用于一例患者。

相关文件

序号	产品类别	术语类别	术语名称	术语描述
12	药液用转移、配药器具	特征词2–提供形式	无菌（缺省）	以无菌形式提供。
		特征词3–结构特点	过滤型	有过滤功能。
			普通型（缺省）	无过滤功能。
13	输液用进气针	核心词	输液用进气针	通常由针管和针座组成，用于输液时插入输液瓶内进气。

表3　注输器械–非血管内输液器械

序号	产品类别	术语类别	术语名称	术语描述
1	肠内营养泵	核心词	肠内营养泵	与肠营养器和肠营养袋配合使用，用于患者连续或间断喂饲营养液。无菌提供。
2	胰岛素泵	核心词	胰岛素泵	用于糖尿病患者皮下持续输注胰岛素。无菌提供。
3	胰岛素泵用皮下输注器	核心词	胰岛素泵用皮下输注器	用于与特定的胰岛素泵、胰岛素泵用储液器配合使用，持续皮下输注胰岛素。
		特征词1–使用形式	一次性使用	仅供一次性使用，或在一次医疗操作过程中只能用于一例患者。
		特征词2–提供形式	无菌（缺省）	以无菌形式提供。
4	胰岛素泵用储液器	核心词	胰岛素泵用储液器	用于与特定的胰岛素泵、胰岛素泵用输液器配合使用，向糖尿病患者持续皮下输注胰岛素。
		特征词1–使用形式	一次性使用	仅供一次性使用，或在一次医疗操作过程中只能用于一例患者的医疗器械。
		特征词2–提供形式	无菌（缺省）	以无菌形式提供。
5	肠营养器	核心词	肠营养器	与肠营养容器和肠营养管连接。部分肠营养器还带有泵管，使之可在肠营养泵的作用下向肠内输注营养液；部分肠营养器与肠营养袋连为一体。
		特征词1–使用形式	一次性使用	仅供一次性使用，或在一次医疗操作过程中只能用于一例患者。
		特征词2–提供形式	无菌（缺省）	以无菌形式提供。
		特征词3–技术特点	重力式（缺省）	使用时为重力输液。
			泵用	与泵配套使用。
6	肠营养袋	核心词	肠营养袋	用于通过连接鼻饲管或胃管向患者肠胃输送营养。
		特征词1–使用形式	一次性使用	仅供一次性使用，或在一次医疗操作过程中只能用于一例患者。
		特征词2–提供形式	无菌（缺省）	以无菌形式提供。

表 4 注输器械 – 止血器具

序号	产品类别	术语类别	术语名称	术语描述
1	有源止血器具	核心词	电动压迫止血器	以交、直流电源为动力源。用于四肢手术时采用气压压迫等方法阻断肢体血流，从而达到止血作用。
		特征词 1– 使用部位	动脉、右侧股动脉等（专用部位名称）	专用压迫止血部位，如动脉、右侧股动脉等。
			通用（缺省）	无需体现专用特点。
2	无源止血器具	核心词	压迫止血器	通常用于动脉介入式手术等，穿刺点闭合压迫止血用。
		特征词 1– 使用形式	一次性使用	仅供一次性使用，或在一次医疗操作过程中只能用于一例患者。
			可重复使用（缺省）	经处理后可再次使用。
		特征词 2– 提供形式	无菌（缺省）	以无菌形式提供。
		特征词 3– 使用部位	动脉、桡动脉等（专用部位名称）	专用压迫止血部位，如动脉、桡动脉等。
			通用（缺省）	无需体现专用特点。
		核心词	静脉止血带	用于静脉输液或抽血时短暂阻断静脉回流。

表 5 注输器械 – 非血管内导（插）管

序号	产品类别	术语类别	术语名称	术语描述
1	经皮肠营养导管	核心词	经皮肠营养导管	头端有固定装置。在体内（十二指肠、空肠内）滞留时间大于等于 30 天。用于为不能经鼻肠营养的患者输送营养物质。无菌提供，一次性使用。
		特征词 1– 使用部位	空肠造口	经空肠部位造口后置管导管。
			胃造口	经胃部造口。
2	经鼻肠营养导管	核心词	经鼻肠营养导管	可经鼻插入患者胃或十二指肠、空肠内，以给入肠营养液或药液。
		特征词 1– 使用形式	一次性使用	仅供一次性使用，或在一次医疗操作过程中只能用于一例患者。
		特征词 2– 提供形式	无菌（缺省）	以无菌形式提供。
3	导尿管	核心词	导尿管	部分头端固定有球囊。可将头端插入膀胱，并向体外导尿。留置时间视临床需要，一般不超过 7 天。
			间歇导尿管	用于间歇导尿或膀胱冲洗。可将头端插入膀胱，并向体外导尿，预期在排空膀胱后立即移除。

序号	产品类别	术语类别	术语名称	术语描述
3	导尿管	特征词1–使用和提供形式	一次性使用无菌	仅供一次性使用，或在一次医疗操作过程中只能用于一例患者，无菌提供。
			一次性使用非无菌	仅供一次性使用，或在一次医疗操作过程中只能用于一例患者，非无菌提供。
			可重复使用（缺省）	经一定处理后可再次使用。
		特征词2–技术特点	涂层	有涂层。
			无涂层（缺省）	无涂层。
4	直肠管	核心词	直肠导管	用于供肠道清洁（冲洗、排空或灌注）用或排气用。
		特征词1–使用形式	一次性使用	仅供一次性使用，或在一次医疗操作过程中只能用于一例患者。
			可重复使用（缺省）	经一定处理后可再次使用。
		特征词2–提供形式	无菌	以无菌形式提供。
			非无菌（缺省）	以非无菌形式提供。
5	输尿管支架	核心词	输尿管支架	管状结构，单端或双端有环状弯曲。放置于肾脏与膀胱之间。通过对人体输尿管进行支撑和引流，用于治疗输尿管堵塞和狭窄。分为短期使用和长期使用。
		特征词1–使用形式	一次性使用	仅供一次性使用，或在一次医疗操作过程中只能用于一例患者。
		特征词2–技术特点	涂层	有涂层。
			无涂层（缺省）	无涂层。
6	引流导管	核心词	引流导管	使用时一端插入到体内或创面的引流部位，另一端在体外与引流接管等其他体外器械连接，通过体内压力、重力等压力的作用向体外引流。
			负压引流导管	使用时一端插入到体内或创面的引流部位，另一端在体外与引流接管等其他体外器械连接，通过负压吸引的作用向体外引流。
		特征词1–使用形式	一次性使用	仅供一次性使用，或在一次医疗操作过程中只能用于一例患者。
		特征词2–提供形式	无菌（缺省）	以无菌形式提供。
		特征词3–使用部位	胸腔、腹腔等（专用部位名称）	胸腔、腹腔、腰椎、颅脑、胆囊、胃、肾、脑室外等。
			通用（缺省）	无需体现专用特点。

序号	产品类别	术语类别	术语名称	术语描述
7	扩张导管	核心词	扩张导管	通常由多腔管路和多个连接件组成。用于对体内狭窄的生理腔道进行扩张。体内滞留时间小于 30 天。无球囊。
			球囊扩张导管	通常由多腔管路、球囊和多个连接件组成。用于对体内狭窄的生理腔道进行扩张。体内滞留时间小于 30 天。有球囊。
		特征词 1– 使用形式	一次性使用	仅供一次性使用，或在一次医疗操作过程中只能用于一例患者。
		特征词 2– 提供形式	无菌（缺省）	以无菌形式提供。
		特征词 3– 使用部位或作用对象	肠道，尿道等（专用部位名称）	肠道，尿道，胆道，输尿管，鼻窦，鼻腔，胰管，肾等
			输尿管内窥镜等（特定对象名称）	特定作用对象，如输尿管内窥镜等。
			通用（缺省）	无需体现专用特点。
8	造影导管	核心词	造影导管	在导引器械的配合下导管插入体内的某个部位（非血管组织），用于向靶向部位输入造影剂。
		特征词 1– 使用形式	一次性使用	仅供一次性使用，或在一次医疗操作过程中只能用于一例患者。
		特征词 2– 提供形式	无菌（缺省）	以无菌形式提供。
		特征词 3– 使用部位	输尿管，胰胆管等（专用部位名称）	专用使用部位，如输尿管，胰胆管，胆管，十二指肠等。
			通用（缺省）	无需体现专用特点。
9	测压导管	核心词	测压导管	通常由导管、导管座等组成。一次性使用。用于测量靶向部位（非血管组织）生理压力。
		特征词 1– 使用形式	一次性使用	仅供一次性使用，或在一次医疗操作过程中只能用于一例患者。
		特征词 2– 提供形式	无菌（缺省）	以无菌形式提供。
		特征词 3– 使用部位	直肠，胆道等（专用部位名称）	专用使用部位，如直肠，胆道，肠道，膀胱等。
			通用（缺省）	无需体现专用特点。

相关文件

表 6　注输器械 – 与非血管内导管配套用体外器械

序号	产品类别	术语类别	术语名称	术语描述
1	颅脑外引流收集装置	核心词	颅脑外引流装置	用于脑积水和颅内出血患者的脑脊液或血肿引流。
		特征词 1– 使用形式	一次性使用	仅供一次性使用，或在一次医疗操作过程中只能用于一例患者。
		特征词 2– 提供形式	无菌（缺省）	以无菌形式提供。
2	胸腔引流装置	核心词	胸腔引流装置	与胸腔引流导管配套，用于气胸、胸腔积液及手术后需要进行闭式引流的患者。
		特征词 1– 使用形式	一次性使用	仅供一次性使用，或在一次医疗操作过程中只能用于一例患者。
		特征词 2– 提供形式	无菌（缺省）	以无菌形式提供。
3	负压引流器及组件	核心词	负压引流装置	用于临床负压引流时，与插入体内的引流导管相连接，起到充当负压传导介质和 / 或引导、收集引流液的作用。
		特征词 1– 使用形式	一次性使用	仅供一次性使用，或在一次医疗操作过程中只能用于一例患者。
			可重复使用（缺省）	经一定处理后可再次使用。
		特征词 2– 提供形式	无菌	以无菌形式提供。
			非无菌（缺省）	以非无菌形式提供。
4	体外引流、吸引管	核心词	引流连接管	能在引流导管与引流装置之间连接，使之组成密闭的引流系统。不直接接触人体。与适宜设备配套后，用于手术中、手术后的血水、废液等引流使用。
		特征词 1– 使用形式	一次性使用	仅供一次性使用，或在一次医疗操作过程中只能用于一例患者。
			可重复使用（缺省）	经一定处理后可再次使用。
		特征词 2– 提供形式	无菌	以无菌形式提供。
			非无菌（缺省）	以非无菌形式提供。
5	引流收集容器	核心词	引流容器	用于医院临床科室及手术中或手术后患者一次性引流体液（血液、胃液等）、分泌物（痰液、冲洗液等）以及人体排泄物的收集。
		特征词 1– 使用形式	一次性使用	仅供一次性使用，或在一次医疗操作过程中只能用于一例患者。
		特征词 2– 提供形式	无菌	以无菌形式提供。
			非无菌（缺省）	以非无菌形式提供。
		特征词 3– 预期用途	尿液等（具体物质名称）	专用于某种引流物质的名称。
			普通（缺省）	不强调专用的引流物质。

序号	产品类别	术语类别	术语名称	术语描述
6	非血管内导管充盈装置	核心词	非血管内导管充盈装置	用于对非血管内导管的球囊进行充压，使球囊膨胀。
		特征词1-使用形式	一次性使用	仅供一次性使用，或在一次医疗操作过程中只能用于一例患者。
			可重复使用（缺省）	经一定处理后可再次使用。
		特征词2-提供形式	无菌	以无菌形式提供。
			非无菌（缺省）	以非无菌形式提供。
7	医用导管夹	核心词	医用导管夹	用于夹住医用塑料导管，控制导管中液体的流动。不与导管中液体接触。

五、命名示例

参照表7命名示例，根据产品实际情况，选择对应子领域术语表，比对术语描述选择相应术语，按第三条第一款的通用名称组成结构顺序确定通用名称。

表7　输液器命名示例

核心词（部分）				特征词1-使用形式	特征词2-提供形式	特征词3-结构特点					通用名称
输液器	泵用输液器	泵用微孔过滤输液器	避光泵用微孔过滤输液器	一次性使用	无菌（缺省）	滴定管式	袋式	吊瓶式	刻度流量调节式	普通式（缺省）	
√				√	√					√	一次性使用输液器
√				√	√	√					一次性使用滴定管式输液器
	√			√	√					√	一次性使用泵用输液器
√				√	√				√		一次性使用刻度流量调节式输液器
		√		√	√					√	一次性使用泵用微孔过滤输液器
			√	√	√						一次性使用避光微孔过滤输液器

相关文件

511

第2部分　护理和防护器械

一、适用范围

本指导原则适用于护理和防护医疗器械产品。

二、核心词和特征词的制定原则

（一）核心词

护理和防护器械核心词是对具有相同或者相似的技术原理、结构组成或者预期目的的护理和防护器械的概括表述，如"凝胶敷料""绷带""手术衣"等。

（二）特征词

护理和防护医疗器械涉及的特征词主要包括以下方面的内容：

——结构特点：对产品特定结构、外观形态的描述，如造口护理及辅助器械中的"一件式""两件式"等结构特点。

——使用部位：指产品在人体的作用部位，如通气辅助器械中的"唇颊""鼻翼"等。

——技术特点：是对产品特殊作用原理、机理或特殊性能的说明或限定，如创面敷料的"透明""透气""防水"等。

——材料组成：对产品的主要材料或者主要成分的描述，如织造布类敷料中的脱脂棉、脱脂棉粘胶混织以及其他材料如聚酯、石膏等。

——预期用途：对产品临床预期用途的描述，如创面敷料中的"输液""护脐"等。

——使用形式：使用形式包括可重复使用和一次性使用两种情况。可重复使用医疗器械指处理后可再次使用的医疗器械。一次性使用医疗器械指仅供一次性使用，或在一次医疗操作过程中只能用于一例患者的医疗器械。

——提供形式：提供形式包括无菌和非无菌两种情况。无菌医疗器械指以无菌形式提供，直接使用的医疗器械产品。非无菌医疗器械指以非无菌形式提供的医疗器械产品。

（三）特征词的缺省

术语表中某一特征词项下的惯常使用或公认的某一特性可设置为"缺省"，在通用名称中不做体现，以遵从惯例或方便表达的处理方式。

以"提供形式"项目下的特征词"无菌"和"非无菌"为例说明如下：

——创口贴、手术衣、手术单等产品存在无菌和非无菌两种提供形式，且无菌供应的产品名称中习惯带有"无菌"，非无菌供应的产品名称中习惯不体现供应方式，此种情况特征词"无菌"需体现，将"非无菌"设置缺省；

——以手术膜为例，其现有产品均为无菌供应，同时其名称中惯常带有"无菌"，因此仅体现"无菌"特征，且不缺省；

——医用外科口罩、医用防护口罩、防护服等产品存在无菌和非无菌两种提供形式，但产品名称中一般不体现，因此未将提供形式选做特征词。

三、通用名称的确定原则

（一）通用名称组成结构

护理和防护器械通用名称按"特征词1（如有）＋特征词2（如有）＋特征词3（如有）＋核心词"结构编制。

（二）核心词和特征词选取原则

核心词和特征词应根据产品真实属性和特征，优先在术语表中选择。对于术语表未能包含的，新产品或原有产品有新的特征项需要体现，或者需在某一特征项下加入新术语，可对产品类别进行补充或调整。

核心词应在该类别项下选择最适合产品属性的核心词，核心词不可缺省。特征词则应按照产品相关特征，依次在术语表中每个特征词项下选择一个与之吻合的术语。未一一列举的使用部位或材料组成等的特征词，根据产品实际情况，选用相应的专业术语。

（三）特别说明

由两种及以上医疗器械组合而成，以实现某一临床预期用途的器械组合产品，由各领域根据产品实际情况进行命名，原则上其通用名称应体现组合形式和主要临床预期用途。按医疗器械管理的药械组合产品，其通用名称宜体现药械组合特性。

使用部位或作用对象、技术特点等特征词项下，将"通用"或"普通"设置为缺省，指产品在该特征词项并无需要体现的专用特点，而非指该产品各种情况通用。

四、命名术语表

在表 8 到表 18 中，列举了护理和防护医疗器械典型产品的核心词和特征词的可选术语，并对其进行了描述。

表 8　冲洗、灌洗、给药器械

序号	产品类别	术语类别	术语名称	术语描述
1	冲洗器械	核心词	冲洗器	使用前装入冲洗液，或与相关的冲洗设备或器具连接成冲洗系统，可向患者冲洗部位进行冲洗。用于对患者自然腔道（不包括阴道专用）、手术创面或体内组织进行冲洗，或用在不同药物治疗的间隙进行冲洗。
		特征词 1– 提供形式	无菌	以无菌形式提供。
			非无菌（缺省）	以非无菌形式提供。
		核心词	电动冲洗器	通常由主机、加温模块、电源模块组成。用于冲洗自然腔道（不包括阴道专用）、术中术后冲洗组织，也可对冲洗液加温。
		核心词	洗胃机	连接管路后用于临床洗胃。
		核心词	冲洗管	根据不同的预期用途有不同的结构，向患者冲洗部位进行冲洗。
2	灌肠器	核心词	灌肠器	用于临床灌肠。
		特征词 1– 使用形式	一次性使用	仅供一次性使用，或在一次医疗操作过程中只能用于一例患者。
			可重复使用（缺省）	通过适当程序处理后可以被再次使用。
		特征词 2– 提供形式	无菌	以无菌形式提供。
			非无菌（缺省）	以非无菌形式提供。
3	给药器	核心词	给药器	用于对患者体表和自然腔道局部给药。不用于皮下给药和静脉给药。不包括阴道给药器。

序号	产品类别	术语类别	术语名称	术语描述
3	给药器	特征词1–使用形式	一次性使用	仅供一次性使用，或在一次医疗操作过程中只能用于一例患者。
			可重复使用（缺省）	通过适当程序处理后可以被再次使用。
		特征词2–提供形式	无菌	以无菌形式提供。
			非无菌（缺省）	以非无菌形式提供。
		特征词3–使用部位	体表、鼻等（专用部位名称）	专用使用部位，如体表，鼻部，口腔等。
			通用（缺省）	无需体现专用特点。

表 9　负压引流敷料和负压引流封闭膜

序号	产品类别	术语类型	术语名称	术语描述
1	负压引流敷料	核心词	负压引流海绵	伤口负压引流时，覆盖和（或）填充伤口，在封闭环境下通过负压作用将伤口渗出液引流至外部的孔径较均匀的海绵。无菌提供，一次性使用。
		特征词1–材料组成	聚乙烯醇、聚氨酯等（主要材料名称）	聚乙烯醇、聚氨酯等制成的海绵。根据产品主要材料的实际使用情况，选用相应的专业术语。
		核心词	负压引流敷料	伤口负压引流时，覆盖和（或）填充伤口，在封闭环境下通过负压作用将伤口渗出液引流至外部的非海绵状敷料。无菌提供，一次性使用。
		特征词1–材料组成	纱棉等（主要材料名称）	主要由纱棉等非海绵制成。根据产品主要材料的实际使用情况，选用相应的专业术语。
2	负压引流封闭膜	核心词	负压引流封闭膜	负压伤口引流时，为伤口提供封闭环境的封闭膜。无菌提供，一次性使用。
		特征词1–材料组成	聚氨酯等（主要材料名称）	贴膜主要由聚氨酯等制成。根据产品主要材料的实际使用情况，选用相应的专业术语。

表 10　止血材料和防粘连敷料

序号	产品类别	术语类型	术语名称	术语描述
1	止血材料	核心词	止血膜	膜状止血材料，用于创面止血、促进创面愈合等。无菌提供，一次性使用。
			止血粉	粉状止血材料，用于创面止血、促进创面愈合等。无菌提供，一次性使用。
			止血海绵	海绵状止血材料，用于创面止血，促进创面愈合等。无菌提供，一次性使用。
			止血绫	绫状止血材料，用于创面止血、促进创面愈合等。无菌提供，一次性使用。

序号	产品类别	术语类型	术语名称	术语描述
1	止血材料	核心词	止血绒	绒状止血材料，用于创面止血，促进创面愈合等。无菌提供，一次性使用。
			止血非织造布	非织造布止血材料。用于创面止血，促进创面愈合等。无菌提供，一次性使用。
			止血纱布	织物止血材料。用于创面止血，促进创面愈合等。无菌提供，一次性使用。
		特征词 1–技术特点	可吸收	可被人体全部或部分吸收。
			不可吸收（缺省）	所含成分不可被人体吸收。
		特征词 2–材料组成	明胶、胶原蛋白、壳聚糖等（主要材料名称）	主要材料为明胶、胶原蛋白、壳聚糖、聚乙烯醇等。根据产品主要材料的实际使用情况，选用相应的专业术语。
2	防粘连敷料	核心词	防粘连膜	一般由防粘连功能的可降解吸收材料制成的薄膜。手术中植入体内，施加于易发生粘连的两个组织界面处，用于防术后粘连。无菌提供，一次性使用。
			防粘连液	一般由防粘连功能的可降解吸收材料制成的液体。手术中植入体内，施加于易发生粘连的两个组织界面处，用于防术后粘连。无菌提供，一次性使用。
			防粘连凝胶	一般由防粘连功能的可降解吸收材料制成的凝胶。手术中植入体内，施加于易发生粘连的两个组织界面处，用于防术后粘连。无菌提供，一次性使用。
		特征词 1–材料组成	聚乳酸、壳聚糖等（主要材料名称）	聚乳酸、壳聚糖等为原材料加工而成。根据产品的实际使用情况，选用相应的专业术语。

表 11　织造布敷料和非织造布敷料

序号	产品类别	术语类型	术语名称	术语描述
1	织造布敷料	核心词	纱布	经脱脂、漂白或染色而成的编织物，无明显的棉叶、棉籽壳或其他的杂质。
			纱布块	由纱布折叠成无切边外露的长方形或方形敷料。
		核心词	纱布巾	纱布折成长方形或方形，无切边外露，四周缝合，角部可缝制一根棉带。
			纱布垫	由医用脱脂棉纱布或脱脂棉与粘胶纤维混纺纱布经裁切、折叠、缝制而成。
			纱布球	由纱布制成的球。
		特征词 1–预期用途	医用	具有医疗用途。

序号	产品类别	术语类型	术语名称	术语描述
1	织造布敷料	特征词2-材料组成	脱脂棉、脱脂棉粘胶混织等（主要材料名称）	脱脂棉、脱脂棉粘胶混织等材料制成。根据产品的主要材料实际情况，选用相应的专业术语。
			凡士林等（其他材料名称）	由起隔离作用的网状材料或由织物浸渍油性物质（如凡士林、石蜡）制成。根据实际情况，选用相应的专业术语。
2	非织造布敷料	核心词	非织造布敷料	由非织造布经过加工制成的敷料。
		特征词1-预期用途	医用	具有医疗用途。
		特征词2-材料组成	全棉等（主要材料名称）	天然棉纤维等其他材料制成。根据产品的实际情况，选用相应的专业术语。

表 12　接触性创面敷料

序号	产品类别	术语类型	术语名称	术语描述
1	接触性创面敷料	核心词	敷贴	通常由能适应各种不同粘贴部位的不同形状的胶贴层、可剥离的离型层组成，有的具有吸收垫，吸收创面渗出液，为创面提供机械屏障。通常用于各种经清洗、消毒、缝合或穿刺后的急性创面。
		特征词1-技术特点	透明	能透过光线，可视创面。
			透气	水分子能从皮肤接触部位通过材料至外部环境。
			防水	能承受500mm静水压300s的阻水能力。
			普通（缺省）	无需体现专用特点。
		特征词2-预期用途	普通（缺省）	无需体现专用特点。
			输液、护脐等（专门用途）	用于穿刺部位的覆盖保护，婴儿脐带创面保护等。根据产品的实际使用情况，选用相应的专业术语。
		核心词	创口贴	由能适应各种不同粘贴部位的不同形状的胶贴层、与之连为一体的吸收垫和可剥离的离型层组成。吸收垫主要为各种片状的吸收材料，有的吸收垫具有一层打孔塑料膜或类似的材料以防止与创面粘连。为创面提供机械屏障，吸收创面渗出液。通常用于无需到医院进行后续处理的小创伤，或户外对未经消毒或缝合后受污染创面的临时性包扎。
		特征词1-提供形式	非无菌（缺省）	以非无菌形式提供。
			无菌	以无菌形式提供。
		特征词2-技术特点	透明	外层为一侧涂有胶粘剂的透明材料。
			透气	水分子能从皮肤接触部位通过材料至外部环境。
			弹性	恢复长度应不大于全伸展长度的80%。
			防水	能承受500mm静水压300s的阻水能力。
			普通（缺省）	无需体现专用特点。

序号	产品类别	术语类型	术语名称	术语描述
1	接触性创面敷料	核心词	凝胶敷料	通常为成胶物质（亲水性聚合物）与水组成的定形或无定形凝胶（半固体）敷料，可含有缓冲盐，覆盖创面，吸收渗液，清创。无菌提供。
			水胶体敷料	基材上均匀涂覆有水胶体（通常由水溶性高分子颗粒，如羧甲基纤维素钠、果胶、海藻酸钠等，与橡胶粘性物混合加工而成）形成粘贴面，粘贴面覆有离型材料。无菌提供，一次性使用。
			纤维敷料	通常为由亲水性纤维（如藻酸盐纤维、乙基磺酸盐纤维、羧甲基纤维素纤维等）制成的片状或条状敷料。通过亲水性纤维吸收创面渗出液，一般还需二级敷料进行固定。用于慢性溃疡、腔洞创面等创面的覆盖和护理。所含成分不可被人体吸收，无菌提供，一次性使用。
			泡沫敷料	通常由泡沫吸收层、阻水层和防粘连层组成，无菌提供，一次性使用。通过泡沫吸收层吸收并控制创面渗出液，用于创面的覆盖和护理。
			液体敷料	通过在创面表面形成保护层，起物理屏障作用。用于创面护理，产品以液体形式提供。
			喷雾	通过在创面表面形成保护层，起物理屏障作用。用于创面护理，产品封装在喷雾瓶中。
			膏	通过在创面表面形成保护层，起物理屏障作用。用于创面护理，产品以膏状形式提供。
		特征词1-材料组成	藻酸盐、羧甲基纤维素、聚氨酯、聚硅酮、胶原蛋白等（主要材料名称）	主要材料为藻酸盐、羧甲基纤维素、聚氨酯、碳、聚硅酮、胶原蛋白等。根据产品主要材料的实际情况，选用相应的专业术语。

表 13　包扎敷料

序号	产品类别	术语类型	术语名称	术语描述
1	绷带	核心词	绷带	通过绑扎的形式对创面敷料进行固定或限制肢体活动，用于对创面敷料或肢体提供束缚力，以起到包扎、固定、消除腔隙、临时止血（非动脉止血）、保护手术切口等作用。
		特征词1-预期用途	医用	具有医疗用途。
		特征词2-材料组成	纱布、聚酯纤维等（主要材料名称）	产品基材主要材料为纱布、聚酯纤维等。根据产品主要材料的实际情况，选用相应的专业术语。

相关文件

序号	产品类别	术语类型	术语名称	术语描述
1	绷带	特征词2-材料组成	石膏等（其他材料名称）	产品基材为聚酯纤维。
		特征词3-技术特点	弹性、压力等（专有技术特点）	具有一定的弹性，可对创面、肢体等部位施加一定压力等。根据产品实际技术特点，选用相应的专业术语。
			普通（缺省）	无需体现专用特点。
2	胶带	核心词	胶带	由带状基材和胶粘剂两部分组成的带状粘贴材料，分为弹性或非弹性，不与创面直接接触。粘贴部位为完好皮肤。用于对创面敷料、绷带等提供粘贴力，以起到固定作用。
		特征词1-预期用途	医用	具有医疗用途。
		特征词2-技术特点	透气	水分子能从皮肤接触部位通过材料至外部环境的胶带。
			弹性	基材具有一定的弹性，根据实际需求可以通过拉伸达到更好的固定效果的胶带。
			显影	X射线可探测到的胶带。
			防水	能承受500mm静水压300s的阻水能力的胶带。
			压敏	粘胶层采用医用压敏胶的胶带。
			普通（缺省）	无需体现专用特点。

表14 造口、疤痕护理用品

序号	产品类别	术语类型	术语名称	术语描述
1	造口护理及辅助器械	核心词	造口袋	主要由复合薄膜制成的造口袋和带粘胶胶片的造口底盘等（或无）构成，用来收集造口排泄物。非无菌提供。
		特征词1-结构特点	普通（缺省）	无需体现专用特点。
			一件式	造口袋和造口底盘连在一起。
			两件式	造口袋与造口底盘是分开的，需通过黏贴系统或卡环系统组合在一起。
		特征词2-使用部位	通用（缺省）	无需体现专用特点。
			回肠、结肠、尿路等（专用部位名称）	专用部位，如回肠、结肠、尿路等。根据产品的实际使用情况，选用相应的专业术语。
		核心词	造口底盘	主要由粘胶胶片组成，黏贴式和/或卡环式。需与造口袋配合使用。非无菌提供。
			造口护肤粉	由羧甲基纤维素钠等按照一定的比例组成，为粉末状提供。

序号	产品类别	术语类型	术语名称	术语描述
1	造口护理及辅助器械	核心词	造口皮肤保护剂	由硅酮等材料按照一定的比例组成,可为擦巾、喷剂、泡沫剂等或涂抹棒等。无菌或非无菌提供。
			造口防漏膏	由羧甲基纤维素钠等按照一定的比例组成,为膏状提供。
			造口防漏条	由羧甲基纤维素钠等按照一定的比例组成的粘合剂胶条。
			造口防漏贴环	由羧甲基纤维素钠等按照一定的比例组成的粘合剂胶环。
			造口灌洗器	本产品由造口筒、灌洗袋、管路、流量调节器、放水袖、袋尾夹、连接盘组成。造口灌注系统各部件封口和连接处应密合。造口灌注系统与连接盘应牢固。放水袖与尾带夹结合后,不得渗液。流量调节器应有效控制管内液体流动。一次性使用。
			造口减压环	为连接造口袋和造口底盘的圆环,由一块薄膜与袋侧凸环和体侧凸环共同连接而成。
			造口凸面嵌圈	为聚丙烯材料的凸面圆环,分上下两个面,一面为凸面,另一面为凹面。
			造口栓	由高分子材料组成。
			造口腰带	由弹性纤维材料和挂扣组成。
			造口袋尾夹	由高分子材料组成的尾夹。
		特征词 1– 提供形式	非无菌(缺省)	产品以非无菌形式提供。
			无菌	产品以无菌形式提供。
		核心词	疤痕液	以液体形式提供,用于辅助改善皮肤病理性疤痕,辅助预防皮肤病理性疤痕的形成。不用于未愈合的伤口。所含成分不具有药理作用。
			疤痕喷雾	敷料以喷剂提供,用于辅助改善皮肤病理性疤痕,辅助预防皮肤病理性疤痕的形成。不用于未愈合的伤口。所含成分不具有药理作用。
			疤痕凝胶	敷料以凝胶提供,用于辅助改善皮肤病理性疤痕,辅助预防皮肤病理性疤痕的形成。不用于未愈合的伤口。所含成分不具有药理作用。
			疤痕软膏	敷料为膏状,用于辅助改善皮肤病理性疤痕,辅助预防皮肤病理性疤痕的形成。不用于未愈合的伤口。所含成分不具有药理作用。
			疤痕贴	敷料以贴片提供,用于辅助改善皮肤病理性疤痕,辅助预防皮肤病理性疤痕的形成。不用于未愈合的伤口。所含成分不具有药理作用。

相关文件

表 15　手术及常规防护器械

序号	产品类别	术语类型	术语名称	术语描述
1	手术及常规防护器械	核心词	手术单	用于覆盖外科手术病人身体上，以防止开放的手术创面受到污染，或用于覆盖外科手术室器械台、操作台等上，避免手术中的医生接触上述部位后，再接触手术中的病人伤口部位造成感染。
		特征词1–使用形式	一次性使用（缺省）	仅供一次性使用，或在一次医疗操作过程中只能用于一例患者。
			可重复使用	通过适当程序处理后可以被再次使用。
		特征词2–提供形式	非无菌（缺省）	以非无菌形式提供。
			无菌	以无菌形式提供。
		特征词3–预期用途	病人	需进行外科手术的患者。
			器械	外科手术室中器械台、操作台等医疗器械。
			普通（缺省）	无需体现专用特点。
		核心词	手术膜	薄膜上均匀涂覆有胶粘物质形成粘贴面，粘贴面覆有离型材料，手术膜的两边可以无胶粘物质或附着有适宜的物质，以供手持操作。
		特征词1–提供形式	一次性使用无菌	无菌形式提供，且仅供一次性使用，或在一次医疗操作过程中只能用于一例患者。
		特征词2–组成成分	含碘	胶粘剂层含碘。
			不含碘（缺省）	胶粘剂层不含有碘。
		核心词	手术衣	由手术人员穿着以防止感染原传播的长袍，起到双向（患者和手术人员）生物防护的作用。基材一般由非织造布或纺织布制造，阻水层为阻水性材料。按关键区域的屏障能力分为标准型和高性能型两种。
			洁净服	专门设计的服装，使穿衣者携带感染原的皮肤污垢通过手术室空气对手术创面的污染降至最低限度，以减小伤口感染的风险。
			医用隔离衣	采用适宜材料（非织造布或纺织布）为主要原料，经裁剪、缝纫制成的服装，无菌和非无菌提供。用于医疗机构门诊、病房、检验室等作普通隔离。
			手术帽	由手术人员穿着以防止感染原传播的帽，起到双向（患者和手术人员）生物防护的作用。基材一般由非织造布或纺织布制造。
			医用帽	采用适宜材料（非织造布）为主要原料，经裁剪、缝纫制成的医用帽。非无菌提供，一次性使用。用于医疗机构门诊、病房、检验室等作普通隔离。
		特征词1–使用形式	一次性使用	仅供一次性使用，或在一次医疗操作过程中只能用于一例患者。
			可重复使用	通过适当程序处理后可以被再次使用。

序号	产品类别	术语类型	术语名称	术语描述
1	手术及常规防护器械	特征词2– 提供形式	非无菌（缺省）	以非无菌形式提供。
			无菌	以无菌形式提供。
		核心词	外科手套	用于外科操作，防止皮屑、细菌传播到开放的手术创面，并阻止手术病人的体液向医务人员传播，起到双向生物防护的作用。一次性使用。
			医用检查手套	有足够的强度和阻隔性能。用于戴在医护人员手上对患者病情进行检查。一次性使用。
			医用指套	用于戴在医生手指上对患者病情进行检查或给药。一次性使用。
		特征词1– 提供形式	非无菌（缺省）	以非无菌形式提供。
			无菌	以无菌形式提供。
		特征词2– 材料组成	橡胶	主要由橡胶（天然 / 合成）制成。
			聚氯乙烯	主要由聚氯乙烯（PVC）制成。
			聚乙烯	主要由聚乙烯（PE）制成。
		核心词	医用外科口罩	用于覆盖使用者的口、鼻及下颌，为防止病原体微生物、体液、颗粒物等的直接透过提供物理屏障。由临床医务人员在有创操作等过程中所佩戴。
			医用口罩	由面罩、定形件、束带等组件加工而成，一般由非织造布材料制造而成。用于普通医疗环境中佩戴、阻隔和鼻腔呼出或喷出污染物。
		特征词1– 提供形式	一次性使用（缺省）	仅供一次性使用，或在一次医疗操作过程中只能用于一例患者。
			可重复使用	通过适当程序处理后可以被再次使用。

表 16 特定传染病防护器械

序号	产品类别	术语类型	术语名称	术语描述
1	医用防护用品	核心词	防护服	采用由一种或多种对病毒气溶胶、含病毒液体等具有隔离作用的面料加工而成的衣服。脱下时，防护衣的外表面不与人体接触。用于医疗机构医护人员穿的职业防护衣。阻止来自患者的病毒随空气或液体向医务人员传播。
			防护鞋套	采用适宜材料（非织造布或纺织布）制成，用于保护医护人员、疾控和防疫等工作人员的足部、腿部，防止直接接触含有潜在感染性污染物的一类靴状保护套。
			隔离面罩	通常由高分子材料制成的面罩、泡沫条和固定装置组成。

序号	产品类别	术语类型	术语名称	术语描述
1	医用防护用品	核心词	隔离眼罩	通常由高分子材料制成的眼罩、泡沫条和固定装置组成。
			防护头罩	用于保护医务人员、疾控和防疫等工作人员的头部、面部和颈部，防止直接接触含有潜在感染性污染物。
		特征词1–使用形式	一次性使用（缺省）	仅供一次性使用，或在一次医疗操作过程中只能用于一例患者。
			可重复使用	通过适当程序处理后可以被再次使用。
		特征词2–预期用途	医用	具有医疗用途。
		核心词	医用防护口罩	在呼吸气流下仍对病毒气溶胶、含病毒液体等具有屏障作用。用于过滤空气中的颗粒物，阻隔飞沫、血液、体液、分泌物等。
		特征词1–提供形式	一次性使用（缺省）	仅供一次性使用，或在一次医疗操作过程中只能用于一例患者。
			可重复使用	通过适当程序处理后可以被再次使用。

表17　护理防护用品

序号	产品类别	术语类型	术语名称	术语描述
1	婴儿、新生儿光疗防护眼罩	核心词	光疗防护眼罩	通常由弹力绷带、优质无纺布、蓝黑物理复合布等组成用于新生儿或婴儿蓝光照射治疗时的眼部防护。
		特征词1–使用对象	婴儿	小于1周岁的儿童。
			新生儿	胎儿娩出母体并自脐带结扎起，至出生后满28天这一段时间的婴儿。
2	眼贴	核心词	眼贴	通常由医用胶带和医用水凝胶组成，其中医用胶带由表面涂医用热熔胶的聚氨酯材料构成，医用水凝胶由医用聚乙烯醇材料构成。适用于非眼部手术的全麻或深度昏迷病人的眼外部，通过提供相对密闭的潮湿环境，预防暴露性角膜炎。
		特征词1–使用形式	一次性使用	仅供一次性使用，或在一次医疗操作过程中只能用于一例患者。
		特征词2–预期用途	医用	具有医疗用途。
		特征词3–材料	水凝胶等（主要材料）	由水凝胶等主要材料制成。根据产品材料的实际使用情况，选用相应的专业术语。
3	鼻部护理器械	核心词	鼻腔止血器	由充气阀、感应气囊、飞翼、导气管、充气气囊组成。用于鼻部护理，抑制鼻腔出血。
			鼻腔阻隔剂	用于过敏性鼻炎的预防和辅助治疗。

序号	产品类别	术语类型	术语名称	术语描述
3	鼻部护理器械	特征词 1– 提供方式	非无菌（缺省）	产品以非无菌形式提供。
			无菌	产品以无菌形式提供。
4	垫单	核心词	垫单	通常由非织造布和塑料膜复合或缝制而成，一次性使用。
			垫巾	病床或检查床上用，通常由非织造布，复合流通延膜或加无尘纸，木浆纤维等材料的吸水层经适当裁剪缝制热合而成。
		特征词 1– 提供形式	非无菌（缺省）	以非无菌形式提供。
			无菌	以无菌形式提供。
		特征词 2– 预期用途	医用	具有医疗用途。
5	医用防护衬垫	核心词	衬垫	在治疗过程中对病人进行一般性防护的用品或材料，以免受其他器械或外界的伤害。
		特征词 1– 预期用途	医用	具有医疗用途。
		特征词 2– 材料组成	聚酯、石膏等（主要材料名称）	由聚酯、石膏等为主要材料制成。根据产品的实际情况，选用相应的专业术语。
		核心词	外生殖器术后保护罩	用于男性包皮手术、泌尿科阴囊和阴茎手术的术后，辅助固定包扎伤口的敷料，将伤口隔离，保护手术部位不被外物碰撞挤压。不接触伤口。

表 18 其他器械

序号	产品类别	术语类型	术语名称	术语描述
1	通气辅助器械	核心词	止鼾器	通过扩张鼻腔、上下颌或对其进行矫正，达到改善打鼾状况或扩张鼻孔的装置。接触人体时间小于 30 天，非植入式。用于睡眠打鼾或堵塞式呼吸暂停的辅助治疗，或用于扩张鼻孔，缓解鼻塞用。
		特征词 1– 使用部位	唇颊	用于上下颌。
			鼻翼	用于鼻部。
		核心词	鼻翼支撑架	扩张鼻孔的支架式装置。
2	咬口	核心词	咬口	手术或检查时患者开口的辅助器械，一般由聚乙烯等高分子材料制成。用于经口腔手术或检查时维持患者的开口状态，防止非预期咬合。
		特征词 1– 提供形式	无菌	以无菌形式提供。
			非无菌（缺省）	以非无菌形式提供。
3	急救毯	核心词	急救毯	通常为带有反光涂层的透气塑料膜，对光辐射和热辐射具有反射功能。常作为急救包组件中的一件。非无菌提供。

相关文件

序号	产品类别	术语类型	术语名称	术语描述
4	体表器械固定装置	核心词	固定装置	通常是能专门为某一种或某一类器械的使用提供固定的装置。体表使用，不与创口接触。用于固定使用过程中的医疗器械。无菌提供。
		特征词1–使用形式	一次性使用	仅供一次性使用，或在一次医疗操作过程中只能用于一例患者。
		特征词2–使用对象	导管、引流管等（特定器械名称）	所固定的特定器械，如导管、引流管、导尿管、鼻胃管等。
5	润滑剂及载体	核心词	体腔器械导入润滑剂	通常由黄原胶、甘油、二甲硅油等成分组成。临床上用于器械进入人体自然腔道时的润滑。无菌提供。
		特征词1–预期用途	医用	具有医疗用途。
6	涂抹及吸液材料	核心词	脱脂棉	脱脂棉原料，采用棉葵草棉属植物成熟种子的毛绒，经除去夹绒物，脱脂、漂白、加工而成，不含任何有色添加物质。
			棉卷	由脱脂棉和/或人造纤维等制成的可吸液的小卷状。
			棉垫	由医用脱脂棉纱布和脱脂棉等经过裁切、折叠或缝纫加工而成的垫。
			棉签	由医用脱脂棉等和适宜材料（木质、纸质或塑料）的细棒加工而成，单端或双端形式，可供手持。
			棉球	由脱脂棉（和医用脱脂棉纱布）和/或人造纤维制成的吸水性球状。
			棉条	由医用脱脂棉和/或人造纤维加工而成条状。
			棉片	由医用脱脂棉和/或人造纤维加工而成片状。
		特征词2–预期用途	医用	具有医疗用途。
		特征词1–提供形式	非无菌（缺省）	以非无菌形式提供。
			无菌	以无菌形式提供。

五、命名示例

参照表19命名示例，根据产品实际情况，选择对应子领域术语表，比对描述选择相应术语，按第三条第一款的通用名称组成结构顺序确定通用名称。

表 19 织造布敷料命名示例

核心词					特征词 1–预期用途	特征词 2- 材料组成		通用名称
纱布	纱布块	纱布巾	纱布垫	纱布球	医用	脱脂棉、脱脂棉粘胶混织等（主要材料名称）	凡士林等（其他材料名称）	
√					√	√		医用脱脂棉纱布
	√				√			医用纱布块
		√				√		医用脱脂棉纱布巾
			√		√	√		医用脱脂棉粘胶混织纱布垫
				√	√		√	医用凡士林纱布球

六、参考资料

[1]国家食品药品监督管理总局关于发布医疗器械分类目录的公告（2017 年第 104 号）

[2]注输器械相关的国家标准、行业标准

[3]注输器械相关注册指导原则

[4]国家药品监督管理局医疗器械注册数据库

[5]Global Medical Device Nomenclature（GMDN）

[6]U.S. Food and Drug Administration.Product Classification Database

[7]Japanese Medical Device Nomenclature（JMDN）

[8]YY/T 1119–2008 医用高分子制品术语

[9]YY/T 0313–2014 医用高分子产品 包装和制造商提供信息的要求

[10]YY/T 0330–2015 医用脱脂棉

[11]YY/T 0331–2006 脱脂棉纱布、脱脂棉粘胶混纺纱布的性能要求和试验方法

[12]YY 0594–2006 外科纱布敷料通用要求

[13]YY/T 0854（所有部分）全棉非织造布外科敷料性能要求

[14]医用卫生材料及敷料类器械相关的国家标准、行业专用技术要求标准

[15]医用卫生材料及敷料类器械相关注册指导原则

七、起草单位

本指导原则由国家药品监督管理局医疗器械标准管理中心编写并负责解释。

相关文件

附件6

临床检验器械通用名称命名指导原则

本指导原则依据《医疗器械通用名称命名规则》和《医疗器械通用名称命名指导原则》制定，用于指导临床检验器械的通用名称制定。

本指导原则是对备案人、注册申请人、审查人员的指导性文件，不包括注册审批所涉及的行政事项，不作为法规强制执行。若有满足相关法规要求的其他方法，也可采用，并应提供充分的研究资料和验证资料。本指导原则是在现行法规和标准体系以及当前认知水平下制定的，应在遵循相关法规的前提下使用。随着法规和标准的不断完善，以及科学技术的不断发展，本指导原则相关内容也将进行适时调整。

一、适用范围

本指导原则适用于按医疗器械管理的，用于临床检验实验室的设备、仪器、辅助设备和器具及医用低温存贮设备，不包括体外诊断试剂。

二、核心词和特征词的制定原则

（一）核心词

临床检验器械核心词是对具有相同或者相似的技术原理、预期目的的医疗器械的概括表述。如"血型分析仪""生化分析仪""酶联免疫分析仪"等。

（二）特征词

临床检验器械涉及的特征词主要包括以下方面的内容：

——结构特点：指对产品结构和外观形态的描述，如"全自动""半自动""台式""落地式"等。

——技术特点：指产品特殊作用原理、机理或者特殊性能的说明或者限定，如"干式""湿式""无菌"等。

——样本类型：指样本的具体类类型，如"红细胞""白细胞"等。

——检测项目：指对应的具体检测项目，如"二氧化碳""钙"等。

——使用形式：指产品的具体使用特性，如"一次性使用""可重复使用"等。

——使用部位：指产品作用于人体的具体部位，如"动脉""静脉"等。

——适用人群：指产品适用的人群，如"新生儿""产妇"等。

（三）特征词的缺省

术语表中某一特征词项下的惯常使用或公认的某一特性可设置为"缺省"，在通用名称中不做体现，以遵从惯例或方便表达。

如"血细胞分析仪"分为"全自动"和"半自动"，"全自动"是指具有机内稀释功能的用于血细胞分析的装置，用"全自动"作为特征词；"半自动"是指需要进行机外稀释功能用于血细胞分析的装置，"半自动"结构属性设定为缺省。

仅供一次性使用的末梢采血针，称为一次性使用末梢采血针，将"一次性使用"作为特征词；而经过处理后可重复使用的末梢采血针，此处将"可重复使用"特征词设定为缺省。

三、通用名称的确定原则

（一）通用名称组成结构

临床检验器械通用名称按"特征词 1（如有）+ 特征词 2（如有）+ 特征词 3（如有）+ 核心词"结构编制。

（二）核心词和特征词选取原则

核心词和特征词应根据产品真实属性和特征，优先在术语表中选择。对于术语表未能包含的，新产品或原有产品有新的特征项需要体现，或者需在某一特征项下加入新术语，可对术语集进行补充或调整。

核心词应在该类别项下选择最适合产品属性的核心词，核心词不可缺省。特征词则应按照产品相关特征，依次在术语表中每个特征词项下选择一个与之吻合的特征词术语。

（三）特别说明

1. 本指导原则中的临床检验器械仅包含临床使用的产品，用于科研、教学等产品未涵盖在内。

2. 对于单检测项的生化分析仪器，以单检测项的名称作为特征词。同时，核心词中的"生化"二字可缺省，如"干式血红蛋白分析仪"。

3. 对于多检测项分析仪，用于测量人体样本中二种及二种以上检测项目，如血糖、血脂、血酮、尿酸、乳酸、血氨、总胆固醇、肌酐、尿素等及其他相关参数浓度的组合产品，以多项检测项目的名称组合作为核心词。如"血糖尿酸总胆固醇分析仪"。

4. 对于可检测多种样本类型的分析仪，如既可检测其他体液又可检测血液的分析仪，以样本类型的名称组合作为核心词，如"血液体液分析仪"。

5. 对于多种检测原理的分析仪，如采用化学发光、酶联免疫、间接免疫荧光、荧光标记等多种免疫检测原理的组合方式对人体样本中的待测物质进行定量或定性检测，以多项免疫检测原理的名称组合作为特征词。如"全自动化学发光酶联免疫分析仪"。

6. 对于多种质量分析器串联的质谱检测系统，以多种质量分析器串联的名称作为特征词。如"高效液相色谱联用四级杆离子阱质谱仪"。

四、命名术语表

在表 1 到表 15 中，列举临床检验器械典型产品的核心词和特征词可选术语，并对其进行了描述。

表 1　血液学分析设备

序号	产品类别	术语类别	术语名称	术语描述
1	血型分析仪器	核心词	血型分析仪	与适配试剂配合使用，用于 ABO/Rh 血型检测、交叉配血检测及不规则抗体检测等。
		特征词 1- 结构特点	全自动	自动完成加样、加试剂、孵育、离心、振荡、图像分析判定直至传输打印结果。
			半自动（缺省）	加样、加试剂、孵育、离心、振荡等中的某些步骤需要手工操作。
2	血细胞分析仪器	核心词	血细胞分析仪	用于对血细胞进行分析，并提供相关信息。
		特征词 1- 结构特点	全自动	具有机内稀释功能的用于血细胞分析的装置。
			半自动（缺省）	需要进行机外稀释功能用于血细胞分析的装置。
		特征词 2- 技术特点	干式	通过离心技术将装在含有荧光试剂和浮子的毛细测试管中的血液细胞成分分层，并对其细胞成分进行定量分析。

相关文件

序号	产品类别	术语类别	术语名称	术语描述
2	血细胞分析仪器	特征词2-技术特点	湿式（缺省）	原理一般为电阻抗法、比色法、流式激光散射技术、核酸荧光染色技术、化学染色技术等。
		核心词	计数仪	仅具有细胞计数功能的分析仪。
		特征词1-样本类型	血细胞、白细胞等（特定样本名称）	对特定样本进行计数，如白细胞、红细胞、血小板等。
3	凝血分析仪器	核心词	凝血分析仪	用于对血液进行凝血和抗凝、纤溶和抗纤溶等功能的分析。
		特征词1-结构特点	全自动	指仪器或测试系统的所有分析步骤都实现了机械化，包括样品和试剂添加、样品/试剂互相反应、化学/生物学分析、结果计算和结果读出。
			半自动（缺省）	指仪器或测试系统的某些分析步骤实现了机械化，其他步骤仍需操作者参与。
		核心词	血栓弹力图仪	用于对来源于人体全血样本进行凝血功能动态分析。
		核心词	凝血酶原时间检测仪	仅用于对全血样本中的凝血酶原时间进行定量检测。
		核心词	活化凝血时间检测仪	仅用于实验室进行活化凝血时间检测。
4	血小板分析仪器	核心词	血小板分析仪	用于分析血液样本中血小板数量、体积、聚集率等相关功能参数。
		特征词1-结构特点	全自动	指仪器或测试系统的所有分析步骤都实现了机械化，包括样品和试剂添加、样品/试剂互相反应、化学/生物学分析、结果计算和结果读出。
			半自动（缺省）	指仪器或测试系统的某些分析步骤实现了机械化，其他步骤仍需操作者参与。
		核心词	凝血和血小板功能分析仪	用于分析血液样本凝血过程和血小板功能。
		核心词	血小板功能分析仪	专用于分析血液样本中血小板功能障碍。
5	血液流变分析仪器	核心词	血液流变分析仪	用于临床对全血、血浆或血细胞流变特性进行分析。
		特征词1-结构特点	全自动	指仪器或测试系统的所有分析步骤都实现了机械化，包括样品和试剂添加、样品/试剂互相反应、化学/生物学分析、结果计算和结果读出。
			半自动（缺省）	指仪器或测试系统的某些分析步骤实现了机械化，其他步骤仍需操作者参与。
6	红细胞沉降仪器	核心词	红细胞沉降率测定仪	用于血液样品红细胞沉降速度和/或压积的测量。
		特征词1-结构特点	全自动	检测样品自动混匀并且自动吸样加入血沉管。
			半自动（缺省）	检测样品手动混匀并且人工吸样加入血沉管。

序号	产品类别	术语类别	术语名称	术语描述
7	流式细胞分析仪器	核心词	流式细胞分析仪	通过液流系统使单个粒子通过流动室并分析单个粒子的荧光标记信号，实现对其生物特性的分析。
		特征词 1- 技术特点	非分选型（缺省）	通过液流系统使单个粒子通过流动室并分析单个粒子的荧光标记信号，实现对其生物特性的分析。
			分选型	通过液流系统使单个粒子通过流动室或喷嘴并分析单个粒子的荧光标记信号后，通过分选模块将特定的细胞分选至收集管或板中，实现对其生物特性的分析和分选。
		核心词	T 淋巴细胞流式计数仪	一般为通过液流系统使单个粒子通过流动室并分析单个粒子的荧光标记信号，实现对 T 淋巴细胞的计数。

表 2　生化分析设备、电解质及血气分析设备

序号	产品类别	术语类别	术语名称	术语描述
1	生化分析仪器	核心词	生化分析仪	一般采用分光光度法、浊度比色法、离子选择性电极法、荧光法、反射光度法、差示电位法等方法。对体液中生化分析物进行定量和 / 或定性的分析。
		特征词 1- 结构特点	全自动	可自动完成标本的吸样、添加试剂、混匀、孵育、光学检测、数据处理和形成报告，自动进行系统的清洗。
			半自动（缺省）	以手工或其他方式完成添加样本、添加试剂、混匀、孵育等部分或全部工作，然后由仪器自动进行测试、计算、报告结果。
		特征词 2- 技术特点	干式	采用干试剂片、或者干试剂条作为固相试剂的生化分析仪器，仪器无搅拌混匀、清洗管路等功能，区别于普通的采用液态试剂的生化分析仪。
			湿式（缺省）	采用液态试剂的生化分析仪。
		特征词 3- 检测项目	糖化血红蛋白等（特定检测项名称）	仅对糖化血红蛋白等特定检测项进行定量和 / 或定性的分析。
2	血糖及血糖相关参数分析仪器	核心词	血糖仪	一般为电化学法、光反射技术、比色法等检测原理，定量测定人体血液中葡萄糖的浓度。
3	电解质、血气分析仪器	核心词	电解质分析仪	用于分析血液及体液中的电解质含量。
		特征词 1- 结构特点	全自动（缺省）	仪器可自动进行添加样本、测试、计算、报告结果的工作。
			半自动	以手工或其他方式完成添加样本，然后由仪器自动进行测试、计算、报告结果。
		核心词	血气分析仪	用于测定血液及体液的 pH、二氧化碳分压、氧分压等血气参数。

相关文件

序号	产品类别	术语类别	术语名称	术语描述
3	电解质、血气分析仪器	特征词1-结构特点	全自动（缺省）	仪器可自动进行添加样本、测试、计算、报告结果的工作。
			半自动	以手工或其他方式完成添加样本，然后由仪器自动进行测试、计算、报告结果。
		特征词2-技术特点	干式	采用干试剂片或者干试剂条作为固相试剂。
			湿式（缺省）	采用液态试剂。
		核心词	电解质血气分析仪	用于体外定量测定血液、体液、透析液中电解质含量、血气参数和代谢物含量等。
		特征词1-结构特点	全自动（缺省）	仪器可自动进行添加样本、测试、计算、报告结果的工作。
			半自动	以手工或其他方式完成添加样本，然后由仪器自动进行测试、计算、报告结果。
4	电解质血气检测电极	核心词	电极	电子或电器装置、设备中的一种部件，用做导电介质（固体、气体、真空或电解质溶液）中输入或导出电流的两个端。
		特征词1-检测项目	二氧化碳、钙、钾等（特定检测项名称）	特定检测项为二氧化碳、钙、钾、锂、参比、氯、钠、葡萄糖、乳酸、氧等。
			多项	二个或二个以上检测项目。

表3 免疫分析设备

序号	产品类别	术语类别	术语名称	术语描述
1	酶联免疫分析仪器	核心词	酶联免疫分析仪	利用酶联免疫吸附试验（ELISA）法和朗伯－比尔（Lambert－Beer）定律，对待测物质进行定量或定性分析的仪器。
		特征词1-结构特点	全自动	自动加样本、加试剂，自动温控温育，自动洗板和自动判读等功能。
			半自动（缺省）	以手工或其他方式完成加样本、加试剂、温控温育、洗板中的一种或多种功能，最终完成自动判读的功能。
2	化学发光免疫分析仪器	核心词	化学发光免疫分析仪	采用化学发光系统和免疫分析方法对人体样本中的待测物质进行定量或定性检测。
		特征词1-结构特点	全自动	所有分析过程包括样品和试剂的加注、免疫结合反应环境的提供、数据测量、结果计算和输出都实施了自动化的发光免疫分析仪。
			半自动（缺省）	以手工或其他方式完成添加样本、添加试剂、混匀、洗涤、孵育等部分或全部工作，然后由仪器自动进行测试、计算、报告结果。

序号	产品类别	术语类别	术语名称	术语描述
3	荧光免疫分析仪器	核心词	荧光免疫分析仪	采用荧光标记技术或荧光酶免技术进行定性或定量检测。
		特征词 1– 结构特点	全自动	自动加样、自动反应模块、自动光学检测（荧光）、自动数据处理、自动温育温控模块、自动清洗分离等中的一种或多种功能。
			半自动（缺省）	以手工或其他方式完成加样、反应模块、光学检测（荧光）、数据处理、温育温控模块、清洗分离等中的一种或多种功能。
		特征词 2– 技术特点	时间分辨	将时间分辨荧光和免疫分析结合起来，以稀土离子及其螯合物作为示踪剂，标记抗原或抗体与待测物进行一系列免疫反应，测定最终产物的荧光强度以得出待测物浓度的分析技术。
			非时间分辨（缺省）	用传统的荧光素标记物（异硫氰酸荧光素等）或酶促荧光底物（如 4– 甲基伞酮磷酸盐等）进行荧光标记。
4	免疫层析分析仪器	核心词	免疫层析分析仪	采用免疫层析分析方法对人体样本中的待测物质进行定量或定性检测。
		特征词 1– 技术特点	胶体金	采用胶体金免疫层析法对待测物质进行检测。
			荧光	采用荧光免疫层析法对待测物质进行检测。
5	免疫印迹仪器	核心词	免疫印迹分析仪	对人体样本中的待测物质进行定性和 / 或定量分析。
		特征词 1– 结构特点	全自动	自动完成加液、温育、清洗、膜条数字化图像采集和分析的所有流程。
			半自动（缺省）	自动完成加液、温育、清洗等反应过程，反应完成的膜条通过人工转移的方式，在指定的扫描设备上使用判读软件，实现最后的膜条数字化图像采集和分析过程。
		核心词	免疫印迹仪	自动完成加液、温育、清洗等反应过程，不含图像采集和分析功能。
		核心词	免疫印迹扫描仪	对膜条进行扫描 / 拍照、显示和图像存储；不对数据作分析处理，也不具备诊断功能。
		核心词	免疫印迹判读仪	对膜条进行定性和 / 或定量分析。
6	免疫浊度分析仪器	核心词	免疫比浊分析仪	采用散射和 / 或透射比浊法对人体样本中的待测物质进行定性或定量检测。
		特征词 1– 结构特点	全自动	仪器自动完成加样、光学检测、数据处理、数据分析等功能。
			半自动（缺省）	以手工或其他方式完成加样、光学检测、数据处理、数据分析中的一种或多种功能。

相关文件

531

序号	产品类别	术语类别	术语名称	术语描述
7	间接免疫荧光分析仪器	核心词	间接免疫荧光分析仪	采用间接免疫荧光法对人体样本中的待测物质进行定性检测。
		特征词1–结构特点	全自动	仪器自动完成间接免疫荧光载片数字图像的采集、分析、存储和显示，提供核型及滴度判读建议。
			半自动（缺省）	以手工或其他方式完成从数字图像采集到提供判读建议的一种或多种功能。
		核心词	间接免疫荧光操作仪	用于制备间接免疫荧光的样本载片。
		特征词1–结构特点	全自动	自动完成样品和试剂的加注、免疫结合反应环境的提供以及清洗各个步骤。
			半自动（缺省）	以手工或其他方式完成样品和试剂的加注、免疫结合反应环境的提供以及清洗的一种或多种功能。

表4 分子生物学分析设备

序号	产品类别	术语类别	术语名称	术语描述
1	基因测序仪器	核心词	基因测序仪	与适配试剂配合使用，用于对样本中DNA或RNA分析，检测基因数量和序列的变化。
		特征词1–技术特点	毛细管电泳	基于双脱氧链终止法原理。该原理通过荧光标记双脱氧核糖核苷酸随机终止DNA聚合反应，并对DNA聚合产物进行毛细管电泳，通过不同片段大小的聚合产物在毛细管电泳中迁移率不同以获取DNA序列图谱。
			高通量	以半导体测序法、可逆末端终止测序法、联合探针锚定聚合测序法、联合探针锚定连接测序法、焦磷酸测序等技术为主要技术特点。其特点主要表现在不必预先明确目的片段的引物区序列、基于片段化的DNA、依赖于独立反应体系进行克隆扩增、能一次进行对几十万到几十亿条核酸序列（DNA）分子并行序列测定和读长一般较短等技术特征为标志。
			单分子	以生物纳米孔、固态纳米孔、全内反射显微镜，零模波导等为主要平台，基于光学或电学为主要检测原理。以单分子水平的边合成边测序或边解旋边测序为技术特征。
2	基因测序系统	核心词	基因测序系统	一般由测序仪与其它功能仪器/部件构成。其它功能仪器/部件通常为测序过程需要使用的，如样本加载系统、乳化扩增仪等。
		特征词1–技术特点	毛细管电泳	基于双脱氧链终止法原理。该原理通过荧光标记双脱氧核糖核苷酸随机终止DNA聚合反应，并对DNA聚合产物进行毛细管电泳，通过不同片段大小的聚合产物在毛细管电泳中迁移率不同以获取DNA序列图谱。

序号	产品类别	术语类别	术语名称	术语描述
2	基因测序系统	特征词1-技术特点	高通量	以半导体测序法、可逆末端终止测序法、联合探针锚定聚合测序法、联合探针锚定连接测序法、焦磷酸测序等技术为主要技术特点。其特点主要表现在不必预先明确目的片段的引物区序列、基于片段化的DNA、依赖于独立反应体系进行克隆扩增、能一次进行对几十万到几十亿条核酸序列（DNA）分子并行序列测定和读长一般较短等技术特征为标志。
			单分子	以生物纳米孔、固态纳米孔、全内反射显微镜，零模波导等为主要平台，基于光学或电学为主要检测原理。以单分子水平的边合成边测序或边解旋边测序为技术特征。
3	核酸扩增分析仪器	核心词	核酸扩增分析仪	原理一般为利用温度控制，为核酸的体外扩增提供适宜环境，采集和分析扩增过程中产生的光、电信号。与适配试剂配合使用，用于样本基因的核酸体外扩增与分析。
		特征词1-结构特点	全自动	可完成从原始样本处理到最终结果报告的全过程。
			半自动（缺省）	使用系统进行样本检测过程中，无法实现全程自动化，部分步骤需要手工操作。
		特征词2-技术特点	恒温	基于等温的核酸扩增技术，如环介导等温扩增等。
			实时荧光	在同一反应容器中结合PCR和荧光探针检测扩增产物的方法。
			数字	基于数字PCR技术特点，其特点主要表现为以微腔室/微孔或微滴作为PCR反应器，无需校准物和绘制标准曲线即可实现对样品初始浓度的绝对定量。
4	核酸扩增仪器	核心词	核酸扩增仪	原理一般为利用温度控制，为核酸的体外扩增提供适宜环境。与适配试剂配合使用，用于样本基因的核酸体外扩增。
		特征词1-技术特点	恒温	基于等温的核酸扩增技术，如环介导等温扩增等。
			非恒温（缺省）	基于非等温的核酸扩增技术，如聚合酶链式反应、连接酶链式反应等。为DNA或RNA特定片段扩增提供所需的不同温度环境。
5	核酸分子杂交仪器	核心词	核酸分子杂交仪	通常由控温模块和控制面板模块等组成。原理一般为碱基互补原则。用于核酸分子的杂交。
		特征词1-结构特点	全自动	从杂交到结果显示全过程均由仪器自动完成，无需手工操作。
			半自动（缺省）	从杂交到结果显示全过程中，部分步骤需要手工操作。如加液、清洗等。

相关文件

表 5　微生物分析设备

序号	产品类别	术语类别	术语名称	术语描述
1	微生物分析设备	核心词	微生物比浊仪	用于测量微生物在悬浮液中引起的光散射，按麦氏浊度确定微生物的接种浓度等。
		核心词	微生物培养仪	通过测量光散射，光密度，电阻抗，压力感应，产色（CO_2），荧光强度或是通过细菌直接计数的变化等来确定细菌悬浮在液体培养基的浓度的一种仪器。用于临床实验室在体外对人体样本中的微生物（需氧菌、厌氧菌、真菌和分枝杆菌等）连续培养、自动检测和判断培养结果（阳性或阴性）的仪器。
		核心词	微生物鉴定仪	通过形态学、生长、生化反应的手段鉴定从人体样本中分离出的传染性和／或病原性的微生物。
		核心词	微生物质谱鉴定仪	利用基质辅助激光解吸电离离子源（MALDI）和飞行时间质量分析器（TOF）的原理。对临床分离出的微生物（细菌、真菌、支原体和分枝杆菌等）进行鉴定的仪器。
		核心词	微生物鉴定药敏分析仪	具有微生物鉴定和／或药敏功能的仪器。鉴定部分通过形态学、生长、生化反应的手段鉴定从人体样本中分离出的传染性和／或病原性微生物。药敏部分：通过与含不同浓度抗菌剂的试剂配合使用，来确定从临床样本分离出的微生物（细菌、真菌、支原体和分枝杆菌等）的药物敏感性。
		特征词 1– 结构特点	全自动	带孵育单元／模块，连续监测功能。
			半自动（缺省）	不带孵育单元／模块。
		核心词	分析仪	用于人体样本中引起人体感染的微生物的特征性标志物的定性和／或定量分析。
		特征词	内毒素、葡聚糖等（特定检测项名称）	内毒素、葡聚糖、肽聚糖、甘露聚糖、半乳甘露聚糖等特定检测项。
		特征词 1– 结构特点	全自动	从样本载入到输出分析结果全过程中不需人手工干预。
			半自动（缺省）	以手工或其他方式完成加样本、加试剂、温控温育、洗板中的一种或多种功能，最终完成自动判读的功能。
		核心词	幽门螺旋杆菌检测仪	用于临床诊断由于幽门螺旋杆菌感染引起的疾病。

表 6　尿液及其他样本分析设备

序号	产品类别	术语类别	术语名称	术语描述
1	尿液及其他样本分析设备	核心词	干化学分析仪	主要与干化学分析试纸条配套使用，用于对人体体液中的生化与理学指标进行半定量或定性检测。

序号	产品类别	术语类别	术语名称	术语描述
1	尿液及其他样本分析设备	特征词1-结构特点	全自动	从加载样本到生成完整报告单的整个过程全部由仪器自动完成。
			半自动（缺省）	将仪器配套的试纸条手工加样（滴样或浸样）后按要求放入仪器，由仪器自动完成后续检测，并输出检测结果。
		特征词2-样本类型	尿液、粪便等（特定检测项名称）	尿液、粪便、生殖道分泌物、脑脊液、胸腹水和关节腔积液等特定检测项。
		核心词	有形成分分析仪	用于对取自人体体液标本中的有形成分进行定量或定性分析。
		特征词1-结构特点	全自动	从加载样本到生成完整报告单的整个过程全部由仪器自动完成。
			半自动（缺省）	可自动完成分析过程，但样品传送仍需通过人工方式进行。
		特征词2-样本类型	尿液、粪便等（特定检测项名称）	尿液、粪便、生殖道分泌物、脑脊液、胸腹水和关节腔积液等特定检测项。
		核心词	分析系统	用于对取自人体的体液中的理学指标、化学指标以及有形成分进行定性、定量分析。
		特征词1-结构特点	全自动	从加载样本到生成完整报告单的整个过程全部由仪器自动完成。
			半自动（缺省）	将仪器配套的试纸条手工加样（滴样或浸样）后按要求放入仪器，由仪器自动完成后续检测，并输出检测结果。
		特征词2-样本类型	尿液、粪便等（特定检测项名称）	尿液、粪便、生殖道分泌物、脑脊液、胸腹水和关节腔积液等特定检测项。
		核心词	精子质量分析仪	对人体精子的精子浓度和活力等质量参数进行分析的仪器。

表 7 形态学及有形成分分析设备

序号	产品类别	术语类别	术语名称	术语描述
1	医用显微镜	核心词	生物显微镜	用于对临床样本的显微放大观察。
		特征词1-结构特点	倒置	限定采用倒置结构。
			正置（缺省）	限定采用正置结构。
		特征词2-技术特点	荧光	限定采用荧光技术。
			明场、相衬、暗场（缺省）	限定采用除荧光外的光学技术。

相关文件

序号	产品类别	术语类别	术语名称	术语描述
2	图像扫描仪器	核心词	扫描仪	用于对临床样本的图像进行扫描、观察等。
		特征词1-技术特点	荧光	限定荧光染色的标本。
			非荧光（缺省）	限定非荧光染色的标本。
		特征词2-技术特点	显微图像	限定显微成像。
			图像（缺省）	限定非显微成像。
3	图像分析仪器	核心词	扫描分析仪	用于对临床样本的图像进行观察、筛选、标记及分析等，分析结果或经复核的分析结果可出具报告。
		特征词1-样本类型	精子、宫颈切片、细胞DNA倍体等（特定样本类型名称）	用于处理宫颈细胞学、精子、宫颈切片、细胞DNA倍体、结合分枝杆菌、染色体、染色细胞、病理切片、玻片等特定样本。
			普通（缺省）	非特定样本类型。
		特征词2-成像方式	荧光	限定荧光染色的标本。
			非荧光（缺省）	限定非荧光染色的标本。
		特征词3-技术特点	显微图像	限定显微成像。
			图像（缺省）	限定非显微成像。
4	细胞形态分析仪器	核心词	形态学分析仪	用于血细胞和/或体液细胞的分类、数量统计和/或细胞形态学描述。
		特征词1-样本类型	血细胞	仅对血细胞样本进行分析。
			体液细胞	仅对体液细胞样本进行分析。
			细胞	不限定分析何种样本，即可对血细胞样本又可对体液细胞样本进行分析。

表8 形态学分析前样本处理设备

序号	产品类别	术语类别	术语名称	术语描述
1	血细胞分析前样本处理仪器	核心词	推片机	用于外周血涂片的制备。
		核心词	染片机	用于样本分析前对血液和/或其他体液的涂片进行染色。
		特征词1-结构特点	全自动	可实现连续进样、自动添加/排出染液、自动控制染色程序、自动移动玻片。
			半自动（缺省）	需要手工添加/排出染液、手动移动玻片。
		核心词	推片染色机	用于样本分析前对血液和/或其他体液的涂片制备和/或染色。
		特征词1-结构特点	全自动	通过全自动化的仪器进行自动制备血涂片并自动进行染色的过程，从进样开始需自动识别样品管，并对抗凝样品管中的血液自动混匀、自动吸样、自动推片、自动染色以完成血涂片制备。
			半自动（缺省）	不具备连续进样功能。

序号	产品类别	术语类别	术语名称	术语描述
2	病理分析前样本处理仪器	核心词	组织切片机	是切制薄而均匀组织学样本或细胞学样本的机械，样本用坚硬的石蜡或其他物质支持，每切一次借切片厚度器自动向前（向刀的方向）推进所需距离。
		特证词1–切片方式	轮转式	通过摇动手轮进行圆周运动，完成切片行程。
			平推式	通过往复推动手轮，完成切片行程。
			振动式	由主机产生的机械振动，完成切片行程。
		特证词2–技术特点	冷冻	低温进行切片。
			非冷冻（缺省）	非低温下进行切片。
		核心词	液基薄层细胞制片机	利用沉降原理，将液相悬浮状态的细胞样本转移到玻片上，制成分布均匀、染色一致的薄层细胞玻片的机器。
		核心词	组织脱水机	对组织进行固定、脱水、透明、浸蜡的仪器。
		特证词1–结构特点	半封闭	对组织进行脱水过程中，部分时间试剂和组织会暴露在空气中。
			全封闭（缺省）	整个脱水过程中，组织和试剂都是在密闭空间中。
		特证词2–技术特点	微波	通过微波的原理促使反应进行。
			非微波（缺省）	未用到微波的原理促使反应进行。
		核心词	包埋机	是对人体或动植物标本经脱水浸蜡后进行组织蜡块包埋，以供切片后作组织学诊断的设备。
		核心词	包埋机热台	做为包埋机的加热模块，通过加热熔化石蜡，并对组织样本或细胞学样本进行石蜡包埋的设备。
		核心词	包埋机冷台	做为包埋机的冷却模块，通过冷却加速石蜡包埋块的成型。
		核心词	涂片机	一种将悬浮细胞均匀的涂在玻片上，形成薄层细胞的机器。
		特证词1–样本类型	细胞	主要处理样本是细胞悬液。
			非细胞（缺省）	不限定处理何种样本，可以是细胞、组织等等。
		特证词2–技术特点	离心	利用离心原理进行涂片。
			非离心（缺省）	除离心原理。
		核心词	染色机	用于病理学中粘附于载玻片上的石蜡切片、冰冻切片及细胞等检体进行染色的仪器。
		特证词1–结构特点	全自动	可按照预设的程序与染色试剂配合，对病理样本完成自动染色的染色机。
			半自动（缺省）	采用手工加染色剂，手工调节染色条件的染色机。

相关文件

序号	产品类别	术语类别	术语名称	术语描述
2	病理分析前样本处理仪器	特证词2–技术特点	免疫组化	利用免疫组化的方法对组织学样本的染色。
			HE	利用HE染色的方法用于对组织学或细胞学样本的染色。
			特殊	用于对含有细菌等的特殊组织进行染色。
			原位杂交	利用原位杂交的方法对组织学或细胞学样本进行染色。
			普通（缺省）	除以上方法外的其它染色方法。
		核心词	制片染色机	将保存在液体中的样本沉降在载玻片上形成均匀的薄层细胞，并对玻片进行染色。
		特证词1–样本类型	液基细胞	是一种将脱落细胞保存在液体中，并通过特殊设备将细胞均匀分散贴附在载玻片上制成涂片的技术。
			非液基细胞（缺省）	除液基细胞以外的样本类型。
		核心词	抗原修复仪	对石蜡包埋的组织切片或细胞切片进行脱蜡，水化，修复，将被覆盖的抗原表位进行暴露，以便后续免疫组化染色。
		特证词1–结构特点	全自动	可按照预设的程序，实现自动脱蜡，水化，修复，无需人工干预。
			半自动（缺省）	需手工调节修复条件以实现脱蜡，水化，修复。
		核心词	玻片处理系统	用于临床实验室的组织学/细胞学玻片样本的处理过程。
		特证词1–结构特点	半自动	对荧光原位杂交检测的玻片预处理过程，常规组织学/细胞学玻片染色过程，或常规玻片清洗过程中的一个或多个步骤进行程序化控制。整个处理过程中需要人员手动协作方可完成。
			全自动	可根据用户需要，通过预编程来进行荧光原位杂交检测的玻片预处理以及常规组织学/细胞学玻片染色和常规玻片清洗的操作。处理过程程序化控制，仪器自动完成；过程中无需人员手动协作。
		核心词	细胞过滤器	由过滤管，过滤膜等组成。用于病理分析前人体样本细胞的富集和分离。
3	流式细胞术样本前处理仪器	核心词	裂解仪	为流式细胞术制备人体细胞样本提供红细胞裂解操作。
		核心词	流式细胞术样本制备仪	用来制备适用于流式细胞仪术的全血样本。

表 9　质谱、色谱检测分析设备

序号	产品类别	术语类别	术语名称	术语描述
1	质谱检测系统	核心词	质谱仪	使待测物质电离形成不同质荷比的离子，利用电磁学原理使离子按照质荷比分离并测定离子流强度的仪器，用于临床上对被测物进行鉴别及检测。
		特征词 1– 质量分析器	三重四极杆	一般指以串联的三组四极杆为质量分析器的质谱仪。一般情况下，第一组四极杆用于母离子的选择，第二组四极杆作为碰撞室使用，第三组四极杆用于由母离子裂解生成的子离子的检测。根据方法设置不同，具有母离子扫描、子离子扫描、中性碎片丢失扫描等功能，可以进行化合物的定性和定量分析。
			单四极杆	由单一四极杆为质量分析器的质谱仪，具有全扫描（MS）和选择性离子记录（SIR）的采集模式。
			离子阱	以离子阱为质量分析器的质谱仪。它是由环行电极和上、下两个端盖电极构成的三维四极场。将离子储存在阱里，改变电场按不同质荷比将离子推出阱外进行检测。
		核心词	液相色谱质谱联用仪	与液相色谱仪联用。
			气相色谱质谱联用仪	与气相色谱仪联用。
		特征词 1– 技术特点	高效	流动相被加压传送以取得短时间内的高效分离的液相色谱分析方法被称为高效液相色谱法（HPLC）。用于高效液相色谱法的设备被称为高效液相色谱仪。
			超高效	装有亚 2 微米的颗粒柱，能够在非常高的压力下操作并经过整体设计的高性能液相色谱系统称为超高效液相色谱。
		特征词 2– 质量分析器	三重四极杆	一般指以串联的三组四极杆为质量分析器的质谱仪。一般情况下，第一组四极杆用于母离子的选择，第二组四极杆作为碰撞室使用，第三组四极杆用于由母离子裂解生成的子离子的检测。根据方法设置不同，具有母离子扫描、子离子扫描、中性碎片丢失扫描等功能，可以进行化合物的定性和定量分析。
			单四极杆	由单一四极杆为质量分析器的质谱仪，具有全扫描（MS）和选择性离子记录（SIR）的采集模式。
			离子阱	以离子阱为质量分析器的质谱仪。它是由环行电极和上、下两个端盖电极构成的三维四极场。将离子储存在阱里，改变电场按不同质荷比将离子推出阱外进行检测。

相关文件

序号	产品类别	术语类别	术语名称	术语描述
1	质谱检测系统	特征词2-质量分析器	飞行时间	飞行时间质谱（TOF），这种质谱仪的质量分析器是一个离子漂移管，由离子源产生的离子首先被收集，使用一个脉冲电场加速后进入无场漂移管，并以恒定速度飞向离子接收器。离子质量越大，到达接收器所用时间越长；离子质量越小，到达接收器所用时间越短，根据这一原理，可以把不同质量的离子按 m/z 值大小进行分离。飞行时间质谱仪可检测的分子量范围大，扫描速度快。
2	色谱分析仪器	核心词	液相色谱分析仪	以液体为流动相的色谱，用于人体样本中被测物的定量检测。
		特征词1-技术特点	高效	流动相被加压传送以取得短时间内的高效分离的液相色谱分析方法被称为高效液相色谱法（HPLC）。用于高效液相色谱法的设备被称为高效液相色谱仪。
			超高效	装有亚2微米的颗粒柱，能够在非常高的压力下操作并经过整体设计的高性能液相色谱系统称为超高效液相色谱。
		核心词	气相色谱分析仪	以气体为流动相的色谱，用于人体样本中被测物的定量检测。
			色谱柱	通常由柱体和固定部件等组成。用于对人体样本中的被测物进行分离。
		特征词1-技术特点	液相	适用于液相色谱分析仪的色谱柱。
			气相	适用于气相色谱分析仪的色谱柱。

表10 其他医用分析设备

序号	产品类别	术语类别	术语名称	术语描述
1	渗透压测定仪器	核心词	渗透压测定仪	用于测量尿液、血液等样本的晶体渗透压和胶体渗透压。
		特征词1-技术特点	冰点	一般为振动原理结晶。
			胶体	一般为半透膜渗透。
2	流式点阵仪器	核心词	流式点阵仪	一般为基于流式荧光技术（又称液态芯片、液相芯片）的高通量检测技术。与适配试剂配合使用，用于人体样本中待测物的定性和／或定量分析。
3	循环肿瘤细胞分析仪器	核心词	循环肿瘤细胞分析仪	用于检测循环血中的上皮来源的肿瘤细胞。
4	电泳仪器	核心词	医用电泳仪	利用带电粒子因带电性质不同而移动速度及方向不同的性质从而达到分离的目的。
5	生物芯片分析仪器	核心词	医用芯片阅读仪	通常由主机模块、光电信号采集器模块、计算机系统及软件等组成。临床上通过扫描检测、捕捉芯片上目标物的发光信号，并转化为可供后续分析使用的信号，包括但不限于图像、数值阵列等。

序号	产品类别	术语类别	术语名称	术语描述
5	生物芯片分析仪器	核心词	医用芯片阅读分析仪	通常由主机模块、光电信号采集器模块、计算机系统及软件等组成。临床上通过扫描检测芯片上目标物的发光信号，并对信号进行处理、分析，其输出结果可以是供其他适配的、通用/专用分析/报告软件进一步分析的中间数据，也可以直接是具有临床参考意义的检测结果。
		特证词1–结构特点	全自动	包括芯片阅读分析前的样本处理功能，含有但不限于样本/试剂加样、杂交、清洗，加热功能。
			半自动（缺省）	不包括芯片阅读分析前的样本处理功能。
		特证词2–技术特点	基因	特定的 DNA 或 RNA 片段有规律地紧密排列固定于单位面积的芯片上，也称为微阵列。用于后续阅读或分析。
			蛋白	特定的蛋白分子有规律地紧密排列固定于单位面积的芯片上，也称为微阵列。用于后续阅读或分析。
			生物	同时具备基因和蛋白检测。
6	微量元素分析仪	核心词	微量元素分析仪	仅用于检测人体微量元素含量的仪器。
		特征词1–使用场所	医用	具有医疗用途。
		特征词2–技术特点	原子吸收光谱法	基于被测元素基态原子蒸气对其共振辐射线的吸收特性进行元素定量分析原理的仪器。
			质谱法	基于将待测元素电离形成不同质荷比的离子，利用电磁学原理使离子按照质荷比分离并测定离子流强度的仪器。
			电化学法	基于待测元素在溶液中引起的电流或电压变化来确定溶液中被测定元素的浓度的仪器。
			分光光度法	在特定波长或一定波长范围内，测待测元素与其它试剂反应后的产物所引起的透射光、反射光、散射光或荧光等光强度变化与待测元素浓度相关，基于以上原理来定量分析元素含量的仪器。
		特征词2–技术特点	原子荧光光谱法	基态原子吸收合适的特定频率的辐射光而被激发至高能态，而后激发态以光辐射的形式发射出特征波长的荧光，通过检测原子发出的荧光强度来定量分析该元素含量的仪器。
			色谱法	因不同物质在固定相和流动相之间的分配不同，导致样品中的不同组分在流动相中的运动速度各不相同。基于此原理使待测物质与其它组分分离，并定量分析待测元素含量的仪器。
			原子发射光谱法	基于待测元素的气态原子受到热或电的激发时，由基态跃迁到激发态再返回到基态时所发射的特征线状光谱的波长及其强度来确定元素含量的仪器。

相关文件

表 11　采样设备和器具

序号	产品类别	术语类别	术语名称	术语描述
1	动静脉采血针及连接件	核心词	血样采集器	用于采集动静脉血样。
		特征词 1– 使用形式	一次性使用	仅供一次性使用，或在一次医疗操作过程中只能用于一例患者。
		特征词 2– 使用部位	动脉	用于动脉采血。
			静脉	用于静脉采血。
			动静脉	用于动静脉采血。
		核心词	血样采集连接件	与一次性静脉血样采集容器及静脉采血器配合使用，辅助用于从患者静脉抽取血样。
2	末梢采血针	核心词	末梢采血针	用于临床医学上皮肤穿刺，以采集人体末梢血样。
		特征词 1– 使用形式	一次性使用	仅供一次性使用，或在一次医疗操作过程中只能用于一例患者。
		特征词 2– 结构特点	自毁式	有防止再次使用的功能。
			非自毁型（缺省）	不带自毁装置。
		特征词 3– 功能特点	防针刺	带针尖屏蔽装置。
			非防针刺（缺省）	不带针尖屏蔽装置。
3	采血笔	核心词	采血笔	与一次性末梢采血针配合使用，用于采集末梢血。
4	静脉血样采血容器	核心词	静脉血样采集容器	用于人体血液的存储。
		特征词 1– 使用形式	一次性使用	仅供一次性使用，或在一次医疗操作过程中只能用于一例患者。
			可重复使用（缺省）	经处理后可多次使用。
		特征词 2– 结构特点	非真空	不做真空处理。
			真空（缺省）	管内保持负压。
5	末梢采血管	核心词	微量采血管	用于人体末梢血的采集、存储。
		特征词 1– 使用形式	一次性使用	仅供一次性使用，或在一次医疗操作过程中只能用于一例患者。
			可重复使用（缺省）	经处理后可多次使用。
		特征词 2– 提供形式	无菌	无菌提供。
			非无菌（缺省）	非无菌提供。
6	末梢血采集容器	核心词	一次性使用末梢血样采集容器	用于人体末梢血样的采集、运输和存储等。

序号	产品类别	术语类别	术语名称	术语描述
7	血液采集卡	核心词	血液采集卡	用于采集人体末梢血。通常采用滤纸制成，卡上有专用染料绘制的圆圈用于标记样品位置。
		特征词－适用人群	新生儿	用于新生儿血液采集。
			产前	用于孕妇血液采集。
			非新生儿及孕妇（缺省）	除以上新生儿、孕妇之外的人群。
8	胃隐血采集器具	核心词	一次性使用隐血采样胶囊	用于提取胃液作隐血检查。
9	其他样本采集器具	核心词	采样容器	用于样本的收集、运输和储存等。
		特征词1－使用形式	一次性使用	仅供一次性使用，或在一次医疗操作过程中只能用于一例患者。
			可重复使用（缺省）	经处理后可多次使用。
		特征词2－技术特点	无菌	无菌提供。
			非无菌（缺省）	非无菌提供。
		特征词3－样本类型	病毒、病变细胞等（特定样本名称）	病毒、病变细胞、粪便标本、尿液标准、唾液标本、血液标本、细菌等特定样本。
10	激光采血仪	核心词	激光采血仪	用于人体末梢血样的采集。通常由激光发生器、控制电路、防护罩、显示器、内部电源和充电适配器组成。
11	足跟采血器	核心词	足跟采血器	用于早产儿或新生儿足跟采血。通常由弹簧、刀片、弹出结构和外壳组成，刀片一般由不锈钢制成，无菌提供。一次性使用。

表 12　样本分离设备

序号	产品类别	术语类别	术语名称	术语描述
1	医用离心机	核心词	离心机	在实验室用来分离或分析不同密度或颗粒大小的物质的一种仪器。使液体中混合的物质绕轴旋转，用离心力的作用达到分离的目的。
		特征词1－使用场所	医用	具有医疗用途。
		特征词2－技术特点	超高速	最高转速高于 30000 转/分的离心机。
			高速	最高转速在大于或等于 10000 转/分小于或等于 30000 转/分之间的离心机。
			低速	最高转速一般低于 10000 转/分的离心机。
		特征词3－功能特点	冷冻	带有制冷系统，离心腔温度或样品的温度通常可降至 4℃或以下。
			常温（缺省）	不含制冷系统。
2	核酸提取仪	核心词	核酸提取仪	用于临床样本中核酸的提取、纯化。

相关文件

表 13　检验及其他辅助设备

序号	产品类别	术语类别	术语名称	术语描述
1	洗板机	核心词	洗板机	用于实验室的样品板／片的洗涤工作。
		特征词 1– 使用场所	医用	具有医疗用途。
		特征词 2– 结构特点	全自动	仪器可自动进行样品板的洗涤工作。
			半自动	在对样品板进行洗涤的过程中部分工作需要人工完成。
2	计数板和血沉管	核心词	计数板	由玻璃或有机玻璃等透光性能好的材料制成，用于临床对血液、尿液、粪便及其它体液样本中的有形成分进行计数，用于人工计数时，其上还应有精确刻度标识。
			血沉管	与血沉架配合使用，用于静脉血样的红细胞沉降率的检测。
		特征词 1– 使用场所	医用	具有医疗用途。
		特征词 2– 使用形式	可重复使用（缺省）	经处理后可以多次重复使用。
			一次性使用	仅供一次性使用，或在一次医疗操作过程中只能用于一例患者。
3	加样系统	核心词	加样系统	通常主要由精密加样系统组成，可以包含传输系统、清洗系统、温育系统、混匀系统、软件系统等其他功能连接件，用于临床检验分析仪器分析前试剂或样本的精密加样。
		特征词 1– 技术特点	样本制备	对样本／试剂进行移液、分配、清洗、温育、混匀等操作，制备分析前样本，辅助后续检测工作。
			非样本制备（缺省）	不具备样本制备功能。
		特征词 2– 结构特点	全自动	从待测样本的移液，分配至分析前的自动加样，均有仪器自己完成，无需人工干预。
			半自动	传输、清洗、温育、混匀、加样等操作中的一项或几项需要人工完成。
4	低温储存设备	核心词	医用冷藏箱	箱内温度范围在 2℃ ~8℃ 以内，采用消耗电能的方式制冷，内部采用空气自然对流或强制对流方式进行冷却的用于存放存品的医用冷藏箱，包括医用血液冷藏箱。
		核心词	医用冷冻箱	具有适当容积和装置的绝热箱，箱内温度可控制在 -25℃ ~-164℃ 温度区间内，用消耗电能的手段来制冷，供医疗机构存放存品。
		核心词	医用冷藏冷冻箱	通常包含两个或两个以上间室，可同时提供冷藏和冷冻环境，供医疗机构存放存品。

序号	产品类别	术语类别	术语名称	术语描述
4	低温储存设备	核心词	医用转运箱	能提供一个冷藏或冷冻的保温环境，通常由保温箱体、蓄冷材料等组成，可包含制冷装置和循环装置，用于离体器官、组织、细胞、血液和血液制品等的低温转运。
		核心词	医用液氮储存系统	通常由储存罐，液氮输送管，压力、温度传感器，控制系统，显示面板及选配的远程报警系统组成。用于实验室样本的冷冻保存。箱内温度可控制在 −130℃ 以下。
		核心词	血浆速冻机	用来快速冻结血浆的装置，采用蒸汽压缩式制冷。
		特征词 1- 结构特点	平板式	平板式血浆速冻机的蒸发器采用的是冷板，便于和血浆袋接触以传递热量，节流装置一般采用膨胀阀。
			非平板式（缺省）	非平板式血浆速冻机采用冷空气循环流通热对流的方式，包括自然对流式和强制对流式，或同时采用热传导和热对流两种方式。
5	样本处理系统	核心词	样本处理系统	通常由离心模块、分杯模块、低温存储模块中的至少一个模块组成，并连接其他必要的功能模块。用于检测前/后样本的离心、分杯（分注）、冷藏，不包含临床检验分析仪器分析前试剂或样本精密加注功能。
		核心词	微生物样本前处理系统	通常由自动接种、自动分区划线、自动灭菌、恒温培养等模块组成，用于微生物样品分析前的处理。
		核心词	粪便分析前处理仪	通常由本稀释液加注、搅拌等功能模块组成，用于粪便样品分析前的处理。

表 14　培养与孵育设备

序号	产品类别	术语类别	术语名称	术语描述
1	培养与孵育设备	核心词	培养箱	为培养物的良好生长提供理想的环境，用于人体来源样本的体外培养。
		特征词 1- 使用场所	医用	具有医疗用途。
		特征词 2- 技术特点	二氧化碳	提供箱内一定浓度的二氧化碳气体和相对湿度，模拟细胞与微生物正常生命活动的环境条件，使之在脱离复杂机体内环境的直接影响后，在体外能生长繁殖。
			生化	为培养物提供适宜的温度场。
			厌氧	为厌氧培养提供的专门类型设备。
		核心词	孵育器	用于试剂卡或其他样本的孵育。
		特征词 1- 使用场所	试剂卡	提供反应环境的装置。
			非试剂卡（缺省）	除试剂卡外的其他孵育对象。
		特征词 2- 技术特点	振荡	在孵育的过程中有振荡模块。
			非振荡（缺省）	无振荡模块。

表 15　医用生物防护设备

序号	产品类别	术语类别	术语名称	术语描述
1	医用生物防护设备	核心词	医用生物安全柜	负压过滤排风柜，防止操作者和环境暴露于实验过程中产生的生物气溶胶。
		核心词	医用洁净工作台	提供洁净等级为 ISO 等级 5（100 级）或更高等级的局部操作环境的箱式空气净化设备。

五、命名示例

参照表 16 命名示例，根据产品实际情况，选择对应子领域术语表，比对描述选择相应术语，按第三条第一款所述的的结构顺序确定通用名称。

表 16　血细胞分析仪命名示例

核心词	特征词 1		特征词 2		通用名称
	结构特点		技术特点		
	全自动	半自动（缺省）	干式	湿式（缺省）	
血细胞分析仪	√		√		全自动干式血细胞分析仪
	√			√	全自动血细胞分析仪
		√	√		干式血细胞分析仪
		√		√	血细胞分析仪

六、参考资料

［1］国家食品药品监督管理总局关于发布医疗器械分类目录的公告（2017 年第 104 号）

［2］国家食品药品监督管理总局关于发布医疗器械注册单元划分指导原则的通告

［3］GB/T 15237.1–2000 术语工作词汇 第 1 部分理论与应用

［4］临床检验装备大全 第 2 卷 仪器与设备

［5］国家药品监督管理局医疗器械注册数据库

［6］Global Medical Device Nomenclatur（GMDN）

［7］Japanese Medical Device Nomenclature（JMDN）

［8］U.S. Food and Drug Administration.Product Classification Database

七、起草单位

本指导原则由国家药品监督管理局医疗器械标准管理中心编写并负责解释。

国家药监局关于发布重组胶原蛋白生物材料命名指导原则的通告

2021 年第 21 号

为进一步规范重组胶原蛋白生物材料命名，推动新型生物材料高质量发展，国家药监局组织制定了《重组胶原蛋白生物材料命名指导原则》，现予发布。

特此通告。

附件：重组胶原蛋白生物材料命名指导原则

国家药监局

2021 年 3 月 15 日

相关文件

附件

重组胶原蛋白生物材料命名指导原则

本指导原则参考《医疗器械通用名称命名规则》和《医疗器械通用名称命名指导原则》制定，用于指导医疗器械领域重组胶原蛋白生物材料的命名，不包括动物组织提取的胶原蛋白生物材料。基于重组胶原蛋白生物材料制备的医疗器械产品的命名可参考本指导原则。

本指导原则不作为法规强制执行。若有满足相关法规要求的其他命名也可采用，但须提供充分的研究资料和论证资料。本指导原则是在现行法规和当前认知水平下制定的，应在遵循相关法规的前提下使用。随着法规和标准的不断完善，以及科学技术的不断发展，本指导原则相关内容也将进行适时的调整。

一、适用范围

本指导原则适用于医疗器械领域重组胶原蛋白生物材料。

二、核心词和特征词的制定原则

（一）核心词

本领域核心词是对具有相同或者相似的技术原理（采用重组 DNA 技术制备）、相同或相似结构特征以及相同或相似性状（剂型）的重组胶原蛋白生物材料的概括表述。

（二）特征词

重组胶原蛋白生物材料涉及的特征词主要包括胶原蛋白型别等特定属性的描述。

——胶原蛋白型别：指胶原蛋白编码基因序列构成型别，如 I 型、III 型等。

（三）特征词的缺省

术语表中特征词项下的惯常使用或公认的某一特性可设置为"缺省"，以（缺省）明示，并在术语描述中明确其所指概念，在名称中不做体现，以遵从惯例或方便表达。在不同术语集中"缺省"的特征根据实际情况确定。

三、名称的确定原则

（一）名称组成结构

重组胶原蛋白生物材料名称由核心词和特征词组成，按"特征词（如有）+ 核心词（A+B）"结构编制。为遵从该专业领域表达习惯，可将核心词"重组人胶原蛋白""重组人源化胶原蛋白""重组类胶原蛋白"的"重组"置于名称之首，例如：重组 III 型人源化胶原蛋白溶液。

说明：基于重组胶原蛋白生物材料制备的医疗器械产品命名时可以用医疗器械产品的结构特征及产品形式等代替核心词 B，如：重组 III 型人源化胶原蛋白敷料。

（二）核心词和特征词选取原则

重组胶原蛋白生物材料的核心词和特征词应根据其真实属性和特征，优先在术语表中选择。对于术语表未能包含的，或者需在某一特征项下加入新术语，可对术语集进行补充或调整。

核心词由 A 和 B 两部分构成，应分别在 A 和 B 项下选择一个与之吻合的术语作为核心词（A+B），核心词不可缺省。

特征词应按照相关特征，在术语表中特征词项下选择一个与之吻合的术语。未一一列举的胶原蛋白型别等特征词，根据实际情况，选用相应的专业术语。

四、命名术语表

在表1中，列举了重组胶原蛋白生物材料的核心词和特征词的可选术语，并对其进行了描述。

表1 重组胶原蛋白生物材料命名术语表

术语类型	术语名称	术语描述
核心词 A	重组人胶原蛋白	由 DNA 重组技术制备的人胶原蛋白特定型别基因编码的全长氨基酸序列，且有三螺旋结构。
	重组人源化胶原蛋白	由 DNA 重组技术制备的人胶原蛋白特定型别基因编码的全长或部分氨基酸序列片段，或是含人胶原蛋白功能片段的组合。
	重组类胶原蛋白	由 DNA 重组技术制备的经设计、修饰后的特定基因编码的氨基酸序列或其片段，或是这类功能性氨基酸序列片段的组合。其基因编码序列或氨基酸序列与人胶原蛋白的基因编码序列或氨基酸序列同源性低。
核心词 B	溶液	溶液剂型。
	冻干粉	冻干粉剂型。
	凝胶	凝胶剂型。
	海绵	海绵剂型。
	纤维	纤维剂型。
	其他	其他剂型。根据产品实际情况，选用相应的专业术语。
特征词 – 胶原蛋白型别	Ⅰ型	基于胶原蛋白 COL1A1 基因或部分基因编码的重组胶原蛋白。
	Ⅲ型	基于胶原蛋白 COL3A1 基因或部分基因编码的重组胶原蛋白。
	其他	基于其他型别胶原蛋白基因或部分基因编码的，或不同型别基因编码组合型的重组胶原蛋白，根据产品实际情况，选用相应的专业术语。
	人工编辑（缺省）	部分基因编码为人工编辑优化的序列，非人的胶原蛋白序列。

五、命名示例

参照表1，根据重组胶原蛋白生物材料实际情况，比对描述选择相应术语，按第三部分（一）"名称组成结构"的结构顺序确定名称。命名示例见表2。

表2 重组胶原蛋白生物材料命名示例

术语类型	术语名称	产品 1	产品 2
核心词 A	重组人胶原蛋白	√	
	重组人源化胶原蛋白		√
	重组类胶原蛋白		

续表

术语类型	术语名称	产品 1	产品 2
核心词 B	溶液		√
	冻干粉	√	
	凝胶		
	海绵		
	纤维		
	其他		
特征词 – 胶原蛋白型别	Ⅰ 型	√	
	Ⅲ 型		√
	其他		
	人工编辑（缺省）		
命名示例		重组 Ⅰ 型人胶原蛋白冻干粉	重组 Ⅲ 型人源化胶原蛋白溶液

六、参考资料

1.《医疗器械通用名称命名规则》

2.《医疗器械通用名称命名指导原则》

3. 人用重组 DNA 蛋白制品总论，《中华人民共和国药典》2020 版 三部

4. GB/T 15237.1《术语工作词汇 第 1 部分：理论与应用》

七、起草单位

本指导原则由国家药品监督管理局医疗器械标准管理中心编写并负责解释。

三、临床评价

国家药监局关于发布医疗器械临床试验机构
监督检查办法（试行）的通告

2024 年第 22 号

为进一步加强对医疗器械临床试验机构的管理，规范医疗器械临床试验机构监督检查工作，国家药监局组织制定了《医疗器械临床试验机构监督检查办法（试行）》，现予发布，自 2024 年 10 月 1 日起实施。

特此通告。

国家药监局

2024 年 6 月 14 日

医疗器械临床试验机构监督检查办法（试行）

第一章 总 则

第一条 为规范医疗器械临床试验机构监督检查工作，加强医疗器械临床试验管理，根据《医疗器械监督管理条例》《医疗器械注册与备案管理办法》《体外诊断试剂注册与备案管理办法》《医疗器械临床试验机构条件和备案管理办法》《医疗器械临床试验质量管理规范》等，制定本办法。

第二条 药品监督管理部门对医疗器械临床试验机构（以下简称试验机构）备案及开展以医疗器械（含体外诊断试剂，下同）注册为目的的医疗器械临床试验活动，执行医疗器械临床试验质量管理规范等情况实施检查、处置等，适用本办法。

第三条 国家药品监督管理局（以下简称国家局）负责制定试验机构监督检查办法，指导省级药品监督管理部门（以下简称省级局）开展试验机构监督检查，根据需要组织对试验机构进行监督检查。

国家局检查机构负责建立国家检查员库并实施检查员培训与管理，负责实施国家局组织开展的试验机构检查，推进试验机构备案管理信息化及监督检查工作信息化建设；对省级检查机构质量管理体系进行评估，对各省检查工作进行技术指导。

第四条 省级局负责本行政区域内试验机构的监督检查以及国家局交办的有关事项办理，建立试验机构监督检查工作制度和机制，配备与本省试验机构检查工作相匹配的省级检查员队伍；推进监督检查工作信息化建设；组织对本行政区域内试验机构开展日常监督检查、有因检查和其他检查等，监督试验机构持续符合法定要求；对本行政区域内试验机构涉嫌违法违规行为依法进行处置。

第五条 药品监督管理部门检查机构依法开展试验机构检查，医疗器械检验、审评等机构根据

相关文件

试验机构检查工作需要提供技术支撑。

第六条 试验机构应当符合《医疗器械临床试验机构条件和备案管理办法》规定的条件，遵守医疗器械临床试验质量管理规范的要求，具备开展医疗器械临床试验相应的专业技术水平、组织管理能力、伦理审查能力，建立涵盖临床试验全过程的质量管理制度，确保主要研究者履行其临床试验相关职责，保护受试者的权益和安全，保证试验结果真实、准确、完整、可追溯。

第七条 根据检查性质和目的，对试验机构开展的检查分为日常监督检查、有因检查和其他检查。不同类型检查可以结合进行。

（一）日常监督检查是按照年度检查计划，对试验机构及试验专业备案条件是否持续符合要求、试验机构执行医疗器械临床试验质量管理规范情况、既往检查发现问题的整改情况等开展的监督检查。日常监督检查应当基于风险，结合试验机构在研临床试验项目情况开展。对于新备案的试验机构，首次监督检查重点核实试验机构及试验专业的备案条件。

（二）有因检查是对试验机构可能存在质量安全风险的具体问题或者投诉举报等涉嫌违法违规重要问题线索的针对性检查。有因检查可以不提前通知被检查机构，直接进入检查现场，针对可能存在的问题开展检查。

（三）其他检查是除上述两种检查类型之外的检查，如专项检查、试验机构的监督抽查等。

第二章　检查机构和人员

第八条 检查机构应当建立检查质量管理制度，完善检查工作程序，保障检查工作质量；加强检查记录与相关文件档案管理；定期回顾分析检查工作情况，持续改进试验机构检查工作。

第九条 检查机构按照检查计划组织实施检查任务。试验机构日常监督检查年度计划由省级局结合本行政区域内试验机构和试验活动的具体情况组织制定；检查应当基于风险选择重点内容，聚焦重点领域、关键环节。

对试验机构、试验专业或者主要研究者存在以下情形的，可以纳入检查重点或者提高检查频次：

（一）2年内临床试验项目监督检查中发现存在真实性问题的；

（二）2年内试验机构监督检查综合评定结论为不符合要求的；

（三）主要研究者同期承担临床试验项目较多、主要研究者管理能力或者研究人员数量相对不足等可能影响试验质量的；

（四）投诉举报或者其他线索提示存在质量安全风险的；

（五）其他表明试验机构可能存在质量管理风险的，例如：试验机构超过2年未开展临床试验，后续恢复开展试验的。

第十条 检查人员应当具备相应的检查资质和能力；应当严格遵守法律法规、廉政纪律和工作要求，不得向被检查机构提出与检查无关的要求；在检查前应当接受廉政教育，签署承诺书和无利益冲突声明；与被检查机构存在利益关系或者有其他可能影响检查结果公正性的情况时，应当主动声明并回避。

第十一条 检查人员应当严格遵守保密规定和检查纪律，并签署保密协议，严格管理涉密资料，严防泄密事件发生。不得泄露检查相关信息及被检查机构技术或者商业秘密等信息。

第三章　检查程序

第十二条 实施检查前，检查机构应当根据检查任务制定具体检查方案，明确检查内容、检查时间和检查方式等。检查方式以现场检查为主，可视情况开展远程检查。

第十三条 检查机构组建检查组实施检查。检查组一般由2名以上检查员组成，实行组长负责制，必要时可以增加相关领域专家参加检查工作。检查人员应当提前熟悉检查方案以及检查相关资料。

第十四条 确定检查时间后，检查机构原则上在检查前 5 至 7 个工作日通知被检查机构，有因检查除外。国家局检查机构实施的试验机构检查，应当同时通知被检查机构所在地省级局。省级局应当选派 1 名医疗器械监督管理人员作为观察员协助检查工作，并将检查发现的问题等及时报告省级局。

第十五条 检查组开始现场检查时，应当召开首次会议（有因检查除外），向被检查机构出示并宣读检查通知，确认检查范围，告知检查纪律、廉政纪律、注意事项以及被检查机构享有的权利和应当履行的义务。

被检查机构应当积极配合检查组工作，安排研究者、其他熟悉业务的相关人员协助检查组工作，及时提供相关资料，并保证所提供的资料、数据及相关情况真实、准确、完整、可追溯，不得拒绝、逃避、拖延或者阻碍检查。

第十六条 检查组应当根据检查方案实施检查。检查过程中检查方案需变更的，应当报告检查机构同意后实施。

第十七条 检查组应当详细记录检查时间、地点、内容、发现的问题等，并根据实际情况对发现的问题留存相关证据。

第十八条 检查组应当对现场检查情况进行汇总分析，客观、公平、公正地对检查发现的缺陷进行风险评估和分级；检查组评估认为存在质量安全风险的，应当要求被检查机构及时控制风险；必要时由药品监督管理部门要求试验机构采取进一步风险控制措施。

第十九条 现场检查结束时，检查组应当召开末次会议，向被检查机构通报现场检查情况。被检查机构对现场检查情况有异议的，可以陈述申辩，检查组应当如实记录，并结合陈述申辩的内容确定发现的缺陷，形成缺陷项目清单。缺陷项目清单由检查组成员、被检查机构负责人、观察员（如适用）签字确认，加盖被检查机构公章。被检查机构对检查结论有异议，拒不签字的，由检查组成员和观察员签字，经报检查机构同意后离开检查现场，检查组在检查报告中详细记录并说明情况。被检查机构可将有异议条款或拒不签字理由等相关情况进行说明，加盖公章后交由检查组带回检查机构处置，或者直接联系检查机构或省级局提出申诉。

检查组完成现场检查后，除取证资料外，应当退还被检查机构提供的其他资料。

第二十条 现场检查结束后，检查组应当及时撰写现场检查报告，按照有关检查要点和判定原则，列明发现的缺陷项目与缺陷分级、现场检查结论及处理建议，并由检查组全体人员签字确认。

第二十一条 缺陷分为严重缺陷、主要缺陷和一般缺陷，其风险等级依次降低。一般情况下，关键项目不符合要求判为严重缺陷，主要项目不符合要求判为主要缺陷，一般项目不符合要求判为一般缺陷。检查组可以综合相应检查要点的重要性、偏离程度以及质量安全风险进行缺陷分级。

第二十二条 检查组根据检查发现试验机构、试验专业缺陷的数量和风险程度，综合研判，对试验机构和试验专业分别作出现场检查结论。

现场检查结论分为符合要求、待整改后评定、不符合要求。未发现缺陷，或者所发现缺陷对受试者安全和／或试验数据质量不影响，或者影响轻微，认为质量管理水平较好的，结论为符合要求。所发现缺陷可能影响受试者安全和／或试验数据质量，但质量管理水平尚可的，结论为待整改后评定。所发现缺陷可能严重影响受试者安全和／或试验数据质量，认为质量管理存在严重缺陷或者不符合试验机构备案基本条件的，结论为不符合要求。

第二十三条 被检查机构应当在收到缺陷项目清单后对缺陷项目迅速进行整改，于 20 个工作日内将整改报告提交给检查机构。

整改报告包含缺陷成因、风险评估、风险控制、整改措施、整改效果评估等内容；对无法短期内完成整改的，应当制定可行的整改计划，作为对应缺陷项目的整改情况列入整改报告。被检查机构按照整改计划完成整改后，应当及时将整改情况形成补充整改报告报送检查机构。

相关文件

被检查机构应当根据发现的缺陷主动进行风险研判，采取必要的风险控制措施，涉及试验项目的缺陷应当及时与相关申办者沟通。

第二十四条 检查组应当在现场检查结束后5个工作日内将现场检查报告、现场检查记录、缺陷项目清单及其他现场检查相关资料报送检查机构，由其进行综合评定。

综合评定结论分为符合要求、不符合要求。综合评定报告应当包括试验机构名称、地址、检查实施单位、检查范围、检查类型、检查依据、检查人员、检查时间、问题或者缺陷、综合评定结论等内容。

第二十五条 检查机构自收到检查组现场检查报告等相关资料后20个工作日内进行审核，作出综合评定结论并提出处理意见，形成综合评定报告，并及时报送同级药品监督管理部门。检查机构审核时，可对缺陷项目和现场检查结论进行调整。对缺陷项目进行调整的，应当自调整意见作出之日起5个工作日内反馈被检查机构，被检查机构整改报告提交时限可延长10个工作日。

对于待整改后评定的，检查机构应当自收到整改报告后20个工作日内作出综合评定结论并提出处理意见，形成综合评定报告报送同级药品监督管理部门。对未提交整改报告、整改计划尚未完成或者整改不充分，检查机构评估认为存在一定质量安全风险的，可以向同级药品监督管理部门提出暂停新开展医疗器械临床试验等风险控制措施的意见，待整改效果确认后再行处理。

第二十六条 检查机构建立沟通交流工作机制，对综合评定结论为不符合要求以及需要采取暂停新开展医疗器械临床试验等措施的，应当与试验机构进行沟通，试验机构有异议的可以说明。

第二十七条 对国家局检查机构实施试验机构检查且综合评定结论为不符合要求或者提出暂停新开展医疗器械临床试验等措施的，国家局将综合评定结论和处理意见通报相关省级局。

对试验机构检查综合评定结论为不符合要求或者采取暂停新开展医疗器械临床试验等措施的（包括由国家局通报省级局的），省级局应当及时将综合评定结论和处理意见书面通知被检查机构，依法处理并采取相应措施加强监管。

第二十八条 检查任务完成后，检查机构应当及时将现场检查记录、检查报告、整改报告及相关证据材料等进行整理归档保存。

第四章　检查有关工作衔接

第二十九条 现场检查中发现试验机构、研究者等涉嫌违法行为的，检查组应当详细记录检查情况和发现的问题，并根据实际情况采取收集或者复印相关文件资料、拍摄相关设施设备及物料等实物和现场情况、采集实物或电子证据，以及询问有关人员并形成询问记录等多种方式，及时固定证据性材料。

第三十条 现场检查时发现试验机构、研究者等涉嫌违法行为的，检查组应当立即报告负责被检查机构日常监管的省级局和检查机构。相关省级局应当派出案件查办人员到达现场，交接与违法行为相关的证据材料，开展违法行为查处；对需要检验的，应当组织监督抽检，并将样品及有关资料等寄送至相关医疗器械检验机构检验。有关问题可能造成安全风险的，省级局还应当责令相关试验机构及时采取风险控制措施。

第三十一条 对试验机构检查中发现申办者、第三方检验机构、中心实验室、数据管理单位、统计分析单位等涉嫌存在严重质量问题的，检查组应当报告检查机构，由检查机构及时组织检查。需要赴外省市进行调查、取证的，可以会同相关省级局联合开展，或者出具协助调查函请相关省级局协助调查、取证。

第三十二条 省级局在试验机构案件查办过程中发现存在系统性、区域性风险等涉及面广、性质严重的违法行为的，应当向国家局报告并提出处理意见。国家局直接组织查办、督办或者协调相关省级局立案查办。

第三十三条 案件查办过程中发现被检查单位涉嫌犯罪的，药品监督管理部门应当按照相关规定依法移送公安机关。

第五章　检查结果的处理

第三十四条 对综合评定结论为"符合要求"的试验机构或者试验专业，试验机构应当对其存在的缺陷自行纠正并采取预防措施，省级局应当纳入日常监管。

第三十五条 对综合评定结论为"不符合要求"的试验机构或者试验专业，药品监督管理部门要求其暂停新开展医疗器械临床试验。

试验机构开展医疗器械临床试验未遵守临床试验质量管理规范的，按照《医疗器械监督管理条例》第九十四条等相关规定进行处理。试验机构存在其他违法违规行为的，按照《医疗器械监督管理条例》的相关规定进行处理。

检查发现试验机构隐瞒有关情况或者提供虚假材料办理试验机构备案的，或者存在缺陷、不适宜继续承担医疗器械临床试验的，所在地省级局报国家局，由国家局取消其试验机构或相关试验专业的备案信息，通报国家卫生健康委并进行公告。

第三十六条 试验机构被药品监督管理部门要求暂停新开展医疗器械临床试验的，对已开展的医疗器械临床试验，试验机构及研究者应当主动进行综合评估并采取措施保障受试者权益和安全，确保合规、风险可控后方可入组受试者。

被取消备案的试验机构或者试验专业，自被取消备案之日起，不得新开展医疗器械临床试验，已开展的医疗器械临床试验不得再入组受试者，试验机构及研究者应当采取措施保障已入组临床试验受试者的权益和安全。

第三十七条 被暂停临床试验的试验机构或者试验专业，原则上在6个月内完成整改，并将整改情况报告所在地省级局。省级局应当在收到整改报告后20个工作日内组织对整改情况进行审核，根据需要可以组织现场核实或者要求试验机构补充提交整改材料，相关时间不计入工作时限。

整改后符合要求的，试验机构或者试验专业方可开展新的医疗器械临床试验。6个月内未完成整改，或者整改仍不符合要求的，试验机构应当主动取消备案；试验机构未按要求取消备案的，所在地省级局报国家局，由国家局取消其试验机构或相关试验专业的备案信息，通报国家卫生健康委并进行公告。

第三十八条 根据试验机构检查发现缺陷情况，药品监督管理部门可以采取告诫、约谈等措施，督促试验机构加强质量管理。

第三十九条 对发现试验机构研究者及其他相关责任人、伦理委员会等涉嫌违反相关法律法规的，省级局通报相关主管部门依法处理。

第四十条 药品监督管理部门应当按照相关规定，及时将试验机构监督检查结果、违法行为查处等情况录入"医疗器械临床试验机构备案管理信息系统"。有关情况及时通报同级卫生健康主管部门。

第六章　附　　则

第四十一条 试验机构检查要点和判定原则由国家局检查机构制定。省级局可以根据行政区域内实际情况，制定试验机构监督检查工作制度和要求，明确部门职责分工，加强有关工作衔接与配合。

第四十二条 国家局、省级局组织实施的医疗器械临床试验项目检查中，发现试验机构质量管理存在问题的，应当通报试验机构所在地省级局，由属地省级局进行处置。

第四十三条 本办法自2024年10月1日起施行。

相关文件

国家药监局关于发布免于临床评价医疗器械目录的通告

2023 年第 33 号

为做好医疗器械注册管理工作，根据《医疗器械注册与备案管理办法》（国家市场监督管理总局令第 47 号），国家药监局组织修订了《免于临床评价医疗器械目录》（国家药监局通告 2021 年第 71 号发布），现予公布，并自公布之日起施行。

特此通告。

附件：免于进行临床评价医疗器械目录（2023 年）

国家药监局
2023 年 7 月 20 日

国家药监局关于实施

《医疗器械临床试验质量管理规范》有关事项的通告

2022 年第 21 号

《医疗器械临床试验质量管理规范》（2022 年第 28 号）（以下简称《规范》）已经发布，自 2022 年 5 月 1 日起施行。为做好《规范》实施工作，现将有关事项通告如下：

一、做好新旧制度文件衔接工作

自 2022 年 5 月 1 日起，尚未通过伦理审查的医疗器械临床试验项目，应当按照《规范》进行调整后开展临床试验；对于已经通过首次伦理审查的项目，可以按照原相关文件要求开展工作。

二、同步执行相关范本要求

为配合《规范》实施，进一步指导临床试验开展，配套发布《医疗器械临床试验方案范本》《医疗器械临床试验报告范本》《体外诊断试剂临床试验方案范本》《体外诊断试剂临床试验报告范本》《医疗器械 / 体外诊断试剂临床试验严重不良事件报告表范本》《医疗器械 / 体外诊断试剂临床试验基本文件目录》（附件 1–6），与《规范》同步实施。

三、积极推进《规范》实施工作

各省级药品监督管理部门应当加强《规范》的宣贯培训工作，督促本行政区域内医疗器械临床试验申办者和临床试验机构落实《规范》要求，提高临床试验质量，确保临床试验过程规范，结果真实、准确、完整和可追溯。

特此通告。

附件：1. 医疗器械临床试验方案范本
   2. 医疗器械临床试验报告范本
   3. 体外诊断试剂临床试验方案范本
   4. 体外诊断试剂临床试验报告范本
   5. 医疗器械 / 体外诊断试剂临床试验严重不良事件报告表范本
   6. 医疗器械 / 体外诊断试剂临床试验基本文件目录

国家药监局

2022 年 3 月 30 日

相关文件

557

附件1

医疗器械临床试验方案范本

方案编号：

×××临床试验方案

试验医疗器械名称：
型号规格：
需进行临床试验审批的第三类医疗器械　是□　否□
方案版本号和日期：
临床试验机构：
主要研究者：
临床试验组长单位/协调研究者（多中心临床试验适用）：
申办者：

填写说明

1. 申办者应当根据试验目的，综合考虑试验医疗器械的风险、技术特征、适用范围等，组织制定科学、合理的临床试验方案。

2. 本方案应当由主要研究者签名和注明日期，经医疗器械临床试验机构审核签章后交申办者。

3. 可附方案历次修订情况以及理由。

4. 方案应当有目录。

5. 可根据需要增加缩略语表、参考文献等内容。

一、申办者信息

（一）申办者名称
（二）申办者地址
（三）申办者联系方式

二、临床试验机构和主要研究者信息

三、临床试验的背景资料

（一）研发背景
（二）产品基本信息（包括结构组成、工作原理、作用机理、产品特点等）
（三）适用范围以及相关信息（包括适应症、适用人群、使用部位、与人体接触的方式和时间、疾病的严重程度和阶段、使用条件、重复使用、使用方法、禁忌症、警告以及预防措施等）

四、试验目的

五、试验设计

（一）总体设计以及确定依据

（二）受试者选择

1. 入选标准

2. 排除标准

3. 受试者退出标准和程序

（三）评价方法

1. 有效性评价

（1）评价指标以及其观察目的、定义、观察时间点、测定方法、计算公式（如适用）、判定标准（适用于定性指标和等级指标）等。如适用，明确规定主要评价指标和次要评价指标。

（2）确定依据

2. 安全性评价

（1）评价指标以及其观察目的、定义、观察时间点、测定方法、计算公式（如适用）、判定标准（适用于定性指标和等级指标）等。如适用，明确规定主要评价指标和次要评价指标。

（2）确定依据

（四）试验医疗器械和对照医疗器械/对照诊疗方法（如适用）

（五）试验流程

1. 试验流程图

2. 试验实施（方法、内容、步骤等）

3. 用械规范

4. 合并治疗（如用药）规范

（六）偏倚控制措施

六、统计学考虑

（一）样本量估算

1. 计算公式、各参数取值（如显著性水平、把握度、预期脱落率、界值等）以及其确定依据，计算结果

2. 样本量分配以及其确定依据（如适用）

（二）分析数据集

（三）受试者剔除标准

（四）统计方法

（五）缺失值和异常值的处理

七、监查计划

八、数据管理

九、风险受益分析

十、临床试验的质量控制

十一、临床试验的伦理问题以及知情同意

（一）伦理方面的考虑

（二）知情同意过程

十二、对不良事件和器械缺陷报告的规定

（一）不良事件的定义和报告规定

（二）器械缺陷

（三）严重不良事件的定义

（四）报告程序、联络人信息

十三、临床试验方案的偏离与临床试验方案修正的规定

十四、直接访问源数据、文件

十五、临床试验报告应当涵盖的内容

十六、保密原则

十七、各方承担的职责

十八、其他需要说明的内容

研究者声明

我同意：

1. 严格按照赫尔辛基宣言、中国现行法规、以及试验方案的要求进行本次临床试验。

2. 将所要求的全部数据准确记录于病例报告表（CRF）中，配合完成临床试验报告。

3. 试验医疗器械仅用于本次临床试验，在临床试验过程中完整准确地记录试验医疗器械的接收和使用情况，并保存记录。

4. 允许申办者授权或派遣的监查员、稽查员和监管部门对该项临床试验进行监查、稽查和检查。

5. 严格履行各方签署的临床试验合同 / 协议条款。

我已全部阅读了临床试验方案，包括以上的声明，我同意以上全部内容。

主要研究者

签名

年　月　日

医疗器械临床试验机构

签章

年　月　日

申办者

签章

年　月　日

相关文件

附件 2

医疗器械临床试验报告范本

报告编号 / 版本号：

×××临床试验报告

试验医疗器械名称：

临床试验使用的型号规格：

需进行临床试验审批的第三类医疗器械　是□　否□

临床试验机构：

主要研究者：

临床试验组长单位 / 协调研究者（多中心临床试验适用）：

临床试验开始时间：

临床试验结束时间：

方案编号：

方案版本号和日期：

申办者：

原始资料保存地点：

年　　　月　　　日

填写说明

1. 申办者、主要研究者应当本着认真负责的态度，严格按照临床试验方案实施临床试验，公正、客观地完成临床试验报告。

2. 申办者、主要研究者应当对试验报告的真实性和科学性负责。

3. 本报告应当由主要研究者签名和注明日期，经医疗器械临床试验机构审核签章后交申办者。多中心临床试验报告应当由协调研究者签名、注明日期，经组长单位医疗器械临床试验机构审核签章后交申办者。

4. 报告应当有目录。

5. 可根据报告需要增加缩略语表、参考文献等内容。

一、报告摘要

二、临床试验的背景

三、临床试验目的

四、临床试验的实施

（一）试验流程图

（二）受试者选择

1. 入选标准

2. 排除标准

3. 受试者退出标准

（三）临床试验样本量

（四）试验医疗器械和对照医疗器械 / 对照诊疗方法（如适用）

（五）临床评价标准

1. 有效性评价

2. 安全性评价

五、统计分析方法

1. 分析数据集

2. 受试者剔除标准

3. 统计分析方法

4. 缺失值和异常值的处理

六、临床试验结果

（一）分析数据集

（二）基线数据

（三）有效性评价

（四）安全性评价

（五）不良事件以及其处理情况

1. 不良事件，包括定义、不良事件的描述、处理过程以及处理结果，与器械的关系

2. 严重不良事件，包括定义、严重不良事件的描述、处理过程以及处理结果，与器械的关系

（六）器械缺陷

七、临床试验结果分析、讨论，尤其是适用范围、适应症、禁忌症和注意事项等

八、临床试验结论

九、存在问题以及改进建议

十、多中心临床试验所有临床试验机构（如适用）

十一、试验人员名单

十二、伦理情况说明

相关文件

十三、其他需要说明的情况（试验过程中方案修改情况说明、试验方案的偏离情况）

十四、主要研究者（单中心临床试验）/协调研究者（多中心临床试验）签名，注明日期，临床试验机构审核签章

主要研究者/协调研究者
签名
年　月　日

医疗器械临床试验机构/组长单位医疗器械临床试验机构
签章
年　月　日

申办者
签章
年　月　日

附件3

体外诊断试剂临床试验方案范本

方案编号：

×××临床试验方案

试验体外诊断试剂名称：
方案版本号和日期：
临床试验组长单位：
协调研究者：
申办者：

填写说明

1. 申办者应当根据试验目的，综合考虑试验体外诊断试剂的风险、技术特征、预期用途等，组织制定科学、合理的临床试验方案。

2. 本方案应当由主要研究者签名和注明日期，经医疗器械临床试验机构审核签章后交申办者。

3. 可附方案历次修订情况以及理由。

4. 方案应当有目录。

5. 可根据需要增加缩略语表、参考文献等内容。

一、申办者信息

（一）申办者名称

（二）申办者地址

（三）申办者联系方式

二、临床试验机构和主要研究者信息

三、临床试验的背景资料

（一）研发背景

（二）产品基本信息：试验体外诊断试剂产品名称、包装规格、检验原理、主要组成成分、配套仪器以及试剂、产品特点等。

（三）预期用途以及相关临床背景（试验体外诊断试剂预期用途、适用人群、适应症、使用方法、使用条件；目前针对相关适应症所采用的临床或实验室诊断方法；同类产品上市情况等）

四、临床试验目的

五、临床试验设计

（一）总体设计以及确定依据

1. 临床试验设计类型

2. 对比试剂／方法（如适用）以及选择理由

3. 不一致结果确认方法（如适用）以及选择理由

4. 其他可能使用的配套仪器和试剂等

（二）受试者选择和样本收集

1. 入选标准

2. 排除标准

3. 受试者退出标准和程序

4. 样本收集和样本要求，包括样本类型以及样本采集、保存和运输方法等。

（三）临床评价指标

1. 临床评价指标以及其可接受标准（如适用）

2. 确定依据

（四）试验流程

1. 试验流程图

2. 试验实施（方法、内容、步骤等）

（五）偏倚控制措施

六、统计学考虑

（一）样本量要求以及确定依据

1. 样本量估算

2. 样本量分配、亚组样本量要求（如适用）

（二）分析数据集

（三）样本剔除标准

（四）统计分析方法

（五）不一致结果、离群值等分析方法

七、监查计划

八、数据管理

九、风险受益分析

十、临床试验的质量控制

十一、临床试验的伦理问题以及知情同意

（一）伦理方面的考虑

（二）知情同意过程

十二、对不良事件和器械缺陷报告的规定

（一）不良事件的定义和报告规定

（二）器械缺陷

（三）严重不良事件的定义

（四）报告程序、联络人信息

十三、临床试验方案的偏离与临床试验方案修正的规定

十四、关于同意直接访问源数据、文件的说明

十五、临床试验报告应当涵盖的内容

十六、保密原则

十七、各方承担的职责

十八、其他需要说明的内容

研究者声明

我同意：

1.严格按照赫尔辛基宣言、中国现行法规、以及试验方案的要求进行本次临床试验。

2.将所要求的全部数据准确记录于病例报告表（CRF）中，配合完成临床试验报告。

3.试验体外诊断试剂仅用于本次临床试验，在临床试验过程中完整准确地记录试验体外诊断试剂的接收和使用情况，并保存记录。

4.允许申办者授权或派遣的监查员、稽查员和监管部门对该项临床试验进行监查、稽查和检查。

5.严格履行各方签署的临床试验合同/协议条款。

我已全部阅读了临床试验方案，包括以上的声明，我同意以上全部内容。

主要研究者
签名 年　　月　　日

相关文件

医疗器械临床试验机构

签名

年　月　日

申办者

签章

年　月　日

附件4

体外诊断试剂临床试验报告范本

报告编号/版本号：

×××临床试验报告

试验体外诊断试剂名称：

临床试验使用的包装规格：

临床试验组长单位：

协调研究者：

临床试验开始时间：

临床试验结束时间：

方案编号：

方案版本号和日期：

申办者：

原始资料保存地点：

年　月　日

填写说明

1. 申办者、主要研究者应当本着认真负责的态度，严格按照临床试验方案实施临床试验，公正、客观地完成临床试验报告。

2. 申办者、协调研究者应当对试验报告的真实性和科学性负责。

3. 多中心临床试验报告应当由协调研究者签名、注明日期，经组长单位医疗器械临床试验机构审核签章后交申办者。

4. 报告应当有目录。

5. 可根据报告需要增加缩略语表、参考文献等内容。

一、报告摘要

对临床试验基本情况进行简要介绍。包括临床试验目的、方法、临床试验机构、入组病例情况、样本量、样本分配、临床评价指标、结果分析等。

二、临床试验的背景

1. 被测物的来源、生物以及理化性质

2. 临床预期用途，适用的目标人群，目前针对相关适应症所采用的临床或实验室诊断方法等

3. 试验体外诊断试剂所采用的方法原理、技术要求等

4. 国内外已批准上市同类产品的应用现状等

5. 探索性试验情况（如适用）

569

三、临床试验目的

四、临床试验的实施

（一）试验流程图

（二）临床试验方法

1. 临床试验设计类型

2. 对比试剂／方法（如适用）详细信息

3. 不一致结果确认方法（如适用）详细信息

4. 临床试验用其他所有产品以及检测方法的具体信息，包括配套仪器、校准品、质控品、其他试剂（如：核酸提取试剂）等

（三）受试者选择和样本收集

1. 入选标准

2. 排除标准

3. 受试者退出标准

4. 样本收集和样本要求，包括样本类型以及样本采集、保存、运输方法等

（四）临床试验样本量

（五）临床评价指标以及其可接受标准（如适用）

五、统计分析方法

1. 分析数据集

2. 样本剔除标准

3. 统计分析方法，包括不一致结果、离群值等的分析方法。

六、临床试验结果

（一）分析数据集

（二）基线数据（如适用）

（四）统计分析结果，包括不一致结果、离群值等的分析。

（五）不良事件以及其处理情况

1. 不良事件，包括定义、不良事件的描述、处理过程以及处理结果，与试验体外诊断试剂的关系

2. 严重不良事件，包括定义、严重不良事件的描述、处理过程以及处理结果，与试验体外诊断试剂的关系

（六）器械缺陷

七、临床试验结果分析、讨论，尤其是产品预期用途、适应症、适用人群、检验方法的局限性、注意事项等

八、临床试验结论

九、存在问题以及改进建议

十、多中心临床试验所有临床试验机构

十一、试验人员名单

十二、伦理情况说明

十三、其他需要说明的情况（试验过程中方案修改情况说明、试验方案的偏离情况）

十四、协调研究者签名，注明日期，组长单位临床试验机构审核签章

主要研究者

签名

年　月　日

组长单位医疗器械临床试验机构

签章

年　月　日

申办者

签章

年　月　日

十五、临床试验报告附件

各临床试验机构临床试验小结（含附件）

临床试验小结由主要研究者签名、注明日期，经临床试验机构审核后签章。其中临床试验数据表应当由试验操作者、复核者签字，临床试验机构签章（封面以及骑缝章）。

附件5

医疗器械 / 体外诊断试剂临床试验严重不良事件报告表范本

基本情况			
临床试验名称			
临床试验备案号			
报告类型	□首次报告 □随访报告 □总结报告	报告日期	年　月　日
申办者			
申办者联系地址			
申办者联系人		申办者联系电话 / 手机号码	
临床试验机构			
机构备案号		临床试验专业	
主要研究者		职称	
联系人		联系电话	
试验医疗器械情况			
试验医疗器械名称		规格型号 / 包装规格	
试验医疗器械分类		需临床试验审批的第三类医疗器械	□是　□否
批号		生产日期 / 失效日期	
适用范围或者预期用途			
受试者情况			
编号			
性别	□男　□女	出生日期	年　月　日
合并疾病以及治疗情况描述			

严重不良事件情况			
严重不良事件名称			
使用日期	年　月　日	发生日期	年　月　日
研究者获知日期	年　月　日	申办者获知日期	年　月　日
严重不良事件分类	□ 导致死亡　　年　月　日 □ 致命的疾病或者伤害 □ 身体结构或者身体功能的永久性缺陷 □ 需住院治疗或者延长住院时间 □ 需要采取医疗措施以避免对身体结构或者身体功能造成永久性缺陷 □ 导致胎儿窘迫、胎儿死亡或者先天性异常、先天缺损 □ 其他_____		
对试验医疗器械采取措施	□继续使用　□减少使用　□暂停使用 □暂停使用后又恢复　□停止使用　□其他_____		
转归	□症状消失（后遗症　□有　□无）□症状持续 □症状缓解　□症状加重　□死亡　□其他_____		
与试验医疗器械的关系	□肯定有关　□可能有关　□可能无关 □肯定无关（注：可能无关、肯定无关不需要报监管部门）		
是否器械缺陷	□是　□否	是否预期	□是　□否
是否其他严重安全性风险信息	□是　□否	是否大范围严重不良事件或其他重大安全性问题	□是　□否
发生以及处理的详细情况：			
采取何种风险控制措施	□修改临床试验方案　□修改知情同意书和其他提供给受试者的信息 □修改其他相关文件　□继续监测风险，暂无需采取其它措施 □暂停医疗器械临床试验　□终止医疗器械临床试验　□其他_____		
			申办者盖章

注：本表所述医疗器械包括体外诊断试剂。

填写说明：

一、本表供医疗器械（含体外诊断试剂，下同）临床试验申办者向其所在地省级药品监督管理部门，向医疗器械临床试验机构所在地省级药品监督管理部门和卫生健康管理部门，报告医疗器械临床试验过程中发生的试验医疗器械相关严重不良事件个案。纸质报告由申办者加盖公章后快递。研究者报告严重不良事件的报告表由申办者确定，原则上至少应当涵盖此报告表信息。

二、试验医疗器械相关严重不良事件指受试者按照临床试验方案使用试验医疗器械后出现的，经分析认为与试验医疗器械的关系是可能有关或者肯定有关。

三、报告时限为获知死亡或者危及生命的试验医疗器械相关严重不良事件后 7 天内、获知非死亡或者非危及生命的试验医疗器械相关严重不良事件后 15 天内。申办者首次获知当天为第 0 天。

四、盲法试验中发生与使用的医疗器械相关的严重不良事件时，为便于判断严重不良事件与试验医疗器械的相关性，申办者可建立相应的程序，仅由个别专门人员进行相关个例破盲，而对疗效结果进行分析和阐述的人员仍应当保持"盲态"。

五、医疗器械临床试验期间出现其他严重安全性风险信息时，申办者填写本表格的适用项，并详细描述控制措施。

六、当医疗器械临床试验中出现大范围临床试验医疗器械相关严重不良事件，或者其他重大安全性问题时，应在本表中勾选，详细描述发生及处理情况，并采取暂停或终止医疗器械临床试验等风险控制措施。

七、填写要求

1. 本表由申办者填写，内容应当真实、准确、完整，与临床试验源数据一致。

2. 本表包括基本情况、试验医疗器械情况、受试者情况、严重不良事件情况四个部分。

3. 基本情况

3.1 临床试验名称：指医疗器械临床试验备案表上的医疗器械临床试验名称。

3.2 临床试验备案号：指医疗器械临床试验备案表上的备案号。

3.3 报告类型

3.3.1 首次报告：指申办者首次获知试验医疗器械严重不良事件时的报告。

3.3.2 随访报告：指严重不良事件随访中发生重要变化时的报告。

3.3.3 总结报告：指严重不良事件消失 / 缓解后的末次报告。

3.4 报告日期：指填写本表的确切日期。

3.5 申办者：指上报严重不良事件的申办者，应当与医疗器械临床试验备案表上申办者一致，加盖公章。

3.6 申办者联系地址：指上报医疗器械不良事件单位的联系地址。

3.7 申办者联系人：指上报严重不良事件申办者负责医疗器械临床试验中不良事件监测的人员。

3.8 申办者联系电话 / 手机号码：指上报严重不良事件申办者负责医疗器械临床试验中不良事件监测部门的电话。

3.9 临床试验机构：指上报严重不良事件发生所在的医疗器械临床试验机构，应当与医疗器械临床试验备案表上医疗器械临床试验机构一致。

3.10 机构备案号：指上报严重不良事件发生所在的医疗器械临床试验机构，在药品监督管理部门备案系统中的备案号，应当与医疗器械临床试验备案表上医疗器械临床试验机构备案号一致。

3.11 临床试验专业：指上报严重不良事件发生所在的临床试验专业，在药品监督管理部门备案系统中的备案名称，应当与医疗器械临床试验备案表上临床试验专业一致。

3.12 主要研究者：指上报严重不良事件发生所在的医疗器械临床试验机构的主要研究者，应当与医疗器械临床试验备案表上主要研究者一致。

3.13 职称：指上报严重不良事件发生所在的医疗器械临床试验机构的主要研究者的职称。

3.14 联系人：指上报严重不良事件发生所在的医疗器械临床试验机构的联系人，可为主要研究者或者主要研究者授权研究者中的临床医生。

3.15 联系电话：指上报严重不良事件发生所在的医疗器械临床试验机构的联系人的联系电话。

4. 试验医疗器械情况

4.1 试验医疗器械名称：指上报严重不良事件涉及试验医疗器械的名称，应当与医疗器械临床试验备案表上试验医疗器械一致。

4.2 规格型号／包装规格：指上报严重不良事件涉及试验医疗器械的规格型号，或涉及试验体外诊断试剂的包装规格，应当与医疗器械临床试验备案表上试验医疗器械规格型号，或试验体外诊断试剂的包装规格一致。

4.3 试验医疗器械分类：指上报严重不良事件涉及试验医疗器械的分类，应当与医疗器械临床试验备案表上试验医疗器械分类一致。

4.4 需临床试验审批的第三类医疗器械：指上报严重不良事件涉及试验医疗器械是否属于需要临床试验审批的第三类医疗器械，应当与医疗器械临床试验备案表上试验医疗器械一致。

4.5 批号：指上报严重不良事件涉及试验医疗器械的批号，应当与使用的试验医疗器械标签或者包装标识一致。

4.6 生产日期／失效日期：指试验医疗器械的生产日期，以及在规定的条件下能够保证质量的期限，应当与使用的试验医疗器械标签或者包装标识一致。

4.7 适用范围或者预期用途：指试验医疗器械的适用范围或者预期用途。

有多种试验医疗器械时，可根据情况增加行。

5. 受试者情况

5.1 编号：指上报严重不良事件涉及受试者在临床试验中的编号。

5.2 性别：指上报严重不良事件涉及受试者的性别。

5.3 出生日期：指上报严重不良事件涉及受试者的出生日期。

5.4 合并疾病以及治疗：指上报严重不良事件涉及受试者在临床试验中的合并疾病以及治疗，根据受试者病历填写。若受试者无合并疾病以及治疗，填写为"无"。

6. 严重不良事件情况

6.1 严重不良事件名称：指上报严重不良事件的名称，应当是医学术语，优先使用医学诊断。

6.2 使用日期：指上报严重不良事件涉及试验医疗器械的确切使用日期。

6.3 发生日期：指上报严重不良事件的发生日期。

6.4 研究者获知日期：指研究者获知上报严重不良事件的确切日期。

6.5 申办者获知日期：指研究者向申办者报告严重不良事件的确切日期。

6.6 严重不良事件分类：指上报严重不良事件的分类，若勾选为"其他"，需要注明具体情况。

6.7 对试验医疗器械采取措施：指研究者对发生严重不良事件的试验医疗器械采取的措施；若勾选为"其他"，需要注明具体措施。

6.8 转归：指填写本表时受试者的转归情况；若勾选为"症状消失"还需选择有无后遗症；若勾选为"其他"，需要注明具体情况。

6.9 与试验医疗器械的关系：指上报严重不良事件与试验医疗器械的相关性。

6.9.1 与试验医疗器械有关：（1）两者存在合理时间关系；（2）试验医疗器械已知风险或者可以用试验医疗器械的机理去解释；（3）停止使用后伤害减轻或者消失；（4）再次使用后伤害再次出现；（5）无法用其他影响因素解释。同时满足其中五条判断为"肯定有关"；满足其中两条判断为"可能有关"。

6.9.2 与试验医疗器械无关：（1）两者不存在合理时间关系；（2）该不良事件为该试验医疗器械不可能导致的事件类型；（3）该不良事件可用合并用械／药、患者病情进展、其他治疗影响来解释。同时满足其中三条判断为"肯定无关"；满足其中一条判断为"可能无关"。

相关文件

6.10 是否器械缺陷：指上报严重不良事件是否由试验医疗器械的器械缺陷引起。

6.11 是否预期：指上报严重不良事件是否为预期的试验医疗器械严重不良事件。

6.12 是否其他严重安全性风险信息：指上报的内容是否属于其他严重安全性风险信息。

6.13 是否大范围严重不良事件或其他重大安全性问题：根据临床试验方案、试验医疗器械特征、产品风险以及文献数据等方面，结合此前已报告例数和情况，判断是否属于需要暂停或者终止临床试验的大范围严重不良事件或其他重大安全性问题。

6.14 发生以及处理的详细情况：指上报严重不良事件的发生以及研究者处理情况。

6.14.1 需描述受试者参加医疗器械临床试验情况。

6.14.2 描述试验医疗器械使用情况，对于有源和无源医疗器械应当描述试验医疗器

械具体操作使用情况，出现的非预期结果，（可能）对受试者造成的伤害，采取的救治措施以及结果等。对于体外诊断医疗器械，应当描述患者诊疗信息（如疾病情况、用药情况等）、样本检测过程与结果、发现的异常情况、采取的措施、最终结果判定、对临床诊疗的影响等。

6.14.3 描述严重不良事件发生与处理情况。

6.14.4 若是大范围严重不良事件，需要详细描述相关受试者严重不良事件的汇总情况。

6.15 采取何种风险控制措施：指针对严重不良事件已采取或者拟采取的风险控制措施。勾选"其他"，需要描述具体措施，比如：加强研究者培训、密切跟踪随访等。

附件 6

医疗器械/体外诊断试剂临床试验基本文件目录

为指导申办者和医疗器械临床试验机构开展医疗器械（含体外诊断试剂，下同）临床试验，特制定本文件目录供参考执行。

医疗器械临床试验开展顺序一般为：申办者完成临床前相关研究，选择已备案的医疗器械临床试验机构以及主要研究者，并组织临床试验方案等相关文件制定。伦理委员会审查批准该临床试验，申办者与临床试验机构签订合同后进行医疗器械临床试验项目备案；其中，对人体具有较高风险的第三类医疗器械临床试验，还应当经国务院药品监督管理部门批准。受试者签署知情同意书以及入组，研究者按照临床试验方案实施临床试验。申办者在临床试验完成后向所在地省局报告。

一、临床试验准备阶段

	临床试验保存文件	临床试验机构	申办者
1	临床试验申请表	保存原件	保存
2	试验方案以及其修正案（已签章）	保存原件	保存原件
3	研究者手册	保存	保存原件
4	知情同意书文本以及其他任何提供给受试者的书面材料	保存原件	保存原件
5	招募受试者和向其宣传的程序性文件（若有）	保存原件	保存原件
6	病例报告表文本	保存原件	保存原件
7	基于产品技术要求的产品检验报告	保存	保存原件
8	临床前研究相关资料	保存	保存原件
9	研究者简历以及资格证明文件	保存	保存
10	试验医疗器械的研制符合适用的医疗器械质量管理体系相关要求的声明	保存	保存原件
11	受试者保险的相关文件（若有）	保存	保存原件
12	伦理委员会审查意见	保存原件	保存原件
13	伦理委员会成员表（若有）	保存原件	保存原件
14	临床试验合同（已签章）	保存原件	保存原件
15	医疗器械临床试验批件（若有）	保存	保存原件
16	药品监督管理部门临床试验备案文件	保存	保存原件
17	启动会相关培训记录	保存原件	保存
18	研究者签名样张以及研究者授权表	保存原件	保存
19	临床试验有关的实验室检测正常值范围（若有）	保存	保存
20	医学或者实验室室间质控证明（若有）	保存	保存

相关文件

	临床试验保存文件	临床试验机构	申办者
21	试验医疗器械标签文本	–	保存原件
22	试验医疗器械与试验相关物资的交接单	保存原件	保存
23	设盲试验的破盲程序（若有）	保存	保存原件
24	总随机表（若有）	–	保存原件
25	监查计划	–	保存原件
26	试验启动监查报告	–	保存原件

二、临床试验进行阶段

	临床试验保存文件	临床试验机构	申办者
27	研究者手册更新件（若有）	保存	保存原件
28	临床试验方案更新件（若有）	保存原件	保存原件
29	其他文件（病例报告表、知情同意书、书面情况通知）的更新（若有）	保存原件	保存原件
30	试验医疗器械产品检验报告的更新（若有）	保存	保存原件
31	伦理委员会对更新文件的书面审查意见（若有）	保存原件	保存原件
32	研究者简历以及资格证明文件的更新（若有）	保存	保存
33	临床试验有关的实验室检测正常值范围更新（若有）	保存	保存
34	医学或者实验室室间质控证明更新（若有）	保存	保存
35	试验医疗器械与试验相关物资的交接单（若有）	保存	保存
36	已签名的知情同意书（若有）	保存原件	–
37	原始医疗文件（若有）	保存原件	–
38	已填并签字的病例报告表	保存	保存
39	研究者对严重不良事件的报告（若有）	保存原件	保存
40	申办者对试验医疗器械相关严重不良事件的报告（若有）	保存	保存原件
41	其他严重安全性风险信息的报告（若有）	保存	保存原件
42	受试者鉴认代码表	保存原件	–
43	受试者筛选表与入选表	保存原件	–
44	研究者签名样张以及研究者授权表更新文件（若有）	保存原件	保存
45	监查员监查报告	–	保存原件

三、临床试验完成或者终止后

	临床试验保存文件	临床试验机构	申办者
46	试验医疗器械储存、使用、维护、保养、销毁、回收等记录（若有）	保存原件（若有）	保存原件（若有）
47	生物样本采集、处理、使用、保存、运输、销毁等各环节的完整记录（若有）	保存原件	–
48	所有检测试验结果原始记录（若有）	保存原件	保存
49	最终监查报告	–	保存原件
50	稽查证明（若有）	–	保存原件
51	治疗分配记录（若有）	保存	保存原件
52	破盲证明（若有）	保存	保存原件
53	研究者向伦理委员会提交的试验完成文件	保存原件	保存
54	分中心临床试验小结	保存原件（本中心）	保存原件
55	临床试验报告	保存原件（组长单位）	保存原件

相关文件

国家药监局 国家卫生健康委关于发布
《医疗器械临床试验质量管理规范》的公告

2022 年第 28 号

为深化医疗器械审评审批制度改革，加强医疗器械临床试验管理，根据《医疗器械监督管理条例》（国务院令第 739 号）及《医疗器械注册与备案管理办法》（市场监管总局令第 47 号）、《体外诊断试剂注册与备案管理办法》（市场监管总局令第 48 号），国家药品监督管理局会同国家卫生健康委员会组织修订了《医疗器械临床试验质量管理规范》，现予发布，自 2022 年 5 月 1 日起施行。

特此公告。

附件：医疗器械临床试验质量管理规范

国家药监局　国家卫生健康委
2022 年 3 月 24 日

附件

医疗器械临床试验质量管理规范

第一章　总　　则

第一条　为加强对医疗器械临床试验的管理，维护受试者权益和安全，保证医疗器械临床试验过程规范，结果真实、准确、完整和可追溯，根据《医疗器械监督管理条例》，制定本规范。

第二条　在中华人民共和国境内，为申请医疗器械（含体外诊断试剂，下同）注册而实施的医疗器械临床试验相关活动，应当遵守本规范。

本规范涵盖医疗器械临床试验全过程，包括医疗器械临床试验的方案设计、实施、监查、稽查、检查以及数据的采集、记录、保存、分析，总结和报告等。

第三条　医疗器械临床试验应当遵守《世界医学大会赫尔辛基宣言》的伦理准则和国家涉及人的生物医学研究伦理的相关规范。参与医疗器械临床试验的各方应当按照试验中各自的职责承担相应的伦理责任。

第四条　实施医疗器械临床试验应当有充分的科学依据和明确的试验目的，权衡受试者和社会预期的风险和获益。只有当预期的获益大于风险时，方可实施或者继续实施临床试验。

第五条　医疗器械临床试验应当在具备相应条件并且按照规定备案的医疗器械临床试验机构实施。

第六条　医疗器械临床试验应当获得伦理委员会的同意。列入需进行临床试验审批的第三类医疗器械目录的，还应当获得国家药品监督管理局的批准，并且在符合要求的三级甲等医疗机构实施临床试验。

第七条 医疗器械临床试验的申办者应当建立覆盖医疗器械临床试验全过程的质量管理体系，确保医疗器械临床试验符合相关法律法规，保护受试者权益和安全。

第二章 伦理委员会

第八条 伦理委员会的职责是保护受试者合法权益和安全，维护受试者尊严。

第九条 伦理委员会应当遵守《世界医学大会赫尔辛基宣言》的伦理准则和相关法律法规规定。伦理委员会的组成、运行、备案管理应当符合卫生健康管理部门要求。

第十条 伦理委员会所有委员应当接受伦理知识、本规范和相关法律法规培训，熟悉医疗器械临床试验的伦理准则和相关法律法规规定，遵守伦理委员会的工作程序。

第十一条 医疗器械临床试验开始前，申办者应当通过主要研究者向伦理委员会提交下列文件：

（一）临床试验方案；

（二）研究者手册；

（三）知情同意书文本和其他任何提供给受试者的书面材料；

（四）招募受试者和向其宣传的程序性文件（如适用）；

（五）病例报告表文本；

（六）基于产品技术要求的产品检验报告；

（七）临床前研究相关资料；

（八）主要研究者简历、专业特长、能力、接受培训和其他能够证明其资格的文件；

（九）试验医疗器械的研制符合适用的医疗器械质量管理体系相关要求的声明；

（十）与伦理审查相关的其他文件。

第十二条 伦理委员会应当对医疗器械临床试验的伦理性和科学性进行审查，并应当重点关注下列内容：

（一）主要研究者的资格、经验以及是否有充足的时间参加该临床试验；

（二）临床试验的人员配备以及设备条件等是否符合试验要求；

（三）受试者可能遭受的风险程度与试验预期的受益相比是否合适；

（四）临床试验方案是否充分考虑了伦理原则，是否符合科学性，包括研究目的是否适当、受试者的权益和安全是否得到保障、其他人员可能遭受的风险是否得到充分保护；

（五）向受试者提供的有关本试验的信息资料是否完整，是否明确告知其应当享有的权利；受试者是否可以理解知情同意书的内容；获取知情同意书的方法是否适当；

（六）受试者入选、排除是否科学和公平；

（七）受试者是否因参加临床试验而获得合理补偿；受试者若发生与临床试验相关的伤害或者死亡，给予的诊治和保障措施是否充分；

（八）对儿童、孕妇、老年人、智力低下者、精神障碍患者等特殊人群受试者的保护是否充分。

第十三条 伦理委员会审查意见可以是：

（一）同意；

（二）作必要修改后同意；

（三）不同意；

（四）暂停或者终止已同意的试验。

审查意见要求修改或者予以否定的，应当说明理由。

第十四条 知情同意书一般应当包括下列内容以及对事项的说明：

相关文件

（一）主要研究者的姓名以及相关信息；

（二）医疗器械临床试验机构的名称；

（三）临床试验名称、目的、方法、内容；

（四）临床试验过程、期限；

（五）临床试验的资金来源、可能的利益冲突；

（六）预期受试者可能的受益和已知的、可以预见的风险以及可能发生的不良事件；

（七）受试者可以获得的替代诊疗方法以及其潜在受益和风险的信息；

（八）适用时，说明受试者可能被分配到临床试验的不同组别；

（九）受试者参加临床试验是自愿的，且在临床试验的任何阶段有权退出而不会受到歧视或者报复，其医疗待遇与权益不受影响；

（十）告知受试者参加临床试验的个人资料属于保密，但医疗器械临床试验机构管理部门、伦理委员会、药品监督管理部门、卫生健康管理部门或者监查员、稽查员在工作需要时按照规定程序可以查阅受试者参加临床试验的个人资料；

（十一）受试者在临床试验期间可能获得的免费诊疗项目和其他相关补偿；

（十二）如发生与临床试验相关的伤害，受试者可以获得的治疗和／或赔偿；

（十三）受试者在临床试验期间可以随时了解与其相关的信息资料。

知情同意书应当注明制定的版本和日期或者修订后的版本和日期。知情同意书应当采用受试者能够理解的语言和文字。知情同意书不应当含有会引起受试者放弃合法权益以及免除医疗器械临床试验机构和主要研究者、申办者应当负责任的内容。

第十五条 伦理委员会的跟踪审查：

（一）伦理委员会应当对医疗器械临床试验进行跟踪监督，发现受试者权益和安全不能得到保障等情形，可以在任何时间书面要求暂停或者终止该项临床试验；

（二）伦理委员会需要审查研究者报告的本临床试验机构发生的严重不良事件等安全性信息，审查申办者报告的试验医疗器械相关严重不良事件等安全性信息。伦理委员会可以要求修改临床试验方案、知情同意书和其他提供给受试者的信息，暂停或者终止该项临床试验；

（三）伦理委员会需要审查临床试验方案的偏离对受试者权益和安全的可能影响，或者对医疗器械临床试验的科学性、完整性的可能影响。

第十六条 医疗器械临床试验过程中，修订临床试验方案以及知情同意书等文件、恢复已暂停的临床试验，应当在重新获得伦理委员会的书面同意后方可实施。

第十七条 伦理委员会应当保存伦理审查的全部记录，包括伦理审查的书面记录、委员信息、递交的文件、会议记录和相关往来记录等。

第三章　医疗器械临床试验机构

第十八条 医疗器械临床试验机构应当符合备案条件，建立临床试验管理组织架构和管理制度。医疗器械临床试验机构应当具有相应的临床试验管理部门，承担医疗器械临床试验的管理工作。

第十九条 医疗器械临床试验机构管理部门应当负责在医疗器械临床试验机构备案管理信息系统中填报、管理和变更医疗器械临床试验机构备案信息，包括临床试验专业、主要研究者等信息；负责在备案系统中在线提交上一年度实施医疗器械临床试验工作总结报告；负责在伦理委员会对医疗器械临床试验审查前，组织评估该临床试验主要研究者的资质并完成其备案。

第二十条 医疗器械临床试验机构应当建立质量管理制度，涵盖医疗器械临床试验实施的全过程，包括培训和考核、临床试验的实施、医疗器械的管理、生物样本的管理、不良事件和器械缺陷的处理以及安全性信息的报告、记录、质量控制等制度，确保主要研究者履行其临床试验相关职责，保证受试者得到妥善的医疗处理，确保试验产生数据的真实性。

第二十一条 医疗器械临床试验机构在接受医疗器械临床试验前，应当根据试验医疗器械的特性评估相关资源，确保具备相匹配的资质、人员、设施、条件等。

第二十二条 医疗器械临床试验机构和研究者应当配合申办者组织的监查和稽查，以及药品监督管理部门、卫生健康管理部门开展的检查。

第二十三条 医疗器械临床试验机构应当按照相关法律法规和与申办者的合同，妥善保存临床试验记录和基本文件。

第四章 研究者

第二十四条 负责医疗器械临床试验的主要研究者应当具备下列条件：

（一）已完成医疗器械临床试验主要研究者备案；

（二）熟悉本规范和相关法律法规；

（三）具有试验医疗器械使用所要求的专业知识和经验，经过临床试验相关培训，有临床试验的经验，熟悉申办者所提供的医疗器械临床试验方案、研究者手册等资料；

（四）有能力协调、支配和使用进行该项医疗器械临床试验的人员和设备，且有能力处理医疗器械临床试验中发生的不良事件和其他关联事件。

第二十五条 主要研究者应当确保医疗器械临床试验遵守伦理委员会同意的最新版本临床试验方案；在约定的时限内，按照本规范和相关法律法规的规定实施医疗器械临床试验。

第二十六条 主要研究者可以根据医疗器械临床试验的需要，授权经过临床试验相关培训的研究者，组织进行受试者招募和知情同意、筛选和随访；试验医疗器械和对照医疗器械（如适用）的管理和使用；生物样本的管理和使用（如适用）；不良事件和器械缺陷的处理；临床试验数据记录以及病例报告表填写等。

第二十七条 参与医疗器械临床试验的研究者应当：

（一）具有承担医疗器械临床试验相应的专业技术资格、培训经历和相关经验；

（二）参加申办者组织的与该医疗器械临床试验相关的培训，并在主要研究者授权的范围内参与医疗器械临床试验；

（三）熟悉试验医疗器械的原理、适用范围或者预期用途、产品性能、操作方法、安装要求以及技术指标等，了解该试验医疗器械临床前研究相关资料；

（四）充分了解并且遵守临床试验方案、本规范和相关法律法规规定以及与医疗器械临床试验相关的职责；

（五）掌握临床试验可能产生风险的防范以及紧急处理方法。

第二十八条 研究者应当遵守《世界医学大会赫尔辛基宣言》的伦理准则及相关伦理要求，并符合以下要求：

（一）应当使用经伦理委员会同意的最新版本知情同意书和其他提供给受试者的信息；

（二）在受试者参与临床试验前，应当向受试者说明试验医疗器械以及临床试验有关的详细情况，告知受试者可能的受益和已知的、可以预见的风险，经充分和详细解释后由受试者在知情同意书上签署姓名和日期，研究者在知情同意书上应当签署姓名和日期；

（三）受试者为无民事行为能力人或者限制民事行为能力人的，应当依法获得其监护人的书面知情同意；受试者缺乏阅读能力的，应当有一位公正见证人见证整个知情同意过程并在知情同意书上签字并注明日期；

（四）不应当强迫或者以其他不正当方式诱使受试者参加临床试验；

（五）确保知情同意书更新并获得伦理委员会审查同意后，所有受影响的未结束试验流程的受试

相关文件

583

者，都签署新修订的知情同意书。

第二十九条 研究者对申办者提供的试验医疗器械和对照医疗器械（如适用）有管理责任，应当确保其仅用于参加该医疗器械临床试验的受试者，在临床试验期间按照要求储存和保管，在临床试验完成或者终止后按照相关法律法规和与申办者的合同进行处理。

第三十条 研究者应当确保医疗器械临床试验中生物样本的采集、处理、保存、运输、销毁等符合临床试验方案和相关法律法规。

第三十一条 医疗器械临床试验中发生不良事件时，研究者应当为受试者提供足够、及时的治疗和处理；当受试者出现并发疾病需要治疗和处理时，研究者应当及时告知受试者。研究者应当记录医疗器械临床试验过程中发生的不良事件和发现的器械缺陷。

第三十二条 研究者应当及时报告医疗器械临床试验中的安全性信息：

（一）医疗器械临床试验中发生严重不良事件时，研究者应当立即对受试者采取适当的治疗措施；同时，研究者应当在获知严重不良事件后 24 小时内，向申办者、医疗器械临床试验机构管理部门、伦理委员会报告；并按照临床试验方案的规定随访严重不良事件，提交严重不良事件随访报告；

（二）发现医疗器械临床试验的风险超过可能的受益，需要暂停或者终止临床试验时，主要研究者应当向申办者、医疗器械临床试验机构管理部门、伦理委员会报告，及时通知受试者，并保证受试者得到适当治疗和随访。

第三十三条 主要研究者应当对收到的安全性信息及时处理：

（一）收到申办者提供的试验医疗器械相关严重不良事件和其他安全性信息时，应当及时签收阅读，并考虑受试者的治疗是否进行相应调整，必要时尽早与受试者沟通；

（二）收到申办者或者伦理委员会需要暂停或者终止医疗器械临床试验的通知时，应当及时通知受试者，并保证受试者得到适当治疗和随访。

第三十四条 主要研究者应当按时向伦理委员会报告医疗器械临床试验的进展，及时报告影响受试者权益和安全的事件或者对临床试验方案的偏离。

第三十五条 医疗器械临床试验机构和研究者对申办者严重或者持续违反本规范和相关法律法规，或者要求改变试验数据、结论的行为，应当书面向申办者所在地省、自治区、直辖市药品监督管理部门报告。

第五章　申办者

第三十六条 申办者应当对医疗器械临床试验的真实性、合规性负责。申办者为境外机构的，应当按照相关法律法规指定中国境内的企业法人作为代理人，由代理人协助申办者履行职责。

第三十七条 申办者的质量管理体系应当覆盖医疗器械临床试验的全过程，包括医疗器械临床试验机构和主要研究者的选择、临床试验方案的设计、医疗器械临床试验的实施、记录、结果报告和文件归档等。申办者的质量管理措施应当与临床试验的风险相适应。

第三十八条 申办者发起医疗器械临床试验前应当：

（一）确保产品设计已定型，完成试验医疗器械的临床前研究，包括性能验证以及确认、基于产品技术要求的产品检验报告、风险受益分析等，且结果应当能够支持该项医疗器械临床试验；

（二）根据试验医疗器械的特性，选择已备案的医疗器械临床试验机构、专业和主要研究者；

（三）负责组织制定研究者手册、临床试验方案、知情同意书、病例报告表、标准操作规程以及其他相关文件，并向医疗器械临床试验机构和主要研究者提供。

第三十九条 申办者应当与医疗器械临床试验机构和主要研究者签订合同，明确各方在医疗器械临床试验中的权利和义务。

第四十条 申办者应当在医疗器械临床试验经伦理审查通过并且与医疗器械临床试验机构签订

合同后，向申办者所在地省、自治区、直辖市药品监督管理部门进行临床试验项目备案。

医疗器械临床试验备案完成后，该医疗器械临床试验机构方可开始第一例受试者知情同意以及筛选。

第四十一条　医疗器械临床试验开始前，申办者应当负责组织与该医疗器械临床试验相关的培训，如试验医疗器械的原理、适用范围、产品性能、操作方法、安装要求、技术指标以及临床试验方案、标准操作规程以及其他相关文件等。

第四十二条　申办者应当免费提供试验医疗器械，并符合以下要求：

（一）试验医疗器械应当按照医疗器械生产质量管理规范的相关要求生产且质量合格；

（二）确定试验医疗器械的运输条件、储存条件、储存时间、有效期等；

（三）试验医疗器械应当按照临床试验方案要求进行适当包装和保存；包装标签上应当标明产品信息，具有易于识别、正确编码的标识，标明仅用于医疗器械临床试验；

（四）医疗器械临床试验获得伦理委员会同意后，申办者负责在规定的条件下将试验医疗器械运输至医疗器械临床试验机构；

（五）对从医疗器械临床试验机构回收的试验医疗器械，申办者负责保存回收处置等记录。

第四十三条　申办者应当为受试者支付与医疗器械临床试验相关的费用。受试者发生与医疗器械临床试验相关的损害或者死亡时，申办者应当承担相应的治疗费用、补偿或者赔偿，但不包括研究者和医疗器械临床试验机构自身过失以及受试者自身疾病进展所致的损害。

第四十四条　申办者应当负责医疗器械试验期间安全性信息的评估和报告：

（一）申办者应当在获知死亡或者危及生命的临床试验医疗器械相关严重不良事件后 7 日内、获知非死亡或者非危及生命的试验医疗器械相关严重不良事件和其他严重安全性风险信息后 15 日内，向参与临床试验的其他医疗器械临床试验机构、伦理委员会以及主要研究者报告，向申办者所在地省、自治区、直辖市药品监督管理部门报告，向医疗器械临床试验机构所在地省、自治区、直辖市药品监督管理部门和卫生健康管理部门报告，并采取风险控制措施；出现可能影响受试者安全、可能影响医疗器械临床试验实施、可能改变伦理委员会同意意见的信息时，应当及时组织对临床试验方案、知情同意书和其他提供给受试者的信息、以及其他相关文件进行修改，并提交伦理委员会审查；

（二）出现大范围临床试验医疗器械相关严重不良事件，或者其他重大安全性问题时，申办者应当暂停或者终止医疗器械临床试验，并向所有医疗器械临床试验机构管理部门、伦理委员会以及主要研究者报告，向申办者所在地省、自治区、直辖市药品监督管理部门报告，向所有医疗器械临床试验机构所在地省、自治区、直辖市药品监督管理部门和卫生健康管理部门报告。

第四十五条　申办者应当承担医疗器械临床试验监查责任，制定监查标准操作规程，并选择符合要求的监查员履行监查职责：

（一）监查员人数以及监查次数应当与医疗器械临床试验的复杂程度和参与临床试验的医疗器械临床试验机构数量相匹配；

（二）监查员应当受过相应的培训，熟悉本规范和相关法律法规，具备相关专业背景知识，熟悉试验医疗器械的相关研究资料和同类产品临床方面的信息、临床试验方案以及其相关的文件，能够有效履行监查职责；

（三）监查员应当遵守由申办者制定的监查标准操作规程，督促医疗器械临床试验按照临床试验方案实施。监查的内容包括医疗器械临床试验机构和研究者在临床试验实施过程中对临床试验方案、本规范和相关法律法规的依从性；受试者知情同意书签署、筛选、随访、权益和安全保障；试验医疗器械和对照医疗器械（如适用）的管理和使用；生物样本的管理和使用（如适用）；不良事件和器械缺陷的处理；安全性信息的报告；临床试验数据记录以及病例报告表填写等。

相关文件

第四十六条　为保证临床试验的质量，申办者可以组织独立于医疗器械临床试验、有相应培训和经验的稽查员对临床试验实施情况进行稽查，评估临床试验是否符合临床试验方案、本规范和相关法律法规的规定。

第四十七条　申办者应当确保医疗器械临床试验的实施遵守临床试验方案，发现医疗器械临床试验机构和研究者不遵守临床试验方案、本规范和相关法律法规的，应当及时指出并予以纠正；如情况严重或者持续不改，应当终止该临床试验机构和研究者继续参加该临床试验，并书面向临床试验机构所在地省、自治区、直辖市药品监督管理部门报告。

第四十八条　申办者应当在医疗器械临床试验暂停、终止或者完成后 10 个工作日内，书面报告所有的主要研究者、医疗器械临床试验机构管理部门、伦理委员会。

申办者应当在医疗器械临床试验终止或者完成后 10 个工作日内，向申办者所在地省、自治区、直辖市药品监督管理部门报告。

第六章　临床试验方案和试验报告

第四十九条　实施医疗器械临床试验，申办者应当根据试验目的，综合考虑试验医疗器械的风险、技术特征、适用范围和预期用途等，组织制定科学、合理的临床试验方案。

第五十条　临床试验方案一般包含产品基本信息、临床试验基本信息、试验目的、风险受益分析、试验设计要素、试验设计的合理性论证、统计学考虑、实施方式（方法、内容、步骤）、临床试验终点、数据管理、对临床试验方案修正的规定、不良事件和器械缺陷定义和报告的规定、伦理学考虑等内容。

第五十一条　申办者、主要研究者应当按照临床试验方案实施医疗器械临床试验，并完成临床试验报告。临床试验报告应当全面、完整、准确反映临床试验结果，临床试验报告安全性、有效性数据应当与临床试验源数据一致。

第五十二条　临床试验报告一般包含医疗器械临床试验基本信息、实施情况、统计分析方法、试验结果、不良事件和器械缺陷报告以及其处理情况、对试验结果的分析讨论、临床试验结论、伦理情况说明、存在问题以及改进建议等内容。

第五十三条　临床试验方案、临床试验报告应当由主要研究者签名、注明日期，经医疗器械临床试验机构审核签章后交申办者。

第七章　多中心临床试验

第五十四条　多中心临床试验是指按照同一临床试验方案，在两个以上（含两个）医疗器械临床试验机构实施的临床试验。

多中心临床试验在不同的国家或者地区实施时，为多区域临床试验，在中国境内实施的多区域医疗器械临床试验应当符合本规范的相关要求。

第五十五条　申办者实施多中心医疗器械临床试验，应当符合以下要求：

（一）申办者应当确保参加医疗器械临床试验的各中心均能遵守临床试验方案；

（二）申办者应当向各中心提供相同的临床试验方案。临床试验方案的伦理性和科学性经组长单位伦理委员会审查通过后，参加临床试验的其他医疗器械临床试验机构伦理委员会一般情况下不再对临床试验方案设计提出修改意见，但是有权不同意在其医疗器械临床试验机构进行试验；

（三）各中心应当使用相同的病例报告表和填写指导说明，以记录在医疗器械临床试验中获得的试验数据；

（四）医疗器械临床试验开始前，应当有书面文件明确参加医疗器械临床试验的各中心主要研究者的职责；

（五）申办者应当确保各中心主要研究者之间的沟通；

（六）申办者负责选择、确定医疗器械临床试验的协调研究者，协调研究者供职的医疗机构为组长单位。协调研究者承担多中心临床试验中各中心的协调工作。

第五十六条 多中心临床试验报告应当由协调研究者签名、注明日期，经组长单位医疗器械临床试验机构审核签章后交申办者。

各分中心临床试验小结应当由该中心的主要研究者签名、注明日期，经该中心的医疗器械临床试验机构审核签章后交申办者。分中心临床试验小结主要包括人员信息、试验医疗器械和对照医疗器械（如适用）信息、试验概述、病例入组情况、临床试验方案的执行情况、试验数据的总结和描述性分析、医疗器械临床试验质量管理情况、不良事件和器械缺陷的发生以及处理情况、方案偏离情况说明等。

第八章 记录要求

第五十七条 医疗器械临床试验数据应当真实、准确、完整、具有可追溯性。医疗器械临床试验的源数据应当清晰可辨识，不得随意更改；确需更改时应当说明理由，签名并注明日期。

第五十八条 在医疗器械临床试验中，主要研究者应当确保任何观察与发现均正确完整地予以记录。以患者为受试者的临床试验，相关的医疗记录应当载入门诊或者住院病历中。

第五十九条 主要研究者应当确保按照申办者提供的指南，填写和修改病例报告表，确保病例报告表中的数据准确、完整、清晰和及时。病例报告表中报告的数据应当与源文件一致。病例报告表中数据的修改，应当确保初始记录清晰可辨，保留修改轨迹，修改者签名并注明日期。

第六十条 医疗器械临床试验中如采用电子数据采集系统，该系统应当经过可靠的验证，具有完善的权限管理和稽查轨迹，可以追溯至记录的创建者、创建时间或者修改者、修改时间、修改情况，所采集的电子数据可以溯源。

第六十一条 医疗器械临床试验基本文件是用于评价申办者、医疗器械临床试验机构和主要研究者对本规范和药品监督管理部门有关要求的执行情况。药品监督管理部门可以对医疗器械临床试验基本文件进行检查，并作为确认医疗器械临床试验实施的真实性和所收集数据完整性的依据。

第六十二条 申办者和医疗器械临床试验机构应当具备临床试验基本文件保存的场所和条件，应当建立基本文件管理制度。医疗器械临床试验基本文件按临床试验阶段分为三部分：准备阶段文件、进行阶段文件、完成或者终止后文件。

第六十三条 申办者和医疗器械临床试验机构应当确保临床试验基本文件在保存期间的完整性，避免故意或者无意地更改或者丢失。

（一）研究者应当在医疗器械临床试验过程中妥善保存临床试验基本文件；

（二）医疗器械临床试验机构应当保存临床试验基本文件至医疗器械临床试验完成或者终止后10年；

（三）伦理委员会应当保存伦理审查的全部记录至医疗器械临床试验完成或者终止后10年；

（四）申办者应当保存临床试验基本文件至无该医疗器械使用时。

第九章 附 则

第六十四条 本规范下列用语的含义：

医疗器械临床试验，是指在符合条件的医疗器械临床试验机构中，对拟申请注册的医疗器械（含体外诊断试剂）在正常使用条件下的安全性和有效性进行确认的过程。

医疗器械临床试验机构，是指具备相应条件，按照本规范和相关法律法规实施医疗器械临床试验的机构，包括承担体外诊断试剂临床试验的血液中心和中心血站、设区的市级以上疾病预防控制

相关文件

机构、戒毒中心等非医疗机构。

临床试验方案，是指说明医疗器械临床试验目的、设计、方法学和组织实施等的文件。临床试验方案包括方案以及其修订版。

临床试验报告，是指描述一项医疗器械临床试验设计、执行、统计分析和结果的文件。

病例报告表，是指按照医疗器械临床试验方案所规定设计的文件，用以记录试验过程中获得的每个受试者的全部信息和数据。

研究者手册，是指申办者提供的，帮助主要研究者和参与临床试验的其他研究者更好地理解和遵守临床试验方案的资料汇编，包括但不限于：申办者基本信息、试验医疗器械的概要说明、支持试验医疗器械预期用途和临床试验设计理由的概要和评价、可能的风险、推荐的防范和紧急处理方法等。

试验医疗器械，是指医疗器械临床试验中对其安全性、有效性进行确认的拟申请注册的医疗器械。

对照医疗器械，是指医疗器械临床试验中作为对照的在中华人民共和国境内已上市医疗器械。

伦理委员会，是指由适当人员组成的独立的委员会，其职责是确保参与医疗器械临床试验的受试者的权益和安全得到保护。

知情同意，是指向受试者告知医疗器械临床试验的各方面情况后，受试者确认自愿参加该项医疗器械临床试验的过程，应当以书面签署姓名和注明日期的知情同意书作为证明文件。

受试者，是指自愿参加医疗器械临床试验的个人。

公正见证人，是指与医疗器械临床试验无关，不受临床试验相关人员不公正影响的个人，在受试者无阅读能力时，作为公正的见证人，阅读知情同意书和其他提供给受试者的信息，并见证知情同意。

申办者，是指医疗器械临床试验的发起、管理和提供财务支持的机构或者组织。

研究者，是指在医疗器械临床试验机构中实施医疗器械临床试验的人员。

主要研究者，是指在医疗器械临床试验机构中实施医疗器械临床试验的负责人。

协调研究者，是指在多中心临床试验中由申办者指定实施协调工作的研究者，一般为组长单位的主要研究者。

监查，是指申办者为保证医疗器械临床试验能够遵守临床试验方案、本规范和相关法律法规，选派专门人员对医疗器械临床试验机构、研究者进行评价调查，对医疗器械临床试验过程中的数据进行验证并记录和报告的活动。

稽查，是指由申办者组织对医疗器械临床试验相关活动和文件进行系统性的独立检查，以确定此类活动的执行、数据的记录、分析和报告是否符合临床试验方案、本规范和相关法律法规。

检查，是指监管部门对医疗器械临床试验的有关文件、设施、记录和其他方面进行的监督管理活动。

偏离，是指有意或者无意地未遵守医疗器械临床试验方案要求的情形。

不良事件，是指在医疗器械临床试验过程中出现的不良医学事件，无论是否与试验医疗器械相关。

严重不良事件，是指医疗器械临床试验过程中发生的导致死亡或者健康状况严重恶化，包括致命的疾病或者伤害、身体结构或者身体功能的永久性缺陷、需要住院治疗或者延长住院时间、需要采取医疗措施以避免对身体结构或者身体功能造成永久性缺陷；导致胎儿窘迫、胎儿死亡或者先天性异常、先天缺损等事件。

器械缺陷，是指临床试验过程中医疗器械在正常使用情况下存在可能危及人体健康和生命安全的不合理风险，如标签错误、质量问题、故障等。

源数据，是指医疗器械临床试验中的临床发现、观察和其他活动的原始记录以及其经核准的副本中的所有信息，可以用于医疗器械临床试验重建和评价。

源文件，是指包含源数据的印刷文件、可视文件或者电子文件等。

第六十五条　医疗器械临床试验方案等文书的格式范本由国家药品监督管理局另行制定。

第六十六条　本规范自 2022 年 5 月 1 日起施行。

国家药监局关于发布免于临床试验

体外诊断试剂目录的通告

2021 年第 70 号

为做好医疗器械注册管理工作，根据《体外诊断试剂注册与备案管理办法》（国家市场监督管理总局令第 48 号），国家药监局组织制定了免于临床试验体外诊断试剂目录，现予发布，自 2021 年 10 月 1 日起施行。

特此通告。

附件：免于临床试验体外诊断试剂目录

国家药监局

2021 年 9 月 16 日

国家药监局关于发布需进行临床试验审批的
第三类医疗器械目录（2020 年修订版）的通告

2020 年第 61 号

为贯彻落实中共中央办公厅、国务院办公厅《关于深化审评审批制度改革鼓励药品医疗器械创新的意见》和国务院深化"放管服"改革要求，进一步加强医疗器械临床试验的管理，维护医疗器械临床试验过程中受试者权益，推进监管科学研究成果转化，提高审批效率，加快产品上市，根据《医疗器械监督管理条例》，国家药品监督管理局组织对需进行临床试验审批的第三类医疗器械目录进行了修订，现予发布，自发布之日起施行。

《关于发布需进行临床试验审批的第三类医疗器械目录的通告》（国家食品药品监督管理总局通告 2014 年第 14 号）同时废止。

特此通告。

附件：需进行临床试验审批的第三类医疗器械目录（2020 年修订版）

国家药监局

2020 年 9 月 14 日

国家药监局 国家卫生健康委关于发布

医疗器械拓展性临床试验管理规定（试行）的公告

2020 年第 41 号

为贯彻落实中共中央办公厅、国务院办公厅《关于深化审评审批制度改革鼓励药品医疗器械创新的意见》，支持医疗器械拓展性临床试验工作，国家药品监督管理局会同国家卫生健康委员会制定了《医疗器械拓展性临床试验管理规定（试行）》，现予发布。

附件：医疗器械拓展性临床试验管理规定（试行）

国家药监局　国家卫生健康委

2020 年 3 月 14 日

附件

医疗器械拓展性临床试验管理规定（试行）

第一章　总　　则

第一条　为满足公众临床需要，使临床急需治疗的患者能够尽快获得试验用医疗器械，规范医疗器械拓展性临床试验的开展和安全性数据的收集，维护受试者权益，根据中共中央办公厅、国务院办公厅《关于深化审评审批制度改革鼓励药品医疗器械创新的意见》，制定本规定。

第二条　在中华人民共和国境内开展医疗器械拓展性临床试验，应当遵守本规定。

第三条　本规定所称医疗器械拓展性临床试验，是指患有危及生命且尚无有效治疗手段的疾病的患者，可在开展临床试验的机构内使用尚未批准上市的医疗器械的活动和过程。

拓展性临床试验医疗器械的使用需基于已有临床试验初步观察可能使患者获益，且患者由于临床试验机构已按临床试验方案完成病例的入选，不能通过参加已开展的临床试验获得该医疗器械的使用。

第四条　医疗器械拓展性临床试验应当符合医疗器械临床试验质量管理的相关规定。

第二章　权益和责任

第五条　医疗器械拓展性临床试验应当遵循《世界医学大会赫尔辛基宣言》确定的伦理准则，保障受试者权益。

在受试者参加拓展性临床试验前，受试者、研究者应当按照《医疗器械临床试验质量管理规范》的要求签署知情同意书。知情同意应当确保受试者了解其将接受试验用医疗器械的治疗，明确告知受试者拓展性临床试验所用医疗器械尚未获得境内上市许可，以及试验用医疗器械在安全性和有效性方面可能存在的风险。受试者参加医疗器械拓展性临床试验应当是自愿的，在试验过程中，受试者有权随时退出试验。

伦理审查时应当充分保障受试者权益，基于医疗器械拓展性使用的潜在风险，考虑疾病的病程，确认受试者受益大于风险。

第六条　开展医疗器械拓展性临床试验的受试者、研究者、申办者和临床试验机构应当签订协议，明确各方权利、义务和责任。申办者、研究者、临床试验机构和伦理委员会应当参照《医疗器械临床试验质量管理规范》的要求承担各自的责任。

医疗器械临床试验机构在建立医疗器械临床试验质量管理体系时，为有效控制医疗器械拓展性临床试验质量和风险，应当针对拓展性临床试验的特点增加相应管理制度和标准操作规范，在进行医疗器械临床试验机构备案时应当提交相应的自查报告，同时建立医疗器械拓展性临床试验公示制度，接受社会监督。公示至少包括如下内容：伦理委员会意见、拓展性临床试验开展的必要性、拓展性临床试验方案摘要。

第七条　开展医疗器械拓展性临床试验前，申办者应当向所在地省、自治区、直辖市药品监督管理部门备案，医疗器械临床试验机构应当向所在地的卫生健康行政部门报告。

接受备案的药品监督管理部门应当将备案情况通报临床试验机构所在地的同级药品监督管理部门。

省、自治区、直辖市药品监督管理部门和卫生健康行政部门应当依据各自职责加强对医疗器械拓展性临床试验的监督管理。

第八条　医疗器械拓展性临床试验，不影响相应医疗器械临床试验的进程。申办者应当积极尽责申请试验用医疗器械在中国境内的注册。

第九条　申办者、研究者及临床试验机构不得对拓展性临床试验用医疗器械收取费用。

第三章　启动条件

第十条　拓展性临床试验用医疗器械的使用方法应当与正在开展的或者已结束的临床试验一致，其适用范围不应当超出正在开展的或者已结束的临床试验确认的适用范围。

第十一条　医疗器械拓展性临床试验应当在已开展该医疗器械临床试验的机构内进行，由患者、申办者或者研究者提出。

第十二条　研究者经判定认为患有危及生命且尚无有效治疗手段的疾病患者因使用试验用医疗器械引起的风险不大于疾病自身风险，预期的受益应当超过可能出现的损害。

第十三条　医疗器械临床试验机构应当具备与医疗器械拓展性临床试验相适应的组织管理和质量控制能力，同时具备以下条件：

（一）具有三级甲等医疗机构资质，已开展同种疾病研究和治疗，临床专业水平国内先进，具有与拟开展的拓展性临床试验相适应的诊疗项目；

（二）具有能够使用拓展性临床试验用医疗器械的医师，该医师具备相关使用经验或者培训经历；

（三）具备较高的医疗器械管理水平，已建立完善的医疗器械使用质量管理体系，具备医疗器械使用评价和医疗器械不良事件监测能力。

第十四条　医疗器械拓展性临床试验的主要研究者应当具有高级职称，参加过 3 个以上医疗器械临床试验。

第十五条　申办者应当会同研究者按照本章要求形成评估资料，供伦理审查使用。

第十六条　医疗器械拓展性临床试验的伦理审查应当有使用该医疗器械相应的专业医生参与。

相关文件

第十七条　伦理委员会应当严格审议医疗器械拓展性临床试验受益与风险分析报告、临床试验方案及相关文件，确保该试验符合《医疗器械临床试验质量管理规范》和本规定的相应要求。

第四章　过程管理

第十八条　申办者应当对医疗器械拓展性临床试验实施监查和核查，并会同研究者定期进行安全性和疗效评价，必要时可暂停或者终止拓展性临床试验。

第十九条　医疗器械拓展性临床试验过程中发现试验用医疗器械可能存在严重器械缺陷，研究者、申办者应当暂停或者终止拓展性临床试验，及时报告临床试验机构医疗器械临床试验管理部门。

第二十条　医疗器械拓展性临床试验过程中出现以下情形之一的，伦理委员会应当终止拓展性临床试验：

（一）受试者权益不能得到保障；

（二）出现与试验医疗器械可能有关的严重不良事件，或者出现临床试验结果未达到预期疗效，经伦理委员会评估认为拓展性临床试验风险大于受益情况；

（三）已开展的医疗器械临床试验方案有较大调整，但未对相应拓展性临床试验方案进行重新评估；

（四）最新研究显示医疗器械拓展性临床试验存在伦理性或者科学性问题。

第二十一条　医疗器械拓展性临床试验开展过程中出现以下情形之一的，临床试验自动终止。申办者、研究者、伦理委员会均应当及时启动终止程序，并报告临床试验机构医疗器械临床试验管理部门：

（一）试验用医疗器械或者与其相似的医疗器械已经在中国境内获准上市；

（二）与试验用医疗器械安全有效性相当的治疗方法已在临床得到使用；

（三）试验用医疗器械申请医疗器械注册未获得批准；

（四）存在违反本规定的情形。

第二十二条　被暂停的医疗器械拓展性临床试验，未经伦理委员会同意，不得恢复。

第五章　数据收集

第二十三条　医疗器械拓展性临床试验数据的收集和提交应当合法、真实、完整、准确和可追溯。

第二十四条　医疗器械拓展性临床试验数据的分析评价主要关注安全性数据，在此基础上可兼顾有效性数据，以对拟注册产品进行全面评价。

第二十五条　医疗器械拓展性临床试验安全性数据的评价，主要关注使用试验用医疗器械时出现的不良事件及其发生率、持续时间、严重程度，以评价试验用医疗器械的预期风险。

第二十六条　申请医疗器械注册时，可以提交医疗器械拓展性临床试验方案、医疗器械拓展性临床试验数据，并对数据进行分析评价，形成分析评价报告。

第六章　附　　则

第二十七条　本规定由国家药品监督管理局和国家卫生健康委员会负责解释。

第二十八条　本规定自发布之日起施行。

国家药监局综合司关于印发医疗器械临床试验
检查要点及判定原则的通知

药监综械注〔2018〕45号

各省、自治区、直辖市食品药品监督管理局（药品监督管理局），核查中心：

　　为加强医疗器械临床试验过程的监督管理，指导监管部门开展医疗器械临床试验监督检查工作，根据《医疗器械注册管理办法》和《医疗器械临床试验质量管理规范》要求，国家药品监督管理局组织制定了《医疗器械临床试验检查要点及判定原则》，现予以发布。

国家药监局综合司

2018 年 11 月 19 日

医疗器械临床试验检查要点及判定原则

　　根据《医疗器械注册管理办法》和《医疗器械临床试验质量管理规范》等要求制定本检查要点及判定原则，用于指导医疗器械临床试验现场检查工作。

一、检查要点

序号	现场检查要点	检查内容
1	**临床试验前准备**	
1.1	临床试验机构应具有开展相关医疗器械产品临床试验的资质	检查药物临床试验机构资格证明或医疗器械临床试验机构备案证明
1.2	需要进行临床试验审批的第三类医疗器械应获得批准	检查医疗器械临床试验批件，且批件日期不晚于临床试验开始日期
1.3	临床试验项目按相关规定备案	检查省局出具的《医疗器械临床试验备案表》，备案日期不晚于临床试验开始日期
1.4	临床试验应获得临床试验机构伦理委员会批准	检查伦理审查批件，批准日期不晚于临床试验开始入组日期
1.5	试验用医疗器械研制符合适用的医疗器械质量管理体系相关要求	检查试验用医疗器械的研制符合适用的医疗器械质量管理体系相关要求的声明
1.6	试验用医疗器械有自检报告和具有资质的检验机构出具的一年内的产品注册检验合格报告	检查相应检验报告
1.7	临床试验机构设施和条件与临床试验项目相适应	检查试验方案中涉及的主要仪器设备及设施条件
1.8	临床试验机构具有医学或实验室操作的质控证明（若有）	临床检验室开展临床检验室内质量控制，检查有效的临床检验室间质量评价合格证书

序号	现场检查要点	检查内容
1.9	试验相关仪器和设备应定期维护和校准	检查试验相关仪器和设备维护、校准记录
1.10	研究者应具有执业资格、临床试验的专业特长、资格和能力	检查研究者的执业资格、职称证书、履历等。负责临床试验的研究者应当在该临床试验机构中具有副高以上相关专业技术职称和资质
1.11	研究者经过临床试验方案和试验用医疗器械使用和维护的培训	检查研究者临床试验方案和试验用医疗器械使用和维护的培训记录，培训日期不晚于临床试验开始日期
1.12	临床试验签署临床试验协议/合同	检查申办者/代理人与临床试验机构签订的协议/合同，规定了各自职责
1.13	协议/合同内容与试验用医疗器械信息相符	检查协议/合同与临床试验方案，相关信息一致
2	**受试者权益保障**	
2.1	伦理审查	
2.1.1	伦理委员会委员经过培训	检查伦理委员会委员培训记录或培训证书
2.1.2	伦理审查内容符合相关规范、指导原则和SOP要求	检查伦理审查内容应当符合《医疗器械临床试验质量管理规范》（以下简称医疗器械GCP）第17、33条，相关指导原则和医院伦理SOP的要求
2.1.3	伦理审查记录应完整	检查伦理委员会保存的资料的完整性，应当具有审查材料、审查表格、签到表、表决票、会议记录、审查批件等SOP中规定的文件
2.1.4	伦理委员会表决符合相关规范、指导原则和SOP要求	检查伦理审查意见、伦理委员会成员组成、表决记录，应当符合医疗器械GCP第30、32、35条，指导原则和SOP的要求
2.1.5	临床试验方案、知情同意书等文件的修订、请求偏离、恢复已暂停临床试验，应获得伦理委员会的书面批准	检查相关情况的伦理委员会批准文件
2.1.6	伦理委员会对已批准的临床试验进行跟踪监督	检查临床试验的跟踪记录
2.2	知情同意	
2.2.1	知情同意书内容符合相关规范、指导原则和SOP要求	检查知情同意书内容，应当符合医疗器械GCP第22条、指导原则和SOP的要求
2.2.2	临床试验前受试者或者其监护人和研究者均在知情同意书上签署姓名和日期，符合相关规范、指导原则和SOP要求	检查受试者筛选表和签名的知情同意书，人数应当一致，应当由受试者本人或者其监护人/见证人和研究者在参与临床试验前签署
2.2.3	已签署的知情同意书版本与伦理审查通过的版本一致	检查知情同意书版本和内容，签署的知情同意书应当与伦理审查通过的版本和内容应一致
2.2.4	知情同意书内容更新，应再次获得临床试验中受影响的受试者或者其监护人知情同意	检查知情同意书更新版本，更新后，试验中受影响的受试者或者其监护人应当重新签署新版本的知情同意书

序号	现场检查要点	检查内容
3	临床试验方案	
3.1	临床试验方案有所有中心研究者和申办者确认	检查临床试验方案中研究者的确认情况，临床试验方案应当获得所有中心研究者和申办者签字，加盖临床试验机构公章
3.2	执行的临床试验方案内容与伦理审查的临床试验方案内容一致	检查临床试验方案与伦理委员会保存的临床试验方案，版本和内容应当一致
3.3	多中心临床试验各中心执行的试验方案为同一版本	检查各临床试验中心保存并执行的临床试验方案版本，应当为同一版本
3.4	注册申请提交的临床试验方案内容应与临床试验机构保存的临床试验方案内容一致	检查注册申请提交的临床试验方案和临床试验机构保存的临床试验方案，版本和内容应一致
4	临床试验过程	
4.1	临床试验相关人员应获得主要研究者授权和相关培训	检查分工授权表和研究者培训记录、签名
4.2	临床试验相关的医疗决定应由研究者负责	检查人员履历和人员分工表，分工表中人员授权应当合理，原始文件中的医疗决定由研究者签字
4.3	具有病例筛选入选记录	检查病例筛选入选记录，筛选入选记录中受试者筛选失败应当明确记录其原因，研究者可提供受试者鉴认文件
4.4	受试者鉴认文件或筛选入选、体检等原始记录涵盖受试者身份鉴别信息	检查受试者鉴认文件或筛选入选、体检等原始记录，记录包含受试者身份证号、姓名等身份鉴别信息
4.5	研究者应遵守临床试验的随机化程序（如适用）	检查受试者入选号、随机号的分配，应当符合临床试验方案
4.6	受试者体检和实验室等辅助检查项目应与试验方案一致	检查原始病历中的体检和实验室等辅助检查项目，应当与临床试验方案要求一致，偏离方案的检查应当进行记录
4.7	实验室等辅助检查是否在方案规定的时间范围内	检查实验室等辅助检查时间，应当在临床试验方案规定的时间范围内，偏离时间范围的应当进行记录
4.8	受试者入组符合试验方案的入选与排除标准	检查原始病历中的病史、用药史、实验室检查、诊断等，受试者应当符合临床试验方案中的全部入选与排除标准
4.9	试验用医疗器械使用有原始记录	检查原始病历、器械使用记录、受试者日记卡，应当记录试验用医疗器械使用情况
4.10	试验用医疗器械产品名称、规格型号、使用方法（如日期、时间、状态等）与临床试验方案和研究者手册、说明书一致	检查原始病历、器械使用记录、受试者日记卡中记录的试验用医疗器械产品名称、规格型号、使用方法（如日期、时间、状态等），应当与临床试验方案和研究者手册、说明书一致

相关文件

序号	现场检查要点	检查内容
4.11	观察随访点与方案一致，应如实记录未能做到的随访、未进行的试验、未做的检查	检查原始病历中的随访记录，与病例报告表（以下简称 CRF）中的数据一致，偏离方案的应当进行记录
4.12	紧急情况下偏离方案，应以书面形式报告	检查紧急情况下偏离方案的情况，应当有记录，并检查提交给申办者、伦理委员会和临床试验机构的医疗器械临床试验管理部门的报告情况
4.13	受试者任何原因退出与失访应记录并详细说明	检查筛选入选表、原始病历、CRF 或分中心临床试验小结中受试者完成试验情况，退出与失访应当记录并详细说明
4.14	安全性、有效性评价应符合试验方案要求	检查原始病历中的安全性、有效性评价方法应当按照临床试验方案要求执行，原始数据与 CRF 一致
4.15	研究者应对显著偏离临床试验方案或者在临床可接受范围以外的数据进行核实	检查检验报告单，研究者对其中的异常值应当进行判定
4.16	合并使用药品、医疗器械情况应按照试验方案记录，不应有违反试验方案要求的合并用药品、医疗器械（如适用）	检查原始病历、医院 HIS 系统，研究者对合并使用药品、医疗器械情况应当进行记录，并与 CRF、临床试验统计数据库中数据一致
4.17	不良事件、并发症和器械缺陷应记录	检查原始病历、医院 HIS 系统，研究者对不良事件、并发症和器械缺陷应当进行记录，并与 CRF 和临床试验统计数据库中数据一致
4.18	及时治疗和处理严重不良事件 / 不良事件（SAE/AE），跟踪随访	检查原始病历或严重不良事件 / 不良事件报告表，严重不良事件 / 不良事件处理应当及时，并进行跟踪随访
4.19	严重不良事件（SAE）和可能导致严重不良事件的器械缺陷在规定时间内报告给规定部门	检查严重不良事件报告表，记录应当完整，证明研究者在 24 小时内书面报告相应的伦理委员会以及临床试验机构所在地省、自治区、直辖市药品监督管理部门和卫生计生主管部门。检查器械缺陷报告情况，证明器械缺陷已经临床试验机构医疗器械临床试验管理部门报伦理委员会审查
4.20	暂停或者终止临床试验时，受试者应得到适当治疗和随访	检查原始病历，受试者有适当治疗和随访
4.21	盲法试验按照试验方案的要求进行揭盲（若有）	检查揭盲记录，核实揭盲符合方案规定
4.22	申办方对临床试验实施监查	检查监查员的监查记录，研究者对监查发现的问题应当及时采取改正措施
5	记录与报告	
5.1	临床试验记录	
5.1.1	临床试验记录的填写准确、完整、清晰、及时	检查原始病历、CRF，记录应当准确、完整、清晰、及时
5.1.2	对错误、遗漏做出纠正	检查原始病历中的修改记录、数据质疑表及应答记录，对错误、遗漏应当做出纠正

序号	现场检查要点	检查内容
5.1.3	临床试验记录的修改应说明理由，修改者签名并注明日期，保持原始记录清晰可辨	检查原始病历修改记录，修改应当符合要求，并记录修改理由
5.1.4	检验科、影像科、心电室、内镜室等检查检验结果可溯源	检查医院 LIS、PACS 等系统，相关辅助检查数据应当可在系统中溯源
5.1.5	CRF 中的数据与原始病历一致	检查 CRF 和原始病历，数据应当一致
5.1.6	电子临床数据库或者远程电子临床数据系统，应确保临床数据的受控、真实，并有完整的验证文件（如适用）	检查电子临床数据库或者远程电子临床数据系统，应当有培训记录、独立账号、使用权限、数据审核、验证文件，有审计追踪功能
5.2	临床试验报告	
5.2.1	多中心临床试验结束后，各分中心有临床试验小结或临床试验报告	检查各分中心临床试验小结或临床试验报告，应当保存完整
5.2.2	临床试验小结或临床试验报告有研究者签名、注明日期，有临床试验机构审核意见、注明日期并加盖临床试验机构印章	检查临床试验小结或临床试验报告，应当有研究者签名、注明日期，有临床试验机构审核意见、注明日期并加盖临床试验机构印章
5.2.3	用于统计的数据库数据或分中心临床试验小结数据与 CRF 一致	抽查 CRF 临床试验统计与数据库中的数据，数据应当一致
5.2.4	临床试验报告或统计分析报告与用于统计的数据库数据或分中心临床试验小结数据一致	检查临床试验报告或统计分析报告与临床试验统计数据库或分中心临床试验小结数据，数据应当一致
5.2.5	注册申请提交的临床试验报告内容与临床试验机构保存的临床试验报告内容一致	检查注册申请提交的临床试验报告和临床试验机构保存的临床试验报告，版本、内容应当一致
6	试验用医疗器械管理	
6.1	保存信息包括名称、型号、规格、接收日期、生产日期、产品批号或者序列号等	检查试验用医疗器械交接单或其他相关记录，应当有名称、型号、规格、接收日期、生产日期、产品批号或者序列号、数量等信息
6.2	与检测报告、临床试验报告中的产品名称、规格型号一致	检查临床实际使用、检测报告、临床试验报告中试验用医疗器械的规格型号，信息应当一致
6.3	运输、接收、储存、分发、回收与处理等记录应完整	检查运输、接收、储存、分发、回收与处理等记录，内容应当完整，数量不一致的记录原因
6.4	运输条件、储存条件、储存时间、有效期等是否符合要求	检查运输、接收、储存记录，运输条件、储存条件、储存时间、有效期等应当符合要求
6.5	所使用的、废弃的或者返还的数量与申办者提供的数量一致	检查接收、使用、废弃、回收记录，数量应当与申办者提供的数据一致
6.6	特殊医疗器械保存和使用情况与总结报告内容一致	检查有特殊场地保存要求的医疗器械（如需放射防护、需低温冷藏等），保存条件和使用情况应当与总结报告内容一致

相关文件

二、判定原则

根据检查发现的问题，检查结果按以下原则判定：

（一）有以下情形之一的，判定为存在真实性问题：

1.编造受试者信息、主要试验过程记录、研究数据、检测数据等临床试验数据，影响医疗器械安全性、有效性评价结果的；

2.临床试验数据，如入选排除标准、主要疗效指标、重要的安全性指标等不能溯源的；

3.试验用医疗器械不真实，如以对照用医疗器械替代试验用医疗器械、以试验用医疗器械替代对照用医疗器械，以及以其他方式使用虚假试验用医疗器械的；

4.瞒报与临床试验用医疗器械相关的严重不良事件和可能导致严重不良事件的医疗器械缺陷、使用方案禁用的合并用药或医疗器械的；

5.注册申请的临床试验报告中数据与临床试验机构保存的临床试验报告中的数据不一致，影响医疗器械安全性、有效性评价结果的；

6.注册申请的临床试验统计分析报告中数据与临床试验统计数据库中数据或分中心临床试验小结中数据不一致，影响医疗器械安全性、有效性评价结果的；

7.其他故意破坏医疗器械临床试验数据真实性的情形。

（二）未发现真实性问题的，但临床试验过程不符合医疗器械临床试验相关规定要求的，判定为存在合规性问题。

（三）未发现上述问题的，判定为符合要求。

国家食品药品监督管理总局 国家卫生和计划生育委员会
关于发布医疗器械临床试验机构条件和备案管理办法的公告

2017 年第 145 号

根据《中共中央办公厅、国务院办公厅印发〈关于深化审评审批制度改革鼓励药品医疗器械创新的意见〉的通知》（厅字〔2017〕42 号）和《国务院关于修改〈医疗器械监督管理条例〉的决定》（中华人民共和国国务院令第 680 号）规定，医疗器械临床试验机构由资质认定改为备案管理。国家食品药品监督管理总局会同国家卫生和计划生育委员会制定了《医疗器械临床试验机构条件和备案管理办法》，现予发布，自 2018 年 1 月 1 日起施行。

食品药品监管总局 国家卫生计生委
2017 年 11 月 15 日

医疗器械临床试验机构条件和备案管理办法

第一章 总 则

第一条 为了加强和规范医疗器械临床试验机构管理，根据《医疗器械监督管理条例》的规定，制定本办法。

第二条 本办法所指的医疗器械临床试验机构备案，是指医疗器械临床试验机构按照本办法规定的条件和要求，将机构概况、专业技术水平、组织管理能力、伦理审查能力等信息提交食品药品监督管理部门进行存档、备查的过程。

第三条 本办法适用于在中华人民共和国境内开展医疗器械临床试验的机构备案管理工作。

第二章 备案条件

第四条 医疗器械临床试验机构应当符合医疗器械临床试验质量管理规范的要求，具备开展医疗器械临床试验相应的专业技术水平、组织管理能力、伦理审查能力等以下条件：

（一）具有医疗机构执业资格；

（二）具有二级甲等以上资质；

（三）承担需进行临床试验审批的第三类医疗器械临床试验的，应为三级甲等医疗机构；

（四）具有医疗器械临床试验管理部门，配备适宜的管理人员、办公条件，并具有对医疗器械临床试验的组织管理和质量控制能力；

（五）具有符合医疗器械临床试验质量管理规范要求的伦理委员会；

（六）具有医疗器械临床试验管理制度和标准操作规程；

（七）具有与开展相关医疗器械临床试验相适应的诊疗科目，且应与医疗机构执业许可诊疗科目一致；

（八）具有能够承担医疗器械临床试验的人员，医疗器械临床试验主要研究者应当具有高级职称，其中开展创新医疗器械产品或需进行临床试验审批的第三类医疗器械产品临床试验的主要研究者应参加过 3 个以上医疗器械或药物临床试验；

（九）已开展相关医疗业务，能够满足医疗器械临床试验所需的受试人群要求等；

（十）具有防范和处理医疗器械临床试验中突发事件和严重不良事件的应急机制和处置能力；

（十一）国家食品药品监督管理总局、国家卫生和计划生育委员会规定的其他条件。

第五条　除符合本办法第四条条件的医疗机构外，其他承担体外诊断试剂临床试验的血液中心和中心血站、设区的市级以上疾病预防控制机构、戒毒中心等非医疗机构开展按医疗器械管理的体外诊断试剂临床试验，其应当具备以下条件：

（一）具有相应业务主管部门发放的机构资质证明文件；

（二）具有体外诊断试剂临床试验的管理部门，配备相应人员、办公条件，并具有对体外诊断试剂临床试验的组织管理和质量控制能力；

（三）能够开展伦理审查工作；

（四）具有体外诊断试剂临床试验管理制度和标准操作规程；

（五）具有与开展体外诊断试剂临床试验相适应的诊疗科目，且应与本机构业务范围一致；

（六）具有能够承担临床试验的人员，临床试验主要研究者应当具有高级职称；

（七）已开展相关业务，能够满足体外诊断试剂临床试验所需的受试人群要求等；

（八）具有防范和处理医疗器械临床试验中突发事件和严重不良事件的应急机制和处置能力；

（九）国家食品药品监督管理总局、国家卫生和计划生育委员会规定的其他条件。

第三章　备案程序

第六条　国家食品药品监督管理总局组织建立医疗器械临床试验机构备案管理信息系统（以下简称备案系统），用于开展医疗器械临床试验机构备案管理工作。

第七条　医疗器械临床试验机构应当根据本办法的要求对本单位是否具备医疗器械临床试验条件和能力进行评估，并自行在备案系统中备案。

第八条　医疗器械临床试验机构应当按照要求，在备案系统中如实填写以下内容：

（一）机构名称、机构性质、地址、联系方式。

（二）机构级别、规模概况，包括床位、人员配备、建筑面积、医疗设备等。

（三）拟开展医疗器械临床试验的专业及主要研究者概况。

（四）医疗器械临床试验管理部门负责人和联系方式。

（五）提交包含如下内容的自查报告：

1. 临床试验管理部门概况、人员介绍、管理制度、标准操作规程等；

2. 伦理委员会或伦理审查工作概况，包括人员、制度等；

3. 医疗器械临床试验质量管理体系建立运行概况；

4. 临床试验管理部门人员、研究者的医疗器械临床试验相关法规和专业知识培训情况；

5. 防范和处理医疗器械临床试验中突发事件、严重不良事件的应急机制和处置能力情况；

6. 既往开展医疗器械临床试验的情况；

7. 其他需要说明的情况。

第九条　医疗器械临床试验机构应按照备案系统要求，上传医疗机构执业资格许可证照、医疗机构级别证明文件、其他机构资质证明文件和资料符合性声明等材料。

第十条　医疗器械临床试验机构办理备案获得备案号后可以承担医疗器械临床试验。

已备案的医疗器械临床试验机构名称、地址、联系人、联系方式和主要研究者等有关备案信息可在备案系统中查询。

第十一条 医疗器械临床试验机构名称、机构级别、机构负责人员、地址、伦理委员会、医疗器械临床试验专业和主要研究者备案信息发生变化时，医疗器械临床试验机构应当登录备案系统，在线填写相关信息变更情况。

第十二条 医疗器械临床试验机构应当在每年 1 月 31 日前在线提交上一年度开展医疗器械临床试验工作总结报告。

第十三条 医疗器械临床试验机构决定不再开展医疗器械临床试验的，应登录备案系统，取消备案。

第四章 监督管理

第十四条 省级以上食品药品监督管理部门应当每年定期将本行政区域医疗器械临床试验机构备案的相关信息通报同级卫生计生行政部门。

第十五条 省级食品药品监督管理部门、卫生计生行政部门应按照各自监管职责，加强对本行政区域医疗器械临床试验机构的监督管理和信息通报。对发现的违法违规行为，按照《医疗器械监督管理条例》及其他相关法规规定组织查处。

第十六条 隐瞒有关情况或者提供虚假材料办理临床试验机构备案的，或者存在缺陷、不适宜继续承担临床试验的临床试验机构，省级以上食品药品监督管理部门按照《医疗器械监督管理条例》的规定进行处理。国家食品药品监督管理总局取消其机构或相关专业的备案信息，通报国家卫生和计划生育委员会，并进行公告。

第十七条 医疗器械临床试验机构的备案信息涉及国家机密、商业秘密或者个人隐私的，应当符合《中华人民共和国保守国家秘密法》及其他相关法律法规的规定。

第五章 附　则

第十八条 医疗器械临床试验机构备案号格式为：械临机构备 +4 位年代号 +5 位顺序编号。

第十九条 食品药品监督管理部门实施临床试验机构备案和监督管理，不得收取任何费用。

第二十条 本办法自 2018 年 1 月 1 日起施行。

相关文件

国家食品药品监督管理总局关于医疗器械
临床试验备案有关事宜的公告

2015 年第 87 号

根据《医疗器械监督管理条例》的规定，开展医疗器械临床试验应当备案。现将备案有关事宜公告如下：

一、开展医疗器械临床试验，申办者应当在试验项目经伦理审查通过并与临床试验机构签订协议或合同后，填写《医疗器械临床试验备案表》（附件1），提交备案表中列出的相关材料，其中境内医疗器械向申办者所在地省级食品药品监督管理部门备案，进口医疗器械向代理人所在地省级食品药品监督管理部门备案。

二、接受备案的省级食品药品监督管理部门，对《医疗器械临床试验备案表》填写完整且提交材料齐全的，应当当场备案。备案号编排方式为：×1械临备 ×××2×××3，其中 ×1 为备案部门所在地简称，×××2 为年份，×××3 为流水号。

三、接受备案的省级食品药品监督管理部门，应当在 10 个工作日内将备案信息（格式见附件2）通报临床试验机构所在地的同级食品药品监督管理部门和卫生计生主管部门。

四、自公告发布之日起，开展医疗器械临床试验应当按照本公告备案后实施。

五、申办者完成临床试验备案后，对试验项目起止日期有变化的，应当于变化后 10 个工作日内告知原备案管理部门并留有信息变更的记录。

六、食品药品监督管理部门应当加强对医疗器械临床试验备案工作的监督检查，对违反规定的依法查处。

接受备案的省级食品药品监督管理部门应当每月 10 日前将备案信息以电子邮件方式报送国家食品药品监督管理总局医疗器械注册管理司（电子信箱：mdct@cfda.gov.cn）。

特此公告。

附件：1. 医疗器械临床试验备案表
　　　2. 医疗器械临床试验备案信息通报表

食品药品监管总局
2015 年 7 月 3 日

四、注册备案

国家药品监督管理局关于实施《医疗器械注册与备案管理办法》《体外诊断试剂注册与备案管理办法》有关事项的通告

2021 年第 76 号

《医疗器械注册与备案管理办法》（国家市场监督管理总局令第 47 号）和《体外诊断试剂注册与备案管理办法》（国家市场监督管理总局令第 48 号）（以下统称《办法》）已发布，自 2021 年 10 月 1 日起施行。为做好《办法》实施工作，现将有关事项通告如下：

一、关于《办法》实施前已受理注册申请项目的处理

《办法》实施前已受理但尚未作出审批决定的注册申请项目，药品监督管理部门按照原规定继续审评审批，符合上市条件的，发给医疗器械注册证。延续注册的注册证有效期起始日执行《办法》第八十四条规定。

二、关于补正材料涉及的检验报告

《办法》实施前已受理但尚未作出审批决定的注册申请项目，如补正材料涉及检验报告，注册申请人应当委托具有资质的医疗器械检验机构出具补充检验报告；如注册申请人的体系核查涵盖了检验能力，也可以按照《办法》及相关要求提交补充自检报告。

三、关于新的强制性标准实施之日前受理注册申请项目的审查

对于申请注册的医疗器械，其产品技术要求中引用的强制性标准发生变化的，除国家药监局在发布实施标准文件中另有规定外，在新标准实施之日前受理注册的，可以按照原标准进行审评审批。自新标准实施之日起，企业应当全面实施新标准，产品应当符合新标准要求。

四、关于医疗器械生物学试验

医疗器械生物学评价中涉及生物学试验的，其生物学试验报告由申请人在申请注册时作为研究资料提交。开展生物学试验，应当委托具有生物学试验资质的医疗器械检验机构按照相关标准进行试验。国外实验室出具的生物学试验报告，应当附有国外实验室表明其符合 GLP 实验室要求的质量保证文件。

五、关于进口医疗器械和境内生产的医疗器械注册（备案）形式

进口医疗器械，应当由境外注册申请人（备案人）申请注册（办理备案）；境外企业在境内生产的医疗器械，应当由境内生产的企业作为注册申请人（备案人）申请注册（办理备案）。

相关文件

605

六、关于第一类医疗器械备案

第一类医疗器械备案不需提交临床评价资料。

七、关于医疗器械注册管理相关文件

（一）《办法》实施后，附件中所列的医疗器械注册管理相关文件同时废止。

（二）《办法》中未涉及的事项，如国务院药品监督管理部门以前发布的医疗器械注册管理的文件中有明确规定的，仍执行原规定。

特此通告。

附件：废止文件目录

国家药监局

2021 年 9 月 28 日

国家药监局关于全面实施医疗器械电子注册证的公告

2022 年第 91 号

为贯彻落实党中央、国务院关于深化"放管服"改革的重要决策部署，优化营商环境，进一步激发市场主体发展活力，为企业提供更加高效便捷的政务服务，国家药监局于 2020 年 10 月试点发放国产第三类、进口第二、三类医疗器械注册证，并逐步试点发放了与电子注册证关联的注册证变更文件，现已发放医疗器械电子注册证 1.4 万张、注册证变更文件 0.35 万张。在总结前期试点发放及应用情况基础上，国家药监局经研究决定，自 2022 年 11 月 1 日起，全面实施医疗器械电子注册证。现将有关事项公告如下：

一、此次医疗器械电子注册证发放范围为自 2022 年 11 月 1 日起，由国家药监局批准的国产第三类、进口第二、三类医疗器械注册证及注册变更文件。

二、医疗器械电子注册证与纸质注册证具有同等法律效力。电子注册证具有即时送达、短信提醒、证照授权、扫码查询、在线验证、全网共享等功能。

三、企业须先行在国家药监局网上办事大厅注册并实名认证，进入网上办事大厅"我的证照"栏目查看下载相应的电子注册证。也可登录"中国药监 APP"，查看使用电子注册证。

四、医疗器械电子注册证不包含产品技术要求、说明书等附件。上述附件以电子文件形式与医疗器械电子注册证同步推送至国家药监局网上办事大厅法人空间"我的证照"栏目，推送成功即送达，企业可自行登录下载获取。

五、申请人应妥善保管国家药监局网上办事大厅账号、电子注册证及相关附件电子文件等。

六、医疗器械电子注册证使用相关问题可查看国家药监局网上办事大厅"电子证照"相关栏目。

特此公告。

国家药监局

2022 年 10 月 24 日

相关文件

国家药监局关于第一类医疗器械备案有关事项的公告

2022 年第 62 号

为做好第一类医疗器械备案工作，根据《医疗器械监督管理条例》（国务院令第 739 号）、《医疗器械注册与备案管理办法》（国家市场监督管理总局令第 47 号）、《体外诊断试剂注册与备案管理办法》（国家市场监督管理总局令第 48 号），现就第一类医疗器械（含第一类体外诊断试剂）备案有关事项公告如下：

一、医疗器械备案是指医疗器械备案人（以下简称备案人）依照法定程序和要求向药品监督管理部门提交备案资料，药品监督管理部门对提交的备案资料存档备查的活动。

二、境内第一类医疗器械备案，备案人向设区的市级负责药品监督管理的部门提交备案资料。进口第一类医疗器械备案，备案人向国家药品监督管理局提交备案资料。

三、判定产品管理类别时，应当结合产品实际情况，根据《第一类医疗器械产品目录》《体外诊断试剂分类子目录》等规定中产品描述、预期用途和品名举例进行判定。

按照《第一类医疗器械产品目录》《体外诊断试剂分类子目录》（以下统称目录）和有关分类界定结果等判定为第一类医疗器械的，备案人向相应的备案部门办理备案；超出目录内容的，根据相关工作程序申请分类界定，明确为第一类医疗器械的，向相应的备案部门办理备案。

四、办理医疗器械备案，备案人应当提交符合要求（见附件 1）的备案资料，填写备案表（见附件 2），获取备案编号。备案人应当确保提交的资料合法、真实、准确、完整和可追溯。

五、备案人提交符合附件 1 要求的备案资料后即完成备案。对备案的医疗器械，备案部门向备案人提供备案编号（备案编号告知书见附件 3），并按照规定的时间公布《第一类医疗器械备案信息表》或《第一类体外诊断试剂备案信息表》（见附件 4）中登载的有关信息。

六、已备案的医疗器械，备案信息表中登载内容及备案的产品技术要求发生变化，备案人应当向原备案部门变更备案，并提交变化情况的说明及相关文件。对变更备案的医疗器械，备案部门应当将变更情况登载于备案信息表"变更情况"栏中，并按照规定的时间公布变更情况相关信息。

七、备案部门应当按照第一类医疗器械备案操作规范（见附件 5）开展备案工作。

八、第一类医疗器械备案编号的编排方式为：

×1 械备 ×××2××××3。其中：

×1 为备案部门所在地的简称：

进口第一类医疗器械为"国"字；

境内第一类医疗器械为备案部门所在地省、自治区、直辖市简称加所在地设区的市级行政区域的简称（无相应设区的市级行政区域时，仅为省、自治区、直辖市的简称）；

××××2 为备案年份；

××××3 为备案流水号。

九、国家药监局建立备案信息平台，汇集第一类医疗器械备案信息；省级药品监督管理部门负责本辖区内第一类医疗器械备案信息的收集和报送。对备案的，备案部门应当按照规定的时间在其网站公布备案信息表中登载的有关信息，省级药品监督管理部门按要求将境内第一类医疗器械备案信息及时上报国家药品监督管理局备案信息平台。

对变更备案的，备案部门将变更情况登载于备案信息表变更情况栏中，按照规定的时间在其网站公布变更备案的有关信息，省级药品监督管理部门按要求将境内第一类医疗器械变更备案信息及时上报国家药品监督管理局备案信息平台。

本公告自发布之日起施行。原国家食品药品监督管理总局发布的《关于第一类医疗器械备案有关事项的公告》（2014 年第 26 号）同时废止。

特此公告。

附件：1. 第一类医疗器械备案资料要求及说明
   2. 第一类医疗器械备案表（格式）
   3. 第一类医疗器械备案编号告知书
   4. 第一类医疗器械备案信息表和第一类体外诊断试剂备案信息表
   5. 第一类医疗器械备案操作规范

国家药监局

2022 年 8 月 10 日

附件 1

第一类医疗器械备案资料要求及说明

一、备案资料

（一）第一类医疗器械备案表

（二）关联文件

1. 境内备案人提供：企业营业执照副本或事业单位法人证书的复印件。

委托其他企业生产的，应当提供受托企业资格文件（营业执照副本复印件）、委托合同和质量协议复印件。

2. 境外备案人提供：

（1）境外备案人企业资格证明文件：境外备案人注册地所在国家（地区）公司登记主管部门或医疗器械主管部门出具的能够证明境外备案人存续且具备相应医疗器械生产资格的证明文件；或第三方认证机构为境外备案人出具的能够证明境外备案人具备相应医疗器械生产资格的证明文件。

（2）境外备案人注册地或生产地所在国家（地区）医疗器械主管部门出具的准许该产品上市销售的证明文件。备案人注册地或生产地所在国家（地区）未将该产品作为医疗器械管理的，备案人需提供相关文件，包括备案人注册地或者生产地所在国家（地区）准许该产品上市销售的证明文件。未在境外备案人注册地或生产地所在国家（地区）上市的创新医疗器械可以不提交。

（3）境外备案人在中国境内指定代理人的委托书、代理人承诺书，代理人营业执照副本复印件。

（三）产品技术要求

产品技术要求应按照《医疗器械产品技术要求编写指导原则》编制，主要包括医疗器械成品的可进行客观判定的功能性、安全性指标和检测方法。

（四）产品检验报告

产品检验报告应为产品全性能自检报告或委托检验报告，检验的产品应当具有典型性。

检验报告后随附产品实物照片。产品实物照片应当包括拆除所有内外包装后的样品实物照片，以及内外包装实样照片。多个型号规格的，提供典型产品的照片。

（五）产品说明书及最小销售单元标签设计样稿

说明书和标签应当符合《医疗器械说明书和标签管理规定》《体外诊断试剂说明书编写指导原则》等相关要求，说明书中产品性能应当与产品技术要求中的相应内容一致。进口产品应当提交境外政府主管部门批准或者认可的说明书原文及其中文译本。

（六）生产制造信息

对生产过程相关情况的概述。无源医疗器械应明确产品生产加工工艺，注明关键工艺。有源医疗器械应提供产品生产工艺过程的描述性资料，可采用流程图的形式，或生产过程的概述。体外诊断试剂应概述主要生产工艺，包括：固相载体、显色系统等的描述及确定依据，反应体系包括样本采集及处理、样本要求、样本用量、试剂用量、反应条件、校准方法（如果需要）、质控方法等。

有多个研制、生产场地的，应当概述每个研制、生产场地的实际情况。

委托其他企业生产的，应当列出受托企业名称、住所、生产地址。

（七）符合性声明

1. 声明符合第一类医疗器械备案相关要求；

2. 声明本产品符合有关分类的要求及依据，包括《第一类医疗器械产品目录》或《体外诊断试剂分类子目录》的有关内容，应当注明确切的产品分类依据，明确所属子目录、一级、二级产品类别；

3. 声明本产品符合现行国家标准、行业标准并提供符合标准的清单；

4. 声明所提交备案资料的真实性（境内产品由备案人出具，进口产品由备案人和代理人分别出具）。

二、变更备案资料

（一）变化情况说明及相关关联文件

变化情况说明应附备案信息表变化内容对比表。

涉及产品技术要求变化的，应提供产品技术要求变化内容对比表及产品检验报告（如涉及）。

（二）关联文件

如变更事项涉及备案的关联文件变化的，应当提交新的关联文件。

境外备案人还应当提交在中国境内指定代理人的委托书、代理人承诺书，代理人营业执照副本复印件。

（三）符合性声明

1. 声明符合第一类医疗器械备案相关要求；

2. 声明本产品符合有关分类的要求及依据，包括《第一类医疗器械产品目录》或《体外诊断试剂分类子目录》的有关内容，应当注明确切的产品分类依据，明确所属子目录、一级、二级产品类别；

3. 声明本产品符合现行国家标准、行业标准并提供符合标准的清单；

4. 声明所提交备案资料的真实性（境内产品由备案人出具，进口产品由备案人和代理人分别出具）。

三、备案资料内容要求

（一）产品名称（产品分类名称）

产品名称（不包括体外诊断试剂）原则上应当直接使用《第一类医疗器械产品目录》中"品名举例"所列举的名称；对于确有需要调整产品名称进行备案的，应当采用符合《医疗器械通用名称命名规则》（国家食品药品监督管理总局令第19号）及相关命名指导原则的名称。

体外诊断试剂产品分类名称（产品名称）应当采用《体外诊断试剂分类子目录》中的产品分类名称（产品名称）。

（二）产品描述、预期用途

"产品描述"和"预期用途"应当符合《第一类医疗器械产品目录》和《体外诊断试剂分类子目录》（以下统称目录）中相应要求，不应超出目录中"产品描述"和"预期用途"和相关内容的范围。

《第一类医疗器械产品目录》中产品描述项下使用"通常由……组成"时，相关内容只是给出了产品的代表性结构组成。备案时，可以根据备案产品的实际情况，描述结构组成；描述时，不可使用"通常由……组成"，而应使用"由……组成"，并写明具体的组成。有"一次性使用""重复性使用""无源产品""粘贴部位为完好皮肤""不具有剂量控制功能""非无菌提供"等限定性表述的，备案产品"产品描述"应当明确。

（三）型号/规格

型号/规格不应包含存在明示或暗示治疗疾病、夸大预期用途或者其他具有误导性欺骗性的

相关文件

611

内容。

（四）备案人名称、住所

境内备案人备案表中的备案人名称、住所应当与企业营业执照或事业单位法人证书中一致。境外备案人备案表中的备案人名称、住所、生产地址应当与境外关联文件一致。

（五）境外备案人指定代理人的委托书、代理人承诺书

境外备案人指定代理人的委托书、代理人承诺书中的委托、承诺内容，应当与备案内容一致。

（六）说明书

说明书中涉及产品描述的内容（包括但不限于结构组成、主要组成成分、预期用途、使用方式、注意事项等涉及产品描述的部分）不得超出其他备案资料中的相应内容。

如产品使用前由使用机构根据说明书进行灭菌或消毒，在备案时提交的产品说明书中应提供经验证的灭菌或消毒方法。

四、备案资料形式要求

（一）备案资料完整齐备。备案表填写完整。

（二）各项文件除关联文件外均应以中文形式提供。如关联文件为外文形式还应提供中文译本并由代理人签章。根据外文资料翻译的资料，应当同时提供原文。

（三）境内产品备案资料如无特殊说明的，应当由备案人签章。"签章"是指：备案人盖公章，或者其法定代表人、负责人签名加盖备案人公章。

（四）进口产品备案资料如无特别说明，原文资料均应当由备案人签章，中文资料由代理人签章。原文资料"签章"是指：备案人的法定代表人或者负责人签名，或者签名加组织机构印章；中文资料"签章"是指：代理人盖公章，或者其法定代表人、负责人签名并加盖代理人公章。

（五）进口产品备案资料中由境外备案人提供的关联文件、符合性声明以及说明书、标签应当提交由备案人所在地公证机构出具的公证件。公证件可以是通过电子公证模式办理的，但应当同时提交由境外备案人出具的关于公证模式的说明文件。

（六）备案人提交纸质备案资料的，备案资料应当有所提交资料目录，包括备案资料的一级和二级标题，并以表格形式说明每项的页码。

五、其他要求

（一）对于以下两种情形的产品，应当按下述要求备案：

1. 对于出厂时为非无菌提供的，使用前需由使用机构根据说明书进行灭菌或消毒，以满足临床需求的第一类医疗器械产品（例如：非无菌提供的可重复使用眼科手术刀），"产品描述"项下应当写明"非无菌提供，使用前由使用机构根据说明书进行灭菌"或"非无菌提供，使用前由使用机构根据说明书进行消毒"；"产品说明书"中应当提供灭菌或消毒方法，所提供的灭菌、消毒方法和产品可以承受的灭菌、消毒次数应经过确认。

2. 对于出厂时为非无菌提供的，使用前不再进行灭菌或消毒，但为了满足临床需求本身具有微生物限度要求的第一类医疗器械产品（例如：接触创面的按第一类医疗器械管理的创口贴），"产品描述"项下应当写明需符合的微生物限度要求；"产品技术要求"中应当写明需符合的微生物限度要求；"生产制造信息"中应当写明：为使产品符合规定的微生物限度要求，生产者采取了哪些措施；目前符合哪项标准规定的微生物限度要求（如适用）。

（二）《第一类医疗器械产品目录》中"09-02-03 物理降温设备""09-03-08 光治疗设备附件""14-10-02 创口贴""20-03-11 穴位压力刺激器具"四类产品，不能含有中药、化学药物、生物制品、消毒和抗菌成分、天然植物及其提取物等发挥药理学、免疫学、代谢作用的成分或者可被人体吸收的成分，包括但不限于《第一类医疗器械产品目录》附录所列成分。

《第一类医疗器械产品目录》"09-02-03 物理降温设备"备案时，产品名称应当直接使用目录"品名举例"所列举的名称，预期用途不得超出目录规定的预期用途。

（三）关于组合包类产品。由需配合使用从而实现某一预期用途的一种以上医疗器械组合而成的产品，若组合中所有产品均为第一类医疗器械（不得含有任何形式的非医疗器械产品），且组合后不改变各组成器械的预期用途，可按照第一类医疗器械备案。其产品名称应体现组合特性，原则上按其主要临床预期用途命名，名称的组成内容应在所属目录"产品类别（一级或者二级）"、所含各产品的"预期用途"范围内，如上肢内固定手术器械（包）、膝关节手术器械（包）等。同时，"产品描述"应包含所有组成的医疗器械，并说明各组成医疗器械的"产品描述"和"预期用途"，且其基本内容均应与目录中的相应内容一致。组合包类产品以包内对其预期用途起主要作用的医疗器械的分类编码作为该组合包的分类编码。

附件 2

备案编号：

第一类医疗器械备案表
（格式）

产品名称（产品分类名称）：_____

备案人名称：_____

填表说明

1. 本表用于进口和境内第一类医疗器械、体外诊断试剂备案。

2. 要求填写的栏目内容应使用中文、完整、清楚、不得空白，无相关内容处应填写"／"。因备案表格式所限而无法填写完整时，请另附附件。

3. 境内医疗器械、体外诊断试剂只填写备案人名称、住所和生产地址中文栏。进口医疗器械、体外诊断试剂备案人的住所和生产地址中文栏自行选择填写。进口医疗器械、体外诊断试剂备案人名称、进口医疗器械产品名称（体外诊断试剂为产品分类名称，以下同）中文栏必填。

4. 进口医疗器械、体外诊断试剂产品名称、备案人名称、住所和生产地址原文栏必填，原文填写内容应与备案人住所或生产地所在国家（地区）医疗器械主管部门出具的允许产品上市销售的证明文件中载明内容和文种一致。如备案系统不支持原文文种填写，则原文栏填写英文，英文内容必须与原文一致。

5. 境内医疗器械备案人应填写统一社会信用代码。

6. 进口医疗器械、体外诊断试剂产品名称、备案人名称、住所和生产地址英文栏必填。如原文非英文，英文内容必须与原文一致。

7. 所填写各项内容应与所提交备案材料内容相对应。

8. 医疗器械产品分类编码均使用《第一类医疗器械产品目录》的分类编码，分类编码填写为"子目录编号 – 一级产品类别编号 – 二级产品类别编号"。体外诊断试剂分类编码为"6840"。组合包类产品以包内对其预期用途起主要作用的医疗器械的分类编码作为该组合包的分类编码。

9. 备案人、代理人住所栏填写备案人和代理人企业营业执照等相关关联文件上载明的住所。

10. 备案人、代理人所在地系指备案人和代理人住所所在国家（地区）或省（区、市）。

11. 境内备案人委托生产的，应当填写受托企业名称及其统一社会信用代码。

12. 如有其他需要特别说明的问题，请在本表"其他需要说明的问题"栏中说明。

注：填表前，请详细阅读填表说明

产品名称 （产品分类名称）	中文	
	原文	
	英文	
分类编码		
结构特征	有源□　无源□　体外诊断试剂□	
型号／规格 （包装规格）		
产品描述 （主要组成成分）		
预期用途		
产品有效期 （体外诊断试剂适用）		
备案人	名称	中文	
		原文	
		英文	
	住所	中文	
		原文	
		英文	
	联系人		电话	
	传真		电子邮箱	
	邮编		
	备案人 所在地		
	统一社会信用代码		

相关文件

生产地址	中文	
	原文	
	英文	
受托企业名称（如适用）		统一社会信用代码	
代理人	名称	
	住所	
	邮编	
	联系人		电话	
	传真		电子邮箱	
	代理人所在地	

应附资料

1. 关联文件 □
2. 产品技术要求 □
3. 产品检验报告 □
4. 产品说明书及最小销售单元标签设计样稿 □
5. 生产制造信息 □
6. 符合性声明 □

其他需要说明的问题

备案人／代理人（签章）

日期： 年 月 日

附件3

第一类医疗器械备案编号告知书

******（备案人）：

根据《医疗器械监督管理条例》《医疗器械注册与备案管理办法》《体外诊断试剂注册与备案管理办法》的相关规定，提供备案编号如下：

备案编号：

产品名称（产品分类名称）：

备案人住所：

生产地址：

***

（备案部门名称）

（盖章）

日期：　　年　　月　　日

本告知书仅用于备案人获取备案编号。

备案人应当确保备案资料合法、真实、准确、完整和可追溯。

已备案的医疗器械，备案信息表中登载内容及备案的产品技术要求发生变化，备案人应当向原备案部门变更备案。变更备案的，备案编号不变，不再重新发放备案编号告知书。

相关文件

附件 4

第一类医疗器械备案信息表

备案编号：

备案人名称	
备案人统一社会信用代码	（境内医疗器械适用）
备案人住所	
生产地址	
代理人	（进口医疗器械适用）
代理人住所	（进口医疗器械适用）
产品名称	
型号／规格	
产品描述	
预期用途	
备注	
备案部门 备案日期	*** （备案部门名称） 备案日期：　　年　　月　　日
变更情况	****年**月**日，**变更为**。 ……

境内备案人委托生产的，备注栏应当标注受托企业名称。

备案人应当确保提交的资料合法、真实、准确、完整和可追溯。

备案人实际生产产品应当与备案信息一致。

第一类体外诊断试剂备案信息表

备案编号：

备案人名称	
备案人统一社会信用代码	（境内体外诊断试剂适用）
备案人住所	
生产地址	
代理人	（进口体外诊断试剂适用）
代理人住所	（进口体外诊断试剂适用）
产品分类名称（产品名称）	
包装规格	
产品有效期	
主要组成成分	
预期用途	
备注	
备案部门 备案日期	*** （备案部门名称） 备案日期： 年 月 日
变更情况	****年**月**日，**变更为**。 ……

境内备案人委托生产的，备注栏应当标注受托企业名称。

备案人应当确保提交的资料合法、真实、准确、完整和可追溯。

备案人实际生产产品应当与备案信息一致。

相关文件

附件5

第一类医疗器械备案操作规范

一、备案（包括变更备案）

（一）备案人向相应的备案部门提交备案资料。

（二）备案部门应当结合备案人提交的备案资料，判断产品是否属于第一类医疗器械，备案资料是否符合规定。

对于医疗器械（不包括体外诊断试剂），备案表中"产品名称""产品描述""预期用途"与《第一类医疗器械产品目录》相比，不超出目录内容的，属于第一类医疗器械。超出目录内容的，备案人应当根据相关工作程序申请分类界定，明确为第一类医疗器械的，向相应的备案部门提交备案资料。

对于体外诊断试剂，备案表中"产品分类名称"和"预期用途"与《体外诊断试剂分类子目录》所列内容相同或者少于目录内容的，属于第一类体外诊断试剂；超出目录内容的，备案人应当根据相关工作程序申请分类界定，明确为第一类体外诊断试剂的，向相应的备案部门提交备案资料。

（三）备案事项属于本部门职权范围，备案资料符合要求的，提供备案编号。备案资料不符合要求的，告知备案人并说明理由。

（四）备案事项不属于本部门职权范围的，告知备案人。

（五）备案部门按本部门档案管理程序对备案资料予以归档。

二、备案后管理

（一）管理要求

承担第一类医疗器械产品备案工作的药品监督管理部门根据工作需要开展备案后的检查，重点对备案资料的规范性进行回顾性检查。发现备案资料不规范的，应当责令备案人限期改正；备案人未按要求限期改正的，应当公告取消备案。

已备案的医疗器械管理类别调整为第二类、第三类的，应当按照规定申请注册；备案人应当主动取消备案。备案人开展产品再评价工作的结果表明，已上市产品不能保证安全、有效的，备案人应当主动取消备案。已备案的医疗器械调整为不再按照医疗器械管理的，备案人应当主动取消备案。备案人未按要求取消备案的，备案部门可以公告取消备案。取消备案后不得再继续生产相应医疗器械。

第一类医疗器械上市后监管执行上市后监督管理的相关规定。

已经备案的资料不符合要求的，按照《医疗器械监督管理条例》第八十四条予以处罚。

（二）工作指导

设区的市级负责药品监督管理的部门应当加强对产品备案管理自查工作，并于每年1月份向省级药品监督管理部门报送上一年度产品备案工作自查总结报告。

设区的市级负责药品监督管理的部门开展备案工作中遇到产品管理类别、备案信息不明确等问题时，应当及时与省级药品监督管理部门沟通，省级药品监督管理部门应当加强对设区的市级负责药品监督管理的部门第一类医疗器械备案工作的指导。

设区的市级备案部门和设区的市级市场监管部门不是同一个部门时，设区的市级备案部门应当及时将备案信息提供给设区的市级市场监管部门。

关于公布医疗器械注册申报资料要求和批准证明文件格式的公告

2021 年第 121 号

为规范医疗器械注册管理，根据《医疗器械监督管理条例》（国务院令第 739 号）和《医疗器械注册与备案管理办法》（国家市场监督管理总局令第 47 号），国家药监局组织制定了医疗器械注册申报资料要求和批准证明文件格式（见附件），现予公布，自 2022 年 1 月 1 日起施行。原国家食品药品监督管理总局发布的《关于公布医疗器械注册申报资料要求和批准证明文件格式的公告》（原国家食品药品监督管理总局公告 2014 年第 43 号）同时废止。

特此公告。

附件：1. 中华人民共和国医疗器械注册证（格式）

2. 中华人民共和国医疗器械变更注册（备案）文件（格式）

3. 国家药品监督管理局医疗器械临床试验审批意见单（格式）

4. 医疗器械注册申报资料和批准证明文件格式要求

5. 医疗器械注册申报资料要求及说明

6. 医疗器械延续注册申报资料要求及说明

7. 医疗器械变更备案 / 变更注册申报资料要求及说明

8. 医疗器械临床试验审批申报资料要求及说明

9. 医疗器械安全和性能基本原则清单

国家药监局

2021 年 9 月 29 日

相关文件

附件 1

中华人民共和国医疗器械注册证
（格式）

注册证编号：

注册人名称	
注册人住所	
生产地址	
代理人名称	（进口医疗器械适用）
代理人住所	（进口医疗器械适用）
产品名称	
型号、规格	
结构及组成	
适用范围	
附　件	产品技术要求
其他内容	
备　注	

审批部门：

批准日期：　　年　　月　　日
生效日期：　　年　　月　　日
有效期至：　　年　　月　　日

（审批部门盖章）

附件 2

中华人民共和国医疗器械变更注册（备案）文件
（格式）

注册证编号：

产品名称	
变更内容	"***（原注册内容或项目）"变更为"***（变更后的内容或项目）"。
备　注	本文件与"＿＿＿＿＿＿"医疗器械注册证共同使用。

审批部门：　　　　　　　　　　　　批准日期：　　　年　　月　　日

（审批部门盖章）

附件3

国家药品监督管理局医疗器械临床试验审批意见单
（格式）

受理号：

申请人名称	
申请人住所	
试验医疗器械名称	
试验医疗器械型号、规格	
试验医疗器械结构及组成	
审批意见	
备　注	

审批部门：　　　　　　　　　　　　　　批准日期：　　年　月　日

（审批部门盖章）

附件4

医疗器械注册申报资料和批准证明文件格式要求

一、申报资料格式要求

按照医疗器械电子申报系统申报的，注册申报资料应当符合电子申报的格式要求。未按照医疗器械电子申报系统申报的，注册申报资料应当符合以下格式要求，除特别说明适用于境内产品或进口产品申报资料的内容，其余内容对所有类型申报产品均适用。

（一）形式要求

1. 申报资料应当有所提交资料目录，包括申报资料的一级和二级标题。每项二级标题对应的资料应当单独编制页码。

2. 申报资料应当按目录顺序排列并装订成册。

3. 申报资料一式一份，其中产品技术要求一式两份，应当使用 A4 规格纸张打印，内容完整、清楚，不得涂改，政府部门及其他机构出具的文件按照原件尺寸提供。凡装订成册的，不得自行拆分。

4. 申报资料使用复印件的，复印件应当清晰并与原件一致。

5. 各项申报资料中的申请内容应当具有一致性。

6. 各项文件除关联文件外，均应当以中文形式提供，如证明性文件为外文形式，还应当提供中文译本并由代理人签章。根据外文资料翻译的申报资料，应当同时提供原文。

（二）签章和公证要求

1. 境内产品申报资料如无特殊说明的，应当由注册申请人签章。"签章"是指：注册申请人盖公章，或者其法定代表人、负责人签名并加盖公章。

2. 进口产品申报资料如无特别说明，原文资料均应当由注册申请人签章，中文资料由代理人签章。原文资料"签章"是指：注册申请人的法定代表人或者负责人签名，或者签名并加盖组织机构印章；中文资料"签章"是指：代理人盖公章，或者其法定代表人、负责人签名并加盖公章。

3. 进口产品申报资料中由境外注册申请人提供的关联文件、符合性声明以及说明书、标签应当提交由注册申请人所在地公证机构出具的公证件。公证件可以是通过电子公证模式办理的，但应当同时提交由境外注册申请人出具的关于新公证模式的说明文件。

（三）电子文档要求

下列注册申报资料还需同时提交电子文档：

1. 申请表。

2. 产品技术要求。

应当为 word 文档，并且可编辑、修改。

3. 综述资料、非临床研究综述以及产品说明书。

应当为 word 文档，并且可编辑、修改。

4. 临床试验数据库

根据文件类型，采用适宜的电子文档，包括 pdf、word、excel、xpt、txt 等，word、excel、txt 等文件应当可编辑、修改。

二、批准证明文件格式要求

（一）批准证明文件制作的原则要求

制证人员应当按照行政审批结论制作批件。

1. 制作的《医疗器械注册证》、《医疗器械变更注册（备案）文件》内容完整、准确无误，加盖的医疗器械注册专用章准确、无误。

2. 制作的《不予行政许可决定书》中须写明不予行政许可的理由，并注明申请人依法享有申请行政复议或者提起行政诉讼的权利以及投诉渠道。

3. 其他许可文书等应当符合公文的相关要求。

（二）批准证明文件制作的具体要求

1. 《医疗器械注册证》

《医疗器械注册证》栏内填写内容较多的，可采用附页形式。不适用的栏目，应当标注"不适用"。

《医疗器械注册证》及附件所列内容为注册限定内容。如药品监督管理部门经注册审查，认为《医疗器械注册证》中除已明确规定需载明的内容外仍有其他内容需要载明，应当在《医疗器械注册证》"其他内容"栏目中列出，内容较多可采用附件形式。

进口产品《医疗器械注册证》中产品名称、注册人名称应当使用中文，可附加英文或原文，注册人住所和生产地址可使用中文、英文或原文。

2. 《医疗器械变更注册（备案）文件》

《医疗器械变更注册（备案）文件》中"变更内容"栏的填写：变更内容在国家药品监督管理局／省级药品监督管理部门政府网站上予以公布的，填写变更后内容，例如"注册人名称变更为×××"、"代理人住所变更为×××"；变更内容不在国家药品监督管理局／省级药品监督管理部门政府网站上予以公布的，填写变更项目，例如"产品技术要求中检验方法变更"。

3. 补发《医疗器械注册证》或《医疗器械变更注册（备案）文件》

在备注栏加注"××××年××月××日补发"，其他内容不变。

4. 《医疗器械注册证》和《医疗器械变更注册（备案）文件》等用 A4 纸打印。

5. 《医疗器械注册证》和《医疗器械变更注册（备案）文件》等可采用电子文件。

（三）批准文件附件发放要求

国家药品监督管理局／省级药品监督管理部门应当将经审查核准的产品技术要求进行编号并加盖医疗器械注册专用章，作为注册证附件发给申请人。产品技术要求的标题为"×××（产品名称）产品技术要求"，编号即为相应的注册证编号。

变更产品技术要求的，国家药品监督管理局／省级药品监督管理部门应当将经审查核准的产品技术要求变更对比表，加盖医疗器械注册专用章，随变更注册（备案）文件一并发给注册人。

附件5

医疗器械注册申报资料要求及说明

申报资料一级标题	申报资料二级标题
1. 监管信息	1.1 章节目录
	1.2 申请表
	1.3 术语、缩写词列表
	1.4 产品列表
	1.5 关联文件
	1.6 申报前与监管机构的联系情况和沟通记录
	1.7 符合性声明
2. 综述资料	2.1 章节目录
	2.2 概述
	2.3 产品描述
	2.4 适用范围和禁忌证
	2.5 申报产品上市历史
	2.6 其他需说明的内容
3. 非临床资料	3.1 章节目录
	3.2 产品风险管理资料
	3.3 医疗器械安全和性能基本原则清单
	3.4 产品技术要求及检验报告
	3.5 研究资料
	3.6 非临床文献
	3.7 稳定性研究
	3.8 其他资料
4. 临床评价资料	4.1 章节目录
	4.2 临床评价资料
	4.3 其他资料
5. 产品说明书和标签样稿	5.1 章节目录
	5.2 产品说明书
	5.3 标签样稿
	5.4 其他资料
6. 质量管理体系文件	6.1 综述
	6.2 章节目录
	6.3 生产制造信息
	6.4 质量管理体系程序
	6.5 管理职责程序
	6.6 资源管理程序
	6.7 产品实现程序
	6.8 质量管理体系的测量、分析和改进程序
	6.9 其他质量体系程序信息
	6.10 质量管理体系核查文件

相关文件

一、监管信息

（一）章节目录

应当包括本章的所有标题和小标题，注明目录中各内容的页码。

（二）申请表

按照填表要求填写。

（三）术语、缩写词列表

如适用，应当根据注册申报资料的实际情况，对其中出现的需要明确含义的术语或缩写词进行定义。

（四）产品列表

以表格形式列出拟申报产品的型号、规格、结构及组成、附件，以及每个型号规格的标识（如型号或部件的编号，器械唯一标识等）和描述说明（如尺寸、材质等）。

（五）关联文件

1. 境内申请人应当提供：

（1）企业营业执照副本或事业单位法人证书的复印件。

（2）按照《创新医疗器械特别审查程序》审批的境内医疗器械申请注册时，应当提交通过创新医疗器械审查的相关说明。

（3）按照《医疗器械应急审批程序》审批的医疗器械产品申请注册时，应当提交通过医疗器械应急审批的相关说明。

（4）委托其他企业生产的，应当提供受托企业资格文件（营业执照副本复印件）、委托合同和质量协议。

（5）进口医疗器械注册人通过其在境内设立的外商投资企业按照进口医疗器械产品在中国境内企业生产有关规定申请注册时，应当提交进口医疗器械注册人同意注册申报的声明或授权文件；还应提供申请人与进口医疗器械注册人的关系（包括法律责任）说明文件，应当附相关协议、质量责任、股权证明等文件。

2. 境外申请人应当提供：

（1）企业资格证明文件：境外申请人注册地所在国家（地区）公司登记主管部门或医疗器械主管部门出具的能够证明境外申请人存续且具备相应医疗器械生产资格的证明文件；或第三方认证机构为境外申请人出具的能够证明境外申请人具备相应医疗器械生产资格的证明文件。

（2）境外申请人注册地或生产地所在国家（地区）医疗器械主管部门出具的准许该产品上市销售的证明文件，未在境外申请人注册地或生产地所在国家（地区）上市的创新医疗器械可以不提交。

（3）境外申请人注册地或者生产地所在国家（地区）未将该产品作为医疗器械管理的，申请人需要提供相关文件，包括注册地或者生产地所在国家（地区）准许该产品上市销售的证明文件，未在境外申请人注册地或生产地所在国家（地区）上市的创新医疗器械可以不提交。

（4）在中国境内指定代理人的委托书、代理人承诺书及营业执照副本复印件。

（5）按照《创新医疗器械特别审查程序》审批的进口医疗器械申请注册时，应当提交通过创新医疗器械审查的相关说明。

（6）按照《医疗器械应急审批程序》审批的进口医疗器械产品申请注册时，应当提交通过医疗器械应急审批的相关说明。

（7）委托其他企业生产的，应当提供受托企业资格文件、委托合同和质量协议。

3. 主文档授权信

如适用，申请人应当对主文档引用的情况进行说明。申请人应当提交由主文档所有者或其备案代理机构出具的授权申请人引用主文档信息的授权信。授权信中应当包括引用主文档的申请人信息、产品名称、已备案的主文档编号、授权引用的主文档页码 / 章节信息等内容。

（六）申报前与监管机构的联系情况和沟通记录

1. 在产品申报前，如果申请人与监管机构针对申报产品以会议形式进行了沟通，或者申报产品与既往注册申报相关。应当提供下列内容（如适用）：

（1）列出监管机构回复的申报前沟通。

（2）既往注册申报产品的受理号。

（3）既往申报前沟通的相关资料，如既往申报会议前提交的信息、会议议程、演示幻灯片、最终的会议纪要、会议中待办事项的回复，以及所有与申请相关的电子邮件。

（4）既往申报（如自行撤销 / 不予注册上市申请、临床试验审批申请等）中监管机构已明确的相关问题。

（5）在申报前沟通中，申请人明确提出的问题，以及监管机构提供的建议。

（6）说明在本次申报中如何解决上述问题。

2. 如不适用，应当明确声明申报产品没有既往申报和 / 或申报前沟通。

（七）符合性声明

申请人应当声明下列内容：

1. 申报产品符合《医疗器械注册与备案管理办法》和相关法规的要求。

2. 申报产品符合《医疗器械分类规则》有关分类的要求。

3. 申报产品符合现行国家标准、行业标准，并提供符合标准的清单。

4. 保证所提交资料的真实性（境内产品由申请人出具，进口产品由申请人和代理人分别出具）。

二、综述资料

（一）章节目录

应当包括本章的所有标题和小标题，注明目录中各内容的页码。

（二）概述

1. 描述申报产品的通用名称及其确定依据。

2. 描述申报产品的管理类别，包括：所属分类子目录名称、一级产品类别、二级产品类别，管理类别，分类编码。

3. 描述申报产品适用范围。

4. 如适用，描述有关申报产品的背景信息概述或特别细节，如：申报产品的历史概述、历次提交的信息，与其他经批准上市产品的关系等。

（三）产品描述

1. 器械及操作原理描述

（1）无源医疗器械

描述工作原理、作用机理（如适用）、结构及组成、原材料（与使用者和 / 或患者直接或间接接触的材料成分；若器械中包含生物材料或衍生物，描述物质来源和原材料、预期使用目的、主要作用方式；若器械中包含活性药物成分（API）或药物，描述药物名称、预期使用目的、主要作用方式、来源）、交付状态及灭菌方式（如适用，描述灭菌实施者、灭菌方法、灭菌有效期）、结构示意图和 / 或产品图示、使用方法及图示（如适用）以及区别于其他同类产品的特征等内容。

（2）有源医疗器械

描述工作原理、作用机理（如适用）、结构及组成、主要功能及其组成部件（如关键组件和软件等）的功能、产品图示（含标识、接口、操控面板、应用部分等细节），以及区别于其他同类产品的特征等内容。含有多个组成部分的，应说明其连接或组装关系。

2. 型号规格

对于存在多种型号规格的产品，应当明确各型号规格的区别。应当采用对比表或带有说明性文字的图片、图表，描述各种型号规格的结构组成（或配置）、功能、产品特征和运行模式、技术参数等内容。

3. 包装说明

（1）说明所有产品组成的包装信息。对于无菌医疗器械，应当说明其无菌屏障系统的信息；对于具有微生物限度要求的医疗器械，应当说明保持其微生物限度的包装信息。说明如何确保最终使用者可清晰地辨识包装的完整性。

（2）若使用者在进行灭菌前需要包装医疗器械或附件时，应当提供正确包装的信息（如材料、成分和尺寸等）。

4. 研发历程

阐述申请注册产品的研发背景和目的。如有参考的同类产品或前代产品，应当提供同类产品或前代产品的信息，并说明选择其作为研发参考的原因。

5. 与同类和／或前代产品的参考和比较

列表比较说明申报产品与同类产品和／或前代产品在工作原理、结构组成、制造材料、性能指标、作用方式（如植入、介入），以及适用范围等方面的异同。

（四）适用范围和禁忌证

1. 适用范围

（1）应当明确申报产品可提供的治疗或诊断功能，可描述其医疗过程（如体内或体外诊断、康复治疗监测、避孕、消毒等），并写明申报产品诊断、治疗、预防、缓解或治愈的疾病或病况，将要监测的参数和其他与适用范围相关的考虑。

（2）申报产品的预期用途，并描述其适用的医疗阶段（如治疗后的监测、康复等）。

（3）明确目标用户及其操作或使用该产品应当具备的技能／知识／培训。

（4）说明产品是一次性使用还是重复使用。

（5）说明与其组合使用实现预期用途的其他产品。

2. 预期使用环境

（1）该产品预期使用的地点，如医疗机构、实验室、救护车、家庭等。

（2）可能影响其安全性和有效性的环境条件，如温度、湿度、压力、移动、振动、海拔等。

3. 适用人群

目标患者人群的信息（如成人、新生儿、婴儿或者儿童）或无预期治疗特定人群的声明，患者选择标准的信息，以及使用过程中需要监测的参数、考虑的因素。

如申报产品目标患者人群包含新生儿、婴儿或者儿童，应当描述预期使用申报产品治疗、诊断、预防、缓解或治愈疾病、病况的非成人特定群体。

4. 禁忌证

如适用，通过风险／受益评估后，针对某些疾病、情况或特定的人群（如儿童、老年人、孕妇及哺乳期妇女、肝肾功能不全者），认为不推荐使用该产品，应当明确说明。

（五）申报产品上市历史

如适用，应当提交申报产品的下列资料：

1. 上市情况

截至提交注册申请前，申报产品在各国家或地区的上市批准时间、销售情况。若申报产品在不同国家或地区上市时有差异（如设计、标签、技术参数等），应当逐一描述。

2. 不良事件和召回

如适用，应当以列表形式分别对申报产品上市后发生的不良事件、召回的发生时间以及每一种情况下申请人采取的处理和解决方案，包括主动控制产品风险的措施，向医疗器械不良事件监测技术机构报告的情况，相关部门的调查处理情况等进行描述。

同时，应当对上述不良事件、召回进行分析评价，阐明不良事件、召回发生的原因并对其安全性、有效性的影响予以说明。若不良事件、召回数量大，应当根据事件类型总结每个类型涉及的数量。

3. 销售、不良事件及召回率

如适用，应当提交申报产品近五年在各国家（地区）销售数量的总结，按以下方式提供在各国家（地区）的不良事件、召回比率，并进行比率计算关键分析。

如：不良事件发生率＝不良事件数量÷销售数量×100%，召回发生率＝召回数量÷销售数量×100%。发生率可以采用每使用患者年或每使用进行计算，申请人应当描述发生率计算方法。

（六）其他需说明的内容

1. 如适用，明确与申报产品联合使用实现预期用途的其他产品的详细信息。

2. 对于已获得批准的部件或配合使用的附件，应当提供注册证编号和国家药监局官方网站公布的注册证信息。

三、非临床资料

（一）章节目录

应当包括本章的所有标题和小标题，注明目录中各内容的页码。

（二）产品风险管理资料

产品风险管理资料是对产品的风险管理过程及其评审的结果予以记录所形成的资料。应当提供下列内容，并说明对于每项已判定危害的下列各个过程的可追溯性。

1. 风险分析：包括医疗器械适用范围和与安全性有关特征的识别、危害的识别、估计每个危害处境的风险。

2. 风险评价：对于每个已识别的危害处境，评价和决定是否需要降低风险，若需要，描述如何进行相应风险控制。

3. 风险控制：描述为降低风险所执行风险控制的相关内容。

4. 任何一个或多个剩余风险的可接受性评定。

5. 与产品受益相比，综合评价产品风险可接受。

（三）医疗器械安全和性能基本原则清单

说明产品符合《医疗器械安全和性能基本原则清单》（见附件9）各项适用要求所采用的方法，以及证明其符合性的文件。对于《医疗器械安全和性能基本原则清单》中不适用的各项要求，应当说明理由。

对于包含在产品注册申报资料中的文件，应当说明其在申报资料中的具体位置；对于未包含在产品注册申报资料中的文件，应当注明该证据文件名称及其在质量管理体系文件中的编号备查。

（四）产品技术要求及检验报告

1. 申报产品适用标准情况

申报产品应当符合适用的强制性标准。对于强制性行业标准，若申报产品结构特征、预期用途、使用方式等与强制性标准的适用范围不一致，申请人应当提出不适用强制性标准的说明，并提供经验证的证明性资料。

相关文件

2.产品技术要求

医疗器械产品技术要求应当按照相关要求的规定编制。

3.产品检验报告

可提交以下任一形式的检验报告：

（1）申请人出具的自检报告。

（2）委托有资质的医疗器械检验机构出具的检验报告。

（五）研究资料

根据申报产品适用范围和技术特征，提供非临床研究综述，逐项描述所开展的研究，概述研究方法和研究结论。根据非临床研究综述，提供相应的研究资料，各项研究可通过文献研究、实验室研究、模型研究等方式开展，一般应当包含研究方案、研究报告。采用建模研究的，应当提供产品建模研究资料。

1.化学和物理性能研究

（1）应当提供产品化学/材料表征、物理和/或机械性能指标的确定依据、设计输入来源以及临床意义，所采用的标准或方法、采用的原因及理论基础。

（2）燃爆风险

对于暴露于易燃、易爆物质或与其他可燃物、致燃物联合使用的医疗器械，应当提供燃爆风险研究资料，证明在正常状态及单一故障状态下，燃爆风险可接受。

（3）联合使用

如申报产品预期与其他医疗器械、药品、非医疗器械产品联合使用实现同一预期用途，应当提供证明联合使用安全有效的研究资料，包括互联基本信息（连接类型、接口、协议、最低性能）、联合使用风险及控制措施、联合使用上的限制，兼容性研究等。

联合药物使用的，应当提供药物相容性研究资料，证明药品和器械联合使用的性能符合其适应证和预期用途。

（4）量效关系和能量安全

对于向患者提供能量或物质治疗的医疗器械，应当提供量效关系和能量安全性研究资料，提供证明治疗参数设置的安全性、有效性、合理性，以及除预期靶组织外，能量不会对正常组织造成不可接受的伤害的研究资料。

2.电气系统安全性研究

应当提供电气安全性、机械和环境保护以及电磁兼容性的研究资料，说明适用的标准以及开展的研究。

3.辐射安全研究

对于具有辐射或潜在辐射危害（包括电离辐射和非电离辐射）的产品，应当提供辐射安全的研究资料，包括：

（1）说明符合的辐射安全通用及专用标准，对于标准中的不适用条款应详细说明理由；

（2）说明辐射的类型并提供辐射安全验证资料，应确保辐射能量、辐射分布以及其他辐射关键特性能够得到合理的控制和调整，并可在使用过程中进行预估、监控。（如适用）

（3）提供减少使用者、他人和患者在运输、贮存、安装、使用中辐射吸收剂量的防护措施，避免误用的方法。对于需要安装的产品，应当明确有关验收和性能测试、验收标准及维护程序的信息。

4.软件研究

（1）软件

含有软件组件的产品和独立软件，应当提供软件的研究资料，包括基本信息、实现过程、核心功能、结论等内容，详尽程度取决于软件安全性级别（严重、中等、轻微）。其中，基本信息包括软件标识、安全性级别、结构功能、物理拓扑、运行环境、注册历史，实现过程包括开发概况、风险管理、需求规范、生存周期、验证与确认、可追溯性分析、缺陷管理、更新历史，明确核心功能、核心算法、预期用途的对应关系。

（2）网络安全

具备电子数据交换、远程控制或用户访问功能的独立软件和含有软件组件的产品，应当提供网络安全研究资料，包括基本信息、实现过程、漏洞评估、结论等内容，详尽程度取决于软件安全性级别。其中，基本信息包括软件信息、数据架构、网络安全能力、网络安全补丁、安全软件，实现过程包括风险管理、需求规范、验证与确认、可追溯性分析、更新维护计划，漏洞评估明确已知漏洞相关信息。

（3）现成软件

产品若使用现成软件，应当根据现成软件的类型、使用方式等情况提供相应软件研究资料和网络安全研究资料。

（4）人工智能

产品若采用深度学习等人工智能技术实现预期功能与用途，应当提供算法研究资料，包括算法基本信息、数据收集、算法训练、算法性能评估等内容。

（5）互操作性

产品若通过电子接口与其他医疗器械或非医疗器械交换并使用信息，应当提供互操作性研究资料，包括基本信息、需求规范、风险管理、验证与确认、维护计划等内容。

（6）其他

产品若采用移动计算、云计算、虚拟现实等信息通信技术实现预期功能与用途，应当提供相应技术研究资料，包括基本信息、需求规范、风险管理、验证与确认、维护计划等内容。

5. 生物学特性研究

对于与患者直接或间接接触的器械，应当进行生物学评价。生物学评价资料应当包括：

（1）描述产品所用材料及与人体接触性质，设计和生产过程中可能引入的污染物和残留物，设计和生产过程中可能产生的析出物（包括滤沥物和／或蒸发物）、降解产物、加工残留物，与医疗器械直接接触的包装材料等相关信息。

（2）描述申报产品的物理和／或化学信息并考虑材料表征（如适用），如器械的物理作用可能产生生物学风险，应当进行评价。

（3）生物学评价的策略、依据和方法。

（4）已有数据和结果的评价。

（5）选择或豁免生物学试验的理由和论证。

（6）完成生物学评价所需的其他数据。

若医疗器械材料可能释放颗粒进入患者和使用者体内，从而产生与颗粒尺寸和性质相关风险，如纳米材料，对所有包含、产生或由其组成的医疗器械，应当提供相关生物学风险研究资料。

若根据申报产品预期用途，其会被人体吸收、代谢，如可吸收产品，应当提供所用材料／物质与人体组织、细胞和体液之间相容性的研究资料。

6. 生物源材料的安全性研究

对于含有同种异体材料、动物源性材料或生物活性物质等具有生物安全风险的产品，应当提供相应生物安全性研究资料。

生物安全性研究资料应当包括：

（1）相应材料或物质的情况，组织、细胞和材料的获取、加工、保存、测试和处理过程。

（2）阐述来源，并说明生产过程中灭活和去除病毒和／或传染性因子的工艺过程，提供有效性验证数据或相关资料。

（3）说明降低免疫原性物质的方法和／或工艺过程，提供质量控制指标与验证性实验数据或相关资料。

（4）支持生物源材料安全性的其他资料。

7. 清洁、消毒、灭菌研究

（1）生产企业灭菌：应当明确灭菌工艺（方法和参数）和无菌保证水平（SAL），并提供灭菌验证及确认的相关研究资料。

（2）使用者灭菌：应当明确推荐的灭菌工艺（方法和参数）、所推荐灭菌工艺的确定依据以及验证的相关研究资料；对可耐受两次或多次灭菌的产品，应当提供产品所推荐灭菌工艺耐受性的研究资料。

（3）使用者清洁和消毒：应当明确推荐的清洗和消毒工艺（方法和参数）、工艺的确定依据以及验证的相关研究资料。

（4）残留毒性：若产品经灭菌或消毒后可能产生残留物质，应当对灭菌或消毒后的产品进行残留毒性的研究，明确残留物信息及采取的处理方法，并提供相关研究资料。

（5）以非无菌状态交付，且使用前需灭菌的医疗器械，应当提供证明包装能减少产品受到微生物污染的风险，且适用于生产企业规定灭菌方法的研究资料。

8. 动物试验研究

为避免开展不必要的动物试验，医疗器械是否开展动物试验研究应当进行科学决策，并提供论证／说明资料。经决策需通过动物试验研究验证／确认产品风险控制措施有效性的，应当提供动物试验研究资料，研究资料应当包括试验目的、实验动物信息、受试器械和对照信息、动物数量、评价指标和试验结果、动物试验设计要素的确定依据等内容。

9. 证明产品安全性、有效性的其他研究资料。

（六）非临床文献

提供与申报产品相关的已发表的非临床研究（如尸体研究、生物力学研究等）文献／书目列表，并提供相关内容的复印件（外文应同时提供翻译件）。如未检索到与申报产品相关的非临床文献／书目，应当提供相关的声明。

（七）稳定性研究

1. 货架有效期

如适用，应当提供货架有效期和包装研究资料，证明在货架有效期内，在生产企业规定的运输贮存条件下，产品可保持性能功能满足使用要求，具有微生物限度要求的产品还应当符合微生物限度要求，以无菌状态交付的产品还应保持无菌状态。

2. 使用稳定性

如适用，应当提供使用稳定性／可靠性研究资料，证明在生产企业规定的使用期限／使用次数内，在正常使用、维护和校准（如适用）情况下，产品的性能功能满足使用要求。

3. 运输稳定性

应当提供运输稳定性和包装研究资料，证明在生产企业规定的运输条件下，运输过程中的环境条件（例如：震动、振动、温度和湿度的波动）不会对医疗器械的特性和性能，包括完整性和清洁度，造成不利影响。

（八）其他资料

免于进行临床评价的第二类、第三类医疗器械，申请人应当按照《列入免于进行临床评价医疗器械目录产品对比说明技术指导原则》，从基本原理、结构组成、性能、安全性、适用范围等方面，证明产品的安全有效性。

对于一次性使用的医疗器械，还应当提供证明其无法重复使用的支持性资料。

四、临床评价资料

需要进行临床评价的第二类、第三类医疗器械，按照相关要求提供临床评价资料。

（一）章节目录

应当包括本章的所有标题和小标题，注明目录中各内容的页码。

（二）临床评价资料

1. 产品描述和研发背景：包括申报产品基本信息、适用范围、现有的诊断或治疗方法及涉及医疗器械的临床应用情况、申报产品与现有诊断或治疗方法的关系、预期达到的临床疗效等。

2. 明确临床评价涵盖的范围，申报产品中如有可免于进行临床评价的部分，描述其结构组成并说明免于进行临床评价的理由。

3. 临床评价路径：根据申报产品的适用范围、技术特征、已有临床数据等具体情况，选择恰当的临床评价路径，包括同品种临床评价路径和 / 或临床试验路径。

4. 若通过同品种临床评价路径进行临床评价，应当提交申报产品与同品种医疗器械在适用范围、技术特征、生物学特性方面的对比资料；应当对同品种医疗器械的临床数据进行收集、评估和分析，形成临床证据。如适用，应当描述申报产品与同品种医疗器械的差异，提交充分的科学证据证明二者具有相同的安全有效性。

5. 若通过临床试验路径进行临床评价，应当提交临床试验方案、临床试验机构伦理委员会同意开展临床试验的书面意见、临床试验报告、知情同意书样本，并附临床试验数据库（原始数据库、分析数据库、说明性文件和程序代码）。

（三）其他资料

如适用，提供相应项目评价资料的摘要、报告和数据。

五、产品说明书和标签样稿

（一）章节目录

应当包括本章的所有标题和小标题，注明目录中各内容的页码。

（二）产品说明书

1. 应当提交产品说明书，内容应当符合《医疗器械说明书和标签管理规定》和相关法规、规章、规范性文件、强制性标准的要求。

2. 境外申请人应当提交产品原文说明书。

（三）标签样稿

应当提交最小销售单元标签样稿，内容应当符合《医疗器械说明书和标签管理规定》和相关法规、规章、规范性文件、强制性标准的要求。

（四）其他资料

如适用，提交对产品信息进行补充说明的其他文件。

六、质量管理体系文件

（一）综述

申请人应当承诺已按照相关法规要求建立相应的质量管理体系，随时接受质量管理体系核查。

（二）章节目录

应当包括本章的所有标题和小标题，注明目录中各内容的页码。

相关文件

（三）生产制造信息

1. 产品描述信息

器械工作原理和总体生产工艺的简要说明。

2. 一般生产信息

提供生产器械或其部件的所有地址和联络信息。

如适用，应当提供外包生产、重要组件或原材料的生产（如动物组织和药品）、关键工艺过程、灭菌等情况的所有重要供应商名称和地址。

（四）质量管理体系程序

用于建立和维护质量管理体系的高层级质量管理体系程序，包括质量手册、质量方针、质量目标和文件及记录控制程序。

（五）管理职责程序

用于通过阐述质量方针、策划、职责／权限／沟通和管理评审，对建立和维护质量管理体系形成管理保证文件的程序。

（六）资源管理程序

用于为实施和维护质量管理体系所形成足够资源（包括人力资源、基础设施和工作环境）供应文件的程序。

（七）产品实现程序

高层级的产品实现程序，如说明策划和客户相关过程的程序。

1. 设计和开发程序

用于形成从项目初始至设计转换的整个过程中关于产品设计的系统性和受控的开发过程文件的程序。

2. 采购程序

用于形成符合已制定的质量和／或产品技术参数的采购产品／服务文件的程序。

3. 生产和服务控制程序

用于形成受控条件下生产和服务活动文件的程序，这些程序阐述诸如产品的清洁和污染的控制、安装和服务活动、过程确认、标识和可追溯性等问题。

4. 监视和测量装置控制程序

用于形成质量管理体系运行过程中所使用的监视和测量设备已受控并持续符合既定要求文件的程序。

（八）质量管理体系的测量、分析和改进程序

用于形成如何监视、测量、分析和改进以确保产品和质量管理体系的符合性，并保持质量管理体系有效性的文件的程序。

（九）其他质量体系程序信息

不属于上述内容，但对此次申报较为重要的其他信息。

（十）质量管理体系核查文件

根据上述质量管理体系程序，申请人应当形成相关质量管理体系文件和记录。应当提交下列资料，在质量管理体系核查时进行检查。

1. 申请人基本情况表。

2. 申请人组织机构图。

3. 生产企业总平面布置图、生产区域分布图。

4. 生产过程有净化要求的，应当提供有资质的检测机构出具的环境检测报告（附平面布局图）复印件。

5.产品生产工艺流程图，应当标明主要控制点与项目及主要原材料、采购件的来源及质量控制方法。

6.主要生产设备和检验设备（包括进货检验、过程检验、出厂最终检验所需的相关设备；在净化条件下生产的，还应当提供环境监测设备）目录。

7.质量管理体系自查报告。

8.如适用，应当提供拟核查产品与既往已通过核查产品在生产条件、生产工艺等方面的对比说明。

附件 6

医疗器械延续注册申报资料要求及说明

一、监管信息

（一）章节目录

应当包括本章的所有标题和小标题，注明目录中各内容的页码。

（二）申请表

按照填表要求填写。

（三）关联文件

1. 境内注册人应当提交企业营业执照副本或事业单位法人证书复印件；境外注册人应当提交企业资格证明文件。

2. 境外注册人应当提交在中国境内指定代理人的委托书、代理人承诺书及营业执照副本复印件。

3. 提交原医疗器械注册证及其附件的复印件、历次医疗器械变更注册（备案）文件及其附件的复印件。

4. 如医疗器械注册证有效期内有新的医疗器械强制性标准发布实施，已注册产品为符合新的强制性标准所做的变化属于应当办理变更注册的，注册人应当提交申请延续注册前已获得原审批部门批准的变更注册（备案）文件及其附件的复印件。已注册产品为符合新的强制性标准所做的变化属于无需办理变更注册手续或者无需变化即可符合新的强制性标准的，注册人应当提供情况说明和相关证明资料。

进口医疗器械延续注册时，不需要提供注册人注册地或者生产地所在国家（地区）批准产品上市销售的证明文件。

（四）申报前与监管机构的联系情况和沟通记录

1. 在注册证有效期内，如果注册人与监管机构针对申报产品以会议形式进行了沟通，应当提供下列内容（如适用）：

（1）列出监管机构回复的沟通情况。

（2）在沟通中，注册人明确提出的问题，以及监管机构提供的建议。

（3）说明在本次申报中如何解决上述问题。

2. 如不适用，应当明确声明申报产品在注册证有效期内没有既往申报和／或申报前沟通。

（五）符合性声明

注册人应当声明下列内容：

1. 延续注册产品没有变化。如产品发生了注册证载明事项以外变化的，应当明确"产品所发生的变化通过质量管理体系进行控制，注册证载明事项无变化"。

2. 延续注册产品符合《医疗器械注册与备案管理办法》和相关法规的要求。

3. 延续注册产品符合《医疗器械分类规则》有关分类的要求。

4. 延续注册产品符合现行国家标准、行业标准，并提供符合标准的清单。

5. 保证所提交资料的真实性（境内产品由注册人出具，进口产品由注册人和代理人分别出具）。

二、非临床资料

（一）章节目录

应当包括本章的所有标题和小标题，注明目录中各内容的页码。

（二）产品技术要求

如在原医疗器械注册证有效期内发生了涉及产品技术要求变更的，应当提交依据变更注册（备案）文件修改的产品技术要求。

（三）其他资料

原医疗器械注册证中载明要求继续完成的事项，涉及非临床研究的，应当提供相关总结报告，并附相应资料。

三、临床评价资料

原医疗器械注册证中载明要求继续完成的事项，涉及临床评价的，应当提供相关总结报告，并附相应资料。

相关文件

附件 7

医疗器械变更备案 / 变更注册申报资料要求及说明

变更备案资料要求及说明

一、监管信息

（一）章节目录

应当包括本章的所有标题和小标题，注明目录中各内容的页码。

（二）备案表

按照填表要求填写。

（三）关联文件

1. 境内注册人应当提交：企业营业执照副本或事业单位法人证书复印件。

2. 境外注册人应当提交：

（1）根据变更事项在境外注册人注册地或生产地所在国家（地区）是否需要获得新的企业资格证明文件，提交相应的企业资格证明文件。

（2）如变更事项在境外注册人注册地或生产地所在国家（地区），需要获得新的医疗器械主管部门出具的准许产品上市销售证明文件，应当提交相应文件；如变更事项不需要获得注册人注册地或生产地址所在国家（地区）医疗器械主管部门批准的，应当予以说明；未在境外上市的创新医疗器械可以不提交。

（3）在中国境内指定代理人的委托书、代理人承诺书及营业执照副本复印件。

3. 应当提交原医疗器械注册证及其附件的复印件、历次医疗器械变更注册（备案）文件及其附件的复印件。

（四）符合性声明

注册人应当声明下列内容：

1. 申报产品符合《医疗器械注册与备案管理办法》和相关法规的要求；

2. 申报产品符合《医疗器械分类规则》有关分类的要求。

3. 申报产品符合现行国家标准、行业标准，并提供符合标准的清单。

4. 保证所提交资料的真实性（境内产品由注册人出具，进口产品由注册人和代理人分别出具）。

二、综述资料

（一）章节目录

应当包括本章的所有标题和小标题，注明目录中各内容的页码。

产品描述

1. 注册人关于变更情况的说明。

详细描述本次变更情况、变更的具体原因及目的。

2. 根据产品具体变更情况提供相应文件，包括下列情形：

（1）注册人名称变更

企业名称变更核准通知书（境内注册人）和／或相应关联文件。

（2）注册人住所变更

变更前后企业营业执照副本或事业单位法人证书复印件（境内注册人）和／或相应关联文件。

（3）境内医疗器械生产地址变更

变更后的生产许可证及其附件。

（4）代理人变更

①注册人出具新代理人委托书、新代理人出具的承诺书；

②新代理人的营业执照副本复印件。

（5）代理人住所变更

变更前后营业执照副本复印件。

变更注册申报资料要求及说明

一、监管信息

（一）章节目录

应当包括本章的所有标题和小标题，注明目录中各内容的页码。

（二）申请表

按照填表要求填写。

（三）关联文件

1. 境内注册人应当提交：企业营业执照副本或事业单位法人证书复印件。2. 境外注册人应当提交：

（1）根据变更事项在境外注册人注册地或生产地所在国家（地区）是否需要获得新的企业资格证明文件，提交相应的企业资格证明文件。

（2）如变更事项在境外注册人注册地或生产地所在国家（地区），需要获得新的医疗器械主管部门出具的准许产品上市销售证明文件，应当提交相应文件；如变更事项不需要获得注册人注册地或生产地址所在国家（地区）医疗器械主管部门批准的，应当予以说明；未在境外上市的创新医疗器械可以不提交。

（3）在中国境内指定代理人的委托书、代理人承诺书及营业执照副本复印件。

3. 应当提交原医疗器械注册证及其附件的复印件、历次医疗器械变更注册（备案）文件及其附件的复印件。

（四）申报前与监管机构的联系情况和沟通记录

1. 在本次变更申请提交前，如注册人与监管机构针对申报产品以会议形式进行了沟通，应当提供下列内容（如适用）：

（1）列出监管机构回复的沟通情况。

（2）在沟通中，注册人明确提出的问题，及监管机构提供的建议。

（3）说明在本次申报中如何解决上述问题。

2. 如不适用，应当明确声明申报产品没有既往申报和／或申报前沟通。

（五）符合性声明

注册人应当声明下列内容：

1. 申报产品符合《医疗器械注册与备案管理办法》和相关法规的要求。

2. 申报产品符合《医疗器械分类规则》有关分类的要求。

3. 申报产品符合现行国家标准、行业标准，并提供符合标准的清单。

4. 保证所提交资料的真实性（境内产品由注册人出具，进口产品由注册人和代理人分别出具）。

二、综述资料

（一）章节目录

应当包括本章的所有标题和小标题，注明目录中各内容的页码。

（二）概述

详细描述本次变更情况、变更的具体原因及目的。

（三）产品变更情况描述

根据产品具体变更情况提供相应的说明及对比表，包括下列情形：

1. 产品名称变化。

2. 产品技术要求变化。

3. 型号、规格变化。

4. 结构及组成变化。

5. 产品适用范围变化。

6. 进口医疗器械生产地址变化。

7. 注册证中"其他内容"变化。

8. 其他变化。

三、非临床资料

（一）章节目录

应当包括本章的所有标题和小标题，注明目录中各内容的页码。

（二）产品风险管理资料

应当提交与产品变化相关的产品风险管理资料。

产品风险管理资料是对产品的风险管理过程及其评审的结果予以记录所形成的资料。应当提供如下内容，并说明对于每项已判定危害的下列各个过程的可追溯性。

1. 风险分析：包括医疗器械适用范围和与安全性有关特征的识别、危害的识别、估计每个危害处境的风险。

2. 风险评价：对于每个已识别的危害处境，评价和决定是否需要降低风险，若需要，描述如何进行相应风险控制。

3. 风险控制：描述为降低风险所执行风险控制的相关内容。

4. 任何一个或多个剩余风险的可接受性评定。

5. 与产品受益相比，综合评价产品风险可接受。

（三）产品技术要求及检验报告

如适用，应当提交下列资料：

1. 申报产品适用标准情况

申报产品应当符合适用的强制性标准。对于强制性行业标准，若申报产品结构特征、预期用途、使用方式等与强制性标准的适用范围不一致，注册人应当提出不适用强制性标准的说明，并提供经验证的证明性资料。

2. 产品技术要求

由于医疗器械强制性标准已经修订或者其他变化，涉及产品技术要求变化的，应当明确产品技术要求变化的具体内容。

3. 产品检验报告

可提交以下任一形式的针对产品技术要求变化部分的检验报告：

（1）注册人出具的自检报告。

（2）委托有资质的医疗器械检验机构出具的检验报告。

（四）研究资料

1. 分析并说明变化部分对产品安全性、有效性的影响。

2. 根据变化情况，提供非临床研究综述，逐项描述所开展的研究，概述研究方法和研究结论。根据非临床研究综述，提供相应的研究资料，各项研究资料一般应当包含研究方案、研究报告。

（五）其他资料

免于进行临床评价的第二类、第三类医疗器械，如发生前文所述的变化，有可能影响产品安全、有效及申报产品与《免于进行临床评价医疗器械目录》所述产品等同性论证的，申请人应当按照《列入免于进行临床评价医疗器械目录产品对比说明技术指导原则》，从基本原理、结构组成、性能、安全性、适用范围等方面，证明产品的安全有效性。

四、临床评价资料

需要进行临床评价的第二类、第三类医疗器械，如发生前文所述的变化，有可能影响产品安全、有效的，涉及临床评价的，应当按照相关要求提供适用的临床评价资料。

（一）章节目录

应当包括本章的所有标题和小标题，注明目录中各内容的页码。

（二）临床评价资料要求

1. 产品描述和研发背景：包括申报产品基本信息、适用范围、现有的诊断或治疗方法及涉及医疗器械的临床应用情况、申报产品与现有诊断或治疗方法的关系、预期达到的临床疗效等。

2. 明确临床评价涵盖的范围，申报产品中如有可免于进行临床评价的部分，描述其结构组成并说明免于进行临床评价的理由。

3. 临床评价路径：根据申报产品的适用范围、技术特征、已有临床数据等具体情况，选择恰当的临床评价路径，包括同品种临床评价路径和／或临床试验路径。

4. 若通过同品种临床评价路径进行临床评价，应当提交申报产品与同品种医疗器械在适用范围、技术特征、生物学特性方面的对比资料；应当对同品种医疗器械的临床数据进行收集、评估和分析，形成临床证据。如适用，应当描述申报产品与同品种医疗器械的差异，提交充分的科学证据证明二者具有相同的安全有效性。

5. 若通过临床试验路径进行临床评价，应当提交临床试验方案、临床试验机构伦理委员会同意开展临床试验的书面意见、临床试验报告、知情同意书样本，并附临床试验数据库（原始数据库、分析数据库、说明性文件和程序代码）。

（三）其他资料

如适用，提供相应项目评价资料的摘要、报告和数据。

五、产品说明书

（一）章节目录

应当包括本章的所有标题和小标题，注明目录中各内容的页码。

（二）产品说明书

如适用，应当以对比表形式详细说明变更内容，并提交变更前的说明书以及变更后的产品说明

相关文件

书，产品说明书内容应当符合《医疗器械说明书和标签管理规定》和相关法规、规章、规范性文件、强制性标准的要求。

如不适用，应当提供相应说明。

（三）其他资料

如申报产品还有对产品信息进行补充说明的其他文件，如适用，应当以对比表形式详细说明变更内容，并提交变更前、后的文件。

如不适用，应当提供相应说明。

六、质量管理体系文件

已注册产品发生前述变更注册情形的，注册人应当承诺已根据产品变更的具体情况，按照相关法规要求对已建立的质量管理体系进行相应调整，并随时接受质量管理体系核查。

注册人提出变更的具体原因或目的涉及产品设计、原材料、生产工艺、适用范围、使用方法变化的，应当针对变化部分进行质量管理体系核查；其余变化，一般不需进行质量管理体系核查。

需要进行质量管理体系核查的，应当按照附件5的要求提交本部分资料。

（一）综述

注册人应当承诺已按照相关法规要求，根据产品变更的具体情形对质量管理体系进行相应调整，随时接受质量管理体系核查。详述涉及产品变更项目的质量管理体系变化情况，并按照下列要求逐项提交适用项目的资料，不适用应当说明理由。

（二）章节目录

应当包括本章的所有标题和小标题，注明目录中各内容的页码。

（三）生产制造信息

1. 产品描述信息

器械工作原理和总体生产工艺的简要说明。

2. 一般生产信息

提供生产器械或其部件的所有地址和联络信息。

如适用，应当提供外包生产、重要组件或原材料的生产（如动物组织和药品）、关键工艺过程、灭菌等情况的所有重要供应商名称和地址。

（四）质量管理体系程序

用于建立和维护质量管理体系的高层级质量管理体系程序，包括质量手册、质量方针、质量目标和文件及记录控制程序。

（五）管理职责程序

用于通过阐述质量方针、策划、职责／权限／沟通和管理评审，对建立和维护质量管理体系形成管理保证文件的程序。

（六）资源管理程序

用于为实施和维护质量管理体系所形成足够资源（包括人力资源、基础设施和工作环境）供应文件的程序。

（七）产品实现程序

高层级的产品实现程序，如说明策划和客户相关过程的程序。

1. 设计和开发程序

用于形成从项目初始至设计转换的整个过程中关于产品设计的系统性和受控的开发过程文件的程序。

2. 采购程序

用于形成符合已制定的质量和／或产品技术参数的采购产品／服务文件的程序。

3. 生产和服务控制程序

用于形成受控条件下生产和服务活动文件的程序，这些程序阐述诸如产品的清洁和污染的控制、安装和服务活动、过程确认、标识和可追溯性等问题。

4. 监视和测量装置控制程序

用于形成质量管理体系运行过程中所使用的监视和测量设备已受控并持续符合既定要求的文件的程序。

（八）质量管理体系的测量、分析和改进程序

用于形成如何监视、测量、分析和改进以确保产品和质量管理体系的符合性，并保持质量管理体系有效性的文件的程序。

（九）其他质量体系程序信息

不属于上述内容，但对此次申报较为重要的其他信息。

（十）质量管理体系文件

根据上述质量管理体系程序，注册人应当形成涉及产品变更项目的相关质量管理体系文件和记录：

1. 注册人基本情况表。

2. 注册人组织机构图。

3. 生产企业总平面布置图、生产区域分布图。

4. 如生产过程有净化要求的应当提供有资质的检测机构出具的环境检测报告（附平面布局图）复印件。

5. 产品生产工艺流程图，应当标明主要控制点与项目及主要原材料、采购件的来源及质量控制方法。

6. 主要生产设备和检验设备（包括进货检验、过程检验、出厂的最终检验相关设备；如需净化生产的，还应当提供环境监测设备）目录。

7. 注册质量管理体系自查报告。

8. 如适用，应当提供拟核查产品与既往已通过核查产品在生产条件、生产工艺等方面的对比说明。

附件 8

医疗器械临床试验审批申报资料要求及说明

一、监管信息

（一）章节目录

应当包括本章的所有标题和小标题，注明目录中各内容的页码。

（二）申请表

按照填表要求填写。

（三）术语、缩写词列表

如适用，应当根据注册申报资料的实际情况，对其中出现的需要明确含义的术语或缩写词进行定义。

（四）产品列表

以表格形式列出拟进行临床试验产品的型号、规格、结构及组成、附件，以及每个型号规格的标识（如型号或部件的编号，器械唯一标识等）和描述说明（如尺寸、材质等）。

（五）关联文件

1. 境内申请人应当提供：企业营业执照副本或事业单位法人证书复印件。

2. 境外申请人应当提供：

（1）企业资格证明文件。

（2）境外申请人注册地或生产地所在国家（地区）医疗器械主管部门出具的准许该产品上市销售的证明文件，未在境外上市的创新医疗器械可以不提交。

（3）境外申请人注册地或者生产地所在国家（地区）未将该产品作为医疗器械管理的，申请人需要提供相关文件，包括注册地或者生产地所在国家（地区）准许该产品上市销售的证明文件，未在境外申请人注册地或生产地所在国家（地区）上市的创新医疗器械可以不提交。

（4）在中国境内指定代理人的委托书、代理人承诺书及营业执照副本复印件。

（六）申报前与监管机构的联系情况和沟通记录

1. 在提出临床试验审批申请前，如果申请人与监管机构针对申报产品以会议形式进行了沟通，或者申报产品与既往申报相关，应当提供下列内容（如适用）：

（1）列出监管机构回复的申报前沟通。

（2）既往申报产品的受理号。

（3）既往申报前沟通的相关资料，如既往申报会议前提交的信息、会议议程、演示幻灯片、最终的会议纪要、会议中待办事项的回复，以及所有与申请相关的电子邮件。

（4）既往申报中监管机构已明确的相关问题。

（5）在申报前沟通中，申请人明确提出的问题，以及监管机构提供的建议。

（6）说明在本次申报中如何解决上述问题。

2. 如不适用，应当明确声明申报产品没有既往申报和 / 或申报前沟通。

（七）符合性声明

申请人应当声明下列内容：

1. 申报产品符合《医疗器械注册与备案管理办法》和相关法规的要求。

2.申报产品符合现行国家标准、行业标准，并提供符合标准的清单。

3.保证所提交资料的真实性（境内产品由申请人出具，进口产品由申请人和代理人分别出具）。

二、综述资料

（一）章节目录

应当包括本章的所有标题和小标题，注明目录中各内容的页码。

（二）产品描述

1.试验产品描述

应当包括试验医疗器械的设计原理、工作原理、作用机理、产品特征、结构组成及图示、制造材料、型号规格及其划分依据、主要生产工艺、包装材料、交付状态、研发历程、适用范围及禁忌证等内容。

2.与同类产品的参考和比较

国内外同类产品上市前研究及上市后临床应用情况，试验医疗器械与国内外已上市同类产品在工作原理、结构组成、制造材料、性能指标、作用方式及适用范围等方面的异同比较资料。

（三）其他需说明的内容

可能发生的与试验医疗器械相关的不良事件信息。

三、非临床资料

（一）章节目录

应当包括本章的所有标题和小标题，注明目录中各内容的页码。

（二）产品风险管理资料

1.提供产品风险管理资料。

2.提供临床试验受益与风险对比分析报告。

（三）产品技术要求及检验报告

1.申报产品适用标准情况

申报产品应当符合适用的强制性标准。对于强制性行业标准，若申报产品结构特征、预期用途、使用方式等与强制性标准的适用范围不一致，申请人应当提出不适用强制性标准的说明，并提供经验证的证明性资料。

2.产品技术要求

医疗器械产品技术要求应当按照相关要求的规定编制。

3.产品检验报告

可提交以下任一形式的检验报告：

（1）申请人出具的自检报告。

（2）委托有资质的医疗器械检验机构出具的检验报告。

（四）研究资料

一般应当包括：

1.试验医疗器械的非临床研究资料，包括研究方案、报告和数据。如，化学和物理性能研究、生物相容性研究、动物试验等。

2.与评价试验医疗器械安全性和有效性相关的已发表文献及评论性综述，并论述与评价试验医疗器械安全有效的相关性。

（五）其他资料

其他要求提交的证明产品安全性、有效性的研究资料。

相关文件

四、临床资料

（一）章节目录

应当包括本章的所有标题和小标题，注明目录中各内容的页码。

（二）临床试验资料

1. 临床试验方案

临床试验方案应当符合《医疗器械临床试验质量管理规范》相关要求，按照相关要求提交临床试验方案。

2. 伦理委员会同意临床试验开展的书面意见

开展多中心临床试验的，应当提交牵头单位伦理委员会同意临床试验开展的书面意见。

五、产品说明书和标签样稿

（一）章节目录

应当包括本章的所有标题和小标题，注明目录中各内容的页码。

（二）产品说明书

应当提交产品说明书，内容应当符合《医疗器械说明书和标签管理规定》和相关法规、规章、规范性文件、强制性标准的要求。

（三）标签样稿

应当提交最小销售单元标签样稿，内容应当符合《医疗器械说明书和标签管理规定》和相关法规、规章、规范性文件、强制性标准的要求。

（四）其他资料

如适用，应当提交对产品信息进行补充说明的其他文件。

附件 9

医疗器械安全和性能基本原则清单

条款号	要求	适用	证明符合性采用的方法	为符合性提供客观证据的文件
A	安全和性能的通用基本原则			
A1	一般原则			
A1.1	医疗器械应当实现申请人的预期性能，其设计和生产应当确保器械在预期使用条件下达到预期目的。这些器械应当是安全的并且能够实现其预期性能，与患者受益相比，其风险应当是可接受的，且不会损害医疗环境、患者安全、使用者及他人的安全和健康。			
A1.2	申请人应当建立、实施、形成文件和维护风险管理体系，确保医疗器械安全、有效且质量可控。在医疗器械全生命周期内，风险管理是一个持续、反复的过程，需要定期进行系统性的改进更新。在开展风险管理时，申请人应当： a）建立涵盖所有医疗器械风险管理计划并形成文件； b）识别并分析涵盖所有医疗器械的相关的已知和可预见的危险（源）； c）估计和评价在预期使用和可合理预见的误使用过程中，发生的相关风险； d）依据 A1.3 和 A1.4 相关要求，消除或控制 c）点所述的风险； e）评价生产和生产后阶段信息对综合风险、风险受益判定和风险可接受性的影响。上述评价应当包括先前未识别的危险（源）或危险情况，由危险情况导致的一个或多个风险对可接受性的影响，以及对先进技术水平的改变等。 f）基于对 e）点所述信息影响的评价，必要时修改控制措施以符合 A1.3 和 A1.4 相关要求。			
A1.3	医疗器械的申请人在设计和生产过程中采取的风险控制措施，应当遵循安全原则，采用先进技术。需要降低风险时，申请人应当控制风险，确保每个危险（源）相关的剩余风险和总体剩余风险是可接受的。在选择最合适的解决方案时，申请人应当按以下优先顺序进行： a）通过安全设计和生产消除或适当降低风险； b）适用时，对无法消除的风险采取充分的防护措施，包括必要的警报； c）提供安全信息（警告/预防措施/禁忌证），适当时，向使用者提供培训。			
A1.4	申请人应当告知使用者所有相关的剩余风险。			

相关文件

条款号	要求	适用	证明符合性采用的方法	为符合性提供客观证据的文件
A1.5	在消除或降低与使用有关的风险时，申请人应该： a）适当降低医疗器械的特性（如人体工程学／可用性）和预期使用环境（如灰尘和湿度）可能带来的风险； b）考虑预期使用者的技术知识、经验、教育背景、培训、身体状况（如适用）以及使用环境。			
A1.6	在申请人规定的生命周期内，在正常使用、维护和校准（如适用）情况下，外力不应对医疗器械的特性和性能造成不利影响，以致损害患者、使用者及他人的健康和安全。			
A1.7	医疗器械的设计、生产和包装，包括申请人所提供的说明和信息，应当确保在按照预期用途使用时，运输和贮存条件（例如：震动、振动、温度和湿度的波动）不会对医疗器械的特性和性能，包括完整性和清洁度，造成不利影响。申请人应能确保有效期内医疗器械的性能、安全和无菌保证水平。			
A1.8	在货架有效期内、开封后的使用期间，以及运输或送货期间，医疗器械应具有可接受的稳定性。			
A1.9	在正常使用条件下，基于当前先进技术水平，比较医疗器械性能带来的受益，所有已知的、可预见的风险以及任何不良副作用应最小化且可接受。			
A2	临床评价			
A2.1	基于监管要求，医疗器械可能需要进行临床评价（如适用）。所谓临床评价，就是对临床数据进行评估，确定医疗器械具有可接受的风险受益比，包括以下几种形式： a）临床试验报告 b）临床文献资料 c）临床经验数据			
A2.2	临床试验的实施应当符合《赫尔辛基宣言》的伦理原则。保护受试者的权利、安全和健康，作为最重要的考虑因素，其重要性超过科学和社会效益。在临床试验的每个步骤，都应理解、遵守和使用上述原则。另外，临床试验方案审批、患者知情同意等应符合相关法规要求。			

条款号	要求	适用	证明符合性采用的方法	为符合性提供客观证据的文件
A3	化学、物理和生物学特性			
A3.1	关于医疗器械的化学、物理和生物学特性，应当特别注意以下几点： a）所用材料和组成成分的选择，需特别考虑： －毒性； －生物相容性； －易燃性； b）工艺对材料性能的影响； c）生物物理学或者建模研究结果应当事先进行验证（如适用）； d）所用材料的机械性能，如适用，应当考虑强度、延展性、断裂强度、耐磨性和抗疲劳性等属性； e）表面特性； f）器械与已规定化学和／或物理性能的符合性。			
A3.2	基于医疗器械的预期用途，医疗器械的设计、生产和包装，应当尽可能减少污染物和残留物对使用者和患者，以及对从事医疗器械运输、贮存及其他相关人员造成的风险。特别要注意与使用者和患者暴露组织接触的时间和频次。			
A3.3	医疗器械的设计和生产应当适当降低析出物（包括滤沥物和／或蒸发物）、降解产物、加工残留物等造成的风险。应当特别注意致癌、致突变或有生殖毒性的泄漏物或滤沥物。			
A3.4	医疗器械的设计和生产应当考虑到医疗器械及其预期使用环境的性质，适当降低物质意外进入器械所带来的风险。			
A3.5	医疗器械及其生产工艺的设计应当能消除或适当降低对使用者和其他可能接触者的感染风险。设计应当： a）操作安全，易于处理； b）尽量减少医疗器械的微生物泄漏和／或使用过程中的感染风险； c）防止医疗器械或其内容物（例如：标本）的微生物污染； d）尽量减少意外风险（例如：割伤和刺伤（如针刺伤）、意外物质溅入眼睛等）。			
A4	灭菌和微生物污染			
A4.1	医疗器械其设计应当方便使用者对其进行安全清洁、消毒、灭菌和／或重复灭菌（必要时）。			
A4.2	具有微生物限度要求的医疗器械，其设计、生产和包装应当确保在出厂后，按照申请人规定的条件运输和贮存，符合微生物限度要求。			

相关文件

条款号	要求	适用	证明符合性采用的方法	为符合性提供客观证据的文件
A4.3	以无菌状态交付的医疗器械，其设计、生产和包装应按照适当的程序进行，以确保在出厂时无菌。在申请人规定的条件下运输和贮存的未破损无菌包装，打开前都应当保持无菌状态。应确保最终使用者可清晰地辨识包装的完整性（例如：防篡改包装）。			
A4.4	无菌医疗器械应按照经验证的方法进行加工、生产、包装和灭菌，其货架有效期应按照经验证的方法确定。			
A4.5	预期无菌使用的医疗器械（申请人灭菌或使用者灭菌），均应在适当且受控的条件和设施下生产和包装。			
A4.6	以非无菌状态交付，且使用前灭菌的医疗器械： a）包装应尽量减少产品受到微生物污染的风险，且应适用于申请人规定的灭菌方法； b）申请人规定的灭菌方法应当经过验证。			
A4.7	若医疗器械可以无菌和非无菌状态交付使用，应明确标识其交付状态。			
A5	环境和使用条件			
A5.1	如医疗器械预期与其他医疗器械或设备整合使用，应确保整合使用后的系统，包括连接系统，整体的安全性，且不影响器械本身的性能。整合使用上的限制应明确标识和／或在使用说明书中明确。对于需要使用者处理的连接，如液体、气体传输、电耦合或机械耦合等，在设计和生产过程中尽可能消除或降低所有可能的风险，包括错误连接或安全危害。			
A5.2	医疗器械的设计和生产应当考虑预期的使用环境和使用条件，以消除或降低下列风险： a）与物理和人体工程学／可用性的特性有关，对使用者或他人造成损伤的风险； b）由于用户界面设计、人体工程学／可用性的特性以及预期使用环境导致的错误操作的风险； c）与合理可预期的外部因素或环境条件有关的风险，如磁场、外部电磁效应、静电释放、诊断和治疗带来的辐射、压力、湿度、温度和／或压力和加速度的变化； d）正常使用条件下与固体材料、液体和其他物质，包括气体，接触而产生的风险； e）软件与信息技术（IT）运行环境的兼容性造成的风险； f）正常使用过程中，医疗器械非预期析出物导致的环境风险； g）样本／样品／数据不正确识别和错误结果导致的风险，比如用于分析、测试或检测的样本容器、可拆卸部件和／或附件，其颜色和／或数字编码混淆； h）与其他用于诊断、监测或治疗的医疗器械互相干扰导致的风险。			

条款号	要求	适用	证明符合性采用的方法	为符合性提供客观证据的文件
A5.3	医疗器械的设计和生产应当消除或降低在正常状态及单一故障状态下燃烧和爆炸的风险，尤其是预期用途包括暴露于易燃、易爆物质或其他可致燃物相关的器械联用。			
A5.4	医疗器械的设计和生产应能确保调整、校准和维护过程能够安全有效的完成。 a）对无法进行维护的医疗器械，如植入物，应尽量降低材料老化等风险； b）对无法进行调整和校准的医疗器械，如某些类型的温度计，应尽量降低测量或控制机制精度的损失风险。			
A5.5	与其他医疗器械或产品联合使用的医疗器械，其设计和生产应能保证互操作性和兼容性可靠且安全。			
A5.6	医疗器械的设计和生产应能降低未经授权的访问风险，这种访问可能会妨碍器械正常运行，或造成安全隐患。			
A5.7	具有测量、监视或有数值显示功能的医疗器械，其设计和生产应当符合人体工程学／可用性原则，并应顾及器械预期用途、预期使用者、使用环境。			
A5.8	医疗器械的设计和生产应便于使用者、患者或其他人员对其以及相关废弃物的安全处置或再利用。使用说明书应明确安全处置或回收的程序和方法。			
A6	对电气、机械和热风险的防护			
A6.1	医疗器械的设计和生产应具有机械相关的防护，保护使用者免于承受由诸如运动阻力、不稳定性和活动部件等引起的机械风险。			
A6.2	除非振动是器械特定性能的一部分，否则医疗器械的设计和生产应当将产品振动导致的风险降到最低，应尽量采用限制振动（特别是振动源）的方法。			
A6.3	除非噪声是器械特定性能的一部分，否则医疗器械设计和生产应将产品噪声导致的风险降到最低，应尽量采用限制噪声（特别是噪声源）的方法。			
A6.4	如果医疗器械的部件在使用前或使用中需要进行连接或重新连接，其设计和生产应当降低这些部件间的连接故障风险。			
A6.5	医疗器械的可接触部件（不包括用于供热或既定温度设置部位）及其周围环境，在正常使用时不应存在过热风险。			
A7	有源医疗器械及与其连接的医疗器械			
A7.1	当有源医疗器械发生单一故障时，应当采取适当的措施消除或降低因此而产生的风险。			

相关文件

653

条款号	要求	适用	证明符合性采用的方法	为符合性提供客观证据的文件
A7.2	患者的安全依赖于内部电源供电的医疗器械，应当具有检测供电状态的功能，并在电源容量不足时提供适当的提示或警告。			
A7.3	患者的安全取决于外部电源供电状态的医疗器械，应当包括可显示任何电源故障的报警系统。			
A7.4	用于监视患者一个或多个临床指标的医疗器械，必须配备适当报警系统，在患者健康状况恶化或危及生命时，向使用者发出警报。			
A7.5	鉴于电磁干扰可能会损害正常运行的装置或设备，医疗器械的设计和生产应降低产生电磁干扰的风险。			
A7.6	医疗器械的设计和生产，应确保产品具有足够的抗电磁干扰能力，以确保产品的正常运行。			
A7.7	当产品按申请人的说明进行安装和维护，在正常状态和单一故障状态时，医疗器械的设计和生产应减少使用者和他人免于遭受意外电击的风险。			
A8	含有软件的医疗器械以及独立软件			
A8.1	含有电子可编程系统（内含软件组件）的医疗器械或独立软件的设计，应确保准确度、可靠性、精确度、安全和性能符合其预期用途。应采取适当措施，消除或减少单一故障导致的风险或性能降低。			
A8.2	含有软件组件的医疗器械或独立软件，应根据先进技术进行开发、生产和维护，同时应当考虑开发生存周期（如快速迭代开发、频繁更新、更新的累积效应）、风险管理（如系统、环境和数据的变化）等原则，包括信息安全（如安全地进行更新）、验证和确认（如更新管理过程）的要求。			
A8.3	预期与移动计算平台整合使用的软件，其设计和开发，应当考虑平台本身（如屏幕尺寸和对比度、联通性、内存等）以及与其使用相关的外部因素（不同环境下的照明或噪声水平）。			
A8.4	申请人应规定软件按照预期正常运行所必须的最低要求，如硬件、IT 网络特性和 IT 网络安全措施，包括未经授权的访问。			
A8.5	医疗器械的设计、生产和维护应能提供足够的网络安全水平，以防止未经授权的访问。			

条款号	要求	适用	证明符合性采用的方法	为符合性提供客观证据的文件
A9	具有诊断或测量功能的医疗器械			
A9.1	具有诊断或测量（包括监测）功能的医疗器械的设计和生产，应当基于适当的科技方法，除其他性能外，还应确保相应的准确度、精密度和稳定性，以实现其预期目的。 a）申请人应规定准确度限值（如适用）。 b）为便于使用者理解和接受，数字化测量值应以标准化单位表示（如可能），推荐使用国际通用的标准计量单位，考虑到安全、使用者的熟悉程度和既往的临床实践，也可使用其他公认的计量单位。 c）医疗器械导示器和控制器的功能应有详细的说明，若器械通过可视化系统提供与操作、操作指示或调整参数有关的说明，该类信息应能够被使用者和患者（适用时）理解。			
A10	说明书和标签			
A10.1	医疗器械应附有识别该器械及其申请人所需的信息。每个医疗器械还应附有相关安全和性能信息或相关指示。这些信息可出现在器械本身、包装上或使用说明书中，或者可以通过电子手段（如网站）便捷访问，易于被预期使用者理解。			
A11	辐射防护			
A11.1	医疗器械的设计、生产和包装应当考虑尽量减少使用者、他人和患者（如适用）的辐射吸收剂量，同时不影响其诊断或治疗功能。			
A11.2	具有辐射或潜在辐射危害的医疗器械，其操作说明应详细说明辐射的性质，对使用者、他人或患者（若适用）的防护措施，避免误用的方法，降低运输、贮存和安装的风险。			
A11.3	若医疗器械有辐射或有潜在辐射危害，应当具备辐射泄漏声光报警功能（如可行）。			
A11.4	医疗器械的设计和生产应降低使用者、其他人员或患者（若适用）暴露于非预期、偏离或散射辐射的风险。在可能和适当的情况下，应采取措施减少使用者、其他人员或患者（若适用）等可能受影响的人在辐射中的暴露。			
A11.5	具有辐射或潜在辐射危害且需要安装的医疗器械，应当在操作说明中明确有关验收和性能测试、验收标准及维护程序的信息。			

相关文件

655

条款号	要求	适用	证明符合性采用的方法	为符合性提供客观证据的文件
A11.6	若医疗器械对使用者有辐射或潜在辐射危害，其设计和生产应确保辐射剂量、几何分布、能量分布（或质量）以及其他辐射关键特性能够得到合理的控制和调整，并可在使用过程中进行监控（如适用）。上述医疗器械的设计和生产，应确保相关可变参数的重复性在可接受范围内。			
A12	对非专业用户使用风险的防护			
A12.1	对于非专业用户使用的医疗器械（如自测或近患者检测），为保证医疗器械的正常使用，其设计和生产应当考虑非专业用户的操作技能，以及因非专业用户技术和使用环境的不同对结果的影响。申请人提供的信息和说明应易于理解和使用，并可对结果做出解释。			
A12.2	供非专业用户使用的医疗器械（如自测或近患者检测）的设计和生产应当： a）确保使用者可以按照使用说明书的规定安全准确的使用。当无法将与说明书相关的风险降低到适当水平时，可以通过培训来降低此类风险； b）尽可能减少非专业用户因错误操作和错误解释结果导致的风险。			
A12.3	供非专业用户使用的医疗器械可通过以下措施方便用户： a）在使用时，可以验证器械的正常运行； b）当器械不能正常运行或提供无效结果时，会发出警告。			
A13	含有生物源材料的医疗器械			
A13.1	对于含有动植物组织、细胞或其它物质，细菌来源物质或衍生物的医疗器械，若无活性或以非活性状态交付，应当： a）组织、细胞及其衍生物应来源于已受控且符合预期用途的动物种属。动物的地理来源信息应根据相关法规要求予以保留。 b）动物源的组织、细胞、物质或其衍生物的采集、加工、保存、检测和处理过程，应确保患者、使用者以及其他人员（如适用）的安全。特别是病毒和其他传染性病原体，应通过经验证的先进技术消除或灭活，影响医疗器械性能的情况除外。			
A13.2	对于监管部门而言，当医疗器械由人体来源的组织、细胞、物质或其衍生物生产时，应当采取以下措施： a）组织、细胞的捐赠、获取和检测应依据相关法规的要求进行； b）为确保患者、使用者或他人的安全，应对组织、细胞或其衍生物进行加工、保存或其他处理。对于病毒和其他传染源，应通过源头控制，或在生产过程中通过经验证的先进技术消除或灭活。			

条款号	要求	适用	证明符合性采用的方法	为符合性提供客观证据的文件
A13.3	当医疗器械使用 A13.1 、A13.2 以外的生物物质（例如植物或细菌来源的材料）生产时，其加工、保存、检测和处理应确保患者、用户以及其他人员（如废弃物处置人员等）的安全。对于病毒和其他传染源，为确保安全，应通过源头控制，或在生产过程中通过经验证的先进技术消除或灭活。			
B	**适用于医疗器械的基本原则**			
B1	化学、物理和生物学特性			
B1.1	根据医疗器械的预期用途，以及产品（例如某些可吸收产品）在人体的吸收、分布、代谢和排泄情况，对于医疗器械的化学、物理和生物学特性，应特别注意所用材料 / 物质与人体组织、细胞和体液之间的相容性。			
B1.2	医疗器械的设计和生产，应能够保证产品在预期使用中接触到其他的材料、物质和气体时，仍然能够安全使用。如果医疗器械用于配合药物使用，则该产品的设计和生产需要符合药品管理的有关规定，且具有药物相容性，同时药品和器械的性能符合其适应证和预期用途。			
B1.3	医疗器械的设计和生产，除接触完整皮肤的产品外，应适当降低释放进入患者或使用者体内的颗粒，产生与颗粒尺寸和性质相关的风险。对纳米材料应给予重点关注。			
B2	辐射防护			
B2.1	用于医学影像的医疗器械具有电离辐射时，其设计和生产，在保障图像和 / 或输出质量的同时，应尽可能降低患者、使用者和其他人员的辐射吸收剂量。			
B2.2	具有电离辐射的医疗器械应能够精确预估（或监测）、显示、报告和记录治疗过程中的辐射剂量。			
B3	植入医疗器械的特殊要求			
B3.1	植入医疗器械的设计和生产，应当能消除或降低相关治疗风险，例如除颤器、高频手术设备的使用。			
B3.2	可编程有源植入式医疗器械的设计和生产，应保证产品在无需手术时即可准确识别。			
B4	提供能量或物质的医疗器械对患者或使用者的风险防护			
B4.1	用于给患者提供能量或物质的医疗器械，其设计和生产应能精确地设定和维持输出量，以保证患者、使用者和其他人的安全。			
B4.2	若输出量不足可能导致危险，医疗器械应具有防止和 / 或指示"输出量不足"的功能。意外输出危险等级量的能量或物质作为较大风险，应采取适当的措施予以降低。			

相关文件

条款号	要求	适用	证明符合性采用的方法	为符合性提供客观证据的文件
B5	含有药物成分的组合产品			
B5.1	当医疗器械组成成分中含有某种物质，依据监管法规，该物质作为药用产品／药物进行管理，且该物质在体内为医疗器械提供辅助作用时，应将医疗器械和此物质作为一个整体，对其安全和性能进行验证，同时应当验证该物质的特征、安全、质量和有效性。			
说明	1. 第3列若适用，应当注明"是"。不适用应当注明"否"，并结合产品特点说明不适用的理由。 2. 第4列应当填写证明该医疗器械符合安全和性能基本原则的方法，通常可采取下列方法证明符合基本要求： （1）符合已发布的医疗器械部门规章、规范性文件。 （2）符合医疗器械相关国家标准、行业标准、国际标准。 （3）符合普遍接受的测试方法。 （4）符合企业自定的方法。 （5）与已批准上市的同类产品的比较。 （6）临床评价。 3. 证明符合性的证据包含在产品注册申报资料中，应当说明其在申报资料中的具体位置。证明符合性的证据未包含在产品注册申报资料中，应当注明该证据文件名称及其在质量管理体系文件中的编号备查。			

关于公布体外诊断试剂注册申报资料要求和
批准证明文件格式的公告

2021 年第 122 号

为规范体外诊断试剂注册管理，根据《医疗器械监督管理条例》（国务院令第 739 号）和《体外诊断试剂注册与备案管理办法》（国家市场监督管理总局令第 48 号），国家药监局组织制定了体外诊断试剂注册申报资料要求和批准证明文件格式（见附件），现予公布，自 2022 年 1 月 1 日起施行。原国家食品药品监督管理总局发布的《关于公布体外诊断试剂注册申报资料要求和批准证明文件格式的公告》（原国家食品药品监督管理总局公告 2014 年第 44 号）同时废止。

特此公告。

附件：1. 中华人民共和国医疗器械注册证（体外诊断试剂）（格式）

2. 中华人民共和国医疗器械变更注册（备案）文件（体外诊断试剂）（格式）

3. 医疗器械注册申报资料和批准证明文件格式要求（体外诊断试剂）

4. 体外诊断试剂注册申报资料要求及说明

5. 体外诊断试剂延续注册申报资料要求及说明

6. 体外诊断试剂变更备案 / 变更注册申报资料要求及说明

7. 体外诊断试剂安全和性能基本原则清单

国家药监局

2021 年 9 月 29 日

相关文件

附件 1

中华人民共和国医疗器械注册证（体外诊断试剂）
（格式）

注册证编号：

注册人名称	
注册人住所	
生产地址	
代理人名称	（进口体外诊断试剂适用）
代理人住所	（进口体外诊断试剂适用）
产品名称	
包装规格	
主要组成成分	
预期用途	
产品储存条件及有效期	
附　件	产品技术要求、说明书
其他内容	
备　注	

审批部门：　　　　　　　　　　　　　　　批准日期：　　　年　　月　　日

生效日期：　　　年　　月　　日

有效期至：　　　年　　月　　日

（审批部门盖章）

附件2

中华人民共和国医疗器械变更注册（备案）文件
（体外诊断试剂）
（格式）

注册证编号：

产品名称	
变更内容	"***（原注册内容或项目）"变更为"***（变更后的内容或项目）"。
备　注	本文件与"＿＿＿＿＿"医疗器械注册证共同使用。

审批部门：　　　　　　　　　　批准日期：　　年　　月　　日

（审批部门盖章）

相关文件

附件 3

医疗器械注册申报资料和批准证明文件格式要求
（体外诊断试剂）

一、申报资料格式要求

按照医疗器械电子申报系统申报的，注册申报资料应当符合电子申报的格式要求。未按照医疗器械电子申报系统申报的，注册申报资料应当符合以下格式要求，除特别说明适用于境内产品或进口产品申报资料的内容，其余内容对所有类型申报产品均适用。

（一）形式要求

1. 申报资料应当有所提交资料目录，包括申报资料的一级和二级标题。每项二级标题对应的资料应当单独编制页码。

2. 申报资料应当按目录顺序排列并装订成册。

3. 申报资料一式一份，其中产品技术要求和产品中文说明书一式两份，应当使用 A4 规格纸张打印，内容完整、清楚，不得涂改，政府部门及其他机构出具的文件按照原件尺寸提供。凡装订成册的，不得自行拆分。

4. 申报资料使用复印件的，复印件应当清晰并与原件一致。

5. 各项申报资料中的申请内容应当具有一致性。

6. 各项文件除关联文件外，均应当以中文形式提供，如证明性文件为外文形式，还应当提供中文译本并由代理人签章。根据外文资料翻译的申报资料，应当同时提供原文。

（二）签章和公证要求

1. 境内产品申报资料如无特别说明的，应当由注册申请人签章。"签章"是指：注册申请人盖公章，或者其法定代表人、负责人签名并加盖公章。

2. 进口产品申报资料如无特殊说明，原文资料均应当由注册申请人签章，中文资料由代理人签章。原文资料"签章"是指：注册申请人的法定代表人或者负责人签名，或者签名并加盖组织机构印章；中文资料"签章"是指：代理人盖公章，或者其法定代表人、负责人签名并加盖公章。

3. 进口产品申报资料中由境外注册申请人提供的关联文件、符合性声明以及说明书、标签应当提交由注册申请人所在地公证机构出具的公证件。公证件可以通过电子公证模式办理，但应当同时提交由境外注册申请人出具的关于新公证模式的说明文件。

（三）电子文档要求

下列注册申报资料还需同时提交电子文档：

1. 申请表。

2. 产品技术要求及产品说明书。

应当为 Word 文档，并且可编辑、修改。

3. 综述资料。

应当为 Word 文档，并且可编辑、修改。

4. 临床试验数据库。

应当选择适宜的电子文档，包括 Excel 、Word 等，并且可编辑、修改。

二、批准证明文件格式要求

（一）批准证明文件制作的原则要求

制证人员应当按照行政审批结论制作批件。

1.制作的《医疗器械注册证》、《医疗器械变更注册（备案）文件》内容完整、准确无误，加盖的医疗器械注册专用章准确、无误。

2.制作的《不予行政许可决定书》中须写明不予行政许可的理由，并注明申请人依法享有申请行政复议或者提起行政诉讼的权利以及投诉渠道。

3.其他许可文书等应当符合公文的相关要求。

（二）批准证明文件制作的具体要求

1.《医疗器械注册证》

《医疗器械注册证》栏内填写内容较多的，可采用附页形式。不适用的栏目，应当标注"不适用"。

《医疗器械注册证》及附件所列内容为注册限定内容。如药品监督管理部门经注册审查，认为《医疗器械注册证》中除已明确规定需载明的内容外仍有其他内容需要载明，应当在《医疗器械注册证》"其他内容"栏目中列出，内容较多可采用附件形式。

进口产品《医疗器械注册证》中产品名称、注册人名称应当使用中文，可附加英文或原文，注册人住所和生产地址可使用中文、英文或原文。

2.《医疗器械变更注册（备案）文件》

《医疗器械变更注册（备案）文件》中"变更内容"栏的填写：变更内容在国家药品监督管理局/省级药品监督管理部门政府网站上予以公布的，填写变更后内容，例如"注册人名称变更为×××"、"代理人住所变更为 ×××"；变更内容不在国家药品监督管理局/省级药品监督管理部门政府网站上予以公布的，填写变更项目，例如"产品技术要求中检验方法变更"。

3.补发《医疗器械注册证》或《医疗器械变更注册（备案）文件》

在备注栏加注"××××年××月××日补发"，其他内容不变。

4.《医疗器械注册证》和《医疗器械变更注册（备案）文件》等用 A4 纸打印。

5.《医疗器械注册证》和《医疗器械变更注册（备案）文件》等可采用电子文件。

（三）批准文件附件发放要求

国家药品监督管理局/省级药品监督管理部门应当将经审查核准的产品技术要求进行编号，与经审查核准的产品说明书一并加盖医疗器械注册专用章，作为注册证附件发给申请人。产品技术要求的编号即为相应的注册证编号。

变更产品技术要求、产品说明书的，国家药品监督管理局/省级药品监督管理部门应当将经审查核准的产品技术要求、产品说明书变更对比表，加盖医疗器械注册专用章，随变更注册（备案）文件一并发给注册人。

相关文件

附件 4

体外诊断试剂注册申报资料要求及说明

申报资料一级标题	申报资料二级标题
1. 监管信息	1.1 章节目录 1.2 申请表 1.3 术语、缩写词列表 1.4 产品列表 1.5 关联文件 1.6 申报前与监管机构的联系情况和沟通记录 1.7 符合性声明
2. 综述资料	2.1 章节目录 2.2 概述 2.3 产品描述 2.4 预期用途 2.5 申报产品上市历史 2.6 其他需说明的内容
3. 非临床资料	3.1 章节目录 3.2 产品风险管理资料 3.3 体外诊断试剂安全和性能基本原则清单 3.4 产品技术要求及检验报告 3.5 分析性能研究 3.6 稳定性研究 3.7 阳性判断值或参考区间研究 3.8 其他资料
4. 临床评价资料	4.1 章节目录 4.2 临床评价资料
5. 产品说明书和标签样稿	5.1 章节目录 5.2 产品说明书 5.3 标签样稿 5.4 其他资料
6. 质量管理体系文件	6.1 综述 6.2 章节目录 6.3 生产制造信息 6.4 质量管理体系程序 6.5 管理职责程序 6.6 资源管理程序 6.7 产品实现程序 6.8 质量管理体系的测量、分析和改进程序 6.9 其他质量体系程序信息 6.10 质量管理体系核查文件

一、监管信息

（一）章节目录

应当包括本章的所有标题和小标题，注明目录中各内容的页码。

（二）申请表

按照填表要求填写。

（三）术语、缩写词列表

如适用，应当根据注册申报资料的实际情况，对其中出现的需要明确含义的术语或缩写词进行定义。

（四）产品列表

以表格形式列出拟申报产品的包装规格、主要组成成分，以及每个包装规格的标识（如货号、器械唯一标识等）和描述说明。

（五）关联文件

1. 境内申请人应当提供：

（1）企业营业执照副本或事业单位法人证书复印件。

（2）按照《创新医疗器械特别审查程序》审批的境内体外诊断试剂产品申请注册时，应当提交通过创新医疗器械审查的相关说明。

（3）按照《医疗器械应急审批程序》审批的体外诊断试剂产品申请注册时，应当提交通过医疗器械应急审批的相关说明。

（4）委托其他企业生产的，应当提供受托企业资格文件（营业执照副本复印件）、委托合同和质量协议。

（5）进口医疗器械注册人通过其在境内设立的外商投资企业按照进口医疗器械产品在中国境内企业生产有关规定申请注册时，应当提交进口医疗器械注册人同意注册申报的声明或授权文件；还应当提供申请人与进口医疗器械注册人关系（包括法律责任）的说明文件，应当附相关协议、质量责任、股权证明等文件。

2. 境外申请人应当提供：

（1）企业资格证明文件：境外申请人注册地所在国家（地区）公司登记主管部门或医疗器械主管部门出具的能够证明境外申请人存续且具备相应医疗器械生产资格的证明文件；或第三方认证机构为境外申请人出具的能够证明境外申请人具备相应医疗器械生产资格的证明文件。

（2）境外申请人注册地或生产地所在国家（地区）医疗器械主管部门出具的准许该产品上市销售的证明文件，未在境外申请人注册地或生产地所在国家（地区）上市的创新医疗器械可以不提交。

（3）境外申请人注册地或者生产地所在国家（地区）未将该产品作为医疗器械管理的，申请人需要提供相关文件，包括注册地或者生产地所在国家（地区）准许该产品上市销售的证明文件，未在境外申请人注册地或生产地所在国家（地区）上市的创新医疗器械可以不提交。

（4）在中国境内指定代理人的委托书、代理人承诺书及营业执照副本复印件。

（5）按照《创新医疗器械特别审查程序》审批的进口体外诊断试剂申请注册时，应当提交通过创新医疗器械审查的相关说明。

（6）按照《医疗器械应急审批程序》审批的体外诊断试剂申请注册时，应当提交通过医疗器械应急审批的相关说明。

（7）委托其他企业生产的，应当提供受托企业资格文件、委托合同和质量协议。

3. 主文档授权信

如适用，申请人应当对主文档引用的情况进行说明。申请人应当提交由主文档所有者或其备案代理机构出具的授权申请人引用主文档信息的授权信。授权信中应当包括引用主文档的申请人信息、产品名称、已备案的主文档编号、授权引用的主文档页码 / 章节信息等内容。

（六）申报前与监管机构的联系情况和沟通记录

1. 在产品申报前，如果申请人与监管机构针对申报产品以会议形式进行了沟通，或者申报产品与既往注册申报相关。应当提供下列内容（如适用）：

（1）列出监管机构回复的申报前沟通。

（2）既往注册申报产品的受理号。

（3）既往申报前沟通的相关资料，如既往申报会议前提交的信息、会议议程、演示幻灯片、最终的会议纪要、会议中待办事项的回复，以及所有与申请相关的电子邮件。

（4）既往申报（如自行撤销 / 不予注册上市申请等）中监管机构已明确的相关问题。

（5）在申报前沟通中，申请人明确提出的问题，以及监管机构提供的建议。

（6）说明在本次申报中如何解决上述问题。

2. 如不适用，应当明确声明申报产品没有既往申报和 / 或申报前沟通。

（七）符合性声明

申请人应当声明下列内容：

1. 申报产品符合《体外诊断试剂注册与备案管理办法》和相关法规的要求。

2. 申报产品符合《体外诊断试剂分类规则》、《体外诊断试剂分类子目录》有关分类的要求。

3. 申报产品符合现行国家标准、行业标准，并提供符合标准的清单。

4. 申报产品符合国家标准品的清单。

5. 保证所提交资料的真实性（境内产品由申请人出具，进口产品由申请人和代理人分别出具）。

二、综述资料

（一）章节目录

应当包括本章的所有标题和小标题，注明目录中各内容的页码。

（二）概述

1. 描述申报产品的通用名称及其确定依据。

2. 描述申报产品的管理类别，包括：所属分类子目录名称、管理类别、分类编码。

3. 描述申报产品预期用途。

4. 如适用，描述有关申报产品的背景信息概述或特别细节，如：申报产品的历史概述、历次提交的信息，与其他经批准上市产品的关系等。

（三）产品描述

1. 产品综述

（1）描述产品所采用的技术原理，产品组成，原材料的来源及制备方法，主要生产工艺，检验方法，质控品的制备方法及赋值情况，如产品检测需要进行校准，应描述校准品的制备方法及溯源情况。

注：技术原理包括反应原理（如双抗原夹心法、杂交捕获法），方法学（如化学发光法、比浊法），测量方法（如终点法、速率法），信号处理方法，数据获取和解读方式，分析前处理步骤等。

（2）描述产品主要研究结果的总结和评价，包括分析性能评估、阳性判断值或参考区间、稳定性以及临床评价等。

（3）描述不同包装规格之间的差异。

（4）描述产品中使用的生物材料或衍生物（如适用），包括生物学来源（如人、动物、病原体、重组或发酵产物）和组织来源（如血液）。人源性材料须对有关传染病（HIV、HBV、HCV等）病原体检测予以说明；其他动物源及微生物来源的材料，应当说明其在产品运输、使用过程中对使用者和环境是安全的，并提供相关的文件。

2. 包装描述

有关产品包装的信息，包括包装形状和材料。

3. 研发历程

阐述申请注册产品的研发背景和目的。如有参考的同类产品或前代产品，应当提供同类产品和 / 或前代产品的信息，并说明选择其作为研发参考的原因。

4. 与同类和 / 或前代产品的比较

（1）境内、外已有同类产品和 / 或前代产品上市，申请人应提供其产品名称、生产企业、注册情况，并列表比较申报产品与同类产品和 / 或前代产品在技术原理、预期用途、使用方法、性能指标、临床应用情况等方面的异同。

（2）境内、外尚无同类产品上市，或申报产品改变常规预期用途并具有新的临床意义，申请人需提供分析物与预期临床适应证之间关系的文献资料，包括临床研究文献综述、相关临床诊疗指南文件、行业公认的共识性文件等。

（四）预期用途

1. 预期用途

（1）预期用途：应明确产品用于检测的分析物和功能（如辅助诊断、鉴别诊断、筛查或监测等），并写明适用仪器、使用方法（自动 / 半自动 / 手工）、检测类型（定性 / 定量 / 半定量）、样本类型（如血清、血浆、尿液、脑脊液）和 / 或添加剂（如抗凝剂）、样本采集及保存装置等。

（2）临床适应证：临床适应证的发生率、易感人群、分析物的详细介绍及与临床适应证的关系，相关的临床或实验室诊断方法。

（3）适用人群：目标患者 / 人群的信息，对于适用人群包含亚群、儿童或新生儿的情况，应进行明确。

（4）预期使用者：专业或非专业。

2. 预期使用环境

（1）申报产品预期使用的地点。

（2）可能会影响其安全性和有效性的环境条件（如温度、湿度、海拔）。

（五）申报产品上市历史

如适用，应当提交申报产品的下列资料：

1. 上市情况

截至提交注册申请前，申报产品在各国家或地区的上市批准时间、销售情况。若申报产品在不同国家或地区上市时有差异（如设计、标签、技术参数等），应当逐一描述。

2. 不良事件和召回

如适用，应当以列表形式分别对申报产品上市后发生的不良事件、召回的发生时间以及每一种情况下申请人采取的处理和解决方案，包括主动控制产品风险的措施，向医疗器械不良事件监测技术机构报告的情况，相关部门的调查处理情况等进行描述。

同时，应当对上述不良事件、召回进行分析评价，阐明不良事件、召回发生的原因并对其安全性、有效性的影响予以说明。若不良事件、召回数量大，应当根据事件类型总结每个类型涉及的数量。

3. 销售、不良事件及召回率

如适用，应当提交申报产品近五年在各国家（地区）销售数量的总结，按以下方式提供在各国家（地区）的不良事件、召回比率，并进行比率计算关键分析。

如：不良事件发生率＝不良事件数量÷销售数量×100%，召回发生率＝召回数量÷销售数量×100%。发生率可以采用每使用患者年或每使用进行计算，申请人应当描述发生率计算方法。

（六）其他需说明的内容

1. 除申报产品外，检测系统的其他组成部分，包括但不限于：样本处理用试剂、适用仪器、质控品、校准品、独立软件等基本信息，及其在检测中发挥的作用，必要时应提交相应的说明书。

2. 对于已获得批准的检测系统的其他组成部分，应当提供注册证编号和国家药监局官方网站公布的注册证信息。

三、非临床资料

（一）章节目录

应包括本章的所有标题和小标题，注明目录中各内容的页码。

（二）产品风险管理资料

产品风险管理资料是对产品的风险管理过程及其评审的结果予以记录所形成的资料。应当提供下列内容，并说明对于每项已判定危害的下列各个过程的可追溯性。

1. 风险分析：包括体外诊断试剂预期用途和与安全性有关特征的识别、危害的识别、估计每个危害处境的风险。

2. 风险评价：对于每个已识别的危害处境，评价和决定是否需要降低风险，若需要，描述如何进行相应风险控制。

3. 风险控制：描述为降低风险所执行风险控制的相关内容。

4. 任何一个或多个剩余风险的可接受性评定。

5. 与产品受益相比，综合评价产品风险可接受。

（三）体外诊断试剂安全和性能基本原则清单

说明产品符合《体外诊断试剂安全和性能基本原则清单》（见附件7）各项适用要求所采用的方法，以及证明其符合性的文件。对于其中不适用的各项要求，应当说明理由。

对于包含在产品注册申报资料中的文件，应当说明其在申报资料中的具体位置；对于未包含在产品注册申报资料中的文件，应当注明该证据文件名称及其在质量管理体系文件中的编号备查。

（四）产品技术要求及检验报告

1. 申报产品适用标准情况

申报产品应当符合适用的强制性标准。对于强制性行业标准，若申报产品结构特征、技术原理、预期用途、使用方式等与强制性标准的适用范围不一致，申请人应当提出不适用强制性标准的说明，并提供经验证的证明性资料。

2. 产品技术要求

体外诊断试剂产品技术要求应当按照相关要求的规定编制。

第三类体外诊断试剂产品技术要求中还应当以附录形式明确主要原材料以及生产工艺要求。

3. 产品检验报告

在保证产品原材料和生产工艺稳定可靠的基础上，采用在符合医疗器械质量管理体系相关要求的条件下生产的产品进行检验。第三类体外诊断试剂应当提供三个不同生产批次产品的检验报告。有适用的国家标准品的，应当使用国家标准品对产品进行检验。可提交以下任一形式的检验报告：

（1）申请人出具的自检报告。

（2）委托有资质的医疗器械检验机构出具的检验报告。

（五）分析性能研究

体外诊断试剂的分析性能评估主要包括样本稳定性，适用的样本类型，校准品的量值溯源和质控品的赋值，准确度/正确度，精密度，包容性，空白限、检出限及定量限，分析特异性，高剂量钩状效应，测量区间及可报告区间，反应体系，可用性等项目的研究资料，应当采用多批产品进行性能评估。

如申报产品适用不同的机型，需要提交在不同机型上进行评估的资料。如申报产品包含不同的包装规格，需要对各包装规格进行分析或验证。

申请人应当在原材料和生产工艺经过选择和确认、质量管理体系得到有效控制并且保证产品质量稳定的基础上，进行产品的分析性能评估。

下列各项资料内容应当包括研究方案、报告和数据，提供证据的总结以及证据充分性的论证或者此项研究不适用的说明。

1. 样本稳定性

申请人应充分考虑实际使用过程中样本采集、处理、运输及保存等各个阶段的条件，对不同类型样本的稳定性分别进行评价并提交研究资料。内容包括建议的保存条件、添加剂（如抗凝剂）和运输条件（如涉及）等。

2. 适用的样本类型

申请人应对适用的样本类型及添加剂进行适用性确认。如果选择具有代表性的样本类型代替其他可比的样本类型进行分析性能评估，应说明原因并提供证据支持。

应以列表形式说明各项分析性能评估中使用的样本类型及其来源。

3. 校准品的量值溯源和质控品的赋值

申请人应明确申报产品适用的校准品和质控品。

如申报产品包括校准品，应当提交溯源资料。

如申报产品包括质控品，应当提交在所有适用机型上进行赋值和验证的资料。

4. 准确度

（1）准确度／正确度

申请人应评估准确度或正确度并提交研究资料。可采用方法学比对（与对比试剂、参考测量程序或诊断准确度标准比较）、参考物质检测或回收试验等方式。

（2）精密度

精密度包括重复性、中间精密度和再现性。应考虑运行、时间、操作者、仪器、试剂批次和地点等影响精密度的条件，设计合理的精密度试验方案进行评价。

5. 包容性

对于部分产品，如病原体检测试剂和部分人类基因检测试剂等，申请人应评估包容性并提交研究资料。

6. 空白限、检出限及定量限

申请人应评估空白限、检出限、定量限并提交研究资料。

7. 分析特异性

申请人应评估干扰物质和交叉反应并提交研究资料。

干扰物质研究应当考虑常见的内源性干扰、外源性干扰和已有报道的干扰物质等对产品检测结果的影响。

交叉反应研究应当考虑分析物的结构类似物、具有同源性序列的核酸片段、易引起相同或相似的临床症状的其他病原体、采样部位正常寄生或易并发的其他微生物、已有报道的交叉物质、原材料生产引入的交叉物质等对产品检测结果的影响。

8. 高剂量钩状效应

对于特定方法学的产品，申请人应评估高剂量钩状效应并提交研究资料。

9. 测量区间及可报告区间

对于定量检测试剂，申请人应评估申报产品的线性区间、测量区间及可报告区间并提交研究资料。

10. 反应体系

管理类别为第二类的产品注册申报时无需提交；由申请人保存，技术审评需要时应提交。

反应体系研究资料包括样本的制备方式（采集和处理）、样本要求、样本用量、试剂用量、反应条件、校准方法（如有）、质控方法、结果判读方式等。

11. 可用性（如适用）

评价预期使用者的行为、能力和局限性等因素对产品检测结果的影响，并提交研究资料。

（六）稳定性研究

一般应包含研究方案、报告和数据。

1. 实时稳定性（货架有效期）

提交至少三批申报产品在实际储存条件下保存至成品有效期后的实时稳定性研究资料。明确储存的环境条件（如温度、湿度和光照）及有效期。

2. 使用稳定性

提交申报产品实际使用期间稳定性的研究资料，应包括所有组成成分的开封稳定性。适用时提交复溶稳定性、机载稳定性及冻融次数研究资料等。如涉及校准品，还应提交校准频率或校准稳定性研究资料。明确产品使用的温度、湿度条件等。

3. 运输稳定性

提交申报产品可在特定或者预期的条件下运输的研究资料，应说明产品正确运输的环境条件（如温度、湿度、光照和机械保护等）。同时说明产品的包装方式以及暴露的最差运输条件。

（七）阳性判断值或参考区间研究

申请人应当详细说明阳性判断值或参考区间确定的方法或依据，采用样本的来源与组成，并提交阳性判断值或参考区间确定的研究资料。

校准品和质控品不需要提交阳性判断值或参考区间的确定资料。

（八）其他资料

1. 主要原材料研究资料

管理类别为第二类的产品注册申报时无需提交；由申请人保存，技术审评需要时应提交。

主要原材料的研究资料包括主要原材料的来源、选择、制备方法的研究资料，质量分析证书，主要原材料质量标准的制定和检验资料。

如适用，提交企业参考品的研究资料，包括来源、组成、阴阳性和／或量值确认等。

2. 生产工艺研究资料

管理类别为第二类的产品注册申报时无需提交；由申请人保存，技术审评需要时应提交。

生产工艺的研究资料包括工作液的配制、分装和冻干，固相载体的包被，结合物的制备，显色／发光等结果放大系统的确定等。

3. 三批产品的生产及自检记录。

4. 证明产品安全性、有效性的其他非临床研究资料。

四、临床评价资料

需要进行临床评价的第二类、第三类体外诊断试剂，应当按照以下要求提供适用的临床评价资料。

（一）章节目录

应当包括本章的所有标题和小标题，注明目录中各内容的页码。

（二）临床评价资料

1. 综述

（1）简要总结支持产品注册申报的临床评价过程和数据，说明临床评价路径和关键内容，包括试验地点（如机构）、试验方法、受试者及样本、评价指标及可接受标准、试验结果、结论、资料位置等。

（2）论证上述数据用于支持本次申报的理由及充分性。

2. 临床试验资料

开展临床试验的，应提交临床试验方案、临床试验机构伦理委员会同意开展临床试验的书面意见、知情同意书样本、临床试验报告（附各机构临床试验小结，包括小结正文及临床试验数据表、临床试验中所采用的其他试验方法或其他体外诊断试剂等产品的基本信息等），并附临床试验数据库，包括原始数据库、分析数据库、说明性文件和程序代码（如有）。境外临床试验资料应符合要求。

临床试验相关资料签章应符合《医疗器械临床试验质量管理规范》的要求。

3. 其他临床评价资料

列入免于进行临床试验目录的体外诊断试剂，临床评价资料包括与"目录"对应项目的对比资料、临床评价报告（包括描述性比对分析和比对性能数据）等。

4. 其他资料

提交使用申报产品在境内、外完成的其他临床评价资料，包括临床评价的摘要、报告、数据和临床文献综述、经验数据等。

五、产品说明书和标签样稿

（一）章节目录

应当包括本章的所有标题和小标题，注明目录中各内容的页码。

（二）产品说明书

1. 应当提交产品说明书，内容应当符合《体外诊断试剂说明书编写指导原则》和相关法规、规章、规范性文件、强制性标准的要求。

2. 境外申请人应当提交产品原文说明书。

（三）标签样稿

应当提交最小销售单元标签样稿，内容应当符合《医疗器械说明书和标签管理规定》和相关法规、规章、规范性文件、强制性标准的要求。

（四）其他资料

如适用，提交对产品信息进行补充说明的其他文件。

六、质量管理体系文件

（一）综述

申请人应当承诺已按照相关法规要求建立相应的质量管理体系，随时接受质量管理体系核查。

（二）章节目录

应当包括本章的所有标题和小标题，注明目录中各内容的页码。

（三）生产制造信息

1. 产品描述信息

申报产品技术原理和总体生产工艺的简要说明。

2. 一般生产信息

提供申报产品及其组分的所有生产地址和联络信息。

如适用，应当提供所有重要供应商名称和地址，包括外包生产、关键成分或原材料的生产（如抗原、抗体）和灭菌等。

相关文件

（四）质量管理体系程序

用于建立和维护质量管理体系的高层级质量管理体系程序，包括质量手册、质量方针、质量目标和文件及记录控制程序。

（五）管理职责程序

用于通过阐述质量方针、策划、职责／权限／沟通和管理评审，对建立和维护质量管理体系形成管理保证文件的程序。

（六）资源管理程序

用于为实施和维护质量管理体系所形成足够资源（包括人力资源、基础设施和工作环境）供应文件的程序。

（七）产品实现程序

高层级的产品实现程序，如说明策划和客户相关过程的程序。

1. 设计和开发程序

用于形成从项目初始至设计转换的整个过程中关于产品设计的系统性和受控的开发过程文件的程序。

2. 采购程序

用于形成符合已制定的质量和／或产品技术参数的采购产品／服务文件的程序。

3. 生产和服务控制程序

用于形成受控条件下生产和服务活动文件的程序，这些程序阐述诸如产品的生产和服务活动、清洁和污染的控制、过程确认、标识和可追溯性等问题。

4. 监视和测量装置控制程序

用于形成质量管理体系运行过程中所使用的监视和测量设备已受控并持续符合既定要求文件的程序。

（八）质量管理体系的测量、分析和改进程序

用于形成如何监视、测量、分析和改进以确保产品和质量管理体系的符合性，并保持质量管理体系有效性的文件的程序。

（九）其他质量体系程序信息

不属于上述内容，但对此次申报较为重要的其他信息。

（十）质量管理体系核查文件

根据上述质量管理体系程序，申请人应当形成相关质量管理体系文件和记录。应当提交下列资料，在质量管理体系核查时进行检查。

1. 申请人基本情况表。

2. 申请人组织机构图。

3. 生产企业总平面布置图、生产区域分布图。

4. 生产过程有净化要求的，应当提供有资质的检测机构出具的环境检测报告（附平面布局图）复印件。

5. 产品生产工艺流程图，应当标明主要控制点与项目及主要原材料、采购件的来源及质量控制方法。

6. 主要生产设备和检验设备（包括进货检验、过程检验、出厂最终检验所需的相关设备；在净化条件下生产的，还应当提供环境监测设备）目录。

7. 质量管理体系自查报告。

8. 如适用，应当提供拟核查产品与既往已通过核查产品在生产条件、生产工艺等方面的对比说明。

附件5

体外诊断试剂延续注册申报资料要求及说明

一、监管信息

（一）章节目录

应当包括本章的所有标题和小标题，注明目录中各内容的页码。

（二）申请表

按照填表要求填写。

（三）关联文件

1.境内注册人应当提交企业营业执照副本或事业单位法人证书复印件；境外注册人应当提交企业资格证明文件。

2.境外注册人应当提交在中国境内指定代理人的委托书、代理人承诺书及营业执照副本复印件。

3.提交原医疗器械注册证及其附件的复印件、历次医疗器械变更注册（备案）文件及其附件的复印件。

4.如医疗器械注册证有效期内有新的医疗器械强制性标准和／或国家标准品发布实施，已注册产品为符合新的强制性标准和／或国家标准品所做的变化属于应当办理变更注册的，注册人应当提交申请延续注册前已获得原审批部门批准的变更注册（备案）文件及其附件的复印件。已注册产品为符合新的强制性标准和／或国家标准品所做的变化属于无需办理变更注册手续或者无需变化即可符合新的强制性标准和／或国家标准品的，注册人应当提供情况说明和相关证明资料。

进口体外诊断试剂延续注册时，不需要提供注册人注册地或者生产地所在国家（地区）批准产品上市销售的证明文件。

（四）申报前与监管机构的联系情况和沟通记录

1.在注册证有效期内，如果注册人与监管机构针对申报产品以会议形式进行了沟通，应当提供下列内容（如适用）：

（1）列出监管机构回复的沟通情况。

（2）在沟通中，注册人明确提出的问题，以及监管机构提供的建议。

（3）说明在本次申报中如何解决上述问题。

2.如不适用，应当明确声明申报产品在注册证有效期内没有既往申报和／或申报前沟通。

（五）符合性声明

注册人应当声明下列内容：

1.延续注册产品没有变化。如产品发生了注册证载明事项以外变化的，应当明确"产品所发生的变化通过质量管理体系进行控制，注册证载明事项无变化"。

2.延续注册产品符合《体外诊断试剂注册与备案管理办法》和相关法规的要求。

3.延续注册产品符合《体外诊断试剂分类规则》、《体外诊断试剂分类子目录》有关分类的要求。

4.延续注册产品符合现行国家标准、行业标准，并提供符合标准的清单。

5.延续注册产品符合国家标准品的清单。

6.保证所提交资料的真实性（境内产品由注册人出具，进口产品由注册人和代理人分别出具）。

二、非临床资料

（一）章节目录

应当包括本章的所有标题和小标题，注明目录中各内容的页码。

（二）产品技术要求

如在原医疗器械注册证有效期内发生了涉及产品技术要求变更的，应当提交依据变更注册（备案）文件修改的产品技术要求。

（三）产品说明书

如在原医疗器械注册证有效期内发生了涉及产品说明书变更的，应当提交依据变更注册（备案）文件修改的产品说明书。

（四）其他资料

原医疗器械注册证中载明要求继续完成的事项，涉及非临床研究的，应当提供相关总结报告，并附相应资料。

三、临床评价资料

原医疗器械注册证中载明要求继续完成的事项，涉及临床评价的，应当提供相关总结报告，并附相应资料。

附件6

体外诊断试剂变更备案 / 变更注册申报资料要求及说明

变更备案资料要求及说明

一、监管信息

（一）章节目录

应当包括本章的所有标题和小标题，注明目录中各内容的页码。

（二）备案表

按照填表要求填写。

（三）关联文件

1. 境内注册人应当提交：企业营业执照副本或事业单位法人证书复印件。

2. 境外注册人应当提交：

（1）根据变更事项在境外注册人注册地或生产地所在国家（地区）是否需要获得新的企业资格证明文件，提交相应的企业资格证明文件。

（2）如变更事项在境外注册人注册地或生产地所在国家（地区），需要获得新的医疗器械主管部门出具的准许产品上市销售证明文件，应当提交相应文件；如变更事项不需要获得注册人注册地或生产地址所在国家（地区）医疗器械主管部门批准的，应当予以说明；未在境外上市的创新医疗器械可以不提交。

（3）在中国境内指定代理人的委托书、代理人承诺书及营业执照副本复印件。

3. 应当提交原医疗器械注册证及其附件的复印件、历次医疗器械变更注册（备案）文件及其附件的复印件。

（四）符合性声明

注册人应当声明下列内容：

1. 申报产品符合《体外诊断试剂注册与备案管理办法》和相关法规的要求。

2. 申报产品符合《体外诊断试剂分类规则》、《体外诊断试剂分类子目录》有关分类的要求。

3. 申报产品符合现行国家标准、行业标准，并提供符合标准的清单。

4. 申报产品符合国家标准品的清单。

5. 保证所提交资料的真实性（境内产品由申请人出具，进口产品由申请人和代理人分别出具）。

二、综述资料

（一）章节目录

应当包括本章的所有标题和小标题，注明目录中各内容的页码。

（二）产品描述

1. 注册人关于变更情况的说明。

详细描述本次变更情况、变更的具体原因及目的。

2. 根据产品具体变更情况提供相应文件，包括下列情形：

相关文件

（1）注册人名称变更

企业名称变更核准通知书（境内注册人）和／或相应关联文件。

（2）注册人住所变更

变更前后企业营业执照副本或事业单位法人证书复印件（境内注册人）和／或相应关联文件。

（3）境内体外诊断试剂生产地址变更

变更后的生产许可证及其附件。

（4）代理人变更

①注册人出具新代理人委托书、新代理人出具的承诺书；

②新代理人的营业执照副本复印件。

（5）代理人住所变更

变更前后营业执照副本复印件。

变更注册申报资料要求及说明

一、监管信息

（一）章节目录

应当包括本章的所有标题和小标题，注明目录中各内容的页码。

（二）申请表

按照填表要求填写。

（三）关联文件

1. 境内注册人应当提交：企业营业执照副本或事业单位法人证书复印件。

2. 境外注册人应当提交：

（1）根据变更事项在境外注册人注册地或生产地所在国家（地区）是否需要获得新的企业资格证明文件，提交相应的企业资格证明文件。

（2）如变更事项在境外注册人注册地或生产地所在国家（地区），需要获得新的医疗器械主管部门出具的准许产品上市销售证明文件，应当提交相应文件；如变更事项不需要获得注册人注册地或生产地址所在国家（地区）医疗器械主管部门批准的，应当予以说明；未在境外上市的创新医疗器械可以不提交。

（3）在中国境内指定代理人的委托书、代理人承诺书及营业执照副本复印件。

3. 应当提交原医疗器械注册证及其附件的复印件、历次医疗器械变更注册（备案）文件及其附件的复印件。

（四）申报前与监管机构的联系情况和沟通记录

1. 在本次变更申请提交前，如注册人与监管机构针对申报产品以会议形式进行了沟通，应当提供下列内容（如适用）：

（1）列出监管机构回复的沟通情况。

（2）在沟通中，注册人明确提出的问题，及监管机构提供的建议。

（3）说明在本次申报中如何解决上述问题。

2. 如不适用，应当明确声明申报产品没有既往申报和／或申报前沟通。

（五）符合性声明

注册人应当声明下列内容：

1. 申报产品符合《体外诊断试剂注册与备案管理办法》和相关法规的要求。

2. 申报产品符合《体外诊断试剂分类规则》、《体外诊断试剂分类子目录》有关分类的要求。

3. 申报产品符合现行国家标准、行业标准，并提供符合标准的清单。

4. 申报产品符合国家标准品的清单。

5. 保证所提交资料的真实性（境内产品由注册人出具，进口产品由注册人和代理人分别出具）。

二、综述资料

（一）章节目录

应当包括本章的所有标题和小标题，注明目录中各内容的页码。

（二）概述

详细描述本次变更情况、变更的具体原因及目的。

（三）产品变更情况描述

根据产品具体变更情况提供相应的说明及对比表，包括下列情形：

1. 产品名称变化。

2. 包装规格变化。

3. 产品储存条件及有效期变化。

4. 适用仪器变化。

5. 阳性判断值或参考区间变化。

6. 产品技术要求、说明书变化。

7. 第三类体外诊断试剂原材料、生产工艺、反应体系变化。

8. 适用的样本类型变化。

9. 适用人群变化。

10. 临床适应证变化。

11. 进口体外诊断试剂生产地址变化。

12. 其他可能改变产品安全有效性的变化。

（四）变更对产品安全性、有效性影响的技术分析

1. 分析变更对产品安全性、有效性可能产生的影响。

注册人应根据变更的性质，在进行风险分析的基础上，采用科学合理的方法进行产品变更的设计验证和/或确认，评估变更对于产品分析性能和/或临床性能的影响。

对于与产品配合使用的其他产品发生变更的情形（例如提取试剂，样本保存液等），注册人应评估变更对包括产品在内的检测系统安全有效性的影响。

2. 变更对产品安全性、有效性影响的研究方法（非临床研究和/或临床评价）的选择依据、验收标准。

3. 结果的总结以及结论。

4. 论证上述证据用于支持本次变更注册的理由及充分性。

三、非临床资料

（一）章节目录

应包括本章的所有标题和小标题，注明目录中各内容的页码。

（二）产品风险管理资料

应当提交与产品变化相关的产品风险管理资料。

产品风险管理资料是对产品的风险管理过程及其评审的结果予以记录所形成的资料。应当提供如下内容，并说明对于每项已判定危害的下列各个过程的可追溯性：

相关文件

677

1. 风险分析：包括体外诊断试剂预期用途和与安全性有关特征的识别、危害的识别、估计每个危害处境的风险。

2. 风险评价：对于每个已识别的危害处境，评价和决定是否需要降低风险，若需要，描述如何进行相应风险控制。

3. 风险控制：描述为降低风险所执行风险控制的相关内容。

4. 任何一个或多个剩余风险的可接受性评定。

5. 与产品受益相比，综合评价产品风险可接受。

（三）产品技术要求及检验报告

如适用应当提交下列资料：

1. 申报产品适用标准情况

申报产品应当符合适用的强制性标准。对于强制性行业标准，若申报产品结构特征、技术原理、预期用途、使用方式等与强制性标准的适用范围不一致，注册人应当提出不适用强制性标准的说明，并提供经验证的证明性资料。

2. 产品技术要求

由于强制性标准已经修订或者其他变化，涉及产品技术要求变化的，应当明确产品技术要求变化的具体内容。

3. 产品检验报告

可提交以下任一形式的针对产品技术要求变化部分的检验报告：

（1）注册人出具的自检报告。

（2）委托有资质的医疗器械检验机构出具的检验报告。

第三类体外诊断试剂应当提供三个不同生产批次产品的检验报告。

（四）分析性能研究

如适用，注册人应根据具体变更情况，在风险管理和技术分析的基础上，基于变更对产品安全性、有效性的影响，采用适当的方法进行分析性能评估并提交研究资料，应当包含研究方案、报告和数据。

（五）稳定性研究

如适用，注册人应根据具体变更情况，在风险管理和技术分析的基础上，基于变更对产品安全性、有效性的影响，采用适当的方法进行稳定性研究并提交研究资料，应当包含研究方案、报告和数据。

（六）阳性判断值或参考区间研究

如适用，注册人应根据具体变更情况，在风险管理和技术分析的基础上，基于变更对产品安全性、有效性的影响，采用适当的方法进行阳性判断值或参考区间研究并提交研究资料，应当包含研究方案、报告和数据。

（七）其他资料

如适用，注册人应根据具体变更情况，在风险管理和技术分析的基础上，基于变更对产品安全性、有效性的影响，采用适当的方法进行相应的研究并提交研究资料，如原材料、生产工艺、反应体系等变更的研究资料。

四、临床评价资料

需要进行临床评价的第二类、第三类体外诊断试剂，注册人应根据具体变更情况，基于变化部分对产品安全性、有效性影响的论述，必要时采用适当的方法进行临床评价并按照以下要求提交资料。

（一）章节目录

应当包括本章的所有标题和小标题，注明目录中各内容的页码。

（二）临床评价资料要求

如适用，应当提交与产品变化部分相关的临床评价资料。

1. 综述

（1）简要总结支持产品注册申报的临床评价过程和数据，说明临床评价路径和关键内容，包括试验地点（如机构）、试验方法、受试者及样本、评价指标及可接受标准、试验结果、结论、资料位置等。

（2）论证上述临床数据用于支持本次申报的理由及充分性。

2. 依据产品变化对产品临床性能的影响及变更后产品的风险分析，变更后产品通过临床前研究不能确认其安全有效的，应提交临床评价资料。下列变更情况原则上应当提交临床评价资料：

（1）适用的样本类型变化。

（2）适用人群变化。

（3）临床适应证变化。

（4）其他显著影响产品临床性能的变化。

3. 临床试验资料

开展临床试验的，应提交临床试验方案、临床试验机构伦理委员会同意开展临床试验的书面意见、知情同意书样本、临床试验报告（附各机构临床试验小结，包括小结正文及临床试验数据表、临床试验中所采用的其他试验方法或其他体外诊断试剂等产品的基本信息等），并附临床试验数据库，包括原始数据库、分析数据库、说明性文件和程序代码（如有）。境外临床试验资料应符合要求。

临床试验相关资料签章应符合《医疗器械临床试验质量管理规范》的要求。

4. 其他临床评价资料

列入免于进行临床试验目录的体外诊断试剂，临床评价资料包括与"目录"对应项目的对比资料、临床评价报告（包括描述性比对分析和比对性能数据）等。

5. 其他资料

提交使用申报产品在境内、外完成的其他临床评价资料，包括临床评价的摘要、报告、数据和临床文献综述、经验数据等。

五、产品说明书

（一）章节目录

应当包括本章的所有标题和小标题，注明目录中各内容的页码。

（二）产品说明书

如适用，应当以对比表形式详细说明变更内容，并提交变更前、后的产品中文说明书，内容应当符合《体外诊断试剂说明书编写指导原则》和相关法规、规章、规范性文件、强制性标准的要求。

境外注册人应当提交变更前、后的产品原文说明书。

如不适用，应当提供相应说明。

六、质量管理体系文件

已注册产品发生前述变更情形的，注册人应当承诺已根据产品变更的具体情况，按照相关法规要求对已建立的质量管理体系进行相应调整，并随时接受质量管理体系核查。

注册人提出变更的具体原因或目的涉及原材料、生产工艺变化的，应当针对变化部分进行质量

相关文件

管理体系核查；其余变化，一般不需进行质量管理体系核查。

需要进行质量管理体系核查的，应当按照附件4的要求提交本部分资料。

（一）综述

注册人应当承诺已按照相关法规要求，根据产品变更的具体情形对质量管理体系进行相应调整，随时接受质量管理体系核查。详述涉及产品变更项目的质量管理体系变化情况，并按照下列要求逐项提交适用项目的资料，不适用应当说明理由。

（二）章节目录

应当包括本章的所有标题和小标题，注明目录中各内容的页码。

（三）生产制造信息

1. 产品描述信息

申报产品技术原理和总体生产工艺的简要说明。

2. 一般生产信息

提供申报产品及其组分的所有生产地址和联络信息。

如适用，应当提供所有重要供应商名称和地址，包括外包生产、关键成分或原材料的生产（如抗原、抗体）和灭菌等。

（四）质量管理体系程序

用于建立和维护质量管理体系的高层级质量管理体系程序，包括质量手册、质量方针、质量目标和文件及记录控制程序。

（五）管理职责程序

用于通过阐述质量方针、策划、职责/权限/沟通和管理评审，对建立和维护质量管理体系形成管理保证文件的程序。

（六）资源管理程序

用于为实施和维护质量管理体系所形成足够资源（包括人力资源、基础设施和工作环境）供应文件的程序。

（七）产品实现程序

高层级的产品实现程序，如说明策划和客户相关过程的程序。

1. 设计和开发程序

用于形成从项目初始至设计转换的整个过程中关于产品设计的系统性和受控的开发过程文件的程序。

2. 采购程序

用于形成符合已制定的质量和/或产品技术参数的采购产品/服务文件的程序。

3. 生产和服务控制程序

用于形成受控条件下生产和服务活动文件的程序，这些程序阐述诸如产品生产和服务活动、清洁和污染的控制、过程确认、标识和可追溯性等问题。

4. 监视和测量装置控制程序

用于形成质量管理体系运行过程中所使用的监视和测量设备已受控并持续符合既定要求的文件的程序。

（八）质量管理体系的测量、分析和改进程序

用于形成如何监视、测量、分析和改进以确保产品和质量管理体系的符合性，并保持质量管理体系有效性的文件的程序。

（九）其他质量体系程序信息

不属于上述内容，但对此次申报较为重要的其他信息。

（十）质量管理体系核查文件

根据上述质量管理体系程序，注册人应当形成涉及产品变更项目的相关质量管理体系文件和记录：

1. 注册人基本情况表。

2. 注册人组织机构图。

3. 生产企业总平面布置图、生产区域分布图。

4. 如生产过程有净化要求的应当提供有资质的检测机构出具的环境检测报告（附平面布局图）复印件。

5. 产品生产工艺流程图，应当标明主要控制点与项目及主要原材料、采购件的来源及质量控制方法。

6. 主要生产设备和检验设备（包括进货检验、过程检验、出厂的最终检验相关设备；如需净化生产的，还应当提供环境监测设备）目录。

7. 注册人质量管理体系自查报告。

8. 如适用，应当提供拟核查产品与既往已通过核查产品在生产条件、生产工艺等方面的对比说明。

相关文件

附件 7

体外诊断试剂安全和性能基本原则清单

条款号	要求	适用	证明符合性采用的方法	为符合性提供客观证据的文件
A	**安全和性能的通用基本原则**			
A1	一般原则			
A1.1	医疗器械应当实现申请人申报产品的预期性能，其设计和生产应当确保器械在预期使用条件下达到预期目的。这些器械应当是安全的并且能够实现其预期性能，与患者受益相比，其风险应当是可接受的，且不会损害医疗环境、患者安全、使用者及他人的安全和健康。			
A1.2	申请人应当建立、实施、记录和维护风险管理体系，确保医疗器械安全、有效且质量可控。在医疗器械全生命周期内，风险管理是一个持续、反复的过程，需要定期进行系统性的改进更新。在开展风险管理时，申请人应当： a）建立涵盖所有医疗器械风险管理计划并形成文件； b）识别并分析涵盖所有医疗器械的相关的已知和可预见的危险（源）； c）估计和评价在预期使用和可合理预见的误使用过程中，发生的相关风险； d）依据 A1.3 和 A1.4 相关要求，消除或控制 c）点所述的风险； e）评价生产和生产后阶段信息对综合风险、风险受益判定和风险可接受性的影响。上述评价应当包括先前未识别的危险（源）或危险情况，由危险情况导致的一个或多个风险对可接受性的影响，以及对先进技术水平的改变等。 f）基于对 e）点所述信息影响的评价，必要时修改控制措施以符合 A1.3 和 A1.4 相关要求。			
A1.3	医疗器械的申请人在设计和生产过程中采取的风险控制措施，应当遵循安全原则，采用先进技术。需要降低风险时，申请人应当控制风险，确保每个危险（源）相关的剩余风险和总体剩余风险是可接受的。在选择最合适的解决方案时，申请人应当按以下优先顺序进行： a）通过安全设计和生产消除或适当降低风险； b）适用时，对无法消除的风险采取充分的防护措施，包括必要的警报； c）提供安全信息（警告/预防措施/禁忌证），适当时，向使用者提供培训。			

条款号	要求	适用	证明符合性采用的方法	为符合性提供客观证据的文件
A1.4	申请人应当告知使用者所有相关的剩余风险。			
A1.5	在消除或降低与使用有关的风险时，申请人应该： a）适当降低医疗器械的特性（如人体工程学／可用性）和预期使用环境（如灰尘和湿度）可能带来的风险； b）考虑预期使用者的技术知识、经验、教育背景、培训、身体状况（如适用）以及使用环境。			
A1.6	在申请人规定的生命周期内，在正常使用、维护和校准（如适用）情况下，外力不应对医疗器械的特性和性能造成不利影响，以致损害患者、使用者及他人的健康和安全。			
A1.7	医疗器械的设计、生产和包装，包括申请人所提供的说明和信息，应当确保在按照预期用途使用时，运输和贮存条件（例如：震动、振动、温度和湿度的波动）不会对医疗器械的特性和性能，包括完整性和清洁度，造成不利影响。申请人应能确保有效期内医疗器械的性能、安全和无菌保证水平。			
A1.8	在货架有效期内、开封后的使用期间（对于诊断试剂，包括在机稳定性），以及运输或送货期间（对于诊断试剂，包括被测样品），医疗器械应具有可接受的稳定性。			
A1.9	在正常使用条件下，基于当前先进技术水平，比较医疗器械性能带来的受益，所有已知的、可预见的风险以及任何不良副作用应最小化且可接受。			
A2	临床评价			
A2.1	基于监管要求，医疗器械可能需要进行临床评价（如适用）。所谓临床评价，就是对临床数据进行评估，确定医疗器械具有可接受的风险受益比，包括以下几种形式： a）临床试验报告（诊断试剂临床性能评价报告） b）临床文献资料 c）临床经验数据			
A2.2	临床试验的实施应当符合《赫尔辛基宣言》的伦理原则。保护受试者的权利、安全和健康，这是最重要的考虑因素，其重要性超过科学和社会效益。在临床试验的每个步骤，都应理解、遵守和使用上述原则。另外，临床试验方案审批、患者知情同意、诊断试剂剩余样本使用等应符合相关法规要求。			

相关文件

683

条款号	要求	适用	证明符合性采用的方法	为符合性提供客观证据的文件
A3	化学、物理和生物学特性			
A3.1	关于医疗器械的化学、物理和生物学特性，应特别注意以下几点： a）所用材料和组成成分的选择，需特别考虑： – 毒性； – 生物相容性； – 易燃性； b）工艺对材料性能的影响； c）生物物理学或者建模研究结果应当事先进行验证（如适用）； d）所用材料的机械性能，如适用，应考虑强度、延展性、断裂强度、耐磨性和抗疲劳性等属性； e）表面特性； f）器械与已规定化学和／或物理性能的符合性。			
A3.2	基于医疗器械的预期用途，医疗器械的设计、生产和包装，应当尽可能减少污染物和残留物对使用者和患者，以及对从事医疗器械运输、贮存及其他相关人员造成的风险。特别要注意与使用者和患者暴露组织接触的时间和频次。			
A3.3	医疗器械的设计和生产应当适当降低析出物（包括滤沥物和／或蒸发物）、降解产物、加工残留物等造成的风险。应当特别注意致癌、致突变或有生殖毒性的泄漏物或滤沥物。			
A3.4	医疗器械的设计和生产应当考虑到医疗器械及其预期使用环境的性质，适当降低物质意外进入器械所带来的风险。			
A3.5	医疗器械及其生产工艺的设计应当能消除或适当降低对使用者和其他可能接触者的感染风险。设计应当： a）操作安全，易于处理； b）尽量减少医疗器械的微生物泄漏和／或使用过程中的感染风险； c）防止医疗器械或其内容物（例如：标本）的微生物污染； d）尽量减少意外风险（例如：割伤和刺伤（如针刺伤）、意外物质溅入眼睛等）。			
A4	灭菌和微生物污染			
A4.1	医疗器械其设计应当方便使用者对其进行安全清洁、消毒、灭菌和／或重复灭菌（必要时）。			
A4.2	具有微生物限度要求的医疗器械，其设计、生产和包装应当确保在出厂后，按照申请人规定的条件运输和贮存，符合微生物限度要求。			

条款号	要求	适用	证明符合性采用的方法	为符合性提供客观证据的文件
A4.3	以无菌状态交付的医疗器械，其设计、生产和包装应按照适当的程序进行，以确保在出厂时无菌。在申请人规定的条件下运输和贮存的未破损无菌包装，打开前都应当保持无菌状态。应确保最终使用者可清晰地辨识包装的完整性（例如：防篡改包装）。			
A4.4	无菌医疗器械应按照经验证的方法进行加工、生产、包装和灭菌，其货架有效期应按照经验证的方法确定。			
A4.5	预期无菌使用的医疗器械（申请人灭菌或使用者灭菌），均应在适当且受控的条件和设施下生产和包装。			
A4.6	以非无菌状态交付，且使用前灭菌的医疗器械： a）包装应尽量减少产品受到微生物污染的风险，且应适用于申请人规定的灭菌方法； b）申请人规定的灭菌方法应当经过验证。			
A4.7	若医疗器械可以无菌和非无菌状态交付使用，应明确标识其交付状态。			
A5	环境和使用条件			
A5.1	如医疗器械预期与其他医疗器械或设备整合使用，应确保整合使用后的系统，包括连接系统，整体的安全性，且不影响器械本身的性能。整合使用上的限制应明确标识和／或在使用说明书中明确。对于需要使用者处理的连接，如液体、气体传输、电耦合或机械耦合等，在设计和生产过程中尽可能消除或降低所有可能的风险，包括错误连接或安全危害。			
A5.2	医疗器械的设计和生产应当考虑预期的使用环境和使用条件，以消除或降低下列风险： a）与物理和人体工程学／可用性的特性有关，对使用者或他人造成损伤的风险； b）由于用户界面设计、人体工程学／可用性的特性以及预期使用环境导致的错误操作的风险； c）与合理可预期的外部因素或环境条件有关的风险，如磁场、外部电和电磁效应、静电释放、诊断和治疗带来的辐射、压力、湿度、温度和／或压力和加速度的变化； d）正常使用条件下与固体材料、液体和其他物质，包括气体，接触而产生的风险； e）软件与信息技术（IT）运行环境的兼容性造成的风险； f）正常使用过程中，医疗器械非预期析出物导致的环境风险； g）样本／样品／数据不正确识别和错误结果导致的风险，比如用于分析、测试或检测的样本容器、可拆卸部件和／或附件，其颜色和／或数字编码混淆； h）与其他用于诊断、监测或治疗的医疗器械互相干扰导致的风险。			

相关文件

条款号	要求	适用	证明符合性采用的方法	为符合性提供客观证据的文件
A5.3	医疗器械的设计和生产应当消除或降低在正常状态及单一故障状态下燃烧和爆炸的风险，尤其是预期用途包括暴露于易燃、易爆物质或与其他致燃物相关的器械联用。			
A5.4	医疗器械的设计和生产应能确保调整、校准和维护过程能够安全有效的完成。 a）对无法进行维护的医疗器械，如植入物，应尽量降低材料老化等风险； b）对无法进行调整和校准的医疗器械，如某些类型的温度计，应尽量降低测量或控制机制精度的损失风险。			
A5.5	与其他医疗器械或产品联合使用的医疗器械的设计和生产，其互操作性和兼容性应可靠且安全。			
A5.6	医疗器械的设计和生产应能降低未经授权的访问风险，这种访问可能会妨碍器械正常运行，或造成安全隐患。			
A5.7	具有测量、监视或有数值显示功能的医疗器械，考虑到预期使用环境、使用者、预期用途，其设计和生产应符合人体工程学/可用性原则。			
A5.8	医疗器械的设计和生产，应便于使用者、患者或其他人员对其安全处置或再利用；应便于相关废弃物的安全处置或再利用。使用说明书应明确安全处置或回收的程序和方法。			
A6	具有诊断或测量功能的医疗器械			
A6.1	具有诊断或测量（包括监测）功能的医疗器械的设计和生产，应基于适当的科学和技术方法，除其他性能外，还应确保相应的准确度、精密度和稳定性，以实现其预期目的。 a）申请人应规定准确度限值（如适用）。 b）数字化测量值应以使用者理解和接受的标准化单位表示（如可能），推荐使用国际通用的标准计量单位，考虑到安全性、使用者的熟悉程度和既往的临床实践，也可使用其他公认的计量单位。 c）医疗器械导示器和控制器的功能应有详细的说明，若器械通过可视化系统提供与操作、操作指示或调整参数有关的说明，该类信息应能够被使用者和患者（适用时）理解。			

条款号	要求	适用	证明符合性采用的方法	为符合性提供客观证据的文件
A7	说明书和标签			
A7.1	医疗器械应附有识别该器械及其申请人所需的信息。每个医疗器械还应附有相关安全和性能信息或相关指示。这些信息可出现在器械本身、包装上或使用说明书中，或者可以通过电子手段（如网站）便捷访问，易于被预期使用者理解。			
A8	对非专业用户使用风险的防护			
A8.1	对于非专业用户使用的医疗器械（如自测或近患者检测），为保证医疗器械的正常使用，其设计和生产应当考虑非专业用户的操作技能，以及因非专业用户技术和使用环境的不同对结果的影响。申请人提供的信息和说明应易于理解和使用，并可对结果做出解释。			
A8.2	供非专业用户使用的医疗器械（如自测或近患者检测）的设计和生产应当： a）确保使用者可以按照使用说明书的规定安全准确的使用。当无法将与说明书相关的风险降低到适当水平时，可以通过培训来降低此类风险； b）尽可能减少非专业用户因错误操作和错误解释结果导致的风险。			
A8.3	供非专业用户使用的医疗器械可通过以下措施方便用户： a）在使用时，可以验证器械的正常运行； b）当器械不能正常运行或提供无效结果时，会发出警告。			
A9	含有生物源材料的医疗器械			
A9.1	对于含有动植物组织、细胞或其它物质，细菌来源物质或衍生物的医疗器械，若无活性或以非活性状态交付，应当： a）组织、细胞及其衍生物应来源于已受控且符合预期用途的动物种属。动物的地理来源信息应根据相关法规要求予以保留。 b）动物源的组织、细胞、物质或其衍生物的采集、加工、保存、检测和处理过程，应确保患者、使用者以及其他人员（如适用）的安全。特别是病毒和其他传染性病原体，应通过经验证的先进技术消除或灭活，影响医疗器械性能的情况除外。			

相关文件

条款号	要求	适用	证明符合性采用的方法	为符合性提供客观证据的文件
A9.2	对于监管部门而言，当医疗器械由人体来源的组织、细胞、物质或其衍生物生产时，应当采取以下措施： a）组织、细胞的捐赠、获取和检测应依据相关法规的要求进行； b）为确保患者、使用者或他人的安全，应对组织、细胞或其衍生物进行加工、保存或其他处理。对于病毒和其他传染源，应通过源头控制，或在生产过程中通过经验证的先进技术消除或灭活。			
A9.3	当医疗器械使用 A13.1、A13.2 以外的生物物质（例如植物或细菌来源的材料）生产时，其加工、保存、检测和处理应确保患者、用户以及其他人员（如废弃物处置人员等）的安全。对于病毒和其他传染源，为确保安全，应通过源头控制，或在生产过程中通过经验证的先进技术消除或灭活，以确保安全。			
B	**适用于 IVD 医疗器械的基本原则**			
B1	化学、物理和生物特性			
B1.1	关于 IVD 医疗器械的化学、物理和生物学特性，考虑到产品的预期用途，应注意由于所用材料与待检测或测定的标本、分析物或标志物之间的物理和 / 或化学不相容性而导致分析性能受损的可能性（如生物组织、细胞、体液和微生物）。			
B2	性能特性			
B2.1	IVD 医疗器械应达到申请人声称的适用于预期用途的分析和临床性能指标，同时应考虑适用人群、预期使用者和使用环境。应使用合理的、经验证的、公认的技术方法，确定上述指标。 a）分析性能包括不限于， a 校准品和质控品的溯源、赋值 b 准确度（正确度和精密度） c 分析灵敏度 / 最低检出限 d 分析特异性 e 测量区间 f 样本稳定性 b）临床性能，如临床诊断敏感性、临床诊断特异性、阳性预测值、阴性预测值、似然比、以及正常和异常人群的阳性判断值或参考区间。 c）验证控制程序，以确保使用者按照预期用途使用 IVD 医疗器械，因此其结果适合预期用途。			

条款号	要求	适用	证明符合性采用的方法	为符合性提供客观证据的文件
B2.2	如果 IVD 医疗器械的性能取决于使用的校准品或质控品，应通过可用的参考测量程序或可提供的更高级别的参考物质，来确保这些定标液或质控品的赋值具有溯源性。（当 IVD 医疗器械的性能依赖于校准品或质控品的使用时，应通过参考测量程序或更高级别的参考物质溯源校准品或质控品的赋值。）			
B2.3	在可能的情况下，数字表示的数值应采用普遍接受的标准化单位，并且可被 IVD 医疗器械的使用者理解。（数值标识应尽可能地采用标准化单位，且易于使用者理解。）			
B2.4	IVD 医疗器械的性能特征应根据预期用途进行评估，包括以下内容： a）预期使用者，例如非专业人员、实验室专业人员； b）预期使用环境，例如：患者住所、急诊室、救护车、医疗中心、实验室； c）相关人群，如儿童、成人、孕妇、具有特定疾病体征和症状的个体、接受鉴别诊断的患者等。适当情况下，评估的人群应酌情代表种族，性别和遗传多样性群体，以代表产品拟上市销售地区的人群。 对于传染病，建议选择的人群具有相似的患病率。			
说明	1. 第 3 列若适用，应当注明"是"。不适用应当注明"否"，并结合产品特点说明不适用的理由。 2. 第 4 列应当填写证明该医疗器械符合安全和性能基本原则的方法，通常可采取下列方法证明符合基本要求： （1）符合已发布的医疗器械部门规章、规范性文件。 （2）符合医疗器械相关国家标准、行业标准、国际标准。 （3）符合普遍接受的测试方法。 （4）符合企业自定的方法。 （5）与已批准上市的同类产品的比较。 （6）临床评价。 3. 证明符合性的证据包含在产品注册申报资料中，应当说明其在申报资料中的具体位置。证明符合性的证据未包含在产品注册申报资料中，应当注明该证据文件名称及其在质量管理体系文件中的编号备查。			

相关文件

国家药监局关于医疗器械主文档登记事项的公告

2021 年第 36 号

为贯彻落实中共中央办公厅、国务院办公厅《关于深化审评审批制度改革鼓励药品医疗器械创新的意见》、国务院《关于改革药品医疗器械审评审批制度的意见》精神，进一步提高医疗器械审评审批质量，建立更加科学高效的审评审批体系，鼓励创新，方便医疗器械生产企业选择原材料和关键元器件，简化注册申报，现将境内第三类和进口第二类、第三类医疗器械主文档登记有关事项公告如下：

一、医疗器械主文档内容主要涉及医疗器械原材料等。医疗器械注册申请人应当指导并协助主文档所有者按照医疗器械注册申报资料相关要求建立主文档。医疗器械注册申请人对其申报的医疗器械负全部责任。

二、医疗器械注册申请人在中华人民共和国境内提出的进口第二类、第三类及境内第三类医疗器械（含体外诊断试剂）注册、变更、临床试验审批等申请事项中所引用主文档的登记，适用于本公告。

三、国家药品监督管理局医疗器械技术审评中心（以下简称器审中心）建立医疗器械主文档登记平台（以下简称为登记平台）与数据库。主文档所有者可通过登记平台按本公告要求提交主文档登记资料，登记后获得主文档登记编号。器审中心待关联医疗器械提出注册相关申请后对主文档资料一并审评。

四、医疗器械主文档的登记为自愿行为。境内主文档所有者可自行申请登记。进口（含港澳台地区）主文档所有者应当委托境内代理机构申请登记。主文档登记资料均需经过主文档所有者签章，包括医疗器械主文档登记（更新）申请表及其随附登记资料和技术资料。外文文件还需提供简体中文翻译件（中文翻译件可由境内代理机构签章）。

五、主文档登记资料及签章等内容适用于医疗器械注册电子申报相关要求。主文档所有者或其代理机构申领 eRPS 系统配套使用的数字认证证书（Certificate Authority，CA）后，在电子申报系统中提交医疗器械主文档登记申请表（附件 1）或医疗器械主文档登记更新申请表（附件 2）、申请表随附登记资料、技术资料等登记资料。资料提交成功后，器审中心向主文档所有者或其代理机构发送医疗器械主文档登记回执（附件 3）。登记回执仅证明主文档存档待查，供医疗器械产品注册等申报事项引用。国家药监局器审中心将适时在其官方网站公开主文档登记相关信息（附件 4），以便于公众查询。

六、申请登记的医疗器械主文档登记资料形式要求见附件 5。

七、已登记的医疗器械主文档内容发生变化时，主文档所有者可申请登记资料的更新。医疗器械主文档登记更新申请表见附件 2。

八、医疗器械主文档登记具体要求详见《医疗器械主文档登记相关事项说明》（附件 6）。

各省、自治区、直辖市药品监督管理局可根据实际情况参照本公告开展境内第二类医疗器械主文档登记事项。

本公告自发布之日起实施。

特此公告。

附件：1. 医疗器械主文档登记申请表

2. 医疗器械主文档登记更新申请表

3. 医疗器械主文档登记回执

4. 医疗器械主文档登记相关信息

5. 医疗器械主文档登记资料形式要求

6. 医疗器械主文档登记相关事项说明

国家药监局

2021 年 3 月 5 日

相关文件

附件 1

医疗器械主文档登记申请表

声明
申请人保证：
①本申请表内容及所提交资料均真实、来源合法，未侵犯他人权益。
②专利权属声明：我们声明，本申请对他人专利不构成侵权。
③对于本表中所填写的内容，同意公开。
如查有不实之处，我们承担由此导致的一切法律后果。

登记事项
1. 本登记申请属于（单选）：
□境内登记 □进口登记

2. 登记事项中文名称：
3. 登记事项原文名称（如有）：
4. 登记事项规格（如适用）：
5. 登记事项描述（公开内容）：

6. 质量标准： □采用国家标准或者行业标准
如有，标准名称：标准号：
□中华人民共和国药典：_____ 版 ○生物制品规程：_____ 版
□自拟：
□其他：
需要备注的内容（如有）：

7. 境内登记主文档所有者：	
所在省份／直辖市／自治区：	
中文名称：	
统一社会信用代码：	
法定代表人：	职位：
住所：	邮编：
生产地址：	邮编：
通讯地址：	邮编：
申请负责人：	职位：
联系人：	职位：
电话：	传真：
电子邮箱：	手机：
法定代表人或其指定授权人（签名）：	
	（加盖公章处）
	年 月 日

8. 进口登记主文档所有者：

中文名称：

英文名称：

原文名称：

住所：（中文／英文／原文）：

生产地址（中文／英文／原文）：

国家或地区：

申请负责人：   职位：

电话：   传真：

电子邮箱：

申请负责人或其指定授权人（签名）：

（盖章处，如有）

年　　月　　日

9. 进口登记主文档所有者代理机构：

所在省份／直辖市／自治区：

中文名称：

外文名称：

统一社会信用代码：

法定代表人：   职位：

住所：   邮编：

通讯地址：   邮编：

申请负责人：   职位：

联系人：   职位：

电话：   传真：

电子邮箱：   手机：

法定代表人或其指定授权人（签名）：

（加盖公章处）

年　　月　　日

10. 拟登记内容在境内已上市医疗器械中的应用史：

应用情况的描述：

医疗器械名称：

注册相关申请受理号：

医疗器械注册证号（临床试验批件号）：

（点击 + 号可添加医疗器械产品）

11. 备注：

医疗器械主文档登记申请表填写及随附登记资料说明

1. 登记事项名称：指登记事项的主要关键词。若登记事项为医疗器械原材料，则登记事项名称应包含具体的原材料名称，如："硅橡胶原材料主文档"。

2. 原文名称：进口登记时本项为必填项目。

3. 登记事项描述：指登记事项的简单描述，此内容为公开内容。

4. 质量标准：指本项登记申请所提交标准的来源或执行依据。如有适用的标准，包括但不限于国内标准、行业标准、中华人民共和国药典、药品标准等，需写明版次；来源于境外药典的，需注明药典名称及版次；"其他"是指非以上来源的，应该写明具体来源，如自行研究等情况。

5. 登记主文档所有者：是指提供主文档资料并提出主文档资料登记申请的组织机构。

6. 各申请机构栏内："名称"，应当填写其经过法定登记机关注册登记的名称。"所在省份/直辖市/自治区"是指登记申请人或代理机构等所在的省份/直辖市/自治区。"统一社会信用代码"，是指境内统一社会信用代码管理机构发给的统一社会信用代码，境外申请机构免填。"申请负责人"，是指本项登记申请的项目负责人。电话、手机、传真和电子信箱，确保能及时取得联系。填写时须包含区号（境外的应包含国家或者地区号），经总机接转的须提供分机编号。"联系人"应当填写具体办理申请事务的工作人员姓名，以便联系。

7. 填表应当使用中文简体字，必要的原文除外。文字陈述应简明、准确。选择性项目中，除明确规定为单选外，可以选择多项或者全部不选。

8. 本申请表随附的登记资料（均应经过签章）：

8.1 境内主文档所有者提供：企业营业执照复印件。

8.2 境外企业提供的主文档所有者提供：

（1）境外企业提供的主文档所有者企业资格证明文件，应经过公证。

（2）境外企业提供的主文档所有者在中国境内指定代理机构的委托书、代理机构承诺书及企业营业执照复印件。

9. 本申请表随附真实性声明，声明所提交登记资料真实性。

附件 2

医疗器械主文档登记更新申请表

声明 申请人保证： ①本申请表内容及所提交资料均真实、来源合法，未侵犯他人权益。 ②专利权属声明：我们声明：本更新申请对他人专利不构成侵权。 ③对于本表中所填写的内容，同意公开。 如查有不实之处，我们承担由此导致的一切法律后果。
原登记号：
更新登记事项 1. 本更新登记申请属于（单选）： 　　　　　　　□境内更新登记　　　□进口更新登记
2. 登记事项中文名称： 3. 登记事项原文名称（如有）： 4. 登记事项规格（如适用）： 5. 登记事项描述（公开内容）：
6. 拟更新内容：
7. 境内登记主文档所有者： 所在省份 / 直辖市 / 自治区： 中文名称： 统一社会信用代码： 法定代表人：　　　　　　　　　　　职位： 住所：　　　　　　　　　　　　　　邮编： 生产地址：　　　　　　　　　　　　邮编： 通讯地址：　　　　　　　　　　　　邮编： 申请负责人：　　　　　　　　　　　职位： 联系人：　　　　　　　　　　　　　职位： 电话：　　　　　　　　　　　　　　传真： 电子邮箱：　　　　　　　　　　　　手机： 法定代表人或其指定授权人（签名）：   　　　　　　　　　　　　　　　　　（加盖公章处） 　　　　　　　　　　　　　　　　　年　　月　　日

8. 进口登记主文档所有者：

中文名称：

英文名称：

原文名称：

住所：（中文 / 英文 / 原文）：

生产地址（中文 / 英文 / 原文）：

国家或地区：

申请负责人：   职位：

电话：   传真：

电子邮箱：

申请负责人或其指定授权人（签名）：

（加盖公章处）

年　　月　　日

9. 进口登记主文档所有者代理机构：

所在省份 / 直辖市 / 自治区：

中文名称：

外文名称：

统一社会信用代码：

法定代表人：   职位：

住所：   邮编：

通讯地址：   邮编：

申请负责人：   职位：

联系人：   职位：

电话：   传真：

电子邮箱：   手机：

法定代表人或其指定授权人（签名）：

（加盖公章处）

年　　月　　日

10. 拟登记内容在境内已上市医疗器械中的应用史（仅填写更新情况）：

应用情况的描述：

医疗器械名称：

医疗器械受理号：

医疗器械注册证号：

（点击 + 号可添加医疗器械产品）

11. 备注：

医疗器械主文档更新登记申请表填写及随附登记资料说明

原登记号：需填写已登记所获得的登记编号。

1. 原文名称：进口更新登记申请时本项为必填项目。

2. 拟更新内容较多的，可以采用列表的方式提供。相应证明文件应详实、全面、准确。

3. 涉及更新登记事项质量标准的，建议提交标准的来源或执行依据。如有适用的标准，包括但不限于国内标准、行业标准、中华人民共和国药典、药品标准等，需写明版次；来源于境外药典的，需注明药典名称及版次；"其他"是指非以上来源的，应该写明具体来源，如自行研究等情况。

4. 填表应当使用中文简体字，必要的原文除外。文字陈述应简明、准确。

5. 本申请表随附的登记资料（均应经过签章）：

5.1 医疗器械主文档原登记回执原件。

5.2 更新登记的境内主文档所有者提供：企业营业执照复印件。

5.3 更新登记的境外主文档所有者提供：

（1）更新登记的境外主文档所有者企业资格证明文件，应经过公证。

（2）更新登记的境外主文档所有者在中国境内指定代理机构的委托书、代理机构承诺书及企业营业执照复印件。

6. 本申请表随附真实性声明，声明所提交登记资料真实性。

相关文件

附件 3

医疗器械主文档登记回执

（主文档所有者）：

根据相关法规要求，对你单位申请的医疗器械主文档予以登记，登记编号：_____。

注：本回执仅表示主文档存档待查，供医疗器械注册、变更及临床试验审批申报使用。

国家药品监督管理局医疗器械技术审评中心

（盖章）

日期： 年 月 日

附件 4

医疗器械主文档登记相关信息

首次登记编号：
更新日期：

所有者名称	中文	
	英文	
	原文	
所有者统一社会信用代码	（境内登记适用）	
所有者住所	中文	
	英文	
	原文	
所有者生产地址	中文	
	英文	
	原文	
代理机构	（进口登记适用）	
代理机构住所	（进口登记适用）	
登记事项名称		
登记事项描述		
登记事项关联审评情况		
备注		
登记单位和日期	（国家药品监督管理局医疗器械技术审评中心） 登记日期： 年 月 日	
更新情况	**** 年 ** 月 ** 日，** 更新为 **。 ……	

注：登记事项关联审评情况包括：

A. 待关联医疗器械审评

B. 关联医疗器械已审评并发出补正资料通知单

C. 关联医疗器械已审结（合格）

D. 关联医疗器械已审结（终止审查）

E. 关联医疗器械已审结（自动撤销）

F. 关联医疗器械已审结（不予注册）

相关文件

附件 5

医疗器械主文档登记资料形式要求

一、登记资料完整齐备。登记所涉及表格应填写完整，所填写各项内容应与所提交登记资料内容相对应。对于主文档所有者、代理机构信息、地址等，应填写主文档所有者和代理机构企业营业执照等相关登记资料上载明的信息。进口主文档所有者信息建议使用原文填写。

二、各项文件除登记资料外均需以中文形式提供。如登记资料为外文形式，还需提供中文翻译件。根据外文资料翻译的登记资料，需同时提供原文文件。

三、主文档登记资料如无特殊说明的，需由主文档所有者签章。主文档登记资料以电子形式提交，相关要求可参见《关于实施医疗器械注册电子申报的公告》（国家药品监督管理局 2019 年第 46 号）及《关于发布医疗器械注册申请电子提交技术指南的通告》（国家药品监督管理局 2019 年第 29 号）。

四、代理机构委托书的内容需包括：办理医疗器械主文档登记申请；承担与国家药品监督管理部门、进口主文档所有者的沟通联络；向进口主文档所有者如实、准确传达相关的法规和技术要求；对主文档内容进行更新。代理机构的承诺书由代理机构相关负责人签章，其内容需与委托书中委托的事宜一致。

五、登记资料需具有所提交资料的目录，包括整个申报资料的 1 级和 2 级标题，并以表格形式说明每项的卷和页码。

六、主文档所有者和代理机构需分别对各自提交的文件出具真实性声明。

附件 6

医疗器械主文档登记相关事项说明

一、编制目的

医疗器械主文档是技术资料的一种形式。该类资料由其所有者提交给医疗器械技术审评机构，用于授权医疗器械注册申请人在申报医疗器械注册等事项时引用其作为注册申报资料的一部分。医疗器械技术审评机构不会向医疗器械注册申请人披露主文档资料内容。本说明旨在指导主文档所有者进行医疗器械主文档的登记及对医疗器械注册申请人的授权引用。

二、主要法规依据

《医疗器械注册管理办法》

《体外诊断试剂注册管理办法》

《医疗器械注册申报资料要求和批准证明文件格式》

《体外诊断试剂注册申报资料要求和批准证明文件格式》

三、适用范围

本说明适用于医疗器械注册申请人在进口二类、三类及境内三类医疗器械（包括体外诊断试剂）注册、变更、临床试验审批等申请事项中引用的主文档。

四、基本原则

在医疗器械审评审批的过程中，医疗器械注册申请人有可能需要将第三方企业（如：原材料供应商）的技术保密资料提交给技术审评机构以支持相关注册申请。部分第三方企业可以接受监管机构对其技术资料进行保密审阅，却不希望将其技术资料直接披露给医疗器械注册申请人。主文档设立的目的是为了保护主文档所有者的商业秘密，此外也避免不同医疗器械注册申请人重复提交相同技术资料。主文档由其所有者自愿提交登记申请，监管机构对主文档进行登记。

如果主文档所有者为境外企业，需在中国境内设立代理机构，以便于及时就主文档登记工作与监管机构进行沟通，对主文档资料内容进行更新以及对医疗器械注册申请人进行授权引用。主文档所有者登记主文档时需明确代理机构的名称、地址、联系方式以及委托权限。通过主文档更新可以更改代理机构信息。

五、主文档内容

主文档的内容可以涉及医疗器械多个方面，包括原材料等。医疗器械主文档需要包括具体技术内容，如原材料主文档可以包括原材料组成成分描述、物理性能研究资料、化学性能研究资料、生物学评价资料/毒理学风险分析资料等。但是对于一些明确要求在医疗器械申报资料中提交的内容，并不适合采用主文档的形式提交，如体外诊断试剂原材料信息等。

主文档的形式要求详见本公告附件 5《医疗器械主文档登记资料形式要求》，以电子文档形式提交。如果所提交的主文档资料内容不符合主文档登记的要求，则无法作为主文档进行登记。

主文档的技术内容建议参照医疗器械/体外诊断试剂注册申报资料要求以及相关指导原则的适

相关文件

701

用要求提供。

六、主文档更新相关要求

主文档所有者可以通过医疗器械监管机构对主文档进行更新，包括授权情况的变化、代理机构的变化以及主文档资料的任何变化。更新相关资料需提交更新后的全套主文档资料，并附与前一版本主文档内容的变化情况说明。

主文档完成登记后，若主文档内容发生变化，则有可能对相关医疗器械产生影响，进而造成医疗器械发生实质性改变，导致生产企业无法保障产品质量的稳定性或不能满足相关法规要求。因此，被授权引用主文档的医疗器械注册人需与主文档所有者以协议的方式规定，主文档所有者有义务在主文档内容发生变化之前主动告知医疗器械注册人所有相关变化内容。告知的内容应尽可能详尽，使得被授权企业可以合理评估主文档的更新对相关医疗器械产品安全、有效性的影响，以便采取措施以满足相关法规要求，必要时，按照相关程序进行注册变更。

七、主文档授权相关要求

医疗器械注册申请人可以引用已登记的主文档支持医疗器械注册、变更、临床试验审批等申请事项。对主文档的引用必须获得主文档所有者或其委托代理机构的书面授权。授权书中应包括引用主文档的医疗器械生产企业名称、产品名称、申请事项、已登记的主文档编号、授权引用的主文档页码/章节信息等内容，授权书需由主文档所有者签章，授权书样式可参考后附《医疗器械主文档授权书样本》。

主文档所有者或其代理机构直接向医疗器械申请人提供授权书，无需单独提交给监管机构。授权书经主文档所有者签章的原件应随附在医疗器械注册申请人的注册申报资料中。一旦引用该主文档的医疗器械申请事项得到受理，则该授权不得撤销。

当医疗器械注册申请人发现医疗器械的受理补正资料或注册补正资料涉及主文档内容的更新时，需通知主文档所有者提交更新主文档，并向医疗器械注册申请人出具新的授权书（注明新的主文档登记编号），授权书原件应随附在补正资料中。

医疗器械主文档授权书样本

致国家药品监督管理局医疗器械技术审评中心：

现授权×××公司（申请人名称）引用我公司登记号为×××（主文档登记号）的×××（主文档登记事项名称）主文档用于×××（申报产品名称）的×××（申请事项）。此次授权引用的主文档资料内容为×××（页码范围/章节数）。

主文档所有者：
主文档所有者住所：
主文档所有者联系人：
   手机：   座机：
   传真：   电子邮箱：

                 （签章）
                 日期：

国家药监局关于发布
《医疗器械产品注册项目立卷审查要求》等文件的通告

2022 年第 40 号

为进一步深化审评审批制度改革，鼓励医疗器械创新，按照《医疗器械注册与备案管理办法》（国家市场监督管理总局令第 47 号）、《体外诊断试剂注册与备案管理办法》（国家市场监督管理总局令第 48 号）、《国家药品监督管理局关于公布医疗器械注册申报资料要求和批准证明文件格式的公告》（2021 年第 121 号）、《国家药品监督管理局关于公布体外诊断试剂注册申报资料要求和批准证明文件格式的公告》（2021 年第 122 号）和《国家药品监督管理局关于实施〈医疗器械注册与备案管理办法〉〈体外诊断试剂注册与备案管理办法〉有关事项的通告》（2021 年第 76 号）等有关要求，国家药品监督管理局组织对现行的《医疗器械产品注册项目立卷审查要求（试行）》等文件进行了全面修订。

国家药品监督管理局医疗器械技术审评中心在受理环节按照修订后的立卷审查要求对相应申请的申报资料进行审查，对申报资料进入技术审评环节的完整性、合规性、一致性进行判断。立卷审查不对产品安全性、有效性评价的合理性、充分性进行分析，不对产品风险受益比进行判定。立卷审查适用于医疗器械注册、许可事项变更、临床试验审批等申请事项。

现将修订后的文件予以发布，自发布之日起实施，《国家药监局关于发布〈医疗器械产品注册项目立卷审查要求（试行）〉等文件的通告》（2019 年第 42 号）同时废止。

特此通告。

附件：1. 医疗器械产品注册项目立卷审查要求
2. 医疗器械变更注册项目立卷审查要求
3. 医疗器械免临床评价目录对比立卷审查表
4. 医疗器械临床评价立卷审查表
5. 体外诊断试剂产品注册项目立卷审查要求
6. 体外诊断试剂变更注册项目立卷审查要求
7. 体外诊断试剂临床评价立卷审查表（非临床试验）
8. 体外诊断试剂临床评价立卷审查表（临床试验）
9. 医疗器械临床试验审批项目立卷审查要求
10. 医疗器械延续注册项目立卷审查要求
11. 体外诊断试剂延续注册项目立卷审查要求

国家药监局

2022 年 8 月 26 日

国家药监局关于发布《医疗器械注册自检管理规定》的公告

2021 年第 126 号

为加强医疗器械注册管理，规范注册申请人注册自检工作，确保医疗器械注册检验工作有序开展，根据《医疗器械监督管理条例》（国务院令第 739 号）及《医疗器械注册与备案管理办法》（市场监管总局令第 47 号）、《体外诊断试剂注册与备案管理办法》（市场监管总局令第 48 号），国家药品监督管理局组织制定了《医疗器械注册自检管理规定》，现予发布，自发布之日起施行。

特此公告。

国家药监局

2021 年 10 月 21 日

医疗器械注册自检管理规定

为加强医疗器械（含体外诊断试剂）注册管理，规范注册申请人注册自检工作，确保医疗器械注册审查工作有序开展，根据《医疗器械监督管理条例》《医疗器械注册与备案管理办法》《体外诊断试剂注册与备案管理办法》，制定本规定。

一、自检能力要求

（一）总体要求

注册时开展自检的，注册申请人应当具备自检能力，并将自检工作纳入医疗器械质量管理体系，配备与产品检验要求相适应的检验设备设施，具有相应质量检验部门或者专职检验人员，严格检验过程控制，确保检验结果真实、准确、完整和可追溯，并对自检报告负主体责任。

（二）检验能力要求

1. 人员要求。注册申请人应当具备与所开展检验活动相适应的检验人员和管理人员（含审核、批准人员）。注册申请人应当配备专职检验人员，检验人员应当为正式聘用人员，并且只能在本企业从业。

检验人员的教育背景、技术能力和数量应当与产品检验工作相匹配。检验人员应当熟悉医疗器械相关法律法规、标准和产品技术要求，掌握检验方法原理、检测操作技能、作业指导书、质量控制要求、实验室安全与防护知识、计量和数据处理知识等，并且应当经过医疗器械相关法律法规、质量管理和有关专业技术的培训和考核。检验人员、审核人员、批准人员等应当经注册申请人依规定授权。

2. 设备和环境设施要求。注册申请人应当配备满足检验方法要求的仪器设备和环境设施，建立和保存设备及环境设施的档案、操作规程、计量 / 校准证明、使用和维修记录，并按有关规定进行量值溯源。

开展特殊专业检验的实验室，如生物学评价、电磁兼容、生物安全性、体外诊断试剂实验室等，其环境设施条件应当符合其特定的专业要求。

3.样品管理要求。注册申请人应当建立并实施检验样品管理程序，确保样品受控并保持相应状态。

4.检验质量控制要求。注册申请人应当使用适当的方法和程序开展所有检验活动。适用时，包括测量不确定度的评定以及使用统计技术进行数据分析。

鼓励注册申请人参加由能力验证机构组织的有关检验能力验证/实验室间比对项目，提高检测能力和水平。

5.记录的控制要求。所有质量记录和原始检测记录以及有关证书/证书副本等技术记录均应当归档并按适当的期限保存。记录包括但不限于设备使用记录、检验原始记录、检验用的原辅材料采购与验收记录等。记录的保存期限应当符合相关法规要求。

（三）管理体系要求

注册申请人开展自检的，应当按照有关检验工作和申报产品自检的要求，建立和实施与开展自检工作相适应的管理体系。

自检工作应当纳入医疗器械质量管理体系。注册申请人应当制定与自检工作相关的质量管理体系文件（包括质量手册、程序、作业指导书等）、所开展检验工作的风险管理及医疗器械相关法规要求的文件等，并确保其有效实施和受控。

（四）自检依据

注册申请人应当依据拟申报注册产品的产品技术要求进行检验。

检验方法的制定应当与相应的性能指标相适应，优先考虑采用已颁布的标准检验方法或者公认的检验方法。

检验方法应当进行验证或者确认，确保检验具有可重复性和可操作性。

对于体外诊断试剂产品，检验方法中还应当明确说明采用的参考品/标准品、样本制备方法、使用的试剂批次和数量、试验次数、计算方法等。

（五）其他事项

1.委托生产的注册申请人可以委托受托生产企业开展自检，并由注册申请人出具相应自检报告。受托生产企业自检能力应当符合本规定的要求。

2.境内注册申请人所在的境内集团公司或其子公司具有通过中国合格评定国家认可委员会认可的实验室，或者境外注册申请人所在的境外集团公司或其子公司具有通过境外政府或政府认可的相应实验室资质认证机构认可的实验室的，经集团公司授权，可以由相应实验室为注册申请人开展自检，由注册申请人出具相应自检报告。

二、自检报告要求

（一）申请产品注册时提交的自检报告应当是符合产品技术要求的全项目检验报告。变更注册、延续注册按照相关规定提交相应自检报告。报告格式应当符合检验报告模板（附件1）的要求。

（二）自检报告应当结论准确，便于理解，用字规范，语言简练，幅面整洁，不允许涂改。签章应当符合《医疗器械注册申报资料要求和批准证明文件格式》《体外诊断试剂注册申报资料要求和批准证明文件格式》相关要求。

（三）同一注册单元内所检验的产品应当能够代表本注册单元内其他产品的安全性和有效性。

三、委托检验要求

（一）受托条件

注册申请人提交自检报告的，若不具备产品技术要求中部分条款项目的检验能力，可以将相关条款项目委托有资质的医疗器械检验机构进行检验。有资质的医疗器械检验机构应当符合《医疗器械监督管理条例》第七十五条的相关规定。

（二）对受托方的评价

注册申请人应当在医疗器械生产质量管理体系文件中对受托方的资质、检验能力符合性等进行评价，并建立合格受托方名录，保存评价记录和评价报告。

（三）样品一致性

注册申请人应当确保自行检验样品与委托检验样品一致性，与受托方及时沟通，通报问题，协助做好检验工作。

（四）形成自检报告

注册申请人应当对受托方出具的报告进行汇总，结合注册申请人自行完成的检验项目，形成完整的自检报告。涉及委托检验的项目，除在备注栏中注明受托的检验机构外，还应当附有委托检验报告原件。

四、申报资料要求

注册申请人通过自检方式提交产品检验报告的，应当提交以下申报资料：

（一）自检报告。 涉及委托检验项目的，还应当提供相关检验机构的资质证明文件。

（二）具有相应自检能力的声明。 注册申请人应当承诺具备产品技术要求中相应具体条款项目自行检验的能力，包括具备相应人员、设备、设施和环境等，并按照质量管理体系要求开展检验。

（三）质量管理体系相关资料。 包括检验用设备（含标准品）配置表（见附件2）；用于医疗器械检验的软件，应当明确其名称、发布版本号、发布日期、供应商或代理商等信息（格式参考附件2）；医疗器械注册自检检验人员信息表（见附件3）；检验相关的质量管理体系文件清单，如质量手册、程序文件、作业指导书等，文件名称中应当包含文件编号信息等。

（四）关于型号覆盖的说明。 提供型号覆盖的相关资料，包括典型性的说明、被覆盖型号/配置与主检型号/配置的差异性分析等。

（五）报告真实性自我保证声明。 若注册申请人将相关项目进行委托检验，自我保证声明应当包括提交自行检验样品、委托检验样品一致性的声明。

境内注册申请人自身开展自检的实验室如通过中国合格评定国家认可委员会（CNAS）认可，或者境外注册申请人自身开展自检的实验室通过境外政府或政府认可的相应实验室资质认证机构认可，可不提交本条第（二）和（三）项内容，但应当提交相应认可的证明性文件及相应承检范围的支持性资料。集团公司或其子公司经集团公司授权由相应实验室开展自检的，应当提交授权书。

五、现场检查要求

对于提交自检报告的，药品监管部门开展医疗器械注册质量管理体系现场核查时，除按照有关医疗器械注册质量管理体系核查指南要求办理外，还应当按照本文第一部分"自检能力要求"逐项进行核实，并在现场核查报告中予以阐述。检查时应当选派熟悉检验人员参与检查。

现场检查可以参照，但不限于以下方式开展：

（一）检验人员资质要求： 查看检验人员的在职证明、相关人员信息表中检验人员与批准人员培训记录、个人档案等文件，并与相应人员进行面对面交流，核实资质、能力是否符合有关质量管理体系要求。

（二）检验人员操作技能： 对声称自检的项目进行随机抽查，要求医疗器械注册自检检验人员信息表中相应检验人员根据作业指导书（或操作规程），对留样样品或自检样品进行现场操作，应能重复检验全过程，检验方法符合要求，且检验结果与企业申报注册资料中的结论一致。

（三）**设施和环境**：开展特殊专业检验的实验室，如生物学实验室、电磁兼容试验室、体外诊断试剂实验室等，检查实验室的设施、环境及监测记录等是否符合产品检验的要求。

（四）**检验设备**：核对申报资料中提交的自检用设备配置表中信息与现场有关设备是否一致。查看检验设备的检定／校准记录、计量确认资料是否满足检验要求。核查检验设备的清单，清单应当注明设备的来源（自购／租赁），并查看相应的合同文件。

使用企业自制校准品、质控品、样本处理试剂等的，应当查看相关操作规程、质量标准、配制和检验记录，关注校准品制备、量值传递规程、不确定度要求、稳定性研究等内容，关注质控品制备、赋值操作规程、靶值范围确定、稳定性研究等内容。

（五）**检验记录**：查看原始记录，检验设备使用、校准、维护和维修记录，检验环境条件记录，检验样品的有效性的相关材料、对受托方审核评价记录和报告（如有），委托检验报告（如有），委托检验协议（如有）等。

（六）**检验质量控制能力**：查看检验相关的质量手册、程序文件、标准、作业指导书（如适用）、操作规程、检验方法验证／确认记录、内部质量控制记录等文件。

境内注册申请人自身开展自检的实验室如通过中国合格评定国家认可委员会认可，或者境外注册申请人自身开展自检的实验室通过境外政府或政府认可的实验室认证机构认可，可按照医疗器械注册质量管理体系核查指南要求办理。

六、责任要求

注册申请人应当按照《医疗器械监督管理条例》要求，加强医疗器械全生命周期质量管理，对研制、生产、检验等全过程中医疗器械的安全性、有效性和检验报告的真实性依法承担责任。

注册申请人提供的自检报告虚假的，依照《医疗器械监督管理条例》第八十三条规定处罚。受托方出具虚假检验报告的，依照《医疗器械监督管理条例》第九十六条规定处罚。

附件：1. 医疗器械注册自检报告模板
  2. 医疗器械注册自检用设备（含标准品／参考品）配置表
  3. 医疗器械注册自检检验人员信息表

相关文件

国家药监局关于发布医疗器械产品技术要求
编写指导原则的通告

2022 年第 8 号

为提高医疗器械技术审评的规范性和科学性，指导医疗器械注册人 / 备案人编写产品技术要求，根据《医疗器械监督管理条例》及《医疗器械注册与备案管理办法》《体外诊断试剂注册与备案管理办法》的规定，国家药品监督管理局组织修订了《医疗器械产品技术要求编写指导原则》，现予发布。

特此通告。

附件：医疗器械产品技术要求编写指导原则

国家药监局

2022 年 2 月 8 日

附件

医疗器械产品技术要求编写指导原则

为提高医疗器械技术审评的规范性和科学性，指导医疗器械注册人 / 备案人进行产品技术要求的编写，根据《医疗器械监督管理条例》《医疗器械注册与备案管理办法》《体外诊断试剂注册与备案管理办法》等规定，制定本指导原则。

一、适用范围

本指导原则适用于申请注册或备案的医疗器械产品，包括体外诊断试剂产品。

本指导原则仅对医疗器械产品技术要求的格式和内容提出一般要求，不对具体产品的具体要求进行规定。指导原则中给出的示例仅供参考，相关监管机构及注册人 / 备案人应根据具体情形进行细化。

二、基本要求

（一）产品技术要求的编制应符合国家相关法律法规。

（二）产品技术要求应采用规范、通用的术语。如涉及特殊的术语，需提供明确定义，并写入"4. 术语"部分。直接采用相关标准、指导原则中的术语或其他公认术语的，不需要在技术要求"4. 术语"部分重复列明。不应使用与上述术语名称相同但改变了原义的自定义术语。

（三）产品技术要求中检验方法各项内容的编号原则上应与性能指标各项内容的编号相对应。

（四）产品技术要求中的文字、数字、公式、单位、符号、图表等应符合相关标准化要求。

（五）如产品技术要求中的内容引用国家标准、行业标准的，应注明相应标准的编号和年代号。

三、主要内容

产品技术要求的内容一般包括产品名称，型号、规格及其划分说明（必要时），性能指标，检验方法，术语（如适用）及附录（如适用）。

（一）产品名称

产品技术要求中的产品名称应使用中文，并与申请注册或备案的产品名称相一致。

（二）型号、规格及其划分说明

产品技术要求中应明确产品型号、规格。对同一注册单元中存在多种型号、规格的产品，应明确不同型号、规格的划分说明（推荐采用图示和／或表格的方式），表述文本较多的内容可以在附录中列明。

对包含软件的产品，应明确软件发布版本和软件完整版本命名规则。

（三）性能指标

1. 产品技术要求中的性能指标是指可进行客观判定的成品的功能性、安全性指标。

对产品安全有效性不产生实质性影响的项目可不在技术要求性能指标处列明。例如，部分引流导管产品主要关注其畅通性，产品需要能有效连接吸引装置及使用端，并保证连接牢固，导管的直径、长度等信息必要时可作为产品描述性信息在技术要求附录体现，而不作为产品性能指标。其他如产品工程图等则不需要在技术要求中列明。

但某些产品的尺寸信息会对其安全有效性产生重要影响，宜在技术要求性能指标中规定，例如血管支架产品的长度、外径，骨科植入物的尺寸公差等。

2. 技术要求中性能指标的制定可参考相关国家标准／行业标准并结合具体产品的设计特性、预期用途且应当符合产品适用的强制性国家标准／行业标准。如产品结构特征、预期用途、使用方式等与强制性标准的适用范围不一致，注册人／备案人应当提出不适用强制性标准的说明，并提供相关资料。

3. 产品技术要求中的性能指标应明确具体要求，不应以"见随附资料""按供货合同"等形式提供。

（四）检验方法

检验方法是用于验证产品是否符合规定要求的方法，检验方法的制定应与相应的性能指标相适应。应优先考虑采用适用的已建立标准方法的检验方法，必要时，应当进行方法学验证，以确保检验方法的可重现性和可操作性。

通常情况下，检验方法宜包括试验步骤和结果的表述（如计算方法等）。必要时，还可增加试验原理、样品的制备和保存、仪器等确保结果可重现的所有条件、步骤等内容。

对于体外诊断试剂类产品，检验方法中还应明确说明采用的参考品／标准品、样本制备方法、试验次数、计算方法。

（五）附录

对于第三类体外诊断试剂类产品，产品技术要求中应以附录形式明确主要原材料、生产工艺要求。

对于医疗器械产品，必要时可在附录中更为详尽地注明某些描述性特性内容，如产品灭菌或非灭菌供货状态、产品有效期、主要原材料、生产工艺、产品主要安全特征、关键的技术规格、关键部件信息、磁共振兼容性等。

（六）产品技术要求编号为相应产品的注册证号（备案号）。拟注册（备案）的产品技术要求编号可留空。

四、性能指标要求

根据《医疗器械注册与备案管理办法》《体外诊断试剂注册与备案管理办法》等文件规定，技术

709

要求中的性能指标是指可进行客观判定的成品的功能性、安全性指标。

可进行客观判定的指标通常是指可量化或可客观描述的指标。例如，该指标可直接通过一个确定的且可验证其特性值的试验方法进行检验，并直接获得数据结果。

例如，血液透析器产品重要功能是对目标物质的清除，该功能实现的效果可直接通过测量被清除目标物质的剩余量获得验证，因此宜在技术要求规定，以表征其主要功能性；血管内导管产品要求其在使用过程中必须保持无泄漏，因此技术要求中宜规定产品无泄漏的性能要求，并给出客观、科学的试验方法，保证在规定条件下产品无泄漏；输液泵重要的功能性指标是输液流速和对应的精确度，技术要求中宜规定上述指标，同时应按照规定的方法进行验证以保证产品在临床中有效应用；影像型超声诊断设备成像分辨力是图像质量的重要技术指标，技术要求中宜规定该指标，并给出客观、科学的试验方法，以保证产品性能满足其宣称的功能性要求。

以下内容不建议在技术要求性能指标中规定：

（一）研究性及评价性内容

研究性内容一般是为了研究产品特点而开展的试验、分析的组合，通常为在产品设计开发阶段为了确定产品某一特定属性而开展的验证性活动。

例如，医疗器械货架有效期是指保证医疗器械终产品正常发挥预期功能的期限，产品设计开发阶段需完成产品货架有效期研究。对于无源医疗器械产品而言，有效期研究需设定老化试验条件，例如温度、湿度等，进行老化试验，并根据设定好的老化条件及老化后的产品性能、包装性能等数据计算并确定其货架有效期。对于有源医疗器械而言，可以对该产品进行使用状态列举，完整分析出临床使用的情况，直接进行产品的老化试验研究；也可以将产品（系统）分解为不同子系统/部件进行评价，应详细分析分解关系，在此基础上通过不同的分解方式（如将产品分为关键部件及非关键部件等）确定产品的使用期限。

除此之外，其他研究性内容还包括灭菌验证研究、疲劳研究、体外降解研究、人因验证研究、可靠性验证研究、磁共振兼容研究等。

评价性内容一般是指对产品所规定目标的适宜性、充分性和/或有效性的评价。这种评价既可采用多个试验组合进行综合评价，也可以采用其他方式（如历史数据、已上市产品信息等）进行评定。

例如，生物相容性研究（包括材料介导热原）一般认为属于评价性项目，可以采用多个生物学试验组合进行综合评价，也可以采用历史数据、已上市产品信息等多种数据，利用比对方式进行评价，还可以采用化学分析的方法结合毒理学数据进行判定。

再如，医用电器环境要求是评价产品在各种工作环境和模拟贮存、运输环境下的适应性，一般认为属于稳定性评价项目。可以制定不同的气候环境条件和机械环境条件来进行试验，或通过对关键部件的试验来评价整机的情况，也可以通过已上市同类产品比对方式进行判断。

其他评价性项目还包括病毒灭活效果评价、免疫原性评价等内容。

（二）非成品相关内容

技术要求规定的是成品相关性能，原材料、半成品性能指标及特征一般不建议在技术要求中体现。例如，某些原材料的力学性能、化学性能等。

五、格式要求

医疗器械产品技术要求格式见附。

附：医疗器械产品技术要求格式

附

医疗器械产品技术要求格式

医疗器械产品技术要求编号：（宋体小四号，加粗）

产品名称（宋体小二号，加粗）

1. 产品型号 / 规格及其划分说明（宋体小四号，加粗）（如适用）

1.1 ……（宋体小四号）

1.1.1 ……

……

2. 性能指标（宋体小四号，加粗）

2.1 ……（宋体小四号）

2.1.1 ……

……

3. 检验方法（宋体小四号，加粗）

3.1 ……（宋体小四号）

3.1.1 ……

……

4. 术语（宋体小四号，加粗）（如适用）

4.1 ……（宋体小四号）

4.2 ……

……

（分页）

附录 A ……（宋体小四号，加粗）（如适用）

A1. ……（宋体小四号）

A1.1 ……

注：

1. 涉及西文字体内容可采用 Times New Roman 字体

2. 不要添加封面、注册人名称及标志、落款等未规定内容

3. 页码可采用 x（第 x 页）/y（总页码）的形式，如 1/9

相关文件

总局关于发布医疗器械注册单元划分指导原则的通告

2017 年第 187 号

为加强医疗器械产品注册工作的管理和指导，进一步规范医疗器械注册申报和技术审评工作，根据《医疗器械注册管理办法》（国家食品药品监督管理总局令第 4 号）和《体外诊断试剂注册管理办法》（国家食品药品监督管理总局令第 5 号）有关要求，国家食品药品监督管理总局组织制定了《医疗器械注册单元划分指导原则》（见附件），现予发布。

特此通告。

附件：医疗器械注册单元划分指导原则

食品药品监管总局
2017 年 11 月 17 日

附件

医疗器械注册单元划分指导原则

本指导原则根据《医疗器械注册管理办法》（国家食品药品监督管理总局令第 4 号）和《体外诊断试剂注册管理办法》（国家食品药品监督管理总局令第 5 号）有关要求制定。注册单元划分着重考虑产品的技术原理、结构组成、性能指标、适用范围及体外诊断试剂的包装规格等因素。本指导原则包括有源医疗器械、无源医疗器械及体外诊断试剂注册单元划分的指导原则，并列举了有关注册单元划分的实例，部分要求需结合相关的注册技术审查指导原则或标准进行综合判断。

本指导原则是基于现行医疗器械注册申报工作实际情况制定的，随着法规体系的不断完善、科学技术的不断发展以及认知水平的提升，本指导原则相关内容也将适时进行调整。

一、有源医疗器械注册单元划分指导原则

（一）技术原理不同的有源医疗器械原则上划分为不同的注册单元。

（二）技术原理相同，但产品主要结构、组成的不同对安全有效性有影响的相同种类有源医疗器械原则上划分为不同注册单元。

（三）当产品性能指标差异导致适用范围或作用机理不同时，原则上划分为不同的注册单元。

（四）技术原理和设计结构相同，但产品适用范围有实质不同的相同种类有源医疗器械，原则上划分为不同的注册单元。

（五）与有源医疗器械配合 / 组合使用的无源类耗材原则上与该有源医疗器械划分为不同的注册单元。

（六）适用范围相同，需要配合使用但各自独立的有源医疗器械原则上划分为不同的注册单元。体外诊断设备以系统申报的情况例外。

（七）有源医疗器械附件与连接使用的主机原则上作为同一个注册单元申报。对于单独注册的作为医疗器械管理的附件，不同预期用途的附件原则上划分为不同的注册单元，有源和无源附件原则上划分为不同的注册单元。如果有源和无源附件在同一个无菌包装内，原则上划分为同一注册单元。

（八）适用范围、产品性能和结构组成基本相同的不同型号医疗器械，原则上划分为同一注册单元。但如果各型号间在适用范围、性能、结构方面差异较大，则划分为不同的注册单元。

（九）产品名称相同，技术原理不同的同类体外诊断仪器，原则上划分为不同的注册单元。

（十）模块化体外诊断仪器，单一功能模块产品与全部功能模块产品，原则上划分为不同的注册单元。

（十一）在同一包装中包含多项检测功能，用于特定仪器，具有特定适用范围的器械，以与产品相关的适用仪器名称或者其他替代名称进行命名，产品以组合形式存在，原则上划分为同一注册单元。

二、无源医疗器械注册单元划分指导原则

（一）技术原理不同的无源医疗器械，原则上划分为不同注册单元。

（二）产品结构组成方面

1. 含药（活性物质）与不含药（活性物质）的医疗器械原则上划分为不同的注册单元。

2. 因表面处理方式或表面结构不同而影响产品安全有效的，原则上划分为不同的注册单元。

3. 产品主要材料、适用范围相同，但是性状不同而影响产品安全有效性时，原则上划分为不同的注册单元。

4. 与无源医疗器械配合使用的有源组件原则上与无源医疗器械划分为不同注册单元。

（三）产品性能指标方面

1. 产品结构组成或加工处理方式不同而导致产品性能指标不同时，原则上划分为不同注册单元。

2. 因一次性使用或重复使用导致产品性能指标不同时，原则上划分为不同注册单元。

3. 因灭菌方式不同导致产品性能指标不同时，原则上划分为不同注册单元。

4. 产品的关键组件结构差异导致适用范围和/或性能要求不同时原则上划分为不同注册单元。

5. 产品的主要材料、结构组成、适用范围相同但与其固定使用的产品不同，且能够导致产品性能指标不同时，原则上划分为不同注册单元。

6. 对于生物源类产品，原材料来源的生物种类不同时，原则上划分为不同的注册单元。

（四）产品适用范围方面

1. 产品结构组成或加工处理方式不同而导致产品适用范围不同时，原则上划分为不同的注册单元。

2. 产品的关键组件结构差异导致适用范围不同时，原则上划分为不同的注册单元。

3. 产品的结构组成、主要材料相同但是适用范围不同时，原则上划分为不同的注册单元。

4. 产品的关键性能指标不同导致适用范围不同时，原则上划分为不同的注册单元。

5. 产品使用方式、作用部位不同而导致适用范围不同时，原则上划分为不同的注册单元。

（五）其他

对于配合使用、以完成同一手术/护理目的的工具组合可以作为同一注册单元进行申报。当存在不同管理类别的工具合并申报的情形时，以最高风险产品的管理类别为准。

三、体外诊断试剂注册单元划分指导原则

（一）体外诊断试剂的注册单元原则上为单一试剂或者单一试剂盒，一个注册单元可以包括不同的包装规格。单一试剂盒是指用于完成某项或某一类检测所使用的所有试剂或部分试剂组合成的

试剂盒存在形式，单一试剂是指组成试剂盒的所有以单独形式存在的试剂组分。根据需要，单一试剂盒或单一试剂均可以作为独立的注册单元申报，试剂盒的类别以其预期用途涉及的最高类别确定，单一试剂的类别根据其自身预期用途确定。

（二）特定被测物的试剂（盒），如包含不同的包装规格，不同规格间仅试剂组分装量或检测数有差异，原则上划分为同一注册单元。

（三）特定被测物的试剂（盒），如包含不同的包装规格，不同规格间除试剂装量或检测数的差异外，适用于不同的仪器机型或产品形式不同，原则上划分为同一注册单元。

（四）用于特定临床预期用途、包含多项被测物且检验原理相同的试剂盒，以与产品相关的适应症名称或者其他替代名称进行命名，产品以组合形式存在，原则上可划分为同一注册单元。多项联检试剂盒中被检物质限于对特定适应症有协同诊断意义的相关被检物质。

（五）对于多项联检试剂盒不同的排列组合，原则上划分为同一注册单元。不同组合的情形仅限于各单项的检测反应体系之间相对独立，不相混合的情况。但是单项检测试剂盒因产品名称无法与多项检测试剂盒统一，不建议与多项联检试剂划分为同一注册单元。

（六）校准品、质控品可以与配合使用的体外诊断试剂合并申请注册，也可以单独申请注册。同一注册单元中可以包含校准品、质控品的不同水平。同一注册单元中可同时包括含校准品、质控品的试剂盒和不含校准品、质控品的试剂盒。

（七）同一注册单元应有统一的产品名称和标签。体外诊断试剂与体外诊断仪器不能作为同一注册单元进行申报。

附：医疗器械注册单元划分实例

附

医疗器械注册单元划分实例

一、有源医疗器械

1. 磁共振设备、CT 机、X 射线类设备、监护仪、心电图机、内窥镜、激光治疗机宜划分为不同的注册单元。

2. 半导体激光设备、二氧化碳激光设备、Nd:YAG 激光设备宜划分为不同的注册单元。

3. 空气加压氧舱与氧气加压氧舱宜划分为不同的注册单元。

4. Q 开关 Nd:YAG 激光治疗仪与长脉冲 Nd:YAG 激光治疗仪，虽工作物质和波长都相同，但因输出能量及输出方式的差异导致性能参数、预期用途不同时，宜划分为不同的注册单元。

5. 用于不同适用范围的心脏射频消融导管宜划分为不同的注册单元。

6. 不同适用范围的内窥镜，如关节镜与鼻窦镜、宫腔镜与腹腔镜等，宜划分为不同的注册单元。

7. 血液透析设备与配合使用的耗材（透析管路、透析器、灌流器等）宜划分为不同的注册单元。

8. 注射泵、输液泵与配合使用的注射器和输液器宜划分为不同的注册单元。

9. 眼科诊断类产品（如外接独立光源的间接检眼镜）与配合使用的治疗类设备（如眼科激光光凝机）宜划分为不同的注册单元。

10. 高频电极可作为单独注册单元，也可与高频主机作为同一个注册单元。

11. 超声气压弹道碎石设备，最复杂型号同时具备超声碎石和气压弹道碎石功能，简化型号仅具有超声碎石或气压弹道碎石功能，这三个型号可以作为同一个注册单元。

12. 体外冲击波治疗设备通过切换探头实现碎石和理疗功能的切换，对于通过结构组成简化获得的仅用于碎石和仅用于理疗的设备，由于碎石和理疗属于不同的临床用途，宜划分为不同的注册单元。

13. 血细胞分析仪、生化分析仪、化学发光免疫分析仪、酶联免疫分析仪宜划分为不同的注册单元。

14. 全自动化学发光免疫分析仪，采用直接化学发光原理和间接化学发光原理的产品，宜划分为不同的注册单元。

15. 全自动医用 PCR 分析系统，具有单色荧光通道和多色荧光通道的产品，其性能指标存在较大差异，宜划分为不同的注册单元。

16. 模块化全自动生化免疫分析仪，如减少生化或者免疫模块种类，则相应产品仅具有单一功能模块，宜以"全自动生化分析仪"或者"全自动免疫分析仪"命名。因产品名称不同，故仅具有单一功能模块产品与全部功能模块产品，宜划分为不同的注册单元。对于模块化全自动生化免疫分析仪，不增加模块种类，仅增加同型号的生化或者免疫模块数量，目的是提高检测通量，而产品的产品名称、技术原理和适用范围均保持不变，性能指标相近。此种情况下，宜作为同一注册单元。

17. 电解质 / 血气分析仪用电极包，与配套的电解质 / 血气分析仪和试剂盒共同使用，用于相应电解质或者血气项目的检测，对于多项检测功能不同排列组合形成的产品，宜划分为同一注册单元。但是单项检测功能产品因产品名称无法与多项检测功能产品统一，不建议与多项检测功能产品划分为同一注册单元。

二、无源医疗器械

1. 凝胶颗粒尺寸不同的面部注射填充材料，宜划分为不同的注册单元。

2. 结构不同的人工晶状体宜划分为不同的注册单元，如一件式产品、三件式产品等。

3. 用途不同的接触镜护理产品宜划分为不同的注册单元，如多功能护理液、除蛋白酶片等。

4. 对于眼内填充物和眼用粘弹剂，化学成分或配比不同的产品宜划分为不同的注册单元，设计采用材料分子量或分子量分布不同的产品宜划分为不同的注册单元。

5. 生物发酵法和动物组织提取法生产的透明质酸钠制成的产品宜划分为不同的注册单元。

6. 钴铬合金支架、不锈钢支架、镍钛合金支架、聚乙烯支架宜划分为不同的注册单元。

7. 材料成分与特性粘数不同的高分子支架宜划分为不同的注册单元。

8. 支架 / 球囊中所含与产品主要性能相关的涂层成分、涂层配比、药物 / 涂层配比或高分子材料成分与特性粘数等不同的产品宜划分为不同注册单元。

9. 支架中所含药物成分、药物配比等不同的产品宜划分为不同注册单元。

10. 不可降解支架和可生物降解 / 吸收支架宜划分为不同注册单元。

11. 覆膜支架中覆膜材料不同的产品宜划分为不同注册单元。

12. 含可溶胀、可降解材料弹簧圈宜划分为不同注册单元。

13. 光学设计不同的人工晶状体、角膜接触镜产品宜划分为不同的注册单元，如单焦、多焦、环曲面或其组合等。

14. 无分支支架和带分支的血管内支架宜划分为不同注册单元。

15. 顺应性、半顺应性或非顺应性球囊扩张导管宜划分为不同注册单元。

16. 宫内节育器按照不同的产品结构（参考的不同的国家标准）、不同的铜的结构形式（如铜丝、铜管、铜粒等）、不同的金属成分、不同的铜表面积、带有或不带有硅橡胶部件等宜划分为不同注册单元。

17. 临时滤器、永久滤器宜划分为不同注册单元。永久滤器中的可转换滤器、可回收滤器、不可回收 / 转换滤器宜划分为不同注册单元。

18. 脑脊液分流器与其配合使用的电磁调压系统宜划分为不同注册单元申报。

19. 植入位置不同的人工晶状体宜划分为不同的注册单元：如后房，前房等。

20. 腹主动脉、胸主动脉支架宜划分为不同注册单元。

21. 冠状动脉球囊扩张导管、外周动脉球囊扩张导管、主动脉球囊扩张导管、主动脉瓣球囊扩张导管和二尖瓣球囊扩张导管宜划分为不同注册单元。

22. 体外辅助生殖用液体类医疗器械，不同配比（浓度）产品宜划分为不同的注册单元。

三、体外诊断试剂

1. 尿微量白蛋白检测试剂盒（免疫比浊法），包括 30 人份 / 盒、50 人份 / 盒，两个包装规格分别适用于不同仪器机型，宜划分为同一注册单元。

2. 条形和卡型吗啡检测试剂（胶体金法）宜划分为同一注册单元。

3. 乙肝病毒五项联合检测卡（胶体金法），用于体外定性检测人血清、血浆中的乙肝病毒表面抗原、表面抗体、e 抗原、e 抗体、核心抗体，对特定适应症有协同诊断意义，宜划分为同一注册单元。

4. 毒品检测试纸条，五项联检试纸条和其中三项联检试纸条可作为同一注册单元。无论是五项联检还是三项联检，其单项检测之间相对独立互不干扰，不同联检试纸之间性能不存在差异，如作为同一注册单元，申请时提交所有五项检测的技术资料能够涵盖所有产品。应将产品名称统一为与产品相关的适应症名称，如命名为"多项毒品联合检测试剂盒（胶体金法）"。芯片杂交法的多项检测试剂、每个被检物（待测基因）单管反应的 PCR 方法的多项检测试剂，同样可以将不同组合作为同一注册单元。

5. 试剂盒与校准品、质控品宜作为同一注册单元的情况：C 反应蛋白检测试剂盒（透射比浊法），不含校准、质控，可以作为单独的注册单元；C 反应蛋白检测试剂盒（透射比浊法），盒中除检测试剂外也包括相应的校准品和 / 或质控品，可以作为单独的注册单元；上述两种合并，可以作为同一注册单元；单独的校准品或质控品（可以包含不同水平）可以作为单独的注册单元。

总局关于发布医疗器械优先审批程序的公告

2016 年第 168 号

为保障医疗器械临床使用需求，根据《医疗器械监督管理条例》（国务院令第 650 号）、《国务院关于改革药品医疗器械审评审批制度的意见》（国发〔2015〕44 号）等有关规定，国家食品药品监督管理总局组织制定了《医疗器械优先审批程序》，现予发布，自 2017 年 1 月 1 日起施行。

特此公告。

附件：医疗器械优先审批程序

食品药品监管总局

2016 年 10 月 25 日

附件

医疗器械优先审批程序

第一条 为保障医疗器械临床使用需求，根据《医疗器械监督管理条例》（国务院令第 650 号）、《国务院关于改革药品医疗器械审评审批制度的意见》（国发〔2015〕44 号）等有关规定，制定本程序。

第二条 国家食品药品监督管理总局对符合下列条件之一的境内第三类和进口第二类、第三类医疗器械注册申请实施优先审批：

（一）符合下列情形之一的医疗器械：

1. 诊断或者治疗罕见病，且具有明显临床优势；

2. 诊断或者治疗恶性肿瘤，且具有明显临床优势；

3. 诊断或者治疗老年人特有和多发疾病，且目前尚无有效诊断或者治疗手段；

4. 专用于儿童，且具有明显临床优势；

5. 临床急需，且在我国尚无同品种产品获准注册的医疗器械。

（二）列入国家科技重大专项或者国家重点研发计划的医疗器械。

（三）其他应当优先审批的医疗器械。

第三条 对于本程序第二条第（一）、（二）项情形，需要按照本程序优先审批的，申请人应当向国家食品药品监督管理总局提出优先审批申请。

对于本程序第二条第（三）项情形，由国家食品药品监督管理总局广泛听取意见，并组织专家论证后确定。

第四条 对于符合本程序第二条第（一）、（二）项情形的，申请人应当在提交医疗器械注册申请时一并提交医疗器械优先审批申请表（见附1）。

对于本程序第二条第（二）项情形的医疗器械优先审批申请，申请人还应当提交该产品列入国

相关文件

家科技重大专项或者国家重点研发计划的相关证明文件。

第五条　国家食品药品监督管理总局医疗器械注册申请受理部门对优先审批申请材料进行形式审查，对优先审批申请材料齐全且予以受理的注册申请项目，注明优先审批申请，转交国家食品药品监督管理总局医疗器械技术审评中心（以下简称器审中心）进行审核。

第六条　对于本程序第二条第（一）项情形的医疗器械优先审批申请以及其他应当优先审批的医疗器械，器审中心每月集中组织专家论证审核，出具审核意见。经专家论证需要优先审批的，拟定予以优先审批。

对于本程序第二条第（二）项情形的医疗器械优先审批申请，器审中心自收到申请之日起5个工作日内进行审核，符合优先审批情形的，拟定予以优先审批。

第七条　器审中心将拟定优先审批项目的申请人、产品名称、受理号在其网站上予以公示，公示时间应当不少于5个工作日。公示期内无异议的，即优先进入审评程序，并告知申请人。

第八条　对公示项目有异议的，应当在公示期内向器审中心提交书面意见并说明理由（异议表见附2）。器审中心应当在收到异议起10个工作日内，对相关意见进行研究，并将研究意见告知申请人和提出异议方。

第九条　器审中心经审核不予优先审批的，将不予优先审批的意见和原因告知申请人，并按常规审批程序办理。

第十条　器审中心对列入优先审批的医疗器械注册申请，按照接收时间单独排序，优先进行技术审评。

第十一条　对于优先审批的项目，省级食品药品监督管理部门优先安排医疗器械注册质量管理体系核查。

第十二条　对于优先审批的项目，器审中心在技术审评过程中，应当按照相关规定积极与申请人进行沟通交流，必要时，可以安排专项交流。

第十三条　对于申请优先审批的境内医疗器械注册申请项目，器审中心确认该产品属于第二类医疗器械的，受理部门及时将第二类医疗器械注册申报资料和分类意见转申请人所在地省级食品药品监督管理部门审评审批。

第十四条　对于优先审批的项目，器审中心在技术审评报告中注明为优先审批项目，国家食品药品监督管理总局优先进行行政审批。

第十五条　已经按照医疗器械应急审批程序、创新医疗器械特别审批程序进行审批的注册申请项目，不执行本程序。

第十六条　各省、自治区、直辖市食品药品监督管理部门可参照本程序开展行政区域内第二类医疗器械注册优先审批工作。

第十七条　本程序自2017年1月1日起施行。

附：1. 医疗器械优先审批申请表
　　2. 医疗器械优先审批项目异议表

附1

医疗器械优先审批申请表

产品名称			
申请人			
受理号	（受理后由受理部门填写）		
联系人		联系方式	
优先审批理由	注：说明该项目优先审批的理由，相关依据可作为附件一并提交。		
备注			
申请人签章	年　　月　　日 注：境内申请人由申请人签章，境外申请人由申请人或者其代理人签章。		

附2

医疗器械优先审批项目异议表

提出人	（可为单位或个人）
工作单位	
联系方式	
医疗器械优先审批异议相关信息	
产品名称	
申请人	
受理号	
优先审批异议的理由	注：说明优先审批异议的理由，相关依据可作为附件一并提交。
单位签章或个人签字	年　月　日 注：提出人为单位的，由单位签章；提出人为个人的，由个人签字。

国家食品药品监督管理总局关于发布医疗器械注册证补办程序等 5 个相关工作程序的通告

2015 年第 91 号

为规范境内第三类和进口医疗器械注册相关工作，按照《医疗器械监督管理条例》（国务院令第 650 号）和《医疗器械注册管理办法》（食品药品监管总局令第 4 号）要求，食品药品监管总局组织制修订了医疗器械注册证补办等 5 个程序，现予发布，自 2016 年 1 月 1 日起施行。

原《关于发布医疗器械注册证补办程序等 6 个相关工作程序的通告》（食药监办〔2007〕169 号）和《关于发布申请注销医疗器械注册证办理程序的通告》（国食药监械〔2007〕634 号）文件同时废止。

特此通告。

附件：1. 医疗器械注册证补办程序
      2. 医疗器械注册证纠错程序
      3. 自行撤回医疗器械注册申请程序
      4. 自行注销医疗器械注册证程序
      5. 医疗器械说明书更改告知程序

食品药品监管总局
2015 年 11 月 23 日

相关文件

721

附件 1

医疗器械注册证补办程序

一、项目名称： 医疗器械注册证补办

二、受理范围： 境内第三类医疗器械、进口第二、三类医疗器械补办有效期内医疗器械注册证和 / 或其附件的申请。

三、收费依据： 不收费。

四、办理条件： 由注册人提出申请。

五、申请资料要求：

（一）由注册人或其代理人签章的相应申请表。

（二）医疗器械注册证及其附件的复印件或原注册证号。

（三）境内第三类医疗器械注册证和 / 或其附件补办资料要求：

1. 注册人出具的补办医疗器械注册证和 / 或其附件的原因和情况说明。应包括注册人在我国省级以上公开发行的报刊上登载遗失声明的报刊原件和加盖注册人公章的复印件（相关遗失声明登载时间应至少在递交申请日前 1 个月）。

2. 境内注册人应提交营业执照副本的复印件和组织机构代码证复印件。

3. 注册人提交的资料真实性的自我保证声明，包括所提交资料的清单以及注册人承担法律责任的承诺。

（四）进口第二、三类医疗器械注册证及其附件补办资料要求：

1. 注册人出具的补办医疗器械注册证及其附件的原因和情况说明。应包括注册人在我国省级以上公开发行的报刊上登载遗失声明的报刊原件和加盖代理人公章或注册人签章的复印件（相关遗失声明登载时间应至少在递交申请日前 1 个月）。

2. 注册人提交其在中国指定的代理人委托书、代理人承诺书及营业执照副本复印件或者机构登记证明复印件。代理人委托书应为原件并经公证，同时应包括补办事项、产品名称、注册证编号等内容。

3. 注册人企业资格证明文件的原件或复印件的公证件。

4. 注册人提交的资料真实性的自我保证声明，包括所提交资料的清单以及注册人承担法律责任的承诺。真实性的自我保证声明应为原件并公证。

（五）具体办理人应提交注册人或代理人授权书及其身份证复印件。

六、办理程序：

（一）食品药品监管总局行政事项受理服务和投诉举报中心对申请资料进行形式审查，对于符合要求的，予以受理，并按程序转食品药品监管总局医疗器械注册管理司办理。

（二）食品药品监管总局医疗器械注册管理司经办人自接到资料之日起，在 10 个工作日内出具审核意见，送交处负责人审定。

（三）处负责人在 4 个工作日内出具审定意见。

（四）审定完成后，经办人将相应意见反馈食品药品监管总局行政事项受理服务和投诉举报中心。总局行政事项受理服务和投诉举报中心应当在 10 个工作日内依据相应意见制作文件，并按照有关规定履行送达程序。

补发医疗器械注册证的，应在补发的医疗器械注册证备注栏中载明"xxxx 年 xx 月 xx 日补发。原 xxxx 年 xx 月 xx 日发放的注册证作废"。

附件 2

医疗器械注册证纠错程序

一、项目名称： 医疗器械注册证纠错

二、受理范围： 对于下列原因所造成的错误，可以提出对注册证及其附件内容纠错申请：

（一）注册证、变更文件及其附件打印错误。

（二）注册证编号错误。

（三）企业填报错误。

（四）审评、审批工作中出现的其他错误。

三、收费依据： 不收费。

四、办理条件： 由注册人提出申请。

五、申请资料要求：

（一）由注册人或其代理人签章的相应申请表。

（二）医疗器械注册证及其附件的复印件。

（三）境内第三类医疗器械注册证纠错资料要求：

1. 境内注册人应提交营业执照副本的复印件和组织机构代码证复印件。

2. 注册人提交的资料真实性的自我保证声明，包括所提交资料的清单以及注册人承担法律责任的承诺。

（四）进口第二、三类医疗器械注册证纠错资料要求：

1. 注册人提交其在中国指定的代理人委托书、代理人承诺书及营业执照副本复印件或者机构登记证明复印件。相应委托书应明确包括委托办理纠错事项。

如委托书为新出具的，应为原件并公证。如申报注册时已提交包含相应内容的代理人委托书，可提交代理人委托书复印件，并加盖代理人公章。

2. 注册人提交的资料真实性的自我保证声明，包括所提交资料的清单以及注册人承担法律责任的承诺。真实性的自我保证声明应为原件并加盖代理人公章。

（五）具体办理人应提交注册人或代理人授权书及其身份证复印件。

六、办理程序：

（一）食品药品监管总局行政事项受理服务和投诉举报中心对申请资料进行形式审查，对于符合要求的，予以受理。

经形式审查确认属于注册证、变更文件及其附件打印错误的由食品药品监管总局行政事项受理服务和投诉举报中心即时予以办理；

经形式审查确认属于注册证编号错误的，按程序转医疗器械注册管理司办理；

其他情况，按程序转总局医疗器械技术审评中心办理。

（二）食品药品监管总局医疗器械技术审评中心自接到纠错申请资料之日起，应当在 30 个工作日内依据申请资料要求进行审核，提出意见，并转食品药品监管总局医疗器械注册管理司进行复核。

（三）食品药品监管总局医疗器械注册管理司经办人自接到纠错申请资料之日起，应当在 10 个工作日内提出审核意见，并交处负责人复审。

（四）处负责人在 8 个工作日内出具审定意见。

（五）食品药品监管总局医疗器械注册管理司经办人在 2 个工作日内将审定意见和纠错申请资料

转回食品药品监管总局行政事项受理服务和投诉举报中心。

（六）食品药品监管总局行政事项受理服务和投诉举报中心接到医疗器械注册管理司转回的纠错申请资料后，应当在 10 个工作日内依据审定意见制作相应文件，并按照有关规定履行送达程序。同时将相关信息转食品药品监管总局信息中心，由食品药品监管总局信息中心在食品药品监管总局政府网站上及时予以公布。

附件 3

自行撤回医疗器械注册申请程序

一、项目名称： 自行撤回医疗器械注册申请

二、受理范围： 已受理尚未作出行政许可决定前的注册申请。

三、收费依据： 不收费。

四、办理条件： 由注册人提出申请。

五、申请资料要求：

（一）由注册申请人签章的相应申请表。

（二）拟撤回的注册申请项目的受理通知书原件。

（三）具体办理人应提交注册申请人或代理人授权书及其身份证复印件。

六、办理程序：

（一）食品药品监管总局行政事项受理服务和投诉举报中心对申请资料进行形式审查，对于符合要求的，予以受理。

（二）食品药品监管总局行政事项受理服务和投诉举报中心按照申请事项实际审评审批状态和有关移交程序规定，将申请资料移交食品药品监管总局医疗器械技术审评中心或医疗器械注册管理司。

（三）食品药品监管总局医疗器械技术审评中心或医疗器械注册管理司核实后，终止相关注册资料审评审批，并在电子审评记录上予以标注。

食品药品监管总局医疗器械注册管理司应在终止相关审批 10 个工作日内告知食品药品监管总局医疗器械技术审评中心。

企业已交纳的注册费用不予退回。

（四）企业如在办理其他注册相关事项时，需要提交已撤回的医疗器械注册申请项目中已提交资料原件的，可以提交相应资料复印件，并注明原件所在申请项目的受理号，和由注册申请人 / 注册人签章的资料复印件与原件一致的自我保证声明。对于进口医疗器械，自我保证声明为原件并公证。

相关文件

附件 4

自行注销医疗器械注册证程序

一、项目名称：自行注销医疗器械注册证

二、受理范围：尚在有效期内的境内第三类、进口第二和第三类医疗器械注册证，由注册人自行注销医疗器械注册证申请。

三、收费依据：不收费。

四、办理条件：由注册人提出申请。

五、申请资料要求：

（一）由注册人签章的相应申请表。

（二）注册人出具的注销医疗器械注册证的原因及情况说明。

（三）医疗器械注册证及其附件原件。

（四）境内第三类医疗器械注册证注销资料要求：

1. 境内注册人应提交营业执照副本的复印件和组织机构代码证复印件。

2. 注册人提交的资料真实性的自我保证声明，包括所提交资料的清单以及注册人承担法律责任的承诺。

（五）进口第二、三类医疗器械注册证注销资料要求：

1. 注册人企业资格证明文件的原件或复印件的公证件。

2. 注册人提交的资料真实性的自我保证声明，包括所提交资料的清单以及注册人承担法律责任的承诺。真实性的自我保证声明应为原件并公证。

（六）具体办理人应提交注册人或其代理人授权书及其身份证复印件。

六、办理程序：

（一）食品药品监管总局行政事项受理服务和投诉举报中心对申请资料进行形式审查，对于符合要求的，予以受理。

（二）食品药品监管总局行政事项受理服务和投诉举报中心自受理后 3 个工作日内，将申请资料移交食品药品监管总局医疗器械注册管理司。

（三）食品药品监管总局医疗器械注册管理司经办人自接到申请资料之日起，应当在 10 个工作日内核实有关情况，拟定注销公告，送交处负责人复核。

（四）处负责人应当在 5 个工作日内提出复核意见，交司负责人审定。

（五）司负责人应当在 5 个工作日内提出审定意见。

（六）审定完成后，按照食品药品监管总局文件发布程序报批发布。

附件5

医疗器械说明书更改告知程序

一、项目名称： 医疗器械说明书更改告知

二、受理范围： 境内第三类、进口第二和第三类已注册的医疗器械，不属于注册变更范围内的说明书其他内容发生变化的书面告知。

三、收费依据： 不收费。

四、办理条件： 由注册人书面告知。

五、资料要求：

（一）由注册人或其代理人签章的相应告知表。

（二）说明书更改情况对比说明（含更改情况对比表）。

（三）经注册审查的说明书的复本。

（四）更改后的说明书。

（五）境内第三类医疗器械说明书更改告知资料要求：

1. 提交营业执照副本的复印件和组织机构代码证复印件。

2. 注册人提交的资料真实性的自我保证声明，包括所提交资料的清单以及注册人承担法律责任的承诺。

（六）进口第二、三类医疗器械说明书更改告知资料要求：

1. 提交其在中国指定的代理人委托书、代理人承诺书及营业执照副本复印件或者机构登记证明复印件。代理人委托书应为原件并经公证，同时应包括更改告知事项、产品名称、注册证编号等内容。

2. 注册人提交的资料真实性的自我保证声明，包括所提交资料的清单以及注册人承担法律责任的承诺。真实性的自我保证声明应为原件并公证。

（七）具体办理人应提交注册人或其代理人授权书及其身份证复印件。

六、办理程序：

（一）食品药品监管总局行政事项受理服务和投诉举报中心对说明书告知资料进行形式审查，对于符合要求的，予以受理。

（二）食品药品监管总局行政事项受理服务和投诉举报中心自受理后，按程序将申请资料移交食品药品监管总局医疗器械技术审评中心。

（三）食品药品监管总局医疗器械技术审评中心对医疗器械说明书更改情况进行审核，审核同意，则相关材料按程序归档；如不同意，则应在收到资料后15个工作日内告知食品药品监管总局行政事项受理服务和投诉举报中心。

（四）食品药品监管总局行政事项受理服务和投诉举报中心依据食品药品监管总局医疗器械技术审评中心意见，在5个工作日内制作不予同意通知件，并按程序发放给申请人。

相关文件

国家药监局关于发布创新医疗器械特别审查程序的公告

2018 年第 83 号

为贯彻落实中共中央办公厅、国务院办公厅《关于深化审评审批制度改革鼓励药品医疗器械创新的意见》（厅字〔2017〕42 号），鼓励医疗器械研发创新，促进医疗器械新技术的推广和应用，推动医疗器械产业高质量发展，国家药品监督管理局组织修订了《创新医疗器械特别审查程序》，现予发布，自 2018 年 12 月 1 日起施行。原国家食品药品监督管理总局印发的《创新医疗器械特别审批程序（试行）》（食药监械管〔2014〕13 号）同时废止。

特此公告。

附件：创新医疗器械特别审查程序

国家药监局

2018 年 11 月 2 日

附件

创新医疗器械特别审查程序

第一条 为了保障医疗器械的安全、有效，鼓励医疗器械的研究与创新，促进医疗器械新技术的推广和应用，推动医疗器械产业发展，根据《医疗器械监督管理条例》《医疗器械注册管理办法》《体外诊断试剂注册管理办法》等法规和规章，制定本程序。

第二条 符合下列情形的医疗器械审查，适用于本程序：

（一）申请人通过其主导的技术创新活动，在中国依法拥有产品核心技术发明专利权，或者依法通过受让取得在中国发明专利权或其使用权，创新医疗器械特别审查申请时间距专利授权公告日不超过 5 年；或者核心技术发明专利的申请已由国务院专利行政部门公开，并由国家知识产权局专利检索咨询中心出具检索报告，报告载明产品核心技术方案具备新颖性和创造性。

（二）申请人已完成产品的前期研究并具有基本定型产品，研究过程真实和受控，研究数据完整和可溯源。

（三）产品主要工作原理或者作用机理为国内首创，产品性能或者安全性与同类产品比较有根本性改进，技术上处于国际领先水平，且具有显著的临床应用价值。

第三条 药品监督管理部门及相关技术机构，根据各自职责和本程序规定，按照早期介入、专人负责、科学审查的原则，在标准不降低、程序不减少的前提下，对创新医疗器械予以优先办理，并加强与申请人的沟通交流。

第四条 申请人申请创新医疗器械特别审查，应当在第二类、第三类医疗器械首次注册申请前，填写《创新医疗器械特别审查申请表》（见附 1），并提交支持拟申请产品符合本程序第二条要求的资料。资料应当包括：

（一）申请人企业资质证明文件。

（二）产品知识产权情况及证明文件。

（三）产品研发过程及结果综述。

（四）产品技术文件，至少应当包括：

1. 产品的适用范围或者预期用途；

2. 产品工作原理或者作用机理；

3. 产品主要技术指标及确定依据，主要原材料、关键元器件的指标要求，主要生产工艺过程及流程图，主要技术指标的检验方法。

（五）产品创新的证明性文件，至少应当包括：

1. 核心刊物公开发表的能够充分说明产品临床应用价值的学术论文、专著及文件综述；

2. 国内外已上市同类产品应用情况的分析及对比（如有）；

3. 产品的创新内容及在临床应用的显著价值。

（六）产品风险分析资料。

（七）产品说明书（样稿）。

（八）其他证明产品符合本程序第二条的资料。

（九）所提交资料真实性的自我保证声明。

境外申请人应当委托中国境内的企业法人作为代理人或者由其在中国境内的办事机构提出申请，并提交以下文件：

1. 境外申请人委托代理人或者其在中国境内办事机构办理创新医疗器械特别审查申请的委托书；

2. 代理人或者申请人在中国境内办事机构的承诺书；

3. 代理人营业执照或者申请人在中国境内办事机构的机构登记证明。

申报资料应当使用中文。原文为外文的，应当有中文译本。

第五条　境内申请人应当向其所在地的省级药品监督管理部门提出创新医疗器械特别审查申请。省级药品监督管理部门对申报项目是否符合本程序第二条要求进行初审，并于 20 个工作日内出具初审意见。经初审不符合第二条要求的，省级药品监督管理部门应当告知申请人；符合第二条要求的，省级药品监督管理部门将申报资料和初审意见一并报送国家药品监督管理局行政事项受理服务和投诉举报中心（以下简称受理和举报中心）。

境外申请人应当向国家药品监督管理局提出创新医疗器械特别审查申请。

第六条　受理和举报中心对创新医疗器械特别审查申请申报资料进行形式审查，对符合本程序第四条规定的形式要求的予以受理，并给予受理编号，编排方式为：CQTS×××1×××2，其中×××1 为申请的年份；×××2 为产品流水号。

对于已受理的创新医疗器械特别审查申请，申请人可以在审查决定作出前，申请撤回创新医疗器械特别审查申请及相关资料，并说明理由。

第七条　国家药品监督管理局医疗器械技术审评中心（以下简称器审中心）设立创新医疗器械审查办公室，对创新医疗器械特别审查申请进行审查。

第八条　创新医疗器械审查办公室收到创新医疗器械特别审查申请后，组织专家进行审查。

申请资料存在以下五种情形之一的，创新医疗器械审查办公室不组织专家进行审查：

1. 申请资料虚假的；

2. 申请资料内容混乱、矛盾的；

3. 申请资料的内容与申报项目明显不符的；

4. 申请资料中产品知识产权证明文件不完整、专利权不清晰的；

5. 前次审查意见已明确指出产品主要工作原理或者作用机理非国内首创，且再次申请时产品设计未发生改变的。

第九条　创新医疗器械审查办公室收到创新医疗器械特别审查申请后，应当于 60 个工作日内出具审查意见（公示及异议处理时间不计算在内）。

第十条　经创新医疗器械审查办公室审查，对拟进行特别审查的申请项目，应当在器审中心网站将申请人、产品名称予以公示，公示时间应当不少于 10 个工作日。对于公示内容有异议的，应当对相关意见研究后作出最终审查决定。

第十一条　创新医疗器械审查办公室作出审查决定后，将审查结果通过器审中心网站告知申请人。

审查结果告知后 5 年内，未申报注册的创新医疗器械，不再按照本程序实施审查。5 年后，申请人可按照本程序重新申请创新医疗器械特别审查。

第十二条　经审查拟同意进行特别审查的申请项目，创新医疗器械审查办公室在出具审查意见时一并对医疗器械管理类别进行界定。所申请创新医疗器械的管理属性存在疑问的，申请人应当先进行属性界定后再提出创新医疗器械特别审查申请。对于境内企业申请，如产品被界定为第二类医疗器械，相应的省级药品监督管理部门可参照本程序进行审查。

第十三条　对于经审查同意按本程序审查的创新医疗器械，申请人所在地省级药品监督管理部门应当指定专人，应申请人的要求及时沟通、提供指导。在收到申请人质量管理体系核查申请后，应当予以优先办理。

第十四条　对于创新医疗器械，医疗器械检验机构在进行检验时，应当优先进行检验，并出具检验报告。

第十五条　创新医疗器械的临床试验应当按照医疗器械临床试验相关规定的要求进行，药品监督管理部门应当根据临床试验的进程进行监督检查。

第十六条　创新医疗器械临床研究工作需重大变更的，如临床试验方案修订、使用方法、规格型号、预期用途、适用范围或人群的调整等，申请人应当评估变更对医疗器械安全性、有效性和质量可控性的影响。产品主要工作原理或者作用机理发生变化的创新医疗器械，应当按照本程序重新申请。

第十七条　对于创新医疗器械，在产品注册申请受理前以及技术审评过程中，器审中心应当指定专人，应申请人的要求及时沟通、提供指导，共同讨论相关技术问题。

第十八条　对于创新医疗器械，申请人在注册申请受理前以及技术审评过程中可填写创新医疗器械沟通交流申请表（见附 2），就下列问题与器审中心沟通交流：

（一）重大技术问题；

（二）重大安全性问题；

（三）临床试验方案；

（四）阶段性临床试验结果的总结与评价；

（五）其他需要沟通交流的重要问题。

第十九条　器审中心应当对申请人提交的沟通交流申请及相关资料及时进行审核，并将审核结果告知申请人（见附 3）。器审中心同意进行沟通交流的，应当明确告知申请人拟讨论的问题，与申请人商定沟通交流的形式、时间、地点、参加人员等，并安排与申请人沟通交流。沟通交流应当形成记录，记录需经双方签字确认，供该产品的后续研究及审评工作参考。

第二十条　受理和举报中心受理创新医疗器械注册申请后，应当将该注册申请项目标记为"创新医疗器械"，并及时进行注册申报资料流转。

第二十一条　器审中心对已受理注册申报的创新医疗器械，应当优先进行技术审评；技术审评结束后，国家药品监督管理局优先进行行政审批。

第二十二条 属于下列情形之一的，国家药品监督管理局可终止本程序并告知申请人：

（一）申请人主动要求终止的；

（二）申请人未按规定的时间及要求履行相应义务的；

（三）申请人提供伪造和虚假资料的；

（四）全部核心技术发明专利申请被驳回或视为撤回的；

（五）失去产品全部核心技术发明专利专利权或者使用权的；

（六）申请产品不再作为医疗器械管理的；

（七）经专家审查会议讨论确定不宜再按照本程序管理的。

第二十三条 国家药品监督管理局在实施本程序过程中，应当加强与有关部门的沟通和交流，及时了解创新医疗器械的研发进展。

第二十四条 按本程序审查获准注册的医疗器械申请许可事项变更的，国家药品监督管理局予以优先办理。

第二十五条 突发公共卫生事件应急所需医疗器械，按照《医疗器械应急审批程序》办理。

第二十六条 本程序对创新医疗器械注册管理未作规定的，按照《医疗器械注册管理办法》等相关规定执行。

第二十七条 省、自治区、直辖市药品监督管理部门可参照本程序开展行政区域内第二类创新医疗器械特别审查工作。

第二十八条 本程序自 2018 年 12 月 1 日起施行。原国家食品药品监督管理总局印发的《创新医疗器械特别审批程序（试行）》（食药监械管〔2014〕13 号）同时废止。

附：1. 创新医疗器械特别审查申请表

2. 创新医疗器械沟通交流申请表

3. 创新医疗器械沟通交流申请回复单

国家药监局关于发布《医疗器械应急审批程序》的公告

2021 年第 157 号

为有效预防、及时控制和消除突发公共卫生事件的危害，确保突发公共卫生事件应急所需医疗器械尽快完成审批，根据《医疗器械监督管理条例》（国务院令第 739 号）及《医疗器械注册与备案管理办法》（市场监管总局令第 47 号）、《体外诊断试剂注册与备案管理办法》（市场监管总局令第 48 号），国家药品监督管理局组织修订了《医疗器械应急审批程序》，现予发布，自发布之日起施行。原国家食品药品监督管理局《关于印发医疗器械应急审批程序通知》（国食药监械〔2009〕565 号）同时废止。

特此公告。

国家药监局

2021 年 12 月 29 日

医疗器械应急审批程序

第一条 为有效预防、及时控制和消除突发公共卫生事件的危害，确保突发公共卫生事件应急所需医疗器械尽快完成审批，根据《医疗器械监督管理条例》《医疗器械注册与备案管理办法》《体外诊断试剂注册与备案管理办法》等法规和规章，制定本程序。

第二条 存在突发公共卫生事件威胁时，以及突发公共卫生事件发生后，药品监督管理部门按照统一指挥、早期介入、随到随审、科学审批的原则，对突发公共卫生事件应急处理所需医疗器械实施应急审批。

第三条 国家药监局根据突发公共卫生事件的情形和变化情况，决定启动及终止本程序的时间。本程序启动后，各级药品监督管理部门及相关技术机构，根据各自职能和本程序规定，开展相关医疗器械的检验、质量管理体系考核、技术审评和行政审批等工作。

第四条 本程序适用于突发公共卫生事件应急所需，且在我国境内尚无同类产品上市，或虽在我国境内已有同类产品上市，但产品供应不能满足突发公共卫生事件应急处理需要，并经国家药监局确认的境内第三类和进口第二类、第三类医疗器械的审批。

第五条 申请医疗器械应急审批的，境内注册申请人应当将产品应急所需的情况及产品研发情况告知相应的省、自治区、直辖市药品监督管理局，省、自治区、直辖市药品监督管理局应当及时了解相关医疗器械研制情况，必要时采取早期介入的方式，对拟申报产品进行评估，并及时指导注册申请人开展相关申报工作。

第六条 申请境内第三类和进口第二类、第三类医疗器械应急审批的，应当向国家药监局受理部门提交《医疗器械应急审批申请表》和产品研究综述资料及相关说明。

第七条 国家药监局组织专家，通过会议、函审、书面征求意见等方式对申请应急审批的医疗器械和国家应急响应工作机制书面推荐的应急所需医疗器械是否符合本程序第四条要求，以及研发成熟度、生产能力等进行评估，及时对产品是否进行应急审批予以确认，并将结果通知申请人、相应技术机构、省、自治区、直辖市药品监督管理局。

第八条 对于经国家药监局确认进行应急审批的医疗器械（以下简称应急审批医疗器械），如委托药品监督管理部门医疗器械检验机构开展检验的，相关医疗器械检验机构应当在接收样品后24小时内组织开展医疗器械检验，并及时出具检验报告。相关检验能力不足时，国家药监局可以指定具有检验能力的医疗器械检验机构开展检验。

第九条 对于应急审批医疗器械，国家药监局医疗器械技术审评中心应当指定专人，早期介入，按照注册申请人需求，通过适当方式开展咨询，指导注册申报资料准备，并按照医疗器械审评工作要求，对企业拟提交注册的资料按照随到随审原则开展受理前预审查。

第十条 对于应急审批医疗器械，相应的省、自治区、直辖市药品监督管理局应当在接到国家药监局通知后2日内组织开展质量管理体系核查，并及时出具质量管理体系核查报告，提交国家药监局医疗器械技术审评中心。

第十一条 对于应急审批医疗器械，注册申请人在申报表中勾选"应急审批"，国家药监局医疗器械技术审评中心于当天完成注册申请事项的签收并按照国家药监局立卷审查要求开展立卷审查。

第十二条 境内和进口第三类应急审批医疗器械注册申请受理并确认缴费转入技术审评阶段后，国家药监局应当在10日内完成技术审评；技术审评结束后，在3日内完成行政审批。

进口第二类应急审批医疗器械注册申请受理并确认缴费转入技术审评阶段后，国家药监局应当在5日内完成技术审评；技术审评结束后，在3日内完成行政审批。

第十三条 对于应急审批医疗器械，注册人所在地省、自治区、直辖市药品监督管理局在接到相关医疗器械生产许可申办或变更申请后，应当按照《医疗器械生产监督管理办法》的相关规定，在受理后5日内做出是否予以核发或变更医疗器械生产许可证的决定。

第十四条 对于应急审批医疗器械，附条件批准上市的，医疗器械注册证的有效期与注册证注明的附带条件的完成时限一致，原则上不超过1年。如注册人完成附带条件，可以在到期之日前申请办理延续注册，符合要求的给予延续注册，注册证有效期为5年。

第十五条 对于应急审批医疗器械，自确认应急审批之日起90日内，如注册申请人无法按照注册要求完成注册申报资料准备并获得注册申请受理，不再按照应急审批办理，原则上可以参照《医疗器械优先审批程序》，受理后优先审评审批。

第十六条 省、自治区、直辖市药品监督管理局可参照本程序制定本辖区内应急审批程序，用于本辖区内境内第二类医疗器械应急审批工作，并将相关程序报国家药监局。

第十七条 各省、自治区、直辖市药品监督管理局应当加强对应急审批医疗器械生产企业的监督检查，监督企业落实主体责任，保障产品质量安全。

第十八条 按照《医疗器械监督管理条例》紧急使用的产品，不适用本程序。

第十九条 本程序自发布之日起施行。原国家食品药品监督管理局印发的《医疗器械应急审批程序》（国食药监械〔2009〕565号）同时废止。

附：医疗器械应急审批申请表

相关文件

733

国家药监局关于药械组合产品注册有关事宜的通告

2021 年第 52 号

为加强药械组合产品的注册管理，根据药品、医疗器械注册管理的有关规定，现就药械组合产品注册有关事宜通告如下：

一、药械组合产品系指由药品与医疗器械共同组成，并作为一个单一实体生产的医疗产品。

二、以药品作用为主的药械组合产品，应当按照药品有关要求申报注册；以医疗器械作用为主的药械组合产品，应当按照医疗器械有关要求申报注册。对于药械组合产品中所含药品或者医疗器械已获我国或者生产国（地区）批准上市销售的，相应的上市销售证明文件应当在申报注册时一并提交。药械组合产品的申报资料要求可参考相关文件和指导原则。

三、申请人应当充分评估其拟申报药械组合产品的属性。对于药械组合产品不能确定管理属性的，申请人应当在申报注册前向国家药品监督管理局医疗器械标准管理中心（以下简称标管中心）申请药械组合产品属性界定。

四、标管中心对受理的药械组合产品属性界定申请资料进行审查，按程序提出属性界定意见，在药械组合产品属性界定信息系统中告知申请人，并及时在其网站对外公布药械组合产品属性界定结果。

五、申请人根据产品属性界定结果，向国家药品监督管理局申报药品或者医疗器械注册申请，并在申请表中注明"药械组合产品"。

六、国家药品监督管理局药品审评中心与医疗器械技术审评中心建立协调机制。按照药品申报注册的药械组合产品，由药品审评中心牵头进行审评，需要联合审评的，注册申报资料转交医疗器械技术审评中心同步进行审评；按照医疗器械注册申报的药械组合产品，由医疗器械技术审评中心牵头进行审评，需要联合审评的，注册申报资料转交药品审评中心同步进行审评。对于联合审评的药械组合产品，药品审评中心与医疗器械技术审评中心应当协同开展申报产品的沟通咨询等工作；双方分别对相应部分的安全性、有效性及质量可控性出具审评报告，并明确审评结论，由牵头单位进行汇总并做出总体评价，出具总体审评结论后转入国家药品监督管理局相应业务司进行行政审批。

七、相关法规、文件中已有明确管理属性规定的，按其规定执行。

八、本通告自发布之日起实施，《关于药械组合产品注册有关事宜的通告》（原国家食品药品监督管理局通告 2009 年第 16 号）和《关于调整药械组合产品属性界定有关事项的通告》（国家药品监督管理局通告 2019 年第 28 号）同时废止。

特此通告。

附件：1. 药械组合产品属性界定程序
      2. 药械组合产品属性界定申请资料要求及说明

国家药监局

2021 年 7 月 23 日

附件 1

药械组合产品属性界定程序

一、申请人通过药械组合产品属性界定信息系统（登陆路径详见附件 2）向标管中心提交药械组合产品属性界定申请。

二、标管中心对收到的药械组合产品属性界定申请资料进行初审。对于符合要求的，予以受理；对于不符合要求的，应当于 5 个工作日内在药械组合产品属性界定信息系统中一次性告知申请人需要补正的全部内容；对于申请事项不属于药械组合产品属性界定事项范围的，或者补充资料仍不符合要求的，予以退回。

三、标管中心对受理的药械组合产品属性界定申请进行审查，20 个工作日内提出属性界定意见，并在药械组合产品属性界定信息系统中告知申请人。需要专家研究等特殊情形的，所需时间不计算在属性界定时限内。

四、属性界定过程中需要申请人补正资料的，标管中心应当在药械组合产品属性界定信息系统中一次性告知需要补正的全部内容。申请人应当在 60 个工作日内按照要求一次提供补充资料。申请人补充资料的时间不计算在属性界定时限内。逾期未提交补充资料的，或者补充资料不符合要求的，标管中心退回属性界定申请。

五、申请人对药械组合产品属性界定结果有异议的，可以在界定结果告知之日起 10 个工作日内向标管中心提出复审申请。复审申请的内容仅限于原提交的申请资料。标管中心自受理复审申请之日起 20 个工作日内明确复审意见并在药械组合产品属性界定信息系统中告知申请人，复审意见作为最终属性界定结果。需要专家研究等特殊情形的，所需时间不计算在属性界定时限内。

六、申请人可以登陆药械组合产品属性界定信息系统查询申请状态、补正通知和属性界定结果。

相关文件

附件2

药械组合产品属性界定申请资料要求及说明

申请人通过中国食品药品检定研究院（国家药品监督管理局医疗器械标准管理中心）网站（网址：https://www.nifdc.org.cn）进入"医疗器械标准与分类管理"二级网站，点击进入"药械组合产品属性界定信息系统"，按要求上传以下申请材料：

一、药械组合产品属性界定申请表

二、支持性材料

（一）产品描述

组合产品名称、组成成分（所含成分剂量）、组合方式、预期用途、使用时与患者接触部位/接触时间、产品示意图、实物照片等。

（二）作用机制

组合产品及各组成成分的作用机制，并提供相关支持和验证性资料。

（三）拟采用的使用说明书（或用户手册等）

（四）组合产品各组成成分来源

（五）申请人属性界定建议及论证资料

1. 申请人对于该组合产品的属性界定建议；

2. 组合产品实现预期用途的首要作用方式，即该组合产品实现最重要的治疗作用的单一作用方式（即药品或者医疗器械）；

3. 首要作用方式的确定依据，包括支持性试验资料及文献资料，对组合产品中发挥、部分发挥和不发挥主要作用的组分进行系统论证并提供支持性资料。

（六）相关产品监管情况

如已有相似或相关的产品在国内外上市，简要介绍该产品结构、组成（含量）、预期用途等基本情况、管理属性和类别及支持性资料。对于进口组合产品申请属性界定的，应当同时提交该组合产品在境外上市的相关资料。

（七）其他与产品属性确定有关的资料

在线打印《药械组合产品属性界定申请表》并签字签章，扫描后连同其他申请资料一并按要求上传。所有申请资料应当使用中文。根据外文资料翻译的，应当同时提供原文。

国家药监局关于进口医疗器械产品在中国境内企业生产有关事项的公告

2020 年第 104 号

为进一步贯彻落实国务院《关于改革药品医疗器械审评审批制度的意见》和中共中央办公厅、国务院办公厅印发的《关于深化审评审批制度改革鼓励药品医疗器械创新的意见》，落实"放管服"改革和优化营商环境要求，全面深化医疗器械审评审批制度改革，推动医疗器械产业高质量发展，更好地满足公众健康需求，现就已获进口医疗器械注册证产品在中国境内企业生产的有关事项公告如下：

一、适用范围

进口医疗器械注册人通过其在境内设立的外商投资企业在境内生产第二类、第三类已获进口医疗器械注册证产品的有关事项，适用本公告。

二、注册要求

（一）进口医疗器械注册人在中国境内设立的外商投资企业作为注册申请人，向药品监督管理部门提交境内医疗器械注册申请。注册申请内容，除注册人名称、住所、生产地址外，原则上应当与所对应的进口医疗器械注册证及其附件载明的相关事项保持一致。

（二）注册申请人按照《医疗器械注册申报资料要求和批准证明文件格式的公告》（国家食品药品监督管理总局 2014 年第 43 号公告）、《体外诊断试剂注册申报资料要求和批准证明文件格式的公告》（国家食品药品监督管理总局 2014 年第 44 号公告）等要求提交注册申报资料。其中，医疗器械产品的综述资料、研究资料、临床评价资料、产品风险分析资料，体外诊断试剂产品的综述资料、主要原材料的研究资料（适用时）、主要生产工艺及反应体系的研究资料（适用时）、分析性能评估资料、阳性判断值或参考区间确定资料、稳定性研究资料、临床评价资料、产品风险分析资料，可提交进口医疗器械的原注册申报资料。进口注册人和境内注册申请人应当确保上述资料与本次注册申请的相关性和支持性。

（三）注册申报程序按照《医疗器械注册管理办法》《体外诊断试剂注册管理办法》以及医疗器械电子申报相关规定执行。

（四）按照本公告要求提交注册申请并获得批准的，注册证备注栏中应当载明相关已获准注册的进口产品的医疗器械注册证号。

三、注册体系核查要求

注册申请人应当确保境内生产包含产品的主要生产工艺，并承诺主要原材料和生产工艺不发生改变，提供产品在境内生产质量管理体系符合我国《医疗器械生产质量管理规范》的自查报告和境内外质量管理体系等同性对比报告。药品监管部门按照医疗器械注册质量管理体系核查工作程序，对境内注册申请人开展全面核查，重点关注境内外质量管理体系的等同性、溯源性，以及变更生产过程带来的体系变化是否会产生新的风险，引起注册事项的变更。

相关文件

四、上市后监管要求

境内注册人应当按照《医疗器械生产监督管理办法》办理医疗器械生产许可证，严格落实质量安全主体责任，加强医疗器械全生命周期质量管理；按照《医疗器械生产质量管理规范》要求，建立健全质量管理体系并保证有效运行。

五、其他方面

中国境内企业投资的境外注册人在境内生产已获进口医疗器械注册证的第二类、第三类医疗器械产品的，参照本公告执行，由投资境外注册人的中国境内企业作为注册申请人申请该产品注册。

香港、澳门、台湾地区已获医疗器械注册证的产品有关事项参照本公告执行。

本公告自公告之日起施行。

附件：医疗器械/体外诊断试剂注册申报资料要求

国家药监局

2020 年 9 月 18 日

附件

医疗器械/体外诊断试剂注册申报资料要求

标题	资料要求说明	eRPS 提交目录
1. 申请表	注册申请人产品注册申请表。	CH1.04 申请表
2. 证明性文件	（1）注册申请人营业执照副本复印件。 （2）进口医疗器械注册人同意注册申报的声明或授权文件。声明同意境内 xx 生产企业进行 xx 产品注册申报，授权注册申请人使用相应进口产品注册申报资料，确保与此次注册申请的相关性和支持性，提供使用相应进口产品注册申报资料的清单。 （3）注册申请人与进口医疗器械注册人的关系（包括法律责任）说明文件，应当附相关协议、质量责任、股权证明等文件。（由注册申请人提供）。	CH1.06 质量管理体系、全面质量体系或其他证明文件
3. 安全有效基本要求清单	注册申请人依据《医疗器械注册申报资料要求和批准证明文件格式的公告》（2014 年第 43 号）附件 4 第三条、附件 8 要求，提交安全有效基本要求清单。（医疗器械适用）	CH3.3 安全有效性基本要求（EP）清单
4. 生产制造信息/生产及自检记录	注册申请人依据《医疗器械注册申报资料要求和批准证明文件格式的公告》（2014 年第 43 号）附件 4 第六条要求，提交生产制造信息。（医疗器械适用） 注册申请人依据《体外诊断试剂注册申报资料要求和批准证明文件格式的公告》（2014 年第 44 号）附件 3 第九条要求，提交生产及自检记录。（体外诊断试剂适用）	CH6A.3.1 产品描述信息、CH6A.3.2 一般生产信息（医疗器械适用） CH6B.6.3 生产和服务控制信息（体外诊断试剂适用）

标题	资料要求说明	eRPS 提交目录
5. 产品技术要求	注册申请人依据《医疗器械注册申报资料要求和批准证明文件格式的公告》（2014 年第 43 号）附件 4 第九条要求，提交产品技术要求。（医疗器械适用） 注册申请人依据《体外诊断试剂注册申报资料要求和批准证明文件格式的公告》（2014 年第 44 号）附件 3 第十二条要求，提交产品技术要求。（体外诊断试剂适用）	CH3.4.1 标准列表（产品技术要求）
6. 产品注册检验报告	注册申请人依据《医疗器械注册申报资料要求和批准证明文件格式的公告》（2014 年第 43 号）附件 4 第十条要求，提交产品检验报告。（医疗器械适用） 注册申请人依据《体外诊断试剂注册申报资料要求和批准证明文件格式的公告》（2014 年第 44 号）附件 3 第十三条要求，提交产品检验报告。（体外诊断试剂适用）	CH3.4.2 符合性声明和 / 或认证
7. 说明书和标签样稿	注册申请人依据《医疗器械注册申报资料要求和批准证明文件格式的公告》（2014 年第 43 号）附件 4 第十一条要求，提交说明书和最小销售单元的标签样稿。（医疗器械适用） 注册申请人依据《体外诊断试剂注册申报资料要求和批准证明文件格式的公告》（2014 年第 44 号）附件 3 第十四条、第十五条要求，提交说明书和标签样稿。（体外诊断试剂适用）	CH5.03 包装说明 / 使用说明书、CH5.02 产品 / 包装标签（医疗器械适用） CH5.3 包装说明 / 使用说明书、CH5.2 产品 / 包装标签（体外诊断试剂适用）
8. 符合性声明	（1）质量管理体系等同声明 申请注册产品与相应进口产品生产质量管理体系等同性的声明。（注册申请人和进口医疗器械注册人分别出具） （2）医疗器械注册申请人声明本产品符合《医疗器械注册管理办法》和相关法规的要求；声明本产品符合现行国家标准、行业标准，并提供符合标准的清单。 体外诊断试剂注册申请人声明本产品符合《体外诊断试剂注册管理办法》和相关法规的要求；声明本产品的类别符合《体外诊断试剂注册管理办法》；声明本产品符合现行国家标准、行业标准，并提供符合标准的清单。 （3）所提交资料真实性的自我保证声明（注册申请人和进口医疗器械注册人分别出具）。	CH1.11.7 符合性声明（医疗器械适用） CH1.11.6 符合性声明（体外诊断试剂适用）

相关文件

国家药监局关于印发境内第三类和进口医疗器械注册审批操作规范的通知

国药监械注〔2021〕53号

各省、自治区、直辖市药品监督管理局，新疆生产建设兵团药品监督管理局：

为落实《医疗器械监督管理条例》（国务院令第739号）要求，根据《医疗器械注册与备案管理办法》（市场监管总局令第47号）《体外诊断试剂注册与备案管理办法》（市场监管总局令第48号），国家局组织修订了《境内第三类和进口医疗器械注册审批操作规范》，现予印发，自发布之日起施行。《食品药品监管总局关于印发境内第三类和进口医疗器械注册审批操作规范的通知》（食药监械管〔2014〕208号）同时废止。

附件：《境内第三类和进口医疗器械注册审批操作规范》

国家药监局

2021年11月2日

附件

境内第三类和进口医疗器械注册审批操作规范

境内第三类和进口第二类、第三类医疗器械（包括体外诊断试剂）注册审批（指产品注册、变更注册和延续注册）包括受理、技术审评、行政审批和批件制作四个环节，临床试验审批包括受理、技术审评、行政审批三个环节，变更备案包括受理和文件制作两个环节。

境内第三类和进口第二类、第三类医疗器械产品注册的受理和技术审评，境内第三类和进口第二类、第三类医疗器械变更注册、延续注册、临床试验审批项目的受理、技术审评和行政审批，境内第三类和进口第二类、第三类医疗器械变更备案资料由国家药品监督管理局医疗器械技术审评中心负责接收；

境内第三类和进口第二类、三类医疗器械产品注册的行政审批由国家药品监督管理局负责；

批件（文件）制作由国家药品监督管理局行政事项受理服务和投诉举报中心负责。

一、境内第三类和进口医疗器械注册审批

（一）受理

1.受理路径

通过医疗器械注册电子申报信息化系统申报，无需提交纸质资料，申请资料应当符合相应医疗器械注册申请电子提交技术指南要求。

提交纸质资料的应当与相应医疗器械注册申请电子提交技术指南规定的电子申报目录形式一致，同时需提交相应资料电子文档。

2. 受理审核

国家药品监督管理局医疗器械技术审评中心在受理环节，对产品注册、变更注册、临床试验审批申请事项按照立卷审查要求对相应申请的注册申请资料进行审核，对相应注册申请资料进入技术审评环节的完整性、合规性、一致性进行判断。对其余申请事项按照形式审核要求进行审核。

（1）对申请人提交的注册申请资料进行签收，并根据受理审核操作规范分配受理及审评路径。

（2）根据受理审核操作规范，对申请事项开展审核。对产品注册、变更注册、临床试验审批申请事项由审评人员根据相应立卷审查标准进行受理审核。对于其他申请事项由审评人员根据形式审核要求进行受理审核。

（3）申请事项属于本行政机关职权范围，申请资料齐全、符合受理要求，予以受理，出具《受理通知书》，需要申请人缴纳费用的，出具《缴费通知书》，《受理通知书》《缴费通知书》应当加盖本行政机关专用章并注明日期。

（4）申请资料存在可以当场更正的错误的，应当允许申请人当场更正。

（5）申请资料不齐全或者不符合受理要求的，应当在 5 个工作日内一次告知申请人需要补正的全部内容，并出具《补正材料通知书》，逾期不告知的，自收到申请资料之日起即为受理。

（6）对申请事项依法不属于本行政机关职权范围的，应当即时做出不予受理的决定，出具《不予受理通知书》，加盖本行政机关专用章并注明日期。

（7）自受理申请之日起 3 个工作日内，由国家药品监督管理局医疗器械技术审评中心开展技术审评。

（二）技术审评（60/90 个工作日）

国家药品监督管理局医疗器械技术审评中心对境内第三类和进口第二类、第三类医疗器械产品注册、变更注册、延续注册、临床试验审批项目进行技术审评，并提出技术审评意见。

1. 主审

（1）责任人：根据技术审评部门操作规范确定的技术审评人员。

（2）主审要求和职责：按照相关法律法规、法定程序和技术审评要求，根据申请人的申请，对其拟上市销售产品的安全性、有效性和质量可控性研究及其结果进行系统评价，确定注册内容是否符合医疗器械产品注册的相关规定，出具审评意见；对医疗器械变更注册内容进行审查，确定变更注册内容是否符合变更注册的相关规定，出具审评意见；对延续注册内容进行审查，确定是否符合延续注册的相关规定，出具审评意见；对临床试验审批按照《医疗器械监督管理条例》第二十七条进行综合分析，出具审评意见。

2. 复核

（1）责任人：国家药品监督管理局医疗器械技术审评中心各审评部室负责人或其委托的人员。

（2）复核要求和职责：对审评意见进行审查，必要时复核注册申请资料，确定审评意见的完整性、规范性和准确性，并提出复核意见。确定审评过程符合有关审评程序的规定，做到审评尺度一致。

3. 签发

（1）责任人：国家药品监督管理局医疗器械技术审评中心分管主任或经授权的人员。

（2）签发要求和职责：对审评意见和复核意见进行审核，确认审评结论，签发审评报告。

4. 其他要求

（1）技术审评过程中，必要时可调阅原始研究资料等所需资料。

（2）需要补正资料的，国家药品监督管理局医疗器械技术审评中心应当一次告知申请人需要补正的全部内容。申请人应当在 1 年内按照补正通知的要求一次提供补充资料；国家药品监督管理局医疗器械技术审评中心应当自收到补充资料之日起 60 个工作日内（临床试验审批为 40 个工作日内）

完成技术审评。

（3）应当依法进行质量管理体系核查的，依据有关规定启动。

（三）行政审批（20个工作日）

对境内第三类和进口第二类、三类医疗器械产品注册、变更注册、延续注册、临床试验审批的受理、技术审评的审查内容和审评过程进行行政复核，并根据技术审评结论作出批准注册或不予行政许可的决定。

其中变更注册、延续注册、临床试验审批的行政审批由国家药品监督管理局医疗器械技术审评中心开展，按照其操作规范办理。审评报告签发后即完成行政审批。

对于产品注册行政审批，要求如下：

1. 审核

（1）责任人

国家药品监督管理局医疗器械注册管理司注册处室审核人员。

（2）审核要求

确定本次申请属于本部门审批职责范围；审评程序是否符合相关法规和工作程序的规定；技术审评报告是否完整和规范；审评时限是否符合法定要求；技术审评结论是否明确。

（3）职责

根据审核要求，提出审核意见，填写行政审查记录后将技术审评报告、行政审查记录报送核准人员。

2. 核准

（1）责任人

国家药品监督管理局医疗器械注册管理司处负责人或司负责人。

（2）核准要求

对审核人员出具的审核意见进行审查；确定本次申请注册的产品是否注册。

（3）岗位职责

对符合核准要求的进口第二类医疗器械注册申请项目，由处负责人提出核准意见，填写行政审查记录后将技术审评报告和行政审查记录报送司负责人。

对符合核准要求的境内和进口第三类医疗器械注册申请项目，由司负责人提出核准意见，填写行政审查记录后将审查记录报送主管局领导。

对不符合核准要求的，提出核准意见，填写审查记录后将技术审评报告、审查记录退回审核人员。

3. 审定

（1）责任人

国家药品监督管理局医疗器械注册管理司负责人或国家药品监督管理局主管局领导。

（2）审定要求

对核准人员出具的核准意见进行审查；最终批准本次申请注册的产品是否注册。

（3）岗位职责

国家药品监督管理局医疗器械注册管理司负责人负责进口第二类医疗器械注册申请事项，符合审定要求的作出批准注册或不予行政许可的决定，签发相关文件。

国家药品监督管理局主管局领导负责境内和进口第三类医疗器械注册申请事项，符合审定要求的作出批准注册或不予行政许可的决定，签发相关文件。

（四）批件（文件）制作（10个工作日）

国家药品监督管理局行政事项受理服务和投诉举报中心负责批件（文件）制作。制证人员应当按照行政审批结论制作批件（文件）。

1.批件（文件）制作要求

（1）制作的《医疗器械注册证》《医疗器械变更注册（备案）文件》内容完整、准确无误，加盖的本行政机关专用章准确、无误。

（2）制作的《不予行政许可决定书》中须写明不予行政许可的理由，并注明申请人依法享有申请行政复议或者提起行政诉讼的权利以及投诉渠道。

（3）其他许可文书等应当符合公文的相关要求。

2.岗位职责

对准予许可的，制作《医疗器械注册证》或《医疗器械变更注册（备案）文件》，加盖本行政机关专用章。

对不予许可的，制作《不予行政许可决定书》，加盖本行政机关专用章。

二、变更备案

国家药品监督管理局医疗器械技术审评中心负责接收变更备案资料。

（一）申请资料格式要求

应当符合本规范第一项受理中所提申请资料格式要求。

（二）岗位职责

1.变更备案属于本部门职权范围，申请资料齐全、符合形式要求的，予以接收，将备案结论转国家药品监督管理局行政事项受理服务和投诉举报中心。

2.变更备案资料不齐全或者不符合规定形式的，应当一次告知申请人需要补正的全部内容。对不予变更备案的，应当告知申请人并说明理由。

3.变更备案不属于本部门职权范围的，不予接收，同时告知申请人并说明理由。

（三）文件制作（10个工作日）

国家药品监督管理局行政事项受理服务和投诉举报中心制证人员按照申请表中的变更内容制作《医疗器械变更注册（备案）文件》。

1.文件制作要求

制作的《医疗器械变更注册（备案）文件》内容完整、准确无误，加盖的本行政机关专用章准确、无误。

2.岗位职责

制作《医疗器械变更注册（备案）文件》，加盖本行政机关专用章。

三、其他要求

（一）延续注册相关要求

国家药品监督管理局应当在《医疗器械注册证》有效期届满前作出准予延续的决定；逾期未作决定的，视为准予延续。国家药品监督管理局发出补正资料通知和召开专家咨询会议通知等行为，不属于《医疗器械监督管理条例》第二十二条中逾期未作决定的情形。

（二）关于延续注册和原注册证变更的衔接

企业对原注册证申请变更注册或者办理变更备案，医疗器械变更注册（备案）文件登载的注册证编号为原注册证编号；如企业同时又对原注册证申请延续注册，延续注册需核发新的注册证编号，此种情况下，可在延续注册证备注栏中载明原注册证编号。相应产品医疗器械变更注册（备案）文件无论批准时间，均可以与延续注册批准的注册证共同使用。

相关文件

743

（三）关于注册证有关内容

首次注册的，注册证批准日期与生效日期一致，延续注册的，批准时间在原注册证有效期内的，注册证生效日期为原注册证到期次日，批准时间不在原注册证有效期内的，注册证生效日期为批准日期。

境内第三类医疗器械委托生产的，在注册证备注栏中注明受托企业名称。

（四）临床试验审批的申请应当自受理申请之日60日内作出是否同意的决定，并通过国家药品监督管理局医疗器械审评中心网站通知申请人。逾期未通知的，视为同意。

（五）国家药品监督管理局医疗器械技术审评中心应当根据《医疗器械注册与备案管理办法》（市场总局令第47号）第五十七条、《体外诊断试剂注册与备案管理办法》（市场总局令第48号）第五十六条要求制定相应工作程序，办理有关事项。处理异议的工作时限原则上为30个工作日。

（六）申请人自注册申请受理后，15个工作日内未按要求缴费的，视为申请人主动撤回申请，国家药品监督管理局终止其注册程序。

（七）《医疗器械注册证》和《医疗器械变更注册（备案）文件》等用A4纸打印，也可采用电子形式发放。

国家药监局关于印发境内第二类医疗器械注册审批操作规范的通知

国药监械注〔2021〕54 号

各省、自治区、直辖市药品监督管理局，新疆生产建设兵团药品监督管理局：

为落实《医疗器械监督管理条例》（国务院令第 739 号）要求，根据《医疗器械注册与备案管理办法》（市场监管总局令第 47 号）和《体外诊断试剂注册与备案管理办法》（市场监管总局令第 48 号），国家局组织修订了《境内第二类医疗器械注册审批操作规范》，现予印发，自发布之日起施行。《食品药品监管总局关于印发境内第二类医疗器械注册审批操作规范的通知》（食药监械管〔2014〕209 号）同时废止。

附件：《境内第二类医疗器械注册审批操作规范》

国家药监局

2021 年 11 月 2 日

附件

境内第二类医疗器械注册审批操作规范

境内第二类医疗器械（包括体外诊断试剂）注册审批（指产品注册、变更注册和延续注册）包括受理、技术审评、行政审批和批件制作四个环节，变更备案包括受理和文件制作两个环节。

一、境内第二类医疗器械注册审批

（一）受理

1. 受理的申请资料格式应当符合医疗器械、体外诊断试剂注册申请资料要求。

2. 岗位职责

（1）负责对境内第二类医疗器械注册申请资料的完整性和规范性进行形式审查。

（2）申请事项属于本行政机关职权范围，申请资料齐全、符合受理要求，予以受理，出具《受理通知书》，加盖本行政机关专用章并注明日期。

（3）申请资料存在可以当场更正的错误的，应当允许申请人当场更正。

（4）申请资料不齐全或者不符合受理要求的，应当在 5 个工作日内一次告知申请人需要补正的全部内容，并出具《补正材料通知书》，逾期不告知的，自收到申请资料之日起即为受理。

（5）对申请事项依法不属于本行政机关职权范围的，应当即时做出不予受理的决定，出具《不予受理通知书》，加盖本行政机关专用章并注明日期。

（6）自受理申请并缴费之日起3个工作日内，由相应医疗器械技术审评机构开展技术审评。

（二）技术审评（60个工作日）

技术审评机构对境内第二类医疗器械安全性、有效性、质量可控性研究和结果进行系统评价，提出结论性意见，并对技术审评阶段出具的审评意见负责。

1. 主审

（1）责任人：技术审评机构技术审评人员。

（2）主审要求和职责：按照相关法律法规、法定程序和技术审评要求，根据申请人的申请，对其拟上市销售产品的安全性、有效性和质量可控性研究及其结果进行系统评价，确定注册内容是否符合医疗器械产品注册的相关规定，出具审评意见；对医疗器械变更注册内容进行审查，确定变更注册内容是否符合变更注册的相关规定，出具审评意见；对延续注册内容进行审查，确定是否符合延续注册的相关规定，出具审评意见。

2. 复核

（1）责任人：技术审评机构部门负责人或其委托人员。

（2）复核要求和职责：对审评意见进行审查，必要时复核注册申请资料，确定审评意见的完整性、规范性和准确性，并提出复核意见。确定审评过程符合有关审评程序的规定，做到审评尺度一致。

3. 签发

（1）责任人：技术审评机构负责人或其委托人员。

（2）签发要求和职责：对审评意见和复核意见进行审核，确认审评结论，签发审评报告。

4. 其他要求

（1）技术审评过程中，必要时可调阅原始研究资料等所需资料。

（2）需要补正资料的，技术审评机构应当一次告知申请人需要补正的全部内容。申请人应当在1年内按照补正通知的要求一次提供补充资料；技术审评机构应当自收到补充资料之日起60个工作日内完成技术审评。申请人补充资料的时间不计算在审评时限内。

（3）应当依法进行注册质量管理体系核查的，依据有关规定启动。

（三）行政审批（20个工作日）

对受理、技术审评的审查内容和审评过程进行行政复核，并根据技术审评结论作出批准注册或不予行政许可的决定。

1. 审核

（1）责任人

省级药品监督管理部门负责医疗器械注册的处室审核人员。

（2）审核要求

确定本次申请属于本部门审批职责范围；审评程序是否符合相关法规和工作程序的规定；技术审评报告是否完整和规范；审评时限是否符合法定要求；技术审评结论是否明确。

（3）职责

根据审核要求，提出审核意见，填写审查记录后将技术审评报告、行政审查记录报送核准人员。根据核准意见，修改审查记录或者将技术审评报告退回技术审评部门修改。

2. 核准

（1）责任人

省级药品监督管理部门负责医疗器械注册的处室负责人。

（2）核准要求

对审核人员出具的审核意见进行审查；确定本次申请注册的产品是否注册。

（3）岗位职责

对符合核准要求的境内第二类医疗器械注册申请项目，提出核准意见，填写审查记录后将技术审评报告和行政审查记录报送审定人员；对不符合核准要求的，提出核准意见，填写行政审查记录后将技术审评报告、行政审查记录退回审核人员。

3. 审定

（1）责任人

省级药品监督管理部门主管局领导。

（2）审定要求

对核准人员出具的核准意见进行审查；最终批准本次申请注册的产品是否注册。

（3）岗位职责

对境内第二类医疗器械注册申请项目，符合审定要求的作出批准注册或不予行政许可的决定，签发相关文件。

（四）批件（文件）制作（10 个工作日）

制证人员应当按照行政审批结论制作批件（文件）。

1. 制作的《医疗器械注册证》《医疗器械变更注册（备案）文件》内容完整、准确无误，加盖的本行政机关专用章准确、无误。

2. 制作的《不予行政许可决定书》中须写明不予行政许可的理由，并注明申请人依法享有申请行政复议或者提起行政诉讼的权利以及投诉渠道。

3. 其他许可文书等应当符合公文的相关要求。

4. 岗位职责

对准予许可的，制作《医疗器械注册证》或《医疗器械变更注册（备案）文件》，加盖本行政机关专用印章。

对不予许可的，制作《不予行政许可决定书》，加盖本行政机关专用印章。

二、变更备案

省级药品监督管理部门负责接收变更备案资料。

（一）申请资料格式要求

应当符合本规范第一项受理中所提申请资料格式要求。

（二）岗位职责

1. 变更备案属于本行政机关职权范围，申请资料齐全、符合形式审查要求的，予以接收，将备案结论转制证部门。

2. 变更备案资料不齐全或者不符合规定形式的，应当一次告知申请人需要补正的全部内容，对不予变更备案的，应告知申请人并说明理由。

3. 变更备案不属于本行政机关职权范围的，不予接收，同时告知申请人并说明理由。

（三）文件制作（10 个工作日）

制证人员按照申请表中的变更内容制作《医疗器械变更注册（备案）文件》。

1. 文件制作要求

制作的《医疗器械变更注册（备案）文件》内容完整、准确、无误，加盖的本行政机关专用章准确、无误。

2. 岗位职责

制作《医疗器械变更注册（备案）文件》，加盖本行政机关专用章。

相关文件

三、其他要求

（一）延续注册相关要求

省级药品监督管理部门应当在《医疗器械注册证》有效期届满前作出准予延续的决定；逾期未作决定的，视为准予延续。省级药品监督管理部门发出补正资料通知和召开专家会议通知等行为，不属于《医疗器械监督管理条例》第二十二条中逾期未作决定的情形。

（二）关于延续注册和原注册证变更的衔接

企业对原注册证申请变更注册或者办理变更备案，医疗器械变更注册（备案）文件登载的注册证编号为原注册证编号；如企业同时又对原注册证申请延续注册，延续注册需核发新的注册证编号，此种情况下，可在延续注册证备注栏中载明原注册证编号。相应产品医疗器械变更注册（备案）文件无论批准时间，均可以与延续注册批准的注册证共同使用。

（三）关于注册证有关内容

首次注册的，注册证批准日期与生效日期一致，延续注册的，批准时间在原注册证有效期内的，注册证生效日期为原注册证到期次日，批准时间不在原注册证有效期内的，注册证生效日期为批准日期。

境内第二类医疗器械委托生产的，在注册证备注栏中注明受托企业名称。

（四）省级药品监督管理部门技术审评机构应当根据《医疗器械注册与备案管理办法》（市场总局令第47号）第五十七条、《体外诊断试剂注册与备案管理办法》（市场总局令第48号）第五十六条要求制定相应工作程序，办理有关事项。处理异议的工作时限原则上为30个工作日。

（五）申请人自注册申请受理后，未在规定期限内按要求缴费的，视为申请人主动撤回申请，省级药品监管部门终止其注册程序。具体期限由省级药品监管部门自行确定。

（六）审批时限如国家局有规定或者地方性法规有规定的，从其规定。

（七）省级药品监督管理部门建立医疗器械注册电子申报系统接收企业注册申报的，无需提交纸质资料，电子申报应当符合省级药品监督管理部门相应要求。

（八）《医疗器械注册证》和《医疗器械注册变更文件》等用A4纸打印，也可采用电子形式发放。

各省、自治区、直辖市药品监督管理部门可参照本规范的要求，结合各地实际情况作出具体规定。

附：境内第二类医疗器械注册技术审评报告（参考格式）

附

受理号：　　　　　　　　　　　　　　　受理日期：

境内第二类医疗器械注册
技术审评报告（参考格式）

产品名称：

规格型号：

申请人：

××××××××××（技术审评单位名称）

技术审评报告

注册形式	□注册申请 □变更注册申请 □延续注册申请
产品名称	
申请人	
生产地址	

技术审查内容
1. 产品概述
2. 同类产品及该产品既往注册情况
3. 有关产品安全性、有效性主要评价内容 〔 如原理、材料、化学和物理性能、电气安全、辐射安全、软件、生物学特性、生物源材料、消毒、灭菌工艺、动物实验、稳定性传染和微生物污染防护、临床试验等 〕
4. 企业提供的证据 〔 技术资料提供的证明方法、方法依据及相关客观数据 〕
5. 存在问题及主要补正意见
6. 企业针对"存在问题及主要补正意见"提供的证据或修改的内容

综合意见 备选项：〔 符合技术审评要求，建议准予注册。 申请资料不符合技术审评要求，建议不予行政许可。(列明具体理由和依据。) 同意企业申请，建议准予撤回。 其他。(须明确具体情况)〕	
	主审：　　年　　月　　日
	复核：　　年　　月　　日
	签发：　　年　　月　　日

国家药监局综合司关于印发境内第三类医疗器械注册质量管理体系核查工作程序的通知

药监综械注〔2022〕13 号

各省、自治区、直辖市药品监督管理局：

为做好医疗器械注册质量管理体系核查工作，根据《医疗器械监督管理条例》《医疗器械注册与备案管理办法》《体外诊断试剂注册与备案管理办法》等相关法规规章，国家局组织修订了《境内第三类医疗器械注册质量管理体系核查工作程序》，现予印发，自发布之日起施行。原国家食品药品监督管理总局《关于印发境内第三类医疗器械注册质量管理体系核查工作程序（暂行）的通知》（食药监械管〔2015〕63 号）同时废止。

国家药监局综合司

2022 年 2 月 9 日

境内第三类医疗器械注册质量管理体系核查工作程序

第一条 为做好医疗器械注册质量管理体系核查工作，根据《医疗器械监督管理条例》（国务院令第 739 号）《医疗器械注册与备案管理办法》（国家市场监督管理总局令第 47 号）和《体外诊断试剂注册与备案管理办法》（国家市场监督管理总局令第 48 号）等相关规定，制定本程序。

第二条 本程序适用于境内第三类医疗器械注册质量管理体系核查。

第三条 省、自治区、直辖市药品监督管理部门负责境内第三类医疗器械注册质量管理体系核查工作，国家药品监督管理局医疗器械技术审评中心（以下简称国家局器械审评中心）必要时参与核查。

第四条 国家局器械审评中心在医疗器械注册申请受理后 10 个工作日内，将注册质量管理体系核查通知、注册质量管理体系相关资料、注册申请表电子版发送至相应省、自治区、直辖市药品监督管理部门（跨省委托生产产品仅发至注册申请人所在地药品监督管理部门）。国家局器械审评中心参与核查的，在通知中告知省、自治区、直辖市药品监督管理部门（通知格式见附件 1）。涉及跨省委托生产的，由注册申请人所在地省级药品监督管理部门协商受托生产企业所在地药品监督管理部门联合开展或委托开展现场检查，受托生产企业所在地药品监督管理部门应当予以支持配合。

第五条 省、自治区、直辖市药品监督管理部门按照医疗器械生产质量管理规范以及相关附录、注册质量管理体系核查指南的要求开展与产品研制、生产有关的质量管理体系核查。

在核查过程中，应当同时对注册申请人检验用产品和临床试验用产品的真实性进行核查。重点查阅设计开发过程实施策划和控制的相关记录，用于产品生产的采购记录、生产记录、检验记录和留样观察记录等。

提交自检报告的，应当对申请人或者受托机构研制过程中的检验能力、检验结果等进行重点核查。

相关文件

第六条 省、自治区、直辖市药品监督管理部门根据申请人的具体情况、监督检查情况、本次申请注册产品与既往已通过核查产品生产条件及工艺对比情况等，酌情安排现场检查的内容，避免重复检查。

产品具有相同工作原理、预期用途，并且具有基本相同的结构组成、生产条件、生产工艺的，现场检查时，可仅对企业检验用产品和临床试验用产品的真实性进行核查，重点查阅设计开发过程实施策划和控制的相关记录，用于产品生产的采购记录、生产记录、检验记录和留样观察记录等。

第七条 省、自治区、直辖市药品监督管理部门应当自收到体系核查通知起 30 个工作日内完成质量管理体系核查工作。对于国家局器械审评中心参与核查的项目，省、自治区、直辖市药品监督管理部门应当在开展现场检查 5 个工作日前书面通知国家局器械审评中心。

第八条 检查组实施现场检查前应当制定现场检查方案。现场检查方案内容包括：企业基本情况、检查品种、检查目的、检查依据、现场检查时间、日程安排、检查项目、检查组成员及分工等。现场检查时间一般为 1 至 3 天，如 3 天仍不能完成检查的，可适当延长时间。

检查组应当由 2 名以上（含 2 名）检查员组成，企业所在的设区的市级药品监督管理部门可派 1 名观察员参加现场检查。必要时，药品监督管理部门可邀请有关专家参加现场检查。对于提交自检报告的，检查时应当选派熟悉检验人员参与检查。

第九条 现场检查实行检查组长负责制。检查组长负责组织召开现场检查首次会议、末次会议以及检查组内部会议，负责现场检查资料汇总，审定现场检查结论。

第十条 现场检查开始时，应当召开首次会议。首次会议应当由检查组成员、观察员、企业负责人和 / 或管理者代表、相关人员参加。内容包括确认检查范围、落实检查日程、宣布检查纪律和注意事项、确定企业联络人员等。

第十一条 检查员应当按照检查方案进行检查，对检查发现的问题如实记录。

第十二条 在现场检查期间，检查组应当召开内部会议，交流检查情况，对疑难问题进行研究并提出处理意见，必要时应予取证。检查结束前，检查组应当召开内部会议，进行汇总、评定，并如实记录。检查组内部会议期间，企业人员应当回避。

第十三条 现场检查结束时，应当召开末次会议。末次会议应当由检查组成员、观察员、企业负责人和 / 或管理者代表、相关人员参加。内容包括检查组向企业通报现场检查情况，企业对现场检查情况进行确认。对于检查中发现的问题有异议的，企业应当提供书面说明及相关证据和证明材料。

第十四条 检查组对现场检查出具建议结论，建议结论分为"通过检查"、"整改后复查"、"未通过检查"三种情况。

第十五条 省、自治区、直辖市药品监督管理部门应当自现场检查结束后 5 个工作日内对检查组提交的现场检查资料进行审核，提出核查结论，核查结论为"通过核查"、"整改后复查"、"未通过核查"三种情况。对于需要整改后复查的，由核查部门自作出意见之日起 10 个工作日内将需要整改的内容告知申请人。

第十六条 整改后复查的，注册申请人自收到整改意见之日起 6 个月内一次性向原核查部门提交复查申请及整改报告。原核查部门应当在收到复查申请后 30 个工作日内完成复查。能够通过资料进行核实的，可免于现场复查。

未在规定期限内提交复查申请和整改报告的，以及整改复查后仍达不到"通过核查"要求的，核查结论为"整改后未通过核查"。整改后通过核查的，核查结论为"整改后通过核查"。

第十七条 申请人拒绝接受质量管理体系现场检查的，核查结论为"未通过核查"。

第十八条 省、自治区、直辖市药品监督管理部门应当在做出"通过核查"、"整改后通过核查"、"未通过核查"、"整改后未通过核查"的结论后 5 个工作日内，将核查结果通知（格式见附件

2）发送国家局器械审评中心。

第十九条 未通过核查的，国家局器械审评中心提出不予注册的审评意见，国家药品监督管理局作出不予注册的决定。

第二十条 质量管理体系核查工作应当严格遵守法律法规、核查纪律，保守国家秘密和被检查单位的秘密，遵守廉政相关要求。

第二十一条 国家药品监督管理局加强对核查工作的监督指导，对于省、自治区、直辖市药品监督管理部门未能按照时限要求完成相应工作的，责令其整改；对无正当理由多次未能按照时限要求完成相应工作的，予以通报，并视情况按规定约谈相应省、自治区、直辖市药品监督管理部门。

第二十二条 省、自治区、直辖市药品监督管理部门可参照本程序制定境内第二类医疗器械注册质量管理体系核查的工作程序。

第二十三条 本程序自公布之日起施行。《食品药品监管总局关于印发境内第三类医疗器械注册质量管理体系核查工作程序（暂行）的通知》（食药监械管〔2015〕63号）同时废止。

附件：1. 关于开展医疗器械注册质量管理体系核查的通知（格式）
　　　2. 境内第三类医疗器械注册质量管理体系核查

附件 1

药监械审核〔20××〕×号

关于开展医疗器械注册质量管理体系核查的通知
（格式）

××省（自治区、直辖市）药品监督管理局：

你省（自治区、直辖市）××××公司提交的××××注册申请（受理号：准××××××××××），现已进入技术审评阶段。依据相关规定，请你局按照《医疗器械注册与备案管理办法》《体外诊断试剂注册与备案管理办法》相关规定，组织开展注册质量管理体系核查工作，并将核查结果文件报送我中心。

□该产品属于创新／优先审批医疗器械，请予以优先办理。

□我中心不参与本次现场检查工作。

□我中心参与本次现场检查工作。

□本次核查建议关注：

联系人：　　　　　　　　　　　　　　联系电话：

备注：

1. 核查工作可按照《医疗器械注册与备案管理办法》第 50 条或者《体外诊断试剂注册与备案管理办法》第 49 条要求开展，避免重复检查。

2. 如涉及注册自检的，请按照《医疗器械注册自检管理规定》的相关要求，对申请人的自检能力予以关注。

国家药品监督管理局

医疗器械技术审评中心

年　　月　　日

附件 2

境内第三类医疗器械注册质量管理体系核查结果通知
（格式）

注册受理号：

注册申请人：	
住所：	
生产地址：	
产品名称：	
本次核查覆盖的规格型号：	
核查依据：	
检验用产品和临床试验用产品真实性： 用于产品生产的原材料是否有采购记录： 是否有产品生产过程的记录和检验记录： 样品的批号是否和生产记录的批号一致： 如需要留样的产品，是否有留样：	
发现的问题：	
其他说明：	
核查结论： □通过核查　　　　　□未通过核查 □整改后通过核查　　□整改后未通过核查 日　期： （省、自治区、直辖市药品监督管理部门盖章）	
附：现场检查人员名单	

相关文件

现场检查人员名单

姓名	职务	工作单位	签字
姓名	职务	工作单位	签字

总局办公厅关于医疗器械产品技术要求有关问题的通知

食药监办械管〔2016〕22 号

各省、自治区、直辖市食品药品监督管理局：

为贯彻实施《医疗器械监督管理条例》（国务院令第 650 号，以下简称《条例》），进一步明确产品技术要求有关问题，现将有关事项通知如下：

一、《条例》中明确了产品技术要求的法律地位。第一类医疗器械产品备案和申请第二类、第三类医疗器械产品注册，应当提交产品技术要求等资料；医疗器械生产企业应当严格按照经注册或者备案的产品技术要求组织生产，保证出厂的医疗器械符合强制性标准以及经注册或者备案的产品技术要求。

二、医疗器械注册申请人应当根据医疗器械成品的性能指标和检验方法编制产品技术要求，在注册申请时提交产品技术要求及其他注册申报资料。

三、承担注册检验的医疗器械检验机构应当依据产品技术要求对相关产品进行注册检验，并根据《食品药品监管总局关于印发医疗器械检验机构开展医疗器械产品技术要求预评价工作规定的通知》（食药监械管〔2014〕192 号）的要求，对注册申请人提交的产品技术要求进行预评价。

四、医疗器械技术审评机构在对申请注册医疗器械技术审评时，应当根据产品技术要求及其他注册申报资料，对其安全性、有效性研究和结果进行系统评价，提出结论性审评意见。

五、产品技术要求主要包括医疗器械成品的性能指标和检验方法，其中哪些项目需要出厂检验，不在产品技术要求中规定。企业应当根据产品技术要求、产品特性、生产工艺、生产过程、质量管理体系等确定生产过程中各个环节的检验项目，最终以产品检验规程的形式予以细化和固化，用以指导企业的出厂检验和放行工作，确保出厂的产品质量符合强制性标准以及经注册或者备案的产品技术要求。

医疗器械生产企业发现其生产的医疗器械不符合强制性标准、经注册或者备案的产品技术要求或者存在其他缺陷的，应当立即停止生产，通知相关生产经营企业、使用单位和消费者停止经营和使用，召回已经上市销售的医疗器械，采取补救、销毁等措施，记录相关情况，发布相关信息，并将医疗器械召回和处理情况向食品药品监督管理部门和卫生计生主管部门报告。

六、食品药品监督管理部门应当加强本行政区域医疗器械生产企业的监督检查，并对医疗器械生产企业是否按照经注册或者备案的产品技术要求组织生产等事项进行重点监督检查。产品技术要求是载明产品性能指标和检验方法的文件，可作为监督抽验的抽验依据。

七、产品技术要求是针对一个具体注册申报产品制定的，依据产品技术要求认可医疗器械检验机构检验资质，不能解决承检范围覆盖问题，按照检验项目和参数进行检验机构资质认定，可以满足注册检验和监督抽验的要求，符合监管工作需求。总局将积极协调，依法配合国务院有关部门推进医疗器械检验机构资质认定工作，并加强对相关检验机构资质认定工作的培训和指导。

食品药品监管总局办公厅

2016 年 2 月 26 日

相关文件

国家食品药品监督管理总局关于规范含银盐医疗器械注册管理有关事宜的公告

2015 年第 225 号

为解决含银盐（如硝酸银、磺胺嘧啶银等）医疗器械注册管理的有关问题，进一步规范申报和审批程序，根据《医疗器械监督管理条例》和《医疗器械注册管理办法》等相关规定，现对该类产品注册管理有关事宜公告如下：

一、对于含有硝酸银、磺胺嘧啶银等银盐的产品，若产品主要通过银盐的抗菌作用实现其预期用途，如含有银盐的溶液、凝胶等，不作为医疗器械管理；若产品所含的银盐仅为复合在医疗器械上增加抗菌功能，抗菌为辅助作用，如含银盐涂层的导尿管、含银盐敷料等，按照第三类医疗器械管理。

二、自本公告发布之日起，按照上述管理属性和类别受理含银盐产品的医疗器械注册申请。

三、已经按照医疗器械受理的注册申请，继续按照医疗器械进行审评审批，准予注册的，发给医疗器械注册证。其中，所含的银盐以游离或释放的方式发挥作用的溶液、凝胶等产品，限定其注册证书的有效截止日期为 2018 年 12 月 31 日。

四、已获得医疗器械注册证的产品，其中属于所含的银盐以游离或释放的方式发挥作用的溶液、凝胶等产品的，原医疗器械注册证在证书有效期内继续有效；所涉及企业应按照相应管理属性和类别的有关要求积极开展转换工作，在 2018 年 12 月 31 日之前完成转换。开展转换工作期间注册证书到期的，如产品上市后未发生严重不良事件和质量事故的，企业可按照原管理属性和类别向原审批部门提出延期申请，予以延期的，原医疗器械注册证书有效期不得超过 2018 年 12 月 31 日。

特此公告。

食品药品监管总局

2015 年 11 月 9 日

国家食品药品监督管理总局关于境内医疗器械生产企业跨省新开办企业时办理产品注册及生产许可有关事宜的公告

2015 年第 203 号

为促进医疗器械产业发展，简化企业在调整产业结构和兼并重组过程中有关许可事项的办理流程，根据《医疗器械监督管理条例》、《医疗器械注册管理办法》和《医疗器械生产监督管理办法》的有关规定，现将境内医疗器械生产企业跨省新开办企业时办理产品注册及生产许可的有关事宜公告如下：

一、已取得《医疗器械注册证》及《医疗器械生产企业许可证》的企业，且涉及多个跨省生产场地的，按照以下情形办理：

（一）对注册证持有企业，其住所在 A 省（自治区、直辖市，以下同），生产场地在 A 省和 B 省（如企业有多个跨省生产场地，除 A 省生产场地外，其余也统称为 B 省，以下同），且每个生产场地均能完整独立生产产品的企业，现按照有关规定在 B 省原生产场地新开办企业，继续生产同样产品，并取消 A 省生产场地的情形；或对注册证持有企业，其住所在 A 省，生产地址仅设在 B 省，现按照有关规定需办理在 B 省原生产场地新开办企业，继续生产同样产品的情形。

1. 对于以上情形的第三类医疗器械，由 A 省企业向国家食品药品监督管理总局办理注册证上注册人名称登记事项变更和取消 A 省生产地址的登记事项变更（如有），办理时不需提交生产许可证。

注册变更后，由 B 省新开办企业向 B 省食品药品监督管理部门提出生产许可申请，B 省食品药品监督管理部门根据第三类医疗器械注册证及注册变更文件，依据《医疗器械生产质量管理规范》及相关附录，对相关产品进行生产质量管理规范全项目检查，对符合规定条件的，核发医疗器械生产许可证。同时 A 省企业向 A 省食品药品监督管理部门申请注销原《医疗器械生产企业许可证》。

2. 对于以上情形的第二类医疗器械，由 B 省新开办企业向 B 省食品药品监督管理部门提出（首次）注册申请。

B 省新开办企业取得产品注册证后，向 B 省食品药品监督管理部门提出生产许可申请，B 省食品药品监督管理部门依据《医疗器械生产质量管理规范》及相关附录，对相关产品进行生产质量管理规范全项目检查，对符合规定条件的，核发医疗器械生产许可证。同时 A 省企业向 A 省食品药品监督管理部门申请注销相关产品注册证书及原《医疗器械生产企业许可证》。

（二）对注册证持有企业，其住所在 A 省，生产场地在 A 省和 B 省，且每个生产场地均能完整独立生产产品的企业，现拟取消 B 省生产场地，在 A 省原生产场地继续生产同样产品的情形。

对于以上情形的医疗器械，由企业根据产品类别向相应食品药品监督管理部门办理注册证上生产地址登记事项变更，办理时不需提交生产许可证。

企业应根据医疗器械注册证变更情况，向 A 省食品药品监督管理部门申请变更医疗器械生产许可，A 省食品药品监督管理部门应当按照新的《医疗器械生产监督管理办法》有关要求进行审核，发给新的《医疗器械生产许可证》，有效期自发证之日起计算。

（三）对注册证持有企业，其住所在 A 省，生产场地在 A 省和 B 省，且每个生产场地均能完整独立生产产品的企业，现拟除保留 A 省生产场地外，按照有关规定在 B 省原生产场地新开办企业，在 A 省和 B 省生产场地分别继续生产同样产品的情形。

对于以上情形的医疗器械，A 省企业根据产品类别向相应食品药品监督管理部门办理注册证上生产地址登记事项变更，办理时不需提交生产许可证。B省新开办企业根据产品类别向相应食品药品监督管理部门提出（首次）注册申请。国家食品药品监管总局对该项注册申请不收取注册费。

B省企业取得产品注册证后，向B省食品药品监督管理部门提出生产许可申请，B省食品药品监督管理部门根据相关医疗器械注册证，依据《医疗器械生产质量管理规范》及相关附录，对相关产品进行生产质量管理规范全项目检查，对符合规定条件的，核发医疗器械生产许可证。同时A省企业向A省食品药品监督管理部门申请变更医疗器械生产许可，A省食品药品监督管理部门应当按照新的《医疗器械生产监督管理办法》有关要求进行审核，发给新的《医疗器械生产许可证》，有效期自发证之日起计算。

二、医疗器械生产企业在兼并、重组过程中涉及跨省办理产品迁入迁出的，按照以下情形办理：

对注册证持有企业住所在A省的，拟将A省企业的注册产品全部生产过程转移至B省，由B省企业根据产品类别向相应食品药品监督管理部门提出（首次）注册申请。

B省企业取得产品注册证后，向B省食品药品监督管理部门提出生产许可或变更申请，B省食品药品监督管理部门根据相关医疗器械注册证，依据《医疗器械生产质量管理规范》及相关附录，对相关产品进行生产质量管理规范全项目检查，对符合规定条件的，核发或变更医疗器械生产许可证，增加《医疗器械生产产品登记表》（以下简称《登记表》）所列品种。同时A省企业向A省食品药品监督管理部门申请办理或变更医疗器械生产许可证，核减《登记表》所列品种。

三、上述涉及（首次）注册申请的，除本条所列下述资料外，其余注册申报资料可提交A省企业的资料，并经A省企业同意用于B省企业注册申报，具体如下：

医疗器械（不含体外诊断试剂）注册申报资料中的证明性文件、医疗器械安全有效基本要求清单、生产制造信息、产品技术要求、产品注册检验报告、说明书和标签样稿、符合性声明应当为B省企业的。

体外诊断试剂注册申报资料中的证明性文件、生产及自检记录、产品技术要求、产品注册检验报告、说明书和标签样稿、符合性声明应当为B省企业的。

如果A省企业注册证无产品技术要求附件的，则核发的B省企业注册证"附件"栏将"产品技术要求"改为"注册产品标准"。该注册证延续注册时，按照《食品药品监管总局关于实施〈医疗器械注册管理办法〉和〈体外诊断试剂注册管理办法〉有关事项的通知》（食药监械管〔2014〕144号）中有关规定办理。

四、第一类医疗器械生产企业跨省设立生产场地的，应依据《医疗器械监督管理条例》的要求，及时办理备案。

五、医疗器械生产企业在省内跨区域兼并、重组等情形所涉及的产品注册及生产许可的办理参照执行。

特此公告。

食品药品监管总局

2015年10月21日

国家药监局 国家卫生健康委关于发布定制式医疗器械监督管理规定（试行）的公告

2019 年第 53 号

为规范定制式医疗器械注册监督管理，保障定制式医疗器械的安全性、有效性，满足患者个性化需求，根据《国务院关于修改〈医疗器械监督管理条例〉的决定》（中华人民共和国国务院令第680 号）规定，国家药品监督管理局会同国家卫生健康委员会制定了《定制式医疗器械监督管理规定（试行）》，现予发布，自 2020 年 1 月 1 日起施行。

附件：定制式医疗器械监督管理规定（试行）

国家药监局　国家卫生健康委
2019 年 6 月 26 日

附件

定制式医疗器械监督管理规定（试行）

第一章 总 则

第一条 为满足临床实践中的罕见特殊个性化需求，规范定制式医疗器械监督管理，保障定制式医疗器械的安全性、有效性，依据《医疗器械监督管理条例》，制定本规定。

第二条 在中华人民共和国境内从事定制式医疗器械的研制、生产、使用活动及其监督管理，应当遵守本规定。

第三条 对定制式医疗器械实行备案管理，生产、使用定制式医疗器械应当按照本规定备案。

定制式医疗器械不得委托生产。

第四条 当定制式医疗器械临床使用病例数及前期研究能够达到上市前审批要求时，应当按照《医疗器械注册管理办法》《体外诊断试剂注册管理办法》规定，申报注册或者办理备案。符合伦理准则且真实、准确、完整、可溯源的临床使用数据，可以作为临床评价资料用于注册申报。

第五条 定制式医疗器械仅供提出特殊需求出具订单的医疗机构用于指定患者，非订单机构或者非指定患者不得使用。

医疗机构使用定制式医疗器械应当以患者利益为核心，遵循伦理准则以及安全、有效和节约原则。

第六条 医疗器械生产企业、医疗机构应当严格遵守医疗器械研制、生产、使用相关规范要求，按照本规定和协议约定履行义务，并承担相应责任。

第二章 备案管理

第七条 定制式医疗器械名称应当符合《医疗器械通用名称命名规则》要求，采用"产品通用名称"后加括号"定制"的命名形式。

第八条 医疗器械生产企业及医疗机构共同作为定制式医疗器械备案人，在生产、使用定制式医疗器械前应当向医疗器械生产企业所在地（进口产品为代理人所在地）省、自治区、直辖市药品监督管理部门备案。备案资料符合形式要求的，省、自治区、直辖市药品监督管理部门当场予以备案（见附1—3）。备案资料不齐全或者不符合规定形式的，应当一次告知需要补正的全部内容。对不予备案的，应当告知备案人并说明理由。

已备案的定制式医疗器械，备案信息表（见附2）登载内容发生变化的，备案人应当提交变化情况的说明及相关证明文件，向原备案部门变更备案信息。备案资料符合形式要求的，省、自治区、直辖市药品监督管理部门应当在变更情况栏中载明变化情况。

备案人自行取消备案的，向原备案部门提交自行取消备案相关资料。省、自治区、直辖市药品监督管理部门应当及时向社会公告，其中自行取消备案日期为备案人提交取消备案相关资料日期。

备案、变更备案及取消备案信息（见附2）应当及时在本省、自治区、直辖市药品监督管理部门政务网站上公开，通报医疗机构所在地省、自治区、直辖市药品监督管理部门和卫生健康行政部门，并每半年向国家药品监管数据共享平台（http://10.64.1.145）报送一次。

未经备案或者备案已取消的，生产企业不得生产，医疗机构不得使用。

第九条 主要原材料、生产工艺、技术原理、结构组成、关键性能指标及适用范围基本相同的定制式医疗器械构成一个备案单元。对于配合使用、以完成同一手术 / 医疗目的的定制式医疗器械组合可以作为同一备案单元。

第十条 定制式医疗器械生产企业应当具备以下条件：

（一）有定制式医疗器械研制、生产所需的专业技术人员；

（二）具备定制式医疗器械研制能力和研究基础；

（三）有相同类型的依据标准规格批量生产的医疗器械注册证及相应生产许可证（境外生产企业应当持有注册地或者生产地址所在国家或者地区医疗器械主管部门出具的企业资格证明文件）；

（四）有相同类型的依据标准规格批量生产的医疗器械的生产能力和生产经验，并符合相应的质量管理体系。

第十一条 使用定制式医疗器械的医疗机构应当具备以下条件：

（一）三级综合或者三级专科医院，具有与使用的定制式医疗器械相适应的诊疗项目；

（二）有在医疗机构注册的、能够使用定制式医疗器械的主诊医师；

（三）具备使用同类已上市产品的经验，已开展同种疾病研究和治疗，临床专业水平国内先进；

（四）具备较高的医疗器械管理水平，已建立完善的医疗器械使用质量管理体系，具备医疗器械使用评价和医疗器械不良事件监测能力。

第十二条 当定制式医疗器械生产企业不具备相同类型的依据标准规格批量生产的医疗器械产品的有效注册证或者生产许可证时，或者主要原材料、技术原理、结构组成、关键性能指标及适用范围基本相同的产品已批准注册的，备案自动失效。备案人应当主动取消备案。

第三章 设计加工

第十三条 生产企业与医疗机构双方应当签订协议，明确双方权利、义务和责任。制作订单应当列入协议。

第十四条 定制式医疗器械应当由医疗机构与生产企业达成一致后填写书面订单，订单应当载明以下内容：

（一）生产企业信息，包括生产企业名称、住所、生产地址、负责人、联系人、联系电话；

（二）医疗机构信息，包括医疗机构名称、地址、负责人、主诊医师、联系人、联系电话；

（三）患者信息，包括姓名（可以按姓名首字母缩写或数字代码标识，前提是可以通过记录追踪到指定患者）、住院号、性别、年龄、病情描述、治疗方案、治疗风险等；

（四）采用定制式医疗器械原因的声明；

（五）定制需求，包括定制医疗器械临床数据（影像数据、检查数据、病损部位、病损模型等）、医疗目的和定制医疗器械要求说明等；

（六）产品设计要求、成品交付要求、产品验收标准、产品验收清单等；

（七）授权主诊医师和生产企业联系人签字及日期。

第十五条 在保护患者隐私的情况下，生产企业应当将定制式医疗器械产品设计环节延伸到医疗机构。

第十六条 定制式医疗器械研制、生产除符合医疗器械生产质量管理规范及相关附录要求外，还应当满足以下特殊要求：

（一）人员

对于参与产品设计制造的医务人员和工程人员应当有明确的分工和清晰的职责界限，能够进行充分的沟通和交流。

（二）设计开发

1.作为设计输入重要信息载体的制作订单，应当能够全面地、完整地反映所要设计的定制式医疗器械的参数特点。

2.制作订单型式应当包括纸质订单，可以包括影像数据资料等。如对影像数据扫描参数有特定范围要求，也应当一并提出。

3.用于数据处理或者采集数据（影像资料）转化用的软件应当经过验证和确认，并应当选取最极端情况测试所有文件转化过程。

4.定制式医疗器械应当经过必要的设计验证。设计验证可以采用多种模式，如制作试样、设计评价、三维计算机模拟（有限元分析等）、临床对比等，生产企业应当在包括设计和开发在内的产品实现全过程中，制定风险管理的要求并形成文件，保持相关记录。

5.需经过医工交互平台进行数据传递时，医工交互平台应当经过必要的验证，防止信息丢失。

6.定制式医疗器械设计和生产过程中，如果存在设计更改，必须经过相关的验证和确认，保留设计更改记录，并告知医疗机构授权主诊医师并经过其确认，确认记录需进行保存。

（三）质量控制

生产企业应当规定定制式医疗器械产品的放行程序、条件和批准要求。

（四）追溯管理

生产企业应当建立每一件定制式医疗器械产品的唯一识别编号，并确保信息具有可追溯性。

定制式医疗器械相关文件记录的保存期限应当不少于生产企业所规定的医疗器械的寿命期，对于植入性定制式医疗器械的文件记录应当永久保存，对于非植入的其他定制式医疗器械的文件记录应当自放行产品的日期起不少于5年。

第十七条 定制式医疗器械的说明书和标签原则上应当符合《医疗器械说明书和标签管理规定》的要求。

（一）说明书至少还应当特别标明以下事项：

1.可以识别定制式医疗器械的唯一识别编号（识别号）；

2.患者姓名（可以按姓名首字母缩写或数字代码标识，前提是可以通过记录追踪到指定患者）以及该定制式医疗器械是某个患者专用的声明；

3.医疗机构名称，以及开具设计制作订单的主诊医师姓名；

4.定制要求。

（二）标签至少还应当特别标明以下事项：

1.可以识别定制式医疗器械的唯一识别编号（识别号）；

2.患者姓名（可以按姓名首字母缩写或数字代码标识，前提是可以通过记录追踪到指定患者）；

3.医疗机构名称，以及开具设计制作订单的主诊医师姓名。

第十八条 每年1月底前，备案人应当向所在地省、自治区、直辖市药品监督管理部门和卫生健康行政部门报告上一年度定制式医疗器械的生产和使用年度报告（见附4）。

第四章 使用管理

第十九条 医疗机构应当建立定制式医疗器械查验记录制度，按照协议和制作订单确认的设计要求、产品验收标准、产品验收清单等验收定制式医疗器械，符合要求的，签字确认，做好交付记录并保存。

第二十条 医疗机构应当向患者或者其监护人告知使用定制式医疗器械的原因及使用风险，获得患者或者其监护人同意并签署知情同意书后，与生产企业协商制作订单。医疗机构使用定制式医疗器械前，向患者或者其监护人告知产品备案等情况。

第二十一条 医疗机构应当将定制式医疗器械的制作订单，产品验收、调改、使用、退回等信息以及与使用质量安全密切相关的必要信息妥善保存，确保信息具有可追溯性，并在病历中记录定制式医疗器械产品名称和唯一识别编号。相关信息的保存期限应当不少于生产企业所规定的医疗器械的寿命期，对于植入性定制式医疗器械的相关信息应当永久保存，对于非植入的其他定制式医疗器械，从生产企业交付产品的日期起不少于5年。

第二十二条 医疗机构应当对使用后的定制式医疗器械开展评价工作。由医疗、护理、临床工程技术、医院感染控制、生产企业技术人员等组成评价工作技术团队，对定制式医疗器械使用的实际效果和质量安全情况进行分析评价，并将此评价结果作为后期合理使用的重要依据。

第二十三条 定制式医疗器械备案人应当按照《医疗器械不良事件监测和再评价管理办法》有关规定开展定制式医疗器械不良事件监测和再评价工作。

第二十四条 医疗机构应当制定完善的安全防范措施和风险控制计划，发生严重不良事件等紧急情况时，立即启动应急预案，采取防范控制措施，及时处置。

第二十五条 医疗机构在定制式医疗器械使用过程中出现下列情形之一的，应当停止使用，会同医疗器械生产企业，开展调查分析，进行风险受益评估，采取必要风险控制措施，并及时向所在地省、自治区、直辖市药品监督管理部门和卫生健康行政部门报告。

（一）相关医疗技术被卫生健康行政部门废除或者禁止使用；

（二）使用定制式医疗器械的主要专业技术人员或者关键设备、设施及其他辅助条件发生变化，不能正常使用；

（三）发生与定制式医疗器械直接相关的严重不良事件；

（四）定制式医疗器械存在产品质量和安全隐患，或者使用效果不确切；

（五）定制式医疗器械存在伦理缺陷；

（六）已有批准上市可替代医疗器械；

（七）其他需要停止使用的情形。

必要时，备案人应当取消备案，有关省、自治区、直辖市药品监督管理部门可以直接取消相关产品备案。

第二十六条 定制式医疗器械不得在大众传播媒介进行广告宣传。

第二十七条 除法律法规允许外，禁止将患者信息用于生产和使用定制式医疗器械以外的其他用途。

第五章 监督管理

第二十八条 省、自治区、直辖市药品监督管理部门应当定期对定制式医疗器械生产企业开展监督检查。市县两级负责药品监督管理的部门应当定期对使用定制式医疗器械的医疗机构开展检查。

如发现定制式医疗器械可能引起重大安全隐患的，省、自治区、直辖市药品监督管理部门应当及时中止相关定制式医疗器械的生产和使用；对于省、自治区、直辖市药品监督管理部门未及时处理的，国家药品监督管理部门应当责成省、自治区、直辖市药品监督管理部门中止相关定制式医疗器械的生产和使用。

第二十九条 生产企业有以下情形之一的，由省、自治区、直辖市药品监督管理部门向社会公告，并纳入企业诚信档案，同时通报相关使用医疗机构所在地省、自治区、直辖市药品监督管理部门及卫生健康行政部门：

（一）未取得备案，或者备案失效后生产并提供给医疗机构使用的；

（二）提供虚假资料或者采取其他欺骗手段取得定制式医疗器械生产使用备案的；

（三）超出备案范围生产并提供给医疗机构使用的。

第三十条 医疗机构使用未经备案、超出备案范围或者备案失效定制式医疗器械的，由市县两级负责药品监督管理的部门向社会公告，并纳入诚信档案，同时通报医疗机构及相关生产企业所在

相关文件

地省、自治区、直辖市药品监督管理部门及卫生健康行政部门。

医疗机构应当停止使用而未停止使用的，按照《医疗器械监督管理条例》有关未停止使用医疗器械的情形予以处理。

第六章 附 则

第三十一条 定制式医疗器械是指为满足指定患者的罕见特殊病损情况，在我国已上市产品难以满足临床需求的情况下，由医疗器械生产企业基于医疗机构特殊临床需求而设计和生产，用于指定患者的、预期能提高诊疗效果的个性化医疗器械。

患者匹配医疗器械是指医疗器械生产企业在依据标准规格批量生产医疗器械产品基础上，基于临床需求，按照验证确认的工艺设计和制造的、用于指定患者的个性化医疗器械（例如定制式义齿）。

本规定所指的定制式医疗器械不包含患者匹配医疗器械。患者匹配医疗器械应当按照《医疗器械注册管理办法》《体外诊断试剂注册管理办法》的规定进行注册或者备案，注册/备案的产品规格型号为所有可能生产的尺寸范围。

相同类型的医疗器械是指主要原材料、生产工艺、技术原理、结构组成、关键性能指标及适用范围基本相同的医疗器械。

第三十二条 符合《医疗器械应急审批程序》有关规定的医疗器械，不适用于本规定。

含有药物成分或者细胞、组织等生物活性成分的定制式医疗器械不适用于本规定。

第三十三条 军队医疗机构使用定制式医疗器械的监管工作，由军队卫生主管部门负责。

第三十四条 备案号的编排方式为：×1 械定制备 ×××2-×3。

其中：×1：备案部门所在地简称，×××2：备案年份，××3：备案流水号。

第三十五条 本规定自 2020 年 1 月 1 日起施行。

附：1. 定制式医疗器械备案资料要求及说明
　　2. 定制式医疗器械备案信息表
　　3. 定制式医疗器械备案表
　　4. 定制式医疗器械年度报告表

国家药监局 国家卫生健康委 国家疾控局关于发布医疗器械紧急使用管理规定（试行）的公告

2023 年第 150 号

为做好特别重大突发公共卫生事件和其他严重威胁公众健康的紧急事件应急处置，指导规范医疗器械紧急使用，根据《医疗器械监督管理条例》（国务院令第 739 号），国家药品监督管理局会同国家卫生健康委、国家疾控局组织制定了《医疗器械紧急使用管理规定（试行）》，现予发布，自发布之日起施行。

特此公告。

国家药监局　国家卫生健康委

国家疾控局

2023 年 11 月 23 日

医疗器械紧急使用管理规定（试行）

第一条　为做好特别重大突发公共卫生事件和其他严重威胁公众健康的紧急事件应急处置，指导规范医疗器械紧急使用，根据《医疗器械监督管理条例》，制定本规定。

第二条　出现特别重大突发公共卫生事件或者其他严重威胁公众健康的紧急事件时，为满足预防、控制事件需要，经研究论证，可以在一定范围和期限内紧急使用符合本规定要求的医疗器械。

特别重大突发公共卫生事件应当符合《国家突发公共卫生事件应急预案》中规定的情形。严重威胁公众健康的紧急事件应当符合国务院确定的情形。

第三条　拟紧急使用医疗器械应当为国内没有同类产品注册的医疗器械，或者虽有同类产品注册，但产品供应无法满足特别重大突发公共卫生事件或者其他严重威胁公众健康的紧急事件使用需要的产品。

本规定所指的紧急使用医疗器械不包括第一类医疗器械。

第四条　国家卫生健康委、国家疾控局依职责负责提出拟紧急使用医疗器械建议。省级卫生健康部门、疾控部门对紧急使用产品的使用行为进行管理。国家药监局负责组织专家论证，确定可紧急使用的医疗器械名单。省级药品监督管理部门进行监督管理，指导企业按照质量管理体系要求组织生产、开展不良事件监测等工作。

第五条　国家卫生健康委、国家疾控局应当依职责根据预防、控制事件的需要，以书面形式向国家药监局提出拟紧急使用的医疗器械建议，建议内容包括医疗器械功能、规格或通用名称。

第六条　国家药监局在收到国家卫生健康委、国家疾控局书面建议名单后，应当在 2 日内根据相应条件，会同相关单位确定医疗器械企业名单，并在名单确定后 2 日内委托国家药监局医疗器械技术审评机构组织召开专家论证会。国家药监局医疗器械技术审评机构应当于接到委托后 2 日内组织召开专家论证会。国家药监局、国家卫生健康委、国家疾控局及相关部委人员可以列席专家论证会。

相关文件

767

第七条　医疗器械技术审评机构根据国家卫生健康委、国家疾控局提出的拟紧急使用医疗器械种类，成立专家组。专家组成员应当包括临床、疾控、检验、生物医学工程等相关领域专家。专家组成员应当具有相应临床使用、疾病预防控制、检验或者研发等经验，且了解需论证的拟紧急使用医疗器械。专家组成员应当不少于 7 人，其中专家组组长 1 人。

第八条　专家组成员应当在开展论证前签署承诺书，承诺忠实履行职责、严守纪律，对论证过程中的资料、数据或信息负有保密责任，不得用于除论证之外的其他用途；对与本人有利害关系或者利益关系的论证工作，主动提出回避。

第九条　在召开专家论证会前，国家药监局医疗器械技术审评机构应当通知拟紧急使用医疗器械名单中的企业准备论证所需资料，在专家论证会上提交。

企业应当在产品定型且生产工艺稳定的基础上提交如下资料：

（一）企业申请将产品用于紧急使用的情况说明；

（二）企业基本情况及资质文件，其中资质文件可参照医疗器械或者体外诊断试剂注册申报资料中关联文件有关要求提供；委托其他企业生产的，应当提供受托企业资质文件、委托合同和质量协议；在近 3 年内曾受到行政处罚的应当如实说明；

（三）产品综述资料；

（四）产品技术要求、按照技术要求开展的检验报告和产品使用说明；

（五）临床前研究资料；

（六）临床数据，如境内外开展临床试验数据、同品种医疗器械临床数据、临床使用数据等；

（七）产品供应能力说明，包括产能、库存、原材料供应保障情况等；

（八）企业质量管理体系建设和运行情况，包括企业近 5 年接受国内、国外药品监督管理部门或质量管理体系认证机构检查情况（如有），以及企业质量管理体系自查报告；

（九）产品质量安全责任承诺书。

进口产品由企业在境内指定代理人提交资料。

资料应当充分体现产品特性和产品研究进展情况，并确保相关资料真实、准确、完整、可追溯。

第十条　专家论证会采取专家组对资料进行审查方式开展，必要时，企业可进行答辩。

第十一条　专家组应当主要从以下方面进行论证：

（一）产品是否定型，生产工艺是否稳定；

（二）产品相应资料是否能够初步证明产品设计的科学性、安全性和有效性；

（三）产品使用说明和标签是否符合紧急使用需要；

（四）产品拟定适用范围和使用期限是否符合疾病防控、临床诊断和治疗急需；

（五）企业是否具有同类产品生产经验；

（六）企业是否具备履行主体责任能力；

（七）企业生产质量管理体系是否健全并有效运行；

（八）企业实际生产能力和紧急使用保证供应的能力。

国家药监局医疗器械技术审评机构对具体类别产品可以组织研究形成论证要点，供专家组论证会参考使用。

第十二条　专家论证会由专家组组长主持，专家组应当进行充分论证，并采用投票方式决定产品是否建议紧急使用，超过 2/3 以上赞成的为通过论证。专家组组长在会议现场对达成的共识、存在的不同意见和专家投票情况进行梳理、汇总，形成专家组意见。

第十三条　国家药监局医疗器械技术审评机构在专家论证会结束后 1 日内，将专家组意见报送国家药监局，国家药监局在 2 日内书面反馈国家卫生健康委、国家疾控局。

第十四条　对经专家论证同意紧急使用的，由国家药监局通报国务院工业和信息化主管部门，会同国家卫生健康委、国家疾控局通知省级相关部门。通知包括紧急使用产品名单和相应使用方案，包括产品名称、企业名称、使用范围、使用期限等。

对于紧急使用进口医疗器械的，由国家药监局将相关情况通报海关总署。

第十五条 紧急使用医疗器械企业应当建立健全与所生产医疗器械相适应的质量管理体系并保持有效运行，确保出厂的每批次医疗器械均符合相关强制性国家标准、行业标准和产品技术要求，并保证及时按需供应。

第十六条 紧急使用医疗器械企业应当开展不良事件监测工作，主动收集可疑不良事件信息，开展风险分析与评价，并将不良事件报告以书面形式报送企业所在地省级医疗器械不良事件监测机构，进口医疗器械由代理人以书面报告形式报送代理人所在地省级医疗器械不良事件监测机构。使用单位应当关注紧急使用医疗器械临床情况，及时向企业反馈可疑不良事件信息，并配合企业开展相关调查。

第十七条 紧急使用医疗器械企业发现生产的医疗器械不符合相关强制性国家标准、行业标准和产品技术要求，或者存在其他缺陷的，应当立即停止生产，并通知相关企业或者单位停止使用，召回紧急使用的医疗器械，采取补救、销毁等措施，记录相关情况，并将召回和处理情况向企业所在地省级药品监督管理部门和卫生健康部门、疾控部门报告。

第十八条 紧急使用医疗器械应当附产品中文使用说明，并在使用说明和标签的显著位置标识"仅供紧急使用"、使用期限。

第十九条 紧急使用医疗器械企业应当会同使用单位建立紧急使用医疗器械追溯管理制度，确保紧急使用医疗器械全程可追溯。

第二十条 省级药品监督管理部门应当指导行政区域内企业严格按照所生产医疗器械的质量管理体系组织生产，产品质量符合要求方可放行。指导企业落实不良事件监测、产品安全风险信息收集与评估、产品追溯、缺陷产品召回等各项要求。

发现企业质量管理体系存在严重违规行为或产品存在严重安全隐患的，省级药品监督管理部门应当责令企业停止生产，并向国家药监局报告。

第二十一条 国家卫生健康委、国家疾控局按照职责分工，组织和指导相应产品使用，省级卫生健康部门、疾控部门应当督促本行政区域内医疗卫生机构建立紧急使用医疗器械管理机制。医疗卫生机构应当严格按照产品说明书或者标签标示要求，贮存、保管、使用产品，并监测使用风险，密切跟踪产品使用情况，如出现重大风险，应当采取紧急措施，并向所在地省级药品监督管理部门、卫生健康部门、疾控部门报告。

第二十二条 有下列情形之一的，医疗器械紧急使用终止：

（一）特别重大突发公共卫生事件或者其他严重威胁公众健康的紧急事件结束的，或者达到紧急使用期限的，紧急使用自动终止；

（二）紧急使用的医疗器械存在重大安全性问题或者质量缺陷的，由国家药监局会同国家卫生健康委、国家疾控局终止紧急使用；

（三）已注册产品能够满足使用需求的，由国家药监局会同国家卫生健康委、国家疾控局终止紧急使用。

紧急使用终止后，剩余未使用医疗器械应当退回紧急使用医疗器械企业，剩余未使用医疗器械不得继续流通使用或者协商后进行无害化处理。

第二十三条 达到紧急使用期限，但特别重大突发公共卫生事件或者其他严重威胁公众健康的紧急事件尚未结束，需要继续紧急使用的，应当经国家卫生健康委、国家疾控局会同国家药监局同意后方可继续紧急使用。

第二十四条 紧急使用所获得的安全性和有效性数据，符合要求的可以在申请产品注册时使用。

第二十五条 本规定自发布之日起实施。

相关文件

五、生产经营

国家药监局关于实施《医疗器械生产监督管理办法》《医疗器械经营监督管理办法》有关事项的通告

2022 年第 18 号

《医疗器械生产监督管理办法》（国家市场监督管理总局令第 53 号）（以下简称《生产办法》）《医疗器械经营监督管理办法》（国家市场监督管理总局令第 54 号）（以下简称《经营办法》）已经发布，自 2022 年 5 月 1 日起施行。现将有关事项通告如下：

一、切实加强宣传培训贯彻实施工作

各级药品监督管理部门要加强对《生产办法》《经营办法》的学习宣贯和培训，深刻理解、准确掌握，结合本地实际，认真贯彻实施，切实落实医疗器械质量安全监管责任。

从事医疗器械生产经营活动的企业，要加强对医疗器械法规规章学习培训，认真执行法规规章的要求，切实履行医疗器械产品质量安全管理责任。

二、关于医疗器械生产经营许可备案

自 2022 年 5 月 1 日起，新申请从事医疗器械生产、经营活动的，分别按照《生产办法》《经营办法》有关规定办理许可或者备案。

在 2022 年 5 月 1 日前，药品监督管理部门已受理但尚未批准的医疗器械生产、经营许可申请，在《生产办法》《经营办法》实施后，对符合条件的，分别按照《生产办法》《经营办法》规定的时限办理并发放医疗器械生产、经营许可证。

三、关于许可证、备案凭证的样式及印制

《医疗器械生产许可证》《医疗器械经营许可证》样式及编号方式，由国家药品监督管理局统一制定，有关药品监督管理部门按规定自行印制。

为便于医疗器械生产经营活动，方便社会和企业查询，有关药品监督管理部门可以根据企业需要，提供第一类医疗器械生产备案凭证、第二类医疗器械经营备案凭证。

四、关于许可备案变更、延续及补发

现有有效期内的医疗器械生产许可证、医疗器械经营许可证继续有效。《生产办法》《经营办法》实施后，医疗器械生产许可证及医疗器械经营许可证，需要变更、延续、补发的，应当分别按照《生产办法》《经营办法》有关规定办理。变更、补发的许可证件，有效期限不变。

现有第一类医疗器械生产备案凭证、第二类医疗器械经营备案凭证继续有效。《生产办法》《经营办法》实施后，对于第一类医疗器械生产备案凭证，以及除免于经营备案以外的第二类医疗器械经营备案凭证，需要变更或者补发的，应当分别按照《生产办法》《经营办法》有关要求办理，备案

编号不变。

五、关于许可备案信息化管理应用

各级药品监督管理部门依法公开医疗器械生产、经营许可备案信息，方便公众查询，并及时上传到国家药监局数据共享平台，实现全国药品监管系统数据共享。各级药品监督管理部门应当按照国家电子证照工作要求及相关标准，积极推进医疗器械生产经营许可电子证照发放及应用。

自 2022 年 5 月 1 日起，《食品药品监管总局关于实施〈医疗器械生产监督管理办法〉和〈医疗器械经营监督管理办法〉有关事项的通知》（食药监械监〔2014〕143 号）予以废止。

特此通告。

附件：1. 医疗器械生产许可申请表及许可证样式
　　　2. 第一类医疗器械生产备案表及备案凭证样式
　　　3. 医疗器械经营许可申请表及许可证样式
　　　4. 第二类医疗器械经营备案表及备案凭证样式
　　　5. 有关填写说明

国家药监局

2022 年 3 月 11 日

关于发布医疗器械质量管理体系年度自查报告编写指南的通告

2022 年第 13 号

为加强医疗器械生产监管，保障医疗器械安全有效，根据《医疗器械监督管理条例》第三十五条第二款规定，国家药品监督管理局组织修订了《医疗器械质量管理体系年度自查报告编写指南》，现予发布，自 2022 年 5 月 1 日起施行。原国家食品药品监督管理总局《关于发布医疗器械生产企业质量管理体系年度自查报告编写指南的通告》（2016 年第 76 号）同时废止。

特此通告。

附件：医疗器械质量管理体系年度自查报告编写指南

国家药监局

2022 年 2 月 24 日

附件

医疗器械质量管理体系年度自查报告编写指南

根据《医疗器械监督管理条例》的规定，医疗器械注册人、备案人、受托生产企业依据《医疗器械生产质量管理规范》及相关附录的要求，开展医疗器械生产质量管理体系年度自查工作，编写并上报质量管理体系年度自查报告。境内医疗器械注册人、备案人、生产企业，进口医疗器械注册人、备案人分别按照附件模板进行填报。质量管理体系年度自查报告至少包括如下内容：

一、综述

（一）生产活动基本情况：包括注册人、备案人、受托生产企业基本信息，注册人、备案人名称、住所地址、生产地址、生产许可（备案）证号等；医疗器械产品注册证号或备案号以及生产情况（包括委托和受托生产等）；获批创新产品、优先审批产品及附条件审批产品情况。

（二）委托与受托生产基本情况：对已获批上市医疗器械产品的委托生产情况、受托生产情况，包括委托生产产品基本信息、委托与受托生产双方基本信息、委托生产质量协议及对所委托生产产品的质量管理等。

二、年度重要变更情况

（一）产品设计变更情况：对于与产品安全、性能、预期使用有关的产品设计变更，应对设计变更完成评审、验证或/和确认；上报年度产品注册（备案）变更情况，含延续注册情况。

（二）生产、检验区域及生产、检验设备变化情况：生产、检验区域涉及的位置、布局等发生变化的，描述相关情况；对涉及关键生产工艺的生产设备、涉及主要原材料、关键元器件、中间品及成品放行的检验设备发生变化的，描述相关情况。

（三）产品生产工序变化情况：关键工序、特殊过程发生变化的，且对先前验证或确认结果有影响的，应进行再验证或再确认；对关键工序、特殊过程进行再验证、再确认的情况。

（四）重要供应商变化情况：对于主要原材料、关键元器件的供应商（生产商）与提供灭菌、检验、运输（冷链运输情况下）等服务的重要供应商发生实质性变化的，应进行评价。

三、年度质量管理体系运行情况

（一）组织机构及人员培训情况：组织机构包括部门设置、职责及负责人基本情况；企业开展的各类培训情况，包括法定代表人、企业负责人、管理者代表及从事影响产品质量工作的相关人员参加培训情况。

（二）生产管理和质量控制情况：一是生产、检验区域的基本情况；二是关键工艺的生产设备，涉及主要原材料、关键元器件、中间品及成品放行的检验设备的基本情况、检定校准情况。

（三）采购管理情况：包括依据《医疗器械生产企业供应商审核指南》开展供应商审核、评价情况，包含现场及书面审核、评价情况。

（四）顾客反馈情况：顾客投诉的处置情况及客户退货产品的处置情况。

（五）不合格品控制：不合格产品的处置情况、产品召回情况、产品抽检发现的不合格品、出厂检验发现的不合格品采取措施的情况及原因分析。

（六）追溯系统建立情况：UDI实施情况。

（七）内部审核和管理评审情况：一是年度开展内部审核的情况，包括实施的次数、发现待改进项数及已完成待改进项数的情况；二是年度开展管理评审的情况，包括实施的次数、发现待改进项数及已完成待改进项数的情况。

（八）不良事件监测、再评价工作情况：收集不良事件信息并按规定上报和开展再评价工作情况，导致严重伤害事件的处置情况，医疗器械定期风险评价报告提交情况等。

四、其他事项

（一）年度接受监管或认证检查情况：年度国内各级药品监督管理部门对企业实施的各类监督检查，包括检查性质、检查时间、检查中发现的主要问题、检查结论以及整改情况。年度接受其他机构注册体系检查、体系认证的情况及结果。

进口医疗器械注册人、备案人报告接受所在国（地区）各级药品监管部门的监督检查情况，以及接受所在国（地区）以外药品监管部门检查情况（涉及出口至中国产品相关情况）。

（二）各级集中带量采购中选医疗器械情况。

（三）企业接受各级药品监管部门处罚的情况，进口医疗器械注册人、备案人报告内容包括接受中国及所在国（地区）各级药品监管部门处罚情况（涉及出口至中国产品相关情况）。

五、填报说明

（一）境内医疗器械注册人、备案人填报内容仅涉及在中国大陆地区注册（备案）上市医疗器械产品。"二、年度重要变更情况"全部及"三、年度质量管理体系运行情况"中的"顾客反馈情况""不合格品控制情况""追溯系统建立情况""不良事件监测、再评价工作情况"内容仅由注册人、备案人填报相关情况，受托生产企业不填写其接受委托生产产品的上述情况。不自行开展已获准上市医疗器械生产活动的注册人、备案人，相关内容填报其受托方的相关情况。如果有多于两家的受托方，对于"三、年度质量管理体系运行情况"需要分别填写并以"三、年度质量管理体系运行情况（受托方1：XXX）"进行区别。既具备生产能力也存在委托或者受托生产情况的注册人、备案人，提交所有要求内容，对于"三、年度质量管理体系运行情况"涉及的注册人、备案人以及受托方需要分别填写并以"三、年度质量管理体系运行情况（注册人、备案人：XXX）""三、年度质量管理体系运行情况（受托方1：XXX）"进行区别；对于"二、年度重要变更情况"包含注册人、备案人自己生产及委托生产所有产品相关变更情况。

（二）仅受托生产医疗器械产品，无医疗器械注册（备案）证的生产企业，"二、年度重要变更情况"全部及"三、年度质量管理体系运行情况"中的"顾客反馈情况""不合格品控制情况""追溯系统建立情况""不良事件监测、再评价工作情况"部分不适用，根据其受托生产的监管级别最高的医疗器械产品确定提交自查报告的药品监督管理部门。

（三）修订之后的首次填报，不同类型填报主体按照上述填报内容进行填报。后期填报，对境内注册人、备案人、受托生产企业的委托生产相关质量协议无变更的，则"委托与受托生产基本情况"中"相关的原材料、生产、检验、放行、售后服务等责任和义务的相关说明，附件说明"不填报。"三、年度质量管理体系运行情况"中"（二）生产管理和质量控制情况"中"生产、检验区域基本情况""生产设备和检验设备清单"后期不用填报，无变化则不填报的内容参考每项填表说明。

（四）进口医疗器械注册人、备案人由其指定的境内代理人向代理人所在省级药品监督管理部门提交自查报告，包含进口的医疗器械产品、年度重要变更、中国境内销售和上市后管理、不良事件监测、再评价、接受检查、集中带量采购、接受处罚及内部审核和管理评审情况等。如代理人同时代理多个不同进口医疗器械注册人、备案人，其自查报告应包含其代理的所有进口医疗器械注册人、备案人的产品，部分内容应按要求分别填写。

医疗器械注册人、备案人为我国香港、澳门、台湾地区的，参照上述要求执行。

（五）XXXX 年度医疗器械质量管理体系自查报告的填报内容为当年度 1 月 1 日至 12 月 31 日统计数据，应于次年 3 月 31 日之前向药品监管部门提交。

（六）对自查报告中每部分涉及的内容，如果能够直接填写则直接填写，如果需要以附件形式填写则以附件形式上报，并将所有上报的附件从 1 号开始依次编号并形成总体附件清单。

（七）提交年度自查报告为《医疗器械监督管理条例》第三十五条第二款规定的责任和义务，不能替代其他法律法规、规章及规范性文件规定的应当及时向负责药品监督管理的部门报告的责任和义务。

附件：1. 医疗器械质量管理体系年度自查报告编写模板
　　　　（境内医疗器械注册人、备案人、生产企业适用）
　　　2. 医疗器械质量管理体系年度自查报告编写模板
　　　　（进口医疗器械注册人、备案人适用）

国家药监局关于发布禁止委托生产医疗器械目录的通告

2022 年第 17 号

为加强医疗器械生产监管，保障医疗器械安全、有效，根据《医疗器械监督管理条例》（国务院令第 739 号），国家药品监督管理局组织修订了《禁止委托生产医疗器械目录》，现予发布，自 2022 年 5 月 1 日起施行，原国家食品药品监督管理总局《关于发布禁止委托生产医疗器械目录的通告》（2014 年第 18 号）同时废止。

特此通告。

附件：禁止委托生产医疗器械目录

国家药监局

2022 年 3 月 11 日

附件

禁止委托生产医疗器械目录

一、有源植入器械

植入式心脏起搏器（12-01-01）

植入式心脏收缩力调节器（12-04-01）

植入式循环辅助设备（12-04-02）

二、无源植入器械

硬脑（脊）膜补片（不含动物源性材料的产品除外）（13-06-04）

颅内支架系统（13-06-06）

颅内动脉瘤血流导向装置（13-06-11）

心血管植入物（外周血管支架、腔静脉滤器、心血管栓塞器械除外）（13-07）

整形填充材料（13-09-01）

整形用注射填充物（13-09-02）

乳房植入物（13-09-03）

组织工程支架材料（不含同种异体或者动物源性材料的产品除外）（13-10）

可吸收外科防粘连敷料（不含动物源性材料的产品除外）（14-08-02）

三、其他同种异体植入性医疗器械和直接取材于动物组织的植入性医疗器械

注：产品名称后括号内数字为《医疗器械分类目录》（2017 年版）类别编码。

国家药监局关于发布医疗器械委托生产质量协议

编制指南的通告

2022 年第 20 号

为加强医疗器械生产监管，保障医疗器械安全有效，指导医疗器械注册人、备案人与受托生产企业共同做好医疗器械委托生产质量管理工作，根据《医疗器械监督管理条例》第三十四条第二款规定，国家药品监督管理局组织制定了《医疗器械委托生产质量协议编制指南》，现予发布。

特此通告。

附件：医疗器械委托生产质量协议编制指南

国家药监局

2022 年 3 月 22 日

附件

医疗器械委托生产质量协议编制指南

医疗器械注册人、备案人委托具备相应条件的企业生产医疗器械，应当与受托生产企业签订《医疗器械委托生产质量协议》（以下简称《质量协议》），明确双方在产品生产的全过程中各自的权利、义务和责任，按照《医疗器械监督管理条例》《医疗器械生产监督管理办法》《医疗器械生产质量管理规范》等，建立健全与所生产医疗器械相适应的质量管理体系并保证其有效运行。

本指南旨在为医疗器械注册人、备案人在与受托生产企业签订《质量协议》时提供指导。应用本指南的各方应当根据委托生产的实际情况，经协商选择适用本指南中全部或部分内容进行质量协议的制定；必要时，也可以增加本指南之外的相关要求。

本指南适用于已注册或备案的医疗器械，在开展正式的委托生产活动前，为参与签订《质量协议》的各方提供指导。委托生产是指最终产品的委托生产，不包括最终产品部分工序的外协加工。部分工序的外协加工，建议按照采购来进行管理，对于采购及供应商的管理参照《医疗器械生产企业供应商审核指南》。如经双方协定，也可参照本质量协议的指南进行制定。

研发阶段医疗器械样品《质量协议》的制定，可以参考本指南。

本指南中助动词所示含义："应当"表示要求；"适宜"表示建议；"可以"表示允许；"能够"表示可能或能够。

一、适用范围

本指南中委托生产是指医疗器械注册人、备案人（以下称"委托方"）委托其他生产企业（以下称"受托方"）进行的生产活动。

通过《质量协议》的签订，明确医疗器械委托生产时，双方在产品生产全过程中各自的权利、义务和责任；规范双方对委托生产的医疗器械应当承担的产品质量安全义务和责任；保证委托生产的医疗器械符合注册／备案和生产许可／备案的有关要求，切实保证上市医疗器械的安全、有效、质量可控，保障人体健康和生命安全。

本指南提供了在编制《质量协议》时应当包含的基本要素，提供了《质量协议》编制时应当考虑的原则与方法。

本指南不适用于国家药品监督管理局公布的《禁止委托生产医疗器械目录》内的医疗器械产品。

二、基本要素

《质量协议》的基本要素应当包含以下内容：

（一）委托生产的产品范围

医疗器械注册人／备案人委托生产的最终产品名称、注册证／备案编号（适用时）、规格型号等。

（二）在协议中使用的专用术语和定义

针对在《质量协议》中使用的专用术语和定义，进行内涵和外延的界定。

（三）适用的法律法规、标准的要求

列出受托方质量管理体系应当满足的法律法规及质量管理体系标准的清单。

（四）适用质量管理规范或体系的要求

编制《质量协议》，应当选取适用的质量管理体系要求。这些质量管理体系的要求应当参照《医疗器械生产质量管理规范》，适用时也可以参照 YY/T0287-2017/ISO13485：2016《医疗器械质量管理体系用于法规的要求》（如后续有更新按最新标准）中的体系要求。

《质量协议》一般应当包含以下质量管理体系要求及其管理职责的规定：

1. 文件与记录的控制

委托方和受托方应当约定生产过程的质量文件和质量记录的管理要求。质量文件可以涉及委托生产产品的清单、原材料规范文件、委托生产的产品技术要求或适用标准规范、产品放行和质量检验的要求、追溯管理的要求等。质量记录可以涉及生产记录、检验记录、放行记录、维护保养记录、校准记录、培训记录、质量审核记录、不合格品处理记录、纠正预防措施记录等。

双方应当约定质量文件和质量记录的保存期限符合法规要求。在保存期限内，委托方有权从受托方获取委托生产产品的相关文件及记录，以满足法规要求及产品质量追溯、产品调查等需要。

2. 技术文件的转移

《质量协议》应当明确委托方对委托生产的每一类产品建立并保持生产技术文件，并负责向受托方实施产品的设计转移；同时，应当考虑受托方为每一类受托生产的产品（通常以一个注册单元为适宜）编制并保持生产技术文件的要求。

依据转移的生产技术文件，双方应当约定对产品的性能、原材料、生产与质量控制等要求，并明确文件的转移方式。

委托方应当制定转移文件清单并附具体文件，转移的方式、转移文件的确认和使用权限等由双方在协议中约定。

3. 采购控制

受托生产企业应当按照《质量协议》和《医疗器械生产质量管理规范》及其附录的要求，执行医疗器械注册人的采购要求。

《质量协议》应当明确委托方和受托方对建立物料质量标准，供应商的质量审核、批准及监督，物料的采购和验收等活动实施的责任分工。

由医疗器械注册人／备案人采购并提供给受托生产企业的物料，由受托生产企业按照医疗器械注册人／备案人要求进行仓储、防护和管理。

对受托方代为采购的情况，应当约定受托方对相关供应商的管理和资质审核的方式。

如果委托生产过程包含了外包过程（如灭菌等），就应当包含对受托方外包过程的控制，明确主体责任。

4. 生产与过程控制

《质量协议》应当明确委托方和受托方在医疗器械委托生产中所涉及的相关设施、设备及系统，明确其确认、验证与维修活动的要求和责任方。相关设施、设备及系统可以包括：生产设备、计算机系统（或计算机软件）、自动化控制系统、环境监控系统、工艺用水系统、公用设施，以及其它在受托生产现场使用的、需要实施维修和保养的设施、设备及系统。

5. 检验与检测

《质量协议》应当规定委托生产产品所涉及的检验要求，包括对检验人员、检验场所、检验仪器和设备、检验方法和标准操作规程、批检验记录的要求，以确保可以满足从物料验收到最终产品生产放行所需要的检验。协议应当明确双方对产品的抽样、检验、留样（如适用）及不合格品处理的责任分工。

6. 放行控制

委托生产产品放行包括委托产品的生产放行和上市放行。受托方质量部门负责产品的生产放行，委托方质量部门负责产品的上市放行。

在《质量协议》中，双方应当考虑规定进行成品的标识和可追溯性管理（适用时，还应当包括医疗器械唯一标识）、抽样检验、成品留样（如适用）及产品放行的职责。

生产放行应当符合以下条件：完成所有规定的工艺过程；规定的批生产记录完整齐全，满足可追溯性要求；所有规定的进货、过程、成品检验等质量控制记录完整、结果符合规定要求，检验／试验人员及其审核、授权批准人员已按规定记录并签字；产品生产过程中涉及生产批的不合格、返工、降级使用等特殊情况已按规定处理完毕；产品说明书、标签符合规定的要求；经授权的生产放行人员已按规定签发放行文件。

委托方应当在受托方的生产放行完成后，对受托方的生产放行文件进行审核，证实已符合规定的放行要求后方可上市放行交付给顾客。

7. 质量管理体系审核

《质量协议》应当规定委托方对受托方质量管理体系审核的要求，用以评估受托方是否按照质量协议的规定执行并符合相关法律、法规、标准及其它规范性文件的要求。委托方每年应当对受托方进行不少于一次的质量管理体系审核。

《质量协议》应当规定受托方应当向委托方通告在受托方发生的、与受托生产产品相关的外部质量审核情况，明确双方针对质量审核中发现的问题需采取纠正预防措施的原则。

在《质量协议》中，双方应当约定在接受监管部门的各项监督检查和产品抽检中的义务和责任。

8. 售后服务、产品投诉与不良事件监测

《质量协议》应当明确对产品售后服务、投诉处理和质量调查的职责。这些职责可以包括售后服务中产品维修、维护保养、投诉的接收、调查与分析、数据收集和分析、记录的管理等。

《质量协议》一般规定受托方负责进行与委托生产有关的原因调查，包括生产批记录与不合格的审查。必要时，按照委托方要求，受托方应当制定并执行与委托生产相关投诉的纠正和预防措施。

《质量协议》应当明确委托方承担不良事件监测的职责。

9. 变更控制

《质量协议》应当针对不同的变更发起者（委托方或受托方）及变更的影响程度，制定不同的变更控制及批准要求。

对于委托方发起的变更，应当判定该变更是否需要受托方重新进行工艺确认或验证，或是仅需要通知到受托方。委托方应当监督受托方对已达成变更的有效执行。

对于受托方发起的变更，应当按照医疗器械生产质量管理规范的要求，应当识别可能影响产品安全性和有效性的原材料、生产工艺等变化并通知委托方，经协商后认为应当进行注册变更或者备案变更的，应当由委托方按照注册备案管理的规定办理相关手续。

无论哪种变更，在评审阶段或接到通知后，双方均应当评价变更的影响，必要时应当评估对已放行及已上市产品的影响。

产品相关变更，委托方须确保变更符合相关法规和标准要求。有些可能会涉及产品注册或备案的变更，应当按规定对其进行管理。

若医疗器械的生产条件发生变化，不再符合医疗器械质量管理体系要求的，双方应当对整改措施、整改责任主体和整改完成时间进行约定；双方对可能影响医疗器械安全、有效应当立即停止生产活动的情形，以及应当向原生产许可或者生产备案部门报告的主体进行约定。

（五）质量管理体系中委托方和受托方的责任

《质量协议》至少应当明确委托方和受托方的以下责任：

1. 管理责任

双方在落实管理责任时，管理层应当考虑人员、厂房、设施、检验设备和仓库等条件，制定沟通机制和考核指标，以满足协议规定的产品生产和质量保证的要求，确保实现质量目标。

协议中应当指定人员负责委托生产的质量管理（通常是双方的管理者代表），确保其质量管理体系涵盖委托生产的要求。适宜规定双方对接、联络和协调的岗位职责。

2. 资源管理

《质量协议》应当约定双方确保满足产品生产的各项资源得以适当配备与落实。

双方适宜从人、机、料、法、环五个环节考虑各项资源管理的要求：如人力资源的满足可以从人员资格的要求、培训计划等方面，明确双方应当承担的职责；为满足相关法规、标准的要求，识别所使用的机器设备和运行环境的要求；原材料采购的要求，如原材料的采购和提供方式等；委托生产所需作业指导文件、技术要求等；委托生产所需生产环境、厂房设施等要求。

3. 适用的质量管理规范或体系的要求

根据生产实现过程及产品特点，结合（四）适用质量管理规范或体系的要求，确定出主要控制过程。针对每一个过程，经双方协商确认各自责任分工。

（六）分歧的解决

《质量协议》应当对委托生产过程中可能产生的分歧约定解决途径，这些分歧可以来自于设计开发、产品生产、上市后监督、不良事件报告和召回等过程，可以根据相关法律法规要求自行约定解决途径。

（七）协议的有效期限和终止条款

应当明确《质量协议》的有效期限及批准、生效、变更和终止的要求。终止的要求中，至少应当包括文件的转移或返回以及相关法律责任的承担等约定。

（八）知识产权的保护、保密及商业保险要求

当双方在其它业务协议中对知识产权的要求没有进行规定时，适宜考虑在《质量协议》中规定双方对相关知识产权保护和保密的义务和责任。

如购买商业保险的，《质量协议》中适宜约定委托方对商业保险的管理，包括保险的购买、延续、理赔等资料的保存和查阅。

三、制定步骤

（一）明确协议双方的名称及地址。

（二）明确协议生效日期、时限、批准、变更、续签、终止及相关条件。

（三）明确协议的目的和范围。

目的：阐明建立此质量协议的意图。

范围：医疗器械注册人/备案人委托生产服务的详细内容描述，包括最终产品名称、注册证/备案编号（适用时）、规格型号等。

（四）针对在本协议中使用的专用术语和定义，进行内涵和外延的界定。

（五）列出受托方质量管理体系应当满足的法律法规及质量管理体系标准的清单。

（六）双方应当针对委托生产产品的每个流程，协商确认各自责任分工和义务。这些流程包括但不限于以下内容：

1. 文件和记录控制：包括质量文件控制、质量记录控制、技术文件转移及批记录等。

2. 采购控制和供应商管理：规定原材料采购要求，确保购入或已接收原材料符合规定的要求。供应商管理包括准入审核、过程审核和评估管理等。

3. 生产和质量控制：包括生产质量管理规范、生产过程控制方法（工艺参数）、特殊过程的确认、产品的检验和测试、委托生产所涉及设施、设备及系统的确认/验证、维护保养和维修要求等。

4. 工作环境要求：如果工作环境可能对产品质量有负面影响，需根据产品特点，列明产品生产所需环境控制/监视指标。

5. 产品标识和可追溯性：规定符合法规要求的可追溯性范围（适用时，还应当包括医疗器械唯一标识），实现追溯的方法和所需保持的记录要求。

6. 搬运、存储和发运：在委托生产过程中，对产品符合要求而需采取的防护措施。如果有特殊条件要求，则应当进行控制，并保存记录。

7. 产品验收活动：明确对受托方生产放行的要求及授权生产放行批准人的规定、委托方产品接收准则。

8. 不合格品控制：明确在原材料、生产、发货和使用各阶段发现不合格品的处理流程及相关职责权限的要求。

9. 变更管理：针对不同的变更发起者及变更的影响程度，制定不同的变更控制流程。

10. 投诉、纠正和预防措施：明确投诉接收、调查分析、处理及采取措施的流程要求及时效要求。确定消除不合格/潜在不合格的原因，所采取的纠正和预防措施的有效性，确定各阶段时限要求。

11. 售后服务、不良事件和召回：在上市后监管方面，根据相关法规要求，委托方和受托方对售后服务、不良事件和召回的责任和权限进行界定。

（七）制定沟通机制

建立涉及委托生产质量方面的双方沟通机制，如沟通方式、参与人员及频率等。必要时，应当考虑制定有关变更控制、不合格品控制、不良事件、质量事件及监管部门检查的沟通要求。

（八）制定考核指标

应当规定委托方对受托方的监督和考核指标，如超标结果的数量与频次、外部检查的结果、客户投诉等指标。考核指标应当作为日常沟通内容的一部分。

适宜规定双方共同考核的频次并持续进行考核，积极主动防止不合格的产生并降低影响医疗器械安全有效的风险。

（九）结合企业要求，法定代表人可以授权规定有关人员成为授权代表，进行协议的批准、签订

相关文件

等工作。

四、术语及定义

委托方：委托符合相关规定、具备相应条件的企业生产医疗器械的医疗器械注册人、备案人。

受托方：符合相关规定，具备相应条件并接受医疗器械注册人、备案人的委托进行医疗器械生产活动的企业。

生产放行：受托方通过审核医疗器械生产批次的生产过程记录及质量检验记录，证实已按照双方确定的文件要求完成所有规定的活动和安排，可以将医疗器械放行交付给医疗器械注册人、备案人。

上市放行：委托方通过对受托方生产放行的产品进行全过程记录的审核，证实已符合规定的放行要求，可以将医疗器械交付给顾客。

风险：伤害发生的概率和该伤害严重度的组合。

投诉：宣称已从组织的控制中放行的医疗器械存在与标识、质量、耐用性、可靠性、可用性、安全或性能有关的缺陷或宣称影响这些医疗器械性能的服务存在不足的书面、电子或口头的沟通。

文件：信息及其载体。（示例：记录、规范、程序文件、图样、报告、标准。载体可以是纸张，磁性的、电子的、光学的计算机盘片，照片或标准样品，或它们的组合。）

记录：阐明所取得的结果或提供所完成活动的证据的文件。

五、引用文件

《医疗器械监督管理条例》（国务院令第 739 号）

《医疗器械生产监督管理办法》（国家市场监督管理总局令第 53 号）

《医疗器械召回管理办法》（原国家食品药品监督管理总局令第 29 号）

《医疗器械不良事件监测和再评价管理办法》（国家市场监督管理总局令第 1 号）

《医疗器械生产质量管理规范》（原国家食品药品监督管理总局公告 2014 年第 64 号）

《医疗器械生产企业供应商审核指南》（原国家食品药品监督管理总局通告 2015 年第 1 号）

《医疗器械生产企业质量控制与成品放行指南》（原国家食品药品监督管理总局通告 2016 年第 173 号）

《医疗器械质量管理体系用于法规的要求》（YY/T 0287—2017）

《医疗器械风险管理对医疗器械的应用》（YY/T 0316—2016）

附

医疗器械委托生产质量协议参考模板

医疗器械注册人、备案人与受托生产企业在制订《医疗器械委托生产质量协议》时，应当根据双方的实际情况协商制订具有可操作性和法规符合性的质量协议。本模板为双方提供参考，各企业可以根据实际情况进行调整。

1. 目的

根据《医疗器械监督管理条例》《医疗器械生产监督管理办法》等法规要求，本协议明确了医疗器械注册人、备案人（以下称"委托方"）：XXX公司与受托生产企业（以下称"受托方"）：XXX公司，在委托生产过程中各自承担的权利、义务与责任，确保双方符合法规要求，以保证产品质量。本协议既非采购协议，也不限制或取代任何其他合同性协议。

2. 范围

2.1 本协议适用于由XXX公司按照医疗器械委托生产的要求提供以下产品。产品列于表格1中。

表格1：委托生产产品的清单

产品名称：XXXXXXXXX

规格型号：XXXXXXXXX

医疗器械注册证/备案编号：XXXXXXXXXXXXX

医疗器械管理类别：XXXXXX

2.2 委托方与受托方的名称和地址：

委托方名称：XXXXXXXXXXX

住所：XXXXXXXXXXXXXXX

受托方名称：XXXXXXXXXXXXXXXXX

住所：XXXXXXXXXXXXXXXXXX

生产地址：XXXXXXXXXXXXXXXX

医疗器械生产许可证/备案编号：XXXXXXXXXX

3. 适用法规、标准和主要技术文件

适用的法规、标准及文件清单如下：

序号　法规/标准/文件名称

XXXXXXXXXXXXXXXXXXXX

4. 法规符合性

4.1 符合性审核

受托方将接受委托方代表或者委托方挑选的机构对其是否符合《医疗器械生产质量管理规范》、《医疗器械质量管理体系用于法规的要求》等法规和标准要求进行审查，并评估其质量管理体系的有效性。受托方应当建立内审计划，来监测质量管理体系的符合性。内审不少于每年X次。

4.2 受托方生产资质

受托方应当具有生产相关产品所必须的XXX资质文件和/或XXX生产许可证或备案凭证，并能够接受受托方所在地药品监督管理部门对受托方开展的检查，配合委托方所在地药品监督管理部门开展的检查。

4.3 法规符合性检查

受托方应当将与受托生产产品相关的检查通知（计划以及未计划的）和检查结果，包括不合格报告通知委托方。如果收到任何监管机构的检查报告，受托方应当立即将检查报告副本提供给委托方。

除非经过委托方的审查或者批准，否则受托方不得直接与该检查机构就该产品进行联络。受托方应当允许委托方代表出席对委托方委托产品或者过程的法规检查活动。

5. 质量管理体系

受托方可以根据《医疗器械质量管理体系用于法规的要求》建立文件化的质量管理体系并保持，

相关文件

确保产品符合委托生产协议的要求。

5.1 文件控制

委托方应当向受托方传递产品生产所必需的相关质量文件，规定生产过程文件和记录，保持有效的控制；

受托方应当依据委托方的文件控制要求，建立并实施文件控制程序。

5.2 质量记录

受托方应当根据委托方质量记录要求，建立实施生产过程中的质量记录控制程序（可以涉及生产记录、检验记录、维护保养记录、校准记录、培训记录、质量审核记录、不合格品处理记录、纠正和预防措施记录等）。

受托方应当在销毁有关委托方产品的制造记录和有关质量体系记录之前，通知委托方。

5.3 设计文件

委托方负责产品的设计。委托方应当为每一类或者系列产品建立并保持产品设计文件。

6. 管理职责

受托方的执行管理层负责确保资源的配备，以保证人员、厂房、设施等生产条件满足协议规定的产品生产和质量保证的要求，确保实现质量目标。

双方应当指定人员负责委托生产的质量管理，确保其质量管理体系涵盖委托生产的要求，负责双方活动的对接、联络、协调。

7. 资源管理

受托方应当确保生产环境、设备、人员满足委托生产产品的质量要求。对相关人员提供必要的培训，建立相应文件、记录以确保生产设备设施的有效运行。

8. 产品实现

8.1 产品实现的策划

委托方负责收集顾客反馈与法规要求，并负责相关产品的设计改进。委托方应当审核和批准与合规符合性相关的重大产品变更。

受托方负责生产相关的变更的实施，并接受委托方的监督。

8.2 采购控制

适用时，受托方应当根据委托方的要求对原材料及其供应商进行管理，负责对发生变更的原材料和/或原材料供应商进行评审。委托方可以根据对产品的影响程度对原材料和/或供应商的变更进行最终批准。

来料检查：受托方根据书面规定，负责对原材料、包装、部件的标识、取样、测试以及处置；也可以认可委托方对原材料、包装、部件的检查结果。

来料检查的留样（如适用），可以由受托方根据XXX规定保存。未经委托方事先书面批准，不得对影响产品安全性、有效性或者稳定性的原材料、包装材料、供应商、流程进行更改。

8.3 生产与过程控制

8.3.1 受托方根据书面规定负责过程材料的标识、取样、测试和处置。

8.3.2 受托方应当根据委托方规定的保存样品的书面规定要求，保存成品留样（如适用）。

8.4 产品控制

受托方负责根据委托方要求，进行成品的标识、取样、测试工作。

生产放行应当符合以下条件：完成所有规定的工艺过程；规定的批生产记录完整齐全，满足可追溯性要求；所有规定的进货、过程、成品检验等质量控制记录完整、结果符合规定要求，检验 / 试验人员及其审核、授权批准人员均已按规定签发记录；产品生产过程中涉及生产批的不合格、返工、降级使用等特殊情况已经按规定处理完毕；产品说明书、标签符合规定的要求；经授权的生产放行人员已按规定签发放行文件。

委托方应当在受托方的生产放行完成后，对受托方的生产放行文件进行审核，证实已符合规定的放行要求后方可上市放行交付给顾客。

最终产品的储存：受托方应当设立与生产规模相适应的完整、可控制的区域，确保成品完整和正确储存。

8.5 过程确认

8.5.1 受托方负责过程的持续监测，以确保与规定保持一致、评估过程趋势的偏差并保证过程处于有效状态。

8.5.2 根据委托方要求，受托方应当向委托方提供与委托方产品有关的确认文件。

8.5.3 所有过程确认必须在交付顾客的产品批次放行之前完成。设备鉴定 / 确认应当在过程确认之前完成。

8.6 标识与可追溯性

在产品实现的整个过程中，受托方应当建立并保持标识和可追溯性管理体系，以保证原材料、部件以及产品处于正确标识的状态，并确保使用的原材料、部件以及产品具有可追溯性。

8.7 检验与检测

8.7.1 受托方应当根据书面程序保证检验仪器和设备适用、有效并定期进行检定和 / 或校准。

8.7.2 受托方应当具备书面程序，记载不符合规定的测试结果。如果受托方负责测试方法 / 设备的确认，需接受委托方的审查和批准。

9. 测量、分析和改进

9.1 不合格材料、产品或者过程偏差

9.1.1 发现不合格情形，受托方应当以约定形式通知委托方。受托方不得放行不合格的批次，委托方有特殊要求的情形除外。

9.1.2 受托方应当根据已建立的质量管理体系要求，保持纠正和预防措施计划。委托方应当审核并批准与法规符合性有关的纠正与预防措施。纠正与预防措施体系应当包括作为数据输入以及质量指标的不合格品报告、偏差和投诉调查，以符合法规要求。

9.2 质量指标

受托方应当根据委托方要求及时提供质量数据，可以包括：

a）在进货检查中拒收的材料和部件；

b）拒收的产品；

c）质量测量，如完工产品验收率、不合格率、报废率等指标。

9.3 产品投诉

委托方应当保持成品的投诉档案，收集投诉数据并进行数据管理。与受托生产行为相关的，受托方负责调查根本原因，包括生产批记录与不合格的调查，并按照委托方要求，执行与制造相关的投诉的纠正和预防措施。

9.3.1 不良事件监测及与政府机构的沟通，由委托方负责。

9.3.2 受托方应当在 X 个工作日内，向委托方提供所收到投诉的确认，并在商定的时间内提供行动计划。

10. 变更控制

双方应当建立书面程序对涉及产品质量的变更进行控制，约定双方的职责与义务。此处所指变更，包括但不限于以下项目：

a）经注册 / 备案的医疗器械注册证 / 备案编号及其附件产品技术要求的变更；

b）经确认或验证的产品生产工艺、设备、重要参数的变更；

c）关键原材料和 / 或组件和 / 或服务供应商（适当考虑部分次级供应商）的变更；

d）产品测试计划和方法的变更；

e）产品放行要求的变更；

f）产品标签、说明书的变更；

g）委托方及受托方名称、住所、生产场所地址等项目的变更；

h）其他双方约定的重要事项。

委托方应当将变更要求书面通知受托方，双方约定变更实施的日期。受托方应当尽早向委托方提出变更的申请，并经委托方书面批准后方可实施。应当按照双方质量管理体系记录控制要求保留相关记录。委托方须确保变更符合相关法规和标准要求，并监督受托方对变更的有效执行。

若医疗器械的生产条件发生变化，不再符合医疗器械质量管理体系要求的，约定由委托方（受托方或双方）采取整改措施；若影响到医疗器械安全、有效的，约定由委托方（受托方或双方）立即停止生产活动，并向原生产许可或者生产备案部门报告。

11. 知识产权保护和保密要求（适用时）

a）双方应当就知识产权的所有权归属、许可、转让、交换、保密义务等事项签署协议或建立程序。此处所指知识产权，应当包括专利权、商标权、著作权（含软件著作权）、商业秘密、专有权等。

b）知识产权保护与使用：应当对委托方知识产权等权利进行有效保护，双方约定可能涉及的专利、商业秘密等保护范围，以便受托方在履行本协议期间尽到注意义务。适宜就受托的产品的逆向工程、商业秘密、知识产权等方面做约定。如双方涉及知识产权许可使用的按照《专利法》等相关法律法规进行授权使用。

c）协议开发或生产期间新产生的知识产权的归属：双方应当就产品协议开发或生产期间所产生的知识产权归属进行书面约定。

d）双方应当就满足产品质量要求而披露的知识产权信息建立披露及保密的要求，约定相关的保密期限。

12. 分歧的解决

所有与本协议有关的争议或违约，双方本着平等合作的原则，协商解决。若协商不能达成一致，其中一方可以将该争议提交至 XXX 所在地仲裁或人民法院管辖。

13. 本协议的批准、生效、变更和终止

本协议经双方 XXX（规定职能）批准后生效。协议有效期为 × 年。任何一方不得单方面无理由终止本协议。当委托方的产品注册证 / 备案编号失效或受托方的生产许可证失效时，本协议自动终止。

对本协议的任何变更，必须经过委托方与受托方书面批准，且这些变更只能由与本协议的原批准人或者更高职能和层次的人员批准。

本协议终止后，已转移的技术文件，由受托方依据委托生产文件清单整理后，返回委托方；已交付的产品，由 XX 方完成后续上市后活动。

委托方：

法定代表人 / 受托人 XXX（规定职能）：

联系方式：

（公司盖章）

受托方：

法定代表人 / 受托人 XXX（规定职能）：

联系方式：

（公司盖章）

国家药监局关于发布《企业落实医疗器械质量安全主体责任监督管理规定》的公告

2022 年第 124 号

为督促医疗器械注册人、备案人落实医疗器械质量安全主体责任，强化医疗器械生产、经营企业质量安全关键岗位人员责任落实，根据《医疗器械监督管理条例》《医疗器械生产监督管理办法》《医疗器械经营监督管理办法》等规定，国家药监局组织制定了《企业落实医疗器械质量安全主体责任监督管理规定》，现予发布，自 2023 年 3 月 1 日起施行。

特此公告。

附件：企业落实医疗器械质量安全主体责任监督管理规定

国家药监局

2022 年 12 月 29 日

附件

企业落实医疗器械质量安全主体责任监督管理规定

第一章　总　　则

第一条　为督促医疗器械注册人、备案人落实医疗器械质量安全主体责任，强化医疗器械注册人、备案人、受托生产企业（以下简称"生产企业"）及经营企业质量安全关键岗位人员责任落实，根据《医疗器械监督管理条例》《医疗器械生产监督管理办法》《医疗器械经营监督管理办法》及《医疗器械生产质量管理规范》《医疗器械经营质量管理规范》，制定本规定。

第二条　在中华人民共和国境内，医疗器械生产、经营企业依法落实医疗器械质量安全责任行为及其监督管理，适用本规定。

第三条　医疗器械注册人、备案人依法对上市医疗器械的安全、有效负责，受托生产企业对受托生产行为负责，经营企业对本企业经营行为负责。

企业应当按照"权责一致、责任到人，因岗选人、人岗相适，尽职免责、奖惩有据"的原则，设置质量安全关键岗位，配备与生产或者经营产品性质、企业规模相适应的质量安全关键岗位人员，并为其履职提供必要的资源和制度保障，确保质量安全关键岗位人员充分履职。

第二章　生产企业质量安全关键岗位要求

第四条　生产企业质量安全关键岗位人员一般包括企业法定代表人和主要负责人（以下简称"企业负责人"）、管理者代表、质量管理部门负责人。其中企业负责人为最高管理者，管理者代表为高层管理人员，质量管理部门负责人一般为中层管理人员。

生产企业可以根据实际需要，在明确前款各岗位职责的前提下，增设质量副总经理、质量总监等岗位。

第五条　生产企业负责人应当对本企业医疗器械质量安全工作全面负责，建立并落实医疗器械质量安全主体责任长效机制。企业负责人应当支持和保障管理者代表、质量管理部门负责人等人员依法开展医疗器械质量安全管理工作；在作出涉及医疗器械质量安全的重大决策前，应当充分听取管理者代表、质量管理部门负责人等人员的意见和建议，对其发现的医疗器械质量安全隐患，应当组织研究并提出处置措施，及时消除风险隐患。

企业负责人应当履行包括但不限于以下职责：

（一）组织制定企业的质量方针和质量目标；

（二）确保质量管理体系有效运行所需的人力资源、基础设施和工作环境等；

（三）组织实施管理评审，定期对质量管理体系运行情况进行评估，并持续改进；

（四）按照相关法律、法规、规章、生产质量管理规范的要求，以及强制性标准和产品技术要求组织生产。

第六条　生产企业负责人应当在企业高层管理人员中确定一名管理者代表。管理者代表应当是所在企业全职员工，并至少符合以下条件：

（一）遵纪守法，具有良好职业道德素质且无不良从业记录。

（二）熟悉并能正确执行相关法律、法规、规章、规范和标准，接受过系统化的质量管理体系知识培训。

（三）熟悉医疗器械生产质量管理工作，具备指导和监督本企业各部门按规定实施医疗器械生产质量管理规范的专业技能和解决实际问题的能力。

（四）生产第二类、第三类医疗器械的，管理者代表原则上应当具有医疗器械相关专业大学本科及以上学历或者中级及以上技术职称，并具有 3 年及以上质量管理或生产、技术管理工作经验；

生产第一类医疗器械的，管理者代表原则上应当具有大学专科及以上学历，并具有 3 年及以上医疗器械生产企业工作经历。

具有 5 年及以上医疗器械质量管理或者生产、技术管理工作经验，熟悉本企业产品、生产和质量管理情况，经实践证明具有良好履职能力的管理者代表，可以适当放宽相关学历和职称要求。

管理者代表在任职后还应当持续加强知识更新，积极参加企业质量管理体系相关学习和培训活动，不断提高质量管理水平。

第七条　管理者代表应当由企业负责人任命、授权，在企业内部独立履行职责，发现产品存在质量安全风险时，应当提出相关产品上市的否决意见或者停止生产活动的建议。

管理者代表应当履行包括但不限于以下职责：

（一）贯彻执行相关法律、法规、规章、规范、强制性标准和产品技术要求。

（二）组织建立、实施并保持企业质量管理体系，向企业负责人报告质量管理体系的运行情况和改进需求。

（三）确保产品符合放行要求，并组织开展上市后产品质量的信息收集工作。

（四）组织开展企业自查、不良事件监测及报告、医疗器械召回等工作。

（五）配合药品监督管理部门开展监督检查，针对发现的问题，组织企业相关部门按照要求及时整改。

第八条　生产企业负责人应当与管理者代表签订授权书，明确管理者代表应当履行的质量管理职责并授予相应的权限。企业应当在确定管理者代表 15 个工作日内向所在地药品监督管理部门报告。

相关文件

789

企业应当建立健全管理者代表相关管理制度和考核机制，为管理者代表履行职责提供必要条件，同时确保其在履行职责时不受企业内部因素的不当干扰。对于不能有效履职的管理者代表，企业负责人应当立即代其履职，或者指定符合本规定第六条要求的人员代其履行管理者代表职责，并于30个工作日内确定和任命新的管理者代表。

第九条 生产企业应当设立质量管理部门并任命质量管理部门负责人。质量管理部门负责人应当熟悉医疗器械相关法律、法规、规章、规范和标准，具有质量管理的实践经验和工作技能，并具备与所生产产品相匹配的专业知识和工作经历。

规模较小生产企业可以根据实际情况，由管理者代表兼任质量管理部门负责人。

质量管理部门负责人与生产管理部门负责人不得相互兼任。

第十条 质量管理部门负责人应当履行包括但不限于以下职责：

（一）依据质量控制程序要求，正确识别各项质量管控点，制定管理规程。

（二）确保本部门人员经相关培训，掌握相关理论知识和实际操作技能。

（三）对质量管理中的实际问题进行分析、判断和处理。

第三章 经营企业质量安全关键岗位要求

第十一条 经营企业质量安全关键岗位人员包括企业负责人、质量负责人和质量管理人员。其中企业负责人为最高管理者，质量负责人为高层管理人员或者质量管理机构负责人。

第十二条 经营企业负责人应当对本企业医疗器械质量安全工作全面负责，提供必要的条件，保证质量负责人、质量管理人员有效履行职责，确保企业按照相关法律、法规、规章、经营质量管理规范要求经营医疗器械；作出涉及医疗器械质量安全的重大决策前，应当充分听取质量负责人、质量管理人员的意见和建议，对其发现的本企业质量安全隐患，应当组织研究并提出处置措施，及时消除风险隐患。

第十三条 经营企业质量负责人负责医疗器械质量管理工作，应当独立履行职责，在企业内部对医疗器械质量管理具有裁决权，承担相应的质量管理责任。

第十四条 第三类医疗器械经营企业质量负责人应当具有医疗器械相关专业大专及以上学历或者中级及以上专业技术职称，并具有3年及以上医疗器械经营质量管理工作经历。

第十五条 经营企业应当配备与经营范围和经营规模相适应的质量管理人员，质量管理人员应当具有相关专业学历和职称，并履行医疗器械经营质量管理规范规定的职责。

体外诊断试剂经营企业质量管理人员中，应当至少有1人具有主管检验师职称；或者具有检验学相关专业（包括检验学、生物医学工程、生物化学、免疫学、基因学、药学、生物技术、临床医学、医疗器械等专业）大专及以上学历或者中级以上专业技术职称，并具有检验相关工作3年及以上工作经历。

专门提供医疗器械运输、贮存服务企业的质量管理人员中，应当至少有2人具有大专及以上学历或者中级及以上专业技术职称，同时应当具有3年及以上医疗器械质量管理工作经历。

第四章 企业质量安全管理机制

第十六条 生产企业和经营企业应当严格按照相关法律、法规、规章、规范等要求，开展医疗器械生产和经营活动。质量安全关键岗位人员应当充分履行岗位职责，保持质量管理体系持续有效运行，保证医疗器械生产和经营全过程持续符合医疗器械生产、经营质量管理规范要求。

第十七条 医疗器械注册人、备案人委托生产的，应当按照国家药品监督管理局制定的医疗器械委托生产质量协议指南要求，由企业负责人或者其授权人签订质量协议以及委托协议，不得通过协议转移依法应当由注册人、备案人履行的义务和责任。委托生产前，医疗器械注册人、备案人的管理者代表应当组织对受托生产企业质量保证能力和风险管理能力进行评估；委托生产后，应当定期组织对受托生产企业质量管理体系进行现场审核，并确保双方质量管理体系有效衔接。

受托生产企业应当积极接受注册人、备案人的审核和监督，并及时采取纠正和预防措施落实其整改要求。受托生产的产品不得再次委托生产。

第十八条 生产企业应当建立产品放行程序，明确产品放行条件及审核、批准要求。

注册人、备案人应当建立产品上市放行规程，由质量管理部门负责人组织对医疗器械生产过程记录和质量检验结果进行审核。产品上市放行不得委托受托生产企业进行。

受托生产企业应当建立生产放行规程，由质量管理部门负责人组织对医疗器械生产过程进行审核，对产品进行检验。

第十九条 生产企业应当建立纠正和预防措施程序。

生产企业应当对不良事件监测、用户投诉、企业自检或者监督抽检、监督检查、内外部审核等情况进行调查分析。对于发现的问题，应当启动纠正措施程序，由管理者代表或者质量管理部门负责人组织相关部门研究分析产生问题原因，采取有效措施，防止相关问题再次发生。

对于潜在问题，企业应当启动预防措施程序，研究潜在问题原因，采取有效措施，防止问题发生。

第二十条 生产企业可以根据实际需要，对上述第十七条、十八条、十九条所涉及的质量安全关键岗位人员职责进行调整，但应当确保符合相关法规、规章、生产质量管理规范和本规定第二章要求。

第二十一条 生产企业负责人应当每季度至少听取一次管理者代表工作情况汇报，对企业生产情况和质量安全管理情况进行回顾分析，对风险防控重点工作进行研究并作出调度安排，形成调度记录。

第二十二条 经营企业负责人应当每季度至少听取一次质量负责人工作情况汇报，对企业经营质量安全风险情况进行工作会商和总结，对重点工作作出调度安排，形成医疗器械质量安全风险会商会议纪要。

第五章 企业质量安全关键岗位履职保障机制

第二十三条 生产企业、经营企业应当建立健全质量安全关键岗位人员履职保障机制，明确岗位职责、任职条件，给予与岗位职责相适应的培训、权限和资源，为质量安全关键岗位人员充分履职提供必要保障。

第二十四条 生产企业、经营企业应当制定质量安全关键岗位说明书，明确质量安全关键岗位人员主要职责，并规定管理者代表、质量负责人、质量管理部门负责人的任职条件和所需权限。

第二十五条 生产企业、经营企业应当按照质量管理体系要求，对质量安全关键岗位人员进行与其职责和工作内容相关的岗前培训和继续教育，建立培训记录。培训内容应当包括相关法律法规、医疗器械专业知识及技能、质量管理制度等。

第二十六条 生产企业管理者代表、质量管理部门负责人和经营企业质量负责人、质量管理人员应当在职在岗，并履行岗位职责。

企业应当按照质量管理体系要求，对质量安全关键岗位负责人员的任命、调整、责任履行等情况予以记录，存档备查。

第二十七条 生产企业管理者代表、质量管理部门负责人和经营企业质量负责人、

质量管理人员发现有医疗器械质量安全潜在风险，应当立即按程序报告。企业应当依法及时采取风险控制措施，相关报告情况应当予以记录并保存。

企业及企业负责人无正当理由未采纳上述人员提出的意见建议，导致发生医疗器械质量安全违

相关文件

法行为的，对企业及企业负责人应当依法处罚，对依法履职尽责的医疗器械质量安全岗位负责人员应当依法不予处罚。

第二十八条 鼓励企业建立质量安全关键岗位人员激励机制，对工作成效显著的给予表彰和奖励。

质量安全关键岗位人员未按规定履行职责，造成医疗器械质量安全事故的，企业应当追究其工作责任。

药品监督管理部门在监督检查中发现质量安全关键岗位人员未按规定履职的，应当要求企业限期整改；发现企业存在严重违法行为的，应当依照《医疗器械监督管理条例》规定对企业负责人、直接负责的主管人员和其他责任人员作出罚款、禁止从业等处罚。

第六章 附 则

第二十九条 为医疗器械网络交易提供服务的电子商务平台经营者参照本规定关于经营企业要求执行。

第三十条 本规定自 2023 年 3 月 1 日起施行。

国家药监局关于进一步加强医疗器械注册人委托生产监督管理的公告

2024 年第 38 号

为贯彻实施《医疗器械监督管理条例》，全面落实医疗器械注册人（以下简称注册人）质量安全主体责任，进一步加强注册人委托生产监督管理，有效防控医疗器械质量安全风险。现就有关事宜公告如下：

一、严格落实医疗器械注册人主体责任

（一）注册人应当全面落实医疗器械质量安全主体责任，建立覆盖医疗器械全生命周期的质量管理体系并保持有效运行。注册人委托生产的，应当建立健全与所委托生产的产品特点、企业规模相适应的管理机构，充分履行产品风险管理、变更控制、产品放行、售后服务、产品投诉处理、不良事件监测和产品召回等职责，定期按照医疗器械生产质量管理规范对受托生产企业质量管理体系运行情况进行审核。

注册人仅委托生产时，也应当保持产品全生命周期质量管理能力，维持质量管理体系完整性和有效性；设置与委托生产相适应的管理机构，并至少明确技术、生产、质量管理、不良事件监测、售后服务等相关部门职责，质量管理部门应当独立设置，配备足够数量和能力的专职质量管理人员，以及熟悉产品、具有相应专业知识的技术人员，能够对委托生产活动进行有效的监测和控制。

注册人应当能够依法承担医疗器械质量安全责任，鼓励通过购买商业保险等形式，建立与产品风险程度、市场规模和人身损害赔偿标准等因素相匹配的责任赔偿能力。

（二）注册人应当优先选择质量管理水平较高、生产规模较大、信用记录良好、生产自动化程度和信息化管理水平较高的企业作为受托方。进行委托生产前，注册人应当要求受托方提交信用情况说明，并查阅监管部门公开信息，全面了解受托方信用情况。

（三）对于植入性医疗器械，鼓励注册人自行生产，确需进行委托生产的，在委托生产活动期间，注册人原则上应当选派具有相关领域生产质量管理工作经验、熟悉产品生产过程和质量控制要求的人员入驻受托生产企业，对生产管理、质量管理关键环节进行现场指导和监督，确保按照法规、规章、规范性文件、强制性标准和经注册的产品技术要求组织生产。派驻人员工作职责应当在质量协议中予以明确。《禁止委托生产医疗器械目录》中的产品不得委托生产。

（四）注册人进行委托生产，应当按照《医疗器械委托生产质量协议编制指南》要求，结合企业实际情况，与受托生产企业签订质量协议，原则上质量协议有效期限不超过产品注册证和受托生产企业生产许可证有效期限。在符合相关法规要求的前提下，注册人可以与受托生产企业在质量协议中自行约定文件控制、采购控制、过程控制、检验控制、产品放行、变更控制等的具体实施方式，但必须明确沟通和衔接要求。

（五）注册人应当会同受托生产企业，将质量协议相关要求转化为可执行的委托生产相关管理文件，并监督受托生产企业落实到位。鼓励企业采用受控的信息化系统优化委托生产相关管理流程，提升质量管理效能。

注册人和受托生产企业应当每年对质量协议的适宜性、充分性、有效性开展评审，确认质量协议相关要求与委托生产管理文件和实际生产情况相一致。发现不一致的，应当及时采取整改措施。

相关文件

（六）注册人应当会同受托生产企业，根据采购物品对产品的影响程度，确定采购物品和供应商的管理方式。对于关键采购物品或者主要原材料，如动物源性原材料、外包的灭菌过程、有源产品的关键元器件／部件／组件、体外诊断试剂的抗原和抗体等，由受托生产企业进行采购的，注册人应当自行或者会同受托生产企业确定采购验收标准、对相关供应商进行审核。

（七）受托生产的产品与其他产品（含不同品种、规格、型号等）共用生产场地或者生产设备的，受托生产企业应当基于产品质量风险管理、风险控制措施和收益整体平衡等原则，建立相应管理制度，防止可能发生的产品或者物料混淆、交叉污染、工艺参数误用等风险。注册人应当加强对受托生产企业的监督和指导，确保相关风险控制措施落实到位。

（八）注册人委托生产时，应当建立产品上市放行规程，明确放行标准、条件，对医疗器械生产过程记录、质量检验结果和受托生产企业生产放行文件进行审核，符合标准和条件的，经授权的放行人员签字后方可上市。产品上市放行应当由注册人自行完成，不得委托其他企业上市放行。

受托生产企业应当建立生产放行规程，明确生产放行的标准、条件，对医疗器械生产过程进行审核，对产品进行检验，确认符合标准、条件的，方可生产放行。

产品上市放行、生产放行的记录保存期限，应当符合医疗器械生产质量管理规范相关要求。

（九）注册人应当会同受托生产企业，在质量协议中明确纠正预防措施沟通机制、双方职责和处置要求，并制定与产品风险相适宜的纠正预防控制程序。出现产品质量符合性有显著降低趋势，连续多批次中间品或者成品不合格，上市后风险管理中的风险事件超出可接受准则等趋势性、系统性、突发性问题时，注册人应当与受托生产企业共同对发现的问题进行调查和分析，制定并评审纠正预防措施计划，实施相关措施并对措施的有效性进行评价。

（十）注册人应当强化变更控制能力，会同受托生产企业，建立完善的变更控制程序，做好变更评估、验证或者确认。对于委托研发、生产过程外包和服务外包等外包供方的引入或者变更，应当通过风险评估判定相关变化是否影响质量管理体系有效运行，做好变更控制。

（十一）委托生产的注册人应当按照《医疗器械不良事件监测和再评价管理办法》等规定，结合产品风险特点，在制度体系建设、机构人员配备、信息收集上报、事件调查处置、风险研究评价等方面，配足资源、完善机制、强化能力，切实承担医疗器械不良事件监测责任，并在质量协议中约定在不良事件调查处置中委托双方的责任义务。对于《医疗器械监督管理条例》等法规规定的注册人应当履行的不良事件监测责任，不得通过质量协议向受托生产企业转移。

二、切实强化医疗器械委托生产注册管理

（十二）注册（申请）人委托生产的，应当在质量管理体系文件中明确将受托生产企业的委托生产相关过程纳入注册人质量管理体系覆盖范围，并在注册申报提交的"质量管理体系文件—质量管理体系的测量、分析和改进程序"中涵盖委托方对受托方进行测量、分析和改进的程序及相关资料。

开展注册质量管理体系核查时，应当重点关注企业质量管理机构建立情况，质量体系关键人员配备和在职履职情况，质量协议签订情况，委托研发和委托生产管理情况等内容。涉及境内跨区域委托生产的，注册质量管理体系核查原则上应当由注册（申请）人所在地药品监督管理部门自行或者联合受托生产企业所在地药品监督管理部门，对注册（申请）人及受托生产企业质量管理体系运行情况进行全面检查。特殊情况下注册（申请）人所在地药品监督管理部门确实无法派出检查人员的，可以委托受托生产企业所在地药品监督管理部门对受托生产企业进行核查，注册（申请）人所在地药品监督管理部门应当结合注册（申请）人体系核查情况对受托生产企业核查报告进行审核确认。

（十三）涉及境内委托生产的注册申请或者延续注册申请，注册审批部门应当在医疗器械注册证生产地址栏中登载受托生产地址并注明"（委托生产）"，同时在备注栏备注受托生产企业名称和统一

社会信用代码，备注形式为"受托生产企业：XXXX公司；统一社会信用代码：XXXX"。变更注册涉及注册人委托生产的，也应当在变更注册文件中按照上述方式注明委托生产相关信息，并将变更信息在注册证书生产地址和备注相应字段中更新，按照国家药品监管数据共享平台数据采集要求报送。注册人、受托生产企业所在地省级药品监督管理部门应当及时将委托生产相关信息记录在企业信用档案中。

仅受托生产企业名称文字性变化的，无需申请变更备案，在延续注册时，核发修改后的注册证。

各省级药品监督管理部门应当组织对本行政区域内已核发的委托生产的注册证进行梳理，发现未按照上述要求标注相关信息的，应当督促注册人及时向原注册部门申请标注，并在本公告施行之日起3个月内完成标注。

（十四）境内医疗器械生产地址变更且受托生产企业生产范围可以涵盖受托生产品种，不涉及生产许可证变更的，办理注册证变更备案时应当提交受托生产企业所在地药品监督管理部门出具的说明。

注册人不再进行委托生产的，应当及时向原注册部门核减受托生产地址；受托生产企业应当及时向所在地省级药品监督管理部门报告有关情况。

三、持续加强委托生产监督管理

（十五）省级药品监督管理部门应当切实落实属地监管责任，通过收集委托生产注册证信息、督促企业上报生产品种、接收跨区域生产品种通报等多种方式和途径，全面梳理和掌握本行政区域内各类型注册人和受托生产企业底数，按照风险管理原则，有针对性加强监管。

注册人所在地省级药品监督管理部门应当持续关注注册人医疗器械全生命周期质量管理能力、对受托生产企业的评估和管控能力、变更管理能力，并结合对受托生产企业检查情况核实注册人提供的信息。受托生产企业所在地省级药品监督管理部门应当持续关注受托生产产品的生产和质量管理情况，督促受托生产企业按照法规、规章、规范性文件、强制性标准、经注册的产品技术要求和委托生产质量协议等开展生产活动。

（十六）注册人由自行生产转为委托生产，或者变更受托生产企业的，应当及时向注册人所在地省级药品监督管理部门报告。注册人所在地省级药品监督管理部门应当对注册人和受托生产企业质量管理体系进行全面检查，对受托生产企业的检查可以会同受托生产企业所在地省级药品监督管理部门进行。

（十七）各级药品监督管理部门应当深刻认识到注册人委托生产监管的复杂性和特殊性，科学配备监管资源，丰富监管手段。

委托生产注册人相对集中的地区，省级药品监督管理部门应当结合监管工作开展情况，定期对注册人委托生产监管情况进行专题会商，分析监督检查和产品抽检结果，全面排查企业质量管理体系、产品质量方面存在的安全隐患，采取针对性防控措施，杜绝系统性、区域性风险。

鼓励药品监督管理部门探索在注册人和受托生产企业两个场地同步开展监督检查，通过网络远程方式连接检查现场等信息化手段，及时沟通检查信息、统一检查尺度。

（十八）国家药监局持续推进医疗器械品种档案和信用档案建设，通过规范注册证委托生产信息标注，推动注册人委托生产相关信息互联互通；省级药品监督管理部门应当实现本行政区域内医疗器械监管全链条信息贯通，汇集审评审批、注册质量管理体系核查、生产许可、监督检查、企业报告、监督抽检、违法行为查处等信息，持续更新完善注册人、受托生产企业信用档案，并按国家药监局要求推送至国家药品监管数据共享平台，逐步实现跨省监管信息互通。

涉及跨区域委托生产的，注册人、受托生产企业所在地省级药品监督管理部门应当按照《医疗器械生产监督管理办法》《关于加强医疗器械跨区域委托生产协同监管工作的意见》要求，及时将企业生产品种、检查结果和责任约谈等监管信息进行通报。

（十九）监督检查中发现注册人、受托生产企业质量管理体系未有效运行的，省级药品监督管理部门应当责令其限期整改；注册人、受托生产企业对存在的质量安全风险未采取有效措施消除的，省级药品监督管理部门应当及时采取告诫、责任约谈等措施，必要时，注册人和受托生产企业所在地省级药品监督管理部门可以开展联合责任约谈。

注册人、受托生产企业严重违反医疗器械生产质量管理规范，综合研判后认为影响产品安全、有效，可能危害人体健康的，省级药品监督管理部门可以采取暂停生产、经营和使用的紧急控制措施，并严格按照《医疗器械监督管理条例》第八十六条进行处罚。

（二十）本公告自 2024 年 6 月 1 日起施行。

国家药监局

2024 年 4 月 2 日

国家药监局综合司关于加强医疗器械跨区域
委托生产协同监管工作的意见

药监综械管〔2022〕21 号

各省、自治区、直辖市和新疆生产建设兵团药品监督管理局：

实施医疗器械注册人制度是推进医疗器械审评审批制度改革、加强医疗器械全生命周期管理的重要举措。随着《医疗器械监督管理条例》（国务院令第739号）的施行，注册人制度全面实施，医疗器械生产组织形式更加多样，特别是医疗器械注册人跨省、自治区、直辖市进行委托生产（以下简称"跨区域委托生产"），涉及省级药品监管部门的职责分工与协调配合，给监管工作带来新的挑战。为切实加强医疗器械注册人跨区域委托生产监管，夯实注册人医疗器械全生命周期质量管理责任，加强监管部门协同配合，保障医疗器械质量安全，现提出以下意见。

一、总体要求

各级药品监督管理部门要全面贯彻实施《医疗器械监督管理条例》及其配套规章制度，充分认识实施医疗器械注册人制度的重大意义，监督注册人对研制、生产、经营、使用全过程中医疗器械的安全性、有效性依法承担责任；省级药品监督管理部门应当切实履行监管责任，强化跨区域协同监管，形成职责清晰、信息通畅、衔接有序、协作有力的监管工作机制，推动医疗器械产业高质量发展，保障人民群众用械安全有效。

二、落实监管职责，加强监督检查

（一）加强注册申请人质量体系核查。 跨区域委托生产申请产品注册的，医疗器械注册人申请人所在地省、自治区、直辖市药品监督管理部门负责开展注册质量体系核查工作，并协同受托生产企业所在地省、自治区、直辖市药品监督管理部门（以下简称"受托生产企业所在地省局"），联合或者委托开展现场核查，受托生产企业所在地省局应当支持配合。注册申请人所在地省、自治区、直辖市药品监督管理部门根据核查情况，提出核查结论，出具体系核查报告。体系核查报告应当包含对注册人和受托生产企业质量体系的检查情况，并抄送受托生产企业所在地省局。

获得批准上市的，应当在医疗器械注册证生产地址栏中登载受托生产地址并注明"（委托生产）"，备注栏备注受托生产企业名称。受托医疗器械生产不得再次委托，相关工作办理时限应当严格按照有关规定执行。

（二）加强生产环节监督检查。 注册人所在地省、自治区、直辖市药品监督管理部门（以下简称"注册人所在地省局"）应当落实监管责任，根据分级监管规定对注册人生产活动开展日常监督检查，根据不良事件监测、抽查检验、投诉举报等情况开展有因检查。受托生产企业所在地省局负责对受托生产企业生产活动开展日常监督检查，并配合注册人所在地省局对受托生产企业开展联合检查或者委托检查。

对注册人的全项目检查应当包括对受托生产企业相应受托生产活动的检查。注册人所在地省局可以自行或者联合受托生产企业所在地省局对受托生产企业开展跨区域检查，因客观因素限制难以开展跨区域检查的情况，经协商受托生产企业所在地省局同意后，可以开展委托检查。对于突发事

相关文件

件应急调查处置，注册人所在地省局因客观因素确实无法立即派出检查人员的，应当及时委托受托生产企业所在地省局开展检查，受托生产企业所在地省局应当提供监管支持，积极承接注册人所在地省局委托的检查任务。

注册人所在地省局自行对受托生产企业开展检查的，应当提前与受托生产企业所在地省局沟通，受托生产企业所在地省局派出观察员协助开展有关工作，检查报告抄送受托生产企业所在地省局；开展联合检查的，检查组组长原则上由注册人所在地省局检查人员担任，检查报告同时报送注册人所在地省局和受托生产企业所在地省局；开展委托检查的，受托生产企业所在地省局应当按照双方商定的方案开展检查，并于检查结束后 10 个工作日内向注册人所在地省局反馈检查结果。

（三）**加强检查结果处置**。注册人所在地省局对注册人监督检查中发现相关问题涉及受托生产企业的，应当通报受托生产企业所在地省局，联合或者委托受托生产企业所在地省局进行检查；对受托生产企业检查中发现受托生产企业存在涉嫌违法违规行为的，应当通报受托生产企业所在地省局，由受托生产企业所在地省局依法调查处置，处置完成后，原则上应当于 10 个工作日内将处置情况通报注册人所在地省局。

此外，如在注册质量体系核查中，发现已取得生产许可证的受托生产企业存在其他涉嫌违法违规行为的，由受托生产企业所在地省局负责处置，处置完成后，原则上应当于 10 个工作日内将处置情况通报注册申请人所在地省局。

三、明确责任义务，强化抽检监测

（四）**加强医疗器械质量抽检工作**。医疗器械注册人所在地省局负责组织对医疗器械注册人生产环节的质量抽检工作，可以委托受托企业所在地省局抽样。对于质量抽检发现的不符合规定要求，符合立案条件的，由医疗器械注册人所在地省局对注册人立案查处，并及时将检验结论、立案情况抄送受托企业所在地。发布质量公告时，一并公告受托生产企业。

注册人所在地省局应当督促注册人彻底查找不合格原因，切实整改到位；涉及受托生产企业未按法规要求组织生产的，注册人所在地省局应当及时通报受托企业所在地省局，由受托企业所在地省局依法进行调查处置。

（五）**加强注册人不良事件监测工作**。医疗器械注册人所在地省局要督促注册人切实履行医疗器械不良事件监测的主体责任，医疗器械注册人依据《医疗器械监督管理条例》《医疗器械不良事件监测和再评价管理办法》及相关指南文件的要求，建立不良事件监测制度，主动收集、报告、调查、评价产品发生的不良事件，及时发现和控制产品存在的不合理风险，确保上市产品的安全有效。

不良事件上报地省局调查认为产品涉嫌存在重大质量安全风险的，应当及时通报注册人所在地省局。注册人所在地省局开展调查评估，调查涉及跨区域委托生产情形的，受托企业所在地省局应当配合。确认相关产品存在重大质量安全风险的，注册人所在地省局应当监督注册人采取风险控制措施，并将调查评估结论和注册人采取的风险控制措施通报受托企业所在地省局，受托企业所在地省局应依法对受托生产企业进行调查处置。

四、完善协同监管体系，形成监管合力

（六）**加强监管协同配合**。在严格落实责任的基础上，各省局应当加强信息沟通和监管协同，建立运转顺畅的协同监管机制，形成有效监管闭环，确保对医疗器械全生命周期、全链条监管"无缝隙""无死角"。鼓励各省局之间建立常态化的跨区域监管工作组，研究出台细化的监管指导文件，探索完善医疗器械跨区域协同监管机制；鼓励跨行政区域开展检查员集中培训和经验交流，统一检查尺度，明确检查要求，提高检查效能。

（七）**加强监管信息互联互通**。药品监督管理部门应当持续加强信息化建设，提高智慧监管水

平，主动收集注册及监管各项信息，建立并持续更新注册人、受托生产企业信用档案，及时、完整、准确地与国家局数据共享平台进行数据交换，实现全系统数据协同共享。国家药监局负责持续完善医疗器械生产监管信息平台功能，加强抽检及不良事件数据更新，实现多维度查询统计分析；各省局应当切实加强医疗器械生产监管信息平台的使用和对接，加强医疗器械注册人制度下的数据互通、协同监管。

（八）严肃查处违法违规行为。发现涉嫌违反医疗器械法规、规章的行为，应当按照属地监管的原则，依据《医疗器械监督管理条例》规定，依法严肃查处，落实违法行为处罚到人要求，强化行刑衔接、行纪衔接。对于同时涉及注册人、受托生产企业的案件，相关省局应当加强协查合作，组织开展案件线索通报、调查取证、检验检测等工作，共同打击违法行为；对于查办的重大案件、典型案件应当及时上报，国家药监局负责遴选典型案例予以通报，形成利剑高悬震慑作用。

第一类医疗器械备案人和受托生产企业不在同一设区的市的，参照本意见进行监督管理。

附件：省局监管职责划分示意表

国家药监局综合司

2022 年 3 月 10 日

附件

省局监管职责划分示意表

事项	职责 省局	注册（申请）人所在地省局	受托生产企业所在地省局
注册质量体系核查		负责	支持配合
医疗器械生产活动监督检查	对注册人进行检查	负责（检查内容参照《医疗器械生产监督管理办法》第五十一条或第五十二条规定）	/
	对受托生产企业受托生产活动进行检查	负责	配合开展联合检查、委托检查
	受托生产企业生产活动日常监督检查	/	负责（检查内容参照《医疗器械生产监督管理办法》第五十三条规定）
生产环节质量抽检	抽样	负责	受委托进行抽样
	发现不符合规定要求	负责处置	/
不良事件监测	注册人监测主体责任落实	负责	/
	对涉嫌重大质量安全风险不良事件的核实、调查、评估	调查、评估。监督注册人采取风险控制措施并依法处置。通报受托企业所在地省局评估结论和风险控制措施	/
违法违规行为处置	注册人违法违规行为处置	负责	/
	受托生产企业违法违规行为处置	/	负责

国家药监局综合司关于加强医疗器械生产经营

分级监管工作的指导意见

药监综械管〔2022〕78号

各省、自治区、直辖市和新疆生产建设兵团药品监督管理局：

为贯彻实施《医疗器械监督管理条例》，贯彻落实《医疗器械生产监督管理办法》《医疗器械经营监督管理办法》要求，进一步加强医疗器械生产经营监管工作，科学合理配置监管资源，依法保障医疗器械安全有效，推动医疗器械质量安全水平实现新提升，现提出以下指导意见。

一、总体要求

各级药品监督管理部门应当认真贯彻落实《医疗器械监督管理条例》《医疗器械生产监督管理办法》《医疗器械经营监督管理办法》要求，按照"风险分级、科学监管，全面覆盖、动态调整，落实责任、提升效能"的原则，开展医疗器械生产经营分级监管工作，夯实各级药品监管部门监管责任，建立健全科学高效的监管模式，加强医疗器械生产经营监督管理，保障人民群众用械安全。

二、开展医疗器械生产分级监管

（一）**落实生产分级监管职责**。国家药品监督管理局负责指导和检查全国医疗器械生产分级监管工作，制定医疗器械生产重点监管品种目录；省、自治区、直辖市药品监督管理部门负责制定本行政区域医疗器械生产重点监管品种目录，组织实施医疗器械生产分级监管工作；设区的市级负责药品监督管理的部门依法按职责负责本行政区域第一类医疗器械生产分级监管的具体工作。

（二）**结合实际确定重点监管品种目录**。国家药品监督管理局根据医疗器械产品风险程度制定并动态调整医疗器械生产重点监管品种目录（见附件1）；省、自治区、直辖市药品监督管理部门应当综合分析本行政区域同类产品注册数量、市场占有率、生产质量管理总体水平和风险会商情况等因素，对国家药品监督管理局制定的目录进行补充，确定本行政区域医疗器械生产重点监管品种目录并进行动态调整。

对于跨区域委托生产的医疗器械注册人，由注册人所在地省、自治区、直辖市药品监督管理部门负责研究确定其产品是否纳入本行政区域医疗器械生产重点监管品种目录。

（三）**制定分级监管细化规定**。省、自治区、直辖市药品监督管理部门应当结合本行政区域产业发展、企业质量管理状况和监管资源配备情况，制定并印发医疗器械生产分级监管细化规定，明确监管级别划分原则，以及对不同监管级别医疗器械注册人备案人、受托生产企业的监督检查形式、频次和覆盖率。

监管级别划分和检查要求可以按照以下原则：

对风险程度高的企业实施四级监管，主要包括生产本行政区域重点监管品种目录产品，以及质量管理体系运行状况差、有严重不良监管信用记录的企业；

对风险程度较高的企业实施三级监管，主要包括生产除本行政区域重点监管品种目录以外第三类医疗器械，以及质量管理体系运行状况较差、有不良监管信用记录的企业；

对风险程度一般的企业实施二级监管，主要包括生产除本行政区域重点监管品种目录以外第二

类医疗器械的企业;

对风险程度较低的企业实施一级监管,主要包括生产第一类医疗器械的企业。

涉及多个监管级别的,按照最高级别进行监管。

一般情况下,对实施四级监管的企业,每年全项目检查不少于一次;对实施三级监管的,每年检查不少于一次,其中每两年全项目检查不少于一次;对实施二级监管的,原则上每两年检查不少于一次;对实施一级监管的,原则上每年随机抽取本行政区域 25% 以上的企业进行监督检查,并对新增第一类医疗器械生产企业在生产备案之日起 3 个月内开展现场检查,必要时对生产地址变更或者生产范围增加的第一类医疗器械生产企业进行现场核查。监督检查可以与产品注册体系核查、生产许可变更或者延续现场核查等相结合,提高监管效能。

全项目检查是指药品监督管理部门按照医疗器械生产质量管理规范及相应附录,对监管对象开展的覆盖全部适用项目的检查。对委托生产的医疗器械注册人备案人开展的全项目检查,应当包括对受托生产企业相应生产活动的检查。

(四)动态调整监管级别。省、自治区、直辖市药品监督管理部门应当根据医疗器械生产分级监管细化规定,结合监督检查、监督抽验、不良事件监测、产品召回、投诉举报和案件查办等情况,每年组织对本行政区域医疗器械注册人备案人、受托生产企业风险程度进行科学研判,确定监管级别并告知企业。对于当年内医疗器械注册人备案人、受托生产企业出现严重质量事故,新增高风险产品、国家集中带量采购中选产品、创新产品等情况,应当即时评估并调整其监管级别。

对于长期以来监管信用状况较好的企业,可以酌情下调监管级别;对于以委托生产方式或者通过创新医疗器械审评审批通道取得产品上市许可,以及跨区域委托生产的医疗器械注册人,仅进行受托生产的受托生产企业,国家集中带量采购中选产品的医疗器械注册人备案人、受托生产企业应当酌情上调监管级别。具体调整方式由省、自治区、直辖市药品监管部门结合本行政区域企业整体监管信用状况、企业数量和监管资源配比等情况确定。

(五)根据监管级别强化监督检查。省、自治区、直辖市药品监督管理部门应当按照分级监管规定,制定年度监督检查计划,明确检查频次和覆盖率,确定监管重点;坚持问题导向,综合运用监督检查、重点检查、跟踪检查、有因检查和专项检查等多种形式强化监督管理。监督检查可以采取非预先告知的方式进行,重点检查、有因检查和专项检查原则上采取非预先告知的方式进行。

对于通过国家药品监督管理局创新医疗器械审评审批通道取得产品上市许可的医疗器械注册人及其受托生产企业,应当充分考虑创新医疗器械监管会商确定的监管风险点和监管措施;对于因停产导致质量管理体系无法持续有效运行的企业,应当跟踪掌握相关情况,采取有针对性的监管措施。

三、开展医疗器械经营分级监管

(六)落实经营分级监管职责。国家药品监督管理局负责指导和检查全国医疗器械经营分级监管工作,并制定医疗器械经营重点监管品种目录;省、自治区、直辖市药品监督管理部门负责指导和检查设区的市级负责药品监督管理的部门实施医疗器械经营分级监管工作;设区的市级负责药品监督管理的部门负责制定本行政区域医疗器械经营重点监管品种目录,组织实施医疗器械经营分级监管工作;县级负责药品监督管理的部门负责本行政区域内医疗器械经营分级监管具体工作。

对于跨设区的市增设库房的医疗器械经营企业,按照属地管理原则,由经营企业和仓库所在地设区的市级负责药品监督管理的部门分别负责确定其监管级别并实施监管工作。

(七)结合实际确定重点监管品种目录。国家药品监督管理局根据医疗器械产品和产品经营风险程度,制定并动态调整医疗器械经营重点监管品种目录(见附件 2);设区的市级负责药品监督管理的部门应当综合分析产品监督抽验、不良事件监测、产品召回、质量投诉、风险会商情况等因素,对国家药品监督管理局制定的目录进行补充,确定本行政区域医疗器械经营重点监管品种目录并进行动态调整。

对于跨设区的市增设库房的医疗器械经营企业，由库房所在地设区的市级负责药品监督管理的部门负责确定其库存的产品是否属于本行政区域医疗器械经营重点监管产品。

（八）制定分级监管细化规定。 设区的市级负责药品监督管理的部门应当根据本行政区域医疗器械经营的风险程度、经营业态、质量管理水平和企业监管信用情况，结合医疗器械不良事件及产品投诉状况等因素，制定并印发分级监管细化规定，明确监管级别划分原则，以及对不同监管级别医疗器械经营企业的监督检查形式、频次和覆盖率。

监管级别划分和检查要求可以按照以下原则进行：

对风险程度高的企业实施四级监管，主要包括"为其他医疗器械注册人、备案人和生产经营企业专门提供贮存、运输服务的"经营企业和风险会商确定的重点检查企业；

对风险程度较高的企业实施三级监管，主要包括本行政区域医疗器械经营重点监管品种目录产品涉及的批发企业，上年度存在行政处罚或者存在不良监管信用记录的经营企业；

对风险程度一般的企业实施二级监管，主要包括除三级、四级监管以外的经营第二、三类医疗器械的批发企业，本行政区域医疗器械经营重点监管品种目录产品涉及的零售企业；

对风险程度较低的企业实施一级监管，主要包括除二、三、四级监管以外的其他医疗器械经营企业。

涉及多个监管级别的，按最高级别对其进行监管。

实施四级监管的企业，设区的市级负责药品监督管理的部门每年组织全项目检查不少于一次；实施三级监管的企业，设区的市级负责药品监督管理的部门每年组织检查不少于一次，其中每两年全项目检查不少于一次；实施二级监管的企业，县级负责药品监督管理的部门每两年组织检查不少于一次，对角膜接触镜类和防护类产品零售企业可以根据监管需要确定检查频次；实施一级监管的企业，县级负责药品监督管理的部门按照有关要求，每年随机抽取本行政区域25%以上的企业进行监督检查，4年内达到全覆盖。必要时，对新增经营业态的企业进行现场核查。

全项目检查是指药品监督管理部门按照医疗器械经营质量管理规范及相应附录，对经营企业开展的覆盖全部适用项目的检查。对"为其他医疗器械注册人、备案人和生产经营企业专门提供贮存、运输服务的"经营企业开展的全项目检查，应当包括对委托的经营企业的抽查。

（九）动态调整监管级别。 设区的市级负责药品监督管理的部门应当根据医疗器械经营分级监管细化规定，在全面有效归集医疗器械产品、企业和监管等信息的基础上，每年组织对本行政区域医疗器械经营企业、跨设区的市增设库房的医疗器械经营企业进行评估，科学研判企业风险程度，确定监管级别并告知企业。对于新增经营业态等特殊情况可以即时确定或调整企业监管级别。

对于长期以来监管信用情况较好的企业，可以酌情下调监管级别；对于存在严重违法违规行为、异地增设库房、国家集中带量采购中选产品和疫情防控用产品经营企业应当酌情上调监管级别。具体调整方式由设区的市级负责药品监管的部门结合本行政区域企业整体监管信用状况、企业数量和监管资源配比等情况确定。

（十）根据监管级别强化监督检查。 地方各级负责药品监督管理的部门应当根据监管级别，制定年度监督检查计划，明确检查重点、检查方式、检查频次和覆盖率。检查方式原则上应当采取突击性监督检查，鼓励采用现代信息技术手段实施监督管理，提高监管效率和水平。

四、加强监督管理，提高监管效能

（十一）加强组织领导。 各级药品监督管理部门要切实提高政治站位，充分认识在监管对象数量大幅增加、注册人备案人制度全面实施、经营新业态层出不穷的形势下，进一步加强分级监管、提升监管效能、推进风险治理的重要意义。各省级药品监督管理部门要按照国家药品监督管理局统一

相关文件

部署，加强统筹协调，发挥主导作用，建立健全跨区域跨层级协同监管机制，强化协作配合，加强对市、县级负责药品监督管理的部门工作的监督指导，上下联动，一体推进医疗器械生产经营分级监管工作。

（十二）加强问题处置。地方各级药品监督管理部门应当贯彻"四个最严"要求，对检查发现的问题，严格依照法规、规章、标准、规范等要求处置，涉及重大问题的，应当及时处置并向上级药品监督管理部门报告。对于产业发展中出现的新问题，相关药品监管部门应当及时调整完善分级管理细化规定，实现监管精准化、科学化、实效化，确保监管全覆盖、无缝隙。各省级药品监督管理部门要定期组织专家研判本行政区域医疗器械生产经营安全形势，分析共性问题、突出问题、薄弱环节，提出改进措施，形成年度报告。

（十三）加强能力建设。各级药品监督管理部门要持续加强能力建设，完善检查执法体系和稽查办案机制，充实职业化专业化检查员队伍，加强稽查队伍建设，创新检查方式方法，强化检查稽查协同和执法联动。各级药品监督管理部门要查找监管能力短板，明确监管能力建设目标和建设方向，丰富监管资源，促进科学分配，助推医疗器械产业高质量发展，更好地满足人民群众对医疗器械安全的需求。

本指导意见自 2023 年 1 月 1 日起施行。原国家食品药品监督管理总局《关于印发〈医疗器械生产企业分类分级监督管理规定〉的通知》（食药监械监〔2014〕234 号）、《关于印发国家重点监管医疗器械目录的通知》（食药监械监〔2014〕235 号）、《关于印发〈医疗器械经营企业分类分级监督管理规定〉的通知》（食药监械监〔2015〕158 号）和《医疗器械经营环节重点监管目录及现场检查重点内容》（食药监械监〔2015〕159 号）同时废止。

附件：1. 医疗器械生产重点监管品种目录
　　　2. 医疗器械经营重点监管品种目录

国家药监局综合司
2022 年 9 月 7 日

关于发布药品医疗器械境外检查管理规定的公告

2018 年第 101 号

为规范药品医疗器械境外检查工作，保证进口药品医疗器械质量，国家药品监督管理局制定了《药品医疗器械境外检查管理规定》，现予发布，自发布之日起施行。

特此公告。

国家药监局

2018 年 12 月 26 日

药品医疗器械境外检查管理规定

第一章 总 则

第一条 为规范药品医疗器械境外检查工作，根据《中华人民共和国药品管理法》《医疗器械监督管理条例》等有关法律法规要求，制定本规定。

第二条 本规定适用于已在中华人民共和国境内上市或者拟在境内上市药品、医疗器械的境外研制及生产相关过程的检查。

第三条 药品、医疗器械境外检查是指国家药品监督管理局（以下简称国家局）为确认药品、医疗器械境外研制、生产相关过程的真实性、可靠性和合规性实施的检查。

第四条 国家局负责药品、医疗器械境外检查管理工作，国家药品监督管理局食品药品审核查验中心（以下称核查中心）负责具体组织实施药品、医疗器械境外检查工作。药品、医疗器械的检验、审评、评价等相关部门协助开展境外检查工作。

第五条 国家局按照政府信息公开的要求公开检查的基本情况和处理结果。

第六条 检查员和被检查单位应当严格遵守廉政相关要求。

第七条 检查员应当严格遵守法律法规、检查纪律，保守国家秘密和被检查单位的秘密。

第二章 检查任务

第八条 国家局根据各相关部门提出的拟检查品种及相关研制、生产场地的建议，通过风险评估和随机抽查方式，确定检查任务。根据监管需要确需对检查任务进行变更的，可按照国家局境外检查外事管理有关规定对检查任务进行调整。

必要时，可对原料、辅料、包装材料等生产场地、供应商或者其他合同机构等开展延伸检查。

第九条 检查任务的确定，应当考虑药品、医疗器械的注册审评审批、监督检查、检验、投诉举报、不良反应和不良事件监测等风险因素。重点考虑以下情形：

（一）审评审批中发现潜在风险的；

（二）检验或者批签发不符合规定，提示质量管理体系存在风险的；

（三）不良反应或者不良事件监测提示可能存在产品安全风险的；

（四）投诉举报或者其他线索提示存在违法违规行为的；

（五）药品上市许可持有人、医疗器械注册人或者备案人（以下简称持有人）有不良记录的；

（六）境外监管机构现场检查结果提示持有人质量管理体系存在较大问题的；

（七）整改后需要再次开展检查的；

（八）其他需要开展境外检查的情形。

第十条 根据国家局境外检查任务，核查中心应当将《境外检查告知书》（附件1）发送持有人或者其代理人。持有人应当在《境外检查告知书》送达之日起20个工作日内，向核查中心提交授权书（有关要求见附件2）和《境外检查产品基本情况表》（附件3），40个工作日内按照场地主文件清单（附件4）提交场地主文件和其他检查所需材料。

核查中心根据检查需要可以调取与检查品种相关的技术资料，调取的技术资料应当采取必要的保密措施，检查结束后归入检查档案。

持有人须指定一家中国境内代理人（其中医疗器械应当为医疗器械注册人或者备案人的代理人），并按照有关要求出具授权书。代理人负责药品监管部门与持有人之间的联络、承担药品不良反应或者医疗器械不良事件监测、负责产品追溯召回等工作。代理人应当履行法律法规规定的境内上市药品医疗器械有关责任和义务，协助药品监管部门开展对产品境外研制、生产场地的检查和违法违规行为的查处。

持有人变更代理人的，应当在完成法律法规规定的变更程序后，委托新任代理人向核查中心及时提交新的授权书，授权书应当明确即将卸任的代理人授权终止日期为新任代理人的授权开始日期。

第十一条 核查中心收到《境外检查产品基本情况表》后，根据检查工作总体安排，初步拟定检查时间，并下达《境外检查预通知》（附件5）通知持有人。

持有人无正当理由不得推迟检查，确有特殊情况需要推迟检查的，应当在《境外检查预通知》送达后10个工作日内向核查中心提出书面申请并说明理由，经核查中心结合检查工作实际综合评估，不存在拒绝阻碍检查情形的，再确定最终检查时间。

第十二条 检查组原则上应当由3名以上检查人员组成，检查组实行组长负责制。检查人员应当是依法取得检查员资格的人员。根据检查工作需要，可以请相关领域专家参加检查工作。

检查人员应当签署无利益冲突声明、检查员承诺书和保密承诺书；所从事的检查活动与其个人利益之间可能发生矛盾或者冲突的，应当主动提出回避。

第十三条 持有人应当全面协调配合境外检查工作，确保检查顺利开展，不得拖延、阻碍、逃避或者拒绝检查。

第十四条 持有人应当负责与相关被检查单位（包括境外生产厂、研发机构、原料、辅料、包装材料生产场地，供应商或者其他合同机构等）沟通联系，协调检查相关事宜。

第十五条 境外检查工作语言为中文，持有人提交的申报资料、整改报告等材料应当为中文版本，检查期间应当配备可满足检查需要的翻译人员。

第三章 检 查

第十六条 核查中心负责制定境外检查方案，检查组应当按照检查方案实施现场检查。需要变更检查方案时，检查组应当报告核查中心批准后实施。

核查中心应当在检查组出发前集中组织行前教育，强调廉政纪律和外事纪律。

第十七条 现场检查开始时，检查组应当主持召开首次会议，向被检查单位通报检查人员组成、检查目的和范围、检查日程，声明检查注意事项及检查纪律等。

被检查单位应当向检查组介绍被检查产品注册、生产、质量管理等情况，明确检查现场负责人。

第十八条 检查期间，被检查单位应当保持正常生产状态，向检查组开放相关场所和区域，配合对相关设施设备的检查；根据检查日程，被检查单位安排被检查品种关键生产工序的动态生产，及时提供检查所需的文件、记录、电子数据等，如实回答检查组的询问。

第十九条 根据检查需要，检查组可采取复印、拍照、摄像等方法收集相关证据材料。

第二十条 检查期间需要抽取样品的，检查组应当参照抽样程序抽样、封样并附抽样文件。

封好的样品应当交由持有人凭抽样文件寄回境内或者由检查组带回境内进行检验。持有人应当确保样品的包装和运输条件可以保证样品质量不受影响。

第二十一条 检查组发现有严重质量风险的，应当立即向核查中心报告，并提出初步处置建议。核查中心收到报告后及时进行风险评估，并向国家局报告相关情况。

第二十二条 检查结束前，检查组应当主持召开末次会议，向持有人口头反馈检查情况以及检查发现问题，持有人可以陈述申辩，检查组应当做好记录。

第二十三条 检查组全体人员应当签字确认检查报告，检查组回境之日起 10 个工作日内向核查中心提交检查报告。

第四章 审核及处理

第二十四条 现场检查结束后，核查中心应当在收到检查组提交的检查报告后 20 个工作日内，向持有人或者代理人书面反馈《境外检查结果告知书》（附件 6）。

需要检验的，检验机构应当在收到样品之日起法定时限内完成检验或者研究，检验或者研究时间不计入反馈《境外检查结果告知书》时限。

持有人对检查结果有异议的，可以在《境外检查结果告知书》送达持有人或者代理人后 10 个工作日内向核查中心书面提出陈述或者说明，超过 10 个工作日未反馈的，视为无异议。持有人的陈述和说明应当一并归入检查档案。

第二十五条 持有人应当在《境外检查结果告知书》送达之日起 50 个工作日内，向核查中心提交对检查发现问题的整改情况，在规定时限内不能完成整改的缺陷，应当提交详细的整改进度和后续计划，并按时提交相应的更新情况直至全部整改落实完毕。

第二十六条 核查中心应当结合持有人整改情况对现场检查报告进行综合评定，综合评定应当在收到整改报告后 20 个工作日内完成。持有人有陈述或者说明的，可在综合评定时一并考虑。必要时，可对整改情况进行再次检查。综合评定过程中需要进行风险会商或者持有人补充资料的，相关时间不计入时限。

第二十七条 综合评定应当采用风险评估的原则，综合考虑缺陷的性质、严重程度以及所评估产品的类别对检查结果进行评定。判定原则如下：

（一）符合要求：现场检查未发现缺陷的。

（二）整改后符合要求：现场检查发现所有主要缺陷和一般缺陷的整改措施，表明持有人能够采取有效措施进行改正，能够按照法律法规及技术规范要求组织生产的。

（三）不符合要求：药品现场检查发现存在真实性问题、影响产品质量的关键要素与注册资料不一致、存在严重缺陷、存在主要缺陷且整改措施不到位、整改计划不可行等不符合法律法规及技术规范要求；医疗器械现场检查发现存在真实性问题、影响产品质量的关键要素与注册资料/备案资料不一致、存在严重缺陷、存在一般缺陷且整改措施不到位、整改计划不可行等不符合法律法规及技术规范要求的。

第二十八条 有下列情形之一的，视为持有人拖延、阻碍、限制或者拒绝检查，直接判定为"不符合要求"：

（一）《境外检查告知书》送达后，逾期不提供符合要求的授权文件的；未在规定时限内提供相关文件、资料的；

（二）持有人阻止或者两次推迟安排检查的；

（三）被检查持有人拒不安排动态生产的；

（四）不配合办理境外检查手续的；

（五）不配合开展延伸检查的；

（六）拖延、阻碍、限制、拒绝检查人员进入被检查场所或者区域的，或者限制检查时间，设定不合理检查条件或者干扰检查的；

（七）拖延、拒绝提供或者故意掩盖关键检查信息的；

（八）拒绝或者限制现场检查收集证据相关资料，拒绝对证据相关资料履行公证认证手续或者提交公证认证文件的；

（九）其他不配合检查的情形。

第二十九条　核查中心应当在做出综合评定后，形成境外检查审核意见报送件，随同有关检查记录、文件等材料一并报送国家局。

核查中心收到检查组现场报告或者经综合评定发现存在重大质量隐患、需采取紧急措施的，应当立即报国家局。

第三十条　对处于注册审评审批阶段的品种或者属于注册审评审批问题，国家局结合综合评定结论，依据《中华人民共和国药品管理法》《医疗器械监督管理条例》《药品注册管理办法》《医疗器械注册管理办法》《体外诊断试剂注册管理办法》等有关规定做出处理。

对已在境内上市的品种，国家局结合综合评定结论，对持有人做出约谈、限期整改、发告诫信、暂停药品进口通关备案、暂停医疗器械进口、暂停销售使用、监督召回产品直至撤销进口批准证明文件等风险控制措施。

对综合判定为不符合要求、检查发现企业存在违法行为或者产品存在安全隐患的，国家局应当及时采取风险控制措施并依法公开。对于存在重大质量隐患、需采取紧急措施的，国家局应当立即采取风险控制措施并依法依规处理。

第三十一条　对发现涉嫌违法的，检查人员应当及时固定证据，国家局组织依法立案调查处理。

第三十二条　持有人应当建立产品追溯体系，确保检查发现问题需要召回产品时，能够高效召回境内流通使用过程中的产品。

第三十三条　风险因素消除或者整改到位后，持有人可向国家局提出申请，经审核，必要时可再次开展现场检查。符合法律法规和技术规范要求的，解除相关风险控制措施。

第五章　附　　则

第三十四条　对香港特别行政区、澳门特别行政区和台湾地区持有人的产品研制、生产相关过程进行现场检查的，参照本规定执行。

第三十五条　对国产产品位于境外的原料、辅料、包装材料等生产场地或者供应商进行现场检查的，参照本规定执行。

第三十六条　本规定中场地主文件是质量管理体系文件的一部分，描述企业质量管理方针与活动、在指定场地实施药品、医疗器械生产和/或质量控制、在相邻或者附近建筑里进行相关操作的文件。

第三十七条　本规定由国家局负责解释。

附件：1. 境外检查告知书

　　　2. 持有人授权境外检查事务代理机构的有关要求

　　　3. 境外检查产品基本情况表

　　　4. 场地主文件清单（药品用、医疗器械用）

　　　5. 境外检查预通知

　　　6. 境外检查结果告知书

国家食品药品监督管理总局关于发布医疗器械
生产质量管理规范的公告

2014 年第 64 号

为加强医疗器械生产监督管理，规范医疗器械生产质量管理，根据《医疗器械监督管理条例》（国务院令第 650 号）、《医疗器械生产监督管理办法》（国家食品药品监督管理总局令第 7 号），国家食品药品监督管理总局组织修订了《医疗器械生产质量管理规范》，现予以发布。

特此公告。

附件：医疗器械生产质量管理规范

食品药品监管总局
2014 年 12 月 29 日

附件

医疗器械生产质量管理规范

第一章 总 则

第一条 为保障医疗器械安全、有效，规范医疗器械生产质量管理，根据《医疗器械监督管理条例》（国务院令第 650 号）、《医疗器械生产监督管理办法》（国家食品药品监督管理总局令第 7 号），制定本规范。

第二条 医疗器械生产企业（以下简称企业）在医疗器械设计开发、生产、销售和售后服务等过程中应当遵守本规范的要求。

第三条 企业应当按照本规范的要求，结合产品特点，建立健全与所生产医疗器械相适应的质量管理体系，并保证其有效运行。

第四条 企业应当将风险管理贯穿于设计开发、生产、销售和售后服务等全过程，所采取的措施应当与产品存在的风险相适应。

第二章 机构与人员

第五条 企业应当建立与医疗器械生产相适应的管理机构，并有组织机构图，明确各部门的职责和权限，明确质量管理职能。生产管理部门和质量管理部门负责人不得互相兼任。

第六条 企业负责人是医疗器械产品质量的主要责任人，应当履行以下职责：

（一）组织制定企业的质量方针和质量目标；

（二）确保质量管理体系有效运行所需的人力资源、基础设施和工作环境等；

（三）组织实施管理评审，定期对质量管理体系运行情况进行评估，并持续改进；

（四）按照法律、法规和规章的要求组织生产。

第七条 企业负责人应当确定一名管理者代表。管理者代表负责建立、实施并保持质量管理体系，报告质量管理体系的运行情况和改进需求，提高员工满足法规、规章和顾客要求的意识。

第八条 技术、生产和质量管理部门的负责人应当熟悉医疗器械相关法律法规，具有质量管理的实践经验，有能力对生产管理和质量管理中的实际问题作出正确的判断和处理。

第九条 企业应当配备与生产产品相适应的专业技术人员、管理人员和操作人员，具有相应的质量检验机构或者专职检验人员。

第十条 从事影响产品质量工作的人员，应当经过与其岗位要求相适应的培训，具有相关理论知识和实际操作技能。

第十一条 从事影响产品质量工作的人员，企业应当对其健康进行管理，并建立健康档案。

第三章 厂房与设施

第十二条 厂房与设施应当符合生产要求，生产、行政和辅助区的总体布局应当合理，不得互相妨碍。

第十三条 厂房与设施应当根据所生产产品的特性、工艺流程及相应的洁净级别要求合理设计、布局和使用。生产环境应当整洁、符合产品质量需要及相关技术标准的要求。产品有特殊要求的，应当确保厂房的外部环境不能对产品质量产生影响，必要时应当进行验证。

第十四条 厂房应当确保生产和贮存产品质量以及相关设备性能不会直接或者间接受到影响，厂房应当有适当的照明、温度、湿度和通风控制条件。

第十五条 厂房与设施的设计和安装应当根据产品特性采取必要的措施，有效防止昆虫或者其他动物进入。对厂房与设施的维护和维修不得影响产品质量。

第十六条 生产区应当有足够的空间，并与其产品生产规模、品种相适应。

第十七条 仓储区应当能够满足原材料、包装材料、中间品、产品等的贮存条件和要求，按照待验、合格、不合格、退货或者召回等情形进行分区存放，便于检查和监控。

第十八条 企业应当配备与产品生产规模、品种、检验要求相适应的检验场所和设施。

第四章 设 备

第十九条 企业应当配备与所生产产品和规模相匹配的生产设备、工艺装备等，并确保有效运行。

第二十条 生产设备的设计、选型、安装、维修和维护必须符合预定用途，便于操作、清洁和维护。生产设备应当有明显的状态标识，防止非预期使用。

企业应当建立生产设备使用、清洁、维护和维修的操作规程，并保存相应的操作记录。

第二十一条 企业应当配备与产品检验要求相适应的检验仪器和设备，主要检验仪器和设备应当具有明确的操作规程。

第二十二条 企业应当建立检验仪器和设备的使用记录，记录内容包括使用、校准、维护和维修等情况。

第二十三条 企业应当配备适当的计量器具。计量器具的量程和精度应当满足使用要求，标明其校准有效期，并保存相应记录。

第五章 文件管理

第二十四条 企业应当建立健全质量管理体系文件，包括质量方针和质量目标、质量手册、程序文件、技术文件和记录，以及法规要求的其他文件。

质量手册应当对质量管理体系作出规定。

程序文件应当根据产品生产和质量管理过程中需要建立的各种工作程序而制定，包含本规范所规定的各项程序。

技术文件应当包括产品技术要求及相关标准、生产工艺规程、作业指导书、检验和试验操作规程、安装和服务操作规程等相关文件。

第二十五条　企业应当建立文件控制程序，系统地设计、制定、审核、批准和发放质量管理体系文件，至少应当符合以下要求：

（一）文件的起草、修订、审核、批准、替换或者撤销、复制、保管和销毁等应当按照控制程序管理，并有相应的文件分发、替换或者撤销、复制和销毁记录；

（二）文件更新或者修订时，应当按规定评审和批准，能够识别文件的更改和修订状态；

（三）分发和使用的文件应当为适宜的文本，已撤销或者作废的文件应当进行标识，防止误用。

第二十六条　企业应当确定作废的技术文件等必要的质量管理体系文件的保存期限，以满足产品维修和产品质量责任追溯等需要。

第二十七条　企业应当建立记录控制程序，包括记录的标识、保管、检索、保存期限和处置要求等，并满足以下要求：

（一）记录应当保证产品生产、质量控制等活动的可追溯性；

（二）记录应当清晰、完整，易于识别和检索，防止破损和丢失；

（三）记录不得随意涂改或者销毁，更改记录应当签注姓名和日期，并使原有信息仍清晰可辨，必要时，应当说明更改的理由；

（四）记录的保存期限应当至少相当于企业所规定的医疗器械的寿命期，但从放行产品的日期起不少于2年，或者符合相关法规要求，并可追溯。

第六章　设计开发

第二十八条　企业应当建立设计控制程序并形成文件，对医疗器械的设计和开发过程实施策划和控制。

第二十九条　在进行设计和开发策划时，应当确定设计和开发的阶段及对各阶段的评审、验证、确认和设计转换等活动，应当识别和确定各个部门设计和开发的活动和接口，明确职责和分工。

第三十条　设计和开发输入应当包括预期用途规定的功能、性能和安全要求、法规要求、风险管理控制措施和其他要求。对设计和开发输入应当进行评审并得到批准，保持相关记录。

第三十一条　设计和开发输出应当满足输入要求，包括采购、生产和服务所需的相关信息、产品技术要求等。设计和开发输出应当得到批准，保持相关记录。

第三十二条　企业应当在设计和开发过程中开展设计和开发到生产的转换活动，以使设计和开发的输出在成为最终产品规范前得以验证，确保设计和开发输出适用于生产。

第三十三条　企业应当在设计和开发的适宜阶段安排评审，保持评审结果及任何必要措施的记录。

第三十四条　企业应当对设计和开发进行验证，以确保设计和开发输出满足输入的要求，并保持验证结果和任何必要措施的记录。

第三十五条　企业应当对设计和开发进行确认，以确保产品满足规定的使用要求或者预期用途的要求，并保持确认结果和任何必要措施的记录。

第三十六条　确认可采用临床评价或者性能评价。进行临床试验时应当符合医疗器械临床试验法规的要求。

相关文件

第三十七条　企业应当对设计和开发的更改进行识别并保持记录。必要时，应当对设计和开发更改进行评审、验证和确认，并在实施前得到批准。

当选用的材料、零件或者产品功能的改变可能影响到医疗器械产品安全性、有效性时，应当评价因改动可能带来的风险，必要时采取措施将风险降低到可接受水平，同时应当符合相关法规的要求。

第三十八条　企业应当在包括设计和开发在内的产品实现全过程中，制定风险管理的要求并形成文件，保持相关记录。

第七章　采　　购

第三十九条　企业应当建立采购控制程序，确保采购物品符合规定的要求，且不低于法律法规的相关规定和国家强制性标准的相关要求。

第四十条　企业应当根据采购物品对产品的影响，确定对采购物品实行控制的方式和程度。

第四十一条　企业应当建立供应商审核制度，并应当对供应商进行审核评价。必要时，应当进行现场审核。

第四十二条　企业应当与主要原材料供应商签订质量协议，明确双方所承担的质量责任。

第四十三条　采购时应当明确采购信息，清晰表述采购要求，包括采购物品类别、验收准则、规格型号、规程、图样等内容。应当建立采购记录，包括采购合同、原材料清单、供应商资质证明文件、质量标准、检验报告及验收标准等。采购记录应当满足可追溯要求。

第四十四条　企业应当对采购物品进行检验或者验证，确保满足生产要求。

第八章　生产管理

第四十五条　企业应当按照建立的质量管理体系进行生产，以保证产品符合强制性标准和经注册或者备案的产品技术要求。

第四十六条　企业应当编制生产工艺规程、作业指导书等，明确关键工序和特殊过程。

第四十七条　在生产过程中需要对原材料、中间品等进行清洁处理的，应当明确清洁方法和要求，并对清洁效果进行验证。

第四十八条　企业应当根据生产工艺特点对环境进行监测，并保存记录。

第四十九条　企业应当对生产的特殊过程进行确认，并保存记录，包括确认方案、确认方法、操作人员、结果评价、再确认等内容。

生产过程中采用的计算机软件对产品质量有影响的，应当进行验证或者确认。

第五十条　每批（台）产品均应当有生产记录，并满足可追溯的要求。

生产记录包括产品名称、规格型号、原材料批号、生产批号或者产品编号、生产日期、数量、主要设备、工艺参数、操作人员等内容。

第五十一条　企业应当建立产品标识控制程序，用适宜的方法对产品进行标识，以便识别，防止混用和错用。

第五十二条　企业应当在生产过程中标识产品的检验状态，防止不合格中间产品流向下道工序。

第五十三条　企业应当建立产品的可追溯性程序，规定产品追溯范围、程度、标识和必要的记录。

第五十四条　产品的说明书、标签应当符合相关法律法规及标准要求。

第五十五条　企业应当建立产品防护程序，规定产品及其组成部分的防护要求，包括污染防护、静电防护、粉尘防护、腐蚀防护、运输防护等要求。防护应当包括标识、搬运、包装、贮存和保护等。

第九章　质量控制

第五十六条　企业应当建立质量控制程序，规定产品检验部门、人员、操作等要求，并规定检验仪器和设备的使用、校准等要求，以及产品放行的程序。

第五十七条　检验仪器和设备的管理使用应当符合以下要求：

（一）定期对检验仪器和设备进行校准或者检定，并予以标识；

（二）规定检验仪器和设备在搬运、维护、贮存期间的防护要求，防止检验结果失准；

（三）发现检验仪器和设备不符合要求时，应当对以往检验结果进行评价，并保存验证记录；

（四）对用于检验的计算机软件，应当确认。

第五十八条　企业应当根据强制性标准以及经注册或者备案的产品技术要求制定产品的检验规程，并出具相应的检验报告或者证书。

需要常规控制的进货检验、过程检验和成品检验项目原则上不得进行委托检验。对于检验条件和设备要求较高，确需委托检验的项目，可委托具有资质的机构进行检验，以证明产品符合强制性标准和经注册或者备案的产品技术要求。

第五十九条　每批（台）产品均应当有检验记录，并满足可追溯的要求。检验记录应当包括进货检验、过程检验和成品检验的检验记录、检验报告或者证书等。

第六十条　企业应当规定产品放行程序、条件和放行批准要求。放行的产品应当附有合格证明。

第六十一条　企业应当根据产品和工艺特点制定留样管理规定，按规定进行留样，并保持留样观察记录。

第十章　销售和售后服务

第六十二条　企业应当建立产品销售记录，并满足可追溯的要求。销售记录至少包括医疗器械的名称、规格、型号、数量；生产批号、有效期、销售日期、购货单位名称、地址、联系方式等内容。

第六十三条　直接销售自产产品或者选择医疗器械经营企业，应当符合医疗器械相关法规和规范要求。发现医疗器械经营企业存在违法违规经营行为时，应当及时向当地食品药品监督管理部门报告。

第六十四条　企业应当具备与所生产产品相适应的售后服务能力，建立健全售后服务制度。应当规定售后服务的要求并建立售后服务记录，并满足可追溯的要求。

第六十五条　需要由企业安装的医疗器械，应当确定安装要求和安装验证的接收标准，建立安装和验收记录。

由使用单位或者其他企业进行安装、维修的，应当提供安装要求、标准和维修零部件、资料、密码等，并进行指导。

第六十六条　企业应当建立顾客反馈处理程序，对顾客反馈信息进行跟踪分析。

第十一章　不合格品控制

第六十七条　企业应当建立不合格品控制程序，规定不合格品控制的部门和人员的职责与权限。

第六十八条　企业应当对不合格品进行标识、记录、隔离、评审，根据评审结果，对不合格品采取相应的处置措施。

第六十九条　在产品销售后发现产品不合格时，企业应当及时采取相应措施，如召回、销毁等。

第七十条　不合格品可以返工的，企业应当编制返工控制文件。返工控制文件包括作业指导书、重新检验和重新验证等内容。不能返工的，应当建立相关处置制度。

相关文件

第十二章　不良事件监测、分析和改进

第七十一条　企业应当指定相关部门负责接收、调查、评价和处理顾客投诉，并保持相关记录。

第七十二条　企业应当按照有关法规的要求建立医疗器械不良事件监测制度，开展不良事件监测和再评价工作，并保持相关记录。

第七十三条　企业应当建立数据分析程序，收集分析与产品质量、不良事件、顾客反馈和质量管理体系运行有关的数据，验证产品安全性和有效性，并保持相关记录。

第七十四条　企业应当建立纠正措施程序，确定产生问题的原因，采取有效措施，防止相关问题再次发生。

应当建立预防措施程序，确定潜在问题的原因，采取有效措施，防止问题发生。

第七十五条　对于存在安全隐患的医疗器械，企业应当按照有关法规要求采取召回等措施，并按规定向有关部门报告。

第七十六条　企业应当建立产品信息告知程序，及时将产品变动、使用等补充信息通知使用单位、相关企业或者消费者。

第七十七条　企业应当建立质量管理体系内部审核程序，规定审核的准则、范围、频次、参加人员、方法、记录要求、纠正预防措施有效性的评定等内容，以确保质量管理体系符合本规范的要求。

第七十八条　企业应当定期开展管理评审，对质量管理体系进行评价和审核，以确保其持续的适宜性、充分性和有效性。

第十三章　附　　则

第七十九条　医疗器械注册申请人或备案人在进行产品研制时，也应当遵守本规范的相关要求。

第八十条　国家食品药品监督管理总局针对不同类别医疗器械生产的特殊要求，制定细化的具体规定。

第八十一条　企业可根据所生产医疗器械的特点，确定不适用本规范的条款，并说明不适用的合理性。

第八十二条　本规范下列用语的含义是：

验证：通过提供客观证据对规定要求已得到满足的认定。

确认：通过提供客观证据对特定的预期用途或者应用要求已得到满足的认定。

关键工序：指对产品质量起决定性作用的工序。

特殊过程：指通过检验和试验难以准确评定其质量的过程。

第八十三条　本规范由国家食品药品监督管理总局负责解释。

第八十四条　本规范自 2015 年 3 月 1 日起施行。原国家食品药品监督管理局于 2009 年 12 月 16 日发布的《医疗器械生产质量管理规范（试行）》（国食药监械〔2009〕833 号）同时废止。

国家食品药品监督管理总局关于发布医疗器械生产质量管理规范附录无菌医疗器械的公告

2015 年第 101 号

为加强医疗器械生产监督管理，规范医疗器械生产质量管理，根据《医疗器械监督管理条例》（国务院令 650 号）、《医疗器械生产监督管理办法》（国家食品药品监督管理总局令第 7 号），国家食品药品监督管理总局组织起草了《医疗器械生产质量管理规范附录无菌医疗器械》，现予以发布。

本附录是无菌医疗器械生产质量管理规范的特殊要求。无菌医疗器械生产质量管理体系应当符合《医疗器械生产质量管理规范》及本附录的要求。

特此公告。

附件：医疗器械生产质量管理规范附录无菌医疗器械

食品药品监管总局
2015 年 7 月 10 日

附件

医疗器械生产质量管理规范附录无菌医疗器械

第一部分　范围和原则

1.1 本附录是对无菌医疗器械生产质量管理规范的特殊要求。

1.2 无菌医疗器械生产须满足其质量和预期用途的要求，最大限度地降低污染，并应当根据产品特性、生产工艺和设备等因素，确定无菌医疗器械洁净室（区）的洁净度级别，以保证医疗器械不受污染或能有效排除污染。

第二部分　特殊要求

2.1 人员

2.1.1 凡在洁净室（区）工作的人员应当定期进行卫生和微生物学基础知识、洁净作业等方面培训。临时进入洁净室（区）的人员，应当对其进行指导和监督。

2.1.2 应当建立对人员的清洁要求，制定洁净室（区）工作人员卫生守则。人员进入洁净室（区）应当按照程序进行净化，并穿戴工作帽、口罩、洁净工作服、工作鞋。裸手接触产品的操作人员每隔一定时间应当对手再次进行消毒。裸手消毒剂的种类应当定期更换。

2.1.3 应当制定人员健康要求，建立人员健康档案。直接接触物料和产品的人员每年至少体检一次。患有传染性和感染性疾病的人员不得从事直接接触产品的工作。

2.1.4 应当明确人员服装要求，制定洁净和无菌工作服的管理规定。工作服及其质量应当与生产操作的要求及操作区的洁净度级别相适应，其式样和穿着方式应当能够满足保护产品和人员的要求。洁净工作服和无菌工作服不得脱落纤维和颗粒性物质，无菌工作服应当能够包盖全部头发、胡须及脚部，并能阻留人体脱落物。

2.2 厂房与设施

2.2.1 应当有整洁的生产环境。厂区的地面、路面周围环境及运输等不应对无菌医疗器械的生产造成污染。行政区、生活区和辅助区的总体布局应当合理，不得对生产区有不良影响。厂区应当远离有污染的空气和水等污染源的区域。

2.2.2 应当根据所生产的无菌医疗器械的质量要求，确定在相应级别洁净室（区）内进行生产的过程，避免生产中的污染。空气洁净级别不同的洁净室（区）之间的静压差应大于 5 帕，洁净室（区）与室外大气的静压差应大于 10 帕，并应有指示压差的装置。必要时，相同洁净级别的不同功能区域（操作间）之间也应当保持适当的压差梯度。

2.2.3 植入和介入到血管内的无菌医疗器械及需要在 10,000 级下的局部 100 级洁净室（区）内进行后续加工（如灌装封等）的无菌医疗器械或单包装出厂的配件，其末道清洁处理、组装、初包装、封口的生产区域和不经清洁处理的零部件的加工生产区域应当不低于 10,000 级洁净度级别。

2.2.4 与血液、骨髓腔或非自然腔道直接或间接接触的无菌医疗器械或单包装出厂的配件，其末道清洁处理、组装、初包装、封口的生产区域和不经清洁处理的零部件的加工生产区域应当不低于 100,000 级洁净度级别。

2.2.5 与人体损伤表面和粘膜接触的无菌医疗器械或单包装出厂的配件，其末道清洁处理、组装、初包装、封口的生产区域和不经清洁处理的零部件的加工生产区域应当不低于 300,000 级洁净度级别。

2.2.6 与无菌医疗器械的使用表面直接接触、不需清洁处理即使用的初包装材料，其生产环境洁净度级别的设置应当遵循与产品生产环境的洁净度级别相同的原则，使初包装材料的质量满足所包装无菌医疗器械的要求；若初包装材料不与无菌医疗器械使用表面直接接触，应当在不低于 300,000 级洁净室（区）内生产。

2.2.7 对于有要求或采用无菌操作技术加工的无菌医疗器械（包括医用材料），应当在 10,000 级下的局部 100 级洁净室（区）内进行生产。

2.2.8 洁净工作服清洗干燥间、洁具间、专用工位器具的末道清洁处理与消毒的区域的空气洁净度级别可低于生产区一个级别，但不得低于 300,000 级。无菌工作服的整理、灭菌后的贮存应当在 10,000 级洁净室（区）内。

2.2.9 洁净室（区）应当按照无菌医疗器械的生产工艺流程及所要求的空气洁净度级别进行合理布局，人流、物流走向应当合理。同一洁净室（区）内或相邻洁净室（区）间的生产操作不得互相交叉污染。

2.2.10 洁净室（区）空气洁净度级别指标应当符合医疗器械相关行业标准的要求。

2.2.11 洁净室（区）的温度和相对湿度应当与产品生产工艺要求相适应。无特殊要求时，温度应当控制在 18~28℃，相对湿度控制在 45%~65%。

2.2.12 进入洁净室（区）的管道、进回风口布局应当合理，水、电、气输送线路与墙体接口处应当可靠密封，照明灯具不得悬吊。

2.2.13 洁净室（区）内操作台应当光滑、平整、不脱落尘粒和纤维，不易积尘并便于清洁处理和消毒。

2.2.14 生产厂房应当设置防尘、防止昆虫和其他动物进入的设施。洁净室（区）的门、窗及安全门应当密闭，洁净室（区）的门应当向洁净度高的方向开启，洁净室（区）的内表面应当便于清洁，不受清洁和消毒的影响。100 级的洁净室（区）内不得设置地漏。在其他洁净室（区）内，水池或地漏应当有适当的设计和维护，并安装易于清洁且带有空气阻断功能的装置以防倒灌，同外部排水系统的连接方式应当能够防止微生物的侵入。

2.2.15 洁净室（区）内使用的压缩空气等工艺用气均应当经过净化处理。与产品使用表面直接接触的气体，其对产品的影响程度应当进行验证和控制，以适应所生产产品的要求。

2.2.16 洁净室（区）内的人数应当与洁净室（区）面积相适应。

2.3 设备

2.3.1 生产设备、工艺装备和工位器具应当符合洁净环境控制和工艺文件的要求。

2.3.2 洁净室（区）空气净化系统应当经过确认并保持连续运行，维持相应的洁净度级别，并在一定周期后进行再确认。

若停机后再次开启空气净化系统，应当进行必要的测试或验证，以确认仍能达到规定的洁净度级别要求。

2.3.3 应当确定所需要的工艺用水。当生产过程中使用工艺用水时，应当配备相应的制水设备，并有防止污染的措施，用量较大时应当通过管道输送至洁净室（区）的用水点。工艺用水应当满足产品质量的要求。

2.3.4 应当制定工艺用水的管理文件，工艺用水的储罐和输送管道应当满足产品要求，并定期清洗、消毒。

2.3.5 与物料或产品直接接触的设备、工艺装备及管道表面应当光洁、平整、无颗粒物质脱落、无毒、耐腐蚀，不与物料或产品发生化学反应和粘连，易于清洁处理、消毒或灭菌。

2.4 设计开发

2.4.1 应当明确灭菌工艺（方法和参数）和无菌保证水平（SAL），并提供灭菌确认报告。

2.4.2 如灭菌使用的方法容易出现残留，应当明确残留物信息及采取的处理方法。

2.5 采购

2.5.1 应当对采购物品进行检验或验证，需要进行生物学评价的材料，采购物品应当与经生物学评价的材料相同。

2.5.2 对来源于动物的原、辅材料应当满足产品质量控制要求。

2.5.3 无菌医疗器械的初包装材料应当适用于所用的灭菌过程或无菌加工的包装要求，并执行相应法规和标准的规定，确保在包装、运输、贮存和使用时不会对产品造成污染。

应当根据产品质量要求确定所采购初包装材料的初始污染菌和微粒污染可接受水平并形成文件，按照文件要求对采购的初包装材料进行进货检验并保持相关记录。

2.6 生产管理

2.6.1 生产过程中产生粉尘、烟雾、毒害物、射线和紫外线等有害物质的厂房、设备应当安装相应的防护装置，建立其工作环境条件的要求并形成文件，以进行有效控制。

2.6.2 应当制定洁净室（区）的卫生管理文件，按照规定对洁净室（区）进行清洁处理和消毒，并保存记录。所用的消毒剂或消毒方法不得对设备、工艺装备、物料和产品造成污染。消毒剂品种应当定期更换，防止产生耐药菌株。

2.6.3 生产设备所用的润滑剂、冷却剂、清洗剂及在洁净室（区）内通过模具成型后不需清洁处理的零配件所用的脱模剂，均不得对产品造成污染。

2.6.4 应当制定工位器具的管理文件，所选用的工位器具应当能避免产品在存放和搬运中被污染和损坏。

2.6.5 进入洁净室（区）的物品，包括原料和零配件等必须按程序进行净化处理。

对于需清洁处理的无菌医疗器械的零配件，末道清洁处理应当在相应级别的洁净室（区）内进行，末道清洁处理介质应当满足产品质量的要求。

2.6.6 应当建立清场的管理规定，以防止产品的交叉污染，并做好清场记录。

2.6.7 应当建立批号管理规定，明确生产批号和灭菌批号的关系，规定每批产品应形成的记录。

2.6.8 应当选择适宜的方法对产品进行灭菌或采用适宜的无菌加工技术以保证产品无菌，并执行相关法规和标准的要求。

2.6.9 应当建立无菌医疗器械灭菌过程确认程序并形成文件。灭菌过程应当按照相关标准要求在初次实施前进行确认，必要时再确认，并保持灭菌过程确认记录。

2.6.10 应当制定灭菌过程控制文件，保持每一灭菌批的灭菌过程参数记录，灭菌记录应当可追溯到产品的每一生产批。

2.6.11 对直接或间接接触心血管系统、淋巴系统或脑脊髓液或药液的零配件应当至少能追溯到产品生产所用的原材料、灭菌设备和生产环境。

2.6.12 应当根据对产品质量影响的程度规定各种无菌医疗器械产品和材料的贮存条件，贮存场所应当具有相应的环境监控设施，应当控制和记录贮存条件，贮存条件应当在标签或使用说明书中注明。

2.7 质量控制

2.7.1 应当具备无菌、微生物限度和阳性对照的检测能力和条件。

2.7.2 应当对工艺用水进行监控和定期检测，并保持监控记录和检测报告。

2.7.3 应当按照医疗器械相关行业标准要求对洁净室（区）的尘粒、浮游菌或沉降菌、换气次数或风速、静压差、温度和相对湿度进行定期检（监）测，并保存检（监）测记录。

2.7.4 应当根据产品质量要求确定产品的初始污染菌和微粒污染的控制水平并形成文件，明确中间品的存储环境要求和存放时间，按文件要求定期检测并保持相关记录。应当定期对检测记录进行汇总和趋势分析。

2.7.5 应当根据产品留样目的确定留样数量和留样方式，按照生产批或灭菌批等进行留样，并保存留样观察记录或留样检验记录。

第三部分 术 语

3.1 下列术语的含义是：

批号：用于识别一个特定批的具有唯一性的数字和（或）字母的组合。

生产批：指在一段时间内，同一工艺条件下连续生产出的具有同一性质和质量的产品。

灭菌批：在同一灭菌容器内，同一工艺条件下灭菌的具有相同无菌保证水平的产品。

灭菌：用以使产品无任何形式的存活微生物的过程，且该过程应当经过确认。

无菌：产品上无存活微生物的状态。

初包装材料：与产品直接接触的包装材料。

洁净室（区）：需要对尘粒及微生物含量进行控制的房间（区域）。其建筑结构、装备及其作用均具有减少该房间（区域）内污染源的介入、产生和滞留的功能。

洁净度：洁净环境内单位体积空气中含大于或等于某一粒径的悬浮粒子和微生物最大允许统计数。

无菌加工：在受控的环境中进行产品的无菌制备及产品的无菌灌装。该环境的空气供应、材料、设备和人员都得到控制，使微生物和微粒污染控制到可接受水平。

第四部分 附 则

4.1 本附录由国家食品药品监督管理总局负责解释。

4.2 本附录自2015年10月1日起施行。原国家食品药品监督管理局于2009年12月16日发布的《关于印发医疗器械生产质量管理规范无菌医疗器械实施细则和检查评定标准（试行）的通知》（国食药监械〔2009〕835号）同时废止。

国家食品药品监督管理总局关于发布医疗器械生产质量管理规范附录植入性医疗器械的公告

2015 年第 102 号

为加强医疗器械生产监督管理，规范医疗器械生产质量管理，根据《医疗器械监督管理条例》（国务院令 650 号）、《医疗器械生产监督管理办法》（国家食品药品监督管理总局令第 7 号），国家食品药品监督管理总局组织起草了《医疗器械生产质量管理规范附录植入性医疗器械》，现予以发布。

本附录是植入性医疗器械生产质量管理规范的特殊要求。植入性医疗器械生产质量管理体系应当符合《医疗器械生产质量管理规范》及本附录的要求。

特此公告。

附件：医疗器械生产质量管理规范附录植入性医疗器械

食品药品监管总局

2015 年 7 月 10 日

附件

医疗器械生产质量管理规范附录植入性医疗器械

第一部分　范围和原则

1.1 本附录适用于植入性的有源医疗器械和无源医疗器械，但不适用于组织工程植入物中生物技术组成部分和除齿科种植体外的其他齿科植入物。

1.2 本附录是对植入性医疗器械生产质量管理规范的特殊要求。

1.3 植入性的无菌医疗器械，生产中应当最大限度地降低污染，以保证医疗器械不受污染或能有效排除污染。植入性的非无菌医疗器械，其生产环境的设置应当满足产品质量的要求。

第二部分　特殊要求

2.1 人员

2.1.1 植入性的动物源医疗器械和同种异体医疗器械的生产、技术和质量管理人员应当具有相应的生物学、生物化学、微生物学、医学、免疫学等专业知识，并具有相应的实践经验，以确保具备在生产、质量管理中履行职责的能力。

2.1.2 凡在洁净室（区）工作的人员应当定期进行卫生和微生物学基础知识、洁净作业等方面培训。临时进入洁净室（区）的人员，应当对其进行指导和监督。

2.1.3 从事植入性的动物源医疗器械和同种异体医疗器械生产的全体人员，包括清洁、维修等人

相关文件

819

员均应当根据其产品和所从事的生产操作进行专业和安全防护培训。

2.1.4 应当建立对人员的清洁要求，制定洁净室（区）工作人员卫生守则。人员进入洁净室（区）应当按照程序进行净化，并穿戴工作帽、口罩、洁净工作服、工作鞋。裸手接触产品的操作人员每隔一定时间应当对手再次进行消毒。裸手消毒剂的种类应当定期更换。

2.1.5 应当制定人员健康要求，设立人员健康档案。直接接触物料和产品的操作人员每年至少体检一次。患有传染性和感染性疾病的人员不得从事直接接触产品的工作。

2.1.6 应当明确人员服装要求，制定洁净和无菌工作服的管理规定。工作服及其质量应当与生产操作的要求及操作区的洁净度级别相适应，其式样和穿着方式应当能够满足保护产品和人员的要求。洁净工作服和无菌工作服不得脱落纤维和颗粒性物质，无菌工作服应当能够包盖全部头发、胡须及脚部，并能阻留人体脱落物。

2.2 厂房与设施

2.2.1 应当有整洁的生产环境。厂区的地面、路面周围环境及运输等不应对植入性的无菌医疗器械的生产造成污染。行政区、生活区和辅助区的总体布局应当合理，不得对生产区有不良影响。厂区应当远离有污染的空气和水等污染源的区域。

2.2.2 应当根据所生产的植入性无菌医疗器械的质量要求，确定在相应级别洁净室（区）内进行生产的过程，避免生产中的污染。空气洁净级别不同的洁净室（区）之间的静压差应大于 5 帕，洁净室（区）与室外大气的静压差应大于 10 帕，并应有指示压差的装置。必要时，相同洁净级别的不同功能区域（操作间）之间也应当保持适当的压差梯度。

2.2.3 主要与骨接触的植入性无菌医疗器械或单包装出厂的配件，其末道清洁处理、组装、初包装、封口的生产区域和不经清洁处理零部件的加工生产区域应当不低于 100,000 级洁净度级别。

2.2.4 主要与组织和组织液接触的植入性无菌医疗器械或单包装出厂的配件，其末道清洁处理、组装、初包装、封口的生产区域和不经清洁处理零部件的加工生产区域应当不低于 100,000 级洁净度级别。

2.2.5 主要与血液接触的植入性无菌医疗器械或单包装出厂的配件，其末道清洁处理、组装、初包装、封口的生产区域和不经清洁处理零部件的加工生产区域应当不低于 10,000 级洁净度级别。

2.2.6 与人体损伤表面和粘膜接触的植入性无菌医疗器械或单包装出厂的零部件，其末道清洁处理、组装、初包装、封口的生产区域和不经清洁处理零部件的加工生产区域应当不低于 300,000 级洁净度级别。

2.2.7 与植入性的无菌医疗器械的使用表面直接接触、不需清洁处理即使用的初包装材料，其生产环境洁净度级别的设置应当遵循与产品生产环境的洁净度级别相同的原则，使初包装材料的质量满足所包装无菌医疗器械的要求；若初包装材料不与植入性无菌医疗器械使用表面直接接触，应当在不低于 300,000 洁净室（区）内生产。

2.2.8 对于有要求或采用无菌操作技术加工的植入性无菌医疗器械（包括医用材料），应当在 10,000 级下的局部 100 级洁净室（区）内进行生产。

2.2.9 洁净工作服清洗干燥间、洁具间、专用工位器具的末道清洁处理与消毒的区域的空气洁净度级别可低于生产区一个级别，但不得低于 300,000 级。无菌工作服的整理、灭菌后的贮存应当在 10,000 级洁净室（区）内。

2.2.10 洁净室（区）应当按照植入性的无菌医疗器械的生产工艺流程及所要求的空气洁净度级别进行合理布局，人流、物流走向应当合理。同一洁净室（区）内或相邻洁净室（区）间的生产操作不得互相交叉污染。

2.2.11 洁净室（区）空气洁净度级别指标应当符合医疗器械相关行业标准的要求。

2.2.12 洁净室（区）的温度和相对湿度应当与产品生产工艺要求相适应。无特殊要求时，温度应当控制在 18~28℃，相对湿度控制在 45%~65%。

2.2.13 进入洁净室（区）的管道、进回风口布局应当合理，水、电、气输送线路与墙体接口处应当可靠密封，照明灯具不得悬吊。

2.2.14 洁净室（区）内操作台应当光滑、平整、不脱落尘粒和纤维、不易积尘并便于清洁处理和消毒。

2.2.15 生产厂房应当设置防尘、防止昆虫和其他动物进入的设施。洁净室（区）的门、窗及安全门应当密闭，洁净室（区）的门应当向洁净度高的方向开启。洁净室（区）的内表面应当便于清洁，不受清洁和消毒的影响。

100 级的洁净室（区）内不得设置地漏。在其他洁净室（区）内，水池或地漏应当有适当的设计和维护，并安装易于清洁且带有空气阻断功能的装置以防倒灌，同外部排水系统的连接方式应当能够防止微生物的侵入。

2.2.16 洁净室（区）内使用的压缩空气等工艺用气均应当经过净化处理。与产品使用表面直接接触的气体，其对产品的影响程度应当进行验证和控制，以适应所生产产品的要求。

2.2.17 洁净室（区）内的人数应当与洁净室（区）面积相适应。

2.2.18 对植入性的非无菌医疗器械或使用前预期灭菌的医疗器械，如果通过确认的产品清洁、包装过程能将污染降低并保持稳定的控制水平，应当建立一个受控的环境来确保该确认的清洁和包装过程。

2.3 设备

2.3.1 生产设备、工艺装备和工位器具应当符合洁净环境控制和工艺文件的要求。

2.3.2 洁净室（区）空气净化系统应当经过确认并保持连续运行，维持相应的洁净度级别，并在一定周期后进行再确认。

若停机后再次开启空气净化系统，应当进行必要的测试或验证，以确认仍能达到规定的洁净度级别要求。

2.3.3 应当确定所需要的工艺用水。当生产过程中使用工艺用水时，应当配备相应的制水设备，并有防止污染的措施，用量较大时应当通过管道输送至洁净室（区）的用水点。工艺用水应当满足产品质量的要求。

2.3.4 应当制定工艺用水的管理文件，工艺用水的储罐和输送管道应当满足产品要求，并定期清洗、消毒。

2.3.5 与物料或产品直接接触的设备、工艺装备及管道表面应当光洁、平整、无颗粒物质脱落、无毒、耐腐蚀，不与物料或产品发生化学反应和粘连，易于清洁处理和消毒或灭菌。

2.4 设计开发

2.4.1 有源植入性医疗器械的设计与制造应当将与能源使用有关的风险，特别是与绝缘、漏电及过热有关的风险，降至最低。

2.4.2 含有同种异体材料、动物源性材料或生物活性物质等具有生物安全风险类的植入性医疗器械，在研制开发过程中应当对相关材料及生物活性物质的生物安全性进行验证并形成文件。

2.4.3 研制加工工艺应当对各种助剂的使用及对杂质（如残留单体、小分子残留物等）的控制情况进行验证并形成文件。

2.5 采购

2.5.1 应当对采购物品进行检验或验证，需要进行生物学评价的材料，采购物品应当与经生物学评价的材料相同。

2.5.2 植入性无菌医疗器械的初包装材料应当适用于所用的灭菌过程或无菌加工的包装要求，并执行相应法规和标准的规定，确保在包装、运输、贮存和使用时不会对产品造成污染。

相关文件

应当根据产品质量要求确定所采购初包装材料的初始污染菌和微粒污染可接受水平并形成文件，按照文件要求对采购的初包装材料进行进货检验并保持相关记录。

2.5.3 植入性的动物源医疗器械和同种异体医疗器械生产企业对所需供体采购应当向合法和有质量保证的供方采购，与供方签订采购协议书，对供方的资质进行评价，并有详细的采购信息记录。

2.5.4 植入性的动物源医疗器械生产企业应当对用于医疗器械生产的动物源性供体进行风险分析和管理，对所需供体可能感染病毒和传染性病原体进行安全性控制并保存资料，应当制定灭活或去除病毒和其他传染性病原体的工艺文件，该工艺需经验证并保留验证报告。

2.5.5 植入性的动物源医疗器械生产企业应当与动物定点供应单位签订长期供应协议，在协议中应当载明供体的质量要求，并保存供应单位相关资格证明、动物检疫合格证、动物防疫合格证，执行的检疫标准等资料。生产企业应当保存供体的可追溯性文件和记录。

2.5.6 植入性的同种异体医疗器械生产企业应当对所需供体进行严格筛查，应当建立供体筛查技术要求，并保存供体病原体及必要的血清学检验报告。

2.5.7 植入性的同种异体医疗器械生产企业应当保存供者志愿捐献书。在志愿捐献书中，应当明确供者所捐献组织的实际用途，并经供者本人或其法定代理人或其直系亲属签名确认。对用于医疗器械生产的同种异体原材料，生产企业应当保存与其合作的医疗机构提供的合法性证明或其伦理委员会的确认文件。

2.6 生产管理

2.6.1 生产过程中产生粉尘、烟雾、毒害物、射线和紫外线等有害物质的厂房、设备应当安装相应的防护装置，建立其工作环境条件的要求并形成文件，以进行有效控制。

2.6.2 应当制定洁净室（区）的卫生管理文件，按照规定对洁净室（区）进行清洁处理和消毒，并保存记录。所用的消毒剂或消毒方法不得对设备、工艺装备、物料和产品造成污染。消毒剂品种应当定期更换，防止产生耐药菌株。

2.6.3 生产设备所用的润滑剂、冷却剂、清洗剂及在洁净室（区）内通过模具成型后不清洗的零配件所用的脱模剂，均不得对产品造成污染。

2.6.4 应当制定工位器具的管理文件，所选用的工位器具应当能避免产品在存放和搬运中被污染和损坏。

2.6.5 进入洁净室（区）的物品，包括原料和零配件等必须按程序进行净化处理。

对于需清洁处理的植入性无菌医疗器械的零配件，末道清洁处理应当在相应级别的洁净室（区）内进行，末道清洁处理介质应当满足产品质量的要求。

2.6.6 应当建立清场的管理规定，以防止产品的交叉污染，并做好清场记录。

2.6.7 应当建立批号管理规定，明确生产批号和灭菌批号的关系，规定每批产品应当形成的记录。

2.6.8 应当选择适宜的方法对产品进行灭菌或采用适宜的无菌加工技术以保证产品无菌，并执行相关法规和标准的要求。

2.6.9 应当建立植入性无菌医疗器械灭菌过程确认程序并形成文件。灭菌过程应当按照相关标准要求在初次实施前进行确认，必要时再确认，并保持灭菌过程确认记录。

2.6.10 应当制定灭菌过程控制文件，保持每一灭菌批的灭菌过程参数记录，灭菌记录应当可追溯到产品的每一生产批。

2.6.11 应当建立可追溯性程序并形成文件，规定植入性医疗器械可追溯的范围、程度、唯一性标识和要求的记录。在规定可追溯要求的记录时，应当包括可能导致最终产品不满足其规定要求的所用的原材料、生产设备、操作人员和生产环境等记录。

2.6.12 植入性医疗器械应当标记生产企业名称或商标、批代码（批号）或系列号，以保证其可追溯。如果标记会影响产品的预期性能，或因产品体积或物理特性难以清晰标记，上述信息可以使用标签或其他方法标示。

2.6.13 应当根据对产品质量影响的程度规定各种植入性无菌医疗器械产品和材料的贮存条件，贮存场所应当具有环境监控设施，应当控制和记录贮存条件，贮存条件应当在标签或使用说明书中注明。

2.6.14 以非无菌状态提供的植入性医疗器械，应当在确认过的清洁条件或净化条件下进行末道清洗和包装，清洗水质至少为纯化水，同时采取适当的措施，避免或降低微生物污染。其包装应当能保持其产品不发生锈蚀、霉变、蜕变等性质变化，应适宜企业所用的灭菌方法。

2.6.15 植入性的动物源医疗器械和同种异体医疗器械生产企业应当对供体的控制、防护、试验及处理提供有效保障措施。对于涉及到生物安全性的有关病毒和其他传染性病原体，企业应当采用有效的方法灭活、去除病毒和其他传染性病原体，并对其工艺过程的有效性进行确认。企业应当保存所有与生产有关的控制记录。

2.6.16 植入性的动物源医疗器械和同种异体医疗器械的物料应当在受控条件下进行处理，不应造成污染。企业应当建立废弃的动物和人体组织的处理程序和记录。

2.6.17 用于生产植入性的动物源医疗器械和同种异体医疗器械的操作区和设备应当便于清洁，能耐受熏蒸和消毒。

2.6.18 生产植入性的动物源医疗器械和同种异体医疗器械的洁净室（区）和需要消毒的区域，应当选择使用一种以上的消毒方式，并进行检测，以防止产生耐药菌株。

2.7 质量控制

2.7.1 植入性无菌医疗器械生产企业应当具备无菌、微生物限度和阳性对照的检测能力和条件。

2.7.2 应当对工艺用水进行监控和定期检测，并保持监控记录和检测报告。

2.7.3 植入性无菌医疗器械生产企业应当按照医疗器械相关行业标准要求对洁净室（区）的尘粒、浮游菌或沉降菌、换气次数或风速、静压差、温度和相对湿度进行定期检（监）测，并保存检（监）测记录。

2.7.4 应当根据产品质量要求确定产品的初始污染菌和微粒污染的控制水平并形成文件，明确中间品的存储环境要求和存放时间，按文件要求定期检测并保持相关记录。应当定期对检测记录进行汇总和趋势分析。

2.7.5 应当建立与生产产品相适应的检验机构，对产品按批进行出厂检验项目的检验。检验记录应当载明检验和试验人员的姓名、职务和检验日期。

2.7.6 应当根据产品留样目的确定留样数量和留样方式，按照生产批或灭菌批等进行留样，并保存留样观察记录或留样检验记录。

2.8 销售

2.8.1 应当要求其代理商或经销商保存医疗器械分销记录以便追溯。企业应当保存货运包装收件人的名字和地址的记录。

2.9 不良事件监测、分析和改进

2.9.1 应当制定对取出的植入性医疗器械进行分析研究的规定并形成文件。在获得取出的植入性医疗器械后，企业应当对其分析研究，了解植入产品有效性和安全性方面的信息，以用于提高产品质量和改进产品安全性。

2.9.2 应当建立与其生产产品相适应的医疗器械不良事件信息收集方法，及时收集医疗器械不良事件。

相关文件

第三部分 术　　语

3.1 下列术语的含义是：

批号：用于识别一个特定批的具有唯一性的数字和（或）字母的组合。

生产批：指在一段时间内，同一工艺条件下连续生产出的具有同一性质和质量的产品。

灭菌批：在同一灭菌容器内，同一工艺条件下灭菌的具有相同无菌保证水平的产品。

灭菌：用以使产品无任何形式的存活微生物的过程，且该过程应当经过确认。

无菌：产品上无存活微生物的状态。

初包装材料：与产品直接接触的包装材料。

洁净室（区）：需要对尘粒及微生物含量进行控制的房间（区域）。其建筑结构、装备及其作用均具有减少该房间（区域）内污染源的介入、产生和滞留的功能。

洁净度：洁净环境内单位体积空气中含大于或等于某一粒径的悬浮粒子和微生物最大允许统计数。

无菌加工：在受控的环境中进行产品的无菌制备及产品的无菌灌装。该环境的空气供应、材料、设备和人员都得到控制，使微生物和微粒污染控制到可接受水平。

第四部分 附　　则

4.1 本附录由国家食品药品监督管理总局负责解释。

4.2 本附录自 2015 年 10 月 1 日起施行。原国家食品药品监督管理局于 2009 年 12 月 16 日发布的《关于印发医疗器械生产质量管理规范植入性医疗器械实施细则和检查评定标准（试行）的通知》（国食药监械〔2009〕836 号）同时废止。

国家食品药品监督管理总局关于发布医疗器械生产质量管理规范附录体外诊断试剂的公告

2015 年第 103 号

为加强医疗器械生产监督管理，规范医疗器械生产质量管理，根据《医疗器械监督管理条例》（国务院令 650 号）、《医疗器械生产监督管理办法》（国家食品药品监督管理总局令第 7 号），国家食品药品监督管理总局组织起草了《医疗器械生产质量管理规范附录体外诊断试剂》，现予以发布。

本附录是体外诊断试剂生产质量管理规范的特殊要求。体外诊断试剂生产质量管理体系应当符合《医疗器械生产质量管理规范》及本附录的要求。

特此公告。

附件：医疗器械生产质量管理规范附录体外诊断试剂

食品药品监管总局
2015 年 7 月 10 日

附件

医疗器械生产质量管理规范附录体外诊断试剂

第一部分　范围和原则

1.1 本附录适用于按照医疗器械管理的体外诊断试剂。

1.2 本附录是对体外诊断试剂生产质量管理规范的特殊要求。

第二部分　特殊要求

2.1 人员

2.1.1 体外诊断试剂生产、技术和质量管理人员应当具有医学、检验学、生物学、免疫学或药学等与所生产产品相关的专业知识，并具有相应的实践经验，以确保具备在生产、质量管理中履行职责的能力。

2.1.2 凡在洁净室（区）工作的人员应当定期进行卫生和微生物学基础知识、洁净作业等方面培训。临时进入洁净室（区）的人员，应当对其进行指导和监督。

2.1.3 从事体外诊断试剂生产的全体人员，包括清洁、维修等人员均应当根据其产品和所从事的生产操作进行专业和安全防护培训。

2.1.4 应当建立对人员的清洁要求，制定洁净室（区）工作人员卫生守则。人员进入洁净室（区）应当按照程序进行净化，并穿戴工作帽、口罩、洁净工作服、工作鞋。裸手接触产品的操作人员每隔一定时间应当对手再次进行消毒。裸手消毒剂的种类应当定期更换。

2.1.5 应当制定人员健康要求，建立人员健康档案。直接接触物料和产品的操作人员每年至少体检一次。患有传染性和感染性疾病的人员不得从事直接接触产品的工作。

2.1.6 应当明确人员服装要求，制定洁净和无菌工作服的管理规定。工作服及其质量应当与生产操作的要求及操作区的洁净度级别相适应，其式样和穿着方式应当能够满足保护产品和人员的要求。洁净工作服和无菌工作服不得脱落纤维和颗粒性物质，无菌工作服应当能够包盖全部头发、胡须及脚部，并能阻留人体脱落物。

2.2 厂房与设施

2.2.1 应当有整洁的生产环境。厂区的地面、路面周围环境及运输等不应对产品的生产造成污染。行政区、生活区和辅助区的总体布局合理，不得对生产区有不良影响。厂区应当远离有污染的空气和水等污染源的区域。

2.2.2 生产厂房应当设置防尘、防止昆虫和其他动物进入的设施。洁净室（区）的门、窗及安全门应当密闭，洁净室（区）的门应当向洁净度高的方向开启。

2.2.3 应当根据体外诊断试剂的生产过程控制，确定在相应级别的洁净室（区）内进行生产的过程，避免生产中的污染。空气洁净级别不同的洁净室（区）之间的静压差应当大于 5 帕，洁净室（区）与室外大气的静压差应大于 10 帕，并应当有指示压差的装置。相同级别洁净室间的压差梯度应当合理。

2.2.4 酶联免疫吸附试验试剂、免疫荧光试剂、免疫发光试剂、聚合酶链反应（PCR）试剂、金标试剂、干化学法试剂、细胞培养基、校准品与质控品、酶类、抗原、抗体和其他活性类组分的配制及分装等产品的配液、包被、分装、点膜、干燥、切割、贴膜以及内包装等，生产区域应当不低于 100,000 级洁净度级别。

2.2.5 阴性或阳性血清、质粒或血液制品等的处理操作，生产区域应当不低于 10,000 级洁净度级别，并应当与相邻区域保持相对负压。

2.2.6 无菌物料等分装处理操作，操作区域应当符合局部 100 级洁净度级别。

2.2.7 普通类化学试剂的生产应当在清洁环境中进行。

2.2.8 洁净室（区）空气洁净度级别应当符合下表规定：

表洁净室（区）空气洁净度级别

洁净度级别	尘粒最大允许数 /m³		微生物最大允许数	
	≥ 0.5μm	≥ 5μm	浮游菌 /m³	沉降菌 / 皿
100 级	3,500	0	5	1
10,000 级	350,000	2,000	100	3
100,000 级	3,500,000	20,000	500	10

2.2.9 洁净室（区）应当按照体外诊断试剂的生产工艺流程及所要求的空气洁净度级别进行合理布局，人流、物流走向应当合理。同一洁净室（区）内或相邻洁净室（区）间的生产操作不得互相交叉污染。

2.2.10 进入洁净室（区）的管道、进回风口布局应当合理，水、电、气输送线路与墙体接口处应当可靠密封，照明灯具不得悬吊。

2.2.11 洁净室（区）的温度和相对湿度应当与产品生产工艺要求相适应。无特殊要求时，温度应当控制在 18~28 ℃，相对湿度控制在 45%~65%。

2.2.12 洁净室（区）和非洁净室（区）之间应有缓冲设施。

2.2.13 洁净室（区）的内表面（墙面、地面、天棚、操作台等）应当平整光滑、无裂缝、接口严密、无颗粒物脱落，避免积尘，并便于清洁处理和消毒。

2.2.14 洁净室（区）的空气如循环使用应当采取有效措施避免污染和交叉污染。

2.2.15 洁净室（区）内的水池、地漏应安装防止倒灌的装置，避免对环境和物料造成污染。100 级的洁净室（区）内不得设置地漏。

2.2.16 产尘操作间应当保持相对负压或采取有效措施，防止粉尘扩散，避免交叉污染。

2.2.17 对具有污染性、传染性和高生物活性的物料应当在受控条件下进行处理，避免造成传染、污染或泄漏等。

2.2.18 生产激素类、操作有致病性病原体或芽胞菌制品的，应当使用单独的空气净化系统，与相邻区域保持负压，排出的空气不能循环使用。

2.2.19 进行危险度二级及以上的病原体操作应当配备生物安全柜，空气应当进行过滤处理后方可排出。应当对过滤器的性能进行定期检查以保证其有效性。使用病原体类检测试剂的阳性血清应当有相应的防护措施。

2.2.20 对于特殊的高致病性病原体的采集、制备，应当按照有关部门颁布的行业标准，如人间传染病微生物名录、微生物和生物医学实验室生物安全通用准则、实验室生物安全通用要求等相关规定，配备相应的生物安全设施。

2.2.21 生产聚合酶链反应（PCR）试剂的，其生产和检验应当在独立的建筑物或空间内进行，保证空气不直接联通，防止扩增时形成的气溶胶造成交叉污染。其生产和质检的器具不得混用，用后应严格清洗和消毒。

2.2.22 洁净室（区）内的人数应当与洁净室（区）面积相适应。

2.2.23 对生产环境没有空气净化要求的体外诊断试剂，应当在清洁环境内进行生产。

清洁条件的基本要求：要有防尘、通风、防止昆虫或其他动物以及异物混入等措施；人流、物流分开，人员进入生产车间前应当有换鞋、更衣、佩戴口罩和帽子、洗手、手消毒等清洁措施；生产场地的地面应当便于清洁，墙、顶部应平整、光滑，无颗粒物脱落；操作台应当光滑、平整、无缝隙、耐腐蚀，便于清洗、消毒；应当对生产区域进行定期清洁、清洗和消毒；应当根据生产要求对生产车间的温湿度进行控制。

2.2.24 易燃、易爆、有毒、有害、具有污染性或传染性、具有生物活性或来源于生物体的物料的管理应当符合国家相关规定。所涉及的物料应当列出清单、专区存放、专人保管和发放，并制定相应的防护规程。

2.2.25 动物室应当在隔离良好的建筑体内，与生产、质检区分开，不得对生产造成污染。

2.3 设备

2.3.1 洁净室（区）空气净化系统应当经过确认并保持连续运行，维持相应的洁净度级别，并在一定周期后进行再确认。

若停机后再次开启空气净化系统，应当进行必要的测试或验证，以确认仍能达到规定的洁净度级别要求。

2.3.2 应当确定所需要的工艺用水。当生产过程中使用工艺用水时，应当配备相应的制水设备，并有防止污染的措施，用量较大时应当通过管道输送至洁净室（区）的用水点。工艺用水应当满足产品质量的要求。

2.3.3 应当制定工艺用水的管理文件，工艺用水的储罐和输送管道应当满足所生产的产品对于水质的要求，并定期清洗、消毒。

2.3.4 配料罐容器与设备连接的主要固定管道应当标明内存的物料名称、流向，定期清洗和维护，并标明设备运行状态。

2.3.5 与物料或产品直接接触的设备、容器具及管道表面应当光洁、平整、无颗粒物质脱落、无毒、耐腐蚀，不与物料或产品发生化学反应和粘连，易于清洁处理和消毒或灭菌。

2.3.6 需要冷藏、冷冻的原料、半成品、成品，应当配备相应的冷藏、冷冻储存设备，并按规定监测设备运行状况、记录储存温度。

冷藏、冷冻体外诊断试剂应当配备符合其温度要求的运输设施设备。

2.4 设计开发

2.4.1 研制条件，包括配合使用的设备、仪器和试剂应当满足研究所需，研制所用的设备、仪器和试剂应当保存使用记录。

2.4.2 研制过程中主要原料、中间体、重要辅料应当明确来源，其数量、使用量及其剩余量应当保存记录。

2.4.3 工艺研究、技术要求/分析性能研究、稳定性研究、检验、临床试验/评价（包括预实验）研究、参考值研究等各个阶段的样品数量、贮存条件、留样、使用或销毁情况应当保存记录，样品试制量应当满足从事研究所需要的数量。

2.5 采购

2.5.1 外购的标准品、校准品、质控品、生产用或质控用血液的采购应满足可追溯要求。应当由企业或提供机构测定病原微生物及明确定值范围；应当对其来源地、定值范围、灭活状态、数量、保存、使用状态等信息有明确记录，并由专人负责。

2.6 生产管理

2.6.1 洁净室（区）内使用的压缩空气等工艺用气均应当经过净化处理。与产品使用表面直接接触的气体，其对产品的影响程度应当进行验证和控制，以适应所生产产品的要求。

2.6.2 生产设备、容器具等应当符合洁净环境控制和工艺文件的要求。

2.6.3 应当按照物料的性状和储存要求进行分类存放管理，应当明确规定中间品的储存条件和期限。

物料应当在规定的使用期限内，按照先进先出的原则使用。无规定使用期限的，应当根据物料的稳定性数据确定储存期限。储存期内发现储存条件变化且可能影响产品质量时，应及时进行复验。

2.6.4 进入洁净室（区）的物品应当按程序进行净化处理。

2.6.5 在生产过程中，应当建立产品标识和生产状态标识控制程序，对现场各类物料和生产区域、设备、管路的状态进行识别和管理。

2.6.6 应当对每批产品中关键物料进行物料平衡核查。如有显著差异，必须查明原因，在得出合理解释，确认无潜在质量事故后，方可按正常产品处理。

2.6.7 应当制定批号管理制度，对主要物料、中间品和成品按规定进行批号管理，并保存和提供可追溯的记录。同一试剂盒内各组分批号不同时应当尽量将生产日期接近的组分进行组合，在每个组分的容器上均标明各自的批号和有效期。整个试剂盒的有效期应当以最先到有效期的组分的效期为准。

2.6.8 不同品种产品的生产应当做到有效隔离，以避免相互混淆和污染。有数条包装线同时进行包装时，应当采取隔离或其他有效防止混淆的措施。

2.6.9 应当制定洁净室（区）的卫生管理文件，按照规定对洁净室（区）进行清洁处理和消毒，并做好记录。所用的消毒剂或消毒方法不得对设备、容器具、物料和产品造成污染。消毒剂品种应当定期更换，防止产生耐药菌株。

2.6.10 生产设备所用的润滑剂、清洗剂均不得对产品造成污染。

2.6.11 应当建立清场的管理规定。前一道工艺结束后或前一种产品生产结束后必须进行清场，确认合格后才可以入场进行其他生产，并保存清场记录。相关的配制和分装器具必须专用，使用后进行清洗、干燥等洁净处理。

2.6.12 应当建立可追溯性程序并形成文件，应当规定可追溯的范围、程度、标识和记录。记录应当包括生产过程所用的原材料、生产过程、生产设备、操作人员和生产环境等内容。

2.6.13 生产一定周期后，应当对关键项目进行再验证。当影响产品质量的主要因素，如工艺、质量控制方法、主要原辅料、主要生产设备等需要开展重新验证的条件发生改变时，应当进行相关内容的重新验证。

应当根据不同产品特性提出验证的时间。

2.6.14 生产车间连续停产一年以上的，重新组织生产前应当对生产环境及设施设备、主要原辅材料、关键工序、检验设备及质量控制方法等重新进行验证。

连续停产不足一年的，如有必要，也应当重新对生产环境和设施设备进行验证。

2.6.15 应当对生产用需要灭活的血清或血浆建立灭活处理的操作规程，并按照操作规程的要求，对生产用灭活前后的血清或血浆状态进行明显的区分和标识。

2.6.16 生产中的废液、废物等应当进行无害化处理，并符合相关的环保要求。

2.7 质量控制

2.7.1 应当建立校准品、参考品量值溯源程序。对每批生产的校准品、参考品进行赋值。

2.7.2 生产和检验用的菌毒种应当标明来源，验收、储存、保管、使用、销毁应执行国家有关医学微生物菌种保管的规定和病原微生物实验室生物安全管理条例。应当建立生产用菌毒种的原始种子批、主代种子批和工作种子批系统。

2.7.3 生产用细胞应当建立原始细胞库、主代细胞库、工作细胞库。应当建立细胞库档案资料和细胞操作日志。自行制备抗原或抗体，应当对所用原料的来源和性质有详细的记录并可追溯。

2.7.4 应当对检验过程中使用的标准品、校准品、质控品建立台账及使用记录。应当记录其来源、批号、效期、溯源途径、主要技术指标、保存状态等信息，按照规定进行复验并保存记录。

2.7.5 留样应当在规定条件下储存。应当建立留样台账，及时记录留样检验信息，留样检验报告应当注明留样批号、效期、检验日期、检验人、检验结果等。留样期满后应当对留样检验报告进行汇总、分析并归档。

第三部分 术 语

3.1 下列术语的含义是：

批号：用于识别一个特定批的具有唯一性的数字和（或）字母的组合。

物料：原料、辅料、包装材料、中间品等。

主要物料：试剂产品组成中在性能上起到主要作用的成分。

物料平衡：在适当考虑可允许的正常偏差的情况下，产品或物料的理论产量或理论用量与实际产量或用量之间持平。

洁净室（区）：需要对尘粒及微生物含量进行控制的房间（区域）。其建筑结构、装备及其作用均具有减少该房间（区域）内污染源的介入、产生和滞留的功能。

洁净度：洁净环境内单位体积空气中含大于或等于某一粒径的悬浮粒子和微生物最大允许统计数。

第四部分 附 则

4.1 本附录由国家食品药品监督管理总局负责解释。

4.2 本附录自 2015 年 10 月 1 日起施行。原国家食品药品监督管理局于 2007 年 4 月 28 日发布的《关于印发〈体外诊断试剂质量管理体系考核实施规定（试行）〉〈体外诊断试剂生产实施细则（试行）〉和〈体外诊断试剂生产企业质量管理体系考核评定标准（试行）〉的通知》（国食药监械〔2007〕239 号）同时废止。

相关文件

总局关于发布医疗器械生产质量管理规范

附录定制式义齿的公告

2016 年第 195 号

为加强医疗器械生产监督管理，规范医疗器械生产质量管理，根据《医疗器械监督管理条例》（国务院令 650 号）、《医疗器械生产监督管理办法》（国家食品药品监督管理总局令第 7 号），国家食品药品监督管理总局组织起草了《医疗器械生产质量管理规范附录定制式义齿》，现予以发布。

本附录是定制式义齿生产质量管理规范的特殊要求。定制式义齿生产质量管理体系应当符合《医疗器械生产质量管理规范》及本附录的要求。

特此公告。

附件：医疗器械生产质量管理规范附录定制式义齿

食品药品监管总局

2016 年 12 月 16 日

附件

医疗器械生产质量管理规范附录定制式义齿

第一部分　范围和原则

1.1 本附录中所指的定制式义齿是指根据医疗机构提供的患者口腔印模、口腔模型、口腔扫描数据及产品制作设计单，经过加工制作，最终为患者提供的能够恢复牙体缺损、牙列缺损、牙列缺失的形态、功能及外观的牙修复体，不包含齿科种植体。

1.2 本附录是对定制式义齿生产质量管理规范的特殊要求。

第二部分　特殊要求

2.1 人员

2.1.1 技术、生产和质量管理负责人应当具有口腔修复学相关专业知识，并具有相应的实践经验，应当有能力对生产管理和质量管理中实际问题作出正确判断和处理。

2.1.2 从事产品生产的人员应当掌握所在岗位的技术和要求，并接受过口腔修复学等相关专业知识和实际操作技能的培训。

2.1.3 专职检验人员应当接受过口腔修复学等相关专业知识培训，具有相应的实际操作技能。

2.1.4 应当对从事与产品质量有影响人员的健康进行管理，并建立健康档案。直接接触物料和产品的操作人员每年至少体检一次，患有传染性、感染性疾病的人员不得从事直接接触产品的工作。

2.2 厂房与设施

2.2.1 厂房不得设在居民住宅等不适合生产的场所。

2.2.2 生产环境应当整洁、卫生。

2.2.3 铸造、喷砂、石膏制作等易产尘、易污染等区域应当独立设置，并定期清洁。产品上瓷、清洗和包装等相对清洁的区域应当与易产尘、易污染等区域保持相对独立。

2.2.4 应当对消毒、生产、检验、仓储等区域合理区分，并与产品生产规模、品种相适应。

2.2.5 易燃、易爆、有毒、有害的物料应当专区存放、标识明显，专人保管和发放。

2.2.6 应当对生产过程中产生粉尘、烟雾、毒害物等有害物质的厂房、设备安装相应的防护装置，采取有效的防护措施，确保对工作环境、人员的防护。

2.3 设备

2.3.1 对于通过切削技术（CAD/CAM）、增材制造技术（3D 打印）生产产品的，应当配备相应的生产设备、工艺装备及计算机辅助设计和制作系统。

2.4 采购

2.4.1 生产按照第二类医疗器械注册的定制式义齿，应当采购经食品药品监督管理部门批准注册或备案的义齿原材料，其技术指标应当符合强制性标准或经注册或备案的产品技术要求。

2.4.2 使用未注册或备案的义齿原材料生产的定制式义齿按照第三类医疗器械管理，并应当具有相应的生产许可。

2.4.3 经注册或备案的义齿原材料标签和说明书要求应符合《医疗器械说明书和标签管理规定》，进口的义齿原材料标签和说明书文字内容应当使用中文。

2.4.4 应当选择具有合法资质的义齿原材料供应商，核实并保存供方资质证明文件，并建立档案。

2.4.5 应当在金属原材料进货检验时查阅、留存金属原材料生产企业的出厂检验报告。出厂检验报告中应当包含有关金属元素限定指标的检验项目，如检验报告中不能涵盖有关金属元素的限定指标，应当要求金属原材料生产企业对金属元素限定指标进行检验，并保存相关检验结果。

2.4.6 金属原材料生产企业不能提供有关金属元素的限定指标的检验记录的，应当对金属原材料进行检验或不予采购。

2.4.7 应当制定口腔印模、口腔模型、口腔扫描数据及设计单的接收准则。

2.5 生产管理

2.5.1 应当编制产品生产工艺规程、作业指导书等，明确关键工序和特殊过程。

2.5.2 应当明确口腔印模、口腔模型及成品的消毒方法，并按照要求进行消毒。成品经消毒、包装后方可出厂。

2.5.3 应当建立接收区、模型工件盒的消毒规定，并对生产区工作台面进行定期清洁，保存相关记录。

2.5.4 金属尾料的添加要求应当按照金属原材料生产企业提供的产品说明书执行。

2.5.5 应当对产品生产后废料的处理进行规定，应当符合环境保护的相关要求，并保留处理记录。

2.5.6 应当对主要义齿原材料进行物料平衡核查，确保主要义齿原材料实际用量与理论用量在允许的偏差范围内，如有显著差异，必须查明原因。

2.5.7 每个产品均应当有生产记录，并满足可追溯要求。生产记录应当包括所用的主要义齿原材料生产企业名称、主要义齿原材料名称、金属品牌型号、批号/编号、主要生产设备名称或编号、操作人员等内容。

2.6 质量控制

2.6.1 每个产品均应当有检验记录，并满足可追溯要求。检验要求应当不低于强制性标准要求和国家有关产品的相关规定。

2.6.2 产品生产过程中可能增加或产生有害金属元素的，应当按照有关行业标准的要求对金属元素限定指标进行检验。

2.7 销售和售后服务

2.7.1 应当选择具有合法资质的医疗机构，保存医疗机构执业资质证明文件，并建立档案。

2.7.2 应当建立产品销售记录，确保与医疗机构间的产品可追溯。销售的产品应当附有标签、检验合格证、说明书和设计单。

2.8 不合格品控制

2.8.1 应当对医疗机构返回的产品进行消毒、评审。

第三部分　术　　语

3.1 下列术语的含义是：

口腔印模：是指口腔有关组织的印模，反映了与修复有关的口腔软、硬组织的情况。

口腔模型：是指由口腔印模灌注成的模型。

设计单：是对定制式义齿生产过程的书面指导，是生产定制式义齿前填写的数据证明文件。

切削技术（CAD/CAM）：计算机辅助设计与制造技术，主要用于材料去除、切削加工。

增材制造技术（3D打印）：是采用材料逐渐累加的方法制造实体零件的技术，相对于传统的材料去除、切削加工技术，是一种"自下而上"的制造方法。

金属原材料：具有合金、贵金属或非贵金属属性的材料。

金属尾料：是指熔模铸造工艺完成铸件后，切割剩余的铸道、底座部分，及生产过程中对金属铸件打磨切削去除的部分、不合格铸件。

物料平衡：在适当考虑可允许的正常偏差的情况下，产品或物料的理论产量或理论用量与实际产量或用量之间持平。

有害元素：已知可能产生生物学副作用的元素。

第四部分　附　　则

4.1 本附录由国家食品药品监督管理总局负责解释。

4.2 本附录自2018年1月1日起施行。

国家药监局关于发布医疗器械生产质量管理规范附录独立软件的通告

2019 年第 43 号

为加强独立软件类医疗器械生产监管，规范独立软件生产质量管理，根据《医疗器械监督管理条例》（国务院令 680 号）、《医疗器械生产监督管理办法》（国家食品药品监督管理总局令第 7 号），国家药品监督管理局组织起草了《医疗器械生产质量管理规范附录独立软件》，现予以发布。

本附录是独立软件医疗器械生产质量管理规范的特殊要求。独立软件类医疗器械生产质量管理体系应当符合《医疗器械生产质量管理规范》及本附录的要求。特此通告。

附件：医疗器械生产质量管理规范附录独立软件

国家药监局

2019 年 7 月 5 日

附件

医疗器械生产质量管理规范附录独立软件

第一部分　范围和原则

1.1 本附录适用于独立软件，软件组件参照执行。

1.2 本附录遵循软件生存周期过程和网络安全的基本原则和通用要求，是对独立软件生产质量管理规范的特殊要求。

第二部分　特殊要求

2.1 人员

2.1.1 软件开发、测试、维护人员应当具备与岗位职责要求相适宜的专业知识、实践经验和工作能力。

2.1.2 黑盒测试应当保证同一软件项的开发人员和测试人员不得互相兼任。

2.1.3 用户测试人员应当具备适宜的软件产品使用经验，或经过培训具备适宜的软件产品使用技能。

2.2 设备

2.2.1 应当在软件生存周期过程持续提供充分、适宜、有效的软件开发和测试环境，包括软硬件设备、开发测试工具、网络等资源以及病毒防护、数据备份与恢复等保证措施。

2.2.2 软件开发和测试环境维护应当形成文件，确定软件开发和测试环境定期验证、更新升级、

相关文件

病毒防护等活动要求，保持相关记录。

2.3 设计开发

2.3.1 应当结合软件生存周期模型特点建立软件生存周期过程控制程序并形成文件，确定软件开发策划、软件需求分析、软件设计、软件编码、验证与确认、软件更新、风险管理、缺陷管理、可追溯性分析、配置管理、文件与记录控制、现成软件使用、网络安全保证、软件发布、软件部署、软件停运等活动要求。

2.3.2 软件生存周期过程质量保证活动要求应当与软件安全性级别相适宜。软件安全性级别应当在采取风险控制措施之前，结合软件的预期用途、使用场景和核心功能进行综合判定，并仅可通过外部风险控制措施降低级别。

2.3.3 应当依据风险管理控制程序实施软件风险管理活动，结合产品识别、分析、评价、控制和监测软件功能、接口、用户界面、现成软件、网络安全等风险，并贯穿于软件生存周期全过程。

2.3.4 软件配置管理应当建立控制程序并形成文件，规范软件版本、源代码、文件、工具、现成软件等控制要求，确定配置标识、变更控制、配置状态记录等活动要求。使用配置管理工具保证软件质量，并贯穿于软件生存周期全过程。

2.3.5 软件版本控制应当基于合规性要求确定软件版本命名规则，涵盖软件、现成软件、网络安全的全部软件更新类型，各字段含义应当明确且无歧义无矛盾。软件版本变更应当符合软件版本命名规则的要求。

2.3.6 软件可追溯性分析应当建立控制程序并形成文件，涵盖现成软件、网络安全的控制要求，形成软件可追溯性分析报告以供评审。使用可追溯性分析工具保证软件开发、软件更新过程满足可追溯性要求，并贯穿于软件生存周期全过程。

2.3.7 现成软件使用应当形成文件，确定风险管理、验证与确认、缺陷管理、可追溯性分析、软件更新、配置管理、文件与记录控制、网络安全保证等活动要求。遗留软件还应当确定现有文件、上市后使用情况、用户投诉、不良事件、召回情况等评估活动要求。使用开源软件应当遵循相应开源许可协议。

2.3.8 软件开发策划应当确定软件需求分析、软件设计、软件编码、验证与确认、风险管理、缺陷管理、可追溯性分析、配置管理、文件与记录控制、现成软件使用、网络安全保证、评审等活动计划，形成相关文件和记录，并适时更新。软件开发策划应当保证软件开发和测试的人员及环境与软件开发要求相适宜。

2.3.9 软件需求分析应当综合分析法规、标准、用户、产品、功能、性能、接口、用户界面、网络安全、警示提示等软件需求，确定风险管理、可追溯性分析、现成软件使用评估、软件确认测试计划创建、评审等活动要求，形成软件需求规范和评审记录并经批准，适时更新并经批准。可追溯性分析此时应当分析软件需求与风险管理、软件需求与产品需求的关系。

2.3.10 软件设计应当依据软件需求规范实施软件体系架构、功能、性能、算法、接口、用户界面、单元、网络安全等设计，确定风险管理、可追溯性分析、现成软件使用评估、软件验证测试计划创建、评审等活动要求，形成软件设计规范和评审记录并经批准，适时更新并经批准。可追溯性分析此时应当分析软件设计与软件需求之间的关系。

2.3.11 软件编码应当依据软件设计规范实施，确定源代码编写与注释、现成软件使用、可追溯性分析、各级测试用例创建、评审等活动要求，形成评审记录，并适时更新。源代码编写与注释应当符合软件编码规则文件的要求。测试用例应当保证软件验证与确认测试的充分性、适宜性、有效性。可追溯性分析此时应当分析源代码与软件设计、源代码与测试用例的关系。

2.3.12 软件验证应当确定源代码审核、静态分析、动态分析、单元测试、集成测试、系统测试、评审等活动要求，涵盖现成软件、网络安全的验证要求，并保持相关记录。白盒测试应当确定语句、判定、条件、路径等测试覆盖率要求，并与软件安全性级别相适宜。

2.3.13 单元测试、集成测试、系统测试应当依据相应测试计划实施，涵盖现成软件、网络安全的测试要求，确定缺陷管理、风险管理、可追溯性分析、评审等活动要求，形成相应软件测试记录、测试报告以及评审记录，并适时更新。可追溯性分析此时应当分析各级测试用例与软件设计、系统测试与软件需求、系统测试与风险管理的关系。

2.3.14 软件确认应当确定用户测试、临床评价、评审等活动要求，涵盖现成软件、网络安全的确认要求，并保持相关记录。保证软件满足用户需求和预期目的，且软件已知剩余缺陷的风险均可接受。

2.3.15 用户测试应当依据用户测试计划在真实使用环境或模拟使用环境下实施，涵盖现成软件、网络安全的测试要求，确定缺陷管理、风险管理、可追溯性分析、评审等活动要求，形成用户测试记录、测试报告以及评审记录并经批准，适时更新并经批准。可追溯性分析此时应当分析用户测试与用户需求、用户测试与风险管理的关系。

2.3.16 软件更新应当形成文件，涵盖现成软件、网络安全的变更控制要求，确定软件更新请求评估、软件更新策划、软件更新实施、风险管理、验证与确认、缺陷管理、可追溯性分析、配置管理、文件与记录控制、评审、用户告知等活动要求，形成相关文件和记录并经批准，适时更新并经批准。软件版本变更应当与软件更新情况相匹配。验证与确认应当根据软件更新的类型、内容和程度实施相适宜的回归测试、用户测试等活动。

2.3.17 软件缺陷管理应当形成文件，确定软件缺陷评估、软件缺陷修复、回归测试、风险管理、配置管理、评审等活动要求，形成软件缺陷分析报告以供评审。使用缺陷管理工具保证软件质量，并贯穿于软件生存周期全过程。

2.4 采购

2.4.1 现成软件采购应当形成文件，根据现成软件的类型、使用方式、对产品质量影响程度，确定分类管理、质量控制、供应商审核等活动要求。

2.4.2 应当与供应商签订外包软件质量协议，明确外包软件需求分析、交付形式、验收方式与准则、设计开发文件交付、知识产权归属、维护等要求以及双方质量责任承担要求。

2.4.3 云计算服务协议应当明确网络安全保证、患者数据与隐私保护等责任承担要求。

2.5 生产管理

2.5.1 软件发布应当形成文件，确定软件产品文件创建、软件产品与文件归档备份、软件版本识别与标记、交付形式评估与验证、病毒防护等活动要求，保证软件发布的可重复性。

2.5.2 物理交付方式应当确定软件产品复制、许可授权以及存储媒介包装、标记、防护等要求，网络交付方式应当确定软件产品标记、许可授权、网络安全保证等要求。

2.6 质量控制

2.6.1 软件产品放行应当形成文件，确定软件版本识别、安装卸载测试、产品完整性检查、放行批准等活动要求，保持相关记录。

2.7 销售和售后服务

2.7.1 软件部署应当形成文件，确定交付、安装、设置、配置、用户培训等活动要求，保持相关记录。

2.7.2 软件停运应当形成文件，确定停运后续用户服务、数据迁移、患者数据与隐私保护、用户告知等活动要求，保持相关记录。

2.8 不良事件监测、分析和改进

2.8.1 数据分析控制程序应当涵盖软件缺陷、网络安全事件要求。

2.8.2 网络安全事件应急响应应当形成文件，确定网络安全事件风险管理、应急响应措施验证、

相关文件

用户告知、召回等活动要求，保持相关记录。

第三部分 术 语

3.1 下列术语的含义是：

独立软件：具有一个或多个医疗目的，无需医疗器械硬件即可完成自身预期目的，运行于通用计算平台的软件。

软件组件：具有一个或多个医疗目的，控制、驱动医疗器械硬件或运行于医用计算平台的软件。

软件安全性级别：基于软件风险程度分为轻微、中等和严重，其中轻微即软件不可能产生伤害，中等即软件可能直接或间接产生轻微伤害，严重即软件可能直接或间接产生严重伤害或导致死亡。

软件验证：通过提供客观证据认定软件开发、软件更新某一阶段的输出满足输入要求。

软件确认：通过提供客观证据认定软件满足用户需求和预期目的。

软件可追溯性分析：追踪软件需求、软件设计、源代码、软件测试、软件风险管理之间的关系，分析已识别关系的正确性、一致性、完整性和准确性。

软件更新：生产企业在软件生存周期全过程对软件所做的任一修改，亦称软件变更或软件维护。

软件停运：生产企业在软件生存周期过程末期终止对软件的售后服务和销售，亦称软件退市。

现成软件：生产企业未进行完整生存周期控制的软件，包括遗留软件、成品软件、外包软件。

遗留软件：生产企业以前开发但现在不能得到足够开发记录的软件。

成品软件：已开发且通常可得到的，但生产企业未进行完整生存周期控制的软件。

外包软件：生产企业委托第三方开发的软件。

网络安全：保持医疗器械相关数据的保密性、完整性和可得性。

第四部分 附 则

4.1 本附录由国家药品监督管理局负责解释。

4.2 本附录自 2020 年 7 月 1 日起施行。

食品药品监管总局关于印发医疗器械生产质量管理规范现场检查指导原则等 4 个指导原则的通知

食药监械监〔2015〕218 号

各省、自治区、直辖市食品药品监督管理局，新疆生产建设兵团食品药品监督管理局：

为加强医疗器械生产监督管理，指导监管部门对医疗器械生产企业实施《医疗器械生产质量管理规范》及其相关附录的现场检查和对检查结果的评估，根据《医疗器械生产质量管理规范》及其相关附录，国家食品药品监督管理总局组织制定了《医疗器械生产质量管理规范现场检查指导原则》《医疗器械生产质量管理规范无菌医疗器械现场检查指导原则》《医疗器械生产质量管理规范植入性医疗器械现场检查指导原则》《医疗器械生产质量管理规范体外诊断试剂现场检查指导原则》。现印发给你们，请遵照执行。

指导原则用于指导监管部门对医疗器械生产企业实施《医疗器械生产质量管理规范》及相关附录的现场检查和对检查结果的评估，适用于医疗器械注册现场核查、医疗器械生产许可（含延续或变更）现场检查，以及根据工作需要对医疗器械生产企业开展的各类监督检查。

在医疗器械注册现场核查、生产许可（含变更）现场检查中，检查组应当依据指导原则对现场检查情况出具建议结论，建议结论分为"通过检查""未通过检查""整改后复查"三种情况。现场检查中未发现企业有不符合项目的，建议结论为"通过检查"。现场检查中发现企业关键项目（标识"*"项）不符合要求的，或虽然仅有一般项目（未标识"*"项）不符合要求，但可能对产品质量产生直接影响的，建议结论为"未通过检查"。仅存在一般项目不符合要求，且不对产品质量产生直接影响的，建议结论为"整改后复查"。检查结论为"整改后复查"的企业应当在现场检查结束后的规定时限内〔其中注册核查在 6 个月内，生产许可（含变更）现场检查在 30 天内〕完成整改并向原审查部门一次性提交整改报告，审查部门必要时可安排进行现场复查，全部项目符合要求的，建议结论为"通过检查"。对于规定时限内未能提交整改报告或复查仍存在不符合项目的，建议结论为"未通过检查"。在生产许可延续现场检查中发现企业存在不符合项目的，应当通知企业限期整改，整改后仍不符合要求的，不予延续。

在各类监督检查中，发现关键项目不符合要求的，或虽然仅有一般项目不符合要求，但可能对产品质量产生直接影响的，应当要求企业停产整改；仅发现一般项目不符合要求，且不对产品质量产生直接影响的，应当要求企业限期整改。

监管部门应当对检查组提交的建议结论和现场检查资料进行审核，出具最终检查结果。

对于涉及违反《医疗器械监督管理条例》和相关法律法规的，应当依法依规进行处理。

附件：1. 医疗器械生产质量管理规范现场检查指导原则
　　　2. 医疗器械生产质量管理规范无菌医疗器械现场检查指导原则
　　　3. 医疗器械生产质量管理规范植入性医疗器械现场检查指导原则
　　　4. 医疗器械生产质量管理规范体外诊断试剂现场检查指导原则

食品药品监管总局

2015 年 9 月 25 日

总局关于印发医疗器械生产质量管理规范定制式义齿现场检查指导原则的通知

食药监械监〔2016〕165号

各省、自治区、直辖市食品药品监督管理局，新疆生产建设兵团食品药品监督管理局：

为加强医疗器械生产监督管理，指导监管部门对医疗器械生产企业实施《医疗器械生产质量管理规范》及其相关附录的现场检查和对检查结果的评估，根据《医疗器械生产质量管理规范》及其相关附录，国家食品药品监督管理总局组织制定了《医疗器械生产质量管理规范定制式义齿现场检查指导原则》。现印发给你们，请遵照执行。

食品药品监管总局

2016年12月16日

国家药监局综合司关于印发医疗器械生产质量管理规范独立软件现场检查指导原则的通知

药监综械管〔2020〕57 号

各省、自治区、直辖市药品监督管理局，新疆生产建设兵团药品监督管理局：

为加强医疗器械生产企业实施《医疗器械生产质量管理规范》及其附录独立软件的监督检查，指导监管部门开展现场检查和检查结果评估，国家药监局组织制定了《医疗器械生产质量管理规范独立软件现场检查指导原则》。现印发给你们，请遵照执行。

国家药监局综合司

2020 年 5 月 29 日

国家食品药品监督管理总局关于发布医疗器械生产企业供应商审核指南的通告

2015 年第 1 号

为指导医疗器械生产企业做好供应商审核工作，提高医疗器械质量安全保证水平，根据《医疗器械生产监督管理办法》和《医疗器械生产质量管理规范》，国家食品药品监督管理总局组织制定了《医疗器械生产企业供应商审核指南》，现予发布。

特此通告。

附件：医疗器械生产企业供应商审核指南

食品药品监管总局
2015 年 1 月 19 日

附件

医疗器械生产企业供应商审核指南

医疗器械生产企业应当按照《医疗器械生产质量管理规范》的要求，建立供应商审核制度，对供应商进行审核和评价，确保所采购物品满足其产品生产的质量要求。

一、适用范围

本指南适用于医疗器械生产企业对其供应商的相关管理。

本指南所指供应商是指向医疗器械生产企业提供其生产所需物品（包括服务）的企业或单位。

二、审核原则

（一）**分类管理**：生产企业应当以质量为中心，并根据采购物品对产品的影响程度，对采购物品和供应商进行分类管理。

分类管理应当考虑以下因素：

1. 采购物品是标准件或是定制件；

2. 采购物品生产工艺的复杂程度；

3. 采购物品对产品质量安全的影响程度；

4. 采购物品是供应商首次或是持续为医疗器械生产企业生产的。

（二）**质量合规**：采购物品应当符合生产企业规定的质量要求，且不低于国家强制性标准，并符合法律法规的相关规定。

三、审核程序

（一）准入审核。生产企业应当根据对采购物品的要求，包括采购物品类别、验收准则、规格型号、规程、图样、采购数量等，制定相应的供应商准入要求，对供应商经营状况、生产能力、质量管理体系、产品质量、供货期等相关内容进行审核并保持记录。必要时应当对供应商开展现场审核，或进行产品小试样的生产验证和评价，以确保采购物品符合要求。

（二）过程审核。生产企业应当建立采购物品在使用过程中的审核程序，对采购物品的进货查验、生产使用、成品检验、不合格品处理等方面进行审核并保持记录，保证采购物品在使用过程中持续符合要求。

（三）评估管理。生产企业应当建立评估制度。应当对供应商定期进行综合评价，回顾分析其供应物品的质量、技术水平、交货能力等，并形成供应商定期审核报告，作为生产企业质量管理体系年度自查报告的必要资料。经评估发现供应商存在重大缺陷可能影响采购物品质量时，应当中止采购，及时分析已使用的采购物品对产品带来的风险，并采取相应措施。

采购物品的生产条件、规格型号、图样、生产工艺、质量标准和检验方法等可能影响质量的关键因素发生重大改变时，生产企业应当要求供应商提前告知上述变更，并对供应商进行重新评估，必要时对其进行现场审核。

四、审核要点

（一）文件审核。

1. 供应商资质，包括企业营业执照、合法的生产经营证明文件等；

2. 供应商的质量管理体系相关文件；

3. 采购物品生产工艺说明；

4. 采购物品性能、规格型号、安全性评估材料、企业自检报告或有资质检验机构出具的有效检验报告。

5. 其他可以在合同中规定的文件和资料。

（二）进货查验。生产企业应当严格按照规定要求进行进货查验，要求供应商按供货批次提供有效检验报告或其他质量合格证明文件。

（三）现场审核。生产企业应当建立现场审核要点及审核原则，对供应商的生产环境、工艺流程、生产过程、质量管理、储存运输条件等可能影响采购物品质量安全的因素进行审核。应当特别关注供应商提供的检验能力是否满足要求，以及是否能保证供应物品持续符合要求。

五、特殊采购物品的审核

（一）采购物品如对洁净级别有要求的，应当要求供应商提供其生产条件洁净级别的证明文件，并对供应商的相关条件和要求进行现场审核。

（二）对动物源性原材料的供应商，应当审核相关资格证明、动物检疫合格证、动物防疫合格证、执行的检疫标准等资料，必要时对饲养条件、饲料、储存运输及可能感染病毒和传染性病原体控制情况等进行延伸考察。

（三）对同种异体原材料的供应商，应当审核合法证明或伦理委员会的确认文件、志愿捐献书、供体筛查技术要求、供体病原体及必要的血清学检验报告等。

（四）生产企业应当根据定制件的要求和特点，对供应商的生产过程和质量控制情况开展现场审核。

（五）对提供灭菌服务的供应商，应当审核其资格证明和运营能力，并开展现场审核。

相关文件

对提供计量、清洁、运输等服务的供应商，应当审核其资格证明和运营能力，必要时开展现场审核。

在与提供服务的供应商签订的供应合同或协议中，应当明确供方应配合购方要求提供相应记录，如灭菌时间、温度、强度记录等。有特殊储存条件要求的，应当提供运输过程储存条件记录。

六、其他

（一）生产企业应当指定部门或人员负责供应商的审核，审核人员应当熟悉相关的法规，具备相应的专业知识和工作经验。

（二）生产企业应当与主要供应商签订质量协议，规定采购物品的技术要求、质量要求等内容，明确双方所承担的质量责任。

（三）生产企业应当建立供应商档案，包括采购合同或协议、采购物品清单、供应商资质证明文件、质量标准、验收准则、供应商定期审核报告等。

国家食品药品监督管理总局关于发布医疗器械工艺用水质量管理指南的通告

2016 年第 14 号

为指导医疗器械生产企业做好工艺用水质量管理工作，提高工艺用水质量安全保证水平，根据《医疗器械生产监督管理办法》（国家食品药品监督管理总局令第 7 号）和《医疗器械生产质量管理规范》（国家食品药品监督管理总局公告 2014 年第 64 号）及相关附录，国家食品药品监督管理总局组织制定了《医疗器械工艺用水质量管理指南》，现予发布。

特此通告。

附件：医疗器械工艺用水质量管理指南

食品药品监管总局
2016 年 1 月 26 日

医疗器械工艺用水质量管理指南

医疗器械生产企业应当按照《医疗器械生产质量管理规范》（国家食品药品监督管理总局公告 2014 年第 64 号）的要求，加强对工艺用水质量的管理，确保工艺用水的制备和使用不对医疗器械产品质量造成影响。

一、适用范围

本指南所指工艺用水是医疗器械产品实现过程中使用或接触的水的总称，以饮用水为源水，主要包括符合《中华人民共和国药典》规定的纯化水、注射用水和灭菌注射用水，还包括体外诊断试剂用纯化水、血液透析及相关治疗用水、分析实验室用水等。工艺用水主要用于：可作为产品的组成成分；可用于试剂的配制；可用于零部件、半成品或外协件、成品、包装材料的清洁；可用于产品的检验；可用于洁净环境的清洁；可用于洁净室（区）内直接接触产品的工装、工位器具、设施设备的清洁；可用于洁净室（区）内工作服及人员的清洁等。

本指南适用于医疗器械生产企业对工艺用水的相关管理，医疗器械生产企业应当制定风险防控措施，按照有关技术标准的规定，确保所用工艺用水的用途合理，质量符合产品生产工艺要求。

二、质量管理指南

（一）应当根据工艺用水有关的法规文件、技术标准，结合所生产产品特性及工艺用水用途明确所需工艺用水种类，确保工艺用水的要求符合法规及相关标准规定。

（二）应当根据工艺用水种类和用量确定适宜的制水系统，确保制水系统的功能及配备的设施与工艺用水的制备相适应。

（三）应当确定工艺用水的传输形式，用量较大时应当通过管道输送至洁净室（区）的用水点。

通过管道输送时，应当对工艺用水种类、流向进行标识。

（四）应当确保与工艺用水直接接触的储罐、输送管道的材质不对工艺用水造成污染和影响，设计安装方式应避免死角盲端，以防止微生物的滋生。

（五）应当对制水系统的安装、运行和性能等进行验证和确认，确保制水系统持续、稳定生产出符合标准、适合产品生产要求的工艺用水，并保存制水系统验证计划、方案、报告以及再确认等相关技术资料。

（六）应当保存制水系统的设计图纸、使用说明书、工艺用水制备流程图、技术文件等档案资料。

（七）应当确定工艺用水制备和检验的责任部门及岗位人员，岗位人员应当熟悉相关的法规，具备与岗位相适应的专业知识和工作经验，并保存相关人员培训记录。

（八）应当制定工艺用水管理规定，对工艺用水的制备方法、检验、使用期限以及储存要求等内容进行规定，对制水系统操作规程、储罐和输送管道清洗消毒方法以及制水系统日常维护、验证确认等内容进行规定，并保存相关活动记录。

（九）应当确定工艺用水取样点，制定取样点分布图，至少应当包括总送水口、总回水口及管路最远端取样点，并确保取样点设置合理。

（十）应当制定工艺用水检验规程，确定工艺用水的检验项目、方法和检验周期，按照法规及相关标准要求对工艺用水指标进行定期检验，并保存工艺用水检验记录。对于法规及标准尚未明确规定的，企业应当对水质检验的项目、检验周期进行验证和确认。

（十一）应当具备理化指标、微生物限度的检验能力和条件，保存试剂配制所需工艺用水使用记录。

（十二）应当确定对制水系统适宜的消毒方法和频次，并予以验证。清洗消毒方法不得污染水质，不得对储罐、输送管道等造成影响，并保存储罐、输送管道清洗消毒、验证等记录。

（十三）应当对制水系统进行定期维护。涉及需计量、校验的仪表、器具应当定期计量、校验，标识明显，并保存制水系统仪表、器具的计量、校验证书。委托制水系统厂家进行维护、清洗消毒的，应当与委托制水系统厂家签订协议，规定技术要求、质量要求等内容，明确双方所承担的质量责任，并保存相关记录。

（十四）应当结合实际生产需要对工艺用水质量进行定期分析，编写分析报告，并保存相关记录。

（十五）采购注射用水和灭菌注射用水的，对供方管理可参照《医疗器械生产企业供应商审核指南》（国家食品药品监督管理总局通告 2015 年第 1 号）有关要求，应当重点检查供方的资质、工艺用水检验报告和（或）验证报告，明确运送载体材质、工艺用水的储存条件、储存时间等要求，并保存相关记录，确保采购的工艺用水满足产品生产和使用要求。

总局关于发布医疗器械生产企业质量控制与成品放行指南的通告

2016 年第 173 号

为指导医疗器械生产企业按照经注册或备案的产品技术要求做好质量管理，强化采购、生产、检验过程中的质量控制，严格医疗器械成品放行，提升产品质量保证水平，根据《医疗器械生产监督管理办法》（国家食品药品监督管理总局令第 7 号）和《医疗器械生产质量管理规范》（国家食品药品监督管理总局公告 2014 年第 64 号），国家食品药品监督管理总局组织制定了《医疗器械生产企业质量控制与成品放行指南》，现予发布。

特此通告。

附件：医疗器械生产企业质量控制与成品放行指南

食品药品监管总局

2016 年 12 月 30 日

国家药品监督管理局关于发布医疗器械生产企业管理者代表管理指南的通告

2018 年第 96 号

为进一步明确管理者代表在质量管理体系中的职责，强化医疗器械生产企业质量主体责任意识，提升质量管理水平，根据《医疗器械生产监督管理办法》（国家食品药品监督管理总局令第 7 号）和《医疗器械生产质量管理规范》（国家食品药品监督管理总局公告 2014 年第 64 号），国家药品监督管理局组织制定了《医疗器械生产企业管理者代表管理指南》，现予发布。

特此通告。

附件：医疗器械生产企业管理者代表管理指南

国家药品监督管理局

2018 年 9 月 29 日

附件

医疗器械生产企业管理者代表管理指南

医疗器械生产企业（以下简称企业）应当按照《医疗器械生产质量管理规范》（国家食品药品监督管理总局公告 2014 年第 64 号）的要求，确定一名管理者代表，明确管理者代表的职责，规范管理者代表的管理，确保质量管理体系科学、合理与有效运行。

一、适用范围

本指南适用于对医疗器械生产企业管理者代表的管理。

本指南所称管理者代表是指由企业负责人在高级管理人员中确定的一名成员，负责建立、实施并保持质量管理体系，报告质量管理体系的运行情况和改进需求，提高员工满足法规、规章和顾客要求的意识。

二、管理者代表的任职

（一）管理者代表的职责

管理者代表应当具备医疗器械质量意识和责任意识，把满足法规要求和产品质量安全放在首位，以实事求是、坚持原则的态度履行职责，保证本企业生产的医疗器械安全、有效。

管理者代表应当在企业质量管理活动中，经企业负责人授权，履行以下职责：

1. 贯彻执行医疗器械有关法律、法规、规章和标准等。

2. 组织建立和实施与所生产医疗器械相适应的质量管理体系，并保持其科学、合理与有效运行，向企业负责人报告质量管理体系的运行情况和改进需求。

3. 制定并组织实施企业质量管理体系的审核计划，协助企业负责人按计划组织管理评审，编制审核报告并向企业管理层报告评审结果。

4. 组织企业内部医疗器械质量管理培训工作，提高员工的质量管理能力，强化企业的诚信守法意识。

5. 在生产企业接受各级药品监督管理部门监督检查时，与检查组保持沟通，提供相关信息、资料，配合检查工作；针对检查发现的问题，组织企业相关部门按照要求及时整改。

6. 当企业的生产条件不再符合医疗器械质量管理体系要求，可能影响医疗器械安全、有效时，应当立即向企业负责人报告，协助企业负责人及时开展停止生产活动、原因调查、产品召回等风险控制措施，并主动向所在地省、自治区、直辖市药品监督管理部门报告。

7. 当企业生产的医疗器械发生重大质量问题时，应当立即向企业负责人报告，协助企业负责人迅速采取风险控制措施，并在 24 小时内向所在地省、自治区、直辖市药品监督管理部门报告。

8. 组织上市后产品质量的信息收集工作，及时向企业负责人报告有关产品投诉情况、不良事件监测情况、产品存在的安全隐患，以及接受各级药品监督管理部门监督检查等外部审核中发现的质量管理体系缺陷及其整改情况等。

9. 定期组织企业按照《医疗器械生产质量管理规范》要求对质量管理体系运行情况进行全面自查，并于每年年底前向所在地省、自治区、直辖市药品监督管理部门提交年度自查报告。

10. 其他法律法规规定的工作。

（二）管理者代表的任职条件

管理者代表应当是所在企业的全职员工，并符合以下条件：

1. 遵纪守法，具有良好职业道德素质且无不良从业记录。

2. 熟悉并能正确执行国家相关法律、法规、规章，经过医疗器械相关法规、标准等方面的培训。

3. 具有 YY/T 0287（ISO 13485）或 GB/T19001（ISO9001）内审员证书，或接受过同等水平的系统化的质量管理体系知识培训。

4. 熟悉医疗器械生产质量管理工作，具备指导或监督本企业各部门按规定实施《医疗器械生产质量管理规范》的专业技能和解决实际问题的能力。

5. 具有良好的组织、沟通和协调能力。

6. 企业副总经理或企业其他高级管理人员。

7. 第三类医疗器械生产企业管理者代表应当具有医疗器械相关专业大学本科以上学历或中级以上技术职称，并具有 3 年以上质量管理或生产、技术管理工作经验；第二类医疗器械生产企业管理者代表应当具有医疗器械相关专业大学专科以上学历或初级以上技术职称，并具有 3 年以上质量管理或生产、技术管理工作经验；第一类医疗器械生产企业管理者代表原则上应当具有大学专科以上学历，并具有 3 年以上医疗器械生产企业工作经历。

具有 5 年以上医疗器械质量管理或生产、技术管理工作经验，熟悉本企业产品、生产和质量管理情况，经实践证明具有良好履职能力的管理者代表，可适当放宽相关学历和职称要求。

8. 其他履行职责所需要的要求。

管理者代表在任职后还应当持续加强知识更新，积极参加各类有利于提高企业质量管理能力的学习和培训活动，及时掌握相关法律、法规，不断提高质量管理水平。

三、管理者代表的管理

（一）企业对管理者代表的管理

企业应当按照本指南确定管理者代表人选，经企业负责人与管理者代表签订授权书，明确管理

相关文件

者代表应当履行的质量管理职责并授予相应的权限。企业应当在确定管理者代表15个工作日内向所在地省、自治区、直辖市药品监督管理部门报告。

企业应当建立健全管理者代表相关管理制度和考核机制，强化企业的质量体系管理，为管理者代表履行职责提供必要的条件，同时确保其在履行职责时不受企业内部因素的不当干扰。对于不能有效履职的管理者代表，企业负责人应当立即代其履行管理者代表职责，并于30个工作日内确定和任命新的管理者代表。

管理者代表不履行法定职责、玩忽职守、失职渎职，造成以下情形之一的，企业应当追究管理者代表的工作责任，并向所在地省、自治区、直辖市药品监督管理部门报告：

1. 企业质量管理体系存在严重缺陷的；
2. 发生严重医疗器械质量事故的；
3. 在医疗器械质量体系实施工作中弄虚作假的；
4. 管理者代表报告信息不真实的；
5. 其他违反医疗器械相关法律法规的。

（二）监管部门对管理者代表的管理

省、自治区、直辖市药品监督管理部门应当建立管理者代表档案，在企业日常监管档案中加入管理者代表信息，在日常监管中应当加强对企业管理者代表在职在岗、履行职责和接受培训情况的检查。

企业未按规定任命管理者代表或者任命的管理者代表不符合要求的，药品监督管理部门应当约谈企业负责人。对管理者代表不能有效履行职责，造成三（一）第三款中所述情形之一的，应当责令企业整改，并列入企业当年度质量信用管理分级评定的重要参考因素；情节严重的，由生产企业所在地省、自治区、直辖市药品监督管理部门进行通报并依据有关规定予以信息公开。药品监督管理部门应当按照法律法规的相关规定对企业进行处理，并加强监管。

国家药监局关于发布医疗器械经营质量管理规范的公告

2023 年第 153 号

为加强医疗器械经营质量管理，规范医疗器械经营行为，促进行业规范发展，保障公众用械安全有效，根据相关法规规章规定，国家药监局修订了《医疗器械经营质量管理规范》，现予发布，自 2024 年 7 月 1 日起施行，原国家食品药品监督管理总局《关于施行医疗器械经营质量管理规范的公告》（2014 年第 58 号）同时废止。

特此公告。

附件：医疗器械经营质量管理规范

国家药监局

2023 年 12 月 4 日

附件

医疗器械经营质量管理规范

第一章 总 则

第一条 为了加强医疗器械经营质量管理，规范医疗器械经营活动，保证医疗器械安全、有效，根据《医疗器械监督管理条例》《医疗器械经营监督管理办法》等法规规章的规定，制定本规范。

第二条 本规范是医疗器械经营质量管理的基本要求。从事医疗器械经营活动，应当在医疗器械采购、验收、贮存、销售、运输、售后服务等全过程采取有效的质量管理措施，确保医疗器械产品在经营过程中的质量安全与可追溯。

第三条 医疗器械经营企业应当严格执行本规范。

医疗器械注册人、备案人销售其注册或者备案的医疗器械，以及医疗器械流通过程中其他涉及贮存与运输医疗器械的，应当符合本规范的相关要求。

第四条 医疗器械注册人、备案人依法对上市医疗器械的安全、有效负责，医疗器械经营企业（以下简称企业）对本企业的经营行为负责。

第五条 从事医疗器械经营活动，应当按照所经营医疗器械的风险程度实行风险管理，并采取相应的质量管理措施。

第六条 企业及其从业者应当诚实守信、依法经营，禁止任何虚假、欺骗行为。

第七条 鼓励企业使用信息化手段传递和存储相关政府管理部门制作的电子证照。

电子证照与纸质证书具有同等法律效力。

第八条 鼓励企业运用先进的质量管理工具与方法实施质量管理，持续改进质量管理体系。鼓励企业数字化、智能化、绿色化发展，提升医疗器械供应链效率与质量安全，促进行业高质量发展。

第二章 质量管理体系建立与改进

第九条 企业应当建立健全符合本规范要求的质量管理体系。质量管理体系应当与企业的经营范围和经营规模相适应，包括质量管理体系文件、组织机构、人员、设施设备等。

第十条 鼓励企业制定质量方针和质量目标。质量方针和质量目标应当满足适用的法律、法规、规章、规范的要求并符合企业实际，相关要求应当贯彻到医疗器械经营活动的全过程。

第十一条 企业应当依法履行医疗器械质量安全责任，提供必要的资源和制度保障，保证质量管理体系有效运行，确保质量安全关键岗位人员有效履行职责、全员参与质量管理，各有关部门、岗位人员正确理解并履行职责，承担相应质量责任。

第十二条 从事第二类、第三类医疗器械经营的企业，应当按照本规范以及质量管理自查制度要求进行自查，每年 3 月 31 日前向所在地市县级药品监督管理部门提交上一年度的自查报告。自查报告内容应当真实、准确、完整和可追溯。

第十三条 企业应当根据经营产品的风险程度、质量安全风险情况和质量管理自查情况等，运用质量管理技术与方法，持续改进质量管理体系，保持质量管理体系的适宜性、充分性和有效性。

第三章 职责与制度

第十四条 企业质量安全关键岗位人员包括企业负责人、质量负责人和质量管理人员，其中企业负责人为最高管理者，质量负责人为高层管理人员或者质量管理机构负责人。

第十五条 企业应当按照"权责一致、责任到人、因岗选人、人岗相适"的原则，设置质量安全关键岗位，配备与经营范围和经营规模相适应的质量安全关键岗位人员，并为其履职提供必要的资源和制度保障，确保质量安全关键岗位人员充分履行职责。

第十六条 企业负责人应当对本企业医疗器械质量安全工作全面负责，提供必要的条件，保证质量负责人、质量管理人员有效履行职责，确保企业按照相关法律、法规、规章和本规范要求经营医疗器械；企业负责人作出涉及医疗器械质量安全的重大决策前，应当充分听取质量负责人、质量管理人员的意见和建议，对其发现的本企业质量安全隐患，应当组织研究并提出处置措施，及时消除风险隐患。

第十七条 企业负责人应当每季度至少听取一次质量负责人工作情况汇报，对企业经营质量安全风险情况进行工作会商和总结，对重点工作作出调度安排，形成医疗器械质量安全风险会商会议纪要。会商会议应当有企业质量安全关键岗位人员以及质量安全风险情况涉及的相关部门参加。

第十八条 企业质量负责人负责医疗器械质量管理工作，应当独立履行职责，在企业内部对医疗器械质量管理具有裁决权，承担相应的质量管理责任。

第十九条 企业应当具有与经营范围和经营规模相适应的质量管理机构或者质量管理人员。企业质量管理机构或者质量管理人员应当履行下列职责：

（一）负责收集和管理与医疗器械经营相关的法律、法规、规章、规范和有关规定等与质量管理相关的信息，建立医疗器械质量档案，实施动态管理，并督促相关部门和岗位人员执行；

（二）负责组织制定质量管理制度，指导、监督制度的执行，并对质量管理制度的执行情况进行检查、纠正和持续改进；

（三）负责对医疗器械经营相关的计算机信息系统的质量控制功能和操作权限进行管理；

（四）负责实施医疗器械追溯管理，推进医疗器械唯一标识制度实施；

（五）负责对医疗器械供货者、产品、购货者资质的审核，并实施动态管理；

（六）负责不合格医疗器械的确认，对不合格医疗器械的处理过程实施监督；

（七）负责医疗器械质量投诉和质量事故的调查、处理及报告；

（八）负责医疗器械召回的管理；

（九）负责医疗器械质量安全风险会商的组织实施；

（十）组织医疗器械不良事件的收集与报告；

（十一）组织验证、校准相关设施设备；

（十二）组织对受托运输承运方进行质量保障能力审核及质量监督；

（十三）组织对专门提供医疗器械运输、贮存服务的企业质量保障能力审核及产品质量监督；

（十四）组织对医疗器械网络销售相关过程进行质量保障能力审核以及质量监督；

（十五）组织质量管理自查和各项专项自查，按时提交自查报告；

（十六）组织或者协助开展质量管理培训；

（十七）其他应当由质量管理机构或者质量管理人员履行的职责。

第二十条 企业应当依照本规范建立覆盖医疗器械经营全过程的质量管理体系文件。质量管理体系文件应当符合企业实际，并实施动态管理，确保文件持续有效。质量管理体系文件应当由企业负责人批准后实施，并至少包括下列内容：

（一）质量管理机构或者质量管理人员管理职责；

（二）质量安全关键岗位人员岗位说明；

（三）质量文件审核批准管理制度；

（四）质量记录管理制度；

（五）质量管理自查制度；

（六）医疗器械供货者和产品资质审核制度；

（七）医疗器械采购管理制度；

（八）医疗器械收货和验收管理制度；

（九）医疗器械贮存（陈列）和在库检查管理制度；

（十）医疗器械出入库管理制度；

（十一）医疗器械效期管理制度；

（十二）医疗器械运输管理制度；

（十三）医疗器械销售和售后服务管理制度；

（十四）医疗器械不合格品管理制度；

（十五）医疗器械退货管理制度；

（十六）医疗器械不良事件监测和报告制度；

（十七）医疗器械产品召回管理制度；

（十八）医疗器械追溯管理制度；

（十九）医疗器械质量投诉、事故调查和处理报告制度；

（二十）设施设备维护和验证校准管理制度；

（二十一）环境卫生和人员健康管理制度；

（二十二）质量管理培训和考核制度；

（二十三）医疗器械质量安全风险会商管理制度；

（二十四）医疗器械采购、收货、验收、贮存、销售、出库、运输等环节的工作程序。

从事第二类、第三类医疗器械批发业务和第三类医疗器械零售业务的，企业应当制定购货者资格审核制度、销售记录制度。鼓励其他医疗器械经营企业建立销售记录制度。

从事需要冷藏、冷冻管理的医疗器械经营的，企业应当制定冷链医疗器械管理制度和应急管理制度。

按本规范第五十九条规定进行医疗器械直调购销的，企业应当制定医疗器械直调管理制度。

第二十一条　企业应当依照本规范建立覆盖医疗器械经营全过程的质量记录。质量记录应当包括下列内容：

（一）供货者和产品资质审核记录；

（二）医疗器械采购合同或者协议、采购记录；

（三）医疗器械进货查验记录（包括留存随货同行单据）；

（四）医疗器械入库记录；

（五）医疗器械在库检查记录、各库区温湿度记录；

（六）医疗器械库存记录；

（七）医疗器械销售记录；

（八）医疗器械出库复核记录、出库记录；

（九）医疗器械运输记录、冷链产品运输过程温度记录；

（十）医疗器械售后服务记录或者管理记录；

（十一）医疗器械退货记录；

（十二）医疗器械召回和不良事件处理记录；

（十三）医疗器械质量投诉、事故调查的相关记录和档案；

（十四）医疗器械不合格品处理记录、销毁记录；

（十五）企业年度自查报告档案；

（十六）员工档案及人员资质证明、培训记录、直接接触医疗器械产品人员的健康档案；

（十七）设施设备档案、维护维修记录；

（十八）计量器具校准或者检定记录、冷链设施验证记录；

（十九）医疗器械质量安全风险会商相关记录；

（二十）其他质量管理过程生成的相关质量记录。

从事第二类、第三类医疗器械批发业务的，企业还应当建立购货者档案。

第二十二条　记录内容应当真实、准确、完整和可追溯。鼓励企业采用先进技术手段进行记录。

第二十三条　企业应当采取有效措施，妥善保存质量记录。进货查验记录、销售记录应当保存至医疗器械有效期满后2年；没有有效期的，不得少于5年。植入类医疗器械进货查验记录和销售记录应当永久保存。

使用计算机信息系统存储的质量记录，应当采用安全可靠的方式存储各类数据，定期备份并确保备份数据存储安全，防止损坏和丢失。

第四章　人员与培训

第二十四条　企业负责人、企业质量负责人和质量管理人员应当熟悉医疗器械监督管理的法律、法规、规章、规范和所经营医疗器械的相关知识，并符合有关法律、法规、规章、规范规定的资格要求，不得有相关法律、法规禁止从业的情形。

第二十五条　企业质量负责人、质量管理人员应当在职在岗，并履行岗位职责。

企业应当按照质量管理体系要求，对质量安全关键岗位负责人员的任命、调整、责任履行等情况予以记录，存档备查。

第二十六条　第三类医疗器械经营企业质量负责人应当具备医疗器械相关专业（包括医疗器械、生物医学工程、机械、电子、医学、生物工程、化学、药学、护理学、康复、检验学、计算机、法律、管理学等专业，下同）大专及以上学历或者中级及以上专业技术职称，并具有3年及以上医疗器械经营质量管理工作经历。

第二十七条　质量管理人员应当具有相关专业学历或者职称，并履行本规范规定的职责：

（一）从事第三类医疗器械批发经营的，企业质量管理人员中应当至少有1人具有医疗器械相关专业大专及以上学历或者中级及以上专业技术职称；

（二）从事体外诊断试剂经营的，企业质量管理人员中应当至少有1人具有主管检验师职称，或者具有检验学相关专业（包括检验学、生物医学工程、生物化学、免疫学、基因学、药学、生物技术、临床医学、医疗器械等专业，下同）大专及以上学历或者中级及以上专业技术职称，并具有3年及以上检验相关工作经历；从事体外诊断试剂验收工作的人员，应当具有检验学相关专业中专及以上学历或者具有检验师初级及以上专业技术职称；

仅经营国家规定的免予经营备案体外诊断试剂的除外；

（三）专门提供医疗器械运输、贮存服务的，企业质量管理人员中应当至少有2人具有医疗器械相关专业大专及以上学历或者中级及以上专业技术职称，并具有3年及以上医疗器械质量管理工作经历。

第二十八条 企业应当配备与经营范围和经营规模相适应的经营相关岗位人员：

（一）从事体外诊断试剂经营的售后服务技术人员，应当具有检验学相关专业中专及以上学历或者具有检验师初级及以上专业技术职称；

（二）从事植入和介入类医疗器械采购或者销售的人员中应当至少有1人具有医学相关专业（包括基础医学、预防医学、临床医学、医学技术、口腔医学、中医学、护理学、药学等专业）大专及以上学历，并经过医疗器械注册人或者其他专业机构培训；

（三）从事角膜接触镜、助听器等其他有特殊要求的医疗器械零售的，应当配备具有相关专业或者职业资格的人员。

第二十九条 企业应当配备与经营范围和经营规模相适应的售后服务技术人员和售后服务管理人员：

（一）企业自行为客户提供安装、维修、技术培训等售后技术服务的，应当配备具有相应技术能力的售后服务技术人员，售后服务技术人员应当具备专业资格或者经过医疗器械注册人、备案人、其他专业机构技术培训；

（二）企业配备的专职或者兼职售后服务管理人员，应当熟悉质量投诉、不良事件监测、召回的相关法律、法规、规章、规范、质量管理制度和所经营医疗器械的相关知识。

第三十条 企业应当对质量安全关键岗位人员及其他相关岗位人员进行与其职责和工作内容相关的岗前和继续培训，并建立培训记录，使相关人员能够正确理解并履行职责。

第三十一条 培训内容应当包括相关法律、法规、规章、规范、质量管理制度、医疗器械专业知识和技能、职责、岗位操作规程等。

从事需要冷藏、冷冻管理的医疗器械收货、验收、贮存、检查、出库、运输等工作的人员，还应当接受冷链相关法律、法规、规章、规范、质量管理制度、冷链专业知识和操作规程的培训。

第三十二条 企业应当对质量负责人、质量管理人员、售后服务技术人员、售后服务管理人员、冷链工作人员等相关人员进行上岗和定期考核，经考核合格后方可上岗或者继续从事此岗位工作。

第三十三条 企业应当按照人员健康管理制度的要求，对质量管理、验收、库房管理、售后技术服务、零售等直接接触医疗器械岗位的人员进行健康管理，实施岗前和年度健康检查，并建立员工健康档案。身体条件不符合相应岗位特定要求、影响质量判定或者医疗器械质量安全的，不得从事相关工作。

第五章 设施与设备

第三十四条 企业应当具有与经营范围和经营规模相适应的经营场所和库房，经营场所和库房的面积应当满足经营与质量管理的要求。

相关文件

第三十五条　经营场所和库房不得设在居民住宅内等不适合开展经营活动的场所。

第三十六条　库房的选址、设计、布局、建造、改造和维护应当符合医疗器械贮存的要求，防止医疗器械的混淆、差错或者被污损，并具有符合医疗器械产品特性要求的贮存设施设备。

第三十七条　有下列情形之一的，企业可以不单独设立医疗器械库房：

（一）单一门店零售企业的经营场所陈列条件能符合其所经营医疗器械产品性能要求、经营场所能满足其经营规模及品种陈列需要的；

（二）连锁零售经营医疗器械的；

（三）全部委托专门提供医疗器械运输、贮存服务的企业进行贮存的；

（四）仅经营医疗器械软件，且经营场所满足其产品存储介质贮存要求的；

（五）仅经营磁共振成像设备、X射线计算机体层摄影设备、放射治疗设备等大型医用设备的；

（六）省级药品监督管理部门规定其他可以不单独设立医疗器械库房的。

第三十八条　库房的条件应当符合下列要求：

（一）库房内外环境整洁、无污染源；

（二）库房内墙光洁、地面平整、房屋结构严密；

（三）有防止室外装卸、搬运、接收、发运等作业受异常天气影响的措施；

（四）库房有可靠的安全防护措施，能够对无关人员进入实行可控管理。

第三十九条　库房贮存作业区、辅助作业区，应当与办公区和生活区分开一定距离或者有隔离措施，有效防止对贮存的医疗器械造成产品质量安全风险。

第四十条　库房应当按质量状态实行分区管理，设置待验区、合格品区、不合格品区、发货区、退货区等，并有明显区分。可以采用色标管理，待验区、退货区为黄色，合格品区和发货区为绿色，不合格品区为红色。

第四十一条　库房应当配备与经营范围和经营规模相适应的设施设备，包括：

（一）医疗器械与地面之间有效隔离的设施设备，如货架、托盘等；

（二）避光、通风、防潮、防虫、防鼠等设施；

（三）符合安全用电要求和满足照明需求的照明设备；

（四）包装物料的存放场所；

（五）有特殊贮存要求的，应当配备相应的设施设备。

第四十二条　企业应当根据所经营医疗器械产品的质量特性和管理要求，合理设置满足不同质量状态、贮存环境要求的库区与库位。库房温度、湿度以及其他贮存条件应当符合所经营医疗器械说明书或者标签标示的要求。对有特殊温湿度贮存要求的，应当配备有效调控及监测温湿度的设施设备或者仪器。

第四十三条　库房贮存产品包含非医疗器械产品时，应当做好库房分区管理。应当充分评估非医疗器械产品对贮存环境与人员的污染风险，制定措施确保医疗器械贮存环境安全。

第四十四条　从事医疗器械批发和专门提供医疗器械运输、贮存服务的企业，其经营或者运输、贮存的医疗器械涉及需要冷藏、冷冻管理的，应当配备下列设施设备：

（一）与其经营规模和经营品种相适应的冷藏、冷冻设施设备；

（二）用于冷藏、冷冻设施设备的温湿度自动监测、显示、记录、调控、报警的设备；

（三）能够确保制冷设备正常运转的不间断的供电设备（如双回路供电系统或者备用发电机组等）；

（四）根据相应的运输规模和运输环境要求配备冷藏车、保温车，或者冷藏（冷冻）箱、保温箱等设备；冷藏车应当具有自动显示温度、调控温度、报警、存储和读取温度监测数据的功能；

（五）对有特殊温湿度要求的，应当配备符合其贮存、运输要求的设施设备。

第四十五条 医疗器械零售的经营场所应当与其经营范围和经营规模相适应，并符合下列要求：

（一）配备陈列货架和柜台；

（二）相关证照应当在醒目位置展示；

（三）经营需要冷藏、冷冻管理的医疗器械的，应当配备经过验证并具有温度显示和监测功能的冷柜；

（四）经营可拆零医疗器械的，应当配备拆零销售所需的工具、包装用品，拆零的医疗器械标签和说明书应当符合有关规定；

（五）提供验配服务的，应当设立符合验配服务相关规定的独立区域。

第四十六条 零售医疗器械的陈列应当符合下列要求：

（一）陈列环境应当满足所经营医疗器械说明书或者标签标示的贮存要求；

（二）分区陈列，并设置醒目标志，类别标签字迹清晰、放置准确；

（三）医疗器械的摆放应当整齐有序，避免阳光直射；

（四）需要冷藏、冷冻管理的医疗器械，应当放置在冷藏、冷冻设备中，并对温度进行监测和记录；

（五）医疗器械与非医疗器械应当分开陈列，并醒目标示。

第四十七条 自动售械机作为医疗器械零售经营场所的延伸，其设置位置、数量等应当与企业的管理能力相适应。自动售械机应当符合下列要求：

（一）自动售械机内的陈列环境应当满足所经营医疗器械说明书或者标签标示的贮存要求；需要冷藏、冷冻管理的医疗器械应当对贮存环境的温度进行监测和记录；

（二）自动售械机内的医疗器械摆放应当整齐有序，类别标签字迹清晰、放置准确，避免阳光直射；

（三）自动售械机的贮存与出货、取货方式，应当有效防止所陈列医疗器械的污染及产品破损风险；

（四）应当具备开具纸质或者电子销售凭据的功能；

（五）应当在醒目位置展示经营主体的相关信息、证照；

（六）应当在醒目位置公布企业售后服务电话，建立畅通的顾客意见反馈机制及退货等售后服务渠道。

第四十八条 企业应当对库房的基础设施以及相关设备进行保养、维护与维修，并对设施设备状态进行定期检查，相关记录应当妥善存放至设施设备档案中。

第四十九条 企业应当按照国家有关规定，对温湿度监测设备等计量器具进行有效管理，保证计量器具性能持续满足要求，定期进行校准或者检定，保存相关校准或者检定记录。

第五十条 企业应当对冷库、冷柜等贮存设施设备，冷藏冷冻、保温等运输设施设备，以及温湿度监测系统进行使用前验证、定期验证和停用时间超过规定时限情况下的验证。

企业应当在验证实施过程中，建立并形成验证控制文件，包括验证方案、报告、评价和预防措施等，验证使用的计量器具应当经法定计量机构校准，校准证书复印件应当作为验证报告的必要附件。

第五十一条 经营第三类医疗器械的企业，应当具有符合医疗器械经营质量管理要求的计算机信息系统，保证经营的产品可追溯。计算机信息系统应当具有下列功能：

（一）具有对采购、收货、验收、贮存、销售、出库、复核、退货等各经营环节进行实时质量控制的功能；

（二）具有权限管理功能，确保各类数据的录入、修改、保存等操作应当符合授权范围、管理制度和操作规程的要求，保证数据真实、准确、安全和可追溯；

（三）具有部门之间、岗位之间在权限授权范围内进行信息传输和数据共享的功能；

（四）具有供货者、购货者以及所经营医疗器械的合法性、有效性审核控制的功能；

（五）具有对供货者以及所经营医疗器械产品信息记录与资质效期预警的功能；

（六）具有对库存医疗器械的有效期进行自动跟踪和控制功能，有近效期预警及超过有效期自动锁定等功能，防止过期医疗器械销售；

（七）具有实现医疗器械产品经营过程质量追溯的功能，以及采集、记录医疗器械唯一标识的功能；

（八）具有医疗器械经营业务票据生成、打印和管理的功能；

（九）具有质量记录数据自动备份功能，确保数据存储安全；

（十）具有与企业外部业务及监管系统进行数据交互接口的功能。

鼓励其他企业建立符合医疗器械经营质量管理要求的计算机信息系统。

第五十二条 企业可以通过跨行政区域设置仓库或者委托专门提供医疗器械运输贮存服务企业贮存等方式，构建全国或者区域多仓协同物流管理模式。企业应当对跨行政区域设置的仓库加强质量管理：

（一）应当建立与其规模相适应的质量管理制度；

（二）应当配备与其规模相适应的质量管理人员、设施设备；

（三）应当配备与经营企业本部互联互通、能够实时交互医疗器械贮存、出入库数据的计算机信息系统；

（四）应当满足医疗器械贮存与追溯质量管理要求。

第六章　采购、收货与验收

第五十三条 企业在与医疗器械注册人、备案人或者经营企业首次发生采购前，应当获取加盖供货者公章的相关资料复印件或者扫描件，进行资质的合法性审核并建立供货者档案，内容至少包括：

（一）营业执照；

（二）医疗器械注册人、备案人证明文件及受托医疗器械生产厂家的生产许可证或者备案凭证，或者医疗器械经营企业的经营许可证或者备案凭证；

（三）载明授权销售的品种、地域、期限、销售人员身份证件号码的授权书，以及销售人员身份证件复印件；

（四）随货同行单样式（含企业样章或者出库样章）。

必要时，企业可以派员对供货者进行现场核查，对供货者质量管理情况进行评价。企业发现供货者存在违法违规经营行为时，应当及时向企业所在地市县级药品监督管理部门报告。

第五十四条 企业在首次采购医疗器械前，应当获取加盖供货者公章的医疗器械产品的相关资料复印件或者扫描件，进行资质的合法性审核并建立产品档案，内容至少包括：

（一）医疗器械注册证或者备案凭证；

（二）医疗器械标签样稿或者图片；

（三）医疗器械唯一标识产品标识（若有）。

第五十五条 企业应当与供货者签订采购合同或者协议，采购合同、协议或者采购订单中，应当明确采购医疗器械的名称、型号、规格、医疗器械注册人或者备案人名称、医疗器械注册证编号或者备案编号，数量、单价、金额、供货者等内容。

第五十六条 企业应当在采购合同或者协议中与供货者约定质量责任和售后服务责任，以保证医疗器械售后的安全使用。

第五十七条 企业不得采购未依法注册或者备案、无合格证明文件以及过期、失效、淘汰的医疗器械。不得进口过期、失效、淘汰等已使用过的医疗器械。

第五十八条 企业在采购医疗器械时，应当建立采购记录。记录应当包括：医疗器械的名称、型号、规格、医疗器械注册人或者备案人名称、医疗器械注册证编号或者备案编号，单位、数量、单价、金额、供货者、购货日期等。

第五十九条 发生灾情、疫情、突发事件、临床紧急救治等特殊情况，或者仅经营第三十七条中的大型医用设备以及其他符合国家有关规定的情形，企业在保证医疗器械购销渠道安全和产品质量可追溯的前提下，可采用直调方式购销医疗器械，将已采购的医疗器械不入本企业仓库，直接从供货者发送到购货者。

企业应当加强直调方式购销医疗器械的质量管理，应当在购销前对供货者、购货者以及医疗器械产品的资质合法性进行审核，并建立专门的直调医疗器械采购记录，保证有效的质量跟踪和追溯。

第六十条 企业收货人员在接收医疗器械时，应当核实运输方式以及到货产品是否符合要求，并对照相关采购记录和随货同行单据与到货的医疗器械进行核对。对符合要求的产品，交货和收货双方应当对交运情况当场签字确认。对不符合要求的产品，应当采取拒收或者其他方式有效隔离，并立即报告质量管理机构或者质量管理人员。

第六十一条 企业应当妥善保存随货同行原始单据与资料，确保供货者以及供货信息可追溯。鼓励企业采用电子文件方式留存收货过程的运单、随货同行单据等资料。

第六十二条 收货人员对符合收货要求的医疗器械，应当按质量特性要求放于相应待验区域，或者设置状态标示，并通知验收人员进行验收。

第六十三条 需要冷藏、冷冻管理的医疗器械收货时，应当核实运输方式、到货以及在途温度、启运时间和到货时间并做好记录，符合要求的，应当及时移入符合温控要求的待验区。

第六十四条 验收人员应当对医疗器械的外观、包装、标签以及合格证明文件等进行检查、核对，并做好进货查验记录。

第六十五条 进货查验记录应当包括：

（一）医疗器械的名称、型号、规格、数量；

（二）医疗器械注册证编号或者备案编号；

（三）医疗器械注册人、备案人和受托生产企业名称、生产许可证号或者备案编号；

（四）医疗器械的生产批号或者序列号、使用期限或者失效日期、购货日期等；

（五）供货者的名称、地址以及联系方式；

（六）验收结论、验收合格数量、验收人员、验收日期；

（七）医疗器械唯一标识（若有）。

验收不合格的，还应当注明不合格事项及处置措施。

第六十六条 企业按本规范第五十九条规定进行医疗器械直调购销的，应当由验收人员或者委托的验收人员进行医疗器械验收。直调验收应当严格按照本规范的要求验收医疗器械，验收完成当日，验收人员应当将进货查验记录相关信息传递给直调企业。

企业应当建立专门的直调医疗器械进货查验记录，除满足进货查验记录内容以外，还应当记录验收地点、验收人员信息，直调医疗器械进货查验记录应当真实、准确、完整和可追溯。

第六十七条 对需要冷藏、冷冻管理的医疗器械进行验收时，应当对其运输方式及运输过程的温度记录、运输时间、到货温度以及外观、包装、标签等质量状况进行重点检查并记录；对销售后退回的需要冷藏、冷冻管理的医疗器械，还应当核实售出期间的温度记录，不符合温度要求的应当拒收。验收不合格的，应当注明不合格事项及处置措施。

第六十八条 企业委托专门提供医疗器械运输、贮存服务的企业进行收货和验收时，应当对受

相关文件

托方进行必要的质量监督。

委托方应当与受托方签订书面协议，明确双方质量责任和义务，并按照协议承担和履行相应的质量责任和义务。

第七章 入库、贮存与检查

第六十九条 企业应当建立入库记录，验收合格的医疗器械应当及时入库登记；验收不合格的，应当注明不合格事项，并放置在不合格品区，按照有关规定采取退货、销毁等处置措施。

第七十条 入库记录应当包括：

（一）医疗器械的名称、型号、规格、数量；

（二）医疗器械注册证编号或者备案编号；

（三）医疗器械注册人、备案人和受托生产企业名称、生产许可证号或者备案编号；

（四）医疗器械的生产批号或者序列号、使用期限或者失效日期、入库日期；

（五）医疗器械唯一标识（若有）。

第七十一条 企业应当根据医疗器械的质量特性进行合理贮存，并符合下列要求：

（一）按照医疗器械说明书或者标签标示的贮存要求贮存；

（二）冷库贮存时，应当根据冷库验证报告确定合理的贮存区域，制冷机组出风口应当避免遮挡；

（三）应当按照要求采取避光、通风、防潮、防虫、防鼠等措施；

（四）搬运、堆垛、放置医疗器械时，应当按照包装标示要求规范操作，堆垛高度、放置方向等应当符合包装图示要求；应当按照货架、托盘承重范围等要求妥善存放，避免损坏医疗器械；

（五）按照医疗器械的贮存要求分库（区）存放，医疗器械与非医疗器械应当分开存放；组合销售的医疗器械和非医疗器械可以不分开贮存；在实施自动化操作的自动化仓库中，医疗器械与非医疗器械可以按货位分开存放；

（六）医疗器械应当按照品种、规格、型号分开存放；医疗器械与库房地面、内墙、顶、灯、温度调控设备及管道等设施间保留有足够空隙；

（七）贮存医疗器械的货架、托盘等设施设备应当保持清洁，无破损；

（八）非作业区工作人员未经批准不得进入贮存作业区，贮存作业区内的工作人员不得有影响医疗器械质量安全的行为；

（九）医疗器械贮存作业区内不得存放与贮存管理无关的物品。

第七十二条 从事专门提供医疗器械运输、贮存服务的企业，应当通过计算机信息系统有效区分其自营、受托，以及不同委托方的医疗器械。

第七十三条 企业应当根据库房条件、外部环境、产品有效期要求等，对医疗器械进行定期检查，建立在库检查记录。

第七十四条 在库检查记录应当包括：

（一）检查医疗器械合理贮存与作业流程；

（二）检查并改善贮存条件、防护措施、卫生环境；

（三）对温湿度监控系统、冷库温湿度自动报警装置进行检查、保养；

（四）未采用温湿度监测系统进行自动监测的，应当每天上、下午各不少于1次对库房温湿度进行监测记录；

（五）对库存医疗器械的外观、包装、有效期等质量状况进行检查。

发现存在质量疑问的医疗器械，应当立即进行质量隐患产品隔离并标示，防止其销售出库，并及时通知质量管理机构进行质量判定与处理。

第七十五条 零售企业应当定期对零售陈列、自动售械机陈列、存放的医疗器械进行检查，重点检查拆零医疗器械和近效期医疗器械。发现有质量疑问的，应当及时撤柜、停止销售，由质量管理人员确认和处理，并保留相关记录。

第七十六条 企业应当对库存医疗器械有效期进行跟踪和控制，采取近效期预警措施。

超过有效期的医疗器械应当及时放置到不合格品区进行隔离，按照相关制度采取销毁、退货等处置措施，并保存相关记录。

第七十七条 企业应当定期对库存医疗器械进行盘点，核对库存医疗器械的名称、规格、型号、生产批号或者序列号、有效期、数量等，发现质量及数量问题应当及时查明原因并做好记录，保证账、货相符。

第八章 销售、出库与运输

第七十八条 企业应当加强对销售人员的培训和管理，对销售人员以本企业名义从事的医疗器械购销行为承担法律责任。

企业销售人员销售医疗器械，应当提供加盖本企业公章的授权书。授权书应当载明授权销售的品种、地域、期限，并注明销售人员的身份证件号码。

第七十九条 医疗器械注册人、备案人委托销售的，应当委托符合条件的医疗器械经营企业，签订委托协议明确双方的权利和义务，并加强对经营企业的培训和管理。

第八十条 企业不得销售未依法注册或者备案、无合格证明文件以及过期、失效、淘汰的医疗器械。

第八十一条 从事第二类、第三类医疗器械批发业务的企业，应当将医疗器械销售给医疗器械生产企业、医疗器械经营企业、医疗器械使用单位或者其他有合理使用需求的单位。向其他有合理使用需求的单位销售医疗器械，销售前应当索取购货者对所采购医疗器械的使用需求说明。

第八十二条 从事第二类、第三类医疗器械批发业务的企业，在首次发生销售前，应当获取购货者相关资料复印件或者扫描件，对购货者的证明文件、经营范围进行核实，并建立购货者档案，保证医疗器械销售流向真实、准确、完整和可追溯。

第八十三条 从事第二类、第三类医疗器械批发业务以及第三类医疗器械零售业务的经营企业，应当实施销售记录制度。

第八十四条 销售记录应当包括：

（一）医疗器械的名称、型号、规格、注册证编号或者备案编号、数量、单价、金额；

（二）医疗器械的生产批号或者序列号、使用期限或者失效日期、销售日期；

（三）医疗器械注册人、备案人和受托生产企业名称、生产许可证编号或者备案编号。

从事第二类、第三类医疗器械批发业务的企业，销售记录还应当包括购货者的名称、收货地址、联系方式、相关许可证明文件编号或者备案编号等。

第八十五条 企业按本规范第五十九条规定进行医疗器械直调购销的，应当建立专门的直调医疗器械销售记录。

第八十六条 从事医疗器械零售业务的企业，应当给消费者开具销售凭据，记录医疗器械的名称、型号、规格、医疗器械注册人、备案人和受托生产企业名称、注册证编号或者备案编号，生产批号或者序列号、数量、单价、金额，零售企业名称、经营地址、电话、销售日期等，以方便进行质量追溯。

第八十七条 医疗器械出库前，企业应当进行出库复核，并建立出库复核记录。发现有下列情况之一的不得出库，并报告质量管理机构或者质量管理人员处理：

（一）医疗器械包装出现破损、污染、封口不牢、封条损坏等问题；

（二）标签脱落、字迹模糊不清或者标示内容与实物不符；

（三）医疗器械超过有效期；

（四）存在其他异常情况的。

第八十八条 出库复核记录应当包括：医疗器械的名称、型号、规格、医疗器械注册人、备案人和受托生产企业名称、注册证编号或者备案编号，生产批号或者序列号、使用期限或者失效日期、单位、数量，购货者、出库日期、医疗器械唯一标识（若有）等内容。

第八十九条 需要医疗机构选配后方可确认销售的医疗器械，企业应当加强出库前的质量复核，符合产品质量安全要求方可出库，并留存出库质量复核记录。医疗机构临床选择确认后，应当及时建立销售记录。

第九十条 医疗机构选配后未使用的退回产品，按照本规范第一百零六条、一百零七条进行相关管理。企业应当加强过程质量记录管理，确保医疗机构选配销售产品的出库质量复核记录、销售记录、退货记录信息真实、准确、完整和可追溯。

第九十一条 从事医疗器械批发业务的企业，在医疗器械出库时应当附随货同行单，并加盖本企业或者委托的专门提供医疗器械运输、贮存服务企业的出库印章。

第九十二条 随货同行单内容应当包括：

（一）供货企业名称；

（二）医疗器械注册人、备案人和受托生产企业名称；

（三）医疗器械的名称、型号、规格、注册证编号或者备案编号；

（四）医疗器械的生产批号或者序列号、使用期限或者失效日期、数量；

（五）医疗器械运输及贮存条件；

（六）专门提供医疗器械运输、贮存服务的企业名称（若有）；

（七）收货单位名称、收货地址、联系方式、发货日期等。

第九十三条 企业按照本规范第五十九条规定进行医疗器械直调购销的，直调医疗器械出库时供货者应当开具两份随货同行单，分别发往直调企业和购货者。直调随货同行单应当有明显的直调标识，并标明直调企业名称、直调原因。

第九十四条 医疗器械拼箱发货的代用包装箱应当有醒目的拼箱标识。

第九十五条 需要冷藏、冷冻管理的医疗器械装箱、装车作业时，应当由专人负责，并符合下列要求：

（一）车载冷藏冷冻箱或者保温箱在使用前应当达到相应的温度要求；

（二）包装、装箱、封箱工作应当在符合医疗器械说明书或者标签标示的温度范围内的环境下完成；

（三）装车前应当检查冷藏车辆的启动、运行状态，达到规定温度后方可装车。

第九十六条 企业应当按照相关制度以及运输操作规程要求进行医疗器械运输，选择合理的运输工具及运输路线，做好运输过程的产品防护，确保运输过程医疗器械产品的质量安全，并做好运输记录。

运输记录应当包括：收货单位名称、地址、联系方式、运输方式，医疗器械名称、型号、规格、医疗器械注册证编号或者备案编号，生产批号或者序列号、单位、数量、发货日期等内容。委托运输时还应当记录承运单位名称和运单号，自行运输时应当记录运输车辆车牌号和运输人员。

第九十七条 运输需要冷藏、冷冻管理的医疗器械，应当根据运输的产品数量、距离、时间以及温度要求、外部环境温度等情况，选择合理的运输工具和温控方式，确保运输过程中温度控制符合要求。

冷藏车、车载冷藏冷冻箱、保温箱应当符合医疗器械运输过程中对温度控制的要求。

第九十八条 企业可以委托其他具备质量保障能力的承运单位运输医疗器械，应当签订委托运输质量保证协议，并定期对承运单位运输医疗器械的质量保障能力进行考核评估，确保运输过程的质量安全。

委托运输质量保证协议应当包括：运输过程中的质量责任、运输操作规程、在途时限、温度控制、签收和回执要求等。

第九十九条 企业应当制定需要冷藏、冷冻管理的医疗器械在贮存、运输过程中温度控制的应急预案，并对应急预案进行定期演练。对贮存、运输过程中出现的断电、异常气候、设备故障、交通事故等意外或者紧急情况能够及时采取有效的应对措施，防止因异常突发情况造成的温度失控。

第九章　售后服务

第一百条 企业应当按照与供货者在采购合同或者协议中约定的质量责任和售后服务责任，以及与购货者约定的质量责任和售后服务责任，提供相应的售后服务。

第一百零一条 企业自行为客户提供安装、维修、技术培训等售后技术服务的，应当设置售后服务部门或者配备售后服务技术人员，具备与所经营的医疗器械产品以及规模相适应的售后服务能力。

第一百零二条 企业与供货者约定由供货者负责产品安装、维修、技术培训服务等售后技术服务的，或者由约定的第三方机构提供技术支持的，企业可以不设置售后服务部门和售后服务技术人员，但应当配备相应的售后服务管理人员。

第一百零三条 企业使用第三方机构提供售后服务支持的，应当选择具备质量保障能力的服务机构，签订质量保证书面协议，约定双方质量责任和义务，明确售后服务的服务范围与质量管理要求。企业应当定期对服务机构的质量保障能力进行考核评估，确保售后服务过程的质量安全与可追溯。

第一百零四条 企业应当按照质量管理制度的要求，制定售后服务管理操作规程，内容包括投诉渠道及方式、档案记录、调查与评估、处理措施、反馈和事后跟踪等。企业应当及时将售后服务处理结果等信息记入档案，以便查询和跟踪。

第一百零五条 企业应当配备专职或者兼职的售后服务管理人员，对客户投诉的质量安全问题查明原因，采取有效措施及时处理和反馈，并做好记录，及时通知医疗器械注册人、备案人和供货者。

第一百零六条 企业应当加强对退货产品的管理，防止混入不符合法定要求的医疗器械。退货医疗器械应当经过验收人员质量查验，并生成退货记录。对质量查验不合格的，应当注明不合格事项及处置措施，并放置在不合格品区，按照有关规定采取退货、销毁等处置措施。

第一百零七条 退货记录应当包括：退货日期、原出库单号、退货单位名称，医疗器械名称、型号、规格、医疗器械注册人、备案人和受托生产企业名称、注册证编号或者备案编号、运输及贮存条件、生产批号或者序列号、使用期限或者失效日期、医疗器械唯一标识（若有）、退货原因、产品质量状态、退货数量、验收人员等内容。

第一百零八条 从事医疗器械零售业务的，企业应当在营业场所公布售后服务电话，设置顾客意见簿，及时处理顾客医疗器械质量安全投诉。

第一百零九条 企业应当配备专职或者兼职人员，协助医疗器械注册人、备案人对所经营的医疗器械开展不良事件监测，按照国家药品监督管理部门的规定，向医疗器械注册人、备案人以及医疗器械不良事件监测技术机构报告。对相关部门开展的不良事件调查应当予以配合。

第一百一十条 企业发现其经营的医疗器械有严重质量安全问题，或者不符合强制性标准、不符合经注册或者备案的医疗器械产品技术要求的，应当立即停止经营，通知相关医疗器械注册人、备案人、生产经营企业、使用单位、购货者，记录停止经营和通知情况，并立即向企业所在地市县级药品监督管理部门报告。

第一百一十一条 企业应当协助医疗器械注册人、备案人履行召回义务，按照召回计划的要求及时传达、反馈医疗器械召回信息，控制和收回存在质量安全隐患的医疗器械，并建立医疗器械召回记录。

第十章 附　　则

第一百一十二条 本规范下列用语的含义是：

（一）在职：与企业确定劳动关系的在册人员；

（二）在岗：相关岗位人员在工作时间内在规定的岗位履行职责。

第一百一十三条 从事医疗器械网络销售的，除应当符合本规范相关要求外，还应当遵守相关法律、法规、规章、规范的有关规定。

第一百一十四条 为医疗器械注册人、备案人和经营企业专门提供医疗器械运输、贮存服务的企业，应当遵守本规范及相应附录的要求。

为使用单位专门提供医疗器械运输、贮存服务的企业，参照执行本规范及相应附录的要求。

第一百一十五条 省级药品监督管理部门可以根据本规范制定适用本辖区的医疗器械经营质量管理相关规定。

第一百一十六条 本规范自 2024 年 7 月 1 日起施行。2014 年 12 月 12 日原国家食品药品监督管理总局《关于施行医疗器械经营质量管理规范的公告》（2014 年第 58 号）同时废止。

国家药监局关于发布《医疗器械经营质量管理规范附录：专门提供医疗器械运输贮存服务的企业质量管理》的公告

2022 年第 94 号

为加强医疗器械经营监督管理，规范专门提供医疗器械运输贮存服务的企业质量管理，根据《医疗器械监督管理条例》（国务院令 739 号）及《医疗器械经营监督管理办法》（国家市场监督管理总局令第 54 号），国家药品监督管理局组织制定了《医疗器械经营质量管理规范附录：专门提供医疗器械运输贮存服务的企业质量管理》，现予以发布，自 2023 年 1 月 1 日起施行。

本附录是专门提供医疗器械运输贮存服务的企业经营质量管理规范的特殊要求。专门提供医疗器械运输贮存服务的企业经营质量管理体系应当符合《医疗器械经营质量管理规范》及本附录的要求。

特此公告。

附件：医疗器械经营质量管理规范附录：专门提供医疗器械运输贮存服务的企业质量管理

国家药监局

2022 年 10 月 31 日

附件

医疗器械经营质量管理规范附录：专门提供医疗器械运输贮存服务的企业质量管理

第一章 总 则

第一条 为加强医疗器械经营监督管理，规范专门提供医疗器械运输、贮存服务的企业质量管理，保证医疗器械在运输、贮存环节的质量安全，促进医疗器械物流行业高质量发展，根据《医疗器械监督管理条例》《医疗器械经营监督管理办法》和《医疗器械经营质量管理规范》等，制定本附录。

第二条 本附录中专门提供医疗器械运输、贮存服务的企业，是指为医疗器械注册人、备案人和经营企业（统称委托方）专门提供医疗器械运输、贮存服务的企业。

第三条 专门提供医疗器械运输、贮存服务的企业应当遵守医疗器械法律、法规、规章和规范，对医疗器械运输、贮存过程的质量负责。

专门提供医疗器械运输、贮存服务的企业应当具备从事现代物流运输、贮存业务的基础条件与管理能力，具有与委托方进行电子数据实时同步的能力，具有实现医疗器械运输、贮存服务全过程可追溯的计算机信息系统，建立并运行覆盖运输、贮存服务全过程的质量管理体系，确保医疗器械

相关文件

863

产品在受托运输、贮存过程中的质量安全和可追溯。

第四条　鼓励专门提供医疗器械运输、贮存服务的企业集约化、一体化、数字化发展，采用互联网、物联网、大数据、云计算、节能减排等新技术发展现代物流，提升医疗器械供应保障服务能力。

第二章　质量管理体系建立与改进

第五条　专门提供医疗器械运输、贮存服务的企业应当建立健全与运输、贮存的医疗器械相适应的质量管理体系，并保持其有效运行。运用质量管理技术与方法，持续改进质量管理体系。

第六条　专门提供医疗器械运输、贮存服务的企业质量管理体系应当覆盖运输、贮存服务全过程。质量管理制度与文件应当至少包括：

（一）质量文件审核批准管理制度；

（二）委托方企业资质审核与产品资质核准管理制度；

（三）医疗器械收货、验收管理制度；

（四）医疗器械出入库管理制度；

（五）医疗器械贮存管理制度；

（六）医疗器械运输管理制度；

（七）医疗器械退货管理制度；

（八）医疗器械不合格品管理制度；

（九）医疗器械质量记录管理制度；

（十）冷链医疗器械管理制度及应急管理制度（若涉及）；

（十一）医疗器械追溯管理制度；

（十二）医疗器械产品召回管理制度；

（十三）数据安全管理制度；

（十四）计算机信息系统管理制度；

（十五）设施设备维护及验证校准管理制度；

（十六）环境卫生和人员健康状况管理制度；

（十七）企业机构设置与岗位质量管理职责；

（十八）与委托方的质量协议及相关文件。

第七条　专门提供医疗器械运输、贮存服务的企业应当建立覆盖运输、贮存服务全过程的质量记录。记录应当至少包括：

（一）资质审核核准记录；

（二）医疗器械收货记录；

（三）医疗器械进货查验记录；

（四）医疗器械在库检查记录；

（五）医疗器械出库复核记录和发货记录；

（六）医疗器械运输记录；

（七）医疗器械退货记录；

（八）库房及其他贮存设施温湿度监测记录；

（九）符合医疗器械冷链管理要求的冷链产品的收货、验收、贮存、复核、包装、运输等质量管理记录；

（十）异常情况处置及不合格医疗器械以及存在质量安全隐患医疗器械的处理记录。

记录内容应当真实、准确、完整和可追溯。记录的保存年限应当不低于《医疗器械经营质量管理规范》中规定的各项记录保存年限。

专门提供医疗器械运输、贮存服务的企业应当运用信息化数字化技术，生成、保存质量记录信息。鼓励运用信息化数字化技术交互质量记录信息，确保医疗器械产品质量安全和可追溯。

第八条 专门提供医疗器械运输、贮存服务的企业应当进行委托方企业资质合法性审核和委托医疗器械产品资质核准，形成审核核准记录，建立基础数据。基础数据应当包括：委托方名称，企业证照期限，生产（经营）范围，委托协议期限；医疗器械名称，医疗器械注册人、备案人和受托生产企业名称，医疗器械注册证编号或者备案编号，注册证效期，医疗器械分类，型号，规格，医疗器械唯一标识产品标识部分（若有），医疗器械运输及贮存条件等内容。

第九条 专门提供医疗器械运输、贮存服务的企业应当依据委托方的收货指令收货，生成收货记录。记录应当包括：委托方名称，收货日期，供货单位名称，包装单位，数量，物流单元代码（若有），医疗器械运输及贮存条件，收货人员等内容。

第十条 专门提供医疗器械运输、贮存服务的企业应当依据《医疗器械经营质量管理规范》及与委托方确认的验收标准，对医疗器械进行验收，留存供货单位随货同行单据，根据验收结果生成进货查验记录。记录应当包括：委托方名称，医疗器械注册人、备案人和受托生产企业名称，医疗器械的名称，型号，规格，医疗器械注册证编号或者备案编号，医疗器械的生产批号或者序列号，数量，使用期限或者失效日期，医疗器械唯一标识（若有），医疗器械运输及贮存条件，验收日期，验收结论，验收合格数量，验收人员等内容。

第十一条 专门提供医疗器械运输、贮存服务的企业应当依据医疗器械在库贮存的质量管理要求对贮存的医疗器械进行定期检查，根据检查结果生成在库检查记录。记录应当包括：委托方名称，医疗器械注册人、备案人和受托生产企业名称，医疗器械名称，型号，规格，医疗器械注册证编号或者备案编号，生产批号或者序列号，产品放置库区及库位，贮存环境，产品效期，标签、包装等质量状况，检查日期，检查人员等内容。

第十二条 专门提供医疗器械运输、贮存服务的企业应当依据委托方的发货指令，进行拣选、出库质量复核，生成出库复核记录。记录应当包括：委托方名称，注册人、备案人和受托生产企业名称，医疗器械名称，型号，规格，医疗器械注册证编号或者备案编号，生产批号或者序列号，使用期限或者失效日期，医疗器械唯一标识（若有），医疗器械运输及贮存条件，复核数量，复核质量状况，复核日期，复核人员等内容；

专门提供医疗器械运输、贮存服务的企业应当依据出库复核结果进行发货，生成发货记录并提供符合《医疗器械经营质量管理规范》要求的随货同行单。发货记录应当包括：委托方名称，医疗器械注册人、备案人和受托生产企业名称，医疗器械名称，型号，规格，医疗器械注册证编号或者备案编号，生产批号或者序列号，使用期限或者失效日期，医疗器械唯一标识（若有），医疗器械运输及贮存条件，发货数量，收货单位名称，收货地址，发货日期等内容。

第十三条 专门提供医疗器械运输、贮存服务的企业应当依据委托方的配送指令运输至收货单位，形成运输记录。记录应当包括：委托方名称，收货单位名称、地址以及联系方式，运输方式，医疗器械名称，型号，规格，医疗器械注册证编号或者备案编号，生产批号或者序列号，数量，随货同行单号，医疗器械运输及贮存条件，发货时间和到货时间。

委托运输时还应当记录承运单位名称和运单号，自行运输时应当记录运输车辆车牌号和运输人员。

第十四条 专门提供医疗器械运输、贮存服务的企业应当依据委托方的退货指令接收退回产品，收货查验完成后生成退货记录。记录应当包括：退货日期，退货单位名称，委托方名称，医疗器械注册人、备案人和受托生产企业名称，医疗器械名称，型号，规格，医疗器械注册证编号或者备案编号，生产批号或者序列号，使用期限或者失效日期，医疗器械唯一标识（若有），医疗器械运输及贮存条件，产品质量状态，退货数量，退货收货查验人员等内容。

第十五条 专门提供医疗器械运输、贮存服务的企业应当每年至少一次对质量管理体系运行情

相关文件

865

况进行自查，形成自查报告，评估质量管理体系的充分性、适宜性和有效性。识别质量管理问题，制定改进措施。自查内容应当至少包括：

（一）质量管理制度与法律、法规、规章和规范的符合性；

（二）管理制度是否得到有效实施；

（三）质量记录的准确性、完整性与真实性；

（四）本年度药品监督管理部门检查不符合项是否有效整改，客户投诉、内部质量问题是否得到关注与改进。

第三章 机构与人员

第十六条 专门提供医疗器械运输、贮存服务的企业应当设立质量管理机构，负责医疗器械运输、贮存服务的质量管理。质量管理机构应当配备与所提供运输、贮存服务规模相适应的质量管理人员，质量管理人员中应当至少有2人具备大专及以上学历或者中级以上专业技术职称，同时应当具有3年以上医疗器械质量管理工作经历。

第十七条 专门提供医疗器械运输、贮存服务的企业法定代表人、企业负责人、质量负责人、质量管理人员应当符合《医疗器械经营质量管理规范》规定的资格要求。专门提供医疗器械运输、贮存服务的企业应当设置质量负责人，质量负责人原则上应当为企业高层管理人员，质量负责人应当独立履行职责，在企业内部对医疗器械质量管理具有裁决权，承担相应的质量管理责任。

第十八条 从事体外诊断试剂的质量管理人员，应当至少有1人为主管检验师或具有检验学相关专业（包括检验学、生物医学工程、生物化学、免疫学、基因学、药学、生物技术、临床医学、医疗器械等专业）大专及以上学历或者中级以上专业技术职称，同时应当具有3年以上医疗器械质量管理工作经历。从事体外诊断试剂验收工作的人员，应当具有检验学相关专业中专及以上学历或者具有检验师初级以上专业技术职称。

第十九条 质量负责人及质量管理人员应当专职专岗，质量管理人员不得兼职其他业务工作。

第二十条 专门提供医疗器械运输、贮存服务的企业应当设立医疗器械物流管理机构，负责医疗器械运输、贮存服务的运营管理。配备的物流管理人员中，应当至少有2人具备物流管理相关专业大专及以上学历或者中级及以上专业技术职称，并具有2年以上医药行业相关工作经历。

第二十一条 专门提供医疗器械运输、贮存服务的企业应当配备计算机系统管理人员，负责医疗器械运输、贮存服务过程中的计算机系统维护与管理工作。配备的计算机系统管理人员中，应当至少有2人具备计算机相关专业大专及以上学历或者中级及以上专业技术职称，并具有1年以上医药行业相关工作经历。

第二十二条 专门提供医疗器械运输、贮存服务的企业应当至少配备1名设施设备管理人员，负责医疗器械运输、贮存服务过程中的设施设备维护与管理工作。

第二十三条 专门提供医疗器械运输、贮存服务的企业应当对从事医疗器械运输、贮存服务的工作人员进行与其职责和工作内容相关的岗前培训和继续培训，建立培训记录，并经考核合格后方可上岗。培训内容应当至少包括：相关法律、法规，医疗器械专业知识及技能，物流管理知识，质量管理制度，岗位职责及操作规程，医疗器械运输、贮存的相关标准和技术指南等。

第二十四条 专门提供医疗器械运输、贮存服务的企业应当建立员工健康档案，质量管理、收货、验收、在库检查、运输、贮存等直接接触医疗器械岗位的人员，应当至少每年进行一次健康检查。身体条件不符合相应岗位特定要求的，不得从事相关工作。

第四章 设施与设备

第二十五条 专门提供医疗器械运输、贮存服务的企业应当配备与所提供运输、贮存服务规模相适应的经营管理场所。经营管理场所应当配备日常办公与计算机设备，整洁、卫生，满足日常管理要求。

第二十六条 专门提供医疗器械运输、贮存服务的企业应当配备与所提供的运输、贮存服务规模以及所运输、贮存医疗器械产品相适应的仓储条件，开展现代物流自动化、智能化与集约化管理，并依据医疗器械产品质量特性和管理要求，合理设置满足不同质量状态、贮存环境要求的库区与库位。

库房温度、湿度应当符合所贮存医疗器械说明书或者标签标示的要求，库房及设施与设备基本要求应当符合《医疗器械经营质量管理规范》。

第二十七条 库房中贮存非医疗器械产品时，应当做好库房分区管理，充分评估非医疗器械产品对医疗器械产品的污染风险，制定措施确保医疗器械贮存环境安全。组合销售的医疗器械和非医疗器械可以不分开贮存。

第二十八条 专门提供医疗器械运输、贮存服务的企业应当配备与所提供运输、贮存服务规模相适应的设备设施，仓储设备设施应当满足医疗器械运输、贮存服务全过程的物流操作与质量管理要求，应当包括以下设备：

（一）计算机硬件设备。应当配备满足收货、验收、上架、在库检查、拣选、复核、包装、运输及质量管理等各环节管理要求的设备。

（二）医疗器械唯一标识采集识读设备。包括扫码枪、手持终端等采集识读设备。

（三）货架系统。包括托盘货架、拆零拣选货架及其他货架。

（四）装卸搬运及输送设备。包括推车、叉车（手动、电动）及其他设备。

（五）分拣及出库设备。包括电子标签辅助拣货系统或手持终端拣货系统等设备。

（六）避光、通风、防潮、防虫、防鼠等设备。

（七）温湿度自动监测及控制设备。应当配备符合医疗器械冷链管理要求的环境监测及控制设备，定期对环境监测设备进行校准或检定，并予以标识。

（八）运输车辆及设备。应当配备与所提供运输、贮存服务规模相适应的运输车辆。冷链运输车辆应当配备卫星定位系统，可实现对车辆运输监控。冷藏箱（保温箱）、冷藏运输车辆应当符合医疗器械冷链管理相关要求。

第二十九条 专门提供医疗器械运输、贮存服务的企业应当加强实时监测监控管理，应当包括：库房进出通道及各库区的视频监控，各库区温湿度监控，运输车辆监控，仓储设备监控以及异常状况报警等功能。

第三十条 专门提供医疗器械运输、贮存服务的企业运输、贮存产品包括冷链管理医疗器械时，应当配备备用供电设备或采用双路供电，保证在紧急情况下能够及时采取有效应对措施。

第三十一条 鼓励专门提供医疗器械运输、贮存服务的企业采用创新技术，建设医疗器械自动化仓库，如高层货架、自动分拣机、出入库自动输送系统以及周边设施设备等构成的现代化自动仓，减少人工差错，提升服务能力。

第五章 计算机信息系统

第三十二条 专门提供医疗器械运输、贮存服务的企业应当配备与现代物流运输、贮存业务要求相适应的计算机信息管理系统，在确保医疗器械质量安全的基础上，持续优化物流管理。

计算机信息系统应当包括仓库管理系统、温湿度监测系统、运输管理系统等。需冷链运输医疗器械的还应当配备冷链运输管理系统。计算机信息系统应当对医疗器械的运输、贮存全过程实行动态管理和控制，对相关数据进行收集、记录、查询、统计。

第三十三条 专门提供医疗器械运输、贮存服务的企业计算机信息系统中各岗位人员需经过身份确认、设定操作权限，相关权限建立与更改应当由质量负责人或其授权人批准后实施。

相关文件

第三十四条 专门提供医疗器械运输、贮存服务的企业应当制定管理措施，保证计算机信息系统的数据准确、真实、安全，不得随意更改；需要数据更改时应当由质量负责人或其授权人审核批准，并留存更改及审核批准记录。

第三十五条 专门提供医疗器械运输、贮存服务的企业计算机信息系统应当具备与委托方在基础数据、收货、验收、库存、发货等环节实时电子数据交互的能力，并具备与药品监督管理部门实时同步电子数据的功能。

鼓励专门提供医疗器械运输、贮存服务的企业与委托方、收货单位等采用电子化单据，在确保质量安全和可追溯性前提下实现信息共享。

第三十六条 仓库管理系统应当具备以下功能：

（一）基础数据管理：委托方企业、医疗器械资质及基础数据维护与交互、证照期限预警、经营范围监控功能；

（二）质量记录管理：自动生成收货、验收、在库检查、发货、复核等工作记录的功能；

（三）识别与货位分配：入库、出库时能够通过信息化手段采集医疗器械唯一标识信息，并具备根据医疗器械贮存条件自动分配货位的功能；

（四）质量控制功能：医疗器械收货、验收、上架、贮存、在库检查、拣选、复核、发货、退回等各环节质量状况进行实时判断和控制功能；医疗器械产品近效期预警、过效期锁定功能；

（五）打印功能：过程单据、记录以及货位、上架、拣货条码等标识的打印功能。

第三十七条 运输管理系统应当具备对运输车辆、运输医疗器械、承运人员、调度分配、送达状况等信息进行追踪管理的功能。

第三十八条 冷链运输管理系统应当具备以下功能：

（一）运输记录：对医疗器械运输过程中温度进行监测、记录、保存、查询的功能；

（二）自动报警：对医疗器械运输过程中异常温度进行自动报警的功能，采用航空运输等特殊场景时可以不启动自动报警功能；

（三）过程温度：对医疗器械运输过程中温度进行统计，形成温度曲线的功能；

（四）在线查询：在线查询医疗器械运输过程温度的功能，采用航空运输等特殊场景时可以不启动在线查询功能。

第三十九条 专门提供医疗器械运输、贮存服务的企业应当具备独立的服务器或存储空间，采用安全可靠的方式存储记录各类数据，按日备份。应当确保备份数据存储安全，防止损坏和丢失。

数据的保存年限应当不低于《医疗器械经营质量管理规范》中各项记录的保存年限。

第六章 质量责任

第四十条 医疗器械注册人、备案人和经营企业委托专门提供医疗器械运输、贮存服务的企业运输、贮存时，委托方应当依法承担质量管理责任。

委托方是医疗器械经营的质量责任主体。委托方应当负责其经营医疗器械的供货者、购货者与医疗器械产品资质审核、采购、销售、售后服务及医疗器械召回、不良事件监测等工作，并对委托的专门提供医疗器械运输、贮存服务的企业进行必要的质量监督。

专门提供医疗器械运输、贮存服务的企业负责收货、验收、贮存、在库检查、出库复核、发货与运输的具体操作，以及协助委托方进行退货、召回、不良事件监测等工作。在操作过程中发现委托方产品相关质量疑问时，由委托方质量负责人进行质量裁决并承担相应的质量管理责任。

第四十一条 专门提供医疗器械运输、贮存服务的企业应当与委托方签订书面协议，明确运输、贮存的服务范围与质量管理要求，约定双方质量责任和义务。

第四十二条 医疗器械经营企业委托专门提供医疗器械运输、贮存服务的企业贮存时，应当按规定办理库房地址变更。不需要经营许可或者备案的企业除外。

专门提供医疗器械运输、贮存服务的企业应当在委托协议到期前向委托方提示到期信息。当贮存委托协议终止时，委托方应当及时按规定办理库房地址变更。

第四十三条 专门提供医疗器械运输、贮存服务的企业以及委托方可以委托其他具备质量保障能力的承运单位运输医疗器械，签订运输质量保证协议，定期对承运单位运输医疗器械的质量保障能力进行考核评估，确保运输过程的质量安全。

运输质量保证协议应当包括：运输过程中的质量责任、运输操作规程、在途时限、温度控制、签收和回执要求等内容。

第四十四条 专门提供医疗器械运输、贮存服务的企业发现运输、贮存的医疗器械有严重质量安全问题，不符合强制性标准、经注册或者备案的医疗器械产品技术要求，应当立即采取控制措施，向所在地药品监督管理部门报告，并及时通知委托方。需要召回的，应当协助召回。

第四十五条 专门提供医疗器械运输、贮存服务的企业应当接受药品监督管理部门的监督，对开展的调查予以配合。

第七章 附 则

第四十六条 委托运输、贮存产品为冷链管理医疗器械时，还应当符合医疗器械冷链管理的相关要求。

第四十七条 委托运输、贮存产品为植入和介入类医疗器械时，还应当严格执行医疗器械法律、法规、规章和规范对植入和介入类医疗器械管理的相关要求。植入类医疗器械进货查验记录和发货记录应当永久保存。

第四十八条 专门提供医疗器械运输、贮存服务的企业承担政府管理部门委托运输、贮存的应急储备、战略储备等物资时，应当按照委托部门的要求进行管理并向其报告管理情况。

相关文件

国家药监局关于印发医疗器械经营质量管理规范现场检查指导原则的通知

国药监械管〔2024〕20号

各省、自治区、直辖市和新疆生产建设兵团药品监督管理局：

新修订的《医疗器械经营质量管理规范》（以下简称《规范》）自2024年7月1日起施行。为规范和指导医疗器械经营质量管理规范现场检查工作，国家药监局组织制定了《医疗器械经营质量管理规范现场检查指导原则》（以下简称《指导原则》），现予印发。

本《指导原则》适用于药品监督管理部门依据《规范》，对医疗器械经营企业经营许可（含变更和延续）现场核查，或者经营备案后的现场检查，以及其他各类监督检查。检查过程中，医疗器械经营企业可以根据其经营方式、经营范围、经营品种等特点，确定合理缺项项目，并书面说明理由，由药品监督管理部门的检查组予以确认。

一、医疗器械经营许可（含变更和延续）现场核查

对医疗器械经营企业经营许可（含变更和延续）现场核查中，企业适用项目全部符合要求或者能够当场整改完成的，检查结果为"通过检查"；关键项目（标识为"※"项）中不符合要求的项目数≤10%且一般项目（无标识项）中不符合要求的项目数≤20%的，检查结果为"限期整改"；关键项目中不符合要求的项目数＞10%或者一般项目中不符合要求的项目数＞20%的，检查结果为"未通过检查"。

检查结果为"限期整改"的，企业应当在现场检查结束后30个工作日内完成整改并向原检查部门一次性提交整改报告。经复查后，整改项目全部符合要求的，药品监督管理部门作出准予许可的书面决定。企业在30个工作日内未能提交整改报告或者经复查仍存在不符合要求项目的，药品监督管理部门作出不予许可的书面决定。检查结果为"未通过检查"的，药品监督管理部门可以直接作出不予许可的书面决定。

本《指导原则》所指的关键项目中不符合要求的项目数比例＝关键项目中不符合要求的项目数÷（关键项目数总数－关键项目中确认的合理缺项项目数）×100%；一般项目中不符合要求的项目数比例＝一般项目中不符合要求的项目数÷（一般项目数总数－一般项目中确认的合理缺项项目数）×100%。

二、其他监督检查

对医疗器械经营企业日常监督检查和经营备案后的现场检查中，企业适用项目全部符合要求或者能够当场整改完成的，检查结果为"通过检查"。有项目不符合要求的且不能当场整改完成的，检查结果为"限期整改"。

检查中发现企业违反《医疗器械监督管理条例》《医疗器械经营监督管理办法》有关规定的，应当依法依规处置。其中，经药品监督管理部门组织评估，检查发现的不符合项目影响或者不能保证产品安全、有效的，依据《医疗器械监督管理条例》第八十六条、《医疗器械经营监督管理办法》第二十二条、第二十四条等规定依法处置。

本《指导原则》自发布之日起施行。原食品药品监管总局印发的《医疗器械经营质量管理规范现场检查指导原则》（食药监械监〔2015〕239号）同时废止。

国家药监局

2024 年 7 月 30 日

医疗器械经营质量管理规范现场检查指导原则

章节	条款	内容
质量管理体系建立与改进	※2.9	企业应当建立健全符合本规范要求的质量管理体系。质量管理体系应当与企业的经营范围和经营规模相适应，包括质量管理体系文件、组织机构、人员、设施设备等。 许可检查时，查看企业医疗器械经营许可证申请表中载明的经营范围、经营方式。监督检查时，查看企业医疗器械经营许可证或者备案信息。查阅企业质量管理体系文件、组织机构图、人员名册、质量安全关键岗位说明或者岗位职责、库房平面布局图、主要经营设施设备清单等材料，查看是否与实际经营范围和经营规模相适应。
	※2.11	企业应当依法履行医疗器械质量安全责任，提供必要的资源和制度保障，保证质量管理体系有效运行，确保质量安全关键岗位人员有效履行职责、全员参与质量管理，各有关部门、岗位人员正确理解并履行职责，承担相应质量责任。 查看企业的质量管理体系文件，是否明确与质量相关的各部门、各岗位的质量安全责任和权限。查看企业质量管理相关人员、经营场所、库房、设施设备等设置或者配备是否满足许可、备案要求，是否能够满足医疗器械产品质量安全管理需求。通过现场谈话等方式了解质量安全关键岗位人员及有关部门、岗位人员对职责的熟悉程度，抽查质量管理人员等不同岗位人员履行质量管理职责（如对质量管理制度制定、供货者、产品、购货者资质的审核、质量安全风险会商等）的相关文件或者记录，确认是否有效履行职责。
	※2.12	从事第二类、第三类医疗器械经营的企业，应当按照本规范以及质量管理自查制度要求进行自查，每年3月31日前向所在地市县级药品监督管理部门提交上一年度的自查报告。自查报告内容应当真实、准确、完整和可追溯。 查看企业质量管理自查制度，是否按照要求制定质量管理自查制度。查看企业年度自查报告，是否按时开展体系自查，并按时提交上一年度的自查报告。查看自查报告内容是否真实、准确、完整和可追溯，判断企业是否落实相关规定与制度。
	2.13	企业应当根据经营产品的风险程度、质量安全风险情况和质量管理自查情况等，运用质量管理技术与方法，持续改进质量管理体系，保持质量管理体系的适宜性、充分性和有效性。 查看企业质量管理体系文件建立及更新情况，是否符合国家有关规定，是否符合企业实际情况。企业是否根据经营产品的风险程度、质量安全风险情况和质量管理自查情况等持续改进质量管理体系，是否定期对质量管理体系的适宜性、充分性和有效性进行分析、评估，并采取改进措施。
职责与制度	※3.14	企业质量安全关键岗位人员包括企业负责人、质量负责人和质量管理人员，其中企业负责人为最高管理者，质量负责人为高层管理人员或者质量管理机构负责人。 查看企业质量安全关键岗位人员岗位说明或者岗位职责，确认质量安全关键岗位是否包含企业负责人、质量负责人和质量管理人员。查看公司的组织机构图和相关人员的任命文件，核实企业负责人是否为最高管理者，质量负责人是否为企业高层管理人员或者是质量管理机构负责人。

相关文件

871

章节	条款	内容
职责与制度	3.15	企业应当按照"权责一致、责任到人、因岗选人、人岗相适"的原则，设置质量安全关键岗位，配备与经营范围和经营规模相适应的质量安全关键岗位人员，并为其履职提供必要的资源和制度保障，确保质量安全关键岗位人员充分履行职责。 　　**查看企业质量管理机构或者质量管理人员管理职责，质量安全关键岗位说明或者岗位职责、组织机构图及相关部门职能等体系文件。审核企业是否配备与经营范围和经营规模相适应的质量安全关键岗位人员，对照人员名册，确认企业部门、质量安全关键岗位、人员配置是否与实际一致。** 　　**查看企业是否建立健全保障质量安全关键岗位人员履职的相关制度，是否制定质量安全关键岗位说明书，是否进行人员岗前培训和继续培训，建立培训记录。查看企业是否按照体系要求，对质量安全关键岗位负责人员的任命、调整、责任履行等情况予以记录、存档备查。**
	※3.16.1	企业负责人应当对本企业医疗器械质量安全工作全面负责，提供必要的条件，保证质量负责人、质量管理人员有效履行职责，确保企业按照相关法律、法规、规章和本规范要求经营医疗器械； 　　**查看人员岗位说明或者岗位职责，是否明确企业负责人对本企业医疗器械质量安全工作全面负责。审核企业负责人是否为本企业医疗器械质量安全工作提供必要条件，保证质量管理部门和质量管理人员有效履行职责，确保企业按照法律、法规、规章、规范性文件的要求经营医疗器械。**
	3.16.2	企业负责人作出涉及医疗器械质量安全的重大决策前，应当充分听取质量负责人、质量管理人员的意见和建议，对其发现的本企业质量安全隐患，应当组织研究并提出处置措施，及时消除风险隐患。 　　**查看质量文件审核批准管理制度、质量记录管理制度等；查看有关医疗器械质量安全的重大决策记录，企业负责人作出的重大决策是否有质量负责人、质量管理人员意见内容，是否有对质量安全隐患组织研究并有处置措施。询问质量管理人员，其意见和建议是否得到有效研究并有相应的处置措施。**
	3.17	企业负责人应当每季度至少听取一次质量负责人工作情况汇报，对企业经营质量安全风险情况进行工作会商和总结，对重点工作作出调度安排，形成医疗器械质量安全风险会商会议纪要。会商会议应当有企业质量安全关键岗位人员以及质量安全风险情况涉及的相关部门参加。 　　**查看企业医疗器械质量安全风险会商相关纪要，是否满足企业负责人每季度至少听取一次质量负责人工作情况汇报的要求，是否对重点质量安全风险控制措施工作进行安排，是否有企业质量安全关键岗位人员以及质量安全风险情况涉及的相关部门参加。**
	※3.18	企业质量负责人负责医疗器械质量管理工作，应当独立履行职责，在企业内部对医疗器械质量管理具有裁决权，承担相应的质量管理责任。 　　**查看质量负责人是否有任命文件。查看质量负责人岗位说明或者岗位职责与权限是否有上述要求内容。按企业质量管理体系文件的内容，查看质量负责人的履职记录，核实其是否能独立履行职责，在企业内部对医疗器械质量管理是否具有裁决权，承担相应的质量管理责任。**
	※3.19	企业应当具有与经营范围和经营规模相适应的质量管理机构或者质量管理人员。企业质量管理机构或者质量管理人员应当履行下列职责： 　　（一）负责收集和管理与医疗器械经营相关的法律、法规、规章、规范和有关规定等与质量管理相关的信息，建立医疗器械质量档案，实施动态管理，并督促相关部门和岗位人员执行；

章节	条款	内容
职责与制度	※3.19	（二）负责组织制定质量管理制度，指导、监督制度的执行，并对质量管理制度的执行情况进行检查、纠正和持续改进； （三）负责对医疗器械经营相关的计算机信息系统的质量控制功能和操作权限进行管理； （四）负责实施医疗器械追溯管理，推进医疗器械唯一标识制度实施； （五）负责对医疗器械供货者、产品、购货者资质的审核，并实施动态管理； （六）负责不合格医疗器械的确认，对不合格医疗器械的处理过程实施监督； （七）负责医疗器械质量投诉和质量事故的调查、处理及报告； （八）负责医疗器械召回的管理； （九）负责医疗器械质量安全风险会商的组织实施； （十）组织医疗器械不良事件的收集与报告； （十一）组织验证、校准相关设施设备； （十二）组织对受托运输承运方进行质量保障能力审核及质量监督； （十三）组织对专门提供医疗器械运输、贮存服务的企业质量保障能力审核及产品质量监督； （十四）组织对医疗器械网络销售相关过程进行质量保障能力审核以及质量监督； （十五）组织质量管理自查和各项专项自查，按时提交自查报告； （十六）组织或者协助开展质量管理培训； （十七）其他应当由质量管理机构或者质量管理人员履行的职责。 **结合企业经营规模、品种、范围，查看质量管理机构设置和配备的人员规模是否与经营实际情况相适应。查看企业质量管理制度、岗位说明或者岗位职责及操作规程等文件，确认其内容是否包括但不限于上述要求。通过现场谈话等方式了解企业质量负责人、质量管理人员对职责的熟悉程度，并有重点地抽查质量管理人员履行职责的相关记录（如资质审核、不良事件收集与报告、不合格产品确认、质量事故调查、质量管理培训记录等），查看是否有效履行上述条款要求的职责。**
	※3.20.1	企业应当依照本规范建立覆盖医疗器械经营全过程的质量管理体系文件。质量管理体系文件应当符合企业实际，并实施动态管理，确保文件持续有效。质量管理体系文件应当由企业负责人批准后实施，并至少包括下列内容： （一）质量管理机构或者质量管理人员管理职责； （二）质量安全关键岗位人员岗位说明； （三）质量文件审核批准管理制度； （四）质量记录管理制度； （五）质量管理自查制度； （六）医疗器械供货者和产品资质审核制度； （七）医疗器械采购管理制度； （八）医疗器械收货和验收管理制度； （九）医疗器械贮存（陈列）和在库检查管理制度； （十）医疗器械出入库管理制度； （十一）医疗器械效期管理制度； （十二）医疗器械运输管理制度； （十三）医疗器械销售和售后服务管理制度； （十四）医疗器械不合格品管理制度； （十五）医疗器械退货管理制度； （十六）医疗器械不良事件监测和报告制度； （十七）医疗器械产品召回管理制度；

相关文件

章节	条款	内容
职责与 制度	※3.20.1	（十八）医疗器械追溯管理制度； （十九）医疗器械质量投诉、事故调查和处理报告制度； （二十）设施设备维护和验证校准管理制度； （二十一）环境卫生和人员健康管理制度； （二十二）质量管理培训和考核制度； （二十三）医疗器械质量安全风险会商管理制度； （二十四）医疗器械采购、收货、验收、贮存、销售、出库、运输等环节的工作程序。 **查看企业是否建立至少包含上述内容的质量管理体系文件，质量管理体系文件是否完整并符合法律、法规、规章、规范性文件的要求，质量管理体系文件的编制、审核、批准与更改是否按照质量文件审核批准管理制度执行。质量管理体系文件是否经企业负责人批准，重点抽查涉及企业经营全过程的质量管理制度执行及修订情况。**
	※3.20.2	从事第二类、第三类医疗器械批发业务和第三类医疗器械零售业务的，企业应当制定购货者资格审核制度、销售记录制度。鼓励其他医疗器械经营企业建立销售记录制度。 **对从事第二类、第三类医疗器械批发业务的企业，查看其是否制定购货者资格审核制度、销售记录制度。对从事第三类医疗器械零售业务的企业，查看其是否制定销售记录制度。**
	3.20.3	从事需要冷藏、冷冻管理的医疗器械经营的，企业应当制定冷链医疗器械管理制度和应急管理制度。 **对从事需冷藏、冷冻管理医疗器械经营的企业，查看企业是否制定相应的医疗器械管理制度和应急管理制度并有效实施。**
	3.20.4	按本规范第五十九条规定进行医疗器械直调购销的，企业应当制定医疗器械直调管理制度。 **查看企业是否存在医疗器械直调购销的情形，是否制定医疗器械直调管理制度并有效实施。**
	3.21.1	企业应当依照本规范建立覆盖医疗器械经营全过程的质量记录。质量记录应当包括下列内容： （一）供货者和产品资质审核记录； （二）医疗器械采购合同或者协议、采购记录； （三）医疗器械进货查验记录（包括留存随货同行单据）； （四）医疗器械入库记录； （五）医疗器械在库检查记录、各库区温湿度记录； （六）医疗器械库存记录； （七）医疗器械销售记录； （八）医疗器械出库复核记录、出库记录； （九）医疗器械运输记录、冷链产品运输过程温度记录； （十）医疗器械售后服务记录或者管理记录； （十一）医疗器械退货记录； （十二）医疗器械召回和不良事件处理记录； （十三）医疗器械质量投诉、事故调查的相关记录和档案； （十四）医疗器械不合格品处理记录、销毁记录； （十五）企业年度自查报告档案； （十六）员工档案及人员资质证明、培训记录、直接接触医疗器械产品人员的健康档案；

章节	条款	内容
职责与制度	3.21.1	（十七）设施设备档案、维护维修记录； （十八）计量器具校准或者检定记录、冷链设施验证记录； （十九）医疗器械质量安全风险会商相关记录； （二十）其他质量管理过程生成的相关质量记录。 　　查看企业是否建立包括但不限于上述质量记录。查看企业质量记录管理制度，抽查相关记录，检查记录内容是否真实、准确、完整、可追溯。查看记录规定的事项是否符合法律、法规、规章、规范性文件的要求。
	※3.21.2	从事第二类、第三类医疗器械批发业务的，企业还应当建立购货者档案。 　　对从事第二类、第三类医疗器械批发业务的企业，查看其是否建立购货者档案，档案中是否包含《医疗器械经营质量管理规范》第八十一条、八十二条的内容。
	※3.22	记录内容应当真实、准确、完整和可追溯。鼓励企业采用先进技术手段进行记录。 　　抽查企业医疗器械采购、收货、进货查验、入库、贮存与检查、销售、出库复核、出库与运输、退货等流程质量记录，确认其是否完整和可追溯。 　　抽查相关记录中的产品信息、时间信息、操作信息、人员信息、与其他流程单据的衔接等内容是否真实、准确，记录内容是否清晰、完整。记录发生修改的，查看企业是否注明修改人签名和日期。
	※3.23	企业应当采取有效措施，妥善保存质量记录。进货查验记录、销售记录应当保存至医疗器械有效期满后2年；没有有效期的，不得少于5年。植入类医疗器械进货查验记录和销售记录应当永久保存。 　　使用计算机信息系统存储的质量记录，应当采用安全可靠的方式存储各类数据，定期备份并确保备份数据存储安全，防止损坏和丢失。 　　查看企业质量管理制度中是否明确安全保存质量记录的要求及所采取措施，保存期限是否明确并符合上述条款要求。 　　抽查进货查验记录和销售记录是否按制度要求保存。对使用计算机信息系统存储质量记录的企业，查看其相关信息系统和设备是否符合上述条款内容要求。抽查备份记录是否按要求进行备份。
人员与培训	※4.24	企业负责人、企业质量负责人和质量管理人员应当熟悉医疗器械监督管理的法律、法规、规章、规范和所经营医疗器械的相关知识，并符合有关法律、法规、规章、规范规定的资格要求，不得有相关法律、法规禁止从业的情形。 　　采取现场询问、问卷调查等方式了解企业负责人、企业质量负责人和质量管理人员是否熟悉医疗器械监督管理的法律、法规、规章、规范性文件，以及所经营医疗器械的相关知识。查看企业质量负责人和质量管理人员学历或者职称证明，是否符合相关法律、法规、规章、规范性文件的要求。 　　可由监管部门核实或者由企业承诺其企业负责人、质量负责人、质量管理人员无《医疗器械监督管理条例》第八十一条、第八十三条、第八十四条、第八十五条、第八十六条、第八十八条、第九十八条或者其他相关法律法规禁止从业的情形。
	※4.25.1	企业质量负责人、质量管理人员应当在职在岗，并履行岗位职责。 　　查看企业质量负责人、质量管理机构或者质量管理人员管理职责以及质量安全关键岗位人员岗位说明或者岗位职责。查看企业质量组织机构图、人员名册、劳动用工合同以及企业质量负责人、质量管理人员任命文件等，必要时可通过检查社保、工资发放记录、上下班打卡记录等，核实企业质量负责人、质量管理人员是否在职在岗。通过现场谈话、查看履职记录等方式，确认企业质量负责人、质量管理人员履行岗位职责情况。

相关文件

章节	条款	内容
人员与培训	4.25.2	企业应当按照质量管理体系要求，对质量安全关键岗位负责人员的任命、调整、责任履行等情况予以记录，存档备查。 **查看质量安全关键岗位负责人员的任命、调整、责任履行等情况记录，查看记录是否存入管理档案备查。**
	※4.26	第三类医疗器械经营企业质量负责人应当具备医疗器械相关专业（包括医疗器械、生物医学工程、机械、电子、医学、生物工程、化学、药学、护理学、康复、检验学、计算机、法律、管理学等专业，下同）大专及以上学历或者中级及以上专业技术职称，并具有 3 年及以上医疗器械经营质量管理工作经历。 **查看企业质量负责人的工作简历、学历或者职称等证明文件，核实企业质量负责人是否满足专业、学历或者职称和工作经历要求。**
	※4.27	质量管理人员应当具有相关专业学历或者职称，并履行本规范规定的职责： （一）从事第三类医疗器械批发经营的，企业质量管理人员中应当至少有 1 人具有医疗器械相关专业大专及以上学历或者中级及以上专业技术职称； （二）从事体外诊断试剂经营的，企业质量管理人员中应当至少有 1 人具有主管检验师职称，或者具有检验学相关专业（包括检验学、生物医学工程、生物化学、免疫学、基因学、药学、生物技术、临床医学、医疗器械等专业，下同）大专及以上学历或者中级及以上专业技术职称，并具有 3 年及以上检验相关工作经历；从事体外诊断试剂验收工作的人员，应当具有检验学相关专业中专及以上学历或者具有检验师初级及以上专业技术职称； 仅经营国家规定的免予经营备案体外诊断试剂的除外； （三）专门提供医疗器械运输、贮存服务的，企业质量管理人员中应当至少有 2 人具有医疗器械相关专业大专及以上学历或者中级及以上专业技术职称，并具有 3 年及以上医疗器械质量管理工作经历。 **查看担任企业质量管理人员（含从事体外诊断试剂经营企业的质量管理人员）、从事体外诊断试剂经营企业验收人员、专门提供医疗器械运输和贮存服务的企业质量管理人员的劳动用工合同、工作简历、学历或者职称、职业资质证明文件等，核实企业质量管理人员的数量、相关专业、学历、职称等是否符合要求。** **通过现场谈话、查看质量管理人员履职记录等方式确认其履行岗位职责情况。**
	4.28	企业应当配备与经营范围和经营规模相适应的经营相关岗位人员： （一）从事体外诊断试剂经营的售后服务技术人员，应当具有检验学相关专业中专及以上学历或者具有检验师初级及以上专业技术职称； （二）从事植入和介入类医疗器械采购或者销售的人员中应当至少有 1 人具有医学相关专业（包括基础医学、预防医学、临床医学、医学技术、口腔医学、中医学、护理学、药学等专业）大专及以上学历，并经过医疗器械注册人或者其他专业机构培训； （三）从事角膜接触镜、助听器等其他有特殊要求的医疗器械零售的，应当配备具有相关专业或者职业资格的人员。 **查看从事体外诊断试剂经营的企业售后技术人员、从事植入和介入类医疗器械采购或者销售人员的劳动用工合同、工作简历、学历或者职称等文件和技术培训记录，确认企业至少有 1 人符合相应岗位人员专业、学历、培训经历等要求。核实企业相关人员是否符合上述要求。仅经营国家规定的免予经营备案体外诊断试剂的除外。** **对从事角膜接触镜、助听器等其他有特殊要求的医疗器械零售的企业，查看验配人员名册、学历或者职称文件、简历等，核实企业是否配备具有相关专业或者职业资格的人员。** **通过现场谈话、查看售后服务技术人员、采购或者销售人员履职记录等方式确认其履行岗位职责情况。**

章节	条款	内容
人员与培训	4.29.1	企业应当配备与经营范围和经营规模相适应的售后服务技术人员和售后服务管理人员： （一）企业自行为客户提供安装、维修、技术培训等售后技术服务的，应当配备具有相应技术能力的售后服务技术人员，售后服务技术人员应当具备专业资格或者经过医疗器械注册人、备案人、其他专业机构技术培训； **自行为客户提供安装、维修、技术培训等售后技术服务的，查看企业人员名册、售后服务技术人员的学历、职称、职业资格等证明文件或者医疗器械注册人、备案人、专业培训机构等技术培训记录，确认企业售后服务技术人员是否能胜任售后服务工作。**
	4.29.2	（二）企业配备的专职或者兼职售后服务管理人员，应当熟悉质量投诉、不良事件监测、召回的相关法律、法规、规章、规范、质量管理制度和所经营医疗器械的相关知识。 **查看医疗器械销售和售后服务管理制度、记录，以及人员岗位说明或者岗位职责。** **可采取现场询问、问卷调查等方式，了解企业售后服务管理人员是否熟悉质量投诉、不良事件监测、召回的相关法律、法规、规章、规范性文件以及质量管理制度和所经营医疗器械的相关知识。**
	4.30	企业应当对质量安全关键岗位人员及其他相关岗位人员进行与其职责和工作内容相关的岗前和继续培训，并建立培训记录，使相关人员能够正确理解并履行职责。 **查看企业质量管理培训和考核制度，是否明确各岗位人员与其职责和工作内容相关的岗前培训和继续培训及建立培训记录的要求。抽查质量安全关键岗位人员及其他相关岗位人员培训记录，核实其接受培训是否符合职责和工作内容要求。**
	4.31.1	培训内容应当包括相关法律、法规、规章、规范、质量管理制度、医疗器械专业知识和技能、职责、岗位操作规程等。 **查看培训记录是否包括医疗器械相关法律、法规、规章、规范性文件、质量管理制度、医疗器械专业知识和技能、职责、岗位操作规程等内容。**
	4.31.2	从事需要冷藏、冷冻管理的医疗器械收货、验收、贮存、检查、出库、运输等工作的人员，还应当接受冷链相关法律、法规、规章、规范、质量管理制度、冷链专业知识和操作规程的培训。 **查看相应岗位工作人员的培训记录是否包含上述培训内容。**
	4.32	企业应当对质量负责人、质量管理人员、售后服务技术人员、售后服务管理人员、冷链工作人员等相关人员进行上岗和定期考核，经考核合格后方可上岗或者继续从事此岗位工作。 **查看质量负责人、质量管理人员、售后服务技术人员、售后服务管理人员、冷链工作人员等相关人员考核记录或者培训记录，是否进行上岗前考核和定期考核。从事相应岗位工作人员是否经考核合格。**
	4.33	企业应当按照人员健康管理制度的要求，对质量管理、验收、库房管理、售后技术服务、零售等直接接触医疗器械岗位的人员进行健康管理，实施岗前和年度健康检查，并建立员工健康档案。身体条件不符合相应岗位特定要求、影响质量判定或者医疗器械质量安全的，不得从事相关工作。 **查看人员健康管理制度是否符合上述要求。查看企业质量管理、验收、库房管理、售后技术服务、零售等直接接触医疗器械岗位人员的健康档案是否符合岗前和年度健康检查要求，检查项目是否与其岗位工作内容要求相适宜，是否存在身体条件不符合相应岗位特定要求、影响质量判定或者医疗器械质量安全的，仍从事相关工作的情况。**

相关文件

章节	条款	内容
设施与设备	※5.34	企业应当具有与经营范围和经营规模相适应的经营场所和库房，经营场所和库房的面积应当满足经营与质量管理的要求。 **查看企业经营场所和库房地址是否与企业申报资料或者经许可、备案的地址一致。经营场所和库房的面积、设施设备是否与经营范围和经营规模相适应，经营场所和库房现场是否整洁、卫生，满足日常管理要求。** **经营需要冷藏、冷冻管理的医疗器械，重点查看其贮存区域与其经营范围、规模是否相适应。**
	※5.35	经营场所和库房不得设在居民住宅内等不适合开展经营活动的场所。 **查看经营场所、库房的产权证明/使用权证明或者租赁合同/协议等（包括租赁场所的产权证明），核实经营场所和库房是否设在居民住宅内或者其他不适合经营的场所内。**
	※5.36	库房的选址、设计、布局、建造、改造和维护应当符合医疗器械贮存的要求，防止医疗器械的混淆、差错或者被污损，并具有符合医疗器械产品特性要求的贮存设施设备。 **检查库房选址、设计、布局及其库房贮存设施设备配置等情况，确认库房是否符合医疗器械贮存要求并能防止医疗器械的混淆、差错或者被污损。查看库房贮存设施设备是否符合医疗器械产品特性要求。**
	5.37	有下列情形之一的，企业可以不单独设立医疗器械库房： （一）单一门店零售企业的经营场所陈列条件能符合其所经营医疗器械产品性能要求、经营场所能满足其经营规模及品种陈列需要的； （二）连锁零售经营医疗器械的； （三）全部委托专门提供医疗器械运输、贮存服务的企业进行贮存的； （四）仅经营医疗器械软件，且经营场所满足其产品存储介质贮存要求的； （五）仅经营磁共振成像设备、X射线计算机体层摄影设备、放射治疗设备等大型医用设备的； （六）省级药品监督管理部门规定其他可以不单独设立医疗器械库房的。 **企业未单独设立医疗器械库房的，查看企业经营范围、经营品种、经营方式等是否符合上述情形。**
	5.38	库房的条件应当符合下列要求： （一）库房内外环境整洁、无污染源； （二）库房内墙光洁、地面平整、房屋结构严密； （三）有防止室外装卸、搬运、接收、发运等作业受异常天气影响的措施； （四）库房有可靠的安全防护措施，能够对无关人员进入实行可控管理。 **现场重点检查企业库房条件是否符合上述要求，安全防护措施是否完善。**
	5.39	库房贮存作业区、辅助作业区，应当与办公区和生活区分开一定距离或者有隔离措施，有效防止对贮存的医疗器械造成产品质量安全风险。 **现场查看库房是否满足上述要求。**
	5.40	库房应当按质量状态实行分区管理，设置待验区、合格品区、不合格品区、发货区、退货区等，并有明显区分。可以采用色标管理，待验区、退货区为黄色，合格品区和发货区为绿色，不合格品区为红色。 **查看库房现场的分区情况，是否按照质量状态实行分区管理，是否设置待验区、合格品区、不合格品区、发货区、退货区等，设置分区是否明显，是否采取色标管理，现场色标与分区是否一致。核查各区域大小设置是否合理，能否满足企业的日常作业。** **查看库房现场分区与分区管理相关质量文件规定是否一致。**

章节	条款	内容
设施与设备	5.41	库房应当配备与经营范围和经营规模相适应的设施设备，包括： （一）医疗器械与地面之间有效隔离的设施设备，如货架、托盘等； （二）避光、通风、防潮、防虫、防鼠等设施； （三）符合安全用电要求和满足照明需求的照明设备； （四）包装物料的存放场所； （五）有特殊贮存要求的，应当配备相应的设施设备。 　　查看库房的设施设备配备是否符合上述要求，设施设备配置是否与其经营范围和经营规模相适应，各类设备配置数量是否满足日常操作和质量管理要求。如有对温度、湿度等具有特殊贮存要求的产品，查看是否配备相应的设备设施。
	※5.42	企业应当根据所经营医疗器械产品的质量特性和管理要求，合理设置满足不同质量状态、贮存环境要求的库区与库位。库房温度、湿度以及其他贮存条件应当符合所经营医疗器械说明书或者标签标示的要求。对有特殊温湿度贮存要求的，应当配备有效调控及监测温湿度的设施设备或者仪器。 　　查看库房是否设置满足不同质量状态、贮存环境要求的库区与库位。对经营有特殊温湿度贮存要求医疗器械的企业，查看其库房是否配备和使用能够有效监测与调控温度、湿度的仪器或者设备，相关仪器或者设备是否经过校准或者检定，库房温度、湿度设置范围是否符合所经营医疗器械产品说明书或者标签标示的要求。
	5.43	库房贮存产品包含非医疗器械产品时，应当做好库房分区管理。应当充分评估非医疗器械产品对贮存环境与人员的污染风险，制定措施确保医疗器械贮存环境安全。 　　现场确认是否有非医疗器械产品。确认非医疗器械与医疗器械产品是否采用分隔方式或者分离方式有效分开，医疗器械和非医疗器械组合销售出库的产品可不分开存放。查看贮存的非医疗器械产品是否存在污染医疗器械贮存环境和人员的风险，如存在风险，查看企业是否采取有效处置措施。
	※5.44	从事医疗器械批发和专门提供医疗器械运输、贮存服务的企业，其经营或者运输、贮存的医疗器械涉及需要冷藏、冷冻管理的，应当配备下列设施设备： （一）与其经营规模和经营品种相适应的冷藏、冷冻设施设备； （二）用于冷藏、冷冻设施设备的温湿度自动监测、显示、记录、调控、报警的设备； （三）能够确保制冷设备正常运转的不间断的供电设备（如双回路供电系统或者备用发电机组等）； （四）根据相应的运输规模和运输环境要求配备冷藏车、保温车，或者冷藏（冷冻）箱、保温箱等设备；冷藏车应当具有自动显示温度、调控温度、报警、存储和读取温度监测数据的功能； （五）对有特殊温湿度要求的，应当配备符合其贮存、运输要求的设施设备。 　　查看从事需冷藏、冷冻管理的医疗器械批发以及专门提供医疗器械运输、贮存服务的企业，是否配备符合上述要求的相关设施设备，查看相关设施设备是否满足上述功能要求。 　　1.查看企业配备的设施设备是否与所提供运输、贮存服务的规模相适应，各类设备配备数量是否满足日常操作和质量管理要求。 　　2.查看设施设备的温度、湿度设置情况，查看温湿度自动监测及控制设备是否符合质量管理相关要求。 　　3.查看企业是否配备备用供电设备或者采用双回路供电系统等设施，备用供电设备是否建立使用、清洁、维护和维修的操作规程，并保存相应的记录。 　　4.查看冷藏车、保温车等运输车辆的产权、行驶证等证明文件，若采用车辆租赁等方式，应查看车辆租赁协议是否有效满足日常运输需求。查看冷藏车、保温车、冷藏箱、保温箱的温湿度自动监测及控制设备是否符合质量管理相关要求。 　　5.查看冷藏车、保温车、冷藏箱、保温箱等设施设备是否满足特殊温度的贮存、运输要求。

相关文件

章节	条款	内容
	5.45	医疗器械零售的经营场所应当与其经营范围和经营规模相适应，并符合下列要求： （一）配备陈列货架和柜台； （二）相关证照应当在醒目位置展示； （三）经营需要冷藏、冷冻管理的医疗器械的，应当配备经过验证并具有温度显示和监测功能的冷柜； （四）经营可拆零医疗器械的，应当配备拆零销售所需的工具、包装用品，拆零的医疗器械标签和说明书应当符合有关规定； （五）提供验配服务的，应当设立符合验配服务相关规定的独立区域。 1. 查看医疗器械零售经营场所是否在醒目位置展示相关证照。 2. 查看经营场所是否配备陈列货架和柜台。 3. 查看医疗器械经营许可、备案的经营范围，包含冷藏、冷冻的医疗器械经营范围的，查看现场是否配备能够满足贮存需求的冷藏（冻）设备，冷藏（冻）设备是否经过验证，是否有温度监测功能，是否能够显示温度。 4. 查看拆零区域是否符合产品说明书、标签标示的条件要求。 5. 查看是否配备拆零销售所需的工具、包装用品，拆零销售的医疗器械应当附有说明书，说明书应当符合有关规定（不经营拆零医疗器械的可不准备）。 6. 查看是否提供验配服务，提供验配服务的查看是否设立符合验配服务规定的独立分区。
设施与设备	5.46	零售医疗器械的陈列应当符合下列要求： （一）陈列环境应当满足所经营医疗器械说明书或者标签标示的贮存要求； （二）分区陈列，并设置醒目标志，类别标签字迹清晰、放置准确； （三）医疗器械的摆放应当整齐有序，避免阳光直射； （四）需要冷藏、冷冻管理的医疗器械，应当放置在冷藏、冷冻设备中，并对温度进行监测和记录； （五）医疗器械与非医疗器械应当分开陈列，并醒目标示。 1. 查看医疗器械摆放区域是否能避免阳光直射。 2. 查看医疗器械是否按区准确放置，类别标签字迹是否清晰。 3. 现场抽取陈列产品，查看是否按照医疗器械说明书或者标签标示的贮存要求陈列产品。 4. 查看需冷藏、冷冻管理的医疗器械是否放置在冷藏、冷冻设备中，查看冷藏、冷冻设备的实时温度是否符合说明书或者标签标示的贮存要求，查看冷藏、冷冻设备是否有温度监测及记录。 5. 查看冷藏、冷冻设备中医疗器械与非医疗器械是否分区陈列。 6. 查看医疗器械与非医疗器械是否分开陈列，并醒目标示。医疗器械和非医疗器械组合销售的产品或者医疗器械的附件，可不分开存放。
	※5.47	自动售械机作为医疗器械零售经营场所的延伸，其设置位置、数量等应当与企业的管理能力相适应。自动售械机应当符合下列要求： （一）自动售械机内的陈列环境应当满足所经营医疗器械说明书或者标签标示的贮存要求；需要冷藏、冷冻管理的医疗器械应当对贮存环境的温度进行监测和记录； （二）自动售械机内的医疗器械摆放应当整齐有序，类别标签字迹清晰、放置准确，避免阳光直射； （三）自动售械机的贮存与出货、取货方式，应当有效防止所陈列医疗器械的污染及产品破损风险； （四）应当具备开具纸质或者电子销售凭据的功能；

章节	条款	内容
	※5.47	（五）应当在醒目位置展示经营主体的相关信息、证照； （六）应当在醒目位置公布企业售后服务电话，建立畅通的顾客意见反馈机制及退货等售后服务渠道。 　1. 查看企业是否有经营、维护、管理自动售械机的管理能力，自动售械机的设置、数量是否与管理能力相适应，企业的经营方式、经营范围是否与自动售械机销售器械的品种相适应。 　2. 查看自动售械机是否避免阳光直射。 　3. 查看自动售械机的运行状态是否正常，是否具有销售医疗器械时能开具纸质或者电子销售凭据的功能。 　4. 现场抽取陈列产品，查看自动售械机陈列、贮存是否符合医疗器械说明书、标签标示的贮存要求。 　5. 查看自动售械出货、取货方式是否有效防止所陈列医疗器械的污染及产品破损。 　6. 查看自动售械机中是否有需要冷藏、冷冻管理的医疗器械。如有需要冷藏、冷冻管理的医疗器械，现场是否有满足贮存需求的冷藏、冷冻设施设备，是否有对贮存环境的温度进行监测和记录。 　7. 查看自动售械机是否在醒目位置展示企业的相关信息、证照以及售后服务电话。 　8. 查看企业售后服务管理制度和相关记录是否符合上述要求。
设施与设备	5.48	企业应当对库房的基础设施以及相关设备进行保养、维护与维修，并对设施设备状态进行定期检查，相关记录应当妥善存放至设施设备档案中。 　**查看库房的基础设施及相关设备保养、维护与维修的相关规定。抽查保养、维护与维修的记录和档案，确认企业是否按规定对库房的基础设施及相关设备进行定期检查，并建立记录和档案。**
	5.49	企业应当按照国家有关规定，对温湿度监测设备等计量器具进行有效管理，保证计量器具性能持续满足要求，定期进行校准或者检定，保存相关校准或者检定记录。 　**查看需检定或者校准的计量器具和计量设备校准、检定证明或者检定记录，确认企业是否按照国家有关规定进行定期校准或者检定。**
	5.50	企业应当对冷库、冷柜等贮存设施设备，冷藏冷冻、保温等运输设施设备，以及温湿度监测系统进行使用前验证、定期验证和停用时间超过规定时限情况下的验证。 　企业应当在验证实施过程中，建立并形成验证控制文件，包括验证方案、报告、评价和预防措施等，验证使用的计量器具应当经法定计量机构校准，校准证书复印件应当作为验证报告的必要附件。 　**查看冷库、冷柜贮存设施设备和冷藏冷冻、保温等运输设施设备，以及温湿度监测系统是否建立验证控制文件，验证控制文件是否包括验证方案、验证报告、评价和预防措施等内容，是否按要求开展使用前验证、定期验证、停用时间超过规定时限情况下的验证。** 　**查看验证使用的计量器具是否经法定计量机构校准，验证报告是否有校准证书复印件或者电子扫描件。**
	※5.51	经营第三类医疗器械的企业，应当具有符合医疗器械经营质量管理要求的计算机信息系统，保证经营的产品可追溯。计算机信息系统应当具有下列功能： 　（一）具有对采购、收货、验收、贮存、销售、出库、复核、退货等各经营环节进行实时质量控制的功能； 　（二）具有权限管理功能，确保各类数据的录入、修改、保存等操作应当符合授权范围、管理制度和操作规程的要求，保证数据真实、准确、安全和可追溯；

相关文件

章节	条款	内容
设施与设备	※5.51	（三）具有部门之间、岗位之间在权限授权范围内进行信息传输和数据共享的功能； （四）具有供货者、购货者以及所经营医疗器械的合法性、有效性审核控制的功能； （五）具有对供货者以及所经营医疗器械产品信息记录与资质效期预警的功能； （六）具有对库存医疗器械的有效期进行自动跟踪和控制功能，有近效期预警及超过有效期自动锁定等功能，防止过期医疗器械销售； （七）具有实现医疗器械产品经营过程质量追溯的功能，以及采集、记录医疗器械唯一标识的功能； （八）具有医疗器械经营业务票据生成、打印和管理的功能； （九）具有质量记录数据自动备份功能，确保数据存储安全； （十）具有与企业外部业务及监管系统进行数据交互接口的功能。 鼓励其他企业建立符合医疗器械经营质量管理要求的计算机信息系统。 1. 查看企业的计算机信息管理系统是否具备上述适用功能，各项功能是否真实、有效。系统应对不符合法律法规的行为进行识别及控制，确保各项质量控制功能的实时和有效。 2. 查看企业是否严格按照管理制度和操作规程进行系统数据的录入、修改和保存，以保证各类记录的真实、准确、安全和可追溯。 3. 查看系统岗位人员的用户名、密码、权限分配情况，各操作岗位是否在权限范围内录入或者查询数据，未经批准不得修改数据信息；查看质量管理人员对系统操作权限的审核。查看进货查验记录、出库复核记录等涉及人员签名信息的记录及其内容的合规性，系统对各岗位操作人员姓名的记录，不得采用手工编辑或者菜单选择等方式录入。系统操作、数据记录的日期和时间由系统自动生成，不得采用手工编辑、菜单选择等方式录入。质量管理基础数据是企业合法经营的基本保障，须由专门的质量管理人员对相关资料审核合格后，据实确认和更新，更新时间由系统自动生成。其他岗位人员只能按规定的权限，查询、使用质量管理基础数据，不能修改数据的任何内容。抽查质量管理人员修改质量管理相关数据信息的相关记录，查看是否实施部门之间、岗位之间信息传输和数据共享。查看系统质量管理基础数据控制功能（应至少包括供货企业、购货企业、产品基本信息等内容）。查看系统质量管理基础数据自动跟踪、识别与控制功能。 4. 抽查供货者、购货者以及产品信息的资质合法性、有效性、经营范围相关联情况。 5. 查看系统对近效期的质量管理基础数据、近效期库存医疗器械的提示、预警功能。 6. 查看系统对失效质量管理基础数据、失效医疗器械的锁定、控制功能。 7. 查看系统是否具有相关追溯功能，以及可以采集、记录医疗器械唯一标识情况。 8. 抽查系统打印销售票据的情况。 9. 查看备份记录和数据的介质是否存放于安全场所，防止与服务器同时遭遇灾害造成损坏或者丢失。 10. 查看系统是否预留与企业外部业务及监管系统进行实时数据传输功能的接口。
	5.52	企业可以通过跨行政区域设置仓库或者委托专门提供医疗器械运输贮存服务企业贮存等方式，构建全国或者区域多仓协同物流管理模式。企业应当对跨行政区域设置的仓库加强质量管理： （一）应当建立与其规模相适应的质量管理制度； （二）应当配备与其规模相适应的质量管理人员、设施设备； （三）应当配备与经营企业本部互联互通、能够实时交互医疗器械贮存、出入库数据的计算机信息系统； （四）应当满足医疗器械贮存与追溯质量管理要求。

章节	条款	内容
设施与设备	5.52	涉及此种情形时，对照要求进行检查： （一）企业所在地监管部门重点检查： 1. 企业跨行政区域设置仓库或者委托专门提供医疗器械运输贮存服务企业贮存的相关质量管理制度是否与其经营规模相适应。查看相关委托协议/合同（若涉及）。 2. 企业机构设置、人员名册等，确认是否满足质量管理要求。 3. 经营企业计算机系统是否与各分仓或者委托贮存服务企业互联互通，能够实时交互医疗器械贮存、出入库数据。 4. 抽查产品进货查验、在库、销售、出库、退货等质量记录，查看是否满足医疗器械贮存与追溯质量管理要求。 （二）库房所在地监管部门重点检查： 1. 查看企业经营许可证、备案仓库地址是否与实际仓库地址一致。查看相关委托协议/合同（若涉及）。 2. 检查相关设施设备是否与其经营规模相适应，是否正常。 3. 查看库房计算机系统是否与经营企业或者委托方互联互通，能够实时交互医疗器械贮存、出入库数据。 4. 抽查产品进货查验、在库检查、出库、退货等质量记录，查看是否满足医疗器械贮存与追溯质量管理要求。 企业和库房所在地监管部门检查项目包括但不限于上述项目。经营许可或者备案、监督检查等监管信息及时通报共享，必要时，可以开展延伸检查或者联合检查。
采购、收货与验收	※6.53.1	企业在与医疗器械注册人、备案人或者经营企业首次发生采购前，应当获取加盖供货者公章的相关资料复印件或者扫描件，进行资质的合法性审核并建立供货者档案，内容至少包括： （一）营业执照； （二）医疗器械注册人、备案人证明文件及受托医疗器械生产厂家的生产许可证或者备案凭证，或者医疗器械经营企业的经营许可证或备案凭证； （三）载明授权销售的品种、地域、期限、销售人员身份证件号码的授权书，以及销售人员身份证件复印件； （四）随货同行单样式（含企业样章或者出库样章）。 **查看企业医疗器械供货者资质审核制度。抽查企业供货者档案是否包括上述要求内容，重点查看企业是否对首营供货者资质进行合法性审核并记录，审核日期是否在首次发生采购前，是否包括随货同行单样式（含企业样章或者出库样章），获取的相关资料复印件或者扫描件是否加盖供货者具有法律效力的公章或者签名等，供货者资质是否及时更新。对委托销售的，查看委托销售合同、受托销售企业医疗器械经营许可或者备案凭证等。**
	6.53.2	必要时，企业可以派员对供货者进行现场核查，对供货者质量管理情况进行评价。企业发现供货者存在违法违规经营行为时，应当及时向企业所在地市县级药品监督管理部门报告。 **查看企业对供货者审核的规定，是否包括上述要求内容。对于"供货者审核规定"中列出的需派员现场核查情形，查看企业现场核查记录，是否有对供货者质量管理情况进行评价。企业发现供货者存在违法违规经营行为时，是否有向企业所在地市县级药品监督管理部门报告，查看相关记录。**

相关文件

章节	条款	内容
	6.54	企业在首次采购医疗器械前，应当获取加盖供货者公章的医疗器械产品的相关资料复印件或者扫描件，进行资质的合法性审核并建立产品档案，内容至少包括： （一）医疗器械注册证或者备案凭证； （二）医疗器械标签样稿或者图片； （三）医疗器械唯一标识产品标识（若有）。 **查看企业是否建立并执行医疗器械供货者和产品资质审核制度。查看首次采购的产品是否建立产品档案，产品档案是否包括上述要求内容。查看首营产品资质审核记录，查看是否对首次从供货者购进的产品的资质进行合法性审核并记录，审核日期是否在首次采购医疗器械前，产品的相关资料复印件或者扫描件是否加盖供货者公章。**
	6.55	企业应当与供货者签订采购合同或者协议，采购合同、协议或者采购订单中，应当明确采购医疗器械的名称、型号、规格、医疗器械注册人或者备案人名称、医疗器械注册证编号或者备案编号，数量、单价、金额、供货者等内容。 **查看企业是否与供货者签订采购合同或者协议。查看企业采购合同、协议或者采购订单是否包括上述规定的内容。**
	6.56	企业应当在采购合同或者协议中与供货者约定质量责任和售后服务责任，以保证医疗器械售后的安全使用。 **查看采购合同或者协议中是否与供货者约定质量责任和售后服务责任。**
采购、收货与验收	※6.57.1	企业不得采购未依法注册或者备案、无合格证明文件以及过期、失效、淘汰的医疗器械。 **查看采购记录，是否采购未依法注册或者备案、无合格证明文件以及过期、失效、淘汰的医疗器械，采购记录的具体内容，是否与实际产品一致。抽查企业经营的医疗器械，检查是否存在禁止采购的情况。**
	※6.57.2	不得进口过期、失效、淘汰等已使用过的医疗器械。 **查看企业经营的进口医疗器械采购记录和相关进货查验、销售记录，抽查是否有进口过期、失效、淘汰等已使用过的医疗器械的情况。**
	※6.58	企业在采购医疗器械时，应当建立采购记录。记录应当包括：医疗器械的名称、型号、规格、医疗器械注册人或者备案人名称、医疗器械注册证编号或者备案编号，单位、数量、单价、金额、供货者、购货日期等。 **抽查企业是否按照采购管理制度建立并做好采购记录，记录是否包含上述规定的内容。**
	6.59.1	发生灾情、疫情、突发事件、临床紧急救治等特殊情况，或者仅经营第三十七条中的大型医用设备以及其他符合国家有关规定的情形，企业在保证医疗器械购销渠道安全和产品质量可追溯的前提下，可采用直调方式购销医疗器械，将已采购的医疗器械不入本企业仓库，直接从供货者发送到购货者。 **查看企业直调管理制度，抽查直调产品的记录，查看是否符合发生灾情、疫情、突发事件、临床紧急救治等特殊情况，或者直调产品为《医疗器械经营质量管理规范》第三十七条规定的磁共振成像设备、X射线计算机体层摄影设备、放射治疗设备等大型医用设备，以及其他符合国家有关规定的情形。**
	6.59.2	企业应当加强直调方式购销医疗器械的质量管理，应当在购销前对供货者、购货者以及医疗器械产品的资质合法性进行审核，并建立专门的直调医疗器械采购记录，保证有效的质量跟踪和追溯。 **企业存在直调方式购销医疗器械的，查看企业是否建立专门的直调医疗器械采购记录，记录是否满足质量跟踪和追溯的要求。查看企业是否有在购销前对供货者、购货者以及医疗器械产品的资质合法性进行审核并做好记录，保证有效追踪医疗器械质量。**

章节	条款	内容
	6.60	企业收货人员在接收医疗器械时，应当核实运输方式以及到货产品是否符合要求，并对照相关采购记录和随货同行单据与到货的医疗器械进行核对。对符合要求的产品，交货和收货双方应当对交运情况当场签字确认。对不符合要求的产品，应当采取拒收或者其他方式有效隔离，并立即报告质量管理机构或者质量管理人员。 　　**查看企业是否按规定进行收货，交货和收货双方是否签字确认并保留相关记录。对不符合要求的产品，查看是否采取拒收或者其他方式有效隔离，并立即报告质量管理机构或者质量管理人员。**
	6.61	企业应当妥善保存随货同行原始单据与资料，确保供货者以及供货信息可追溯。鼓励企业采用电子文件方式留存收货过程的运单、随货同行单据等资料。 　　**查看进货查验记录、随货同行单据，抽查接收的随货同行单据是否与登记的采购记录一致。**
	6.62	收货人员对符合收货要求的医疗器械，应当按质量特性要求放于相应待验区域，或者设置状态标示，并通知验收人员进行验收。 　　**查看企业收货管理制度或者规程，抽查相关记录。符合收货要求的医疗器械，是否放于相应待验区域，或者设置待验状态标示。**
	6.63	需要冷藏、冷冻管理的医疗器械收货时，应当核实运输方式、到货以及在途温度、启运时间和到货时间并做好记录，符合要求的，应当及时移入符合温控要求的待验区。 　　**抽查收货相关记录，确认企业是否按规定进行收货并保留相关记录。** 　　**检查待验区，冷藏、冷冻管理的产品是否及时移入符合温控要求的待验区。**
采购、收货与验收	※6.64	验收人员应当对医疗器械的外观、包装、标签以及合格证明文件等进行检查、核对，并做好进货查验记录。 　　**抽查进货查验记录，确认企业是否按规定进行货物验收并保留相关记录。**
	6.65.1	进货查验记录应当包括： 　　（一）医疗器械的名称、型号、规格、数量； 　　（二）医疗器械注册证编号或者备案编号； 　　（三）医疗器械注册人、备案人和受托生产企业名称、生产许可证号或者备案编号； 　　（四）医疗器械的生产批号或者序列号、使用期限或者失效日期、购货日期等； 　　（五）供货者的名称、地址以及联系方式； 　　（六）验收结论、验收合格数量、验收人员、验收日期； 　　（七）医疗器械唯一标识（若有）。 　　**抽查进货查验记录，确认企业进货查验记录是否包含以上规定内容。**
	6.65.2	验收不合格的，还应当注明不合格事项及处置措施。 　　**抽查相关验收记录，确认企业是否按规定对验收不合格进行处置并保留相关记录，记录信息是否准确、完整。**
	6.66.1	企业按本规范第五十九条规定进行医疗器械直调购销的，应当由验收人员或者委托的验收人员进行医疗器械验收。直调验收应当严格按照本规范的要求验收医疗器械，验收完成当日，验收人员应当将进货查验记录相关信息传递给直调企业。 　　**抽查直调产品的进货查验记录，是否由本单位验收人员或者委托验收人员进行医疗器械验收，记录是否符合要求。查看验收人员在进货查验当日将记录相关信息传递给直调企业的相关证明材料。**

相关文件

章节	条款	内容
采购、收货与验收	6.66.2	企业应当建立专门的直调医疗器械进货查验记录，除满足进货查验记录内容以外，还应当记录验收地点、验收人员信息，直调医疗器械进货查验记录应当真实、准确、完整和可追溯。 　　**查看有直调行为的企业是否建立直调医疗器械进货查验记录，记录是否真实、准确、完整和可追溯，必要时与票据、收款凭证等财务信息核对其真实性。**
	※6.67.1	对需要冷藏、冷冻管理的医疗器械进行验收时，应当对其运输方式及运输过程的温度记录、运输时间、到货温度以及外观、包装、标签等质量状况进行重点检查并记录； 　　**查看企业冷藏、冷冻管理的医疗器械验收相关记录，确认企业是否按规定进行管理并保留相关记录。**
	※6.67.2	对销售后退回的需要冷藏、冷冻管理的医疗器械，还应当核实售出期间的温度记录，不符合温度要求的应当拒收。 　　**企业如有销售后退回的需冷藏、冷冻管理的医疗器械，查看企业能否提供购货者出具的售出期间的温度记录，核实售出期间的温度记录是否符合温度要求。有不符合温度要求的，查看是否有拒收或者按不合格品管理。**
	6.67.3	验收不合格的，应当注明不合格事项及处置措施。 　　**查看验收不合格记录，确认企业是否按规定对验收不合格事项进行处置并保留相关记录，记录信息是否准确、完整。**
	6.68	企业委托专门提供医疗器械运输、贮存服务的企业进行收货和验收时，应当对受托方进行必要的质量监督。 　　委托方应当与受托方签订书面协议，明确双方质量责任和义务，并按照协议承担和履行相应的质量责任和义务。 　　**企业委托专门提供医疗器械运输、贮存服务的企业进行收货和验收的，查看企业签订的委托贮存、配送服务协议是否明确双方质量责任和义务，抽查相关业务记录，确认企业是否按照协议规定对受托方进行必要的质量监督的记录。**
入库、贮存与检查	7.69	企业应当建立入库记录，验收合格的医疗器械应当及时入库登记；验收不合格的，应当注明不合格事项，并放置在不合格品区，按照有关规定采取退货、销毁等处置措施。 　　**查看企业出入库管理及不合格医疗器械管理的相关制度，确认企业是否按照规定执行。抽查入库、验收记录及不合格产品处置记录，确认企业是否按规定实施入库、验收和不合格品处置。现场检查库房是否建立不合格品区，不合格品是否按规定放置。**
	7.70	入库记录应当包括： 　　（一）医疗器械的名称、型号、规格、数量； 　　（二）医疗器械注册证编号或者备案编号； 　　（三）医疗器械注册人、备案人和受托生产企业名称、生产许可证号或者备案编号； 　　（四）医疗器械的生产批号或者序列号、使用期限或者失效日期、入库日期； 　　（五）医疗器械唯一标识（若有）。 　　**抽查入库记录，确认入库记录是否包含以上内容，记录是否真实、准确、完整、可追溯。**

章节	条款	内容
入库、贮存与检查	7.71	企业应当根据医疗器械的质量特性进行合理贮存，并符合下列要求： （一）按照医疗器械说明书或者标签标示的贮存要求贮存； （二）冷库贮存时，应当根据冷库验证报告确定合理的贮存区域，制冷机组出风口应当避免遮挡； （三）应当按照要求采取避光、通风、防潮、防虫、防鼠等措施； （四）搬运、堆垛、放置医疗器械时，应当按照包装标示要求规范操作，堆垛高度、放置方向等应当符合包装图示要求；应当按照货架、托盘承重范围等要求妥善存放，避免损坏医疗器械； （五）按照医疗器械的贮存要求分库（区）存放，医疗器械与非医疗器械应当分开存放；组合销售的医疗器械和非医疗器械可以不分开贮存；在实施自动化操作的自动化仓库中，医疗器械与非医疗器械可以按货位分开存放； （六）医疗器械应当按照品种、规格、型号分开存放；医疗器械与库房地面、内墙、顶、灯、温度调控设备及管道等设施间保留有足够空隙； （七）贮存医疗器械的货架、托盘等设施设备应当保持清洁，无破损； （八）非作业区工作人员未经批准不得进入贮存作业区，贮存作业区内的工作人员不得有影响医疗器械质量安全的行为； （九）医疗器械贮存作业区内不得存放与贮存管理无关的物品。 **查看企业库房贮存的医疗器械，确认企业是否按照规定对医疗器械进行合理贮存。**
	7.72	从事专门提供医疗器械运输、贮存服务的企业，应当通过计算机信息系统有效区分其自营、受托，以及不同委托方的医疗器械。 **查看从事专门提供医疗器械运输、贮存服务的企业的计算机信息系统是否能有效区分其自营、受托，以及不同委托方的医疗器械。抽查自营、受托，以及不同委托方的医疗器械在计算机信息系统中的货位是否与实际货位相符。**
	7.73	企业应当根据库房条件、外部环境、产品有效期要求等，对医疗器械进行定期检查，建立在库检查记录。 **查看企业是否建立在库检查记录，是否进行定期检查。**
	7.74.1	在库检查记录应当包括： （一）检查医疗器械合理贮存与作业流程； （二）检查并改善贮存条件、防护措施、卫生环境； （三）对温湿度监控系统、冷库温湿度自动报警装置进行检查、保养； （四）未采用温湿度监测系统进行自动监测的，应当每天上、下午各不少于1次对库房温湿度进行监测记录； （五）对库存医疗器械的外观、包装、有效期等质量状况进行检查。 **查看企业在库检查记录，确认记录是否包括上述要求内容，记录是否真实、准确、完整、可追溯。**
	※7.74.2	发现存在质量疑问的医疗器械，应当立即进行质量隐患产品隔离并标示，防止其销售出库，并及时通知质量管理机构进行质量判定与处理。 **查看企业存在质量疑问医疗器械处置的相关记录是否按上述要求内容处置。**
	7.75.1	零售企业应当定期对零售陈列、自动售械机陈列、存放的医疗器械进行检查，重点检查拆零医疗器械和近效期医疗器械。 **查看零售企业（包括自动售械机）定期检查制度，抽查定期检查记录。查看零售场所陈列、自动售械机陈列、存放的医疗器械情况、拆零、近效期产品情况。**

章节	条款	内容
入库、贮存与检查	7.75.2	发现有质量疑问的，应当及时撤柜、停止销售，由质量管理人员确认和处理，并保留相关记录。 **查看零售企业、自动售械机医疗器械陈列情况、拆零、近有效期产品情况及相关记录，查看有质量疑问产品处置记录，是否及时撤柜、停止销售，并由质量管理人员确认和处理。**
	7.76.1	企业应当对库存医疗器械有效期进行跟踪和控制，采取近效期预警措施。 **查看企业是否执行医疗器械效期管理制度，相关管控措施是否健全，记录是否完整。**
	※7.76.2	超过有效期的医疗器械应当及时放置到不合格品区进行隔离，按照相关制度采取销毁、退货等处置措施，并保存相关记录。 **查看企业效期管理制度文件及超过有效期医疗器械处置相关记录，确认企业是否按规定对库存医疗器械的有效期进行管理并对超过有效期的医疗器械按规定及时处置。抽查经营的产品，检查是否存在超过有效期，未及时识别情况，或已识别但未放置到不合格品区进行隔离的情况。**
	7.77	企业应当定期对库存医疗器械进行盘点，核对库存医疗器械的名称、规格、型号、生产批号或者序列号、有效期、数量等，发现质量及数量问题应当及时查明原因并做好记录，保证账、货相符。 **查看企业是否建立医疗器械盘点记录，记录是否包括上述要求内容，是否账、货相符；抽查有质量、数量问题的盘点记录是否按上述要求处理。**
第八章 销售、出库与运输	8.78	企业应当加强对销售人员的培训和管理，对销售人员以本企业名义从事的医疗器械购销行为承担法律责任。 企业销售人员销售医疗器械，应当提供加盖本企业公章的授权书。授权书应当载明授权销售的品种、地域、期限，并注明销售人员的身份证件号码。 **查看企业人员名册，确认企业办事机构或者销售人员名单。抽查销售人员培训档案，核实培训内容是否涵盖办事机构或者销售人员以本企业名义从事的医疗器械购销行为承担法律责任。抽查医疗器械销售人员授权书，确认销售授权书是否载明授权销售的品种、地域、期限并注明销售人员的身份证件号码，销售人员授权书是否加盖本企业公章，并按要求存档保存。**
	8.79	医疗器械注册人、备案人委托销售的，应当委托符合条件的医疗器械经营企业，签订委托协议明确双方的权利和义务，并加强对经营企业的培训和管理。 **查看被委托的经营企业许可（备案）资质及证明文件，确认经营范围、经营方式等是否符合规定。医疗器械注册人、备案人与被委托的经营企业签订委托协议是否明确双方的权利和义务。抽查医疗器械注册人、备案人的培训和管理记录，确认医疗器械注册人、备案人是否按规定对被委托的经营企业进行相关培训和管理，并保留相关记录。**
	※8.80	企业不得销售未依法注册或者备案、无合格证明文件以及过期、失效、淘汰的医疗器械。 **抽查企业在售（含贮存）的医疗器械产品，以及进货查验记录、随货同行单、销售记录、销售凭据等，查看是否存在销售未依法注册或者备案，无合格证明文件以及过期、失效、淘汰的医疗器械。**

章节	条款	内容
	8.81	从事第二类、第三类医疗器械批发业务的企业，应当将医疗器械销售给医疗器械生产企业、医疗器械经营企业、医疗器械使用单位或者其他有合理使用需求的单位。向其他有合理使用需求的单位销售医疗器械，销售前应当索取购货者对所采购医疗器械的使用需求说明。 抽查从事第二类、第三类医疗器械批发业务的企业销售记录和购货者档案，确认购货者是否为医疗器械生产企业、医疗器械经营企业、医疗器械使用单位或者其他有合理使用需求的单位。如购货者为其他有合理使用需求的单位时，检查其使用需求说明，确认使用需求说明是否合理。
	※8.82	从事第二类、第三类医疗器械批发业务的企业，在首次发生销售前，应当获取购货者相关资料复印件或者扫描件，对购货者的证明文件、经营范围进行核实，并建立购货者档案，保证医疗器械销售流向真实、准确、完整和可追溯。 查看企业购货者资格审核制度，抽查企业购货者档案及销售记录，确认企业在首次发生销售前，是否获取购货者的相关资料复印件、扫描件或者电子证照，对购货者的证明文件是否齐全、是否加盖购货者公章、证明文件有效期限和经营范围是否符合要求等进行核实，确认记录是否真实、合法、准确、完整和可追溯。
第八章 销售、出库与运输	※8.83	从事第二类、第三类医疗器械批发业务以及第三类医疗器械零售业务的经营企业，应当实施销售记录制度。 查看第二类、第三类医疗器械批发以及第三类医疗器械零售企业是否建立销售记录制度，制度内容是否符合法律、法规、规章、规范性文件要求。
	※8.84	销售记录应当包括： （一）医疗器械的名称、型号、规格、注册证编号或者备案编号、数量、单价、金额； （二）医疗器械的生产批号或者序列号、使用期限或者失效日期、销售日期； （三）医疗器械注册人、备案人和受托生产企业名称、生产许可证编号或者备案编号。 从事第二类、第三类医疗器械批发业务的企业，销售记录还应当包括购货者的名称、收货地址、联系方式、相关许可证明文件编号或者备案编号等。 查看企业销售记录，确认销售记录项目是否包括上述要求。
	8.85	企业按本规范第五十九条规定进行医疗器械直调购销的，应当建立专门的直调医疗器械销售记录。 查看企业的销售记录，有直调购销的，确认企业是否建立专门的直调医疗器械销售记录，直调原因是否符合发生灾情、疫情、突发事件、临床紧急救治等特殊情况，或者仅经营第三十七条中的大型医用设备以及其他符合国家有关规定的情形。
	8.86	从事医疗器械零售业务的企业，应当给消费者开具销售凭据，记录医疗器械的名称、型号、规格、医疗器械注册人、备案人和受托生产企业名称、注册证编号或者备案编号、生产批号或者序列号、数量、单价、金额、零售企业名称、经营地址、电话、销售日期等，以方便进行质量追溯。 对从事医疗器械零售业务的企业，查看企业进货查验记录、销售凭据存根和产品库存数量是否相符，确认企业是否按规定开具销售凭据。查看医疗器械零售企业留存的销售凭据，销售凭据是否包括上述要求内容。

相关文件

章节	条款	内容
第八章 销售、出库与运输	※8.87.1	医疗器械出库前，企业应当进行出库复核，并建立出库复核记录。 **抽查企业出库复核记录，确认企业是否按上述要求开展医疗器械出库复核工作。**
	※8.87.2	发现有下列情况之一的不得出库，并报告质量管理机构或者质量管理人员处理： （一）医疗器械包装出现破损、污染、封口不牢、封条损坏等问题； （二）标签脱落、字迹模糊不清或者标示内容与实物不符； （三）医疗器械超过有效期； （四）存在其他异常情况的。 **查看企业是否发现存在不得出库的情况。对存在不得出库情形的，是否有质量管理机构或者质量管理人员的处理意见及处理结果，是否按照出库相关制度妥善处置。**
	8.88	出库复核记录应当包括：医疗器械的名称、型号、规格、医疗器械注册人、备案人和受托生产企业名称，注册证编号或者备案编号，生产批号或者序列号、使用期限或者失效日期、单位、数量，购货者、出库日期、医疗器械唯一标识（若有）等内容。 **查看企业出库复核记录，确认记录是否包括上述要求内容。**
	8.89	需要医疗机构选配后方可确认销售的医疗器械，企业应当加强出库前的质量复核，符合产品质量安全要求方可出库，并留存出库质量复核记录。医疗机构临床选择确认后，应当及时建立销售记录。 **需要医疗机构选配后方可确认销售的医疗器械，查看企业是否加强出库前的质量复核，查看出库质量复核记录及销售记录是否完整、准确、真实、可追溯，查看经医疗机构临床选择确认后是否及时建立销售记录，确认销售记录是否与产品出库复核记录信息一致。**
	8.90	医疗机构选配后未使用的退回产品，按照本规范第一百零六条、一百零七条进行相关管理。企业应当加强过程质量记录管理，确保医疗机构选配销售产品的出库质量复核记录、销售记录、退货记录信息真实、准确、完整和可追溯。 **查看企业退货管理相关制度，确认企业是否能保证退回医疗器械的质量和安全，防止混入不符合法定要求的医疗器械。抽查出库质量复核记录、销售记录、退货记录，确认企业是否加强过程质量记录管理，记录信息是否真实、准确、完整和可追溯。**
	8.91	从事医疗器械批发业务的企业，在医疗器械出库时应当附随货同行单，并加盖本企业或者委托的专门提供医疗器械运输、贮存服务企业的出库印章。 **查看医疗器械批发企业或者委托专门提供医疗器械运输、贮存服务企业的出库随货同行单存根，确认企业在出库时是否随货附带随货同行单并符合上述加盖印章的要求。**
	8.92	随货同行单内容应当包括： （一）供货企业名称； （二）医疗器械注册人、备案人和受托生产企业名称； （三）医疗器械的名称、型号、规格、注册证编号或者备案编号； （四）医疗器械的生产批号或者序列号、使用期限或者失效日期、数量； （五）医疗器械运输及贮存条件； （六）专门提供医疗器械运输、贮存服务的企业名称（若有）； （七）收货单位名称、收货地址、联系方式、发货日期等。 **查看企业的随货同行单是否包括上述内容，相关内容是否完整、准确。**

章节	条款	内容
	8.93	企业按照本规范第五十九条规定进行医疗器械直调购销的,直调医疗器械出库时供货者应当开具两份随货同行单,分别发往直调企业和购货者。直调随货同行单应当有明显的直调标识,并标明直调企业名称、直调原因。 **查看直调医疗器械随货同行单存根,确认是否分别发往直调企业和购货者,并有明显的直调标识,标明直调企业名称、直调原因等。**
	8.94	医疗器械拼箱发货的代用包装箱应当有醒目的拼箱标识。 **查看企业相关规定及拼箱发货包装箱标识,确定企业规定是否明确上述要求,拼箱发货标识内容是否清晰、醒目易分辨。**
第八章 销售、出库与运输	8.95	需要冷藏、冷冻管理的医疗器械装箱、装车作业时,应当由专人负责,并符合下列要求: (一)车载冷藏冷冻箱或者保温箱在使用前应当达到相应的温度要求; (二)包装、装箱、封箱工作应当在符合医疗器械说明书或者标签标示的温度范围内的环境下完成; (三)装车前应当检查冷藏车辆的启动、运行状态,达到规定温度后方可装车。 **查看企业装箱、装车相关工作程序及人员名册、岗位说明或者岗位职责等文件资料,确认是否由专人负责需要冷藏、冷冻管理的医疗器械装箱、装车作业。** **查看企业是否在出库或者运输等环节工作程序文件中,明确上述作业要求并做好相关工作记录。**
	8.96	企业应当按照相关制度以及运输操作规程要求进行医疗器械运输,选择合理的运输工具及运输路线,做好运输过程的产品防护,确保运输过程医疗器械产品的质量安全,并做好运输记录。 运输记录应当包括:收货单位名称、地址、联系方式、运输方式,医疗器械名称、型号、规格、医疗器械注册证编号或者备案编号、生产批号或者序列号、单位、数量、发货日期等内容。委托运输时还应当记录承运单位名称和运单号,自行运输时应当记录运输车辆车牌号和运输人员。 **查看企业运输相关制度以及运输操作规程,通过相关岗位人员实际操作确认其符合运输相关制度以及运输操作规程。抽查运输记录,确保运输记录应包含上述内容。其中涉及委托运输的企业,查看委托运输记录是否包含承运单位名称和运单号。企业自行运输的,查看运输记录是否包括运输车辆车牌号和运输人员。**
	8.97	运输需要冷藏、冷冻管理的医疗器械,应当根据运输的产品数量、距离、时间以及温度要求、外部环境温度等情况,选择合理的运输工具和温控方式,确保运输过程中温度控制符合要求。 冷藏车、车载冷藏冷冻箱、保温箱应当符合医疗器械运输过程中对温度控制的要求。 **查看企业冷链运输工具验证控制文件,确认其冷藏车、车载冷藏冷冻箱、保温箱等能够满足医疗器械运输过程中对温度控制的要求。查看冷链运输记录,确认所选择的运输工具和温控方式能满足医疗器械运输过程中温度控制要求。** **查看冷藏车辆及相关设备校准报告、验证报告、操作规程等文件,并现场检查冷藏车辆及相关设备,必要时进行测试,确认冷藏车辆及相关设备是否符合医疗器械运输过程中对温度控制的要求,是否具有显示温度、控制温度、报警、存储和读取温度监测数据的功能。**

相关文件

章节	条款	内容
第八章 销售、出库与运输	8.98	企业可以委托其他具备质量保障能力的承运单位运输医疗器械，应当签订委托运输质量保证协议，并定期对承运单位运输医疗器械的质量保障能力进行考核评估，确保运输过程的质量安全。 　　委托运输质量保证协议应当包括：运输过程中的质量责任、运输操作规程、在途时限、温度控制、签收和回执要求等。 　　**查看企业委托运输考核评估记录，确认企业是否对承运单位运输医疗器械的质量保障能力进行定期充分的考核评估并保留相关记录。委托其他单位运输医疗器械的，重点查看企业委托运输质量保证协议，确认委托运输质量保证协议是否包括：运输过程中的质量责任、运输操作规程、在途时限、温度控制、签收和回执要求等内容，确保运输过程中的质量安全。已开展经营活动的，抽查相关运输签收等记录，确认企业是否按协议实施质量管理。**
	8.99	企业应当制定需要冷藏、冷冻管理的医疗器械在贮存、运输过程中温度控制的应急预案，并对应急预案进行定期演练。对贮存、运输过程中出现的断电、异常气候、设备故障、交通事故等意外或者紧急情况能够及时采取有效的应对措施，防止因异常突发情况造成的温度失控。 　　**查看企业的应急预案及应急预案定期演练记录，确认企业是否已制定冷藏、冷冻管理的医疗器械在贮存、运输过程中温度控制的应急预案，确认企业对贮存、运输过程中出现的断电、异常气候、设备故障、交通事故等意外或者紧急情况能够及时采取有效的应对措施，防止因异常突发情况造成的温度失控。**
售后服务	9.100	企业应当按照与供货者在采购合同或者协议中约定的质量责任和售后服务责任，以及与购货者约定的质量责任和售后服务责任，提供相应的售后服务。 　　**查看企业售后服务相关制度及其人员岗位说明或者岗位职责。查看售后服务相关记录，确认企业是否履行采购合同或者协议中与供货者约定的质量责任和售后服务责任，以及与购货者约定的质量责任和售后服务责任，以保证医疗器械售后的安全使用。**
	9.101	企业自行为客户提供安装、维修、技术培训等售后技术服务的，应当设置售后服务部门或者配备售后服务技术人员，具备与所经营的医疗器械产品以及规模相适应的售后服务能力。 　　**查看企业售后服务的办公条件、人员名册及岗位说明或者岗位职责权限相关文件，确认企业是否按要求设置从事售后技术服务的部门或者人员。**
	9.102	企业与供货者约定由供货者负责产品安装、维修、技术培训服务等售后技术服务的，或者由约定的第三方机构提供技术支持的，企业可以不设置售后服务部门和售后服务技术人员，但应当配备相应的售后服务管理人员。 　　**查看企业与供货者签订的协议或者合同，确认企业是否与供货者约定由供货者负责产品安装、维修、技术培训服务或者由约定的第三方机构提供技术支持。重点查看企业售后服务管理规定、人员名册及岗位说明或者岗位职责权限相关文件，确认企业是否配备相应的售后服务管理人员。**

章节	条款	内容
	9.103	企业使用第三方机构提供售后服务支持的，应当选择具备质量保障能力的服务机构，签订质量保证书面协议，约定双方质量责任和义务，明确售后服务的服务范围与质量管理要求。企业应当定期对服务机构的质量保障能力进行考核评估，确保售后服务过程的质量安全与可追溯。 **企业使用第三方机构提供售后服务支持的，查看企业能否提供第三方机构具备质量保证能力的证明材料，是否与第三方机构签订质量保证书面协议，协议是否约定双方质量责任和义务，是否明确售后服务的服务范围与质量管理要求。已开展相关售后服务活动的，抽查相关记录，确认企业是否按协议实施售后服务活动。查看企业对服务机构的质量保障能力的评估记录，确认企业是否定期对第三方机构的质量保障能力进行充分的考核评估。**
	9.104	企业应当按照质量管理制度的要求，制定售后服务管理操作规程，内容包括投诉渠道及方式、档案记录、调查与评估、处理措施、反馈和事后跟踪等。企业应当及时将售后服务处理结果等信息记入档案，以便查询和跟踪。 **查看企业售后服务制度和相关记录，确认企业是否按规定开展售后服务，记录信息是否准确、完整。**
售后服务	9.105	企业应当配备专职或者兼职的售后服务管理人员，对客户投诉的质量安全问题查明原因，采取有效措施及时处理和反馈，并做好记录，及时通知医疗器械注册人、备案人和供货者。 **查看企业客户投诉管理规定、人员名册及岗位说明或者岗位职责权限相关文件，确认企业是否配备专职或者兼职的售后服务管理人员负责客户投诉相关工作。抽查相关客户投诉记录，确认企业是否已对客户投诉的质量安全问题查明原因、采取有效措施并及时通知医疗器械注册人、备案人和供货者。**
	※9.106	企业应当加强对退货产品的管理，防止混入不符合法定要求的医疗器械。退货医疗器械应当经过验收人员质量查验，并生成退货记录。对质量查验不合格的，应当注明不合格事项及处置措施，并放置在不合格品区，按照有关规定采取退货、销毁等处置措施。 **查看企业退货管理相关制度，确认企业是否能保证退货环节医疗器械的质量安全，防止混入不符合法定要求的医疗器械。抽查退货相关记录，确认企业退货是否经过验收人员质量查验，重点抽查退货验收不合格记录，确认企业是否按规定对验收不合格产品进行合理处置并保留相关记录，记录信息是否准确、完整。**
	9.107	退货记录应当包括：退货日期、原出库单号、退货单位名称，医疗器械名称、型号、规格、医疗器械注册人、备案人和受托生产企业名称、注册证编号或者备案编号、运输及贮存条件，生产批号或者序列号、使用期限或者失效日期，医疗器械唯一标识（若有）、退货原因、产品质量状态、退货数量、验收人员等内容。 **抽查退货记录，确认企业退货记录信息是否准确、完整。**
	9.108	从事医疗器械零售业务的，企业应当在营业场所公布售后服务电话，设置顾客意见簿，及时处理顾客医疗器械质量安全投诉。 **查看从事零售业务的企业是否在营业场所公布售后服务电话，设置顾客意见簿。查看顾客意见簿记录的顾客投诉及其处置记录，确认企业是否及时处理顾客对医疗器械质量安全的投诉。**

相关文件

893

章节	条款	内容
售后服务	9.109	企业应当配备专职或者兼职人员，协助医疗器械注册人、备案人对所经营的医疗器械开展不良事件监测，按照国家药品监督管理部门的规定，向医疗器械注册人、备案人以及医疗器械不良事件监测技术机构报告。对相关部门开展的不良事件调查应当予以配合。 **查看企业人员名册及岗位说明或者岗位职责文件，确认是否配备专职或者兼职人员按照国家有关规定开展医疗器械不良事件监测，并向医疗器械注册人、备案人以及医疗器械不良事件监测技术机构报告，是否对相关部门开展的不良事件调查予以配合。**
	※9.110	企业发现其经营的医疗器械有严重质量安全问题，或者不符合强制性标准、不符合经注册或者备案的医疗器械产品技术要求的，应当立即停止经营，通知相关医疗器械注册人、备案人、生产经营企业、使用单位、购货者，记录停止经营和通知情况，并立即向企业所在地市县级药品监督管理部门报告。 **抽查相关记录，确认企业是否按上述要求实施。**
	9.111	企业应当协助医疗器械注册人、备案人履行召回义务，按照召回计划的要求及时传达、反馈医疗器械召回信息，控制和收回存在质量安全隐患的医疗器械，并建立医疗器械召回记录。 **查看企业召回管理制度和相关记录，确认企业是否按上述要求实施。**

备注：

（1）本指导原则条款编号规则为：X1.X2.X3，其中 X1 为《医疗器械经营质量管理规范》中章的顺序号；X2 为条的顺序号；X3 为同一条内细化款的顺序号。

（2）标识"※"的项目为关键项目，未标识"※"的项目为一般项目。如"※2.7.2"表示第二章、第七条、第二款检查内容及检查要点，此项目为关键项目。

附：1. 医疗器械经营质量管理规范现场检查表
　　2. 医疗器械经营质量管理规范现场检查报告

附 1

医疗器械经营质量管理规范现场检查表

企业名称	
统一社会信用代码	
法定代表人	
经营场所	
库房地址	
经营方式	□批发　　　□零售　　　□批零兼营　　□为医疗器械注册人、备案人和经营企业专门提供运输、贮存服务
检查日期	＿＿＿＿年＿＿月＿＿日
检查内容	□全项目检查　　　□非全项目检查
检查类型	□首次许可　　　□变更许可　　　□延续许可　　　□其他 □首次备案　　　□变更备案　　　□其他 □监督检查 □限期整改后复查
检查依据	□医疗器械经营质量管理规范 □其他

不符合项目	序号	不符合项条款号 （关键项目前加※）	不符合项描述
	确认的合理缺项：关键项目＿＿＿项，一般项目＿＿＿＿项。 不符合项：关键项目＿＿＿项，一般项目＿＿＿＿项。 不符合项占比：关键项目不符合要求的项目数比例＿＿＿%。 　　　　　　　一般项目不符合要求的项目数比例＿＿＿%。		

检查组成员签字	组员			
	组长		观察员	

经营企业确认 检查结果	经营企业负责人签字（公章） 年　　月　　日
备注	

相关文件

895

附2

医疗器械经营质量管理规范现场检查报告

一、检查组对企业实施《医疗器械经营质量管理规范》的评价意见
二、检查组建议
□通过检查　　　　□未通过检查 □限期整改：应在_____年___月___日前完成整改 □其他：
三、检查组成员签字
组长：   组员：   检查日期：

国家药监局综合司关于印发《医疗器械经营质量管理规范

附录：专门提供医疗器械运输贮存服务的企业质量

管理现场检查指导原则》的通知

药监综械管〔2023〕44 号

各省、自治区、直辖市和新疆生产建设兵团药品监督管理局：

为强化医疗器械经营质量监督管理，规范和指导专门提供医疗器械运输贮存服务企业的现场检查，根据《医疗器械经营质量管理规范》及《医疗器械经营质量管理规范附录：专门提供医疗器械运输贮存服务的企业质量管理》（以下简称《规范附录》），国家药监局组织制定了《医疗器械经营质量管理规范附录：专门提供医疗器械运输贮存服务的企业质量管理现场检查指导原则》（以下简称《指导原则》），现印发你们，请遵照执行。

该《指导原则》适用于药品监督管理部门对专门提供医疗器械运输贮存服务的企业经营许可（含变更和延续）或者经营备案后的现场核查，以及对该类企业日常监督检查。检查时，应当按照《指导原则》的检查项目和所对应的重点检查内容，对企业实施《规范附录》情况进行检查。专门提供医疗器械运输贮存服务的企业可根据其经营范围、经营品种等特点，确定合理缺项项目，并书面说明理由，由检查组予以确认。

在对专门提供医疗器械运输贮存服务的企业经营许可（含变更和延续）的现场核查中，企业适用项目全部符合要求或者能够当场整改完成的，检查结果则为"通过检查"。关键项目全部符合要求，一般项目中不符合要求的项目数小于等于10%的，检查结果为"限期整改"，企业应当在现场检查结束后30天内完成整改，并一次性提交整改报告，经复查整改项目全部符合要求的，药品监督管理部门作出准予许可的书面决定。企业若有关键项目不符合要求或者一般项目中不符合要求的项目数大于10%的，检查结果则为"未通过检查"；以及检查结果为"限期整改"的，企业在30天内未能提交整改报告或者经复查仍存在不符合要求项目的，药品监督管理部门作出不予许可的书面决定。

本《指导原则》所指的一般项目中不符合要求的项目数比例等于一般项目中不符合要求的项目数除以一般项目数总数减去一般项目中确认的合理缺项项目数再乘以100%。

在对专门提供医疗器械运输贮存服务的企业的日常监督检查和经营备案后的现场检查中，企业适用项目全部符合要求或者能够当场整改完成的，检查结果为"通过检查"。有项目不符合要求的，检查结果为"限期整改"。

检查中发现企业违反《医疗器械监督管理条例》《医疗器械经营监督管理办法》有关规定的，应当依法依规处置。

国家药监局综合司

2023 年 5 月 17 日

相关文件

医疗器械经营质量管理规范附录：专门提供医疗器械运输贮存服务的企业质量管理现场检查指导原则

章节	条款	内容
	2.5	专门提供医疗器械运输、贮存服务的企业应当建立健全与运输、贮存的医疗器械相适应的质量管理体系，并保持其有效运行。运用质量管理技术与方法，持续改进质量管理体系。 **质量管理体系建立：查看企业质量管理制度、工作程序与相关文件建立情况，查看质量记录、质量档案建立情况是否充分（包含贮存、运输全过程）、适宜、有效并持续更新；** **质量意识：通过现场谈话等方式了解企业负责人、质量负责人对法律法规、质量管理体系及自身质量职责的熟悉程度；** **持续改进：查看企业质量管理体系自查与改进情况以及相关记录。**
质量管理体系建立与改进	※2.6	专门提供医疗器械运输、贮存服务的企业质量管理体系应当覆盖运输、贮存服务全过程，质量管理制度与文件应当至少包括： （一）质量文件审核批准管理制度； （二）委托方企业资质审核与产品资质核准管理制度； （三）医疗器械收货、验收管理制度； （四）医疗器械出入库管理制度； （五）医疗器械贮存管理制度； （六）医疗器械运输管理制度； （七）医疗器械退货管理制度； （八）医疗器械不合格品管理制度； （九）医疗器械质量记录管理制度； （十）冷链医疗器械管理制度及应急管理制度（若涉及）； （十一）医疗器械追溯管理制度； （十二）医疗器械产品召回管理制度； （十三）数据安全管理制度； （十四）计算机信息系统管理制度； （十五）设施设备维护及验证校准管理制度； （十六）环境卫生和人员健康状况管理制度； （十七）企业机构设置与岗位质量管理职责； （十八）与委托方的质量协议及相关文件。 **制度与文件建立：查看企业建立的质量管理制度与文件清单及文件内容，是否包含（但不限于）上述制度与文件；** **制度审批：抽查企业质量管理制度编制、审核、批准与更改情况的审核批准记录，是否按照质量文件审核批准管理制度执行，并符合相关管理职责和权限要求；** **制度抽查：抽查制度、文件与企业实际情况是否一致（如企业机构设置、岗位质量管理职责文件与企业人员名册部门、岗位、人员配置对应情况，医疗器械贮存管理制度与日常贮存管理情况，与委托方的质量协议及相关文件适用版本等情况），以及相关执行记录，确认企业是否实施上述质量管理制度。**

章节	条款	内容
质量管理体系建立与改进	2.7.1	专门提供医疗器械运输、贮存服务的企业应当建立覆盖运输、贮存服务全过程的质量记录，记录应当至少包括： （一）资质审核核准记录； （二）医疗器械收货记录； （三）医疗器械进货查验记录； （四）医疗器械在库检查记录； （五）医疗器械出库复核记录和发货记录； （六）医疗器械运输记录； （七）医疗器械退货记录； （八）库房及其他贮存设施温湿度监测记录； （九）符合医疗器械冷链管理要求的冷链产品的收货、验收、贮存、复核、包装、运输等质量管理记录； （十）异常情况处置及不合格医疗器械以及存在质量安全隐患医疗器械的处理记录。 **质量记录建立：查看企业的质量记录清单及内容，是否包含（但不限于）上述记录；** **质量记录清单：质量记录清单应明确质量记录的生成和保存形式（纸质记录或系统记录等形式）。**
	※2.7.2	记录内容应当真实、准确、完整和可追溯。 **记录真实性：抽查记录中的产品信息、时间信息、操作信息、人员信息、与其他流程单据的衔接等内容是否真实、准确；** **记录修改：记录应当清晰、完整，不得随意涂改或销毁；纸质记录修改应由修改人签名和日期、电子记录修改应留存修改人及日期信息；** **记录完整与可追溯：抽查企业医疗器械收货、进货查验、在库检查、出库复核等流程质量记录，确认其是否完整和可追溯。**
	※2.7.3	记录的保存年限应当不低于《医疗器械经营质量管理规范》中规定的各项记录保存年限。专门提供医疗器械运输、贮存服务的企业应当运用信息化数字化技术，生成、保存质量记录信息。 **保存年限：查看企业医疗器械质量记录管理制度中对质量记录的保存年限要求是否满足《医疗器械经营质量管理规范》中规定的各项记录保存年限；（进货查验记录、销售记录应当保存至医疗器械有效期满后2年；没有有效期的，不得少于5年。植入类医疗器械进货查验记录和发货记录应当永久保存。）** **保存方式：查看企业记录（纸质记录或系统记录等形式）保存方式是否安全，是否运用信息化数字化技术保存质量信息记录。**
	※2.8	专门提供医疗器械运输、贮存服务的企业应当进行委托方企业资质合法性审核和委托医疗器械产品资质核准，形成审核核准记录，建立基础数据。基础数据应当包括：委托方名称，企业证照期限，生产（经营）范围，委托协议期限；医疗器械名称，医疗器械注册人、备案人和受托生产企业名称，医疗器械注册证编号或者备案编号，注册证效期，医疗器械分类，型号，规格，医疗器械唯一标识产品标识部分（若有），医疗器械运输及贮存条件等内容。 **资质审核核准：查看企业是否按照委托方企业资质审核与产品资质核准管理制度，执行委托方企业资质合法性审核和委托医疗器械产品资质核准，并留存审核核准记录；** **基础数据：查看计算机信息系统的基础数据是否包括上述内容。**

相关文件

章节	条款	内容
质量管理体系建立与改进	2.9	专门提供医疗器械运输、贮存服务的企业应当依据委托方的收货指令收货，生成收货记录。记录应当包括：委托方名称，收货日期，供货单位名称，包装单位，数量，物流单元代码（若有），医疗器械运输及贮存条件，收货人员等内容。 **制度执行：查看企业是否按照医疗器械收货、验收管理制度，执行收货操作，并留存收货记录；** **收货记录：查看计算机信息系统的收货记录是否包括上述内容。**
	※2.10.1	专门提供医疗器械运输、贮存服务的企业应当依据《医疗器械经营质量管理规范》及与委托方确认的验收标准，对医疗器械进行验收，留存供货单位随货同行单据，根据验收结果生成进货查验记录。 **制度执行：查看企业是否按照医疗器械收货、验收管理制度，执行验收操作，并留存进货查验记录和供货单位随货同行单据。**
	2.10.2	进货查验记录应当包括：委托方名称，医疗器械注册人、备案人和受托生产企业名称，医疗器械的名称，型号，规格，医疗器械注册证编号或者备案编号，医疗器械的生产批号或者序列号，数量，使用期限或者失效日期，医疗器械唯一标识（若有），医疗器械运输及贮存条件，验收日期，验收结论，验收合格数量，验收人员等内容。 **进货查验记录：查看计算机信息系统的进货查验记录是否包括上述内容。**
	2.11	专门提供医疗器械运输、贮存服务的企业应当依据医疗器械在库贮存的质量管理要求对贮存的医疗器械进行定期检查，根据检查结果生成在库检查记录。记录应当包括：委托方名称，医疗器械注册人、备案人和受托生产企业名称，医疗器械名称，型号，规格，医疗器械注册证编号或者备案编号，生产批号或者序列号，产品放置库区及库位，贮存环境，产品效期，标签、包装等质量状况，检查日期，检查人员等内容。 **制度执行：查看企业是否按照医疗器械贮存管理制度，依据医疗器械在库贮存的质量管理要求对贮存的医疗器械进行定期检查，并留存在库检查记录；** **在库检查记录：查看在库检查记录是否包括上述内容。**
	※2.12.1	专门提供医疗器械运输、贮存服务的企业应当依据委托方的发货指令，进行拣选、出库质量复核，生成出库复核记录。 **制度执行：查看企业是否按照医疗器械出入库管理制度，执行出库质量复核操作，并留存出库复核记录。**
	2.12.2	出库复核记录应当包括：委托方名称，注册人、备案人和受托生产企业名称，医疗器械名称，型号，规格，医疗器械注册证编号或者备案编号，生产批号或者序列号，使用期限或者失效日期，医疗器械唯一标识（若有），医疗器械运输及贮存条件，复核数量，复核质量状况，复核日期，复核人员等内容； **出库复核记录：查看计算机信息系统的出库复核记录是否包括上述内容。**
	2.12.3	专门提供医疗器械运输、贮存服务的企业应当依据出库复核结果进行发货，生成发货记录并提供符合《医疗器械经营质量管理规范》要求的随货同行单。发货记录应当包括：委托方名称，医疗器械注册人、备案人和受托生产企业名称，医疗器械名称，型号，规格，医疗器械注册证编号或者备案编号，生产批号或者序列号，使用期限或者失效日期，医疗器械唯一标识（若有），医疗器械运输及贮存条件，发货数量，收货单位名称，收货地址，发货日期等内容。 **制度执行：查看企业是否按照医疗器械出入库管理制度，依据出库复核结果进行发货，生成并留存发货记录；** **发货记录：查看计算机信息系统的发货记录是否包括上述内容；** **随货同行单：查看企业是否在发货时提供符合《医疗器械经营质量管理规范》要求的随货同行单。**

章节	条款	内容
质量管理体系建立与改进	2.13	专门提供医疗器械运输、贮存服务的企业应当依据委托方的配送指令运输至收货单位，形成运输记录。记录应当包括：委托方名称，收货单位名称、地址以及联系方式，运输方式，医疗器械名称，型号，规格，医疗器械注册证编号或者备案编号，生产批号或者序列号，数量，随货同行单号，医疗器械运输及贮存条件，发货时间和到货时间。 委托运输时还应当记录承运单位名称和运单号，自行运输时应当记录运输车辆车牌号和运输人员。 **制度执行：** 查看企业是否按照医疗器械运输管理制度，执行运输操作，并留存运输记录； **运输记录：** 查看计算机信息系统的运输记录是否包括上述内容。
	2.14	专门提供医疗器械运输、贮存服务的企业应当依据委托方的退货指令接收退回产品，收货查验完成后生成退货记录。记录应当包括：退货日期，退货单位名称，委托方名称，医疗器械注册人、备案人和受托生产企业名称，医疗器械名称，型号，规格，医疗器械注册证编号或者备案编号，生产批号或者序列号，使用期限或者失效日期，医疗器械唯一标识（若有），医疗器械运输及贮存条件，产品质量状态，退货数量，退货收货查验人员等内容。 **制度执行：** 查看企业是否按照医疗器械退货管理制度，执行退回产品的收货查验与退货管理，并留存退货记录； **退货记录：** 查看计算机信息系统的退货记录是否包括上述内容。
	※2.15.1	专门提供医疗器械运输、贮存服务的企业应当每年至少一次对质量管理体系运行情况进行自查，形成自查报告，评估质量管理体系的充分性、适宜性和有效性。识别质量管理问题，制定改进措施。 **自查频次与报告：** 查看企业是否每年至少一次对质量管理体系运行情况进行自查，形成自查报告。并依据监管部门要求按时提交。
	2.15.2	自查内容应当至少包括： （一）质量管理制度与法律、法规、规章和规范的符合性； （二）管理制度是否得到有效实施； （三）质量记录的准确性、完整性与真实性； （四）本年度药品监督管理部门检查不符合项是否有效整改，客户投诉、内部质量问题是否得到关注与改进。 **自查内容：** 查看企业质量管理体系自查内容是否包括上述内容； **自查结果应用：** 查看企业是否通过自查与评估，识别企业存在的质量管理问题，并制定改进措施；改进措施是否得到关注与实施。
机构与人员	3.16	专门提供医疗器械运输、贮存服务的企业应当设立质量管理机构，负责医疗器械运输、贮存服务的质量管理。质量管理机构应当配备与所提供运输、贮存服务规模相适应的质量管理人员，质量管理人员中应当至少有 2 人具备大专及以上学历或者中级以上专业技术职称，同时应当具有 3 年以上医疗器械质量管理工作经历。 **质量机构设立：** 查看企业机构设置与岗位质量管理职责、组织机构图、人员名册、质量人员工作条件等，核实企业是否设立质量管理机构并明确相应职责； **质量管理人员资质：** 查看企业人员名册、劳动合同、简历、学历或职称等证明文件，核实质量管理人员是否满足上述要求； **履职情况：** 查看质量管理人员的岗位职责以及履职记录，核实其是否有效履行职责；结合现场询问、业务量统计等方式，综合评估质量管理人员数量、能力是否与所提供运输、贮存服务规模相适应。

相关文件

章节	条款	内容
机构与人员	※3.17	专门提供医疗器械运输、贮存服务的企业法定代表人、企业负责人、质量负责人、质量管理人员应当符合《医疗器械经营质量管理规范》规定的资格要求。专门提供医疗器械运输、贮存服务的企业应当设置质量负责人，质量负责人原则上应当为企业高层管理人员，质量负责人应当独立履行职责，在企业内部对医疗器械质量管理具有裁决权，承担相应的质量管理责任。 **熟悉法规和行业准入：**以现场询问或考试等方式，了解法定代表人、企业负责人、质量负责人是否熟悉医疗器械相关法律法规、规章规范和所经营医疗器械的相关知识； **禁止从业的情形：**可由监管部门核实或由企业承诺其企业法定代表人、企业负责人、质量负责人、质量管理人员无《医疗器械监督管理条例》第八十一条、第八十三条、第八十四条、第八十五条、第八十六条、第八十八条、第九十八条或其他相关法律法规禁止从业的情形； **质量负责人资质：**查看企业人员名册、劳动合同、简历、学历或职称等证明文件，核实质量负责人是否满足资质要求并为企业高层管理人员； **履职情况：**查看质量负责人任命文件、岗位职责以及履职记录，核实质量负责人是否能独立履行职责，在企业内部对医疗器械质量管理具有裁决权，承担相应的质量管理责任。
	3.18	从事体外诊断试剂的质量管理人员，应当至少有1人为主管检验师或具有检验学相关专业（包括检验学、生物医学工程、生物化学、免疫学、基因学、药学、生物技术、临床医学、医疗器械等专业）大专及以上学历或者中级以上专业技术职称，同时应当具有3年以上医疗器械质量管理工作经历。从事体外诊断试剂验收工作的人员，应当具有检验学相关专业中专及以上学历或者具有检验师初级以上专业技术职称。 **质量人员资质：**专门提供医疗器械运输、贮存服务的企业从事体外诊断试剂运输、贮存服务的，查看企业人员名册、劳动合同、简历、学历或职称等证明文件，核实企业质量管理机构中从事体外诊断试剂的质量管理人员和验收人员是否满足资质要求； **履职情况：**查看从事体外诊断试剂的质量管理人员、验收人员的岗位质量职责以及履职记录，核实其是否有效履行职责。
	3.19	质量负责人及质量管理人员应当专职专岗，质量管理人员不得兼职其他业务工作。 查看质量负责人及质量管理人员任命文件、劳动合同、工作条件，查看质量管理人员履职记录，核实质量管理人员是否存在兼职其他业务工作的情况。
	3.20	专门提供医疗器械运输、贮存服务的企业应当设立医疗器械物流管理机构，负责医疗器械运输、贮存服务的运营管理。配备的物流管理人员中，应当至少有2人具备物流管理相关专业大专及以上学历或者中级及以上专业技术职称，并具有2年以上医药行业相关工作经历。 **物流机构设立：**查看企业机构设置与岗位质量管理职责、组织机构图、人员名册等，核实企业是否设立物流管理机构并明确相应职责； **物流管理人员资质：**查看企业人员名册、劳动合同、简历、学历或职称等证明文件，核实物流管理人员是否满足上述要求； **履职情况：**查看物流管理人员的岗位职责以及履职记录，核实其是否有效履行职责。
	3.21	专门提供医疗器械运输、贮存服务的企业应当配备计算机系统管理人员，负责医疗器械运输、贮存服务过程中的计算机系统维护与管理工作。配备的计算机系统管理人员中，应当至少有2人具备计算机相关专业大专及以上学历或者中级及以上专业技术职称，并具有1年以上医药行业相关工作经历。 **计算机管理人员配置：**查看企业组织机构图、人员名册、计算机信息系统管理权限等，核实企业是否配备计算机信息系统管理人员； **计算机管理人员资质：**查看企业人员名册、劳动合同、简历、学历或职称等证明文件，核实计算机信息系统管理人员是否满足上述要求； **履职情况：**查看计算机信息系统管理人员的岗位职责以及履职记录，核实其是否有效履行职责。

章节	条款	内容
机构与人员	3.22	专门提供医疗器械运输、贮存服务的企业应当至少配备1名设施设备管理人员，负责医疗器械运输、贮存服务过程中的设施设备维护与管理工作。 **设施设备管理人员配置：**查看企业组织机构图、人员名册等，核实企业是否配备设施设备管理人员； **设施设备管理人员资质：**查看企业人员名册、劳动合同等，核实企业是否配备至少1名设施设备管理人员； **履职情况：**查看设施设备管理人员的岗位职责以及履职记录，核实其是否有效履行职责。
	3.23	专门提供医疗器械运输、贮存服务的企业应当对从事医疗器械运输、贮存服务的工作人员进行与其职责和工作内容相关的岗前培训和继续培训，建立培训记录，并经考核合格后方可上岗。培训内容应当至少包括：相关法律、法规，医疗器械专业知识及技能，物流管理知识，质量管理制度，岗位职责及操作规程，医疗器械运输、贮存的相关标准和技术指南等。 **培训策划与实施：**查看企业是否制定岗前培训和继续培训计划，实施培训并留存培训、考核记录；从企业人员名册中抽取关键岗位人员，核实其接受培训、考核的情况； **培训内容：**查看企业培训内容是否包括上述内容。
	3.24	专门提供医疗器械运输、贮存服务的企业应当建立员工健康档案，质量管理、收货、验收、在库检查、运输、贮存等直接接触医疗器械岗位的人员，应当至少每年进行一次健康检查。身体条件不符合相应岗位特定要求的，不得从事相关工作。 **制度执行：**查看企业是否按照人员健康状况管理制度，实施人员健康管理，并建立员工健康档案； **健康检查：**从企业人员名册中抽取直接接触医疗器械岗位人员，核实其是否至少每年进行一次健康检查，并留存检查记录。检查项目应与其岗位工作内容所需具备的身体条件相适宜； **违规上岗情况：**查看是否存在身体条件不符合相应岗位特定要求，仍然从事相关工作的情况。
设施与设备	4.25	专门提供医疗器械运输、贮存服务的企业应当配备与所提供运输、贮存服务规模相适应的经营管理场所。经营管理场所应当配备日常办公与计算机设备，整洁、卫生，满足日常管理要求。 **经营管理场所真实性：**查看企业经营场所产权证明/使用权证明或租赁合同/协议等并现场核实； **经营管理场所条件：**现场查看企业经营场所是否与经营规模相适应，是否整洁、卫生，满足日常管理要求。
	※4.26.1	专门提供医疗器械运输、贮存服务的企业应当配备与所提供的运输、贮存服务规模以及所运输、贮存医疗器械产品相适应的仓储条件，开展现代物流自动化、智能化与集约化管理，并依据医疗器械产品质量特性和管理要求，合理设置满足不同质量状态、贮存环境要求的库区与库位。 **库房总体要求：**现场查看企业库房平面布局图、选址、设计、布局、建造和维护等是否符合医疗器械贮存的要求，并确认仓储条件是否满足开展现代物流自动化、智能化与集约化管理的要求； **库区设置：**现场查看库房是否依据医疗器械产品质量特性合理设置，设置的库区或库位能否满足医疗器械的贮存条件； **分区管理：**现场查看库房是否按质量状态实行分区管理，包括待验区、合格品区、不合格品区、发货区、退货区等，并有明显区分（如可采用色标管理，设置待验区、退货区为黄色、合格品区和发货区为绿色、不合格品区为红色）； **冷库库房分区管理：**现场查看冷库内应按质量状态实行分区管理，还应设置包装材料预冷区（货位），并有明显标示。

相关文件

903

章节	条款	内容
	※4.26.2	库房温度、湿度应当符合所贮存医疗器械说明书或者标签标示的要求，库房及设施与设备基本要求应当符合《医疗器械经营质量管理规范》。 **库房平面图：**现场查看企业仓库平面图（温区设置、温度探点设置、物流动线等）与实际库房布局是否一致； **抽查产品贮存条件：**现场确认库房及设施与设备的温度、湿度设置情况，抽查贮存的医疗器械，核实贮存环境是否满足医疗器械产品说明书或标签标示的要求。
	4.27	库房中贮存非医疗器械产品时，应当做好库房分区管理，充分评估非医疗器械产品对医疗器械产品的污染风险，制定措施确保医疗器械贮存环境安全。组合销售的医疗器械和非医疗器械可以不分开贮存。 **非医疗器械产品贮存：**现场确认是否有非医疗器械产品，确认非医疗器械与医疗器械产品是否采用分隔方式或者分离方式有效分开； **组合销售出库产品：**医疗器械和非医疗器械组合销售出库的产品可不分开存放。医疗器械和非医疗器械组合销售的，应提供组合销售出库记录或者委托方出具的相关组合销售说明文件； **防止污染的措施：**查看贮存的非医疗器械产品对医疗器械产品的污染风险以及企业采取的措施。
设施与设备	※4.28	专门提供医疗器械运输、贮存服务的企业应当配备与所提供运输、贮存服务规模相适应的设备设施，仓储设备设施应当满足医疗器械运输、贮存服务全过程的物流操作与质量管理要求，应当包括以下设备： （一）计算机硬件设备。应当配备满足收货、验收、上架、在库检查、拣选、复核、包装、运输及质量管理等各环节管理要求的设备。 （二）医疗器械唯一标识采集识读设备。包括扫码枪、手持终端等采集识读设备。 （三）货架系统。包括托盘货架、拆零拣选货架及其他货架。 （四）装卸搬运及输送设备。包括推车、叉车（手动、电动）及其他设备。 （五）分拣及出库设备。包括电子标签辅助拣货系统或手持终端拣货系统等设备。 （六）避光、通风、防潮、防虫、防鼠等设备。 （七）温湿度自动监测及控制设备。应当配备符合医疗器械冷链管理要求的环境监测及控制设备，定期对环境监测设备进行校准或检定，并予以标识。 （八）运输车辆及设备。应当配备与所提供运输、贮存服务规模相适应的运输车辆。冷链运输车辆应当配备卫星定位系统，可实现对车辆运输监控。冷藏箱（保温箱）、冷藏运输车辆应当符合医疗器械冷链管理相关要求。 **仓储设备设施配置：**现场查看企业配备的设施设备是否与所提供运输、贮存服务的规模相适应，各类设备配置数量是否满足日常操作和质量管理要求； **检定校准：**查看需检定或校准的计量器具和计量设备校准、检定证明及其使用、检定记录等，确认按照国家有关规定进行定期校准或者检定，并予以标识； **运输车辆及设备：**根据企业配置车辆情况，查看常温运输车辆和冷藏运输车辆产权、行驶证等证明文件；若采用车辆租赁等方式，应查看车辆租赁协议是否有效并能满足日常运输需求； **冷链设备：**涉及时，冷链运输车辆是否配备卫星定位系统，实现对车辆运输监控。查看温湿度自动监测及控制设备、冷藏箱（保温箱）、冷藏运输车辆是否符合《医疗器械冷链（运输、贮存）管理指南》相关要求。

章节	条款	内容
设施与设备	4.29	专门提供医疗器械运输、贮存服务的企业应当加强实时监测监控管理，应当包括：库房进出通道及各库区的视频监控，各库区温湿度监控，运输车辆监控，仓储设备监控以及异常状况报警等功能。 监测监控管理：现场查看企业是否具备实时监测监控能力； 监测监控场景：监测监控场景是否包括：库房进出通道及各库区的视频监控，各库区温湿度监控，运输车辆监控，仓储设备监控以及异常状况报警等功能； 异常状况报警：现场查看企业是否具有监控系统报警功能（包括温湿度超标报警、断电报警等），报警需采用灯光或声音或信息等易察觉方式。
设施与设备	4.30	专门提供医疗器械运输、贮存服务的企业运输、贮存产品包括冷链管理医疗器械时，应当配备备用供电设备或采用双路供电，保证在紧急情况下能够及时采取有效应对措施。 制度执行：涉及时，检查企业是否按照冷链医疗器械应急管理制度执行，配置相关设施与设备、人员与工作流程，保证在紧急情况下能够及时采取有效应对措施； 备用供电设备：现场确认企业是否配备备用供电设备或采用双路供电等设施；备用供电设备是否建立使用、清洁、维护和维修的操作规程，并保存相应的记录。
计算机信息系统	※5.32	专门提供医疗器械运输、贮存服务的企业应当配备与现代物流运输、贮存业务要求相适应的计算机信息管理系统，在确保医疗器械质量安全的基础上，持续优化物流管理。 计算机信息系统应当包括仓库管理系统、温湿度监测系统、运输管理系统等。需冷链运输医疗器械的还应当配备冷链运输管理系统。计算机信息系统应当对医疗器械的运输、贮存全过程实行动态管理和控制，对相关数据进行收集、记录、查询、统计。 制度执行：查看企业是否按照计算机信息系统管理制度，执行计算信息系统的相关管理； 信息系统配备：现场查看企业配置的计算机信息系统（包括仓库管理系统、温湿度监测系统、运输管理系统，涉及时还应包括冷链运输管理系统）以及质量管理、收货验收、贮存、出库复核、运输等岗位配备专用的终端设备，是否满足日常使用与质量管理要求； 信息系统运行网络环境：检查企业是否配置支持系统正常运行的服务器空间和网络环境条件，以保证各岗位在工作位置可以进行信息系统操作； 信息系统质量控制功能：检查企业计算机信息系统质量控制点设置清单（应包括资质审核核准、基础数据建立与更改、进货查验、在库检查、出库复核、退货、温湿度等质控点），评估系统是否具备对全过程实行动态管理和控制的能力。
计算机信息系统	※5.33	专门提供医疗器械运输、贮存服务的企业计算机信息系统中各岗位人员需经过身份确认、设定操作权限，相关权限建立与更改应当由质量负责人或其授权人批准后实施。 权限设置情况：检查企业计算机信息系统权限设置情况，重点查看系统权限设置是否合理；在人员名册中抽查不同岗位员工，经过身份确认进入计算机信息系统后，核实其操作权限是否与工作职能相匹配，并与管理制度规定和岗位设置一致； 依据权限操作：现场查看操作人员登录管理，验证密码或者密钥登录方式是否得到控制，防止使用他人账号登录； 权限管理情况：检查企业计算机信息系统权限建立与更改情况，是否由质量负责人或其授权人批准后实施。

相关文件

章节	条款	内容
	5.34	专门提供医疗器械运输、贮存服务的企业应当制定管理措施，保证计算机信息系统的数据准确、真实、安全，不得随意更改；需要数据更改时应当由质量负责人或其授权人审核批准，并留存更改及审核批准记录。 **制度执行：**查看企业是否按照数据安全管理制度，执行数据管理工作，通过数据库、权限管理等保证计算机信息系统的数据准确、真实、安全； **数据更改控制：**检查企业是否在数据安全管理制度中识别数据更改的相关情形，并制定了相应的技术措施和管理流程，使计算机信息系统数据不得随意更改；需要数据更改时，应记录修改原因并保留原始记录可查；重点检查数据更改是否由质量负责人或其授权人审核批准，并留存更改及审核批准记录。
	5.35	专门提供医疗器械运输、贮存服务的企业计算机信息系统应当具备与委托方在基础数据、收货、验收、库存、发货等环节实时电子数据交互的能力，并具备与药品监督管理部门实时同步电子数据的功能。 **业务数据交互功能：**检查企业与委托方基础数据、收货、验收、库存、发货等环节实时电子数据交互情况，是否可以及时、可靠、完整的交互数据； **监管数据交互功能：**询问企业是否预留与药品监督管理部门实时同步电子数据的功能。
计算机 信息系统	※5.36	仓库管理系统应当具备以下功能： （一）基础数据管理：委托方企业、医疗器械资质及基础数据维护与交互、证照期限预警、经营范围监控功能； （二）质量记录管理：自动生成收货、验收、在库检查、发货、复核等工作记录的功能； （三）识别与货位分配：入库、出库时能够通过信息化手段采集医疗器械唯一标识信息，并具备根据医疗器械贮存条件自动分配货位的功能； （四）质量控制功能：医疗器械收货、验收、上架、贮存、在库检查、拣选、复核、发货、退回等各环节质量状况进行实时判断和控制功能；医疗器械产品近效期预警、过效期锁定功能； （五）打印功能：过程单据、记录以及货位、上架、拣货条码等标识的打印功能。 **仓库管理系统基本功能：**检查企业仓库管理系统是否包含：基础数据管理、质量记录管理、识别与货位分配、质量控制功能、打印功能； **基础数据管理：**可采用模拟单据操作等方式，检查企业仓库管理系统基础数据是否可实现与委托方数据交互的功能，是否可以进行证照期限预警、经营范围监控； **质量记录管理：**可采用模拟单据操作、现场查看等方式，检查企业仓库管理系统中各操作环节是否可以自动生成相关工作记录，并可依据实际情况记录操作人员信息、单据生成时间等； **识别与货位分配：**可采用模拟单据操作、标签识读等方式，检查企业仓库管理系统是否可以在入库、出库时采集医疗器械唯一标识，识别并记录医疗器械唯一标识信息；是否可以根据医疗器械贮存条件自动分配货位的功能； **质量控制功能：**可采用模拟单据操作、现场查看等方式，检查企业仓库管理系统是否可以在医疗器械收货、验收、上架、贮存、在库检查、拣选、复核、发货、退回等各环节进行实时判断和控制功能；贮存的医疗器械产品是否可实现近效期预警、过效期锁定； **打印功能：**可采用模拟单据操作、现场查看等方式，检查企业仓库管理系统是否可以打印过程单据、记录以及货位、上架、拣货条码的功能。

章节	条款	内容
计算机信息系统	5.37	运输管理系统应当具备对运输车辆、运输医疗器械、承运人员、调度分配、送达状况等信息进行追踪管理的功能。 　　**运输管理系统基本功能**：检查企业运输管理系统是否包含对运输车辆、运输医疗器械、承运人员、调度分配、送达状况等信息进行追踪管理的功能；涉及冷链运输时，还应具有温湿度监测记录功能； 　　**单据抽取核实**：现场抽取运输记录，检查相关信息是否记录完整、准确、真实。
	※5.38	冷链运输管理系统应当具备以下功能： 　　（一）运输记录：对医疗器械运输过程中温度进行监测、记录、保存、查询的功能； 　　（二）自动报警：对医疗器械运输过程中异常温度进行自动报警的功能，采用航空运输等特殊场景时可以不启动自动报警功能； 　　（三）过程温度：对医疗器械运输过程中温度进行统计，形成温度曲线的功能； 　　（四）在线查询：在线查询医疗器械运输过程温度的功能，采用航空运输等特殊场景时可以不启动在线查询功能。 　　**冷链运输管理系统基本功能**：涉及时，检查企业冷链运输管理系统是否包含：运输记录、自动报警、过程温度记录、过程温度在线查询功能； 　　**单据抽取核实**：现场抽取冷链运输记录，检查运输过程中的温度监测记录及温度曲线等； 　　**在线查询功能查看**：通过登录查看等方式，检查企业在线查询医疗器械运输过程温度的功能。
	5.39	专门提供医疗器械运输、贮存服务的企业应当具备独立的服务器或存储空间，采用安全可靠的方式存储记录各类数据，按日备份。应当确保备份数据存储安全，防止损坏和丢失。 　　数据的保存年限应当不低于《医疗器械经营质量管理规范》中各项记录的保存年限。 　　**制度执行**：查看企业是否按照数据安全管理制度，执行数据安全管理工作，企业计算机信息系统中的各类记录信息和数据存储是否安全、可靠，是否按工作日备份数据； 　　**数据保存**：检查企业备份数据的介质是否存放于安全场所，防止与服务器同时遭遇灾害造成损坏或丢失； 　　**记录保存**：检查计算机信息系统历史记录和备份的信息数据，在规定管理年限内的信息数据，是否存在丢失或查询不到、信息不完整等情况。
质量责任	6.40	医疗器械注册人、备案人和经营企业委托专门提供医疗器械运输、贮存服务的企业运输、贮存时，委托方应当依法承担质量管理责任。 　　委托方是医疗器械经营的质量责任主体。委托方应当负责其经营医疗器械的供货者、购货者与医疗器械产品资质审核、采购、销售、售后服务及医疗器械召回、不良事件监测等工作，并对委托的专门提供医疗器械运输、贮存服务的企业进行必要的质量监督。 　　专门提供医疗器械运输、贮存服务的企业负责收货、验收、贮存、在库检查、出库复核、发货与运输的具体操作，以及协助委托方进行退货、召回、不良事件监测等工作。 　　在操作过程中发现委托方产品相关质量疑问时，由委托方质量负责人进行质量裁决并承担相应的质量管理责任。 　　**协议签订**：查看企业签署的委托合同和质量保证协议，是否明确双方质量责任义务； 　　**质量疑问处理**：通过现场询问、查看进货查验记录、退货记录、不合格品处理记录等方式，确认在处理相关质量疑问时，是否与企业质量管理制度及文件规定一致，并完整留存质量疑问情况、委托方质量负责人质量裁决意见以及质量疑问处理措施记录。

相关文件

907

章节	条款	内容
质量责任	※6.41	专门提供医疗器械运输、贮存服务的企业应当与委托方签订书面协议，明确运输、贮存的服务范围与质量管理要求，约定双方质量责任和义务。 **服务范围与质量管理要求：**抽查企业与委托方签署的质量保证协议，是否明确运输、贮存的服务范围与质量管理要求，服务范围和质量管理要求应当符合法规要求； **质量责任和义务：**抽查企业与委托方签署的质量保证协议，是否约定双方质量责任和义务； **协议效期管理：**检查企业是否实施协议效期管理。
	6.42.1	医疗器械经营企业委托专门提供医疗器械运输、贮存服务的企业贮存时，应当按规定办理库房地址变更。不需要经营许可或者备案的企业除外。 **质量责任和义务：**抽查委托方清单中协议仍有效的经营企业委托方，查看其经营许可或者备案证照的库房地址是否已进行相应变更。
	6.42.2	专门提供医疗器械运输、贮存服务的企业应当在委托协议到期前向委托方提示到期信息。当贮存委托协议终止时，委托方应当及时按规定办理库房地址变更。 **协议效期管理与提醒：**询问和查看企业如何实施协议效期管理以及委托方到期前提醒； **协议终止情况报告：**需要时，是否及时将贮存委托协议终止等委托方信息向监管部门报告。
	6.43.1	专门提供医疗器械运输、贮存服务的企业以及委托方可以委托其他具备质量保障能力的承运单位运输医疗器械，签订运输质量保证协议，定期对承运单位运输医疗器械的质量保障能力进行考核评估，确保运输过程的质量安全。 **运输质量保证协议：**查看企业与承运单位之间的运输质量保证协议，是否明确承运过程中的质量责任； **承运方评估与定期考核：**查看企业委托运输评估记录，是否对承运方进行定期的质量考核评估并保存记录； **运输信息采集：**查看企业是否通过数据对接或信息采集等方式，获取了运输信息。
	6.43.2	运输质量保证协议应当包括：运输过程中的质量责任、运输操作规程、在途时限、温度控制、签收和回执要求等内容。 **运输质量保证协议：**查看运输质量保证协议是否包含运输过程中的质量责任、运输操作规程、在途时限、温度控制、签收和回执要求等内容； **委托运输记录：**已开展委托运输活动的，抽查运输过程中相关运行数据记录（如运输过程中的温度控制记录、在途时限等），确认企业是否按照协议实施质量管理。
	6.44	专门提供医疗器械运输、贮存服务的企业发现运输、贮存的医疗器械有严重质量安全问题，不符合强制性标准、经注册或者备案的医疗器械产品技术要求，应当立即采取控制措施，向所在地药品监督管理部门报告，并及时通知委托方。需要召回的，应当协助召回。 **质量隐患报告：**查看企业是否实施医疗器械质量安全排查工作，包括加强日常巡查、搜集监管部门发布的相关质量公告、抽检公告、不良事件公告等。询问企业是否发现医疗器械严重质量安全问题，若有需检查相关记录及报告； **协助召回：**查看企业医疗器械产品召回管理制度是否符合法规、规范要求，询问企业是否协助委托方或监管部门实施召回，若有，需检查相关召回记录。
	6.45	专门提供医疗器械运输、贮存服务的企业应当接受药品监督管理部门的监督，对开展的调查予以配合。 **接受监管情况：**询问企业接受药品监督管理部门开展调查情况，查看企业接受药品监督管理部门的监督记录。

章节	条款	内容
附则	7.46	委托运输、贮存产品为冷链管理医疗器械时，还应当符合医疗器械冷链管理的相关要求。 **检查资质：** 抽查所贮存运输的冷链产品医疗器械注册证、本企业医疗器械经营许可（备案）证、委托方的医疗器械生产（经营）许可证； **冷链贮存质量状态：** 抽查冷链产品贮存环境是否满足标签说明书要求；以及产品标签、唯一标识、包装质量状态； **冷链验证与人员管理：** 检查冷链贮存、运输设施设备的验证报告；查看冷链操作规程、人员及相关培训考核记录；现场查看冷链产品操作过程，判定操作是否符合操作规程。
附则	7.47	委托运输、贮存产品为植入和介入类医疗器械时，还应当严格执行医疗器械法律、法规、规章和规范对植入和介入类医疗器械管理的相关要求。植入类医疗器械进货查验记录和发货记录应当永久保存。 **检查资质：** 抽查所贮存运输的植介入产品医疗器械注册证、本企业医疗器械经营许可证、委托方的医疗器械生产（经营）许可证； **检查贮存产品：** 抽查植介入产品贮存环境是否满足标签说明书要求；以及产品标签、唯一标识、包装质量状态； **检查质量追溯：** 检查计算机信息系统能否实现植介入产品可追溯（验收、入库、出库、运输、退货的全程追溯）；抽查所贮存运输的植介入产品的供货者随货同行单据与进货验收记录； **检查质量记录保存：** 检查植入类医疗器械进货查验记录和发货记录的资料及数据保存方式和措施，是否可以确保长期保存。

备注：

（1）本指导原则条款编号规则为：X1.X2.X3，其中X1为《医疗器械经营质量管理规范附录：专门提供医疗器械运输贮存服务的企业质量管理》中章的顺序号；X2为条的顺序号；X3为同一条内细化款的顺序号。

（2）标识"※"的项目为关键项目，未标识"※"的项目为一般项目。如"※2.7.2"表示第二章、第七条、第二款检查内容及检查要点，此项目为关键项目。

总局关于发布医疗器械冷链（运输、贮存）管理指南的公告

2016 年第 154 号

为加强医疗器械质量监督管理，保证医疗器械生产经营企业和使用单位在运输与贮存过程中使产品符合其说明书和标签标示的特定温度要求，根据《医疗器械监督管理条例》（国务院令第 650号）、《医疗器械经营监督管理办法》（国家食品药品监督管理总局令第 8 号）和《医疗器械使用质量监督管理办法》（国家食品药品监督管理总局令第 18 号），国家食品药品监督管理总局组织制定了《医疗器械冷链（运输、贮存）管理指南》，现予以发布。

特此公告。

附件：医疗器械冷链（运输、贮存）管理指南

食品药品监管总局
2016 年 9 月 19 日

附件

医疗器械冷链（运输、贮存）管理指南

第一条　根据《医疗器械监督管理条例》等相关法律法规的要求，为保证医疗器械生产经营企业和使用单位在运输与贮存过程中使产品符合其说明书和标签标示的特定温度要求，特制定本指南。

第二条　冷链管理医疗器械是指在运输与贮存过程中需要按照说明书和标签标示要求进行冷藏、冷冻管理的医疗器械。本指南适用于医疗器械生产经营企业和使用单位对医疗器械运输与贮存的质量管理。

第三条　从事冷链管理医疗器械的收货、验收、贮存、检查、出库、运输等工作的人员，应接受冷藏、冷冻相关法律法规、专业知识、工作制度和标准操作规程的培训，经考核合格后，方可上岗。

第四条　医疗器械生产企业和批发企业应根据生产、经营的品种和规模，配备相适应的冷库（冷藏库或冷冻库）及冷藏车或冷藏箱（保温箱）等设施设备。

医疗器械零售企业和使用单位应根据经营、使用的品种和规模，配备相适应的冷库或冷藏设备（冷藏柜或冷藏箱等）。

第五条　用于贮存医疗器械的冷库应具有自动调控温度的功能，机组的制冷能力应与冷库容积相适应。为保证制冷系统的连续供电，冷库应配备备用发电机组或双回路供电系统等。

冷库内应划分待验区、贮存区、退货区、包装材料预冷区（货位）等，并设有明显标示。

第六条　用于医疗器械运输的冷藏车应具备自动调控温度功能，车厢应防水、密闭，车厢内留有保证气流充分循环的空间。

第七条　冷藏箱（柜）应能自动调节箱体内温度；保温箱应配备蓄冷（热）剂及隔温装置，并

符合产品说明书和标签标示的储运要求。

第八条 用于医疗器械贮存和运输的冷库、冷藏车应配备温度自动监测系统（以下简称温测系统）监测温度。温测系统应具备以下功能：

（一）温测系统的测量范围、精度、分辨率等技术参数能够满足管理需要，具有不间断监测、连续记录、数据存储、显示及报警功能。

（二）冷库、冷藏车设备运行过程至少每隔1分钟更新一次测点温度数据，贮存过程至少每隔30分钟自动记录一次实时温度数据，运输过程至少每隔5分钟自动记录一次实时温度数据。

（三）当监测温度达到设定的临界值或者超出规定范围时，温测系统能够实现声光报警，同时实现短信等通讯方式向至少2名指定人员即时发出报警信息。

每个（台）独立的冷库、冷藏车应根据验证结论设定、安装至少2个温度测点终端。温度测点终端和温测设备每年应至少进行一次校准或者检定。

冷藏箱、保温箱或其他冷藏设备应配备温度自动记录和存储的仪器设备。

第九条 冷库、冷藏车、冷藏箱、保温箱以及温测系统应进行使用前验证、定期验证及停用时间超过规定时限情况下的验证。未经验证的设施设备，不得应用于冷链管理医疗器械的运输和贮存过程。

（一）建立并形成验证管理文件，文件内容包括验证方案、标准、报告、评价、偏差处理和预防措施等。

（二）根据验证对象确定合理的持续验证时间，以保证验证数据的充分、有效及连续。

（三）验证使用的温测设备应当经过具有资质的计量机构校准或者检定，校准或者检定证书（复印件）应当作为验证报告的必要附件，验证数据应真实、完整、有效及可追溯。

（四）根据验证确定的参数及条件，正确、合理使用相关设施及设备。

第十条 在进行冷链管理医疗器械收货时，应核实运输方式、到货及在途温度、启运时间和到货时间并做好记录；对销后退回的产品还应核实售出期间的温度记录。符合要求的，应及时移入冷库内待验区；不符合温度要求的应当拒收，并做相应记录。

第十一条 使用冷库贮存的冷链管理医疗器械，应当在冷库内进行验收。

验收人员应当检查产品状态，并按《医疗器械经营质量管理规范》第三十八条、第三十九条或《医疗器械使用质量监督管理办法》的要求做好记录。

第十二条 冷链管理医疗器械在库期间应按照产品说明书或标签标示的要求进行贮存和检查，应重点对贮存的冷链管理医疗器械的包装、标签、外观及温度状况等进行检查并记录。

冷库内制冷机组出风口须避免遮挡，应根据冷库验证报告确定合理的贮存区域。

第十三条 冷链管理医疗器械出库时，应当由专人负责出库复核、装箱封箱、装车码放工作。

使用冷藏箱、保温箱运输冷链管理医疗器械的，应当根据验证确定的参数及条件，制定包装标准操作规程，装箱、封箱操作应符合以下要求：

（一）装箱前应进行冷藏箱、保温箱预冷或预热。

（二）在保温箱内合理配备与温度控制及运输时限相适应的蓄冷剂。

（三）冷藏箱启动制冷功能和温测设备（保温箱启动温测设备），检查设备运行正常，并达到规定的温度后，将产品装箱。

（四）根据对蓄冷剂和产品的温度控制验证结论，必要时装箱应使用隔温装置将产品与蓄冷剂等冷媒进行隔离。

（五）冷链管理医疗器械的包装、装箱、封箱工作应在符合产品说明书和标签标示温度范围内的环境下完成。

第十四条 运输冷链管理医疗器械的，应根据运输的产品数量、距离、时间以及温度要求、外

相关文件

部环境温度等情况，选择合理的运输工具和温控方式，确保运输过程中温度控制符合要求。

第十五条 使用冷藏车运输冷链管理医疗器械的，应符合以下要求：

（一）提前启动制冷功能和温测设备，将车厢内预冷至规定的温度。

（二）根据验证报告确定冷藏车厢内产品的码放方式及区域，码放高度不得超过制冷机组出风口下沿，确保气流正常循环和温度均匀分布。

（三）冷链管理医疗器械装车完毕，及时关闭车厢门，检查厢门密闭情况。

（四）检查温控设备和温测设备运行状况，运行正常方可启运。

（五）冷链管理医疗器械在装卸过程中，应采取措施确保温度符合产品说明书和标签标示的要求。

第十六条 冷链管理医疗器械发货时，应检查并记录冷藏车、冷藏箱、保温箱的温度。到货后，应向收货单位提供运输期间的全程温度记录。

第十七条 委托其他单位运输冷链管理医疗器械的，应当对承运方的资质及能力进行审核，签订委托运输协议，至少符合以下要求：

（一）索要承运方的运输资质文件、运输设施设备和运输管理监测系统验证文件、承运人员资质证明、运输过程温度控制及监测系统验证文件等相关资料。

（二）对承运方的运输设施设备、人员资质、质量保障能力、安全运输能力、风险控制能力等进行委托前和定期审核，审核报告存档备查。

（三）委托运输协议内容应包括：承运方制定的运输标准操作规程、运输过程中温度控制和实时监测的要求、在途时限的要求以及运输过程中的质量安全责任。

（四）必要时根据承运方的资质和条件，委托方可对承运方的相关人员及运输设施设备进行审查和考核。

第十八条 委托其他单位贮存冷链管理医疗器械的，受托企业应符合《医疗器械经营质量管理规范》第三十一条的要求。

第十九条 生产经营企业和使用单位应当制定冷链管理医疗器械在贮存、运输过程中温度控制的应急预案，并对应急预案进行验证。对贮存、运输过程中出现的断电、异常气候、设备故障、交通事故等意外或紧急情况，能够及时采取有效的应对措施，防止因异常突发情况造成的温度失控。

第二十条 本指南由国家食品药品监督管理总局负责解释。

第二十一条 本指南自发布之日起执行。

国家药监局关于公布《免于经营备案的第二类医疗器械产品目录》的公告

2021 年第 86 号

为贯彻实施《医疗器械监督管理条例》，国家药监局组织制定了《免于经营备案的第二类医疗器械产品目录》，具体产品见附件。现予以公布。

附件：免于经营备案的第二类医疗器械产品目录

国家药监局
2021 年 6 月 28 日

附件

免于经营备案的第二类医疗器械产品目录

序号	产品名称	产品描述	用途	目录名称
1	电子血压计	通常由阻塞袖带、传感器、充气泵、测量电路组成。采用示波法、柯式音法或类似的无创血压间接测量原理进行血压测量的电子设备。	用于在手臂或手腕部位测量患者血压。	07 医用诊察和监护器械
2	水银血压表	通常由阻塞袖带、听诊器、压力表组成。通过水银或机械表显示，采用柯式音法或类似的无创血压间接测量原理进行血压测量的设备。	用于在手臂或手腕部位测量患者血压。	07 医用诊察和监护器械
3	无菌医用脱脂棉	通常包括吸水性材料。为了方便使用，部分产品有供手持的组件。不含消毒剂。无菌提供，一次性使用。	用于对皮肤、创面进行清洁处理。	14 注输、护理和防护器械
4	医用脱脂纱布	通常为由医用脱脂棉纱布或脱脂棉与粘胶纤维混纺纱布经过裁切、折叠、包装、灭菌步骤加工制成的敷料。	用于吸收手术过程中的体内渗出液，手术过程中承托器官、组织等。	14 注输、护理和防护器械

相关文件

序号	产品名称	产品描述	用途	目录名称
5	脱脂棉纱布	通常为由医用脱脂棉纱布或脱棉与粘胶纤维混纺纱布经过裁切、折叠、包装、灭菌步骤加工制成的敷料。	用于吸收手术过程中的体内渗出液，手术过程中承托器官、组织等。	14 注输、护理和防护器械
6	避孕套	通常由天然胶乳或合成乳胶或聚氨酯薄膜制成，开口端为完整卷边的鞘套物。非无菌提供。	用于生殖道局部范围内，用物理方法（机械阻挡）不让精子到达子宫口处，以此阻断精子和卵子相遇而达到避孕目的。	18 妇产科、辅助生殖和避孕器械
7	避孕帽	通常由天然胶乳或合成乳胶或聚氨酯薄膜制成，开口端为完整卷力的鞘套物。非无菌提供。	用于生殖道局部范围内，用物理方法（机械阻挡）不让精子到达子宫口处，以此阻断精子和卵子相遇而达到避孕目的。	18 妇产科、辅助生殖和避孕器械
8	电动轮椅	通常由电机、蓄电池、控制系统、车轮、座椅、扶手、脚踏板等组成。可由乘坐者或护理者操作的、有一个或多个电机驱动，有座椅支撑。分为手动转向和动力转向。	用于行动障碍患者转运、行走功能补偿。	19 医用康复器械
9	手动轮椅	通常由车轮、座椅、扶手、脚踏板等组成。以乘坐者手驱动、脚踏驱动或护理者手推为动力。至少有三个车轮。	用于行动障碍患者转动、行走功能补偿。	19 医用康复器械
10	血糖分析仪	通常由主机模块、电源模块、软件模块等组成。原理一般为电化学法、光反射技术、比色法等。不包含采血器具及适配试剂。	与适配试剂配合使用，用于人体样本中待测物的定性和／或定量分析。	22 临床检验器械
11	自测用血糖监测系统（血糖试纸）		产品用于定量检测新鲜毛细血管全血中的葡萄糖浓度（如可用于静脉血、动脉血、新生儿血检测也可进行详细描述），检测部位可以是手指、手掌及上臂等。只用于监测糖尿病人血糖控制的效果，而不能用于糖尿病的诊断和筛查，也不能作为治疗药物调整的依据。	6840 体外诊断试剂
12	人绒毛膜促性腺激素检测试剂（妊娠诊断试纸）		运用双抗体夹心免疫胶体金层析等技术实现对人尿液中人绒毛膜促性腺激素体外定性检测，不可用于滋养细胞肿瘤的检测。	6840 体外诊断试剂
13	促黄体生成素检测试剂（排卵检测试纸）		通过定性或半定量检测女性尿液中促黄体生成素的水平，以预测排卵时间，用于指导育龄女性选择最佳受孕时机或指导安全期避孕。	6840 体外诊断试剂

国家药品监督管理局关于医疗器械经营企业
跨行政区域设置库房办理事项的通告

2018 年第 108 号

为持续推进简政放权、放管结合、优化服务，提高工作效能，方便医疗器械经营企业设置库房手续，同时加强对跨行政区域设置库房的监管，现将有关事宜通告如下：

一、医疗器械经营企业跨行政区域设置库房应当按照《医疗器械经营监督管理办法》的要求，向医疗器械经营许可证（备案凭证）发证部门（以下简称发证部门）提交医疗器械经营许可变更申请表或第二类医疗器械经营备案变更表。发证部门应当立即进行审核，符合要求的，应当在 3 个工作日内向库房所在地设区的市级负责药品监督管理的部门通过特快专递或信息系统发出《医疗器械经营企业跨行政区域设置库房协助现场验收的函》（见附件 1）。

二、医疗器械经营企业向库房所在地设区的市级负责药品监督管理的部门提交企业经营许可证（备案凭证）和营业执照等基本情况，并严格按照《医疗器械经营监督管理办法》要求提供库房相关资料。

企业提交相关资料符合要求的，库房所在地设区的市级负责药品监督管理的部门在接到发证部门出具的《医疗器械经营企业跨行政区域设置库房协助现场验收的函》后，应当于 5 个工作日内组织开展现场核查；相关资料不符合要求的，库房所在地设区的市级负责药品监督管理的部门应当一次性告知企业需要补正的内容。

三、库房所在地设区的市级负责药品监督管理的部门应当按照《医疗器械经营质量管理规范》等要求组织现场核查。验收合格的，书面或通过信息系统告知发证部门（见附件 2）和经营企业（见附件 3）。发证部门将新增库房地址标示在医疗器械经营许可证（备案凭证）或医疗器械经营企业库房地址登记表（见附件 4）中，书面或通过信息系统告知库房所在地设区的市级负责药品监督管理的部门（见附件 5），同时将跨行政区设置库房信息表（见附件 6）及时上传国家药品监督管理局"医疗器械生产经营许可（备案）信息系统"。验收不合格的，库房所在地设区的市级负责药品监督管理的部门书面告知发证部门和经营企业并说明理由。

四、医疗器械经营企业跨行政区域设置库房，由库房所在地设区的市级负责药品监督管理的部门监管，必要时可以请求发证部门协助对该企业经营场所（住所）进行检查，发现违法违规行为由库房所在地负责药品监督管理的部门依照《医疗器械监督管理条例》《医疗器械经营监督管理办法》进行处罚，并告知发证部门。涉及吊销经营许可证或取消备案凭证的，由库房所在地负责药品监督管理的部门提请发证部门作出处理决定。发证部门将处理决定书面告知库房所在地负责药品监督管理的部门。必要时，发证部门可以对企业跨行政区域设置的库房开展延伸检查。发证部门和库房所在地负责药品监督管理的部门应依法公开库房变更和处罚信息。

五、附件相关函编号的编排方式为：××〔××××〕年××××号。其中：第一位 × 代表所在地省、自治区、直辖市的简称；第二位 × 代表所在地设区的市级行政区域的简称；第三到六位 × 代表 4 位数发函年份；第七到十位 × 代表发函流水号。

六、发证部门和库房所在地设区的市级负责药品监督管理的部门同时使用国家药品监督管理局"医疗器械生产经营许可（备案）信息系统"的，可以通过信息系统发送相关函件。

七、医疗器械经营企业应当对跨行政区域设置的仓库加强日常管理并承担相应的法律责任。

医疗器械经营企业跨行政区域设置的库房只能从事与本企业购销业务有关的物流活动。库房应当配备相应质量管理人员和与经营企业本部互联的，能够实时交换医疗器械储存、出入库数据的计算机信息管理系统和产品追溯系统。

八、本通告自 2019 年 1 月 1 日起施行。本通告中未涉及的事项，仍按照现有规定执行。

特此通告。

附件：1. 医疗器械经营企业跨行政区域设置库房协助现场验收的函

　　　2. 跨行政区域设置库房现场验收结果反馈函

　　　3. 跨行政区域设置库房现场验收结果通知单

　　　4. 医疗器械经营企业库房地址登记表

　　　5. 跨行政区域设置库房反馈函

　　　6. 跨行政区域设置库房情况信息表

国家药监局

2018 年 10 月 25 日

国家食品药品监督管理总局关于发布医疗器械产品出口销售证明管理规定的通告

2015 年第 18 号

为进一步规范食品药品监督管理部门出具医疗器械出口销售证明的服务性事项的办理，便利医疗器械生产企业产品出口，国家食品药品监督管理总局制定了《医疗器械产品出口销售证明管理规定》，现予发布。

特此通告。

附件：医疗器械产品出口销售证明管理规定

食品药品监管总局
2015 年 6 月 1 日

附件

医疗器械产品出口销售证明管理规定

第一条 为进一步规范食品药品监督管理部门出具医疗器械出口销售证明的服务性事项的办理，便利医疗器械生产企业产品出口，特制定本规定。

第二条 在我国已取得医疗器械产品注册证书及生产许可证书，或已办理医疗器械产品备案及生产备案的，食品药品监督管理部门可为相关生产企业（以下简称企业）出具《医疗器械产品出口销售证明》（格式见附件 1）。

第三条 企业所在地的省级食品药品监督管理部门负责本行政区域内《医疗器械产品出口销售证明》的管理工作。

第四条 企业应当向所在地省级食品药品监督管理部门或其指定的部门（以下简称出具证明部门）提交《医疗器械产品出口销售证明登记表》（格式见附件 2），并报送加盖企业公章的以下资料，资料内容应与出口产品的实际信息一致：

（一）企业营业执照的复印件；

（二）医疗器械生产许可证或备案凭证的复印件；

（三）医疗器械产品注册证或备案凭证的复印件；

（四）所提交材料真实性及中英文内容一致的自我保证声明。

第五条 出具证明部门应当对企业提交的相关资料进行审查核对。符合要求的，应当出具《医疗器械产品出口销售证明》；不符合要求的，应当及时说明理由。

需要出具《医疗器械产品出口销售证明》的企业，其生产不符合相关法规要求，企业信用等级较低，或在生产整改、涉案处理期间的，不予出具《医疗器械产品出口销售证明》。

第六条 《医疗器械产品出口销售证明》编号的编排方式为：×× 食药监械出 ×××××××× 号。其中：

第一位 × 代表生产企业所在地省、自治区、直辖市的简称；

第二位 × 代表生产企业所在地设区的市级行政区域的简称；

第三到第六位 × 代表 4 位数的证明出具年份；

第七到第十位 × 代表 4 位数的证明出具流水号。

第七条 《医疗器械产品出口销售证明》有效日期不应超过申报资料中企业提交的各类证件最先到达的截止日期，且最长不超过 2 年。

第八条 企业提交的相关资料发生变化的，应当及时报告出具证明部门。相关资料发生变化或有效期届满仍需继续使用的，企业应当重新办理《医疗器械产品出口销售证明》。

第九条 企业应当建立并保存出口产品档案。内容包括已办理的《医疗器械产品出口销售证明》和《医疗器械出口备案表》、购货合同、质量要求、检验报告、合格证明、包装、标签式样、报关单等，以保证产品出口过程的可追溯。

第十条 省级食品药品监督管理部门应当组织本行政区域内的出具证明部门及时公开《医疗器械产品出口销售证明》相关信息。

食品药品监督管理部门发现相关企业的生产不符合相关法规要求，企业信用等级降为较低等级，或认为其不再符合出具证明有关情况的，以及企业报告提交的相关资料发生变化的，省级食品药品监督管理部门应当及时通告相关信息。

第十一条 企业提供虚假证明或者采取其他欺骗手段骗取《医疗器械产品出口销售证明》的，5 年内不再为其出具《医疗器械产品出口销售证明》，并将企业名称、医疗器械生产许可证或备案凭证编号、医疗器械产品注册证或备案凭证编号、法定代表人和组织机构代码等信息予以通告。

第十二条 企业应当保证所出口产品符合医疗器械出口相关规定要求，并应当符合进口国的相关要求。在出口过程中所发生的一切法律责任，由企业自行承担。

第十三条 本规定自 2015 年 9 月 1 日起施行。自本规定实施之日起，此前文件与本规定不一致的，均以本规定为准。

第十四条 省级食品药品监督管理部门可依照本规定制定具体实施细则。

附件：1. 医疗器械产品出口销售证明（格式）

2. 医疗器械产品出口销售证明登记表（格式）

六、检验、监测与召回

国家药监局关于印发医疗器械检验工作规范的通知

国药监科外〔2019〕41 号

各省、自治区、直辖市药品监督管理局，新疆生产建设兵团药品监督管理局，各有关单位：

为进一步规范医疗器械检验工作，提升医疗器械检验机构的检验能力、管理水平、工作质量和效率，国家药品监督管理局组织制定了《医疗器械检验工作规范》，现予印发，请遵照执行。

国家药监局

2019 年 8 月 30 日

医疗器械检验工作规范

第一章 总 则

第一条 为加强医疗器械检验工作，提升医疗器械检验机构（以下简称检验机构）的检验能力和管理水平，提高医疗器械检验工作质量和效率，根据《医疗器械监督管理条例》《检验检测机构资质认定管理办法》《医疗器械检验机构资质认定条件》及相关法律法规文件，制定本规范。

第二条 本规范适用于符合《医疗器械监督管理条例》《检验检测机构资质认定管理办法》《医疗器械检验机构资质认定条件》及相关法律法规规定要求开展医疗器械检验工作的检验机构。

第三条 检验机构开展检验工作应当坚持科学、独立、公正、权威的原则，对检验工作负责，并承担相应法律责任。

第四条 检验机构应当承担相应的社会责任，积极参与医疗器械安全社会共治工作。检验机构在开展常规检验工作的同时，应当优先完成政府相关部门查办医疗器械安全案件和医疗器械突发事件相关检验工作。

检验机构应当建立应急、创新及优先等医疗器械检验的绿色通道和特别程序。

第五条 检验机构应当按照国家有关法律法规规定，落实检验机构环境保护、安全控制和人员健康防护，规范危险品、废弃物、实验动物等的管理和处置，加强安全检查，制定检验事故应急处置程序，保障检验工作安全和公共安全。

第二章 机构和人员

第六条 检验机构应当建立和实施与其开展的检验工作相适应的管理体系。风险管理应当贯穿质量管理全过程，并根据风险程度，采用适当的管理措施，有效应对风险。

第七条 检验机构应当具有与其检验工作相适应的设施和场地，并对其拥有独立支配权和使用权。

相关文件

第八条 检验机构应当获得正确开展实验室活动所需的设备，并对其拥有独立支配权和使用权，规范管理，建立并保持测量结果的计量溯源性。

第九条 检验机构应当确保外部提供的产品和服务的适宜性，建立和保持对检验质量有影响的产品和服务进行选择和购买的程序，制定和落实产品、服务的购买、验收、贮存的制度和标准，并保存对供应商的评价记录和合格供应商名单。

第十条 鼓励和支持检验机构有效利用信息化技术等新科技和数据共享平台，积极开展检验技术、检验设备、标准物质等创新研发工作。

第十一条 检验机构应当建立有关医疗器械的法律法规、政府主管部门公告公示、相关的技术标准等文件的信息库，关注医疗器械安全风险信息和医疗器械行业的发展动态，确保管理体系内部和外部文件的有效。

第十二条 检验机构应当建立信息公示平台，采取公开的方式，公布已获得的检验资质认定、检验能力及范围、工作流程和投诉渠道等信息，接受社会监督。

第十三条 检验机构应当配备与其检验工作相适应的人员，确保其人员的专业领域和数量与检验工作相匹配，规范人员的选择、培训、监督、授权和监控管理。

第十四条 检验机构应当加强对人员有关医疗器械法律法规、标准、规范、操作技能、质量控制要求、实验室安全与防护知识、计量溯源和数据处理知识等方面的培训考核，并建立相应的激励机制，确保其人员能力持续满足工作需求。

第十五条 检验机构人员应当能够按照规定程序开展检验活动，具有按照采用的医疗器械标准/技术文件的要求进行检验和预评价的能力，能够按规定程序判定所检测医疗器械存在的或者潜在的危害，并具有准确评估其风险的能力。

第三章　受理与样品管理

第十六条 检验机构受理样品时，应当获得开展检验工作所需的产品技术要求、技术资料、标准品/参考品及其它辅助用品等信息和物品。

第十七条 检验机构在受理检验申请或者样品检验过程中，发现检验用样品存在虚假等不真实情况的，应当不予受理或者终止检验，并及时报告相关医疗器械监督管理部门。

第十八条 检验机构应当结合医疗器械样品的特点，建立和保持检验样品运输、接收、处置、保护、存储、保留、清理或者返还的管理程序，避免样品的变质、污染、丢失或者损坏。

第十九条 检验机构应当有能够清晰识别样品实物及相关文件的标识系统。适当时，标识系统应当包含一个样品或者一组样品的组成和样品的传递，样品在检验机构负责检验的期间内应当保留该标识。该标识系统应当确保样品在实物上、记录或者其他文件中不被混淆。

第二十条 检验机构应当确保可能对人体或者环境造成危害的医疗器械样品的处置过程安全可控；应当确保废弃的样品不再进入流通环节或者被使用；应当采取相应的安全措施处理废弃物，防止有害物质对人体和环境的危害。

第四章　检　　验

第二十一条 检验机构应当具有依据国家标准、行业标准、补充检验项目和检验方法、产品技术要求等开展检验工作的能力，并具备对委托方提交的产品技术要求进行预评价的能力。医疗器械检验包括注册检验、监督抽查检验、评价性检验、风险监测以及委托检验等。

第二十二条 检验机构应当建立并遵守检验方法管控程序，跟踪检验方法的变化和发展，适时对检验方法进行重新验证或者确认。

第二十三条 检验机构应当建立并保持记录管理程序，确保记录的标识、贮存、保护、检索、保留和处置符合法律和程序要求。检验机构应当确保每一项与检验工作相关活动的记录信息完整、真实、可靠。检验机构应当对与检验工作相关活动的记录归档留存，确保记录可追溯。

第二十四条　检验机构应当按照与委托方签订的合同开展相关工作，经过预评价的产品技术要求和预评价意见随检验报告一同出具给委托方。预评价意见应当至少包含产品技术要求中性能指标的完整性与适用性，检验方法的可操作性和可重复性是否与检验要求相适应，引用标准和条款的完整性、适宜性和适用性等内容。

第二类、第三类医疗器械产品因许可事项变更进行检验时，检验机构应当关注产品技术要求适用性的预评价工作。

第二十五条　检验机构在使用移动设备进行检验和抽样时，应当在适当的技术控制和有效监督下进行，确保满足检验要求。

第二十六条　检验机构承担医疗器械监督抽查检验工作时，应当严格按照监督抽查检验方案及相关工作程序规定开展检验工作。

第二十七条　承担医疗器械监督抽查检验任务的复检机构，应当依据相关法律法规和相关程序规定开展复检工作，并在医疗器械监督管理部门规定的时限内作出复检结论。如无正当理由，检验机构对复检申请或者委托不得推诿。

第二十八条　检验机构承担评价性检验、风险监测或者政府相关部门其他委托检验任务的，应当制定相应的工作程序，实施有针对性的质量控制，严格按照任务委托部门制定的计划、实施方案和指定的检验方法进行检验和提交结果，不得事先告知被抽样单位有关检验和结果等信息，不得瞒报、谎报数据结果，不得擅自对外发布或者泄露数据。

第五章　报告与记录

第二十九条　检验机构应当独立、客观地出具准确、清晰、完整、论证充分、结论明确的检验结果报告，并在报告上加盖检验机构专用章，标注资质认定标志。

第三十条　检验机构对其报告中的信息负责。检验报告应当用字规范，语言简练、准确，幅面整洁，不允许涂改。报告格式应当符合检验报告模板（见附件）的要求。

第三十一条　检验机构应当建立健全包括检验原始记录、检验报告、技术记录、质量管理记录、合同以及标准等涉及检验工作的文件管理制度，并有确保存档材料安全性、完整性的措施。档案保存期限应当符合相关法律法规要求和检验工作追溯需要。

第三十二条　检验机构应当建立电子化或者纸质化的数据控制和信息管理系统，用于收集、处理、记录、报告、存储或者检索数据，其中计算机系统的建设应当遵循国家药品监督管理局已发布的信息化标准，以便于监管信息的互联互通。

检验机构应当建立和保持保护数据完整性和安全性的程序；使用计算机系统创建、更改数据时，应当通过审计追踪功能或者替代方法满足数据可追溯性的要求；纸质数据的归档应当确保安全便于查阅。检验机构应当对计算和数据传送及时进行适当和系统的检查。

第三十三条　检验机构应当建立健全投诉处理制度，及时处理对检验结果的异议和投诉，保存有关记录。

第六章　能力验证及比对试验

第三十四条　能力验证是重要的外部质量评价活动，检验机构有责任和义务寻求并参加能力验证，应当积极参加国家监管机构组织的能力验证。

第三十五条　医疗器械检验机构比对试验是国家药品监督管理部门组织的能力验证活动，用于评价和提高检验机构的能力，加强对检验机构的监督管理。

相关文件

第三十六条 国家药品监督管理部门组织制定比对试验工作规划、年度计划，组织指导比对试验技术交流与培训。

中国食品药品检定研究院（以下简称"中检院"）根据比对试验年度计划，组织制定和实施比对试验实施方案，组织开展比对试验结果的评价工作，并向国家药品监督管理部门报送比对试验总结报告；建立并保存比对试验档案；组织成立比对试验专家组；对检验机构技术能力进行综合评价。

比对试验专家组成员由医疗器械相关专业专家及统计学专家组成，负责对比对试验方案策划、结果评价和其他技术问题向中检院提出意见及建议。

第三十七条 具备比对试验项目检验资质的检验机构必须参加该项目的比对试验。

第三十八条 检验机构在接到样品后应当按照比对试验实施方案的作业指导书、标准进行检验，并在规定时间内将结果报送中检院。中检院根据比对试验实施方案进行结果判定，并组织比对试验专家对判定结果提出技术意见及建议。判定结果分为：满意、可疑和不满意三种。中检院起草比对试验总结报告报送国家药品监督管理部门。

第三十九条 结果被判定为可疑的检验机构应当进行风险分析，制定并实施改进措施，必要时进行整改；结果被判定为不满意的检验机构应当根据比对试验结果进行整改，并向中检院提交整改材料，在整改结束前不得接受该检验项目的检测。

第七章　从业道德规范与纪律

第四十条 检验机构的人员不得同时在两个以上检验机构从业。

第四十一条 检验机构及其人员从事检验工作，应当遵守国家相关法律法规的规定，遵循独立客观、公平公正、诚实信用原则，恪守职业道德，承担社会责任，确保检验数据、结果的真实、客观、准确和可追溯性。

第四十二条 检验机构及其人员应当排除、抵制来自各方面的干扰、利益诱惑和不正当的压力影响，保证检验机构以科学的方法、公正的行为、准确的数据为客户进行服务。

第四十三条 检验机构及其人员不得出具不真实数据和虚假结果的检验报告，不得有以下行为：

（一）与其所从事的检验项目委托方或者利益相关方，存在不正当利益关系；

（二）利用检验数据和结果进行检验工作之外的有偿活动；

（三）从事检验活动之外或者参与与类似的竞争性项目有关系的医疗器械生产、经营、服务活动；

（四）向委托方、利益相关方索取或者接受不正当利益；

（五）泄露检验活动中所知悉的国家秘密、商业秘密和技术秘密；

（六）以广告或者其他形式向消费者推荐医疗器械；

（七）其他影响检验工作独立性、公正性和诚信的活动。

第四十四条 检验机构应当明确各类管理人员、技术人员和关键支持人员职责，建立相应的管理和质量监控机制，并采取必要的措施，对检验工作中出现的违法违纪违规行为，及时纠正，对于情节严重的，应当严肃追责。

第八章　附　　则

第四十五条 本规范由国家药品监督管理局负责解释。

第四十六条 本规范自发布之日起施行。

附：检验报告模板

国家药监局综合司关于明确《医疗器械检验工作规范》标注资质认定标志有关事项的通知

药监综科外函〔2020〕746 号

各省、自治区、直辖市药品监督管理局，新疆生产建设兵团药品监督管理局，各有关单位：

2020 年 9 月 27 日，国家药监局综合司发布了《国家药监局综合司关于明确医疗器械检验检测工作有关事项的通知》（药监综械注函〔2020〕603 号，以下简称《通知》）。根据《通知》要求，现对《国家药监局关于印发医疗器械检验工作规范的通知》（国药监科外〔2019〕41 号）中《医疗器械检验工作规范》第二十九条补充规定如下：

检验机构应当独立、客观地出具准确、清晰、完整的检验报告，并在报告上加盖检验报告专用章。

对于产品技术要求完全采用国家标准、行业标准的，检验机构必须取得该国家标准、行业标准的资质认定，报告封面加盖资质认定标志 CMA 章，并在报告备注中注明。

对于产品技术要求不涉及或部分涉及国家标准、行业标准进行检验并出具报告的，应在检验报告书备注中对承检能力予以自我声明，并承担相应的法律责任。自我声明内容为"该产品技术要求不涉及/部分涉及国家标准、行业标准，不能直接作为资质认定许可的依据，但本实验室对报告涉及的检验项目具备相应的承检能力"。

特此通知。

国家药监局综合司
2020 年 12 月 3 日

相关文件

国家药监局关于印发

医疗器械质量抽查检验管理办法的通知

国药监械管〔2020〕9号

各省、自治区、直辖市药品监督管理局，新疆生产建设兵团药品监督管理局，中国食品药品检定研究院：

　　为加强医疗器械监督管理，规范医疗器械质量抽查检验工作，国家药监局组织修订了《医疗器械质量抽查检验管理办法》，现印发给你们，请遵照执行。

　　原国家食品药品监督管理总局发布的《医疗器械质量监督抽查检验管理规定》（食药监械监〔2013〕212号）和《国家医疗器械抽查检验工作程序》（食药监办〔2014〕213号）同时废止。

国家药监局

2020年3月10日

医疗器械质量抽查检验管理办法

第一章　总　　则

　　第一条　为加强医疗器械质量监督管理，规范医疗器械质量抽查检验工作，根据《医疗器械监督管理条例》规定，制定本办法。

　　第二条　药品监督管理部门在中华人民共和国境内开展医疗器械质量抽查检验工作，适用本办法。

　　第三条　国家药品监督管理局负责组织国家医疗器械质量抽查检验工作。

　　省级药品监督管理部门负责组织实施本行政区域内国家医疗器械质量抽查检验相关工作，负责组织本行政区域内的省级医疗器械质量抽查检验工作。

　　设区的市级、县级人民政府承担药品监督管理职责的部门按照省级药品监督管理部门的统一安排，组织实施本行政区域内医疗器械质量抽查检验相关工作。

　　第四条　中国食品药品检定研究院负责拟订国家医疗器械质量抽查检验计划和方案，按要求组织实施并提供技术指导，负责汇总、分析、报送国家医疗器械质量抽查检验数据，组织开展质量分析和信息共享应用。

　　具有相应检验资质的医疗器械检验机构承担相关检验任务。

　　第五条　医疗器械质量抽查检验，应当遵循科学、规范、合法、公正的原则。

　　第六条　医疗器械注册人、备案人以及从事医疗器械生产、经营、使用活动的单位和个人，应当配合药品监督管理部门组织实施的医疗器械质量抽查检验，不得干扰、阻挠或者拒绝抽查检验工作，不得转移、藏匿医疗器械，不得拒绝提供证明材料或者故意提供虚假资料。

　　对抽查检验发现的不符合规定的产品，医疗器械注册人、备案人以及从事医疗器械生产、经营、使用活动的单位和个人，应当积极采取措施控制风险，保证医疗器械使用安全。

进口医疗器械注册人、备案人应当指定我国境内企业法人作为代理人，配合对进口医疗器械的抽查检验工作。

第七条 国家药品监督管理局组织建立国家医疗器械质量抽查检验信息化管理系统（以下简称国家抽检系统）。省级药品监督管理部门和承检机构应当按照规定，通过国家抽检系统及时报送国家医疗器械质量抽查检验和省级医疗器械质量抽查检验相关数据。

省级药品监督管理部门应当加强本行政区内医疗器械质量抽查检验工作的信息化建设。

第二章 计划方案

第八条 国家药品监督管理局和省级药品监督管理部门应当在每年第一季度制定年度医疗器械质量抽查检验计划，按照目标明确、重点突出、统筹兼顾的要求安排医疗器械质量抽查检验工作。

省级药品监督管理部门制定的医疗器械质量抽查检验计划，应当与国家医疗器械质量抽查检验计划目标一致、各有侧重、互为补充、避免重复。

根据监管情况的变化，组织抽查检验的药品监督管理部门可以对医疗器械质量抽查检验计划进行调整。

第九条 国家医疗器械质量抽查检验将以下医疗器械作为重点：

（一）安全风险性高，需要重点监管的；

（二）临床用量大、使用人群和使用范围广的；

（三）投诉举报较多、舆情关注度高的；

（四）不良事件监测提示可能存在质量问题的；

（五）产品质量易受储存运输条件影响的；

（六）其他监管需要的。

省级医疗器械质量抽查检验将以下医疗器械作为重点：

（一）本行政区域内注册或者备案的产品；

（二）未列入国家医疗器械质量抽查检验品种，且产品安全风险较高的；

（三）列入上一年抽查检验计划但实际未抽到的；

（四）既往抽查检验不符合规定的；

（五）日常监管、不良事件监测等发现可能存在质量问题的；

（六）其他监管需要的。

第十条 组织医疗器械质量抽查检验的部门应当根据计划制定抽查检验方案，主要包括以下内容：

（一）检验品种和拟抽查企业范围；

（二）检验依据和检验项目；

（三）承担检验和复检的检验机构。

第三章 检查抽样

第十一条 组织实施医疗器械抽样的药品监督管理部门可以根据上级药品监督管理部门制定的计划和抽查检验方案，结合实际情况，制定本行政区域内抽查检验实施方案。

第十二条 药品监督管理部门可以自行抽样，也可以委托具有相应工作能力的医疗器械监管技术机构抽样。

第十三条 抽样人员应当熟悉医疗器械专业知识和医疗器械管理相关法律法规。

抽样人员执行现场抽样任务时不得少于 2 人，应当向被抽样单位出示抽样工作证明文件和抽样人员身份证明文件。原则上同一人不应当同时承担当次抽样和检验工作。

第十四条 抽样人员在执行抽样任务时，应当核查被抽样单位的证照信息。发现未经许可从事生产、经营活动的，生产经营无证医疗器械等违法行为，应当终止本次抽样，将有关情况通报具有管辖权的药品监管部门依法处置。抽样人员可以通过拍照、录像、录音等方式对现场检查情况进行记录。

第十五条 抽样场所应当由抽样人员根据被抽样单位类型确定。从生产环节抽样的，一般在医疗器械注册人、备案人或者受托生产企业的成品仓库进行；从经营环节抽样的，一般在经营企业的医疗器械仓库或者零售企业的营业场所进行；从使用单位抽样的，一般在医疗器械库房进行；从互联网交易环节抽样的，一般在与线上一致的线下医疗器械仓库进行。

第十六条 抽取的样品应当是已经验收合格入库的待销售（使用）产品，并经被抽样单位确认。样品应当随机抽取，不得由被抽样单位自行选择提供。

第十七条 有下列情形之一的，原则上不属于抽样范围：

（一）被抽样单位无抽检方案所列产品；

（二）有充分证据证明拟抽样产品是用于科学研究等非销售目的；

（三）有充分证据证明拟抽样产品为企业仅用于出口；

（四）产品或者包装、标签、说明书标有"试制"、"样品"等字样。

第十八条 抽样人员应当索取抽查检验所需的资料和配套必需品。被抽样单位应当予以配合，主动提供以下材料：

（一）产品注册证复印件 / 备案凭证复印件；

（二）经注册或者备案的产品技术要求；

（三）生产经营使用有关记录；

（四）开展检验所需配套必需品。

第十九条 在医疗器械经营或者使用单位抽样时，抽样人员应当与被抽样单位共同填写资料和配套必需品清单，由被抽样单位寄送至样品标示的医疗器械注册人、备案人或者进口产品代理人，并通知其按文书要求向相关检验机构提供资料和配套必需品。

对逾期不配合的，承检机构应当及时书面通知医疗器械注册人、备案人或者进口产品代理人所在地省级药品监督管理部门。省级药品监督管理部门应当予以督促。

第二十条 抽样人员应当使用专用封签现场签封样品，按要求填写医疗器械抽样记录及凭证，并分别由抽样人员和被抽样单位有关人员签字，加盖抽样单位和被抽样单位有效印章。

被抽样单位拒绝签字或者盖章时，抽样人员应当在医疗器械抽样记录及凭证上注明并签字。

第二十一条 被抽样单位因故不能提供样品的，应当说明原因并提供有关证明材料。抽样人员应当填写相关记录。抽样人员查阅有关生产、销售及使用记录后，可以组织对该单位再次抽样或者追踪到其他环节抽样。相应单位所在地负责药品监督管理的部门应当配合。

第二十二条 抽样单位应当按规定时限将样品、抽样文书及相关资料送达至承检机构。

抽取的样品应当按照其规定的储运条件进行储存和运输。

第二十三条 抽样人员在抽样过程中不得有下列行为：

（一）样品签封后擅自拆封或者更换样品；

（二）泄露被抽样单位商业秘密或者技术秘密；

（三）其他影响抽样公正性的行为。

第四章　检验管理和报告送达

第二十四条 承检机构应当对所承担的抽查检验工作负责，按照医疗器械检验工作规范和相关技术规范开展检验工作。

第二十五条　承检机构应当对送检样品的外观、状态、封签、包装等可能影响检验结果的情况，以及抽样凭证、防拆封措施、签字盖章等情况进行核对，确认无误后予以签收。

对存在可能影响检验结果判定的，承检机构应当拒绝接收，向抽样单位说明理由，退返样品，并向组织抽查检验工作的药品监督管理部门报告。

第二十六条　检验应当严格按照抽检方案规定的依据、项目、方法和工作要求执行。

检验过程中遇有样品失效或者其他情况致使检验无法进行的，承检机构应当如实记录，提供充分的证明材料，并将有关情况报送至组织抽查检验工作的药品监督管理部门。

第二十七条　除抽检计划另有规定外，承检机构原则上应当自收到样品之日起40个工作日内出具检验报告；特殊情况需延期的，应当报组织抽查检验工作的药品监督管理部门批准。

第二十八条　承检机构应当对出具的检验报告负责。检验报告应当格式规范、内容真实齐全、数据准确、结论明确。

检验原始记录、检验报告的保存期限不少于5年。

第二十九条　承检机构应当按照规定时间寄送检验报告。检验结果为不符合规定的，应当在检验报告出具后2个工作日内将检验报告和相关材料寄送至被抽样单位所在地省级药品监督管理部门和标示医疗器械注册人、备案人或者进口产品代理人所在地省级药品监督管理部门。

药品监督管理部门应当自收到检验结论为不符合规定的检验报告之日起5个工作日内组织将检验报告送达本辖区内被抽样单位和标示医疗器械注册人、备案人，进口产品的相关检验报告应送达至其代理人。

第三十条　在国家医疗器械质量抽查检验过程中，标示医疗器械注册人、备案人或者进口产品代理人认为所抽样品非其产品的，应当自其收到不符合规定的检验报告之日起7个工作日内，向其所在地省级药品监督管理部门提供充分准确的证明材料，所在地省级药品监督管理部门应当组织调查核实。未能按时向省级药品监督管理部门提交材料的，视为标示医疗器械注册人、备案人确认所抽样品为其产品。

经省级药品监督管理部门调查核实确非标示医疗器械注册人、备案人的产品的，由企业所在地省级药品监督管理部门报告国家药品监督管理局，并通报被抽样单位所在地省级药品监督管理部门。

对查实确非标示医疗器械注册人、备案人的产品的，被抽样单位所在地药品监督管理部门和标示医疗器械注册人、备案人或者进口产品代理人所在地药品监督管理部门应当相互配合，共同核查问题产品来源。

第三十一条　检验结果为符合规定的，样品应当在检验报告印发3个月后及时退还被抽样单位。样品因检验造成破坏或者损耗而无法退还的，应当向被抽样单位说明情况。检验结果为不符合规定的，样品应当在检验结果通告发布满3个月后退还至医疗器械注册人、备案人或者进口产品代理人所在地省级药品监督管理部门。

相关药品监督管理部门和被抽样单位应当在规定时限内接收样品。逾期不配合的，样品可由检验机构自行处理。

第五章　复检处置

第三十二条　被抽样单位或者标示医疗器械注册人、备案人或者进口产品代理人对检验结果有异议的，可以自收到检验报告之日起7个工作日内优先向检验方案中推荐的复检机构提出复检申请。复检机构无正当理由不得拒绝。逾期提出申请的，检验机构不再受理。

第三十三条　申请复检应当提交以下资料：

（一）加盖申请单位公章的复检申请表及授权书；

（二）原检验报告全本复印件；

（三）经办人身份证明；

（四）自收到检验报告之日起 7 个工作日内提出复检申请的时限证明资料；

（五）其他需要说明的资料。

第三十四条 复检机构应当在收到复检申请之日起对资料进行审核，3 个工作日内做出是否受理的书面决定，并于做出书面决定当日报告组织抽查检验的药品监督管理部门。有下列情形之一的，不予受理复检申请：

（一）抽检方案中规定不予复检的检验项目；

（二）样品不能满足复检需要量、超过效期或者效期内不足以完成复检的；

（三）未在规定期限内提出复检申请或者复检已被受理的；

（四）不按规定预先支付复检费用的；

（五）特殊原因导致留存样品无法实现复检目的的。

第三十五条 复检机构应当在做出受理决定之日起 3 个工作日内向原检机构发出调样通知，原检机构应当在收到调样通知后 5 个工作日内提供样品。

双方检验机构应当按照产品储存运输条件审慎稳妥转移样品。

第三十六条 复检仅针对原检不符合规定项目，应当按照原抽检方案规定的检验要求和判定原则出具检验报告。原则上不得引入新的样品和资料。

复检机构一般应当在收到复检样品后 15 个工作日内做出复检结论，并自检验报告印发之日起 2 个工作日内，将检验报告寄送给标示医疗器械注册人、备案人或者进口产品代理人所在地省级药品监督管理部门，以及被抽样单位所在地省级药品监督管理部门、复检申请人、原检机构。特殊情况需要延期的，应当报请组织抽查检验工作的药品监督管理部门批准。

复检机构出具的复检结论为最终检验结论。

第三十七条 复检申请人应当向复检机构预先支付复检费用。复检结论与原检验结论不一致的，复检费用由原检机构承担。

国务院有关部门或者省级人民政府有关部门另有特殊规定的，从其规定。

第六章 监督管理

第三十八条 医疗器械注册人、备案人和被抽样单位获知产品不符合规定后，应当履行以下义务：

（一）实施产品召回并发布召回信息；

（二）立即深入进行自查，分析原因，进行风险评估；

（三）根据调查评估情况采取必要的风险控制措施。

申请复检期间，应当继续实施对不符合规定产品的风险控制措施。

第三十九条 对涉及的相关单位具有管辖权的药品监督管理部门应当对抽查检验中发现的不符合规定结果及其他问题进行调查处理。符合立案条件的，要按规定立案查处，并按要求公开查处结果。涉嫌犯罪的，依法移交司法机关处理。同时，督促被抽样单位和标示医疗器械注册人、备案人履行相关义务。

复检期间，不影响对不符合规定产品的调查与控制。

第四十条 承检机构在检验过程中发现下列情形时，应当立即将相关信息书面通知标示医疗器械注册人、备案人或者进口产品代理人所在地省级药品监督管理部门，同时抄送组织医疗器械抽查检验的药品监督管理部门：

（一）存在严重质量安全风险需立即采取控制措施的；

（二）涉嫌违法违规生产行为的；

（三）同一企业多批次产品检验不符合规定，质量体系可能存在严重问题的。

标示医疗器械注册人、备案人或者进口产品代理人所在地省级药品监督管理部门应当立即组织对相关情况进行调查核实，及时采取相应风险控制措施并依法进行查处。

第四十一条　医疗器械注册人、备案人、进口产品代理人以及从事医疗器械生产、经营和使用的单位和个人无正当理由拒绝接受抽查抽检的，由组织医疗器械抽查检验的药品监督管理部门向社会公告。负责药品监督管理的部门应当将有关情况录入信用档案，增加监督检查频次。

第四十二条　参与抽查检验工作的单位和个人，应当依法规范工作行为，不得出现以下违反法律、法规和有关纪律要求的情形：

（一）擅自发布抽查检验信息；

（二）泄露抽查检验样品的有关资料；

（三）接受被抽查检验单位的馈赠；

（四）利用抽查检验工作之便牟取其他不正当利益。

第四十三条　省级以上药品监督管理部门负责对本部门组织开展的医疗器械质量抽查检验结果的信息公开工作。

未经批准，任何单位和个人不得擅自公布抽查检验信息。

医疗器械质量抽查检验结果公开不当的，应当自确认公开内容不当之日起 5 日内，在原公开范围内予以更正。

对可能产生重大影响的医疗器械抽查检验信息，发布部门在质量公告发布前，应当进行评估研判。信息发布按照政府信息公开有关规定执行。

第四十四条　药品监督管理部门应当充分利用国家抽检系统中的数据，开展汇总分析，及时发现医疗器械安全系统性风险，及时消除区域性医疗器械安全隐患。

第七章　附　　则

第四十五条　根据医疗器械监管工作需要，药品监督管理部门可适时组织开展专项抽查检验，相关工作可参照本办法执行。

第四十六条　因监督检查、监测评价、稽查执法等工作需要开展抽样、检验的，不受抽样数量、地点、样品状态等限制，具体程序可参照本办法执行。

第四十七条　本办法自发布之日起施行。《医疗器械质量监督抽查检验管理规定》（食药监械监〔2013〕212 号）和《国家医疗器械抽查检验工作程序》（食药监办〔2014〕213 号）同时废止。

相关文件

国家药监局综合司关于印发国家医疗器械
质量抽查检验工作程序的通知

药监综械管〔2021〕46号

各省、自治区、直辖市药品监督管理局，新疆生产建设兵团药品监督管理局，中国食品药品检定研究院：

为规范国家医疗器械质量抽查检验工作，依据《医疗器械监督管理条例》和《医疗器械质量抽查检验管理办法》（国药监械管〔2020〕9号），国家药监局组织起草了《国家医疗器械质量抽查检验工作程序》，现予印发，请遵照执行。

附件：国家医疗器械质量抽查检验工作程序

国家药监局综合司
2021年4月12日

附件

国家医疗器械质量抽查检验工作程序

为规范国家医疗器械质量抽查检验（以下简称国家医疗器械抽检）工作，根据《医疗器械监督管理条例》（以下简称《条例》）和《医疗器械质量抽查检验管理办法》（以下简称《办法》），制定《国家医疗器械质量抽查检验工作程序》（以下简称《工作程序》）。

本《工作程序》适用于国家药品监督管理局（以下简称国家局）组织的国家医疗器械抽检工作。

一、方案制定

（一）国家药品监督管理局医疗器械监督管理司（以下简称国家局器械监管司）根据工作需要，结合国家局相关司局和直属单位、各省（自治区、直辖市）药品监督管理部门和新疆生产建设兵团药品监督管理部门（以下统称各省级药品监督管理部门）、相关医疗器械检验机构提出的抽检品种意见和建议，组织遴选抽检品种。依照《办法》规定的原则确定抽检品种名单，组织制定国家医疗器械质量抽查检验方案（以下简称抽查检验方案）。

（二）中国食品药品检定研究院（以下简称中检院）结合相应标准归口、标准起草复核、注册检验分布、监督检验经验等，确定抽检品种检验工作的牵头单位（以下简称牵头单位）。

（三）中检院组织牵头单位依照《国家医疗器械抽检承检申请及确定流程》（附1），确定抽检品种检验工作的参与单位（以下简称参与单位）。确定原则为能够充分发挥检验力量、能力优先、双向选择。牵头单位作为抽检品种检验工作的技术支持单位，应当认真履行职责，严把参与单位推荐关。

（四）牵头单位应当按照抽样方案和检验方案等编写规则起草抽查检验方案。抽查检验方案应当结合抽检品种的特性和实际监管需要，对抽样所应当覆盖的各个环节、各类场所、抽样数量等进行科学设计；应当坚持问题导向原则，选择风险较高、生产质控难度较大、问题多发的检验项目制定检验方案。

牵头单位应当立足监管需要，坚持问题导向，科学合理设计探索性研究方案。

（五）中检院组织专家论证抽查检验方案，牵头单位应当根据专家意见修改完善。

（六）中检院组织检验机构对各品种抽查检验方案进行形式审核，相关检验机构应当认真配合。中检院将最终确定的抽查检验方案报送至国家局器械监管司。

（七）国家局器械监管司审核后印发抽查检验方案。

（八）抽查检验方案确定后，相关单位应当立即组织完成以下事项：

1. 牵头单位应当严格按照已经确定的抽查检验方案，组织开展《国家医疗器械抽检项目任务书》（附2，以下简称《任务书》）的填报，不得随意改动抽查检验方案。《任务书》填写后，牵头单位应当组织该品种所有承检机构流转盖章，并将盖章后的《任务书》扫描件上传至国家医疗器械抽检信息系统（以下简称国家抽检系统）。原件由牵头单位至少保存5年。

2. 牵头单位应当组织开展抽样培训视频的录制工作。

3. 中检院应当按照国家局器械监管司有关要求，根据抽查检验方案，组织编制培训材料。

（九）中检院应当加强国家抽检系统的开发维护和国家医疗器械抽检工作专家库的建设。

（十）中检院、各省级药品监督管理部门和相关医疗器械检验机构应当对国家抽检系统使用进行严格管理。各省级药品监督管理部门、相关医疗器械检验机构应当明确本辖区、本单位负责国家抽检系统使用管理的部门和责任人，建立登陆介质和账户权限的管理台账，严格使用登记，将国家抽检系统的使用工具和使用要求作为工作变动交接事项。

二、组织实施和抽样

（一）各省级药品监督管理部门应当根据国家医疗器械质量抽查检验方案，发布公文明确本辖区内承担抽样工作的单位。各省级药品监督管理部门应当根据工作需要，以适当形式组织开展本辖区抽样人员的培训，加强对抽样人员的管理和廉政教育，加强职业安全教育，并做好抽样信息现场录入的硬件保障和支持。

（二）抽样人员实施现场抽样，应当登录国家抽检系统，填写《医疗器械抽样记录及凭证》（附3，以下简称《抽样记录凭证》）并打印加盖抽样用印章，经被抽样单位确认签字后加盖被抽样单位公章，并使用《医疗器械抽样封签》（附4）签封样品。确因条件限制无法现场录入的，抽样人员应当现场按照要求填写纸质《抽样记录凭证》，并在抽样之日起2个工作日内将抽样信息录入国家抽检系统。

（三）抽样人员应当查阅有关生产、购进、销售、使用记录。对于无正当理由拒绝接受抽查检验的，应当严格依照《办法》第四十一条规定加强监管。

（四）在医疗器械注册人、备案人或者进口产品代理人处抽样，被抽样单位因故不能提供样品的，依照《办法》第二十一条规定，可以再次抽样或者追踪到其他环节抽取原计划抽样产品。多次抽样仍未抽到样品的，由原计划的被抽样单位说明原因，并提供有关书面证明材料，填写《未能提供国家医疗器械抽检样品的证明》（附5，以下简称《未能提供样品证明》），加盖被抽样单位公章。相关医疗器械注册人、备案人或者进口产品代理人已经注销的，由抽样单位代章。

在除进口产品代理人以外的经营单位或者使用单位抽样，被抽样单位因故不能提供样品的，依照《办法》第二十一条规定，可以再次抽样、追踪到其他环节抽样、在任务原计划环节选择其他被抽样单位抽样。多次抽样仍未抽到样品的，由最后一家被抽样单位说明原因，并提供有关书面证明材料，填写《未能提供样品证明》，加盖被抽样单位公章。

《未能提供样品证明》由抽样单位将必要信息录入国家抽检系统，原件由各省级药品监督管理部门留存备查。

（五）在医疗器械注册人、备案人或者进口产品代理人处抽样时，应当依照《办法》第十八条规定索取抽查检验所需的资料和配套必需品。

在除进口产品代理人以外的经营单位或者使用单位抽样时，应当依照《办法》第十九条规定，由抽样人员和被抽样单位共同填写《国家医疗器械抽检所需资料和配套必需品清单》（附6，以下简称《清单》），并由被抽样单位在抽样之日起1个工作日内寄出《清单》。抽样单位应当在抽样之日起5个工作日内将《清单》邮寄信息上传至国家抽检系统。除依照《办法》第十九条规定的要求寄送《清单》外，还应当由抽样单位将《清单》复印件随样品寄送至承检机构。

医疗器械注册人、备案人或者进口产品代理人应当在收到《清单》之日起15个工作日内根据《清单》所示，将抽检所需资料和配套必需品寄送至相关承检机构。逾期不配合的，应当依照《办法》第十九条规定予以督促。经督促仍不配合的，应当依照《办法》第四十一条规定进行处理。若受其他外力因素影响（如疫情、境外采购或者配送、承运问题等），经与相关承检机构沟通后，在不影响规定时限内出具检验报告的前提下，可以适当延长寄送时限。

（六）抽样过程中遇有技术问题的，抽样单位可以及时与被抽样单位、承检机构和该品种牵头单位沟通。承检机构应当为抽样工作提供技术支持，确保所抽样品符合抽样要求。

（七）样品应当在抽样之日起5个工作日内寄出，抽样单位应当将样品邮寄信息同步上传至国家抽检系统。抽样单位应当认真做好样品寄送工作，保证样品按照适宜条件及时送达承检机构。对于有特殊储存、运输要求的样品，可以由被抽样单位协助提供运输，运输费用由抽样单位承担。

为了提醒承检机构妥善及时接收样品，抽样单位应当在样品寄送最外层包装加贴《医疗器械抽样封签》，保证到达承检机构时信息清晰、可辨认。承检机构应当安排专人及时接收样品，对于有特殊储存、运输要求的样品，应当提前做好接收准备，特别是对于节假日期间的样品接收工作应当提前做出安排。

（八）所抽样品不符合抽样要求的，承检机构应当在收到样品之日起5个工作日内与抽样单位联系协商。抽样单位应当在接到承检机构的联系后2个工作日内确认退返样品相关事宜。承检机构应当于退返样品相关事宜确定后的5个工作日内将样品退返，并承担退返样品费用。

（九）各省级药品监督管理部门应当按照抽查检验方案规定的品种、环节、场所、数量等要求组织落实抽样工作，并密切关注抽样工作进展。

（十）抽样过程中如遇到抽样单位和承检机构难以协调处理的情况，应当及时与中检院技术监督中心沟通。需要国家局协调解决的，中检院技术监督中心应当及时报告国家局器械监管司。

三、检验工作

（一）承检机构应当在规定时间内，严格依照《办法》和抽查检验方案的要求开展检验工作。

（二）承检机构应当及时核对抽检样品，发现以下问题的，应当及时联系相关单位协调解决，相关单位应当认真配合：

1. 对于在医疗器械注册人、备案人、受托生产企业或者进口产品代理人处抽到的样品，发现抽查检验方案中规定的抽检所需资料和配套必需品等索取不正确或者不完全的，应当及时联系抽样单位补齐。

2. 对于在除进口产品代理人以外的经营单位或者使用单位抽到的样品，发现抽查检验方案中规定的抽检所需资料和配套必需品等索取不正确或者不完全的，应当首先联系抽样单位，由其确认被抽样单位是否已将《清单》等寄送至医疗器械注册人、备案人或者进口产品代理人，并确认是否已经通知到上述单位。若获得肯定答复，承检机构应当书面通知其所在地省级药品监督管理部门负责督促。

3. 发现《抽样记录凭证》、国家抽检系统中样品信息等与实物不一致的，应当及时联系相关省级药品监督管理部门并及时在国家抽检系统中更正。国家抽检系统如实记录相关更正过程和信息。修改记录作为《抽样记录凭证》的补充，与《抽样记录凭证》合并使用。

4. 依照《办法》第二十五条规定，承检机构发现样品不符合抽样要求且需要退返的，退返理由应当充分，并在退返同时将有关信息填报至国家抽检系统，相关证据材料留存备查。存在违规退返样品的，追究相关承检机构责任。

（三）牵头单位在检验过程中，应当与参与单位密切沟通联系，掌握检验进展，加强相关指导：

1. 组织参与单位开展技术讨论，确保标准理解、判定原则以及检验报告等符合法律法规、技术规范等要求；

2. 明确样品检验量、留样量以及样品使用注意事项，防止留样不足；

3. 组织参与单位开展探索性研究；

4. 认真解答参与单位提出的有关技术问题。

（四）参与单位应当认真参加牵头单位组织的承检品种的相关技术讨论，并配合完成承检品种的探索性研究。

检验过程中如遇技术性问题，参与单位应当及时研判，形成明确的技术意见，独立自主出具检验报告。

检验过程发现产品技术要求与标准明显矛盾，且影响进一步检验的，可以终止检验，由承检机构向标示医疗器械注册人、备案人或者进口产品代理人所在地省级药品监督管理部门书面发出国家

相关文件

医疗器械抽检重大质量安全风险提示，同时抄送国家局器械监管司和中检院技术监督中心。

有源设备的初次检验无法正常开机的，可以允许标示医疗器械注册人、备案人或者进口产品代理人现场调试。

（五）检验报告内容首页应当包括样品本身及抽样涉及的各项基本信息，确保该批样品真实、唯一、可追溯。"委托方"填写"国家药品监督管理局"；"供样单位"或者"抽样单位"填写省级药品监督管理部门名称；"检验依据"严格按照抽查检验方案填写；检验报告内页包括检验项目、标准条款、标准要求、检验结果、单项结论等信息；检验报告应当包括样品照片。照片应当清晰显示产品外观、外部结构、主要组成和各项标识信息，特别是产品注册人、备案人、进口代理人、受托生产企业、生产日期、批号、出厂编号、规格型号等有关信息。被检样品为进口产品的，检验报告中应当说明该产品的进口代理人及其所在省份。

（六）承检机构应当在规定的时限内按照检验报告规范及时准确出具检验报告，同时将检验信息（包括不符合规定项目说明等）录入国家抽检系统。

承检机构应当按照强制性标准、经注册或者备案的产品技术要求进行检验，并按规定出具检验报告。

对于产品技术要求完全采用国家标准、行业标准的，检验机构必须取得该国家标准、行业标准的资质认定，报告封面加盖资质认定标志 CMA 章，并在报告备注中注明。

对于产品技术要求不涉及或者部分涉及国家标准、行业标准进行检验并出具报告的，应在检验报告书备注中对承检能力予以自我声明，并承担相应的法律责任。自我声明内容为"该产品技术要求不涉及 / 部分涉及国家标准、行业标准，不能直接作为资质认定许可的依据，但本实验室对报告涉及的检验项目具备相应的承检能力"。

（七）对于在医疗器械注册人、备案人、受托生产企业或者进口产品代理人处抽到的样品，承检机构应当做到样品随收随检、检验报告随出随录。对于在除进口产品代理人以外的经营单位或者使用单位抽到的样品，承检机构应当根据抽查检验方案中规定的抽检所需资料和配套必需品索取情况，参照上述要求完成检验。

（八）承检机构出具虚假检验报告的，依照《条例》有关规定处理。

（九）对风险监测抽检品种也应当根据抽查检验方案出具检验报告。风险监测抽检发现不符合检验方案的，检验机构应当向相关省级药品监督管理部门出具《国家医疗器械抽检风险监测抽检结果提示函》(附 7，以下简称《提示函》)，通过其将风险监测抽检结果转达至标示医疗器械注册人、备案人或者进口产品代理人。检验报告作为《提示函》的附录。《提示函》和相应检验报告通过国家抽检系统传递。

（十）承检机构在检验过程中发现《办法》第四十条所列情形的，应当立即向标示医疗器械注册人、备案人或者进口产品代理人所在地省级药品监督管理部门书面发出国家医疗器械抽检重大质量安全风险提示，同时抄送国家局器械监管司和中检院技术监督中心。

（十一）承检机构应当在整个检验过程中注意收集每批样品在企业质量管理体系、产品技术要求和标准等方面可能存在的影响产品安全性、有效性的潜在风险因素（以下简称产品潜在风险点）。

牵头单位应当按照统一部署和要求，组织参与单位研究抽检过程中发现的产品潜在风险点，并组织参与单位按照抽查检验方案规定的时限要求录入国家抽检系统。

（十二）依照《办法》第三十一条规定，各相关单位应当在检验机构与相关省级药品监督管理部门或者被抽样单位取得联系后 15 个工作日内完成样品退还。

四、复检工作

（一）复检工作应当严格依照《办法》的要求执行。复检申请人不得就同一检验报告重复提出复检申请。检验机构做出接受复检的决定后，复检申请人不可撤销申请。

（二）复检申请人自收到检验报告之日起（不含当日）7个工作日内提出复检申请时，应当填写《国家医疗器械抽检复检申请表》（附8），并提交《国家医疗器械抽检结果送达告知书》（附9，以下简称《送达告知书》）复印件等在《办法》第三十三条中所规定的资料。

（三）检验机构收到复检申请时，应当确认本单位是否具有相应产品和检验项目的检验资质能力，严格依照《办法》第三十四条规定，决定是否接受复检申请，并在3个工作日内（含收到复检申请当日）出具《国家医疗器械抽检复检通知书》（附10，以下简称《通知书》）。抽查检验方案中的推荐复检机构原则上不得拒绝复检，确有特殊原因的，应当在出具《通知书》前向组织抽查检验工作的部门书面报告。

（四）检验机构应当在做出接受复检的决定当日内通知到复检申请人。复检申请人应当于检验机构做出相应决定之日起5个工作日内向复检机构预先支付复检费用，同时领取《通知书》。逾期不交的，复检机构有权取消复检并通知原检机构。因未支付复检费用而取消复检的，对该批原检报告不得再次申请复检。若申请，原检机构应当拒绝调样，并向检验机构书面说明原因。

检验机构应当在做出同意复检决定当日内联系到原检机构，并同时提供已获其盖章的《通知书》扫描件。

（五）检验机构应当在做出拒绝复检决定当日内通知到复检申请人，并将《通知书》交付给复检申请人。

（六）原检机构应当将首先收到的《通知书》相关信息于收到当日内录入国家抽检系统，同时将《通知书》扫描件上传至国家抽检系统。原检机构应当根据该机构出具的调样通知发送样品，并向其复函告知复检报告传递要求。样品运输费用由原检机构承担。

（七）复检机构在检验过程中应当与原检机构充分沟通。

（八）复检结论与原检结论一致的，复检费用由复检申请人承担。复检结论与原检结论不一致的，复检费用由原检机构承担。复检申请人应当持复检报告和相关支付凭证，向原检机构申请报销费用。原检机构应当在收到报销费用请求后15个工作日内完成报销。

（九）依照《办法》第三十一条规定，各相关单位应当在复检机构与相关省级药品监督管理部门或者被抽样单位取得联系后15个工作日内完成样品退还。

五、检验结果传递

（一）承检机构出具的电子检验报告与出具的纸质检验报告具有同等法律效力。国家医疗器械抽检的原检报告原则上应当为电子检验报告，遇特殊情况无法出具电子检验报告的，承检机构应当提前报告中检院技术监督中心。

若出具纸质原检报告，应当使用彩色扫描件传递，传递过程参考电子检验报告。原检机构应当保存纸质原件至少5份，供有关方面书面来函索取或者借用，同时还应当保存纸质原件至少1份，保存期限均不少于5年。

（二）承检机构在传递电子检验报告前，应当上传《抽样记录凭证》，与电子检验报告等同步传递。

（三）承检机构应当在电子检验报告签发之日起2个工作日内，将电子检验报告上传至国家抽检系统，在国家抽检系统中将电子检验报告发送至被抽样单位所在地省级药品监督管理部门、医疗器械注册人备案人或者进口产品代理人所在地省级药品监督管理部门。承检机构应当通过产品标识、《抽样记录凭证》以及监管部门提供的查询渠道等，确定进口产品代理人及其所在省份。

（四）各省级药品监督管理部门应当指定专人作为国家医疗器械抽检检验报告送达等工作的联系人，并将联系信息依照《相关工作联系人填报表》（附11）的要求填报至国家抽检系统。人员变动

相关文件

时，应当及时通知中检院技术监督中心，并在国家抽检系统中更新。

各省级药品监督管理部门应当根据工作需要和当地实际，在国家抽检系统内做好省级以下从事检验报告送达工作的机构人员的权限信息设置管理。

（五）各省级药品监督管理部门收到电子检验报告后，应当在规定时间内组织将电子检验报告等送达相关单位或者个人。结果为不符合规定的检验报告应当在 5 个工作日内送达，需要送达的材料包括电子检验报告或者纸质化的电子检验报告 1 份、《抽样记录凭证》1 份、《送达告知书》1 份。

结果为符合规定的检验报告应当在 20 个工作日内送达，需要送达的材料包括电子检验报告或者纸质化的电子检验报告 1 份、《抽样记录凭证》1 份。

送达被抽样单位、医疗器械注册人、备案人或者进口产品代理人（以下统称行政相对人）时间距离检验报告签发时间异常的，国家局将予以调查并追究相关单位责任。

（六）行政相对人须在《送达告知书》签字盖章。

（七）将《送达告知书》送达至行政相对人的药品监督管理部门，应当在送达后的 2 个工作日内，将已获得行政相对人签字盖章的《送达告知书》扫描件上传至国家抽检系统，同时录入送达时间。

（八）依照《办法》第三十条规定，对于标示医疗器械注册人、备案人或者进口产品代理人认为所抽样品非其产品的，具有管辖权的药品监督管理部门应当自收到被抽样单位所在地省级药品监督管理部门提供的材料起 30 个工作日内完成调查核实，确认核实结果，书面报送至国家局器械监管司，同时抄送被抽样单位所在地省级药品监督管理部门和中检院技术监督中心。

（九）复检报告为电子检验报告的，复检机构应当在复检报告出具后 2 个工作日内将复检报告发送至复检申请人、原检机构、被抽样单位所在地省级药品监督管理部门、医疗器械注册人备案人或者进口产品代理人所在地省级药品监督管理部门。原检机构在收到后 2 个工作日内将复检报告通过国家抽检系统发送至中检院技术监督中心。

复检报告为纸质检验报告的，复检机构应当在复检报告出具后 2 个工作日内将复检报告寄送给复检申请人、原检机构、被抽样单位所在地省级药品监督管理部门、医疗器械注册人备案人或者进口产品代理人所在地省级药品监督管理部门各一份。原检机构在收到后 2 个工作日内将复检报告彩色扫描件通过国家抽检系统发送至中检院技术监督中心。

被抽样单位所在地省级药品监督管理部门、医疗器械注册人备案人或者进口产品代理人所在地省级药品监督管理部门应当在收到复检报告之日起 5 个工作日内组织送达（复检申请人收到复检报告的时间以实际第一次收到计算）。

（十）原检机构应当在收到复检报告之日起 2 个工作日内将单项复检结果等信息录入国家抽检系统。

（十一）《提示函》和相应检验报告的传递要求参照上述规定执行。

六、异议申诉

（一）行政相对人对检验方法、判定依据等存在异议，且无法通过复检进行验证的，应当自收到检验报告起 10 个工作日内向所在地省级药品监督管理部门提出异议申诉书面申请，填写《国家医疗器械抽检异议申诉收到回执》（附 12，以下简称《异议申诉收到回执》）中"申请人情况"、"申请异议申诉情况"并加盖公章，同时提交相关证明材料。逾期未提出异议或者未提供有效证明材料的，视为行政相对人认可该检验结果。

（二）行政相对人所在地省级药品监督管理部门应当在收到异议申诉书面申请时填写《异议申诉收到回执》剩余部分，并在 2 个工作日内，将该《异议申诉收到回执》扫描件、行政相对人书面提交的异议申诉材料扫描件上传至国家抽检系统，同时录入《异议申诉收到回执》中填写的该异议申诉书面申请的收到时间等必要信息。

（三）行政相对人收到检验报告 12 个工作日后，国家抽检系统仍未收到《异议申诉收到回执》等相关材料的，该批产品异议申诉材料上传通道予以关闭。

（四）相关省级药品监督管理部门应当在收到该异议申诉书面申请后 15 个工作日内进行调查核实、确认核实结果、提出处理建议，出具公文并将扫描件上传至国家抽检系统。相关省级药品监督管理部门调查核实后，对相关异议申诉不予支持的，应当向申请人出具公文，并将扫描件上传至国家抽检系统。

相关省级药品监督管理部门未进行调查核实、未确认核实结果和提出处理建议的，有关材料不予办理。

（五）中检院技术监督中心应当组织开展异议申诉专家审议，提出处理意见，并将异议申诉处理意见书面报送至国家局器械监管司。

（六）国家局器械监管司对异议申诉处理意见进行批复，并提出后续工作处理要求。

（七）根据国家局器械监管司批复，异议申诉处理要求转达至相关省级药品监督管理部门后，相关省级药品监督管理部门应当通知行政相对人，并开展相应的监督管理工作。

相关检验机构应当按照要求开展检验判定、检验报告送达或者其他处理工作。

七、数据分析

（一）各相关单位应当保证抽检信息录入的及时、完整、准确，承检机构还应当确保录入信息、电子检验报告信息与样品实际一致。中检院应当组织开展对抽检信息录入国家抽检系统的抽查。发现录入信息、电子检验报告信息与样品实际不一致的，应当及时与承检机构核实。需要承检机构修改的，承检机构应当于收到修改要求后 2 个工作日内按照规范要求完成修改。

（二）牵头单位应当充分了解参与单位检验能力，合理分工，共同磋商，加强结果统计分析，完成质量分析报告的撰写。牵头单位应当在规定时限内将质量分析报告上传至国家抽检系统。中检院汇总整理后形成国家医疗器械抽检品种质量分析报告汇编（以下简称质量分析报告汇编），并报送至国家局器械监管司。

（三）中检院应当加强对抽检数据的汇总分析，编制年报，并报送至国家局器械监管司。承检机构应当认真配合中检院编制年报。

（四）中检院应当组织对承检机构发现的产品潜在风险点进行汇总整理，并报送至国家局器械监管司。承检机构应当认真配合开展产品潜在风险点汇总整理工作。

（五）国家局器械监管司将质量分析报告汇编、年报、产品潜在风险点印送至国家局相关司局、直属单位、各省级药品监督管理部门。

（六）中检院应当按照国家局器械监管司确定的国家医疗器械抽检质量通告发布频次及有关要求，起草质量通告草案并报送至国家局器械监管司。

八、抽检结果处理

（一）药品监督管理部门应当高度重视检验机构发出的国家医疗器械抽检重大质量安全风险提示，对相关情况立即启动调查处理，及时将调查处理结果报送至国家局器械监管司，抄送中检院技术监督中心和发出重大质量安全风险提示的检验机构。

（二）依照《条例》相关规定，对监督抽检不符合规定产品涉及的相关单位具有管辖权的药品监督管理部门应当及时启动调查，依法做出立案或者不予立案决定，应当要求相关单位立即停止生产、销售或者使用相关产品，查清问题产品和流向，采取措施控制产品风险，情节严重的应当责令其停产停业。

承检机构按规定出具的检验报告可以作为产品质量判定的依据，也可以作为行政处罚的法定证据。

（三）医疗器械注册人、备案人应当依照《条例》和《医疗器械召回管理办法》相关规定，对监督抽检不符合规定产品及时调查评估，根据调查评估结果确定是否需要召回，做出召回决定的提交医疗器械召回事件报告表等材料。涉及进口产品代理人和被抽样单位的，相关单位应当认真配合。

（四）医疗器械注册人、备案人应当及时认真调查监督抽检不符合规定产生原因，制定整改方案并实施，整改完成后向具有管辖权的药品监督管理部门书面提交整改报告。涉及进口产品代理人和被抽样单位的，相关单位应当认真配合。

必要时，对监督抽检不符合规定产品涉及的相关单位具有管辖权的药品监督管理部门应当开展跟踪检查和跟踪抽检。

（五）对涉及的相关单位具有管辖权的药品监督管理部门应当及时依法完成监督抽检不符合规定产品的查处工作。其中做出立案决定的，应当按照有关规定及时完成行政处罚，并依照《中华人民共和国行政处罚法》等法律法规规章及时公开。涉嫌犯罪的，应当及时移交司法机关。法律法规要求追究直接负责的主管人员和其他责任人员责任的，依法追究责任到人。处置情况应当及时报送至国家抽检系统。

（六）国家局器械监管司依照《条例》和《办法》，按程序发布国家医疗器械抽检中监督抽检不符合规定产品的质量通告。

（七）风险监测抽检结果不作为行政处罚和质量通告依据。对相关单位具有管辖权的药品监督管理部门接到风险监测抽检结果提示信息后，应当及时要求医疗器械注册人、备案人切实履行产品质量安全主体责任，主动调查评估产品风险和成因，完成风险控制和消除、已经上市销售产品的召回、质量管理体系整改。对于其中风险较高的，也可以采取责令停产停业等方式加强监管。

（八）对于国家医疗器械抽检反馈的产品潜在风险点，各省级药品监督管理部门应当及时将其下发给相应的医疗器械注册人、备案人或者进口产品代理人、基层行政监管部门和相关技术支撑机构，要求医疗器械注册人、备案人主动履行产品质量安全主体责任，及时消除产品质量安全潜在风险。

附：1. 国家医疗器械抽检承检申请及确定流程

2. 国家医疗器械抽检项目任务书

3. 医疗器械抽样记录及凭证

4. 医疗器械抽样封签

5. 未能提供国家医疗器械抽检样品的证明

6. 国家医疗器械抽检所需资料和配套必需品清单

7. 国家医疗器械抽检风险监测抽检结果提示函（模板）

8. 国家医疗器械抽检复检申请表

9. 国家医疗器械抽检结果送达告知书

10. 国家医疗器械抽检复检通知书

11. 相关工作联系人填报表

12. 国家医疗器械抽检异议申诉收到回执

国家药监局关于发布医疗器械定期风险评价报告撰写规范的通告

2020 年第 46 号

为落实《医疗器械不良事件监测和再评价管理办法》（国家市场监督管理总局 国家卫生健康委员会令 第 1 号）有关要求，规范并指导医疗器械注册人撰写定期风险评价报告，国家药品监督管理局组织制定了《医疗器械定期风险评价报告撰写规范》，现予以发布。

特此通告。

附件：医疗器械定期风险评价报告撰写规范

国家药监局

2020 年 6 月 30 日

附件

医疗器械定期风险评价报告撰写规范

1. 前言

为指导和规范医疗器械注册人、备案人（以下简称注册人）撰写定期风险评价报告，依据《医疗器械不良事件监测和再评价管理办法》（国家市场监督管理总局 国家卫生健康委员会令 第 1 号）（以下简称《办法》）制定本规范。本规范所称注册人与《办法》中所称医疗器械上市许可持有人内涵相同。

本规范是指导医疗器械注册人起草和撰写定期风险评价报告的技术文件，也是医疗器械不良事件监测机构评价定期风险评价报告的重要依据。

作为原则性指导文件，本规范依据当前对定期风险评价报告的认识而制定，提出了撰写的一般要求，但实际情况比较多样，难以面面俱到，对本规范未涉及的具体问题应当从实际出发研究确定。同时，随着医疗器械注册人定期总结医疗器械安全信息的经验积累，监管需求的变化，以及科学技术的不断发展，本规范也将适时进行调整。

2. 基本要求

2.1 关于报告的提交

2.1.1 首次获得批准注册或者备案的医疗器械，注册人应当在每满 1 年后的 60 日内完成上年度产品定期风险评价报告。其中第二、三类医疗器械的《定期风险评价报告》，注册人应当通过国家医疗器械不良事件监测信息系统提交，在线填写《定期风险评价报告》提交表（参见附表 2），《定

相关文件

期风险评价报告》作为提交表的附件上传。第一类医疗器械的《定期风险评价报告》由备案人留存备查。

2.1.2 获得延续注册的第二、三类医疗器械，注册人应当在下一次延续注册申请时完成本注册周期的《定期风险评价报告》，并由注册人留存备查。第一类医疗器械取得备案凭证后的前 5 年每年撰写定期风险评价报告，之后无需再撰写定期风险评价报告。

2.2 关于数据汇总时间

2.2.1 医疗器械首次获得批准注册，数据起始日期应与取得注册证明文件的时间一致，以起始日期后每满一年的日期为数据截止日期。

2.2.2 获得延续注册的医疗器械，数据起始日期为上一次风险信息汇总的截止日期，数据截止日期为下一次延续注册申请前 60 日内。

2.2.3 首个注册周期内提前延续注册的情况，产品在获得延续注册后，仍应按首个注册周期的报告要求完成当前报告期的《定期风险评价报告》，此后可按照延续注册的频率要求进行撰写。

2.2.4 对于合并撰写报告的情况，企业可将其中任一产品的注册证明文件时间作为数据起始日期，但必须保证此后合并报告数据汇总日期的连续性。

2.2.5 数据汇总时间在医疗器械整个生命周期内应当是连续不间断的。

2.3 关于报告的撰写格式

《定期风险评价报告》包含封面、目录和正文三部分内容。

2.3.1 封面包括产品名称、注册证 / 备案证批准日期、报告类别（首次注册 / 延续注册）、报告次数、报告期、本期国内销量、本期境外销量、本期不良事件报告数量，企业名称、联系地址、邮编、传真，负责产品安全的的部门、负责人及联系方式（包括手机、固定电话、电子邮箱等），报告提交时间，以及隐私保护等相关信息（参见附表 1）。

2.3.2 目录应当尽可能详细，一般包含三级目录。

2.3.3 正文撰写要求见本规范第三部分"主要内容"。

2.4 关于报告的语言

注册人应当提交中文《定期风险评价报告》。进口医疗器械的境外注册人可以提交英文版《定期风险评价报告》，但同时应当将该报告中除个例事件列表外的其他部分翻译成中文，与英文原文一起提交。

2.5 关于合并撰写报告

2.5.1 原则上，每个具有单独注册证编号的产品应当单独撰写《定期风险评价报告》。如果多个规格的同种医疗器械产品涉及多个注册证号（例如，不同规格的一次性使用无菌注射器），或者必须配合使用的几个产品具有不同注册证号（例如，髋关节系统：包括髋臼杯、股骨柄等），在满足各自《定期风险评价报告》完成时限要求的情况下，可以合并撰写《定期风险评价报告》。

2.5.2 如果涉及多个注册证编号的同种医疗器械的《定期风险评价报告》合并撰写，注册人在报告中应当按照注册证编号对不同产品进行亚组分析。

2.5.3 如果必须配合使用的医疗器械的《定期风险评价报告》合并撰写，注册人在《定期风险评价报告》提交或者存档时应当备注合并撰写的关联产品信息。

3. 主要内容

《定期风险评价报告》正文的主要内容包括：产品基本信息、国内外上市情况、既往风险控制措施、不良事件报告信息、其他风险信息、产品风险分析、本期结论以及附件。

3.1 产品基本信息

本部分信息主要包括：医疗器械名称、型号和 / 或者规格、注册证编号、结构及组成、主要组成成分、适用范围（预期用途）、有效期等。

3.2 国内外上市情况

本部分主要介绍医疗器械在国内外上市信息：

3.2.1 获得上市许可的主要国家和地区、批准注册 / 备案时间、注册 / 备案状态等，一般采用表格形式汇总（参见附表 3）；

3.2.2 产品批准上市时提出的有关要求，特别是与风险控制有关的要求；

3.2.3 批准的适用范围（预期用途）以及特殊人群情况，如该产品在我国的适用范围（预期用途）与其他国家或者地区存在差异，应当给予说明。

3.3 既往风险控制措施

本部分应当汇总报告期内监管部门或者注册人因医疗器械风险问题而采取的控制措施和原因，并附加相关文件。风险控制措施主要包括：

3.3.1 撤销医疗器械批准证明文件；

3.3.2 停止生产、销售相关产品；

3.3.3 通知医疗器械经营企业、使用单位暂停销售和使用；

3.3.4 实施产品召回；

3.3.5 对生产质量管理体系进行自查，并对相关问题进行整改；

3.3.6 修改说明书、标签、操作手册等；

3.3.7 改进生产工艺、设计、产品技术要求等；

3.3.8 开展医疗器械再评价

3.3.9 按规定进行变更注册或者备案

3.3.10 其他风险控制措施

3.4 不良事件报告信息

本部分汇总注册人在报告期内发现或者获知的所有国内外个例不良事件和群体不良事件。

3.4.1 个例不良事件

本部分汇总报告期内所有个例不良事件报告，以个例不良事件报告列表（参见附表 4）和汇总表（参见附表 5）进行汇总分析，如报告期内未收集到不良事件报告，用文字描述即可。

个例不良事件报告列表的表头通常包括报告编号、不良事件发生地、不良事件发生时间、不良事件来源、型号、规格、伤害程度、伤害表现、器械故障表现、关联性评价、事件原因分析、具体控制措施（如有）。

汇总表主要汇总不同国家或者地区报告期内不同伤害程度不良事件报告的数量以及主要伤害表现和器械故障表现。

3.4.2 群体不良事件

本部分汇总报告期内所有群体不良事件的报告、调查和处置情况。

3.5 其他风险信息

本部分介绍与产品风险相关的文献资料研究、产品风险评价、重点监测、再评价等情况。

如果在数据截止日期后、报告提交前，发生因产品风险原因而采取措施的情况，也应在此部分介绍。

3.6 产品风险分析

本部分应当从设计开发、生产管理、流通与储存、操作使用、维修保养、售后服务等方面分析综合产品风险情况，重点分析不良事件发生的主要原因，不良事件的特点是否发生改变、不良事件的报告频率是否增加、不良事件的特点和频率变化对产品总体安全性的影响。

3.7 本期结论

本部分介绍本期定期风险评价报告的结论，指出本期报告与既往报告的风险分析结果差异；指

相关文件

出以上风险差异的可接受程度；总结采取的风险控制措施并说明其必要性。

3.8 附件

《定期风险评价报告》的附件包括：

3.8.1 医疗器械注册批准证明文件；

3.8.2 产品使用说明书（操作手册）；

3.8.3 参考文献；

3.8.4 其他需要提交的资料。

4. 名词解释

4.1 数据起始日期：纳入《定期风险评价报告》中汇总数据的开始日期。

4.2 数据截止日期：纳入《定期风险评价报告》中汇总数据的截止日期。

4.3 报告期：上期与本期《定期风险评价报告》数据截止日期之间的时间段为本期《定期风险评价报告》的报告期。

附表：1. 封面页（（产品名称）定期风险评价报告）

2.《定期风险评价报告》提交表

3. 国内外上市情况汇总表

4. 个例不良事件报告列表

5. 个例不良事件报告汇总表

国家药监局关于发布医疗器械注册人开展产品不良事件风险评价指导原则的通告

2020 年第 78 号

为落实《医疗器械不良事件监测和再评价管理办法》（国家市场监督管理总局 国家卫生健康委员会令 第 1 号）有关要求，规范并指导医疗器械注册人开展医疗器械上市后风险评价工作，国家药品监督管理局组织制定了《医疗器械注册人开展产品不良事件风险评价指导原则》，现予以发布。

特此通告。

附件：医疗器械注册人开展产品不良事件风险评价指导原则

国家药监局

2020 年 11 月 25 日

附件

医疗器械注册人开展产品不良事件风险评价指导原则

1. 前言

为指导和规范医疗器械注册人、备案人（以下简称注册人）开展医疗器械上市后风险评价工作，依据《医疗器械不良事件监测和再评价管理办法》（国家市场监督管理总局 中华人民共和国国家卫生健康委员会令 第 1 号）（以下简称《办法》）制定本指导原则。本指导原则所称注册人与《办法》中所称医疗器械上市许可持有人内涵相同。

本指导原则是对医疗器械风险评价工作的一般要求，对其中未涉及的具体问题应当从实际出发研究确定。同时，随着法规的完善，监管需求的变化，科学技术的发展，以及注册人对医疗器械风险认识的不断积累，本指导原则也将适时进行调整。

2. 适用范围

本指导原则适用于注册人在中华人民共和国境内开展医疗器械不良事件监测工作，帮助其理解和掌握医疗器械风险评价工作基本要求和工作内容，同时也可以作为医疗器械不良事件监测机构（以下简称监测机构）开展产品风险评价报告审核工作的参考文件。

3. 总体要求

注册人应当对发生的医疗器械不良事件及时开展调查、分析和评价，在个例医疗器械不良事件报告评价、预警信号处置、不良事件汇总分析等工作中发现所持有产品可能存在不合理风险时，应

相关文件

943

当开展产品风险评价。

省级以上监测机构在不良事件监测信息汇总分析时发现产品可能存在不合理风险的，可以要求注册人开展产品风险评价。

注册人应当在计划时间内完成风险评价工作，并确保评价报告提供的数据和资料真实、充分、可靠。如果无法按时完成评价工作，应当提前与有关方面沟通，并将延期提交的情况说明作为报告附件。

4. 评价工作内容

医疗器械风险评价主要开展工作包括但不限于以下方面：

4.1 不良事件调查核实

4.1.1 产品基本信息

主要包括产品注册证编号或者备案凭证编号、预期用途、国内外上市情况，涉事产品来源、型号规格、批号或者编号、生产日期、有效期等。

4.1.2 不良事件情况

主要包括不良事件发生时间、伤害/器械故障表现、不良事件后果、已采取的风险控制措施等。

4.1.3 患者诊治信息

不良事件涉及患者伤害的，应当调查核实患者的诊治信息，主要包括年龄、性别、原患疾病、用药史、相关体征及各种检查数据、救治措施、转归情况等。

4.1.4 产品使用情况

主要包括操作记录、操作人员类型与资质（使用前是否接受过培训）、使用环境、具体操作过程（是否参照操作指南或者规范）、存贮条件、维护和保养情况、联合用药/用械情况、产品使用时间/年限、产品（年/季度/月）使用量或者使用频率、既往类似不良事件发生情况等。

4.2 监测数据和文献资料分析

4.2.1 国内不良事件监测数据分析

注册人应当选择适当的分析方法，对国家医疗器械不良事件监测信息系统收集到的以及自主收集到的不良事件报告进行汇总分析，阐明产品主要不良事件表现、关注的不良事件发生情况及其与产品的关联性。

4.2.2 境外不良事件监测数据分析

产品在境外上市的，注册人应当汇总分析其在境外发生的不良事件信息，并与国内情况进行比较。

4.2.3 文献分析

注册人应当检索国内外文献数据库，汇总与产品风险有关的文献资料，分析文献报道的该产品不良事件情况以及潜在风险点。

4.2.4 产品说明书或者操作手册分析

注册人应当分析现行产品说明书或者操作手册中与本次关注风险有关的提示信息和应对措施方面的内容。

4.3 其他风险信息分析

4.3.1 生产及流通过程分析

注册人应当回顾相关批/台次产品的原材料或者零配件采购过程控制、生产工艺控制、生产设施/设备情况、过程检验和出厂检验、包装、运输、贮存等环节是否存在问题。如果回顾结果无异常简要概述即可，如果发现异常则应当详细说明。

4.3.2 投诉事件分析

注册人应当对产品既往投诉事件进行汇总分析，重点分析其中与本次关注风险相关事件发生的原因及其与产品的关联性。

4.3.3 既往风险控制措施汇总

注册人应当汇总该产品在境内外曾经因安全性问题而采取的控制措施和原因。

4.4 产品检验

注册人根据风险评价工作需要，可以对相关批次留样产品进行检验，分析该产品是否符合经注册或者备案的产品技术要求。

4.5 风险分析与评价

4.5.1 注册人应当从设计开发、生产管理、流通与储存、操作使用、维修保养、售后服务等方面综合分析不良事件中产品故障或者伤害发生的原因。

4.5.2 注册人应当根据分析评价结果研判本次关注的风险可能对产品总体安全性产生的影响，阐述针对本次关注风险已采取控制措施。

4.5.3 注册人应当评估产品说明书或者操作手册中对本次关注风险的提示信息是否充分，当前风险控制措施是否足够。

4.5.4 注册人根据风险评价需要组织内部或者相关行业专家召开会议，听取专家对事件原因的分析意见以及风险控制建议。

4.6 风险控制

4.6.1 注册人通过风险评价工作确认产品存在不合理风险时，应当采取有效的风险管理措施，及时控制风险，常见的风险控制措施包括修改说明书/标签/操作手册、改进生产工艺/设计/产品技术要求、停止生产/销售、召回等。

4.6.2 注册人应当及时将采取的风险控制措施报告所在地省级药品监管部门，与用械安全相关的风险和处置情况还应当及时向社会公布。

4.6.3 注册人应当制定风险控制措施评估计划，持续跟踪所采取措施的实施效果，确保风险得到有效控制。

5. 评价报告撰写

产品风险评价报告应当采用中文撰写，包含封面、目录、正文、附件等部分。

5.1 封面

评价报告封面一般应当包括标题、企业名称、联系地址、邮编、传真，负责产品安全的部门、联系人及联系方式（包括手机、固定电话、电子邮箱等），报告完成时间等信息（附件1）。

5.2 目录

评价报告目录一般应当包含二级目录。

5.3 正文

评价报告正文主要内容包括背景介绍、不良事件调查核实情况、监测数据和文献资料分析情况、其他风险信息情况、产品检验结果、风险分析与评价结论、风险控制措施情况等（格式参见附件2）。

5.3.1 背景介绍

本部分主要阐明开展风险评价的原因和拟评价的风险，简要说明评价过程中开展的相关工作。

5.3.2 不良事件调查核实情况

本部分应当详细描述调查核实情况，主要包括产品基本信息、不良事件情况、患者诊治信息（如有）、产品使用情况等。

5.3.3 监测数据和文献资料分析情况

本部分应当详细分析境内外不良事件监测数据、与安全性相关的文献，以及产品说明书或操作手册中与本次关注风险相关的内容等。

5.3.4 其他风险信息情况

本部分主要对生产及流通过程、投诉事件进行分析，并汇总既往因安全性问题采取的风险控制措施和原因。

5.3.5 产品检验结果

如果产品进行了复检，应当明确是否符合经注册或者备案的产品技术要求。如果未进行产品复检，说明未开展该项工作即可。

5.3.6 风险分析与评价结论

本部分综合分析不良事件中产品故障或者伤害发生的原因，研判本次关注风险对产品总体安全性的影响，结合专家意见（如有）和已采取的措施（如有），提出风险控制建议。

5.3.7 风险控制措施

本部分应当根据评价结论提出的建议阐述拟采取的具体风险控制措施，并说明实施效果跟踪评估计划。

5.4 附件

评价报告涉及的关键资料应当作为报告附件一并提交，如产品检验报告、重要文献资料、专家会会议纪要、风险控制措施文件等。

6. 评价报告提交

6.1 对于因国家医疗器械不良事件监测信息系统个例不良事件评价或者预警信号处置引发的产品风险评价工作，注册人应当将评价报告通过信息系统提交。

6.2 对于省级监测机构要求开展的产品风险评价工作，注册人应当将评价报告报送企业所在地省级监测机构，省级监测机构审核后报送至国家药品不良反应监测中心。

6.3 对于国家药品不良反应监测中心直接通知注册人开展的产品风险评价工作，注册人应当将评价报告报送至国家药品不良反应监测中心。

6.4 对于注册人自行开展的产品风险评价工作，如果评价结果确认产品存在不合理风险，注册人应当及时将评价报告报送企业所在地省级监测机构，省级监测机构审核后报送至国家药品不良反应监测中心。

7. 有关说明

7.1 本指导原则中的预警信号指的是国家医疗器械不良事件监测信息系统预警分析管理模块产生的风险信号。

7.2 评价报告内容在满足本指导原则要求的基础上，可以根据产品特点和关注风险点适当调整。

7.3 产品风险评价报告封面应当加盖本企业公章。

7.4 省级以上监测机构根据《办法》有关要求对注册人提交的产品风险评价报告进行审核，经审核不符合要求的，注册人应当按照要求进行完善或者重新开展评价。

附表1：封面页参考格式

（产品名称）风险评价报告

企业名称：

联系地址：

邮编：

传真：

负责产品安全的部门：

联系人：

手机：

固定电话：

电子邮箱：

报告完成时间：　　　　年　　月　　日

附表 2：报告正文参考格式

（产品名称）风险评价报告

1.背景介绍（简要说明本次风险评价的基本情况，阐明开展评价的原因、拟评价的风险以及评价过程中开展的相关工作）

2.不良事件调查核实情况

2.1 产品基本信息

2.2 不良事件情况

2.3 患者诊治信息

2.4 产品使用情况

3.监测数据和文献资料分析情况

3.1 国内不良事件监测数据分析

3.2 国（境）外不良事件监测数据分析

3.3 文献资料分析

3.4 产品说明书或者操作手册分析

4.其他风险信息情况

4.1 生产及流通过程分析

4.2 投诉事件分析

4.3 既往风险控制措施汇总

5.产品检验结果

6.风险分析与评价结论

7.风险控制措施

国家药监局综合司关于印发医疗器械注册人备案人
开展不良事件监测工作检查要点的通知

药监综械管〔2021〕43 号

各省、自治区、直辖市药品监督管理局,新疆生产建设兵团药品监督管理局:

为贯彻实施《医疗器械不良事件监测和再评价管理办法》,落实医疗器械注册人备案人主体责任,加强医疗器械不良事件监测检查工作,国家药监局组织制定了《医疗器械注册人备案人开展不良事件监测工作检查要点》,以规范和指导对医疗器械注册人备案人的质量管理体系检查、不良事件监测专项检查、日常监督检查等工作。现印发你们,请结合工作实际贯彻执行。

附件:医疗器械注册人备案人开展不良事件监测工作检查要点

国家药监局综合司
2021 年 4 月 6 日

附件

医疗器械注册人备案人开展不良事件监测工作检查要点

序号	检查项目	规定要求及检查要点
1	机构和人员	1. 监测能力和职责规定要求: 医疗器械注册人、备案人,应当具有保证医疗器械安全有效的质量管理能力和相应责任能力,建立医疗器械不良事件监测体系,向医疗器械不良事件监测技术机构(以下简称监测机构)直接报告医疗器械不良事件。 注册人、备案人应当对发现的不良事件进行评价,根据评价结果完善产品质量,并向监测机构报告评价结果和完善质量的措施;需要原注册机关审批的,应当按规定提交申请。(《办法》第三条) 检查要点: 查看注册人、备案人的组织机构图和文件。 (1)组织构架中应当有负责不良事件监测工作的指定部门和涉及到不良事件监测的其他相关部门(如销售、维护等); (2)相关文件是否指定部门,明确医疗器械不良事件监测职责和权限。 2. 监测部门及人员规定要求: 注册人、备案人应当对其上市的医疗器械进行持续研究,评估风险情况,承担医疗器械不良事件监测的责任,根据分析评价结果采取有效控制措施,并履行下列主要义务:(一)建立包括医疗器械不良事件监测和再评价工作制度的医疗器械质量管理体系;(二)配备与其

相关文件

序号	检查项目	规定要求及检查要点
1	机构和人员	产品相适应的机构和人员从事医疗器械不良事件监测相关工作;(三)主动收集并按照办法规定的时限要求及时向监测机构如实报告医疗器械不良事件;(四)对发生的医疗器械不良事件及时开展调查、分析、评价,采取措施控制风险,及时发布风险信息;(五)对上市医疗器械安全性进行持续研究,按要求撰写定期风险评价报告;(六)主动开展医疗器械再评价;(七)配合药品监督管理部门和监测机构组织开展的不良事件调查。(《办法》第十四条) 检查要点: 查看不良事件监测指定部门工作人员的配备情况,包括人员的学历证书、资质证书和培训记录。 (1)从事医疗器械不良事件监测的人员应当具有所生产产品相关的知识和实际监测的工作能力; (2)从事不良事件监测的人员应当经过不良事件监测的相关培训,具有相关理论知识和实际操作技能。 3.不良事件收集和上报规定要求: 注册人、备案人应当公布电话、通讯地址、邮箱、传真等联系方式,指定联系人,主动收集来自医疗器械经营企业、使用单位、使用者等的不良事件信息;对发现或者获知的可疑医疗器械不良事件,注册人、备案人应当直接通过国家医疗器械不良事件监测信息系统进行医疗器械不良事件报告与评价,并上报群体医疗器械不良事件调查报告以及定期风险评价报告等。(《办法》第二十条) 检查要点: (1)查看不良事件监测程序文件:是否包括了不良事件的识别、不同类型的处理方式、上报、评价流程、记录格式等内容; (2)查看产品说明书或网站是否公布了电话、通讯地址、邮箱、传真等联系方式; (3)查看具体收集和上报途径的有效性,如电话、网站和国家医疗器械不良事件监测信息系统等。
2	文件管理	1.境外注册人、备案人规定要求: 境外注册人、备案人除应当履行办法第十四条规定的义务外,还应当与其指定的代理人之间建立信息传递机制,及时互通医疗器械不良事件监测和再评价相关信息。(《办法》第十五条) 检查要点: (适用于境外注册人、备案人)查看相关程序文件。 2.监测记录规定要求: 注册人、备案人应当建立并保存医疗器械不良事件监测记录。记录应当保存至医疗器械有效期后2年;无有效期的,保存期限不得少于5年。植入性医疗器械的监测记录应当永久保存。(《办法》第二十二条) 检查要点: 查看注册人、备案人是否有医疗器械不良事件监测原始记录,监测记录的保存年限是否符合要求。
3	设计开发	上市后定期风险评价报告规定要求: 注册人、备案人应当对上市医疗器械安全性进行持续研究,对产品的不良事件报告、监测资料和国内外风险信息进行汇总、分析,评价该产品的风险与受益,记录采取的风险控制措施,撰写上市后定期风险评价报告。(《办法》第三十八条) 注册人、备案人应当自产品首次批准注册或者备案之日起,每满一年后的60日内完成上年度产品上市后定期风险评价报告。其中,经国家药品监督管理局注册的,应当提交至国家监测机构;经省、自治区、直辖市药品监督管理部门注册的,应当提交至所在地省级监测机构。第一类医疗器械的定期风险评价报告由注册人、备案人留存备查。

序号	检查项目	规定要求及检查要点
3	设计开发	获得延续注册的医疗器械，应当在下一次延续注册申请时完成本注册周期的定期风险评价报告，并由注册人、备案人留存备查。(《办法》第三十九条) 检查要点： 查看产品上市后定期风险评价报告，报告内容至少应当包含：对产品的不良事件报告、监测资料和国内外风险信息进行汇总、分析，评价该产品的风险与受益，记录采取的风险控制措施。 查看注册人、备案人每个产品的上市后定期风险评价报告，与其产品注册或备案相关文件核对，是否按照法规要求时限形成报告并上报。获得延续注册的医疗器械，查看注册人、备案人是否在延续注册申请时完成本注册周期的定期风险评价报告并留存。
4	不良事件监测分析和改进	1. 不良事件报告规定要求： 导致或者可能导致严重伤害或者死亡的可疑医疗器械不良事件应当报告；创新医疗器械在首个注册周期内，应当报告该产品的所有医疗器械不良事件。(《办法》第十八条) 检查要点： 查看注册人、备案人不良事件报告记录。 2. 监测信息系统使用规定要求： 注册人、备案人应当注册为国家医疗器械不良事件监测信息系统用户，主动维护其用户信息，报告医疗器械不良事件。注册人、备案人应当持续跟踪和处理监测信息；产品注册信息发生变化的，应当在系统中立即更新。(《办法》第十九条) 检查要点： (1)查看注册人、备案人是否注册为国家医疗器械不良事件监测信息系统用户并能够登录，是否录入了全部产品信息，是否及时对产品注册信息进行更新，是否通过该系统按照要求报告和评价医疗器械不良事件； (2)查看报告的原始记录； (3)如果国家局或者地方监管部门发布同类产品不良事件情况的，企业应当对自己产品进行核查，是否也存在类似情况，并做好记录。 3. 开展安全性研究及风险管控规定要求： 注册人、备案人应当对收集和获知的医疗器械不良事件监测信息进行分析、评价，主动开展医疗器械安全性研究。对附条件批准的医疗器械，注册人、备案人还应当按照风险管控计划开展相关工作。(《办法》第二十一条) 检查要点： 查看审批原始文件是否有附条件批准情形。如有，查看风险管控相关文件。 4. 不良事件报告时限规定要求： 注册人、备案人发现或者获知可疑医疗器械不良事件的，应当立即调查原因，导致死亡的应当在7日内报告；导致严重伤害、可能导致严重伤害或者死亡的应当在20日内报告。(《办法》第二十五条) 检查要点： (1)检查注册人、备案人是否按照要求报告和评价个例医疗器械不良事件报告，登录注册人、备案人用户直接查看报告情况，是否建立了个例医疗器械不良事件处理程序，对死亡及严重伤害事件的报告和评价时限是否符合要求； (2)核对国家医疗器械不良事件监测信息系统，查看来自医疗机构的报告数量，如果报告数量跟注册人、备案人上报数量存在差距，需由注册人、备案人作出解释。 5. 境外不良事件报告规定要求： 进口医疗器械的境外注册人、备案人和在境外销售国产医疗器械的注册人、备案人，应当主动收集其产品在境外发生的医疗器械不良事件。其中，导致或者可能导致严重伤害或者死亡的，境外注册人、备案人指定的代理人和国产医疗器械注册人、备案人应当自发现或者获知之日起30日内报告。(《办法》第二十七条)

相关文件

序号	检查项目	规定要求及检查要点
4	不良事件监测分析和改进	检查要点： 查看报告的原始记录。 6. 不良事件调查、分析和评价规定要求： 注册人、备案人在报告医疗器械不良事件后或者通过国家医疗器械不良事件监测信息系统获知相关医疗器械不良事件后，应当按要求开展后续调查、分析和评价，导致死亡的事件应当在 30 日内，导致严重伤害、可能导致严重伤害或者死亡的事件应当在 45 日内向注册人、备案人所在地省级监测机构报告评价结果。对于事件情况和评价结果有新的发现或者认知的，应当补充报告。(《办法》第二十九条) 检查要点： （1）检查注册人、备案人是否按照要求对死亡、导致严重伤害、可能导致严重伤害或者死亡的事件开展调查、分析和评价工作，报告是否符合时限要求； （2）是否在必要时根据后续调查情况提交了补充报告； （3）如果各级监测机构对注册人、备案人的个例评价结果存在异议的，是否重新开展了调查和评价工作。 7. 群体不良事件报告规定要求： 注册人、备案人发现或者获知群体医疗器械不良事件后，应当在 12 小时内通过电话或者传真等方式报告不良事件发生地省、自治区、直辖市药品监督管理部门和卫生行政部门，必要时可以越级报告，同时通过国家医疗器械不良事件监测信息系统报告群体医疗器械不良事件基本信息，对每一事件还应当在 24 小时内按个例事件报告。(《办法》第三十一条) 检查要点： 检查注册人、备案人是否建立了群体医疗器械不良事件处理程序，相关时限是否符合要求；如果曾经发生过群体事件，查看注册人、备案人提交的群体不良事件处理的相关资料，包括：12 小时内电话或者传真报告的证明、在线填报的群体医疗器械不良事件基本信息、24 小时内填报的群体事件涉及的所有个案报告等。 8. 群体不良事件调查及采取控制措施规定要求： 注册人、备案人发现或者获知其产品的群体医疗器械不良事件后，应当立即暂停生产、销售，通知使用单位停止使用相关医疗器械，同时开展调查及生产质量管理体系自查，并于 7 日内向所在地及不良事件发生地省、自治区、直辖市药品监督管理部门和监测机构报告。调查应当包括产品质量状况、伤害与产品的关联性、使用环节操作和流通过程的合规性等。自查应当包括采购、生产管理、质量控制、同型号同批次产品追踪等。 注册人、备案人应当分析事件发生的原因，及时发布风险信息，将自查情况和所采取的控制措施报所在地及不良事件发生地省、自治区、直辖市药品监督管理部门，必要时应当召回相关医疗器械。(《办法》第三十二条) 检查要点： 查看注册人、备案人调查处理过程是否符合要求，调查应当包括产品质量状况、伤害与产品的关联性、使用环节操作和流通过程的合规性等。自查应当包括采购、生产管理、质量控制、同型号同批次产品追踪等。 检查注册人、备案人对群体不良事件采取的控制措施，重点关注是否及时发布风险信息，是否按时限向监管部门报告，是否及时采取了控制措施。 如确认存在安全隐患，企业是否按法规要求开展了召回。 9. 重点监测规定要求： 医疗器械重点监测品种涉及的注册人、备案人应当按照医疗器械重点监测工作方案的要求开展工作，主动收集其产品的不良事件报告等相关风险信息，撰写风险评价报告，并按要求报送至重点监测工作组织部门。(《办法》第四十五条) 检查要点： 如涉及重点监测相关品种，检查注册人、备案人是否按照重点监测方案的要求开展工作，查看相关文件和记录。

序号	检查项目	规定要求及检查要点
4	不良事件监测分析和改进	10. 创新医疗器械规定要求： 创新医疗器械注册人、备案人应当加强对创新医疗器械的主动监测，制定产品监测计划，主动收集相关不良事件报告和产品投诉信息，并开展调查、分析、评价。 创新医疗器械注册人、备案人应当在首个注册周期内，每半年向国家监测机构提交产品不良事件监测分析评价汇总报告。国家监测机构发现医疗器械可能存在严重缺陷的，应当及时报国家药品监督管理局。（《办法》第四十七条） 检查要点： 查看注册资料相关文件提出的上市后持续关注和研究的要求、企业产品监测计划，核对创新医疗器械产品注册人、备案人制定的产品监测计划，是否符合上市前提出的相关持续研究要求。 （1）是否主动收集产品主要用户的不良事件报告和产品投诉信息； （2）是否对主动收集的不良事件报告和产品投诉信息开展调查、分析、评价； （3）是否按时限提交监测分析评价汇总报告。 11. 风险控制措施及报告规定要求： 注册人、备案人通过医疗器械不良事件监测，发现存在可能危及人体健康和生命安全的不合理风险的医疗器械，应当根据情况采取以下风险控制措施，并报告所在地省、自治区、直辖市药品监督管理部门： （一）停止生产、销售相关产品； （二）通知医疗器械经营企业、使用单位暂停销售和使用； （三）实施产品召回； （四）发布风险信息； （五）对生产质量管理体系进行自查，并对相关问题进行整改； （六）修改说明书、标签、操作手册等； （七）改进生产工艺、设计、产品技术要求等； （八）开展医疗器械再评价； （九）按规定进行变更注册或者备案； （十）其他需要采取的风险控制措施。 与用械安全相关的风险及处置情况，注册人、备案人应当及时向社会公布。（《办法》第四十八条） 检查要点： （1）查看注册人、备案人是否制定了存在不合理风险医疗器械的处置程序，是否满足法规要求；如出现过上述情形，在国家医疗器械不良事件监测信息系统中查看具体产品风险控制的档案资料，核对企业是否根据产品风险情况采取了控制措施，措施是否得当； （2）查看相关风险控制措施是否向所在地省、自治区、直辖市药品监督管理部门报告。 12. 境外不良事件及控制措施报告规定要求： 进口医疗器械在境外发生医疗器械不良事件，或者国产医疗器械在境外发生医疗器械不良事件，被采取控制措施的，境外注册人、备案人指定的代理人或者国产医疗器械注册人、备案人应当在获知后 24 小时内，将境外医疗器械不良事件情况、控制措施情况和在境内拟采取的控制措施报国家药品监督管理局和国家监测机构，抄送所在地省、自治区、直辖市药品监督管理部门，及时报告后续处置情况。（《办法》第五十三条） 检查要点： 查看相关记录。（如有此情况） 13. 恢复生产、销售规定要求： 需要恢复生产、销售的，注册人、备案人应当向作出处理决定的药品监督管理部门提出申请，药品监督管理部门现场检查通过后，作出恢复生产、销售的决定。 注册人、备案人提出恢复生产、销售申请前，可以聘请具备相应资质的独立第三方专业机构进行检查确认。（《办法》第六十八条） 检查要点： 查看相关记录。（如有此情况）

总局办公厅关于实施《医疗器械召回管理办法》有关事项的通知

食药监办械监〔2017〕62号

各省、自治区、直辖市食品药品监督管理局:

《医疗器械召回管理办法》(国家食品药品监督管理总局令第29号,以下简称《办法》)自2017年5月1日起正式实施,为贯彻落实《办法》有关要求,保障人民群众用械安全,督促医疗器械生产企业落实产品质量安全主体责任,现将有关事项通知如下:

一、医疗器械召回组织工作要求

省级食品药品监督管理部门要高度重视医疗器械召回工作,以保障医疗器械产品安全为出发点,切实加强对本省医疗器械召回的组织工作。各级食品药品监管部门要加强对《办法》的宣贯培训,加强对医疗器械生产经营企业、使用单位的宣传教育,督促企业切实履行召回义务,确保《办法》落实落地。

二、医疗器械召回报告要求

医疗器械产品注册人或者备案人、进口医疗器械的境外制造厂商履行《办法》中生产企业的义务,承担相应法律责任。

医疗器械生产企业作出医疗器械主动召回决定的,应当按照《办法》第十六条规定,立即向所在地省级食品药品监督管理部门和批准该产品注册或者办理备案的食品药品监督管理部门提交医疗器械召回事件报告表(附件1),并在5个工作日内将调查评估报告和召回计划提交至所在地省级食品药品监督管理部门和批准注册或者办理备案的食品药品监督管理部门备案。

(一)进口医疗器械和境内第三类医疗器械实施主动召回的,生产企业应当按上述要求将相关材料报至企业所在地省级食品药品监督管理部门和国家食品药品监督管理总局(以下简称总局)。

(二)境内第二类医疗器械实施主动召回的,生产企业应当按上述要求将相关材料报至企业所在地省级食品药品监督管理部门。

(三)境内第一类医疗器械实施主动召回的,生产企业应当按上述要求将相关材料报至企业所在地省级食品药品监督管理部门和办理备案的设区的市级食品药品监督管理部门。

(四)进口医疗器械仅在境外实施召回的,生产企业应当及时向总局提交医疗器械召回事件报告表。

三、医疗器械召回信息发布要求

(一)总局政府网站设有"医疗器械召回"专栏,发布一级召回、境内已上市产品仅在境外实施的召回和总局作出的责令召回等信息。省级食品药品监督管理部门应当在政府网站设置"医疗器械召回"专栏,发布二级、三级召回信息和本省作出的责令召回等信息,并使用统一的信息发布格式及内容(见附件2、3)。

总局政府网站通过信息采集标准接口自动抓取省级食品药品监督管理部门政府网站对应栏目的

相应内容，请各省级食品药品监督管理部门按照《总局政府网站信息采集接口标准规范》（附件6）做好接口开发和调试工作，确保在省级食品药品监督管理部门政府网站发布的医疗器械召回信息能够被总局政府网站自动抓取，同步发布。

（二）医疗器械生产企业决定并实施召回的，应同时向社会发布产品召回信息。鼓励生产企业利用公共媒体发布召回信息。实施一级召回的，总局政府网站医疗器械召回专栏可视为中央主要媒体。

四、医疗器械召回监管工作要求

各级食品药品监督管理部门要准确把握《办法》中监管部门的职责和对医疗器械生产经营使用者的要求，做好各部门沟通协调，落实强化责任追究制度。结合《办法》要求加强日常监管，督促企业落实主体责任、健全质量管理体系。对不依法履行责任的和不配合监管部门开展召回工作的医疗器械生产经营企业、使用单位进行严肃查处，确保医疗器械召回工作的有序开展，保障公众用械安全。

附件：1. 医疗器械召回事件报告表
　　　2. 医疗器械主动召回信息发布模板
　　　3. 医疗器械责令召回信息发布模板
　　　4. 召回计划实施情况报告表
　　　5. 责令召回通知书
　　　6. 总局政府网站信息采集接口标准规范

食品药品监管总局办公厅
2017 年 4 月 27 日

相关文件

七、其他

国家药监局关于发布抗肿瘤药物的非原研伴随诊断试剂临床试验等 2 项注册审查指导原则的通告

2021 年第 95 号

为加强医疗器械产品注册工作的监督和指导，进一步提高注册审查质量，国家药品监督管理局组织制定了《抗肿瘤药物的非原研伴随诊断试剂临床试验注册审查指导原则》《使用体外诊断试剂境外临床试验数据的注册审查指导原则》，现予发布。

特此通告。

附件：1. 抗肿瘤药物的非原研伴随诊断试剂临床试验注册审查指导原则
    2. 使用体外诊断试剂境外临床试验数据的注册审查指导原则

国家药监局
2021 年 11 月 26 日

附件 1

抗肿瘤药物的非原研伴随诊断试剂临床试验注册审查指导原则

一、前言

抗肿瘤药物的伴随诊断试剂对采集自肿瘤患者的样本进行检测，其结果可以为患者使用抗肿瘤药物的安全性和有效性提供重要的信息，包括：确定最有可能从药物中受益的患者，确定该药物相关严重不良反应风险较大的患者，确定已经过充分研究具备安全性和有效性的人群亚组等。用于治疗药物监测的产品、药物代谢酶基因多态性检测的产品，不属于本指导原则所述的伴随诊断试剂范畴。

近年来，随着精准医学的发展，肿瘤精准治疗药物及伴随诊断试剂在临床广泛应用，相关产业蓬勃发展。目前，伴随诊断试剂的注册申报逐年增多且情况较为复杂，在产品开发形式上，部分产品与抗肿瘤药物共同开发，部分产品则在抗肿瘤药物上市后进行开发。在我国，针对同一个抗肿瘤药物开发多个伴随诊断试剂的现状尤为突出，本指导原则旨在充分考虑我国国情的前提下，为申请人开展伴随诊断试剂临床研究提供指导。

本指导原则是针对非原研伴随诊断试剂临床研究的一般要求，申请人应依据产品的具体特性确定其中内容是否适用。该文件为供申请人和审查人员使用的指导性文件，不涉及注册审批等行政事项，亦不作为法规强制执行，如有能够满足法规要求的其他方法，也可以采用，但应提供详细的研究资料。本指导原则是在现行法规、标准体系及当前认知水平下制定的，随着法规、标准的不断完善和科学技术的不断发展，本文件相关内容也将适时进行调整。

二、适用范围

基于伴随诊断试剂及抗肿瘤药物的特点，相关抗肿瘤药物在进行药物临床试验时需采用伴随诊断试剂或临床试验分析方法（Clinical Trial Assay，以下简称"CTA"）进行受试者筛选或已入组人群的分层分析。抗肿瘤药物在中国境内上市时，其关键临床试验中采用的伴随诊断试剂或与关键临床试验中所采用的 CTA 通过桥接试验证明与 CTA 等效的伴随诊断试剂，称为"原研伴随诊断试剂"。

本指导原则所阐述的非原研伴随诊断试剂，是指抗肿瘤药物上市后，体外诊断试剂生产企业为配合已上市的抗肿瘤药物而申报的伴随诊断试剂（以下简称"申报产品"）。抗肿瘤药物已上市是指该药物针对伴随诊断试剂所申报的适应证在境内已被批准。申报产品如同时满足以下条件可适用本指导原则：一是，申报产品在产品设计开发阶段已明确其伴随的抗肿瘤药物，此抗肿瘤药物应为已上市的一个或几个明确的药物，伴随药物的名称体现在产品说明书中；二是，申报产品所检测的生物标志物（如基因检测产品所检测的基因及突变位点）及依据生物标志物对适用人群的状态划分应与原研伴随诊断试剂具有一致性；三是，申报产品适用的人群及样本类型应与原研伴随诊断试剂一致；四是，申报产品分析性能应与原研伴随诊断试剂具有可比性。

申报产品如与原研伴随诊断试剂相比存在差异，如：检测更多的标志物 / 突变位点、适用更多的样本类型、具有更高的分析灵敏度等，导致用药人群的选择与原研伴随诊断试剂具有显著差异，则针对申报产品与原研伴随诊断试剂具有可比性的研究可参考本指导原则；针对申报产品与原研伴随诊断试剂存在的差异，应提供充分的临床证据证明差异对指导相关药物临床应用的影响，必要时应提供与抗肿瘤药物共同开发的临床试验、桥接试验等证明其伴随诊断的临床意义。

957

三、临床试验要求

伴随诊断试剂临床试验目的主要包含两个方面，一方面为确认试剂临床性能，另一方面为确认伴随诊断用途。根据伴随诊断试剂设计开发的特点，确认其伴随诊断用途的临床研究可分为如下几种情况：

（一）如为原研伴随诊断试剂，可提交该产品作为伴随诊断试剂参与的药物临床试验资料作为确认伴随诊断用途的临床试验资料，或提交与药物临床试验中所使用的 CTA 进行桥接试验的临床试验资料。具体可参考与抗肿瘤药物同步研发的原研伴随诊断试剂临床试验的相关要求。

（二）申报产品如为非原研伴随诊断试剂，其伴随诊断用途可根据具体情形采用下列适用的方式之一进行研究：与原研伴随诊断试剂进行一致性比对、桥接试验、已上市抗肿瘤药物疗效的观察性研究。

针对所伴随的抗肿瘤药物已上市多年、临床应用广泛、意义明确、判读易于标准化的伴随诊断试剂，如申报产品的性能与原研伴随诊断试剂具有较好的可比性，则申报产品伴随诊断用途的确认可采取与原研伴随诊断试剂进行一致性比对的方式，此类生物标志物清单见附录 1。申请人拟开发的未包含在附录 1 中的生物标志物，如有需要可与监管部门充分沟通后确定其伴随诊断临床意义。

申报产品所检测的生物标志物中存在针对抗肿瘤药物疗效负性选择的生物标志物。例如 RAS 基因，已批准的西妥昔单抗说明书中明确载明，该药物不用于 RAS 基因的突变的结直肠癌患者。针对此类生物标志物，申报产品伴随诊断用途的确认可采取与原研伴随诊断试剂或 CTA 进行一致性比对的方式，临床试验应重点关注二者的一致性。

四、临床试验设计

（一）临床性能研究

申报产品在开展相关伴随诊断临床预期用途研究的同时，应对产品的临床性能进行研究。建议申请人按照《体外诊断试剂临床试验技术指导原则》的要求，开展临床试验以确认产品临床性能。

1. 临床试验机构

建议申请人选择不少于 3 家经医疗器械临床试验机构备案的临床机构开展临床试验。临床试验机构应具有病理诊断、分子生物学等检测的优势，实验操作人员应有足够的时间熟悉检测系统的各环节（仪器、试剂、质控及操作程序等），熟悉评价方案。临床试验整个过程均应处于有效的质量控制下，最大限度保证试验数据的准确性及可重复性。

2. 入组人群

入组人群应能够代表产品目标人群的各种特征，而不应仅入组部分典型病例。在合理控制偏倚的前提下，亦可入组既往留存的病例样本。入组的既往病例，其样本保存条件应满足申报产品及对比方法的要求。临床试验入组人群应为产品预期用途中明确的肿瘤患者，样本类型应为产品适用的样本类型。如有必要，临床试验过程中还应评估组织样本中肿瘤细胞的比例等。各生物标志物突变亚组病例的入组情况应依据产品设计特点确定，如基于 PCR 技术对基因突变进行检测的产品，各突变基因位点均应入组一定数量的病例。临床试验应确保病例入组的合理性。

3. 对比方法的选择

针对基因检测产品，推荐采用参考方法或已上市同类产品进行对比以评估申报产品临床性能，参考方法可为一代测序、技术成熟的二代测序或临床公认的基因检测技术。参考方法的检测可在临床试验机构完成也可委托具有资质的第三方机构完成。委托第三方机构进行参考方法检测的，应提供临床试验机构与第三方机构的委托协议。同时应提供参考方法的详细资料，如：方法原理、所需试剂及仪器、参考方法的性能验证、参考方法质控、典型的实验图谱及数据等。上述资料应由临床试验机构签章确认。

对于临床上尚无参考方法或已上市同类产品的生物标志物，如蛋白水平的生物标志物检测等，在充分考虑检测结果具有可比性的前提下，临床试验对比方法亦可采用临床试验机构日常检测所用的实验室检测方法（如免疫组化法）。

4. 临床评价指标

此部分临床试验的评价指标主要包括申报产品与对比方法相比的阳性符合率、阴性符合率、总符合率、Kappa 值等，并计算各符合率相应的 95% 置信区间。

5. 临床试验样本量估算

临床试验样本量应满足统计学要求，可采用适当的统计学方法进行估算。该类产品临床试验重点评估申报产品与对比方法的符合率，故建议采用单组目标值法样本量公式估算最低样本量。样本量估算过程中，评价指标（阴 / 阳性符合率）的临床可接受标准（P_0）应满足临床需求。

样本量估算过程中需要考虑临床试验中样本的剔除率，一般而言，样本剔除率不应高于 10%。

临床试验样本量除需满足上述统计学估算的最低样本量要求外，还应保证入组病例覆盖受试者的各种特征。如临床试验研究有更合理的样本量估算方式，在说明其合理性后亦可采用。

6. 统计分析

统计分析一般以四格表的形式总结两种分析方法的检测结果，并据此计算阳性符合率、阴性符合率、总符合率、Kappa 值等指标及其 95% 置信区间。除此之外，还应同时进行假设检验评价两种分析方法的一致性。

对于检测标志物覆盖多个标志物 / 突变位点的产品，如基于 PCR 技术对基因突变进行检测的产品，检测范围包括多个突变基因位点，临床试验统计分析应在整体统计分析的基础上，针对各突变基因位点单独进行统计分析。

临床试验还应对入组人群的人口学及临床特征进行基线分析，包括年龄、性别、肿瘤类型、分期、其他疾病相关信息等，重点分析受试者病理组织样本肿瘤细胞所占比例情况，覆盖所有生物标志物亚组情况，分析对比方法阳性判断值附近样本收集情况。受试者总体特征应满足评价申报产品与对比方法一致性的要求。

7. 偏倚的控制

临床试验方案的设计、实施及结果分析时，应充分考虑偏倚的控制，临床试验实施过程中应注意同步盲法的要求。

（二）伴随诊断用途的确认

申报产品在进行伴随诊断用途研究之前，应对申报产品伴随的抗肿瘤药物及原研伴随诊断试剂进行充分研究，建议将产品拟伴随的抗肿瘤药物说明书（中国境内上市版）、原研伴随诊断试剂说明书及抗肿瘤药物相关临床试验文献（如有）作为产品临床试验报告附件。

1. 一致性比对研究

针对应用广泛、临床意义明确、判读易于标准化的伴随诊断试剂，临床试验可采用申报产品与原研伴随诊断试剂或 CTA 进行比较研究的方法，评价两者检测结果的一致性。

1.1 对比方法

因该类产品往往存在诸多已上市同类产品，为了避免统计学上依次传递现象，对比试剂应选择原研伴随诊断试剂。对比试剂在预期用途、适用人群、样本类型、检测性能等方面应与申报产品具有较好的可比性。

针对既往抗肿瘤药物临床试验过程中仅采用了 CTA，药物无商品化的体外诊断试剂作为其伴随诊断试剂，且桥接试验、抗肿瘤药物疗效的观察性研究不可行的情况下，申报产品在临床研究过程中，可采用 CTA 作为其对比方法。如 CTA 因时间、机构等因素不能直接使用，必要时研究者可重建 CTA 方法。重建方法的原理、所检测的标志物、性能要求（包括分析性能与临床性能）应与药物临床试验过程中使用的 CTA 一致，并提供相应证据。对于药物临床试验过程中使用的 CTA 相关信息及性能应提供相应支持性资料。如申报产品采用此种方法确认其伴随诊断的预期用途，相关申报企业及研究者应与技术审评部门充分沟通。

基于产品自身设计及对比试剂的选择，如该部分临床研究能够证明申报产品针对所有生物标志物突变亚组人群临床样本检测的性能，此部分研究可与临床性能研究相结合。

1.2 入组人群

临床试验方案中应根据申报产品的预期用途、目标人群和检测要求等合理确定临床试验受试者的选择要求和样本收集方法，包括：受试者入组 / 排除标准、是否入组既往留存的病例样本等。入组人群应能够代表产品目标人群的各种特征，应尽可能考虑肿瘤类型、分期、前期治疗方案等方面与伴随诊断试剂适用人群的一致性，各生物标志物突变亚组病例的入组情况应符合临床诊疗实践。

在此部分比较研究中，对于入组人群是否使用了相关抗肿瘤药物及所用的抗肿瘤药物是否与申报产品拟伴随的药物一致不做要求。临床试验过程中药物临床疗效不被统计分析，因此申报产品所选择人群的抗肿瘤药物疗效也不会被评价。相应的，对申报产品预期使用人群的药效也不能通过比对研究结果直接评估，临床试验仅确认申报产品与原研伴随诊断试剂在共同的适用人群划分上是否一致。

1.3 评价方法

临床试验中有多种方法可进行申报产品与原研伴随诊断试剂的比较研究，以下介绍其中两种方法：

1.3.1 与原研伴随诊断试剂的一致性研究

采用该方法进行临床试验时，其临床试验机构的选择、临床评价指标、样本量、统计分析、偏倚控制等可参考本章第 1 部分临床性能研究相关内容。

临床试验人口学分析中应增加临床特征分析，包括种族、肿瘤类型、分期、突变状态、疾病复发类型、其他疾病相关信息等，以充分评估申报产品与原研伴随诊断试剂筛选用药人群的一致性。在产品临床试验设计时，应制定更为严格的临床可接受标准。

1.3.2 与原研伴随诊断试剂的外部等效性研究

申请人亦可综合考虑申报产品与原研伴随诊断试剂之间性能的差异，选择其他合理的临床试验设计，如申报产品与原研伴随诊断试剂的外部等效性研究。应用该方法时，应注意在统计分析过程中非劣效性界值的确定应能够满足临床需求，并提供非劣效界值的确定依据。

该种方法所需样本量应采用合理的统计学模型进行估算，样本量应能够满足申报产品和原研伴随诊断试剂检测结果之间的符合率非劣效于两次原研伴随诊断试剂检测结果之间的符合率的要求。

2. 桥接试验

在伴随诊断试剂开发过程和临床试验过程中，如其伴随的抗肿瘤药物已经完成了临床研究，则可以通过桥接试验的设计，证明申报产品的安全有效性。桥接试验使用申报产品对已经完成的药物临床试验过程中入组患者的剩余样本进行检测，评估申报产品与原研伴随诊断试剂或 CTA 的一致性，进而评估申报产品所确定的受试者的治疗效果。

2.1 背景信息

桥接试验的基础是已完成的抗肿瘤药物临床试验，在设计桥接试验之前应充分了解相关药物的临床试验情况，并在临床试验资料中对药物临床试验情况进行描述，包括但不限于以下内容：药物临床试验的名称、编号（如有）；临床试验设计类型；受试者入排标准与入组情况；临床试验病例数量；入组病例的人口学及临床特征基线分析；入组病例生物标志物状态；主要疗效评价指标及临床试验终点选择；临床试验统计分析概述；临床试验结论。

2.2 研究目的

桥接试验的研究目的主要是证明申报产品的临床性能及临床意义。该研究主要包括两方面：一是，申报产品与原研伴随诊断试剂或 CTA 检测结果的一致性；二是，申报产品选择的人群与原研伴随诊断试剂或 CTA 选择的人群在药物疗效或其他评价指标之间的等效性。

2.3 临床试验机构

开展桥接试验的临床试验机构应为参与药物临床试验的机构，且经医疗器械临床试验机构备案。临床试验过程中药物临床试验剩余样本、原研伴随诊断试剂检测结果及相关病例的药效学数据的获取应合理、合法。

2.4 研究人群

桥接试验的病例为来自所伴随的抗肿瘤药物的某一个或几个临床试验，研究者应明确在上述临床试验入组病例中能够进行桥接试验的病例的入选标准及排除标准。入排标准的设定应重点关注受试者是否留存有足够的、符合要求的样本供申报产品检测。如药物临床试验中可用于桥接试验的样本量不足，尤其是药物临床试验中的阴性病例不足，可入组部分非药物临床试验的病例样本，用于评估申报产品与原研伴随诊断试剂或 CTA 的临床性能。该部分补充病例的入排标准应严格设定，应为申报产品的适用人群。

2.5 病例数量

桥接试验的病例来源应为支持抗肿瘤药物上市的关键临床试验或附条件批准上市的药物按照药品注册证书中所附的特定条件开展的上市后确证性试验，应尽可能纳入药物临床试验中的所有病例。建议提供病例筛选流程图，以明确所有入组病例的来源。病例数量应能够满足评价申报产品与原研伴随诊断试剂或 CTA 一致性的要求及申报产品选择人群疗效评价的统计要求。

2.6 统计分析

桥接试验的统计分析主要分为三个方面：受试者人口学及临床特征基线分析、申报产品与原研伴随诊断试剂或 CTA 的一致性分析、药物疗效分析。

2.6.1 受试者人口学及临床特征分析

临床试验统计分析过程中应对临床研究中人群基本特征进行分析，如年龄、性别、种族、疾病状态、检测标志物状态、疾病复发类型、其他疾病相关信息等。桥接试验所入组的病例的人口学及基线临床特征应与药物临床试验中入组病例基本一致。如桥接试验中入组了其他临床试验的病例或非药物临床试验的病例，需注意分析额外入组病例的人口学及临床特征，应与整体临床试验一致。

2.6.2 一致性分析

一致性分析为评价申报产品检测标志物状态与原研伴随诊断试剂或 CTA 检测标志物状态的一致性的回顾性研究，如临床试验入组了非药物临床试验的病例，则针对此部分病例分析为申报产品与原研伴随诊断试剂或 CTA 检测的同步一致性研究。一致性分析建议采用四格表分析的方法，分别评估申报产品与原研伴随诊断试剂或 CTA 的阳性符合率、阴性符合率、总符合率及相应的 95% 置信区间。如临床试验涉及不同的数据集如：全数据集、符合方案集等，建议每一数据集分别进行分析。申报产品与原研伴随诊断试剂或 CTA 的符合率应能够满足临床需求。

2.6.3 抗肿瘤药物疗效分析

桥接试验疗效分析是证明申报产品伴随用途的重要证据，如临床试验条件允许，可将桥接试验过程中受试者分为不同的人群，如依据标志物状态划分为申报产品及原研试剂或 CTA 均为阳性的人群、申报产品阳性而原研试剂或 CTA 阴性的人群、申报产品及原研试剂或 CTA 均为阴性的人群、申报产品阴性而原研试剂或 CTA 阳性的人群，所有人群中应明确主要关注的人群。主要针对申报产品所检测出的用药人群与原研试剂或 CTA 所检测出的用药人群进行药物疗效的比较分析。桥接试验评价指标应依据相关药物临床试验的评价终点确定，药效学相关的主要评价指标、次要评价指标以及临床获益统计分析方法应与药物临床试验中的指标和统计分析方法保持一致。

某些情况下，药物临床试验的样本因为客观原因不能全部获得，如药物临床试验样本未保留、缺少知情同意、样本量不够、样本质量低等原因，桥接试验应考虑此部分病例疗效数据缺失对产品评价产生的影响，应采用合理的统计学模型对缺失数据进行分析，如缺失的数据是随机缺失还是非随机缺失以及缺失数据与临床结局是否存在倾向性关系等，同时对缺失数据进行合理的插补。如药物临床试验采用富集方式入组病例，桥接试验中针对申报产品检测结果为阳性、原研伴随诊断试剂或 CTA 检测结果为阴性的病例缺少药效学数据，应对此部分病例进行敏感性分析。

药物疗效分析的结果应表明申报产品选择人群与原研伴随诊断试剂或 CTA 所选择的人群在药物疗效上不存在显著差异。

2.7 偏倚的控制

桥接试验在研究过程中应严格控制偏倚，病例样本类型、样本量、保存条件应满足申报产品要求，临床试验应严格按照申报产品及原研伴随诊断试剂（如涉及）说明书进行操作。如纳入了非药物临床试验的病例，则该部分病例的入组标准应与药物临床试验保持一致。申报产品的检测应满足盲法的原则。

3. 已上市抗肿瘤药物疗效的观察性研究

对于相关抗肿瘤药物和原研伴随诊断试剂已经上市但尚未广泛应用、检测原理、操作过程及结果判读较为复杂的产品，建议按照桥接试验路径。如桥接试验不可行，亦可在完成临床检测性能研究的基础上，在不少于 3 家临床试验机构进行已上市抗肿瘤药物疗效的观察性研究，证明其临床意义。该临床试验过程中申报产品的检测结果不能影响受试者正常的诊疗流程。

3.1 临床试验设计

申报产品与原研伴随诊断试剂具有相同的临床预期用途，临床试验中以原研伴随诊断试剂的预期人群为入组人群，采用申报产品与原研伴随诊断试剂同时检测入组人群的人体样本，以原研伴随诊断试剂检测结果为患者使用抗肿瘤药物提供指导，同时对使用该药物的患者进行跟踪随访，获得药物疗效。如既往病例的人口学特征、疾病基本特征、药效的评价指标和评价方法均满足临床试验方案的要求，亦可入组一定量的既往病例样本，但应注意尽量避免引入偏倚。疗效数据获得后，应分析原研伴随诊断试剂入组人群的药效数据；同时以申报产品生物标志物检测状态分组，观察不同人群的疗效。临床试验还应考察申报产品与原研伴随诊断试剂检测结果的一致性。此部分临床试验设计与平行对照设计存在区别。

3.2 入组人群

临床试验入组人群应为原研伴随诊断试剂适用人群，应明确病例的入选与排除标准，临床试验入组的人群应尽量接近申报产品临床应用真实情况。

3.3 样本量

临床试验应基于临床试验目的及临床评价指标选择合理的统计学模型计算样本量，样本量应同时满足评价申报产品与原研伴随诊断试剂选择人群药物疗效评估的要求。临床评价目的包括申报产品与原研伴随诊断试剂筛选人群药效的等效或非劣效，基于此选择等效性研究或非劣效性研究模型。样本量的计算应基于主要疗效评价指标如客观缓解率（ORR）、无进展生存期（PFS）及总生存期（OS）等，入组样本量最低要求可参考药物关键临床试验入组的病例数量。

基于生物标志物的复杂性，申报产品与原研伴随诊断试剂的检测结果会存在差异，应纳入适当的样本量来满足能够更科学的评估申报产品与原研伴随诊断试剂选择用药人群所表现出的药效学差异的要求。

3.4 统计分析

临床试验的统计分析主要分为三个方面：病例人口学及临床特征基线分析、申报产品与原研伴随诊断试剂的一致性分析、药物疗效分析。

3.4.1 病例人口学及临床特征分析

临床试验统计分析应对入组人群基线临床特征进行分析，如年龄、性别、种族、疾病状态、突变状态、疾病复发类型、其他疾病相关信息等。临床试验的病例的人口学及基线临床特征应与产品临床应用真实情况基本一致。

3.4.2 一致性分析

一致性分析为申报产品检测标志物状态与原研伴随诊断试剂检测标志物状态的一致性研究。一致性分析建议采用四格表分析的方法，分别评估申报产品与原研伴随诊断试剂的阳性符合率、阴性符合率、总符合率及相应的 95% 置信区间。临床性能应能够满足临床需求。

3.4.3 药物疗效分析

药物疗效分析是证明申报产品临床效用的重要证据，如临床试验条件允许，可将试验过程中受试者分为不同的人群，如依据标志物状态划分申报产品及原研试剂均为阳性的人群、申报产品阳性而原研试剂阴性的人群、申报产品及原研试剂均为阴性的人群、申报产品阴性而原研试剂阳性的人群，所有人群中应明确主要关注的人群。应分析原研伴随诊断试剂选择人群抗肿瘤药物疗效与申报产品筛选人群疗效的关系。评价指标应依据相关抗肿瘤药物的疗效指标确定，应设定主要评价指标和次要评价指标，按照可接受的临床评价指标作为评价终点，如客观缓解率（ORR）、无进展生存期（PFS）、完全缓解率（CR）、部分缓解率（PR）、缓解持续时间（DoR）、疾病控制率（DCR）、总生存期（OS）等。针对两组不同的人群的临床获益进行统计分析的方法可采用风险分析法等，如 Cox 比例风险模型、绘制 Kaplan–Meier 曲线等。

药物疗效分析的结果应表明申报产品所选择人群与原研伴随诊断试剂选择的人群在药物疗效上不存在显著差异。

3.5 偏倚的控制

临床试验在研究过程中应严格控制偏倚，病例样本类型、样本量、保存条件应满足考核试剂要求。临床试验过程应明确病例的入组形式（如连续入组等），应严格按照病例入排标准进行病例入组，任何人为选择病例而导致的申报产品与原研伴随诊断试剂的检测结果符合率过高或过低，均会引起临床试验的偏倚。临床试验应严格按照申报产品及原研伴随诊断试剂说明书进行操作。临床试验过程应满足同步盲法的原则。

五、其他

（一）关于产品预期用途及局限性

随着检测技术的进步，越来越多的新检测技术应用到伴随诊断相关生物标志物的检测中。在产品申报过程中，能够检测更多的生物标志物 / 突变位点，以及具有更高分析灵敏度的产品不断出现。此类产品的预期用途的确定应基于产品临床研究情况。

针对可检测更多生物标志物 / 突变位点的产品，其说明书中应明确经确认伴随诊断用途的标志物 / 突变位点及对应的抗肿瘤药物，针对其余标志物 / 突变位点如进行了充分的临床性能研究，且相关标志物突变状态在相关的指南、专家共识等文献已明确具有诊断意义，可在说明书中明确该部分人群经过临床检测性能研究，但不用于指导相关抗肿瘤药物使用。如申报产品为人 EGFR 基因检测试剂盒，其申报的基因突变位点包括 19 号外显子缺失（19del）、21 号外显子的 L858R 突变及 18 号外显子的 G719A、G719C、G719D 突变。其临床试验在完成所有检测位点性能确认的基础上，仅针对 19del、L858R 两个位点进行了伴随吉非替尼的研究。其说明书中应明确：19del、L858R 突变可用于指导吉非替尼的用药，G719A、G719C、G719D 突变仅进行了临床性能确认，不用于指导吉非替尼的用药。

如申报产品分析灵敏度显著高于原研伴随诊断试剂，则申报产品应依据其伴随诊断用途，参考原研伴随诊断试剂阳性判断值确定合理的用于病例指导用药的阳性判断值，同时在伴随诊断用途的验证过程中采用与原研伴随诊断试剂一致的阳性判断值进行研究，从而证明二者临床应用的等效性。针对申报产品更高的灵敏度应提供相关的临床证据，如申请人未能提供相关证据，应在产品说明书中明确，低于产品用于病例指导用药的阳性判断值的检测结果不用于用药指导。

（二）关于变更

1. 已上市伴随诊断试剂如增加对已批准的同类抗肿瘤药物（如：均为酪氨酸激酶抑制剂类药物）的伴随用途，可根据具体情况选择以上合适的临床评价方式提交临床证据，具体临床试验要求及适用情况参考上述章节。

2. 当所伴随的抗肿瘤药物其适用人群等发生变化，若涉及伴随诊断试剂的部分，如阳性判断值的变化等，则伴随诊断试剂的注册人应申请变更注册，以保持与所伴随的抗肿瘤药物说明书一致。

（三）关于多基因检测伴随诊断试剂

申报产品可能存在一个产品可检测多个基因突变，从而指导多个抗肿瘤药物使用的情况。尤其是越来越多的基于高通量测序技术的伴随诊断试剂的开发，针对肿瘤多基因检测产品应明确其所检测的基因应有相同的临床预期使用人群，同时，至少包括有明确伴随诊断意义的基因及突变位点，并且该类基因及位点均应选择以上合适评价路径提供伴随证据。针对其他基因及突变位点，在临床评价过程中除进行临床性能研究外，还应明确将其纳入检测范围的依据，此依据包括境外已批准同类产品、境内外已开展的抗肿瘤药物与伴随诊断试剂共同开发的临床试验、相关诊疗指南等。说明书中应明确此类位点的检测不用于伴随诊断。

六、参考文献：

1.《抗肿瘤药物临床试验技术指导原则》（原国家食品药品监督管理局公告 2012 年第 122 号），2012 年 5 月 15 日.

2.《In Vitro Companion Diagnostic Devices，Guidance for Industry and Food and Drug Administration Staff》FDA，2014 年 8 月 6 日.

3.《Principles for Codevelopment of an In Vitro Companion Diagnostic Device with a Therapeutic Product，Draft Guidance for Industry and Food and Drug Administration Staff》FDA，2016 年 7 月 15 日.

4.《基因组生物标志物、药物基因组学、遗传药理学、基因组数据和样本编码分类的定义》（ICH 指南 E15）

5.《药物或生物技术产品开发相关的生物标记物：资格认定申请的背景资料、结构和格式》（ICH 指南 E16）

6. Meijuan Li. Statistical Consideration and Challenges in Bridging Study of Personalized Medicine[J]. Journal of Biopharmaceutical Statistics，2015，25（3）：397-407.

7. 高宇，刘容枝，吕允凤.Follow-on 伴随诊断试剂临床评价方法解析［J］.中国卫生统计，2020，37（05）：772-775.

七、起草单位

国家药品监督管理局医疗器械技术审评中心。

附录 1

可选择与原研伴随诊断试剂进行比较研究的生物标志物

基于当前认知及我国相关产品的开发及临床应用情况，相关抗肿瘤药物已上市、临床应用广泛、意义明确、判读易于标准化并且临床应用多年的伴随诊断生物标志物清单见表 1。该清单会随着科学认知的深入及相关产品的临床应用情况适时更新。

表 1. 相关生物标志物清单

癌种	生物标志物检测
肺癌	表皮生长因子受体基因（EGFR 基因）变异。
	间变性淋巴瘤激酶基因（ALK 基因）融合变异；ALK 基因融合蛋白表达。
	ROS1 基因融合变异。
乳腺癌	人表皮生长因子受体 –2 基因（Her2）扩增；Her2 基因蛋白表达。
黑色素瘤	BRAF 基因变异。
血液系统肿瘤	血小板源性生长因子受体 α 多肽基因（PDGFR 基因）变异。
	BCR–ABL 基因融合变异。
结直肠癌 / 鼻咽癌	表皮生长因子受体（EGFR）蛋白表达异常。
胃癌	人表皮生长因子受体 –2 基因（Her2）扩增；Her2 基因蛋白表达。

相关文件

附件2

使用体外诊断试剂境外临床试验数据的注册审查指导原则

为避免或减少重复性临床试验，促进医疗器械技术创新，加快医疗器械在我国的上市进程，更好地满足公众对医疗器械的临床需求，国家药品监督管理局发布了《接受医疗器械境外临床试验数据技术指导原则》。

体外诊断试剂作为一类特殊的医疗器械，其临床试验数据在产品注册申报过程中发挥着重要作用。在使用境外临床试验数据作为我国注册申报的临床证据时，申请人应进行充分分析，判定其用于我国注册申报的合规性和科学性，确定是否需要进一步补充临床试验。

本指导原则明确了使用体外诊断试剂境外临床试验数据作为我国注册申报临床证据时的考虑因素，并举例说明了境内外临床试验差异分析的操作思路，以便为申请人使用境外临床试验数据进行注册申报提供技术指导，同时为监管机构的技术审评提供指导。

本指导原则基于现有认知水平提出差异分析的建议，并未穷举境内外临床试验的所有可能差异，所列举的差异也并非全部适用于同一申报产品。申请人应结合产品具体特点进行差异分析，必要时补充临床试验。

一、适用范围

本指导原则旨在为申请人使用体外诊断试剂境外临床试验数据在我国进行注册申报提供指导，适用于进行首次注册申报和相关变更注册申请的产品。

本指导原则声称的境外临床试验数据是指，全部或同期在境外具备临床试验开展所在国家（地区）要求条件的临床试验机构中，对拟在我国注册申报的体外诊断试剂进行临床试验时所产生的研究数据。

二、境内外临床试验的差异分析

鉴于临床试验数据的质量与临床试验质量管理情况和临床试验设计密切相关，使用境外临床试验数据作为我国注册申报的临床证据时，首先应对境内外临床试验质量管理要求进行差异分析，判定其作为我国注册申报临床证据的合规性；其次应对境内外临床试验设计关键要素进行差异分析，判定其作为我国注册申报临床证据的科学性。

（一）境内外临床试验质量管理要求的差异分析

针对该部分差异分析，申请人应明确：

1. 境外临床试验所在国家（地区）对临床试验的质量管理要求及相关法律、法规、规范或标准等的清单，必要时，提供相关文件。

2. 境外临床试验符合所在国家（地区）临床试验质量管理要求的情况。

3. 境外临床试验所在国家（地区）与我国在体外诊断试剂临床试验质量管理要求方面的主要差异；如存在差异，还应分析其对境内外临床试验数据的影响。

申请人及临床试验机构应接受我国药品监督管理局的监督检查。

（二）境内外临床试验设计关键要素的差异分析

体外诊断试剂临床试验设计关键要素包括：临床试验机构和人员、对比方法、样本量、受试人群和统计分析等。基于现有认知并结合典型例子，本指导原则尽可能对境内外临床试验设计关键要素的差异进行了分析，但并未穷举所有可能的差异，申请人应根据产品具体特点进行分析。

1. 临床试验机构和人员的差异

1.1 临床试验机构的差异

该部分差异主要是临床试验机构数量的差异。申请人应关注申报产品在我国的管理类别，确认进行境外临床试验的机构数量是否满足我国相关要求，如不满足，应在境外或境内补充临床试验。申请人还应确认境外临床试验机构的资质满足所在国家（地区）相关监管要求及临床试验条件的要求。

1.2 临床试验人员的差异

对于可供非专业人员使用的自测类产品及结果判读受临床试验人员主观影响较大的免疫组化类产品等，境内外临床试验人员的差异可能显著影响临床试验用产品的使用及结果的判读等，从而导致境内外临床试验数据的差异。

例 1：自测用血糖试纸，预期使用人群包括糖尿病患者等非专业使用者。临床试验需要评价非专业使用者对产品说明书的认知能力及对产品的使用能力。境内外非专业使用者对产品说明书的认知能力及对产品的使用能力可能存在差异，从而导致境内外临床试验数据的差异。申请人应进行充分分析，确认境内外非专业使用者的上述能力是否存在差异。如存在，申请人应视情况在我国境内补充临床试验或提供其他证据。

例 2：HER-2 抗体试剂，用于检测福尔马林固定、石蜡包埋人乳腺癌组织切片中的 HER-2 蛋白，其检测过程和结果判读较为复杂，受临床试验操作人员和病理阅片者的主观影响较大。境内外临床试验操作人员和病理阅片者对该类产品的试验操作和结果判读可能存在较大差异，从而导致境内外临床试验数据的差异。申请人应在我国境内补充临床试验，以确认申报产品满足我国临床使用要求。

例 3：PD-L1 抗体试剂，用于检测福尔马林固定、石蜡包埋人特定肿瘤组织切片中的 PD-L1 蛋白，其染色步骤和结果判读较为复杂，受临床试验操作人员和病理阅片者的主观影响较大。境内外临床试验操作人员和病理阅片者对该类产品的试验操作和结果判读可能存在较大差异，从而导致境内外临床试验数据的差异。申请人应在我国境内补充临床试验，以确认申报产品适用于我国临床使用场景。

2. 对比方法的差异

体外诊断试剂临床试验一般采用临床参考标准（如：临床诊断、培养鉴定和药敏表型等）或已上市同类产品作为对比方法。

2.1 如境外临床试验采用临床参考标准作为对比方法，申请人应关注境内外临床参考标准（如：试验操作和结果判读等）的差异。

例 4：微生物药敏试剂的临床试验一般采用微量肉汤稀释法作为临床参考标准，该方法通过耐药折点来判断临床样本是否耐药。境外临床试验时，该方法的耐药折点一般采用开展临床试验时有效的 CLSI、FDA 或 EUCAST 耐药折点，我国则主要采用 CLSI 或 EUCAST 耐药折点，而且耐药折点会不定期进行更新，上述情况均可能造成境外临床试验所用耐药折点与申报产品在我国注册申报时现行使用的耐药折点不同，从而导致境内外临床参考标准试验数据的差异。申请人应进行充分分析，确认境内外耐药折点是否存在差异。如存在，申请人应评估该差异对临床参考标准试验数据的影响。如必要，申请人应视情况根据注册申报时我国现行使用的耐药折点重新进行统计分析，或在我国境内补充临床试验。

2.2 如境外临床试验采用同类产品作为对比试剂，申请人应关注所用对比试剂在我国的上市情况。如申报产品已有同类产品在我国上市，且申报产品与其具有可比性，原则上境外临床试验也应采用我国已上市的同类产品作为申报产品的对比试剂。

3. 样本量的差异

我国在体外诊断试剂通用指导原则里明确了样本量确定的一般考虑，并在某些产品的特定指导原则里规定了相关试剂样本量的具体要求，如：对基因型或突变位点等特定亚组的阳性例数要求。针对具体产品的样本量，境内外监管机构可能存在不同要求。申请人应确认境外临床试验的样本量是否满足我国指导原则等的相关要求，如不满足，应视情况在境外或境内补充临床试验。

4. 受试人群的差异

尽管境外临床试验数据支持申报产品在临床试验开展所在国家（地区）人群的使用，但部分产品由于境内外受试人群在人种、遗传信息、疾病特征或病原体流行情况等方面存在差异，造成境外临床试验受试人群不能代表境内受试人群的全部特征，从而导致境外临床试验数据无法充分支持申报产品在我国人群的使用。境内外受试人群的差异包括但不限于：

4.1 不同人种遗传信息的差异

可能涉及该类差异的试剂主要包括人基因多态性试剂，如：药物作用靶点基因多态性试剂和药物代谢酶基因多态性试剂等。

例5：对于某些基因多态性试剂，同一多态性位点对于境内外人群可能具有不同的临床意义，导致境外基因多态性与药物使用相关性的临床证据无法直接外推至我国人群，如用于指导华法林用药剂量的 VKORC1 基因多态性试剂。不同患者华法林的用药剂量差异较大，这种差异受多种因素影响，其中 VKORC1 基因的单核苷酸多态性 rs9923231（−1639 G>A）是主要因素之一。AA 基因型患者的华法林平均使用剂量显著低于 GA 和 GG 基因型患者。该位点的多态性分布具有明显的种族差异，AA、GA 和 GG 基因型在中国人群中的发生频率分别为 79.7%、17.6% 和 2.7%，而在白种人群中的发生频率分别为 14%、47% 和 39%。因此，该位点多态性对华法林剂量影响的权重在境内外存在显著差异。境外建立的基于该位点多态性的华法林剂量预测模型不能直接外推至我国人群。申请人应提供基于我国人群的临床证据，确定基于该位点多态性的华法林剂量预测模型。如有其他类似情况的药物作用靶点基因多态性试剂新产品申报，申请人应关注境内外基因多态性与药物使用的相关性是否具有差异。

例6：对于某些基因多态性试剂，同一多态性位点在境内外人群的发生频率可能存在差异，导致境外临床试验数据无法满足我国临床试验阳性例数的要求，如用于指导硝酸甘油用药的 ALDH2 基因多态性试剂。我国人群中 ALDH2*2 等位基因的携带率为 30%~50%，白种人和黑人几乎不携带，导致境外临床试验数据可能不含有 ALDH2*2 等位基因阳性病例。申请人应在我国境内或境外补充该等位基因的阳性病例，以满足我国临床试验有关阳性例数的要求。

4.2 疾病特征的差异

境内外疾病患病率、病原体感染率、疾病分型、疾病病因等的差异可能导致境内外临床试验数据的差异。

例7：疾病患病率和病原体感染率等的差异。疾病筛查类试剂受此因素影响较大，如人乳头瘤病毒（HPV）核酸筛查试剂。该类试剂用于鉴别具有高级别宫颈病变风险的人群，其临床试验数据受适用人群中宫颈癌患病率、HPV 各亚型感染率及其导致宫颈癌病变的风险程度等多种因素的显著影响。境内外人群中宫颈癌的总体患病率和不同年龄段等亚组人群的患病率明显不同，并且不同病变程度宫颈癌等亚组人群中 HPV 亚型的感染率也明显不同。例如，在细胞学正常人群中，全球感染率排前五位的 HPV 亚型为 HPV 16/52/31/53/18，我国则为 HPV 52/16/58/33/18；在低级别宫颈上皮内瘤样变患者中，全球感染率排前五位的 HPV 亚型为 HPV 16/52/51/31/53，我国则为 HPV 16/18/58/52/33；在高级别宫颈上皮内瘤样变患者中，全球感染率排前五位的 HPV 亚型为 HPV 16/52/31/58/33，我国则为 HPV 16/18/58/52/33；在宫颈癌患者中，全球感染率排前五位的 HPV 亚型为 HPV 16/18/45/33/58，我国则为 HPV 16/18/31/52/58。因此，对于 HPV 核酸筛查试剂，上述差异可能造成境内外临床试验受试人群的明显差异，导致境内外临床试验数据的显著差异。针对该类筛查试剂，申请人原则上应在境内补充临床试验。否则，应提供充分证据，证明境外临床试验的受试人群可代表我国适用人群。

例 8：疾病病因和疾病分型等的差异。对于食管癌和肝癌等多种肿瘤，不同人种在肿瘤病因、发病部位、病理特征和不同亚型分布等方面存在明显差异。例如，我国食管癌的主要病因是致癌性亚硝胺和某些真菌，而欧美食管癌的主要病因则为肥胖、胃食管反流和巴雷特食管；我国食管癌中鳞癌占 95%，而欧美鳞癌只占 30%；我国食管癌好发于上中段食管，而欧美食管癌多发于食管下 1/3 段。我国肝癌主要与 HBV 感染有关，而欧美则主要与 HCV 感染和酒精有关。另外，我国肝癌患者与欧美肝癌患者在流行病学、分子生物学特征、临床表现及分期上也具有明显差异。因此，对于预期用于食管癌或肝癌等的辅助诊断试剂，上述差异可能造成境内外临床试验受试人群的显著差异，导致境外临床试验数据不能外推至我国人群。申请人应结合产品具体特点（如：检测靶标等）进行充分分析，确认境外临床试验受试人群是否可代表我国适用人群。如有必要，应在境内补充临床试验。

4.3 受试人群中病原体流行情况的差异

针对病原体检测试剂，境内外受试人群中病原体流行情况的差异可能造成境外临床试验所验证的病原体不能代表境内病原体的全部特征，导致境外临床试验数据无法支持申报产品在我国人群的使用。

例 9：境内外病原体流行基因型的差异。例如，乙型肝炎病毒（HBV）基因分型试剂，用于辅助医疗专业人员了解患者的乙型肝炎病毒基因型别，以便确定适当的治疗方法。HBV 分为 10 种基因型（A~J），且 HBV 基因型的分布存在人种和地域差异。我国常见基因型为 B 和 C 型，部分地区存在少数 D 型，黑种人中常见基因型为 A、E 和 D 型，白种人常见基因型为 A 和 D 型，基因型 F 是美洲爱斯基摩人的优势基因型，基因型 G 主要分布在西方国家，基因型 H 在墨西哥的高加索和蒙古人种中占主导地位，而基因型 I 和 J 则主要在亚洲人中发现。因此，申请人应关注申报产品声称的可检出基因型及境外临床试验所验证的基因型是否涵盖我国流行基因型，各基因型数量是否满足我国技术审评的要求。如未涵盖或不满足，申请人应视情况在境外或境内补充临床试验。

例 10：境内外病原体流行菌种的差异。例如，用于对血液样本中细菌和酵母菌等进行培养和定性检测的血培养瓶。境内外感染患者血液样本中的临床常见病原体种类可能不同，导致境外临床试验所检出的菌种不能完全覆盖我国临床常见的病原体菌种。另外，境内外临床常见菌种流行率可能存在差异，针对某些在境内流行率较高、但在境外流行率低的菌种，境外临床试验检出的菌种数量可能不足以验证申报产品对我国境内流行菌种的检测性能。申请人应关注申报产品声称的可检出的病原体菌种及境外临床试验所覆盖的菌种是否涵盖了我国常见病原体流行菌种，各菌种数量是否满足我国技术审评的要求。如未涵盖或不满足，申请人应视情况在境外或境内补充临床试验。

例 11：境内外病原体耐药流行菌种的差异。例如，病原体耐药基因检测试剂。境外临床试验所检出的耐药菌种基因型可能不能完全覆盖我国临床常见的病原体耐药菌种基因型。例如，肺炎克雷伯菌对碳青霉烯类抗生素的耐药机制之一是产生碳青霉烯酶。碳青霉烯酶包括 A、B 和 D 三大类，每大类又分成各亚型。我国耐碳青霉烯类抗生素肺炎克雷伯菌主要产生 KPC-2 基因型碳青霉烯酶，西方国家则主要产生 KPC-3 基因型。申请人应关注境外临床试验所覆盖的耐药菌种基因型是否涵盖我国病原体常见耐药流行菌种基因型，各菌种基因型数量是否满足我国技术审评的要求。如未涵盖或不满足，申请人应视情况在境外或境内补充临床试验。

5. 与我国具体产品指导原则的差异

申请人还应关注境外临床试验设计等是否满足我国相关产品指导原则的具体要求，如不满足，应详细阐明理由，并提供详细的研究资料，证明境外临床试验设计的合理性，必要时应在境内或境外补充临床试验。

例12：我国《结核分枝杆菌复合群耐药基因突变检测试剂注册技术审查指导原则》要求，结核分枝杆菌耐药基因突变检测试剂，如选择药敏表型作为临床参考标准，还需对所有耐药/阳性样本采用分子生物学方法进行验证，以明确引起耐药的具体突变类型，验证申报产品对耐药基因突变的检测性能。

6. 其他可能的差异

对于某些产品，境内外临床试验的统计分析可能存在差异，导致境内外临床试验数据的差异。申请人应根据我国相关要求进行统计分析。

境内外临床试验数据的差异可能源于空间的差异、时间跨度的差异及人群的差异。申请人可参考本指导原则所述临床试验设计关键要素的思路，并结合附1"差异分析导图"所述路径，进行差异分析。

三、针对境内外差异的处理

申请人应根据产品具体情况，详细分析境内外临床试验可能存在的各种差异，确认境外临床试验数据是否满足我国注册申报临床试验的相关要求、是否能够充分支持申报产品在我国注册申报的预期用途。

如经分析发现，境外临床试验数据满足我国注册申报临床试验的相关要求，充分支持申报产品在我国注册申报的预期用途，则可将境外临床试验数据作为在我国注册申报的充分临床证据。

如经分析发现，境外临床试验数据无法完全满足我国注册申报临床试验的相关要求，不能充分支持申报产品在我国注册申报的预期用途，则可将境外临床试验数据作为在我国注册申报的部分临床证据，申请人应视情况在我国境内或境外补充临床试验，也可在我国境内按要求开展完整的临床试验。

四、使用境外临床试验数据的相关资料要求

（一）申请人应明确境外临床试验机构的名称及其所在国家（地区），境外临床试验数据的用途（如：用于申报产品的境外上市注册申报）。

（二）申请人应至少提交境外临床试验机构的伦理意见、临床试验方案和临床试验报告。伦理意见、临床试验方案和报告的提交形式、内容与签字签章等应满足境外临床试验所在国家（地区）临床试验质量管理的要求。申请人应提供完整的临床试验数据，不得筛选，临床试验报告应包含对完整临床试验数据的分析及结论。境外临床试验数据应真实、科学、可靠、并可追溯。

（三）申请人还应提交境内外临床试验的差异分析报告，应根据产品具体特点，综合分析各种可能涉及的差异及其对境内外临床试验数据的影响，并明确针对差异的处理情况。

附 1

差异分析导图

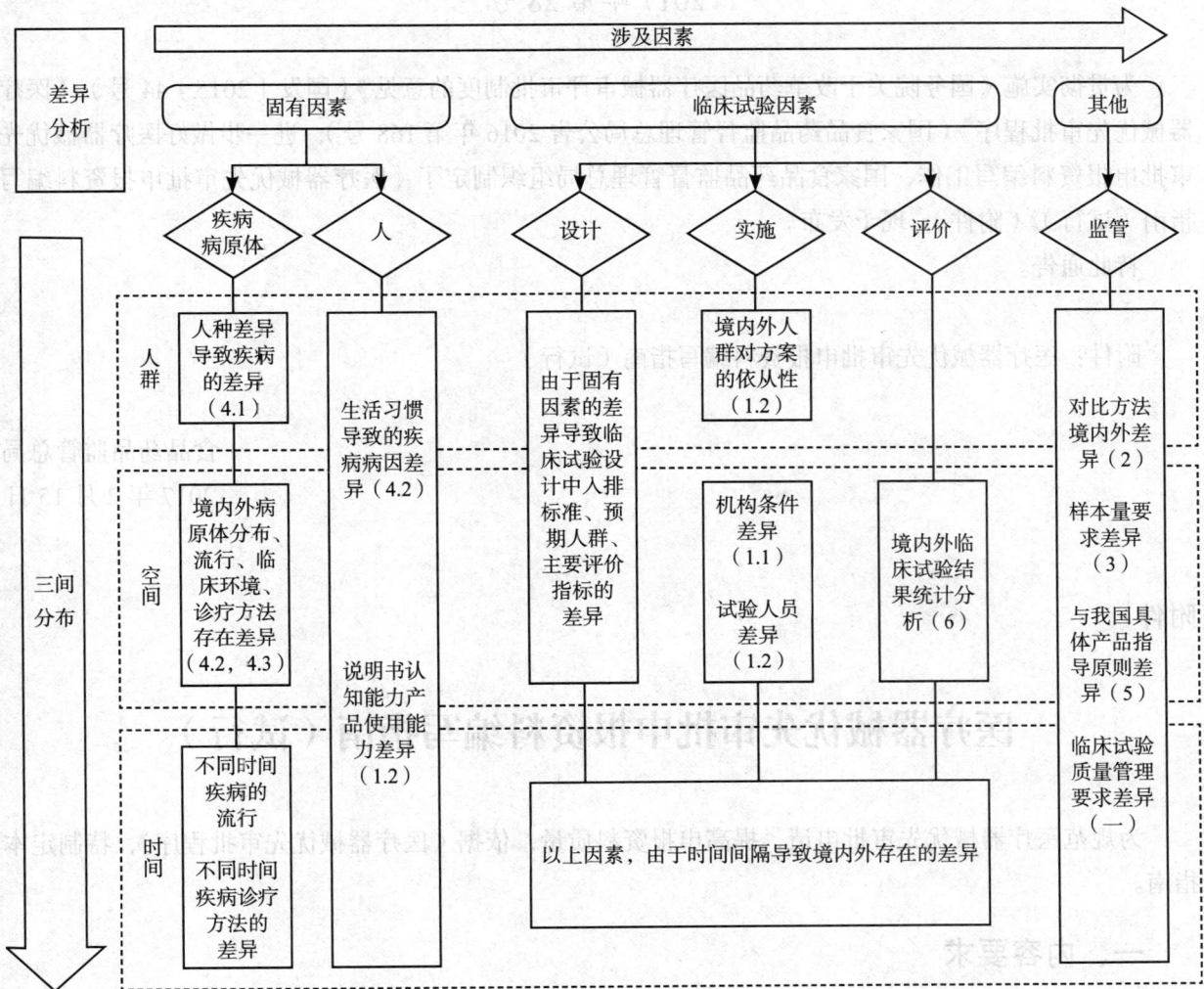

涉及因素

差异分析

| 固有因素 | 临床试验因素 | 其他 |

疾病病原体　|　人　|　设计　|　实施　|　评价　|　监管

三间分布

人群

人种差异导致疾病的差异（4.1）

生活习惯导致的疾病病因差异（4.2）

由于固有因素的差异导致临床试验设计中入排标准、预期人群、主要评价指标的差异

境内外人群对方案的依从性（1.2）

对比方法境内外差异（2）

空间

境内外病原体分布、流行、临床环境、诊疗方法存在差异（4.2，4.3）

说明书认知能力产品使用能力差异（1.2）

机构条件差异（1.1）

试验人员差异（1.2）

境内外临床试验结果统计分析（6）

样本量要求差异（3）

与我国具体产品指导原则差异（5）

时间

不同时间疾病的流行

不同时间疾病诊疗方法的差异

以上因素，由于时间间隔导致境内外存在的差异

临床试验质量管理要求差异（一）

注：1. 图中每部分内容均不是对该部分内容的穷举，应当根据产品的特性对境内外的差异进行具体分析。

2. 不同因素、三间分布之间可能存在交叉。

3. 表格主要以"（二）境内外临床试验设计关键要素的差异分析"章节为基础。

相关文件

971

总局关于发布医疗器械优先审批申报资料
编写指南（试行）的通告

2017 年第 28 号

为贯彻实施《国务院关于改革药品医疗器械审评审批制度的意见》（国发〔2015〕44 号）、《医疗器械优先审批程序》（国家食品药品监督管理总局公告 2016 年第 168 号），进一步做好医疗器械优先审批申报资料编写工作，国家食品药品监督管理总局组织制定了《医疗器械优先审批申报资料编写指南（试行）》（附件），现予发布。

特此通告。

附件：医疗器械优先审批申报资料编写指南（试行）

食品药品监管总局
2017 年 2 月 15 日

附件

医疗器械优先审批申报资料编写指南（试行）

为规范医疗器械优先审批申请，提高申报资料质量，依据《医疗器械优先审批程序》，特制定本指南。

一、内容要求

（一）医疗器械优先审批申请表

明确说明产品适用于《医疗器械优先审批程序》第二条中规定的何种情形，简述优先审批理由。

（二）医疗器械注册申请表复印件

（三）符合《医疗器械优先审批程序》第二条第（一）项情形的医疗器械优先审批申请，应按以下要求提供资料：

1. 诊断或者治疗罕见病，且具有明显临床优势

（1）该产品适应证的发病率数据及相关支持性资料；

（2）证明该适应证属于罕见病的支持性资料；

（3）该适应证的临床治疗现状综述；

（4）该产品较现有产品或治疗手段具有明显临床优势说明及相关支持性资料。

2. 诊断或者治疗恶性肿瘤，且具有明显临床优势

（1）该产品适应证属于恶性肿瘤的支持性资料；

（2）该适应证的临床治疗现状综述；

（3）该产品较现有产品或治疗手段具有明显临床优势说明及相关支持性资料。

3. 诊断或者治疗老年人特有和多发疾病，且目前尚无有效诊断或者治疗手段

（1）该产品适应证属于老年人特有和多发疾病的支持性资料；

（2）该适应证的临床治疗现状综述；

（3）目前尚无有效诊断或治疗手段的说明及相关支持性资料。

4. 专用于儿童，且具有明显临床优势

（1）该产品适应证属于儿童疾病的支持性资料；

（2）该适应证的临床治疗现状综述；

（3）证明该产品专用于诊断或治疗儿童疾病，较现有产品或治疗手段具有明显临床优势说明及相关支持性资料。

5. 临床急需，且在我国尚无同品种产品获准注册的医疗器械

（1）该产品适应证的临床治疗现状综述，说明临床急需的理由；

（2）该产品和同类产品在境外批准和临床使用情况；

（3）提供检索情况说明，证明目前国内无相关同品种产品获准注册，且目前尚无同等替代诊断或治疗方法。

（四）符合《医疗器械优先审批程序》第二条第（二）项情形的医疗器械优先审批申请，应提供以下资料：

1. 该产品属列入国家科技重大专项或者国家重点研发计划的医疗器械的说明；

2. 相关支持性材料，如项目任务书等。

（五）所提交资料真实性的自我保证声明

境内产品申请由申请人出具，进口产品申请由申请人和代理人分别出具。

二、格式要求

（一）申报资料应按本指南载明序排列并装订成册。

（二）应有所提交资料目录，包括申报资料的一级和二级标题。每项二级标题对应的资料应单独编制页码。

（三）境内医疗器械优先申请申报资料若无特别说明，均应为原件，并由申请人签章。"签章"是指：企业盖章，或其法定代表人、负责人签名加企业盖章。

（四）进口医疗器械优先申请申报资料若无特别说明，原文资料均应由申请人签章，中文资料由代理人签章。原文资料"签章"是指：申请人的法定代表人或者负责人签名，或者签名并加盖组织机构印章，并且应当提交由申请人所在地公证机构出具的公证件；中文资料"签章"是指：代理人盖公章，或者其法定代表人、负责人签名并加盖公章。

（五）由申请人编写的文件按 A4 规格纸张打印，字体大小适于阅读。

（六）申报资料使用复印件的，复印件应当清晰并与原件一致。彩色图片、图表应提供彩色副件。

（七）申报资料应当使用中文。原文为外文的，应当有中文译本。

关于发布创新医疗器械特别审查申报资料编写指南的通告

2018 年第 127 号

为贯彻落实中共中央办公厅、国务院办公厅《关于深化审评审批制度改革鼓励药品医疗器械创新的意见》（厅字〔2017〕42 号），进一步做好《创新医疗器械特别审查程序》（国家药品监督管理局公告 2018 年第 83 号）规定的创新医疗器械申报资料编写和技术审查工作，国家药品监督管理局组织制定了《创新医疗器械特别审查申报资料编写指南》，现予发布。原国家食品药品监督管理总局印发的《创新医疗器械特别审批申报资料编写指南》（国家食品药品监督管理总局通告 2016 年第 166 号）同时废止。

特此通告。

附件：创新医疗器械特别审查申报资料编写指南

国家药监局

2018 年 12 月 12 日

附件

创新医疗器械特别审查申报资料编写指南

为规范创新医疗器械特别审查申请，提高申报资料质量，促进医疗器械创新发展，根据《医疗器械监督管理条例》（国务院令第 680 号）、《医疗器械注册管理办法》（国家食品药品监督管理总局令第 4 号）、《体外诊断试剂注册管理办法》（国家食品药品监督管理总局令第 5 号）、《创新医疗器械特别审查程序》（国家药品监督管理局公告 2018 年第 83 号）要求，制定本指南。

本指南对申请创新医疗器械的申报资料准备和撰写要求进行了规范，旨在使申请人明确在申报过程中应予关注的重点内容，以期解决申报过程中遇到的一些共性问题。

一、申报资料内容

（一）创新医疗器械特别审查申请表

产品名称应当符合《医疗器械通用名称命名规则》等文件相关规定。性能结构及组成、主要工作原理或者作用机理、预期用途部分填写的内容应当可反映产品特性的全部重要信息，简明扼要，用语规范、专业，不易产生歧义，申请表信息（包括备注）应当完整真实、回避专家理由应当具体。

（二）申请人企业资质证明文件

1. 境内申请人应当提交：

企业营业执照复印件。

2. 境外申请人应当提交：

境外申请人注册地所在国家（地区）医疗器械主管部门出具的企业资质证明文件。文件需经原出证机关签章或者经当地公证机构公证。

（三）产品知识产权情况及证明文件

1. 提供产品核心技术知识产权情况说明。如存在多项发明专利，建议以列表方式展示发明专利名称、专利权人、专利状态等信息。

2. 提供相关知识产权情况证明文件

（1）申请人已获取中国发明专利权的，需提供经申请人签章的专利授权证书、权利要求书、说明书复印件和专利主管部门出具的专利登记簿副本原件。创新医疗器械特别审查申请时间距专利授权公告日不超过5年。

（2）申请人依法通过受让取得在中国发明专利使用权的，除提交专利权人持有的专利授权证书、权利要求书、说明书、专利登记簿副本复印件外，还需提供经专利主管部门出具的《专利实施许可合同备案证明》原件。创新医疗器械特别审查申请时间距专利授权公告日不超过5年。

（3）发明专利申请已由国务院专利行政部门公开、未获得授权的，需提供经申请人签章的发明专利已公开证明文件（如发明专利申请公布通知书、发明专利申请公布及进入实质审查阶段通知书、发明专利申请进入实质审查阶段通知书等）复印件和公布版本的权利要求书、说明书复印件。由国家知识产权局专利检索咨询中心出具检索报告，报告载明产品核心技术方案具备新颖性和创造性。发明专利申请审查过程中，权利要求书和说明书应专利审查部门要求发生修改的，需提交修改文本；专利权人发生变更的，提交专利主管部门出具的证明性文件，如手续合格通知书复印件。

（四）产品研发过程及结果综述

综述产品研发的立题依据及已开展的实验室研究、动物实验研究（如有）、临床研究及结果（如有），提交包括设计输入、设计验证及设计输出在内的产品研发情况综合报告。

（五）产品技术文件，至少应当包括：

1. 产品的适用范围/预期用途

（1）应当明确产品适用范围/预期提供的治疗、诊断等符合《医疗器械监督管理条例》第七十六条定义的目的，并描述其适用的医疗阶段（如治疗后的监测、康复等）；

（2）说明产品是一次性使用还是重复使用；

（3）说明预期与其组合使用的器械（如适用）；

（4）目标患者人群的信息（如成人、儿童或新生儿），患者选择标准的信息，以及使用过程中需要监测的参数、考虑的因素。

2. 产品工作原理或者作用机理

详述产品实现其适用范围/预期用途的工作原理或者作用机理，提供相关基础研究资料。

3. 明确产品主要技术指标及确定依据，主要原材料、关键元器件的指标要求，主要生产工艺过程及流程图，主要技术指标的检验方法。

（六）产品创新的证明性文件，至少应当包括：

1. 国内核心刊物或国外权威刊物公开发表的能够充分说明产品临床应用价值的学术论文、专著及文件综述（如有）。

可提供本产品的文献资料，亦可提供境外同类产品的文献资料。

2. 国内外已上市同类产品应用情况的分析及对比

（1）提供境内已上市同类产品检索情况说明。一般应当包括检索数据库、检索日期、检索关键字及各检索关键字检索到的结果，分析所申请医疗器械与已上市同类产品（如有）在工作原理或者作用机理方面的不同之处。

（2）提供境外已上市同类产品应用情况的说明。提供支持产品在技术上处于国际领先水平的对比分析资料（如有）。

3. 产品的创新内容及在临床应用的显著价值

（1）产品创新性综述

阐述产品的创新内容，论述通过创新使所申请医疗器械较现有产品或治疗手段在安全、有效、节约等方面发生根本性改进和具有显著临床应用价值。

（2）支持产品具备创新性的相关技术资料。

（七）产品风险分析资料

1. 基于产品已开展的风险管理过程研究结果；

2. 参照 YY/T 0316《医疗器械风险管理对医疗器械的应用》标准相关要求编写。

（八）产品说明书（样稿）

应当符合《医疗器械说明书和标签管理规定》（国家食品药品监督管理总局令第6号）的相关要求。

（九）其他证明产品符合《创新医疗器械特别审查程序》第二条的资料

如产品或者其核心技术曾经获得过国家级、省部级科技奖励，请说明并提交相关证明文件复印件。

（十）所提交资料真实性的自我保证声明

境内产品申请由申请人出具，进口产品申请由申请人和代理人分别出具。

（十一）代理人相关资料

境外申请人应当委托中国境内的企业法人作为代理人或者由其在中国境内的办事机构提出申请，并提交以下文件：

1. 境外申请人委托代理人或者其在中国境内办事机构办理创新医疗器械特别审查申请的委托书；

2. 代理人或者申请人在中国境内办事机构的承诺书；

3. 代理人营业执照或者申请人在中国境内办事机构的机构登记证明。

二、申报资料格式

（一）申报资料应当按本指南第一部分顺序排列并装订成册。

（二）应当有所提交资料目录，包括申报资料的一级和二级标题。每项二级标题对应的资料应当单独编制页码。

（三）由申请人编写的文件按 A4 规格纸张打印，字体大小适于阅读。

（四）申报资料使用复印件的，复印件应当清晰并与原件一致，彩色图片、图表应当提供彩色副件。

三、其他

（一）申请人应当如实填写《创新医疗器械特别审查申请表》的全部内容。

（二）境内创新医疗器械特别审查申请申报资料若无特别说明，均应为原件，并由申请人签章。"签章"是指：企业盖章，或其法定代表人、负责人签名加企业盖章。

（三）进口创新医疗器械特别审查申请申报资料若无特别说明，原文资料均应由申请人签章，中文资料由代理人签章。原文资料"签章"是指：申请人的法定代表人或者负责人签名，或者签名并加盖组织机构印章，并且应当提交由申请人所在地公证机构出具的公证件；中文资料"签章"是指：代理人盖公章，或者其法定代表人、负责人签名并加盖公章。

（四）申报资料应当使用中文。原文为外文的，应当有中文译本。

（五）对于再次申请创新医疗器械特别审查的，需提供历次申请受理号及审查结果，并提交产品变化情况及申报资料完善情况说明。若有申报资料原件已在历次创新医疗器械特别审查申请时提交，可提供经申请人签章的复印件，同时申请人出具文件声明该申报资料原件所在申报资料的受理号及位置。

（六）申请人申报时需同时提交申报资料的全部电子文档并提交电子版与纸质版一致性声明。电子文件应以 PDF 格式用 U 盘方式报送。

国家食品药品监督管理总局关于发布体外诊断试剂说明书编写指导原则的通告

2014 年第 17 号

为指导体外诊断试剂说明书编写工作，根据《医疗器械说明书和标签管理规定》（国家食品药品监督管理总局令第 6 号），国家食品药品监督管理总局组织制定了《体外诊断试剂说明书编写指导原则》，现予发布。2014 年 10 月 1 日起，原国家食品药品监督管理局发布的《体外诊断试剂说明书编写指导原则》（国食药监械〔2007〕240 号）废止。

特此通告。

附件：体外诊断试剂说明书编写指导原则

国家食品药品监督管理总局

2014 年 9 月 11 日

附件

体外诊断试剂说明书编写指导原则

体外诊断试剂说明书承载了产品预期用途、检验方法、对检验结果的解释、注意事项等重要信息，是指导使用者正确操作、临床医生准确理解和合理应用试验结果的重要技术性文件。

本指导原则基于国家食品药品监督管理总局《医疗器械说明书和标签管理规定》（国家食品药品监督管理总局令第 6 号）的有关要求，对体外诊断试剂产品说明书编写的格式及各项内容的撰写进行了详细的说明。其目的是为编写体外诊断试剂说明书提供原则性的指导，同时，也为注册管理部门审核说明书提供技术参考。

由于体外诊断试剂产品专业跨度大、方法学多样、临床预期用途各异，产品的说明书内容不尽相同。申请人应根据产品特点及临床预期用途编写说明书，以便关注者获取准确信息。

一、体外诊断试剂说明书格式

××××（产品通用名称）说明书

【产品名称】

【包装规格】

【预期用途】

【检验原理】

【主要组成成分】

【储存条件及有效期】

相关文件

【适用仪器】

【样本要求】

【检验方法】

【阳性判断值或者参考区间】

【检验结果的解释】

【检验方法的局限性】

【产品性能指标】

【注意事项】

【标识的解释】

【参考文献】

【基本信息】

【医疗器械注册证编号 / 产品技术要求编号】（或者【医疗器械备案凭证编号 / 产品技术要求编号】）

【说明书核准及修改日期】

以上项目如对于某些产品不适用，说明书中可以缺省。

二、各项内容撰写的说明

产品说明书内容原则上应全部使用中文进行表述；如含有国际通用或行业内普遍认可的英文缩写，可用括号在中文后标明；对于确实无适当中文表述的词语，可使用相应英文或其缩写表示。

【产品名称】

1. 通用名称：

通用名称应当按照《体外诊断试剂注册管理办法》（国家食品药品监督管理总局令第 5 号）规定的命名原则进行命名，可适当参考相关"分类目录"和 / 或国家标准及行业标准。

除特殊用途产品可在通用名称中注明样本类型外，其余产品的通用名称中均不应当出现样本类型、定性 / 定量等内容。

2. 英文名称。

【包装规格】

注明可测试的样本数或装量，如 ×× 测试 / 盒、×× 人份 / 盒、××mL，除国际通用计量单位外，其余内容均应采用中文进行表述。如产品有不同组分，可以写明组分名称。如有货号，可增加货号信息。

【预期用途】

第一段内容详细说明产品的预期用途，如定性或定量检测、自测、确认等，样本类型和被测物等，具体表述形式根据产品特点做适当调整。若样本来源于特殊受试人群，如孕妇、新生儿等，应当予以注明。

第二段内容说明与预期用途相关的临床适应症及背景情况，说明相关的临床或实验室诊断方法等。

【检验原理】

详细说明检验原理、方法，必要时可采用图示方法描述。

【主要组成成分】

1. 对于产品中包含的试剂组分：

（1）说明名称、数量及在反应体系中的比例或浓度，如果对于正确的操作很重要，应提供其生物学来源、活性及其他特性。

（2）对于多组分试剂盒，明确说明不同批号试剂盒中各组分是否可以互换。

（3）如盒中包含耗材，应列明耗材名称、数量等信息。如塑料滴管、封板膜、自封袋等。

2. 对于产品中不包含，但对该试验必需的试剂组分，说明书中应列出此类试剂的名称、纯度，提供稀释或混合方法及其他相关信息。

3. 对于校准品和质控品：

（1）说明主要组成成分及其生物学来源。

（2）注明校准品的定值及其溯源性。

（3）注明质控品的靶值范围。如靶值范围为批特异，可注明批特异，并附单独的靶值单。

【储存条件及有效期】

1. 说明产品的储存条件如：2~8℃、–18℃以下、避免／禁止冷冻等。其他影响稳定性的条件如：光线、湿度等也必须说明。如果打开包装后产品或组分的稳定性不同于原包装产品，则打开包装后产品或组分的储存条件也必须注明。

2. 有效期：说明在储存条件下的有效期。如果打开包装后产品或组分的稳定性不同于原包装产品，打开包装后产品或组分的有效期也必须注明。

3. 如试剂盒各组分的稳定性不一致，则应对各组分的储存条件和有效期分别进行描述。

【适用仪器】

说明可适用的仪器及型号，并提供与仪器有关的信息以便用户能够正确选择使用。

【样本要求】

应在以下几方面进行说明：

1. 适用的样本类型。

2. 在样本收集过程中的特别注意事项。

3. 为保证样本各组分稳定所必需的抗凝剂或保护剂等。

4. 已知的干扰物。

5. 能够保证样本稳定的储存、处理和运输方法。

【检验方法】

为保证试验的正确进行，应在以下几方面对试验的每一步进行详细说明：

1. 试剂配制：各试剂组分的稀释、混合及其他必要的程序。

2. 必须满足的试验条件：如 pH 值、温度、每一步试验所需的时间、波长、最终反应产物的稳定性等。试验过程中必须注意的事项。

3. 校准程序（如果需要）：校准品的准备和使用，校准曲线的绘制方法。

4. 质量控制程序：质控品的使用、质量控制方法。

5. 试验结果的计算或读取，包括对每个系数及对每个计算步骤的解释。如果可能，应举例说明。

【阳性判断值或者参考区间】

说明阳性判断值或者参考区间，并简要说明阳性判断值或者参考区间的确定方法。

【检验结果的解释】

说明可能对试验结果产生影响的因素；说明在何种情况下需要进行确认试验。

【检验方法的局限性】

说明该检验方法的局限性。

【产品性能指标】

说明该产品的主要性能指标。

【注意事项】

注明必要的注意事项，如本品仅用于体外诊断等。

如该产品含有人源或动物源性物质，应给出具有潜在感染性的警告。

【标识的解释】如有图形或符号，请解释其代表的意义。

【参考文献】

注明引用的参考文献。

【基本信息】

1. 境内体外诊断试剂

（1）注册人（或者备案人）与生产企业为同一企业的，按以下格式标注基本信息：

注册人（或者备案人）/ 生产企业名称

住所

联系方式

售后服务单位名称

联系方式

生产地址

生产许可证编号或者生产备案凭证编号

（2）委托生产的按照以下格式标注基本信息：

注册人（或者备案人）名称

住所

联系方式

售后服务单位名称

联系方式

受托企业的名称

住所

生产地址

生产许可证编号或者生产备案凭证编号

2. 进口体外诊断试剂

按照以下格式标注基本信息：

注册人（或者备案人）/ 生产企业名称

住所

生产地址

联系方式

售后服务单位名称

联系方式

代理人的名称

住所

联系方式

【医疗器械注册证编号 / 产品技术要求编号】（或者【医疗器械备案凭证编号 / 产品技术要求编号】）

注明该产品的注册证编号或者备案凭证编号。

【说明书核准日期及修改日期】

注明该产品说明书的核准日期。如曾进行过说明书的变更申请，还应该同时注明说明书的修改日期。

关于发布医疗器械注册申请电子提交技术指南的通告

2019 年第 29 号

为贯彻落实中共中央办公厅、国务院办公厅《关于深化审评审批制度改革鼓励药品医疗器械创新的意见》（厅字〔2017〕42 号），进一步提升"互联网＋医疗器械政务服务"信息化水平，节约医疗器械注册资料流转的时间，减轻医疗器械行政相对人的申报负担，医疗器械电子申报信息化（eRPS）系统即将建成启用，实现各类医疗器械注册申请事项按照 RPS 格式进行电子申报和在线审评。

为指导电子申报用户正常使用 eRPS 系统，国家药品监督管理局组织制定了《医疗器械注册申请电子提交技术指南（试行）》，现予发布。

特此通告。

附件：医疗器械注册申请电子提交技术指南（试行）

国家药监局

2019 年 5 月 28 日

相关文件

国家药监局关于发布医疗器械安全和性能基本原则的通告

2020 年第 18 号

为加强医疗器械产品注册工作的监督和指导,进一步提高注册审查质量,国家药品监督管理局组织制定了医疗器械安全和性能的基本原则(见附件),现予发布。

特此通告。

附件:医疗器械安全和性能的基本原则

国家药监局

2020 年 3 月 3 日

国家药监局关于发布医疗器械临床评价技术指导原则等 5 项技术指导原则的通告

2021 年第 73 号

为加强医疗器械产品注册工作的监督和指导，进一步提高注册审查质量，根据《医疗器械注册与备案管理办法》（国家市场监督管理总局令第 47 号），国家药品监督管理局组织制定了医疗器械临床评价技术指导原则等 5 项技术指导原则（见附件），现予发布。

特此通告。

附件：1. 医疗器械临床评价技术指导原则

2. 决策是否开展医疗器械临床试验技术指导原则

3. 医疗器械临床评价等同性论证技术指导原则

4. 医疗器械注册申报临床评价报告技术指导原则

5. 列入免于临床评价医疗器械目录产品对比说明技术指导原则

国家药监局

2021 年 9 月 18 日

相关文件

附件 1

医疗器械临床评价技术指导原则

第一部分　主要定义和概念

一、前言

《医疗器械安全和性能基本原则》提出了与医疗器械安全和性能相关的要求，部分条款特别提出，医疗器械在按照要求使用时，应能够达到其预期性能；与预期受益相比，其已知的、可预见的风险以及副作用已被降至最低且可被接受。

由于医疗器械及其技术的多样性，使注册申请人和监管机构在判断现有证据是否足以证明产品对安全和性能基本原则的符合性时面临较大挑战。一些技术已使用多年，其安全性、临床性能和/或有效性已得到充分认知。另一方面，许多产品采用了尚未应用于患者的新技术。此外，产品的适用范围和临床应用可能有较大差异，终端用户范围较广，使用经验多样，均可影响临床结果。

考虑到医疗器械相关情况的复杂性，当证明产品对安全和性能基本原则的符合性时，需基于个案分析以评估临床证据是否可接受。因此，了解医疗器械如何完成符合性评估，以及临床评价在此过程中所起的作用是非常重要的。

二、适用范围

本部分主要介绍临床评价和临床证据相关概念，阐述临床试验、临床数据、临床评价以及临床证据之间的关系。本部分的定义和概念，用于医疗器械对安全和性能基本原则的符合性的建立和保持，不适用于按照医疗器械管理的体外诊断试剂。

本部分是医疗器械临床评价通用指导原则体系的一部分，与《医疗器械临床评价等同性论证技术指导原则》《决策是否开展医疗器械临床试验技术指导原则》《医疗器械临床试验设计指导原则》《接受医疗器械境外临床试验数据技术指导原则》《医疗器械注册申报临床评价报告技术指导原则》等文件相互引用。

三、定义和概念

（一）临床试验

定义：为评价医疗器械的安全性、临床性能和/或有效性，在一例或多例受试者中开展的系统性的试验或研究。

解释：临床试验包括可行性试验、为获得上市批准而进行的试验，以及在上市批准后开展的试验。

（二）临床数据

定义：在医疗器械临床使用过程中产生的安全性、临床性能和/或有效性信息。

解释：临床数据的来源包括：

1.申报产品上市前和上市后临床试验数据；

2.同品种医疗器械上市前和上市后的临床试验数据；

3.已发表和/或未发表的申报产品或同品种医疗器械的临床经验数据；

4.其他来源的临床经验数据，如登记研究、不良事件数据库和病历数据等。

（三）临床评价

定义：采用科学合理的方法对临床数据进行分析评价，以确认医疗器械在其适用范围下的安全性、临床性能和 / 或有效性的持续进行的活动。

解释：临床评价由注册申请人实施，用于论证产品对安全和性能基本原则的符合性。临床评价的结果是临床评价报告，可提供给监管部门进行审评。临床评价报告对临床数据及其质量进行详细阐述，论证临床数据如何证明产品对安全和性能基本原则的符合性。临床评价需持续开展，产品上市后，注册申请人需对产品安全性、临床性能和 / 或有效性信息进行常规监测，并根据更新的信息，进行风险受益再评估。

临床评价的输入主要是来源于临床试验报告、临床文献和临床经验的临床数据。根据产品特征、适用范围、注册申请人宣称、警示及注意事项的充分性、临床使用经验的不同，论证产品对安全和性能基本原则符合性需要的临床数据和证据亦不相同。临床评价旨在证明，与患者受益相比，产品使用相关的风险可接受，且能较高程度地保护患者健康及安全。因此临床评价需与风险管理文件相互参照。

（四）临床证据

定义：与医疗器械相关的临床数据及其评价。

解释：临床证据是医疗器械技术文档的重要组成部分，与其他设计验证及确认文件、产品描述、说明书和标签、风险分析及生产信息共同论证产品对安全和性能基本原则的符合性。通过与技术文档相关内容相互参照，以对其进行合理解释。

注册申请人可根据现行法规的要求，提交临床证据以供监管部门审评。临床证据可用于支持产品上市，包括产品的适用范围以及对于产品安全性、临床性能和 / 或有效性的宣称。图 1 显示临床证据的需求如何推动数据生成以及临床评价的过程。

产品上市后，申报产品和 / 或同品种器械在临床实际使用中将产生新的安全性、临床性能和 / 或有效性信息，注册申请人需在产品全生命周期中进行周期性审核并更新临床证据。

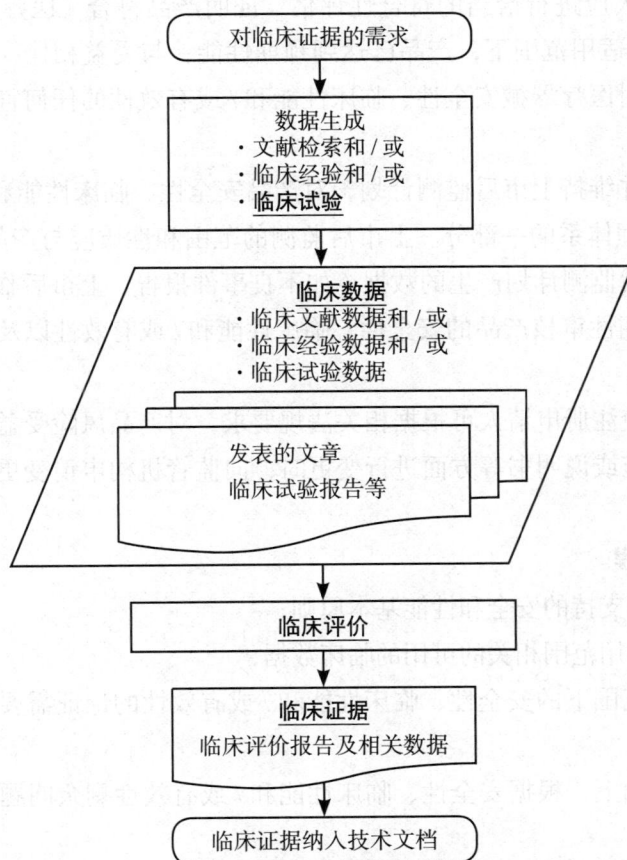

图 1　数据生成及临床评价过程概述

四、参考文献

［1］IMDRF GRRP WG/N47 FINAL：2018*Essential Principles of Safety and Performance of Medical Devices and IVD Medical Devices*

［2］IMDRF Registry WG/N33FINAL：2016*Principles of International System of Registries Linked to Other Data Sources and Tools*

［3］GHTF SG1/N78：2012*Principles of Conformity Assessment for Medical Devices.*

［4］ISO14155 2020*Clinical Investigation of Medical Devices for Human Subjects — Good Clinical Practice.*

第二部分　临床评价

一、前言

（一）临床评价的定义

本文件中提及的临床评价，指的是采用科学合理的方法对临床数据进行分析评价，以确认医疗器械在其适用范围下的安全性、临床性能和／或有效性的持续进行的活动。

（二）全生命周期临床评价

临床评价需持续开展，贯穿医疗器械全生命周期。在设计开发阶段，临床评价需确定上市前产品评价所需的临床数据，判断是否需要开展临床试验以及需要观察的临床终点。产品上市后，随着产品安全性、临床性能和／或有效性信息的不断更新，需周期性的进行临床评价。上述更新信息将作为风险管理的输入，可能引起风险评估、临床证据、说明书、标签和上市后活动的更改。

（三）临床评价的重要性

产品注册时，申请人应进行恰当的符合性评估，证明产品符合《医疗器械安全和性能基本原则》。申请人需证明，在适用范围下，产品已达到预期性能；与受益相比，已知以及可预见的风险已降至最低并可接受。对医疗器械安全性、临床性能和／或有效性的任何宣称均可得到适当证据的支持。

注册申请人需实施并维持上市后监测计划，对产品安全性、临床性能和／或有效性进行常规监测，并将其作为质量管理体系的一部分。上市后监测的范围和性质应与产品及其适用范围相适应。注册申请人需使用上市后监测计划产生的数据（如不良事件报告、上市后临床试验、临床文献数据等）开展临床评价，周期性审核产品的安全性、临床性能和／或有效性以及风险受益评估，并更新临床证据。

持续开展临床评价使注册申请人可根据相关法规要求，对产品风险受益的重大变化，或者需对禁忌证、警告、预防措施或说明书等方面进行变更时，向监管机构申请变更注册、说明书更改告知等事项。

（四）临床评价的流程

1. 识别需要临床数据支持的安全和性能基本原则；

2. 识别与产品及其适用范围相关的可用的临床数据；

3. 根据产品在适用范围下的安全性、临床性能和／或有效性的论证需要，评价临床数据的适宜性和贡献；

4. 在上述流程的基础上，根据安全性、临床性能和／或有效性剩余问题的解决需要，产生新的临床数据；

5. 汇总所有临床数据，得出产品安全性、临床性能和／或有效性的结论。

上述流程的结果应文件化，以形成临床评价报告。临床评价报告及作为其基础的临床数据将作为产品的临床证据。

注册申请人使用临床证据，以及其他设计验证和确认文件、器械描述、说明书和标签、风险分析以及生产信息，论证产品对安全和性能基本原则的符合性。上述信息和文件是医疗器械技术文档的一部分。

（五）临床评价的详细程度

为有效论证产品的安全性、临床性能和 / 或有效性，临床评价需全面、客观（同时考虑有利和不利数据）。然而，产品所用技术的类型、历史及其风险存在较大差异。许多产品通过渐进性创新而开发或改进，并非全新产品。此种产品通常可利用同品种器械安全性、临床性能和 / 或有效性的临床经验和文献报告作为其临床证据，从而降低了申报产品开展临床试验获取数据的需求。

临床评价的深度和广度需与产品的性质、适用范围以及风险相适应。因此，本指南将不提出临床评价的具体要求。如有针对特定产品的临床评价技术指导原则发布，则相应产品临床评价工作需遵循有关要求。

二、范围

本部分旨在指导注册申请人，如何开展临床评价并形成文件，并将其作为符合性评估的一部分。同时，本文件旨在指导监管机构，如何评估注册申请人提交的临床证据。

本部分包括临床评价的基本原则；如何识别有关的临床数据；如何评估和汇总临床数据；如何将临床评价文件化，以形成临床评价报告。

本部分是医疗器械临床评价通用指导原则体系的一部分，与《医疗器械临床评价等同性论证技术指导原则》《接受医疗器械境外临床试验数据技术指导原则》《医疗器械注册申报临床评价报告技术指导原则》《真实世界数据用于医疗器械临床评价技术指导原则》等文件相互引用。

本部分适用于医疗器械，不适用于按照医疗器械管理的体外诊断试剂。

三、临床评价的基本原则

（一）临床评价的范围

临床评价对申报产品适用范围下的上市前和上市后临床数据（包括安全性、临床性能和 / 或有效性数据）进行综合分析，包括申报产品的数据以及注册申请人选择的同品种医疗器械的数据。

评价必须对产品相关的临床宣称、说明书和标签中产品临床使用信息（特别是禁忌证、预防措施 / 警告）的充分性以及说明书的适宜性进行确认。

根据需从临床角度确认的安全和性能基本原则，确定临床评价范围，考虑因素包括：

1. 需要特别关注的设计特征或者目标使用人群。

临床评价需涵盖可导致特别性能或安全关注的所有设计特征（例如含药器械、人源或动物源组分）、器械的适用范围及临床使用相关信息（例如目标人群和疾病、警告、禁忌证以及使用方法）以及注册申请人宣称的产品安全性、临床性能和 / 或有效性。临床评价范围的确定需依据风险管理文件，二者可相互参考。风险管理过程识别产品相关风险并对风险进行控制，临床评价需关注剩余风险的可接受性。

2. 将同品种医疗器械的临床数据用于支持申报产品的安全性、临床性能和 / 或有效性。

本指导原则中提及的对比器械，指的是注册申请人选择的，旨在将其临床数据用于支持申报产品临床评价的医疗器械。需从适用范围、技术特征、生物学特性等相关方面考虑对比器械的信息是否可用于申报产品的临床评价。

当对比器械的适用范围、技术和 / 或生物学特性与申报产品具有广泛相似性时，可将其视为同

相关文件

品种医疗器械。同品种医疗器械包括可比器械和等同器械两种情形。某些情形下，申报产品的适用范围与同品种医疗器械相同，技术特征和/或生物学特性与同品种医疗器械的相似程度使二者的安全性、临床性能和/或有效性不存在显著的临床差异，认为二者具有等同性。等同器械是同品种医疗器械的理想情形。当对比器械与申报产品不具有等同性，但二者在适用范围、技术特征和/或生物学特性具有广泛相似性时，可将对比器械视为可比器械。

注册申请人可通过同品种医疗器械的临床数据进行申报产品的全部或部分临床评价，但必须考虑差异性对产品安全性、临床性能和/或有效性产生的影响。

产品的适用范围包括适应证、适用人群、使用部位、疾病的阶段和严重程度等；技术特征包括产品设计、工作原理、技术参数、理化特性、关键性能要求等；生物学特性包括降解特征和生物学反应等。论证对比器械与申报产品是否具有广泛相似性（即注册申请人选择的对比器械是否为同品种医疗器械）的需考虑事项见附件1，相应要求及需在临床评价报告中体现的内容见《医疗器械注册申报临床评价报告技术指导原则》，等同性论证的具体要求见《医疗器械临床评价等同性论证技术指导原则》。注册申请人需对非临床支持性信息进行评估、总结并将其归入临床评价报告，但是临床评价不对申报产品的技术特征和生物学特性进行全面评估。

3. 用于临床评价的数据来源和数据类型。

注册申请人可利用本部分第四章中规定的一种或多种来源的数据。选择数据类型时，考虑因素包括产品设计、适用范围以及风险、产品技术的发展背景（新技术还是成熟技术）、成熟技术的临床使用。如果产品基于现有成熟技术且不改变适用范围时，最有可能通过同品种医疗器械的临床数据完成临床评价。基于无经验或经验极少的新技术或者现有技术扩展适用范围的高风险产品，更有可能要求提供临床试验数据。注册申请人需要考虑每种数据类型的优势和局限性。

（二）临床评价流程

确定评价范围后，临床评价包括三个阶段（见图1）：

1. 识别相关临床数据；

2. 评估各数据集的适宜性和贡献；

3. 分析各数据集，得出产品安全性、临床性能和/或有效性以及产品临床使用相关信息方面（如说明书和标签等）相关的结论。

上述阶段包含于在本文件不同章节。

临床评价的最后阶段，需起草临床评价报告，其与相关临床数据一起，形成临床证据。

若临床证据不足以论证产品对安全和性能基本原则的符合性，则注册申请人需要生成新的数据（例如开展临床试验、扩大文献检索的范围）。因此，临床评价过程可能重复以上流程。

（三）临床评价人员

临床评价由具备适当经验的人员开展。注册申请人需通过临床评价人员具有的专业水平以及经验，论述临床评价人员选择的合理性。

评价人员一般需具备以下知识：

1. 产品技术及其使用；

2. 研究方法（如临床试验设计和生物统计学）；

3. 预期诊疗疾病的诊断和管理。

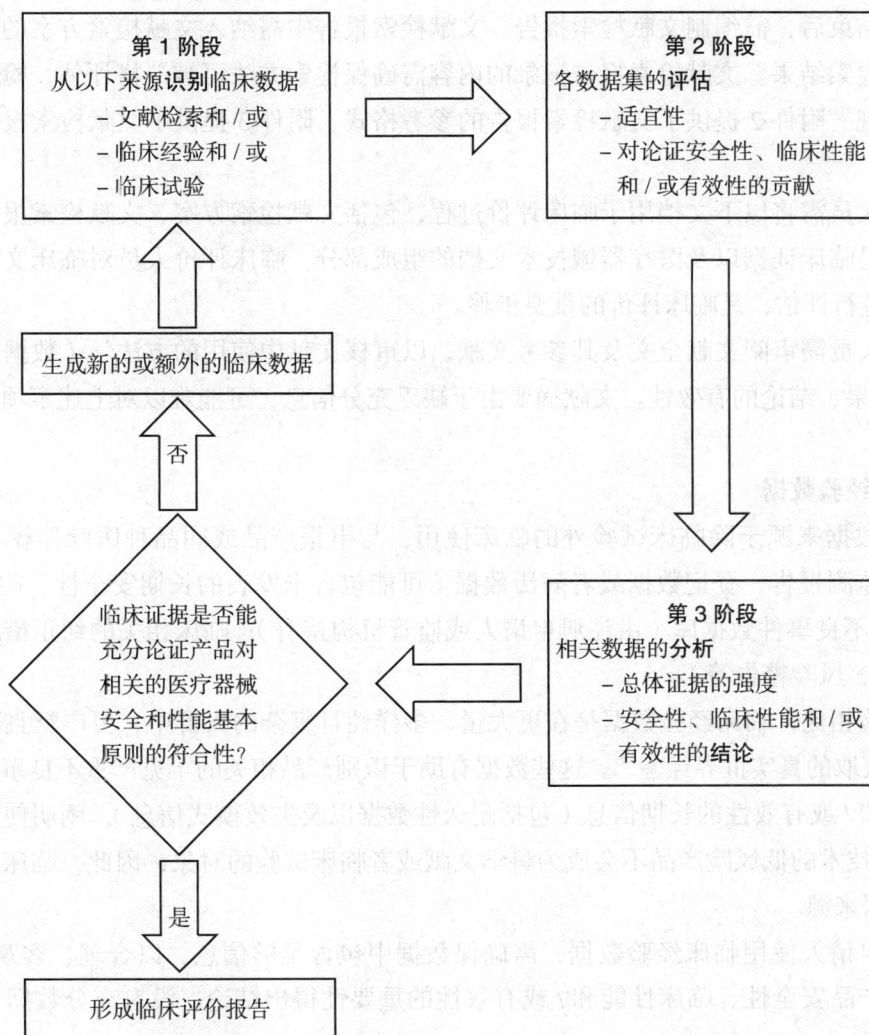

图 2　临床评价的阶段

四、临床评价的数据 / 文件来源（第 1 阶段）

临床评价中使用的申报产品或同品种医疗器械的临床数据可能由注册申请人或第三方持有，或者可从科学文献中获取。注册申请人需识别与产品有关的数据，并决定临床评价所需要的数据类型和数量。

（一）临床文献数据

文献检索可用于识别非注册申请人持有、可论证产品安全性、临床性能和 / 或有效性的已发表临床数据。文献检索产生的数据可能直接与申报产品或同品种医疗器械相关，如由第三方实施的申报产品临床试验报告、不良事件报告等。

对于部分产品，文献检索产生的临床数据将构成临床证据的一部分。因此，在进行文献综述时，需在合理情形下进行全面检索。

对于已发表数据，需评估其对产品性能与安全性论证的贡献。由于试验设计或分析方面的不足，部分临床文献不适于论证产品的临床性能和 / 或有效性，可能可用于产品的安全性评估。

基于需解决的问题，构建检索策略并制定检索方案，以识别、选择、整理相关出版文献。在注册申请人确定的临床评价范围下，检索方案需由具备信息检索专业知识的人员制定并实施。信息检索专家的参与将有助于优化数据检索。

文献检索方案需包括数据来源以及选择理由、数据库检索策略、文献的入选标准以及其确定理由、多个文献中重复数据的解决策略。

文献检索结束后，需编制文献检索报告。文献检索报告中需纳入文献检索方案的内容、注明方案偏离、呈现检索结果。文献检索报告记录的内容需确保检索方法可被严格评估，检索结果可被验证，检索可重现。附件2提供了文献检索报告的参考格式。附件3提供了文献检索报告中文献选择的参考方法。

临床评价人员需将以下文档用于临床评价过程，包括文献检索方案、文献检索报告以及相关文献，这些文档是临床证据以及医疗器械技术文档的组成部分。临床评价人员对临床文献支持产品适用范围的程度进行评估，是临床评价的重要步骤。

临床评价人员需审阅文献全文及其参考文献，以审核文献中使用的方法学（数据偏倚的潜在来源）、报告的结果、结论的有效性。文献摘要由于缺乏充分信息，可能难以对上述事项进行全面且独立的评价。

（二）临床经验数据

该类临床数据来源于除临床试验外的临床使用，与申报产品或同品种医疗器械相关，包括但不限于上市后监测报告、登记数据或者病历数据（可能包含未发表的长期安全性、临床性能和/或有效性数据）；不良事件数据库（由注册申请人或监管机构持有）；临床相关的纠正措施的详细信息（如召回、通告、风险警告等）。

与临床试验相比，临床经验数据是在更大量、多样性且复杂的人群中，更广泛且可能更缺乏经验的使用者中获取的真实世界经验[1]。这些数据有助于识别产品相关的罕见严重不良事件，提供安全性、临床性能和/或有效性的长期信息（包括耐久性数据以及失效模式信息），阐明使用者"学习曲线"。基于成熟技术的低风险产品不会成为科学文献或者临床试验的对象，因此，临床经验数据是其有益的临床数据来源。

如果注册申请人使用临床经验数据，需确保数据中包含足够信息，以合理、客观地评价数据，就数据对申报产品安全性、临床性能和/或有效性的重要性得出结论。没有充分数据支持的临床经验报告不能使用。

本指导原则中提及的上市后监测报告由该产品的注册申请人编制，通常包括产品的上市情况（准予上市的国家以及开始供应的日期）、在报告期间采取的监管行为（例如召回、通告）、不良事件表格（特别是严重事件，按照与器械相关或者无关进行分类）以及不良事件发生率的估计。与产品使用相关的上市后不良事件数据通常更有意义，但是需要注意，不同国家之间的报告要求可能存在较大差异。对于某些产品，上市后监测报告的数据分析可能为其安全性、临床性能和/或有效性提供合理保证。

建议提供器械相关不良事件的汇总表，关注严重不良事件，基于产品作用方式，评述器械相关不良事件为预期/非预期不良事件。新识别的、在风险管理文件中未考虑到的危害应被解决，描述额外的风险降低措施（如设计变更、说明书和标签修改等）。

符合《真实世界数据用于医疗器械临床评价技术指导原则》等文件相关要求的登记数据可考虑用于临床评价。为支持监管目的，需对所用登记数据的质量进行谨慎评估。相关指导原则将提供利用国际登记系统开展器械全生命周期临床评价的方法原则，以及如何使用登记系统产生的数据支持监管决策。

（三）通过临床试验产生的数据

本款内容适用于注册申请人按照适用法规，为进行符合性评估而专门开展的临床试验。应按照医疗器械临床试验质量管理相关文件，对临床试验进行设计、实施和报告。

对于注册申请人实施的临床试验，需将临床试验设计、伦理委员会和监管机构批准、实施、结

---

① 与临床经验相比，临床试验使用特定的入排准则创建同质人群，减少变异来源，增加试验器械与试验结局因果关系的置信度。基于专业知识和能力选择研究者，通常其接受的培训超过其他使用者。

果和结论相关的文档用于临床评价过程。这些文件可能包括临床试验方案，临床试验方案的修改及修改理由，各临床试验机构的伦理委员会意见（包括经过批准的知情同意书以及患者须知文件的样稿），病例报告表样稿，以及经研究者签名并注明日期的临床试验报告。

临床试验方案规定预期如何开展试验，包含关于试验设计的重要信息，如受试者的选择与分配、设盲（受试者与研究者的设盲）以及疗效的测量，上述信息可为确定产品性能时，进行偏倚评估的重要的信息来源。另外，临床试验方案还规定了受试者的随访、统计分析方法以及结果的记录方法，这些因素可影响性能与安全性结果的质量、完整性以及重要性。

另外，通过临床试验方案及其修正案、临床试验报告，临床评价人员需能够对以下情况进行评估：试验是否按照方案开展；如果出现方案偏离，该偏离对试验结果准确度的影响，以及偏离对产品安全性、临床性能和／或有效性推断的影响。

临床试验报告由研究者签字，以保证其准确反映临床试验的实施过程和结果。

开展临床评价时，需评估临床试验是否符合《赫尔辛基宣言》规定的伦理原则以及适用的医疗器械临床试验质量管理相关文件。对于不符合上述要求的临床试验，不纳入临床评价，并在临床评价报告中明确不纳入的理由。

五、临床数据的评估（第 2 阶段）

进行临床数据评估，旨在了解数据的优点和局限性。对不同来源的数据进行评估，确定其对产品待解决问题的适宜性以及其对证明产品安全性、临床性能和／或有效性的贡献（包括关于安全性、临床性能和／或有效性的特定宣称）。

需对数据的质量以及其与申报产品的相关性（即数据应来自申报产品或者同品种医疗器械）进行评估。另外，数据需包含足够的信息，以使临床评价人员可进行合理、客观的评估，对数据在申报产品安全性、临床性能和／或有效性方面的贡献得出结论。

为确定每个数据子集对于产品安全性、临床性能和／或有效性论证的贡献，需开展进一步的评估。临床评价人员需审核数据产生及收集的方法，并评估观察到的性能或安全性结果多大程度上可视为器械干预的结果，还是由于混杂的影响（如疾病的自然进展、伴随治疗）或者由偏倚导致。临床评价人员还需评估临床数据的收集是否遵守适用的法规要求，以及临床数据是否适用于预期使用人群。附件 4 提供了境外临床数据可用性的考虑事项，具体要求参考《接受医疗器械境外临床试验技术指导原则》。

单一的、完全成熟的临床数据评估方法尚不存在。因此，临床评价人员需事先确定用于特定情形的恰当的评价标准，评价标准的使用需具有一致性。附件 5 提供了有助于建立评价标准的示例。

对于低风险产品以及技术成熟的产品，所提供的数据可为定性数据而非定量数据，因此评价标准也需相应调整。评价人员需说明评价标准的确定依据。

为对产品的安全性、临床性能和／或有效性进行分别分析，需对上述数据进行分类（虽然可能存在重叠）。如产品具有额外宣称，需根据产品特征及其适用范围，进行额外的分类。同时，还需根据数据的相对贡献，对其进行加权。附件 6 提供了数据评估方法举例。

六、临床数据的分析（第 3 阶段）

分析阶段需确定，经评估适用的临床数据集，是否可用于产品的风险／受益分析，产品安全性、临床性能和／或有效性的论证。

临床数据的分析方法包括定量分析和定性分析。鉴于目前多数产品为渐进性设计变更，对临床试验的需求有限，其临床评价将大量使用临床文献数据和临床经验数据，可能将使用定性分析方法（如描述性方法）。

相关文件

使用评估阶段制定的评价标准，对证明产品安全性、临床性能和／或有效性的数据集进行评价。对数据集的结果进行研究，识别产品性能与风险在不同数据集之间的一致性。如不同数据集的结果相似，将增加产品安全性、临床性能和／或有效性的确定性。如不同数据集的结果不一致，需明确造成差异的原因。不管结果如何，临床评价需纳入所有数据集。

最后，临床评价人员需考虑，临床证据与其他设计验证和确认文件、器械描述、说明书和标签、风险分析以及生产信息进行综合分析时，能够确证：

（一）产品达到预期性能；

（二）产品未对患者或者使用者产生不适当的安全性问题；

（三）与患者受益相比，器械使用有关的风险可接受；

（四）符合安全和性能基本原则；

（五）是否需要开展上市后研究。

以下因素需予以考虑：使用产品的患者数量、患者随访的类型和适当性、不良事件的数量及严重性、对已识别的危害相关风险评估的充分性、诊断或治疗病症的严重性以及自然病程。还应考虑是否有可替代的诊断或治疗方式，以及当前的诊疗水平。

需对说明书和标签等文件进行审核，以确保其与临床数据一致，且已列明所有危害以及其他相关临床信息。

七、临床评价报告

临床评价结束后，应编制临床评价报告，包括评价范围和内容的概述；输入的临床数据；评估和分析过程；对产品安全性，临床性能和／或有效性的结论。

临床评价报告作为独立文件被监管机构审核，需包含足够的信息，包括：

（一）产品基于的技术、适用范围以及对器械安全性，临床性能和／或有效性的宣称；

（二）临床数据的性质和程度；

（三）已有信息（如临床数据）如何论证产品的安全性，临床性能和／或有效性。

临床评价报告需由临床评价人员签名并注明日期，并附有临床评价人员的被选择理由。

注册申请人可参考《医疗器械注册申报临床评价报告技术指导原则》的要求和格式，编写临床评价报告。需强调的是，临床评价报告的详细程度可视临床评价的范围而有所不同。例如，当注册申请人依据同品种医疗器械的临床数据完成临床评价时，如注册申请人持有同品种医疗器械的临床评价报告，可引用同品种医疗器械临床评价报告中的数据摘要与分析章节，同时同品种医疗器械的临床评价报告将成为申报产品临床证据的一部分。

八、定义[②]

不良事件：对患者／受试者、使用者或其他人员不利的医学事件。在临床试验中，不良事件是指在医疗器械临床试验过程中出现的不利的医学事件，无论是否与试验医疗器械相关。在临床经验中，不良事件包括可能与医疗器械有关的不利的医学事件。

临床性能：医疗器械实现其预期临床用途的能力。

对比器械：注册申请人选择的，旨在将其临床数据用于支持申报产品临床评价的医疗器械。

符合性评价：注册申请人按照监管机构的要求，对生成的证据及其过程进行系统性检查，以确定医疗器械符合安全和性能基本原则。

有效性：医疗器械在其适用范围内获得有临床意义的结果的能力。

---

② 仅适用于本指导原则。

适用范围：注册申请人在技术规范、说明书及相关信息中提供的，关于产品使用、过程或服务的客观目的。

公认标准：被认可的、依据其可推定产品符合特定的安全和性能基本原则的标准。

安全性：在适用范围内使用产品时，与受益相比，风险可接受。

严重不良事件：导致死亡或者健康状况严重恶化，包括致命的疾病或者伤害、身体结构或者身体功能的永久性缺陷、需要住院治疗或者延长住院时间、需要进行医疗以避免对身体结构或者身体功能造成永久性缺陷；导致胎儿窘迫、胎儿死亡或者先天性异常、先天缺损等的不良事件。

技术文档：证明产品对安全和性能基本原则符合性的文档化证据，通常为质量管理体系的输出。

九、参考文献

（一）IMDRF/GHTF 最终文件

［1］GHTF SG1/N044：2008 *Role of Standards in the Assessment of Medical Devices*.

［2］GHTF SG1/N071：2012 *Definition of the Terms 'Medical Device' and 'In Vitro Diagnostic (IVD) Medical Device'*.

［3］GHTF SG1/N78：2012 *Principles of Conformity Assessment for Medical Devices*.

［4］IMDRF GRRP WG/N47 FINAL：2018 *Essential Principles of Safety and Performance of Medical Devices and IVD Medical Devices*.

［5］IMDRF SaMD WG/N41：2017 *Software as a Medical Device (SaMD): Clinical Evaluation*.

［6］IMDRF Registry WG/N33FINAL：2016 *Principles of International System of Registries Linked to Other Data Sources and Tools*.

［7］IMDRF Registry WG/N42FINAL：2017 *Methodological Principles in the Use of International Medical Device Registry Data*.

［8］IMDRF Registry WG/N46 FINAL：2018 *Tools for Assessing the Usability of Registries in Support of Regulatory Decision-Making*.

［9］GHTF SG1/N011R20：2008 *Summary Technical Documentation for Demonstrating Conformity to the Essential Principles of Safety and Performance of Medical Devices (STED)*.

［10］IMDRF MDCE WG/N55FINAL：2019 *Clinical Evidence – Key definitions and Concepts*.

（二）国际标准

［11］ISO 14155：2020 *Clinical investigation of medical devices for human subjects — Good clinical practice*.

［12］ISO 14971：2019 *Medical devices - Application of risk management to medical devices*.

附件：1. 论证申报产品与对比器械广泛相似性的考虑事项

2. 文献检索报告的参考格式

3. 文献检索报告中文献选择方法

4. 境外临床数据可用性的考虑事项

5. 建立数据评价标准的考虑因素

6. 参考评估方法

附件 1

论证申报产品与对比器械广泛相似性的考虑事项

论证申报产品与对比器械是否具有广泛相似性时可能的考虑事项举例如下。需提供总结性文档论述下列因素如何支持可比性论证。某些情况下，可能需开展额外的测试以确立可比性的程度。

一、适用范围

适应证，包括产品预防、诊断、缓解、治疗或者监护的疾病或症状

疾病的严重程度和阶段

患者人群（如年龄、性别、生理学信息）

适用部位（人体部位、器官、产品接触的组织或体液）

接触类型（如黏膜接触／侵入／植入）

与人体接触的时间

使用环境（如医疗机构、家用）

预期使用者（如由专业医务人员／非专业人士）

重复使用，包括重复使用次数或持续时间

二、技术特征

设计（如尺寸和公差；各组件如何组合使用）

材料（如化学配方、添加剂、加工方法（如铸造）、状态（如结晶状态））

技术参数和特性，如理化特性（如能量强度和类型）、波长、孔隙率、粒径、黏度、纳米技术、比质量、原子夹杂（如氮碳共渗）、氧化性、抗拉强度和降解特征等

关键性能要求

工作原理

三、生物学特性

降解性能

生物学反应（如炎性反应，免疫反应，组织整合等）

附件 2

文献检索报告的参考格式

一、产品名称及型号规格

二、文献检索范围（与临床评价范围一致）

（一）方法

1. 检索日期

2. 文献检索人员姓名

3. 文献检索覆盖的时间范围

4. 文献来源及选择理由

（1）科学数据库－如中国期刊全文数据库、美国《医学索引》（MEDLINE）、荷兰《医学文摘》（EMBASE）

（2）系统综述数据库（如科克伦系统评价数据库（Cochrane Database of Systematic Reviews））

（3）临床试验注册中心（如科克伦临床对照试验中心注册数据库（CENTRAL））

包括来源数据库的选择理由，说明提高检出率的辅助策略（如检查文献的参考书目、人工检索文献等）

5. 检索详细信息

（1）检索词（关键词、索引词）及其关系

（2）所用媒体，如线上、CD-ROM（包括发布日期和版本）

6. 文献选择标准

（二）结果

1. 每个数据库中检索到的文献列表

2. 文献选择过程（选择方法参见附件 3）

附件 3

文献检索报告中文献选择方法

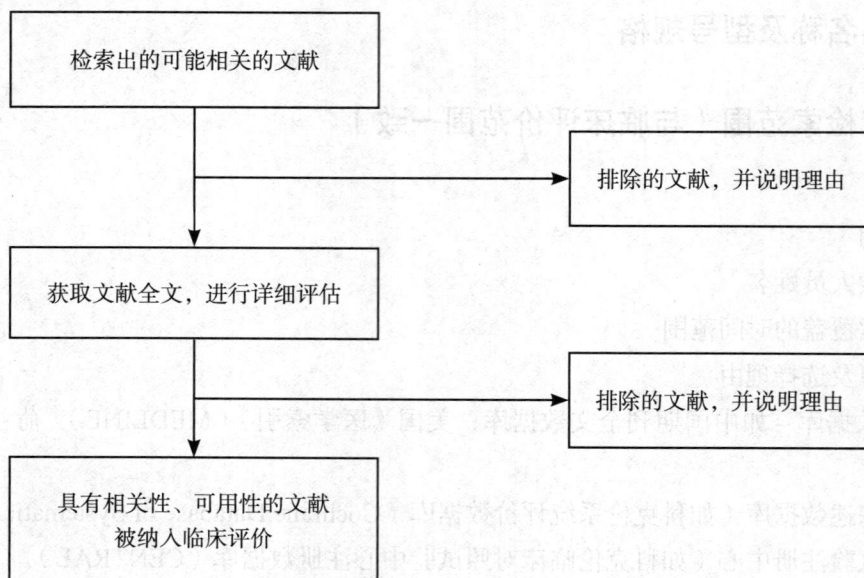

```
┌─────────────────────────────┐
│      检索出的可能相关的文献      │
└─────────────────────────────┘
            │              ┌─────────────────────────┐
            │──────────────▶│    排除的文献，并说明理由    │
            │              └─────────────────────────┘
            ▼
┌─────────────────────────────┐
│     获取文献全文，进行详细评估    │
└─────────────────────────────┘
            │              ┌─────────────────────────┐
            │──────────────▶│    排除的文献，并说明理由    │
            │              └─────────────────────────┘
            ▼
┌─────────────────────────────┐
│   具有相关性、可用性的文献        │
│        被纳入临床评价            │
└─────────────────────────────┘
```

附件 4

境外临床数据可用性的考虑事项

按照适用的临床试验质量管理规范（GCP）以及伦理要求开展临床试验时，产生的临床数据需考虑予以接受。临床数据的适用性取决于监管要求、内在和外在因素的差异性。

一、法规要求的差异

临床试验需遵守其所在监管区域的相关法规（如 GCP），需考虑到产品拟上市区域临床试验质量管理规范的适用要求。临床试验未能满足上述区域适用要求的部分，需予以解释和论证。

二、内在或外在因素

临床数据适用性相关的内在和外在因素包括：

内在因素：人类遗传学特征或人口学因素，包括种族、年龄、性别等方面。

外在因素：临床实践、社会环境、自然环境、文化因素、生活行为因素、罕见病或地方性疾病等。

需采取适当方法，对可能显著影响临床数据的因素进行控制，以减少变异性。如存在剩余的变异性，需进行合理论证。在某些情况下，可能需要额外的临床数据。

附件 5

建立数据评价标准的考虑因素

下列问题旨在帮助形成不同类型数据的数据评估标准，其并未完全涵盖所有试验类型或者可能的问题。

一、随机对照试验

受试者随机分入试验组或对照组，使用试验器械或对照器械（或其他干预措施），以比较试验组或对照组之间的结果和事件发生率。

有助于形成数据评估标准的问题包括：

1. 是否规定入选及排除标准？

2. 对照是什么？

3. 分组是否真正随机？

4. 是否进行了分配隐藏？

5. 是否对预后风险因素的组间分布进行了充分说明？

6. 上述因素的基线水平在组间是否具有可比性？

7. 是否对结果评估者设盲？

8. 是否对研究者设盲？

9. 是否对受试者设盲？

10. 是否所有随机分配的受试者都包括在分析之中？

11. 是否对主要结果报告了点估计和变异指标？

二、队列研究

从使用以及未使用产品的各组中获取数据并对结果进行比较。

有助于形成数据评估标准的问题包括：

1. 受试者的选择是前瞻性的还是回顾性的？

2. 是否明确了干预措施？

3. 是否对受试者如何分组进行了充分说明？

4. 是否对预后风险因素的组间分布进行了充分说明？

5. 上述因素在组间是否具有可比性？

6. 是否在试验设计或者分析中，对可能的混杂因素进行了充分的控制？

7. 对结果的测量是否无偏倚？

8. 随访时间是否足以观察试验结果？

9. 随访的比例是多少？是否有数据从分析中被排除？

10. 各组间退出率及退出原因是否相似？

三、病例对照研究

选择发生/未发生规定结果的研究对象，获取其是否使用产品的信息并进行比较。

有助于形成数据评估标准的问题包括：

相关文件

997

1. 是否对如何定义受试者以及如何分组进行了充分说明？

2. 病例组的疾病状态是否经过可靠评估与确认？

3. 对照组是否从源对象人群中随机选择？

4. 是否对预后风险因素的组间分布进行了充分说明？

5. 上述因素在组间是否具有可比性？

6. 在试验设计或者分析中，是否对可能的混杂因素进行了充分的控制？

7. 是否在盲态下以相同方式对两组的干预措施进行评估？

8. 如何定义应答率？

9. 两组间无应答率及其原因是否相同？

10. 是否使用了适当的统计分析？

11. 是否由于干预相关因素在病例和对照间的过度匹配而影响分析？

四、病例系列研究

产品用于一系列患者并报告了结果，未设立对照组。

有助于形成数据评估标准的问题包括：

1. 病例系列是否为相关人群的代表性样本？

2. 是否明确了入选及排除标准？

3. 所有受试者是否在相似的疾病病程进入研究？

4. 随访时间是否足以对重要事件进行观察？

5. 是否对使用的技术进行了充分说明？

6. 是否使用客观标准或在盲态下对结果进行评估？

7. 如进行子系列间比较，是否对系列以及预后风险因素的分布进行了充分说明？

附件 6

参考评估方法

很多方法可用于临床数据的评估及权重分配。表 1、表 2 中给出了可能使用的评估标准举例，可按顺序使用这些标准，并为适用的数据集分配权重。表 1 列明的数据适宜性标准虽然适用于所有医疗器械，但实际使用的方法将根据产品的不同而有所不同。

临床评价人员需根据数据来源类型对数据集进行分类，系统考虑最有可能影响结果解读的因素（表格 2）。临床评价人员需在一定范围内确定哪一类问题对产品特征、研发历史以及预期临床使用更为重要。以下举例中使用的标准聚焦于较高风险产品可能关注的问题，如产品特征、结果评价方法、随访时间和完成情况以及结果的统计和临床意义等。

以下示例中，使用分配权重的方法来评估数据集对证明产品安全性、临床性能和 / 或有效性的贡献。当某一数据集拥有的一级分级越多时，其提供的证据的权重就越大，但并不建议将各类情形的相对权重相加构成总分。

表 1 适宜性评估标准举例

适宜性标准	说明	分级系统	
适当的产品	数据是否来源于申报产品？	D1	申报产品
		D2	同品种医疗器械（等同器械、可比器械）
		D3	其他产品
适当的适用范围	适用范围是否相同？	A1	相同
		A2	轻微偏离
		A3	重大偏离
适当的患者人群	数据来源的患者人群是否可代表预期使用人群（如年龄、性别等）和临床状况（包含疾病状态和严重度）？	P1	适用
		P2	有限
		P3	不同人群
可接受的报告 / 数据汇总	数据是否包含实施合理的、客观的评估所需要的足够信息？	R1	高质量
		R2	微小缺陷
		R3	信息不充分

表 2 数据贡献评估标准示例

数据贡献标准	说明	分级系统	
数据来源类型	试验设计是否适当？	T1	是
		T2	否
结果指标	报告的结果指标是否反映了医疗器械的预期性能？	O1	是
		O2	否

续表

数据贡献标准	说明	分级系统	
随访	随访期限是否足以评价治疗效果并识别并发症？	F1	是
		F2	否
统计意义	是否提供了数据的统计分析以及其是否适当？	S1	是
		S2	否
临床意义	观察到的使用效果是否具有临床意义？	C1	是
		C2	否

第三部分　临床试验

一、概述

（一）临床试验的定义

临床试验被定义为，为评价医疗器械的安全性、临床性能和／或有效性，在一例或多例受试者中开展的系统性的试验或研究。

（二）临床试验的目的

临床试验旨在评价产品在其适用范围或特定适应证下的安全性、临床性能和／或有效性。

（三）如何开展临床试验

《医疗器械临床试验质量管理规范》规定了开展临床试验的相关要求。临床试验必须考虑临床数据收集的科学原则以及围绕受试者使用的公认伦理标准。

二、范围

本部分旨在以下方面提供以下指导：

（一）何时需开展医疗器械临床试验，以论证产品对相关安全和性能基本原则的符合性；

（二）关于医疗器械临床试验的一般原则。

鉴于医疗器械及其风险的广泛多样性，本部分不为特定医疗器械的临床试验提供全面的指导。

本部分是医疗器械临床评价通用指导原则体系的一部分，与《决策是否开展医疗器械临床试验技术指导原则》《医疗器械临床试验设计指导原则》《接受医疗器械境外临床试验数据技术指导原则》等文件相互引用。

本文件适用于医疗器械，不适用于按照医疗器械管理的体外诊断试剂。

三、是否需开展临床试验的一般原则

（一）何时需开展临床试验

当其他数据来源（如非临床测试、已有临床数据等）不能论证产品对于安全和性能基本原则的符合性时（包括安全性、临床性能和／或有效性，以及受益／风险比的可接受性）时，需要开展临床试验。开展临床试验时，获得的数据用于产品临床评价过程且为临床证据的一部分。

考虑是否需要开展临床试验时，需考虑对于特定产品在其适用范围下，是否存在需在临床试验中解决的安全性、临床性能和／或有效性的新问题。通常，此类问题更多见于高风险和／或新型医疗器械。

新技术要求的临床试验数据，对于成熟技术可能是不需要的。在没有识别出新的风险，且适用范围未改变的情形下，对于成熟技术，原则上，已有的临床数据（如已发表的文献、临床经验报告、上市后报告和不良事件数据等）可能已可充分确认其安全性、临床性能和 / 或有效性。

（二）是否需要开展临床试验的主要考虑因素

1.识别需临床数据支持的安全和性能基本原则（例如，特定的安全性、临床性能、受益 / 风险的可接受性）；

2.风险管理活动有助于识别需要的临床数据，以解决现有信息（如产品设计，临床前和材料 / 技术评价，相关标准的符合性，说明书和标签等）未能完全解决的剩余风险和临床性能方面的问题。

3.临床评价将论证哪些临床数据可通过文献检索、已完成的临床试验（包括在其他监管区域产生的临床数据）、临床经验或同品种医疗器械的临床数据提供；当数据不可获得或不足以论证产品对安全和性能基本原则的符合性时，哪些临床数据需从临床试验中产生。同品种医疗器械临床数据的可比性和充分性需仔细检查。

是否需要开展临床试验的主要考虑因素见图 1，具体要求可参考《决策是否开展医疗器械临床试验技术指导原则》。

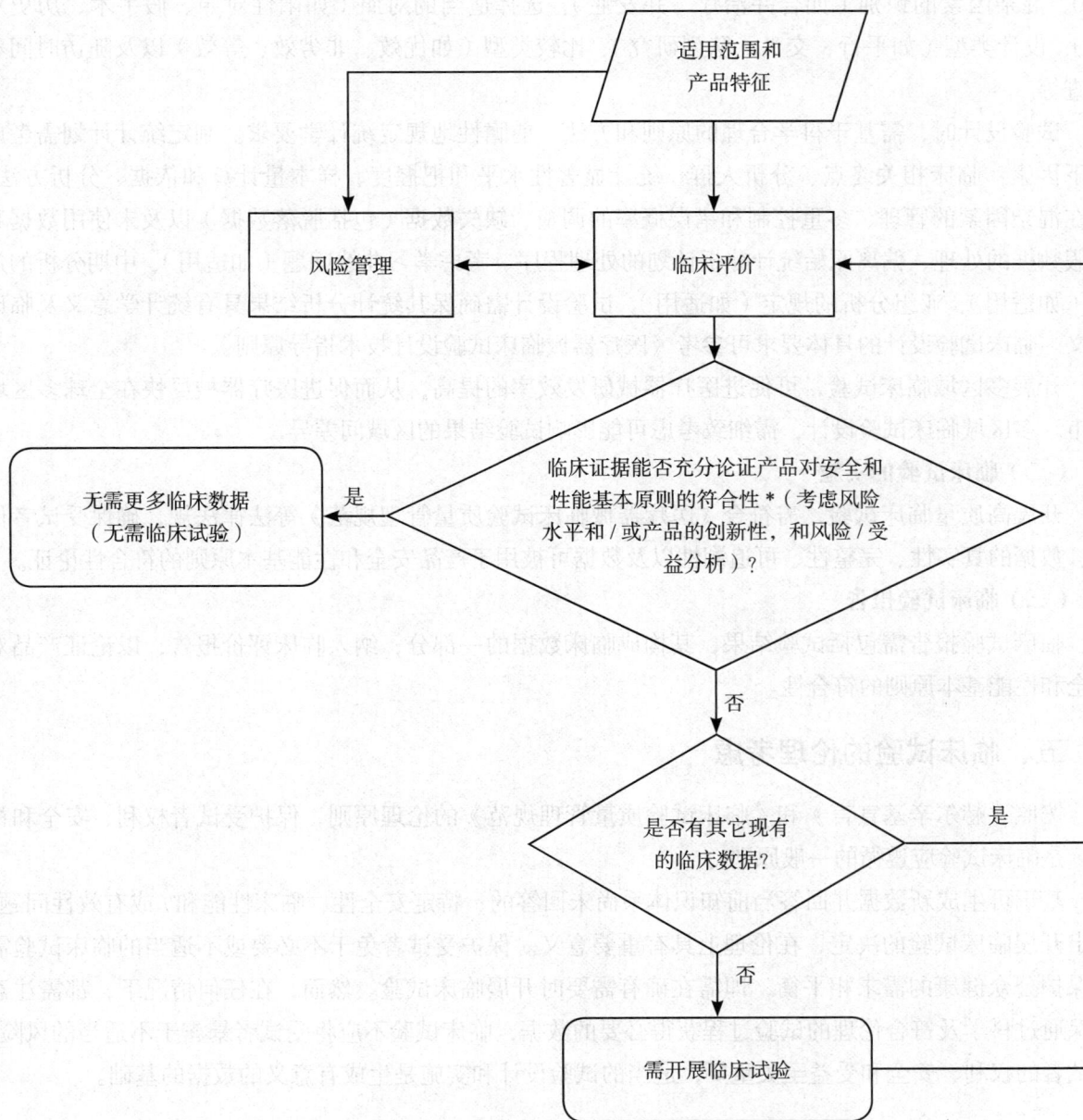

*符合性能标准可能可充分论证产品对医疗器械安全和性能基本原则的符合性

图 3　是否需要开展临床试验的主要考虑因素

四、临床试验设计的一般原则

临床试验的开展基于临床评价过程的结果；遵循适当的风险管理程序，以避免不合理的风险；遵守所有相关的法律和监管要求；进行适当的计划，实施，分析和报告；遵循适当的伦理原则。临床试验设计（包括试验目的和统计学考虑），旨在解决剩余风险和临床性能等方面的问题提供临床数据。可能影响数据要求的因素包括但不限于以下内容：产品类型和 / 或监管分类；新技术 / 相关经验；临床应用 / 适应证；产品与人体的接触方式（如表面接触、植入）；产品使用的固有风险（如与手术相关的风险）；说明书和标签中的相关信息；组成材料或成分；疾病过程（如严重程度）和正在接受治疗的人群；人口学、地理和文化方面的考虑（如年龄、种族、性别等）；产品失效的潜在影响；产品与人体接触时间；产品预期寿命；可用的替代治疗和现行的治疗标准；伦理考量。

（一）临床试验方案的考虑因素

试验方案中需要考虑的因素包括明确的试验目的、受试者及其他试验参与人员风险的最小化、不良事件的定义和报告、研究终点、适当的受试者人群、偏倚的最小化（如随机化、盲法、分配隐藏）、混杂因素的识别（如合并治疗、并发症）、选择适当的对照（如阳性对照、假手术、历史对照）、设计类型（如平行、交叉、队列研究）、比较类型（如优效、非劣效、等效）以及随访时间和监查等。

试验设计时，需基于科学合理的原则和方法，前瞻性地规定统计学要求。制定统计计划需考虑以下因素：临床相关终点、分析人群、统计显著性水平和把握度、样本量计算和依据、分析方法、潜在混杂因素的管理、多重控制和错误概率的调整、缺失数据（包括脱落数据）以及未使用数据和虚假数据的处理、偏离原始统计分析计划的处理程序、考虑学习曲线问题（如适用）、中期分析的规定（如适用）、亚组分析的规定（如适用）。试验设计需确保其统计分析结果具有统计学意义及临床意义。临床试验设计的具体要求可参考《医疗器械临床试验设计技术指导原则》。

开展多区域临床试验，可促进医疗器械研发效率的提高，从而促进医疗器械尽快在全球多区域上市。多区域临床试验设计，需细致考虑可能影响试验结果的区域间差异。

（二）临床试验的实施

开展高质量临床试验，需符合《医疗器械临床试验质量管理规范》等法律法规，确保受试者保护、数据的真实性、完整性、可追溯性以及数据可被用于产品安全和性能基本原则的符合性论证。

（三）临床试验报告

临床试验报告需包括试验结果，其构成临床数据的一部分，纳入临床评价报告，以论证产品对安全和性能基本原则的符合性。

五、临床试验的伦理考虑

按照《赫尔辛基宣言》和《临床试验质量管理规范》的伦理原则，保护受试者权利、安全和福利，是临床试验应遵循的一般原则。

基于可生成新数据并回答当前知识体系尚未回答的、特定安全性、临床性能和 / 或有效性问题，做出开展临床试验的决定，在伦理上具有重要意义。保护受试者免于不必要或不适当的临床试验需与保护公众健康的需求相平衡，即需在确有需要时开展临床试验。然而，在任何情况下，都需注意确保通过科学及符合伦理的试验过程获得必要的数据，临床试验不应将受试者暴露于不适当的风险。受试者的权利、安全和受益至关重要，适当的试验设计和实施是生成有意义的数据的基础。

六、定义 [③]

终点：临床试验中提供安全性、临床性能和 / 或有效性证据的指标。

多区域临床试验：按照同一方案在一个以上区域开展的临床试验。

区域：某一地理区域、国家或监管区域。

监管区域：医疗器械监管要求相同的国家组成的区域。

剩余风险：实施风险控制措施后仍存在的风险。

风险管理：将管理政策、流程和实践系统应用于对风险的分析、评估、控制和监测。

七、参考文件

（一）IMDRF/GHTF 文件

[1] GHTF SG1/N011：2008 *Summary Technical Documentation for Demonstrating Conformity to the Essential Principles of Safety and Performance of Medical Devices (STED)*.

[2] GHTF SG1/N029：2005 *Information Document Concerning the Definition of the Term"Medical Device"*.

[3] IMDRF GRRP WG/N47 FINAL：2018 *Essential Principles of Safety and Performance of Medical Devices and IVD Medical Devices*.

[4] GHTF SG1/N78：2012 *Principles of Conformity Assessment for Medical Devices*.

[5] IMDRF/GRRP WG/N52 FINAL：2019 *Principles of Labeling for Medical Devices and IVD Medical Devices document when released*.

[6] IMDRF MDCE WG/N55FINAL：2019 *Clinical Evidence – Key definitions and Concepts*.

[7] IMDRF MDCE WG/N56FINAL：2019 *Clinical Evaluation*.

（二）国际标准

[8] ISO 14155：2020 *Clinical investigation of medical devices for human subjects — Good clinical practice*.

[9] ISO 14971：2019 *Medical devices –Application of risk management to medical devices*.

（三）其他参考文献

[10] *World Medical Association – Declaration of Helsinki - Ethical principles for medical research involving human subjects*.

相关文件

---

③ 适用于本指导原则。

附件2

决策是否开展医疗器械临床试验技术指导原则

决策是否开展医疗器械临床试验是综合考虑产品的适用范围、技术特征、生物学特性、风险程度及已有研究数据（包括临床数据和非临床数据）等方面来确定开展临床试验必要性的过程。需要开展临床试验的，可根据具体情况，选择在境内开展临床试验、全部或同期在境外开展临床试验。

本指导原则旨在为注册申请人和审查人员判断拟申请注册的产品是否需要开展临床试验提供技术指导，不涉及注册审批等行政事项，亦不作为法规强制执行，如有能够满足法规要求的其他方法，也可以采用，但应提供详细的研究资料和验证资料。应在遵循相关法规的前提下使用本指导原则。

一、适用范围

本指导原则适用于需要开展临床评价的第二类、第三类医疗器械产品注册时，是否需要开展临床试验的判定，不适用于按医疗器械管理的体外诊断试剂。

二、总则

在医疗器械设计开发过程中，设计确认是其重要环节，以确保产品能够满足规定的使用要求或者预期用途的要求。可采取多种方法实现设计确认，如模体试验、计算机模拟试验、动物试验、临床评价等。可用于临床评价的临床数据包括在境内或境外，合法的临床使用过程中生成的安全性、有效性信息，例如临床试验数据、临床文献数据和临床经验数据等。鼓励注册申请人采用最有效的方式获取证明符合医疗器械安全和性能基本原则所需的最少量信息，消除或减轻不必要的负担，可使患者能够及早并持续获得安全有效的医疗器械。临床试验的必要性应全面考虑医疗器械的适用范围、技术特征、生物学特性、风险程度、与现有医疗器械或现有诊疗方法的差异等方面，如果非临床研究的结果和/或现有临床数据不足以证明产品对医疗器械安全和性能的基本原则的符合性，则可能需要开展临床试验。基于良好设计和规范实施的临床试验能够提供科学、可靠的医疗器械安全有效性数据。

本指导原则提到的符合医疗器械安全和性能基本原则，是指对临床证据与其他设计验证和确认文件、器械描述、说明书和标签、风险管理文件以及生产信息进行综合评价后得出的结论。

三、考虑因素

（一）临床使用具有高风险的第三类医疗器械（以下简称"高风险医疗器械"），原则上需要开展临床试验，但以下情形可考虑免于开展临床试验：

1. 申报产品的前代产品未在中国获准上市，申报产品是对前代产品进行的设计变更，注册申请人可通过已有数据（如非临床研究数据、前代产品的临床试验数据、申报产品境外临床数据）证明申报产品符合医疗器械安全和性能基本原则。

2. 注册申请人可按照《接受医疗器械境外临床试验数据技术指导原则》的要求提供申报产品境外临床试验数据，结合其他设计验证和确认文件、器械描述、说明书和标签、风险管理文件以及生产信息进行综合评价，证明申报产品符合医疗器械安全和性能的基本原则。

3. 申报产品的前代产品已在中国获准上市，申报产品是对前代产品进行的设计变更，且注册申请人可通过已有数据（如非临床研究数据、前代产品的临床数据、申报产品境外临床数据）证明申报产品符合医疗器械安全和性能基本原则。

前代产品是指与申报产品属于同一注册申请人、具有相同适用范围且技术特征和生物学特性相似的产品，申报产品与前代产品为迭代关系。

（二）申报产品虽然不属于高风险医疗器械，但为新型医疗器械，原则上应开展临床试验，但以下情形可考虑免于开展临床试验：

1. 注册申请人可通过非临床研究数据充分证明申报产品符合医疗器械安全和性能基本原则。

2. 申报产品在我国为新型医疗器械，但其自身已有临床数据（例如境外临床文献数据、境外临床试验数据等），注册申请人可通过非临床研究数据、申报产品的临床数据证明申报产品符合医疗器械安全和性能基本原则。

3. 申报产品在我国为新型医疗器械，但其前代产品已有境外临床数据，申报产品是对前代产品进行的设计变更，注册申请人可通过非临床研究数据、申报产品的境外临床数据和前代产品的境外临床数据充分证明申报产品符合医疗器械安全和性能基本原则。

新型医疗器械是指与已在中国境内获准上市的医疗器械相比，在适用范围、技术特征和 / 或生物学特性等方面具有显著差异的医疗器械。大部分医疗器械是一个渐进的变更过程，并不属于新型医疗器械，很多情形下，可以通过非临床研究来证明其符合医疗器械安全和性能的基本原则。

（三）产品不属于高风险医疗器械，也不属于新型医疗器械，在注册申请人已开展充分的非临床研究且全面收集已有临床数据的基础上，若已有证据不能证明产品符合医疗器械安全和性能的基本原则时，有可能需要通过开展临床试验补充临床数据。获得的临床试验数据用于产品临床评价过程且为临床证据的一部分。

例如，对于特定申报产品，其已有同品种产品在中国获准注册，申报产品与同品种产品存在差异。若注册申请人基于申报产品的非临床研究数据以及同品种产品的临床数据对产品实施了全面的临床评价，但仍不能证明申报产品符合医疗器械安全和性能的基本原则，则可能需要开展临床试验。

当注册申请人根据以上因素考虑是否开展医疗器械临床试验时，可参考《医疗器械临床试验决策流程图》（见附件）。

附件：医疗器械临床试验决策流程图

医疗器械临床试验决策流程图

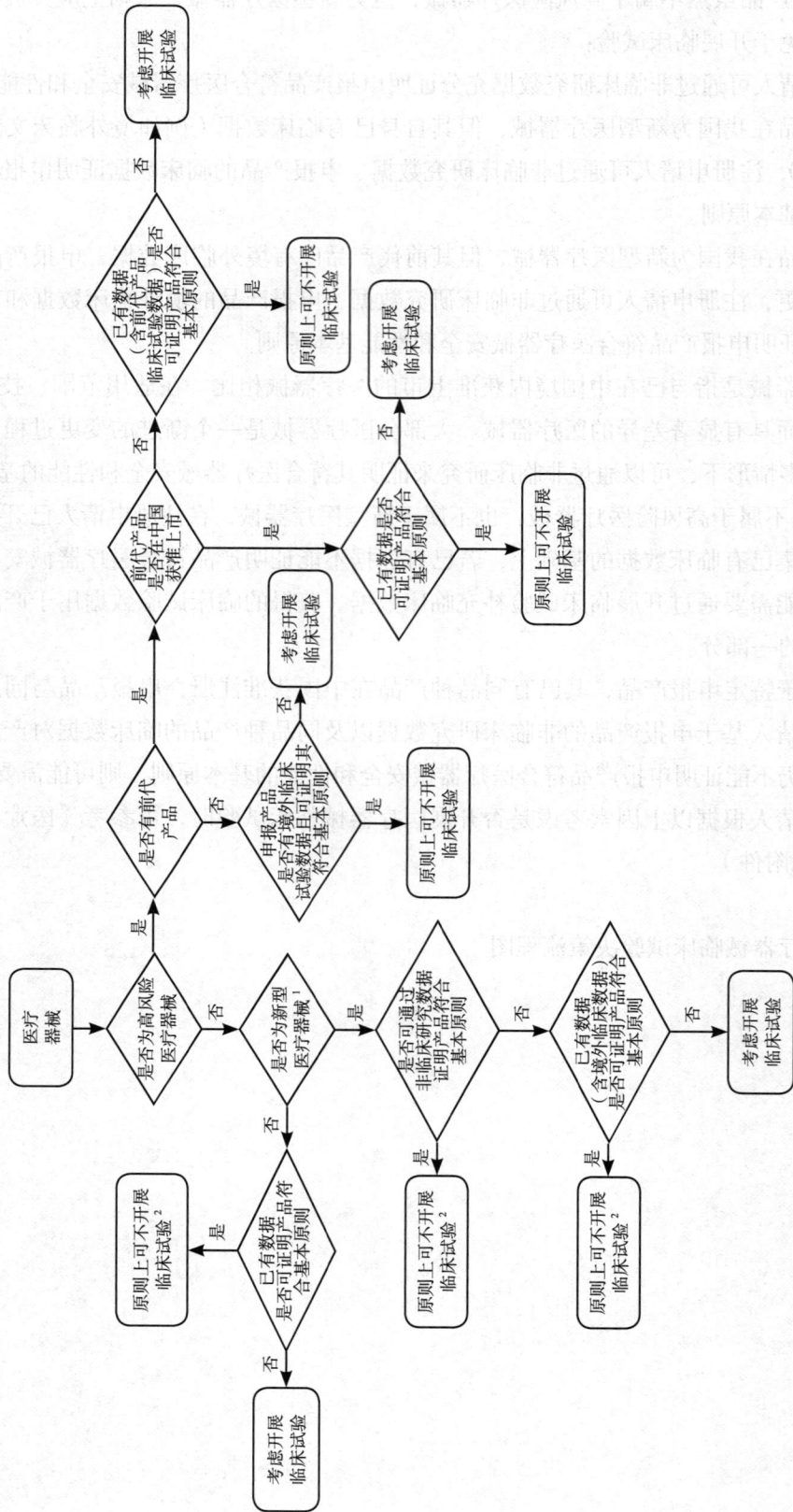

医疗器械

是否为高风险医疗器械

是否有前代产品

前代产品是否在中国获准上市

已有数据（含前代产品临床试验数据）可证明产品符合基本原则

考虑开展临床试验

原则上可不开展临床试验

已有数据是否可证明产品符合基本原则

原则上可不开展临床试验

申报产品是否有境外临床试验数据且可证明其符合基本原则

考虑开展临床试验

原则上可不开展临床试验

是否为新型医疗器械

是否可通过非临床研究数据证明产品符合基本原则

已有数据（含境外临床数据）是否可证明产品符合基本原则

考虑开展临床试验

原则上可不开展临床试验²

原则上可不开展临床试验²

已有数据是否可证明产品符合基本原则

原则上可不开展临床试验²

考虑开展临床试验

附件

1. 新型医疗器械描述见本指导原则三（二）。

2. 原则上可不开展临床试验的，注册申请人需结合非临床研究、等同性论证、临床评价（如需要），临床评价（如需要）证明产品符合医疗器械安全和性能基本原则。

附件 3

医疗器械临床评价等同性论证技术指导原则

一、前言

对于需要进行临床评价的第二类、第三类医疗器械，若通过等同器械的临床数据进行临床评价，需要进行等同性论证。等同性论证是指将适用范围相同的申报产品与对比器械在技术特征和生物学特性方面进行比对，证明二者基本等同的过程。基本等同包括两种情形：

（一）申报产品与对比器械具有相同的适用范围、技术特征和生物学特性；

（二）申报产品与对比器械具有相同的适用范围，相似的技术特征和生物学特性；有充分的科学证据证明申报产品与对比器械具有相同的安全有效性。

本指导原则中提及的对比器械，指的是注册申请人选择的，用于等同性论证的医疗器械，若对比器械与申报产品通过等同性论证，证明二者基本等同，则对比器械被认为是等同器械。

本指导原则旨在为注册申请人进行等同性论证及药品监督管理部门对等同性论证资料进行技术审评时提供技术指导。

本指导原则是医疗器械临床评价通用指导原则体系的一部分，与《医疗器械临床评价技术指导原则》《医疗器械注册申报临床评价报告技术指导原则》等文件相互引用。

二、适用范围

本指导原则适用于第二类、第三类医疗器械通过等同器械的临床数据进行临床评价时的等同性论证，不适用于按医疗器械管理的体外诊断试剂。

三、产品描述和研发背景

注册申请人需阐明申报产品的基本信息、研发背景、适用范围、已有的诊断或治疗方法及临床应用情况等，建议涵盖以下方面的适用部分，如不适用，需说明不适用的理由：

（一）产品基本信息，如结构组成、材料、软件等；

（二）适用范围；

（三）研发背景与目的；

（四）工作原理和 / 或作用机理及涉及的科学概念，尤其是器械关键设计特征旨在达到的临床目的以及如何实现其临床目的；

（五）现有的诊断或治疗方法、涉及的产品（如有）及临床应用情况；

（六）申报产品与现有诊断或治疗方法的关系，包括申报产品所支持的诊断或治疗方法，相较于现有方法的创新性；申报产品相对于现有产品的改进点或对其进行仿制；预期是否联合或辅助现有治疗或诊断方法使用等。

（七）申报产品预期达到的临床疗效，如治疗类产品是否可以降低死亡率、改善功能、缓解症状、提高生活质量、降低功能丧失的可能性；明确对症治疗或根治性治疗等；诊断类产品是否用于疾病的预测、检查、诊断或识别对特定治疗有效性较高的患者。

（八）申报产品预期的临床优势，如提高临床安全性和 / 或有效性，提高使用的便利性等。

相关文件

四、对比器械的选择

（一）对比器械的要求

对比器械应与申报产品需具有相同的适用范围，相同或相似的技术特征和生物学特性。对比器械应已在境内获准注册。

（二）多个对比器械的使用

建议注册申请人在适宜的情形下，尽量选择一个对比器械，以简化和促进等同性论证过程。当选择一个以上的对比器械时，注册申请人应说明理由，并将多个对比器械分别与申报产品进行充分对比，以论证多个对比器械的数据可用于支持申报产品的安全有效性。此种情况下，建议注册申请人选择与申报产品最相似的产品作为主要对比器械，并尽量减少对比器械的数量。将可能采用多个对比器械的情形举例如下：

1.若申报产品结合了来自多个对比器械的设计特征，在申报产品与多个对比器械具有相同适用范围的前提下，若不同的设计特征在申报产品中组合时不会相互影响，或不同设计特征的组合分别与多个对比医疗器械相比，没有引起不同的安全性有效性问题；

2.若申报产品结合了多个对比医疗器械的适用范围，在申报产品与多个对比器械具有相同适用范围的前提下，若不同的适用范围在申报产品中组合时不会相互影响，或不同适用范围的组合分别与多个对比医疗器械相比，没有引起不同的安全性有效性问题。

（三）对比器械的选择与等同性论证

等同性论证既是判断申报产品与选择的对比医疗器械是否等同的过程，也是判断所选产品是否适宜作为对比医疗器械的过程。若所选产品不适宜作为对比医疗器械，注册申请人可更换或增加其他产品再次进行等同性论证，也可选择其他评价方法。

（四）其他

从医疗器械全生命周期管理的角度，产品获得上市批准后积累临床经验数据非常重要，通过积累临床使用经验进一步确认产品的有效性，充分识别产品的风险，分析产品需要改进的重点，可更为安全有效地对产品进行改进，从而研发出下一代医疗器械。鼓励注册申请人在可行的前提下，选用本企业改进前的产品即前代产品或同系列产品，作为对比医疗器械。

五、等同性论证的基本要求

（一）申报产品与对比器械是否具有相同的适用范围

1.适用范围及临床使用相关信息

适用范围由注册申请人提出，反映在其提供的说明书、产品技术文件和其他信息文件中，包括申报产品在何种临床使用条件下实现哪些具体医疗目的。适用范围相关信息一般包括适应证、适用人群、适用部位、与人体接触方式和时间、适用的疾病的阶段和程度、使用条件、重复使用等。对于具体的医疗器械，由于其设计特征、临床目的、使用经验的不同，以上信息可能是适用范围的组成部分，也可能是适用范围的影响因素。临床使用相关信息一般包括使用方法、禁忌证、警告及预防措施等。

2.适用范围及临床使用相关信息的比较

建议注册申请人在适用的前提下，从如下方面收集申报产品与对比器械的相关信息并进行比较：

（1）适应证：包括器械预防、诊断、缓解、治疗或者监护的疾病或症状；

（2）适用人群：如年龄、性别、体重等对适用人群的限定；

（3）适用部位：如临床应用的具体人体部位、器官、组织、体液等；

（4）与人体接触方式和时间：如植入或体表接触、接触时间、接触次数等；

（5）疾病的严重程度和阶段：如疾病的名称、分型、分期、严重程度等；

（6）使用条件：如使用环境（家用、医院、具体科室、手术室、救护车等）、配合使用的器械或药品、使用者要求等；

（7）重复使用：如可否重复使用、可重复使用的次数和时间等；

（8）使用方法；

（9）禁忌证；

（10）警告及预防措施；

（11）其他。

以上方面的信息，若对于申报产品不适用，可说明不适用的理由。例如，对于预期用于健康人群的器械，适应证可不适用；对于不需要明确具体疾病或症状的器械，如常规使用的无源手术刀，适应证亦可不适用。

3. 适用范围是否相同的判定

通过对申报产品与对比器械的适用范围及临床使用相关信息的比较，对二者差异进行充分识别、详细阐述及科学评价，以做出适用范围是否相同的判定。当适用范围的不同引起申报产品与对比器械临床安全有效性的显著差异时，可认为对比器械与申报产品的适用范围不同。

例如，申报产品为 α- 氰基丙烯酸酯类医用粘合剂，其适用范围为"在其他方法无效的情况下体内组织创面的辅助粘合封闭"，所选对比器械的适用范围为"用于体表切口的局部封闭"。与对比器械相比，申报产品增加了体内使用的相关风险，临床安全有效性具有显著差异，因此，认为对比器械与申报产品的适用范围不同。

又如，申报产品为高压氧舱，其适用范围为"用于婴幼儿缺血、缺氧性疾病的治疗"，所选对比器械"用于成人缺血、缺氧性疾病的治疗"，考虑到婴幼儿和成人在耐受性等方面需要考虑的安全性问题虽有类似，但程度明显不同，婴幼儿人群使用所面临的风险较高，二者间临床安全有效性具有显著差异。因此认为对比医疗器械与申报产品的适用范围不同。

值得注意的是，申报产品与对比器械在适用范围的差异可能引起但并非均会导致适用范围的不同。如申报产品与对比医疗器械虽具有不同的适应证，但对于产品的使用，不同的适应证之间具有同质性，则可认为二者具有相同的适用范围。

例如，常规设计的非骨水泥固定髋关节假体，适用范围可描述为"作为非骨水泥型髋关节假体，适用于具有髋关节置换术适应证的骨骼成熟患者的髋关节置换，以恢复关节功能，缓解疼痛"。该类产品的适应证可包括原发性退变性髋关节骨关节炎、股骨头缺血性坏死进入第Ⅳ期、类风湿性关节炎或强直性脊柱炎等全身疾病累及髋关节、髋部创伤后骨关节炎，均为髋关节置换术的适应证，从髋关节置换适用性的角度，具有同质性。当申报产品与对比器械均在上述适应证的范围内，但二者存在差异时，注册申请人可经充分论证，证明申报产品与对比器械在适应证存在差异的情形下，具有相同的适用范围。"

又如，常规设计的强脉冲光治疗仪，适用范围可描述为"用于良性色素性表皮和皮肤病变、良性皮肤血管性病变及脱毛的治疗"。该类产品的适应证可包括雀斑、老年斑、黄褐斑、毛细血管扩张症、红斑性痤疮。当申报产品与对比器械均在上述适应证的范围内，但二者存在差异时，注册申请人可经充分论证，证明适应证的差异将不引起适用范围的不同。

（二）申报产品与对比器械是否具有相同 / 相似的技术特征、生物学特性

1. 技术特征、生物学特性的对比

在确定申报产品与对比医疗器械具有相同的适用范围后，注册申请人需提供技术特征和生物学特性的充分信息并对其进行对比。为便于理解，将技术特征和生物学特性举例并说明如下：

（1）技术特征：

①设计信息：

—工作原理、作用机理；

—器械设计特征及依据：如组成、材料、产品结构的表征（可根据产品特征，选择适用的方式，包括结构图、三视图、爆炸图、局部细节放大图、工程图等）、尺寸和公差、软件等；

—申报器械的重大特性，明确其在整体设计和适用范围下的用途；如果没有明确的用途，应重点详述特定的设计或组件如何促进申报器械的整体使用和功能。

②材料：

—部分产品尤其是植入性医疗器械由于与人体组织直接接触，需明示组成材料详细、完整的化学组成，识别添加剂，如着色剂、涂层或其它表面改性剂等；

—部分产品的材料加工方式（如锻造或铸造）及其状态（如无定形或结晶）可能影响产品的安全有效性，适用时需考虑列出；

—除医疗器械常见组成材料外，部分产品可能涉及生物制剂、药物、涂层、添加剂等。

③能源：如对器械的能源传递（如电池的使用），作为器械功能方面的一部分且对使用产品的患者和/或医务人员有影响的能源传递（如X射线、激光、射频、超声）等。

④产品性能、功能及其他关键技术特征：

—从测试方式角度，如实验室测试、计算机模拟、动物试验、其他模拟临床使用的非临床研究等。

—从技术特征角度，如疲劳、磨损、抗拉强度、压迫、流量、爆裂压力、软件/硬件特性、软件核心算法、密度、孔隙度、体外降解特性、试验方法的原理等。

（2）生物学特性：如降解性能、生物学反应（如免疫反应、组织整合等）等。

值得注意的是，上述各对比项目举例仅为便于理解而提出的一般性举例。对比项目、数据类型和数据量需与产品的研发背景、设计特征、关键技术、适用范围和风险程度等相适应，注册申请人应基于申报产品的具体情况，选择适宜的对比项目，并充分识别、详细阐述申报产品与对比器械间的差异。

2. 如何评价技术特征、生物学特性的差异

（1）提供充分的科学证据证明二者具有相同的安全有效性

当申报产品的技术特征和/或生物特性与对比器械存在差异时，需提交充分的科学证据证明二者具有相同的安全有效性，从而论证其等同性。

（2）选择适宜的对比医疗器械，尽可能缩小二者差异

随着差异程度的增大，特别是显著影响或可能显著影响产品安全有效性的差异，进行等同性论证时所需的科学证据将增加。基于上述考虑，建议在适宜的前提下，选择与申报产品尽可能相似的产品作为对比器械，二者的差异不引起不同的安全有效性问题，即申报产品未出现对比器械不存在的且可能引发重大风险和/或引起显著影响有效性的问题。

申报产品与对比器械在技术特征和/或生物学特性的各方面都可能存在差异，某一方面的差异是否引发不同的安全有效性问题，因具体产品和不同情形而异。以无源医疗器械的主要组成材料为例，当申报产品的主要组成材料与选择的对比器械不同时，若该材料已用于具有相同适用范围且已在境内获准上市的同类产品，注册申请人可从材料变化对该产品临床安全有效性的影响、材料性能差异、材料与结构的相互作用、使用该材料的具有相同适用范围的已在境内上市的同类产品的数据等方面进行充分分析，有可能得出"申报产品与对比器械相比，未出现可能引发重大风险或显著影响有效性问题"的结论。此种情形下，选择的对比器械多为申报产品的前代产品，或者其设计特征（如结构）与申报产品最为相似，因此注册申请人未优先选择制造材料最为相似的已上市产品作为对

比器械。例如：常规设计的髋关节假体组件 – 股骨柄，其主要制造材料由前代产品的不锈钢更换为钛合金，结构不变或仅进行微小改进，由于钛合金已广泛应用于其他已获准上市的股骨柄并已有充分的相关数据，注册申请人可考虑使用不锈钢材料制造的前代产品作为对比器械进行等同性论证。又如，申报产品为泌尿导管，在前代产品的基础上增加亲水涂层，该涂层已用于其他已获准上市的泌尿导管并已有充分的相关数据，注册申请人可考虑使用无涂层的前代产品作为对比器械进行等同性论证。

对于无源医疗器械，主要组成材料的不同可能引起产品技术特征、生物学特性的不同，特别是申报产品所用材料尚未用于已上市同类产品的情形，申报产品可能出现选择的对比器械不存在的、可能引发重大风险和 / 或引起显著影响有效性的问题。例如，隐形眼镜多功能护理液使用的消毒剂尚未用于具有相同适用范围的已上市产品。

（三）相关支持性资料的准备

等同性论证时，申报产品与对比器械进行比对时所用的数据和信息，二者存在差异时证明其具有相同的安全有效性所用的有效科学证据，均为等同性论证的支持性资料。支持性资料通常需包括准确、可靠、完整、可追溯的数据，必要时包括数据的产生过程，试验 / 实验数据建议来自有良好质量控制的实验室；仅在极少数情形下，可使用一般性描述（如行业的普遍性共识）。未经证实的观点，以及未基于详细数据的科学评价报告不能作为支持性资料。本指导原则只要求做出等同性判定所必需的支持性资料，注册申请人对资料的真实性负责。

医疗器械的研发和改进多为渐进式发展，应基于申报医疗器械的研发历史和设计理念，从产品研发初期开始全面、客观、有序地收集对比器械相关信息和数据，其可为公开发表的文献、数据、信息等，也可来自注册申请人进行的实验室测试、计算机模拟研究、动物试验等；可为注册申请人前代产品或同系列产品的数据和信息，也可为其他注册申请人授权使用的同品种产品非公开数据和信息，后者需提供数据使用授权书，以保证数据来源的合法性。

六、临床评价报告中等同性论证相关内容的编写

建议注册申请人按照附件 1 所述的步骤并结合正文相应内容进行等同性论证，若已建立申报产品和对比产品的等同性，可使用等同器械的临床数据进行临床评价，并按照《医疗器械注册申报临床评价报告技术指导原则》要求完成临床评价报告中等同性论证相关内容的编写。

附件：等同性论证流程图

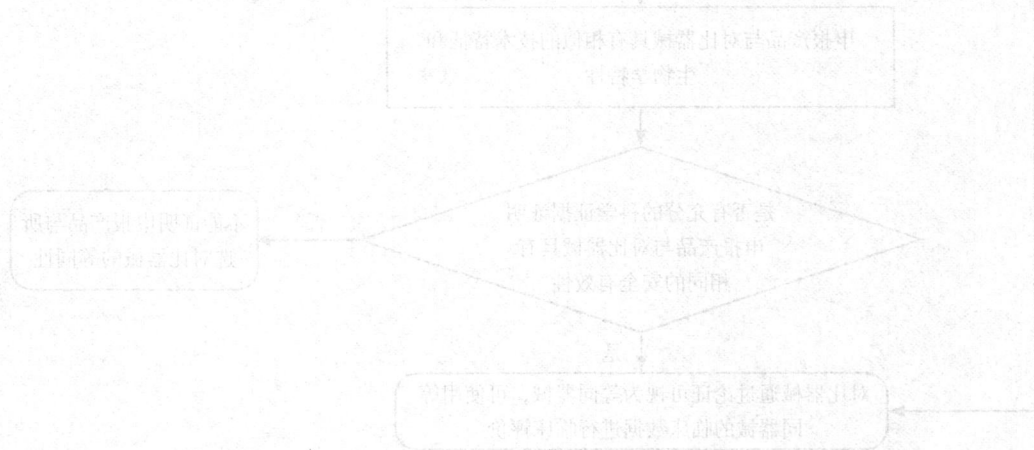

附件

等同性论证流程图

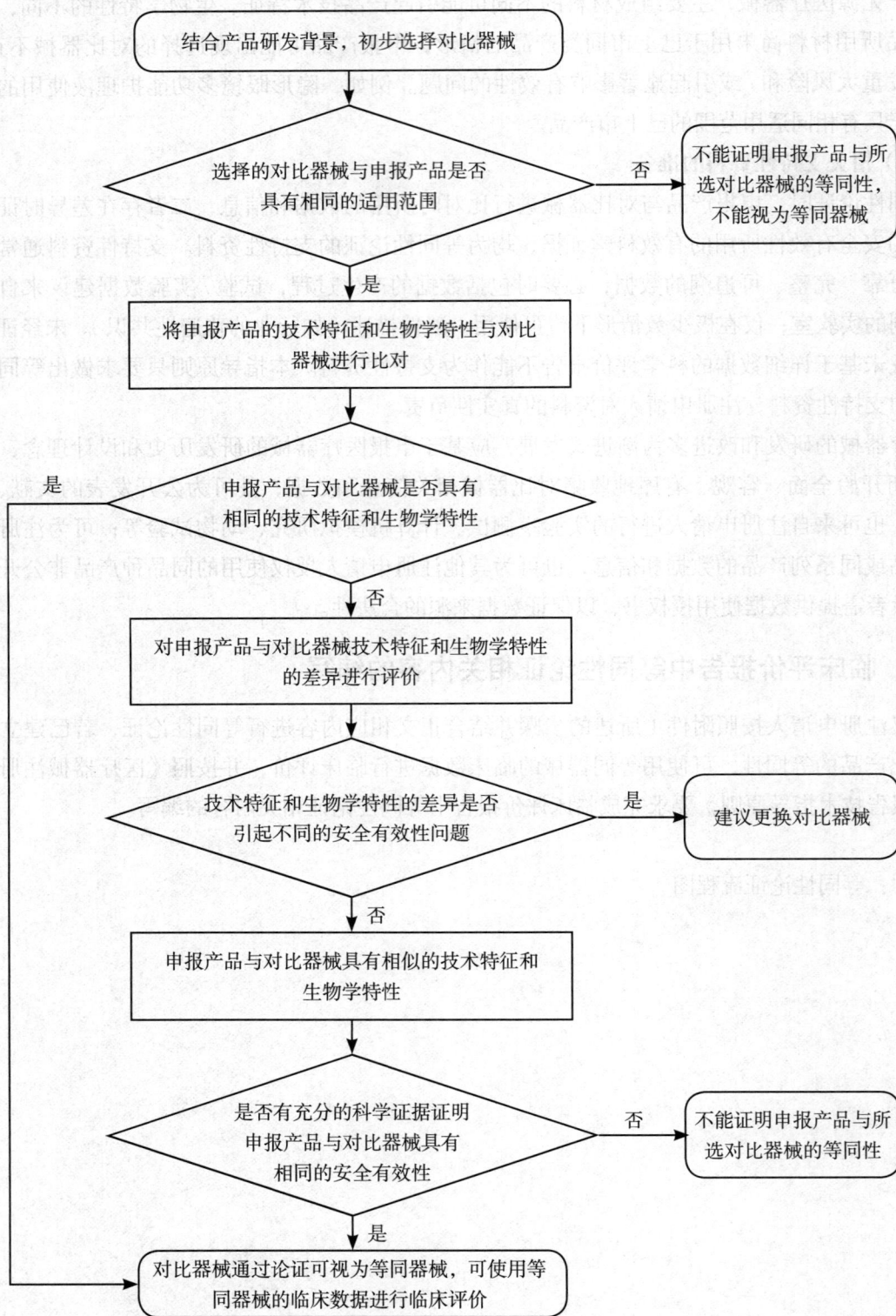

```
          结合产品研发背景，初步选择对比器械

                      │
                      ▼
        ◇ 选择的对比器械与申报产品是否 ◇ ──否──→  不能证明申报产品与所
        ◇     具有相同的适用范围      ◇          选对比器械的等同性，
                      │                          不能视为等同器械
                      │是
                      ▼
          将申报产品的技术特征和生物学特性与对比
                器械进行比对
                      │
                      ▼
        ◇ 申报产品与对比器械是否具有 ◇ ──是──→
        ◇   相同的技术特征和生物学特性 ◇
                      │
                      │否
                      ▼
          对申报产品与对比器械技术特征和生物学特性
                的差异进行评价
                      │
                      ▼
        ◇ 技术特征和生物学特性的差异是否 ◇ ──是──→  建议更换对比器械
        ◇   引起不同的安全有效性问题      ◇
                      │
                      │否
                      ▼
          申报产品与对比器械具有相似的技术特征和
                生物学特性
                      │
                      ▼
        ◇  是否有充分的科学证据证明  ◇
        ◇  申报产品与对比器械具有      ◇ ──否──→  不能证明申报产品与所
        ◇    相同的安全有效性         ◇          选对比器械的等同性
                      │
                      │是
                      ▼
          对比器械通过论证可视为等同器械，可使用等
                同器械的临床数据进行临床评价
```

附件 4

医疗器械注册申报临床评价报告技术指导原则

一、前言

医疗器械临床评价是采用科学合理的方法对临床数据进行评价、分析，以确认医疗器械在其适用范围下的安全性、临床性能和 / 或有效性的持续进行的活动。

临床评价需持续开展，贯穿医疗器械全生命周期。产品注册时，注册申请人使用临床评价产生的临床证据，以及其他设计验证和确认文件、器械描述、说明书和标签、风险分析以及生产信息，论证产品对安全和有效基本原则的符合性。产品上市后，随着产品安全性、临床性能和 / 或有效性信息的不断更新，需周期性地进行临床评价。

本指导原则在《医疗器械临床评价技术指导原则》的框架下，针对上市前临床评价，阐明用于医疗器械注册申报的临床评价报告需包含的主要内容并细化相应要求，为注册人编写上市前临床评价报告以及药品监督管理部门审评上市前临床评价报告提供技术指导。

本指导原则是医疗器械临床评价通用指导原则体系的一部分，与《医疗器械临床评价技术指导原则》《决策是否开展医疗器械临床试验技术指导原则》《医疗器械临床试验设计指导原则》《接受医疗器械境外临床试验数据技术指导原则》《医疗器械临床评价等同性论证技术指导原则》等文件相互引用。

二、适用范围

本指导原则适用于需要开展临床评价的第二类、第三类医疗器械产品注册时临床评价报告的编写工作，不适用于按医疗器械管理的体外诊断试剂。

三、临床评价报告的主要内容及相应要求

（一）产品描述

注册申请人需阐明申报产品的基本信息、适用范围、研发背景等，建议涵盖以下方面的适用部分，如不适用，需说明不适用的理由：

1. 基本信息，如产品通用名称、推向市场时所使用的名称（如有）、型号规格、结构组成（包括软件及附件等）、材料（如包含药物成分（已上市或者新药）、组织或者血液制品等）、灭菌 / 非灭菌等；

2. 适用范围及临床使用相关信息，可从如下方面进行描述，

（1）适应证：包括器械预防、诊断、缓解、治疗或者监护的疾病或症状；

（2）适用人群：如年龄、性别、体重等对适用人群的限定；

（3）适用部位：如临床应用的具体人体部位、器官、组织、体液等；

（4）与人体接触方式和时间：如植入或体表接触、接触时间、接触次数等；

（5）适用疾病的阶段和程度：如疾病的名称、分型、分期、严重程度等；

（6）使用条件：如使用环境（家用、医院、具体科室、手术室、救护车等）；配合使用的器械或药品、使用者要求等；

（7）重复使用：如可否重复使用、可重复使用的次数和时间等；

相关文件

1013

（8）使用方法；

（9）禁忌证；

（10）警告及预防措施；

（11）其他。

2. 研发背景与目的；

3. 工作原理和／或作用机理及涉及的科学概念，尤其是产品关键设计特征预期达到的临床目的以及如何实现其临床目的；

4. 现有的诊断或治疗方法、涉及的产品（如有）及临床应用情况；

5. 申报产品与现有诊断或治疗方法的关系，包括申报产品所支持的诊断或治疗方法，相较于现有方法的创新性；申报产品相对于现有产品的改进点或对其进行仿制；预期是否联合或辅助现有治疗或诊断方法使用等。

6. 预期达到的临床疗效，如治疗类产品是否可以降低死亡率、改善功能、缓解症状、提高生活质量、降低功能丧失的可能性；明确对症治疗或根治性治疗等；诊断类产品是否用于疾病的预测、检查、诊断或识别对特定治疗有效性较高的患者。

7. 申报产品预期的临床优势（若有），如提高临床安全性和／或有效性，提高使用的便利性等。

（二）临床评价的范围

注册申请人可根据申报产品的技术特征、适用范围，确认临床评价涵盖的范围。当申报产品的某组成部分列入《免于进行临床评价的医疗器械产品目录》时，在其他组成部分与其联用不对其安全有效性产生影响且已得到合理论证时，该组成部分可不进行临床评价。

（三）临床评价路径

1. 通过同品种医疗器械临床数据进行分析、评价

（1）通过等同器械的临床数据进行临床评价

（2）使用可比器械的临床数据进行部分临床评价

2. 通过临床试验数据进行分析、评价

临床试验包括在中国境内开展的临床试验，在中国境外开展的临床试验、多区域临床试验。

注册人可根据申报产品的技术特征、适用范围、已有临床数据等具体情况，选择恰当的评价途径或者评价路径的组合，开展临床评价。

（四）通过同品种医疗器械临床数据进行分析、评价

1. 同品种医疗器械的选择及论证

根据《医疗器械临床评价技术指导原则》，当对比器械的适用范围、技术和／或生物学特性与申报产品具有广泛相似性时，可将其视为同品种医疗器械，包括等同器械和可比器械两种情形。

（1）等同器械

若注册申请人按照《医疗器械临床评价等同性论证技术指导原则》相关要求，论证申报产品与对比器械具有等同性，可通过等同器械的临床数据进行临床评价。当申报产品的技术特征和生物特性与对比器械存在差异时，需提交充分的科学证据证明二者具有相同的安全有效性，从而论证其等同性。对于需要通过临床证据证明二者具有相同的安全有效性时，注册申请人可参照《医疗器械临床评价技术指导原则》第二部分第四、五、六条的要求，形成申报产品的临床证据。

（2）可比器械

若注册申请人按照《医疗器械临床评价等同性论证技术指导原则》相关要求，将申报产品与对比器械进行对比，虽然不能论证二者具有等同性，但对比器械的适用范围、技术特征和或生物学特性与申报产品具有广泛相似性，可将对比器械视为可比器械，注册申请人可使用可比器械的临床数据用于支持申报产品的部分临床评价，作为申报产品临床证据的一部分。

注册申请人需按照《医疗器械临床评价等同性论证技术指导原则》提出的对比要求，详细阐述申报器械与对比器械在适用范围、技术和生物学特性方面的相同性和差异性。在此基础上，注册申请人需阐明可比器械临床数据在申报器械临床评价中的作用（如用于支持申报器械某一组件的安全性等），并基于申报器械与可比器械的相同性和差异性，论证可比器械临床数据可使用的理由。

2. 同品种医疗器械临床数据的收集、评估和分析

同品种医疗器械临床数据需合法获取，包括临床文献数据、临床经验数据和临床试验数据。为充分识别申报产品临床风险的种类和程度，准确表征其临床性能、有效性、临床收益和所处的行业水平，注册申请人需根据《医疗器械临床评价技术指导原则》提出的原则和要求，对同品种医疗器械临床数据进行收集、评估和分析。

四、通过临床试验获取的临床数据进行临床评价

临床试验是为评价医疗器械的安全性、临床性能和 / 或有效性，在一例或多例受试者中开展的系统性的试验或研究。临床试验是获取申报产品临床数据的途径之一，可用于申报产品与同品种器械存在差异时，论证二者具有相同的安全有效性；也可作为申报产品的主要临床证据，用于确认申报产品的安全有效性。

当通过临床试验生成申报产品的临床证据时，在中国境内开展行临床试验的，需符合《医疗器械临床试验质量管理规范》的相应要求；在境外开展临床试验的，需符合《接受医疗器械境外临床试验数据技术指导原则》的相应要求。注册申请人需提交临床试验方案，临床试验方案的修改及修改理由，伦理委员会意见、知情同意书样稿、临床试验批件（如适用）、相关沟通交流记录（如适用），临床试验报告。此外，还需要提交临床试验的设计依据，包括临床试验背景、临床试验的具体目的、试验设计类型、主要 / 次要评价指标、对照（如适用）、样本量、随访时间等临床试验设计要素的选择和设定依据。

五、临床评价报告的参考格式

注册申请人可参考附件的格式编制临床评价报告，在注册申请时作为临床评价资料提交。注册人可根据申报产品的评价路径，在临床评价报告中进行勾选，并编制相应部分的内容。

附件：医疗器械临床评价报告

附件

医疗器械临床评价报告 [1]

产品名称：

型号规格：

临床评价人员 [2] 签名：

完成时间：

1. 注册申请人需按照《医疗器械临床评价技术指导原则》的要求，将相关文件用于临床评价过程，形成医疗器械技术文档的组成部分。注册申请时，注册申请人可按照本指导原则的要求，编制并提交临床评价报告。

2. 临床评价报告应由评价人签名并注明日期。

一、产品描述和研发背景

（一）申报产品基本信息

（二）适用范围

（三）研发背景与目的

（四）工作原理和 / 或作用机理及涉及的科学概念

（五）现有的诊断或治疗方法、涉及的产品（如有）及临床应用情况

（六）申报器械与现有诊断或治疗方法的关系

（七）预期达到的临床疗效

（八）预期的临床优势

二、临床评价的范围

（一）根据申报产品的技术特征、适用范围，明确临床评价涵盖的范围。

（二）可免于进行临床评价的产品组成部分

1. 列入《免于进行临床评价的医疗器械产品目录》。

2. 论述其他组成部分与该部分联用不对产品安全有效性产生影响。

三、临床评价路径

注册人可根据申报产品的技术特征、适用范围、已有临床数据等具体情况，选择以上一种 / 两种评价途径开展临床评价。并在下文中进行勾选并填写相应内容。

（一）通过同品种医疗器械临床数据进行分析、评价

1. 通过等同器械的临床数据进行临床评价

（1）申报产品与对比器械是否具有相同的技术特征和生物学特性

是□　否□

（2）是否有充分的科学证据证明申报产品与对比器械具有相同的安全有效性

是□　否□

2. 是否使用可比器械的临床数据支持部分临床评价

是□　否□

（二）通过临床试验数据进行分析、评价

□在中国境内开展的临床试验

□在境外开展的临床试验

□多区域临床试验

四、通过同品种临床数据进行分析评价

（一）通过等同器械的临床数据进行临床评价

1. 对比器械的基本信息

表 1　对比器械的基本信息

对比项目	对比器械 1	对比器械 2（如有）
产品名称		
注册证号		

相关文件

对比项目	对比器械 1	对比器械 2（如有）
结构组成		
适用范围		
生产企业		
技术特征		

2. 等同性论证

（1）申报产品与对比器械的对比

表 2　申报产品与对比器械的对比表

对比项目	申报产品	对比器械	相同性 / 差异性	支持性资料概述 （可以附件形式提供）
适用范围				
1.				
2.				
3.				
……				
技术特征				
1.				
2.				
3.				
……				
生物学特性				
1.				
2.				
3.				
……				

（2）若存在差异，证明申报产品与对比器械具有相同安全有效性的科学证据

①差异的总结

②差异的评价及判定（是否引发不同的安全性和有效性问题）

③针对差异性部分的科学证据列表

表 3　针对差异性部分的科学证据列表

编号	证据内容概述 （非临床 / 临床）	论证的问题
1		
2		
3		

④科学证据的支持性资料

支持性资料如包含实验室研究资料，可以附件的形式提交研究方案和报告，建议包括以下内容：研究项目、研究目的、研究方法/过程（包括样本描述、样本量、测试器械以及任何使用的标准等）、预先定义的通过/失败标准以及标准的设定理由、结果总结、定量测试的试验结果可包括平均值、标准差、最大值和最小值等、说明是否满足预先定义的接受准则、对测试失败和/或偏离提供简要的解释以及结果的讨论等。若上述内容在非临床资料中已提供，可直接引用。

支持性资料如包含申报产品或其代表性产品的临床数据，可参考下文"等同器械临床数据的总结与评估"的要求提供。对于申报产品的临床试验数据，可在本报告第四部分第（三）款中提交。

3. 等同器械临床数据的总结与评估

（1）临床数据汇总表

提供临床数据汇总表，从安全性、临床性能和/或有效性两方面对数据进行分类。值得注意的是，很多数据集同时包含安全性、临床性能和/或有效性数据。对于临床试验数据、临床文献数据、临床经验数据中的重复部分，需进行剔除。可根据各数据集的贡献，对其进行排序。

注册申请人需按照《医疗器械临床评价技术指导原则》的相关要求，进行文献检索，以附件的形式提交文献检索方案、报告以及检索出的文献全文。

对于临床经验数据，如适用，注册申请人需按照《医疗器械临床评价技术指导原则》的相关要求，以附件形式提交上市后监测报告、基于临床经验数据（如登记数据等）的研究方案和报告、不良事件汇总表、临床相关的纠正措施等。

对于临床试验数据，如适用，以附件的形式提交临床试验方案、临床试验报告等。

（2）临床数据的评价标准及其确定依据

注册申请人可参考《医疗器械临床评价技术指导原则》附件 5 建立评价标准，也可根据数据的实际情况选择适宜的评价标准（如牛津循证医学中心制定的临床证据水平评价标准等）。

（3）临床数据的相关性和贡献

注册申请人可以表格形式，逐一列明不同来源数据与申报产品的相关性，对产品临床评价关注问题的适宜性，对证明产品安全性、临床性能和/或有效性的贡献。

4. 等同器械临床数据的分析

临床数据的分析方法包括定性分析、定量分析。对于低风险产品、技术成熟的产品、渐进性设计变更的产品，常采用定性分析。

（1）临床性能和/或有效性

说明临床性能和/或有效性评估的分析方法及其选择理由。

通过定性或定量分析，论述纳入分析的数据如何共同论证产品的临床性能和/或有效性，即结果的一致性、临床性能和/或有效性的统计学意义和临床意义。

（2）安全性

说明安全性评估的分析方法及其选择理由。

通过定性或定量分析，论述纳入分析的数据如何共同论证产品的临床安全性，即结果的一致性、临床安全性的统计学意义和临床意义。

对不良事件进行分析：

①明确产品在各国上市时间、累积销售量、各类别类被不良事件发生数量、估计不良事件的发生率；

②分别列明预期不良事件、非预期不良事件，明确对非预期不良时间的风险控制措施；

③对于严重不良事件，应以列表的形式提供事件描述、原因分析、处理方式、处理结果、是否与产品有关等具体信息。

相关文件

（二）通过可比器械的临床数据支持申报产品的部分临床评价

1. 对比器械的基本信息

对比项目	对比器械 1	对比器械 2（如有）
产品名称		
注册证号		
结构组成		
适用范围		
生产企业		
技术特征		

2. 可比性论证

申报产品与对比器械的对比

对比项目	申报产品	对比器械	相同性 / 差异性	支持性资料概述
适用范围				
1.				
2.				
3.				
……				
技术特征				
1.				
2.				
3.				
……				
生物学特性				
1.				
2.				
3.				
……				

3. 可比器械临床数据的总结与评估

参考等同器械的相关要求编制。

4. 可比器械临床数据的分析

参考等同器械的相关要求编制。

（三）通过临床试验数据进行分析评价

1. 临床试验设计依据

2. 临床试验概述

注册申请人需概述临床试验的基本信息，包括临床试验机构信息、开展时间、临床试验目的、观察指标、入选 / 排除标准、样本量、随访时间和试验结果等。对于提交多个临床试验的情形，应阐述各临床试验之间的关系，试验产品是否存在设计变更，并将多个试验和亚组人群的安全性和有效性数据汇总。

3.临床试验资料

注册申请人需以附件的形式提供伦理委员会意见，临床试验方案、知情同意书样稿、临床试验报告。

注：对于提交多个临床试验的情形，如适用，可进行定量分析。

（四）适用范围、说明书、标签等

阐明产品的适用范围、说明书和标签所述的临床使用信息是否均有适当的临床证据支持，是否包括可能影响产品使用的所有危害以及其他临床相关信息。

五、结论

临床证据与其他设计验证和确认文件、器械描述、标签、风险分析以及生产信息进行综合分析时，可证明：

（一）产品对安全和性能基本原则的符合性；

（二）注册申请人宣称的安全性、临床性能和／或有效性已被证明；

（三）与患者受益相比，器械使用有关的风险可接受。

对于预期需要开展上市后研究的产品，如《临床急需医疗器械附带条件批准上市技术指导原则》所述情形等，注册申请人可提交上市后研究方案概述。

六、临床评价人员

临床评价人员具有的专业水平和经验，包括产品技术及其使用；临床研究方法（如临床试验设计、生物统计学）；预期诊疗疾病的诊断和管理。

七、其他需要说明的问题（如适用）

相关文件

附件5

列入免于临床评价医疗器械目录产品对比说明技术指导原则

一、适用范围

本指导原则适用于列入《免于临床评价医疗器械目录》（以下简称《目录》）的第二类、第三类医疗器械注册时的对比说明，不适用于按医疗器械管理的体外诊断试剂。对比说明指开展申报产品与《目录》所述产品等同性论证的过程。

二、对比说明要求

对于列入《目录》产品，注册申请人需提交申报产品相关信息与《目录》所述内容的对比资料和申报产品与已获准境内注册的《目录》中医疗器械的对比说明。具体需提交的资料要求如下：

（一）提交申报产品相关信息与《目录》所述内容的对比资料；

（二）提交申报产品与《目录》中已获准境内注册医疗器械的对比说明，对比说明应当包括《申报产品与目录中已获准境内注册医疗器械对比表》（见附件）和相应支持性资料。若经对比，申报产品与对比产品存在差异，还应提交差异部分对安全有效性影响的分析研究资料。二者的差异不应引起不同的安全有效性问题，即申报产品未出现对比产品不存在的且可能引发重大风险和／或引起显著影响有效性的问题。

提交的上述资料应能证明申报产品与《目录》所述的产品具有基本等同性。若无法证明申报产品与《目录》所述的产品具有基本等同性，则应开展临床评价。

附件

申报产品与目录中已获准境内注册医疗器械对比表

对比项目	目录中医疗器械	申报产品	差异性	支持性资料概述	分析研究资料概述
基本原理（工作原理/作用机理）					
结构组成					
产品制造材料或与人体接触部分的制造材料					
性能要求					
灭菌/消毒方式					
适用范围					
使用方法					
……					

注：对比项目可根据实际情况予以增加。

相关文件

国家药监局关于发布体外诊断试剂临床试验技术指导原则的通告

2021 年第 72 号

为指导体外诊断试剂临床试验工作，根据《体外诊断试剂注册与备案管理办法》（国家市场监督管理总局令第 48 号），国家药监局组织制定了《体外诊断试剂临床试验技术指导原则》（见附件），现予发布。该技术指导原则自发布之日起实施，原国家食品药品监督管理总局发布的《体外诊断试剂临床试验技术指导原则》（原国家食品药品监督管理总局通告 2014 年第 16 号）废止。

特此通告。

附件：体外诊断试剂临床试验技术指导原则

国家药监局

2021 年 9 月 16 日

附件

体外诊断试剂临床试验技术指导原则

一、适用范围

体外诊断试剂临床试验是指在相应的临床环境中，对体外诊断试剂的临床性能进行的系统性研究。临床试验的目的在于证明体外诊断试剂能够满足预期用途要求，并确定产品的适用人群及适应证。临床试验结果为体外诊断试剂安全有效性的确认和风险受益分析提供有效的科学证据。

体外诊断试剂通过体外检测人体样本提供检测结果，用于单独或与其他信息共同辅助判断受试者的目标状态（健康状态、疾病状态、疾病进程或其他可用于指导临床处置的疾病 / 健康状态等）。体外诊断试剂的"临床性能"即指体外诊断试剂由预期使用者在预期使用环境中使用，针对目标人群获得与受试者目标状态相关的检测结果的能力。

本指导原则适用于按照医疗器械管理的体外诊断试剂在中国境内进行的、用于中国境内注册申请的临床试验。

本指导原则旨在明确临床试验的基本原则和临床试验中需要考虑的关键因素，并对临床试验质量管理提出基本要求，用于指导申办者的临床试验工作，也为技术审评部门对临床试验资料的审评提供参考。

由于体外诊断试剂产品具有发展快、专业跨度大、临床预期用途各异的特点，不同产品的临床试验方法及内容不尽相同。申办者应根据产品具体情况，制定合理的临床试验方案，本指导原则内容也将根据体外诊断试剂发展的需要，适时修订。

二、基本原则

（一）伦理原则

临床试验应当遵循《世界医学大会赫尔辛基宣言》的伦理准则和国家涉及人的生物医学研究伦理的相关要求，应当经伦理委员会审查并同意。

研究者需考虑临床试验用样本，如血液、尿液、痰液、脑脊液、粪便、阴道分泌物、鼻咽拭子、组织切片、骨髓、羊水等的获得和试验结果对受试者的风险，提请伦理委员会审查，确保临床试验不会将受试者置于不合理的风险之中，并按要求获得受试者（或其监护人）的知情同意。

（二）科学原则

临床试验的开展应建立在临床前研究的基础上，具有充分的科学依据和明确的试验目的。应根据产品预期用途、相关疾病的流行病学背景和统计学要求等，对临床试验进行科学的设计，同时最大限度控制试验误差、提高试验质量，对试验结果进行科学合理的分析。在保证试验结果科学、准确、可信的同时，尽可能做到高效、快速、经济。

（三）依法原则

本指导原则是在《医疗器械监督管理条例》（国务院令第 739 号）、《体外诊断试剂注册与备案管理办法》（国家市场监督管理总局令第 48 号）和《医疗器械临床试验质量管理规范》的法规框架下制定的。体外诊断试剂临床试验的开展应符合相关法规、规章的要求。

1. 临床试验机构和人员

体外诊断试剂临床试验应当在具备相应条件且按照规定备案的医疗器械临床试验机构开展。

体外诊断试剂临床试验应按照同一临床试验方案在多家临床试验机构开展。申办者负责选择、确定体外诊断试剂临床试验的协调研究者，协调研究者供职的医疗机构为组长单位。协调研究者承担临床试验中各中心的协调工作。

组长单位伦理委员会负责审查试验方案的伦理性和科学性，参加试验的其他临床试验机构伦理委员会在接受牵头单位伦理委员会审查意见的前提下，审查该项试验在本临床试验机构的可行性，包括研究者的资格与经验、设备与条件等，一般情况下不再对试验方案设计提出修改意见，但是有权不批准在其临床试验机构进行试验。

体外诊断试剂临床试验机构应当具备临床试验所需的专业技术水平、组织管理能力，并能够开展伦理审查工作，具有与所开展临床试验相适应的人员、设施和条件等。具体包括但不限于：常规开展相关检测项目和 / 或疾病诊疗项目，具有相关诊断结果解读和疾病处置的能力，具有防范和处理临床试验中突发事件和严重不良事件的应急机制和处置能力；具有能够满足临床试验需要的受试人群；具有必备的实验室检测条件，满足相关的检测实验室资质认定要求（如有）等。临床试验机构应能够确保临床试验严格按照方案实施，并能够配合产品注册申报过程，包括进行必要的补充试验、配合申办者组织的监查和稽查，以及药品监督管理部门、卫生健康管理部门开展的检查等。

临床试验主要研究者应具有设计并实施相关临床试验的能力、具有试验体外诊断试剂临床试验所要求的专业知识和经验，应熟悉相关的临床试验法规要求。参与临床试验的人员经培训后应熟悉相关检测技术的原理、适用范围、操作方法等，并能够对检测结果进行正确判读。临床试验统计学负责人应为具有相关专业背景、专业能力的人员。

2. 临床试验方案和报告

2.1 临床试验方案

开展体外诊断试剂临床试验，申办者应根据试验目的，综合考虑试验体外诊断试剂的预期用途、产品特征和预期风险等，组织制定科学、合理的临床试验方案。临床试验方案经伦理委员会批准后应在临床试验全过程中严格遵循。

相关文件

各临床试验机构应执行同一临床试验方案，方案中对试验设计类型、对比方法选择、受试者选择、评价指标、统计分析方法、样本量估算和质量控制要求等做出明确的规定，并根据各机构情况合理确定样本量分配计划。

有关临床试验方案内容的具体要求参见《医疗器械临床试验质量管理规范》及其附件体外诊断试剂临床试验方案范本。

2.2 临床试验小结与报告

临床试验结束后应分别总结各临床试验机构的临床试验数据，出具临床试验小结，并附临床试验数据表、临床试验中所采用的其他试验方法或其他体外诊断试剂等产品的基本信息等资料。临床试验小结正文应包括如下内容：

2.2.1 临床试验概述（试验体外诊断试剂信息、试验流程图、对比方法信息、其他相关检测方法/试剂信息、受试者入组情况、样本采集和保存、检测仪器、纳入统计的样本量、样本剔除情况说明、试验数据的总结和描述性分析等）；

2.2.2 执行方案的版本号及版本日期，临床试验人员信息，试验开始时间和结束时间；

2.2.3 临床试验质量管理情况，包括：临床试验前培训、临床试验过程质控、偏倚的控制措施、记录管理、数据管理、样本、试剂和仪器管理情况等；

2.2.4 临床试验伦理情况的说明；

2.2.5 不良事件和器械缺陷的发生以及处理情况；

2.2.6 方案偏离、方案修改情况说明；

2.2.7 其他。

临床试验数据表内容至少包括：唯一可追溯的样本编号、人口学信息（性别、年龄）、受试者临床诊断背景信息、样本类型、检测结果等。需要时附临床试验原始图谱等。

临床试验数据表应由临床试验操作者、复核者签字，临床试验机构签章（封面章和骑缝章）。

申办者、协调研究者对所有临床试验数据进行汇总和统计分析后，完成临床试验报告。有关临床试验报告内容的具体要求参见《医疗器械临床试验质量管理规范》及其附件体外诊断试剂临床试验报告范本。

2.3 临床试验方案、临床试验小结应当由主要研究者签名、注明日期，经医疗器械临床试验机构审核签章后交申办者。临床试验报告应当由协调研究者签名、注明日期，经组长单位医疗器械临床试验机构审核签章后交申办者。临床试验所有资料均应由申办者签章。

三、临床试验设计

体外诊断试剂临床试验设计与产品预期用途、适应证、适用人群（目标人群）、被测物特点、检测样本类型、产品使用方法（如使用者）和检测结果报告方式（如定性、定量）等直接相关。临床试验结论应能够证明产品的临床性能满足预期用途的要求，并支持说明书中所描述的相关内容。

根据产品特点和产品性能评价需要，体外诊断试剂临床试验可能包括不同的临床试验目的，有必要针对各个临床试验目的，分别进行科学的临床试验设计，包括选择适当的临床试验设计类型，确定适合的对比方法、受试者入组/排除标准和临床评价指标等，并进行科学的样本量估算。

同时，临床试验是根据抽样得到的有限的受试者样本得出研究结果，对未来具有类似情况的受试者总体（目标人群）做出统计学推断的过程。因此在临床试验设计时，需要根据统计学原理，对试验相关因素作出合理、有效的安排，并对试验结果进行科学合理的分析。

对于全新的体外诊断试剂或相比已上市同类产品有重大差异的产品，在正式开展临床试验之前，可考虑设计一个小样本的探索性试验。探索性试验的开展有助于减少非预期的结果导致临床试验中需要改变关键设计的可能性。一般而言，为了做出科学上有效的确证推理，探索性试验数据不应与临床试验阶段的研究数据合并。本文不针对探索性试验的设计和管理提出具体要求，但探索性试验实施过程中可借鉴本文相关内容。

（一）设计类型

根据在临床试验过程中试验体外诊断试剂检测结果对受试者的影响，体外诊断试剂临床试验主要包括两种设计类型：观察性研究和干预性研究。

观察性研究中，采用试验体外诊断试剂对样本进行检测的同时，受试者还会接受常规临床诊断和实验室检测，试验体外诊断试剂检测结果不用于患者的管理，不影响临床决策；临床试验中通过评价该检测结果与确定受试者目标状态的临床参考标准（或其他方法）判定结果的一致性，确认产品临床性能。

干预性研究中，试验体外诊断试剂检测结果将用于患者管理或指导治疗，通过评价治疗效果或患者受益，为支持体外诊断试剂安全有效性的判定提供证据。

临床试验设计时应根据体外诊断试剂的特点和预期用途，选择适当的设计类型。

本指导原则的内容主要基于观察性研究设计进行讨论并提出要求，其他临床试验设计的情形可依据具体的情况参照执行。

1. 观察性研究中的横断面研究和纵向研究

一般的，体外诊断试剂的观察性研究主要涉及横断面研究，即评价单一时间点采集样本的检测结果与临床参考标准（或其他方法）判定结果的一致性。除此以外，有些产品需要进行纵向数据研究，即需要多个时间点采集样本的检测结果才能评价产品临床性能。例如，某些用于治疗监测的体外诊断试剂，在临床试验中应对受试者及其样本中的被测物进行治疗前后多个时间点的观测，以证明被测物检测结果的变化与病情发展、治疗效果的相关性。临床试验方案中应根据被测物特点、疾病进程等明确受试者观测时间、临床评价指标等。

2. 观察性研究中对比方法的选择

一般情形下，观察性研究中，采用试验体外诊断试剂与临床参考标准进行比较研究，评价试验体外诊断试剂检测结果与受试者目标状态的相关性，临床评价指标一般包括临床灵敏度和临床特异度等。临床参考标准是指现有条件下临床上可获得的能够用来确定受试者目标状态的最佳方法，通常来自临床和实验室的医学实践，包括：现有条件下公认的、可靠的、权威的疾病诊断标准（如组织病理学检查、影像学检查、病原体分离培养鉴定、长期随访所得的结论等），疾病诊疗指南中明确的疾病诊断方法，行业内专家共识推荐的或临床上公认的、合理的参考方法等。临床参考标准可能是一种方法，也可能是多种方法相结合。

对于境内已有同类产品上市的体外诊断试剂，临床试验亦可采用试验体外诊断试剂与已上市同类产品（对比试剂）进行比较研究的方法，评价两种方法检测结果的一致性，评价指标通常包括阳性符合率、阴性符合率等。对比试剂在预期用途、适用人群、样本类型、检测方法学、检测性能等方面应与试验体外诊断试剂具有较好的可比性。

为了更加全面地评价体外诊断试剂的临床性能，临床试验中有时需要将与临床参考标准的比较研究和与境内已上市同类产品的比较研究相结合，对产品的临床性能进行综合评价，从而支持有关预期用途的所有声称内容。

对于目前临床上不存在或无法获得适当的临床参考标准、或临床参考标准尚不能全面评价产品临床性能，同时境内亦无同类产品上市的情况，设计临床试验方案时，应在证明产品临床意义的同时，依据现有临床实践和理论基础，选择目前公认、合理的方法，进行比较研究，进一步确认产品临床性能。

临床试验对比方法的选择应根据产品预期用途、样本类型、检测结果报告方式以及临床参考标准和对比试剂的可获得性等因素进行综合考虑，临床试验结论应能够支持预期用途声称的内容。临床试验方案中应描述对比方法的选择依据。

体外诊断试剂变更注册的临床试验可采用变更后产品与变更前产品进行比较研究；对于变更前后产品性能发生显著变化或增加临床适应证等情形，亦可采用变更后产品与临床参考标准或境内已上市同类产品进行比较研究，证明变更后产品的临床性能符合要求。

3. 观察性研究中的特殊情形

对于某些体外诊断试剂，临床试验设计中可能遇到需要特殊考虑的情形，例如：某些情况下，试验体外诊断试剂与对比试剂由于样本采集、处理、保存等差异导致不能使用同一份样本进行检测（例如：适用样本为拭子样本，但两种方法适用的拭子材质和保存液不同的情况），此时可针对每位受试者进行两次样本采集，并分别进行试验体外诊断试剂和对比试剂的检测，两次采集样本的顺序应遵循随机原则。需要注意的是，一般仅在一次样本采集不会影响下一次样本采集时才考虑采用此种试验方法。

（二）受试者选择和样本收集

临床试验方案中应根据试验体外诊断试剂的预期用途、目标人群和检测要求等合理确定临床试验受试者入组／排除标准、受试者分层入组要求和样本收集方法等。

1. 临床试验的受试人群

临床试验受试者应来自产品预期用途所声称的适用人群（目标人群），如具有某种症状、体征、生理、病理状态或某种流行病学背景等情况的人。非目标人群入组可能引入受试者选择偏倚，导致临床试验结果不能反映产品的真实情况。

受试人群应能够代表目标人群的特征，包括人口学特征（性别、年龄）、症状、体征、合并症以及疾病的阶段、部位和严重程度等；同时受试者应排除不适合该临床试验的生理或病理特征。

根据以上要求合理设定受试者入组／排除标准，并在临床试验过程中采取适当的措施确保只有符合该标准的人方能入组。

此外，受试者入组还需根据产品特点考虑其他可能的影响因素，如不同民族、不同种族、不同地域的影响等。

举例来说，用于疾病辅助诊断、鉴别诊断的产品，受试者应来自具有疑似症状或有相关流行病学背景的人，包括具有目标疾病状态的受试者和不具有目标疾病状态的受试者。具有目标疾病状态的受试者应能够尽量覆盖疾病状态的全部特征，包括症状典型和非典型、疾病的分型、分期、病程的长短、病情的轻重等，以评价产品的临床灵敏度；不具有目标疾病状态的受试者需包括具有相同或相似的症状、易与目标疾病状态相混淆的其他疾病病例等，以评价产品的临床特异度；此外还应考虑纳入可能对检测产生干扰的样本等。

2. 受试者分层入组

当体外诊断试剂临床性能预期在不同亚组的人群中有差异，且对某些重要亚组的临床性能需得到准确评价时，建议采用分层入组的方式，且亚组的样本量应满足统计学要求。

分层入组是将目标人群划分为预先指定的非重叠的不同亚组，针对每个亚组分别入组受试者。例如，根据需要按性别（男性、女性）和年龄组（低于或高于特定年龄）对目标人群进行分层。分层入组方式不仅确保了对重要亚组的充分评价，还有利于获得更准确的性能结果。

3. 样本收集

体外诊断试剂临床试验中应按照临床试验方案规定的入组／排除标准、受试者招募方式、样本采集方式等规定进行受试者入组并采集样本。

特定情况下，某些受试者样本可以来自既往的、其他研究的样本集或无特定用途的样本集。此种情形下则需特别注意避免引入偏倚，例如：①试验过程中，经过编盲后，试验操作者和结果判读者应不能区分来自既往样本集的样本；②既往样本集样本其储存、处理等应符合要求；③既往样本集样本的纳入可能导致具有罕见状况的受试者在临床试验受试人群中的比例显著高于在自然状态下目标人群总体中的比例，这个潜在偏倚应在统计分析中加以考虑。

如果既往样本纳入较多，需格外注意充分论证可能的选择偏倚等问题，例如：①受试人群是否能够代表目标人群的各种特征（而不仅仅是最典型的特征）；②样本是否来自足够大的样本集从而在一定程度上实现抽样的随机性要求；样本集中的样本是否存在非随机的样本剔除；③样本是否具有充分的受试者临床信息；④定量检测的临床试验中，样本是否能够覆盖整个线性范围；⑤样本是否为产品适用的样本类型，且保存条件和时间满足被测物稳定性要求等。

（三）临床试验机构数量和要求

1. 临床试验机构数量

对于需要进行临床试验的体外诊断试剂，第二类产品应选择不少于 2 家（含 2 家）符合要求的临床试验机构、第三类或新研制产品应选择不少于 3 家（含 3 家）符合要求的临床试验机构开展临床试验。需进行变更注册临床试验的，一般可选择不少于 2 家（含 2 家）符合要求的临床试验机构开展临床试验。

2. 临床试验机构要求

申办者应根据产品特点及其预期用途，综合不同地区人群差异、流行病学背景、病原微生物的特性等因素选择具有代表性的机构开展临床试验，包括受试人群的代表性、临床条件（预期使用环境和使用者）的代表性等。

3. 中心效应

整个临床试验过程应严格按照伦理委员会同意的临床试验方案、有关标准操作规程等文件开展，其中试验操作、结果判读等应与体外诊断试剂产品说明书中的相关规定一致；临床试验开始前，申办者应当负责组织与该临床试验相关的培训，包括试验体外诊断试剂的储存、操作、管理等，以确保临床试验操作的一致性，最大限度地控制试验误差；试验实施过程中要有必要的监查及质控措施；各临床试验机构之间试验样本量应尽量均衡；应当考虑各家临床机构开展临床试验的时间不同可能带来的影响，尽量同期开展临床试验。

应该注意，尽管使用了同一研究方案，各临床试验机构的临床数据进行合并统计时，仍有可能出现中心效应，即各中心试验结果出现显著差异。中心效应可能反映了各中心之间受试人群、临床试验操作等方面的差异，中心效应的产生可能影响研究结果的解释。临床试验方案设计时应考虑如何避免由于中心效应所带来的潜在偏倚。

（四）临床评价指标

临床评价指标应在临床试验的设计阶段确定，并在临床试验方案中予以明确。

定性检测的体外诊断试剂临床试验评价指标通常包括诊断准确性（灵敏度、特异度、预测值、似然比、ROC 曲线下面积等）或检测一致性（阳性 / 阴性符合率、总符合率、Kappa 值等）。

半定量检测的体外诊断试剂临床试验评价指标通常包括：各等级符合率、阴 / 阳性符合率及 Kappa 值等。

定量检测的体外诊断试剂临床试验评价指标通常包括回归分析的回归系数、截距、相关系数和决定系数等。

（五）临床试验的统计学分析

临床试验结果的统计分析应建立在正确、完整的数据基础上，选择适当的临床评价指标来评价体外诊断试剂的临床性能，并采用适当的统计模型对数据进行分析。

1. 统计学分析的基本考虑

体外诊断试剂的统计分析一般包括评价指标的参数估计（含置信区间估计）和假设检验。参数估计是在保证评价指标满足期望精度水平（置信区间的宽度一定）的前提下，确认灵敏度、特异度、

（回归方程的）回归系数和截距等评价指标的水平。假设检验则需对统计学指标提出无效假设及备择假设，通过假设检验进行相关统计学推断。如有必要，需在统计分析之前考虑对样本的分布假设进行验证，从而合理选择统计方法。

对于有确定的临床可接受标准的研究，应在临床试验方案中明确接受标准，并经过临床试验数据的统计学分析证明临床评价指标的评价结果（区间估计）满足可接受标准要求。临床可接受标准应为行业广泛认可的结果，一般依据相关检测试剂的性能水平、风险判定和临床需求等因素进行设定。

1.1 定性检测的统计学分析

定性检测临床试验一般以 2×2 表的形式总结两种分析方法的检测结果，并据此计算灵敏度（阳性符合率）、特异度（阴性符合率）、总符合率、Kappa 值等指标及其置信区间。

除此之外，还可同时进行假设检验评价两种分析方法的一致性。

1.2 半定量检测的统计学分析

半定量检测的体外诊断试剂通常是指：检测结果报告为几个等级值（例如：阴性、+、2+、3+）、或者报告为终点稀释度的试剂等。临床试验可采用 R×C 表形式总结检测结果，并据此计算各等级的符合率、阴/阳性符合率及 Kappa 值等指标及其置信区间。

1.3 定量检测的统计学分析

1.3.1 应根据临床试验数据绘制散点图，并进行相关性分析。

1.3.2 采用 Bland-Altman 法，计算一致性限度，评价两种检测结果的一致性。一致性限度应在临床所能接受的界值范围内。

1.3.3 采用回归分析对两种检测方法的一致性进行评价。应根据数据分布特点等因素选择适用的回归分析方法，如 Passing-Bablok 回归、Deming 回归和最小二乘回归等。回归分析应重点观察回归方程的回归系数和截距等指标，计算回归系数和截距的置信区间。亦可同时对相关评价指标进行假设检验。

1.3.4 应特别针对医学决定水平附近的检测结果进行分析。

1.4 ROC 分析

对于试验体外诊断试剂检测结果为定量或半定量数据，临床参考标准判断结果为定性结果的统计学分析，也可采用受试者工作特征（ROC）曲线的方法，以 ROC 曲线下面积反映试验体外诊断试剂检测的诊断价值，或同时比较两种试剂的诊断价值。对于体外诊断试剂的临床试验，采用 ROC 分析方式进行数据统计时仍应进一步以推荐的阳性判断值进行灵敏度、特异度等指标（及其置信区间）的评价。

2. 定性检测的不一致样本分析

在定性检测试剂临床试验中，如有试验体外诊断试剂与对比方法检测结果不一致的情况，应对不一致结果进行综合分析，说明是否影响对产品临床性能的判定；对检测结果不一致的样本可采用临床参考标准或其他恰当的方法进行分析，但该分析结果不应纳入原有统计分析。

3. 如有必要，应对获得的数据集进行分层、分段统计。

4. 纳入临床试验的样本不应随意剔除，应在临床试验方案中设定样本剔除标准；如有任何剔除，应在临床试验小结和报告中详细列出所有样本剔除的情形，并说明理由。

5. 在体外诊断试剂临床试验的全过程中，生物统计学分析的结论非常重要，同时也要充分考虑到临床诊疗对于体外诊断试剂临床性能的要求；在产品安全有效性的评价中，应综合考虑评价结果的统计学意义及其所代表的临床意义。

（六）样本量要求

适当的样本量是保证体外诊断试剂临床性能得到准确评价的必要条件。体外诊断试剂临床试验的样本量与多种因素相关,包括评价指标、检测的可重复性、干扰因素、亚组间的差异性、以及被测物特点等。临床试验方案中应对临床试验需要的最低样本量进行估算,并说明依据。

1. 关于样本量要求的基本考虑

1.1 临床试验样本量应满足统计学要求,应采用适当的统计学方法进行估算。

1.2 临床试验样本量的确定应考虑临床性能的各种影响因素,保证对临床性能的充分评价,如:受试人群应能够代表目标人群的各种特征,考虑到不同亚组中检测性能的评价需要,以及多种被测物(或多种亚型等)检测性能评价的要求,应在估算最低总样本量的基础上,保证各种组别/类型样本的例数满足要求。当体外诊断试剂临床性能预期在不同亚组的人群中有差异,且对某些重要亚组的临床性能需得到准确评价时,应对亚组样本量单独进行统计学估算。

1.3 如果试验体外诊断试剂适用于不同的样本类型,则还需考虑不同样本类型的样本量要求。

采用不同样本类型检测相同被测物时,可能因其样本基质差异、被测物来源差异、被测物浓度水平差异、干扰因素差异以及采样部位差异等因素导致产品分析性能、临床性能以及适用人群、适应证、参考区间等方面的差异。针对不同样本类型应考虑上述差异造成的影响,确定合理的样本量要求。

如不同样本类型在临床性能、适用人群、适应证、参考区间等方面存在显著差异,需针对不同的样本类型分别进行临床试验设计,包括分别进行样本量估算和统计学分析。

如通过临床前研究证明不同样本类型之间存在分析性能差异,但不对临床性能造成显著影响,例如某些免疫学检测中的血清与全血样本,则临床试验中应以一种样本类型为主进行临床试验,样本例数满足统计学要求;其他样本类型适当纳入一定数量阳性和阴性样本,通过同源样本对比试验或与对比方法的比较研究进行临床性能的评价。

如不同样本类型在样本基质、被测物来源、被测物浓度水平、干扰因素以及采样部位等方面几乎没有差异,且经临床前研究证明分析性能没有差异,例如某些检测中的血清和血浆样本,则临床试验中不同样本类型可进行汇总统计。

1.4 如果临床试验包含不同的临床试验目的,则需分别进行临床试验设计,包括分别进行相应的样本量估算。例如:临床试验目的包括:①评价试验体外诊断试剂与对比试剂的检测一致性研究;②评价试验体外诊断试剂用于疾病鉴别诊断的灵敏度和特异度,则针对上述两个临床试验目的,应分别进行临床试验设计,并估算最低样本量。

1.5 对于定量检测试剂,在线性范围内的各个浓度水平均应有一定量的样本例数,并着重考虑对医学决定水平的检测性能进行充分验证;对于定性检测试剂,临床试验样本则应包含一定数量的阳性判断值附近样本(如涉及)。

2. 采用统计学方法进行样本量估算

采用统计学公式进行样本量估算的相关要素一般包括评价指标的预期值、评价指标的可接受标准(如适用)、Ⅰ类和Ⅱ类错误概率以及预期的受试者脱落剔除率等。

应在方案中明确用于样本量估算的评价指标。评价指标的预期值根据已有临床数据(基于目标人群样本)、小样本探索性试验(如有)的结果或其他适当的评价数据来设定,应在临床试验方案中明确这些参数的确定依据。

一般情况下,Ⅰ类错误概率 α 设定为双侧 0.05 或单侧 0.025,Ⅱ类错误概率 β 设定为不大于 0.2。

本文附件中举例说明几种常见的样本量估算方法,供参考。

3. 应注意,样本量估算仅仅是基于统计学要求的最低样本量估计,临床试验样本量应以临床性能得到充分评价为目标,保证目标人群的各种特征均有充分数量的代表性受试者入组,从而使临床试验结果全面、真实地反映目标人群的情况。

（七）偏倚的控制

偏倚是指在临床试验方案设计、实施及结果分析时，有关影响因素所致的系统误差，致使对试验体外诊断试剂安全有效性的评价偏离真值。偏倚干扰临床试验得出正确的结论，在临床试验的全过程中均需防范其发生。

1.盲法：体外诊断试剂的比较研究试验中应对试验体外诊断试剂和对比方法（如有）的试验操作者和结果评价者设盲，使其在试验过程中不知晓受试者的疾病诊断或其他相关检测结果等信息，从而避免引入偏倚。

2.试验体外诊断试剂检测应与临床参考标准的判断或对比方法检测尽量同步进行，以避免因疾病进程不同或样本保存时间差异较大而造成临床试验结论偏离真值。

3.在临床试验机构选择、受试者选择、试验过程、统计学分析等各个阶段均需进行偏倚的控制。例如：受试人群应尽可能代表目标人群的特征，以避免选择偏倚；不同临床试验机构在临床试验中应统一试验操作和判读标准等，以避免中心效应的发生。

（八）临床试验设计中还需考虑的其他因素

体外诊断试剂的一些固有特征可能影响临床试验设计中的关键要素，在进行临床试验设计时，应加以考虑，包括体外诊断试剂的检验原理、使用方法（包括对技能水平的要求等）、使用条件（使用者和使用环境）、使用中人为因素的影响等。

例如：

1.预期供消费者个人自行使用的体外诊断试剂，临床试验中，除需评价试验体外诊断试剂临床性能以外，还需评价无医学背景的消费者对产品说明书的认知能力，并证明无医学背景消费者与专业检验人员检测结果的一致性。

2.如果体外诊断试剂的检测操作和数据处理、解读等对使用者有专门的技能要求，则临床试验中对试验人员的技能水平、培训要求等应能够代表该产品上市后对预期使用者的要求。

四、临床试验质量管理

体外诊断试剂临床试验应符合《医疗器械临床试验质量管理规范》的相关要求，维护临床试验过程中受试者权益和安全，保证临床试验过程规范，结果真实、准确、完整和可追溯。临床试验质量管理应涵盖临床试验的全过程，包括临床试验的方案设计、实施、监查、稽查、检查，数据的采集、记录、保存、分析、总结和报告等。以下针对体外诊断试剂临床试验质量管理中需要特别关注的问题进行说明：

（一）临床试验前管理

1.临床试验前，应确保产品设计已定型，完成试验体外诊断试剂的分析性能评估、阳性判断值或参考区间研究、质量检验以及风险受益分析等，且结果应能够支持该项临床试验。

2.临床试验中使用的试验体外诊断试剂按照医疗器械生产质量管理规范的相关要求生产且质量合格。

（二）临床试验开展

各临床试验机构原则上应当尽量同期开展临床试验，如在时间阶段上有较大的差异，应有合理的解释，确认采用了同一临床试验方案，并进行偏倚和中心效应分析。

（三）数据与记录

1.在临床试验中，主要研究者应当确保将任何观察与发现均正确完整地予以记录。临床试验的源数据至少应当包括：

1.1 所使用的试剂和仪器的信息，包括名称、规格/型号、批号/序列号、数量、接收日期、储存条件、使用情况及剩余试剂的处理等。

1.2 受试者筛选入选记录、受试者基本信息（如性别、年龄、入组时间等）、临床诊疗信息、样本检验记录以及不良事件等。

1.3 临床试验用样本来源、编号、保存、使用、留存、销毁等各环节的完整记录。

1.4 记录者的签名及日期。

2. 临床试验源数据不得随意更改；确需作更改时应当说明理由，签名并注明日期。

3. 样本管理及溯源：临床试验样本应由开展试验的临床试验机构提供，应具有唯一的可溯源编号，每一份样本应可溯源至唯一受试者（如有特殊情况应在方案和报告中说明）。

4. 临床试验数据应具有可追溯性，临床试验报告、病例报告表、临床试验数据表等文件中的数据均应一致且可以追溯至源文件。

（四）临床试验所需试剂管理

临床试验中试验体外诊断试剂、对比试剂及其配套使用的其他试剂（例如：核酸提取试剂等）和仪器、设备等的运输、使用、储存等，均应符合相关要求。

五、其他

1. 对于特定的体外诊断试剂，具体的临床试验方法、统计方法、样本量估算等可能有特定的要求，申办者应根据具体情况进行科学的选择和设计。如有相关产品的技术审查指导原则，应参考其中的相关要求。

2. 部分临床试验采用试验体外诊断试剂与核酸序列测定、GC–MS/MS 等实验室检测参考方法进行比较研究，而这些方法并非临床常规检测技术，需要专门的设备仪器和试验条件，且大部分临床试验机构不具备相关检测条件。对于此类情况，申请人应尽可能选择具备相应条件的临床试验机构开展临床试验，确无检测条件的部分临床试验机构可将此部分测试委托给专门的测序机构，或具备一定检测资质的实验室进行检测，并对检测结果进行认可。产品注册申报时应提交临床试验机构与受委托机构的委托证明文件、对比方法的方法学研究资料和质控数据等。但不得委托申办者的实验室进行相关检测。由申办者直接委托的检测结果不得作为临床试验数据提交。

附件：样本量估算方法举例

样本量估算方法举例

申办者应结合产品的具体特点、统计学分析模型等因素选择适当的样本量估算方法，并在方案中明确样本量确定的依据。同时应充分考虑可能的脱落剔除率等情况，合理设定样本量要求。

这里举例说明几种样本量估算方法。

一、定性检测的样本量估算举例

1. 评价指标有确定的临床可接受标准时，需证明产品评价指标满足可接受标准要求。此时可采用单组目标值法样本量公式估算最低样本量。

$$n=\frac{\left[Z_{1-\alpha/2}\sqrt{P_0(1-P_0)}+Z_{1-\beta}\sqrt{P_T(1-P_T)}\right]^2}{(P_T-P_0)^2}$$

公式中，n 为样本量；$Z_{1-\alpha/2}$、$Z_{1-\beta}$ 为显著性水平和把握度的标准正态分布的分数位，P_0 为评价指标的临床可接受标准，P_T 为试验体外诊断试剂评价指标预期值。

一般的，体外诊断试剂临床试验中，与已上市同类产品的对比试验均可根据临床需要设定适当的临床可接受标准，并采用上述公式进行最低样本量估算。

例：定性检测试剂临床试验，采用试验体外诊断试剂与已上市同类产品进行比较研究的方法，根据临床需求，阳性、阴性符合率应分别达到 85% 和 90%，根据探索性试验结果，试验体外诊断试剂与对比试剂阳性、阴性符合率预期分别可达到 90% 和 94%。

阳性组（n+）和阴性组（n-）最低样本量估计分别为：

$$n+=\frac{\left[1.96\sqrt{0.85(1-0.85)}+0.84\sqrt{0.90(1-0.90)}\right]^2}{(0.90-0.85)^2}=362$$

$$n-=\frac{\left[1.96\sqrt{0.90(1-0.90)}+0.84\sqrt{0.94(1-0.94)}\right]^2}{(0.94-0.90)^2}=388$$

根据以上估算，总样本例数预计为 750 例。

按照脱落剔除率 10%，则应至少入组 834 例受试者，实际入组受试人群中，阳性组和阴性组样本例数应分别满足上述 n+ 和 n- 的最低要求。

应注意，临床试验样本量除需满足上述统计学估算的最低样本量要求外，还应保证入组病例覆盖受试者的各种特征；如涉及不同样本类型，还需考虑不同样本类型的例数要求等。

2. 对于临床试验的参数估计中只保证评价指标满足期望精度水平（置信区间的宽度一定），而不设定临床可接受标准的情况，可采用如下公式：

$$n=\frac{\left[Z_{1-\alpha/2}\right]^2 P(1-P)}{\Delta^2}$$

公式中 n 为样本量，$Z_{1-\alpha/2}$ 为置信度标准正态分布的分位数，P 为评价指标预期值，Δ 为 P 的允许误差大小。

应注意，P 和 Δ 的取值应有充分依据，除非有特殊理由，否则不建议设置 Δ > 0.05，当预期值更高时还应考虑更优的精度。

采用上述公式，可根据灵敏度或特异度的预期值分别估算具有目标疾病状态的受试者（阳性）或不具有目标疾病状态的受试者（阴性）的样本量。

例如：某项标志物检测试剂用于相关疾病的辅助诊断，通过对已有资料进行分析得知，该检测试剂的灵敏度预期为 85%，特异度预期为 90%，临床试验采用试验体外诊断试剂与临床参考标准进行比较研究的方法，评价试验体外诊断试剂的临床性能。允许误差 Δ 取值 0.05，则具有目标疾病状态的受试者（阳性）最低样本量（n+）估计为：

$$n+ = \frac{1.96^2 \times 0.85 \times (1-0.85)}{0.05^2} = 196$$

不具有目标疾病状态的受试者（阴性）最低样本量（n–）估计为：

$$n- = \frac{1.96^2 \times 0.9 \times (1-0.9)}{0.05^2} = 138$$

根据以上估算，总样本例数预计为 334 例。

按照脱落剔除率 10%，则应至少入组 371 例受试者，实际入组受试人群中，具有目标疾病状态的受试者（阳性）和不具有目标疾病状态的受试者（阴性）样本例数应分别满足上述 n+ 和 n– 的最低要求。

该临床试验中，除需满足最低样本量要求外，具有目标疾病状态的受试者（阳性）还应确保覆盖疾病的各种类型、不同疾病进程、不同疾病严重程度的病例；不具有目标疾病状态的受试者（阴性）则需涵盖临床特异度评价所需的各种受试者样本等。如果不同亚组人群预期灵敏度或特异度不同，还可能需要进行分层入组，并分别估算亚组样本量。

3.需要注意的是，当评价指标 P 接近 100% 时，上述两种样本量估算方法可能不适用，应考虑选择更加适宜的方法进行样本量估算和统计学分析，如精确概率法等。

二、定量检测的样本量估算

对于定量检测，亦可针对适当的评价指标，选择适宜的统计学方法，进行样本量估算。临床试验方案中建议同时给出与所选定评价指标对应的临床可接受标准，并提供确定依据。

相关文件

国家药监局关于发布真实世界数据用于医疗器械临床评价技术指导原则（试行）的通告

2020 年第 77 号

为规范和指导真实世界数据在医疗器械临床评价中的应用，按照国家药品监督管理局中国药品监管科学行动计划工作安排，国家药监局组织制定了《真实世界数据用于医疗器械临床评价技术指导原则（试行）》，现予发布。

特此通告。

附件：真实世界数据用于医疗器械临床评价技术指导原则（试行）

国家药监局

2020 年 11 月 24 日

附件

真实世界数据用于医疗器械临床评价技术指导原则（试行）

本指导原则旨在初步规范和合理引导真实世界数据在医疗器械临床评价中的应用，为申请人使用医疗器械真实世界数据申报注册以及监管部门对该类临床数据的技术审评提供技术指导。本指导原则中提及的医疗器械包括体外诊断试剂。

本指导原则是供申请人和审查人员使用的技术指导文件，不作为法规强制执行，应在遵循相关法规的前提下使用本指导原则。真实世界数据和真实世界研究处于快速发展阶段，本指导原则基于现有认知水平制定，需根据科学发展不断完善和修订。

一、概述

（一）真实世界数据与证据

本指导原则所述真实世界数据是指传统临床试验以外的，从多种来源收集的各种与患者健康状况和 / 或常规诊疗及保健有关的数据。

围绕相关科学问题，综合运用流行病学、生物统计学、循证医学等多学科方法技术，利用真实世界数据开展的研究统称为真实世界研究。真实世界研究通过系统性收集真实世界数据，运用合理的设计和分析方法，开展前瞻或回顾性研究。

真实世界证据指的是，通过分析真实世界数据，形成医疗器械使用、风险 / 收益相关的临床证据，可能作为有效的科学证据用于监管决策。由于真实世界数据来源不同，数据质量可能存在较大差异，并非所有的真实世界数据都能产生有效的真实世界证据。

（二）真实世界研究的优势与局限性

相比于传统临床试验，一般来说，真实世界研究在现实环境下开展，对纳入患者限定相对更少，样本量可能较大，更可能获得长期临床结局，研究结果的外推性可能较好。真实世界研究可使用多种数据，如医院病历数据、登记数据、医疗保险数据等。真实世界研究还可用于观察罕见严重不良事件，回答罕见疾病诊疗相关问题，评价临床结局在不同人群、不同医疗环境、不同使用方法之间的差异等。

真实世界研究的局限性包括但不限于，真实世界数据来源众多，数据质量有待评价；真实世界研究通常存在较多的偏倚和混杂（包括选择偏倚、信息偏倚、混杂等），研究结论可能存在挑战。

二、常见真实世界数据来源

常见的真实世界数据包括但不限于登记数据、医院病历数据、区域健康医疗数据、医疗保险数据、健康档案、公共监测数据、患者自报数据、移动设备产生的数据等。此外，真实世界数据还可包括在医疗器械生产、销售、运输、存储、安装、使用、维护、退市、处置等过程中产生的数据（如验收报告、维修报告、使用者反馈、使用环境、校准记录、运行日志、影像原始数据等）。

真实世界数据依其来源及特征，包括但不限于以下情形：

（一）产生于健康医疗服务的提供和付费过程，基于管理目的生成，如医院电子病历数据、医保数据、健康档案等。

（二）基于数据库建立时的研究目的，设立统一的数据标准和数据收集模式，在常规临床实践中形成并建立的数据资源，如器械登记数据等。

三、真实世界数据质量评价

良好的真实世界数据质量是开展真实世界研究的基础，直接影响真实世界研究生成的证据强度。真实世界数据质量评价，在遵循伦理原则，符合法规要求，保障数据安全的基础上，需关注数据的相关性和可靠性。数据的相关性，指的是数据是否可充分回答与研究目的相关的临床问题，包括数据是否涵盖研究人群数据，是否能形成相对统一或标化的干预/暴露，是否可设置可比的对照，是否包含研究所需的结局变量及测量结果，是否可获得混杂因素的相关数据。数据的可靠性，指的是数据采集的准确性，包括采集前确定采集范围、采集变量，制定数据词典、规定采集方法、采集数据的流转方式、储存介质格式等，充分保障数据的真实性和完整性等。评价真实世界数据质量，具体可从以下方面进行考虑：

（一）代表性

数据所包含的人群是否涵盖研究的目标人群。

（二）完整性

数据被收集和获取的程度，即相对于研究目的，数据是否完整，如研究变量的缺失是否影响研究结局的评估，样本量及随访时间是否足以回答研究问题等。

（三）准确性

数据对患者健康状况、诊疗及保健反映的准确程度，如患者年龄、使用器械、手术类型是否准确。准确性评价包括原始数据记录的准确性，数据采集的准确性（如是否建立规范统一的数据采集方法，是否核查不同来源数据的准确性等），以及数据治理的恰当性（如是否建立规范统一的数据治理流程，包括数据安全性处理、数据链接、数据清洗、数据编码、数据结构化、数据传输等，是否核查数据治理算法的正确性）。

（四）真实性

医疗器械可被唯一标识以及唯一标识被记录的程度，以识别和分析该器械的全部使用过程。

（五）一致性

数据采集遵循相同的过程和程序的程度，包括统一的数据定义和稳定的病例报告表或版本受控的其他数据收集表。

（六）可重复性

变量可重复的程度。例如，对同一患者，结局变量测量和分类的一致性。

四、真实世界研究设计常见类型及统计分析方法

真实世界数据用于医疗器械临床评价时，应基于具体研究目的，进行策划和设计，遵循伦理原则，符合法规要求，保障数据安全。

研究策划包括明确研究问题，确定数据来源及收集方式，以及组建研究团队等。研究设计包括确定设计类型，明确研究对象和研究变量，识别混杂及偏倚的来源并制定相应措施进行合理控制，以及事先制定统计分析计划等。

（一）真实世界研究设计常见类型

真实世界研究设计类型主要分为试验性研究和观察性研究。

1. 试验性研究

实用性临床试验是在常规或接近常规的临床实践中开展的临床试验，实效性随机对照试验是实用性临床试验的一种重要类型。

实用性临床试验关注干预措施在常规临床实践中的效果，其研究对象是在常规临床实践中应用干预措施的患者群体，可能存在多种合并症；干预措施由于与常规临床实践保持较好一致，从而受干预者技能和经验的影响。因此，研究设计需基于其特点进行全面考虑。

实用性临床试验通常选用常规治疗、标准治疗或公认有效的治疗措施作为对照，观察指标通常选择对患者或研究结果的使用者具有重要临床意义的指标，根据研究目的的不同，可包括安全性、有效性、治疗依从性、卫生经济等方面，因其注重评价远期结局，随访时间较长，随访频率通常与常规临床随访一致。

2. 观察性研究

观察性研究包括队列研究、病例–对照研究、横断面研究、病例系列等设计类型。申请人可根据研究目的，选择恰当的研究设计。由于观察性研究更可能出现偏倚及混杂，需预先进行全面识别，并采取有效的控制措施。

3. 其他

在单组试验中，使用真实世界数据作为外部对照，是形成临床证据的一种特殊设计类型。外部对照需充分考虑试验组和对照组的可比性，如研究人群、临床实践、诊断标准、测量和分类等。

（二）统计学分析方法

在真实世界研究中，研究者需要根据研究目的、数据以及设计类型，选择合理的统计学方法，常见的统计分析方法见附录。

试验性研究的统计分析方法与传统临床试验相似，其统计分析计划包括数据集定义、分析原则与策略、缺失数据处理、分析指标与分析方法、亚组或分层分析、敏感性分析、补充分析和结果报告等。统计分析的基本原则亦为意向性治疗分析原则。观察性研究由于更容易产生偏倚和混杂，数据分析的关键是采用统计分析技术最大限度的控制混杂产生的偏倚，可用的分析技术除传统的分层分析、多变量分析外，还包括倾向性评分等。

五、可考虑将真实世界证据用于医疗器械临床评价的常见情形

基于真实世界数据形成的真实世界证据可支持医疗器械全生命周期临床评价，涵盖上市前临床

评价及上市后临床评价。真实世界证据用于医疗器械临床评价的常见情形如下：

（一）在同品种临床评价路径中提供临床证据

同品种临床评价路径主要基于同品种医疗器械的临床数据开展临床评价，需要的临床数据包括同品种产品的临床数据和／或申报产品的临床数据。

对于同品种产品的临床数据，真实世界数据是其重要来源，其有助于确认产品在常规临床实践中的安全有效性；识别产品的潜在风险（如罕见的严重不良事件）；甚至通过获知同类产品在不同人群中的实际疗效，明确最佳使用人群；通过知晓同类产品的行业水平，为申报产品的上市前风险／收益评价提供信息。申报产品合法使用获得的真实世界数据，可用于确认申报产品与同品种器械间的差异，不对申报产品的安全性有效性产生不利影响。

（二）用于支持产品注册，作为已有证据的补充

由于全球法规尚待进一步协调以及产品上市策略等因素影响，部分医疗器械尚未实现全球同步上市。注册申请人可综合考虑产品设计特点及适用范围，已有的临床证据，各监管国家或地区对于临床证据要求的差异等情况，在已上市国家或地区收集真实世界数据并形成真实世界证据，作为已有临床证据的补充，支持在中国的注册申报，可避免在原有临床证据不足时在中国境内开展临床试验。

（三）临床急需进口器械在国内特许使用中产生的真实世界数据，可用于支持产品注册，作为已有证据的补充

根据国家相关规定，在部分区域指定医疗机构内，特许使用的临床急需进口医疗器械，按照相关管理制度和临床技术规范使用产生的真实世界数据，经过严格的数据采集和系统处理、科学的统计分析以及多维度的结果评价，可用于支持产品注册，作为已有证据的补充。特别是通过境外临床试验进行临床评价，有证据表明／提示将境外临床试验数据外推至中国人群可能受到境内外差异的影响时，可考虑使用该类数据作为支持。

（四）作为单组试验的外部对照

在单组临床试验设计中，可从质量可控的真实世界数据库中提取与试验组具有可比性的病例及其临床数据，作为外部对照。外部对照通常来源于具有良好质量管理体系的登记数据库，其可接受申办者和监管方等的评估，以确认其数据的相关性和可靠性。建议采用同期外部对照，如使用历史数据进行对照，将因为时间差异引入多种偏倚，降低临床试验的证据强度。

（五）为单组目标值的构建提供临床数据

目标值是专业领域内公认的某类医疗器械有效性／安全性评价指标所应达到的最低标准，包括客观性能标准和性能目标，是在既往临床数据的基础上分析得出，用于试验器械主要评价指标的比较和评价。真实世界数据可作为构建或更新目标值的数据来源。

（六）支持适用范围、适应症、禁忌症的修改

医疗器械上市后，基于所在国家或地区的相关法规，在合法使用的前提下，获得的真实世界数据可用于支持适用范围、适应症及禁忌症的修改。可能的情形包括发现额外的疗效、潜在的获益人群、慎用人群、产品远期安全性确认等。

（七）支持在说明书中修改产品的临床价值

医疗器械上市后的真实世界证据，可用于支持修改说明书中修改产品的临床价值。例如，对于测量、计算患者生理参数和功能指标的医疗器械，部分生理参数和功能指标在上市前评价时主要关注测量和计算的准确性，未充分发掘其临床价值。真实世界数据可用于构建生理参数和功能指标，或者基于其做出的临床治疗决定与临床结局之间的因果推断，从而修改说明书中产品的临床价值。

（八）支持附带条件批准产品的上市后研究

对用于治疗罕见病、严重危及生命且尚无有效治疗手段的疾病和应对公共卫生事件等急需的医疗器械，附带条件批准上市后，可利用真实世界数据开展上市后研究，以支持注册证载明事项的完成。

（九）用于高风险植入物等医疗器械的远期安全性和／或有效性评估

高风险植入物等医疗器械，特别是市场上首次出现的高风险植入物，在上市前临床评价中，难以确认产品的远期疗效和风险，识别罕见严重不良事件。可利用真实世界数据进行该类产品的上市后研究，评估产品的远期安全和／或有效性，完成产品的全生命周期临床评价。

（十）用于治疗罕见病的医疗器械全生命周期临床评价，加快其上市进程，满足患者需求

真实世界数据可在多维度支持治疗罕见病的医疗器械快速上市。如拟开展上市前临床试验，真实世界数据可作为单组试验的外部对照，或者用于构建目标值；附带条件批准后，真实世界数据可用于确认产品的有效性，识别产品风险，进行产品风险／收益的再评价。

（十一）上市后监测

产品的上市后监测，涉及不良事件监测、产品安全有效性再评价等方面，是医疗器械全生命周期临床评价的重要组成部分。真实世界数据在上市后监测中应当发挥重要作用，如通过收集、提取风险信号，开展不良事件归因分析，及时发现和控制已上市医疗器械的使用风险，同时促进生产企业对已上市产品的设计改进，推动新产品研发。

附：医疗器械真实世界研究常见统计分析方法

附

医疗器械真实世界研究常见统计分析方法

一、实效性随机对照试验的统计方法

与传统随机对照临床试验相比，实效性随机对照试验（以下简称 pRCT）在现实医疗环境中开展，患者个体差异可能较大，接受干预的标准化程度可能降低，患者依从性可能较差，临床专业人员的医疗技术可能存在不同，研究失访可能增加。pRCT 的统计分析需遵循事先制定的统计分析方案，考虑因素包括但不限于以下情形：

（一）意向性分析是常用的统计分析方法，需重视对患者失访的处理，预先明确失访患者的处理办法并说明原因；

（二）pRCT 的研究人群、临床环境等存在较大异质性，研究结果检验效能可能较低，应谨慎使用非劣效设计。

（三）pRCT 在随机后可能仍会出现混杂，例如患者接受的干预发生变化，不同组别患者的依从性不同等。研究者需根据研究问题与研究假设，采取适当统计方法调整随机后混杂的影响。

（四）pRCT 如果来自于多个中心，需要对中心效应进行控制，当主要结局变量是连续性指标时，可采用协方差分析方法；当主要结局变量是分类指标时，可采用考虑 Cochran–Mantel–Haenszel 方法。当除中心效应外还有其他协变量需要考虑时，可采用随机效应模型。

（五）在 pRCT 统计分析中，建议重视敏感性分析，以评估统计推断的稳健性。

二、观察性研究常用的统计分析方法

在观察性研究中，数据分析的关键是采用统计分析技术最大限度的控制混杂因素造成的偏倚。可用的分析方法包括但不限于以下情形：

（一）分层分析

分层分析是指将数据按可能的混杂因素分为多层，每层的内部数据有较好的同质性，是常用的识别和控制混杂造成的偏倚的方法之一。Mantel– Haenszel 法是常用的分层分析方法，来评估混杂因素对结果的影响。该分析可判断外来因素是混杂还是效应修饰作用，或以哪种作用为主，以及确定混杂的大小和方向或效应修饰的大小。但是分层分析只能控制少数混杂因素，若混杂因素数过多可能导致过度分层，使层内样本量少；对连续性变量只能用等级分层法，常引起不合理的分组。

（二）多变量回归模型

多变量回归模型是最常见的控制混杂因素的统计分析方法，根据结局变量的特点选择 logistic 回归、线性回归、Poisson 回归和 Cox 比例风险回归等。值得注意的是，大多数回归模型用于估计相对效应值。针对存在层次结构的数据可考虑多水平模型，针对存在重复测量的数据可考虑广义线性混合效应模型和广义估计方程。但在应用这些模型的时候，仍需考虑其模型的模型假设以及模型适用性。

（三）倾向性评分分析方法

倾向性评分分析是目前观察性研究中因果推断常用的分析方法，是一种针对较多混杂因素的调整方法，尤其适用于暴露因素常见而结局事件罕见的研究，或者有多个结局变量的研究。常见的倾向性评分应用方法包括倾向性评分匹配法，倾向性评分分层法，逆概率加权法，以及将倾向性评分

相关文件

作为唯一协变量纳入统计模型进行调整分析的方法。其中，倾向性评分的匹配和分层法在医疗器械临床评价的真实世界研究中已有较为成熟的应用。

值得注意的是，若使用倾向性评分方法，应首先在统计分析计划中，预先指明用于建立倾向评分模型的变量，以及对模型拟合优度和预测效果进行判断的标准；在对基线指标建立倾向评分模型时，应保持对结局指标的"盲态"，避免根据结局指标重新调整倾向评分模型，从而获得"理想"或"预期"结果的情况。

应用倾向性评分进行效应估计时，需判断倾向性评分接近的患者在不同处理组间的协变量分布是否均衡，报告使用倾向性评分之前和之后的结果，考虑倾向性评分处理后可能对研究结果造成的影响，例如，用倾向性评分匹配后可能导致的估计精度降低（因样本量下降）；或使用倾向性评分加权时，个别极大权重的样本可能对分析结果造成较大影响等。

倾向性评分方法仅能处理可观测到的混杂因素，不能控制研究中未采集的混杂因素可能带来的潜在影响，建议研究中针对评价结果进行合理的解读和讨论，并开展可能的定量分析。

国家药监局关于发布免于临床试验的体外诊断试剂
临床评价技术指导原则的通告

2021 年第 74 号

为指导体外诊断试剂的临床评价工作，根据《体外诊断试剂注册与备案管理办法》（国家市场监督管理总局令第 48 号），国家药监局组织制定了《免于临床试验的体外诊断试剂临床评价技术指导原则》（见附件），现予发布。

特此通告。

附件：免于临床试验的体外诊断试剂临床评价技术指导原则

国家药监局
2021 年 9 月 18 日

附件

免于临床试验的体外诊断试剂临床评价技术指导原则

一、编制目的

对免于临床试验的体外诊断试剂，申请人应采用非临床试验的方式确认产品满足使用要求或者预期用途，包括将待评价试剂与境内已上市产品进行同品种方法学比对研究，证明待评价试剂与已上市产品实质等同；或采用待评价试剂与参考测量程序或诊断准确度标准进行比较研究的方式，考察待评价试剂与参考测量程序或诊断准确度标准的符合率／一致性。

本指导原则旨在为申请人对免于临床试验的体外诊断试剂临床评价提供技术指导，同时为药品监督管理部门对该部分资料的技术审评提供参考依据。

二、适用范围

本指导原则适用于列入免于临床试验体外诊断试剂目录（以下简称"目录"）产品的临床评价。

对免于临床试验的体外诊断试剂，申请人应提交申报产品与"目录"对应项目的对比资料，该资料应能证明申报产品与"目录"所述的产品具有等同性。

对免于临床试验的体外诊断试剂，申请人可依据本指导原则的要求进行临床评价，也可依据《体外诊断试剂临床试验技术指导原则》的要求进行临床试验。

三、基本原则

对免于临床试验的体外诊断试剂，申请人可将待评价试剂与境内已上市产品进行比对，证明待

相关文件

评价试剂与已上市产品实质等同，或与参考测量程序 / 诊断准确度标准检测结果具有良好的一致性。此处所述实质性等同，指预期用途相同，且具有相同的安全性与有效性。

申请人应采用最终定型的试剂进行临床评价。进行临床评价之前，应确定产品的基本性能，通常包括适用的样本类型、特异性、精密度、检出限和 / 或定量限、测量区间、阳性判断值、参考区间等，以便为待评价试剂进行临床评价提供依据。

如通过临床评价无法证明待评价试剂与境内已上市产品实质等同，或与参考测量程序 / 诊断准确度标准检测结果具有良好的一致性，应通过临床试验的方式对申报试剂进行评价。

四、具体要求

（一）同品种方法学比对研究

1. 对比试剂的选择

免于临床试验的体外诊断试剂，如采用本指导原则所述方式进行方法学对比，应通过比对分析确定与待评价试剂相适宜的境内已上市产品作为对比试剂。

申请人应首先对待评价试剂与境内已上市产品的预期用途进行比对分析。预期用途是指体外诊断试剂的一般用途或功能，包括样本类型、被测物和适应证等。适应证是指体外诊断试剂诊断、预防、预测、治疗监测或预后观察的疾病或状态，包括适用人群。如待评价试剂的预期用途在境内已上市产品的预期用途范畴内，则认为二者具有相同的预期用途。如待评价试剂与境内已上市产品的预期用途存在功能差异（如：分别用于辅助诊断和治疗监测）、适用人群差异（如：分别用于成人和儿童）等，则认为二者具有不同的预期用途。

预期用途相同时，申请人需继续对二者的基本原理、性能指标、阳性判断值、参考区间等进行比对分析。如存在差异，申请人还需进一步评估差异是否会对人体样本的检测性能产生明显差异。如二者间的差异不会对人体样本的检测性能产生明显影响，则认为具有可比性。如二者的基本原理（方法学）差异较大或性能指标差异较大等，应详述差异对人体样本的检测性能的影响。

综上，对比试剂需满足以下条件：

（1）境内已经取得上市许可；

（2）与待评价试剂具有相同的预期用途；

（3）对于定量试剂，对比试剂与待评价试剂的检测结果应具有相同的计量单位或二者之间的计量单位可相互转化；

（4）优先选择与待评价试剂检测结果偏差较小的试剂，不建议选择性能劣于待评价试剂的作为对比试剂。

2. 试验地点

试验过程由申请人进行管理并负责试验数据的真实性、合规性及完整性。境外申请人如需进行中国境内开展的方法学比对研究，应通过其在中国的代理人在中国境内开展试验。

申请人也可以提交在境外完成的试验资料，资料内容应满足本指导原则的技术要求。申请人还应充分考虑流行病学差异、受试人群的差异、使用的环境与条件差异等对研究结果产生的可能影响。必要时，申请人应针对差异因素在我国境内进行补充研究。

3. 试验人员

试验操作人员应为具有相应试验能力的专业技术人员，并熟悉待评价试剂和对比试剂的检测流程。

4. 试验样本

应采用与预期用途声称样本类型一致的人体样本进行试验，样本背景信息应清晰，样本来源应可溯源。样本背景信息包括但不限于：样本来源、唯一且可追溯的编号、样本类型和其他与该检测相关的背景信息（如年龄、性别、干扰因素等）；对于试剂检测结果有明确疾病指向的产品，其纳入的样本所来源的病例应有明确的临床诊断信息。

样本采集方式及稳定性应符合待评价试剂和对比试剂说明书有关要求。原则上，应采用临床真实样本进行研究。当遇真实样本浓度无法覆盖检测范围时，应充分阐述无法获得的依据，酌情采用从类似病史患者获取的混合样本，一般而言，混合样本不应超过总样本量的 20%。如特定的临床样本无法获得，可适当采用稀释或者经处理去除分析物获得低浓度样本、添加分析物获得高浓度样本等人工制备样本。人工制备样本应充分考虑样本的背景信息，基质效应等影响因素。

5. 试验时间

试验应考虑到临床实际使用情况和日间精密度影响，在保证符合样本稳定性的条件下，设定合理的持续时间，如 3~20 天，应对所有样本进行编盲，采用待评价试剂和对比试剂分别进行随机检测，整个试验应有质量控制。

6. 试验方法

试验方法可参考境内外有关方法学比对的技术指导文件，并重点关注以下内容。

6.1 定量产品

6.1.1 样本要求

应选择浓度覆盖线性/测量区间的预期适用人群样本和干扰样本进行研究。研究应纳入一定数量样本，一般不少于 100 例，并注意医学决定水平和测量区间内的各个浓度水平均应包含一定数量的样本。

试验前应预先设定可接受偏倚的限值，如比对研究试验结果无法达到预设标准，可适当扩大样本量进行评价。

如果待评价试剂与比对方法对不同人群亚组表现出不同的性能，则应对不同的人群亚组进行分层统计，每个人群应分别纳入至少 100 例样本。

如果待评价试剂对不同的人群具有不同的参考区间，则应对不同的人群进行分层统计，每个人群应分别纳入至少 100 例样本。注意：此处不包含已知的生理变化（如女性生理周期、性别、年龄等），产生的不同参考区间的情形。

申请人还应根据产品的预期用途，适用人群、临床适应证、不同亚群基因型分配、临床使用中的可接受标准等综合情况充分考虑各种影响因素，采用合理的方法确定样本数量。

6.1.2 数据剔除

在数据收集过程中，应对所有数据及时记录并检查。如确定某些异常结果由可解释、可接受的原因引起，应记录原因并将其剔除出数据分析。如不能确定原因，须将原始结果保留在数据集中。

6.1.3 统计分析

申请人应综合考虑数据特征等因素，确定具体的统计分析方法，并提供其选择依据。定量产品的统计分析通常采用如下顺序进行。

6.1.3.1 数据作图与审查

完成数据收集后，应先绘制散点图和差异图，对数据进行分析和审查，观察数据是否覆盖了线性/测量区间以及是否存在离群值，并初步了解待评价试剂和对比试剂测量值之间的潜在变异特征，确定如何更好地表征这些差异。

散点图和差异图可显示待评价试剂和对比试剂的比较结果。其中，散点图应显示所有数据，其 x 轴表示对比试剂的测量结果，y 轴表示待评价试剂的测量结果，x 轴和 y 轴应使用相同的数值范围和间距。差异图的 x 轴表示测量浓度（如：待评价试剂和对比试剂的测量平均值），y 轴表示待评价试剂和对比试剂测量值的差值（如：二者的绝对差值或百分比差值）。申请人可根据具体情况选择特定类型的差异图，具体可参考国内外相关指南文件。

6.1.3.2 计算相关系数或决定系数

6.1.3.3 回归分析

应根据散点图和差异图判断数据是否满足相应的假设前提，并据此确定最佳的回归分析方法。

常见的回归分析方法包括 Deming 回归、Passing-Bablok 回归分析和最小二乘回归等。

回归分析一般包括：获得线性回归方程，b 是回归系数，a 是截距，x 代表对比试剂的检测结果，y 代表待评价试剂的检测结果，并计算回归系数及截距的 95% 可信区间。

亦可进行假设检验评价二者偏倚。一般对回归方程中的截距 a 和回归系数 b 进行假设检验。

6.1.3.4 评价待评价试剂与对比试剂的偏倚

应通过区间估计评价待评价试剂与对比试剂的偏倚。一般将医学决定水平处的预期偏倚及其 95% 可信区间与申请人声称的可接受偏倚的限值进行比较。可接受偏倚的限值由申请人咨询临床机构后根据临床需求设定，或者参考相关的国内外标准等设定。如果预期偏倚的 95% 可信区间未超出申请人声称的可接受偏倚的限值，说明待评价试剂与对比试剂的检测结果符合预期偏倚标准。如果预期偏倚的 95% 可信区间超出申请人声称的可接受偏倚的限值，但包含可接受偏倚的限值，此时申请人应继续通过扩大样本量和 / 或额外对样本进行分析等方式，评价待评价试剂与对比试剂的检测结果的偏倚是否可接受。

6.1.3.5 定量产品统计分析中应注意的问题

（1）如出现离群值，应对离群值产生原因进行分析，并进行两次统计分析（包括 / 不包括离群值），如两次统计分析的结果不一致，应进行合理分析。

（2）相关系数仅能表示待评价试剂与对比试剂线性相关关系的密切程度，而非一致性，因此，不能仅采用相关系数评价二者的一致性。

（3）应在散点图上显示两条直线，一条为 y=x 的直线，另一条为拟合回归直线。

6.2 定性产品

6.2.1 样本要求

样本所来源的病例应能代表预期适用人群。研究应纳入一定数量的阳性样本和阴性样本，一般各不少于 50 例，并注意包含一定数量的阳性判断值附近的样本和干扰样本。研究样本数量将影响可信区间宽度，扩大样本量，将获得更窄的可信区间。

申请人应根据产品的预期用途、适用人群、临床适应证、不同亚群基因型分配、临床可接受标准等综合情况充分考虑各种影响因素，采用合理的方法确定样本数量。

6.2.2 数据收集期间检查

在数据收集过程中，应对所有数据及时记录并检查。如确定某些异常结果由可解释的原因引起，应记录原因并将其剔除出数据分析。如不能确定原因，须将原始结果保留在数据集中。

6.2.3 统计分析

申请人应综合考虑数据特征等因素，确定具体的统计分析方法，并提供其选择依据。评价待评价试剂与对比试剂的一致性。

以 R×C 表的形式总结待评价试剂和对比试剂的检测结果，并据此计算二者的阳性符合率、阴性符合率和总符合率。同时，计算阳性符合率、阴性符合率和总符合率的双侧 95% 可信区间。

以下表 1 给出建议采用的 2×2 表样例：

表 1 待评价试剂和对比试剂的 2×2 表

		对比试剂		总计
		阳性	阴性	
待评价试剂	阳性	a	b	a+b
	阴性	c	d	c+d
总计		a+c	b+d	a+b+c+d

阳性符合率 =100%× a/（a+c）

阴性符合率 =100% ×d/（d+b）

总符合率 =100% ×（a+d）/（a+b+c+d）

还可同时进行假设检验评价二者一致性，如进行 Kappa 检验，并计算 Kappa 值的双侧 95% 可信区间等。

6.2.4 不一致结果的处理

待评价试剂与对比试剂的不一致可能源于待评价试剂或对比试剂的误差，不一致结果可通过"诊断准确度标准"或其他合理方法进行确认并分析原因，确认结果不应纳入统计分析。

6.3 半定量产品

本指导原则所述半定量产品一般指结果报告为多个等级（如：阴性、+、++ 或 +++）的试剂。该类产品的样本要求、试验时间和顺序等，可参考定量或定性产品的相关要求，具体视产品特点而定。

半定量产品所采用的统计分析方法也应视情况而定，一般可采用如下方法评价待评价试剂与对比试剂的一致性。首先，采用 R×C 表示待评价试剂与对比试剂的检测结果。在 R×C 表中，待评价试剂与对比试剂的等级数为多个等级，且二者的等级数相等，如"阴性，+，++"等。然后，计算二者在各等级的单项符合率、总符合率及 95% 可信区间，还可同时进行假设检验，如 Kappa 检验，并计算 Kappa 值的双侧 95% 可信区间等。

6.4 不同样本类型

如果待评价试剂包括几种样本类型，应进行样本适用性研究。对于研究中显示可比的样本（如血清和血浆），可仅选择一种样本类型进行方法学比对研究。对于研究中显示不可比的样本（如：血液和尿液样本），应根据本指导原则，各选择不少于 100 例样本，对每种样本类型分别进行方法学比对研究。

此处所述可比样本，一般指：性能指标相同、阳性判断值相同、预期人群一致、临床意义相同。反之，则应视为不可比样本。

6.5 统计分析中应注意的问题

6.5.1 样本剔除应有合理理由，不可随意剔除。如确需剔除，应说明剔除数量及理由。

6.5.2 应参考权威技术指南等，根据产品适用的统计分析模型，计算斜率、截距、医学决定水平的预期偏倚、阳性符合率、阴性符合率、总符合率及其 95% 可信区间等。

6.5.3 如比对研究采用稀释或者经处理去除分析物获得低浓度样本、添加分析物获得高浓度样本等人工制备样本时，应进行两次统计分析（包括 / 不包括人工制备样本），并对统计结果进行合理分析。

（二）与参考测量程序或诊断准确度标准进行比较研究

如有参考测量程序或诊断准确度标准，也可参照本指导原则"（一）同品种方法学比对研究"章节相关要求，采用待评价试剂与参考测量程序或诊断准确度标准进行比对研究。参考测量程序指被接受作为提供适合其预期用途的测量结果的测量程序。诊断准确度标准指使用一种方法或联合多种方法，包括实验室检测、影像学检测、病理和随访信息在内的临床信息，来界定状况、事件和关注特征有无的标准。

（三）变更事项相关的方法学比对研究

对于变更事项相关的方法学比对研究，一般采用变更后产品与变更前产品进行比对研究。如变更后产品与变更前产品不具有可比性，应采用变更后产品与其他已上市产品进行方法学比对研究，具体要求可参考本指导原则。

五、临床评价报告要求

报告应至少包括如下内容：待评价试剂与对比试剂/参考测量程序或诊断准确度标准的描述性比对分析以及比对性能数据。报告应由试验人员签字，并由申请人和/或代理人签章。

（一）描述性比对分析

如采用同品种方法学比对研究，申请人应提交待评价试剂与对比试剂的详细比对分析资料，应详述二者的异同，并提交异同来源的支持资料。如二者存在差异，申请人还应提交差异是否会对人体样本的检测性能产生明显影响的评估资料。比对分析项目包括但不限于附件所列项目，若存在不适用项目，应说明不适用的理由。

如采用参考测量程序或诊断准确度标准作为对比方法，申请人应详细说明选择参考测量程序或诊断准确度标准作为对比方法的理由，并提交所选参考测量程序或诊断准确度标准的详细资料，包括操作方法、判定标准等。

（二）比对性能数据

比对性能数据应对试验设计、试验实施和统计分析等情况进行清晰的描述，至少包括如下内容。

1. 基本信息。包括但不限于：申请人名称、试验人员、试验时间及地点、待评价试剂名称、对比试剂/参考测量程序或诊断准确度标准、配套使用的其他试剂/仪器的产品名称、生产企业、规格/型号和批号等。

2. 试验设计。详细说明样本入组、排除和剔除标准、样本量、统计分析方法的选择等内容。

3. 试验实施情况，具体包括：

3.1 样本选择情况，包括例数和样本分布等。

3.2 试验过程描述。

4. 试验管理，包括参加人员、质量控制情况、数据管理、出现的问题及处理措施等。

5. 统计分析及评价结果总结。根据确定的统计方法对检测结果进行统计分析，对产品的性能进行合理评价。应详细说明申请人声称的可接受偏倚的限值或可接受一致性的限值的确定依据，并详细说明统计分析中各计算公式及其来源、以及选择的理由。如涉及统计软件，应明确所采用的统计软件及软件版本号。

6. 数据汇总表

应以表格形式对入组样本进行汇总描述，至少包括以下内容：可溯源样本编号、样本类型、待评价试剂和对比试剂或参考测量程序/诊断准确度标准的检测结果、样本背景信息（如适用）等。数据汇总表应由操作者签字，并可溯源。申请人应保存所有原始试验数据备查。

六、其他资料

除以上评价报告外，有关待评价试剂对人体样本检测性能评价的相关文献，可作为补充资料提交。

附件：待评价试剂与对比试剂的比对分析项目

附件

待评价试剂与对比试剂的比对分析项目

比对项目	对比试剂	待评价试剂	异同
1. 预期用途 （1）适用人群 （2）样本类型 （3）被测物 （4）适用的疾病／状态 （5）使用环境			
2. 基本原理			
3. 主要组成成分			
4. 阳性判断值或参考区间			
5. 检验方法			
6. 性能要求：如 （1）检出限和／或定量限 （2）线性／测量区间 （3）精密度 （4）干扰和交叉 （5）HOOK 效应（如有）			
7. 各种对照／质控			
8. 结果报告形式			

注：比对项目包括但不限于上述项目，可根据实际情况增加。

相关文件

国家药监局关于发布医疗器械临床试验数据递交要求等 2 项注册审查指导原则的通告

2021 年第 91 号

为加强医疗器械产品注册工作的监督和指导，进一步提高注册审查质量，国家药品监督管理局组织制定了《医疗器械临床试验数据递交要求注册审查指导原则》《体外诊断试剂临床试验数据递交要求注册审查指导原则》，现予发布。

特此通告。

附件：1. 医疗器械临床试验数据递交要求注册审查指导原则
　　　2. 体外诊断试剂临床试验数据递交要求注册审查指导原则

国家药监局
2021 年 11 月 25 日

附件 1

医疗器械临床试验数据递交要求注册审查指导原则

一、前言

医疗器械临床试验数据是评价医疗器械安全有效性的重要支持性资料之一。规范地收集、整理、分析和递交医疗器械临床试验数据有助于提高临床试验实施和管理质量，同时有利于监管机构快速、高效地掌握临床试验的开展情况，提高审评效率。

为指导注册申请人规范递交临床试验数据及相关资料，以便更好地开展临床评价资料审评相关工作，制定本指导原则。

本指导原则是在现行法规和标准体系以及当前认知水平下制定的，随着法规和标准的不断完善，以及科学技术的不断发展，本指导原则的相关内容也将进行相应的调整。

二、适用范围

本指导原则适用于以产品注册为目的开展的医疗器械临床试验，包括在境外开展的医疗器械临床试验，不适用于按医疗器械管理的体外诊断试剂临床试验。与体外诊断试剂配合使用开展临床试验的体外诊断设备和软件，如将该临床试验用于该体外诊断设备和软件的注册申报，可参考本指导原则提交临床试验数据，亦可按照《体外诊断试剂临床试验数据递交要求注册审查指导原则》提交临床试验数据。本指导原则仅涉及临床试验数据递交相关内容，不涉及临床试验过程中数据管理相关要求。

三、基本原则

（一）真实原则

所递交的临床试验数据与临床试验原始记录保持一致。

（二）可追溯原则

按照注册申请人提交的数据、说明性文件和程序代码，可从原始数据库重现形成分析数据库、临床试验报告中的统计分析结果，且形成的分析数据库和统计分析结果与注册申请人提交的内容一致。

（三）可读原则

所提交数据库结构清晰，注释详尽，便于审阅。按照本指导原则相关规范要求递交临床试验数据有助于提高可读性。

四、临床试验数据相关资料及其说明

医疗器械临床试验数据相关资料通常包括原始数据库、分析数据库、说明性文件和程序代码，以下对各申报资料具体格式和内容提出要求。鼓励注册申请人参照临床数据交换标准协会（Clinical Data Interchange Standards Consortium，CDISC）标准递交数据。

外文资料提供中文翻译件时，对于原始和分析数据集，应至少翻译数据集、变量标签、观测值中的描述性文本（如不良事件描述等）。

（一）原始数据库

递交的原始数据库通常包含从病例报告表和外部文件中直接收集的原始数据，缺失的数据在此处不应进行填补。

原始数据库通常由多个不同的原始数据集组成，单个原始数据集是相同主题下多个变量的集合，这些变量的观测值共同形成该原始数据集，例如，人口学资料数据集可包括年龄、性别、身体质量指数（Body Mass Index，BMI）等。不同临床试验涉及的原始数据库不完全相同。单个原始数据集应收集相同主题下的变量，不同主题变量建议分别形成原始数据集，例如，膝关节 Lysholm 评分和 IKDC2000 评分相关变量建议分别形成两个原始数据集。

各数据集需包括受试者唯一标识变量，以实现同一受试者不同数据集观测值的关联。如涉及不同访视时间点观测的数据，应使用访视时间变量进行标识。例如，术后 3 个月和 6 个月心脏超声相关观测值，访视时间标识变量可命名为 Visit_3、Visit_6 等进行区分。若涉及两个及两个以上临床试验，数据集中需包括临床研究标识变量。若临床试验采用了随机分组，原始数据库中应包含随机号等变量。

数据集和变量命名应遵循"可读性"的原则，建议在对其命名时参考数据集或变量的英文或拼音，使得通过名称可较容易联想到该命名的实际含义。例如，可参考"Medical History"将病史数据集命名为"MH"，参考"Concomitant Medication"将合并用药数据集命名为"CM"，将变量"性别"命名为"sex"，变量"受试者姓名缩写"命名为"sub_abbr"等。

（二）分析数据库

分析数据库是为便于统计分析使用原始数据集形成的数据库，用于产生临床试验报告中的统计结果（包括基线、疗效和安全性指标统计分析等）。分析数据库主要包括原始数据库中的变量数据和按照临床试验方案和统计分析计划（如有）中事先确定的方法（如缺失值填补、量表子项评分加和等）从原始数据库变量数据衍生的数据。

分析数据库通常由多个不同的数据集组成，这些数据集一般与临床试验报告中的统计结果相对应。例如，临床试验报告中美国国立卫生研究院卒中量表（NIHSS）评分统计结果可对应专门的分析数据集，该分析数据集是为了生成 NIHSS 评分统计结果而专门创建的，包含生成该统计结果的全部变量数据，其他不相关变量数据不纳入到该数据集中。为了便于统计分析复验，分析数据集中的变量应具有可溯性，变量结构应清晰，不需繁琐的数据前处理即可开展统计分析。

分析数据集可基于其产生的相应统计结果进行命名，例如，生成不良事件比较结果的数据集可命名为"ADAE"（不良事件分析数据集）。建议在分析数据集名称中加入"AD"（analysis data）前缀，以标识该数据集为分析数据集。

分析数据集变量命名同原始数据库要求。注意明确不同分析集（如全分析集 FAS、符合方案集 PPS 和安全分析集 SS 等）标识变量，以及形成数据库过程中产生的系统变量（如有），如序号、时间等。

（三）程序代码

需递交的代码主要包括：用于原始数据库生成分析数据库的代码、分析数据库生成统计分析结果的代码等，用于调整格式或生成表格的相关代码可不递交。递交的代码应符合通常的编程格式和编程规范，结构清晰明了，易于阅读。程序代码中应包括充分的注释，以描述不同程序代码的目的及其他需解释的内容，帮助审阅者更好地理解代码逻辑。如果递交的程序代码引用了宏程序，需提供相应的宏程序代码，并说明运行该程序的软件版本、系统环境。

（四）说明性文件

1. 数据说明文件

数据说明文件用于描述原始数据库和分析数据库的内容和结构，有助于审阅者快速了解数据库中各数据集、变量及其相互间的结构关系，准确理解递交的数据内容。建议采用 Excel 文件，以表格的形式分别列明原始数据库和分析数据库中所含的数据集、变量、变量类型（如字符型、数值型）、标签、赋值及其对应关系，具体可参考附录 1《数据集、变量关系列表举例》。为了便于审阅，数据集和变量应具有相应的中文标签，标签长度不宜过长。若使用了外部词典（如 MedDRA），应明确使用的外部词典名称和版本号。

分析数据库的说明文件需列明衍生变量的生成规则，明确涉及到的变量和计算方法。例如，对缺失值的填补，应明确填补方法，提供相应的程序代码。建议以表格的形式列明生成各分析数据集所用到的程序代码文件和原始数据集名称。

2. 程序代码使用说明文件

程序代码使用说明文件用来解释说明程序代码文件使用方法、系统及软件环境，包括使用代码文件时是否需修改以及如何修改程序代码。同时，以表格形式逐一列明生成各统计结果图表所使用到的程序代码文件和数据集文件名称。

注册申请人应说明原始数据集和分析数据集所用编码（如 UTF-8、EUC-CN 等），以避免所递交的数据集出现乱码的情形。

3. 注释病例报告表

相对于空白 CRF，注释 CRF 增加了注释内容，反映了数据库中变量与 CRF 信息收集的对应关系。例如，在性别空白处注释变量名称 sex。利用注释 CRF，审阅者可直观地查阅各变量在 CRF 中的位置。CRF 中可能收集了一些与临床试验结果分析无关的冗余数据，这些数据可不包含在递交的数据库中，但应在注释 CRF 上明确标注为"不递交"，并阐明理由。

4. 其他说明性文件

除以上说明性文件外，鼓励注册申请人提交其他有利于审阅者快速了解临床试验数据库内容和结构的说明性文件（如概览性文件、其他特殊情况说明文件等）。

五、递交形式

原始数据库、分析数据库、说明性文件和程序代码分别放置于四个文件夹中。

原始数据库和分析数据库建议采用 XPT[①] 数据传输格式递交，建议全部原始数据集形成一个 XPT 文件，全部分析数据集形成一个 XPT 文件。建议采用 XPT 第 5 版本（简称 XPT V5）或以上版本作为数据递交格式。

数据说明文件可采用 PDF、Word、Excel 等文件格式，其中变量词典建议采用 Excel 文件，注释病例报告表建议采用 PDF 文件。

程序代码建议采用 TXT 文件格式。

六、起草单位

国家药品监督管理局医疗器械技术审评中心。

---

① XPT（XPORT）是一种用于数据交换的文件格式，常用的统计软件通常都具有创建 XPT 格式文件的功能。

附录1

数据集、变量关系列表举例

数据集	标签
dm	人口学
mh	既往病史
al	分组
cm	合并用药
base1	基线指标1
IE	入选及排除标准
dv	方案偏离
eff	有效性评分
lb	实验室检查
ae	不良事件
......	......
原始数据库	变量 变量赋值

视图1

dm-人口学	
变量	标签
BRTHDAT	出生年月日
HIGHT	身高
WEIGHT	体重
Sex	性别
ETHNIC	民族
ETHDSC	其他民族说明
ae-不良事件	
变量	标签
LSERUYN1	有无发红
LSEBRYN1	有无淤青
LSESWYN1	有无肿胀
LSEPAYN1	有无疼痛
LSEALYN1	有无过敏
LSETUYN1	有无结节
LSEPRYN1	有无瘙痒
LSEGRYN1	有无肉芽肿
......	......
原始数据库 变量 变量赋值	

视图2

dm--人口统计学资料，性别	
赋值	赋值含义
1	男
2	女

dm--人口统计学资料，民族	
赋值	赋值含义
1	汉
2	其他

ae-不良反应：有无发红	
赋值	赋值含义
1	有
2	无

ae-不良反应：有无淤青	
赋值	赋值含义
1	有
2	无
......	......
原始数据库 变量 变量赋值	

视图3

注：有下划线文字带有超链接，点击可直接跳转到链接位置。例如，点击视图1中"人口学"，可直接跳转至视图2中"人口学"数据集所含变量视图，点击视图2中"sex"，可直接跳转至视图3中查看性别具体赋值情况。与变量无关的内容不放入表中。

附件2

体外诊断试剂临床试验数据递交要求注册审查指导原则

一、前言

体外诊断试剂临床试验数据是评价产品安全有效性的重要支持性资料之一。规范地收集、整理、分析和递交临床试验数据有助于提高临床试验实施和管理质量，同时有利于监管机构快速、高效地掌握临床试验的开展情况，提高审评效率。

为指导注册申请人规范递交体外诊断试剂临床试验数据及相关资料，以便更好地开展临床试验资料审评相关工作，制定本指导原则。

本指导原则是在现行法规和标准体系以及当前认知水平下制定的，随着法规和标准的不断完善，以及科学技术的不断发展，本指导原则的相关内容也将进行相应的调整。

二、适用范围

本指导原则适用于以产品注册为目的开展的体外诊断试剂临床试验，包括在境外开展的体外诊断试剂临床试验。本指导原则仅涉及临床试验数据递交相关内容，不涉及临床试验过程中数据管理相关要求。

三、基本原则

（一）真实原则

所递交的临床试验数据应与临床试验中所有的原始记录保持一致。

（二）可追溯原则

应能够根据注册申请人所提交的数据、说明性文件和程序代码（如有），可从原始数据库重现形成分析数据库、临床试验报告中的统计结果，且形成的分析数据库和统计分析结果与注册申请人提交的内容一致。

注册申请人提交的临床试验数据库，应可溯源至临床试验中的原始试验记录、病例报告表，临床背景信息应可追溯至临床试验机构的病例相关信息管理系统或原始记录。原始试验记录可能包括样本的筛选入选表、样本编盲表、检测记录表等，如申报产品需要配套仪器进行检测，则还应包括配套仪器上的电子记录。以上原始试验记录不要求递交，应妥善保管备查。

（三）数据全面且可读原则

所提交的临床试验数据根据申报产品的特点以及临床试验设计的不同，应保证数据全面、可读，且易于统计。数据库结构清晰、注释详尽，便于审阅。

四、临床试验数据库相关内容要求

一般来说，临床试验数据库相关内容应包括受试者相关信息以及临床试验样本的检测信息。不同的临床试验设计类型所应包含的数据信息亦不相同。根据产品特点和产品性能评价需要，体外诊断试剂临床试验包括不同的临床试验设计类型，根据在临床试验过程中试验体外诊断试剂检测结果对受试者的影响，一般分为观察性研究和干预性研究。其中观察性研究根据临床试验中所检测的不同时间点又可分为横断面研究和纵向研究。横断面研究是体外诊断试剂临床试验最常见的设计类型，其临床试验数据库内容的要求亦是体外诊断试剂临床试验数据库内容的通用要求。对于纵向研究以及干预性研究应在通用要求的基础上再补充相应的数据。

（一）来自于横断面研究的数据

临床试验中的入组人群、样本类型等均应与申报产品所声称的预期用途保持一致。因此数据信息中应包括受试者相关信息，包括临床诊断背景信息、样本类型、人口学信息（性别、年龄等）等。临床诊断背景信息包括临床诊断结果、相关的症状体征、以及诊疗信息（如需要）等。如申报产品的统计分析中需要进行亚组统计，则应包括与亚组划分相关的信息，如疾病的不同分期、不同进程等信息。

临床试验中关于临床样本的检测信息主要包括：试验体外诊断试剂的检测结果、对比方法检测结果等。对于根据所确定的阳性判断值来判定检测结果的产品，数据信息还应包括试验体外诊断试剂和对比方法的详细检测数值（如 Ct 值、S/CO 值等）。核酸检测类产品如涉及不同检测通道的，各通道的检测数值均应提供，包括内标的检测数值。

临床试验数据应真实且可追溯，数据集中应有唯一可溯源的去标识化样本编号，该样本编号应能够溯源至该病例的所有背景信息，如病例编号、诊疗信息等。

如临床试验中涉及复测等情况，相应的数据集中应有初测及复测的数据，并备注复测原因。如有其他需要说明的信息，可增加一列"备注"，将信息增加至"备注"中。

（二）来自于纵向研究的数据

除横断面研究外，有些产品需要进行纵向研究，对于纵向研究的数据，数据集应包括每个病例的每个时间点的具体数据，应尽量将同一病例的每一时间点的数据汇总，采样时间点和检测结果应对应列出。对于此种临床试验设计，会涉及多个样本来自于同一个受试者的情形，则应同时提供去标识化的受试者编号和样本编号。

（三）来自于干预性研究的数据

对于干预性研究的数据，数据集中除以上基本信息外，还包括病例的临床试验分组、具体的诊疗信息、病例的临床评价终点等信息。

五、递交形式

体外诊断试剂临床试验数据相关的申报资料通常包括原始数据库、分析数据库、说明性文件和程序代码（如有），以下对各申报资料具体格式和内容提出要求。鼓励注册申请人参照临床数据交换标准协会（Clinical Data Interchange Standards Consortium，CDISC）标准递交数据。

建议注册申请人综合考虑临床试验电子数据采集系统／数据管理系统（Electronic Data Capture System，EDC）在数据采集及管理方面的优势，逐步推进 EDC 系统的使用，尤其对于数据量较大、产品风险较高的临床试验。

外文资料提供中文翻译件时，需注意对于原始和分析数据集，至少应翻译数据集、变量标签、观测值中的描述性文本。

（一）原始数据库

原始数据库通常包含从病例报告表和外部文件中直接收集的原始数据，应包括临床试验按照方案的要求入组的所有病例及样本信息，原始数据库中的缺失数据不应进行填补。按照临床试验方案的剔除标准进行剔除的病例亦应包括在内，同时应备注剔除原因。

对于数据量较大的临床试验，原始数据库通常由多个不同的原始数据集组成。单个原始数据集是相同主题下多个变量的集合，这些变量的观测值共同形成该原始数据集。例如，人口学资料数据集可包括去标识化的受试者编号、年龄、性别、临床诊断等。不同临床试验涉及的原始数据库不完全相同。单个原始数据集应收集相同主题下的变量。各数据集需包括受试者唯一标识变量，以实现同一受试者不同数据集数值之间的关联。若临床试验采用了随机分组，原始数据库中应包含随机号等变量。

数据集和变量命名应遵循"可读性"的原则，建议在对其命名时参考数据集或变量的英文或拼音，通过名称可较容易联想到该命名的实际含义。数据集通常以两个字母组成的代码命名，如受试者人口学数据集（dm）、样本检测数据集（lb）、样本采集与处理数据集（cl）、不良事件（ae）等。将变量"性别"命名为"Sex"、"年龄"命名为"Age"、"受试者编号"命名为"SUBJID"、"样本编号"命名为"SAMID"、"临床诊断"命名为"DIAG"等。

（二）分析数据库

分析数据库是为便于统计分析使用原始数据集形成的数据库，用于产生临床试验报告中的统计结果。分析数据库主要包括原始数据库中的变量数据和按照临床试验方案或统计分析计划（如有）中事先确定的方法使用原始数据库变量数据衍生的数据。

分析数据库通常由多个不同的数据集组成，其中的数据集形成应与临床试验报告中的统计结果相对应。如需进行亚组分析时，可针对亚组分析构建不同的分析数据集。对于定量检测类试剂，需要对检测数据在线性范围内的样本纳入定量相关分析，则应针对线性范围内的所有样本生成分析数据集。为了便于统计分析复验，分析数据集中的变量应具有可溯性，变量结构应清晰，不需繁琐的数据前处理即可开展统计分析。

分析数据集可基于其产生的相应统计结果进行命名，建议在分析数据集名称中加入"AD"（analysis data）前缀，以标识该数据集为分析数据集。

（三）说明性文件

1. 数据说明文件

数据说明文件用于描述原始数据库和分析数据库的内容和结构，是助于审阅者快速了解数据库中各数据集、变量及其相互间的结构关系，准确理解递交的数据内容。建议采用 Excel 文件，以表格的形式列明原始数据库和分析数据库中所含的数据集、变量、变量类型（如字符型、数值型）、标签、赋值及其对应关系。为了便于审阅，数据集和变量应具有相应的中文标签，标签长度不宜过长。若使用了外部词典（如 MedDRA），应明确使用的外部词典名称和版本号。

分析数据库的说明文件需列明衍生变量的生成规则，明确涉及到的变量和计算方法。如注册申请人使用程序代码生成分析数据库，建议以表格的形式列明生成各分析数据集所用到的程序代码文件和原始数据集名称。

2. 统计分析说明文件

注册申请人应将从分析数据库到最终生成临床试验报告中的统计结果的过程或计算方法详细列明。

如统计分析的过程直接在 Excel 中实现的，应在说明性文件中将所用的函数公式列明。如使用统计工具进行统计分析但未使用程序代码的，可以文字加图示的形式详细阐明统计分析步骤，应注明所用统计工具的版本号。

统计分析中使用程序代码的，应在统计分析说明文件中解释说明程序代码文件的使用方法、系统及软件环境，包括使用代码文件时是否需修改以及如何修改程序代码。同时，以表格形式逐一列明生成各统计结果图表所使用到的程序代码文件和数据集文件名称。注册申请人应说明原始数据集和分析数据集所用编码（如 UTF-8、EUC-CN 等），以避免所递交的数据集出现乱码的情形。同时应参照以下第（四）条要求提供相应的程序代码。

3. 注释病例报告表（如有）

相对于空白 CRF，注释 CRF 增加了注释内容，反映了数据库中变量与 CRF 表信息收集的对应关系。例如，在性别空白处注释变量名称 Sex。利用注释 CRF，审阅者可直观地查阅各变量在 CRF

表中的位置，CRF 中可能收集了一些与临床试验结果分析无关的冗余数据，这些数据可不包含在递交的数据库中，但应在注释 CRF 上明确标注为"不递交"，并阐明理由。

4.其他说明性文件

除以上说明性文件外，鼓励注册申请人提交其他有利于审评人员快速了解临床试验数据库内容和结构的说明性文件（如概览性文件、其他特殊情况说明文件等）。

（四）程序代码（如有）

如数据库的管理或统计分析中使用程序代码的，应提供程序代码，需递交的代码主要包括：用于原始数据库生成分析数据库的代码、分析数据库生成统计结果的代码等，用于调整格式或生成表格的相关代码不需递交。递交的代码应符合通常的编程格式和编程规范，结构清晰明了，易于阅读。代码中以中文注释的形式描述不同程序模块的目的以及其他需解释的内容。如提交的代码中引用了宏程序，则需要提供相应的宏程序代码，并说明可以运行该程序的软件版本和系统环境。

（五）形式要求

原始数据库、分析数据库、说明性文件和程序代码（如有）分别放置于四个文件夹中。

临床试验数据库可以 Excel 形式进行递交，如使用 EDC 系统进行数据采集及管理的，原始数据库和分析数据库建议采用 XPT[①] 数据传输格式进行递交，建议全部原始数据集形成一个 XPT 文件，全部分析数据集形成一个 XPT 文件。建议采用 XPT 第 5 版本（简称 XPT V 5）或以上版本作为数据递交格式。

数据说明文件及统计分析说明文件采用 PDF、Word、Excel 文件，其中变量词典建议采用 Excel 文件，注释病例报告表建议采用 PDF 文件。

程序代码建议采用 TXT 文件。

六、起草单位

国家药品监督管理局医疗器械技术审评中心

---

① XPT（XPORT）是一种用于数据交换的文件格式，常用的统计软件通常都具有创建 XPT 格式文件的功能。

食品药品监管总局关于发布医疗器械临床试验设计指导原则的通告

2018 年第 6 号

为贯彻落实中共中央办公厅、国务院办公厅《关于深化审评审批制度改革鼓励药品医疗器械创新的意见》（厅字〔2017〕42 号），加强医疗器械产品注册工作的管理，进一步提高注册审查质量，鼓励医疗器械研发创新，国家食品药品监督管理总局组织制定了医疗器械临床试验设计指导原则（见附件），现予发布。

特此通告。

附件：医疗器械临床试验设计指导原则

食品药品监管总局
2018 年 1 月 4 日

附件

医疗器械临床试验设计指导原则

医疗器械临床试验是指在具备相应条件的临床试验机构中，对拟申请注册的医疗器械在正常使用条件下的安全有效性进行确认的过程。临床试验是以受试人群（样本）为观察对象，观察试验器械在正常使用条件下作用于人体的效应或对人体疾病、健康状态的评价能力，以推断试验器械在预期使用人群（总体）中的效应。由于医疗器械的固有特征，其试验设计有其自身特点。

本指导原则适用于产品组成、设计和性能已定型的医疗器械，包括治疗类产品、诊断类产品，不包括体外诊断试剂。

本指导原则是供申请人和审查人员使用的技术指导文件，不涉及注册审批等行政事项，亦不作为法规强制执行，如有能够满足法规要求的其他方法，也可以采用，但应提供详细的研究资料和验证资料。应在遵循相关法规的前提下使用本指导原则。

一、医疗器械临床试验目的

临床试验需设定明确、具体的试验目的。申请人可综合分析试验器械特征、非临床研究情况、已在中国境内上市（下文简称已上市）同类产品的临床数据等因素，设定临床试验目的。临床试验目的决定了临床试验各设计要素，包括主要评价指标、试验设计类型、对照试验的比较类型等，进而影响临床试验样本量。不同情形下的临床试验目的举例如下：

（一）当通过临床试验确认试验器械在其预期用途下的安全有效性时，若更关注试验器械的疗效是否可满足临床使用的需要，其临床试验目的可设定为确认试验器械的有效性是否优于 / 等效于 / 非劣于已上市同类产品，同时确认试验器械的安全性。此时，临床试验的主要评价指标为有效性指标。

（二）当通过临床试验确认试验器械在其预期用途下的安全有效性时，若更关注试验器械的安全性是否可满足临床使用的需要，其临床试验目的可设定为确认试验器械的安全性是否优于／等效于／非劣于已上市同类产品，同时确认试验器械的有效性。此时，临床试验的主要评价指标为安全性指标，以乳房植入体为例，临床试验通常选择并发症发生率（如包膜挛缩率、植入体破裂率）作为主要评价指标。

（三）对于已上市产品增加适应症的情形，临床试验目的可设定为确认试验器械对新增适应症的安全有效性。例如，止血类产品在已批准适用范围（如普通外科、妇产科）的基础上，增加眼科、神经外科、泌尿外科使用的适应症。

（四）当已上市器械适用人群发生变化时，临床试验目的可设定为确认试验器械对新增适用人群的安全有效性。例如膜式氧合器产品，在原批准适用范围的基础上新增体重 ≤ 10kg 的适用人群；又如治疗类呼吸机在已批准的适用于成人的基础上新增适用于儿童的适用范围。

（五）当已上市器械发生重大设计变更时，可根据变更涉及的范围设定试验目的。例如冠状动脉药物洗脱支架平台花纹设计发生改变时，临床试验目的可设定为确认变化部分对于产品安全有效性的影响。

（六）当已上市器械的使用环境或使用方法发生重大改变时，试验目的可设定为确认产品在特定使用环境和使用方法下的安全有效性。例如：已上市的植入式心脏起搏器通常不能兼容核磁共振检查，如申请兼容核磁共振检查，其临床试验目的可设置为对兼容核磁共振检查相关的安全有效性进行确认。

二、临床试验设计的基本类型和特点

（一）平行对照设计

随机、双盲、平行对照的临床试验设计可使临床试验影响因素在试验组和对照组间的分布趋于均衡，保证研究者、评价者和受试者均不知晓分组信息，避免了选择偏倚和评价偏倚，被认为可提供高等级的科学证据，通常被优先考虑。对于某些医疗器械，此种设计的可行性受到器械固有特征的挑战。

1. 随机化

随机化是平行对照、配对设计、交叉设计等临床试验需要遵循的基本原则，指临床试验中每位受试者均有同等机会（如试验组与对照组病例数为 1∶1）或其他约定的概率（如试验组与对照组病例数为 n∶1）被分配到试验组或对照组，不受研究者和／或受试者主观意愿的影响。随机化是为了保障试验组和对照组受试者在各种已知和未知的可能影响试验结果的基线变量上具有可比性。

非随机设计可能造成各种影响因素在组间分布不均衡，降低试验结果的可信度。一方面，协变量分析可能难以完全校正已知因素对结果的影响；另一方面，未知因素对试验结果产生的影响亦难以评价，因此，通常不推荐非随机设计。如果申请人有充分的理由认为必须采用非随机设计，需要详述必须采用该设计的理由和控制选择偏倚的具体措施。

2. 盲法

如果分组信息被知晓，研究者可能在器械使用过程中选择性关注试验组，评价者在进行疗效与安全性评价时可能产生倾向性，受试者可能受到主观因素的影响。盲法是控制临床试验中因"知晓分组信息"而产生偏倚的重要措施之一，目的是达到临床试验中的各方人员对分组信息的不可知。根据设盲程度的不同，盲法可分为完整设盲、不完整设盲和不设盲。在完整设盲的临床试验中，受试者、研究者和评价者对分组信息均处于盲态。

在很多情形下，基于器械及相应治疗方式的固有特征，完整设盲是不可行的。当试验器械与对照器械存在明显不同时，难以对研究者设盲，例如膝关节假体，试验产品和对照产品的外观可能存在明显不同，且植入物上有肉眼可见的制造商激光标记；又如血管内金属支架，试验产品和对照产品的具体结构、花纹不同。此时，建议尽量对受试者设盲，即受试者不知晓其被分入试验组或对照组，并采用第三方盲法评价（如中心阅片室、中心实验室、评价委员会等）和盲态数据审核。当试验器械形态与对照器械存在明显不同且主要评价指标来自影像学数据时，难以对研究者、评价者设盲，例如生物可吸收支架，当对照产品为金属支架时，由于生物可吸收支架平台发生降解，评估晚期管腔丢失指标（该指标以影像学方式评价）时难以对评价者设盲。此时，建议尽量对受试者设盲，并采用盲态数据审核。上述由于器械的固有特征而不对研究者设盲、不对研究者和评价者设盲的情形，均为不完整设盲的临床试验设计。

当试验组治疗方式（含器械）与对照组存在明显差异时，难以对受试者、研究者、评价者设盲，只能采取不设盲的试验设计，如介入治疗和手术治疗进行比较时、器械治疗和药物治疗进行比较时。为最大程度地减少偏倚，可考虑采用以下方法:（1）在完成受试者筛选和入组前，受试者和研究者均不知晓分组信息（即分配隐藏);（2）在伦理许可的前提下，受试者在完成治疗前，不知晓分组信息;（3）采用盲态数据审核。

申请人需要对采用不完整设盲或者不设盲试验设计的理由进行论述，详述控制偏倚的具体措施（如采用可客观判定的指标以避免评价偏倚，采用标准操作规范以减小实施偏倚等）。

3. 对照

对照包括阳性对照和安慰对照（如假处理对照、假手术对照等）。阳性对照需采用在拟定的临床试验条件下疗效肯定的已上市器械或公认的标准治疗方法。

对于治疗类产品，选择阳性对照时，优先采用疗效和安全性已得到临床公认的已上市同类产品。如因合理理由不能采用已上市同类产品，可选用尽可能相似的产品作为阳性对照，其次可考虑标准治疗方法。例如，人工颈椎间盘假体开展临床试验时，如因合理理由不能采用已上市同类产品，可选择临床广泛使用的、对相应适应症的疗效已得到证实并被公认的产品。又如，治疗良性前列腺增生的设备在没有同类产品上市的情形下，可采用良性前列腺增生症的标准治疗方法（经尿道前列腺电汽化术）作为对照。标准治疗方法包括多种情形，例如，对于部分临床上尚无有效治疗方法的疾病，其标准治疗方法可为对症支持治疗。在试验器械尚无相同或相似的已上市产品或相应的标准治疗方法时，若试验器械的疗效存在安慰效应，试验设计需考虑安慰对照，此时，尚需综合考虑伦理学因素。若已上市产品的疗效尚未得到临床公认，试验设计可根据具体情形，考虑标准治疗方法对照或安慰对照，申请人需充分论证对照的选取理由。例如用于缓解疼痛的物理治疗类设备。

对于诊断器械，对照需采用诊断金标准方法或已上市同类产品。

（二）配对设计

对于治疗类产品，常见的配对设计为同一受试对象的两个对应部位同时接受试验器械和对照治疗，试验器械和对照治疗的分配需考虑随机设计。配对设计主要适用于器械的局部效应评价，具有一定的局限性。例如，对于面部注射用交联透明质酸钠凝胶的临床试验，配对设计在保证受试者基线一致性上比平行对照设计具有优势，但试验中一旦发生系统性不良反应则难以确认其与试验器械或对照器械的相关性，且需要排除面部左右侧局部反应的互相影响。因此，申请人考虑进行配对设计时，需根据产品特征，综合考虑该设计类型的优势和局限性，恰当进行选择，并论述其合理性。

对于诊断器械，若试验目的是评价试验器械的诊断准确性，常见的配对设计为同一受试者/受试样品同时采用试验器械和诊断金标准方法或已上市同类器械来进行诊断。

（三）交叉设计

在交叉设计的临床试验中，每位受试者按照随机分配的排列顺序，先后不同阶段分别接受两种或两种以上的治疗/诊断。此类设计要求前一阶段的治疗/诊断对后一阶段的另一种治疗/诊断不产

相关文件

生残留效应，后一阶段开始前，受试者一般需回复到基线状态，可考虑在两个干预阶段之间安排合理的洗脱期。

（四）单组设计

单组试验的实质是将主要评价指标的试验结果与已有临床数据进行比较，以评价试验器械的有效性 / 安全性。与平行对照试验相比，单组试验的固有偏倚是非同期对照偏倚，由于时间上的不同步，可能引起选择偏倚、混杂偏倚、测量偏倚和评价偏倚等，应审慎选择。在开展单组试验时，需要对可能存在的偏倚进行全面分析和有效控制。

1. 与目标值比较

与目标值比较的单组设计需事先指定主要评价指标有临床意义的目标值，通过考察单组临床试验主要评价指标的结果是否在指定的目标值范围内，从而评价试验器械有效性 / 安全性。当试验器械技术比较成熟且对其适用疾病有较为深刻的了解时，或者当设置对照在客观上不可行时（例如试验器械与现有治疗方法的风险受益过于悬殊，设置对照在伦理上不可行；又如现有治疗方法因客观条件限制不具有可行性等），方可考虑采用单组目标值设计。考虑单组目标值设计时，还需关注试验器械的适用人群、主要评价指标（如观察方法、随访时间、判定标准等）是否可被充分定义且相对稳定。为尽量弥补单组目标值设计的固有缺陷，需尽可能采用相对客观、可重复性强的评价指标作为主要评价指标，如死亡、失败等；不建议选择容易受主观因素影响、可重复性差的指标作为主要评价指标，如疼痛评分等。

目标值是专业领域内公认的某类医疗器械的有效性 / 安全性评价指标所应达到的最低标准，包括客观性能标准（Objective performance criteria，OPC）和性能目标（Performance goal，PG）两种。目标值通常为二分类（如有效 / 无效）指标，也可为定量指标，包括靶值和单侧置信区间界限（通常为 97.5% 单侧置信区间界限）。目标值的构建通常需要全面收集具有一定质量水平及相当数量病例的临床研究数据，并进行科学分析（如 Meta 分析）。对临床试验结果进行统计分析时，需计算主要评价指标的点估计值和单侧置信区间界限值，并将其与目标值进行比较。

由于没有设置对照组，单组目标值设计的临床试验无法确证试验器械的优效、等效或非劣效，仅能确证试验器械的有效性 / 安全性达到专业领域内公认的最低标准。

（1）与 OPC 比较

OPC 是在既往临床研究数据的基础上分析得出，用于试验器械主要评价指标的比较和评价，经确认的 OPC 目前尚不多见。OPC 通常来源于权威医学组织、相关标准化组织、医疗器械审评机构发布的文件。例如一次性使用膜式氧合器，其临床试验可采用单组目标值设计，当主要评价指标采用《一次性使用膜式氧合器注册技术审查指导原则》中提及的复合指标"达标率"时，试验产品达标率的目标值应至少为 90%，预期达标率为 95%。又如，根据《髋关节假体系统注册技术审查指导原则》，对于常规设计的髋关节假体，当临床试验采用单组目标值设计，主要评价指标采用术后 12 个月 Harris 评分"优良率"时，试验产品"优良率"的目标值应至少为 85%，预期优良率为 95%。随着器械技术和临床技能的提高，OPC 可能发生改变，需要对临床数据重新进行分析以确认。

（2）与 PG 比较

当有合理理由不能开展对照试验而必须考虑开展单组目标值设计时，若没有公开发表的 OPC，可考虑构建 PG。例如脱细胞角膜植片，适用于药物治疗无效需要进行板层角膜移植的感染性角膜炎患者。由于开展临床试验时市场上无同类产品，且与异体角膜移植对比存在角膜来源困难的问题，故采用 PG 单组设计进行临床试验，PG 来源于异体角膜移植既往临床研究数据，由相关权威的专业医学组织认可。与 OPC 相比，采用 PG 的单组设计的临床证据水平更低。PG 的实现 / 未实现不能立即得出试验成功 / 失败的结论，如果发现异常试验数据时，需要对试验结果进行进一步探讨和论证。

2. 与历史研究对照

与历史研究对照的临床试验证据强度弱，可能存在选择偏倚、混杂偏倚等问题，应审慎选择。当采用某一历史研究作为对照时，需获取试验组和对照组每例受试者的基线数据，论证两组受试者的可比性，可采用倾向性评分来评估两组之间的可比性，以控制选择偏倚。由于试验组和对照组不是同期开展，需要关注两组间干预方式和评价方式的一致性，以控制测量偏倚和评价偏倚。

三、受试对象

根据试验器械预期使用的目标人群，确定研究的总体。综合考虑对总体人群的代表性、临床试验的伦理学要求、受试者安全性等因素，制定受试者的选择标准，即入选和排除标准。入选标准主要考虑受试对象对总体人群的代表性，如适应症、疾病的分型、疾病的程度和阶段、使用具体部位、受试者年龄范围等因素。排除标准旨在尽可能规范受试者的同质性，将可能影响试验结果的混杂因素（如影响疗效评价的伴随治疗、伴随疾病等）予以排除，以达到评估试验器械效应的目的。

四、评价指标

评价指标反映器械作用于受试对象而产生的各种效应，根据试验目的和器械的预期效应设定。在临床试验方案中应明确规定各评价指标的观察目的、定义、观察时间点、指标类型、测定方法、计算公式（如适用）、判定标准（适用于定性指标和等级指标）等，并明确规定主要评价指标和次要评价指标。指标类型通常包括定量指标（连续变量，如血糖值）、定性指标（如有效和无效）、等级指标（如优、良、中、差）等。对于诊断器械，临床试验评价指标通常包括定性检测的诊断准确性（灵敏度、特异性、预期值、似然比、ROC 曲线下面积等）或检测一致性（阳性/阴性一致性、总一致性、KAPA 值等），以及定量检测回归分析的斜率、截距和相关系数等。

（一）主要评价指标和次要评价指标

主要评价指标是与试验目的有本质联系的、能确切反映器械疗效或安全性的指标。主要评价指标应尽量选择客观性强、可量化、重复性高的指标，应是专业领域普遍认可的指标，通常来源于已发布的相关标准或技术指南、公开发表的权威论著或专家共识等。临床试验的样本量基于主要评价指标的相应假设进行估算。临床试验的结论亦基于主要评价指标的统计分析结果做出。次要评价指标是与试验目的相关的辅助性指标。在方案中需说明其在解释结果时的作用及相对重要性。

一般情况下，主要评价指标仅为一个，用于评价产品的疗效或安全性。当一个主要评价指标不足以反映试验器械的疗效或安全性时，可采用两个或多个主要评价指标。以一次性使用脑积水分流器的临床试验为例，当参照《一次性使用脑积水分流器注册技术审查指导原则》进行方案设计时，同时采用两个主要评价指标，包括术后 30 天内颅内压的达标率、首次植入分流器后 1 年时分流器存留率。对于第二个主要评价指标（1 年存留率），试验组与对照组间需进行组间比较，同时要求试验组 1 年存留率不小于 90%。因此，该临床试验的样本量估算需同时考虑三重假设检验：（1）试验组术后 30 天颅内压达标率非劣效于对照组；（2）试验组 1 年的存留率非劣效于对照组；（3）试验器械 1 年的存留率达到目标值要求。上述三重假设检验都有统计学意义时，才可下推断结论。由于此时没有意图或机会选择最有利的某次假设检验结果，因此可设定每次检验的 I 类错误水平等于预先设定的 α，无需进行多重性校正。对于同时采用多个主要评价指标的临床试验设计，当有可能选择最有利的某次假设检验结果进行结论推断时，样本量估算需要考虑假设检验的多重性问题，以及对总 I 类错误率的控制策略。

（二）复合指标

按预先确定的计算方法，将多个评价指标组合构成一个指标称为复合指标。当单一观察指标不足以作为主要评价指标时，可采用复合指标作为主要评价指标。以冠状动脉药物洗脱支架的临床试验为例，主要评价指标之一为靶病变失败率。靶病变失败定义为心脏死亡、靶血管心肌梗死以及靶病变血运重建三种临床事件至少出现一种，即为复合指标。以血液透析浓缩物的临床试验为例，采用透析达标率作为主要评价指标，"达标"的定义为透析前后 K^+、Na^+、Ca^{2+}、Cl^-、CO_2CP（二氧化碳结合力）或 HCO_3^-、pH 值均达到预先设定的临床指标数值。复合指标可将客观测量指标和主观评价指标进行结合，形成综合评价指标。临床上采用的量表（如生活质量量表、功能评分量表等）也为复合指标的一种形式。需在试验方案中详细说明复合指标中各组成指标的定义、测定方法、计算公式、判定标准、权重等。当采用量表作为复合指标时，尽可能采取专业领域普遍认可的量表。极少数需要采用自制量表的情形，申请人需提供自制量表效度、信度和反应度的研究资料，研究结果需证明自制量表的效度、信度和反应度可被接受。需考虑对复合指标中有临床意义的单个指标进行单独分析。

（三）替代指标

在直接评价临床获益不可行时，可采用替代指标进行间接观察。是否可采用替代指标作为临床试验的主要评价指标取决于：①替代指标与临床结果的生物学相关性；②替代指标对临床结果判断价值的流行病学证据；③从临床试验中获得的有关试验器械对替代指标的影响程度与试验器械对临床试验结果的影响程度相一致的证据。

（四）主观指标的第三方评价

部分评价指标由于没有客观评价方法而只能进行主观评价，临床试验若必需选择主观评价指标作为主要评价指标，建议成立独立的评价小组，由不参与临床试验的第三者/第三方进行指标评价，需在试验方案中明确第三者/第三方评价的评价规范。

五、比较类型和检验假设

（一）比较类型

临床试验的比较类型包括优效性检验、等效性检验、非劣效性检验。采用安慰对照的临床试验，需进行优效性检验。采用疗效/安全性公认的已上市器械或标准治疗方法进行对照的临床试验，可根据试验目的选择优效性检验、等效性检验或非劣效性检验。

优效性检验的目的是确证试验器械的疗效/安全性优于对照器械/标准治疗方法/安慰对照，且其差异大于预先设定的优效界值，即差异有临床实际意义。由于试验器械特征、对照和主要评价指标等因素的不同，部分优效性检验没有考虑优效性界值，申请人需论述不考虑优效性界值的理由。等效性检验的目的是确证试验器械的疗效/安全性与对照器械的差异不超过预先设定的等效区间，即差异在临床可接受的范围内。非劣效性检验的目的是确证试验器械的疗效/安全性如果低于对照器械，其差异小于预先设定的非劣效界值，即差异在临床可接受范围内。在优效性检验中，如果试验设计合理且执行良好，试验结果可直接确证试验器械的疗效/安全性。在等效性试验和非劣效性试验中，试验器械的疗效/安全性建立在对照器械预期疗效/安全性的基础上。

（二）界值

无论优效性试验、等效性试验或非劣效性试验，要从临床意义上确认试验器械的疗效/安全性，均需要在试验设计阶段制定界值并在方案中阐明。优效界值是指试验器械与对照器械之间的差异具有临床实际意义的最小值。等效或非劣效界值是指试验器械与对照器械之间的差异不具有临床实际意义的最大值。优效界值、非劣效界值均为预先制定的一个数值，等效界值需要预先制定优侧、劣侧两个数值。

界值的制定主要考虑临床实际意义，需要被临床认可或接受。理论上，非劣效界值的确定可采用两步法，一是通过 Meta 分析估计对照器械减去安慰效应后的绝对效应或对照器械的相对效应 M1，二是结合临床具体情况，在考虑保留对照器械效应的适当比例 1-f 后，确定非劣效界值 M2

（M2=f×M1）。f越小，试验器械的效应越接近对照器械，一般情况下，f的取值在0~0.5之间。制定等效界值时，可用类似的方法确定下限和上限。

（三）检验假设

试验方案需明确检验假设和假设检验方法，检验假设依据试验目的确定，假设检验方法依据试验设计类型和主要评价指标类型确定。附录1提供了部分试验设计和比较类型下的检验假设举例，供参考。

六、样本量估算

临床试验收集受试人群中的疗效/安全性数据，用统计分析将基于主要评价指标的试验结论推断到与受试人群具有相同特征的目标人群。为实现样本（受试人群）代替总体（目标人群）的目的，临床试验需要一定的受试者数量（样本量）。样本量大小与主要评价指标的变异度呈正相关，与主要评价指标的组间差异呈负相关。

样本量一般以临床试验的主要评价指标进行估算。需在临床试验方案中说明样本量估算的相关要素及其确定依据、样本量的具体计算方法。附录2提供了样本量估算公式的样例，供参考。确定样本量的相关要素一般包括临床试验的设计类型和比较类型、主要评价指标的类型和定义、主要评价指标有临床实际意义的界值、主要评价指标的相关参数（如预期有效率、均值、标准差等）、Ⅰ类和Ⅱ类错误率以及预期的受试者脱落和方案违背的比例等。主要评价指标的相关参数根据已有临床数据和小样本可行性试验（如有）的结果来估算，需要在临床试验方案中明确这些估计值的确定依据。一般情况下，Ⅰ类错误概率α设定为双侧0.05或单侧0.025，Ⅱ类错误概率β设定为不大于0.2，预期受试者脱落和方案违背的比例不大于0.2，申请人可根据产品特征和试验设计的具体情形采用不同的取值，需充分论证其合理性。

七、临床试验设计需考虑的其他因素

由于器械的固有特征可能影响其临床试验设计，在进行器械临床试验设计时，需对以下因素予以考虑：

（一）器械的工作原理

器械的工作原理和作用机理可能与产品性能/安全性评价方法、临床试验设计是否恰当相关。

（二）使用者技术水平和培训

部分器械可能需要对使用者进行技能培训后才能被安全有效地使用，例如手术复杂的植入器械。在临床试验设计时，需考虑使用器械所必需的技能，研究者技能应能反映产品上市后在预期用途下的器械使用者的技能范围。

（三）学习曲线

部分器械使用方法新颖，存在一定的学习曲线。当临床试验过程中学习曲线明显时，试验方案中需考虑在学习曲线时间内收集的信息（例如明确定义哪些受试者是学习曲线时间段的一部分）以及在统计分析中报告这些结果。如果学习曲线陡峭，可能会影响产品说明书的相关内容和用户培训需求。

（四）人为因素

在器械设计开发过程中，对器械使用相关的人为因素的研究可能会指导器械的设计或使用说明书的制定，以使其更安全，更有效，或让受试者或医学专业人士更容易使用。

八、统计分析

（一）分析数据集的定义

意向性分析（Intention To Treat，简称 ITT）原则是指主要分析应包括所有随机化的受试者，基于所有随机化受试者的分析集通常被称为 ITT 分析集。理论上需要对所有随机化受试者进行完整随访，但实际中很难实现。

临床试验常用的分析数据集包括全分析集（Full Analysis Set，FAS）、符合方案集（Per Protocol Set，PPS）和安全性数据集（Safety Set，SS）。需根据临床试验目的，遵循尽可能减少试验偏倚和防止 I 类错误增加的原则，在临床试验方案中对上述数据集进行明确定义，规定不同数据集在有效性评价和安全性评价中的地位。全分析集为尽可能接近于包括所有随机化的受试者的分析集，通常应包括所有入组且使用过一次器械／接受过一次治疗的受试者，只有在非常有限的情形下才可剔除受试者，包括违反了重要的入组标准、入组后无任何观察数据的情形。符合方案集是全分析集的子集，包括已接受方案中规定的治疗、可获得主要评价指标的观察数据、对试验方案没有重大违背的受试者。若从全分析集和符合方案集中剔除受试者，一是需符合方案中的定义，二是需充分阐明剔除理由，需在盲态审核时阐明剔除理由。安全性数据集通常应包括所有入组且使用过一次器械／接受过一次治疗并进行过安全性评价的受试者。

需同时在全分析集、符合方案集中对试验结果进行统计分析。当二者结论一致时，可以增强试验结果的可信度。当二者结论不一致时，应对差异进行充分的讨论和解释。如果符合方案集中排除的受试者比例过大，或者因排除受试者导致试验结论的根本性变化（由全分析集中的试验失败变为符合方案集中的试验成功），将影响临床试验的可信度。

全分析集和符合方案集在优效性试验和等效性或非劣效性试验中所起作用不同。一般来说，在优效性试验中，应采用全分析集作为主要分析集，因为它包含了依从性差的受试者而可能低估了疗效，基于全分析集的分析结果是保守的。符合方案集显示试验器械按规定方案使用的效果，与上市后的疗效比较，可能高估疗效。在等效性或非劣效性试验中，用全分析集所分析的结果并不一定保守。

（二）缺失值和离群值

缺失值（临床试验观察指标的数据缺失）是临床试验结果偏倚的潜在来源，在临床试验方案的制定和执行过程中应采取充分的措施尽量减少数据缺失。对于缺失值的处理方法，特别是主要评价指标的缺失值，需根据具体情形，在方案中遵循保守原则规定恰当的处理方法，如末次观察值结转（Last Observation Carried Forward，LOCF）、基线观察值结转（Baseline Observation Carried Forward，BOCF）等。必要时，可考虑采用不同的缺失值处理方法进行敏感性分析。

不建议在统计分析中直接排除有缺失数据的受试者，因为该处理方式可能破坏入组的随机性、破坏受试人群的代表性、降低研究的把握度、增加 I 类错误率。

对于离群值的处理，需要同时从医学和统计学两方面考虑，尤其是医学专业知识的判断。离群值的处理应在盲态审核时进行，如果试验方案中未预先规定处理方法，在实际资料分析时，需要进行敏感性分析，即比较包括和不包括离群值的两种试验结果，评估其对试验结果的影响。

（三）统计分析方法

1. 统计描述

人口学指标、基线数据一般需选择合适的统计指标（如均数、标准差、中位数等）进行描述以比较组间的均衡性。

主要评价指标在进行统计推断时，需同时进行统计描述。值得注意的是，组间差异无统计学意义不能得出两组等效或非劣效的结论。

次要评价指标通常采用统计描述和差异检验进行统计分析。

2. 假设检验和区间估计

在确定的检验水平（通常为双侧 0.05）下，按照方案计算假设检验的检验统计量及其相应的 P 值，做出统计推断，完成假设检验。对于非劣效性试验，若 $P \leq \alpha$，则无效假设被拒绝，可推断试验组非劣效于对照组。对于优效性试验，若 $P \leq \alpha$，则无效假设被拒绝，可推断试验组临床优效于对照组。对于等效性试验，若 $P_1 \leq \alpha$ 和 $P_2 \leq \alpha$ 同时成立，则两个无效假设同时被拒绝，推断试验组与对照组等效。

亦可通过构建主要评价指标组间差异置信区间的方法达到假设检验的目的，将置信区间的上限和 / 或下限与事先制定的界值进行比较，以做出临床试验结论。按照方案中确定的方法计算主要评价指标组间差异的（1–α）置信区间，α 通常选取双侧 0.05。对于高优指标的非劣效性试验，若置信区间下限大于 –Δ（非劣效界值），可做出临床非劣效结论。对于优效性试验，若置信区间下限大于 Δ（优效界值），可做出临床优效结论。对于等效性试验，若置信区间的下限和上限在（–Δ，Δ）（等效界值的劣侧和优侧）范围内，可做出临床等效结论。

对试验结果进行统计推断时，建议同时采用假设检验和区间估计方法。

3. 基线分析

除试验器械及相应治疗方式外，主要评价指标常常受到受试者基线变量的影响，如疾病的分型和程度、主要评价指标的基线数据等。因此，在试验方案中应识别可能对主要评价指标有重要影响的基线变量，在统计分析中将其作为协变量，采用恰当的方法（如协方差分析方法等），对试验结果进行校正，以修正试验组和对照组间由于协变量不均衡而对试验结果产生的影响。协变量的确定依据以及相应的校正方法的选择理由应在临床试验方案中予以说明。对于没有在临床试验方案中规定的协变量，通常不进行校正，或仅将校正后的结果作为参考。

4. 中心效应

在多个中心开展临床试验，可在较短时间内入选所需的病例数，且样本更具有代表性，结果更具有推广性，但对试验结果的影响因素更为复杂。

在多个中心开展临床试验，需要组织制定标准操作规程，组织对参与临床试验的所有研究者进行临床试验方案和试验用医疗器械使用和维护的培训，以确保在临床试验方案执行、试验器械使用方面的一致性。当主要评价指标易受主观影响时，建议采取相关措施（如对研究者开展培训后进行一致性评估，采用独立评价中心，选择背对背评价方式等）以保障评价标准的一致性。尽管采取了相关质量控制措施，在多中心临床试验中，仍可能出现因不同中心在受试者基线特征、临床实践（如手术技术、评价经验）等方面存在差异，导致不同中心间的效应不尽相同。当中心与处理组间可能存在交互作用时，需在临床试验方案中预先规定中心效应的分析策略。当中心数量较多且各中心病例数较少时，一般无需考虑中心效应。

在多个中心开展临床试验，各中心试验组和对照组病例数的比例需与总样本的比例基本相同。当中心数量较少时，建议按中心进行分层设计，使各中心试验组与对照组病例数的比例基本相同。

九、临床试验的偏倚和随机误差

临床试验设计需考虑偏倚和随机误差。偏倚是偏离真值的系统误差的简称，在试验设计、试验实施和数据分析过程中均可引入偏倚，偏倚可导致错误的试验结论。临床试验设计时应尽量避免或减少偏倚。

统计量的随机误差受临床试验样本量的影响。一方面，较大的样本量可提供更多的数据，使器械性能 / 安全性评价的随机误差更小。另一方面，更大的样本量可能引入更大的偏倚，导致无临床意义的差异变得具有统计学意义。试验设计应该旨在使试验结果同时具有临床和统计学意义。

附录 1

检验假设举例

本附录中列举的检验假设和检验统计量，为特定试验类型、特定评价指标类型下的举例，有其适用范围和前提条件。

一、高优指标的两样本 t 检验

表 1 以高优指标的两样本 t 检验为例，列举了优效性试验、等效性试验、非劣效性试验的检验假设和检验统计量的计算公式。H_0 和 H_1 分别表示原假设和备择检验；T 和 C 分别表示试验组和对照组主要评价指标的参数（如总体均数、总体率等）；为两组参数差值（T-C）的标准误；Δ 表示界值，优效性界值用 Δ 表示，非劣界值用 $-\Delta$ 表示，等效界值的优侧和劣侧分别用 Δ 和 $-\Delta$ 表示；$t/t_1/t_2$ 为检验统计量。

表 1 不同试验类型的检验假设和检验统计量
（以高优指标的两样本 t 检验为例）

试验类型	原假设	备择假设	检验统计量
非劣效性试验	$H_0: T-C \leqslant -\Delta$	$H_1: T-C > -\Delta$	$t = (T-C-(-\Delta))/S_{\bar{d}}$
优效性试验	$H_0: T-C \leqslant \Delta$	$H_1: T-C > \Delta$	$t = (T-C-\Delta)/S_{\bar{d}}$
等效性试验	$H_{01}: T-C \leqslant -\Delta$	$H_{11}: T-C > -\Delta$	$t_1 = (T-C-(-\Delta))/S_{\bar{d}}$
	$H_{02}: T-C \geqslant \Delta$	$H_{12}: T-C < \Delta$	$t_2 = (T-C-\Delta)/S_{\bar{d}}$

二、单组目标值试验的检验假设

π_0 为主要评价指标的目标值，π_1 为主要评价指标的总体率 / 均数。对于高优指标，检验假设为 $H_0: \pi_1 \leqslant \pi_0$，$H_1: \pi_1 > \pi_0$。对于低优指标，检验假设为 $H_0: \pi_1 \geqslant \pi_0$，$H_1: \pi_1 < \pi_0$。

附录 2

样本量估算公式举例

本附录中列举的样本量估算公式，为样本量估算公式举例，有其适用范围和前提条件。在实际的样本量估算中，需根据具体试验设计选择适用公式，包括本附录中未列举的公式。

一、平行对照设计样本量估算

以下公式中，n_T、n_C 分别为试验组和对照组的样本量；$Z_{1-\alpha/2}$、$Z_{1-\beta}$ 为标准正态分布的分数位，当 $\alpha=0.05$ 时，$Z_{1-\alpha/2}=1.96$，当 $\beta=0.2$ 时，$Z_{1-\beta}=0.842$；$(Z_{1-\alpha/2}+Z_{1-\beta})^2=7.85$。

（一）优效性试验

当试验组和对照组按照 1∶1 随机化分组，主要评价指标为事件发生率，其方差齐且不接近于 0% 或 100% 时，其样本量估算公式为：

$$n_T=n_C=\frac{(Z_{1-\alpha/2}+Z_{1-\beta})^2[P_C(1-P_C)+P_T(1-P_T)]}{(|D|-\Delta)^2}$$

P_T、P_C 分别为试验组和对照组预期事件发生率；$|D|$ 为两组预期率差的绝对值，$|D|=|P_T-P_C|$；Δ 为优效性界值，取正值。

当试验组和对照组按照 1∶1 随机化分组，主要评价指标为定量指标且方差齐时，其样本量估算公式为：

$$n_T=n_C=\frac{2(Z_{1-\alpha/2}+Z_{1-\beta})^2\sigma^2}{(|D|-\Delta)^2}$$

σ 为对照组预期标准差；$|D|$ 为预期的两组均数之差的绝对值，$|D|=|u_T-u_C|$；Δ 为优效性界值，取正值。

使用该公式计算样本量为 Z 值计算的结果，小样本时宜使用 t 值迭代，或总例数增加 2-3 例。

（二）等效性试验

当试验组和对照组按照 1∶1 随机化分组，主要评价指标为事件发生率，其方差齐且不接近于 0% 或 100% 时，其样本量估算公式为：

$$n_T=n_C=\frac{(Z_{1-\alpha/2}+Z_{1-\beta})^2[P_C(1-P_C)+P_T(1-P_T)]}{(\Delta-|D|)^2}$$

P_T、P_C 分别为试验组和对照组预期事件发生率；$|D|$ 为两组预期率差的绝对值，$|D|=|P_T-P_C|$；Δ 为等效界值（适用于劣侧界值与优侧界值相等的情形），取正值。

当试验组和对照组按照 1∶1 随机化分组，主要评价指标为定量指标且方差齐时，其样本量估算公式为：

$$n_T=n_C=\frac{2(Z_{1-\alpha/2}+Z_{1-\beta})^2\sigma^2}{(\Delta-|D|)^2}$$

σ 为对照组预期标准差；$|D|$ 为预期的两组均数之差的绝对值，$|D|=|u_T-u_C|$；Δ 为等效界值（适用于劣侧界值与优侧界值相等的情形），取正值。

使用该公式计算样本量为 Z 值计算的结果，小样本时宜使用 t 值迭代，或总例数增加 2-3 例。

（三）非劣效试验

当试验组和对照组按照 1∶1 随机化分组，主要评价指标为预期事件发生率，其方差齐且不接近于 0% 或 100% 时，其样本量估算公式为：

$$n_T = n_C = \frac{(Z_{1-\alpha/2} + Z_{1-\beta})^2 [P_C(1-P_C) + P_T(1-P_T)]}{(|D| - \Delta)^2}$$

P_T、P_C 分别为试验组和对照组预期事件发生率；$|D|$ 为两组预期率差的绝对值，$|D| = |P_T - P_C|$，Δ 为非劣效界值，取负值。

当试验组和对照组按照 1∶1 随机化分组，主要评价指标为定量指标且方差齐时，其样本量估算公式为：

$$n_T = n_C = \frac{2(Z_{1-\alpha/2} + Z_{1-\beta})^2 \sigma^2}{(|D| - \Delta)^2}$$

σ 为对照组预期标准差；$|D|$ 为预期的两组均数之差的绝对值，$|D| = |u_T - u_C|$；Δ 为非劣效界值，取负值。

使用该公式计算样本量为 Z 值计算的结果，小样本时宜使用 t 值迭代，或总例数增加 2-3 例。

二、单组目标值试验的样本量估算

以下公式中，n 为试验组样本量；$Z_{1-\alpha/2}$、$Z_{1-\beta}$ 为标准正态分布的分数位，当 $\alpha=0.05$ 时，$Z_{1-\alpha/2}=1.96$，当 $\beta=0.2$ 时，$Z_{1-\beta}=0.842$。

当主要评价指标为事件发生率，统计发生率的研究周期相同，且发生率不接近于 0% 或 100% 时，其样本量估算公式为：

$$n = \frac{[Z_{1-\alpha/2}\sqrt{P_0(1-P_0)} + Z_{1-\beta}\sqrt{P_T(1-P_T)}]^2}{(P_T - P_0)^2}$$

P_T 为试验组预期事件发生率，P_0 为目标值。

三、诊断试验的样本量估算

以抽样调查设计的诊断试验为例，其评价指标为灵敏度和特异度，用灵敏度计算阳性组的样本量，用特异度计算阴性组的样本量。

阳性组／阴性组样本量的估算公式为：

$$n = \frac{Z_{1-\alpha/2}^2 P(1-P)}{\Delta^2}$$

公式中 n 为阳性组／阴性组样本量，$Z_{1-\alpha/2}$ 为标准正态分布的分位数，P 为灵敏度或特异度的预期值，Δ 为 P 的允许误差大小，一般取 P 的 95% 置信区间宽度的一半，常用的取值为 0.05-0.10。

食品药品监管总局关于发布接受医疗器械境外临床试验数据技术指导原则的通告

2018 年第 13 号

为贯彻落实中共中央办公厅、国务院办公厅《关于深化审评审批制度改革鼓励药品医疗器械创新的意见》（厅字〔2017〕42 号），加强医疗器械产品注册工作的管理，进一步提高注册审查质量，鼓励医疗器械研发创新，国家食品药品监督管理总局组织制定了接受医疗器械境外临床试验数据技术指导原则（见附件），现予发布。

特此通告。

附件：接受医疗器械境外临床试验数据技术指导原则

食品药品监管总局
2018 年 1 月 10 日

附件

接受医疗器械境外临床试验数据技术指导原则

为了更好满足公众对医疗器械的临床需要，促进医疗器械技术创新，根据中共中央办公厅、国务院办公厅《关于深化审评审批制度改革鼓励药品医疗器械创新的意见》（厅字〔2017〕42 号）及我国医疗器械注册管理相关要求制定本指导原则。本指导原则旨在为申请人通过医疗器械境外临床试验数据申报注册以及监管部门对该类临床试验数据的审评提供技术指导，避免或减少重复性临床试验，加快医疗器械在我国上市进程。

一、范围

本指导原则适用于指导医疗器械（含体外诊断试剂）在我国申报注册时，接受申请人采用境外临床试验数据作为临床评价资料的工作。

本指导原则中涉及的境外临床试验数据是指，全部或同期在境外具备临床试验开展所在国家（地区）要求条件的临床试验机构中，对拟在我国申报注册的医疗器械在正常使用条件下的安全有效性进行确认的过程中所产生的研究数据。

二、接受境外临床试验数据的基本原则

（一）伦理原则

境外临床试验应当遵循《世界医学大会赫尔辛基宣言》确定的伦理准则。申请人同时需说明采用的临床试验开展所在国家（地区）的伦理、法律、法规所制定的规范和标准，或国际规范和标准。

相关文件

1071

（二）依法原则

境外临床试验应当在有临床试验质量管理的国家（地区）开展，并且符合我国医疗器械（含体外诊断试剂）临床试验监管要求，若临床试验所符合的临床试验质量管理文件与《医疗器械临床试验质量管理规范》（GCP）有差异，应详细说明差异内容，并充分证明差异内容不影响研究结果的真实性、科学性、可靠性及可追溯性，且能够保障受试者权益。申请人及临床试验机构应接受国家食品药品监督管理总局的监督检查。

（三）科学原则

境外临床试验数据应真实、科学、可靠、可追溯，申请人应提供完整的试验数据，不得筛选。

申请人应确保在境外开展的临床试验目的适当，试验设计科学合理，试验结论清晰，受试者的权益得到保障，其他人员可能遭受的风险得以保护。

三、境外临床试验数据的提交情况及接受要求

申请人提交的境外临床试验资料应至少包括：临床试验方案、伦理意见、临床试验报告。临床试验报告应包含对完整临床试验数据的分析及结论。

依据申请人注册申请中选择的临床评价路径，境外临床试验数据可作为临床试验资料，亦可作为验证资料证明与同品种器械的差异不对产品的安全有效性产生不利影响。其中后者的临床试验数据的产生过程包括：针对与同品种器械对比后的差异在境外开展临床试验所产生的数据；申请人已有的境外临床试验数据能够涵盖针对同品种器械对比后需进行的差异试验内容。

境外试验数据符合我国注册相关要求，数据科学、完整、充分，予以接受。境外试验数据符合本指导原则第二条提出的基本要求，但根据我国注册相关技术要求还需补充部分资料时，可在我国境内或境外开展补充临床试验，其补充试验数据与原境外试验数据综合评价后符合我国注册相关技术要求后，予以接受。

申请人若采用我国境内及境外同期开展的多中心临床试验数据作为注册申报资料，还应阐明境内承担的病例数的分配依据，以便于进一步评价是否符合我国注册相关要求。

列入《需进行临床试验审批的第三类医疗器械目录》的医疗器械，亦可根据本指导原则提交境外临床试验数据。

四、接受境外临床试验资料时的考虑因素及技术要求

（一）技术审评要求的差异

境外进行的临床试验可能符合试验开展所在国家（地区）的技术审评要求，但不一定完全符合我国相关审评要求。例如进行临床试验设计时，有些国家仅要求临床试验能够得出器械性能达到某一观察终点的结论；但在我国申报注册时，可能要求该器械性能达到多个观察终点才可确认其有效性，且医疗器械的安全性有适当的证据支持。若国家食品药品监督管理总局发布特定医疗器械的技术审评指导原则中含有对其临床试验的相关要求，该器械境外临床试验应考虑有关要求，存在不一致时，应提供充分、合理的理由和依据。

（二）受试人群差异

由于医疗器械作用于人体的机理、接触人体的方式和时间、预期产生的临床效应等各不相同，因此部分器械用于不同人群的安全性影响和干预程度不同。申请人应确认所研究的人群数据可外推至我国使用人群。

受试人群的差异对临床试验数据可能产生影响的因素包括：

1. 内在因素：指基于人类遗传学特征或人口学特征的影响因素，包括人种、种族、年龄、性别等方面。

2. 外在因素：指基于社会环境、自然环境、文化的影响因素，包括饮食习惯、宗教信仰、所暴露环境、吸烟、饮酒、疾病发生率、罕见或地域性共病、肥胖、治疗理念、社会经济情况、教育程度、医疗依从性等方面。

上述的部分因素同时可基于内在和外在因素而产生，例如种族差异。

（三）临床试验条件差异

境外临床试验需考虑与我国试验条件的差异对试验数据及我国预期使用人群的相关性产生的影响。试验条件差异包括：医疗环境、医疗设施、研究者能力（学习曲线）、诊疗理念或准则的差异等。有些因素可能对试验结果产生显著的影响，例如由于诊疗理念或标准不同，临床操作方法可能不符合我国相关临床操作指南。此外，医疗设施和研究者水平的差异也会对试验数据产生影响，对操作性要求较高的器械，研究者对器械的使用能力可能直接对试验结论产生明显影响。

上述的三个方面的差异所产生的影响因素在某一医疗器械临床试验数据产生过程中可能单一存在，也可能多项共存，虽然已知这些因素客观存在并会对临床试验产生一定的影响，但对各因素影响程度的判定还应结合拟申报器械的特性、临床试验目的等进行。根据医疗器械发展现状、临床使用经验、以及对相关疾病和诊疗方法的认知，能够对大部分医疗器械的临床试验数据所产生的影响判定出不具有实际临床意义时，可不要求逐一证明。能够确定某些因素对临床试验数据产生有临床意义的影响时，或难以判定某些因素对临床试验数据是否产生有临床意义的影响时，申请人应阐明降低或消除各项差异影响所采用的方法，如可根据需要考虑进行对受试人群进行亚组设计，或对已有的临床试验数据进行亚组分析。

对于能够明确界定的对试验数据产生有临床意义影响的因素，申请人可针对差异因素在我国境内进行补充试验，结合原有的境外临床试验数据共同用于确认该器械在我国正常使用条件下的安全有效性。

建议申请人在提交境外临床试验数据前，与医疗器械审评部门进行充分沟通，以利于对拟申报医疗器械临床评价资料的科学、完整、充分达成共识。

可界定的不同因素对临床数据产生有临床意义影响的产品实例如下：

例1：脉搏血氧仪设备，通过光信号与组织的相互作用，利用脉动血流导致组织光学特性的依赖于时间的变化，用于无创测量脉搏血氧饱和度（SpO2）和脉搏率（PR，即 Pluse Rate）。因为工作原理涉及光信号与组织的相互作用，应考虑皮肤黑色素沉淀问题，境外人群与我国人群肤色存在差异，应进行相应的临床研究。

例2：用于遗传病基因检测的体外诊断试剂，如果不同人种遗传基因存在差异，境外产品基于境外人群选择的检测基因可能与我国人群遗传基因存在差异，应考虑我国人群中相关疾病遗传基因的突变位点、突变频率等影响因素，进行相应的临床研究。

例3：用于病原体检测的体外诊断试剂，在境内外的流行基因型别不同，如乙型肝炎病毒在世界各地的基因型分布存在差异，我国常见型为 B、C、D 型，全球目前已发现的基因型有 A–I 共 9 个基因型。乙型肝炎病毒基因分型检测试剂应通过临床评价证明其基因型的覆盖性和检出能力。

相关文件

国家药监局关于发布医疗器械附条件批准上市
指导原则的通告

2019 年第 93 号

为贯彻落实中共中央办公厅、国务院办公厅《关于深化审评审批制度改革鼓励药品医疗器械创新的意见》，解决严重危及生命疾病的临床治疗需求，加快相关医疗器械的审评审批，国家药品监督管理局组织制定了医疗器械附条件批准上市指导原则（见附件），现予发布。

特此通告。

附件：医疗器械附条件批准上市指导原则

国家药监局

2019 年 12 月 17 日

附件

医疗器械附条件批准上市指导原则

为贯彻落实中共中央办公厅、国务院办公厅《关于深化审评审批制度改革鼓励药品医疗器械创新的意见》，解决严重危及生命疾病的临床治疗需求，加快相关医疗器械的审评审批，根据《医疗器械监督管理条例》，结合我国医疗器械注册管理相关要求及审评工作实践，制定本指导原则。

一、范围

本指导原则适用于拟申请附条件批准上市的医疗器械注册。

二、基本原则

对治疗严重危及生命且尚无有效治疗手段疾病的医疗器械，应当充分考虑医疗器械上市后预期收集的数据与上市前已收集的数据之间的平衡性，综合评估产品的风险受益。上市前已收集的数据应当能够证明医疗器械已显示疗效并能合理预测或者判断其临床价值，可附条件批准该医疗器械上市。

医疗器械附条件批准上市应当有助于增加患有严重危及生命且尚无有效治疗手段疾病的患者及时使用新器械的机会。

从可附条件批准上市的论证、所附条件的设立，到上市后数据的收集，附条件批准上市对医疗器械临床试验的要求有灵活性，但不得降低医疗器械安全性有效性综合评价的要求。

三、基本要求

申请人应当充分评估申报产品附条件批准上市的受益风险比和剩余风险,且风险评估结果应当表明受益大于风险。

在申报产品注册申请过程中及附条件批准上市后,申请人、注册人应当按照既定临床试验方案继续开展临床试验和完成其他研究工作及要求。

注册申报资料除满足本指导原则要求的资料外,还应当符合医疗器械注册申请其他要求。

四、沟通交流

医疗器械上市前和上市后,申请人、注册人可针对重大技术问题、重大安全性问题、临床试验方案、注册证中附条件的完成情况等向技术审评机构提交沟通交流申请。

五、临床前研究要求

(一)临床试验前研究资料应当合理验证申报产品的安全性和有效性,申请人应当对可能存在的风险进行充分评定。

(二)临床试验前研究资料包括但不限于申请人的科学研究结果,如实验室数据、动物实验、细胞试验、模拟试验等,和/或相关文献资料的总结,以及性能研究、生物相容性评价研究、稳定性研究、软件研究资料等。

六、上市前临床试验要求

(一)临床试验资料至少包括:临床试验方案、伦理委员会意见、必须接受治疗的情况说明、受试者知情同意书(文本)、临床试验报告等,如有特殊情况应当具体说明。

(二)临床试验方案设计与统计分析方法应当科学合理,并符合我国医疗器械注册相关法规、规章、指导原则的要求。

(三)申请人可在临床试验方案设计时将替代指标纳入到研究设计中,通过分析替代指标来评估产品安全性和有效性,注意评估的科学性,如统计学考量。

(四)临床试验替代指标是指可显示疗效并合理评估产品临床价值的指标,可不是临床试验主要评价指标,不直接衡量长期临床获益。

(五)临床试验替代指标的确定需要根据疾病、长期终点和预期作用之间关系的合理性以及支持这种关系的科学证据进行判断。申请人应当提供证据证明替代指标与临床试验主要评价指标的关联性和可评价性。

(六)临床试验数据应当证明申报产品已显示疗效并能合理评估或者判断其临床价值。

(七)申请人可与技术审评机构沟通并确定申请附条件批准上市产品的评价指标,以及临床试验数据要求、可合理评估或者判断其临床获益的标准、临床试验的设计及其他内容。

(八)申请人应当充分评估提交的临床试验数据显示申报产品可能存在的风险。如不良事件的严重程度、类型、数量和发生率,不良事件对受试者造成伤害的持续时间、手术相关并发症的类型、数量和发生率等。

(九)临床试验数据应当符合医疗器械注册相关要求,科学、真实、准确、完整、可追溯,且不得筛选。申请人应当确保临床试验中受试者的权益得到保障,其他人员可能遭受的风险得以控制。

七、附条件要求

(一)医疗器械注册人应当在规定的时限内完成医疗器械注册证备注栏载明的上市批准附带条件

的要求。

附条件批准上市的医疗器械注册证的有效期与注册证注明的附带条件的完成时限一致。

（二）附带条件可包括以下内容：

1. 继续完成上市前临床试验；

2. 新的上市后临床研究；

3. 上市后产品的临床使用信息；

4. 其他要求，包括产品上市后规定时限内应当继续完成的其他工作和要求，如使用该医疗器械的医疗机构范围、使用者的能力要求、使用前应当经伦理委员会同意、相关研究的时限等。

（三）注册人应当在产品标签、说明书中提示产品的风险。

八、上市后监测

（一）注册人应当加强对附条件批准上市的医疗器械的不良事件监测，并符合《医疗器械不良事件监测和再评价管理办法》相关规定。

（二）注册人应当在医疗器械全生命周期收集受益和风险相关数据，持续对申报产品的受益和风险开展监测与评估。

（三）发生以下情形时，注册人应当及时主动申请注销医疗器械注册证：

1. 注册人按注册证载明附带条件要求获取的相关证据表明风险大于受益；

2. 经再评价不能证明产品的安全性和有效性。

国家药监局关于发布医疗器械注册质量管理体系
核查指南的通告

2022 年第 50 号

为做好医疗器械注册人制度下注册质量管理体系核查工作，提高医疗器械注册质量管理体系核查工作质量，根据《医疗器械监督管理条例》（国务院令第 739 号）及《医疗器械注册与备案管理办法》（市场监管总局令第 47 号）、《体外诊断试剂注册与备案管理办法》（市场监管总局令第 48 号）、《医疗器械生产监督管理办法》（市场监管总局令第 53 号）等要求，国家药品监督管理局组织修订了《医疗器械注册质量管理体系核查指南》（见附件），现予发布，自发布之日起实施。国家药品监督管理局《关于发布医疗器械注册质量管理体系核查指南的通告》（2020 年第 19 号）同时废止。

特此通告。

附件：医疗器械注册质量管理体系核查指南

国家药监局
2022 年 9 月 29 日

附件

医疗器械注册质量管理体系核查指南

一、目的和依据

为加强医疗器械注册质量管理体系核查管理，保证核查工作质量，根据《医疗器械监督管理条例》《医疗器械注册与备案管理办法》《体外诊断试剂注册与备案管理办法》《医疗器械生产监督管理办法》《医疗器械生产质量管理规范》《医疗器械临床试验质量管理规范》《医疗器械注册自检管理规定》等，制定本指南。

二、适用范围

本指南适用于医疗器械监管部门对第二类、第三类医疗器械开展的注册质量管理体系现场核查。

三、基本要求

3.1（质量管理体系）注册申请人（简称申请人）应当按照《医疗器械生产质量管理规范》及附录的要求，基于科学知识、经验以及风险管理原则，建立与产品实现过程相适应的质量管理体系，包括委托生产（如有）、临床评价（含临床试验）等环节，以确保其在医疗器械全生命周期管理过程中有效运行，保证设计开发、生产等过程数据真实、准确、完整和可追溯，并与注册申报资料一致。

3.2（注册核查要求）应当结合注册申报资料组织开展注册质量管理体系核查，重点关注与产品研制、生产有关的设计开发、采购、生产管理、质量控制等内容。产品真实性核查应当全面、客观。

3.3（自检核查要求）对提交自检报告的，应当按照《医疗器械注册自检管理规定》，结合提交的产品技术要求，对申请人的质量管理体系和能力逐项进行核实。

3.4（委托活动检查、延伸检查要求）对存在设计开发、产品生产等活动委托其他企业的申请人，核查范围应当涵盖受托研发、受托生产活动。必要时，应当对为医疗器械研发、生产活动提供产品或者服务的其他单位开展延伸检查。

四、重点核查内容

4.1 质量管理体系原则

4.1.1（质量管理体系）申请人应当结合产品特点，建立涵盖设计开发、生产、质量控制和放行审核等与产品实现过程相适应的质量管理体系，且应当包括委托生产（如有）、临床评价（含临床试验）等。

4.1.2（风险管理）申请人应当建立风险管理制度，根据科学知识及经验对产品实现过程的质量风险进行评估，以保证产品质量。

4.1.3（自检）申请人开展自检的，自检工作应当纳入产品质量管理体系并符合要求。

4.2 机构与人员

4.2.1（组织机构）申请人应当建立与医疗器械研发、生产相适应的管理机构，明确各部门职责，确保设计开发和技术转换合理并可追溯。

4.2.2（人员）申请人应当配备适当数量并具有相应的研发、生产和质量控制人员，人员应当具有与申报注册产品相适应的专业知识和工作技能。

4.2.3（关键人员）管理者代表、生产负责人、质量负责人、技术负责人、产品放行审核人等关键人员应当熟悉申报注册产品的关键质量控制、关键生产操作要求。

4.2.4（自检人员）申请人提交自检报告的，质量检验部门应当配备足够数量的专职检验人员。检验人员的教育背景、技术能力应当与产品检验工作相匹配。检验人员、审核人员、批准人员等应当经申请人依规定授权。

4.3 厂房、设施和设备

4.3.1（厂房设施）申请人应当配备与申报注册产品生产相适应的厂房与设施。产品设计开发应当在适宜的厂房与设施中进行。申请注册的检验用产品（简称注册检验产品）和临床试验产品生产的厂房与设施，应当满足产品的质量控制要求。

4.3.2（生产设备）申请人应当配备有与申报注册产品生产相适应的生产设备和工艺装备。注册检验产品和临床试验产品生产设备和工艺装备，应当满足产品质量和生产规模要求。

4.3.3（检验设备）申请人应当配备满足产品检验方法要求的环境设施和仪器设备。开展特殊专业检验的实验室，环境设施条件应当符合特定的专业要求。

4.3.4（注册检验和临床试验产品生产）应当保留用于注册检验产品和临床试验产品研发、生产的厂房设施与设备以及相关使用记录。如遇不可抗力无法保留的，应当留存可以证明产品研发、生产及验证等产品实现过程活动真实、完整和可追溯的证据资料。

4.4 文件管理

4.4.1（体系文件）申请人应当建立与申报注册产品相适应的质量管理体系文件，包括质量手册、程序文件、技术文件和数据记录等。技术文件应当包括产品技术要求及相关标准、生产工艺规程、作业指导书、检验和试验操作规程等相关文件。数据记录应当确保产品设计开发、物料采购、生产、质量控制以及产品放行等活动可追溯。

4.4.2（研发原始记录）设计开发原始资料应当纳入文件管理。除直接输出的试验数据外，还应当保留设计开发过程中的辅助记录，如主要物料领用记录、仪器设备使用记录、称量记录、配制记录等。开展临床试验的，应当保留临床试验过程有关的试验器械（试剂）出库记录、储运记录、回收处置记录等。

4.4.3（验证资料）申请人应当保留产品设计开发或技术转让后验证的研究资料和记录，并应当确保数据的真实、准确、完整和可追溯。

4.4.4（临床试验文件管理）申请人应当建立临床试验基本文件管理制度，按《医疗器械/体外诊断试剂临床试验基本文件目录》要求管理临床试验有关文件并确保其真实、完整和可追溯。

4.5 设计开发

4.5.1（设计开发文档）医疗器械设计和开发文档应当源于设计开发策划、输入、输出、评审、验证、确认、转换、变更的相关文件，包含设计开发过程中建立的记录，应当确保历次设计开发最终输出过程及其相关活动可追溯。

4.5.2（设计开发输入）设计和开发输入一般应当包括法律法规、国家标准、行业标准、国内外指南文件、标准品或者参考物质信息（体外诊断试剂产品适用）、用户需求、产品适用范围、前代或者同类产品的技术指标、产品风险等。

4.5.3（设计开发输出）设计和开发输出应当满足输入要求，以及符合用户需求和产品设计需求，应当关注产品适用范围、功能性、安全性、有效性、质量可控性。

4.5.3.1（无源医疗器械）无源医疗器械原材料组分应当符合相关标准要求，产品与人体接触部分应当完成生物相容性评价。可重复使用的无菌产品在进行重复灭菌时，应当对成品性能进行评估并完成可耐受重复灭菌研究。

4.5.3.2（有源医疗器械）有源医疗器械应当根据标准要求完成相关研究，如电击危险防护、机械危险防护、辐射危险防护、超温危险防护、电磁兼容性、生物相容性等。

4.5.3.3（动物源包括同种异体医疗器械）动物源医疗器械应当完成动物种属（若风险与品系有关还需明确品系）、地理来源（对无法确定地理来源的种属，提供来源动物生存期间的识别与追溯要求）、年龄（与风险有关时适用，例如动物对自然发生的传播性海绵状脑病的易感性）、取材部位和组织的类型、动物及取材组织健康状况、病毒灭活方法适用性验证等研究。

4.5.3.4（体外诊断试剂）体外诊断试剂研究过程中涉及的主要原材料、中间体、重要辅料等应当明确来源并符合要求，研究过程中使用的设备、仪器和试剂应当满足研究要求。

4.5.4（验证确认）申请人应当基于风险评估结果来确定需要进行验证或者确认的工作范围和程度，并确保有关操作的关键要素能够得到有效控制。

4.5.5（设计转换）申请人应当保留产品设计转换活动的所有记录，以表明设计和开发输出成为最终产品规范前已得到充分验证且适用于常规生产，并确保生产工艺在使用确定的原材料和设备条件下，持续稳定生产出符合预期用途和产品技术要求的产品。如：无菌提供产品的灭菌工艺及相关设备设施验证与确认、有源医疗器械基本安全和基本性能的实现确认评估、体外诊断试剂生产过程、工艺参数以及批量放大验证等。

4.5.6（包装、有效期、重复使用）申请人应当对产品包装、有效期或者重复使用次数等开展研究并留存相关记录，如：产品的包装设计及验证、稳定性研究数据、产品说明书和最小销售单元标签的设计记录等。

4.5.7（验证记录）应当保存设计和开发验证活动的详细原始数据记录资料，包括验证方案、验证报告、验证记录（如测试数据、样品处理记录等）、辅助记录等。

4.5.8（临床确认管理）设计和开发确认过程中，对申报注册产品需要用临床试验的方式进行确认的，申请人应当按照临床试验方案及合同履行相应职责，并保存相关文件和记录。

相关文件

4.5.9（临床试验产品要求）开展临床试验的产品，在临床试验开始前，申请人应当确保产品设计已定型且完成产品检验，其安全性、功能性适于开展临床试验。应当保留相关评估和确认过程的记录。

4.5.10（临床试验产品管理）申请人应保存临床试验产品的分发、储运、回收／退回等记录。

4.5.11（设计开发变更）设计和开发更改包括产品变更、引用文件更新（如法规、强制性标准）、设计转换的变更（如设备、原材料供应商、工艺、环境等）、来自外部的变更要求（检验、动物实验、临床试验、技术审评更改意见）、强制性医疗器械标准变化引发的变更等，应当经过风险评估、验证或者确认，确保变更得到控制。

4.5.12（委托研发管理）对存在委托研发情形的，申请人应当有相关活动的质量管理措施。

4.5.12.1（受托方能力评估）申请人应当明确产品研发活动委托的范围及程度。应当对受托研发机构的研发能力与持续技术支持能力提出相应要求并进行评估。

4.5.12.2（委托研发协议）申请人应当与受托研发机构签订委托研发协议，明确规定各方责任、研发内容及相关的技术事项。申请人应当对委托研发的过程和结果负责，应当有措施确保委托研发过程数据的可靠性。受托研发机构应当遵守协议要求，保证研发过程规范、数据真实、准确、完整和可追溯。

4.5.12.3（委托研发技术文档）申请人应当确保受托研发机构按照协议要求移交设计开发输出文档并满足设计开发输入要求。

4.6 采购

4.6.1（采购制度）申请人应当建立采购控制程序，确保采购物品符合规定要求。

4.6.2（原材料来源）注册检验产品及临床试验产品所需的原材料，包括与产品直接接触的包材、软件等应当具有合法来源证明，如供货协议、订单、发票、入库单、送货单、批准证明性文件复印件等。

4.6.3（主要物料采购）主要原材料购入时间或者供货时间应当与产品生产时间相对应，购入量应当满足产品生产需求，且应当有检验报告或者合格证明。

4.6.4（采购记录）主要原材料的采购记录应当符合产品设计需求和采购协议的规定，记录应真实、准确、完整和可追溯。

4.6.5（体外诊断试剂采购记录）体外诊断试剂原材料的采购应当有采购合同或者采购记录。质控品、校准品、企业参考品的采购应满足追溯要求，如涉及人体来源的样本，应当有相应原料的检验方法、检验过程、检验数据、检验记录，以及表明生物安全性的证明材料等。

4.6.6（体外诊断试剂关键物料要求）体外诊断试剂设计定型后，关键原材料本身如抗原（来源、氨基酸序列、构象等）、抗体（来源、细胞株等）、引物探针序列等不应发生变化。

4.7 生产

4.7.1（研制生产要求）申请人应当按照《医疗器械生产质量管理规范》要求，组织注册检验产品和临床试验产品的生产活动。

4.7.2（生产工艺文件）申请人应当编制生产工艺规程、作业指导书等文件，并明确关键工序和特殊过程。对动物源医疗器械，灭活和去除病毒和／或传染性因子工艺以及降低动物源性材料免疫原性的方法和／或工艺应当经确认。

4.7.3（生产及记录要求）应当按照生产工艺规程组织注册检验产品和临床试验产品生产，并如实填写生产记录。生产记录应当真实、准确、完整和可追溯。

4.7.4（体外诊断试剂生产要求）体外诊断试剂的生产应当确保不同工作液的配制浓度、生产工艺过程、质量控制过程等符合设计输出的要求，尤其是生物活性材料的浓度、活性应当确保稳定，并符合相关标准。原材料的物料平衡应当符合要求。

4.8 质量控制

4.8.1（基本要求）申请人应当建立质量控制程序，规定产品检验部门、人员、操作等要求，并规定检验仪器和设备的使用、校准等要求，以及产品放行的程序等。

4.8.2（自检）申请人开展自检的，应当按照有关检验工作和申报产品自检的要求，将与自检工作相关的质量管理要求纳入企业质量管理体系文件（包括质量手册、程序、作业指导书等），并确保其有效实施和受控。

4.8.3（检验设备）申请人应当建立和保存检验设备及环境设施的档案、操作规程、计量 / 校准证明、使用和维修记录。

4.8.4（检验规程）应当基于科学和风险管理原则，制定原材料进货检验规程、半成品与成品检验规程等并明确制定依据。

4.8.5（检验记录）应当保存注册检验、临床试验等相关产品的检验报告和记录，包括：进货检验、过程检验和成品检验等原始记录、检验报告或者证书以及检验方法确认或者验证记录等。存在部分项目委托检验的，应当有相关项目检验报告及委托检验协议等。

4.8.6（放行程序）应当建立并实施产品放行程序，明确产品放行条件及审核、批准要求。

4.8.7（体外诊断试剂溯源）体外诊断试剂溯源过程应当合理，每批产品赋值过程与赋值方法应当具有一致性。

4.8.8（留样）申请人应当结合产品特点，留存一定数量的注册检验产品、临床试验产品。生产产品或者留样产品数量和规格型号应当能满足产品检验和临床评价（含临床试验）的需要。留样产品去向应当可追溯。

4.9 委托生产

4.9.1（总体要求）在生产产品过程中存在委托情形的，申请人应当明确负责指导、监督受托生产企业质量管理体系的部门和人员。原则上应当指定管理者代表负责委托生产的质量管理。

4.9.2（人员）申请人应当配备专职的质量管理人员，人员应当熟悉产品的关键质量控制、关键生产操作要求，能够对申请人和受托生产企业的质量管理体系进行评估、审核和监督。受托生产企业的生产负责人、质量负责人、生产放行审核人等关键人员应当熟悉受托生产产品的关键质量控制、关键生产操作要求。

4.9.3（委托协议）申请人应当与受托方签订委托协议，明确双方权利、义务和责任，协议至少应当包括受托生产企业的生产条件、技术文件的转移、物料采购控制、生产工艺和过程控制、成品检验、产品放行控制、文件与记录控制、变更控制、质量管理体系审核等，确保受托生产企业按照法律法规、医疗器械生产质量管理规范、强制性标准、产品技术要求组织生产。

4.9.4（现场审核）委托生产前，申请人应当对受托生产企业的质量管理体系开展现场评估审核，审核内容至少应当包括机构和人员、厂房与设施、设备、生产管理、质量控制能力等，确保受托生产企业具备与受托生产产品相适应的质量管理体系。

4.9.5（设计转换）申请人应当与受托生产企业共同策划并完成设计转换活动，确保产品技术要求、生产工艺、原材料要求及说明书和标签等产品技术文件能有效转移到受托生产企业。

4.9.6（技术文件转化和工艺验证）受托生产企业应当结合本企业的生产条件和质量管理体系，将申请人的产品技术文件转化为本企业的技术文件，确保产品技术要求的关键技术参数、操作方法与申请人移交的保持一致。应当进行试生产及工艺验证工作，试生产应当包括全部转移的生产过程及质量控制过程。

4.9.7（技术转化风险控制）申请人应当结合原生产工艺文件，对受托生产企业执行的生产工艺文件进行比对评估，确保因生产条件等质量管理体系变化带来的风险已得到充分识别和控制。申请人应当参与受托生产企业开展的与受托生产产品相关的验证与确认工作，并对相关的过程文件及报告进行审核。

4.9.8（注册检验产品和临床试验产品生产）申请人在受托生产企业开展注册检验产品和临床试验产品生产的，应当确保受托生产企业有与产品生产相适应的厂房、设施和设备。申请人应当确保完成工艺验证或者确认等相关工作。

4.9.9（物料采购）申请人应当明确委托生产产品物料的采购方式、采购途径、质量标准、检验要求，并按照医疗器械委托生产质量协议要求实施采购。必要时，申请人与受托生产企业一起对物料供应商进行筛选、审核、签订质量协议、定期复评。

4.9.10（生产过程管理）申请人应当会同受托生产企业对产品工艺流程、工艺参数、外协加工过程（如：辐照灭菌、环氧乙烷灭菌、阳极氧化、喷涂工艺等）、物料流转、批号和标识管理、生产记录追溯性等生产过程明确监控方式和标准，指定授权监控的人员，并保留监控记录。

4.9.11（文件管理）申请人和受托生产企业共同持有的文件至少应当包括：委托协议，受托生产企业执行的产品技术要求、原材料要求、生产工艺和检验规程、产品说明书和标签以及产品放行程序等。

4.9.12（产品放行）申请人应当建立产品放行审核和批准程序，并确保双方按照各自的职责放行注册检验产品、临床试验产品和上市产品。受托生产企业应当制定生产放行审核程序，应当保证受托生产产品符合申请人的验收标准并保留放行记录。与产品生产相关的所有记录应当真实、准确、完整并可追溯。

4.9.13（定期审核）申请人应当定期对受托生产企业的受托生产管理情况和相关记录进行审核，并保留审核记录。受托生产企业应当保留受托生产相关的全部生产记录，并可随时提供给申请人备查。如果受托生产企业有相同产品在生产，应当与受托生产产品有显著区别的编号、批号及过程标识管理方式，避免混淆。

4.9.14（沟通机制）申请人应当与受托生产企业建立有效的沟通机制，任何设计变更、采购变更等均应当及时通知受托生产企业并监督执行。对受托生产企业质量管理体系发生的可能影响产品质量的变更，申请人应当有措施确保受托生产企业能及时告知申请人并开展联合评估。

4.9.15（申请人责任）申请人应当对设计开发、生产、储运和不良事件监测情况进行全流程追溯、监控，保持质量管理体系的持续改进，并落实对受托生产企业的监督。

4.10 产品真实性

4.10.1（注册检验产品）注册检验产品，包括检验产品批号（编号/序列号等）及规格型号、检验时间、检验数量、检验依据、检验结论、关键原料和/或部件等信息、校准物质和/或质控物质、检验产品照片（含独立软件发布版本信息的照片）、标签等信息，应当与生产记录相符并可追溯。

4.10.2（临床试验产品）临床试验产品，包括临床试验产品批号（编号/序列号等）及规格型号，应当与生产记录相符并可追溯。

4.10.3（研制生产追溯要求）生产的产品批次及生产批号或者产品编号、规格型号/包装规格、每批数量、注册检验产品和临床试验产品批号及数量、留样产品批号及数量、现存产品生产批号或者产品编号及数量、主要原材料批号及数量等应当可追溯。

4.10.4（采购记录）应当保留用于产品生产的原材料采购记录，至少包括：原材料品名、型号规格、批号、材质（牌号）、供应商（生产商）、质量标准及进货验收、采购凭证、出入库记录及台账等。采购记录的相关信息应当与生产记录、注册检验报告相应内容相一致。

4.10.5（生产和检验记录）生产记录、过程检验原始记录、成品检验原始记录等应当符合设计输出文件要求。

4.10.6（留样）如需留样，应当留存留样产品，并保留产品台账、留样观察记录。

五、现场核查结果判定原则

5.1 本指南共有核查项目 73 项，其中标注"*"关键项目 32 项，一般项目 41 项（见附表）。现场检查组应当对照所有核查项目，逐一作出该项目"符合"、"不符合"或者"不适用"的判定结果。对判定为"不符合"的核查项目，检查员应当详实记录存在的具体问题。

5.2 现场核查结果判定原则

现场核查结论分为"通过核查"、"未通过核查"、"整改后通过核查"、"整改后未通过核查"4 种情形。

5.2.1 现场核查未发现申请人存在不符合项目的，建议结论为"通过核查"。

5.2.2 现场核查发现以下情形之一的，建议结论为"未通过核查"。（1）现场核查发现申请人存在真实性问题；（2）现场核查未发现真实性问题，但发现申请人存在关键项目 3 项（含）以上或者一般项目 10 项（含）以上不符合要求的。

5.2.3 现场核查未发现真实性问题，发现申请人存在关键项目 3 项（不含）以下且一般项目 10 项（不含）以下不符合要求的，建议结论为"整改后复查"。核查结论为"整改后复查"的申请人应当在注册核查结束后 6 个月内完成整改并向原核查部门一次性提交整改报告，必要时核查部门可开展现场复查。全部项目整改符合要求的，建议结论为"整改后通过核查"。

5.2.4 对于规定时限内未能提交整改报告或者复查仍存在不符合项目的，建议结论为"整改后未通过核查"。

附表

章节名称	章节序号	内容	判定结果		
			符合	不符合	不适用
质量管理体系原则	*4.1.1	（质量管理体系）申请人应当结合产品特点，建立涵盖设计开发、生产、质量控制和放行审核等与产品实现过程相适应的质量管理体系，且应当包括委托生产（如有）、临床评价（含临床试验）等。			
	4.1.2	（风险管理）申请人应当建立风险管理制度，根据科学知识及经验对产品实现过程的质量风险进行评估，以保证产品质量。			
	*4.1.3	（自检）申请人开展自检的，自检工作应当纳入产品质量管理体系并符合要求。			
机构与人员	4.2.1	（组织机构）申请人应当建立与医疗器械研发、生产相适应的管理机构，明确各部门职责，确保设计开发和技术转换合理并可追溯。			
	4.2.2	（人员）申请人应当配备适当数量并具有相应的研发、生产和质量控制人员，人员应当具有与申报注册产品相适应的专业知识和工作技能。			
	*4.2.3	（关键人员）管理者代表、生产负责人、质量负责人、技术负责人、产品放行审核人等关键人员应当熟悉申报注册产品的关键质量控制、关键生产操作要求。			
	*4.2.4	（自检人员）申请人提交自检报告的，质量检验部门应当配备足够数量的专职检验人员。检验人员的教育背景、技术能力应当与产品检验工作相匹配。检验人员、审核人员、批准人员等应当经申请人依规定授权。			
厂房、设施和设备	*4.3.1	（厂房设施）申请人应当配备与申报注册产品生产相适应的厂房与设施。产品设计开发应当在适宜的厂房与设施中进行。申请注册的检验用产品（简称注册检验产品）和临床试验产品生产的厂房与设施，应当满足产品的质量控制要求。			
	*4.3.2	（生产设备）申请人应当配备有与申报注册产品生产相适应的生产设备和工艺装备。注册检验产品和临床试验产品生产设备和工艺装备，应当满足产品质量和生产规模要求。			
	*4.3.3	（检验设备）申请人应当配备满足产品检验方法要求的环境设施和仪器设备。开展特殊专业检验的实验室，环境设施条件应当符合特定的专业要求。			
	*4.3.4	（注册检验和临床试验产品生产）应当保留用于注册检验产品和临床试验产品研发、生产的厂房设施与设备以及相关使用记录。如遇不可抗力无法保留的，应当留存可以证明产品研发、生产及验证等产品实现过程活动真实、完整和可追溯的证据资料。			

章节名称	章节序号	内容	判定结果		
			符合	不符合	不适用
文件管理	*4.4.1	（体系文件）申请人应当建立与申报注册产品相适应的质量管理体系文件，包括质量手册、程序文件、技术文件和数据记录等。技术文件应当包括产品技术要求及相关标准、生产工艺规程、作业指导书、检验和试验操作规程等相关文件。数据记录应当确保产品设计开发、物料采购、生产、质量控制以及产品放行等活动可追溯。			
	4.4.2	（研发原始记录）设计开发原始资料应当纳入文件管理。除直接输出的试验数据外，还应当保留设计开发过程中的辅助记录，如主要物料领用记录、仪器设备使用记录、称量记录、配制记录等。开展临床试验的，应当保留临床试验过程有关的试验器械（试剂）出库记录、储运记录、回收处置记录等。			
	4.4.3	（验证资料）申请人应当保留产品设计开发或技术转让后验证的研究资料和记录，并应当确保数据的真实、准确、完整和可追溯。			
	4.4.4	（临床试验文件管理）申请人应当建立临床试验基本文件管理制度，按《医疗器械/体外诊断试剂临床试验基本文件目录》要求管理临床试验有关文件并确保其真实、完整和可追溯。			
设计开发	*4.5.1	（设计开发文档）医疗器械设计和开发文档应当源于设计开发策划、输入、输出、评审、验证、确认、转换、变更的相关文件，包含设计开发过程中建立的记录，应当确保历次设计开发最终输出过程及其相关活动可追溯。			
	4.5.2	（设计开发输入）设计和开发输入一般应当包括法律法规、国家标准、行业标准、国内外指南文件、标准品或者参考物质信息（体外诊断试剂产品适用）、用户需求、产品适用范围、前代或者同类产品的技术指标、产品风险等。			
	*4.5.3	（设计开发输出）设计和开发输出应当满足输入要求，以及符合用户需求和产品设计需求，应当关注产品适用范围、功能性、安全性、有效性、质量可控性。			
	4.5.3.1	（无源医疗器械）无源医疗器械原材料组分应当符合相关标准要求，产品与人体接触部分应当完成生物相容性评价。可重复使用的无菌产品在进行重复灭菌时，应当对成品性能进行评估并完成可耐受重复灭菌研究。			
	4.5.3.2	（有源医疗器械）有源医疗器械应当根据标准要求完成相关研究，如电击危险防护、机械危险防护、辐射危险防护、超温危险防护、电磁兼容性、生物相容性等。			

相关文件

章节名称	章节序号	内容	判定结果		
			符合	不符合	不适用
设计开发	4.5.3.3	（动物源包括同种异体医疗器械）动物源医疗器械应当完成动物种属（若风险与品系有关还需明确品系）、地理来源（对无法确定地理来源的种属，提供来源动物生存期间的识别与追溯要求）、年龄（与风险有关时适用，例如动物对自然发生的传播性海绵状脑病的易感性）、取材部位和组织的类型、动物及取材组织健康状况、病毒灭活方法适用性验证等研究。			
	4.5.3.4	（体外诊断试剂）体外诊断试剂研究过程中涉及的主要原材料、中间体、重要辅料等应当明确来源并符合要求，研究过程中使用的设备、仪器和试剂应当满足研究要求。			
	4.5.4	（验证确认）申请人应当基于风险评估结果来确定需要进行验证或者确认的工作范围和程度，并确保有关操作的关键要素能够得到有效控制。			
	4.5.5	（设计转换）申请人应当保留产品设计转换活动的所有记录，以表明设计和开发输出成为最终产品规范前已得到充分验证且适用于常规生产，并确保生产工艺在使用确定的原材料和设备条件下，持续稳定生产出符合预期用途和产品技术要求的产品。如：无菌提供产品的灭菌工艺及相关设备设施验证与确认、有源医疗器械基本安全和基本性能的实现确认评估、体外诊断试剂生产过程、工艺参数以及批量放大验证等。			
	4.5.6	（包装、有效期、重复使用）申请人应当对产品包装、有效期或者重复使用次数等开展研究并留存相关记录，如：产品的包装设计及验证、稳定性研究数据、产品说明书和最小销售单元标签的设计记录等。			
	4.5.7	（验证记录）应当保存设计和开发验证活动的详细原始数据记录资料，包括验证方案、验证报告、验证记录（如测试数据、样品处理记录等）、辅助记录等。			
	4.5.8	（临床确认管理）设计和开发确认过程中，对申报注册产品需要用临床试验的方式进行确认的，申请人应当按照临床试验方案及合同履行相应职责，并保存相关文件和记录。			
	4.5.9	（临床试验产品要求）开展临床试验的产品，在临床试验开始前，申请人应当确保产品设计已定型且完成产品检验，其安全性、功能性适于开展临床试验。应当保留相关评估和确认过程的记录。			
	4.5.10	（临床试验产品管理）申请人应保存临床试验产品的分发、储运、回收／退回等记录。			

章节名称	章节序号	内容	判定结果		
			符合	不符合	不适用
设计开发	4.5.11	（设计开发变更）设计和开发更改包括产品变更、引用文件更新（如法规、强制性标准）、设计转换的变更（如设备、原材料供应商、工艺、环境等）、来自外部的变更要求（检验、动物实验、临床试验、技术审评更改意见）、强制性医疗器械标准变化引发的变更等，应当经过风险评估、验证或者确认，确保变更得到控制。			
	4.5.12	（委托研发管理）对存在委托研发情形的，申请人应当有相关活动的质量管理措施。			
	4.5.12.1	（受托方能力评估）申请人应当明确产品研发活动委托的范围及程度。应当对受托研发机构的研发能力与持续技术支持能力提出相应要求并进行评估。			
	4.5.12.2	（委托研发协议）申请人应当与受托研发机构签订委托研发协议，明确规定各方责任、研发内容及相关的技术事项。申请人应当对委托研发的过程和结果负责，应当有措施确保委托研发过程数据的可靠性。受托研发机构应当遵守协议要求，保证研发过程规范、数据真实、准确、完整和可追溯。			
	4.5.12.3	（委托研发技术文档）申请人应当确保受托研发机构按照协议要求移交设计开发输出文档并满足设计开发输入要求。			
采购	*4.6.1	（采购制度）申请人应当建立采购控制程序，确保采购物品符合规定要求。			
	4.6.2	（原材料来源）注册检验产品及临床试验产品所需的原材料，包括与产品直接接触的包材、软件等应当具有合法来源证明，如供货协议、订单、发票、入库单、送货单、批准证明性文件复印件等。			
	*4.6.3	（主要物料采购）主要原材料购入时间或者供货时间应当与产品生产时间相对应，购入量应当满足产品生产需求，且应当有检验报告或者合格证明。			
	*4.6.4	（采购记录）主要原材料的采购记录应当符合产品设计需求和采购协议的规定，记录应真实、准确、完整和可追溯。			
	4.6.5	（体外诊断试剂采购记录）体外诊断试剂原材料的采购应当有采购合同或者采购记录。质控品、校准品、企业参考品的采购应满足追溯要求，如涉及人体来源的样本，应当有相应原料的检验方法、检验过程、检验数据、检验记录，以及表明生物安全性的证明材料等。			
	*4.6.6	（体外诊断试剂关键物料要求）体外诊断试剂设计定型后，关键原材料本身如抗原（来源、氨基酸序列、构象等）、抗体（来源、细胞株等）、引物探针序列等不应发生变化。			

相关文件

章节名称	章节序号	内容	判定结果		
			符合	不符合	不适用
生产	*4.7.1	（研制生产要求）申请人应当按照《医疗器械生产质量管理规范》要求，组织注册检验产品和临床试验产品的生产活动。			
	*4.7.2	（生产工艺文件）申请人应当编制生产工艺规程、作业指导书等文件，并明确关键工序和特殊过程。对动物源医疗器械，灭活和去除病毒和/或传染性因子工艺以及降低动物源性材料免疫原性的方法和/或工艺应当经确认。			
	*4.7.3	（生产及记录要求）应当按照生产工艺规程组织注册检验产品和临床试验产品生产，并如实填写生产记录。生产记录应当真实、准确、完整和可追溯。			
	4.7.4	（体外诊断试剂生产要求）体外诊断试剂的生产应当确保不同工作液的配制浓度、生产工艺过程、质量控制过程等符合设计输出的要求，尤其是生物活性材料的浓度、活性应当确保稳定，并符合相关标准。原材料的物料平衡应当符合要求。			
质量控制	4.8.1	（基本要求）申请人应当建立质量控制程序，规定产品检验部门、人员、操作等要求，并规定检验仪器和设备的使用、校准等要求，以及产品放行的程序等。			
	*4.8.2	（自检）申请人开展自检的，应当按照有关检验工作和申报产品自检的要求，将与自检工作相关的质量管理要求纳入企业质量管理体系文件（包括质量手册、程序、作业指导书等），并确保其有效实施和受控。			
	4.8.3	（检验设备）申请人应当建立和保存检验设备及环境设施的档案、操作规程、计量/校准证明、使用和维修记录。			
	4.8.4	（检验规程）应当基于科学和风险管理原则，制定原材料进货检验规程、半成品与成品检验规程等并明确制定依据。			
	*4.8.5	（检验记录）应当保存注册检验、临床试验等相关产品的检验报告和记录，包括：进货检验、过程检验和成品检验等原始记录、检验报告或者证书以及检验方法确认或者验证记录等。存在部分项目委托检验的，应当有相关项目检验报告及委托检验协议等。			
	*4.8.6	（放行程序）应当建立并实施产品放行程序，明确产品放行条件及审核、批准要求。			
	4.8.7	（体外诊断试剂溯源）体外诊断试剂溯源过程应当合理，每批产品赋值过程与赋值方法应当具有一致性。			
	4.8.8	（留样）申请人应当结合产品特点，留存一定数量的注册检验产品、临床试验产品。生产产品或者留样产品数量和规格型号应当能满足产品检验和临床评价（含临床试验）的需要。留样产品去向应当可追溯。			

章节名称	章节序号	内容	判定结果		
			符合	不符合	不适用
委托生产	4.9.1	（总体要求）在生产产品过程中存在委托情形的，申请人应当明确负责指导、监督受托生产企业质量管理体系的部门和人员。原则上应当指定管理者代表负责委托生产的质量管理。			
	*4.9.2	（人员）申请人应当配备专职的质量管理人员，人员应当熟悉产品的关键质量控制、关键生产操作要求，能够对申请人和受托生产企业的质量管理体系进行评估、审核和监督。受托生产企业的生产负责人、质量负责人、生产放行审核人等关键人员应当熟悉受托生产产品的关键质量控制、关键生产操作要求。			
	*4.9.3	（委托协议）申请人应当与受托方签订委托协议，明确双方权利、义务和责任，协议至少应当包括受托生产企业的生产条件、技术文件的转移、物料采购控制、生产工艺和过程控制、成品检验、产品放行控制、文件与记录控制、变更控制、质量管理体系审核等，确保受托生产企业按照法律法规、医疗器械生产质量管理规范、强制性标准、产品技术要求组织生产。			
	4.9.4	（现场审核）委托生产前，申请人应当对受托生产企业的质量管理体系开展现场评估审核，审核内容至少应当包括机构和人员、厂房与设施、设备、生产管理、质量控制能力等，确保受托生产企业具备与受托生产产品相适应的质量管理体系。			
	*4.9.5	（设计转换）申请人应当与受托生产企业共同策划并完成设计转换活动，确保产品技术要求、生产工艺、原材料要求及说明书和标签等产品技术文件能有效转移到受托生产企业。			
	4.9.6	（技术文件转化和工艺验证）受托生产企业应当结合本企业的生产条件和质量管理体系，将申请人的产品技术文件转化为本企业的技术文件，确保产品技术要求的关键技术参数、操作方法与申请人移交的保持一致。应当进行试生产及工艺验证工作，试生产应当包括全部转移的生产过程及质量控制过程。			
	4.9.7	（技术转化风险控制）申请人应当结合原生产工艺文件，对受托生产企业执行的生产工艺文件进行比对评估，确保因生产条件等质量管理体系变化带来的风险已得到充分识别和控制。申请人应当参与受托生产企业开展的与受托生产产品相关的验证与确认工作，并对相关的过程文件及报告进行审核。			
	*4.9.8	（注册检验产品和临床试验产品生产）申请人在受托生产企业开展注册检验产品和临床试验产品生产的，应当确保受托生产企业有与产品生产相适应的厂房、设施和设备。申请人应当确保完成工艺验证或者确认等相关工作。			

相关文件

章节 名称	章节 序号	内容	判定结果		
			符合	不符合	不适用
委托 生产	4.9.9	（物料采购）申请人应当明确委托生产产品物料的采购方式、采购途径、质量标准、检验要求，并按照医疗器械委托生产质量协议要求实施采购。必要时，申请人与受托生产企业一起对物料供应商进行筛选、审核、签订质量协议、定期复评。			
	4.9.10	（生产过程管理）申请人应当会同受托生产企业对产品工艺流程、工艺参数、外协加工过程（如：辐照灭菌、环氧乙烷灭菌、阳极氧化、喷涂工艺等）、物料流转、批号和标识管理、生产记录追溯性等生产过程明确监控方式和标准，指定授权监控的人员，并保留监控记录。			
	4.9.11	（文件管理）申请人和受托生产企业共同持有的文件至少应当包括：委托协议，受托生产企业执行的产品技术要求、原材料要求、生产工艺和检验规程、产品说明书和标签以及产品放行程序等。			
	*4.9.12	（产品放行）申请人应当建立产品放行审核和批准程序，并确保双方按照各自的职责放行注册检验产品、临床试验产品和上市产品。受托生产企业应当制定生产放行审核程序，应当保证受托生产产品符合申请人的验收标准并保留放行记录。与产品生产相关的所有记录应当真实、准确、完整并可追溯。			
	4.9.13	（定期审核）申请人应当定期对受托生产企业的受托生产管理情况和相关记录进行审核，并保留审核记录。受托生产企业应当保留受托生产相关的全部生产记录，并可随时提供给申请人备查。如果受托生产企业有相同产品在生产，应当与受托生产产品有显著区别的编号、批号及过程标识管理方式，避免混淆。			
	4.9.14	（沟通机制）申请人应当与受托生产企业建立有效的沟通机制，任何设计变更、采购变更等均应当及时通知受托生产企业并监督执行。对受托生产企业质量管理体系发生的可能影响产品质量的变更，申请人应当有措施确保受托生产企业能及时告知申请人并开展联合评估。			
	4.9.15	（申请人责任）申请人应当对设计开发、生产、储运和不良事件监测情况进行全流程追溯、监控，保持质量管理体系的持续改进，并落实对受托生产企业的监督。			
产品真实性	*4.10.1	（注册检验产品）注册检验产品，包括检验产品批号（编号/序列号等）及规格型号、检验时间、检验数量、检验依据、检验结论、关键原料和/或部件等信息、校准物质和/或质控物质、检验产品照片（含独立软件发布版本信息的照片）、标签等信息，应当与生产记录相符并可追溯。			

章节名称	章节序号	内容	判定结果		
			符合	不符合	不适用
产品真实性	*4.10.2	（临床试验产品）临床试验产品，包括临床试验产品批号（编号/序列号等）及规格型号，应当与生产记录相符并可追溯。			
	*4.10.3	（研制生产追溯要求）生产的产品批次及生产批号或者产品编号、规格型号/包装规格、每批数量、注册检验产品和临床试验产品批号及数量、留样产品批号及数量、现存产品生产批号或者产品编号及数量、主要原材料批号及数量等应当可追溯。			
	*4.10.4	（采购记录）应当保留用于产品生产的原材料采购记录，至少包括：原材料品名、型号规格、批号、材质（牌号）、供应商（生产商）、质量标准及进货验收、采购凭证、出入库记录及台账等。采购记录的相关信息应当与生产记录、注册检验报告相应内容相一致。			
	*4.10.5	（生产和检验记录）生产记录、过程检验原始记录、成品检验原始记录等应当符合设计输出文件要求。			
	*4.10.6	（留样）如需留样，应当留存留样产品，并保留产品台账、留样观察记录。			

国家药监局关于进一步规范医用超声耦合剂说明书等有关内容的公告

2020 年第 143 号

根据医疗器械风险评价结果，为进一步提升用械安全，消除风险隐患，国家药监局决定进一步规范医用超声耦合剂产品说明书及标签。现将有关事项公告如下：

一、所有医用超声耦合剂（包括超声耦合贴片等产品）注册人/备案人应当对产品说明书和标签是否符合国家强制性行业标准《医用超声耦合剂》（YY 0299-2016）进行自查，严格规范医用超声耦合剂类别和用途。

非无菌型医用超声耦合剂，包括非消毒型和消毒型医用超声耦合剂，只能用于在完好皮肤上进行的超声诊断、治疗操作，适用范围不应当包含"创口""非完好皮肤""黏膜"和预期手术部位等相关描述。

二、已注册非无菌型医用超声耦合剂产品应当按照《医疗器械注册管理办法》《医疗器械说明书和标签管理规定》于 2021 年 2 月底前完成适用范围变更和说明书、标签修改。已备案非无菌型医用超声耦合剂应当按照《医疗器械注册管理办法》完成备案变更。

三、上述注册人/备案人应当采取有效措施做好相关产品使用和安全性风险的宣传培训，指导医务人员合理用械。

四、各省级药品监督管理部门和国家药监局医疗器械技术审评中心应当督促上述注册人按要求做好相应产品注册证变更和说明书、标签的修改工作，指导相应市级药品监督管理部门做好备案人备案变更办理工作，并本着尽快消除风险隐患的原则，对变更申请优先办理。

特此公告。

国家药监局

2020 年 12 月 25 日

国家药监局关于修改一次性使用无菌导尿管（包）说明书等有关内容的公告

2019 年第 94 号

根据医疗器械风险评价结果，国家药监局 2019 年 10 月 22 日发布了《关注一次性导尿管球囊破裂的风险》。为进一步提升用械安全，消除风险隐患，国家药监局决定对有球囊破裂风险的一次性使用无菌导尿管（包）的产品注册证、说明书及标签进行修改。现将有关事项公告如下：

一、所有一次性使用无菌导尿管（包）注册人应当对产品注册证进行自查，对于乳胶导尿管类产品注册证及附件中涉及标明润滑剂为液体石蜡、凡士林等石油基质润滑剂的，应当按照《医疗器械注册管理办法》第四十九条规定于 2019 年 11 月底前申请许可事项变更，变更有关内容。

二、所有一次性使用无菌导尿管（包）注册人应当对产品说明书和标签进行自查，对于说明书和标签的风险警示信息不完善的，应当按照《医疗器械说明书和标签管理规定》第十六条规定于 2019 年 12 月底前完成说明书和标签修改。对于乳胶导尿管类产品，在产品说明书和最小使用单元的外包装均标注导尿管材质、警示信息和使用说明，警示乳胶导尿管不可使用的石油基质润滑液名称，如凡士林、液体石蜡，并明确标示可使用的润滑剂名称。

三、上述注册人应当采取有效措施做好相关产品使用和安全性风险的宣传培训，指导医务人员合理用械。医务人员使用相关产品之前应当仔细阅读说明书，严格按照说明书内容操作使用。

四、各省级药品监督管理部门和国家药监局医疗器械技术审评中心应当督促一次性使用无菌导尿管（包）注册人按要求做好相应产品注册证变更和说明书、标签的修改工作，并本着尽快消除风险隐患的原则，开辟专项通道对变更申请特事特办。

特此公告。

国家药监局

2019 年 11 月 15 日

相关文件

索 引

（按汉语拼音排序）

索
引